国家社会科学基金项目成果（项目编号 10XYY005）

ANKANG FANGYAN JIECHU CENGCI YANJIU

安康方言接触层次研究

周 政 著

语文出版社
·北京·

图书在版编目（CIP）数据

安康方言接触层次研究 / 周政著. -- 北京 : 语文出版社, 2016.11
ISBN 978-7-5187-0283-1

Ⅰ. ①安… Ⅱ. ①周… Ⅲ. ①西北方言—研究—安康市 Ⅳ. ①H172.2

中国版本图书馆CIP数据核字(2015)第316381号

责任编辑 张夏放
装帧设计 刘姗姗
出　　版 语文出版社
地　　址 北京市东城区朝阳门内南小街51号　100010
电子信箱 ywcbsywp@163.com
排　　版 北京杰瑞腾达科技发展有限公司
印刷装订 北京市兆成印刷有限责任公司
发　　行 语文出版社　新华书店经销
规　　格 787mm×1092mm
开　　本 1/16
印　　张 46.5
字　　数 807千字
版　　次 2016年11月第1版
印　　次 2016年11月第1次印刷
印　　数 1-2,000
定　　价 98.00元

010-65253954(咨询) 010-65251033(购书) 010-65250075(印装质量)

序

安康学院周政老师寄来《安康方言接触层次研究》一书的定稿本，并嘱我就书稿里涉及的内容说点想法或建议。我已年过古稀，读书做事都很慢，读这部书稿竟费了一段时间。不过掩卷深思，觉得还是增长了见识，花时间读这样的书稿值得。但一想到要写点读后感之类的文字，就不免诚惶诚恐了。踌躇再三，迟迟不敢下笔，本书中很多内容我是不熟悉，或者就不懂的呀。

安康市在陕西省南部地区（通称陕南）。汉江之水穿城而过，浩浩荡荡，清澈见底，美得让人羡慕不已。说起这个地区的汉语方言，话就多了去了。上个世纪八十年代绘制《中国语言地图集》的时候，能看到的陕南方言的记录材料很少，临时应急委托有关学者做了一些面上的方言分布调查。最初步的调查结果，就给我们留下了深刻的印象，知道这里的方言非常复杂，欲知其详，是需要进行深入的调查研究的。在这之后，由于在陕西尤其是在陕南地区工作的学者们的努力，陕南方言调查研究事业竟成热潮，取得了重大进步，不但形成了一支比较成熟的专业研究队伍，而且相继发表或出版了一批很有分量的论著。据统计，最近二十来年出版专著5部，发表论文90余篇，例如邢向东的《论陕南方言的调查研究》(《西北大学学报》2007年第3期)、郭沈青的《陕南客伙话的性质和归属》(《中国语文》2006年6期)、周政的《陕西安康方言的混合特征》(《方言》2007年第3期）和《平利方言调查研究》(中华书局，2009年)、柯西钢的《汉江上游地区方言语音研究》(博士学位论文2008)、张德新的《安康方言的南北融合现象》(《安康学院学报》2006年第6期) 等等。这些研究成果，都集中反映在《中国语言地图集》(第2版，商务印书馆,2012年）的B1-5、6“中原官话A、B”图，B2-14“陕西省的汉语方言”图以及三幅图的文字说明中。陕西省特别是陕南地区各位同行依靠艰苦奋斗，执着努力的精神，在不长的时间里就彻底改变了过去调查研究的落后局面，我于此甚为钦佩，并深感欣慰。

现在读到的《安康方言接触层次研究》一书，是以上所说一系列调查研究的最新成果之一，大概也是最重要的成果之一。我仔细想过，关于这部著作的内容，至少有以下三点可以向读者朋友推荐。

第一，内容丰富，比较全面地表现了陕南汉语方言的整体面貌。安康市包括一区九县：汉滨区、汉阴县、石泉县、宁陕县、紫阳县、岚皋县、平利县、镇坪县、旬阳县、白河县。境内分布有中原官话、西南官话、江淮官话，以及湘语、赣语等五种方言，除外还有三种不同类型的方言混合区。本书以作者亲自调查的原语言材料为基础，介绍了五种方言三个混合区的 14 个方言点的音系，然后依据知庄章组字的读音变化重点对安康汉滨城关、县洪片的县河镇、白河城关、宁陕县江口回民镇等四处方言进行声母接触层次分析；按照读音类型和演变类型，分析了安康方言韵母和声调的接触层次。另外书后还有两个附录：一个是包含安康中原官话与江淮官话、江淮官话与中原官话、江淮官话与西南官话、西南官话与江淮官话混合的四区九地 1 512 个音系基础字的“字音对照表”。一个是“安康方言分类词表”，包含汉滨区城关镇（中原官话点）、汉滨区县河乡（混合 1 区点）、白河县茅坪镇（江淮官话点）、石泉县城关（混合 3 区点）、紫阳县城关（西南官话点）等五个地点 27 类 4 000 多条词语。我的读书习惯，经常是先看附录，然后再看正文的。看过这两个附录之后，读者对陕南方言就有一个综合性的了解，也方便于对全书各章节内容的比较。

因此，本书在接触层次的讨论中，说的都是语言事实，纵横交错，表现了陕南地区方言的整体面貌。所有这一切，都归功于本书作者深入实地的田野调查。据我了解，安康十区县，周政老师几乎跑遍了每一个乡镇，有的乡镇甚至走遍每一个村庄。每一处的调查，除方言本身以外还涉及到所在地的历史文献乃至家谱和族谱。为了从宏观上把握安康方言在接触中产生的语音变化，周政老师还对周边的汉中方言和商洛方言也进行了实地调查。我们说一本学术著作的价值，其成功因素是多方面的，但对汉语方言学的论著来说，最基本的莫过于材料的真实和充实。

第二，关于语言接触和语言层次事实分析和理论构建的有益探讨。这里我们首先要说一点概念性的东西。语言和方言的接触是一种常态，没有接触的单纯语言或方言大概很难找到。这里的接触说的是语言事实，不是理论；语言和方言的层次是一种存在，从语言发展演变的观点来看，没有层次的语言或方言大概也很难发现。分析层次说的也是语言事实，同样不是理论。语言接触是实现语言层次的最重要途径之一，分析语言层次要有语言接触的基本视野。不时看到有的论著说语言接触理论如何如何，或语言层次理论如何如何，实在是误解。但是，在探讨语言接触事实，分析语言层次的过程中，可能得出某些有用的规律或方法，有的可以成为理论，至少包含着理论的因素，这才是语言接触的理论，或语言分析的理论。

本书所讨论的陕南地区方言接触的事实，以及所包含的层次，在汉语方言中并非特有之现象，但确实非常突出，非常生动，具有很大的典型性。通过对一个典型的区域方言的接触事实进行具体的讨论，进而分析由于接触所产生的方言层次，可以作为一种模式，供其他许多区域方言的调查研究之参考。这就是《安康方言接触层次研究》一书在汉语方言研究中的重要价值和意义。本书根据陕南方言的大量事实，提出了方言接触和层次的“非对等性”原则，其依据是：（一）陕南地区来自于南方的移民方言并非源自一个地方，书中所说的“湖广移民”，从考察结果看，它以鄂东、皖西南移民为主，但又同时间杂有湖南、江西、福建、广东的移民。所谓“湖广”只是一个泛称，在安康各区县的分布格局是极其复杂的。这是造成语言接触不平衡，不对等的原因和基础；（二）安康的方言接触状态不是两种方言之间的临界，而是各方言块相互交错，其融合历史经历了各种方言的竞争过程。所以形成的语言层次表现，在不同区县、不同方言地点也是不平衡，不对等的；在方言的语音、词汇各个平面，或语音的声韵调各个平面也是不平衡的，不对等的。关于以上两点，书中都有详细的讨论。这种“非对等性”原则，对陕南这个特殊区域的方言接触层次现象来说，它是合理的，行之有效的。是否能用于解释其他地区汉语方言接触层次的语言事实，需要请读者用你知道的事实来加以检验。

第三，本书在研究方法上的实践也值得借鉴。方言研究有很多成熟的方法，但适用的范围不一样。方言事实本身的描述，多使用描写的方法；叙述区域性的方言事实，或讨论地点方言的发展演变历程，多使用比较的方法（共时比较和历时比较）。因此，就方言的本体调查研究而言，描写法和比较法是方言研究的最基本方法。如果超出方言事实本身的范围，进行扩展性的调查研究，那么还需要其他相关的研究方法。经常看到有的方言学论著，说应用了所谓“田野调查法”，恐怕有误。田野调查是方言调查研究的基础，只是起步的程序，似乎不应该叫方法。

本书的研究是建立在陕南地区方言事实的基础上的，所以既使用了描写的方法，也使用了比较的方法，但更多的是使用比较的方法。例如陕南地区各方言之间的共时比较，语音层次的历时比较，陕南各方言与源方言的比较等等，书中比比皆是，作者应用得娴熟自如。但本书研究的重点是陕南各方言的接触和层次，属于方言调查研究中的扩展性研究，就需要补充人文社会学科的其他研究方法。其中最重要的是合理运用历史资料与方言现象互证的综合分析方法。例如对陕南地区方言的形成及其分布的分析，对安康各外来方言源流的考证、对各个区域底层方言的探寻以及对文白异读的辨析等等，单凭语言材料那都是很不够的，必须充分借助历史地理资料才能得出合理的解释。这里举一个例子。该书所说的混合 1 区，其方言既兼有中原官话的特征，突出在具有一组齿唇音声母，但同时又兼有江淮官话的特征，突出在遇摄端系模、姥、暮韵及庄组鱼虞韵字与流摄侯、厚、候韵合流，读 [əu]，以及蟹摄合口一三等与止摄合口三等端系字全读 [ei]，并且遇摄、山摄精组、见系合口三四等字中部以内读撮口 [y] 韵，中部以外读 [ɥ] 韵。对这样一个混合区域，考察它的底层方言对讨论它的语音变化途径和音类的分合就显得十分的必要。为说明该区域的底层方言为中原官话，作者不仅考察了该区域的文献资料，同时对当地的族谱和家谱也进行了大量的考证和说明，并且还通过城镇经济文化与周边方言的关系理论进行阐述，从而得出让人十分信服的结论，即该区域的底层方言主要源自明代至清代安康城镇人口的迁徙与再迁徙，到清代才开始接受江淮官话的影响与渗透。

以上三条是我初读本书以后的印象。一本汉语方言学的著作，语言事实基本说准确了，还多少说了一点道理，包含着一些理论思考，在研究方法上又可给人借鉴，这就大体上足够了。老子云：“图难于其易，为大于其细。天下难事，必作于易；天下大事，必作于细。”先做比较容易的事，细小的事，然后再图大业。这是方言研究事业成熟发展的经验之一。

至于本书是否有什么缺点或不足，大概不能说没有。本书的稿本至少改正过三四次，我现在看到的定稿本跟我最早看到的初稿本，从内容到结构都是很不一样的。我知道，作者也一定盼望读者诸君读后能多所指正。

本书的作者周政老师，是安康学院教授，教学之余专意于陕南一带的方言调查研究，总有一二十年的时间。他一有机会就走进田野，记录方言材料，几乎走遍了陕南地区的大小城镇与乡村。期间在《方言》《汉语学报》《语言科学》等专业杂志上发表过十多篇论文，并参加过多次全国汉语方言学会年会等专业学术会议，2007 年还主持过在安康学院举行的第四届官话方言国际学术研讨会。我与周政老师往来大约也与此同时。上个世纪末，我参与主持《现代汉语方言大词典》综合本的编纂工作，2002 年开始又参与主持新版《中国语言地图集》的编制工作，都使我有机会请教各方师友，以广见闻。陕南地区的汉语方言正是我需要特别关注的地方，周政老师自然成为我求教的师友之一。他为人诚恳，质朴大方，做事很认真，言辞并不多。但一说起陕南的山川人文，方言事实，却可以滔滔不绝，喜形于色，说是“如数家珍”并不夸张。那是他十几年倾心耕耘的土地呀！他下笔行文谨慎小心，记得发表的好几篇文章，事前都跟我讨论过好几次，有时为了一个例子还会亲自下乡核对，绝对不肯苟且。这是一位忠诚于专业职守的学者才有的素质。

《安康方言接触层次研究》一书的酝酿也有好几年时间了。2007 年在安康学院举办的第四届官话方言国际学术研讨会期间，周政老师和我，还有熊正辉研究员、陕西师大邢向东教授等，一起议论过如何把陕南地区的方言研究做细做深的问题。最后有一个相当一致的共识，认为在大体搞清陕南方言的总体面貌与各种方言比较准确的分布状况之后，应该把研究的重点转向方言的接触和层次上来。陕南处于南北语言交汇之地，加之这里又经历了历史上大规模的荆襄流民和湖广移民，所以语言的接触与交融是在所难免的。像陕南这种因语言接触而形成的复杂且多层次的方言格局在汉语方言的地理分布上具有典型意义，既是研究方言接触的活标本，又是研究语言与社会关系的极好对象。如果能累积一些资料，做些深入的研究，可以为其他类似的方言区域的调查研究提供参考。现在读到这本书，当时一起热烈议论的情景犹如昨日，非常亲切。周政老师以他的执着和毅力，实现了大家的心愿，我心里是非常感谢他的。

在寄这本书稿的同时，周政老师同时寄来另一部也准备出版的书稿《陕南方言历史层次研究论集》，除了收录他的几篇文章外，还有安康学院张德新、杨静、周海霞几位老师的相关论文。读者可以把这两本书的内容互相参考着读，互相比照着读，也许会得到更多的启发。一片纷繁多彩的方言沃土，不仅让勤奋的周政老师在方言学研究领域取得了崭新的成就，还培育出一支同样优秀的学术团队，此乃陕南方言研究之喜，也是安康学院学科发展之福！

以上是为之序。

张振兴

2014 年 3 月 30 日于北京康城花园

目　录

安康市在陕西省的地理位置

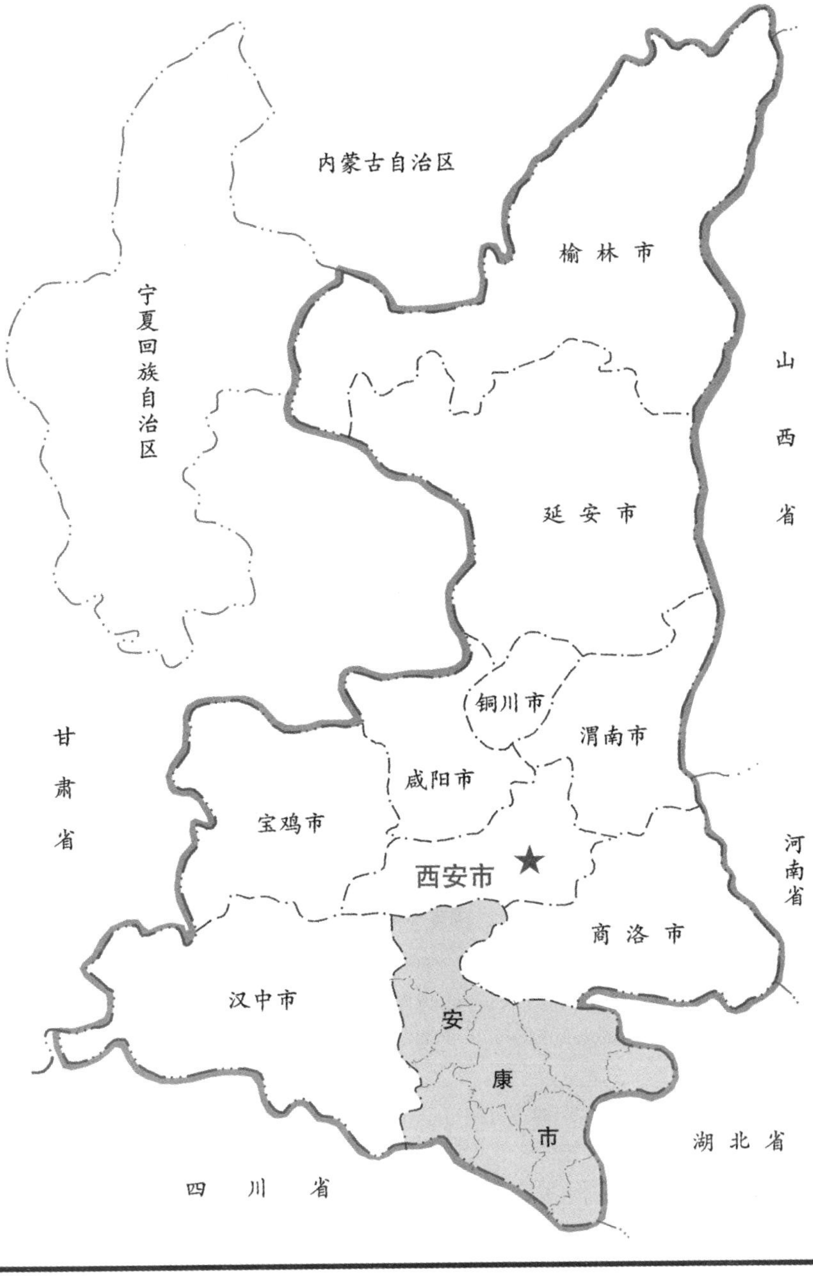

安康市区划图

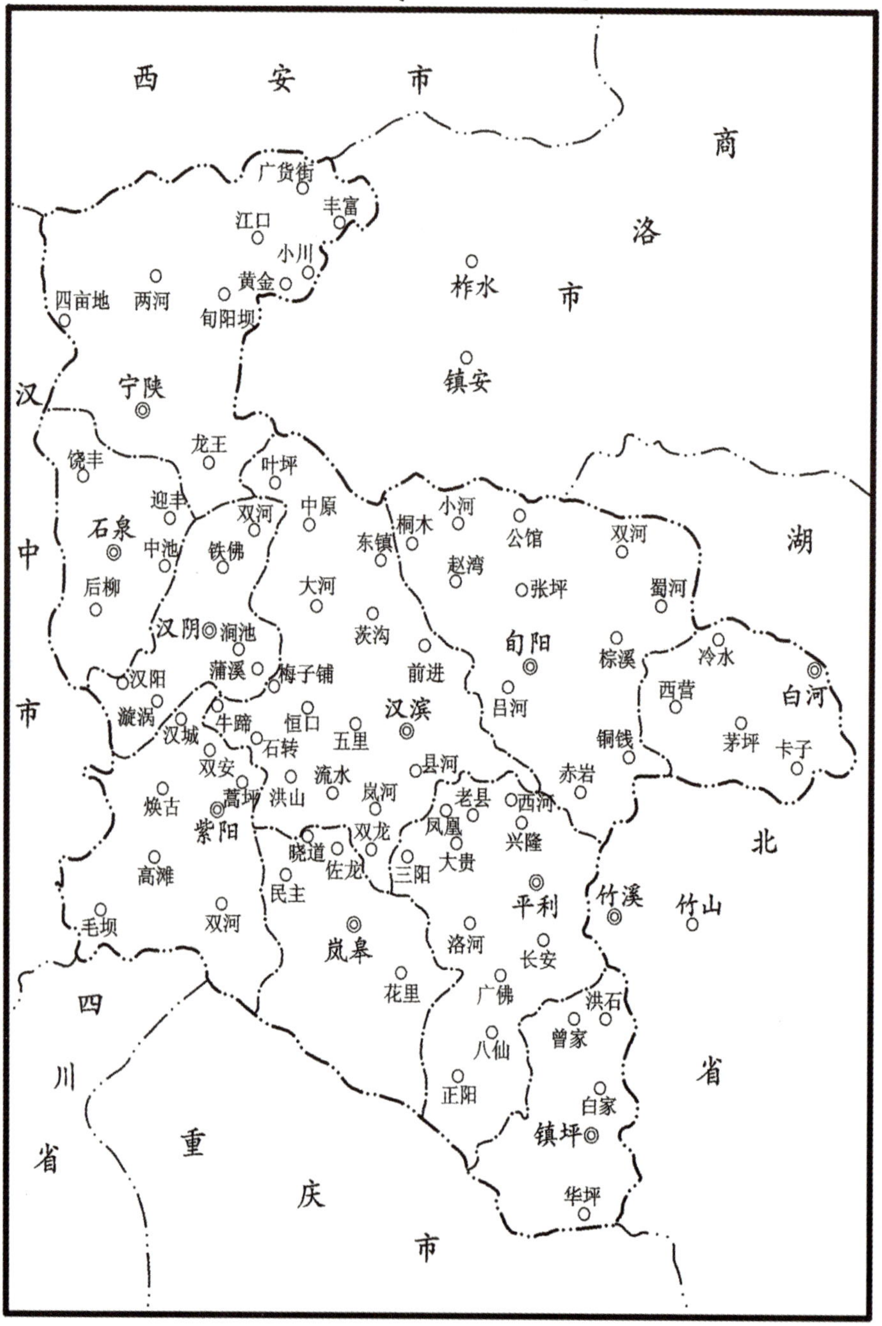
西安市
商洛市
湖北省
四川省
重庆市
汉中市
柞水
镇安
广货街
丰富
江口
小川
黄金
两河
四亩地
旬阳坝
宁陕
龙王
饶丰
叶坪
迎丰
双河
中原
石泉
中池
铁佛
后柳
大河
桐木
小河
公馆
双河
东镇
赵湾
张坪
蜀河
汉阴
涧池
茨沟
旬阳
棕溪
冷水
汉阳
蒲溪
梅子铺
前进
吕河
西营
白河
漩涡
汉城
牛蹄
恒口
五里
汉滨
铜钱
茅坪
卡子
石转
双安
流水
县河
赤岩
焕古
蒿坪
洪山
岚河
老县
西河
紫阳
晓道
双龙
凤凰
兴隆
佐龙
大贵
三阳
高滩
民主
平利
竹溪
竹山
毛坝
双河
岚皋
洛河
长安
花里
广佛
洪石
曾家
八仙
正阳
白家
镇坪
华坪

第一章　导　论

一　安康方言与陕南方言的历史层次研究

分析陕南方言的接触层次，原本项目成果形式只是一部论文集，但经过一年多的调查和归纳，越发看到论文的局限，这才有了现在这本系统讨论一个方言区域的接触层次的书。

我们之所以以一部专著的形式来写安康方言的接触层次，主要出于两个方面的思考：一，陕南是个多方言区，既存在有西南、中原、江淮三种官话，还存在有湘语和赣语，所以，其间的接触关系是非常复杂的，既存在有接触关系的差异，又存在有接触层次和接触模式的差异，对于这些现象和问题，是很难用论文的形式把它说得比较系统和比较清楚的；二，陕南西部的汉中移民主要来自北部的关中和陇东地区，接触关系主要表现在西南官话与中原官话之间；东北部的商洛移民主要来自北部的关中和湖北鄂东以及皖西南一带，其接触关系又主要表现为中原官话与江淮官话之间；而东部的安康移民既有来自北部的关中和南部的四川、重庆，也有来自湖北东部以及相连的皖西南一带，还有来自湖南的湘语区和江西的赣语区，所以这里的接触关系既表现在中原官话与江淮官话之间，同时又表现在西南官话与江淮官话之间，比较起来，我们选择安康这块区域来讨论陕南方言的接触现象无论哪个方面都是最具价值的。

在申报这个项目之前，笔者依据《方言调查字表》（中国社会科学院语言研究所 1981 修订本）对安康方言做了一些初步调查和初步研究。这些研究成果大部发表在《方言》《语文研究》《安康学院学报》等刊物上，例如：

平利方言调查研究，2009.4，中华书局

陕西平利洛河方言同音字汇 ,《方言》, 2005（4）

关于安康方言分区的再调查,《方言》2006（2）

陕西安康方言的混合特征,《方言》2007（3）

陕南平利方言的“子”尾词,《语文研究》(山西社科院), 2007（3）

陕南方言的标准问题,《安康学院学报》, 2009（2）

安康方言内部分区概说,《国际汉学集刊》中国社会科学出版社, 2004（1）

安康市汉滨区县河话音系研究,《安康学院学报》, 2009（6）

镇坪钟宝方言同音字汇,《安康学院学报》, 2007（2）

安康方言音系研究,《安康学院学报》, 2007（5）

紫阳城关方言音系研究,《安康学院学报》, 2008（1）

宁陕城关方言音系研究,《安康学院学报》, 2008（6）

石泉城关方言同音字汇研究,《安康学院学报》, 2009（1）

在承担这个项目之后，应本书研究之需要，我们在前期调查的基础上，重新依据《方言调查字表》和《汉语方言词语调查条目表》对安康各县区以及周边的商洛镇安、四川达州、湖北竹溪、竹山等二十几个方言点又进行了更为详细的调查，除记单字音以外还记录了 4 700 多条方言词。与此同时，还比较深入地调查了安康各方言区的内部差异。这些材料有的已形成研究成果发表在《方言》《汉语学报》《语言科学》《安康学院学报》和《咸阳师范学院学报》等刊物上，例如：

陕西镇坪方言的内部差异,《方言》, 2010（4）

陕南混合方言韵母和声调的演变,《汉语学报》, 2013（3）

陕南混合方言知庄章组声母的今读类型与历史层次,《语言科学》, 2014（2）

安康湘语的区域分布及内部差异,《安康学院学报》, 2010（5）

关于陕南湘方言岛的分布问题,《咸阳师范学院学报》, 2011（1）

陕西汉阴田禾方言同音字汇,《安康学院学报》, 2012（4）

陕西宁陕江口回民方言的混合特征,《安康学院学报》, 2013（4）

陕西安康方言的词汇融合,《咸阳师范学院学报》, 2013（5）

陕西西乡方言的语音差异及混合特征,《安康学院学报》, 2014（1）

略论安康方言的演变趋向,《安康学院学报》, 2014（2）

陕西汉阴方言的语音特点及内部差异,《安康学院学报》, 2012（1）

汉阴方言的历史层次，《安康学院学报》，2012（4）

安康市牛蹄乡赣语两字组变调的音系学解释，《安康学院学报》，2011（6）

从疑问句看安康汉滨区方言的混合特征，《安康学院学报》，2010（5）

安康汉滨方言的句末助词“在”，《安康学院学报》，2012（5）

如前所述，本书研究重点是安康各方言之间经接触所表现出来的层次关系，在提供基本事实、基本材料的基础上，对安康方言的接触途径、接触类型、接触层次、接触模式等问题进行了研究，同时对安康方言接触构成影响的历史地理也进行了较为深入地讨论，所以本书的主要部分是：第六章，安康方言的接触类型与融合层次；第七章，从历史地理看安康方言的源流与层次关系；第八、第九、第十章，安康方言声韵调的接触层次；第十一章，安康方言的文白异读在词汇接触中的借入层次；第十二、十三章，安康方言词汇的融合方式与层级关系。这些内容大体反映了安康各方言之间的接触模式和接触规律。其他内容主要为调查得来的基本材料，是为揭示安康方言的接触层次服务的。

关于讨论方言的历史层次，以我们所接触到的文章，大多写方言的历时性演变，即方言的早期形式向近期形式的演变，较少系统讨论因方言接触而引发的共时性语音演变。因为像陕南这种因语言接触而形成的复杂且多层的方言格局在我国确实是不多见的，所以，我们尽力想做的就是本着求实的精神，尽可能的客观地反映它的接触模式和接触规律。我们相信会有读者在本书的启发之下对安康方言的接触现象作出比本书更为科学的解释。

二 地理行政、历史沿革

2.1 地理、行政和人口

安康位于陕西省南部，处北纬 31°42′—33°49′、东经 108°01′—110°12′ 之间。东与湖北郧西地区毗邻，西南分别与重庆的巫溪、城口以及四川省的万源县接壤，西与汉中地区相连，北与西安市、商洛地区为邻。

全市南北长约 240 公里，东西宽约 200 公里，面积 23 391 平方公里。襄渝、阳安、西康铁路、十天、西康高速公路均交汇于此，是连接西北、西南的重要交通枢纽。市区位于市境中心，跨汉江两岸。安康市人民政府驻汉滨区，距省城西安市 376 公里，距首都北京（经焦支线）1 204 公里，是全市政治、经济、文化的中心。

2001 年，安康实现地改市，全市共设 1 区 9 县，即汉滨区、汉阴县、石泉县、宁陕县、紫阳县、岚皋县、平利县、镇坪县、旬阳县、白河县。2010 年，全市共设 3 个街道办事处、109 个镇、88 个乡、2 559 个村民委员会、61 个社区居委会、40 个居委会、18 955 个村民小组、800 个居民小组。

安康是少数民族杂居区，均为迁入者。据 2010 年统计，全市 23 个民族，人口约 304.349 万，其中汉族 301.509 万，少数民族 2.84 万。少数民族以回族人口为最多，约 2.75 万人，再者，满族 300 余人，蒙古族 200 余人，除此，其余均为少数，有的仅有几人。

据陈良学调查考证，安康也有部分人口来自江西、广东、福建的客家移民①，他们零星分布于安康各地，曾在一个较长的时间里对内说客家话，对外说当地强势话，但时至今日，就是老年人，对内也不再讲客家话。

安康地处秦巴山区东段，北靠秦岭主脊，南倚大巴山北坡。以汉水——池河——月河——汉水连线为秦岭和巴山的分段，以北为秦岭，以南为大巴山。汉江由西向东横贯其中，南北两山夹峙，河谷盆地居中。南北高，中间低，西部高，东部低。西部的石泉和汉滨之间有凤凰山隆起，将汉江与月河川道分开，呈“三山夹两川”之势。境内主要山脉有秦岭的东梁、平河梁、月河梁、南羊山和大巴山的化龙山、凤凰山、笔架山；主要河流是汉江及其支流汶水河、池河、恒河、旬河、岚河、大道河、洞河、任河、黄洋河、坝河等。在全市国土面积中，大巴山约占 60%，秦岭约占 40%；山地约占 92.5%，丘陵约占 5.7%，川道坪坝占 1.8%。所以，依据上述数据，安康主要为山地。山脉交错，沟壑纵横，是其基本的地貌特征。

在安康，大的山脉与河流，大多延绵百里和数百余里，即是小的河谷川道，大多也纵深几十里，加之交通的落后，从而形成一个个相互隔绝的独立区域。安康的河谷川道，有的外窄内深，有的前后大山夹峙，并且大多处偏僻之地。这种相互封闭式的山地环境正表现出了安康地貌的又一特征。

① 陈良学：《明清川陕大移民》，页240～320，北京：中国文联出版社，2009年。

2.2 历史沿革

安康是我国历史上一个重要的古文化区和经济区，其历史可上溯到六七千年以前。据近年考古发现，在全市范围内，分布有属于原始社会后期的李家村文化、仰韶文化和龙山文化遗址，说明早在新石器时代，汉江两岸及秦巴腹地原始人类部落就已经星罗棋布。

夏代，安康属梁州。商周时期，安康处巴、蜀、庸、楚、秦诸文化交汇之地，曾相继建立过巴国、蜀国和庸国，安康为庸国封地，史称“上庸”。春秋由于蜀国西迁，巴国日趋强盛，觊觎庸地，庸亦联合百濮伐楚。周匡王二年（前611），楚、巴、秦联合对庸作战，庸国灭亡。

战国时期，秦、楚两国征战连绵，包括安康在内的陕南便成了两国首先争夺的重要区域。前期陕南全境皆属楚国。周赧王三年（前312），秦伐楚，战于丹阳，楚军大败，大将屈匄等70多人被俘，遂取汉中之郡。前305年秦楚和好。赧王十一年（前304），楚怀王与秦昭王结盟，秦还上庸六县（今安康、商洛以及湖北西部）于楚。前279年，秦复伐楚，楚败，割房、金、均三州及汉水之北予秦。秦统一以后，划汉水上游一带为汉中郡，治所西城县（今安康市）。

汉楚之际，安康亦是刘邦与项羽争夺之地。前206年，刘邦大将郦商遣别将攻旬关，定汉中，张良辟谷西城山，东至阳山（现旬阳县旬河东岸）于旬关置长利县，置洵水县，置越州（今安康汉滨区恒口或神仙街），置安阳（现石泉县）。

东汉建武六年（前30），刘秀遣将李通带兵与巴蜀公孙述战于西城，取汉中地，治所改迁南郑。东汉又置西城郡，领西城、安阳、长利县。西城郡辖地为今安康的石泉、宁陕、汉阴、紫阳、汉滨、岚皋、旬阳及商洛的一部分。

三国时期，安康遭曹魏与蜀汉反复争夺，几经易手，至魏黄初二年（221）曹丕取“曹魏兴盛之意”，改西城郡为魏兴郡。其后，魏文帝以汉中遗民在东垂者立荆州，魏兴郡隶属荆州。时魏兴郡12县，辖西城、鄖乡、锡、广城、兴晋、洵阳、上庸、长乐、广昌、安晋、宣汉、延寿12县。

西晋泰始三年（267）分益州立梁州，魏兴郡改属梁州。时今安康境内置魏兴郡、晋昌郡，共辖7县：西城、洵阳、锡、安康、兴晋、长乐、上廉。太康元年（280），为安置巴山一带流民，取“安宁康泰”之意，改安阳县为安康县，“安康”从此得名。

东晋永和三年（347），桓温伐蜀，晋廷增设安康郡。其中魏兴郡领西城、洵阳、兴晋三县；晋昌郡领新兴、东关、吉阳三县；安康郡领安康县和宁都县，三郡皆属梁州。

南北朝时期，安康处于南北两个政权的临界区域，双方征战不断，郡县的更迭亦极频繁。刘宋（420—479）及萧齐（479—502）时代，安康置四郡：魏兴郡、安康郡、晋昌郡、新兴郡。梁天监初年，梁州西部被北魏占领，梁武帝把梁州治所由南郑迁往西城县，并改州名为东梁州，领四郡：金城郡、安康郡、魏宁郡、魏兴郡。梁天监二年（503），梁州刺史翟远投降北魏，东梁州改属北魏。梁大同元年（535）底，北魏东梁州刺史元罗降梁，梁朝又夺回东梁州。梁承圣元年（552）西魏大举伐梁，攻陷魏兴郡（汉西城县），仍以其地置东梁州。西魏废帝（元钦）三年（554）改东梁州为金州（治西城县），魏兴郡及东梁州所属郡县皆属金州。北周初，改淯阳郡为长冈郡，明帝武成二年（560）置洵州，撤魏兴郡设吉安郡，辖丰利、西城二县。北周天和四年（569）西城县更名吉安郡，治于原西城，是年吉安县城始迁于汉水南岸。恢复长冈郡，撤魏昌郡，设宁都郡。

隋朝建立后，开皇三年（583）撤郡，保留金直二州。隋炀帝即位，又改州为郡。大业三年（607）撤州复设西城郡，辖西城、金川（吉安更名）、安康（宁都）、丰利、石泉、洵阳县。隋时的西城郡辖区与今安康地区大略相似。

唐朝又恢复金州名称。太宗贞观元年（627），裁并州县，分全国为十道。玄宗开元二十一年（733）又增设五道，金州初为山南道，后为山南东道。经裁并，金州领西城、平利、洵阳、安康（757 年改名汉阴）、石泉五县，以后虽有更改，但基本态势未变。

五代沿袭唐制，金州先属前蜀，后属后蜀。

北宋初年，将全国的十五道改称十五路，神宗时分为二十三路，徽宗时分为二十六路，时金州属京西南路。淳化五年（994）置京西路安康郡（金州），金州领西城、安康、（今之汉阴）、平利、洵阳、石泉五县。

南宋时期，安康是宋金之间的主要战场，拉锯之战长达十年之久。建炎四年（1130），宋廷调整行政区划，金州属利州东路，置县不变。绍兴二年（1132）汉阴县治由汉水边北迁至今月河川道，即今之县城——新店。

南宋绍定三年（1230）蒙古军兴兵南下，绍定四年（1231），蒙古拖雷率军进入陕南，极尽杀戮，安康人口由宋崇宁年间的 198 180 人跌至 2 768 人。

元朝时期，金州隶属陕西行省，归兴元路（治汉中）管辖。撤销附郭西城县，将平利、洵阳、汉阴、石泉的县级建制降为巡检司。金州领平利、洵阳、汉阴、石泉四巡检司。此时白河县亦复归金州。元时的金州领地与现安康地区相当。

明朝初期，金州极为荒僻，“千里无复人烟”。明初，避祸乱进入巴山老林者日众，明廷乃立兴安寨命功臣驻防开屯，始建州治，仍为金州，洪武三年（1370）恢复洵阳县（辖今洵阳、白河、郧西金钱河以西地带并领闾关、三岔巡检司）、平利县（治老县，领镇坪巡检司）、石泉县（领饶峰巡检司）、汉阴县（复辖西城地带），至此，金州领四县四巡检司。洪武四年（1371）守御所指挥李琛始建州城。万历十三年（1583）特大洪水袭击金州，居民溺死无数，庐舍荡然无存，分守道参议刘致中请改城址，筑新城于赵台山下（原城南二里处），金州由此更名为兴安州。

清朝沿用明制，安康仍称兴安州。顺治四年（1647）还治旧城，置兴安总镇，理汉中府、兴安州及镇安、山阳二县军务。撤镇坪、闾关、饶峰三巡检司，归其所领之县。顺治十八年（1661）分陕西布政司为二，兴安州属陕西左布政司管辖。乾隆四十七年（1782），兴安州升为府，称兴安府，以原兴安州并汉阴地在府地设县，称安康县。次年，分石泉县北部地置五郎厅（治今宁陕龙王坪），至嘉庆五年（1800）更名宁陕厅，治老城。乾隆五十五年（1790）分安康县地设汉阴厅，辖原境。道光二年（1822）分安康县南部地设砖坪厅（治现岚皋城关）。至此，兴安府辖安康县、洵阳县、白河县、平利县、石泉县、紫阳县、汉阴厅、砖坪厅、宁陕厅，计六县三厅，与现安康市区划基本接近。

至中华民国，1913年安康复设汉阴县，新设岚皋县、宁陕县，属陕西省汉中道。1933年废道，10县隶属于陕西省。1935年陕西省又在原兴安府范围内设第五行政督察专员公署，下辖安康、洵阳、白河、平利、汉阴、石泉、紫阳、岚皋、镇坪、宁陕10县。至此，安康地区行政格局形成，一直延续至今。

1949年和1950年初，安康各县陆续获得解放，1949年12月改设陕甘宁边区安康分区行政督察专员公署，隶属陕西省。1951年元月改称陕西省人民政府安康专员公署。2001年元月，改为地级市政府。

从以上安康市的历史进程看，由于安康处于东西南北交汇之地，所以一直伴随着不断的区域之争。战争的爆发，归属的更迭，其中以战国、魏晋南北朝和宋金元时期最为频繁。正因如此，历史上尽管没有留下完整的资料予以佐证，但我们可以肯定，这里的人口变动较我国其他区域也是最为频繁的。也正因如此，我们完全可以做出这样的判断——历史上这里的语言变化较之于我国其他区域也是最为频繁的，因为人口的变化也必然带来语言上的变化。

三　安康方言研究

安康对汉语语音研究可上溯至南宋时期，日本宫内厅书陵部（日本天皇私人图书馆）所藏南宋孝宗淳熙十四年田世卿安康金州军刊本《集韵》就是这一时期最辉煌的成果。据鲁国尧2007年在第四届官话方言（安康）国际学术研讨会上讲，他在日本讲学专此细阅过这本《集韵》，认为这部韵书较之于我国另两部南宋潭州刻本和南宋明州刊本都要完善，是安康对我国语音研究的一大贡献。只是对安康方言的全面研究却是中华人民共和国成立以后的事情，之前一直未有任何可供参考的资料。

3.1　早期的安康方言研究

迄今为止，我们所看到的最早的安康方言资料是1960年8月由陕西省方言调查指导组、陕西省教育厅编写的《陕西方言概况》，编写人员有杨春霖、薛生民、马学瑞等，该书主要以《关中方言调查报告》为基础，对陕南、陕北作了一些补充调查，将陕西方言划分为陕北、关中和陕南三个方言区，其中陕南话又再区分为“安凤话”“汉褒话”“紫黎话”“石岚话”“白河话”五个次分区，用130个代表字作了记音对照，从声、韵、调三个方面描述了它们的方言特点。遗憾的是对包括安康方言在内的陕南方言记音粗糙，未能准确反映安康方言语音的真实面貌。例如，该书把白河话单独列为一类，提出白河话有24个声母，40个韵母，4个声调，却并没有具体列出它的声母和韵母，更没有对声、韵、调特点进行归纳和描写。

3.2　80年代末至2000年的安康方言研究

80年代末到2000年是安康方言研究的兴起阶段。一是安康方言引起了我国专家学者的关注，相继出版和发表涉及安康方言的著作和论文有：张盛裕、张成材的《陕甘宁青四省区汉语方言的分区》（《方言》1986年第2期）、翟时雨的

《陕西省南部地区方言归属》(《方言》1987 年第 1 期)、孙立新的《陕南方言亲属称谓的异读别称》(《中国语文》1986 年第 5 期)、《陕南方言略说》(《方言》1998 年第 2 期)、《陕南方言构词特点》(《陕西史志》1997 年第 5 期)、宋文程、张维佳的《陕西方言与普通话》(陕西人民出版社,1993)、丁力的《安康方言中的"很"字结构》(《汉中师范学院学报》1990 年第 4 期)、《安康方言中的 V 开 NP 了结构》(《湖北大学学报》1995 年第 6 期)、《安康方言中的 V 开(NP)了和 V 起(NP)了句式》(《汉中师范学院学报》1988 年第 1 期)、杨晓安的《白河方言的成因》(《人文地理》1995 年第 2 期)、《普通话基础方言基本词汇集》(白河)(语文出版社,1996)。这一时期的论著除张盛裕、张成材的《陕甘宁青四省区汉语方言的分区》和翟时雨的《陕西省南部地区方言归属》两篇文章在讨论方言归属与分布以外,其他讨论的问题大多为安康方言的词汇和语法。调查区域也主要集中于铁路和公路沿线,尚未涉及安康后山区域的江淮官话、湘语和赣语。

二是安康人自己开始关注自己母语的特征。如《安康日报》和安康县教研室主办的《教学研究》等有关期刊上,相继刊出了一些研究安康方言的文章。比如王忠明、周本立的《安康叶坪方言初探》(1987)、张德新的《安康方言的演变与历史上经济活动的关系》(1994)、杨克的《安康方言与元杂剧》《海纳百川的安康话》(2000)、谭万森的《有趣的八仙话》、赵久刚的《白河方言趣谈》。从内容上看,安康人的研究尽管大多还局限在安康方言的词汇上,但已经显露出了它的研究势头,对安康方言的研究已经激起了安康本地人的极大兴趣。

这一阶段,还值得一提的是,安康各县在《县志》的编写中按体例要求全都增加了"方言"专章,其中较好的有:《汉阴县志》(张德新 1991)、《岚皋县志》(张德新 1993)、《旬阳县志》(张德新 1996)、《紫阳县志》(樊光春 1989)、《安康县志》(杨克 1989)。

3.3 2001 年以后的安康方言研究

2002 年 4 月,陕西方言研究随着陕西师范大学"西北方言与民俗研究中心"的成立,以邢向东和胡安顺教授为核心,围绕陕西重点方言以及相关的国家课题的研究,安康方言研究也迎来了一个迅猛发展时期,取得了举世瞩目的成绩。

邢向东的研究:《陕西省的汉语方言》(《方言》2007 年第 4 期)、《论陕南方言的调查研究》(《西北大学学报》2007 年第 3 期)。这两篇文章从宏观的角度讨论了陕南的方言问题，认为陕南地区蕴藏着极其丰富的方言资源，应予以着力发掘，指出今后的研究应在摸清陕南方言分布和归属的基础上，进一步向深度发展，如所表现出来的方言接触理论、地理语言学研究、移民历史与方言描写的互相结合和互相印证、方言威信与方言演变的方向、方言交融与文化交融的关系等等。

郭沈青的研究:《陕南西南官话的内部差异与归属》(《方言》2006 年第 2 期)、《陕南中原官话的性质与归属》(《语文研究》2006 年第 4 期)、《陕南客伙话的性质和归属》(《中国语文》2006 年第 6 期)、《陕南江淮官话的特点与成因》(《西北大学学报》2007 年第 4 期)、《陕南赣语方言岛》(《方言》2008 年第 1 期)。郭沈青自 2002 年起十几年来一直执着于陕南方言的研究，他的文章善于通过大量的方言语料和历史文献资料，通过历史上的行政归属、人口变迁来论证陕南所存在的客伙话——江淮官话、下河话、江南话、赣语。他的研究不但在方言学界产生了一定的影响，同时也对安康方言的研究也起到了积极的促进作用。

周政的研究：专著《平利方言调查研究》(中华书局，2009)，该书对平利方言的语言现象和方言间的接触进行共时描写和历时探源，多视角的解释了平利的方言问题，从而提炼出具有一定普遍意义的理论观点。钱曾怡在序中说:“书稿很长洋洋数十万言，从地理历史人口到移民和方言形成，从语音到词汇语法再到语料记音，从平面描写到共时、历时比较，详细地描绘了平利方言全貌，丰富而鲜活的语料揭示出这个处于江淮、西南、中原三个官话地区之交的方言错综复杂的情况。平利这个混合型方言的许多特点，诸如亲属称谓、词缀、语气词的兼收并蓄，动词体貌的多种表现形式，特色明显的补语及其多种格式，等等，都使我开了眼界，受益良多。”该书将平利方言研究同陕南的战争和移民历史的考察结合起来，通过多方的文史资料，特别是通过大量的族谱、家谱以及可靠的口头资料阐释了平利历史与方言之间的关系。论文:《陕西平利话的归属》(《陕西教育学院学报》2002 年第 3 期)、《安康方言的人称代词》(《西北方言与民俗研究论丛》一，中国社会科学出版社，2004)、《安康方言内部分区概说》(陈学超:《国际汉学集刊》中国社会科学出版社，2004)、《陕西平利洛河方言同音字汇》(《方言》2005 年第 4 期)、《平利方言的情态语气词》(《安康师专学报》2006 年第 1 期)、《关于安康方言分区的再调查》(《方言》2006 年第 2 期)、《平利话形容词的生动形式》(《安康师专学报》2006 年第 6 期)、《平利话补语格式的考察与分析》

(《西北方言与民俗研究论丛》二，中国社会科学出版社，2006)、《镇坪钟宝方言同音字汇》(《安康学院学报》2007 年第 2 期)、《陕西平利方言几个表否定的词语及相关格式》(《安康学院学报》2007 年第 3 期)、《陕南平利方言的“子”尾词》(《语文研究》2007 年第 3 期)、《陕西安康方言的混合特征》(《方言》2007 年第 3 期)、《“嫁嫂”与陕南紫阳话》(《安康学院学报》2008 年第 6 期)、《陕南方言的标准问题》(《安康学院学报》2009 年第 2 期)、《镇坪八仙方言的“哒”》(《咸阳师范学院学报》2009 年第 1 期)、《安康市汉滨区县河话音系研究》(《安康学院学报》2009 年第 6 期)、《陕西镇坪方言的内部差异》(《方言》2010 年第 4 期)、《安康湘语的区域分布及内部差异》(《安康学院学报》2010 年第 5 期)、《陕西汉中市汉台方言同音字汇》(《安康学院学报》2012 年第 3 期)、《陕西汉阴田禾方言同音字汇》(《安康学院学报》2012 年第 4 期)、《陕南混合方言韵母和声调的演变》(《汉语学报》2013 年第 3 期)、《陕西宁陕江口回民方言的混合特征》(《安康学院学报》2013 年第 4 期)、《陕南混合方言知庄章组字的今读类型与历史层次》(《语言科学》2014 年第 2 期)、《陕西安康方言的词汇融合》(《咸阳师范学院学报》2013 年第 5 期)、《陕西西乡方言的语音差异及混合特征》(《安康学院学报》2014 年第 1 期)、《略论安康方言今后的演变趋向》(《安康学院学报》2014 年第 2 期)。周政的论文范围广泛，既讨论了安康各方言的归属和分布，也讨论了安康方言在接触中所表现出来的历史层次，除语音以外，还较深入的研究了安康方言的词汇和语法特征。其中 2002 年发表的《陕西平利话的归属》，以大量的语言事实首次提出安康存在着江淮官话，得到了学界的肯定和支持。

张德新的研究:《安康方言的演变与历史上经济活动的关系》(《语言研究》1994 年增刊)、《陕南湘语的演变趋向》(1995)、《安康方言的演变》(《语言研究》1994 年增刊)、《汉阴方言语法研究》(《安康学院学报》2006 年第 1 期)、《陕南湘语的文白异读》(《安康师专学报》2006 年第 3 期)、《安康方言的南北融合现象》(《安康学院学报》2006 年第 6 期)、《陕西汉阴蒲溪方言音系研究》(《安康学院学报》2007 年第 1 期)、《陕西安康方言音系》(《安康学院学报》2007 年第 5 期)、《紫阳城关方言音系研究》(《安康学院学报》2008 年第 1 期)、《宁陕城关方言音系研究》(《安康学院学报》2008 年第 6 期)、《石泉城关方言同音字汇研究》(《安康学院学报》2009 年第 1 期)、《陕西汉阴方言的语音特点及内部差异》(《安康学院学报》，2012 年第 1 期)、《汉阴方言的历史层次》(《安康学院学报》2012

年第4期)。张德新论文的突出贡献主要在安康湘语的讨论上,他第一次以大量的语言事实提出安康存在着湘语,引起了学界的关注。

柯西钢的研究:专著《白河方言调查研究》(中华书局,2013)。白河县处于安康市的东部,历史上的移民使得该县的前山和后山具有显著的方言差别,该书从白河方言的形成、前山与后山两个方言代表点的语音系统、比较音韵、白河方言词汇、分类词表、白河方言语法以及白河方言的标音举例等方面,较为详细地描绘了白河方言的全貌。论文主要有:《白河方言声调略说》(《安康师专学报》2004年第5期)、《白河方言的内部差异及其形成原因》(《陕西师大继续教育学报》2007年第3期)、《汉江上游鄂北片方言的地理格局及混合性特征》(《方言》2010年第1期)、《陕西白河城关方言音系》(日本早稻田大学《中国语学研究·开篇》2009年第28期)。

此外还有许多重要论文。关于赣语研究的有:周海霞《牛蹄乡赣语方言岛同音字汇》(《安康学院学报》2010年第2期)、《安康市牛蹄乡赣语两字组变调的音系学解释》(《安康学院学报》2011年第6期)、《牛蹄乡赣语方言岛方言的小称研究》(《安康学院学报》2013年第2期);杨运庚《牛蹄赣语方言中ABB式状貌词的特点初探》(《安康学院学报》2007年第6期)、《安康市牛蹄赣语方言岛的ABB式状态形容词论析》(《现代语文》2009年第3期)、《牛蹄赣语方言岛方言的副词》(《安康学院学报》2011年第5期)。

关于语音和语法层面交叉的有:杨静《安康城区方言中的副词》(《安康学院学报》2007年第4期)、《安康方言名词的重叠式》(《安康学院学报》2008年第1期)、《安康城区方言的重叠式》(《语言科学》2008年第2期)、《安康方言形容词的重叠式》(《安康学院学报》2008年第3期)、《安康汉滨区方言的体貌系统》(《安康学院学报》,2009年第2期)、《安康方言中兼表完成体意义的几个动词》(《安康学院学报》2009年第4期)、《从疑问句看安康汉滨区方言的混合特征》(《安康学院学报》2010年第5期)、《安康汉滨方言的句末助词"在"》(《安康学院学报》2012年第5期);赵桃《安康方言的变异现象》(《安康师专学报》2000年第4期)、《安康方言的几种特殊句式》(《安康师专学报》2002年第4期);李婷《旬阳城关方言音系研究》(《安康学院学报》2011年第2期)、《旬阳方言同音字汇》(《安康学院学报》2014年第2期)。

关于词汇的有:华开锋《旬阳方言词语》(语文出版社,2008);史丰《石泉方言的疑问代词》(《安康学院学报》2009 年第 2 期)、《石泉方言中的一组偏正式短语词》(《安康学院学报》2008 年第 1 期)、《石泉方言的助词》(《安康学院学报》2010 年第 5 期)、《石泉方言的副词》(《安康学院学报》, 2009 年第 4 期);赵桃《安康城区方言新、老派之间的词汇差异》(《安康学院学报》2008 年第 2 期);李婷《安康汉滨方言的“到”》(安康学院学报 2009 年第 6 期)、《髦角子(儿)考》(《安康学院学报》2010 年第 1 期);李霞《镇坪县方言地名的语言文化信息解读》(《安康学院学报》2008 年第 3 期);余海章、戴承元《在紫阳民歌演唱中》(《安康学院学报》2007 年第 5 期)、《紫阳民歌中的方言词语解读》(《安康学院学报》2007 年第 6 期)。

这些论文,材料占有全面,反映问题客观且深入,明显表现出了陕南人自己的研究优势。如张德新提出汉阴存在湘语;周海霞、杨运庚继郭沈青之后进一步论证了安康牛蹄赣语方言岛的语言特征等。

总的说,这一时期的方言研究不但摸清了安康方言的分布和归属,最大限度地挖掘了安康的方言事实,并在方言的接触问题上也做了有益的探讨,为我国的汉语研究提供了可靠、准确的第一手材料。

四 标音

本书字音用国际音标音位标音法标注。

调值采用通行的五度标调法,用数字标在音标的右上角,如:诗[ʂʅ^{31}]、时[ʂʅ^{52}]、使[ʂʅ^{445}]、试[ʂʅ^{214}]、是[ʂʅ^{22}]。

调类用传统的发圈法表示,符号如下:

阴平꜀口 阳平꜁口 上声꜂口 去声口꜄/阴去口꜄ 阳去口꜅

有音无字的音节用“口”代替,“~”代替例字。字的右上角加“=”表示同音代替字。

字下加“__”表示白读音,字下加“═”表示文读音。

举例时,“/”表示“或”,“|”表示“和”,“( )”表示可以不出现。

引用他人著作的标音,依照原文标记调值者,随文说明。

第二章　安康方言的历史成因

安康处我国中部，北靠秦岭，南依巴山，是一个相对封闭和独立的自然区域，所以这里的各个方面都显得十分统一而密不可分。经调查，安康所属十县区，在方言的形成上大都具有相同的历史地理上的原因。

一　宋金元战争与安康中原官话区的形成

安康，东接襄沔，西达梁洋，南通巴蜀，北控商虢。由于地理上具有南北迂回的战略价值，所以历史上一直被反复争夺。南宋张浚在《蜀疏言》中写道："汉中（安康时属利州东路）实形势之地，前控六路之师，后据两川之粟，左通荆襄之财，右出秦陇之马，号令中原，必基于此。"[①]张浚的这段话，十分精要地说出了陕南之所以被历代兵家争夺的重要原因。

宋代的靖康之乱，引发了我国历史上继永嘉、安史之乱之后的第三次人口南迁浪潮。1127 年金兵攻陷汴京后，继之转攻陕西，致使大批西北及关中百姓向南逃至陕南，一旦战事紧逼，继之又与汉水人一起继续向南逃逸。这场旷日持久的战争，使得安康人口遭遇自宋以来第一次严重减员。据《宋会要辑稿》"食货"（六一之八二）称，宋金时的金州是"残敝特甚，户口无几"。"绍兴和议"之后，时任金州知州的郭浩，利用战争空隙招集流亡开垦荒田，在月河川道一带实行军队屯田、营田，且耕且战。这种政策，极其有效地留住了南逃的关中流民。

继之宋绍定三年（1230），蒙古拖雷率军入陕西，再次促使大批的关中移民逃向汉中和安康。绍定四年，拖雷实施成吉思汗假道于宋的迂回战略，逾大散

① 陈邦瞻：《宋史纪事本末》，北京：中华书局，1977年。

关，破凤州，屠洋州，围兴元，继而合兵破饶风关。是年由金州（今陕西安康）而东，渡汉水攻金。蒙古军自攻陷金州后，极尽杀戮，使得本已遭受严重破坏的安康再次承受空前绝后的灾难。

据鲁西奇考证，宋崇宁元年的陕南人口为94.6435万人，其中汉中52.8870万，安康19.8180万，商洛21.9385万。到元代，径直跌至29 862人，其中汉中跌至21 875人，商洛跌至5 219人。安康最为严重，仅存2 768人，人口密度仅为0.12，处汉水流域最低线，除月河川道和汉江两岸尚存人口以外，大面积的山区几乎人烟断绝。至元八年（1271），安康因人口稀少被降为散州而划归兴元路[①]。

以上所述都十分有力地说明了导致陕南人口急剧减员的最主要原因是战争，使得23 391平方公里的安康几乎成为无人之地。如果要解释关中方言为何能越过海拔2 000余米险峻陡峭的秦岭而到陕南继而形成多个中原官话区域，那么宋金元战争的驱使应该算是最主要的原因。另外，元世祖在建国之后又将金州划归陕西行省，从行政上又更加确立了陕南与关中的隶属关系。所以，如果没有宋金元之间两次自北而南的旷世战争，如果没有行政上隶属关系的建立，我们完全可以断定，有着险峻陡峭的秦岭阻隔，处于富庶地带的中原官话是不可能大规模地带往山区地带的陕南而形成多个大小不一的方言岛的。

二　明清移民与安康西南官话区的形成

安康的西南官话主要分布于安康西南部的镇坪、岚皋、紫阳、石泉和宁陕。对于安康西南官话区的形成，依据安康与四川、重庆的地缘关系以及相关的历史资料，其中有两个基本因素是客观存在的：第一，安康的紫阳、岚皋、镇坪分别与西南官话区的四川、重庆接壤，因川陕之间的通道之便，自古以来人口往来频繁，陕南一直处于成渝方言的辐射范围之内，尽管安康多次遭遇人口耗减之灾，但安康西南部操成渝方言的土著人并未断绝，他们藏匿于秦岭、巴山深处，有效地保留住了西南官话的语言基础。第二，安康明清之际所接收的外地移民，尽管以明代的荆襄流民和清代的湖广移民为最大规模，但同时也客观存在着北漂而来

① 鲁西奇：《区域历史地理研究：对象与方法——汉水流域的个案考察》，页337、350，南宁：广西人民出版社，2000年。

的四川、重庆流民，他们的附籍繁衍，保证了西南官话的强势地位。对此，历史资料也有相应的记载。

道光《紫阳县志》卷三："旧志明正德辛未岁，蓝大中丞章苏分守乾边分巡亿建议改紫阳堡为县，当收抚土著老户三十七家，分金州、汉阴县一百一十户，编为五里，曰镇江，曰任河，曰清水，曰靖宁，曰东明。……乾隆四十余年，男妇大小二万五千六百九十丁口。道光十八年册报男妇大小一十二万七千八百二十九丁口。"①

道光《宁陕厅志》："本朝定鼎初，山林未开，人烟稀疏，户口零落。乾隆四十八年（1783），厅治草创。嘉庆年间，又相寻以兵燹，流离失所者不可胜道。道光八年，清编册籍，详审多寡，共得户二万三千有奇，口一十一万五千有奇，休食生息，渐以滋盛焉。""全厅人中楚蜀人占十之五六，江西、湖南、两广、山西、河南人十之二三，土著者十之一二。"②

道光《石泉县志》："夫石邑地当冲途，鼎革之际，七遭兵燹，仅存七百余户。我朝休养生息，至乾隆初年，生齿渐繁。三十七、八年间，川楚欠收，穷民就食来陕，棲谷依岩，开垦度日。……于是，户口骤增数倍，迄今安居乐业，悉为土著矣。"至道光二十九年（1849），石泉县已有 11 657 户，74 103 人。③

《三省边防备览》：安康县砖坪厅，原也地广人稀，嘉庆中，楚蜀流民大量迁入，人口骤增。嘉庆 25 年（1820），秦、楚、蜀大吏会奏砖坪设厅时，编入保甲土客已达 1.9 万余户，11 万余口。④

民国《镇坪县新编简要志》："乾隆时自设巡检而后，领荒开垦者不足八十户。迨嘉庆年间，川鄂之人懋迁来此取籍者，约八千余户，清道光间……共一万零二百户，九万四千八百口。"民国三十三年二月，镇坪对全县人口源流进行普查，2 819 户之中，土著 32 户，四川迁来者 815 户。⑤

除上面所说的两个因素以外，清代的农民起义为陕南西南官话区的形成也奠定了一定的基础。据记载，陕南自清嘉庆元年（1796）至同治二年（1863），川

---

① 陈僅、吴纯修、施鸣鑾、张濂纂：《道光紫阳县志》（食货志·户口），光绪八年（1882）吴世泽补刻本。

② 林一铭：《宁陕厅志》卷二（户口），道光乙丑秋镌本。

③ 舒均：《石泉县志》卷二（卷二户口志第五），道光二十九年刊本。

④ 严如熤：《三省边防备览》卷一一《策略》，道光二年刻本。

⑤ 民国《镇坪县新编简要志》，民国三十三年（手写本）。

陕鄂一带相继经历了白莲教起义、太平军西征陕南、川滇农民军攻入陕南三次大的战争，这三次战争都得到了川陕一带农民的呼应与参与，其中直接源自四川的义军就有两支。一支是清嘉庆元年（1796）八月源自川北东乡（宣汉）、达州的白莲教聚众起义，是年十一月教军首领徐天德率部入陕，先后攻拔紫阳、平利，逼近兴安府城。另一支是源自清咸丰、同治年间的四川邓天王、云南李永和、兰大顺（朝柱）、兰二顺（鼎柱）的农民起义，同治元年（1862）四月，义军兵分五路攻入陕南，其中一、二、三、五路转战于陕南西部，四路由郭均福（郭刀刀）率领，转战于陕南东部兴安地区，五路义军先后攻拔汉中的佛坪、洋县、西乡、城固、汉台和安康的紫阳、宁陕、砖坪等地。以上两支义军最终都遭遇了失败，余军散去，大都藏匿落户于陕南。①

仅以上面的历史记载，就可说明与四川、重庆交界的紫阳、岚皋、镇坪以及相连的石泉、宁陕等县，原本就有土著之民的存留，再加上明清之际因灾害和战争前来附籍的四川流民和战后落脚的散兵，有了他们的语言基础，不但保证了西南官话在安康的基本范围，并且还影响着湖广移民本占优势的岚皋、石泉和宁陕，致使这片区域时至今天仍未改变西南官话的声调特征。

三　清代移民与安康江淮官话区及湘、赣方言岛的形成

安康虽然经过明中叶以来的荆襄移民，但相对于广袤的山区而言，并不算多，加之后来明末清初之间的战乱不断，其人口仍一直处于低谷。比如：

平利。地处湖北、兴安接壤之处，川坝如串珠，至康熙五十年时，人口仅492户、1 913人。②其凋敝程度被《兴安州志》描写为“虎鹿为祟，逋负与白河等”。③

汉阴。时至康熙，“民死于锋镝、饥馑、瘟疫者十分之五”。④

石泉。至康熙二十六年，“民户杂役等户，昔年一万五百户，叠经杀掳，今止存五百五十一户；男妇昔年四万三千口，今叠经掳掠，止存二千九十八口”。⑤

① 《安康地区志》，页1079～1087，西安：陕西人民出版社，2004年。
② 李联芳：《续修平利县志》卷四《户口》，光绪二十三年丁酉（1897）孟夏上澣刻本。
③ 王希舜：《兴安州志》卷一（建置沿革志），康熙三十四年刻本。
④ 钱鹤年：《汉阴厅志》卷九《艺文志·上》，嘉庆版。
⑤ 张峻迹：《石泉县志》，清康熙二十六年刻本。

紫阳。明正德七年紫阳置县之时，居民仅 147 户、957 人，至康熙二十三年（1684）才增至 1 507 人。“赋税不足以备糇粮，丁夫不足以供役使。”“民之卜于山阿水涘者，诛茅为屋，如晨星落落。求所谓三家村者，无有焉。”①

镇坪。至明末清初，“遭张献忠、李自成之乱，其死于锋镝以及逃亡，其孑遗幸存者盖已无几矣”。②

康熙时任兴安知州的王希舜在《兴安州志》曾这样描述安康南宋至清初人口的耗减状况，“宋末金人冲突，汉上民死于奔窜者十之二三。元季至元辛卯之冬，红巾军肆虐。啸聚剽掠，民死于锋镝者，十之四五。有明天启、崇祯之间，巨寇十有三家，盘据山河，往来蹂躏一二十年，白骨山积，烟火断绝。民死于屠戮者，十之八九”。③

据陈良学考证，清前期，由于各级清政府的“圈地”和“迁界”以及湖北的连年水灾，导致大批农民流离失所，“湖广填四川”的移民潮便由此爆发。按其地理位置，陕南是湖广移民迁往四川的最佳通道，加之本身又拥有大片荒芜之地，所以陕南也自然成了接纳湖广移民的重要区域。自乾隆初年起，一批以鄂、皖、赣流民为主体的流民率先进入鄂西北山区，然后溯汉水西上，至乾隆二十七八年（1762—1763），流民不但遍布安康各县，甚至延伸至平均海拔 1200 米左右的商洛镇安和柞水。对于这种状况，清乾隆二十五年，周人骥曾上书乾隆皇帝：“各省流寓民人，入川者甚多，请设法限制。”乾隆不准，认为：“国家承平日久，生齿繁庶，小民自量本籍生计难以自资，不得不就他处营生糊口，此乃情理之常。”④

对这次移民，严如熤的《三省山内风土杂识》曾作如是描述：“流民之入山者，北则取道西安、凤翔，东则取道商州、郧阳，西南则取道重庆、夔府、宜昌，扶老携幼，千百为群，到处络绎不绝。不由大路，不下客寓，夜在沿途之祠庙、岩屋或密林中住宿，取石支锅，拾柴做饭。遇有乡贯便寄住，写地开垦，伐木支椽，上覆茅草，仅避风雨。借杂粮数石做种，数年有收，典当山地，方渐次筑土屋数板，否则仍徙他处，故统谓之‘棚民’。”⑤

---

① 沈麟：《紫阳县新志》（赋役志、山川志），清康熙二十七年刻本。

② 《镇坪县志》卷九，民国三十三年手稿本。

③ 《兴安州志》康熙三十四年刻本（卷二）“户口志：附里甲”。

④ 《清高宗纯皇帝实录》卷六〇五。

⑤ 严如熤：《三省山内风土杂识》，丛书集成初编本。

这次移民对陕南人口的结构带来了巨大变化。据萧正洪考证统计，在陕南三府州中，兴安府的人口增长幅度最大，增加13.67倍；商州次之，增加7.76倍；汉中府最低，增加3.76倍。[①]鲁西奇的考证也得到同样的结论，陕南到清代嘉庆末年（1820年前后），安康人口为121.4239万、商洛60.1986万、汉中126.1337万。彻底改变了西部的汉中人口密度一向远远高于东部安康、商洛的格局。[②]

关于陕南移民的来源，严如熤在《三省边防备览》里曾有一个总体估计，认为“土著之民十无一二，湖广客籍约有五分，广东、安徽、江西各省约有三四分”。[③]经笔者对商洛、安康以及周边的竹溪、竹山、万源、达州的考察，也都表明两湖和皖西南一带是其移民的主要来源地。

另据《湖广移民与陕南开发》作者陈良学的实地考察，其中有三处移民对安康方言格局的形成起着至关重要的作用：一是湖北鄂东黄麻地区，考其接触到的族谱，共有33个姓氏分别来自于鄂东的英山、罗田、黄冈、黄安、浠水、蕲水、黄州、黄梅、麻城、孝感、獭河、魁星、麻邑等51个不同区域。二是皖西南地区，共有26个姓氏分别来自该区域的安庆、太湖、潜山、怀宁、宿松、岳西、桐城、贵池、寿州、庐江、霍山、金寨、六安等30个不同区域。三是湖南长沙、湘潭地区，共有29个姓氏分别来自该区域的善化、长沙、宁乡、浏阳、湘潭、湘乡、新化、安化、茶陵、益阳等40个不同区域。虽说也间杂有其他省地的移民，但以三处移民规模最大，其中湖北鄂东和皖西南的移民几乎遍及安康每个县乡，所到之处都可随意找到自称祖籍是“湖北麻城孝感乡”的人。而湖南长沙、湘潭移民则大多集中居住于安康的汉阴、石泉以及汉滨的西北部的沈坝、双溪和铁路坝。除此之外，来自江西赣北地区和徽州地区的移民大多集中于汉滨西部的牛蹄乡、石泉东北部的迎丰镇以及紫阳东北部的汉王城一带。[④]

如此大规模的湖广移民，由于安康地旷人空，移民源流相对集中并又都取向后山一带，这样不仅在安康境内形成了江淮方言片和湘、赣方言岛，还对原有的

① 萧正洪：《清代陕南种植业的盛衰及其原因》，《中国农史》1988年第4期。

② 鲁西奇：《区域历史地理研究：对象与方言——汉水流域的个案考察》，页337、350、429、435，南宁：广西人民出版社，2000年。

③ 严如熤：《三省边防备览》卷一一《策略》，道光二年刻本。

④ 陈良学：《明清川陕大移民》，页98～137，北京：中国文联出版社，2009年。

西南官话和先于传入安康的中原官话也带来了巨大冲击。比如现代安康西南官话区的部分县、乡、镇的通三入（屋三烛）见组声母读 tʂ 等，中古遇合一、蟹合一三、止合三、山合一、臻合一端组合口变开口，都与江淮官话长期的影响与渗透有关。这种特点在这些区域里直到现在都还完整的保留着。

第三章　安康方言的分布及其特征

一　安康方言的分布

中国社会科学院、澳大利亚人文学院 1987 版《中国语言地图集》将现安康市汉滨区（原安康县）方言划归中原官话关中片，将旬阳方言划归中原官话秦陇片，将紫阳、岚皋、宁陕、石泉、汉阴、平利、镇坪 7 县方言划归西南官话成渝片。

据近年调查发现，安康不仅存在中原官话、西南官话、江淮官话，而且还存在湘语和赣语，同时还有中原官话与江淮官话、西南官话与江淮官话、西南官话与湘语因接触而形成的混合方言片。为清楚反映安康方言的整体格局和层次状况，本书在调查的基础上首先以入声字的今调类、去声是否分阴阳将大的方言区界定出来，将混合程度相对轻微的称为核心区，将混合程度严重的乃至改变方言性质的称为混合区。其分布状况如下：

1.1　中原官话的分布

安康中原官话区实为以汉江两岸为基本范围而形成的一个较大的方言岛，以安康市人民政府所在地汉滨区城关话为代表方言，主要分布于流水镇以东、白河县城以西（包括旬阳在内）的汉江两岸以及汉江北部的月河川道。人数约 125 万，约占全市总人口的 41%。共同特征是古清入、次浊入今读阴平，全浊入今读阳平。

1.1.1　核心区

（1）汉滨片。该片以汉滨城关话为代表，主要分布于汉滨境内汉江两岸和月河川道，包括汉滨城关、恒口、大同、富强、花园、五里、建民、河西、关庙、张滩、石梯等 13 个乡镇。该片知庄章组合口读开口，声母相应读唇齿音［pf、 pfʰ、f、v]。

（2）旬阳片。该片以旬阳城关话为代表，主要分布于旬阳境内汉江南北的浅山地带，包括旬阳城关、吕河、神河、段家河、桂花、白柳、甘溪、赵湾、张坪、构元、棕溪、关口、麻坪等，共 14 个乡镇。该片知三章组字读 ʦ 组并独有一套［ɥ］类韵母。

1.1.2 **混合区**

根据内部特征和与周边方言的接触程度分为县洪片、白河片和宁陕江口回民镇片。

（1）县洪片。该片以汉滨县河乡话为代表，主要分布于汉滨区境内汉江南北的浅山地带，与处于中心地带的汉滨城关、恒口、五里、关庙、张滩等乡镇成不规则的包围之形，其中包括县河、洪山、迎风、玉岚、瀛湖、吉河、流水、南溪、香山、晏坝、田坝、石转、梅子铺、大河、谭坝、茨沟、共进、前进、早阳、关家等，共 20 个乡镇。

该片①知庄章组合口读开口，声母相应读唇齿音［pf、pfʰ、f、v］。②效摄、山摄、咸摄庄组开口二等字、假摄、江摄觉韵知庄组开口二等字，以及止摄“禅”母、蟹摄“生”母合口、深摄、臻摄、曾摄等“生”母开口字声母读［ʦ］等，如“沙”sa、“茶”ʦʰa。③庄组开口三等字（宕摄除外）、合口三等遇通摄字声母读［ts］组，如“锄”ʦʰou、“数”sou、“师”sɿ。④遇摄、山摄精组、见系合口三四等字韵母读［y］，如“蛆”ʨʰy、“序”ɕy。⑤深臻曾梗摄舒声混，收［n］尾，如“冰”pin。⑥遇摄端系模、姥、暮韵及庄组鱼虞韵字与流摄侯、厚、候韵合流，读［ou］，如“图”tʰou、“土”tʰou。⑦果摄帮组、通摄入明母字，读不圆唇央中元音［ə］和读圆唇后半高元音［o］并存，如“波”pə、“木”mo。⑧蟹摄合口一三等与止摄合口三等端系字全读［ei］，如“脆”ʦʰei、“岁”sei。⑨声调 4 个，古入声全清、次浊归阴平，全浊归阳平。9 个特点中，①②④⑨与安康中原官话特点同，③⑤⑥⑦⑧与安康江淮官话特点同，据此该片方言属于后入湖广移民的江淮官话与先其扩散至此的中原官话混合而成。

（2）白河片。该片以白河城关话为代表，主要分布于白河县城关、麻虎、冷水、大双、仓上、中厂、构朳等 7 个乡镇。

该片①遇臻摄合口三等知章组、蟹摄合口三四等字、止摄合口三等知系字、山摄合口二、三等知章组、宕摄开口三等庄组字读［tʂ］组声母，如“书”ʂʮ、

“船”tʂʰʮan。②遇、山、臻摄合口三、四等精组、见系字读［tɕ］组声母，如“举”tɕy、“拳”tɕʰyan。③遇臻摄合口三等知章组、蟹摄合口三四等字、止摄合口三等知系字、山摄合口二、三等知章组、宕摄开口三等庄组字读［ʮ］类韵母，如“除”tʂʰʮ、“追”tʂʮei。④遇摄端系模、姥、暮韵及庄组鱼虞韵字与流摄侯、厚、候韵合流，读［ou］，如“图”tʰou、“奴”lou。⑤蟹摄合口一三等与止摄合口三等端系字全读［ei］，如“醉”tsei、“堆”tei。⑥深臻曾梗摄舒声混，收［n］尾，如“冰”pin、“青”tɕʰin。⑦通摄入明母字读［o］，如“木”mo、“穆”mo。⑧古入声清声母、次浊声母大多今读阴平，全浊声母字大多今读阳平。8个特点中，②⑧与中原官话南鲁片方言特点同，①③④⑤⑥⑦与江淮官话特点同，据此，该片方言属于湖广移民所带的江淮官话与先期而来的荆襄移民所带的中原官话混合而成。

（3）宁陕江口回民镇片。该镇位于安康宁陕县北部，人口1.1万，主要由汉民和回民组成，其中回民约3 000余人。该镇回民主要来自清时的关中，一直集中居住。但由于长期受着当地西南官话的影响，除声调特征未发生变化外，声母与韵母已经变得与当地西南官话相同了。比如：①中古知系合口三等字（止摄合口三等字除外）以及山摄知系合口二等字、江摄开口二等字、宕摄开口三等字读舌尖后音，而不读唇齿音。②庄组开口三等字、梗摄知庄组开口二等字、遇摄和通摄知庄组合口三等字读ts组声母。③中古知庄组字在与假、蟹、效、山摄开口二等字相拼时江口回民话已完全读成tʂ组声母。④声调4个，调值分别为阴平31、阳平35、上声53、去声44。

1.2　西南官话的分布

本方言区主要分布于安康的南部和西北部，分别与四川、重庆、汉中的佛坪、西乡、镇巴等乡镇的西南官话区接壤。人数约112万，约占全市总人口的37%。共同特征是古入声大部今读阳平。根据与周边方言的接触程度分为核心区和混合区。

1.2.1　核心区

以紫阳城关话为代表，包括紫阳除东部以外的大部区域、镇坪的中部和南部以及平利的正阳乡等区域。该区域除古入声不分清浊概读阳平外，见系合口细音读tɕ等和通三入见系字见组读tɕ等是区别于安康具有混合特征如石泉、宁陕、岚皋等西南官话区的主要特征。

1.2.2 混合区

根据内部特征和与方言间的接触程度，分为石岚片和汉阴片。

（1）石岚片。以石泉城关话为代表，包括石泉、宁陕、岚皋等县以及汉阴县凤凰山以南汉江两岸的漩涡、汉阳、镇坪县北部的曾家、牛头店、洪石、平利县的广佛等乡镇。该片除声调与紫阳同，古入声不论清浊大部归阳平外，其他特征是：①见系合口细音读 tʂ 等，如“缺”tʂ^{h}ɥe。②通三入见系字见组读 tʂ 等，如“局”tʂɥ。③日母开口字多变合口而失声母，如“染”ɥan、“惹”ɥe。④古合口端系字全读开口，如“存”ts^{h}ən、“乱”lan、“对”tei。⑤模韵端系及鱼虞庄组字读 ou，与流摄字同韵，如“杜”tou、“数”sou。⑥独有一套［ɥ］类韵母，且鱼虞知见系元音同，如“书”ʂɥ =“虚”ʂɥ。据此该片方言属于移民所带的江淮官话与相邻的西南官话混合而成。

（2）汉阴片。片内按语音差异分三个方言区：一是以漩涡话为代表的西南官话与江淮官话相混合的方言区，包括凤凰山以南汉江两岸的漩涡、汉阳两镇，与石泉方言区相连，属于石岚片。二是以汉阴城关话为代表的西南官话与湘语相混合的方言区，包括太平、天星、平梁、高梁、酒店、观音河、龙垭、涧池、蒲溪、双乳、永宁、铁佛、铜钱、石条街等乡镇，该区域有一套以 ɥ 为韵腹或韵头的韵母，如 ɥ、ɥa、ɥan、ɥən。三是汉阴东部田禾沟湘语区。该区域古全浊塞音和塞擦音声母读不送气音，如“田”“电”同音，“皮”“比”同音。以上三个方言区，除田禾湘语声调 5 个，去声分阴阳外，其他两个方言区声调 4 个，去声不分阴阳，调值分别为“阴平 54、阳平 42、上声 45、去声 214”，与西南官话一致。该方言区的城关和田禾，因属湘语与西南官话的混合问题，本书不作讨论。

1.3 江淮官话的分布

本方言区主要分布于安康东部和中部的后山区域，与湖北的竹溪、竹山，商洛地区的镇安、柞水等江淮方言区相连成片，包括平利的北部、旬阳的南北二山、白河南面后山一带、宁陕的丰富和金川、汉滨区的双龙、大竹园部分和东镇、岚皋的佐龙和晓道以及紫阳东北边靠近汉滨的安溪、双安等地，使用人口约 67 万，约占全市总人口的 22%。该区域的主要特征是：① ts 与 tʂ 分，古精组洪音全读 ts 等，章组全读 tʂ 等。②见系合口细音及通三入（屋三浊）读 tʂ 等，如：缺 tʂʰɥe、局 tʂɥ。③鱼虞知见系元音同，如：书＝虚 ʂɥ。④通入明母字读 o，如：木 mo。依据其特征和与周边方言的接触程度分为核心区茅赤片和混合区洛贵片、老新片。

1.3.1　核心区（茅赤片）

该片以茅坪话为代表，包括白河的茅坪、桃园、四新、卡子、宋家、双河、西营、小双，旬阳的赤岩、铜钱、沙阳、石门、仙河、庙坪、西岔、双河、红军、公馆、小河、仁河口、桐木，平利的兴隆、女娲、徐家坝、普济寺、长安，汉滨的双龙、大竹园（部分）、叶坪、中原、荆河、东镇，宁陕的丰富、金川、沙洛，紫阳的安溪、双安，镇坪的洪阳村等区域，共 38 个乡镇。

1.3.2　混合区

（1）洛贵片。该片以洛河话为代表，主要指平利的洛河（大部）和大贵（部分）。该片除全浊入今读阳平以外，其余特征概与黄孝方言同。

（2）老新片。该片以平利老县话为代表，主要指平利的城关、老县、西河、三阳、大贵的柳林、洛河的狮子坝，汉滨的新坝、坝河，岚皋的大道、铁炉等 10 个镇村。该片除去声不再分阴阳；古清入、次浊入今读阴平，全浊入今读阳平以外，其余特征概与黄孝方言同。

1.4　湘语的分布

以汉阴县田禾话为代表，主要分布于后山地带的汉阴田禾乡、石泉中池乡、汉滨铁路乡、梅子铺的袁庄村、沈坝乡的桥头村以及双溪乡的星红村等地，共 6 个方言岛，34 个村，约 3 万人，约占全市总人口的 1%。该方言区，①古全浊声母今逢塞音和塞擦音时，无论平仄，大部读为不送气清塞音和清塞擦音。如：婆並꜁po、茶澄꜁ʦa、田定꜁tiɑ̃、从从꜁ʦə̃。②非敷奉母字和晓匣母合口韵字相混，声母读为 f。如：废＝惠 fei꜄、飞＝挥灰꜀fei、匪＝悔꜂fei、凡＝还꜁fɑ̃、法＝化 fɑ꜄、翻＝欢꜀fɑ̃。③去声分阴去和阳去。

1.5　赣语的分布

安康赣语主要分布于汉滨区西部边界的凤凰山麓牛蹄乡和石泉县迎丰镇的小沟、香炉沟、五郎沟、火石沟、宁陕县龙王镇的和平、莲花等村镇。人口约 15 600 人，约占全市总人口的 0.5%。该方言区，①中古全浊声母今读塞音、塞擦音时，大多为送气清音。如：败並 pʰai^{22}、豆定 tʰou^{22}、昨从 ʦʰo^{22}、袋定 tʰai^{22}、丈澄 tʂʰaŋ^{22}、寨崇 tʂʰai^{22}。②知章组合口三等字与见系合口三等字都读［tʂ、tʂʰ、ʂ］，拼合变呼 ʮ 类韵母。如：著 tʂʮ^{51}、主 tʂʮ^{55}、书 ʂʮ^{31}。

1.6 八仙话

该区域为混合方言区，主要分布于平利县八仙镇，使用人口约 3 万，约占全市总人口的 1%。该片在川语的辐射范围之内，调值趋于西南官话，并保留有湖南及鄂西的方言底层，但去声分阴阳，全浊声母读送气，且又有一套完整的［ʮ］类韵母，是西南官话、江淮官话和湖南湘语经混合而成的一种新方言。

本文为陈述方便，将上文所指的汉滨区境内汉江南北一带的县河、洪山、瀛湖、吉河、大竹园、流水、梅子铺、大河、茨沟、早阳等地的中原官话（关中片）与江淮官话混合区称为混合 1 区；将白河县沿江一带中原官话（南鲁片）与江淮官话混合区称为混合 2 区；将宁陕（大部）、石泉（大部）、岚皋（北部）三县以及平利（部分）、镇坪（北部）西南官话与江淮官话混合区称为混合 3 区；将汉阴县城关以及汉阴北部区域西南官话与湘方言的混合区称为混合 4 区；将多方言混合的平利县八仙镇称为混合 5 区。（见本书图 4）

二 安康方言的分布特征

关于安康的移民，陈良学（1998、2009）曾从历史的角度作过考证，不想我们的方言调查竟与之相互印证。如上所述，安康移民主要来自六个区域：一是以鄂东和皖西南区域为主要成分的江淮一带移民，其分布几乎覆盖了安康所有区域，其中以安康东部的旬阳、白河、平利为最集中，加之该区域人烟稀少，以致形成后来的安康江淮官话核心区；二是以西安、咸阳、渭南一带为主要成分的关中移民，由于大多来自宋金元战争时期，所以率先占据了安康汉滨和旬阳沿江一带的河谷川道，以致形成后来的安康中原官话核心区；三是自巴山北漂的四川、重庆移民，主要分布于安康南部和西部的紫阳、岚皋、镇坪，少数还深入到北部的石泉和宁陕，从而形成安康西南一带相连成片的西南官话区；四是湘语地带的湖南移民，主要分布于安康的汉阴、石泉、岚皋的花里、平利的长安和八仙、汉滨的沈坝和铁路坝，其中汉阴的田禾乡、石泉的中池乡、汉滨的沈坝和铁路坝直到现在仍还维持着湘语的基本特征；五是以赣北、吉安为主体的江西移民，主要分布于汉滨的牛蹄乡、石泉的迎丰镇和紫阳的汉王镇，安康将这一带的移民称之为“江南人”。六是白河沿江一带，凭借我们所接触到的家谱以及他们现在的独特声调，可以断定清代湖广移民之前这里的基本人口大多来自明代河南一带的荆襄流民。除此之外，安康还夹杂着少数来自福建、广东、江西一带的客家移民。由于安康移民以来自鄂东和皖西南一带的湖广移民为绝大部分，致使安康方言主要表现为与江淮官话的深度接触。

2.1　宏观上东与西有别、前山与后山有异

如上所述，安康主要为山地，如汉滨到汉阴，到紫阳，到岚皋，到平利，交界处都有山梁阻隔，自北向南单较大的山脉和山地就有凤凰山、平头山，加之南面呈东西走向的自紫阳县红春坝至镇坪县的曾家坝大断裂带，将中原官话的影响阻止在凤凰山以东和平头山以北。

在安康，处中高山区域的其他县多把汉滨、旬阳境内汉江两岸一线的区域称为前山，而把自己所处位置称为后山。明清移民之前的原有人口，主要分布在两个区域：一是西部和南部巴山、秦岭的大山深处，这一带自古以来与交界的四川、重庆有着密切的往来关系，所以这里的人概讲西南官话。一是较早迁徙到安康的关中移民，他们几乎全部占据了中部盆地和东部汉江两岸的空白地带，从而形成前山一带的中原官话区。到明清之际的湖广移民，除一部分渗入到汉江两岸以及巴山、秦岭深处以外，大部分则流向安康东部的旬阳、白河、平利以及西部的石泉、宁陕、岚皋等大片荒无人烟的后山地带。所以东部与西部有别、前山与后山有异便成了安康方言最主要的分布特征。

2.2　微观上“十里不同音，五里不同调”

山区地带方言接触的程度如何，与该区域的经济活动与交通条件是密不可分的。在安康，凡经济活动频繁、交通运输便捷的区域，其强势方言对弱势方言的影响就要深入得多，反之，要么拒绝于区域之外，要么影响甚微。所以，方言接触呈犬牙交错的走向是安康方言混合态势的又一特征。

安康方言的复杂性，不仅仅单指全市的语言没有得到统一，即是在一个小小的区域内，大多也是“路隔三五里，地同音不同”。据调查，全安康没有一个县

的方言是统一的，甚至有的小到一个镇一个乡，按内部差异大都能分出几个不同的方言小片，比如面积只有 99.5 平方公里的石泉县中池乡，其内部就存在着截然不同的两种方言——湘语和赣语（当地称江南话）。究其原因，也是因地理环境所致。安康多山，居住大多以散居为主要形态，加之旧时交通阻塞，其语言交际大多局限在或以家族为中心，或以沟壑川道为中心，这样，原有方言特征的保留便是一种很自然的事情。

2.3 封闭的地形环境为方言岛的形成和保留提供了空间

如前所述，大山、沟壑作为地理屏障，可以阻断交通，隔绝社会交往，易于造成区域之间的方言差异。

经调查，在安康像这种封闭式的河谷川道是比较多的。这些地方两侧几乎全为陡峭的大山，与外界的交往常常受制于一个出口，如再加上移民又大都来自同一个区域，像这样的空间，常常会形成各自不同的方言岛。比如笔者调查过的湘方言岛的田禾、中池、铁路坝，江淮方言岛的双龙、淑河，赣方言岛的牛蹄、迎丰等村镇，几乎全为封闭性的沟岔谷地，这些方言岛至今都还较完好地保留着原方言的基本特征。

2.4 大山阻碍方言渗透，河流则给方言渗透提供了条件

最能说明这个问题的就是安康中原官话对周边方言的影响。作为处于安康经济文化中心的中原官话，随着与周边经济、文化上的交往，其方言的渗透也随之向四周扩展。但由于明清以前安康的交通主要靠汉江及其支流的水路，所以，随水路的渗透和影响也就远远大于山地间的渗透和影响。经调查，安康中原官话对全市的渗透和影响最终结果是：第一，顺汉江向西经流水镇延伸至大道河镇，向东经蜀河、冷水延伸至白河城关镇，全长 243 公里；第二，顺汉江主要支流和川道延伸的，影响最为显著的是：月河流域的梅子铺、大河、松坝；岚河流域的晏坝、龙泉、烂田湾；吉河流域的吉河、田坝，直至平利的三阳镇；黄洋河流域的县河、老县、大贵，直至平利洛河镇的狮子坝；吕河流域的神河和金寨乡；旬河流域的甘溪、赵湾，直至小河的两河关。正因为山地与河谷川道在方言的渗透和影响上所产生的效果不同，从而使得安康方言的内部差异表现得极为复杂。（如图 5）

三　安康方言地图

图 1：

安康方言分区图

图 2:

古去声字今读调类

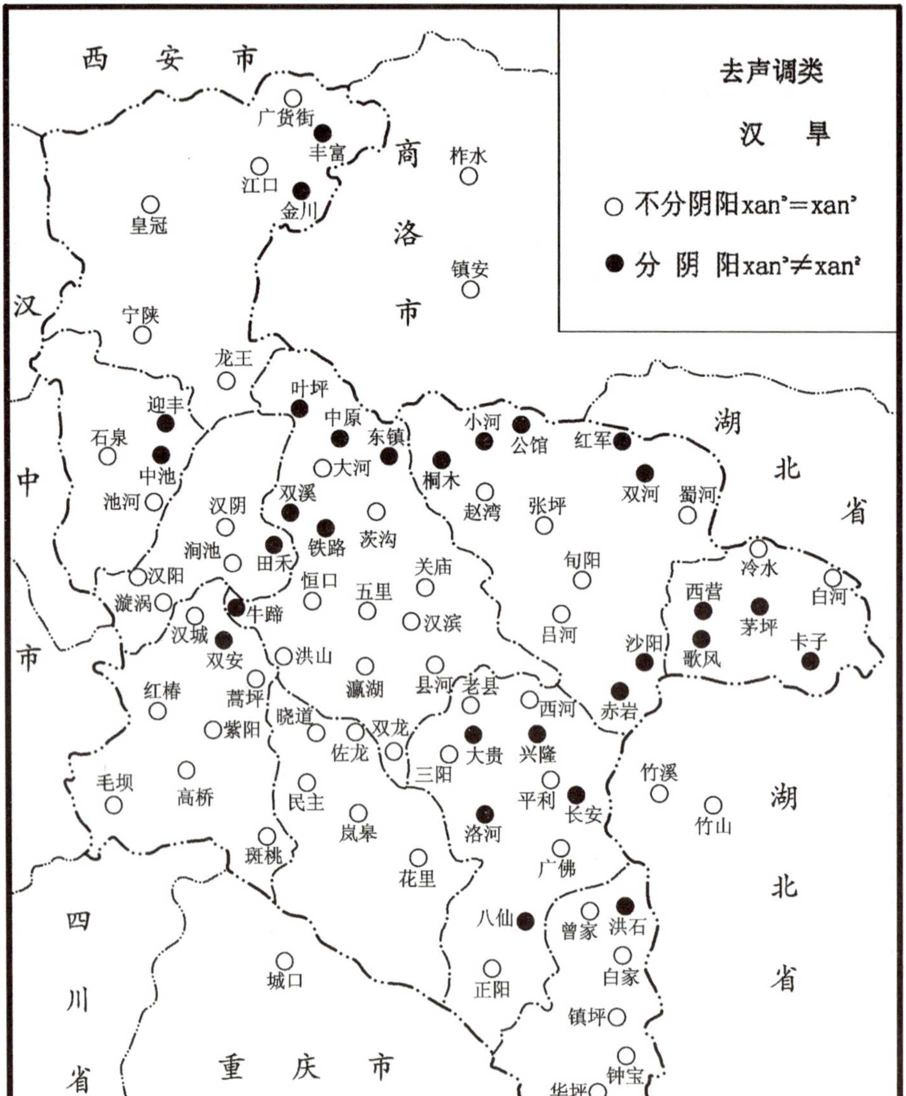
去声调类
汉 旱
不分阴阳xanᵓ=xanᵓ
分 阴 阳xanᵓ≠xan²
西 安 市
商 洛 市
汉 中 市
湖 北 省
湖 北 省
四 川 省
重 庆 市
广货街
丰富
江口
金川
作水
皇冠
镇安
宁陕
龙王
叶坪
迎丰
石泉
中池
池河
中原
东镇
大河
小河
公馆
红军
桐木
赵湾
张坪
双河
蜀河
汉阴
双溪
铁路
茨沟
涧池
田禾
汉阳
旋涡
恒口
五里
关庙
旬阳
冷水
白河
西营
茅坪
牛蹄
汉滨
吕河
沙阳
歌风
卡子
汉城
双安
洪山
瀛湖
县河
老县
西河
赤岩
红椿
蒿坪
晓道
紫阳
双龙
佐龙
大贵
兴隆
三阳
毛坝
高桥
民主
平利
长安
竹溪
竹山
岚皋
洛河
斑桃
花里
广佛
八仙
曾家
洪石
城口
正阳
白家
镇坪
钟宝
华坪

图 3:

古入声字的今读调类

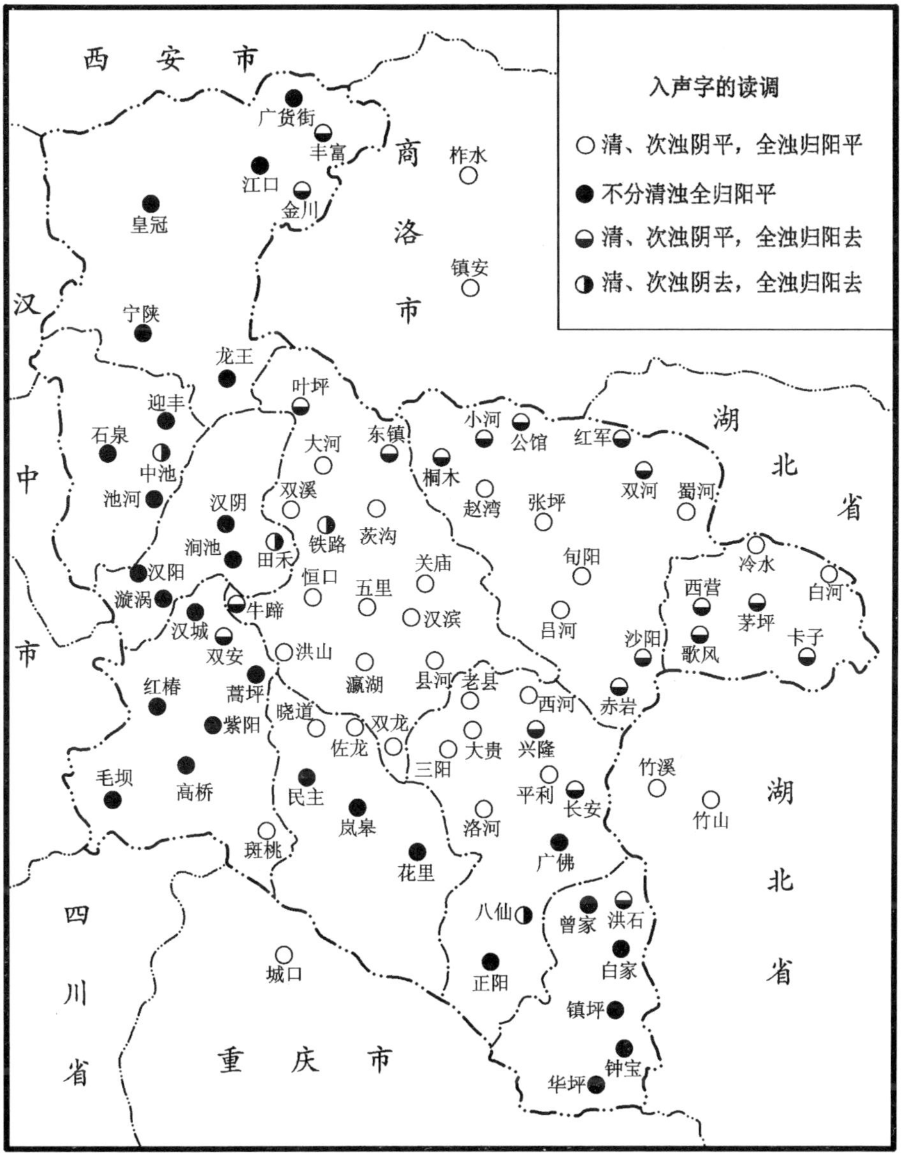

图 4：

混合方言分布图

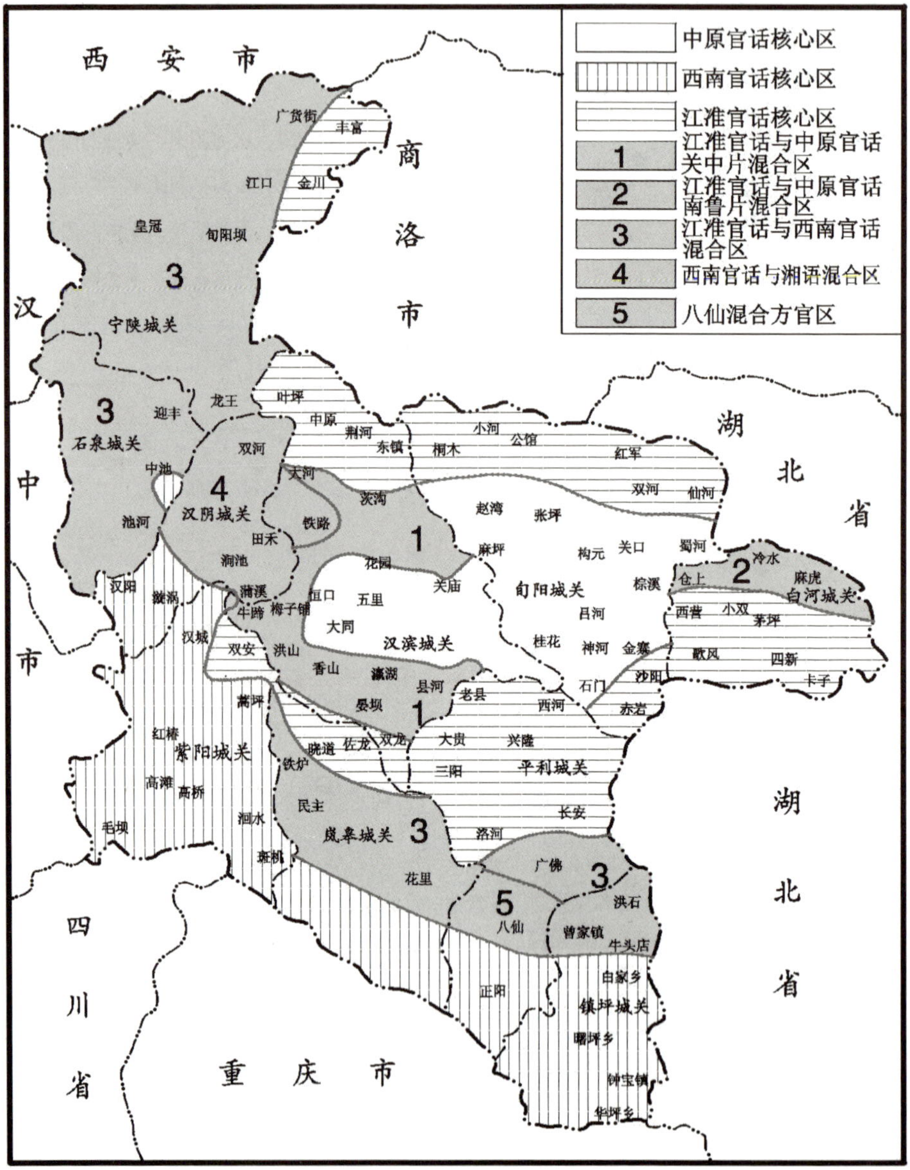
中原官话核心区
西南官话核心区
江淮官话核心区
1 江淮官话与中原官话关中片混合区
2 江淮官话与中原官话南鲁片混合区
3 江淮官话与西南官话混合区
4 西南官话与湘语混合区
5 八仙混合方官区
西安市
商洛市
汉中市
湖北省
湖北省
四川省
重庆市
广货街
丰富
江口
金川
皇冠
旬阳坝
宁陕城关
石泉城关
迎丰
龙王
中池
池河
双河
汉阴城关
大河
铁路
田禾
涧池
蒲溪
叶坪
中原
荆河
东镇
小河
公馆
桐木
红军
双河
仙河
茨沟
赵湾
张坪
麻坪
构元
关口
蜀河
冷水
麻虎
白河城关
仓上
西营
小双
茅坪
花园
关庙
旬阳城关
棕溪
吕河
桂花
神河
金寨
歇凤
四新
卡子
沙阳
恒口
五里
大同
汉滨城关
梅子铺
牛蹄
汉阳
漩涡
汉城
双安
洪山
香山
瀛湖
县河
老县
晏坝
石门
西河
赤岩
蒿坪
红椿
紫阳城关
高滩
高桥
毛坝
洄水
斑桃
晓道
佐龙
双龙
大贵
兴隆
三阳
平利城关
铁炉
民主
岚皋城关
长安
洛河
花里
广佛
洪石
八仙
曾家镇
牛头店
白家乡
正阳
镇坪城关
曙坪乡
钟宝镇
华坪乡

图 5:

中原官话沿河流对周边区域渗透和影响范围图

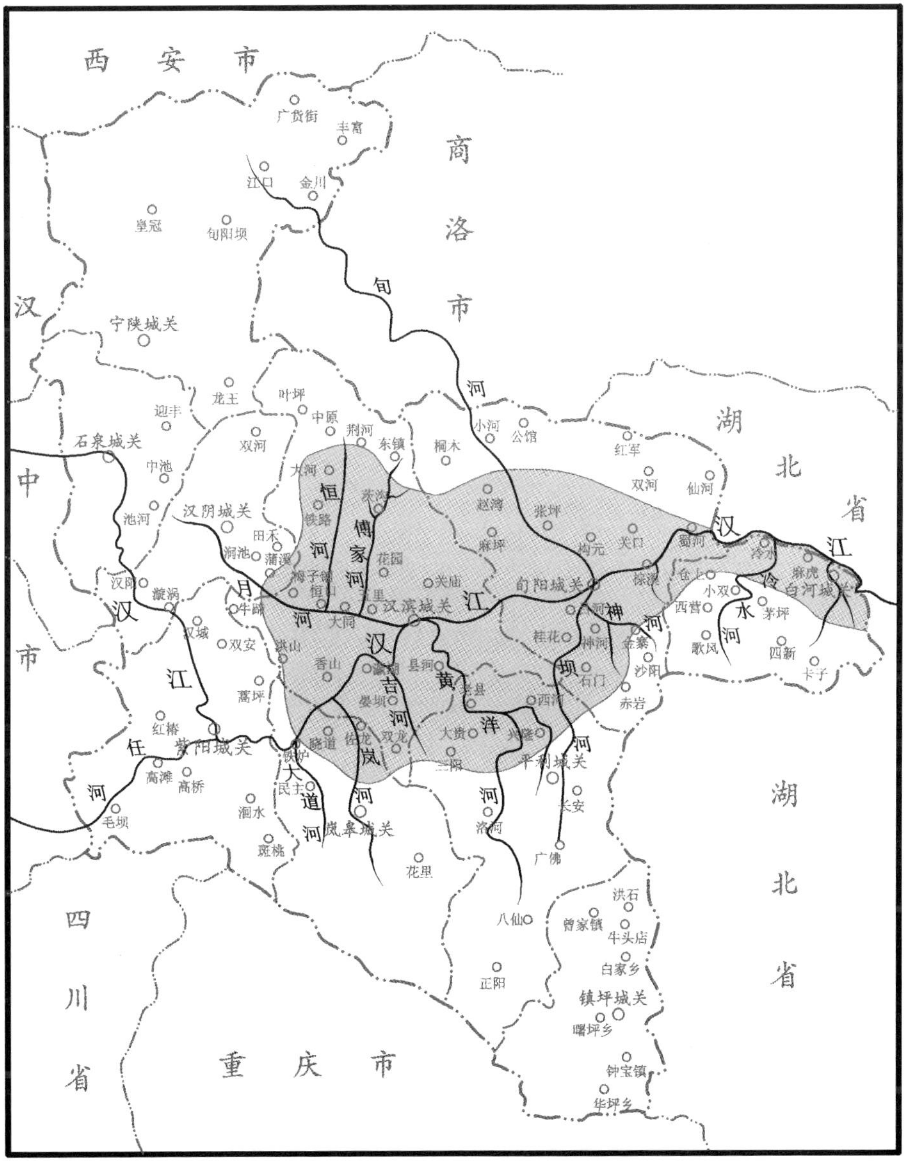

图 6:

安康中原官话区内部的声母差异
古合口及宕开三庄、江开二知庄、通合三知的读音

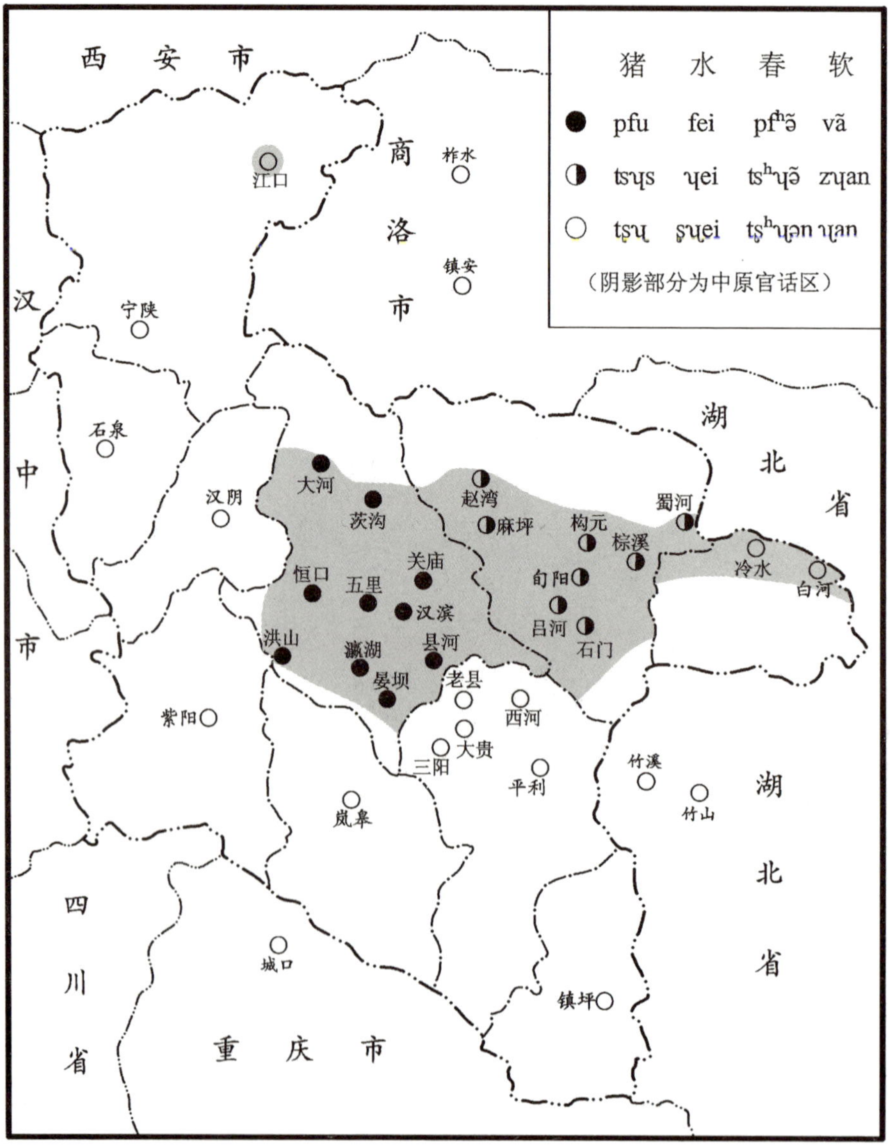

图 7：

安康中原官话区内部的声母差异
古疑母字今逢齐齿呼韵母的读音

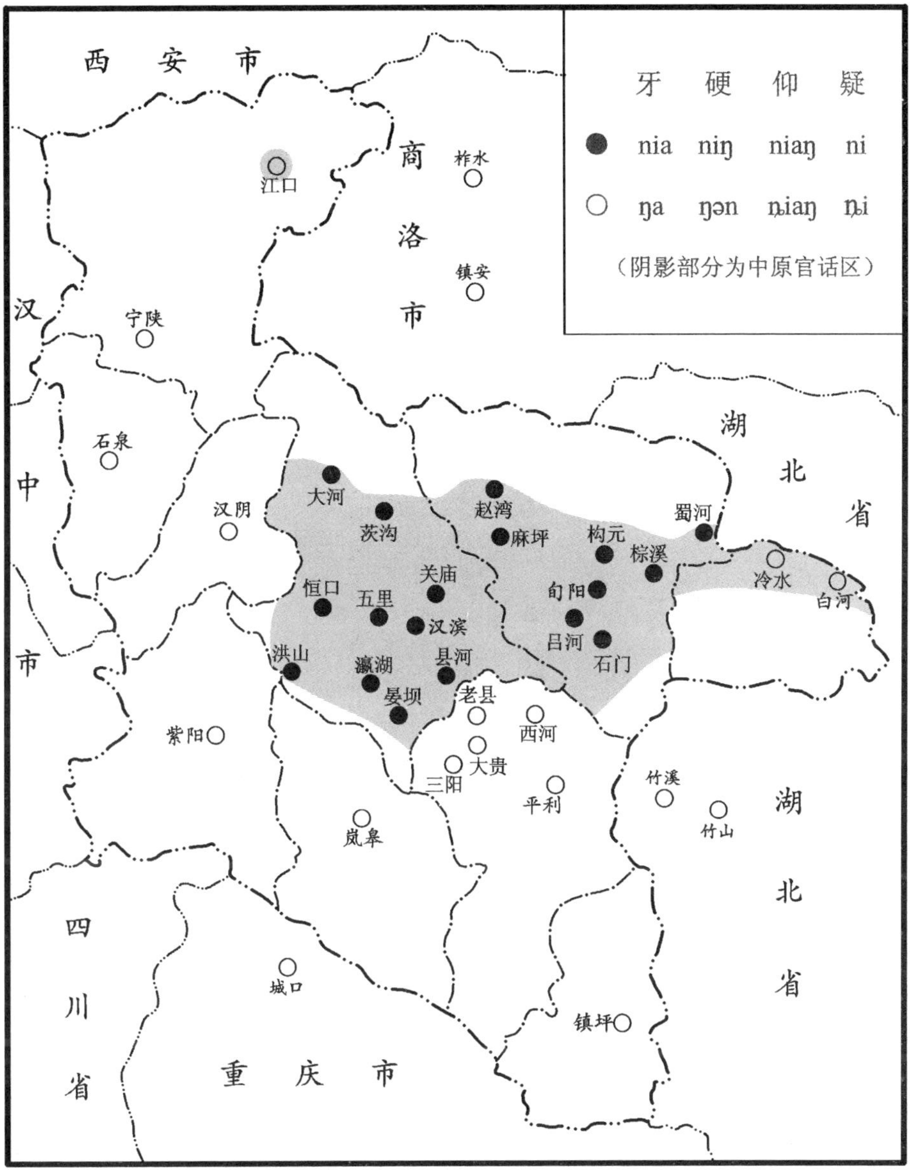

图 8：

安康中原官话区内部的声母差异
古日母的读音

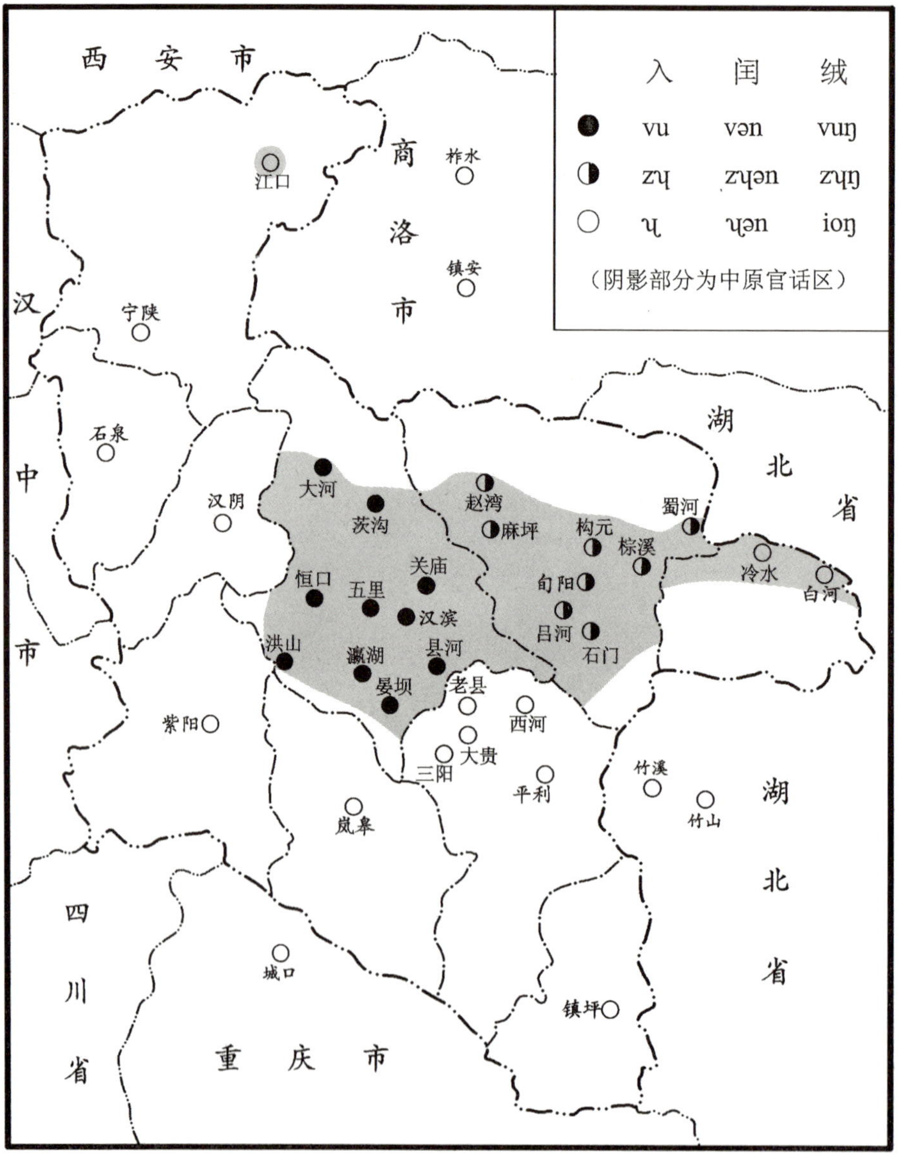

图 9：

安康中原官话区内部的声母差异
古知系深曾梗摄部分开口入声字的读音

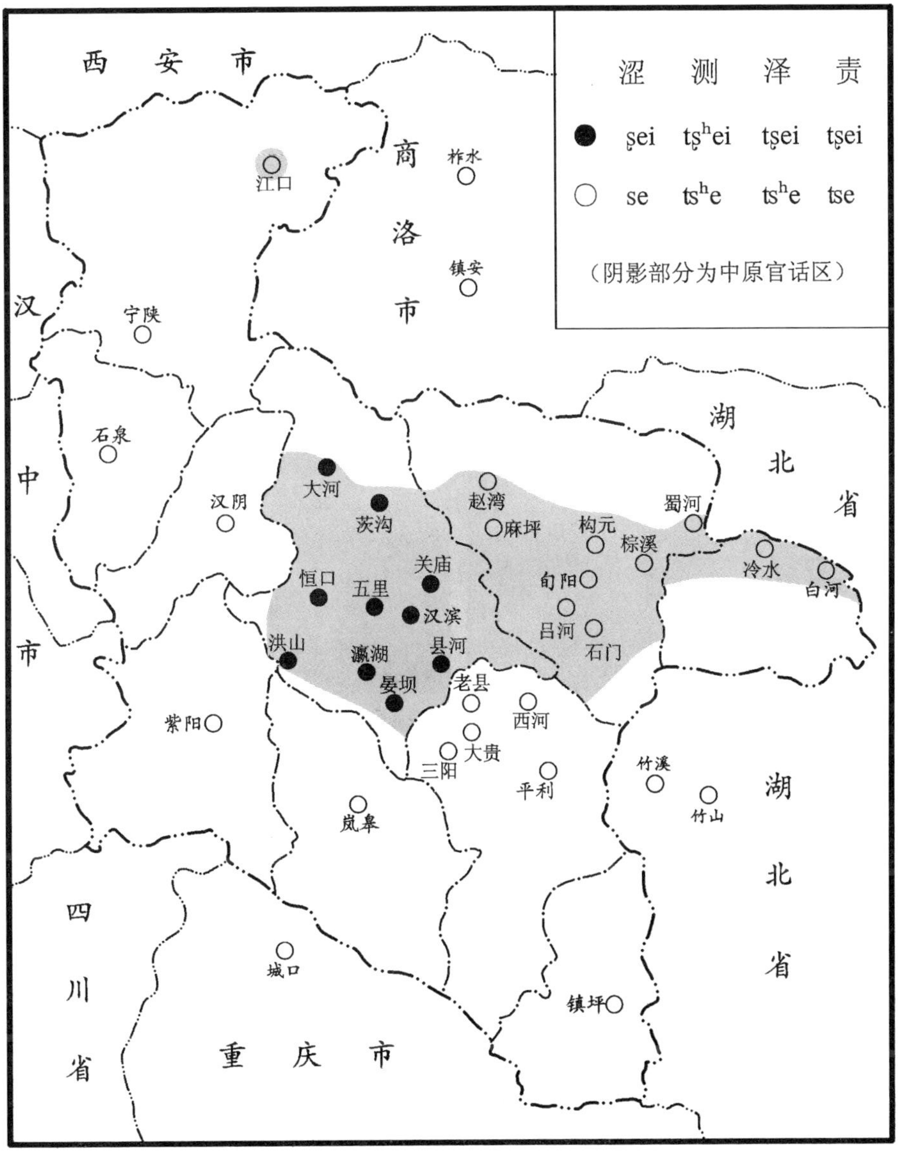

图 10：

安康中原官话区内部的韵母差异

臻摄合口三等知章组、蟹摄合口三四等字、止摄合口三等知系字、山摄合口二、三等知章组、宕摄开口三等庄组字的韵母读音

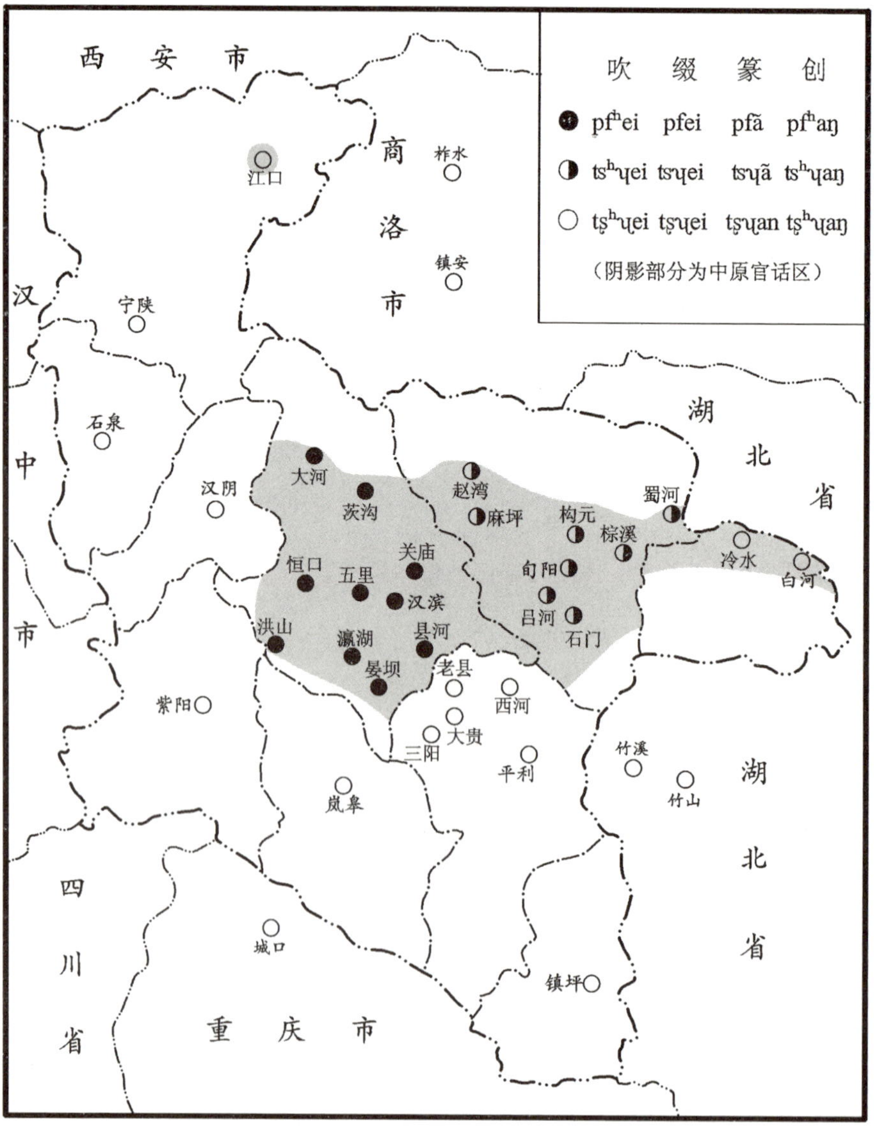

图 11：

安康中原官话区内部的韵母差异
宕开三、合三药韵泥、精、见组字及江开二觉韵
见晓组字的韵母读音

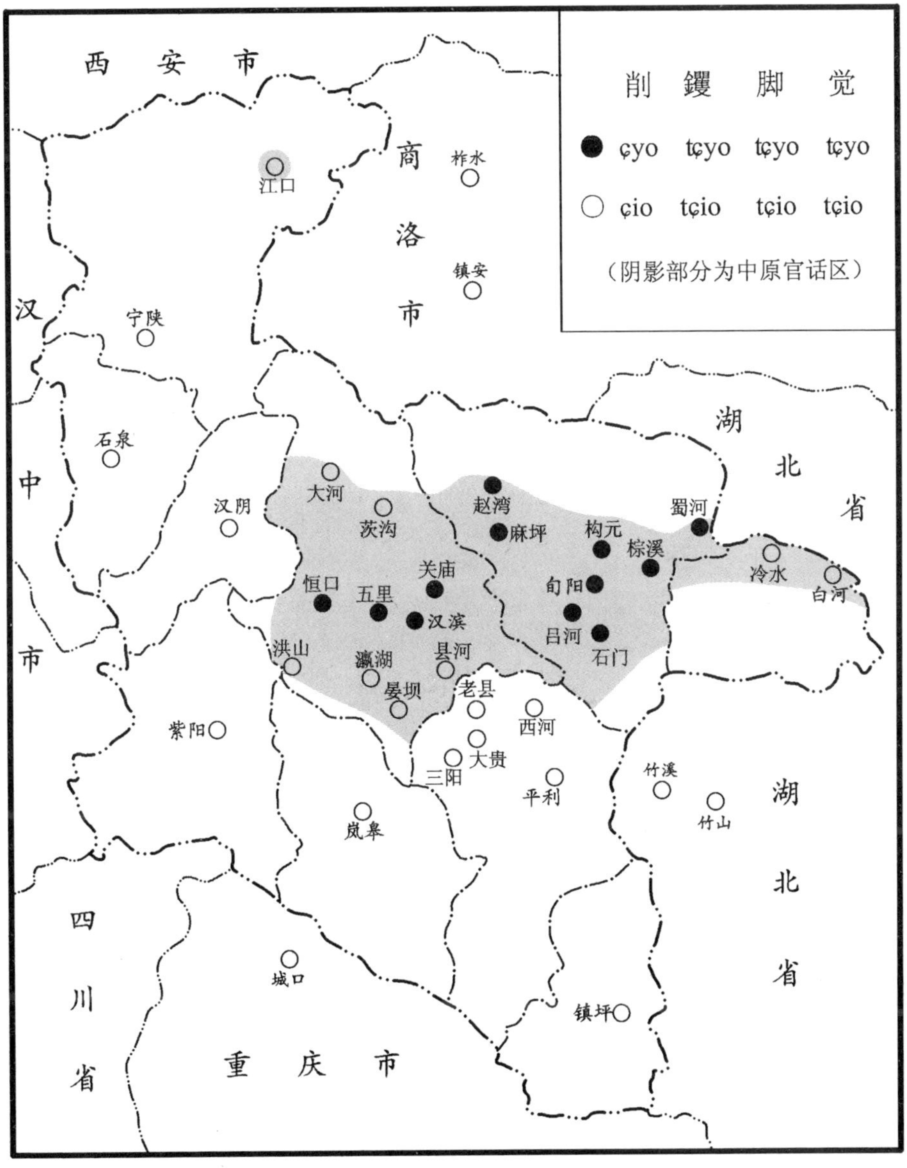

图 12：

安康中原官话区内部的韵母差异
曾梗摄与深臻摄的韵母读音

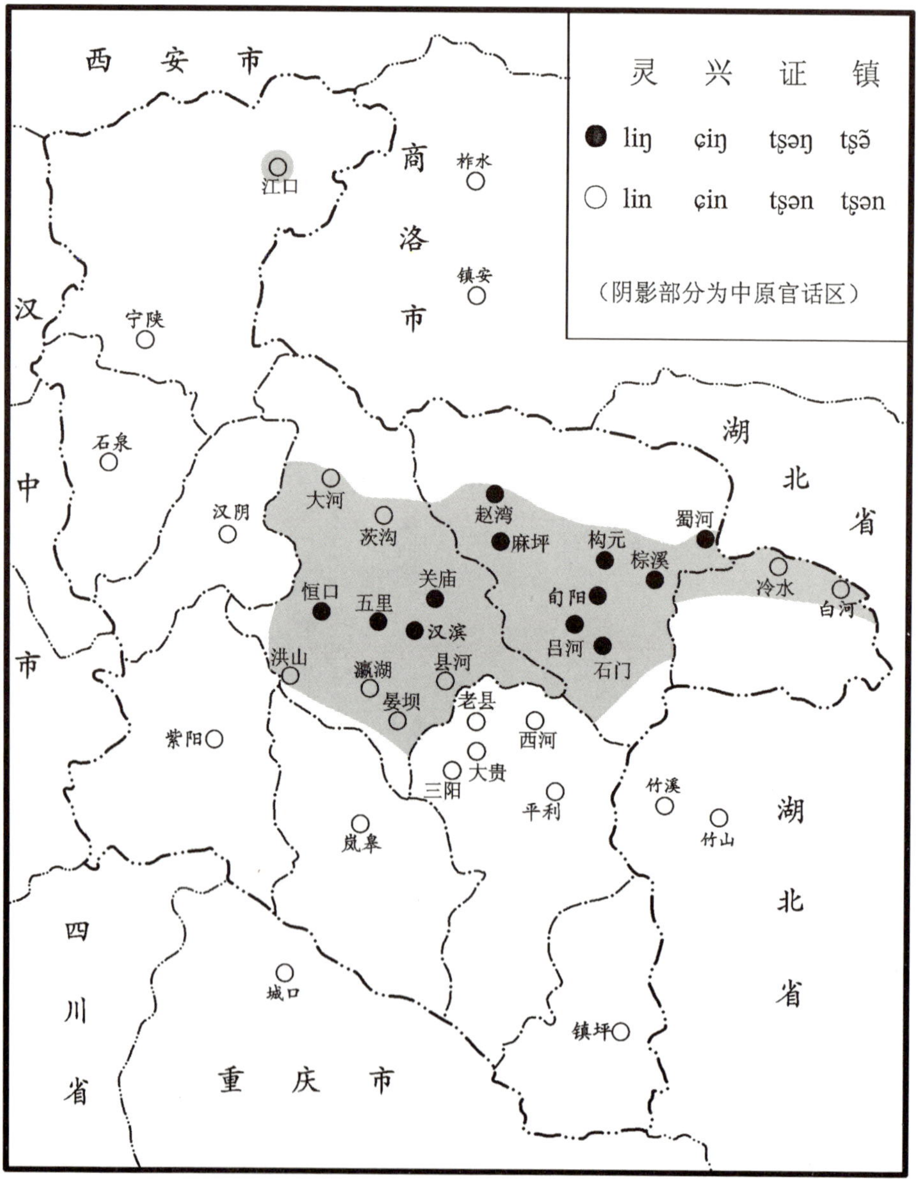

图 13：

安康中原官话区内部的韵母差异
晓匣母开口一等部分字的韵母读音

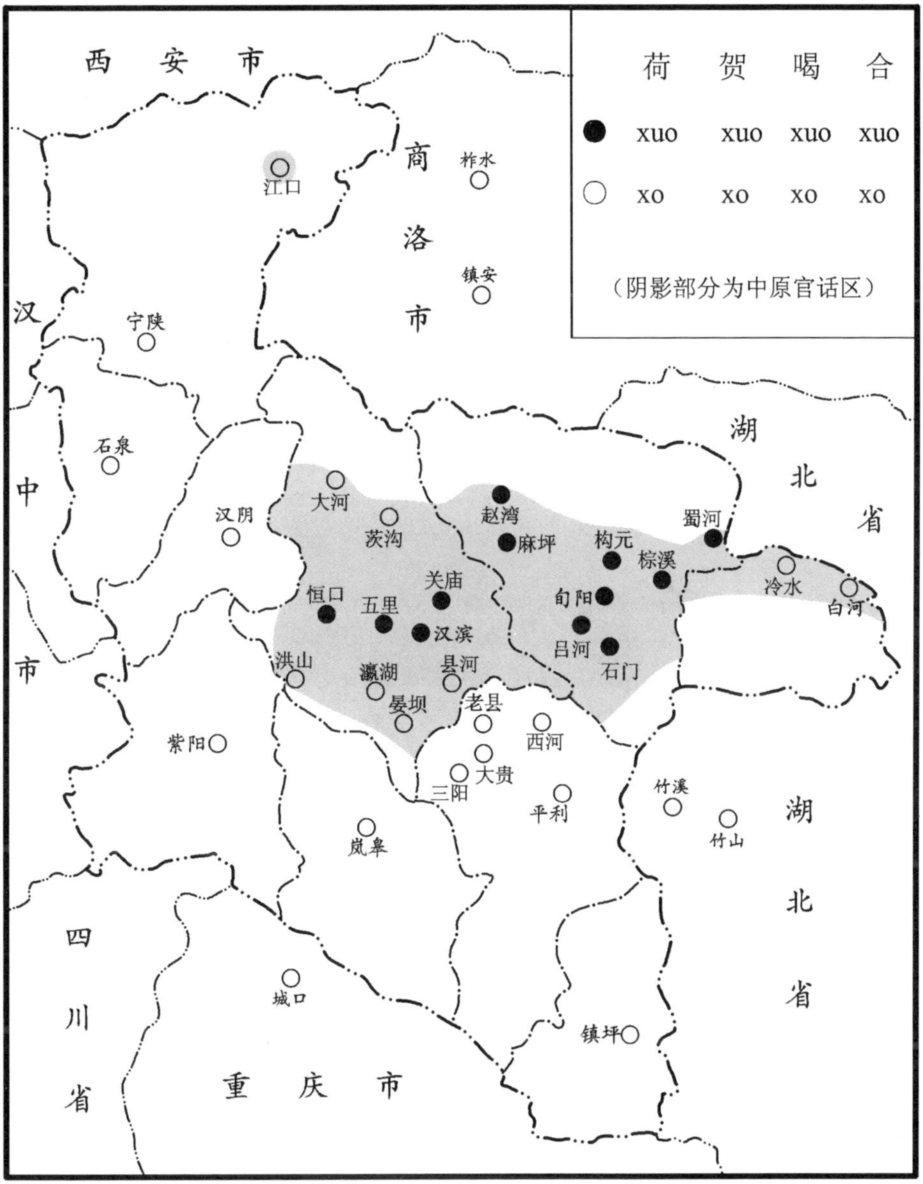

图 14：

安康中原官话区内部的韵母差异
帮组、端系、知系曾开一、梗开二入声韵字的读音

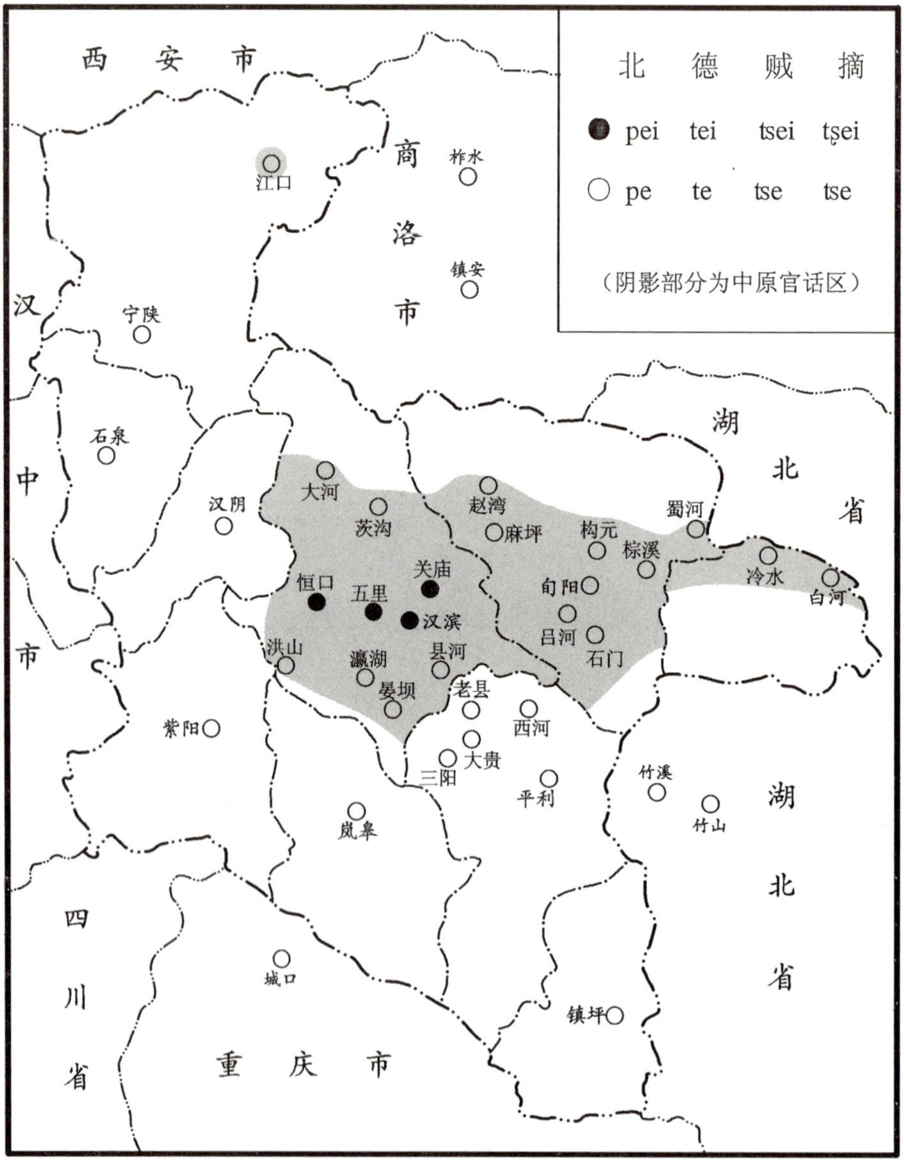

图 15：

安康中原官话区内部的韵母差异
见组果开一歌韵、咸开一合韵、山一蜀韵、
宕开一铎韵字的读音

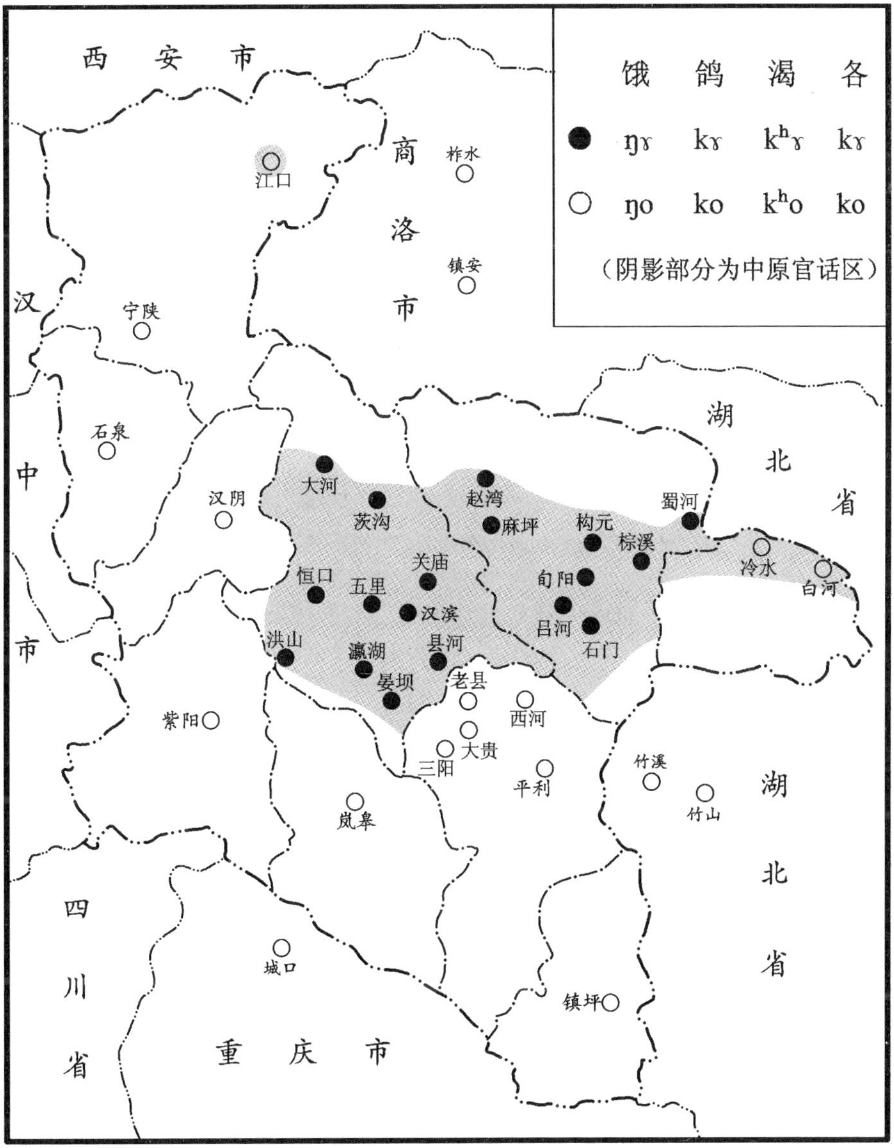

图 16：

安康中原官话区内部的韵母差异
曾开一德韵、梗开一陌韵、梗开二麦韵字的读音

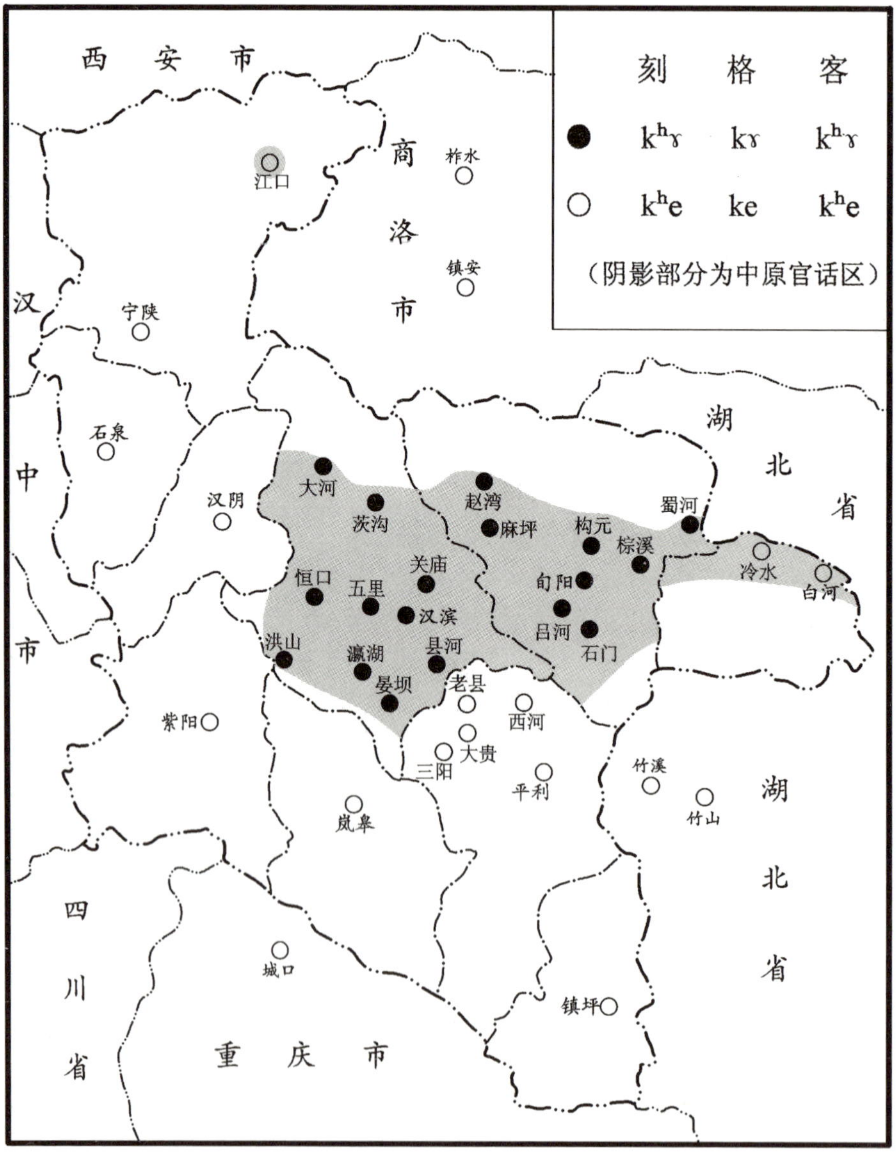

图 17：

安康西南官话区内部的声母差异
泥来两母的读音

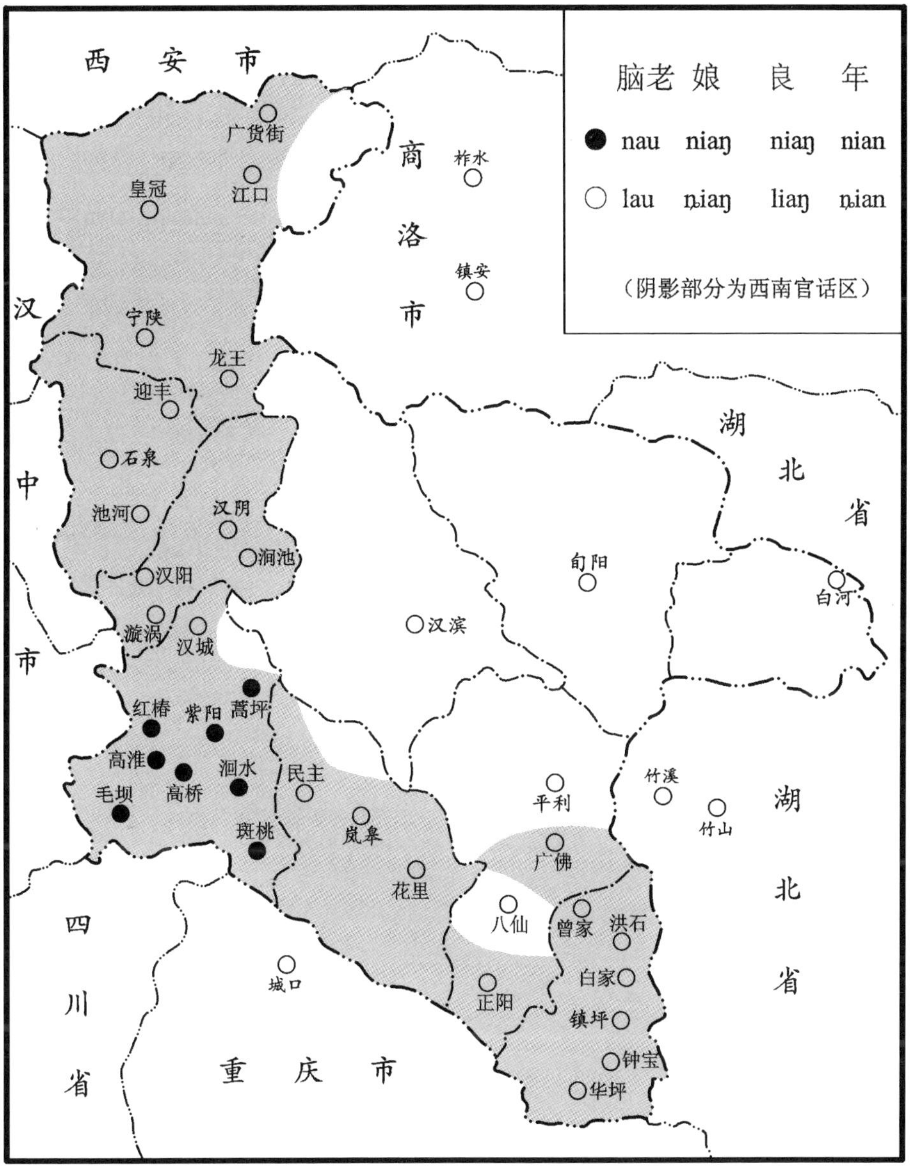

图 18：

安康西南官话区内部的声母差异
见晓组合口三四等字的读音

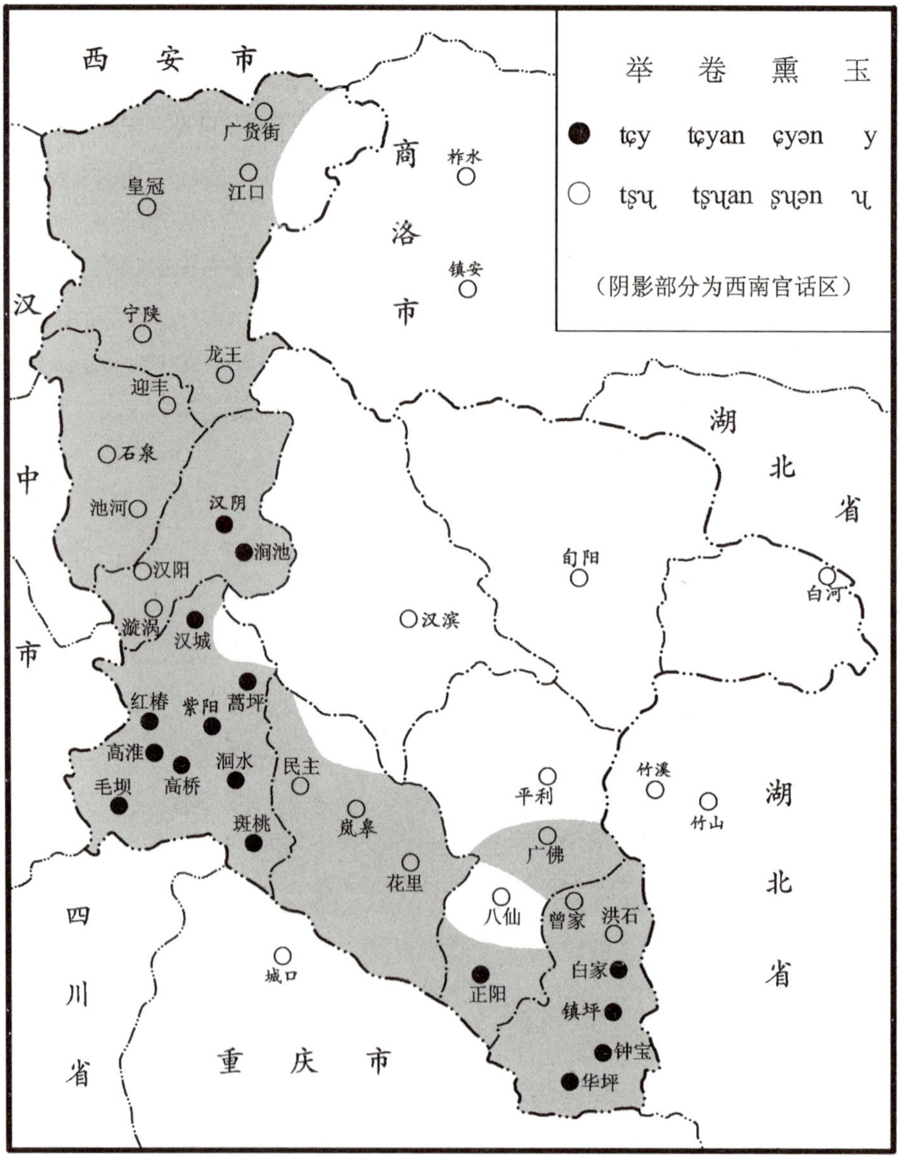

图 19：

安康西南官话区内部的声母差异
知庄章组开口二等字的读音

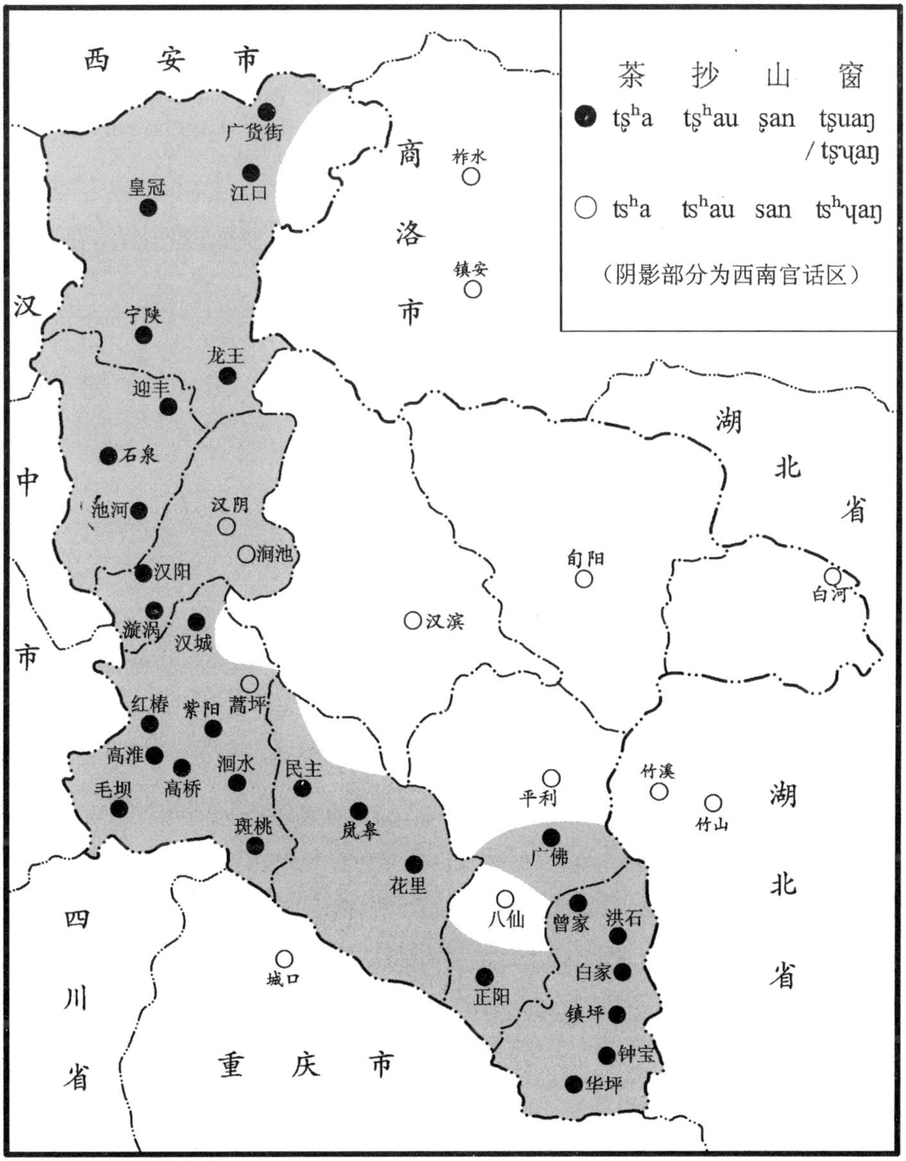

图 20：

安康西南官话区内部的声母差异
知章组合口三等字的读音

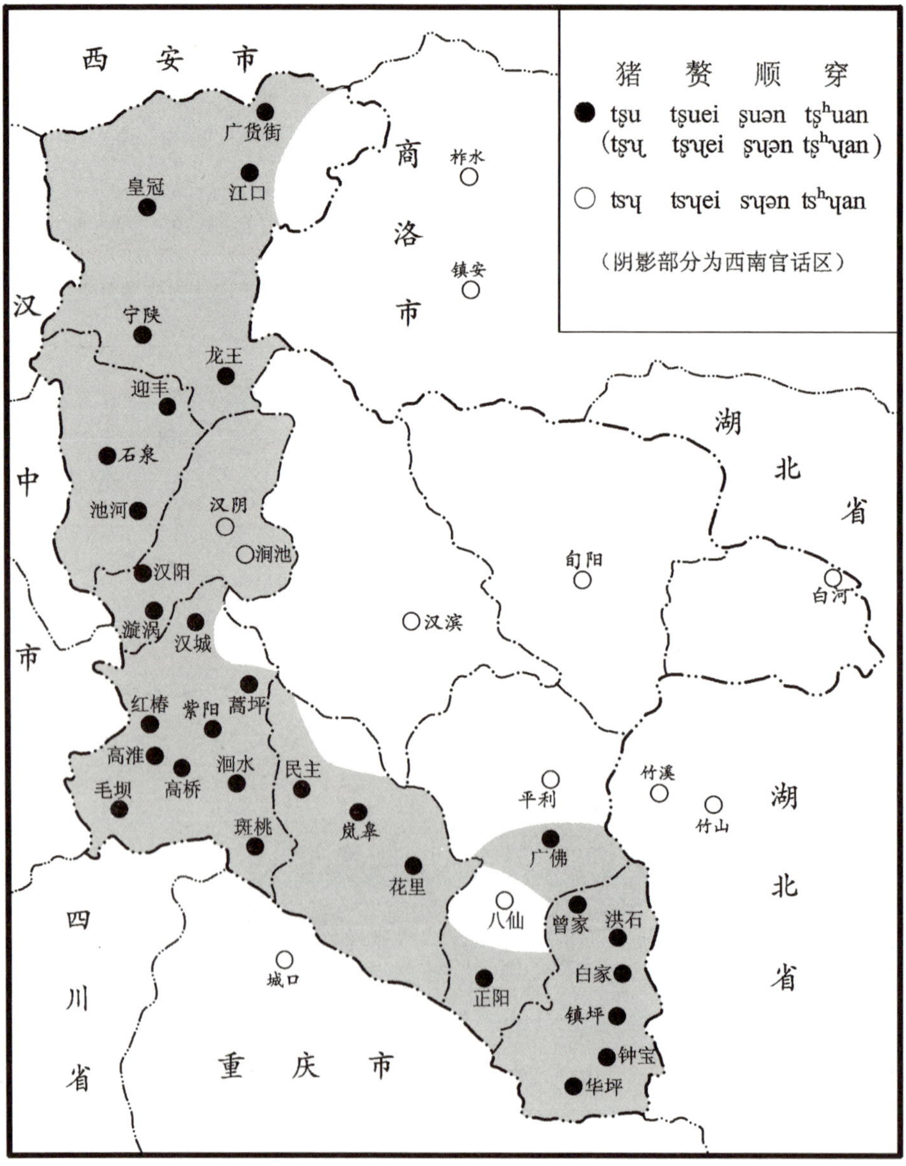

图 21：

安康西南官话区内部的韵母差异
知章见组合口三等字的韵母读音

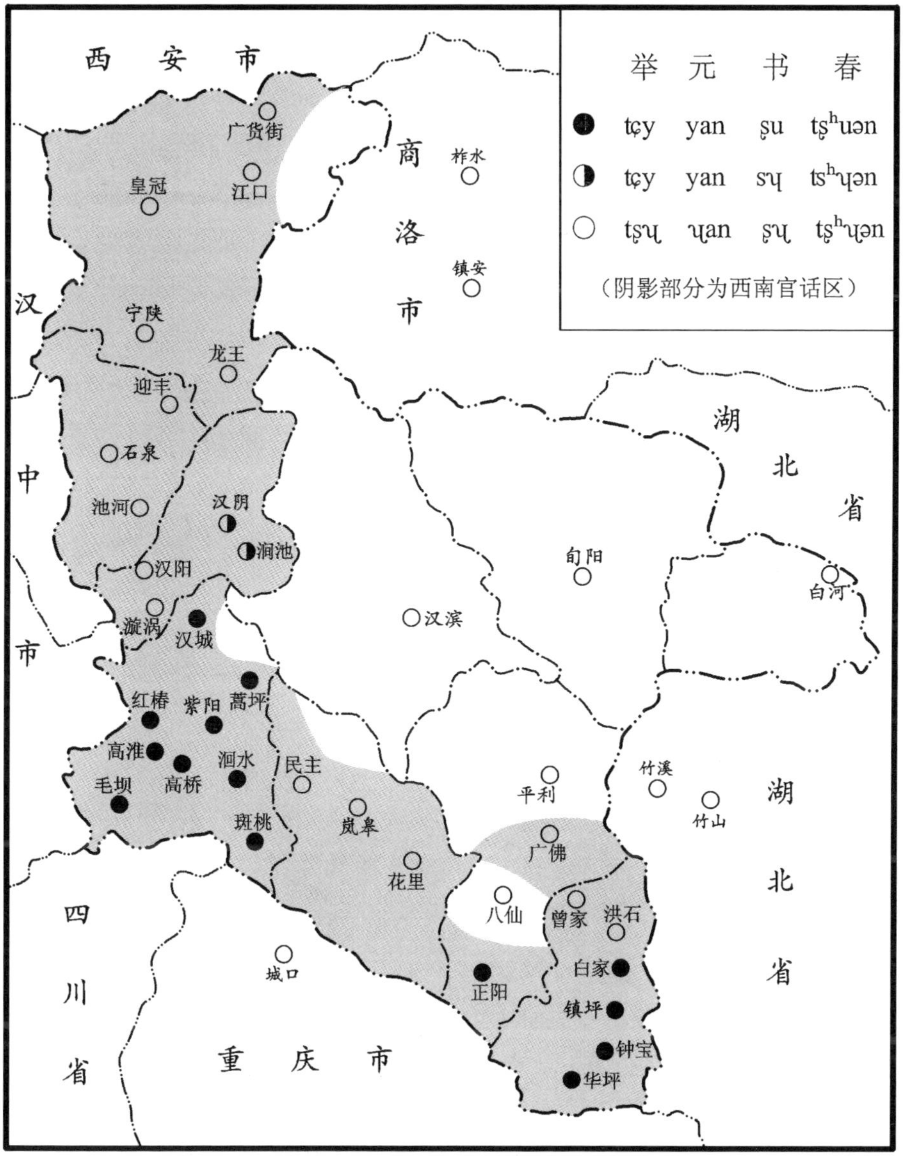

图22：

安康西南官话区内部的韵母差异
遇合一幕、流开一厚、通合一三（入）韵字的读音

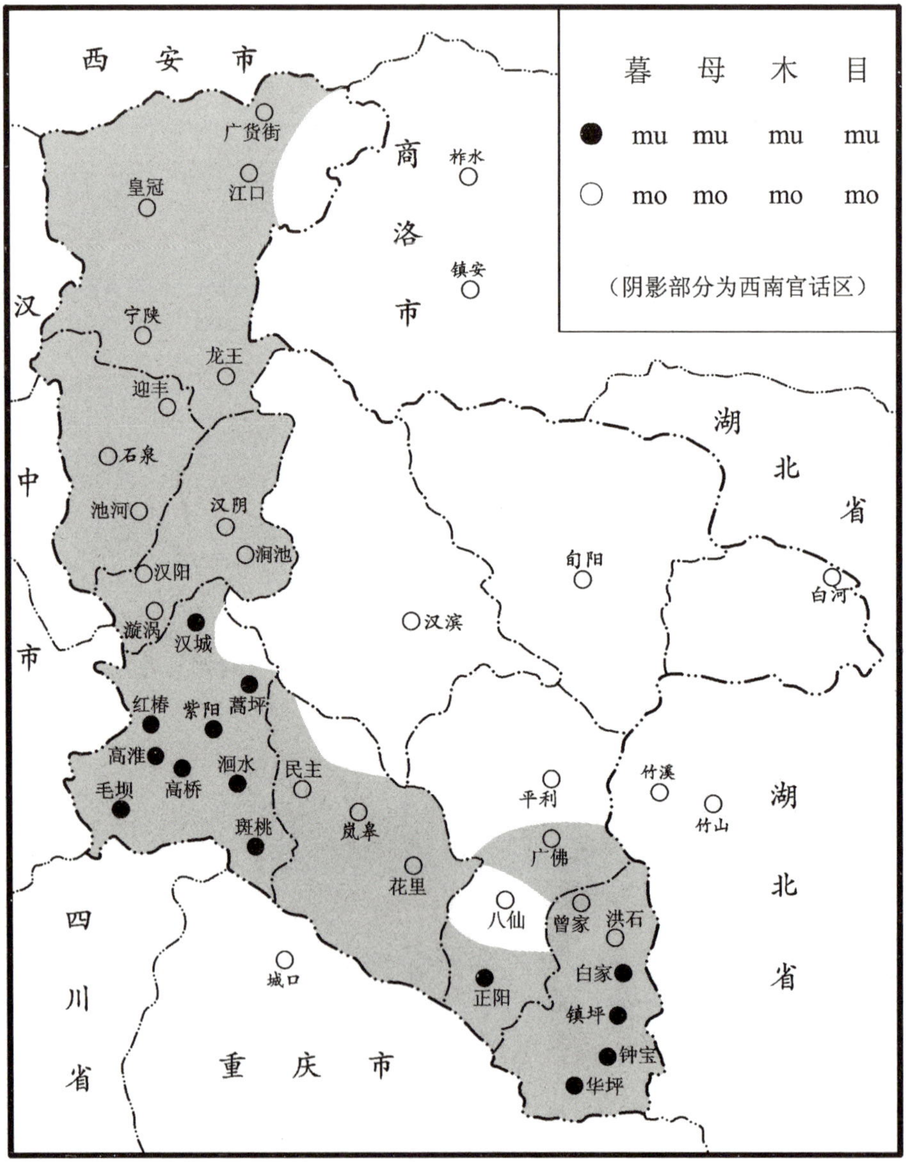

图 23:

安康西南官话区内部的韵母差异
果开一歌（端）果合一戈（帮端见）、咸开一合（入见）、
宕开三药（入知）、江开二（入知）等韵字的读音

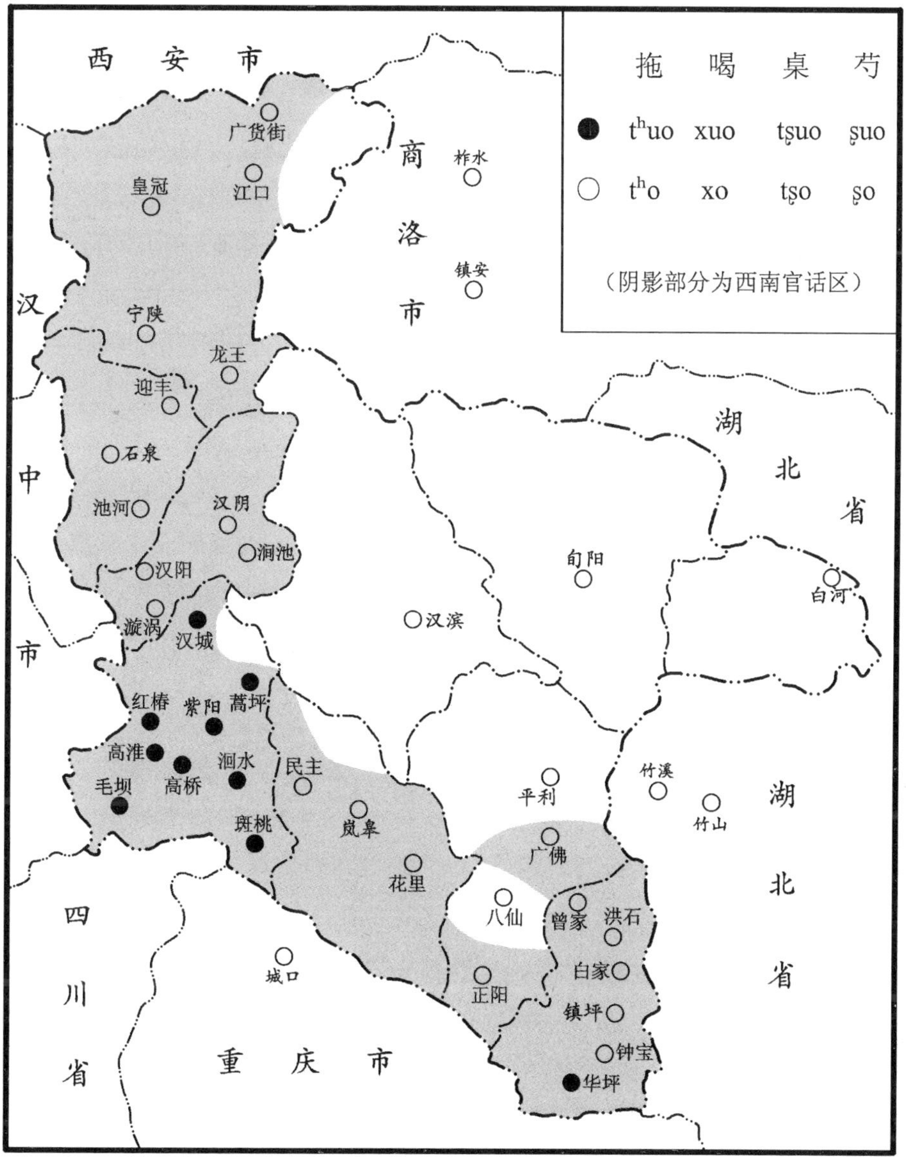

图 24：

安康江淮官话区内部的韵母差异
蟹合一三、止合三端等字韵母读音

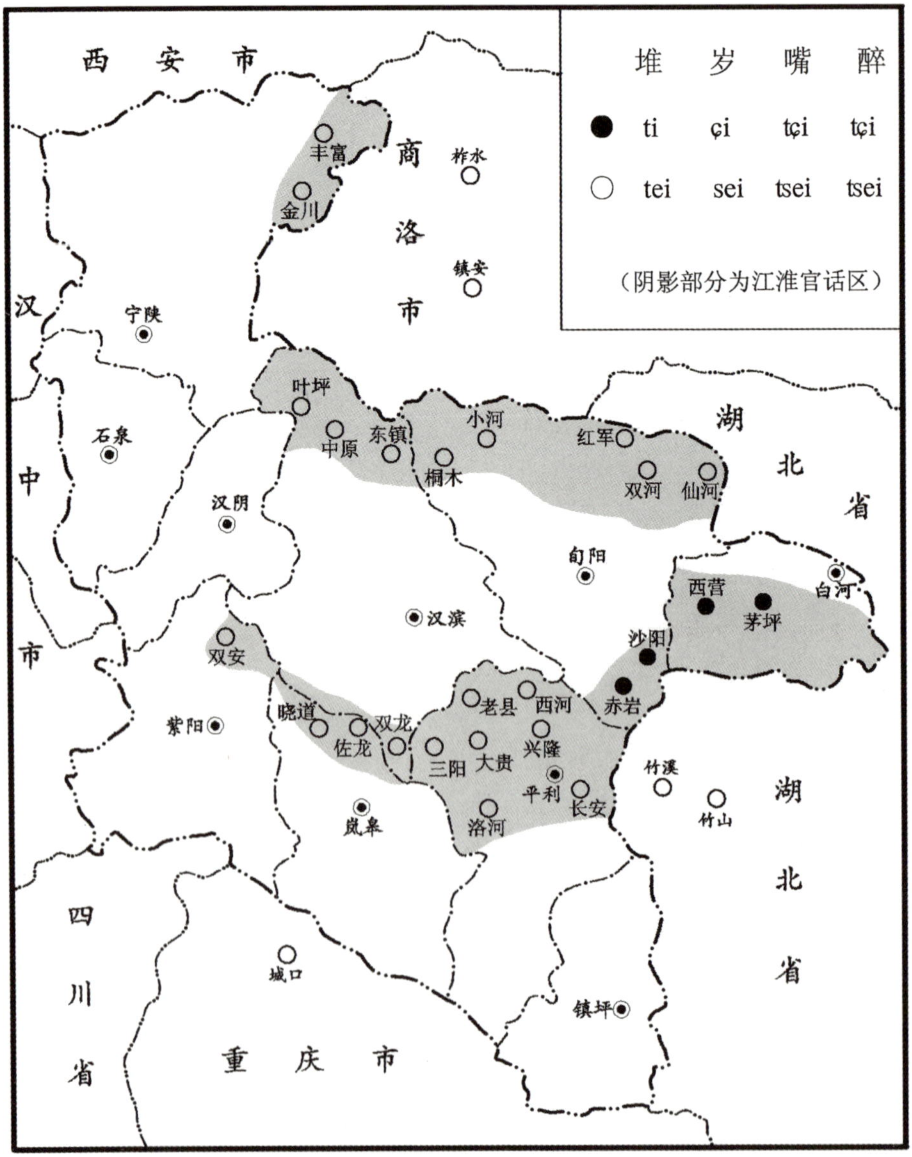

图 25：

安康江淮官话区内部的韵母差异
遇、山、臻组部分合口三等字的韵母读音

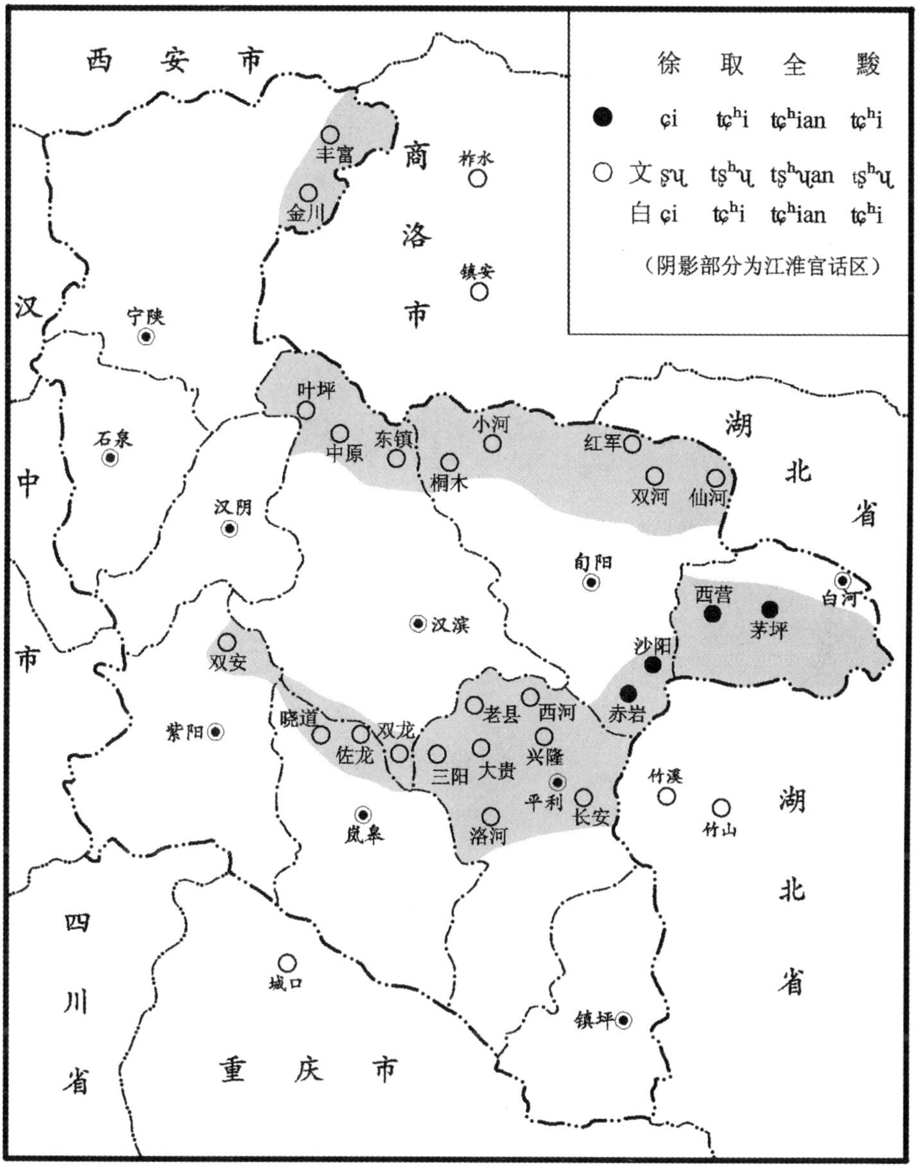

图 26：

古合口、宕开三庄、江开二知庄、通合三知系字
声母的读音类型

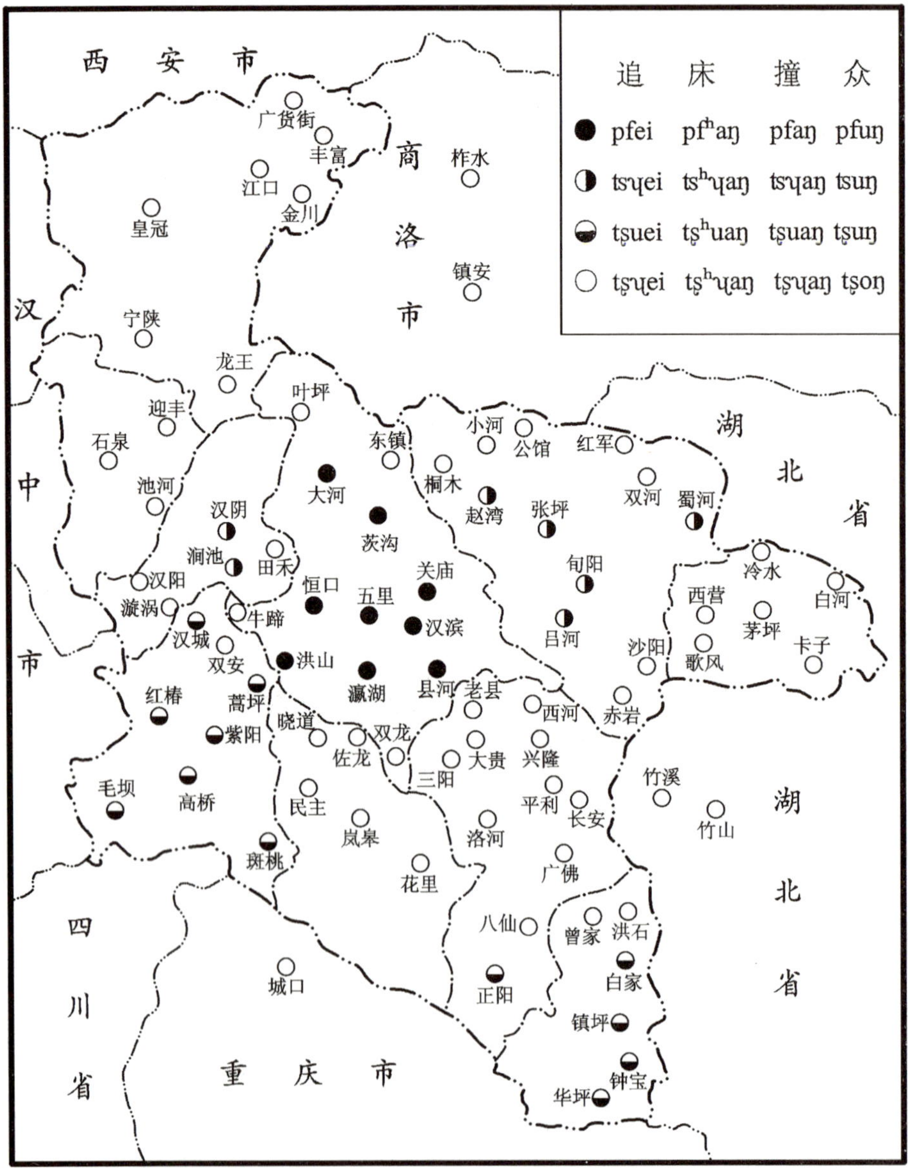

图 27：

知庄组开口二等字、庄组开口三等字声母的读音类型

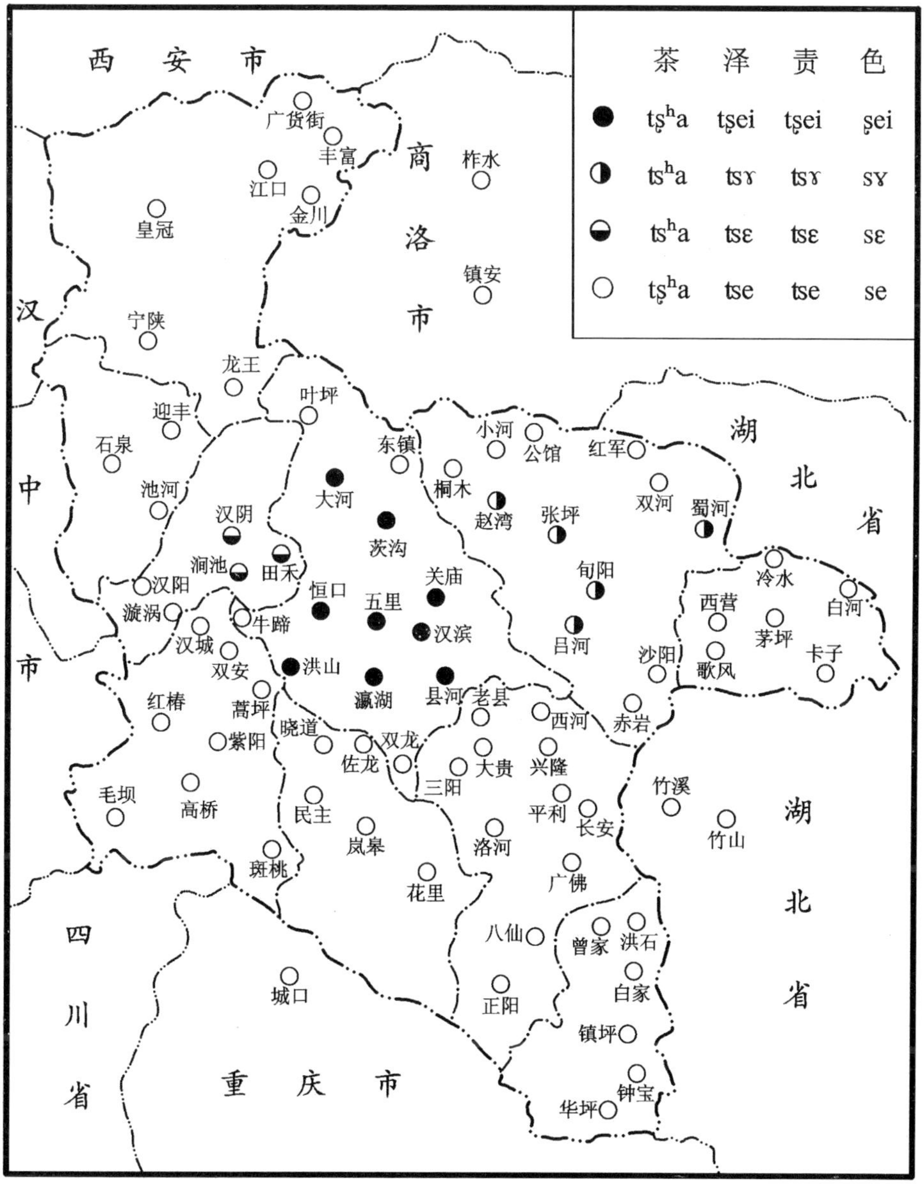

图 28：

遇合一暮、流开一厚、遇合一三屋（入）、遇合一模、山合一末、臻合一没（入）、宕开一铎（入）明母的读音类型

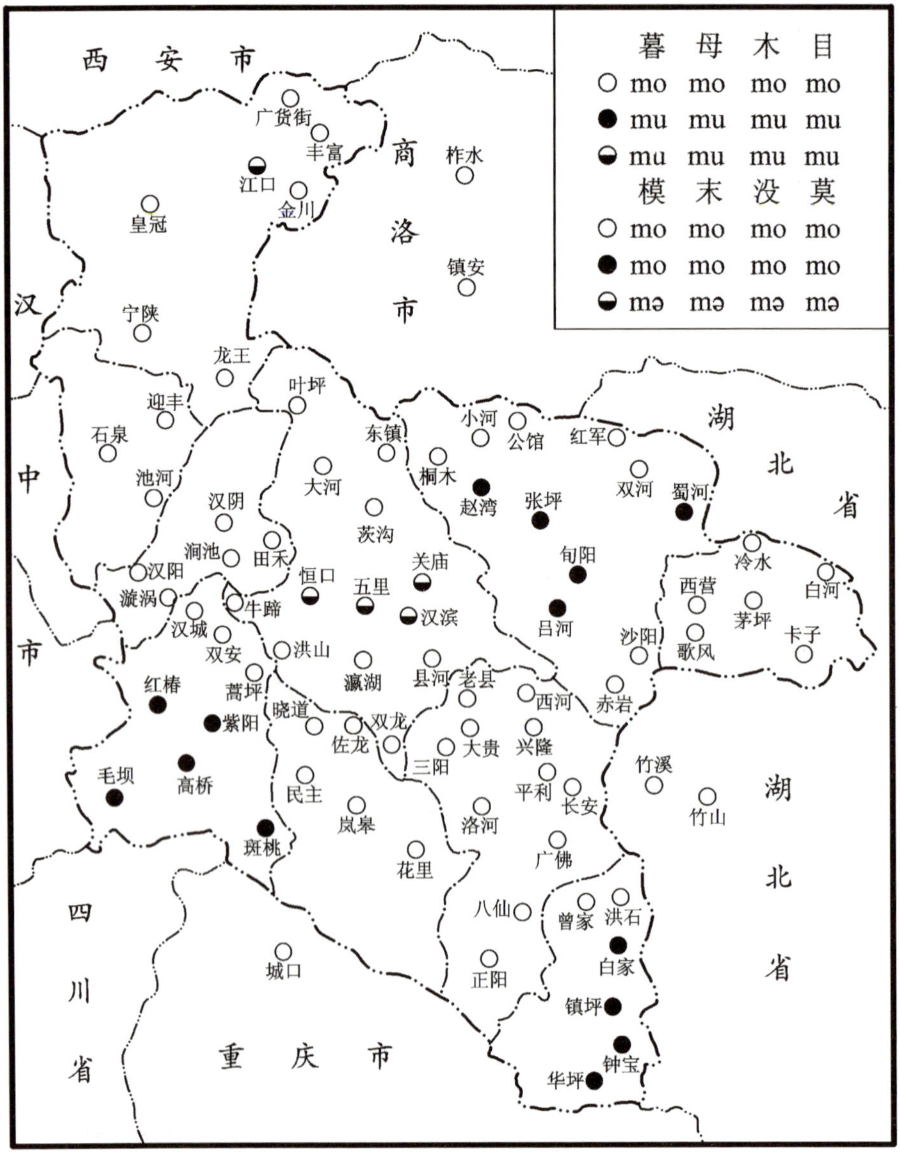

图 29：

遇合一模韵（端泥精组）的读音类型

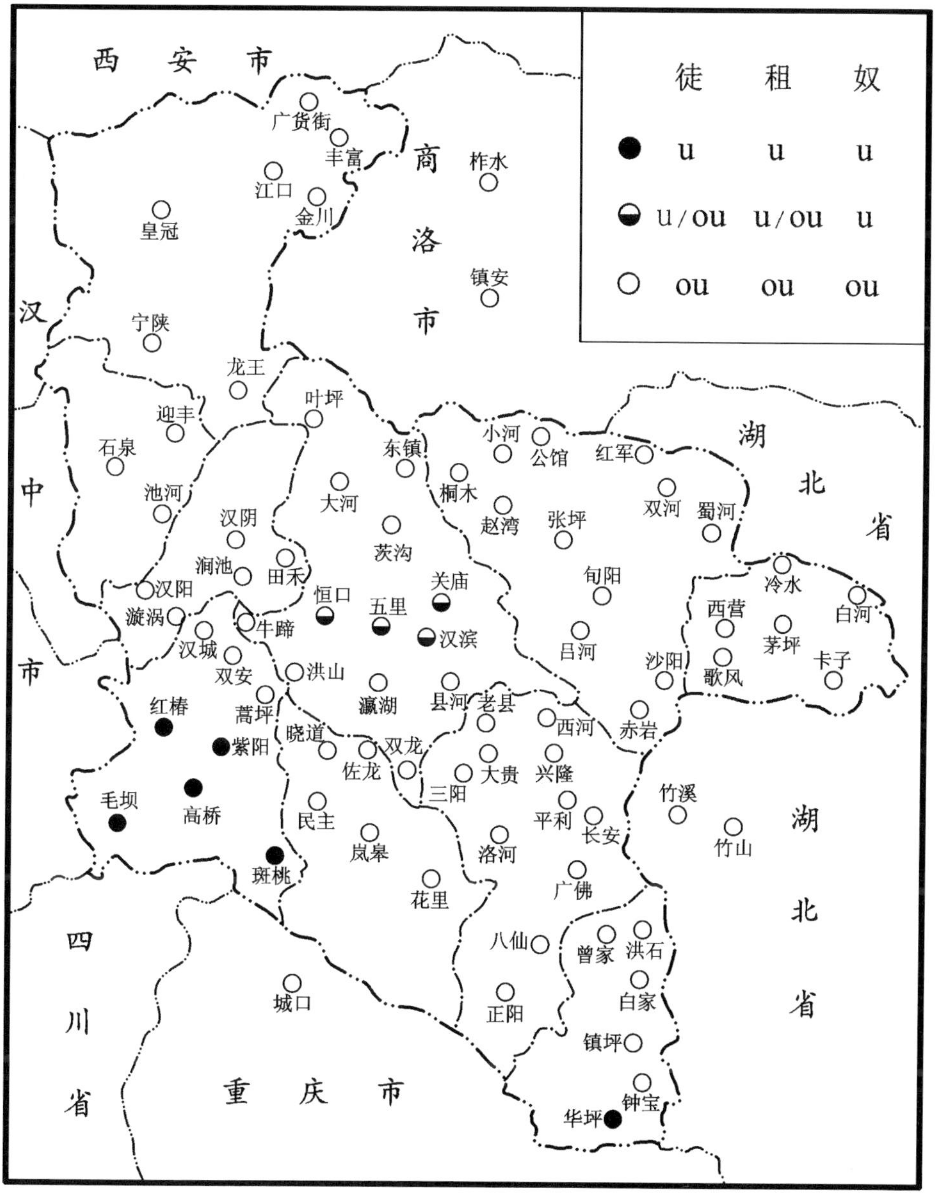

图 30：

遇合三鱼虞韵（泥精组、知见系字）读音类型

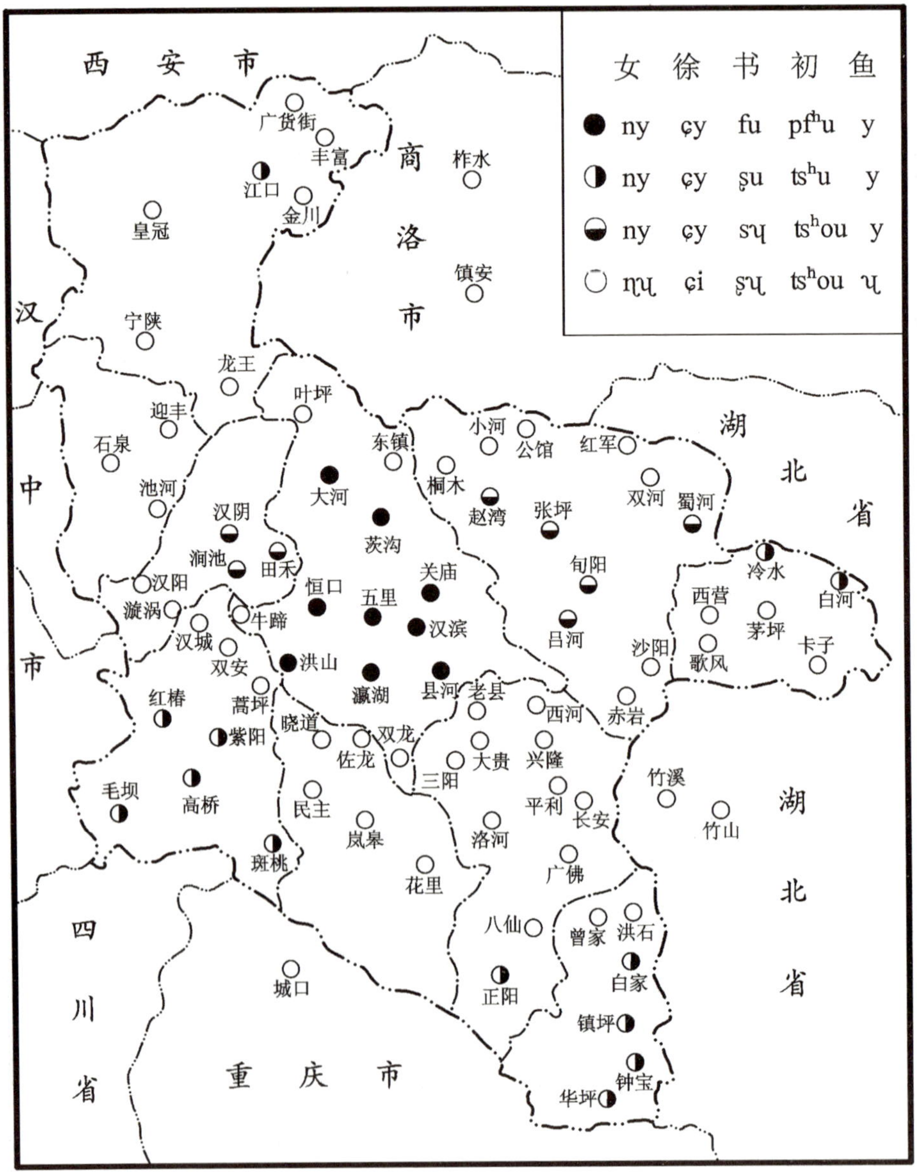

图 31：

蟹合一灰泰、蟹合三祭、止合三支脂（端系、知系）的读音类型

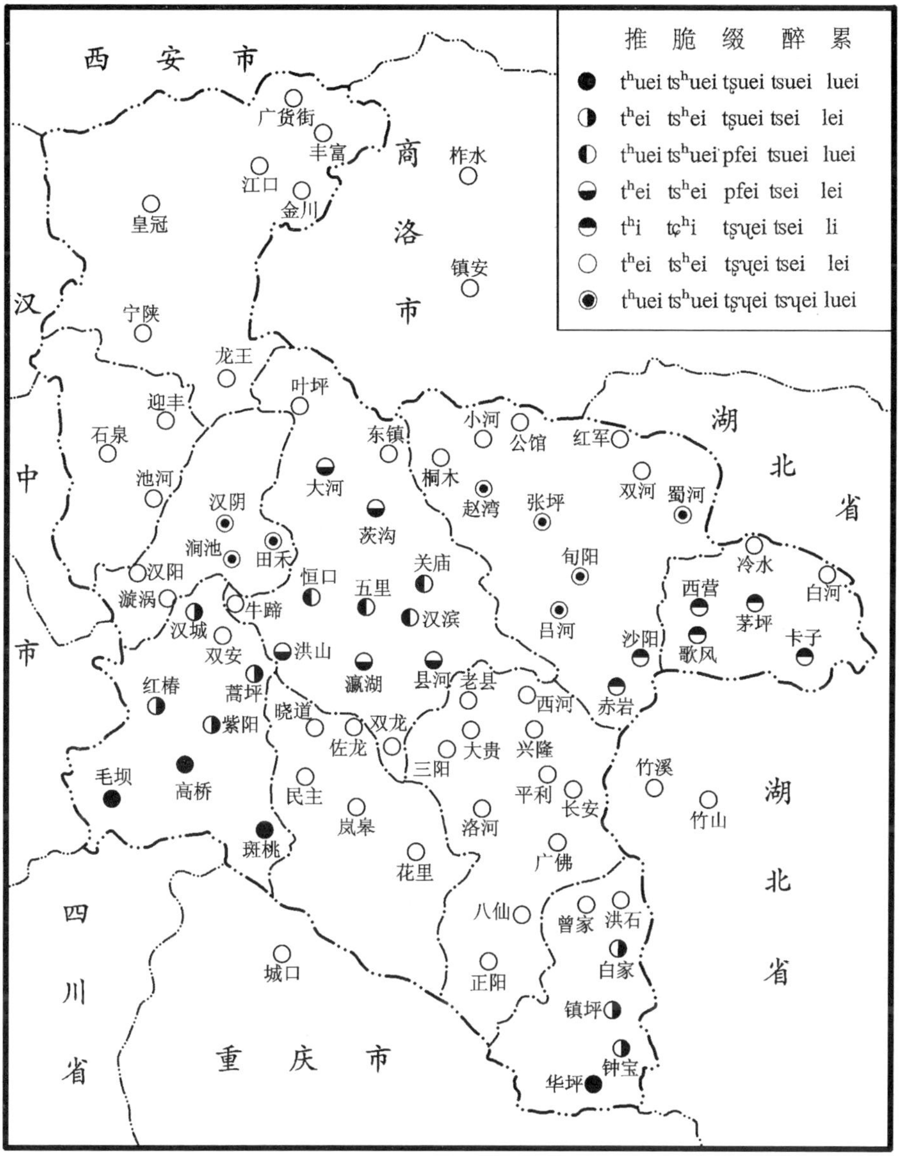

图 32：

山合一桓缓换韵（端系字）的读音类型

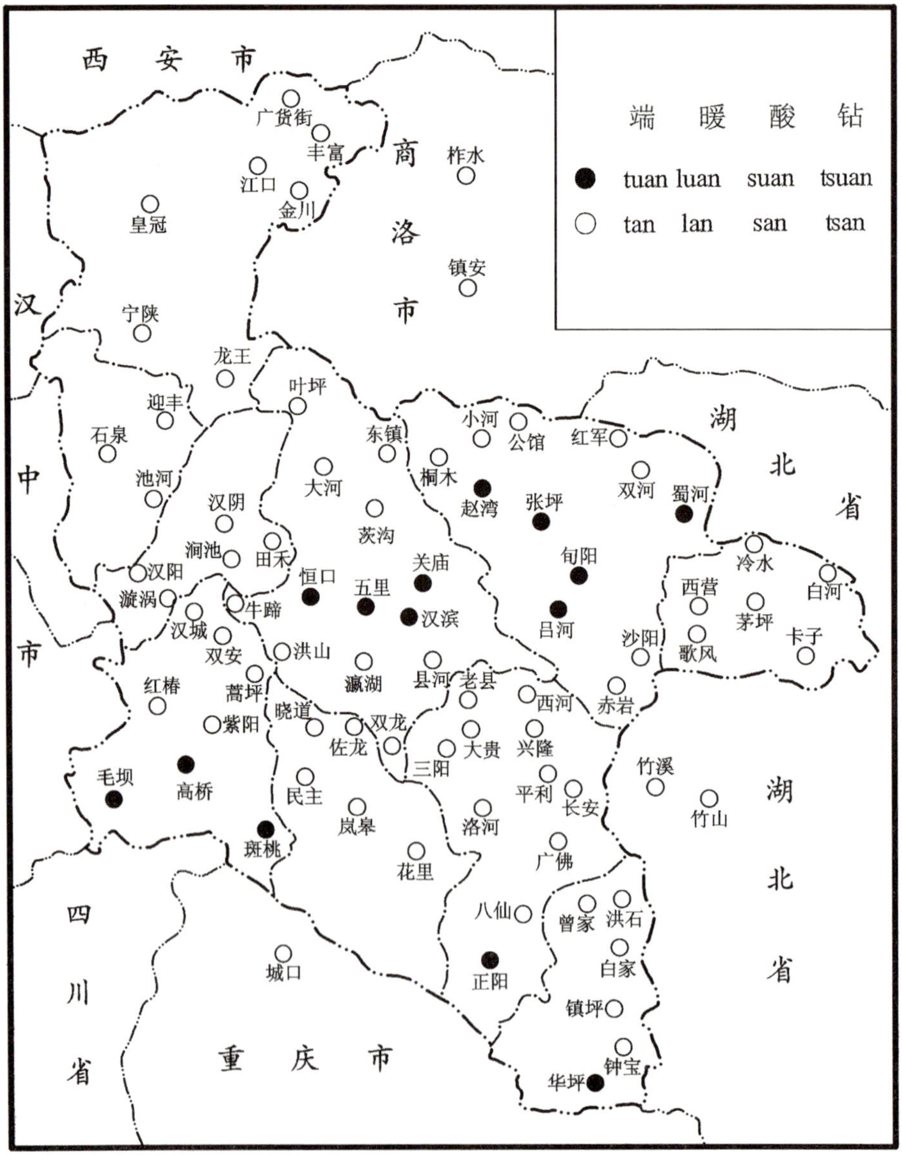

图 33：

山合三仙狝線、元阮愿韵（泥组、知系、精组、见系）的读音类型

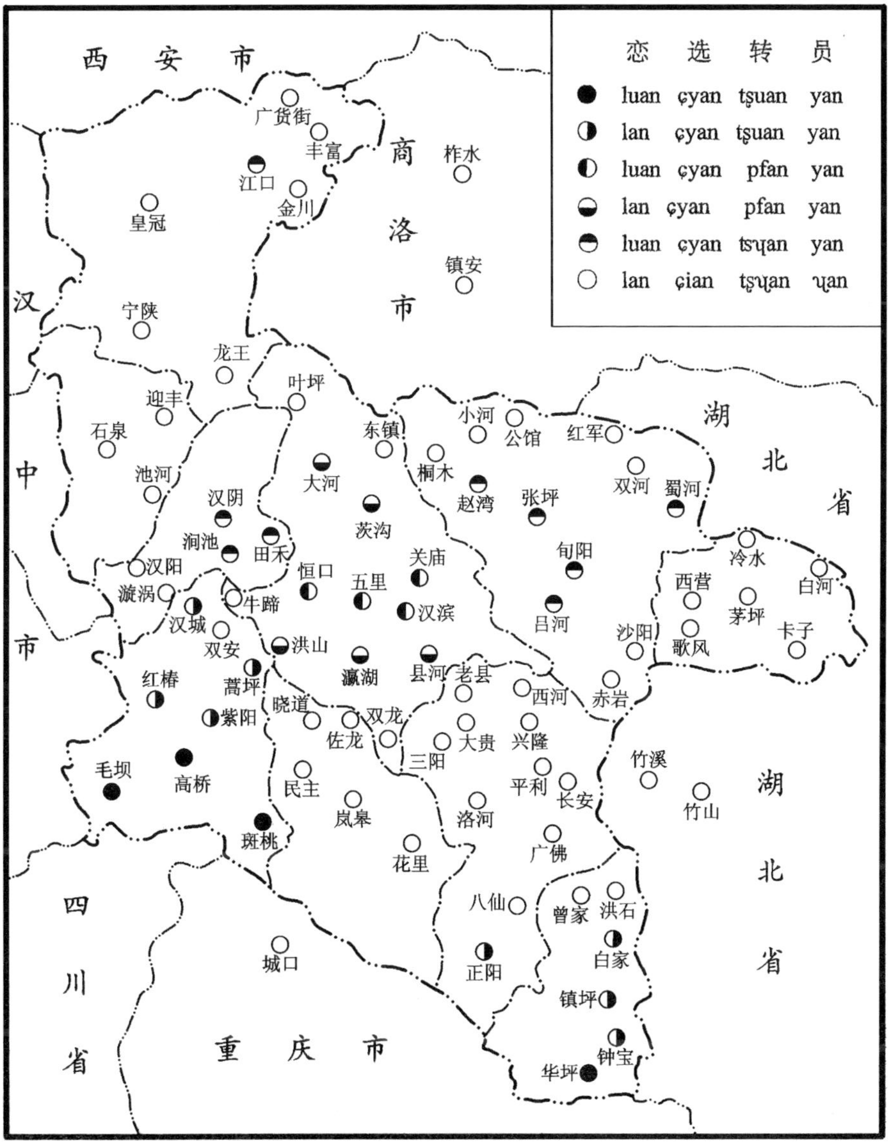

图 34：

臻合一魂混恩韵（端系）的读音类型

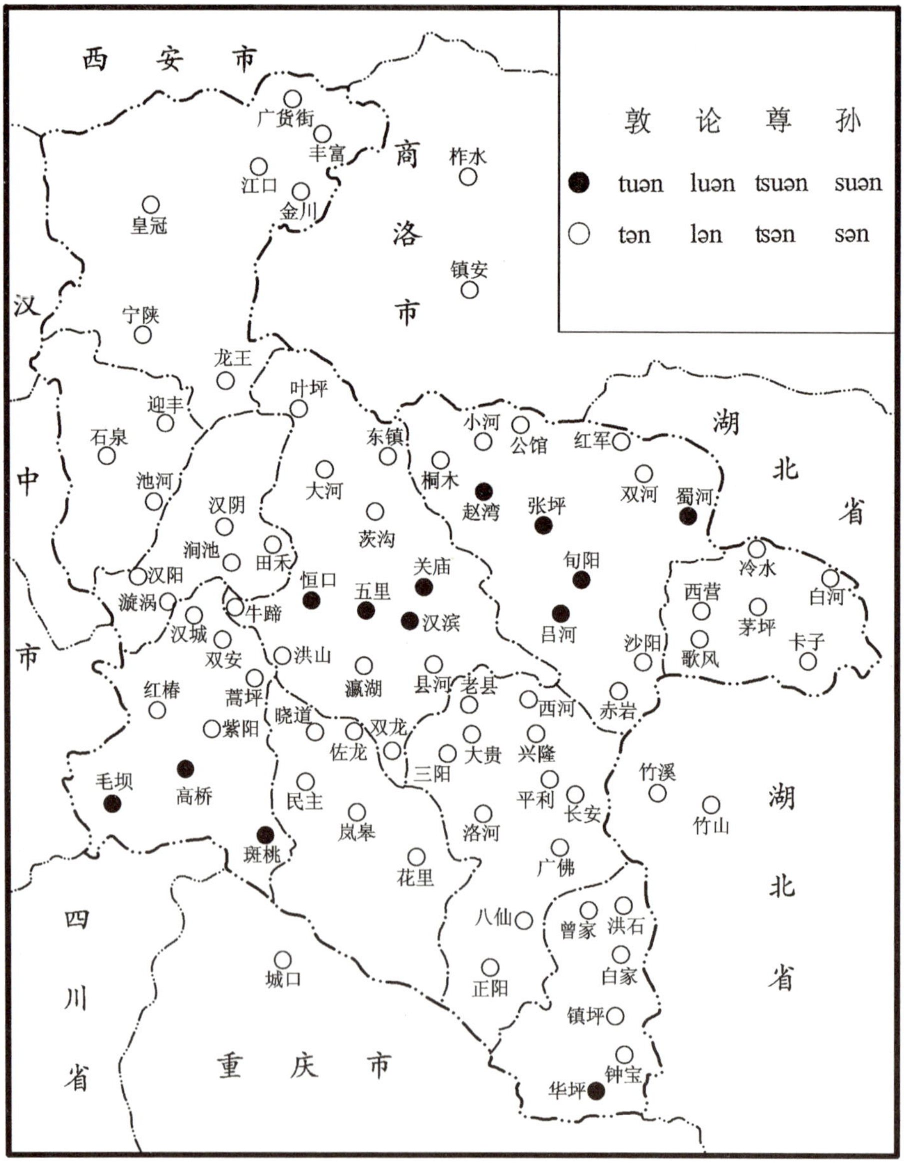

图 35:

臻合三谆准稕、文吻问韵（泥组、精组、知系、见系）的读音类型

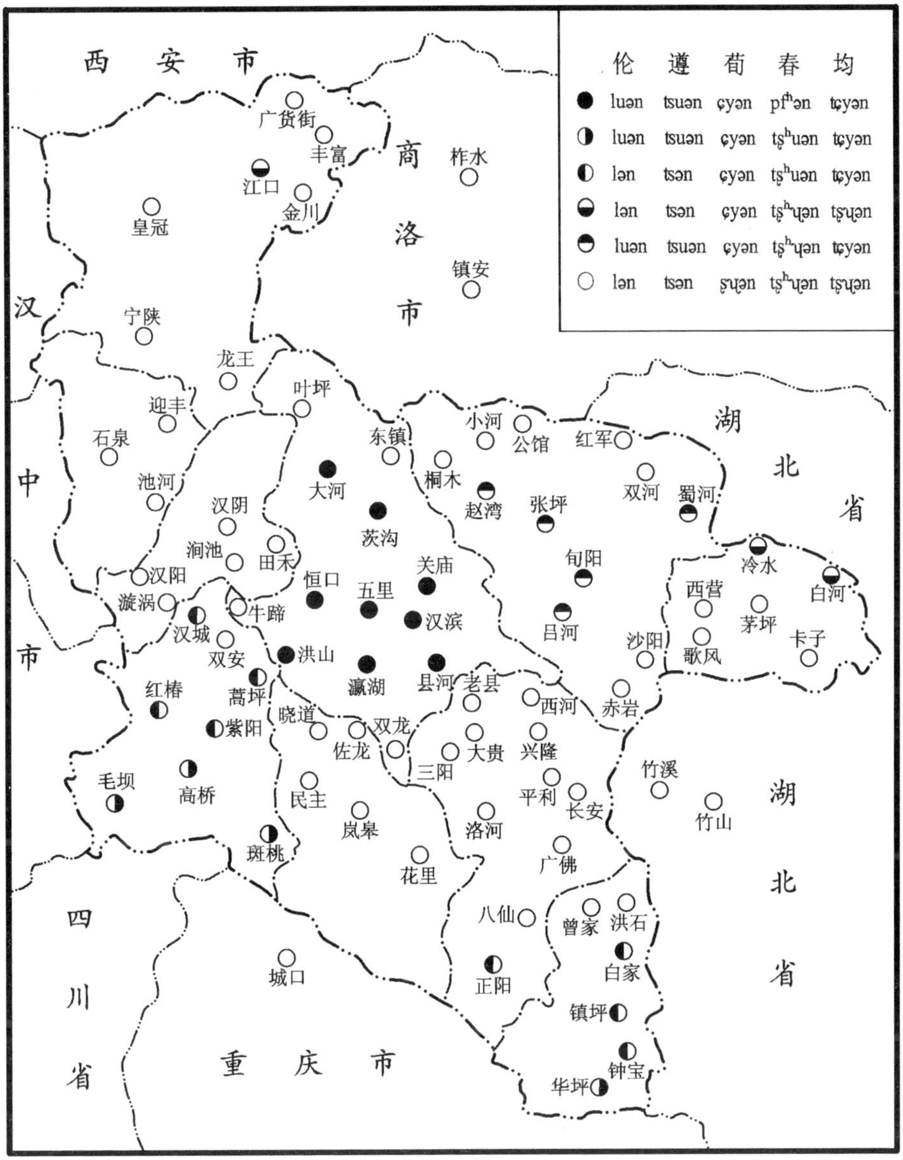

图 36：

宕开三阳养漾、江开二江讲绛韵（庄组）的读音类型

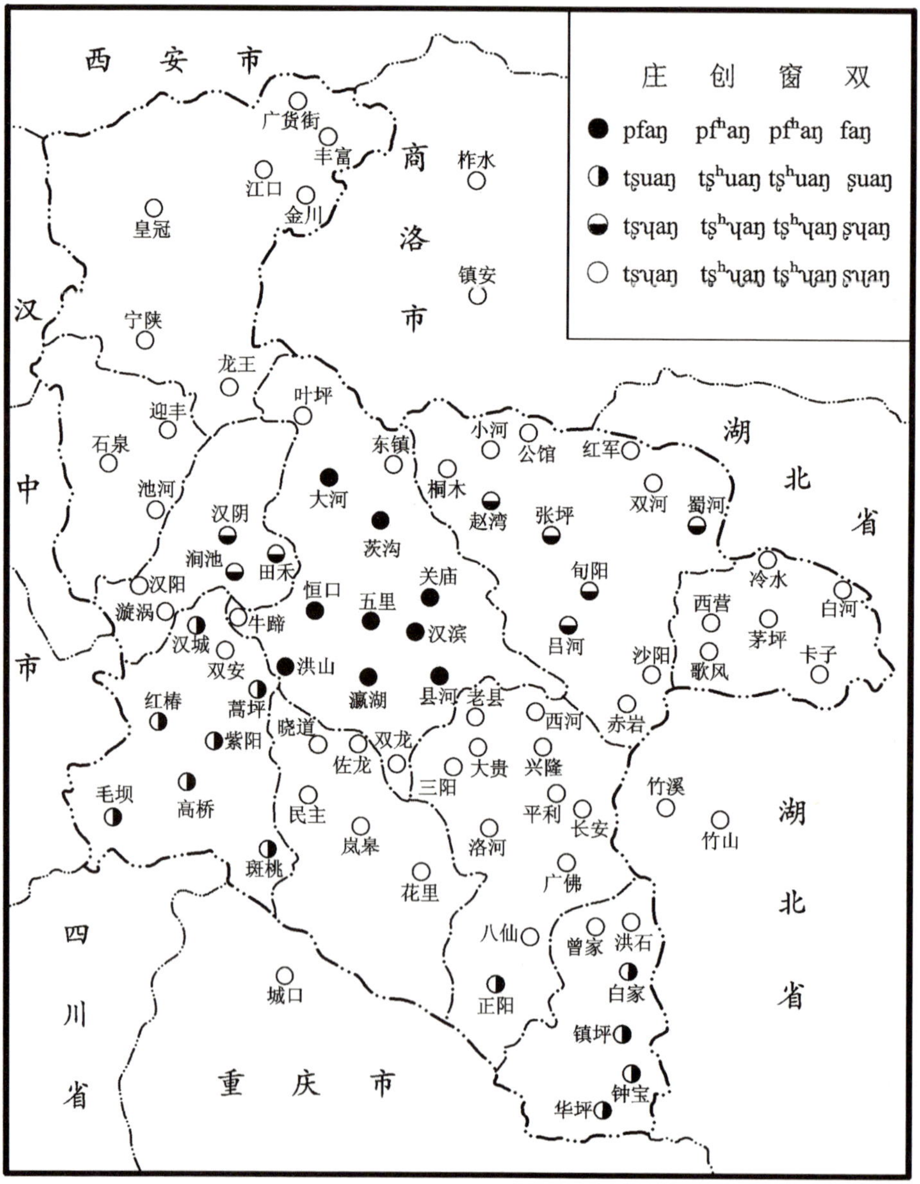

图 37：

曾开三蒸拯证、梗开二庚梗映、耕耿诤、梗开三清静劲、青迥径韵的读音类型

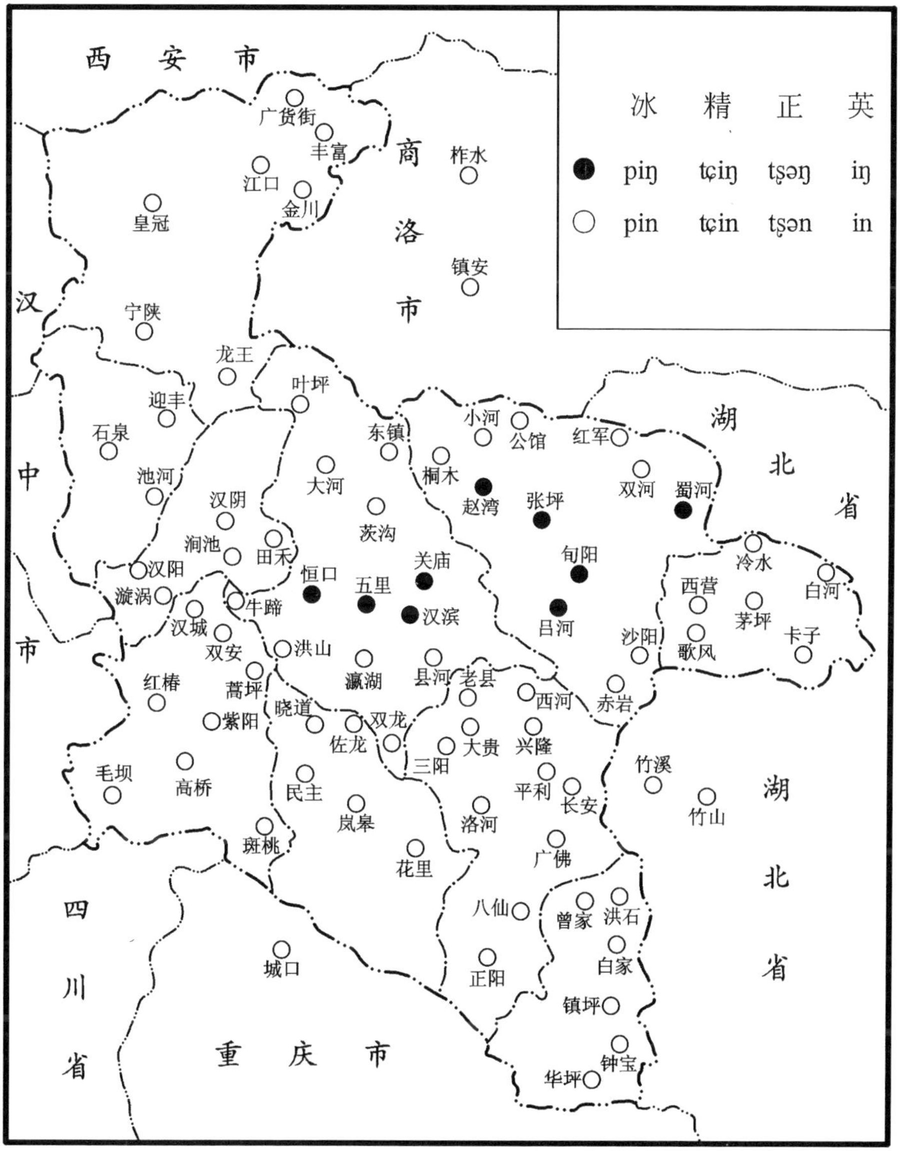

图 38：

安康方言文白异读前山体系与后山体系分布

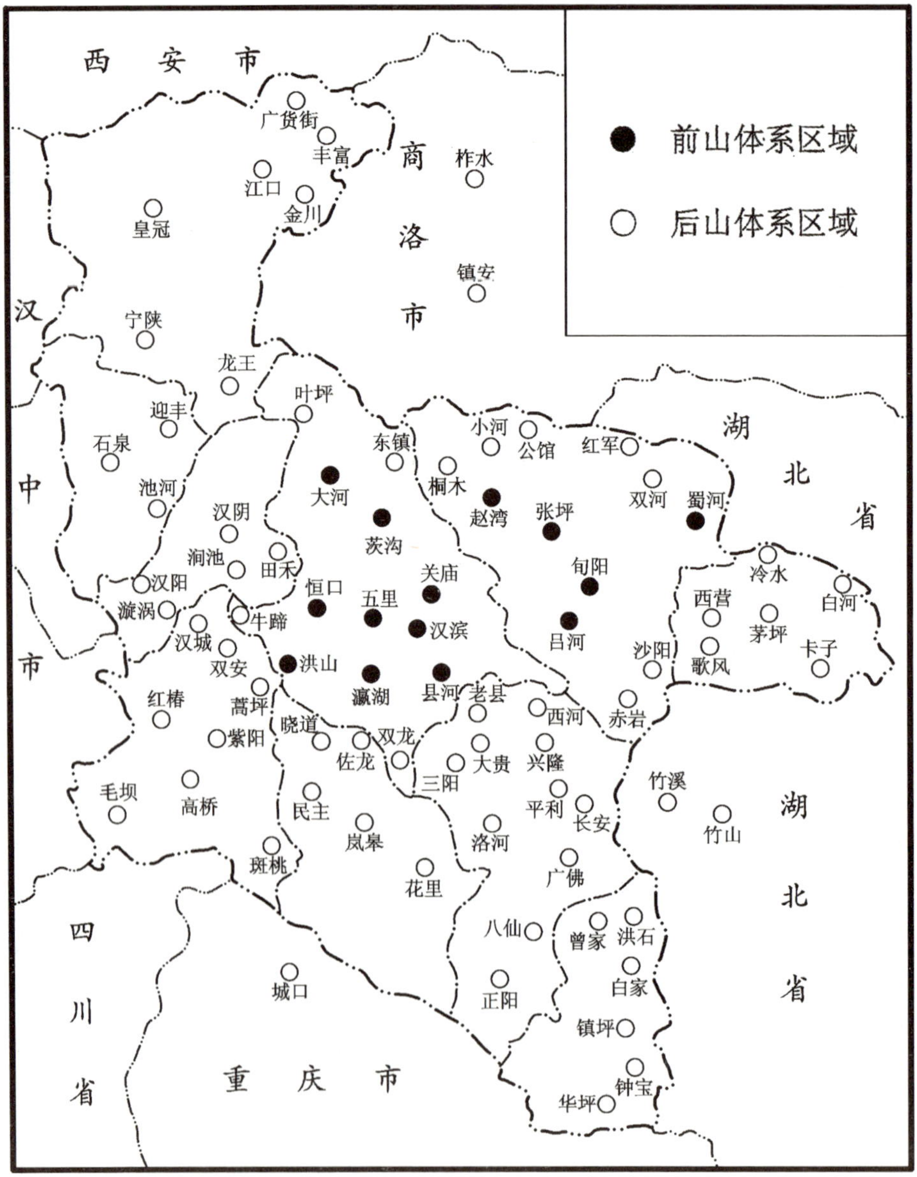

第四章　区分安康各方言的标准

划分官话方言，学界大多以李荣先生所提出的“以古入声字的今读调作官话分区的标准”。[①] 从官话方言这个平面上看，应该是可行的，因为它反映了官话方言的一个共性特征。不过也有另一种观点，认为“在为方言进行分区时，常常不能只根据某一个语音特点来判断，而需要同时参考其他语音特点”。理由是，“从地理上看，方言是逐渐变化的。方言区中心地带的特点，扩散到边缘地区时会变得模糊起来，甚至消失。所以边界地带的方言常常不能具有本方言的全部特点，却有可能具有另一方言的某些特点。对于这样的方言，需要区分它所具有的多项语音特点的主次，再考虑它的归属”。[②]

那么对安康这个特殊地段，究竟应该持怎样的标准呢？我们的观点是，既坚持李荣先生的入声今读标准，同时又不忽视声韵特征的作用。因为李荣先生的标准反映了官话方言的共性特征，忽视这个共性标准，也就忽视了问题的纲。我们之所以同时强调声韵特征的重要，是因为我们面对的安康也正是这种特征模糊的方言地带。安康是个方言接触地带，原方言特点到这里都已变得不再清晰了，只强调入声字的今读，而无视声韵特征的存在，那就必然会使某些区域的方言归属因此而变得勉强。

我们认为，针对安康方言实际，确认一个合适的方言标准，宏观上还应把握三个方面的问题：

一，原土著方言的渊源问题。据崔荣昌《成都话音档》考证，“四川方言的孕育、形成和发展，同古代的巴人、蜀人和历次华夏族移民有着密切的关系”。同样，依据史料，依据安康与四川的地缘关系，安康和四川一样，同样经历了巴

① 李荣：官话方言的分区，《方言》1985年第1期。

② 王福堂：《汉语方言语音的演变和层次》，页49，北京：语文出版社，1999年。

人、蜀人和历次华夏族移民的历史变迁。所以说，安康早期的语言也处于巴蜀方言范围之内。对于这一点，以现今西南官话在陕南的辐射状况也可以得到说明。

二，安康现今人口主要来自宋金元战争的难民和明清时期的“湖广大移民”，这些都已被多方资料所证明。也就是说，陕南方言除当地原有的土著方言之外，主要是随移民带来的外地方言，那么确认陕南任何一处方言的属性，首先必须弄清该处的方言底层是什么？接受了何种方言的渗透与影响，其接受程度又是如何？

三，安康是五方移民杂处之地，方言之间的接触与融合便是这一区域语言的主要特征。

把握了这三个方面的问题，那么确认安康任何一处方言属性，总体上都不会走得太远。

西部的汉中与东部的安康同处一个地理区域，也是重要移民区，为方便问题说明，下文必要时与汉中进行比较。

一　用于确认安康西南官话的标准

前文已述，安康与四川、重庆毗邻，尽管“蜀道之难，难于上青天”，但与险要的秦岭相比，海拔要低，交通渠道也多，所以，自古以来经济往来密切，语言曾一直处于统一之中，直至现在，西南官话仍占安康最大面积。只是由于外地移民的大量迁入，方言接触的结果，使得安康西南官话的某些特征也不同于相邻的四川和重庆了。

经调查，安康因移民主要来自湖广，所以安康西南官话与成渝方言相比，表现出了较多的江淮官话成分，比如安康西部处于过渡地带的宁陕、石泉以及南部的岚皋，其中特点就有：①遇、山摄知系合口三等字与见系合口三等字声母一律读 tʂ 等，书＝虚 ꜀ʂʮ、篆＝倦 tʂʮan꜄、注＝句 tʂʮ꜄、串＝劝 tʂʰʮan꜄；②山臻遇通入合口三四等知系、见系字声母读 tʂ 组，韵母读 ʮ 类，如船꜁tʂʰʮan、窗꜀tʂʰʮaŋ、权꜁tʂʰʮan、热꜀ʮɛ、韵 ʮən꜄。不过，尽管声母和韵母渗入了较多的江淮官话成分，但调类、调值、古入声字的归调至今仍保持着西南官话的特征，所以，把入声字的归调作为判别安康西南官话的主要标准是最为合适的。所以，判别安康西南官话，相比于判别安康中原官话和江淮官话，就要容易得多。

二　用于确认安康中原官话的标准

确认安康中原官话的标准得与西部的汉中方言进行比较，因为两地都存在着相同的问题。

由于宋金元战争，逃来的关中移民先行占据了陕南人因逃离而丢弃的盆地和川道，填补了陕南的人口空缺，中原官话因此一度成为陕南的主体方言，但自经历明清时代的荆襄流民、湖广移民以及川蜀移民北飘之后，陕南的中原官话也不可避免地接受了后入而来的江淮官话或西南官话的影响。

陕南的中原官话，因东部的安康移民主要来自鄂东和皖西南一带，所以这里的方言主要表现为中原官话与江淮官话的接触；而西部的汉中移民主要来自关陇和巴山以南的四川，所以主要表现为中原官话与西南官话的接触。经调查，凡人口以关中移民为主体的区域，尽管都程度不同地接受了他方言的影响，但从声调上看，变化的只是调值，调类并未发生变化，如下表：

表 1

		阴平	阳平	上声	去声	入声	
						清、次浊	全浊
汉中	汉台北关、西关	54	32	45	312	归阴平	归阳平
	西乡县城及北部	54	32	34	213	归阴平	归阳平
	洋县	31	35	53	44	归阴平	归阳平
安康	汉滨	31	35	53	44	归阴平	归阳平
	旬阳	31	213	54	233	归阴平	归阳平
	县洪片	42	312	55	223	归阴平	归阳平

从表中看，西部汉中的中原官话在与西南官话发生深度接触后，除开洋县，其他调值基本丧失了原关中阴平低降、阳平高升的读音特征，变得接近西南官话。而东部安康，只有县洪片的调值变化较大，汉滨、旬阳两县，则基本保持了原关中阴平低降、阳平高升的读音特征。不过，无论安康还是汉中，不管调值怎么变，调类都没有变，古入声字的今读也始终保持着中原官话清声母和次浊声母

读阴平、全浊声母读阳平的总体特征。所以，对陕南随移民迁徙而来的关中方言，在接受其他方言影响之后，看其是否仍属于中原官话，其标准仍在声调上，除调类外，重点看其古入声字的今读是否仍然保持着中原官话清入、次浊入归阴平，全浊入归阳平的总体特征。

三 用于确认安康江淮官话的标准

江淮官话，俗称下江话，主要分布于我国安徽长江两岸、江苏长江以北大部分地区以及南岸的镇江以上、南京以下地区、江西的沿江区域和湖北的黄冈、孝感一带。从其特征上看安康江淮官话是指随湖广移民迁徙而来的黄孝方言，为陕南第三大方言，主要分布于安康东部和商洛的西南部，与湖北的竹溪、竹山连成一片。

如何判别江淮官话，学界主要以是否保留有入声作为衡量的标准，但是，确认安康随移民而带来的鄂东和皖西南一带方言是否仍然属于江淮官话，情况并非那么简单。虽说这种方言在安康已经程度不同的接受了安康中原官话或西南官话的影响与渗透，发生了一些变化，比如，入声消失，全浊声母有的被派入阳去，有的被派入阳平，但除此之外，其他特点并没有发生变化，仍与原方言相同。所以，以笔者之见，确认安康东部后山语言是否仍属江淮官话，应着眼于它的整体特征，不能单凭入声这一个体特征的消失就把它划归到中原官话。下面是笔者对安康旬阳、白河、平利三县后山一带方言的调查，其特征如下：

（1）遇、山摄知系合口三等字与见系合口三等字声母相混，一律读［tʂ］等。比如安康旬阳、白河、平利相连的后山一带方言，至今仍是“书＝虚 $ʂʮ^{31}$、篆＝倦 $tʂʮan^{214}$、注＝句 $tʂʮ^{214}$”。

（2）特征之二，有特殊声母［ɳ］，“女”读为［$ɳʮ^{445}$］。

（3）特征之三，有一套［ʮ］类韵母：ʮ、ʮa、ʮɛ、ʮai、ʮei、ʮan、ʮən、ʮaŋ。如“鱼雨玉猪许乳挼月热决圆冤传涮群春纯训军床装双”等字，读音既不同于属于中原官话的汉滨、旬阳话，又不同于属于西南官话的紫阳话。

（4）特征之四，有5个单字调，其中去声分阴阳。古清声母去声字多进入阴去，古全浊声母的上声字和古全浊声母的去声字多进入阳去。如“帝对靠故世拜再句怪冻”和“丽内墓第件是父旱动罪”，前者读阴去，是个曲折调，后者读阳去，是个低平调。

（5）如用“以古入声字的今读调作官话分区的标准”来进行判别，安康江淮官话古入声的清声母、次浊声母字今读阴平，如“脚憋绿跌帖答节笔质博作北得”，全浊声母字今读阳去，如“学毒活罚实十白杂合舌”。

（6）阴平读低降31或54，与江淮的洪巢、泰如片方言一致；阳平读中降42，又与黄孝片相同。

此外，我们还可举出另外几个特点来，鉴于有些特点对安康西南官话也有渗透，所以这里仅仅列举以上6点，但仅凭这6点就足以说明它与中原官话和西南官话着实存在着本质的不同。如果我们硬要将它划归到中原官话，那么新的问题又出现了，就是在声韵问题上所存在的与中原官话的矛盾就不好解释了。

对此我们也认真地讨论了赵元任的《湖北方言调查报告》，其中最为突出的是，他将远在湖北西北角的竹溪、竹山方言与东部的黄孝方言并为一类，即湖北的第二方言区。按说是不能将这两个县归入到江淮官话（黄孝方言片）的，因为这里没有入声，“入声全清与次浊归阴阳平不定，全浊全归阳平”，并且去声不分阴阳，我们的实地调查也证实了这一点。可见，他的标准，重点在声韵，而不在入声的有无。比如：①ʦ与tʂ分，古精组洪音全读ʦ等，章组全读tʂ等；②见系合口细音及通三入（屋三浊）读tʂ等，如：缺tʂʰʮe、局tʂʮ；③鱼虞知见系元音同，如：书＝虚ʂʮ；④通入明母字读o，如：木mo。[①]总体上考虑，这4大特点，都是有别于其他官话方言的。由此可见，提出方言标准，是不能绝对单一的，应该是，在把握它的重要特征之同时，也不能无视它的其他特征，特别是那些最能体现方言本质的特征。所以，本书兼顾这些因素，将平利的城关和老县也纳入到江淮官话之列。

四 用于确认安康湘语的标准

关于确认陕南湘语，是一个争议颇多的话题。张德新认为“现代的陕南湘语区分布在安康市汉滨区（原安康县）的叶坪、沈坝、双溪、铁路、汉阴县的蒲溪、田禾、安良、涧池、铁佛等乡镇，石泉县的池河、迎丰等乡镇，宁陕县的太

① 赵元任：《湖北方言调查报告》，页513、514、1568、1569，北京：商务印书馆，1948年。

山、铁炉等乡镇，平利县的八仙镇，镇坪县的曾家镇，紫阳县的毛坝镇”。[①]孙立新认为“陕南湘语主要分布于陕西省安康地区石泉县的池河区、后柳区，汉阴县的蒲溪区、铁佛区、漩涡区，宁陕县的太山区，安康市的叶坪区、大河区，紫阳县的汉城区，岚皋县的花里区，（陕南）讲湘语的人口约40万，以汉阴县最为集中”。[②]笔者对以上所提到的湘语点逐一进行了调查，调查结果显示，真正具有湘语典型特征的只有汉滨、汉阴、石泉3县的3个乡镇和3个行政村，分别是汉阴田禾乡、石泉中池乡、汉滨区铁路乡以及沈坝镇桥头村、双溪乡星红村、梅子铺镇袁庄村，它们分别以方言岛的形式存留于山内封闭区域。人口约3万，而并非40万。

以笔者愚见，确认安康湘语的标准，与确认官话方言有所不同，因为湘语以长沙方言为代表，根据湘语的表现特征，方言学界一直是以声母的发音方法作为判别的主要标准。具体是，古浊音声母今逢塞音和塞擦音时，无论保留浊音或是浊音清化，不管平仄，一般都读不送气音。比如：排＝败｜头＝豆｜葵＝柜｜慈＝字｜除＝住｜床＝状＝脏｜茶＝杂｜松＝宗｜同＝邓等，“＝”前字都读成“＝”后字音，全为不送气音。

另外为准确起见，学界还提出了两个补充条件：

（1）看古入声字的今读调。如“踏插擦甲执立列节七出绝贼服熟席石浊”等，从湘语的表现特征看，入声的清声母字和次浊声母字当读为阴平，全浊声母字大部当读为阴去。如果不论清浊全读为阳平的话，那它就应该是西南官话。

（2）看去声是否分阴阳。如汉阴的田禾乡、石泉的中池乡、汉滨的铁路坝、沈坝桥头村、双溪星红村，将“帐正醉抗唱菜怕世送放共助社父”等读为阴去，是个曲折调；将“近柱坐淡抱厚汉害树饭岸让漏怒帽望用拔”等读为阳去，是个中平调，但又稍带降尾。这一点正符合湘语在声调上的普遍特征。

以上条件还没有包括非敷奉母字与晓匣母合口韵字相混的特征在内。

依据湘语特征，笔者认为确认湘语，应综合考虑以上三个条件，凡具备这3个特征的都可以看做湘语，相反，如果失去了三个中的任何一个，那都是不能看做湘语的。张德新、孙立新之所以认为各自所定区域属于湘语，恐怕其中最主要原因就在于这些乡镇有的地方还残存着古浊音声母今逢塞音和塞擦音时还读不送

① 张德新：陕西汉阴蒲溪方言音系研究，《安康学院学报》2007年第1期。

② 孙立新：《陕西方言纵横谈·陕南湘语略说》，页205~210，北京：华夏文化出版社，2000年。

气音，有的还存在着非敷奉母字与晓匣母合口韵字相混的现象以及有些地方还残存着湘方言的词语罢了。

那么如何看待湘语标准，我们非常赞同鲍厚星的观点。他认为确认湘语，古浊音声母今逢塞音和塞擦音读不送气音这个标准固然重要，但也要考虑去声是否分阴阳，因为去声分阴阳“符合湘语在声调上的普遍特征”，专此指出同处湘西且古浊音声母今逢塞音和塞擦音也读不送气音的吉首、保靖、花垣、古丈、沅陵等五处方言，正因为去声不分阴阳而都不应将其看做湘语。[①] 所以按照鲍厚星的观点，以上所说的汉阴蒲溪、涧池、安良、铁佛、漩涡、汉滨区的叶坪、铁路、大河、石泉县的迎丰、后柳、宁陕县的太山、铁炉、平利县的八仙、镇平县的曾家、紫阳县的毛坝、岚皋县的花里等乡镇，如果说他们原来的底层方言是湘语的话，那么以现在的方言特征，它们已经完成了由湘语向西南官话的转变，都是不能算作湘语的。并且笔者在调查中也充分注意到，这些地方除涧池、蒲溪两地年逾古稀的老人在读古全浊声母今逢塞音和塞擦音时还保留着少量的不送气音以外，其他各地几乎已全部演变为读送气音了，并且声调 4 个，去声不分阴阳，入声大部归阳平，等等这些都是不能逾越的条件。

湘语从湖南被带到陕南安康的汉阴、石泉、汉滨一带，受到西南官话、中原官话的四面包围，象汉阴的田禾乡、石泉的中池乡、汉滨的铁路坝、沈坝桥头村、双溪星红村，要不是封闭的地理环境阻断了与外界的深度接触，都会不可避免地发生最本质的变化，这种变化特别反映在调类上，恰好西南官话最重要的判定标准也在声调上。所以在这种特殊的地理环境下，对声调标准的强调就必须提到重要的位置上来。如下表：

表 2

	阴平	阳平	上声	去声		入声	
				阴去	阳去	清、次浊	全浊
石泉县城关镇	45	21	54	213		归阳平	
石泉县池河镇	45	21	54	213		归阳平	
汉阴县涧池镇	33	21	445	214		归阳平	

① 侯精一：《现代汉语方言概论》，页123、124，上海：上海教育出版社，2002年。

续表

	阴平	阳平	上声	去声		入声	
				阴去	阳去	清、次浊	全浊
汉阴县蒲溪镇	33	21	445	214		归阳平	
汉阴县田禾乡	23	32	44	213	31	归去声	
石泉县中池乡	55	312	445	213	41	归上声	归阳平
汉滨区铁路乡	33	21	44	213	41	归去声	
沈坝乡桥头村	33	21	53	35		归去声	
双溪乡星红村	33	21	53	35		归去声	

表中的石泉城关和池河镇方言属于西南官话。通过比较可以看到两种情况：一是汉阴的涧池和蒲溪古入声字今读阳平，各相应调类调值也都接近西南官话，并且去声不分阴阳；二是石泉的中池乡古入声字清声母今读上声，全浊声母字今读阳平；汉阴的田禾、汉滨的铁路坝、沈坝桥头村、双溪星红村五处古入声字大部读为去声，且田禾、中池、汉滨的铁路乡去声分阴阳。因此，通过比较和权衡，只能将蒲溪和涧池划为西南官话。

五　用于确认安康赣语的标准

赣语区主要分布于长江中游南岸，东临浙江的吴语区和福建的闽语区，南接赣南客家话区，西界湖南湘语区，北毗湖北、安徽江淮官话区。赣语区的中心地带在江西省的赣江中下游和抚河流域以及鄱阳湖地区，以南昌话为代表，属我国南方方言。

目前在陕南发现的赣语主要分布于安康汉滨区的牛蹄乡（杨运庚、周海霞 2007）、石泉县的迎丰镇以及商洛的商南、丹凤、山阳、镇安（郭沈青 2006）等零星区域。

对赣语的确认，学界一般都把“古全浊声母今读塞音、塞擦音时为送气的清音”作为赣语区别于其他方言的最主要的特点，[①] 如“茶坐头豆牌败治弟笛步惰”等字概读送气清音。《中国语言地图集》也把这个特点作为区别赣语与非赣语的

① 侯精一：《现代汉语方言概论》，页144，上海：上海教育出版社，2002年。

最重要标准。在安康，为有别于江淮官话，我们仍坚持这个标准。除此之外，我们认为还可参照如下 5 个补充条件：

（1）是否将古上声次浊声母如“野尾有暖软冷”等字读上声而不是阴平。因为按上述所说的古全浊声母字，无论声调平仄，今读塞音、塞擦音时，为送气清音。对于这一特点，客家话也同样具有。鉴于安康也有客家移民，所以用古上声次浊声母字的声调读法作为确认赣语的标准就显得十分必要了。也就是说，如果把“野尾有暖软冷”等古上声次浊声母字读为阴平，那他就是客家话而不是赣语，因为赣语是不将古上声次浊声母字读为阴平调的。

（2）赣语将“大小”的“大”读为蟹摄徒盖切，ai 韵，将“大栗板栗、大姑、大娘”的“大”读果摄唐佐切，o 韵。比如把“大小”叫“大细 tʰai^{31}ɕi^{31}”，把“大娘”读为“tʰo^{31}ȵiaŋ^{24}”。

（3）中古疑母字在开口洪音前读为 ŋ 母或者零声母，如芽 ia^{24} ｜伢 ŋa^{24} ｜咬 ŋau^{55} ｜眼 ŋæn^{55}。

（4）有一套 ʮ 类韵母。如：榆鱼 ʮ^{24} ｜余于 ʮ^{24} ｜菊 tʂʮ^{214} ｜蛛猪 tʂʮ^{22} ｜输须书 ʂʮ^{22} ｜序续绪 ʂʮ^{31} ｜区趋渠 tʂʰʮ^{22} ｜军 tʂʮən^{22} ｜热 ʮɛ^{214} ｜拳 tʂʰʮan^{24} ｜缺 tʂʰʮɛ^{214}。

（5）是否保留有入声调类。

以上五个补充标准，最为重要的是前两条。至于第 3 和第 4，鉴于安康江淮官话以及受江淮官话影响较大的岚皋、石泉、宁陕等地的西南官话也具有这两个特点，虽说它是必须的条件，但不能将它作为确认安康赣语的重要标准。

六　用于确认安康混合方言的标准

安康无论哪个区域都存在有方言混合问题，因为安康人口主要来自移民，经过方言间长期的相互渗透和影响，全都和移民前的原地方言不一致了。

关于方言混合问题，王福堂将两种方言之间的接触方式分为三种类型：一种是对等方言间接触的影响，影响的结果，引起方言中个别音类的变化；一种是强弱方言间接触的影响，影响的结果是产生新的音类；一种是双语间的渗透，影响的结果，弱势的土话不得不接受强势的官话的渗透。① 游汝杰将方言接触的结果也分为三种不同类型：第一类，在多种方言中只有某一种方言是威望最高的优势方言，他就自然成为共同的高层语言；第二类，在互相不能通话的多种方言中，没有一种在语言竞争力上占明显的优势，就引进一种外来的优势方言或语言作为共同的高层语言；第三类，在差异不大的互相可以通话的多种方言中，没有一种在语言竞争力上占明显的优势，这几种方言互相融合形成一种新的混合型方言，即以这种新的方言作为共同的高层语言。② 两人分析的都是方言接触，但着眼的角度不同，王福堂着眼的是方言接触后所引起的音类变化，而游汝杰则着眼的是方言接触后所得出的结果。可见，方言接触本身就非常复杂。

其实像安康方言接触所表现出来的复杂性远非王、游二位先生所想到的。比如，以王福堂所分析的角度，安康方言接触后所引起的语音变化，不仅仅是在部分音类上产生变化，同时也有声、韵、调全都发生变化的。以游汝杰所分析的角度，安康方言的接触，有的发生在两个主要方言之间，也有发生在多个对等方言之间。接触结果，有的虽说仍坚持着原方言的高层地位，但自身却已发生了部分变化；有的让位于另一高层语言，却还保留着原方言的部分特征；有的只是某一重要特征发生变化，而其他重要特征则还继续维持在原方言上；还有的甚至直接形成新的混合型方言。可惜的是，像陕南安康这种复杂的方言接触现象，王福堂与游汝杰都未曾亲临观察。

笔者认为，要准确归纳安康方言的混合状态，既要看它的混合结果，又要看它的音类变化状况，同时还要看它的混合程度。如此，安康方言的接触状况大致可分三个层面：一，轻度混合，只是某些次要特征甚至某一音类发生变化，但仍保留着原方言的重要特征和本质属性；二，中度混合，入声字的归调已发生变化，尽管仍有重要特征还维持在原方言上，但动摇了原方言的基本属性；三，重度混合，声、韵、调均发生变化，以致产生新的混合型方言。下面是对安康方言接触状态的分析和比较：

（1）轻度混合区。主要指安康境内的西南、中原、江淮三种官话核心区。如安康南部与四川交界的紫阳与镇坪两县，仍保留着西南官话的大部特征和本质属

① 王福堂：《汉语方言语音的演变和层次》，页19～29，北京：语文出版社，1999年。

② 游汝杰：上海话在吴语分区上的地位——兼论上海话的混合方言性质，《方言》2006年第1期。

性，但不同的是，成渝方言知系字不分 ʦ、tʂ，一律读 ʦ 组声母，安康紫阳、镇坪知系字声母大部读 tʂ 组，中古遇合一、蟹合一三、止合三、山合一、臻合一端组合口呼字不拼介音 u，全读为开口，这是受江淮官话的影响所致。再如安康中原官话核心区的汉滨区（城关、恒口、五里、关庙、张滩）、旬阳县（沿江一带），仍保留着中原官话的大部特征和本质属性，与关中西安、渭南话不一致的是，大部泥母字混入来母字，中古遇合一、蟹合一三、止合三、山合一、臻合一端组合口呼字不拼介音 u，大部读开口，显然也是受了江淮官话的影响。还如平利洛河镇话，与鄂东英山方言比较，除没有入声、入声的全浊声母今全读阳平外，其他特征与英山方言却是一致的，显然是受安康中原官话的影响。还如宁陕县江口回民镇，该镇的回民话是随关中移民带来的，但经周围西南官话的长期影响，一个最大的变化就是中古知系合口三等字（止摄合口三等字除外）以及山摄知系合口二等字、江摄开口二等字、宕摄开口三等字声母读 tʂ 组，韵母读 ʮ 等，而不读 pf 组和开口，除此之外，其他均与西安话相同。总之，以上尽管接受了他方言的影响，但仍维持着原方言的基本特征，所以本书仍将它分别归入安康西南官话、安康中原官话、安康江淮官话核心区。

（2）中度混合区。这种混合区在安康所占份额最大，一个主要指安康西部的宁陕、石泉、汉阴、岚皋以及镇坪北部的曾家、洪石、牛头店等地的西南官话区；一个主要指处于安康中原官话核心区周边浅山地带的汉滨县河、吉河、岚河、大河、茨沟等地中原官话区以及汉滨东南部的平利城关、老县、大贵部分、西河等地的江淮官话区。以上两个区域，经笔者考证，其人口大部均来自湖广移民时的鄂东和皖西南地区（见后第七章第二节），但混合的条件有所不同。

宁陕、石泉、岚皋以及镇坪北部的曾家、洪石、牛头店等地，底层方言当为江淮官话，但在西南官话的不断渗入和影响下，虽说还完好的保留着江淮官话声母和韵母的基本特征，但调值已经趋同于西南官话、中古入声字也转变为大部读阳平。

处于汉江支流的灞河和黄洋河流域的平利城关、老县、西河、大贵部分等地，经考证，人口大部来自湖广移民时的鄂东和皖西南地区，[①] 基础方言当为江淮官话。但由于长期经受北部中原官话的不断渗入和影响，虽说调类已经趋于中

① 周政：《平利方言调查研究》，页9～12，北京：中华书局，2009年。

原官话，声调 4 个，去声不在分阴阳，且中古清入、次浊入归阴平，全浊入归阳平，但江淮官话的声韵特征并未受到任何影响。

汉滨县河、吉河、岚河、大河、茨沟等地，情况有所不同。因宋金元战争而带来的关中移民以及明代渗入而来的荆襄流民，经四百余年的繁衍和发展，致使城关和月河川道的人口逐渐向四周的浅山地带扩散，使得该区域在清代的湖广移民之前就已经奠定了中原官话的基础。不过，后来却经受着占人口优势的湖广移民所带江淮官话的巨大冲击，虽说还未能动摇该区域中原官话的本质属性，但变化却是显著的，比如曾、梗摄混入深、臻摄，变为收 n 尾；遇摄端系模、姥、暮韵及庄组鱼、虞韵字与流摄侯、厚、候韵合流，读 ou；果摄帮组、通摄入明母字读 o；调值由原来的 31、35、53、44 演变为 42、312、55、223，等等。

（3）重度混合区。这种混合在安康有两处，一是处安康东北部的汉阴县，一是处安康南部的平利县八仙镇。

①汉阴县。为五方杂处的移民区，民国《汉阴县志》载："吾邑在明末清初凡有下五省迁来者，操语互殊，即交语亦从其籍。"至今境内仍有三片方言之分，一是由西南官话与湘语相接触的城关混合方言片，以韵母有一套 ɥ 类韵母为主要特征。二是由西南官话与江淮官话相接触的漩涡混合方言片，以韵母有一套 ɥ 类韵母为主要特征。三是田禾沟湘语片，以古全浊塞音和塞擦音声母不论平仄均读不送气音为主要特征。三类方言片同处一县，之间又存在有较多的共性，除开田禾话声调 5 个，去声分阴阳之外，其余乡镇声调 4 个，调值近于统一，古入声大部读阳平。以上三片，以由湘语与西南官话、中原官话相接触的城关混合方言片最为特殊，混合的结果产生了一套新的 ɥ 类韵母。

②平利八仙镇。该处的方言特征是，调值分别为阴平 45、阳平 31、上声 53，阴去 214、阳去 22，接近于境内的西南官话；但另一方面又广泛存在着完整的 ɥ 类韵母，去声分阴阳，入声的清声母和次浊声母字今读阴去，全浊声母字今读阳去；非敷奉母字和晓匣母合口韵字均读 x，但古浊音声母今逢塞音和塞擦音时，全读送气音。所以，按特征，既无法将其归入西南官话，又无法归入江淮官话，更无法将其归入湘方言，而只能算作因多种方言的对等接触而形成的一种新方言。

以上标准只是一种大体区分，是否合理，寄希望于专家学者作进一步的考察与评判。

第五章　安康方言代表点音系及内部差异

一　安康方言代表点（老派）音系

1.1　安康中原官话音系

1.1.1　汉滨城关话（老城）音系

1.1.1.1　声母：27 个，包括零声母在内

p 班薄邦白	pʰ 怕盼旁盆	m 妈麦面		
pf 猪庄追煮	pfʰ 出窗穿春		f 府反书睡	v 软温入如
t 德东读当	tʰ 特同太堂	n 女能囊		l 流内浪龙
ʦ 资祖字赞	ʦʰ 慈参仓从		s 丝三锁桑	
tʂ 知正责泽	tʂʰ 吃超长测		ʂ 山设商色	ʐ 人绕让揉
ʨ 精军及江	ʨʰ 清全求强	ȵ 娘拧拟年	ɕ 先相新修	
k 根关高街	kʰ 开匡葵康	ŋ 安我恶肮	x 航荒话鞋	
ø 用由午娲圆月尔				

说明：[n][l] 读音相混，大多读作 [l]，但也有少数字与洪音相拼仍读作 [n] 的，如“女能囊”。泥母与细音相拼读作 [ȵ]。

1.1.1.2　韵母：39 个，不包括儿化韵

ɿ 资子词寺斯	i 底米你级衣	u 布读树猪富	y 驴女举需鱼
ʅ 知制迟池师			
a 巴大杂茶下	ia 家架掐下牙	ua 瓜挂垮花蛙	
e 柏拍麦拆隔	ie 别碟姐阶解		ye 绝缺鹊雪月
ɤ 则遮社热哥			

ər 日儿而耳尔			
æ 埋带孩在概		uæ 怪快怀槐歪	
ə 波薄坡泼摸		uo 多拖作锅括	yo 脚觉却学药
ei 杯美陪白策		uei 堆最贵亏灰	
au 包刀逃高豪	iau 膘票秒掉娇		
əu 逗偷秃毒揍	iəu 就救求修油		
ã 搬潘赞站干	iã 边面连天先	uã 端团官款换	yã 捐卷全悬圆
ə̃ 奔灯怎镇肯	ə̃ 宾金经勤心	uə̃ 敦尊孙困温	yə̃ 军群裙训云
aŋ 邦党藏长钢	iaŋ 娘江强香阳	uaŋ 光广矿黄汪	
əŋ 崩碰梦升庚	iŋ 京清拧行英	uŋ 东隆公空红	yŋ 炯穷穹熊拥

说明：［əŋ］［iŋ］发音接近［ə̃］［iə̃］，但仍能分清。

1.1.1.3　声调：单字调 4 个

阴平　31［˧˩］商东该刻摸曲拨黑百发

阳平　35［˧˥］唐寒难麻门祥皮碟毒局

上声　53［˥˧］短体手染懂古老草莽讲

去声　44［˦］近厚变抗洞快路亮帐脏

1.1.1.4　声韵配合关系

表 3

	开口呼	齐齿呼	合口呼	撮口呼
p pʰ m	+	+	+（仅限 u）	−
pf pfʰ f v	+	−	+（仅限 u）	−
t tʰ	+	+	+	−
l	+	+	+	+（仅限 y）
ʦ ʦʰ s	+	−	+	−
ʈʂ ʈʂʰ ʂ ʐ	+	−	−	−
ʨ ʨʰ ȵ ɕ	−	+	−	+
k kʰ x	+	−	+	−
ŋ	+	−	−	−
ø	+	+	+	+

表中“＋”表示声韵之间有拼合关系，“－”表示声韵之间没有拼合关系。下同。

1.1.1.5　语音特点

（1）声母特点

①中古知系遇蟹止山臻通摄合口三等、江摄开口二等字、庄组山摄合口二等字、宕摄开口三等字、效摄肴、巧韵庄声母开口二等字以及深摄开口字“入”今读［pf、pfʰ、f、v］声母。如：猪 pfu31、垂 pfʰei35、水 fei53、书 fu31、抓 pfa31、闩 fã44、船 pfʰã35、春 pfʰə̃31、床 pfʰaŋ35、状 pfaŋ44、双 faŋ31、竹 pfu31、重 pfəŋ44。

②泥来两母洪音相混，除少数仍读［n］外，大部读［l］，如：脑＝老 lau53、南＝兰 lã35。细音读［ȵ］，如：纽 ȵiəu53、年 ȵiã35、泥 ȵi35、宁 ȵiŋ35、鸟 ȵiau53、娘 ȵiaŋ35。

③古疑母影母开口一二等字，今逢开口呼韵母读［ŋ］声母，例如：我疑 ŋɤ、爱影 ŋæ。

④古疑母字今逢齐齿呼韵母时，多读［ȵ］声母，如：牙 ȵia35、咬 ȵiau53、硬 ȵiŋ44、眼 ȵiã53、仰 ȵiaŋ53、宜 ȵi44、牛 ȵiəu35、疑 ȵi35、凝 ȵiŋ35。

⑤古知系深、曾、梗部分开口入声字读［tʂ］等声母，如：涩 ʂei31、测 tʂʰei31、侧 tʂʰei31、色 ʂei31、啬 ʂei31、泽 tʂei35、择 tʂei35、责 tʂei35、策 tʂʰei31、册 tʂʰei31。

⑥端系里的遇摄泥组合口一等字和蟹止摄泥组合口字均混读于来母，并读开口，不读合口。如：奴 ləu35、鲁 ləu53、怒 ləu44、路 ləu44、累累积 lei53、内 lei44、累连累 lei44、垒儡傀儡 lei53、泪 lei44。

⑦中古见系蟹摄开口二等字以及江摄的“项巷”、山摄的“瞎”仍读［k、kʰ、ŋ、x］，只配洪音。如：街蟹开二见 kæ31、崖蟹开二疑 ŋæ35、鞋蟹开二匣 xæ35、解蟹开二见 kæ53、巷江开二匣 xaŋ44、瞎山开二晓 xa31。

（2）韵母特点

①古宕摄开口药韵精组字和见系字、古江摄觉韵见系字，今读［yo］韵母，如：削 ɕyo31、鹊 tɕʰyo31、脚 tɕyo31、虐 ȵyo31、药 yo31、觉 tɕyo31、岳 yo31。

②曾梗摄读音接近深臻摄，但深臻摄收［n］尾、曾梗摄收［ŋ］尾。如：冰 piŋ31 ≠ 宾 pin31、平 pʰiŋ35 ≠ 贫 pʰin35、名 miŋ35 ≠ 民 min35、灵 liŋ35 ≠ 林 lin35、青 tɕʰiŋ31 ≠ 钦 tɕʰin31、精 tɕiŋ31 ≠ 金 tɕin31、英 iŋ31 ≠ 音 in31、兴 ɕiŋ44 ≠ 信

ɕin^{44}、政 tʂəŋ^{44} ≠镇 tʂə̃^{44}、承 tʂʰəŋ^{35} ≠陈 tʂʰə̃^{35}、升 ʂəŋ^{31} ≠深 ʂə̃^{31}。

③中古帮组、端系、知系见组曾开一、梗开二入声读［ei］韵母。如：北 pei^{31}、墨 mei^{31}、德 tei^{31}、肋 lei^{31}、贼 ʦei^{35}、刻 kʰei^{31}、百 pei^{31}、白 pei^{35}、麦 mei^{31}、择 tʂei^{35}、摘 tʂʰei^{35}、策 tʂʰei^{31}、格 kei^{31}、客 kʰei^{31}、革 kei^{31}。

④中古见组果开一歌韵、咸开一合韵、山一曷韵、宕开一铎韵读 ɤ 韵母。如：哥 kɤ^{31}、饿 ŋɤ^{44}、磕 kʰɤ^{31}、割 kɤ^{31}、渴 kʰɤ^{31}、各 kɤ^{31}、鄂 ŋɤ^{31}。

⑤儿化词较多，有些单字只读儿化音，例如：杏 xər^{44}、桃 tʰaur^{44}、梨 liər^{35}、枣 ʦaur^{53}。

⑥［v］声母字正在向零声母转化。《字汇》的［v］声母字新派大多读为同韵零声母。

（3）声调特点

古入声清声母和次浊声母字今归阴平，古入声全浊声母字今归阳平。

1.1.2 旬阳城关话（老城）音系

1.1.2.1 声母：25 个，包括零声母在内

p 坝班病本	pʰ 怕跑盘盆	m 卖梅麦忙	f 法风飞放	v 闻文袜物
t 大德东但	tʰ 泰甜讨同	n 能怒拿奶		l 赖路蓝狼
ʦ 赞租贼在	ʦʰ 草参刺村		s 啥三树丝	
tʂ 张州镇中	tʂʰ 缠成长吃		ʂ 收社神声	ʐ 然绕让人
ʨ 甲精军将	ʨʰ 恰全前清	ȵ 聂年泥釀	ɕ 霞谢乡新	
k 瓜干港共	kʰ 开壳肯孔	ŋ 我安恩昂	x 红鞋荒很	
∅ 演用问往锐如圆云耳				

1.1.2.2 韵母：48 个，不包括儿化韵

ɿ 纸迟师试				
ʅ 直尺持十	i 毕米急戏	u 布读苦五	ɥ 猪出书如	y 橘区女雨
a 霸法塔茶	ia 家掐鸭牙	ua 刮夸瓦花	ɥa 抓欻刷耍	
e 北拆给麦	ie 接切贴叶			ye 绝靴掘月
ɤ 责社热歌				
ər 二而耳尔				
o 波薄破摸		uo 落托坐盒	ɥo 错所缩若	yo 脚确学药
ai 拜排开鞋		uai 乖快怀外	ɥai 拽揣帅衰	

ei 杯类鬼飞　　uei 堆规亏灰　　ɥei 锥吹税瑞

au 包刀逃赵　　iau 娇笑桥票

əu 豆走秃构　　iəu 灸秋六油

an 班满南赶　　ian 边面尖盐　　uan 端关款环　　ɥan 砖船穿酸　　yan 捐喧全元

ən 本怎肯很　　iən 殡民进亲　　uən 滚困论孙　　ɥən 准春顺寸　　yən 军群寻云

aŋ 邦堂藏章　　iaŋ 讲向娘羊　　uaŋ 光狂王黄　　ɥaŋ 装床窗双

əŋ 灯升坑庚　　iŋ 病硬宁星　　uŋ 东公空轰　　ɥŋ 聪从虫送　　yŋ 炯穷用永

1.1.2.3　声调：单字调 4 个

阴平　31　［˧˩］商东该刻摸拨竹黑割月

阳平　213［˨˩˧］房神麻门祥皮碟毒局白

上声　54　［˥˦］懂古老草莽讲椅比普粉

去声　233［˨˧˧］洞快路亮帐脏抗共害岸

1.1.2.4　声韵配合关系

表 4

	开口呼	齐齿呼	合口呼	合变呼	撮口呼
p pʰ m	+	+	+（仅限 u）	−	−
f	+	−	+（仅限 u）	−	−
t tʰ	+	+	+	−	−
n	+	−	+（仅限 uŋ）	−	−
l	+	+	+	−	+（仅限 y）
ʦ ʦʰ s z	+	−	+	+	−
tʂ tʂʰ ʂ ʐ	+	−	+	−	−
ʨ ʨʰ ȵ ɕ	−	+	−	−	+
k kʰ x	+	−	+	−	−
ŋ	+	−	−	−	−
∅	+	+	+	+	+

1.1.2.5　语音特点

（1）声母特点

①古全浊声母仄声字今读塞音、塞擦音的多为不送气音。如：白並 pei^{213}、棒並 paŋ ^{233}、部並 pu^{233}、稻定 tau^{233}、第定 ti^{233}、淡定 tan^{233}、坐从 ʦɥo^{233}、就从 ʦəu^{233}、匠从 tɕiaŋ^{233}、丈澄 tʂaŋ^{233}、住澄 tsɥ^{233}、秩澄 tʂʅ^{233}、寨崇 tsai^{233}、炸崇 tsa^{233}、轿群 tɕiau^{233}、柜群 kuei^{233}、近群 tɕin^{233}。

但也有少数全浊声母仄声字今读塞音、塞擦音时为送气音。例如：薄並 pho^{233}、耙並 pha^{213}、助崇 tshəu^{233}、倍並 phei^{233}、族从 tshəu^{213}。

②除古知、章组开口三等字今读 tʂ tʂʰ ʂ 母外，古知、章组合口、庄组开、合口字均读 ʦ ʦʰ s 母，如：茶假开二澄 tsʰa^{213}、猪遇合三知 tsɥ^{31}、追止合三知 tsɥei^{31}、站咸开二知 tsan^{233}、椿臻合三彻 ʦʰɥəntsʰɥən^{31}、中通合三知 tsʰɥuŋ^{31}、虫通合二澄 tsʰɥan^{213}、书遇合三书 sɥ^{31}、支止开三章 ʦɿ^{31}、视止开三禅 ʦɿ^{233}、终咸开二知 tsan^{31}、柴蟹开二崇 ʦʰai^{213}、抓效开二庄 tsɥa^{31}、蘸咸开二庄 tsan^{233}、山山开二生 san^{31}、闩山合二生 sɥan^{233}、床宕开三崇 tsʰɥaŋ^{213}、双江开二生 sɥaŋ^{213}、缀蟹合三知 tsɥei^{213}、知止开三知 tsɿ^{31}、追止合三知 tsɥei^{31}、抓效开二庄 tsɥa^{31}、斩咸开二庄 tsan^{54}、山山开二生 san^{31} 等。

③古疑母字今逢齐齿呼韵母时，多读［ȵ］声母，如：牙 ȵia^{213}、咬 ȵiau^{54}、硬 ȵiŋ^{233}、眼 ȵian^{54}、仰 ȵiaŋ^{54}、宜 ȵi^{233}、牛 ȵiəu^{213}、疑 ȵi^{213}、凝 ȵiŋ^{213}。

④中古见系开口二等字旬阳话仍读［k、kʰ、ŋ、x］，只配洪音：如：街蟹开二平佳见 kai^{31}、崖蟹开二平佳疑 ŋai^{213}、鞋蟹开二平佳匣 xai^{213}、解~开，蟹开二上蟹见 kai^{54}、项江开二上讲匣 xaŋ^{233}。

⑤影、疑母开口一、二等字多读［ŋ］声母。如：鹅果开一疑 ŋɤ^{213}、爱蟹开一影 ŋai^{233}、艾蟹开一疑 ŋai^{233}、挨蟹开二影 ŋai^{213}、奥效开一疑 ŋau^{233}、坳效开二影 ŋau^{233}、欧流开一影 ŋəu^{31}、暗咸开一影 ŋa^{233}、岸山开一疑 ŋan^{233}、恩臻开一影 ŋən^{31}、昂宕开一疑 ŋaŋ^{213}、恶宕开一影 ŋɤ^{31}、扼梗开二影 ŋei^{31}。

⑥晓、匣母开口二等部分字读［x］声母。如：下假开二匣 xa^{233}、鞋蟹开二匣 xai^{213}、咸咸开二匣 xan^{213}、瞎山开二匣 xa^{31}、巷江开二匣 xaŋ^{233}。

⑦［t、tʰ、l、ʦ、ʦʰ、s］和［əu］（开口）能相拼，但不拼（合口）［u］，如：鲁＝篓 ləu^{54}、奴＝楼 ləu^{213}。

⑧微母字读 v。如：无 vu^{31}、物 vu^{31}、问 vən^{233}、闻 vən^{213}、万 van^{233}、晚 van^{54}、袜 va^{31}。

（2）韵母特点

①有一套［ɥ］类韵。精组、知系合口三等字以及精组果摄开口一等、合口一等字，山摄合口一、二等字，知、庄组江摄开口二等字和照系宕摄开口三等字均读［ɥ］类韵。如：搓果开一清 tsʰɥo^{31}、坐果合一从 tsɥo^{233}、猪遇合三知 tsɥ^{31}、脆蟹合三清 tsʰɥei^{233}、睡止合三禅 sɥei^{233}、酸山合一心 sɥan^{31}、涮山合二生 sɥan^{233}、穿山合三昌 tsʰɥan^{31}、准臻合三章 tsɥən^{54}、霜宕开三生 sɥaŋ^{31}、双江开二生 sɥaŋ^{31}、中通合三知 tsɥŋ^{31}。

②受声母的影响，止摄开口三等精组、知系字的韵母均读为开口呼 ʅ。如：致止开三知 tʂʅ^{233}、志止开三章 tʂʅ^{233}、池止开三澄 tʂʰʅ^{213}、耻止开三彻 tʂʰʅ^{54}、市止开三禅 ʂʅ^{233}、示止开三书 ʂʅ^{233}。

③晓、匣母开口一等部分字韵母读合口［uo］。如：荷果开一晓 xuo^{213}、和果开一匣 xuo^{213}、贺果开一匣 xuo^{233}、喝咸开一晓 xuo^{31}、合咸开一匣 xuo^{213}、盒咸开一匣 xuo^{213}、鹤宕开一匣 xuo^{233}、郝宕开一晓 xuo^{31}。

④端系合口字部分在旬阳话中读作 əu。如：路遇合一来 ləu^{233}、做遇合一精 tsəu^{233}、卒臻合一精 tsəu^{213}。

⑤晓、匣母开口二等部分字在旬阳话中读开口呼。如：下假开二匣 xa^{233}、鞋蟹开二匣 xai^{213}、咸咸开二匣 xan^{213}、匣咸开二匣 xa^{213}、瞎山开二晓 xa^{31}、巷江开二匣 xaŋ^{233}。

⑥宕开三、合三药韵字及江开二等觉韵字，旬阳县城读［yo］；果合三等戈韵及山合三等薛韵、月韵，山合四等屑韵，臻合三等物韵字读［ye］。如：脚宕开三药 tɕyo^{31}、觉江开二觉 tɕyo^{31}、削宕开三药 ɕyo^{31}、学江开二觉 ɕyo^{213}、靴果合三戈 ɕye^{31}、雪山合三薛 ɕye^{31}、缺山合四屑 tɕʰye^{31}、倔臻合三物 tɕye^{233}。

⑦曾开一等德韵端、见系字，曾开三等职韵庄组字，梗开二等陌、麦两韵的知、见系字及德韵帮组“墨、默”，古陌、麦韵帮组的“柏白”“麦脉”等字，在旬阳大都读为 ei 韵。如：德曾开一德、端 tei^{31}、测曾开三职、初 tsʰei^{31}、窄梗开二陌、庄 tsei^{31}、隔梗开二麦、见 kei^{31}、墨曾开一德、明 mei^{31}、百梗开二陌、帮 pei^{31}、麦梗开二麦、明 mei^{31}。

⑧深臻摄与曾梗摄舒声读音不混，深臻摄收［n］尾，曾梗摄收［ŋ］尾，如：冰 piŋ^{31} ≠宾 pin^{31}、名 miŋ^{213} ≠民 min^{213}、青 tɕʰiŋ^{54} ≠钦 tɕʰin^{31}、精 tɕiŋ^{54} ≠金 tɕin^{31}、梗 kəŋ^{31} ≠根 kən^{31}、政 tʂəŋ^{233} ≠镇 tʂən^{233}。

（3）声调特点

声调四个，分阴平、阳平、上声、去声。古入声清声母、次浊声母字归阴平，全浊声母字归入阳平。

1.1.3　县河话（县洪片）音系

1.1.3.1　声母：27 个，包括零声母在内

p 巴波别邦	pʰ 派配披碰	m 麻毛苗某		
pf 抓撰庄重	pfʰ 揣蠢船出		f 刷飞翻风	v 润软入绒
t 大店耽调	tʰ 塔谈挑添	n 女		l 拿南兰隆
ts 咱遭祖坐	tsʰ 擦操仓从		s 撒腮散睡	
tʂ 渣真长这	tʂʰ 缠陈常尺		ʂ 沙神收十	ʐ 让肉人然
tɕ 甲经教就	tɕʰ 恰桥前其	ȵ 泥牛娘拧	ɕ 霞县心西	
k 高够感钢	kʰ 砍康肯恐	ŋ 安偶恩昂	x 下汗杭红	
ø 叶样药云因文网玩翁				

1.1.3.2　韵母：41 个，不包括儿化韵

ɿ 资紫赐次斯	i　笔皮米级亦	u　布普木府谷	y 局句区渠雨
ʅ 质知赤耻时			
a　坝蜡塔洒闸	ia　家架荚掐夏	ua 挂褂夸胯瓦	ya □喊叫，哭叫
e　白黑舌给北	ie　别碟铁聂接	ue 国喂	ye 绝决缺瘸月
ɤ　车客哲社哥			
ər 而尔儿日耳			
ə　波拨脖桌说			
o　哦啊		uo 倭踒躲坐果	yo　脚鹊学约药
ai　摆带堆在斋		uai 怪乖筷快外	
ei 杯媒对睡水	uei 贵归亏葵灰		
au 报套早朝告	iau 标票苗教桥		
əu 斗头楼洲够	iəu 丢牛留久秋		
an 班南谈参感	ian 边偏点间千	uan 管官款宽环	yan 娟卷全圈渊
ən 奔藤冷怎真	in　定品民定听	uən 滚棍困昏温	yən 军菌裙群云
aŋ 帮唐廊仓章	iaŋ 将江强腔湘	uaŋ 光广矿况慌	
əŋ 崩泵鹏梦灯		uŋ 总种公翁瓮	yŋ 炯穷穹胸兄

说明：①［ai］与帮、庄组和见系字相拼，读音与［æ］相近。

②果摄帮组，读不圆唇央中元音［ə］和读圆唇后半高元音［o］并存，概记为［ə］。

③假开三章组、山开三知章组、曾开三庄组、梗开二知庄组以及见晓组字韵母读ɤ和读e并存，且记作ɤ。

1.1.3.3　声调：单字调4个

阴平　42　[˦˨] 方尊抽发失说织秃湿月

阳平　312 [˧˩˨] 平寒神娘拔毒实十杂合

上声　55　[˥] 碗楚手远纸丑好女椅比

去声　223 [˨˨˧] 淡厚正抗送病见共害岸

1.1.3.4　声韵配合关系

表5

	开口呼	齐齿呼	合口呼	撮口呼
p pʰ m	+	+	+（仅限u）	−
pf pfʰ f v	+	−	+（仅限u）	−
t tʰ	+	+	+	−
l	+	+	+	+（仅限y）
ʦ ʦʰ s	+	−	+	−
tʂ tʂʰ ʂ ʐ	+	−	−	−
ʨ ʨʰ ȵ ɕ	−	+	−	+
k kʰ x	+	−	+	−
ŋ	+	−	−	−
ø	+	+	+	+

1.1.3.5　语音特点

（1）声母特点

①中古知系遇蟹止山臻通摄合口三等以及江摄开口二等字、庄组山摄合口二等字、宕摄开口三等字、效摄肴、巧韵庄声母开口二等字，如“猪初柱垂水闩船床状竹重抓闩撰涮川说春双税书鼠主如入软闰诛厨揣喘吹追中终充众仲捉镯浊戳桌卓”等，以及深摄开口字“入”，靠近安康中原官话核心区的多读[pf、pfʰ、v、f]，靠近平利、岚皋的佐龙、晓道一线多读[tʂ、tʂʰ、ʂ]，中间地带倾向读[pf、pfʰ、v、f]。县河正处于中间地带，大多读[pf]组声母。

②效摄、山摄、咸摄庄组开口二等字、假摄知庄组开口二等字，以及止摄“禅”母、蟹摄“生”母合口、深摄、臻摄、曾摄等“生”母开口字读［ʦ］等，如：沙查诈杉眨抄炒吵巢笊找稍睡水山盏铲产札紮察杀渗涩。

③庄组开口三等字（宕摄除外）、合口三等遇通摄字读［ts］组声母，如：锄楚梳数师愁渗衬省争崇。

④泥、来母洪音相混，读为［l］，如：南＝蓝 lan、努＝鲁 ləu、难＝烂 lan、暖＝卵 lan、嫩＝论 lən、囊＝郎 laŋ、农＝隆 luŋ；泥母开口细音字读为［ȵ］，如：年＝言＝研 ȵian、匿＝逆 ȵi、釀＝仰 ȵiaŋ、聂＝业 ȵie。

⑤影母开口洪音读［ŋ］，如：艾＝哀 ŋai、咬＝拗 ŋau、藕＝欧 ŋəu、鄂＝恶 ŋɤ。

（2）韵母特点

①遇摄、山摄精组、见系合口三四等字中区以内读撮口［y］韵，中区以外读［ʮ］韵。如：蛆序居虚余趋聚拘于全选圈院劝喧袁犬玄渊血决律黢菌匀橘军韵。

②深臻曾梗摄舒声混，收［n］尾，如：冰＝宾 pin^{42}、名＝民 min^{312}、灵＝林 lin^{312}、青＝钦 tɕʰin^{42}、精＝金 tɕin^{42}、英＝音 in^{42}、兴＝信 ɕin^{223}、政＝镇 tʂən^{223}、承＝陈 tʂʰən^{312}、升＝深 ʂən^{42}。

③仍保持着遇摄端系模、姥、暮韵及庄组鱼虞韵字与流摄侯、厚、候韵合流，读［əu］，如：图 tʰəu^{312}、土 tʰəu^{44}、度 təu^{223}、奴 ləu^{312}、鲁 ləu^{55}、路 ləu^{223}、苏 səu^{42}、祖 ʦəu^{55}、初 ʦʰəu^{42}、阻 ʦəu^{55}、楚 ʦʰəu^{55}、助 ʦʰəu^{223}、雏 ʦʰəu^{312}、数 səu^{55}。其中庄组鱼虞韵字“初、楚、助、雏、数”的声母又跟精组合为舌尖前，读［ʦ］等。

④蟹摄合口一三等与止摄合口三等端系字全读［ei］，如：脆 ʦʰei^{223}、岁 sei^{223}、虽 sei^{312}、醉 ʦei^{223}、堆 tei^{42}、内 lei^{223}、催 ʦʰei^{42}、最 ʦei^{223}、累 lei^{223}。

⑤假开三章组、山开三知章组、曾开三庄组、梗开二知庄组以及见晓组字韵母，离城近的读ɤ，离城远的读e。如：车 tʂʰɤ^{42} / tʂʰe^{42}、舌 ʂɤ^{32} / ʂe^{32}、测 ʦʰɤ^{42} / ʦʰe^{42}、泽 ʦɤ^{42} / ʦe^{42}、格 kɤ^{42} / ke^{42}。

⑥果摄帮组、通摄入明母字，离城近的读不圆唇央中元音［ə］，离城远的读圆唇后半高元音［o］。如：波 pə^{42} / po^{42}、薄 pə^{312} / po^{312}、穆 mə^{42} / mo^{42}、牧 mə^{223} / mo^{223}。

（3）声调特点

①声调四个，分阴平、阳平、上声、去声。古入声的清、次浊声母今读阴平，全浊声母今读阳平。

②调值读音平缓。除阳平稍有低降升外，其他三个声调的读音变化都很微小，阴平的尾音稍带降，去声的尾音稍带升。

1.1.4　宁陕江口回民镇回民话音系

1.1.4.1　声母：24 个，包括零声母在内

p 班薄邦本	p^h 怕盼旁品	m 妈麦面忙	f 府反书发	
t 德东读定	t^h 特同太烫	n 拿耐南农		l 流内浪蓝
ts 资祖字早	ts^h 慈参仓曹		s 丝三锁赛	
tʂ 知正招章	tʂ^h 吃超长成		ʂ 山设商深	ʐ 人绕让热
tɕ 精军及焦	tɕ^h 清全求枪	ȵ 娘拧拟年	ɕ 先相新学	
k 根关高钢	k^h 开匡葵宽	ŋ 安我恶恩	x 航荒话红	
∅ 用由午娲圆月尔				

1.1.4.2　韵母：49 个，不包括儿化韵

ɿ 资子词寺	i 底米你级	u 布读入猪	ʮ 朱竖注殊	y 女虚枢鱼
ʅ 知制迟池				
a 巴大杂茶	ia 家架掐下	ua 瓜刮垮花	ʮa 抓刷耍挼	
e 白拍麦泽	ie 别铁接野	ue 国喂	ʮe 绝说越阅	ye 靴瘸月雪
ɤ 遮社热哥				
ər 日儿而耳				
ai 埋带孩在	iai 皆阶街解	uai 怪快怀槐	ʮai 拽揣帅衰	
o 波薄坡泼		uo 多拖活锅		yo 脚觉确学
ei 杯美陪非		uei 堆最贵亏	ʮei 蕊锥吹税	
au 包刀逃高	iau 膘票秒掉			
əu 逗偷秃毒	iəu 就救求修			
an 搬潘赞冉	ia 边面连天	uan 端团官款	ʮan 篆船涮软	yan 捐宣权悬
ən 奔灯怎镇	iən 宾金经勤	uən 敦尊榫温	ʮən 均纯准舜	yən 军云裙勋
aŋ 邦党藏窗	iaŋ 娘江强香	uaŋ 光广矿黄	ʮaŋ 装撞床窗	
əŋ 承胜梦郑	iŋ 京清拧行	uŋ 东隆公空		yŋ 胸穷穹熊

1.1.4.3 声调：单字调 4 个

阴平 31［˧˩］商东该刻摸曲拨黑百发

阳平 35［˧˥］唐寒难麻门祥皮碟毒局

上声 53［˥˧］短体手染懂古老草莽讲

去声 44［˦］近厚变抗洞快路亮帐送

说明：古入声字的清声母和次浊声母归阴平，全浊声母归阳平

1.1.4.4 声韵配合关系

表 6

	开口呼	齐齿呼	合口呼	合变呼	撮口呼
p pʰ m	+	+	+（仅限 u）	−	−
f	+	−	+（仅限 u）	−	−
t tʰ	+	+	+	−	−
n	+	−	+（仅限 u）	−	+
l	+	+	−（仅限 u）	−	+（仅限 y）
ʦ ʦʰ s	+	−	+	−	−
ʈʂ ʈʂʰ ʂ ʐ	+	−	+	+	−
ʨ ʨʰ ȵ ɕ	−	+	−	−	+
k kʰ x	+	−	+	−	−
ŋ	+	−	−	−	−
ø	+	+	+	+	+

1.1.4.5 语音特点

江口回民话主要表现为与江淮官话的混合，主要表现在声母和韵母上，调类、调值及古入声字的今读调和西安方言基本相同。

（1）声母特点

①中古知系合口三等字（除止摄合口三等字）以及山摄知系合口二等字、江摄开口二等字、宕摄开口三等字读 ʈʂ 组声母，而不读唇齿音。如：除 ʈʂʰʮ^{35}、主 ʈʂʮ^{53}、税 ʂʮei^{44}、闩 ʂʮan^{44}、转 ʈʂʮan^{53}、川 ʈʂʰʮan^{31}、庄 ʈʂʮaŋ^{31}、窗 ʈʂʰʮaŋ^{31}、中 ʈʂuŋ^{31}、充 ʈʂʰuŋ^{31}。

②庄组开口三等字、梗摄知庄组开口二等字、遇摄和通摄知庄组合口三等字读 ʦ 组声母。如：师 sɿ^{31}、事 sɿ^{44}、愁 ʦʰəu^{35}、渗 sən^{44}、衬 ʦʰən^{44}、侧 ʦʰe^{31}、助 ʦʰəu^{44}、数 səu^{44}、生 səŋ^{31}、撑 ʦʰəŋ^{31}、崇 ʦʰuŋ^{35}。

③极少数知系字如止合三、臻合三、江开二偶尔还保留有唇齿音 pf 组的读音。如：追 pfei^{31}、水 fei^{53}、锤 pfʰei^{35}、春 pfʰən^{31}、顺 fən^{44}、霜 faŋ^{31}、双 faŋ^{31}、桌 pfo^{31}。

④假、效、流、咸、山等摄的日母字声母除“日”字外全部读舌尖后浊音 ʐ。如：惹 ʐɤ^{53}、饶 ʐau^{35}、柔 ʐəu^{35}、染 ʐan^{53}、热 ʐɤ^{31}、然 ʐan^{35}、软 ʐuan^{53}、如 ʐu^{35}、绒 ʐəŋ^{35}、日 ər^{31}。

⑤遇、蟹、效、山、臻、通三入见组字仍读 ʨ 组声母。如虚 ɕy^{31}、雨 y^{53}、界 ʨie^{55}、街 ʨie^{31}、窖 ʨiau^{44}、拳 ʨʰyan^{35}、月 ye^{31}、缺 ʨʰye^{31}、群 ʨʰyən^{35}、菊 ʨy^{31}。

（2）韵母特点

①中古遇蟹（知章组）、山臻合口三等知系字、山合二庄组、宕开三庄组、江开二知庄组以及日母字韵母读 ʮ 或以 ʮ 为介音的韵母。如：猪 tʂʮ^{31}、税 ʂʮei^{44}、缀 tʂʮei^{44}、船 tʂʰʮan^{35}、准 tʂʮən^{53}、床 tʂʰʮaŋ^{35}、撰 tʂʮan^{44}、爽 ʂʮaŋ^{53}、撞 tʂʮaŋ^{44}、如 ʮ^{35}、蕊 ʮei^{44}。

②遇山臻三摄合口三等精组、见系字韵母读 y 类韵母。如：徐 ɕy^{35}、趣 ʨʰy^{44}、居 ʨy^{31}、虚 ɕy^{31}、预 y^{44}、区 ʨʰy^{31}、雨 y^{53}、全 ʨʰyan^{35}、圈 ʨʰyan^{31}、院 ʨʰyan^{44}、原 ʨʰyan^{35}、犬 ʨʰyan^{53}、旬 ɕyən^{35}、均 ʨyən^{31}、熏 ɕyən^{31}、云 yən^{35}。

③遇摄端系模、姥、暮韵及庄组鱼虞韵字与流摄的侯、厚、候韵、庄组的尤、有、宥韵合流，读［əu］，其中庄组鱼、虞、尤、有、宥韵字声母又跟精组合为舌尖前音，读［ʦ］等。如：图 tʰəu^{35}、度 təu^{44}、奴 nəu^{35}、路 ləu^{44}、苏 səu^{31}、助 ʦʰəu^{44}、楚 ʦʰəu^{53}、数 səu ^{44}、偷 tʰəu^{31}、走 ʦəu^{53}、愁 ʦʰəu^{35}。

④梗摄开口三等庄组字，读 ən 韵。如：生 sən^{31}、甥 sən^{31}、牲 sən^{31}、省 sən^{53}、铛 ʦən^{31}、争 ʦʰən^{31}、筝 ʦən^{31}、睁 ʦən^{31}。

⑤止摄开口三等部分庄组字与精组合流，读合口 ɿ 韵。如：师 sɿ^{31}、士 sɿ^{44}、仕 sɿ^{44}、事 sɿ^{44}、资 ʦɿ^{31}、私 sɿ^{31}、慈 ʦʰɿ^{35}、寺 sɿ^{44}。

韵母的混合比声母的混合要严重得多，第①条是中古遇蟹知章组字、山臻合口三等知系字、山合二庄组、宕开三庄组、江开二知庄组以及日母字都读 ʮ 或以 ʮ 为介音的韵母。第③条是遇摄端系“模姥暮”韵及庄组“鱼虞”韵与流摄的“侯厚候”韵、庄组的“尤有宥”韵合流，读 əu；第④条是梗摄开口三等庄组字的韵母读 ən，除第③条与西安话相同外，第①、第②、第④三条都与江淮官话相同。

1.1.5　白河城关话音系

1.1.5.1　声母：23 个，包括零声母在内

p 拜帮本病	pʰ 跑判盆碰	m 马模茫名	f 法范佛逢	
t 单道短东	tʰ 泰汤拖听			l 脑路冷龙
ts 杂脏争走	tsʰ 擦采初草		s 洒散所师	
tʂ 招著站章	tʂʰ 柴昌处虫		ʂ 沙山尚税	ʐ 饶燃热认
tɕ 焦金江建	tɕʰ 钱强清穷	ȵ 娘钮牛逆	ɕ 虚线向匈	
k 该贵港共	kʰ 开康葵空	ŋ 案藕硬昂	x 航话还宏	
∅ 用延歪文日朱瑞元袁				

1.1.5.2　韵母：45 个，不包括儿化韵

ɿ 资师自次				
ʅ 试直支齿	i 第急以比	u 部故屋库	ʯ 出书猪住	y 欲虚女区
a 辣杂茶坝	ia 夹鸭掐霞	ua 刮夸花挂	ʯa 挼	
ᴇ 蛇色百客	iᴇ 姐铁野且	uᴇ 国		yᴇ 绝瘸月决
ər 而耳日儿				
o 河木合哥	io 药确削脚	uo 搓郭落所		
ai 拜太蓋派		uai 怪快坏外	ʯai 拽帅揣衰	
ei 陪类倍腿		uei 规灰贵	ʯei 瑞锤追谁	
au 保烧桃	iau 交巧敲表			
ou 收绿斗寇	iou 久流丘休			
an 酸短竿盘	ian 连联减边	uan 管宽缓玩	ʯan 转涮穿砖	yan 娟权选权
ən 根庚温臻	in 灵情紧侵	uən 滚魂横困	ʯən 顺春谆准	yən 菌群熏云
aŋ 帮党桑刚	iaŋ 样讲强湘	uaŋ 床逛黄狂	ʯaŋ 双装创庄	
əŋ 梦崩冬碰		uŋ 工红翁总		yŋ 穷凶炯用

1.1.5.3　声调：单字调 4 个

阴平　213［˨˩˧］低偏飞东该通谷六月发

阳平　42［˦˨］床神难门龙牛铜毒达舌

上声 55 [˥] 古短丑草好老九五苦有

去声 51 [˥˩] 抱後爱怕四去乱树快用

1.1.5.4　声韵配合关系

表 7

	开口呼	齐齿呼	合口呼	合变呼	撮口呼
p pʰ	+	+	+（仅限 u）	−	−
m	+	+	−	−	−
f	+	−	+（仅限 u）	−	−
t tʰ l	+	+	+	−	−
ʦ ʦʰ s	+	−	+	−	−
tʂ tʂʰ ʂ ʐ	+	−	+	+	−
ʨ ʨʰ ȵ ɕ	−	+	−	−	+
k kʰ x	+	−	+	−	−
ŋ	+	−	−	−	−
∅	+	+	+	+	+

1.1.5.5　语音特点

（1）声母特点

①白河河街 [ʦ] 与 [tʂ] 的分混。果遇臻摄合口一等、蟹效流咸山宕曾摄开口一等精组字老派读 [tʂ] 组声母，如：坐祖、在灾、遭皂、走嗽、簪杂惭、餐擦、卒村、苍作、增贼。本书按城里读音一律记作 [ʦ] 组。

②遇臻摄合口三等知章组、蟹摄合口三四等字、止摄合口三等知系字、山摄合口二、三等知章组、宕摄开口三等庄组字读 [tʂ] 组声母，如：书树缀吹追撰船装创。遇、山、臻摄合口三、四等精组、见系字读 [ʨ] 组声母，如：举区拳劝眩均。

③影母开口洪音读 [ŋ]，如：艾＝哀 ŋai、咬＝拗 ŋau、藕＝欧 ŋou、岸＝按 ŋan。

④泥、来母洪音相混，读为 [l]，如：南＝蓝 lan、努＝鲁 lou、难＝烂 lan、暖＝卵 lan、嫩＝论 lən、囊＝郎 laŋ、农＝隆 ləŋ；泥母开口细音字读为 [ȵ]，

如：年＝言＝研 ȵian、匿＝逆 ȵi、釀＝仰 ȵiaŋ、聂＝业 ȵiᴇ。

（2）韵母特点

①遇臻摄合口三等知章组、蟹摄合口三四等字、止摄合口三等知系字、山摄合口二、三等知章组、宕摄开口三等庄组字读［ʮ］类韵母，如：除书柱树缀税吹揣追谁撰篆船春装霜创。遇、山、臻摄合口三、四等精组、见系字读［y］类韵母，如：蛆举取区全拳院劝袁眩旬均勋。

②遇摄端系模、姥、暮韵及庄组鱼虞韵字与流摄侯、厚、候韵合流，读［ou］，如：图 tʰou^{42}、土 tʰou^{55}、度 tou^{51}、奴 lou^{42}、鲁 lou^{55}、路 lou^{51}、苏 sou^{313}、祖 ʦou^{55}、初 ʦʰou^{313}、阻 ʦou^{55}、楚 ʦʰou^{55}、助 ʦʰou^{51}、雏 ʦʰou^{313}、数 sou^{55}。其中庄组鱼虞韵字“初、楚、助、雏、数”的声母又跟精组合为舌尖前，读［ʦ］等。

③蟹摄合口一三等与止摄合口三等端系字全读［ei］，如：脆 ʦʰei^{51}、岁 sei^{51}、虽 sei^{42}、醉 ʦei^{51}、堆 tei^{313}、内 lei^{51}、催 ʦʰei^{313}、最 ʦei^{51}、累 lei^{51}。

④深臻曾梗摄舒声混，收［n］尾，如：冰＝宾 pin^{313}、平＝贫 pʰin^{42}、名＝民 min^{42}、灵＝林 lin^{42}、青＝钦 ʨʰin^{313}、精＝金 ʨin^{313}、英＝音 in^{313}、兴＝信 ɕin^{51}、政＝镇 tʂən^{51}、承＝陈 tʂʰən^{42}、升＝深 ʂən^{313}。

⑤遇合一暮、流开一厚、山合一末、臻合一没（入）、宕开一铎（入）、通合一三屋（入）字韵母都读 o，如“暮募某亩母拇木穆末没沉没莫幕摸”等。

（3）声调特点

①没有入声调，古入声清声母、次浊声母字大多今读阴平，如：发 fa^{313}、泼 pʰo^{313}、辣 la^{313}；全浊声母字大多今读阳平，如：习 ɕi^{42}、十 ʂʅ^{42}、绝 ʨyᴇ^{42}、蜀 ʂəu^{42}。

②阴平、上声调值趋于升，阳平、去声趋于降，调值升降互为交替，从而形成了白河话较安康其他方言明显不同的特征。

综合以上特征，白河城关话由于受汉江北面郧西方言的影响，所以调类和调值与郧西方言基本一致，① 属于中原官话南鲁片，可排除于安康方言类型之外。

① 柯西钢：汉江上游鄂北片方言的地理格局及混合性特征，《方言》2010年第1期。

1.2　安康西南官话音系

1.2.1　紫阳城关话音系

1.2.1.1　声母：22 个，包括零声母在内

p 摆班别笔	pʰ 排铺盆棚	m 苗满门忙	f 风凡符防	
t 搭灯读碟	tʰ 替他太汤	n 拉论弄拧		
ʦ 栽坐钻赃	ʦʰ 菜翠粗聪		s 桑孙扫算	
ʈʂ 站帐猪追	ʈʂʰ 茶柴潮穿		ʂ 尚扇商神	ʐ 饶肉认瓤
ʨ 卷举节坚	ʨʰ 钱秋期签		ɕ 霞谢西需	
k 街高果赶	kʰ 扣苦看康		ŋ 挨盎岸恩	x 鞋活会航
∅ 烟样窝歪院晕而				

说明：来母实际是浊化音［l］，读音近于［n］。泥来母洪音权且记作［n］，细音记作［ȵ］。

1.2.1.2　韵母：38 个，不包括儿化韵

ɿ 资字跐私寺	i 逼比米底期	u 不仆木富谷	y 律居渠虚需
ʅ 知支吃迟矢			
a 巴怕妈大渣	ia 擦嫁虾牙架	ua 瓜刮垮花蛙	
e 白拍得掰窄	ie 鳖叠铁节写	ue 国喂	ye 绝缺却雪月
ər 儿耳二而尔			
o 哦喔		uo 波坡摸锅落	yo 略脚学却药
ai 败排埋寨改	iai 解介懈界戒	uai 拽乖怪块怀	
ei 美非披妹堆		uei 追贵圭盔尾	
au 泡猫刀高靠	iau 标漂苗娇效		
əu 逗都秃搂藕	iəu 丢流九秋修		
an 半潘蛮赞站	ian 边片天先贱	uan 关款宽欢换	yan 捐全悬宣圆
ən 本盆分灯镇	in 心兵贫民性	uən 滚棍困昆昏	yən 均群熏训云
aŋ 邦旁忙张刚	iaŋ 良亮江强香	uaŋ 光矿庄窗望	
		uŋ 空绷蓬蒙宏	yŋ 炯穷兄荣拥

1.2.1.3　声调：单字调 4 个

阴平 34［˧˦］边尊抽粗伤中山飞刀批

阳平 21［˨˩］平陈神龙华明杂碟毒合

上声 53 [˥˧]比走体粉染语水草莽讲

去声 213 [˨˩˧]淡社对怕调秀亮帐让谢

1.2.1.4　声韵配合关系

表 8

	开口呼	齐齿呼	合口呼	撮口呼
p pʰ m	+	+	+（仅限 u）	−
f	+	−	+（仅限 u）	−
t tʰ	+	+	+	−
n	+	+	+	+（仅限 y）
ʦ ʦʰ s	+	−	+	−
ʈʂ ʈʂʰ ʂ ʐ	+	−	+	−
ʨ ʨʰ ɕ	−	+	−	+
k kʰ x	+	−	+	−
ŋ	+	−	−	−
∅	+	+	+	+

1.2.1.5　语音特点

（1）声母特点

①泥来两母洪音细音都相混，都读［n］：脑 = 老 nau^{53}、娘 = 良 niaŋ^{21}，来母实际是浊化音［l］。

②见系开口二等字存在文白异读，白读为［k、kʰ、ŋ、x］，韵母是洪音，文读声母为［ʨ、ʨʰ、ɕ］或零声母，韵母为细音，例如：嫁 ka^{213} / ʨia^{213}、敲 kʰau^{34} / ʨʰiau^{34}、眼 ŋan^{53} / nian^{53}、瞎 xa^{21} / ɕia^{21}、衔 xan^{21} / ɕian^{21}、哑 ŋa^{53} / ia^{53}。

③部分疑母三四等字，声母读［n］，如研山开四先疑 nian^{34}、验咸开三艳疑 nian^{213}。说明紫阳话的［n］声母字包括中古泥母、来母以及部分疑母三四等字。

④影母开口一二等字绝大部分读［ŋ］声母，如爱影一 ŋai^{213}、矮影二 ŋai^{53}、安影一 ŋan^{34}、恩影一 ŋən^{34}。

（2）韵母特点

①没有［ŋ］韵尾，深摄、臻摄、曾摄、梗摄的舒声全收 n 尾，如：宾＝冰 pin、林＝灵 lin、亲＝清 tɕʰin、真＝正 tʂən、深＝生 ʂən、今＝精 tɕin、根＝庚 kən、新＝星 ɕin、音＝英 in、赠争 tsən、登 tən、丁 tin、能冷 lən、瓶 pʰin、坑 kʰən、硬 ŋən。

②舌尖前音声母［t、tʰ、n、ʦ、ʦʰ、s］只拼［əu、an、ən、ei］，不拼［u、uan、uən、uei］，中古遇合一、蟹合一三、止合三、山合一、臻合一的端组合口呼字都变成了开口呼字。如：度遇合一 $təu^{213}$、土遇合一 $t^həu^{53}$、乱山合一 lan^{213}、钻山合一 $ʦan^{213}$、酸山合一 san^{34}、村臻合一 $ts^hən^{34}$、罪蟹合一 $tsei^{213}$、醉止合一 $ʦei^{213}$。

③山、遇通摄有些字既读齐齿呼又读撮口呼。例如：育 $iəu^{213}$ ／ y^{213}、泉 $tɕ^hian^{21}$ ／ $tɕ^hyan^{21}$、去 $tɕ^hi^{213}$ ／ $tɕ^hy^{213}$、玄 $ɕian^{21}$ ／ $ɕyan^{21}$、选 $ɕian^{53}$ ／ $ɕyan^{21}$、绝 $tɕie^{21}$ ／ $tɕye^{53}$。

（3）声调特点

①没有入声字，中古入声字大部归阳平。

②调值类型分别为阴平（34）、阳平（21）、上声（53）、去声（213），接近成渝方言。

1.2.2　*石泉城关话音系*

1.2.2.1　声母：24 个，包括零声母在内

p 帮并奔绷　　pʰ 滂普喷炮　　m 明马莽买　　f 非敷翻阀

t 端都等东　　tʰ 透贪同台　　　　　　　　　l 来脑蓝嫩

ʦ 资左赞总　　ʦʰ 此从材苍　　s 私师伞赛

tʂ 知诸站重　　tʂʰ 彻除产常　　ɳ 女驴　　ʂ 书虚商陕　　ʐ 然绕让仁

tɕ 精见将炯　　tɕʰ 清驱强签　　ȵ 年弱念酿　　ɕ 溪心乡县

k 街归刚功　　kʰ 开亏空炕　　ŋ 哀我恩偶　　x 鞋含杭洪

ø 烟英瓦文雨育儿

1.2.2.2　韵母：42 个，不包括儿化韵

ɿ 资自疵私斯丝　　i　逼米地基期稀　　u　布铺姑库符福　　ʮ　猪住除书鱼役

ʅ 知之吃池尸禽

a 巴耙怕爬马答　　ia　家架恰掐虾提　　ua 瓜挂夸化花娲　　ʮa　抓爪耍刷挼欻

o 波摸科多拖落　　io 脚学药确鹊觉　　uo 窝屙卧涡沃蜗

ər 而耳二尔饵儿

e 德特北黑摘遮	ie 别瞥绝切雪叶	ue 国喂	ʮe 绝缺阙越月热
ai 摆代盖栽岩街	iai 解届介界戒阶	uai 怪乖侩快坏外	ʮai 拽揣踹衰甩帅
ei 背飞堆推屡内		uei 归柜葵魁灰威	ʮei 追坠捶垂水蕊
au 包炮猫招窖靠	iau 标苗调交桥邀		
əu 斗奏绿竹臭寇	iəu 丢柳酒秋休育		
an 般攀端潭展安	ian 边绵联见泉盐	uan 官罐宽款换弯	ʮan 捐眷穿旋宣圆
ən 赠正根肯杏恩	iən 兵民灵金京循	uən 滚鲧困坤横温	ʮən 均菌群熏泳运
aŋ 帮滂忙苍章康	iaŋ 亮娘江枪乡洋	uaŋ 光广况旷荒汪	ʮaŋ 庄桩创床霜爽
	iuŋ 炯穷兄胸勇拥	uŋ 冬宗中冲公翁	

1.2.2.3　声调：单字调 4 个

阴平　45［˦˥］方边初偏中婚山粗开诗

阳平　42［˦˨］魂才扶华明接笔歇入舌

上声　53［˥˧］展纸普女语水老暖手体

去声　213［˨˩˧］抱社调秀汉树大饭帽岸

1.2.2.4　声韵配合关系

表 9

	开口呼	齐齿呼	合口呼	合变呼
p p^h	+	+	+（仅限 u）	—
m	+	+	—	—
f	+	—	+（仅限 u）	—
t t^h l	+	+	—	—
ts ts^h s	+	—	—	—
tʂ $tʂ^h$ ʂ ʐ	+	—	—	+
ɳ	—	—	—	+（仅限 ʮ）
tɕ $tɕ^h$ ȵ ɕ	—	+	—	—
k k^h x	+	—	+	—
ŋ	+	—	—	—
ø	+	+	+	+

1.2.2.5　语音特点

（1）声母特点

①没有［n］声母，普通话［n］声母字有规律地并入［l］、［ȵ］、［ɳ］三个声母之中。

普通话［n］声母的洪音字（现代四呼的开口、合口）一律读［l］声母。如：耐＝赖 lai^{213}、脑＝老 lau^{53}、嫩＝论 lən^{213}、暖＝卵 lan^{53}、农＝隆 luŋ^{42}。

普通话［n］声母的细音字（现代四呼的齐齿、撮口）一律读［ȵ］声母。如：泥 ȵi^{42}、娘 ȵiaŋ^{42}、虐 ȵio^{42}。

泥母只一“女”字读［ɳ］声母，与韵母［ʯ］相拼为 ɳʯ^{53}。

②日母开口字多变合口而失声母，如：染冉 ʯan^{53}、热 ʯe ^{45}、然燃 ʯan^{42}、入 ʯ^{45}。

③见系开口二等字，基本保留［k、kh、ŋ、x］声母的读音。如：嫁$_{见二}$ka^{213}、敲$_{溪二}$kh au^{45}、眼$_{疑二}$ŋan^{53}、瞎$_{晓二}$xa^{42}、衔$_{匣二}$xan^{42}。

④见系合口三四等（止蟹宕除外）读［tʂ］组声母，如：举 tʂʯ^{53}、区 tʂʰʯ^{45}、劝 tʂʰʯan^{213}、卷 tʂʯan^{213}、均 tʂʯən^{45}、曲 tʂʰʯ^{45}、局 tʂʯ^{42}、旭 ɕiəu^{213}、畜 ɕiəu^{45}。

⑤古疑影母开口洪音读［ŋ］，如：牙 ŋa^{42}、咬 ŋau^{53}、藕 ŋəu^{53}、岸 ŋan^{213}、恶 ŋo^{45}。

（2）韵母特点

①知系合口三等字（遇合三庄除外），宕开三庄组，遇、山、臻见系合口三等字读 ʯ 类韵母。如：柱 tʂʯ^{213}、抓 tʂʯa^{45}、缀 tʂʯei^{213}、追 tʂʯei^{45}、专 tʂʰʯan^{45}、春 tʂʰʯən^{45}、庄 tʂʯaŋ^{45}、床 tʂʰʯaŋ^{42}、拘 tʂʯ^{45}、瞿 tʂʰʯ^{45}、虚 ʂʯ^{45}。

②古合口精组三等字（通摄除外）多读开口，如：蛆 tɕʰi^{45}、徐 ɕi^{42}、绪 ɕi^{213}、取 tɕʰi^{53}、趣 tɕʰi^{213}、全 tɕʰian^{42}、选 ɕian^{53}、绝 tɕie^{42}、雪 ɕie^{45}、旬 ɕin^{42}、俊 tɕin^{213}、迅 ɕin^{213}、黢 tɕʰi^{213}、焌 tɕʰi^{45}。

③没有［ŋ］韵尾，深摄、臻摄、曾摄、梗摄的舒声全收 n 尾，如：宾彬＝冰兵 pin、林邻＝灵菱 lin、侵亲＝清 tɕʰin、针真＝蒸正 tʂən、深沈＝生省 ʂən、今巾＝经精 tɕin、心新＝星兴 ɕin、音因＝应英 in、赠争 tsən、登 tən、丁 tin、能冷 lən、更 kən、瓶 pʰin、坑 kʰən、硬 ŋən。

④［t、tʰ、l、ts、tsʰ、s］只拼［əu、an、ən、ei］，不拼［u、uan、uən、uei］，中古遇、蟹、止、山、臻摄端系合口一等字都读成开口。如：徒 tʰəu^{42}、奴

ləu^{42}、租 ʦəu^{45}、推 tʰei^{45}、最 ʦei^{213}、虽 sei^{42}、端 tan^{45}、断 tan^{213}、团 tʰan^{42}、暖 lan^{53}、酸 san^{45}、钻 ʦan^{213}、敦 tən^{45}、臀 tʰən^{42}、论 lən^{213}、尊 ʦən^{45}、村 ʦʰən^{45}、孙 sən^{45}。

⑤［uo］只适用于零声母，端组、知组中普通话拼［uo］韵的概拼［o］韵母。如：多 to^{45}、桌 ʈʂo^{45}、戳 ʈʂʰo^{53}、说 ʂo^{45}。

⑥遇合一暮、流开一厚、山合一末、臻合一没（入）、宕开一铎（入）、通合一三屋（入）字韵母都读 o，如“暮募某亩母拇木穆末没沉没莫幕摸”等。

（3）声调特点

①调值分别为阴平（45）、阳平（42）、上声（53）、去声（213）。其中除阳平比成都话要高外，其余都接近成都话。

②没有入声字，中古入声字大部读阳平，748 个古入声字，读阳平的 677 个字，占 90%；读阴平的 32 个字，占 4.3%；读上声的 12 个字，占 1.5%；读去声的 27 个字，占 3.6%。

1.2.3 汉阴城关话音系

1.2.3.1 声母：22 个，包括零声母在内

p 摆帮杯並	pʰ 派跑盘庞	m 麦梅忙蒙		
t 多东毒探	tʰ 唐讨天甜	l 脑老路南		
ʦ 载争宗资	ʦʰ 材刺茶柴	s 赛丝书山		
ʈʂ 赵张竹章	ʈʂʰ 昌陈冲缠		ʂ 十神商深	ʐ 然绕热人
ʨ 嘉酒金江	ʨʰ 全墙区清	ȵ 泥年女纽	ɕ 想谢县夏	
k 高缸共刚	kʰ 开亏考康	ŋ 哀我安恩	x 灰饭飞环	
ø 烟腰蚊望如乳月源儿				

1.2.3.2 韵母：43 个，不包括儿化韵

ɿ 字祠丝师	i 必旗急米	u 部五苦谷	ʮ 猪醋书苏	y 局区虚鱼
ʅ 直纸吃试				
a 麻茶牙塔	ia 家掐鸭虾	ua 刮话瓦法		
o 波罗盒个		uo 卧窝壳蜗		yo 略脚药鹊
ər 而耳二尔				
e 热车色白	ie 撇写接贴	ue 国喂		ye 绝缺靴月
ai 开排鞋栽		uai 怪快坏外	ʮai 拽揣衰甩	

ei 赔对给类		uei 鬼葵汇飞	ɥei 追垂吹蕊	
au 宝脑找高	iau 飘笑桥教		ɥan 专川涮酸	
əu 漏豆走州	iəu 丢油秋绿			
an 蓝山短砍	ian 片盐前年	uan 官款欢晚		yan 卷捐权圆
ən 奔灯寸硬	iən 心清病应	uən 棍困横文	ɥən 尊准春笋	yən 均群旬泳
aŋ 庞糖刚张	iaŋ 亮讲抢响	uaŋ 光荒矿王	ɥaŋ 庄床窗创	
	iuŋ 穷兄用拥	uŋ 蹦东聪公		

1.2.3.3　声调：单字调 4 个

阴平 43［˦˧］高东安该通开天春风秋沟

阳平 31［˧˩］田题门铜皮谷哭叶出毒杂

上声 445［˦˦˥］古短懂统苦讨买老委隐远

去声 214［˨˩˦］冻怪痛快汉树动罪洞贱用

说明：阴平为中降，上声为高平，与西部石泉话的阴平为高平、上声为高降不同，但接近东部汉滨区的梅子铺。

1.2.3.4　声韵配合关系

表 10

	开口呼	齐齿呼	合口呼	合变呼	撮口呼
p p^h m	+	+	+（仅限 u）	—	—
t t^h	+	+	—	—	—
l	+	+	—	—	+（仅限 y）
ʦ $ʦ^h$ s	+	—	—	+	—
tʂ $tʂ^h$ ʂ ʐ	+	—	+	—	—
ʨ $ʨ^h$ ȵ ɕ	—	+	—	—	+
k k^h x	+	—	+	—	—
ŋ	+	—	—	—	—
ø	+	+	+	+	+

1.2.3.5 语音特点

（1）声母特点

①古知庄章组开口二等字和宕摄开口三等字读［ʦ、ʦʰ、s］声母，如：茶 ʦʰa^{31}、罩 ʦau^{214}、杉 sa^{43}、庄 ʦʮaŋ^{43}、窗 ʦʰʮaŋ^{43}。其他摄读［tʂ、tʂʰ、ʂ］，如：遮 tʂe^{43}、池 tʂʰʅ^{31}、收 ʂou^{43}。

②古精组、知庄章组遇摄山摄臻摄合口三等字，普通话将前者读［ʨ、ʨʰ、ɕ］声母，后者读［tʂ、tʂʰ、ʂ］声母，而汉阴城关话将其都混读为［ʦ、ʦʰ、s］，如：絮 sʮ^{214}、厨 ʦʰʮ^{31}、书 sʮ^{43}、旋 sʮan^{31}、专 ʦʮan^{43}、遵 ʦʮən^{43}、春 ʦʰʮən^{43}。

③没有［f］声母，古非敷奉母字与晓匣母合口韵字相混，全读［x］。《方言调查字表》所收的 115 个非敷奉三母字，110 个读为［x］，如：富 xu^{214}、府 xu^{445}、分 xuən^{43}、方 xuaŋ^{43}、飞 xuei^{43}、风 xuŋ^{43}。

④［n］与［l］不分，古泥母来母字读音相混，普通话的［n］声母字，汉阴城关话一般都读为［l］声母。如：南＝蓝 lan^{31}、卵＝暖 lan^{445}、馕＝朗 laŋ^{445}。

⑤有［ȵ］和［ŋ］声母，古疑母开口一二等字读［ŋ］声母，三四等字读［ȵ］声母。如：昂宕开一 ŋaŋ^{43}、咬效开二 ŋau^{445}、艺蟹开三 ȵi^{214}、研山开四 ȵian^{43}。

⑥见系开口二等字韵母大多读洪音，声母是［k、kʰ、ŋ、x］。如：家 ka^{43}、街 kai^{43}、敲 kʰau^{43}、掐 kʰa^{43}、牙 ŋa^{31}、硬 ŋən^{214}、瞎 xa^{43}、项 xaŋ^{214}。

（2）韵母特点

①有舌尖前圆唇元音［ʮ］及以［ʮ］为介音的复韵母［ʮai、ʮei、ʮan、ʮən］。如：书 sʮ^{43}、揣 ʦʰ ʮai^{43}、吹 ʦʰʮei^{43}、追 ʦʮei^{43}、专 ʦʮan^{43}、春 ʦʰʮən^{43}。

②没有［əŋ］［iŋ］韵尾，只有［ən］［in］，深摄臻摄字与曾摄梗摄字混读。如：程＝陈 tʂʰəŋ^{31}、政＝甄 tʂəŋ^{214}、凌＝临 lin^{31}、精＝金 ʨin^{43}。

③舌尖前［t、tʰ、l］和［ʦ、ʦʰ、s］只拼［əu］不拼［u］。如：肚 təu^{445}、祖 ʦəu^{445}、粗 ʦʰəu^{43}、促 ʦʰəu^{31}、苏 səu^{445}、俗 səu^{31}。

（3）声调特点

①汉阴城关话的调值分别为 43（阴平）、31（阳平）、445（上声）、214（去声），较靠近西南官话，特别是阳平和去声，。

②没有入声字，中古入声字不分清浊今绝大部读阳平调。《方言调查字表》所收的 555 个古入声字，在汉阴城关话里有 504 个字读阳平调，占 91%。

1.3　安康江淮官话音系

1.3.1　茅坪话（茅赤片）音系

1.3.1.1　声母：25 个，包括零声母在内

p 部本便兵	pʰ 排庞盆普	m 蛮忙慢民		f 分访风凡
t 登单地单	tʰ 泰探庭通	ṇ 你	l 廊农冷南	
ts 增总赞字	tsʰ 才层从苍			s 桑宋森腮
tʂ 朱章重展	tʂʰ 成产超昌	ɳ 女	ʂ 书虚尚陕	ʐ 仁绕柔让
tɕ 将教金尖	tɕʰ 前枪秋钦	ȵ 凝钮念娘		ɕ 兄星香县
k 冈根功街	kʰ 凯抗孔恳	ŋ 欧安恩硬		x 鞋汉杭红

Ø 吴瓦外亚演月元输荣

说明：（1）［ṇ］在“你”单字读音或后面音节韵母是洪音时，读为自成音节的音，如：你 ṇ^{55}、你来 ṇ^{44}lai^{42}、你说 ṇ^{55}ʂʮɛ^{31}。与细音相拼时，一律读为 ȵ。

（2）“你”组词时，如后面音节的声母仍是［m］，“你”读为自成音节的［ṃ］，如：你们 ṃ^{55}mən^{42}、你妈 ṃ^{55}ma^{31}。

1.3.1.2　韵母：43 个，不包括儿化韵

ɿ 字紫词斯丝	i 比地级起洗	u 部铺谷酷无	ʮ 朱除女书鱼
ʅ 之知池史肏			
a 八搭杂榨掐	ia 价架洽霞瞎	ua 挂瓜夸华话	ʮa 抓欻刷耍挼
ɛ 北给涩摘哲	iɛ 蔑节窃野歇	uɛ 国喂	ʮɛ 绝缺说越月
ər 儿耳尔而贰			
o 波泼摸哥弱	io 角却学药鹊	uo 窝沃蜗莴卧	
ai 排栽柴概开	iai 街解芥界戒	uai 怪拐脍怀歪	ʮai 拽揣帅衰率
ei 背赔对最雷		uei 贵葵辉会威	ʮei 坠追吹睡锐
au 保岛枣朝靠	iau 票调料教腰		
ou 漏奏筹够厚	iou 丢柳纠秋修		
an 板干刊簪战	ian 偏间钱烟仙	uan 观宽换玩晚	ʮan 篆船涮远院
ən 本盆正根恩	in 宾临今钦迎	uən 滚坤困混闻	ʮən 均春顺舜运
aŋ 邦庞脏章当	iaŋ 江匠墙相杨	uaŋ 广框皇网旺	ʮaŋ 桩闯床霜双
əŋ 棕公东中空	iəŋ 窘琼凶用勇	uŋ 翁蓊蕹瓮塕	

1.3.1.3　声调：单字调 5 个

阴平 31 ［˧˩］高开婚边竹出说黑发月

阳平 42 ［˦˨］穷寒娘床难平云鹅才题

上声 55 ［˥］展楚手染碗普买口纸短

阴去 213［˨˩˧］蓋唱汉醉菜放怕抗送共

阳去 22 ［˨］坐社阵谢帽害漏读合白

1.3.1.4　声韵配合关系

表 11

	开口呼	齐齿呼	合口呼	合变呼
p pʰ	+	+	+（仅限 u）	−
m	+	+	−	−
f	+	−	+（仅限 u）	−
t tʰ l	+	+	−	−
ʦ ʦʰ s	+	−	−	−
tʂ tʂʰ ʂ ʐ	+	−	−	+
ɳ	−	−	−	+（仅限 ʮ）
ʨ ʨʰ ɕ ȵ	−	+	−	−
k kʰ x	+	−	+	−
ŋ	+	−	−	−
∅	+	+	+	+

1.3.1.5　语音特点

（1）声母特点

①［ʦ］与［tʂ］分，古精组洪音全读［ʦ］等，如：搓 ʦʰo^{31}、司 sɿ^{31}、簪 ʦan^{31}、骚 sau^{31}、曹 ʦʰau^{42}、棕 ʦəŋ^{31}；章组全读［tʂ］等，如：车 tʂʰɛ^{31}、制 tʂʅ^{213}、少 ʂau^{55}、针 ʂən^{31}、拯 ʂən^{55}。

②知组梗摄二等韵字归［ʦ］等，如：橕 ʦʰən^{31}、掌 ʦʰən^{213}、拆 ʦʰɛ^{31}、泽

tsʰɛ^{31}、择 tsɛ^{42}、摘 tsɛ^{42}；其他全归［tʂ］等，如：茶 tʂʰa^{42}、站 tʂan^{213}。

③见系合口三四等（止蟹宕除外）读［tʂ］组声母，如：余 ʮ^{42}、渠 tʂʰʮ^{42}、虚 ʂʮ^{31}、许 ʂʮ^{55}、预 ʮ^{213}、眷 tʂʮan^{213}、楦 ʂʮan^{213}、劝 tʂʰʮan^{213}、冤 ʮan^{31}、屈 tʂʰʮ^{31}、曲 tʂʰʮ^{31}、菊 tʂʮ^{31}、欲 ʮ^{213}。

④［n］与［l］不分，泥母洪音与来混，如：努＝鲁 lou^{55}、南＝蓝 lan^{42}、农＝隆 ləŋ^{42}；细音开口与疑母三四等开口混，读为［ȵ］，如：年＝严 ȵian^{42}、聂＝业 ȵiɛ^{31}、腻＝义 ȵi^{22}。

⑤日母开口字多变合口而失声母，如：染冉 ʮan^{55}、惹 ʮɛ^{55}、热 ʮɛ^{31}、然燃 ʮan^{42}、入 ʮ^{31}。

⑥疑影两母开口一二等字洪音全读［ŋ］，如：爱 ŋai^{213}、藕 ŋou^{55}、按 ŋan^{213}、眼 ŋan^{55}。

⑦有翘舌硬腭浊鼻音声母［ɳ］，只一“女”字，音节为 ɳʮ^{55}。

（2）韵母特点

①古合口精组三等字（通摄除外）全读开，如蛆 tɕʰi^{31}、徐 ɕi^{42}、絮 ɕi^{213}、绪 ɕi^{213}、取 tɕʰi^{55}、趣 tɕʰi^{213}、趋 tɕʰi^{31}、需 ɕi^{31}、全 tɕʰian^{42}、选 ɕian^{55}、绝 tɕiɛ^{42}、雪 ɕiɛ^{31}、旬 ɕin^{42}、俊 tɕin^{213}、迅 ɕin^{213}、骏 tɕʰi^{213}、焌 tɕʰi^{31}。

②蟹摄合口一三等与止摄合口三等端系字韵母读［i］，如：堆 ti^{31}、内 li^{22}、累类泪 li^{22}、催崔 tɕʰi^{31}、罪 tɕi^{22}、碎 ɕi^{213}、脆 tɕʰi^{213}、岁 ɕi^{213}、嘴 tɕi^{55}、随 ɕi^{42}、髓 ɕi^{55}、虽 ɕi^{42}、醉 tɕi^{213}。

③通摄入明母字读［o］，如：木 mo^{31}、目 mo^{31}、穆 mo^{31}、牧 mo^{22}。

④知系合口三等字（遇合三庄除外）、宕开三庄组、遇、山、臻见系合口三等字读 ʮ 类韵母。如：柱 tʂʮ、抓 tʂʮa、缀 tʂʮei、追 tʂʮei、专 tʂʰʮan、春 tʂʰʮən、庄 tʂʮaŋ、床 tʂʰʮaŋ、拘 tʂʮ、瞿 tʂʰʮ、虚 ʂʮ。

⑤曾梗深臻摄舒声混，全收［n］韵。如：庚梗＝根臻 kən^{31}、心深＝兴曾 ɕin^{31}、蒸曾＝真臻 tʂən^{31}、声梗＝身臻 ʂən^{31}。

⑥通合三入声（屋烛韵）见系字见组读［ʮ］，如：曲 tʂʰʮ^{31}、局 tʂʮ^{42}、菊 tʂʮ^{31}；晓影两组读［iou］，如：育 iou^{213}、畜 ɕiou^{31}。

（3）声调特点

①声调 5 个，分阴平、阳平、上声、阴去、阳去，其中古清声母去声字今读阴去，如：故 ku^{213}、世 ʂʅ^{213}、拜 pai^{213}；古全浊声母去声字和全浊声母上声字读

阳去，如：件 tɕian^{22}、是 ʂʅ^{22}、父 fu^{22}。

②古入声清声母、次浊声母字今读阴平，全浊声母字今读阳去。如：搭 ta^{31}、憋 piɛ^{31}、铁 tʰiɛ^{31}、泼 pʰo^{31}、毒 tou^{22}、合 xo^{22}、学 ɕio^{22}、铎 to^{22}、罚 fa^{22}。

1.3.2　洛贵片（洛河话）方言音系

1.3.2.1　声母：25 个，包括零声母在内

p 别辩邦布	pʰ 怕派盘庞	m 莽满门明		f 发凡肥副	
t 到段敌东	tʰ 讨檀甜听	n̩ 你	l 拿兰冷林		
ts 宰做增坐	tsʰ 擦草助瓷			s 洒随散森	
tʂ 抓状柱主	tʂʰ 查超绸禅	ɳ 女		ʂ 书虚寿尚	ʐ 肉绕人让
tɕ 架将就精	tɕʰ 洽全丘勤	ȵ 釀年拧泥		ɕ 辖县想信	
k 稿贵岗公	kʰ 开龛康空	ŋ 袄偶安恩		x 鞋活寒航	
ø 染叶窝往容药					

说明：（1）［l］只与洪音相拼。

（2）［tʂ、tʂʰ、ʂ］与［ʮ］相拼卷舌程度比在开口韵前稍大。

（3）［ʐ］的摩擦性较小，［ɳ］是舌尖后鼻音，只有“女”字。

（4）［tɕ、tɕʰ、ɕ］发音部位略偏前。

（5）［n̩］在“你”单字读音或后面音节韵母是洪音时，就读为自成音节的音。

（6）“你”组词时，如后面音节的声母是［m］，“你”就读为自成音节的［m̩］。

1.3.2.2　韵母：43 个，不包括儿化韵

ɿ 资籽祠雌师	i 米狄级七席	u 部铺古库户	ʮ 主渠女雨鱼
ʅ 值志赤尺施			
a 霸他拿茶掐	ia 假甲洽夏亚	ua 瓜挂夸花瓦	ʮa 抓爪数刷挼
e 百特勒色社	ie 鳖叠姐切些	ue 国喂	ʮe 绝掘阙缺月
ər 儿耳尔而贰			
o 波摸朵坐歌	io 药脚学确觉	uo 窝卧莴沃涡	
ai 败埋台斋盖	iai 解届阶界戒	uai 怪侩块坏外	ʮai 拽踹揣帅甩
ei 杯每堆翠飞		uei 归贵魁亏灰	ʮei 追缀吹瑞锐
au 袍涛早烧高	iau 表条轿小腰		
ou 豆楼奏叔沟	iou 丢牛究秀育		
an 半短参山甘	ian 边念建千烟	uan 管贯宽缓皖	ʮan 卷穿涮阮喘

ən 喷灯能寸根　in 兵厅林星英　uən 衮坤昏温问　ɥən 准军群勋运

aŋ 胖糖囊桑钢　iaŋ 量蒋腔香阳　uaŋ 光筐荒皇汪　ɥaŋ 庄床闯双霜

oŋ 冬农宗松中　ioŋ 炯穷雄荣用　uŋ 翁蓊蕹塕嗡

说明：（1）[o、io] 中的 [o] 较开，在 [k] 组声母后更甚。

（2）[ə] 在 [uən、ɥən] 韵中是过渡音，并弱化。

（3）[ɥ] 是舌尖后圆唇元音，可充当介音，又可充当主要元音。充当元音时，部位不变，与 [tʂ、tʂʰ、ʂ] 相拼时，舌位略后。

1.3.2.3　声调：单字调 5 个

阴平　31 [˧˩] 刚知丁边方天初博踏憋

阳平　52 [˥˨] 穷陈详扶寒合局薄伐白

上声　445 [˦˦˥] 古展老手短比口好五委

阴去　214 [˨˩˦] 靠汉看见试四到副爱霍

阳去　22 [˨˨] 近厚亮害谢岸帽怒树用

说明：上声收尾的 [5] 只是一个略微上扬的极短的尾音。

1.3.2.4　声韵配合关系

表 12

	开口呼	齐齿呼	合口呼	合变呼
p pʰ	+	+	+（仅限 u）	−
m	+	+	−	−
f	+	−	+（仅限 u）	−
t tʰ l	+	+	−	−
ts tsʰ s	+	−	−	−
tʂ tʂʰ ʂ ʐ	+	−	−	+
ɳ	−	−	−	+（仅限 ɥ）
tɕ tɕʰ ɕ ȵ	−	+	−	−
k kʰ x	+	−	+	−
ŋ	+	−	−	−
∅	+	+	+	+

1.3.2.5 语音特点

（1）声母特点

①［ʦ］与［tʂ］分混。古精组洪音字除遇合三虞韵（趋须需取聚趣续）读［tʂ］组外，均读［ʦ］组声母，如：左坐祖栽最脆次虽遭走暂散窜村苍增宋从。

知组（梗二除外）读［tʂ］组声母，如：茶柱缀知追朝丑站蛰绽哲传阵椿丈桌直郑虫重。梗摄二等字（澄橙例外）读［ʦ］组声母，如：撑拆摘择。

庄组开口三等字（宕摄除外）及合口三等遇通摄字读［ts］组声母，如：楚数师愁渗衬省争崇。开口二等（梗摄除外）、开口三等宕摄字、合口三等字（遇通除外）读［tʂ］组声母，如：揣查傻寨抓眨衫察山刷闩率莊创捉。

章组全部读［tʂ］组声母，如：车书制枝吹周占深战川真舜掌政充。

②古精组细音与见系开口细音都读［ʨ］组声母，如：仅＝紧 ʨin^{445}、小＝晓 ɕiau^{445}、浅＝遣 ʨʰian^{445}、抢＝强 ʨʰiaŋ^{445}、秋＝丘 ʨʰiou^{31}、侵＝钦 ʨʰin^{31}、节＝结 ʨie^{31}。

③影母开口洪音读［ŋ］，如：艾＝哀 ŋai、咬＝拗 ŋau、藕＝欧 ŋou、岸＝按 ŋan。

④见系合口三四等（止蟹宕除外）读［tʂ］组声母，如：举 tʂʮ^{445}、区 tʂʰʮ^{31}、劝 tʂʰʮan^{214}、卷 tʂʮan^{214}、犬 tʂʰʮan^{445}、均 tʂʮən^{31}、屈 tʂʰʮ^{31}、曲 tʂʰʮ^{31}、菊 tʂʮ^{31}、局 tʂʮ^{52}、旭 ɕiou^{214}、畜 ɕiou^{31}。

⑤泥、来母洪音相混，读为［l］，如：南＝蓝 lan、努＝鲁 lou、难＝烂 lan、暖＝卵 lan、嫩＝论 lən、囊＝郎 laŋ、农＝隆 loŋ；泥母开口细音字读为［ȵ］，如：年＝言＝研 ian、匿＝逆 ȵi、酿＝仰 ȵiaŋ、聂＝业 ȵie。

⑥日母开口多数读零声母，如：惹 ʮe^{445}、如 ʮ^{31}、染 ʮan^{445}、热 ʮe^{31}、软 ʮan^{445}、然 ʮan^{52}；通摄舒声今读齐齿呼零声母，如：容绒荣 ioŋ^{52}。

⑦有翘舌硬腭浊鼻音声母，如：女 ɳʮ^{445}。

（2）韵母特点

①遇摄端系模、姥、暮韵及庄组鱼虞韵字与流摄侯、厚、候韵合流，读［ou］，如：图 tʰou^{52}、土 tʰou^{445}、度 tou^{22}、奴 lou^{52}、鲁 lou^{445}、路 lou^{22}、苏 sou^{31}、祖 ʦou^{445}、初 ʦʰou^{31}、阻 ʦou^{445}、楚 ʦʰou^{445}、助 ʦʰou^{214}、雏 ʦʰou^{52}、数 sou^{445}。其中庄组鱼虞韵字“初、楚、助、雏、数”的声母又跟精组合为舌尖前，读［ʦ］等。

②蟹摄合口一三等与止摄合口三等端系字全读［ei］，如：脆 tsʰei^{214}、岁 sei^{214}、虽 sei^{52}、醉 tsei^{214}、堆 tei^{31}、内 lei^{22}、催 tsʰei^{31}、最 tsei^{214}、累 lei^{22}。

③深臻曾梗摄舒声混，收［n］尾，如：冰＝宾 pin^{31}、名＝民 min^{52}、灵＝林 lin^{52}、青＝钦 tɕʰin^{31}、精＝金 tɕin^{31}、英＝音 in^{31}、兴＝信 ɕin^{214}、政＝镇 tʂən^{214}、承＝陈 tʂʰən^{31}、升＝深 ʂən^{31}。

④通摄入明母字读［o］，如：木 mo^{31}、目 mo^{31}、穆 mo^{31}、牧 mo^{22}。

⑤知系合口三等字（遇合三庄除外）、宕开三庄组、遇、山、臻见系合口三等字读ʮ类韵母。如：柱 tʂʮ、抓 tʂʮa、缀 tʂʮei、追 tʂʮei、专 tʂʰʮan、春 tʂʰʮən、庄 tʂʮaŋ、床 tʂʰʮaŋ、拘 tʂʮ、瞿 tʂʰʮ、虚 ʂʮ。

（3）声调特点

①声调 5 个，其中去声分阴去、阳去，古清声母去声字今读阴去，如：故 ku^{214}、世 ʂʅ^{214}、拜 pai^{214}；古全浊声母去声字和全浊声母上声字读阳去，如：件 tɕian^{22}、是 ʂʅ^{22}、父 fu^{22}。

②古入声清声母、次浊声母字今读阴平，全浊声母字今读阳平。如：搭 ta^{31}、憋 pie^{31}、铁 tʰie^{31}、泼 pʰo^{31}、别离别 pie^{42}、合 xo^{42}、着 tʂuo^{42}、铎 to^{42}、罚 fa^{42}。

1.3.3　平利城关、老县话（老派）音系

经考证，清初的平利县衙当在西北部靠近汉滨区县河的老县，于清代嘉庆十年迁至现址，所以平利城关在所处川道上下不超过 4 公里范围内的方言特点和老县完全一致。

1.3.3.1　声母：24 个，包括零声母在内

p 别辩布泵　pʰ 怕派盘棚　m 迈满门明　f 发副肥翻

t 达到段敌　tʰ 讨甜听同　l 念兰冷林

ts 宰坐做增　tsʰ 草助蚕瓷　s 随所散森

tʂ 主状柱举　tʂʰ 查超绸昌　ɳ 女　ʂ 书硕虚寿　ʐ 肉绕人瓤

tɕ 江旧拣精　tɕʰ 丘全勤穹　ȵ 牛年泥拧　ɕ 谢县想信

k 官贵公岗　kʰ 开康垦空　ŋ 袄偶安讹　x 哈鞋活寒

ø 染叶窝往容药

1.3.3.2　韵母：42 个，不包括儿化韵

ɿ 资梓雌祠师丝　i 逼理米七席亦　u 部普古酷户屋　ʮ 猪除局趣女鱼

ʅ 值之池尺施是

a 巴他擦茶拿蜡　ia 假家恰卡夏辖　ua 瓜挂夸垮花瓦　ɥa 抓爪欻刷耍挼
ᴇ 百拍德勒色社　iᴇ 鳖姐切些谢叶　uᴇ 国喂　ɥᴇ 绝掘阙缺靴月
ər 儿耳尔而饵贰
o 波坡摸歌乐桌　io 脚学觉削药约　uo 窝卧莴涡沃斡
ai 败台奶材柴凯　uai 怪乖侩块坏外　ɥai 拽踹揣甩帅率
ei 杯配雷最推飞　uei 归柜亏灰会位　ɥei 追缀垂吹税瑞
au 宝高劳曹烧早　iau 表票挑鸟小腰
ou 豆录走叔沟藕　iou 丢牛究秋秀育
an 半短南钻山龛　ian 边田坚千烟县　uan 管观宽款缓万　an 转捐喘涮阮远
ən 盆灯能寸臣根　in 品厅宁星英今　uən 滚棍坤婚温问　ɥən 谆军群春勋运
aŋ 旁糖囊桑钢昂　iaŋ 量酿将腔香洋　uaŋ 光广狂筐荒黄　ɥaŋ 庄装闯床窗双
oŋ 绷统冬宗松共　ioŋ 炯穷琼兄荣用　uŋ 翁蓊蕹瓮塕嗡

1.3.3.3　声调：单字调 4 个

阴平　43［˦˧］刚边方织窄削纳桌尺笔
阳平　52［˥˨］唐麻云穷陈寒床歇局合
上声　445［˦˦˥］展短比口草手好五老染
阴去　214［˨˩˦］是抱汉见四抗到近谢贱

1.3.3.4　声韵配合关系

表 13

	开口呼	齐齿呼	合口呼	合变呼
p pʰ	+	+	+（仅限 u）	–
m	+	+	–	–
f	+	–	+（仅限 u）	–
t tʰ l	+	+	–	–
ʦ ʦʰ s	+	–	–	–
ʈʂ ʈʂʰ ʂ ʐ	+	–	–	+
ɳ	–	–	–	+（仅限 ɥ）

续表

	开口呼	齐齿呼	合口呼	合变呼
tɕ tɕʰ ɕ ȵ	－	＋	－	－
k kʰ x	＋	－	＋	－
ŋ	＋	－	－	－
∅	＋	＋	＋	＋

1.3.3.5　语音特点

（1）声母特点

①［ʦ］与［tʂ］的分混。古精组洪音字除遇合三虞韵（趋须需取聚趣续）读［tʂ］组外，均读［ʦ］组声母，如：左坐祖栽最脆次虽遭走暂散窜村苍增宋从。

知组（梗二除外）读［tʂ］组声母，如：茶柱缀知追朝丑站蛰绽哲传阵椿丈桌直郑虫重；梗摄二等字（澄橙例外）读［ʦ］组声母，如：撑拆摘择。

庄组开口三等字（宕摄除外）及合口三等遇通摄字读［ts］组声母，如：楚数师愁渗衬省争崇。开口二等（梗摄除外）、开口三等宕摄字、合口三等字（遇通除外）读［tʂ］组声母，如：揣查傻寨抓眨衫察山刷闩率庄创捉。

章组全部读［tʂ］组声母，如：车书制枝吹周占深战川真舜掌政充。

②古精组细音与见系开口细音都读［ʨ］组声母，如：仅＝紧 ʨin^{445}、小＝晓 ɕiau^{445}、浅＝遣 ʨʰian^{445}、抢＝强 ʨʰiaŋ^{445}、秋＝丘 ʨʰiou^{43}、侵＝钦 ʨʰin^{43}、节＝结 ʨiᴇ^{43}。

③影母开口洪音读［ŋ］，如：艾＝哀 ŋai、藕＝欧 ŋou、岸＝按 ŋan、鄂＝恶 ŋo。

④见系合口三四等（止蟹宕除外）读［tʂ］组声母，如：举 tʂʮ^{445}、区 tʂʰʮ^{43}、劝 tʂʰʮan^{214}、卷 tʂʮan^{214}、犬 tʂʰʮan^{445}、均 tʂʮən^{43}、屈 tʂʰʮ^{43}、曲 tʂʰʮ^{43}、菊 tʂʮ^{43}、局 tʂʮ^{52}、狱 ʮ^{43}、欲 ʮ^{214}。

⑤泥、来母洪音相混，读为［l］，如：南＝蓝 lan、努＝鲁 lou、难＝烂 lan、暖＝卵 lan、嫩＝论 lən、囊＝郎 laŋ、农＝隆 loŋ；泥母开口细音字读为［ȵ］，

如：年＝言＝研 ian、匿＝逆 ȵi、酿＝仰 ȵiaŋ、聂＝业 ȵiᴇ。

⑥日母开口多数读零声母，如：惹 ʮᴇ^{445}、如 ʮ^{43}、染 ʮan^{445}、热 ʮᴇ^{43}、软 ʮan^{445}、然 ʮan^{52}；通摄舒声今读齐齿呼零声母，如：容绒荣 ioŋ^{52}。

⑦有翘舌硬腭浊鼻音声母，如：女 ɳʮ^{445}。

⑧没有［n̩］自成音节现象，如："你"读［ȵi^{445}］，"你们"读［ȵi^{445}mən^{2}］，"你妈"读［ȵi^{44}ma^{31}］。

（2）韵母特点

①遇摄端系模、姥、暮韵及庄组鱼虞韵字与流摄侯、厚、候韵合流，读［ou］，如：图 tʰou^{52}、土 tʰou^{445}、度 tou^{214}、奴 lou^{52}、鲁 lou^{445}、路 lou^{214}、苏 sou^{43}、祖 ʦou^{445}、初 ʦʰou^{43}、阻 ʦou^{445}、楚 ʦʰou^{445}、助 ʦʰou^{214}、雏 ʦʰou^{52}、数 sou^{445}。其中庄组鱼虞韵字"初、楚、助、雏、数"的声母又跟精组合为舌尖前，读［ʦ］等。

②蟹摄合口一三等与止摄合口三等端系字全读［ei］，如：堆 tei^{43}、腿 tʰei^{445}、对 tei^{214}、催 ʦʰei^{43}、罪 ʦei^{214}、岁 sei^{214}、虽 sei^{52}、内 lei^{214}、最 ʦei^{214}、累 lei^{214}、随 sei^{52}、醉 ʦei^{214}、翠 ʦʰei^{214}。

③深臻曾梗摄舒声混，收［n］尾，如：冰＝宾 pin^{43}、平＝贫 pʰin^{52}、名＝民 min^{52}、灵＝林 lin^{52}、青＝钦 ʨʰin^{43}、精＝金 ʨin^{43}、英＝音 in^{43}、兴＝信 ɕin^{214}、政＝镇 tʂən^{214}、承＝陈 tʂʰən^{43}、升＝深 ʂən^{43}。

④通摄入明母字读［o］，如：木 mo^{43}、目 mo^{43}、穆 mo^{43}、牧 mo^{214}。

⑤知系合口三等字（遇合三庄除外）、宕开三庄组、遇、山、臻见系合口三等字读 ʮ 类韵母。如：柱 tʂʮ、抓 tʂʮa、缀 tʂʮei、追 tʂʮei、专 tʂʰʮan、春 tʂʰʮən、庄 tʂʮaŋ、床 tʂʰʮaŋ、拘 tʂʮ、瞿 tʂʰʮ、虚 ʂʮ。

（3）声调特点

①声调 4 个，去声不再分阴阳。

②古入声清声母、次浊声母字今读阴平，全浊声母字今读阳平。如：脚 ʨio^{43}、搭 ta^{43}、憋 piᴇ^{43}、铁 tʰiᴇ^{43}、脱 tʰo^{43}、泼 pʰo^{43}、列 liᴇ^{43}、密 mi^{43}、别离别 piᴇ^{52}、合 xo^{52}、着 tʂo^{52}、铎 to^{52}、罚 fa^{52}、毒 təu^{52}、学 ɕio^{52}、十 ʂʅ^{52}。

1.4 安康田禾话（湘语）音系

1.4.1 声母：24 个，包括零声母在内

p 布别盘排	p^{h} 怕判配飘	m 米毛母马	f 分访风灰	v 围午温微~风
t 豆带头台	t^{h} 碳退拖偷			l 乱脑郎怒
ts 糟枣茶城	ts^{h} 初抄菜撑		s 纱筛生色	
tʂ 遮招州蒸	$tʂ^{h}$ 扯齿醜唱		ʂ 商肾收声	ʐ 瓤任肉燃
tɕ 寄剪巨技	$tɕ^{h}$ 妻区秋穿	ȵ 泥年纽捏	ɕ 西仙写书	
k 高角葵狂	k^{h} 开靠肯敲	ŋ 鹅咬岩硬	x 和海后项~圈	
∅ 衣鱼黄远阳药县				

1.4.2　韵母：42 个，不包括儿化韵

ɿ 资祠刺事思	i 寄齐地利皮	u 湖铺福服屋	y 举出雨猪书
ʅ 纸尺齿时式			
a 拿发茶家蛇	ia 价吃野甲夜	ua 挂华瓜滑瓦	ya 抓刷挝唰欻~雨
ɛ 色遮车赦社	iɛ 借笪泻北铁	uɛ 国喂	yɛ 缺月阅掘决
ər 日而贰尔儿			
o 过合割落木	io 药却削脚确的~	uo 窝卧	
ai 盖带太海艾	iai 街解芥界届	uai 怪块歪坏槐	yai 揣踹衰水帅
ei 杯对汇最倍加~		uei 贵盔会位葵	yei 税吹垂锥坠
au 桃烧毛扫高	iau 焦消庙瓢燎		
əu 斗醜收杜醋	iəu 酒袖丘秋袖		
an 酸竿间含衔	ian 廉田监店介~绍	uan 惯宽款豌顽	yan 船圆撰卷砖
ən 根庚魂温任	in 紧林灵星兴	uən 昆温文滚棍	yən 春顺云群勋
aŋ 桑讲床刚抗	iaŋ 相将匠墙娘	uaŋ 光逛筐忘黄	
oŋ 红东棚萌孔	ioŋ 迥琼穷胸熊	uŋ 翁甕瓮堉	

1.4.3　声调：单字调 5 个

阴平　33［˧］诗低方高开天婚初飞胸灯

阳平　21［˨˩］时房田魂穷床寒神龙平麻

上声　55［˥］使体古展楚手染碗老买有

阴去　214［˨˩˦］试事盖醉唱答拍立药拔浊

阳去　31［˧˩］坐近抱厚父树饭让漏帽用

说明：①阴平单读时平音时值长，只在收尾时有轻微上扬之感，连读时上扬感消失，权记作 33。②阳平单读时也有轻微低降升的感觉，连读时为 21，权记

作 21。

1.4.4　声韵配合关系

表 14

	开口呼	齐齿呼	合口呼	撮口呼
p pʰ m	+	+	−	−
f v	+	−	+	−
t tʰ	+	+	−	−
l	+	+	−	+
ʦ ʦʰ s z	+	−	−	−
tʂ tʂʰ ʂ ʐ	+	−	−	−
ʨ ʨʰ ɕ ȵ	−	+	−	+
k kʰ x	+	−	+	−
ŋ	+	−	−	−
Ø	+	+	+	+

1.4.5 语音特点

（1）声母特点

①古全浊声母今逢塞音和塞擦音时，无论平仄，大部读为不送气清塞音和清塞擦音。如：驼 to^{21}、婆 po^{21}、茶 ʦa^{21}、菩 pu^{21}、锄 ʦəu^{21}、臺 tai^{21}、牌 pai^{21}、皮 pi^{21}、柴 ʦai^{21}、稠 tʂəu^{21}、谈 tan^{21}、馋 ʦan^{21}、甜 tian^{21}、田 tian^{21}、贫 pin^{21}、存 ʦən^{21}、堂 taŋ^{21}、床 ʦaŋ^{21}、腾 tən^{21}、从 ʦoŋ^{21}、培 pei^{21}、排 pai^{21}、题 ti^{21}、甜 tian^{21}、盗 tau^{31}、豆 təu^{31}、败 pai^{31}、瓷 ʦɿ^{21}、头 təu^{21}、乾 ʨian^{21}、件 ʨian^{31}、脏 ʦaŋ^{31}、状 ʦaŋ^{214}。只有少数字读为送气清音。如：薄～荷 pʰo^{214}、矬 ʦʰo^{214}、搽 ʦʰa^{33}、蒲～溪 pʰu^{21}、图 tʰəu^{21}、雏 ʨʰy^{21}、疵 ʦʰɿ^{33}、持 tʂʰʅ^{21}、祈～求 ʨʰi^{21}、曹 ʦʰau^{21}、瓢 嫖 pʰiau^{21}、投 tʰəu^{21}、沓 tʰa^{214}、岑 ʦʰən^{21}、便～宜 pʰian^{21}、秦 ʨʰin^{21}、屯 臀 豚 tʰən^{21}、承 丞 tʂʰən^{21}、彭 膨 pʰən^{21}、情 晴 ʨʰin^{21}、呈程 tʂʰən^{21}、崇 ʦʰoŋ^{21}。这些字读送气清音，主要是受到周边方言和书面语的影响。

②非敷奉母字和晓匣母合口韵字相混，声母读为 f。如：废＝惠 fei^{214}、飞＝挥灰 fei^{33}、匪＝悔 fei^{55}、凡＝还 fan^{21}、法＝化 fa^{214}、翻＝欢 fan^{33}、符＝虎 fu^{55}、分＝昏 fən^{33}、浮＝胡 fu^{21}、富＝互 fu^{214}、反＝缓 fan^{55}、贩＝唤 fan^{214}、泛＝宦 fan^{214}、纺＝谎 faŋ^{55}。

③微母字今读［v］。如：诬 vu^{33}、雾 vu^{214}、尾 vei^{55}、未 vei^{214}、袜 va^{214}、问 vən^{31}、望 vaŋ^{31}。

④疑母开口一二等字读［ŋ］声母；三四等字读［ȵ］声母。如：岸疑一 ŋan^{31}、眼疑二 ŋan^{55}、严疑三 ȵian^{21}、研疑四 ȵian^{33}。

⑤泥来两母今读洪音时相混，都读［l］，如：奴＝卢 ləu^{21}、脑＝老 lau^{55}、奈＝赖 lai^{214}、内＝累连~ lei^{214}、难＝烂 lan^{214}、嫩＝论 lən^{31}、农＝隆 loŋ^{21}。今读细音时不混，泥母读［ȵ］，来母读［l］，如：尼 ȵ^{21} ≠梨 li^{21}、尿 ȵiau^{214} ≠料 liau^{214}、纽 ȵiəu^{55} ≠柳 liəu^{55}、年 ȵian^{21} ≠怜 lian^{21}。

⑥古精组与知章组合口三等字与见系合口三等字都读［tɕ、tɕʰ、ɕ］，拼撮口呼韵母。如：

古精组：序 ɕy^{214}、取 tɕʰy^{55}、须 ɕy^{33}、泉 tɕʰyan^{21}、选 ɕyan^{55}、俊 tɕyən^{214}、旬 ɕyən^{21}。

知章组：猪 tɕy^{33}、除 tɕʰy、煮 tɕy^{55}、书 ɕy^{33}、厨 tɕʰy^{21}、住 tɕy^{214}、主 tɕy^{55}、转 tɕyan^{55}、船 tɕyan^{31}、缀 tɕyei^{214}、锤 tɕyei^{33}、椿 tɕʰyən^{33}、准 tɕyən^{55}。

见系字：举 tɕy^{55}、虚 ɕy^{33}、拘 tɕy^{33}、倦 tɕyan^{214}、均 tɕyən^{33}、熏 ɕyən^{33}。

（2）韵母特点

①模韵端系、鱼虞韵庄组字与流摄字今读相混，读［əu］。如：徒＝头 tʰəu^{21}、堵＝斗 təu^{55}、杜度＝逗 təu^{31}、卢＝楼 ləu^{21}、鲁＝篓 ləu^{55}、路＝漏 ləu^{31}、阻＝走 tsəu^{55}、助＝奏 tsəu^{214}、数动词＝叟 səu^{55}、兔＝透 tʰəu^{214}、醋＝凑 tsʰəu^{214}、素数名词＝嗽 səu^{214}。

②蟹摄合口端见系读开口［əi］。如：堆 təi^{33}、腿 tʰəi^{55}、对 təi^{214}、雷 ləi^{21}、儡 ləi^{55}、内 ləi^{214}、催 tsʰəi^{33}、罪 tsəi^{31}、最 tsəi^{214}、盔 kʰəi^{33}、傀 kʰəi^{55}、灰 fəi^{33}、汇 fəi^{214}、溃 kʰəi^{214}、会 xəi^{214}。

（3）声调特点

①声调 5 个，古去声依声母的清浊各分阴、阳两调，古全浊上与浊去合流今读阳去。如：坐柱罪是抱淡断伴拌尽近笨混菌丈动梦重。

②没有入声调，大部读为现阴去。如：闸 tsa^{214}、夹 ka^{214}、接 tɕiɛ^{214}、急 tɕi^{214}、擦 tsʰa^{214}、八 pa^{214}、列 liɛ^{214}、铁 tʰiɛ^{214}、撮 tso^{214}、绝 tɕyɛ^{214}、质 tʂʅ^{214}、卒 tsəu^{214}、术 ɕy^{214}、铎 to^{214}、各 ko^{214}、若 ʐo^{214}、桌 tso^{214}、北 piɛ^{214}、息 ɕi^{21}、泽 tsɛ^{214}、革 kɛ^{214}、尺 tʂʰʅ^{214}、族 tsəu^{214}。少数读为阴平和阳平，读阴平的如：喝 xo^{33}、腊蜡镴 la^{33}、妾 tɕʰiɛ^{33}、腌 ian^{33}、吸 ɕi^{33}、獭 tʰa^{33}、捺 la^{33}、喝 xo^{33}、设 ʂɛ^{33}、捏 ȵiɛ^{33}、撇 pʰiɛ^{33}、挖 ua^{33}、刷 ɕya^{33}、雹 pau^{33}、戳 tʂʰo^{33}、逼 pi^{33}、劈 pʰia^{33}、锡析 ɕi^{33}、秃 tʰəu^{33}、笃督 təu^{33}、曲 tɕʰy^{33}；读阳平的如：合盒 xo^{21}、滑猾 xua^{21}、匹 pi^{21}、栗 li^{21}、七漆 tɕʰi^{21}、疾 tɕi^{21}、侄 tʂʅ^{21}、突 tʰəu^{21}、嚼 tɕiau^{21}、着 tʂo^{21}、酌 tʂo^{21}、樸朴 pʰu^{21}、逆 ȵi^{21}、璧 pi^{21}、只 tʂʅ^{21}、仆 pu^{21}、撲仆 pʰu^{21}、斛 xu^{21}、局锔 tɕy^{21}。

1.5 安康牛蹄话（赣语）音系[①]

1.5.1 声母：25个，包括零声母在内

p 巴杯菠摆	pʰ 败白伴辫	m 木谋毛煤	f 方反福风	
t 短堆夺店	tʰ 毒地淡豆	n̩ 那你		l 能力暖浪
ts 则最邹摘	tsʰ 仓愁拆昨		s 私俗事桑	
tʂ 知州支斩	tʂʰ 池吹丈寨	ɳ 女	ʂ 时兆衫上	ʐ 人让弱揉
tɕ 饥斤劲救	tɕʰ 祁芹祥件	ȵ 捏年宜娘	ɕ 溪想血心	
k 干割关高	kʰ 看渴恨柜	ŋ 樱我岸爱	x 或巷还魂	
ø 一羊屋有烟碗翁荣二				

1.5.2 韵母：44个（包括自成音节的 n̩）

ɿ 子资刺斯丝	i 眉备徐皮级	u 孤哭补不木	ʮ 虚剧入区雨
ʅ 纸支痴施实			
a 疤骂瞎价怕	ia 加洽价夏霞	ua 挂瓜花袜垮	ʮa 抓爪刷欻挼
o 拨某左哥桌	io 脚却学药确	uo 波鸽渴窝卧	
ɛ 宅德麦车遮	iɛ 灭爹铁鳖撇	uɛ 国快喂	ʮɛ 热说缺绝掘
ər 儿二耳而尔			
ai 摆排街栽菜		uai 拐歪快坏槐	ʮai 帅揣衰拽踹
ei 杯梅堆腿对		uei 灰规亏贵葵	ʮei 追水吹瑞追
au 刀敲牡高包	iau 交巧庙苗焦		

① 本节音系参用周海霞《安康牛蹄乡赣语方言岛同音字汇》。

əu 都初咒透透　iəu 牛旧丢秋又

æn 贪三拿蛋坛　iæn 贬偏检前先　uæn 关环万款换　ʮæn 远然劝卷捐

ən 杏筝门根肯　in 冰伶丁庭林　uən 困棍昏坤身　ʮən 顺准孕蠢云

on 蚕岸短团看　uon 餐汗段管关

aŋ 方讲虹帮旁　iaŋ 娘江向像强　uaŋ 广矿王逛黄　ʮaŋ 撞窗霜床双

əŋ 朋梦蜂冯风　ioŋ 兄顷荣绒胸　uŋ 公风空控翁

1.5.3　声调：单字调 6 个

阴平 22［˨］高开初粗天飞低边安专

阳平 24［˨˦］穷才神寒麻平娘床龙陈

上声 55［˥］古口础五手短比碗丑楚

阴去 31［˧˩］抗醋菜放送醉盖帐对共

阳去 33［˧］病坐社共害怒近是父树

入声 214［˨˩˦］月曲急八宅局杂毒合白

说明：入声没有塞音韵尾，没有鼻音尾韵，全为开尾韵或元音尾韵，但自成一调。

1.5.4　声韵配合关系

表 15

	开口呼	齐齿呼	合口呼	合变呼
p pʰ	+	+	+（仅限 u）	−
m	+	+	−	−
f	+	−	+（仅限 u）	−
t tʰ l	+	+	−	−
ts tsʰ s	+	−	−	−
tʂ tʂʰ ʂ ʐ	+	−	−	+
ɳ	−	−	−	+（仅限 ʮ）
tɕ tɕʰ ȵ ɕ	−	+	−	−
k kʰ x	+	−	+	−
ŋ	+	−	−	−
∅	+	+	+	+

1.5.5 语音特点

（1）声母特点

①中古全浊声母今读塞音、塞擦音时，大多为送气清音。如：辫並pʰian^{33}、败並pʰai^{33}、豆定tʰou^{33}、殿定tʰian^{33}、昨从tsʰo^{33}、袋定tʰai^{33}、丈澄tʂʰaŋ^{33}、寨崇tʂʰai^{33}、地定tʰi^{33}、淡定tʰan^{33}、近群tɕʰin^{33}、着澄，睡着tʂʰo^{33}、直澄tʂʰʅ^{33}、贼从tsʰe^{33}、白並pʰe^{33}、毒定tʰou^{33}。

②古精组与见组的开口细音都读 tɕ 等，如：清 = 轻 tɕʰin、将 = 姜 tɕiaŋ、巾 = 津 tɕin、小 = 晓 ɕiau、千 = 牵 tɕʰien。

③见组合口细音在蟹、止摄读 k 等，如：桂 kuei^{31}、葵 kʰuei^{24}；梗摄读 tɕ 等，如：倾 tɕʰioŋ^{55}；宕摄、通摄的非入声字读 k 等，如：巩 kʰuŋ^{55}、共 kʰuŋ^{31}、狂 kʰuaŋ^{24}、逛 kuaŋ^{31}；除此以外都读 tʂ 等，如：句 tʂʮ^{31}、军 tʂʮən^{22}、曲 tʂʰʮ^{33}、拳 tʂʰʮan^{24}、缺 tʂʰʮɛ^{214}，例外字“去遇合三溪”tɕʰi^{31}。

④中古疑母、影组字开口洪音字多读 ŋ 声母，如：蛾 ŋo^{24}、牙 ŋa^{24}、哑 ŋa^{55}、呆 ŋai^{24}、崖 ŋai^{24}、熬 ŋau^{24}、袄 ŋau^{55}、咬 ŋau^{55}、藕呕 ŋəu^{55}、鸭 ŋa^{22}、压 ŋa^{33}、眼 ŋan^{55}、岸 ŋan^{33}、安 ŋan^{22}、恩 ŋən^{22}、昂 ŋaŋ^{22}；开口细音字多读 ȵ 声母，如：艺 ȵi^{31}、义 ȵi^{33}、疑 ȵi^{24}、牛 ȵiəu^{24}、严 ȵian^{24}、业 ȵie^{22}、砚 ȵian^{33}、仰 ȵiaŋ^{55}、凝 ȵin^{24}；合口字概读零声母，如：瓦 ua^{55}、洼 ua^{31}、五 u^{55}、误 u^{31}、桅 uei^{24}、煨 uei^{22}、委 uei^{55}、玩 uan^{24}、温 uən^{22}、往 uaŋ^{55}、翁 uŋ^{22}、雍 ioŋ^{22}、鱼 ʮ^{24}、榆 ʮ^{31}、元 ʮan^{24}、冤 ʮan^{22}、危 uei^{24}。

⑤古精组声母大体上在洪音韵母前读 ts 等，在细音韵母前读 tɕ 等 ，但在鱼虞韵，精系的大部分字多读 tʂ 等，韵母均为 ʮ，如：序 ʂʰʮ^{31}、叙 ʂʰʮ^{31}、绪 ʂʰʮ^{31}、趣 tʂʰʮ^{31}、取 tʂʰʮ^{55}、聚 tʂʮ^{31}、需 ʂʮ^{22}、续 ʂʮ^{31}。此外，蟹摄合口一三等与止摄合口三等精组字都变为开口，读 ei，所以精组声母在这些字前读 ts 等，如：催 tsʰei^{22}、碎 sei^{31}、岁 sei^{31}、嘴 tsei^{55}、醉 tsei^{31}、虽 sei^{24}。

⑥有翘舌硬腭浊鼻音声母 ȵ，只一“女”字 ȵʮ^{55} 遇合三泥。

⑦日母在曾摄、山摄、咸摄、假摄开口韵的字都变为合口韵，并成为零声母字，如：惹 ʮɛ^{55}、染 ʮæn^{55}、热 ʮɛ^{214}、扔 ʮən^{55}、然 ʮæn^{24}，其他各摄的日母字则开口、合口与中古音一致，保持不变。

⑧来母与泥母读音相混，在洪音前混读为 l，如：奴 = 卢 ləu、嫩 = 论 lən、能 = 楞 lən、农 = 笼 luŋ；细音前混读为 ȵ，如：娘 = 仰 ȵiaŋ、尼 = 宜 = 议 ȵi。

（2）韵母特点

①鱼虞韵知组、章组的全部以及见系、精系的大部分字，韵母均读为 ɥ，如：蛛猪 tʂɥ^{22}、区趋渠 tʂʰɥ^{22}、输须书 ʂɥ ^{22}、序续绪 ʂɥ ^{31}、榆鱼余于 ɥ^{24}。

②通摄合口细音见系入声字韵母均为 ɥ，如：菊局 tʂɥ^{214}、曲 tʂʰɥ^{33}、育玉 ɥ^{214}。

③模韵端组、泥组及精组的绝大部分字，鱼虞韵的庄组字都由合口呼变为开口呼，读 əu，如：吐 tʰəu^{55}、怒 ləu^{33}、粗 tsʰəu^{22}、初 tsʰəu^{22}、阻 tsəu^{55}、蔬 səu^{22}。

④通摄泥组、精组、章组、日组的入声字韵母都为 əu，如：督 təu^{214}、鹿 ləu^{214}、六 ləu^{214}、竹 tʂəu^{214}、足 tsəu^{214}、辱 ʐəu^{55}。

⑤蟹摄合口一三等与止摄合口三等的端组、精组字都变为开口，读 ei，如：对 tei^{31}、腿 tʰei^{55}、罪 tsʰei^{33}、碎 sei^{31}、脆 tsʰei^{31}、嘴 tsei^{55}、虽 sei^{22}。

⑥咸、山摄字一、二等之间，见组声母字基本能区分开来，晓匣组声母字已完全合流。咸摄字一等韵为 on，二等韵为 æn；山摄字开口呼一等韵为 uon，二等韵为 ien，合口呼一等韵为 uon，二等韵为 uæn。

⑦蟹摄、效摄字一、二等字的分合情况如下表：

表 16

摄	开合	等	韵	例字	例外
蟹	开	一	ai	改	贝沛抬来在［ei］咳［ɛ］
蟹	开	二	ai	排	届介皆階秸谐［iɛ］尬罢洒［a］涯［ia］
蟹	合	一	ei	非见晓影组字	无例外
			uei	见晓影组字	外［uai］
蟹	合	二	uai	坏	拽［uei］卦掛话蛙画［ua］
效	开	一	au	保	无例外
效	开	二	au	非见晓影组字	抓爪［ua］淆［iau］
			iau	见晓影组字	觉困一～瞌睡坳咬敲搞窖［au］

注：例字很多，仅各举一字，例外字全列于表中。

⑧没有［ŋ］韵尾，深摄、臻摄、曾摄、梗摄的舒声全收 n 尾，如：宾彬＝

冰兵 pin、林邻＝灵菱 lin、侵亲＝清 tɕʰin、针真＝蒸正 tʂən、深沈＝生省 ʂən、今巾＝经精 tɕin、心新＝星兴 ɕin、音因＝应英 in、赠争 tsən、登 tən、丁 tin、能冷 lən、更 kən、瓶 pʰin、坑 kʰən、硬 ŋən。

（3）声调特点

①去声分阴、阳，古清声母去声字今读阴去，古浊声母去声字今读阳去。全浊上声归阳去。

②古入声字大体上自成一调，但有少部分字受西南官话和普通话影响分别派入了阴平、阳平、上声、阴去、阳去当中。其中派入阳平的入声字最少，如：拔罚狭。全浊和次浊入声字多数派入了阳去，如：别夺十合。全清入声字多数派入了阴去，如：碟集习铡杰协。次清入声字几乎是均匀地派入到了阴平、上声、阳去当中。

1.6　安康八仙（混合）话音系

1.6.1　声母：23 个，包括零声母在内

p 八兵别邦报　pʰ 爬盘婆旁碰　m 门麦魔马帽

t 到东毒当等　tʰ 讨太桃吞汤　n 南农路卢浪

ts 争糟在脏砸　tsʰ 初催才曹村　s 酸散生松酸

tʂ 蒸柱庄举捐　tʂʰ 除锄除区权　ɳ 女　ʂ 声诗视商收　ʐ 若认绕让揉

tɕ 精节技讲尖　tɕʰ 穷桥枪轻启　ȵ 泥梨柳年娘　ɕ 线响霞兄新

k 贵高盖干刚　kʰ 亏去葵开康　ŋ 安熬硬咬藕　x 红胡黄飞发

ø 热用云往王药温

1.6.2　韵母：42 个，不包括儿化韵

ɿ 资字雌刺师斯　i 鼻弼米七席意　u 部铺古苦户屋　ʮ 雨鱼女余宇语

ʅ 值支持尺施市

a 巴爬他茶拿杂　ia 假加卡恰霞夏　ua 寡瓜垮花话瓦　ʮa 爪抓欻刷耍挼

ᴇ 百拍麦色社哲　iᴇ 别撇姐切些叶　uᴇ 国喂　ʮᴇ 绝决缺靴热月

ər 儿耳尔而贰饵

o 波泼摸夺桌歌　io 药脚学削确鹊　uo 窝卧莴涡沃倭

ai 败带台埋在寨　uai 拐怪块侩坏外　ʮai 拽踹揣甩帅衰

ei 杯配每堆飞罪　uei 归柜亏葵灰为　ʮei 追缀吹捶水瑞

au 保劳道早照高　iau 表钓鸟交小腰

ou 豆投走叔沟抠　iou 丢牛纠秋游育

an 半短赞战产山　ian 边变店见千烟　uan 管关宽缓换万　ɥan 转专喘涮阮员

ən 本门灯寸蒸根　in 宾厅林静星英　uən 滚棍坤魂温问　ɥən 准军春群顺运

aŋ 帮郎糖桑厂刚　iaŋ 量醸将腔相阳　uaŋ 光筐矿荒皇望　ɥaŋ 庄状床窗双霜

oŋ 蹦碰冬龙宗松　ioŋ 炯迥穷兄荣用　uŋ 翁蓊蕹瓮塕嗡

1.6.3　声调：单字调 5 个

阴平 45［˦˥］高边专开天初婚飞发雹

阳平 31［˧˩］穷陈床寒神徐娘人拔伐

上声 53［˥˧］古展丑普手粉暖女染买

阴去 214［˨˩˦］帐正抗唱汉放助习杰笛

阳去 22［˨˨］近坐厚父害岸树遇白舌

1.6.4　声韵配合关系

表 17

	开口呼	齐齿呼	合口呼	合变呼
p pʰ	+	+	+（仅限 u）	—
m	+	+	—	—
t tʰ	+	+	—	—
n	+	—	—	—
ʦ ʦʰ s	+	—	—	—
tʂ tʂʰ ʂ ʐ	+	—	—	+
ɳ	—	—	—	+（仅限 ɥ）
ʨ ʨʰ ɕ ȵ	—	+	—	—
k kʰ x	+	—	+	—
ŋ	+	—	—	—
∅	+	+	+	+

1.6.5 语音特点

（1）声母特点

①非敷奉母字与晓匣母合口韵字混，老派全读为 x。

②来母字与泥母字混，与开口呼相拼读为 n，与齐齿呼相拼读为 ȵ。

③见系合口三四等（止蟹宕除外）读 tʂ 组声母，如：举 tʂʮ^{53}、区 tʂʰʮ^{45}、劝 tʂʰɥan^{214}、犬 tʂʰɥan^{53}、均 tʂɥən^{45}、屈 tʂʰʮ^{214}、曲 tʂʰʮ^{214}、局 tʂʮ^{214}。

④日母开口多数读零声母，如：惹 ɥᴇ^{53}、如 ʮ^{31}、染 ɥan^{53}、热 ɥᴇ^{214}、软 ɥan^{53}、然 ɥan^{31}；通摄舒声今读齐齿呼零声母，如：容绒荣 ioŋ^{31}。

⑤有翘舌硬腭浊鼻音声母，只一“女”字 ȵʮ^{53}。

（2）韵母特点

①知系合口（少数开口如“惹假开三抓效开三庄宕开三双江开二等”）、见系合口三四（蟹“锐”字及止摄字除外）韵母读［ʮ、ɥa、ɥᴇ、ɥai、ɥei、ɥan、ɥən、ɥaŋ］等。

②蟹摄合口一三等与止摄合口三等端系字全读 ei，如：脆 ʦʰei^{214}、岁 sei^{214}、虽 sei^{52}、醉 ʦei^{214}、堆 tei^{31}、内 lei^{22}、催 ʦʰei^{31}、最 ʦei^{214}、累 lei^{22}。

③曾梗深臻摄舒声混，收［n］尾，如：冰＝彬 pin^{45}、灵＝林 lin^{31}、青＝钦 ʨʰin^{45}、英＝音 in^{45}、兴＝信 ɕin^{214}、政＝镇 tʂən^{214}、升＝深 ʂən^{45}。

④遇摄端系模、姥、暮韵及庄组鱼虞韵字与流摄侯、厚、候韵合流，读 ou，如：图 tʰou^{52}、土 tʰou^{445}、度 tou^{22}、奴 lou^{52}、鲁 lou^{445}、路 lou^{22}、苏 sou^{31}、祖 ʦou^{445}、初 ʦʰou^{31}、阻 ʦou^{445}、楚 ʦʰou^{445}、助 ʦʰou^{214}、雏 ʦʰou^{52}、数 sou^{445}。其中庄组鱼虞韵字“初、楚、助、雏、数”的声母又跟精组合为舌尖前，读［ʦ］等。

⑤通摄入明母字读 o，如：木 mo^{45}、目 mo^{45}、牧 mo^{22}。

（3）声调特点

①声调 5 个，其中去声分阴去、阳去。

②古入声清、次浊声母字归阴去。全浊声母字一部分归阴去，一部分归阳去，少数归阳平。如下表：

表 18

	阴去（214）	阳去（22）	阳平（31）	阴平（45）
並	弼勃饽	别薄泊白帛	拔群钹僕曝瀑	雹
奉	佛缚袱復服衣~	罚服~务 伏乏	伐筏	
定	沓叠碟牒蝶谍达实毒笛敌狄糴	夺铎踱独渎牍犊特		
从	捷集辑截疾籍藉族	杂绝昨凿柞嚼寂	贼	
邪	习袭夕俗续	席		
澄	蛰辙姪秩术浊泽择宅逐轴掷	着睡~了值直		
崇	铡镯浞	闸炸		
船	述术秫	舌实食蚀射赎		
禅	涉勺芍殖植淑	十什拾折石熟蜀属		
群	杰掘橛掘倔极剧屐剧局			
匣	协辖穴鹤镬茯盍	合匣活恨学核覈划斛或惑	狭峡滑猾核	洽

二　安康官话方言内部的语音差异

2.1　安康中原官话内部的语音差异

安康中原官话区内部的语音差异，主要分汉滨汉江两岸、月河川道；旬阳汉江两岸；汉江两岸以外的浅山地带（县洪片）；白河汉江两岸 4 个小片（见本书第三章第一节）。为表述方便，下面分别以汉滨、旬阳、白河 3 县区的城关和县洪片的县河镇为方言代表点。

2.1.1　*声母差异*

（1）古合口及宕摄开口三等庄组字、江摄开口二等知庄组字、深开三“入”，汉滨城关及周边县洪片今读 pf、pfʰ、f、v 声母，旬阳读 ʦ、ʦʰ、s 和零声母，白河读 tʂ、tʂʰ、ʂ 和零声母（参见方言地图 6）。如：

	猪遇合三	缀蟹合三	吹止合三	水止合三	春臻合三	桌江开二
汉滨城关	$pf\,u^{31}$	$pfei^{44}$	pf^hei^{31}	fei^{53}	$pf^h\tilde{ə}^{31}$	$pfə^{31}$

旬阳城关	tsʮ³¹	tsʮei²³³	tsʰʮei³¹	sʮei⁵⁴	tsʰʮən³¹	tsʮo³¹
县洪县河	pfu⁴²	pfei²³³	pfʰei⁴²	sei⁵⁵	pfʰən⁴²	pfə⁴²
白河城关	tʂʯ²¹³	tʂʯei⁵¹	tʂʰʯei²¹³	ʂʯei⁵⁵	tʂʰʯən²¹³	tʂo²¹³
	床宕开三	虫通合三	如遇合三	软山合三	绒通合三	入深开三
汉滨城关	pfʰaŋ³⁵	pfʰəŋ³⁵	vu³⁵	vã⁵³	vəŋ³⁵	vu³¹
旬阳城关	tsʰʮaŋ²¹³	tsʰʮəŋ²¹³	ʮ²¹³	ʮan⁵⁴	ʮəŋ³⁵	ʮ³¹
县洪县河	pfʰaŋ³¹²	pfʰəŋ³¹²	vu³¹²	van⁵⁵	vəŋ³¹²	vu⁴²
白河城关	tʂʰʯaŋ⁴²	tʂʰoŋ⁴²	ʯ²¹³	ʯan⁵⁵	ioŋ⁴²	ʯ²¹³

（2）古疑母字今逢齐齿呼韵母时，汉滨、旬阳、县洪片多读 ȵ 声母，白河读 ŋ 或 ȵ 声母（参见方言地图 7）。如：

	牙	咬	硬	眼	仰	牛	疑
汉滨城关	ȵia³⁵	ȵiau⁵³	ȵiŋ⁴⁴	ȵiã⁵³	ȵiaŋ⁵³	ȵiu³⁵	ȵi³⁵
旬阳城关	ȵia²¹³	ȵiau⁵⁴	ȵiŋ²³³	ȵian⁵⁴	ȵiaŋ⁵⁴	ȵiəu²¹³	ȵi²¹³
县洪县河	ȵia³¹²	ȵiau⁵⁵	ȵiŋ²²³	ȵian⁵⁵	ȵiaŋ⁵⁵	ȵiu³¹²	ȵi³¹²
白河城关	ŋa⁴²	ŋau⁵⁵	ŋən⁵¹	ŋan⁵⁵	ȵiaŋ⁵⁵	ȵiu⁴²	ȵi⁴²

（3）旬阳古日母字韵母为 ʮ，读零声母；汉滨、县洪韵母为 u，声母读 v；白河韵母为 ʯ，读零声母（参见方言地图 8）。如：

	入	儒	软	闰	锐	绒
汉滨城关	vu³¹	vu³⁵	vã⁵³	və̃⁴⁴	vəi⁴⁴	vuŋ³⁵
旬阳城关	ʮ³¹	ʮ²¹³	ʮan⁵⁴	ʮən²³³	ʮei²³³	ʮŋ²¹³
县洪县河	vu⁴²	vu³¹²	van⁵⁵	vən²²³	vəi²²³	vuŋ³¹²
白河城关	ʯ²¹³	ʯ⁴²	ʯan⁵⁵	ʯən⁵¹	ʯei⁵¹	ioŋ⁴²

（4）古知系深、曾、梗部分开口入声字，汉滨读 tʂ 组声母，旬阳、县洪、白河读 ts 组声母（参见方言地图 9）。如：

	涩	测	侧	色	啬	泽	择	责	策	册
汉滨城关	ʂei³¹	tʂʰei³¹	tʂʰei³¹	ʂei³¹	ʂei³¹	tʂei³⁵	tʂei³⁵	tʂei³⁵	tʂʰei³¹	tʂʰei³¹
旬阳城关	se³¹	tsʰe³¹	tsʰe³¹	se³¹	se³¹	tse³¹	tse²¹³	tse²¹³	tsʰe³¹	tsʰe³¹
县洪县河	se⁴²	tsʰe⁴²	tsʰe⁴²	se⁴²	se⁴²	tse⁴²	tse³¹²	tse³¹²	tsʰe⁴²	tsʰe⁴²
白河城关	se²¹³	tsʰe²¹³	tsʰe²¹³	se²¹³	se²¹³	tsʰe²¹³	tse⁴²	tse⁴²	tsʰe²¹³	tsʰe²¹³

2.1.2 韵母差异

（1）臻摄合口三等知章组、蟹摄合口三四等字、止摄合口三等知系字、山摄合口二、三等知章组、宕摄开口三等庄组字，汉滨、县洪与开口呼韵母相拼，旬阳与合口呼 ʮ 类韵母相拼，白河与合口呼 ʯ 类韵母相拼（参见方言地图 10）。如：

	除	缀	吹	追	篆	春	创
汉滨城关	pfʰu^{35}	pfei^{44}	pfʰei^{31}	pfei^{31}	pfã^{44}	pfʰə̃^{31}	pfʰaŋ^{53}
旬阳城关	tsʰʮ^{213}	tsʮei^{233}	tsʰʮei^{31}	tsʮei^{31}	tsʮan^{233}	tsʰʮən^{31}	tsʰʮaŋ^{54}
县洪县河	pfʰu^{312}	pfei^{223}	pfʰei^{42}	pfei^{42}	pfan^{223}	pfʰən^{42}	pfʰaŋ^{55}
白河城关	tʂʰʯ^{42}	tʂʯei^{51}	tʂʰʯei^{213}	tʂʯei^{213}	tʂʯan^{51}	tʂʰʯən^{213}	tʂʰʯaŋ^{55}

（2）宕开三、合三药韵泥、精、见组字及江开二等觉韵见晓组字，汉滨、旬阳读 yo，县洪、白河读 io（参见方言地图 11）。例如：

	削	镬	鹊	脚	虐	药	觉	岳
汉滨城关	ɕyo^{31}	tɕyo^{31}	tɕʰyo^{31}	tɕyo^{31}	nyo^{31}	yo^{31}	tɕyo^{31}	yo^{31}
旬阳城关	ɕyo^{31}	tɕyo^{31}	tɕʰyo^{31}	tɕyo^{31}	nyo^{31}	yo^{31}	tɕyo^{31}	yo^{31}
县洪县河	ɕio^{42}	tɕio^{42}	tɕʰio^{42}	tɕio^{42}	nio^{42}	io^{42}	tɕio^{42}	io^{42}
白河城关	ɕio^{213}	tɕio^{213}	tɕʰio^{213}	tɕio^{213}	nio^{213}	io^{213}	tɕio^{213}	io^{213}

（3）县洪、白河曾梗与深臻摄舒声混，鼻化收 n 尾；汉滨、旬阳话读音不混，深臻摄收 n 尾，曾梗摄收 ŋ 尾（参见方言地图 12）。如：

	灵	林	青	钦	兴	欣	证	镇
汉滨城关	liŋ^{35}	liə̃^{35}	tɕʰiŋ^{31}	tɕʰiə̃^{31}	ɕiŋ^{31}	ɕiə̃^{31}	tʂəŋ^{44}	tʂə̃^{44}
旬阳城关	liŋ^{213}	lin^{213}	tɕʰiŋ^{31}	tɕʰin^{31}	ɕiŋ^{31}	ɕin^{31}	tʂəŋ^{233}	tʂən^{233}
县洪县河	lin^{312}	in^{312}	tɕʰin^{42}	tɕʰin^{42}	ɕin^{42}	ɕin^{42}	tʂən^{223}	tʂən^{223}
白河城关	lin^{42}	lin^{42}	tɕʰin^{213}	tɕʰin^{213}	ɕin^{213}	ɕin^{213}	tʂən^{51}	tʂən^{51}

（4）晓、匣母开口一等部分字韵母，汉滨、旬阳读合口 uo，县洪、白河读开口 o（参见方言地图 13）。如：

	荷晓	和匣	贺匣	喝晓	合匣	盒匣	鹤匣	郝晓
汉滨城关	xuo^{35}	xuo^{35}	xuo^{44}	xuo^{31}	xuo^{35}	xuo^{35}	xuo^{35}	xuo^{35}
旬阳城关	xuo^{213}	xuo^{213}	xuo^{233}	xuo^{31}	xuo^{213}	xuo^{213}	xuo^{213}	xuo^{213}
县洪县河	xo^{312}	xo^{312}	xo^{223}	xo^{31}	xo^{312}	xo^{312}	xo^{312}	xo^{312}
白河城关	xo^{42}	xo^{42}	xo^{51}	xo^{213}	xo^{42}	xo^{42}	xo^{42}	xo^{42}

（5）中古帮组、端系、知系曾开一、梗开二入声，汉滨读 ei，旬阳、县洪、白河读 e（参见方言地图 14）。如：

	北	墨	德	肋	贼	百	白	麦	摘	择
汉滨城关	pei^{31}	mei^{31}	tei^{31}	lei^{31}	ʦei^{35}	pei^{31}	pei^{35}	mei^{31}	tʂei^{35}	tʂei^{35}
旬阳城关	pe^{31}	me^{31}	te^{31}	le^{31}	ʦe^{213}	pe^{31}	pe^{213}	me^{31}	ʦe^{213}	ʦe^{213}
县洪县河	pe^{42}	me^{42}	te^{42}	le^{42}	ʦe^{312}	pe^{42}	pe^{312}	me^{42}	ʦe^{312}	ʦe^{312}
白河城关	pᴇ^{213}	mᴇ^{213}	tᴇ^{213}	lᴇ^{213}	ʦᴇ^{42}	pᴇ^{213}	pᴇ^{42}	mᴇ^{213}	ʦᴇ^{42}	ʦᴇ^{42}

（6）中古见组果开一歌韵、咸开一合韵、山一曷韵、宕开一铎韵，汉滨、旬阳、县洪读 ɤ 韵母，白河读 o 韵母（参见图 15）；曾开一德韵、梗开一陌韵、梗开二麦韵汉滨、旬阳、县洪读 ɤ 韵母，白河读 e 韵母（参见方言地图 16）。如：

	哥	饿	鸽	磕	割	渴	各	鄂	刻	格	客
汉滨城关	kɤ^{31}	ŋɤ^{44}	kɤ^{31}	kʰɤ^{31}	kɤ^{31}	kʰɤ^{31}	kɤ^{31}	ŋɤ^{31}	kʰɤ^{31}	kɤ^{31}	kʰɤ^{31}
旬阳城关	kɤ^{31}	ŋɤ^{233}	kɤ^{31}	kʰɤ^{31}	kɤ^{31}	kʰɤ^{31}	kɤ^{31}	ŋɤ^{31}	kʰɤ^{31}	kɤ^{31}	kʰɤ^{31}
县洪县河	kɤ^{42}	ŋɤ^{31}	kɤ^{42}	kʰɤ^{42}	kɤ^{4}	kʰɤ^{42}	kɤ^{42}	ŋɤ^{42}	kʰɤ^{42}	kɤ^{42}	kʰɤ^{42}
白河城关	ko^{213}	ŋo^{42}	ko^{213}	kʰo^{213}	ko^{213}	kʰo^{213}	ko^{213}	ŋo^{213}	kʰe^{213}	ke^{213}	kʰe^{213}

2.1.3 声调差异

声调差异主要表现在调值上。如下表：

表 19

	阴平	阳平	上声	去声
汉滨城关	31	35	53	44
旬阳城关	31	213	54	233
县洪县河	42	312	55	223
白河城关	313	42	55	51

上表阴平调值，汉滨、旬阳读低降调，县洪读中降调，白河读低降升；阳平调值，汉滨读中升调，旬阳、县洪读低降升，白河读中降调；上声调值，汉滨读高降调，旬阳、县洪、白河读高平调；去声调值，汉滨读半高平，旬阳、县洪读半低平、白河读全降。从调值的表现形态看，汉滨与关中话相同，旬阳、县洪接

近关中话，白河接近中原官话南鲁片方言。

2.2　安康西南官话内部的语音差异

按其内部语音差异，安康西南官话区分紫镇紫阳、镇坪、平利正阳、石岚石泉、岚皋、宁陕、汉阴城关及汉阴县的西北部等三个小片（见本书第二章第一节）。为表述方便，下面分别以紫阳、石泉、汉阴城关为方言代表点。

2.2.1　*声母差异*

（1）泥来两母紫阳洪音与细音相混，都读［n］，与成渝方言一致；石泉、汉阴将普通话［n］声母的洪音字（现代四呼的开口、合口）一律读［l］声母，将普通话［n］声母的细音字（现代四呼的齐齿、撮口）一律读［ȵ］声母（参见方言地图 17）。如：

	脑	老	娘	良	年	廉	旅
紫阳城关	nau^{53}	nau^{53}	niaŋ^{21}	niaŋ^{21}	nian^{21}	nian^{21}	ny^{53}
石泉城关	lau^{53}	lau^{53}	ȵiaŋ^{42}	liaŋ^{42}	ȵian^{42}	lian^{42}	li^{53}
汉阴城关	lau^{445}	lau^{445}	ȵiaŋ^{31}	liaŋ^{31}	ȵian^{31}	lian^{31}	li^{445}

（2）见晓组合口三四等字，紫阳、汉阴读［tɕ］组声母和撮口呼韵母，石泉（蟹止宕梗摄除外）读［tʂ］组声母及合口呼韵母（参见方言地图 18）。如：

	举	区	卷	劝	靴	熏	玉
紫阳城关	tɕy^{53}	tɕʰy^{34}	tɕyan^{213}	tɕʰyan^{213}	ɕyɛ^{34}	ɕyən^{34}	y^{213}
石泉城关	tʂʮ^{53}	tʂʰʮ^{45}	tʂʮan^{213}	tʂʰʮan^{213}	ʂʮɛ^{45}	ʂʮən^{45}	ʮ^{213}
汉阴城关	tɕy^{445}	tɕʰy^{43}	tɕyan^{214}	tɕʰyan^{214}	ɕyɛ^{43}	ɕyən^{43}	y^{214}

（3）知庄章组开口二等字，紫阳、石泉读［tʂ、tʂʰ、ʂ］等，汉阴城关读为［ts、tsh、s］，与古精组洪音相混（参见方言地图 19）。如：

	茶假开二澄	柴蟹开二崇	抄效开二初	斩咸开二庄	山山开二生	窗江开二初
紫阳城关	tʂʰa^{21}	tʂʰai^{21}	tʂʰau^{34}	tʂan^{53}	ʂan^{34}	tʂuaŋ^{34}
石泉城关	tʂʰa^{42}	tʂʰai^{42}	tʂʰau^{45}	tʂan^{53}	ʂan^{45}	tʂʮaŋ^{45}
汉阴城关	tsʰa^{31}	tsʰai^{31}	tsʰau^{43}	tsan^{445}	san^{43}	tsʰʮaŋ^{43}

（4）知章组合口三等字声母紫阳、石泉读［tʂ、tʂʰ、ʂ］，汉阴读［ts、tsʰ、s］（参见方言地图 20）。例如：

	猪遇合三知	书遇合三书	赘蟹合三章	春臻合三昌	顺臻合三船	穿山合三昌
紫阳城关	tʂu^{34}	ʂu^{34}	tʂuei^{213}	tʂʰuən^{34}	ʂuən^{213}	tʂʰuan^{34}
石泉城关	tʂʮ^{45}	ʂʮ^{45}	tʂʮei^{213}	tʂʰʮən^{45}	ʂʮən^{213}	tʂʰʮan^{45}
汉阴城关	tsʮ^{43}	sʮ^{43}	tsʮei^{214}	tsʰʮən^{43}	sʮən^{214}	tsʰʮan^{43}

（5）泥母字“女”，紫阳、汉阴读［ᶜny］，石泉读［ᶜɳʮ］，声母为翘舌硬腭浊鼻音［ɳ］。

2.2.2　*韵母差异*

（1）紫阳有一套［y、ye、yo、yan、yən、yŋ］撮口呼韵母，石泉有一套［ʮ、ʮa、ʮe、ʮai、ʮei、ʮan、ʮən、ʮaŋ］合口呼韵母，汉阴分别有一套［y、ye、yo、yan、yən］撮口呼韵母和一套［ʮ、ʮai、ʮei、ʮan、ʮən］合口呼韵母（参见图方言地 21）。例如：

	雨	举	绝	靴	元	均	兄
紫阳城关	y^{53}	tɕy^{53}	tɕye^{21}	ɕye^{34}	yan^{21}	tɕyən^{34}	ɕyŋ^{34}
石泉城关	ʮ^{53}	tʂʮ^{53}	tʂʮe^{42}	ʂʮe^{45}	ʮan^{42}	tʂʮən^{45}	ɕioŋ^{45}
汉阴城关	y^{445}	tɕy^{445}	tɕye^{31}	ɕye^{43}	yan^{31}	tɕyən^{43}	ɕioŋ^{43}
	书	挼	揣	缀	春	专	出
紫阳城关	ʂu^{34}	ʐua^{21}	tʂʰuai^{34}	tʂuei^{213}	tʂʰuən^{34}	tʂuan^{34}	tʂʰu^{34}
石泉城关	ʂʮ^{45}	ʮa^{42}	tʂʰʮai^{45}	tʂʮei^{213}	tʂʰʮən^{45}	tʂʮan^{45}	tʂʰʮ^{45}
汉阴城关	sʮ^{43}	ʮa^{31}	tsʰʮai^{43}	tsʮei^{214}	tsʰʮən^{43}	tsʮan^{43}	tsʰʮ^{43}

（2）遇合一暮、流开一厚、通合一三（入）明母字韵母紫阳读［u］，石泉、汉阴读［o］（参见方言地图 22）。如：

	木	目	母	亩	穆	牧
紫阳城关	mu^{21}	mu^{21}	mu^{53}	mu^{53}	mu^{21}	mu^{213}
石泉城关	mo^{42}	mo^{42}	mo^{53}	mo^{53}	mo^{42}	mo^{213}
汉阴城关	mo^{31}	mo^{31}	mo^{445}	mo^{445}	mo^{31}	mo^{214}

（3）紫阳、镇坪华坪有分别与帮系、端系、知系、见系相拼的［uo］韵，石泉、镇坪城关、洪石、曾家、白家、钟宝、汉阴话的［uo］韵只适用于零声母，与帮系、端系、知系、见系相拼的概为［o］韵母（参见方言地图 23）。例如：

	拖	波	蓑	桌	科	喝	芍	窝
紫阳城关	tʰuo^{34}	puo^{34}	suo^{34}	tʂuo^{21}	kʰuo^{34}	xuo^{21}	ʂuo^{21}	uo^{34}

石泉城关　tʰo^{45}　po^{45}　so^{45}　tʂo^{42}　kʰo^{45}　xo^{42}　ʂo^{42}　uo^{45}

汉阴城关　tʰo^{43}　po^{43}　so^{43}　tʂo^{31}　kʰo^{43}　xo^{43}　ʂo^{31}　uo^{43}

通过以上比较，最为突出的是紫阳有一组撮口呼［y］类韵母，石泉话有一套合变呼［ɥ］类韵母，汉阴城关话则分别有一套撮口呼［y］类韵母和一套合变呼［ɥ］类韵母。分析其原因，紫阳尽管有相当部分的移民也来自湖广一带，但由于它紧靠四川，强势的西南官话极大的限制了江淮官话对它的渗透和影响，所以基本保留了四川话的语音特点。而石泉、汉阴则不同，基本保留了原江淮官话和湖南湘语的韵母特征。

2.2.3　*声调差异*

都是 4 个声调，但调值类型紫阳、石泉与成渝方言比较接近，而汉阴在阴平、上声则表现出了较大的差异。如下表：

表 20

	阴平	阳平	上声	去声
紫阳城关	34	21	53	213
石泉城关	45	42	53	213
汉阴城关	43	31	445	214

2.3　安康江淮官话内部的语音差异

如第三章第一节所述，安康江淮官话区主要指安康东部以及中部与中原官话有接触关系的后山区域，按受中原官话影响程度不同，分为茅（坪）赤（岩）片和其他区域两个小片，其差异主要表现在韵母和声调，其中茅赤片所受影响较小，而其他区域所受影响较大。比较如下：

2.3.1　*韵母差异*

（1）蟹摄合口一三等与止摄合口三等端系字韵母茅赤片读［i］，还保留着原江淮官话的读音，而其他区域则变读为［ei］（参见方言地图 24）。如：

	堆	内	累	催	罪	岁	醉	脆
茅坪赤岩	ti^{31}	li^{22}	li^{22}	tɕʰi^{31}	tɕi^{22}	ɕi^{213}	tɕi^{213}	tɕʰi^{213}
其他区域	tei^{31}	lei^{22}	lei^{22}	tsʰei^{31}	tsei^{22}	sei^{214}	tsei^{214}	tsʰei^{214}

（2）遇、山、臻部分合口三等字韵母，茅赤片仍读原方言齐齿呼韵母，而

其他区域存在文白异读，文读为合口呼，白读为齐齿呼（参见方言地图 25）。如：

	絮	蛆	徐	取	趣	全	旬	黢
茅坪赤岩	ɕi^{213}	tɕʰi^{31}	ɕi^{42}	tɕʰi^{55}	tɕʰi^{213}	tɕʰian^{42}	ɕin^{42}	tɕʰi^{213}
其他区域（白）	ɕi^{214}	tɕʰi^{31}	ɕi^{52}	tɕʰi^{445}	tɕʰi^{214}	tɕʰian^{52}	ɕin^{52}	tɕʰi^{214}
（文）	ʂʮ^{214}	tʂʰʮ^{31}	ʂʮ^{52}	tʂʰʮ^{445}	tʂʰʮ^{214}	tɕʰʮan^{52}	ʂʮən^{52}	tʂʰʮ^{214}

（3）通合三入声（屋烛韵）见系字见组茅赤片读［ʮ］，晓影两组读［iəu］或［əu］；而晓影两组，其他区域既白读［iəu］［əu］，又文读为［ʮ］。如：

	曲溪	局群	菊见	育以	畜晓
茅坪赤岩	tʂʰʮ^{31}	tʂʮ^{42}	tʂʮ^{31}	iəu^{213}	ɕiəu/tʂʰəu^{31}
其他区域	tʂʰʮ^{31}	tʂʮ^{52}	tʂʮ^{31}	iou/ʮ^{214}	ɕiəu/tʂʰəu/ʂʮ^{31}

2.3.2 声调差异

主要表现在古入声今读和去声上。茅赤片古全浊入今读阳去；其他区域古全浊入今读阳平；茅赤片及洛河、双龙、东镇、叶坪等地去声分阴阳，平利城关、老县、大贵部分、三阳部分去声不分阴阳（参见方言地图 2、图 3）。如下表：

表 21

<table>
<tr><td colspan="2" rowspan="3">代表点</td><td colspan="3">入声今调</td><td colspan="4">去分阴阳</td></tr>
<tr><td rowspan="2">清</td><td rowspan="2">次浊</td><td rowspan="2">全浊</td><td rowspan="2">上声全浊</td><td colspan="3">去声</td></tr>
<tr><td>清</td><td>次浊</td><td>全浊</td></tr>
<tr><td colspan="2">茅坪</td><td colspan="2">阴平 31</td><td>阳去 22</td><td rowspan="2">阳去</td><td rowspan="2">阴去</td><td colspan="2" rowspan="2">阳去</td></tr>
<tr><td rowspan="2">其他区域</td><td>洛河、双龙、东镇、叶坪等</td><td colspan="2">阴平 31</td><td>阳平 52</td></tr>
<tr><td>平利城关、老县、大贵部分、三阳部分</td><td colspan="2">阴平 43</td><td>阳平 52</td><td colspan="4">去声</td></tr>
</table>

为方便读者审视安康方言内部的语音差异，本书特意选择能够反映安康方言音系特点的常用字 1 512 个，分别标注安康汉滨区、旬阳县、紫阳县、平利县、白河县、石泉县城关以及白河县茅坪镇、汉滨区县河乡、宁陕县江口回民镇等 9 个点的读音。详见附录一。

第六章　安康方言的接触类型与融合层次

一　安康方言的接触类型

安康方言的主要现象是接触，但接触类型并不单一，而具有多个层面。如按接触方式，可分外部和内部两大类型；按接触关系，可分中原官话与江淮官话、江淮官话和西南官话、湘语与西南官话等三种类型；按接触内容和途径，可分语音因素的进入和词语的借入两种类型。其间的接触方式与接触关系又互为关联、互为交叉。语音因素的进入和词语的借入是本文的主要内容，后章将作专题分析，这里先分析安康方言的内部接触与外部接触。

1.1　安康方言的内部接触

内部接触主要指安康各方言区内部的语言融合，即指使用多种不同母语的移民在同一个语言区域内的语言接触。

如前所述，安康人口主要来自外来移民，虽说他们以来自鄂东和皖西南为主，但也相杂有来自其他省地的人，他们有的居住在没有人烟的荒僻之中，如安康东部后山区域的平利、旬阳和白河；有的渗入先期而来的关中和四川移民之中，如安康中部汉滨和旬阳汉江沿岸一带以及安康西部的紫阳、岚皋、石泉、宁陕。他们五方杂处，不难想象，在安康现今方言形成之初，多地方言汇集一起，由于社会交际的需要，不得不在语言交际中都尽量靠近对方语言。使用结果，要么几种口音强弱对等，从而产生新的方言；要么弱势方言服从于强势方言，或只保留自身方言的部分特征，或干脆放弃自身原有方音而彻底服从强势方言。属于前种情况的如汉阴县以及被视为混合4区的平利县八仙镇话。属于后种情况的，一是如属于方言核心区的汉滨、旬阳、紫阳城关话以及被本书视为中度混合区的石泉、宁陕、岚皋、镇坪话，融合的结果，强势方言改变的只是部分特征；一是如平利县兴隆镇的青藤沟村、老县镇的罗家坡村、汉滨双龙镇王氏家族等客家移民区，经过较长时间的方言接触，最终干脆放弃自身原有的客家口音而完全服从于强势方言。

1.2 安康方言的外部接触

所谓外部接触，是指方言区之间的相互渗透和影响，在安康主要指安康中原官话区与周边江淮官话区、安康西南官话区与安康湘语区之间的接触。

（1）安康中原官话区与周边江淮官话区的接触，即本书所指的混合1区。南山一线的有县河、坝河、关家、迎风、吉河、晏坝、田坝、瀛湖、玉岚、南溪、流水等乡镇；北山一线有香山、洪山、石转、梅子铺、大河、茨沟、谭坝、共进、前进、早阳等乡镇。该区域如图4所示环抱的是汉滨城区以及相连的五里、恒口、大同、关庙、张滩等中原官话核心区，四周自南而北的兴隆、坝河、女娲、大贵部分、双龙、佐龙、晓道、双安、叶坪、中原、东镇、桐木等乡镇为江淮官话区。该混合区靠近中原官话核心区的人口主要来自安康中原官话核心区人口的扩散和后期进入的湖广移民，其底层方言为中原官话，接受的是江淮方言的渗透和影响，所表现出来的主要特点是，声调4个，去声不分阴阳，知庄章组合口读开口，声母读唇齿音［pf pfʰ v］，但［n］、［l］不分，“难＝兰［꜀lan］”“牛＝流［꜀liou］”。而靠近周边江淮官话区的人口主要来自清时鄂东和皖西南一带的移民，其底层方言为江淮官话，接受的是中原官话的渗透和影响，所表现出来的特点是，仍保留着原江淮官话的大部特征，只是声调变为4个，去声不再分阴阳。

（2）安康湘语区与西南官话接触，即本书所指的混合4区。主要指汉阴县城关以及汉阴北部区域的涧池、蒲溪、双乳、永宁、龙垭、观音河、平梁、铁佛寺、酒店、药王、双河口、石条街、铜钱等乡镇。该片人口主要来自清代的湖南移民，涧池、蒲溪等部分区域70岁以上的老人至今还保留着部分全浊声母读不送气的特征，以此断定这里的底层方言当为湖南湘语，但自接受周边西南官话的渗透与影响之后，除年纪特大的老人还保留着部分湘语特征外，中年以下的人几乎全部丧失湘方言的特征，如古全浊声母字已全读为送气，去声不再分阴阳，古入声全浊声母字已大部读阳平。

湖广移民进入陕南的安康，内部的方言融合应比外部的方言影响要早。因为在共同居住的条件下，为了适应语言交流的需要，内部的方言融合便成为首先要解决的问题，加之旧时安康交通阻塞，客观上外部的方言影响也无法占据优势。所以总体上看，自清以后的相当一段时间，安康的方言接触主要表现在各个区域的内部。江淮官话进入安康后，在影响着区域之内原有的西南官话和中原官话的同时，又接受着区域之内安康中原官话和西南官话的反影响与反渗透。

二　安康方言的融合层次

以鄂东、皖西南为主体的湖广移民进入安康后，其方言变化首先是入声的全面消失，其次是声调的分化与合流，再次就是声母与韵母的音类变化。

2.1　入声的消失

移民方言进入安康后，除处于凤凰山之内的汉滨牛蹄乡的赣语和处于旬阳北山深处的部分区域还存在部分入声外，其他无一例外均走向消失。消失的主要原因是：

第一，以鄂东江淮官话为例，据王化云（2004）研究，入声调在鄂东方言里就已经有归类异变的现象存在。经统计，鄂东方言“有变化的汉字在 10 个点分解出的‘字／占总数’1 900 个”，其中 1 095 个字派入其他声调，其中全浊声母字就占 582 个字／点。也就是说，鄂东方言入声调进入安康之后，之所以容易发生消变，最直接的原因就是它本身属于一种没有塞音韵尾的入声调。

第二，对入声的消失起重要作用的还有中原官话和西南官话的外部影响。

处于中原官话影响之下的江淮官话和湘赣方言入声的消失，一般读为降调。影响较大的区域（不包括交界间对等方言影响的区域），如平利的老县、三阳、西河及大贵之一部，汉滨的石转、洪山及吉河之一部等，清、次浊入声母归阴平，调值变为 43［˦˧］、42［˦˨］，全浊声母归阳平，调值变为 52［˥˨］、312［˧˩˨］；而影响较小的区域，如白河的西营、茅坪、旬阳的赤岩、铜钱关、双河、平利的兴隆、女娲、徐家坝、普济寺、汉滨的洪山、叶坪等，清入、次浊入归阴平，调值变读为 31 [˧˩]，全浊入，归阳去，调值变读为 22 [˨]。影响处于中间状态的平利县洛河，岚皋县的佐龙、晓道等，则清入、次浊入归阴平，调值变读为 31 [˧˩]，全浊声母归阳平，调值变读为 52 [˥˨]。如（黄孝方言以英山话为比较对象，下同）：

	英山	汉滨城关	吉河镇	茅坪镇	洛河镇
脚全清	tɕio˨˩˧	tɕyo˩	tɕio˦	tɕio˧˩	tɕio˧˩
憋全清	piɛ˨˩˧	piɛ˩	piɛ˦	piɛ˧˩	piɛ˧˩
绿次浊	ləu˨˩˧	ly˩	liou˦	lou˧˩	lou˧˩
熟全浊	ʂəu˨˩˧	fu˧˥	fu˥˨	ʂou˨	ʂou˥˨
毒全浊	təu˨˩˧	tu˧˥	tu˥˨	tou˨	tou˥˨
席全浊	ɕi˨˩˧	ɕi˧˥	ɕi˥˨	ɕi˨	ɕi˥˨

西南官话的影响分两种类型。一是湖广移民进入西南官话区，如岚皋、紫阳、宁陕、石泉、汉阴、镇坪北部等县。鄂东方言处在西南官话的强大影响之下，入声归阳平调值变读为 [˧˩] 21。如：

	英山	紫阳城关	岚皋城关
脚全清	tɕio˨˩˧	tɕio˧˩	tɕio˧˩
别~针全清	piɛ˨˩˧	piɛ˧˩	piɛ˧˩
绿次浊	ləu˨˩˧	lu˧˩	lou˧˩
熟全浊	ʂəu˨˩˧	ʂou˧˩	ʂou˧˩
毒全浊	təu˨˩˧	tou˧˩	tou˧˩
席全浊	ɕi˨˩˧	ɕi˧˩	ɕi˧˩

二是处于与西南官话交界位置的平利八仙镇，明显表现出对等方言间的接触特征。在这里，人口有来自四川和重庆的，有来自鄂东、鄂西以及湖南湘语区的，所以形成了一个多种方言的混合地段。八仙镇一部分入声字读如鄂东入声调值相同的 [˨˩˧] 213，并入阴去，但并不短促，如"弼勃缚复叠达毒捷疾泽浊铡术涉杰局辖协"；另一部分入声字则读为 [˨] 22，进入阳去，如"别罚伏夺特杂绝着闸舌实合学"。只有极少数的入声字归入阴平，如"拔辟瀑伐筏贼仆"。这些归类与古声母清浊无关。

2.2　声调的分合

从音值上看，鄂东和皖西南方言进入陕南后，除入声消失外，在与境内中原和西南官话的接触中，还有声调的合流与分化，并且这种变化也表现出了不同的层次。

（1）江淮官话区的声调变化。这里所指的安康境内江淮官话区，是就其主要特点仍维系在江淮官话性质的方言范围来说的，其中包括受中原官话一定影响的平利的城关、老县、西河、洛河、大贵（部分）。如下表，表现出三种不同类型。

表 22　安康江淮官话声调变化对照表

古音 / 方言点	平		上			去		入		
	清	浊	清	次浊	全浊	清	浊	清	次浊	全浊
鄂东（麻城、黄州、英山、红安等）	阴平	阳平	上声		阳去	阴去	阳去	入声（其他）		
	33	31	54		34	35	34	213		
白河的茅坪、西营旬阳的赤岩、双河平利的兴隆等乡镇	阴平	阳平	上声		阳去	阴去	阳去	阴平		阳去
	31	42	55		22	213	22	31		22
平利洛河、大贵部分	阴平	阳平	上声		阳去	阴去	阳去	阴平		阳平
	31	52	445		22	214	22	31		52
平利城关、老县、西河、大贵部分	阴平	阳平	上声		去声			阴平		阳平
	43	52	445		214			43		52

清入，次浊入归阴平；全浊入在白河的茅坪、西营、旬阳的赤岩、双河、平利的兴隆等乡镇归阳去，平利的城关、洛河、老县、西河、大贵归阳平。

白河的茅坪、西营、旬阳的赤岩、双河、平利的兴隆、洛河等乡镇去声分阴阳，其中去声全清归阴去，次浊与上声全浊除洛河归阳平外都归阳去，平利的城关、老县、西河、大贵部分去声不分阴阳。

（2）混合方言区的声调变化。（见表 23，为便于比较，表中同时列上西安、鄂东和四川达州话声调）

表 23　安康混合方言声调变化对照表

古音 方言点	平		上			去		入		
	清	浊	清	次浊	全浊	清	浊	清	次浊	全浊
西安	阴平	阳平	上声		去声			阴平		阳平
	31	35	53		44			31		35
混合 1 区（县河、岚河、石转、大河、茨沟等）	阴平	阳平	上声		去声			阴平		阳平
	42	312	55		223			42		312
混合 2 区（白河城关、冷水大双、中厂等）	阴平	阳平	上声		去声			阴平		阳平
	213	42	55		51			213		42
鄂东（麻城、黄州、英山、红安等）	阴平	阳平	上声		阳去	阴去	阳去	入声（其他）		
	33	31	54		34	35	34	213		
混合 3 区（宁陕、石泉、岚皋、镇坪北部等）	阴平	阳平	上声		去声			阳平		
	45	21	53		213			21		
混合 4 区（汉阴城关及北部乡镇）	阴平	阳平	上声		去声			阳平		
	43	31	445		214			31		
混合 5 区（平利八仙镇）	阴平	阳平	上声		阳去	阴去	阳去	阴去		阴去 阳去
	45	31	53		22	214	22	214		214 22
四川达州	阴平	阳平	上声		去声			阳平		
	45	21	53		213			21		

从表 23 看，江淮官话与中原官话相混合的 1 区和 2 区，除清入，次浊入归阴平、全浊入归阳平外，调值发生变化，并且去声不分阴阳。江淮官话与西南官话相混合的 3 区和 4 区，除入声不分清浊大部归阳平外，调值与西南官话（达州话）一致，去声不分阴阳。混合 5 区的声调变化有三点：①阴平、阳平、上声的调值已经趋于西南官话；②去声仍分阴阳，但阴去的调值已经变得与西南官话相

同；③入声既未与西南官话一样全归阳平，也未像鄂东方言那样分别归入现五类，而是清入、次浊入归阳去，如：答喝夹接立擦列铁脱月出岳。全浊入一部分归阴去，如：勃突捷俗泽术殖局协辖；一部分归阳去，如：别伏夺杂席值闸实孰学活。

2.3　声母、韵母的变化

2.3.1　声母的变化

进入混合 1 区的湖广移民：①知系遇、蟹、止、山、臻、通摄合口字以及少数江、效、宕摄开口字，如“缀吹书软准撞霜水”等变读为［pf　pfʰ　f　v］。②假开二、效开二、梗开二疑母字，如“咬硬牙眼”等读为［ŋ̊］。③“染冉惹”等日母字读为［ʐ］声母。④遇合三、山合三、四等见组精组字和通三入见组字，如“居虚区渠曲局卷劝”等变读为［ʨ］等。

进入混合 3 区的四川、重庆移民：①“女”字的声母读为［ɳ］。②遇合三、山合三、四等见组精组字和通三入见组字，如“居虚区渠曲局卷劝”等变读为［tʂ］等。③“染、冉、惹”等日母字读为零声母［ʮan］、［ʮɛ］等。

进入混合 5 区的四川、重庆移民：①“女”字的声母读为［ɳ］。②非敷奉母三等字声母读为［x］。③“染、冉、惹”等日母字读为零声母［ʮan］、［ʮɛ］等。

2.3.2　韵母的变化

韵母的变化主要表现在混合 1 区和混合 5 区的四呼上。

进入混合 1 区的湖广移民：①现读为撮口呼概由原［ʮ］和以［ʮ］起头的合口呼韵母变读而来的。②与声母变化相一致，凡与［pf　pfʰ　f　v］声母相拼的开口呼韵母，概由原江淮官话以［ʮ］打头的合口呼变读而来，如：缀 tʂʮei꜄ → pfei꜄｜软꜂ʮan →꜂van ｜霜꜀ʂʮaŋ →꜀faŋ。

进入混合 5 区的四川、重庆移民，除和混合 3 区一样将［y］韵和以［y］开头的撮口呼变读为［ʮ］韵和以［ʮ］开头的合口呼以外，蟹、止、咸、山、臻、宕摄三等非敷奉母字因声母［f］变读为［x］，韵母也相应由开口变读为［u］韵和以［u］打头的合口呼。

第七章　从历史地理看安康方言的源流与层次关系

一　从历史地理看安康核心方言源流

1989 年版的《中国语言地图集》将商洛的柞水、镇安，安康的汉滨、旬阳、白河、平利，汉中的西乡、汉中(汉台)、南郑、勉县、略阳、宁强归入中原官话秦陇片，将商洛的洛南、商州、山阳、丹凤、商南，汉中的城固、洋县归入中原官话关中片。把安康的宁陕、石泉、汉阴、紫阳、岚皋、镇坪以及汉中市的佛坪、留坝、镇巴归入西南官话成渝片。但经我们调查比对，发现有较大误差，比如没有提出在陕南的安康还存在有江淮官话；将本属于中原官话关中片的安康汉滨、旬阳以及汉中的西乡方言却归入中原官话秦陇片；将南郑（南部)、西乡（西部和南部)、宁强、略阳（大部）等西南官话区域却不予提及等等。为什么会出现这样的误差，以我们的分析，误差主要源自三个方面：一，对陕南方言的复杂性认识不足，调查不够深入；二，对陕南方言的历史地理与各片方言之间的关系认识不够；三，没有充分注意陕南与周边方言的关系。所以本文在分析安康方言历史层次之前，有必要对影响安康中原、西南、江淮三大方言的历史地理问题再作些补充说明。

1.1　安康中原官话与关中的地缘关系

我们认为，对陕南中原官话的准确界定，必须考虑这样两个因素：一是陕南的中原官话已经不再是地道的关中方言了，都带有不同程度的混合特征。相比之下，东部的商洛、安康，其混合程度比西部的汉中要轻得多，特别是西部的汉台、城固、南郑、勉县、略阳、宁强六县市城关话，如果不是古入声字仍还维系在中原官话的归调上，其他方面大部已十分接近西南官话；二是尽管陕南方言和关中方言并不完全对等，但南北之间仍存在着地理上的关联，关中东西部之间的差别相应也带来了陕南东西部之间在中原官话上的差别。

之所以具有这种对应现象，说明关中移民到陕南，翻越秦岭只能就近，东西之间不可能出现大规模的相互穿插，也就是说关中西部操秦陇方言的宝鸡移民绝不可能大规模的移向陕南东部的安康，相应，关中东部操关中方言的西安、渭南移民也不可能大规模的移向陕南西部的汉中。对此，我们以知系字的读音也可以说明这种对应关系。简要地说，商洛北部的洛南、商州(除西南角的商南)、山阳(北部)、丹凤(中南部)以至南部的安康旬阳（汉江两岸、小河流域）方言与关中东部渭南等地方言特征极为接近，汉中的汉台（西关、北关）、勉县、略阳、宁强(北部)、南郑(北部)、城固方言又与关中西部的宝鸡方言接近较多，而陕南中段的安康汉滨和汉中的洋县、西乡方言与关中中段的长安、周至方言大体一致。如下表：

表 24　中古知系合口字与宕摄庄组、江摄知庄组开口字声母读音

	猪	衰	税	吹	撰	喘	床	撞	中
渭南城关	꜀tsʮ	꜁sʮæ	sʮei꜄	꜀tsʰʮei	tsʮã꜄	꜂tsʰʮã	꜁tsʰʮaŋ	tsʮaŋ꜄	꜀tsʮŋ
旬阳城关	꜀tsʮ	꜁sʮai	sʮei꜄	꜀tsʰʮei	tsʮan꜄	꜂tsʰʮan	꜁tsʰʮaŋ	tsʮaŋ꜄	꜀tsʮŋ
西安市	꜀pfu	꜁fæ	fei꜄	꜀pfʰei	pfã꜄	꜂pfʰã	꜁pfʰaŋ	pfaŋ꜄	꜀pfəŋ
汉滨城关	꜀pfu	꜁fai	fei꜄	꜀pfʰei	pfã꜄	꜂pfʰã	꜁pfʰaŋ	pfaŋ꜄	꜀pfəŋ
西乡城关	꜀pfu	꜁fæ	fei꜄	꜀pfʰei	pfã꜄	꜂pfʰæ	꜁pfʰaŋ	pfaŋ꜄	꜀pfəŋ
宝鸡渭滨区	꜀tsʮ	꜁sʮai	sʮei꜄	꜀tsʰʮei	tsʮã꜄	꜂tsʰʮã	꜁tsʰʮaŋ	tsʮaŋ꜄	꜀tsʮŋ
汉台西关	꜀ʦu	꜁suai	suei꜄	꜀tsʰuei	tsuã꜄	꜂tsʰuan	꜁tsʰuaŋ	tsuaŋ꜄	꜀tsuŋ
勉县城关	꜀ʦu	꜁suai	suei꜄	꜀tsʰuei	tsuã꜄	꜂tsʰuan	꜁tsʰuaŋ	tsuaŋ꜄	꜀tsuŋ

上面的比较，中古知系合口字与宕摄庄组、江摄知庄组开口字声母的读音是关中方言自东而西最主要的一个差异点，而正在这一点上，陕南自东而西的旬阳、汉滨、洋县、西乡与关中自东而西的渭南、西安最为一致。陕南西部的汉台、勉县、略阳、宁强(北部)、南郑(北部)、城固方言与相对应的宝鸡方言尽管韵母受西南官话影响而存在着差异外，声母却是一致的。

所以，从地缘关系讲，安康的汉滨、旬阳以及相邻的汉中西乡方言应来自于关中道的西安、长安、周至、渭南一带，而绝非如《中国语言地图集》所说的源于宝鸡一带的中原官话秦陇片。

1.2 安康西南官话的历史地理源流

安康北靠秦岭主脊，南倚大巴山北坡。历史上，汉水流域一直是北方移民南下和巴楚移民东来的重要通道。但由于巴山较秦岭低缓，通道较多，从而也就决定了安康自古与四川、重庆有着比关中密切得多的往来关系。

陕南上古是巴蜀语言的分布地区。秦汉以后成为汉语的一种——梁益方言。据华学诚(2003)研究，扬雄《方言》中，梁(汉中)益(巴蜀)并称共出现20次，单独出现12次，与秦并举7次。陆法言《切韵·序》中称："秦陇则去声为入，梁益则平声似去。"可见，汉唐之际，包括安康在内的整个陕南都处于巴蜀方言范围之内。到元明清之际，尽管安康进入了大规模的湖广移民，但正因为有着巴蜀方言的基础，加之安康与四川、重庆有着比关中要方便得多的地理条件，所以在安康南部一带，四川、重庆移民仍占据重要比例。对此，历史也有记载：

清马允刚《大禹祠川湖会馆记》："国朝自高宗二十年后，川湖两广生齿日繁，人稠地窄，来南山（巴山北坡）开荒者日益众。"①

《三省边防备览》：安康县砖坪厅，原也地广人稀，嘉庆中，流民大量迁入，人口骤增。嘉庆25年（1820），秦、楚、蜀大吏会奏砖坪设厅时，编入保甲土客已达1.9万余户，11万余口。②

民国《镇坪县新编简要县志》："乾隆时自设巡检而后，领荒开垦者不足八十户。迨嘉庆年间，川、鄂之人懋迁来此取籍者，约八千余户，清道光间……共一万零二百户，九万四千八百口。"据民国三十三年人口统计，全县人口2 819户，除32户土著以外，分别来自四川、湖北、湖南、江西、江苏等地，其中四川客籍达815户，居总数比例第一。③

另据《紫阳县志》考证，"紫阳乾隆四十年（1775），有人口近2.6万；乾隆五十二年（1787），约2.9万人；嘉庆十七年（1812）有户1.6万，人近5.9万；至道光十八年（1838），人口猛增至12.78万。与嘉庆十七年相较，26年间人口增长了6.8万，年均净增2 600余人。其中除自然增殖外，主要因流民大量进入

① 光绪：《定远厅志》卷二五《艺文》

② 严如熤：《三省边防备览》，道光二年刻本。

③ 民国《镇坪县新编简要县志》，民国三十三年写本。

所致。流民中，以鄂、川、湘、皖人居多，赣、豫、闽、粤人次之，本省关中及晋、陇人较少。”①

仅凭以上记载就可看出，处于安康南部巴山一带的紫阳、镇坪、岚皋3县以及平利县八仙镇，因与四川、重庆有着方便的往来通道，人口自然以四川移民为最多，尽管有相当人数来自鄂、皖、湘、赣等地，但处于强势的成渝方言自然成为该地区共同的高层语言。

笔者对毗邻安康的四川达州方言进行了调查，其中北部万源市的官渡、大竹、竹峪三镇与交界的安康紫阳南部的毛坝方言完全一致，自万源城区以南才出现变化，没有舌尖后音 tʂ、tʂʰ、ʂ、ʐ。据《达州市志》《九龙湖·姓氏文化》反映，达州人口也是主要来自明洪武（1368 ~ 1399）和清康熙（1661 ~ 1722）年间湖广移民，定居移民多为湖广麻城、孝感、黄州、汉阳、长沙、常德、永州和江西、陕西、福建、广东人。也就是说，四川北部与安康的人口源流基本相同，均来自明清时期的湖广移民，可以互为印证。②

再看安康现今的方言格局，安康中原、西南、江淮三种官话方言，其中以西南官话面积为最大，10县中操西南官话调值的镇坪、岚皋、紫阳、宁陕、石泉、汉阴6县，其中又以与四川、重庆交界的紫阳、镇坪方言特征最为接近成渝方言。下面我们仍以中古知系合口字与宕摄庄组、江摄知庄组开口字声母读音为例来看安康西南官话的南北差异。为说明陕南西南官话与四川的地理关联，表中同时列入与紫阳南部交界的四川达州方言的读音。如下表：

表 25

		猪	衰	税	吹	撰	喘	床	撞	中
安康北部	宁陕城关	꜀tʂʮ	꜀ʂʮai	ʂʮei꜄	꜀tʂʰʮei	tʂʮan꜄	꜂tʂʰʮan	꜁tʂʰʮaŋ	꜂tʂʰaʮŋ	꜀tʂuŋ
	石泉城关	꜀tʂʮ	꜀ʂʮai	ʂʮei꜄	꜀tʂʰʮei	tʂʮan꜄	꜂tʂʰʮan	꜁tʂʰʮaŋ	꜂tʂʰaʮŋ	꜀tʂuŋ
达州	万源北部	꜀tʂu	꜀ʂuai	ʂuei꜄	꜀tʂʰuei	tʂuan꜄	꜂tʂʰuan	꜁tʂʰuaŋ	꜂tʂuaŋ	꜀tʂuŋ
	达州万源市区以南	꜀tsu	꜀suai	suei꜄	꜀tsʰuei	tsuan꜄	꜂tsʰuan	꜁tsʰuaŋ	꜂tsuaŋ	꜀tsuŋ

① 樊光春：《紫阳县志》，页186~187，西安：三秦出版社，1989年。

② 《达州市志》，页90、1671、1672，北京：方志出版社，2009年。王和洲：《九龙湖·姓氏文化》，页10~20，（2014）达市新出准印字第146号。

续表

		猪	衰	税	吹	撰	喘	床	撞	中
安康南部	紫阳城关	꜀tʂu	꜀ʂuai	ʂuei꜄	꜀tʂʰuei	tʂuan꜄	꜂tʂʰuan	꜁tʂʰuaŋ	꜂tʂʰuaŋ	꜀tʂuŋ
	镇坪城关	꜀tʂu	꜀ʂuai	ʂuei꜄	꜀tʂʰuei	tʂuan꜄	꜂tʂʰuan	꜁tʂʰuaŋ	꜂tʂuaŋ	꜀tʂuŋ

表中紫阳毛坝方言与达州万源北部方言完全一致，只是万源市区以南的达州方言，尽管知系声母与安康的紫阳、镇坪方言有别，但韵母读音却是一致的。而处于北部的宁陕、石泉无论是声母还是韵母都与达州南部方言不同，明显表现出了湖广移民方言在这两个县所占地位是极其强势的。西南官话（成渝方言）特征之所以在安康呈由南往北逐渐减弱趋势，恰恰说明了安康西南官话与四川、重庆在地理上的连带关系。

1.3 安康江淮官话区与周边方言的历史地理关系

安康江淮官话核心区主要分布于安康东部的旬阳、白河、平利三县，并且全都处于汉江两岸交通不便的后山地带，如果不深入实地，一般很难让人发现。

再者，安康古代属梁地，多少年来研究者大都认为梁益方言与秦方言相近，与秦方言同属于秦晋方言区，为秦晋方言区之下的一个方言亚区（或次方言区），所以很难让人相信远隔鄂东数千里之外的安康也存在着性质相同的楚语——（黄孝片）江淮官话。为确认这一地带的方言现象，除从它的读音及其特征进行客观描写外，我们还可以从历史地理上来加以说明。

赵元任在《湖北方言调查报告》中将湖北西北部的竹溪和竹山与东部及东北部的孝感、麻城、安陆、应城、黄安、黄冈、罗田、英山、浠水、黄梅、广济、蕲春合并为湖北方言第二区，即江淮官话黄孝方言，并说："这第二区可以算典型的楚语，——如果要独立一种楚语的名目的话。这一区的东部黄安、罗、英、浠、梅、济、蕲阴平调值是低调或降调，有'下江话'的风味。最特别的是竹溪、竹山，地理位置远在西北角上，而方言性质完全属于第二区的。"

如果说第一次提出安康存在江淮官话是我们，还不如说是赵元任替我们首先叩开了这个疑难问题的大门。赵元任的研究至少给我们引出了这样三个思路：

第一，平利、旬阳、白河三县与湖北的竹溪、竹山依山傍水，且都有着共同的历史背景，主要人口都来自清时的湖广移民。对此我们查阅了大量相关的历史资料。

明、清以前的战乱，特别是蒙古军南侵，对汉水上游所造成的人口耗减，使得湖北的竹溪、竹山也未能幸免。同治《竹溪县志》记载“野无三户之村，村无半缗之蓄”。[①] 同治《竹山县志》记载，竹山遗民“不及十之一，又皆散栖山寨。荆榛遍地，野无炊烟”。[②]

至清代，移民成了竹溪、竹山两县人口增长的主要因素。对此同治《竹溪县志》记载：“陕西之民五，江西之民四，山东、河南之民二，土著之民二。今则，四川、江南、山西、广东、湖南，本省武昌、黄州、安陆、荆襄之人亦多入籍。”[③] 新编《竹溪县志》（1992）对此的考证是：“明、清时期，竹溪原有人口1 272户，13 490人，其中成年人口2 810人，因战乱，成年人口大量外逃，仅存463人。至康熙年间，国内稳定，并实行‘续生人口，永不加赋’的政策，人民赖以繁衍生息。1828年（道光八年）总人口达到8 421户，97 330人。至1865年（同治四年），计有5 261户，114 133人，比原有人口增长8倍多。”[④] 可见，竹溪人口主要来自外来移民。

新编《竹山县志》（2002）对本县人口也作了同样的考证：“1710年（康熙四十九年），户部核定竹山丁口为4 371人……。1772年（乾隆三十七年），竹山报户部土著流寓计11 773户，总人口171 783人。清代竹山几部县志分别记载了人口数量：1785年（乾隆五十年），总人口213 058人；1804年（嘉庆九年）总人口184 218人；1858年（咸丰八年）总人口213 058人；1865年（同治四年）总户数24 194户，人口302 173人，其中流寓121 206人；1908年（光绪三十四年）省府统计竹山总人口为266 237人。”[⑤] 可见，竹山人口主要也是来自外来移民。

第二，从地理位置上看，安康平利的北部与旬阳、白河的南部一字相连，与东南部的湖北竹溪、竹山正好形成半包围之状（见前“安康市区划图”），虽说这三县处于安康的后山地带，但在地形上对湖北的竹溪和竹山是洞开的，之间并无大山阻隔，如若没有行政区划的限制，以自然环境而论完全同属一个自然语言

① 陈唐润：《竹溪县志》卷一二“艺文”，黄烈晖：《政事纪略》。（同治六年刻本）。

② 同治六年刻本《竹山县志》卷一九“名宦”。

③ 陈唐润：《竹溪县志》，同治六年刻本。

④ 《竹溪县志》编纂委员会：《竹溪县志》，页112，溪新准字1992年第03号。

⑤ 《竹山县志》编纂委员会：《竹山县志》，页123，北京：方志出版社，2002年。

区，其方言不可能存在本质上的区别。遗憾的是赵元任只字未提陕南的方言现象，说明当年他并未深入与竹溪、竹山相邻的平利和白河。按理说，既然他认为“最特别的是竹溪、竹山，地理位置远在西北角上，而方言性质完全属于第二区的”。[1]那么他就应该深入到陕西的平利、白河和旬阳，进行调查和摸底，全面了解它的范围以及它到底特别在哪。现在看来，不能不算是他工作上的一大遗憾。

第三，从之间的方言特征看，湖北竹溪方言声调4个，去声不分阴阳，其调值：阴平24、阳平42、上声35、去声213，入声全清与次浊归阴阳平不定，全浊全归阳平。而平利、旬阳、白河相连的一带区域，声调5个，去声分阴阳，其调值：阴平31、阳平42、上声55、阴去214、阳去22，入声全清与次浊归阴平，全浊全归阳去。如果按赵元任将湖北东部黄安等地方言的“阴平调值是低调或降调”作为“下江话”的一个主要特征标准的话，那么安康旬阳、白河、平利相连一带区域方言的阴平31调值、去声仍分阴阳、全浊归阳去，就更符合赵元任所界定的这一方言特征了，因为旬阳、白河、平利三县从地貌环境上讲，处于山地之间，加之湖广移民之时这里又荒无人烟，所以在声调特征的保留上相比于竹溪和竹山要更为完好一些。所以说确认安康旬阳、白河、平利三县相连一带区域方言属于江淮官话，其地形地貌这一客观因素也是不能弃之不顾的。

二　从历史地理看安康混合方言区的底层方言

所谓“底层”，原属地理学名词，指最深处的地质层次。语言学借用这一名词，用来指历史上已经被替换掉的语言留下来的痕迹。因为底层也是一种异源层次，分析底层可以帮助我们认识方言接触所表现出来的演变次第和层次。

如前所述，安康方言的语音变化是由语言接触而引发的，是由这一方言的语音形式向另一方言语音形式的转变。同时又鉴于安康属于多方言区，多种方言相互交插，从而形成多个不同特征的混合方言片。所以具体到一个混合区域或者一个混合点上，要揭示它的演变层次，首先必须弄清该混合方言的底层方言是什么，比如，不同方言在发生密切、深刻的语音接触过程中，它是按照什么层次进行吸收和融合，在声韵调系统中，又是按照怎样的先后顺序改变原方言的读音。

① 赵元任：《湖北方言调查报告》，页1569，上海：商务印书馆，1948年。

所以底层方言如果确认错误，层次的揭示也必然错误。

在安康方言研究中，对这个看似困难的问题，其实完全可以凭借一些内外条件和因素把它做得客观准确。内部条件比如安康方言的接触问题与陕南西部的汉中最大的区别就是安康主要表现为与江淮官话的深度接触，这是我们探讨每一个方言点的底层方言所应该把握的最主要的方向；外部条件比如人口的来源、移民迁徙安康的历史背景和时间、每处方言所处的地理环境等等，这也是我们探讨底层方言的重要依据。

对于陕南方言，曾有过关于原土著方言的探讨，一种观点认为，“明代有两批较大规模的移民迁入：一次是洪武初年山西移民迁入商洛，一次是成化年间‘荆襄流民’附籍陕南东部。这两批移民成为历经战乱灾荒的陕南居民的主体，即后来陕南所谓的‘老民’”。[①] 我们认为，将这两批移民看作“老民”，在局部区域是可以的，但如果将它看作是整个安康的老民就不太合适了。因为安康多次的残酷战争，加之各处地形条件不一，所以在人口的分布上并不是十分统一和均衡的。简要的说，安康宋金元战争以后安康土著人大体可分两种：一种是靠近四川边境巴山深处的镇坪、岚皋、紫阳和平利的八仙镇，仍还残留着一定数量讲着西南官话的原地人，它是安康现在之所以还有着大片西南官话的基础，不能绝对说这一区域的西南官话全都源自清代的四川移民；第二种是因战争逃往安康而停留于安康盆地、汉江两岸的汉滨、旬阳的关中人，因为当地人或逃逸，或死亡，几近灭绝，而逃来的关中人相对于后来渗入的清代湖广移民便成了老民。

除此之外还有第三种，就是汉江两岸的后山地带，这里既没有原地人的残留，又未进住关中来的移民，直到清代，大规模的湖广移民才填补了这里的人口空白。交际的结果，那些与中原官话区相接触的区域便逐渐演变成混合方言区，而远离中原官话区的则基本保留着原江淮官话的语言特征——即本书所说的安康江淮官话核心区。所以，对这一地带来说，老民的有无就不显得那么重要了。

对这一问题的讨论，其意义并不仅仅只是一个有无老民的问题，我们认为，它可以帮助我们去探寻安康每一混合区域的底层方言。下面是我们对安康境内混合 1 区至混合 4 区底层方言的分析。

---

① 郭沈青：陕南江淮官话的特点与成因，《西北大学学报》(哲学社会科学版)2007年第4期。

2.1　关于混合 1 区的底层方言

该混合区本文称之为“县洪片”，分布于安康盆地周边的浅山地带，处于安康盆地中原官话核心区与四周边缘地带江淮官话区之间，面积 1 800 余平方公里，人口约 29 万。四周边缘地带江淮官话区北部自东往西依次是旬阳桐木、汉滨东镇、荆河、中原、叶坪等乡镇；南部边缘自东往西依次是平利县北区、汉滨双龙、新坝，岚皋佐龙、晓道等乡镇。

这里有一点是需要加以说明的，就是以人口来源或者它所占的比例来说，经调查，该区域绝大多数人口都来自鄂东和皖西南一带的湖广移民，也就是说，如果以安康其他区域方言的接触态势而论，该区域的江淮官话当成为该区域最后的高层方言。但我们调查发现，该区域的方言特征不是统一的，而是呈现一种由中原官话向四周边缘江淮官话逐渐过渡态势，不过靠近中原官话核心区一带无论以它的面积还是以它的人口密度都要大于靠近周边江淮官话区一带。所以以此推论，该混合区靠近中原官话核心区一带的底层方言当为中原官话，而靠近周边江淮官话区一带区域的底层方言当为江淮官话，

那为什么说靠近汉滨城关一带的混合方言区最后中原官话却成了共同的高层方言了呢？这里有两个原因在起着至关重要的作用。

（1）核心区域的城镇人口向四周浅山地带的进一步迁徙。对于这个问题，有一点是十分清楚的，安康的关中移民源自于宋金元战争，荆襄流民始自于明代，湖广移民始自于清代，以元世祖 1260 年至清代乾隆 1736 年计，时间跨度 400 余年，在这期间，城镇人口向四周浅山地带的进一步扩散在所难免。据我们所调查到的流水李氏家族源自于明代的荆襄流民，定居恒口多年后因人口繁衍再次分支迁徙于汉滨流水镇。另外，吉河的陈氏家族、县河的刘氏家族、岚河的谢氏家族、流水陈家坝的单、谢、王、方 4 个家族、大河镇的王、张、陈、史、方、鲁等 6 个家族，其祖上有的来自于宋金元时期的关中移民，有的来自于明代的荆襄流民，原都分别定居于汉滨城关、恒口、五里、张滩和关庙，后来大多因人口繁衍分支的原因，为谋求发展而再次向周边浅山地带迁徙。对此李荣认为是“城市越大来往的人越多，那儿的方言对周边方言的影响也越大，受周边方言的影响也越大”（1985）。[①] 这种迁徙与再迁徙，从而在湖广移民之前就奠定了该区域的方

① 李荣：官话方言的分区，《方言》1985年第1期。

言基础。

（2）政治、经济、文化的强势影响。该区域的中部是中原官话核心区，是安康政治、经济、文化活动中心，随着城乡之间经济的频繁往来，行政和文化的主导地位对该区域的语言统一无形也起到了积极的推动作用。对此周振鹤、游汝杰分析得很具体，他们认为："州或府是一群县的有机组合体，州（府）治不但是一州（府）的政治中心，而且一般也是该州（府）的经济、文化、交通中心。因此州（府）属各县与州（府）治之间在政治、经济、文化、交通之间的密切接触也必然有助于消除各县方言的特殊之处，使各县的方言自觉不自觉地向州（府）治靠拢。"[①] 安康的这种现象算是对他们的这种见解再次作了有力的证明。

除此我们再看该区域的声韵特征：①知庄章组合口读 pf 组声母；②庄组开口三等字（宕摄除外）、合口三等遇通摄字读［ts］组声母，如"锄"tsʰou、"数"sou、"师"sɿ；③遇摄、山摄精组、见系合口三四等字读撮口呼［y］类韵母；④深臻曾梗摄舒声混，收［n］尾，如"冰"pin；⑤遇摄端系模、姥、暮韵及庄组鱼虞韵字与流摄侯、厚、候韵合流，读［ou］，如"图"tʰou、"土"tʰou；⑥果摄帮组、通摄入明母字，读不圆唇央中元音［ə］和读圆唇后半高元音［o］并存，如"波"pə、"木"mo；⑦知系合口、见系合口三四（蟹"锐"字及止摄字除外）韵母向四周逐渐由 u 类韵母转变为 ɥ 类韵母；⑧古清入、次浊入归阴平，全浊归阳平。所以综合这些特点，我们认为，尽管该地区具有较多的江淮官话语音特征，但它的方言底层仍是中原官话。

还有一种值得注意的现象，就是该混合区的唇齿音 pf 组声母由紧靠中原官话核心区向四周江淮官话区逐渐被舌尖后音 tʂ 组声母所代替，相应知庄章组合口三等字的韵母也随着唇齿音声母的消失逐渐由 u 类转变为 ɥ 类，去声调也由不分阴阳逐渐转化为分阴阳。显然，这种由内向外的渐变态势，其本身也说明该混合区靠近中原官话核心区的底层方言应为中原官话，只是这种底层方言的强弱程度由靠近中原官话核心区向四周的江淮官话核心区逐渐减弱罢了。

2.2　关于混合 2 区的底层方言

该混合区指安康旬阳县兰滩乡以东、白河县城关镇以西的汉江南岸一带区

---

① 周振鹤、游汝杰：《方言与中国文化》，页51，上海：上海人民出版社，2006年。

域，范围包括旬阳县的兰滩、白河县的城关、中厂、构朳、麻虎、月儿、冷水、大双、仓上等乡镇。江北面的郧西是西南官话区。“宣德二年（1427）山西大旱，数十万流民南下进入紧邻的河南省，富饶的南阳盆地是主要的集中地。景泰及天顺年间，由于山东、河北大灾，流民队伍‘由原来的以山西、陕西移民为主，加入了大批山东及河北流民’（安介生 1999）。在流民不断涌入的过程中，南阳盆地的人口逐渐饱和，‘大批饥民在河南聚集后，进一步向湖广荆襄地区移动。’（安介生 1999）继而往南进入今鄂西北丹江口、郧县一带。”① 白河沿汉江一带与湖北郧西隔江相望，加之白河城关又是汉江中段的重要码头，经济、文化交往密不可分，所以说白河城关的基本人口应是明代宣德后由南阳移动而来的北方流民，后来由于受清代大规模湖广移民的渗透，该地方言才经过了一个由底层的中原官话南鲁片方言与江淮官话的接触过程。

我们通过方言特征的比较也佐证了这一结论。如下表:（为便于比较，同时列上属于江淮官话的白河茅坪话、属于中原官话南鲁片方言的河南南阳话和属于西南官话的湖北郧西话）

表 26

	白河茅坪	混合 2 区	郧西	南阳
单字调调值	阴平 31 阳平 42 上声 55 阴去 213 阳去 22	阴平 213 阳平 42 上声 55 去声 51	阴平 213 阳平 44 上声 435 去声 41	阴平 35 阳平 31 上声 55 去声 41
古清入字的归派	阴平	阴平	阴平、阳平	阴平
古次浊入字的归派	阴平	阴平	大量归阳平	阴平
古全浊入字的归派	阳去	阳平	阳平	阳平
知庄章组声母的读音	读 tʂ 组	读 tʂ 组	遇止流梗摄庄组字多读 ʦ 组	与精组合流读 ʦ 组
影疑母开口今洪音字	ŋ	ŋ	ŋ	零声母
遇山臻摄见系字韵母	ʮ 类	y 类	y 类	y 类

① 柯西钢：汉江上游鄂北片方言的地理格局及混合性特征，《方言》2010年第1期。

续表

	白河茅坪	混合 2 区	郧西	南阳
果摄咸入山入宕入一等见晓组字的分合	开口＝合口 读 o	开口＝合口 读 o	开口＝合口 读 uo	开口字读 ɤ 合口字读 uo
“去”的读音	tʂʰʮ꜄、tɕʰi꜄	tɕʰy꜄	tɕʰy꜄	tɕʰy꜄

比较结果，①该混合区的单字调调型、调值与郧西话基本一致，与河南南阳话也基本靠近。只是在古入声字的归调上与郧西话存在较大差异。②知庄章组声母的读音、影疑母开口今洪音字、果咸入山入宕入摄一等见晓组字的分合与河南南阳话、郧西话都有较大差异，而与后山的茅坪话完全一致。③遇、山、臻摄见系字韵母与河南南阳话、郧西话一致，而与后山的茅坪话有较大差异。

以上比较，无论是该混合区也好，还是汉江北面的湖北郧西、河南南阳也好，调型、调值趋于一致，遇、山、臻摄见系字韵母读音也一致，说明早期的荆襄流民对该地区声调的影响巨大。只是在入声字的归调上，中原官话虽未改变汉江北面湖北郧西的西南官话，而在汉江南岸陕西白河的沿江一带坚持了下来。但是，汉江南岸的这一地带由于后来受清代湖广移民的严重影响与渗透，使得声母和韵母趋于了后山的江淮官话。我们可以作这样的假设，如果该混合区的底层方言是湖广移民的江淮官话或者是随汉江北岸的西南官话，那么该混合区的入声归调要么就随汉江北岸的西南官话，要么就随白河后山的江淮官话，而绝对不会凭空去随中原官话的。

2.3　关于混合 3 区的底层方言

该混合区面积最大的一处是安康西北部相互交界的宁陕县和石泉县；另一区域则是分布于安康南部且相连成片的岚皋北部、紫阳东北部、平利（广佛镇）、镇坪县北部的洪石、曾家和牛头店。该混合区尽管声调与西南官话核心区一致，但声母和韵母读音却与安康江淮官话相同，如下表（为便于比较，同时列上安康江淮官话代表点白河茅坪话和西南官话代表点处于紫阳中部的城关话）：

表 27

<table>
<tr><th></th><th>白河茅坪</th><th>石泉、宁陕、岚皋城关</th><th>紫阳城关</th></tr>
<tr><td rowspan="2">声调</td><td>阴平 31　阳平 42　上声 55
阴去 213　阳去 22</td><td>阴平 45　阳平 21
上声 53　去声 213</td><td>阴平 45　阳平 21
上声 53　去声 213</td></tr>
<tr><td>古入声清、次浊归阴平，
全浊归阳去</td><td>古入不论清浊大部读阳平</td><td>古入不论清浊大部读阳平</td></tr>
<tr><td rowspan="4">声母</td><td>古精组洪音全读 ʦ 等，如：搓 ʦʰo^{31}；章组全读 tʂ 等，如：车 tʂʰɛ^{31}</td><td rowspan="8">均与白河茅坪同</td><td rowspan="2">与白河茅坪同</td></tr>
<tr><td>知组梗摄二等韵字归 ʦ 等，如：橕 ʦʰən^{31}；其他全归 tʂ 等，如：茶 tʂʰa^{42}</td></tr>
<tr><td>见系合口三四等（止蟹宕除外）读 tʂ 组声母，如：虚 ʂʮ^{31}</td><td>见系合口三四等（止蟹宕除外）读 ʨ 组声母，如：虚 ɕy^{45}</td></tr>
<tr><td>日母开口字多变合口而失声母，如：染冉 ʮan^{55}</td><td>日母开口字声母读 ʐ，如：染冉 ʐan^{53}</td></tr>
<tr><td rowspan="4">韵母</td><td>古合口精组三等字（通摄除外）全读开，如蛆 ʨʰi^{31}</td><td>古合口精组三等字全读撮口，如蛆 ʨʰy^{31}</td></tr>
<tr><td>通摄入明母字读 o，如：木 mo^{31}</td><td>通摄入明母字读 u，如：木 mu^{21}</td></tr>
<tr><td>知合三（遇合三庄除外）、宕开三庄组、遇、山、臻见系合口三等字读 ʮ 类韵母。如：书＝虚 ʂʮ^{31}</td><td>知合三（遇合三庄除外）、宕开三庄组、遇、山、臻见系合口三等字读合口 u 类韵母。如：书 ʂu^{45} ≠虚 ɕy^{45}</td></tr>
<tr><td>通合三入声（屋烛韵）见系字见组读 ʮ，如：曲 tʂʰʮ^{31}；晓影两组读 iəu，如：畜 ɕiəu^{31}</td><td>通合三入声（屋烛韵）见系字见组读 y，如：曲 ʨʰy^{45}；晓影两组读 y，如：畜 ɕy^{45}</td></tr>
</table>

表中比较，至少说明该混合区的人口主要以湖广移民为主，原本讲西南官话的土著人和移民于四川、重庆的人口为次，其方言的形成当以处于强势地位的楚语与处于弱势地位的川语融合而成，融合的结果，楚语只是声调接受了川语的影响。

从语音在方言接触的变化规律来看，声调最具漂移性，所以单纯以声调来判断谁是底层方言是极不可靠的。该混合区的声调之所以变得与西南官话相同，而声母和韵母却还维系在江淮官话的系统之中，这只能说明该区域的底层方言正是江淮官话，西南官话的影响与渗透，改变的只是原江淮官话的声调，而对声母和韵母并未产生动摇。为证明这一推论，我们对该混合区的有关史料也进行考察。

《宁陕厅志》："全厅人中楚蜀人占十之五六，江西、湖南、两广、山西、河南人十之二三，土著者十之一二。"至道光三年（1823）宁陕厅人口达 12.9 万人。①

《道光石泉县志》："夫石邑地当冲途，鼎革之际，七遭兵燹，仅存七百余户。我朝休养生息，至乾隆初年，生齿渐繁。三十七、八年间，川楚欠收，穷民就食来陕，棲谷依岩，开垦度日。而河南、江西、安徽等处贫民，亦复携带家室，源源而来。于是，户口骤增数倍，迄今安居乐业，悉为土著矣。"至道光二十九年（1849），石泉县已有 11 657 户，74 103 人。②

《三省边防备览》：安康县砖坪厅，原也地广人稀，嘉庆中，楚蜀流民大量迁入，人口骤增。嘉庆 25 年（1820），秦、楚、蜀大吏会奏砖坪设厅时，编入保甲土客已达 1.9 万余户，11 万余口。③

民国《镇坪县新编简要志》："乾隆时自设巡检而后，领荒开垦者不足八十户。迨嘉庆年间，川鄂之人懋迁来此取籍者，约八千余户，清道光间……共一万零二百户，九万四千八百口。"④

我们认为，旧志的记载，总体上是正确的，但也存在过于模糊的地方，比如以石泉、宁陕的现存方言仍保持着绝对强势的江淮官话（黄孝方言）特征这一语言事实来看，该地的移民无疑应以鄂东和皖西南为主，而绝不是《志》中笼统所说的（宁陕）"全厅人中楚蜀人占十之五六，江西、湖南、两广、山西、河南人十之二三，土著者十之一二"。（石泉）"川楚欠收，穷民就食来陕""河南、江西、安徽等处贫民，亦复携带家室，源源而来"。（镇坪）"迨嘉庆年间，川鄂之人懋迁来此取籍者，约八千余户"。

① 林一铭：道光《宁陕厅志》卷二（户口），道光乙丑秋镌本。
② 舒均：道光《石泉县志》卷二（卷二户口志第五），道光二十九年刊本。
③ 严如熤：《三省边防备览》卷一一《策略》，道光二年刻本。
④ 民国《镇坪县新编简要志》，民国三十三年（手写本）。

另外我们也注意到了能说明该混合区人口来源的两桩调查结果：① 1987 年石泉城关镇对对所属三星村和居民四组 31 姓 86 户进行抽样调查，其中 20 姓 60 户是清时楚蜀迁入之移民。②石泉县城西关、镇坪县的钟宝镇至今还保存着黄州会馆。对此，我们认为，按会馆性质，它不但是经济繁荣的标志，同时也是一个地区移民聚集多寡的象征。石泉、镇坪的黄州会馆客观上也正说明石泉、镇坪这两大区域的人口主要来自鄂东和皖西南一带。

第八章　安康方言知庄章组声母的接触层次

一　安康方言知庄章精组声母今读的分合类型

本节只讨论安康境内中原、西南、江淮三大官话之间的接触类型和接触层次。

由于精组在安康方言接触之中的变化与知庄章的变化有着密切的联系，所以将精组与知庄章组放到一起讨论。

关于官话区分 ʦ、ʈʂ 的方言古知庄章组声母的读音，熊正辉（1990）曾将其归纳为济南、昌徐、南京三种基本类型：济南型以济南话为代表，中古知庄章三组字今全读 ʈʂ 组声母。昌徐型以昌黎话和徐州话为代表，古知二庄组开口、章组止摄开口与精组合并，读 ʦ 组，知三章组（章组止摄开口除外）及知二庄组合口读 ʈʂ 组。南京型以南京话为代表，古庄组三等除了止摄合口和宕摄读 ʈʂ 组，其他全读 ʦ 组；其他知庄章组除了梗摄二等读 ʦ 组，其他全读 ʈʂ 组。[①]

万波、庄初升（2010）对西北方言的演变也做了同类分析，他认为西北方言中古知庄章精组声母的今读多为 ʦ、ʈʂ 两分类型，其中陕西主要为“昌徐型”和“南京型”，但“昌徐型”多以变异类型出现，将关中的西安、潼关、大荔、合阳、韩城等地方言称之为“昌徐型”变异形式（A12），其特点是典型“昌徐型”基本读 ʈʂu、ʈʂʰu、ʂu 的合口字如“双刷所初帅床桌猪追书水”等，该类型

① 熊正辉：官话方言分ʦ、ʈʂ的类型，《方言》1990年第1期。

读 pf-、pf^h-、f-；将陕西的彬县、蒲城兴镇称之为“昌徐型”的另一变异形式（A21），其特点是合口字今读为 ʦʮ-、$ʦ^hʮ$-、sʮ-，而类型 A 中读 ʈʂ、$ʈʂ^h$、ʂ 的知三章组字既有保持读 ʈʂ、$ʈʂ^h$、ʂ 的，又有今读 ʈ、$ʈ^h$ 的或 k、k^h 的；将陕西的富平、蒲城、铜川等地方言称之为“昌徐型”的另一变异类型（A22），其特点是合口呼今读 ʦʮ-、$ʦ^hʮ$-、sʮ- 或 ʦu-、$ʦ^hu$-、su-，而典型的“昌徐型”读 ʈʂ、$ʈʂ^h$、ʂ 的知三章组字仍然读 ʈʂ、$ʈʂ^h$、ʂ。另外宁夏的银川、陕西的平利洛河、白河城关则属于南京型，其特点古庄组三等除了止摄合口和宕摄读 ʈʂ 类，其他全读 ʦ 类；其他知庄章组除了梗摄二等读 ʦ 类，其他全读 ʈʂ 类。①

安康方言接触，多数引起了知庄章组字的读音变化，比如同样是两种方言接触，有的性质归属没有发生变化，但读音类型发生了变化，如汉滨城关话、旬阳城关话、宁陕江口回民话；有的读音类型未发生变化，但方言属性却因声调的变化而发生改变，如石泉、宁陕、岚皋话以及镇坪的北部、紫阳的东北部。

下面先看安康中原官话、西南官话、江淮官话在接触中知庄章精四组声母的分合类型。

1.1 安康方言知庄章声母的今读类型

经调查，安康各方言知庄章精组声母的今读一律为 ʦ、ʈʂ 两分类型，而陕南西部汉中的镇巴、宁强、留坝、南郑南部、西乡南部知庄章精组却基本合流为一套 ʦ 声母，这正是处于陕南东部的安康方言与西部汉中方言最主要的区别。

安康方言的音类分合由于移民源的不同，加之方言间的接触，知庄章精组的读音多以变异类型出现，按其特点，有以下四种：

1.1.1 济南型”的变异类型——安康中原官话汉滨片。特点是知庄章三组字分读 ʈʂ、$ʈʂ^h$、ʂ 和 pf、pf^h、f，其中古合口（遇合三鱼韵庄组“阻楚础柱下石所助疏注～”、山合二谏韵初母“篡”除外）以及宕开三庄组、江开二知庄组（觉韵生母“朔”除外）、通合三知系（屋韵生母“缩”、烛韵章组“烛嘱触赎束蜀属”除外）都读 pf 组声母（参见方言地图 26）；古开口除宕开三庄组、药韵知章组、江开二知庄组以及“洒抓森簪辎滓”等几个例外字以外都读 ʈʂ 组声母，其中知

① 万波、庄初升：西北方言中古知庄章精组声母的今读类型与历史层次，第四届西北方言与民俗国际学术研讨会交流文章，2010年。

庄组开口二等韵字“茶诈柴罩炒站斩山铡撑泽拆宅摘生省窄争责策册”（江开二除外）和庄组开口三等韵字“师事厕搊愁瘦涩衬虱侧色”（宕开三除外）也读 tʂ 组声母（参见方言地图 27）。

对于该类型，熊正辉曾以“平邑话”为特例说明它的类型特征，认为：“知庄章三组字，平邑话分读 tʂ、tʂʰ、ʂ 和 pf、pfʰ、f 两组声母。读 pf 组声母的字，绝大多数是古合口字，但不全是。宕摄开口三等庄组字（如：庄装壮状疮床闯创霜爽），宕摄开口三等入声知章组字（如：着酌绰勺芍），江摄开口二等知庄组字（如：桩撞窗双桌卓琢戳浊捉镯朔），平邑话都读 pf 组声母。所以我们不能从古开口合口来说明 tʂ、pf 两组声母分化的条件。从今音韵母也不能说明分化的条件。”“我们只能这样来解释：平邑话曾有一个时期知庄章三组字全读 tʂ 组，就跟现在的济南话一样。古合口当时读合口呼韵母，上面提到的宕江摄的字也读合口呼韵母。后来 tʂ、tʂʰ、ʂ 跟 u 结合变成了 pf、pfʰ、f，就成了今天的平邑话。所以平邑话应是济南型，是济南型的一个小类。”[①] 对照平邑话，安康汉滨话具有相同的读音类别特征，比如有着一组读音范围相同的 pf、pfʰ、f 声母，也保留了中原官话古入声的今读归类特征，特别是开口二等知庄组字和开口三等庄组字也读 tʂ 组声母，所以说安康汉滨城关话读音类型也属于“济南型”，是因方言接触而产生的“济南型”的一种变异类型。如下表（为便于比较，后面 4 个表同时分别列出典型“昌徐型”的昌黎话、典型“济南型”的济南话和典型“南京型”的南京话读音）：

表 28

	精组		庄组							
	资 止开三	租 遇合一	炒 效开二	双 江开二	刷 山合二	省 梗开二	策 梗开二	所 遇合三	师 止开三	瘦 流开三
济南型 济南	꜀tsɿ	꜀tsu	꜂tsʰɔ	꜀ʂuaŋ	꜀ʂua	꜂ʂəŋ	꜀tʂʰei	꜂ʂuɤ	꜀ʂʅ	ʂou꜄
汉滨片	꜀tsɿ	꜀tsu	꜂tʂʰau	꜀faŋ	꜀fa	꜂ʂəŋ	꜀tʂʰei	꜂suo	꜀ʂʅ	ʂəu꜄
	庄组						知组二等			
	初 遇合三	帅 止合三	床 宕开三	涩 深开三	茶 假开二	泽 梗开二	罩 效开二	撞 江开二	桌 江开二	
济南型 济南	꜀tʂʰu	ʂuɛ꜄	꜁tʂʰuaŋ	꜀ʂei	꜁tʂʰa	꜁tʂei	tʂɔ꜄	tʂuaŋ꜄	꜀tʂuɤ	
汉滨片	꜀pfʰu	fæ꜄	꜁pfʰaŋ	꜀ʂei	꜁tʂʰa	꜁tʂei	tʂau꜄	pfaŋ꜄	꜀pfɤ	

---

① 熊正辉：官话区方言分ts、tʂ的类型，《方言》1990年第1期。

续表

	知组三等			章组				见组		
	知 止开三	猪 遇合三	追 止合三	诗 止开三	世 蟹开三	书 遇合三	水 止合三	虚 遇合三	叫 效开四	军 臻合三
济南型 济南	꜀tʂʅ	꜀tʂu	꜀tʂuei	꜀ʂʅ	ʂʅᵓ	꜀ʂu	ᶜʂuei	꜀ɕy	ʨiɔᵓ	꜀ʨyẽ
汉滨片	꜀tʂʅ	꜀pfu	꜀pfei	꜀ʂʅ	ʂʅᵓ	꜀fu	ᶜfei	꜀ɕy	ʨiauᵓ	꜀ʨyən

1.1.2 “昌徐型”的变异类型A12——混合1区县洪片。该类型有一组pf、pfʰ、f声母，知庄章三组字中读pf、pfʰ、f的字基本上跟汉滨城关话相同。但与汉滨片不同的是，效摄、山摄、咸摄庄组开口二等字，假摄、江摄觉韵知庄组开口二等字，以及流摄庄组、止摄章组（部分）开口三等字、止摄“禅”母开口、蟹摄“生”母开口、深摄、臻摄、曾摄等“生”母开口字与精组合流，读ʦ组声母。对于该类型，熊正辉也特以山西万荣话为例，认为该类型和“平邑话”一样，也存在有一组pf、pfʰ、f声母，但不同的是，“知组二等和庄组字读ʦ组声母，止摄开口三等章组也读ʦ组声母，其他读tʂ组声母”。所以该类型仍属于昌徐型，是昌徐型的一个小类（参见方言地图26、27）。如下表：

表29

	精组		庄组							
例字	资 止开三	租 遇合一	炒 效开二	双 江开二	刷 山合二	省 梗开二	策 梗开二	所 遇合三	师 止开三	瘦 流开三
昌徐型 昌黎	꜀ʦɿ	꜀tʂu	ᶜʦʰɑu	꜀suɑŋ	꜀suɑ	ᶜʂəŋ	ʦʰɤᵓ	ᶜsuo	꜀sɿ	souᵓ
县洪片	꜀ʦɿ	꜀ʦu	ᶜʦʰau	꜀faŋ	꜀fa	ᶜsən	꜀ʦʰe	ᶜsuo	꜀sɿ	səuᵓ
	庄组						知组二等			
例字	初 遇合三	帅 止合三	床 宕开三	涩 深开三	茶 假开二	泽 梗开二	罩 效开二	撞 江开二	桌 江开二	
昌徐型 昌黎	꜀tʂʰu	suaiᵓ	꜁ʦʰuɑŋ	꜀sɿ	꜁ʦʰɑ	꜁ʦai	ʦɑuᵓ	ʦuɑŋᵓ	꜀ʦuo	
县洪片	꜀pfʰu	faiᵓ	꜁pfʰaŋ	꜀se	꜁ʦʰa	꜀ʦe	ʦauᵓ	pfaŋᵓ	꜀pfo	
	知组三等			章组				见组		
例字	知 止开三	猪 遇合三	追 止合三	诗 止开三	世 蟹开三	书 遇合三	水 止合三	虚 遇合三	叫 效开四	军 臻合三
昌徐型 昌黎	꜀tʂʅ	꜀tʂu	꜀ʦuei	꜀sɿ	ʂʅᵓ	꜀ʂu	ᶜsuei	꜀ɕy	ʨiɑuᵓ	꜀ʨyn
县洪片	꜀tʂʅ	꜀pfu	꜀pfei	꜀ʂʅ	ʂʅᵓ	꜀fu	ᶜfei	꜀ɕy	ʨiauᵓ	꜀ʨyən

1.1.3 “昌徐型”的变异类型 A22——安康中原官话核心区旬阳片。该方言区特点是典型“昌徐型”的合口字今读ʦʮ−、ʦʰʮ−、sʮ−，开口二等字与精组合流，今读ʦ、ʦʰ、s，而知三章组字仍读读tʂ、tʂʰ、ʂ（参见方言地图26、27）。如下表：

表 30

	精组		庄组							
例字	资 止开三	租 遇合一	炒 效开二	双 江开二	刷 山合二	省 梗开二	策 梗开二	所 遇合三	师 止开三	瘦 流开三
昌徐型 昌黎	꜀ʦɿ	꜀tʂu	꜂ʦʰɑu	꜀suaŋ	꜀sua	꜂ʂəŋ	꜀ʦʰɤ	꜂suo	꜀sɿ	sou꜄
旬阳片	꜀ʦɿ	꜀ʦəu	꜂ʦʰau	꜀sʮaŋ	꜀sʮa	꜂səŋ	꜀ʦʰɤ	꜂suo	꜀sɿ	səu꜄
	庄组						知组二等			
例字	初 遇合三	帅 止合三	床 宕开三	涩 深开三	茶 假开二	泽 梗开二	罩 效开二	撞 江开二	桌 江开二	
昌徐型 昌黎	꜀tʂʰu	suai꜄	꜁ʦʰuɑŋ	꜀sɿ	꜁ʦʰɑ	꜁ʦai	ʦɑu꜄	ʦuɑŋ꜄	꜀ʦuo	
旬阳片	꜀ʦʰʮ	sʮai꜄	꜁ʦʰʮaŋ	꜀se	꜁ʦʰa	꜁ʦe	ʦau꜄	ʦʮaŋ꜄	꜀ʦuo	
	知组三等			章组				见组		
例字	知 止开三	猪 遇合三	追 止合三	诗 止开三	世 蟹开三	书 遇合三	水 止合三	虚 遇合三	叫 效开四	军 臻合三
昌徐型 昌黎	꜀tʂʅ	꜀tʂu	꜀ʦuei	꜀sɿ	ʂʅ꜄	꜀ʂu	꜂suei	꜀ɕy	ʨiɑu꜄	꜀ʨyn
旬阳片	꜀tʂʅ	꜀ʦʮ	꜀ʦʮei	꜀ʂʅ	ʂʅ꜄	꜀sʮ	꜂sʮei	꜀ɕy	ʨiau꜄	꜀ʨyən

1.1.4 “南京型”——包括安康江淮官话核心区白河茅坪、西营、旬阳赤岩、双河、平利北部、西南官话核心区紫阳、混合 2 区白河城关及沿江一带、混合 3 区宁陕、石泉、岚皋、混合 5 区平利八仙以及中原官话区宁陕县江口镇。其特点古庄组三等除了止摄合口和宕摄读 tʂ 类，其他全读 ʦ 类；其他知庄章组除了梗摄二等读 ʦ 类，其他全读 tʂ 类。该区域知庄章组字的读音类型完全符合熊正辉所界定的“南京型”的读音特征（参见方言地图 26、27）。如下表：

表 31

	精组		庄组							
例字	资 止开三	租 遇合一	炒 效开二	双 江开二	刷 山合二	省 梗开二	策 梗开二	所 遇合三	师 止开三	瘦 流开三
南京型 南京	꜀tsɿ	꜀tsu	꜂tʂʰɔu	꜀ʂuã	ʂuɑʔ꜆	꜂səŋ	tsʰəʔ	꜂so	꜀sɿ	səɯ꜆
紫阳	꜀tsɿ	꜀tsəu	꜂tʂʰau	꜀ʂuaŋ	꜁ʂua	꜂sən	꜀tsʰɛ	꜂suo	꜀sɿ	səu꜄
白河茅坪	꜀tsɿ	꜀tsou	꜂tʂʰau	꜀ʂʮaŋ	꜁ʂʮa	꜂sən	꜁tsʰɛ	꜂so	꜀sɿ	sou꜄
平利八仙	꜀tsɿ	꜀tsou	꜂tʂʰau	꜀ʂʮaŋ	꜁ʂʮa	꜂sən	tsʰɛ꜄	꜂so	꜀sɿ	sou꜄
	庄组						知组二等			
例字	初 遇合三	帅 止合三	床 宕开三	涩 深开三	茶 假开二	泽 梗开二	罩 效开二	撞 江开二	桌 江开二	
南京型 南京	꜀tsʰu	ʂuɐe꜄	꜁tʂʰuɑ̃	səʔ꜆	꜁tʂʰɑ	tsəʔ꜆	tʂɔu꜅	tʂua꜅	tʂoʔ꜆	
紫阳	꜀tsʰu	ʂuai꜄	꜁tʂʰuaŋ	꜀sɛ	꜁tʂʰa	꜀tsɛ	tʂau꜄	tʂuaŋ꜄	꜀tʂuo	
白河茅坪	꜀tsʰou	ʂʮai꜄	꜁tʂʰʮaŋ	꜁sɛ	꜁tʂʰa	꜁tsɛ	tʂau꜄	tʂʮaŋ꜄	꜁tʂo	
平利八仙	꜀tsʰou	ʂʮai꜄	꜁tʂʰʮaŋ	sɛ꜄	꜁tʂʰa	tsɛ꜄	tʂau꜄	tʂʮaŋ꜄	tʂo꜄	
	知组三等			章组				见组		
例字	知 止开三	猪 遇合三	追 止合三	诗 止开三	世 蟹开三	书 遇合三	水 止合三	虚 遇合三	叫 效开四	军 臻合三
南京型 南京	꜀tʂʅ	꜀tʂu	꜀tsuəi	꜀ʂʅ	ʂʅ꜄	꜀ʂu	꜂ʂuəi	꜀ɕy	tɕiɔu꜄	꜀tɕyəŋ
紫阳	꜀tʂʅ	꜀tʂu	꜀tʂuei	꜀ʂʅ	ʂʅ꜄	꜀ʂu	꜂ʂuəi	꜀ɕy	tɕiau꜄	꜀tɕyən
白河茅坪	꜀tʂʅ	꜀tʂʮ	꜀tʂʮei	꜀ʂʅ	ʂʅ꜄	꜀ʂʮ	꜂ʂʮəi	꜀ʂʮ	tɕiau꜄	꜀tʂʮən
平利八仙	꜀tʂʅ	꜀tʂʮ	꜀tʂʮei	꜀ʂʅ	ʂʅ꜄	꜀ʂʮ	꜂ʂʮəi	꜀ʂʮ	tɕiau꜄	꜀tʂʮən

1.2 相关方言知庄章组的读音类型

与安康方言有直接关系的是：中原官话关中片、中原官话南鲁片、西南官话成渝片、鄂北片、江淮官话黄孝片、湖南长沙、益阳等地湘方言。关中方言主要参考孙立新《西安方言研究》(2007)、邢向东、蔡文婷《合阳方言调查研究》(2010)、张崇、王军虎《陕西方言词汇集》(2007)，中原官话南鲁片主要参考贺巍《中原官话分区（稿）》(2005)、柯西钢《汉江上游鄂北片方言的地理格局及混合性特征》(2010）相关论述；西南官话成渝片主要参考杨时逢《四川方言调查报告》(1984）以及所调查得来的万源和达州方言的资料；江淮官话黄孝片方言主要参考赵元任《湖北方言调查报告》(1948)、陈淑梅《英山方言志》(1989)、唐爱华《宿松方言研究》(2005)、刘祥柏《江淮官话的分区(稿)》(2007),湖南长沙、益阳等地方言主要参考鲍厚星《长沙方言研究》(1999)、鄂西方言主要参考吴松《湖北江陵方言》(2008)。除此还参考贺巍《河南省西南部方言的语音异同》(《方言》,1985年第2期)、钱曾怡《汉语官话方言研究》(2010)。

1.2.1　中原官话关中片

据《西安方言研究》《户县方言研究》《合阳方言调查研究》资料反映,关中片方言古知庄章组声母今读分 ʦ 与 tʂ,可归入熊正辉所述"昌徐型",但也存在着一定差异,并未是典型的古知二庄组开口、章组止摄开口与精组合并读 ʦ 类,知三章组(章组止摄开口除外)及知二庄组合口读 tʂ 类,而是知组二等读 ʦ 组,三等读 tʂ 组,庄组全读 ʦ,章组除止摄开口三等读 ʦ 组,其他全读 tʂ 组,表现为两种变异类型:

(1)"昌徐型"基本读 tʂu-、tʂʰu-、ʂu- 的合口字"双、刷、所、初、帅、床、桌、猪、追、书、水"今读为 pf-、pfʰ-、f-,如西安、合阳。

(2)"昌徐型"基本读 tʂu-、tʂʰu-、ʂu- 的合口字今读为 ʦʮ、ʦʰʮ、sʮ 或 ʦu-、ʦʰu-、su-,而"昌徐型"读 tʂ、tʂʰ、ʂ 的知三章组字仍然读 tʂ、tʂʰ、ʂ,如渭南的临渭区、商洛的商州区。

1.2.2　中原官话南鲁片

据《河南省西南部方言的语音异同》《中原官话分区(稿)》《汉语官话方言研究》资料反映,知庄章组声母现今一律读 tʂ 组。如河南南阳。

1.2.3　西南官话成渝片

据《四川方言调查报告》《湖北方言调查报告》以及所调查的万源、达州方言资料反映,西南官话多数方言精知庄章组字声母已合,成渝片也多如此,如成都、重庆、达州。湖北西北部西南官话知庄章组读音可分为以下两类:

(1)知庄章组合流。如襄阳、老河口、房县读 ʦ 组,郧县读 tʂ 组。

(2)知章组合流为 tʂ 组,庄组分为 ʦ、tʂ 两类。如丹江口、南漳、枣阳、随州等地,知章组读 tʂ 组;庄组(除止摄合口)读 ʦ 组,止摄合口读 tʂ 组。

1.2.4　江淮官话黄孝片

据《湖北方言调查报告》《英山方言志》《鄂东方言研究》《宿松方言研究》

《江淮官话的分区（稿）》资料反映，江淮官话黄孝片知庄章组读音可分为以下四类：

（1）知庄章组合流。应城不论开合均读 ʦ 组。黄冈、鄂州今开口读 ʦ 组，今合口读 ʨ 组。黄陂、武穴今开口读 ʦ 组，今合口读 tʂ 组。

（2）知章组与庄组分立。红安庄组读 ʦ 组，知章组读 tʂ 组；黄梅庄组读 ʦ 组，知章组今开口读 ʦ 组，今合口读 ʨ 组。

（3）知章组合流为 tʂ 组，庄组以不同条件分为 ʦ 组、tʂ 组。麻城庄组今开口读 ʦ 组，今合口读 tʂ 组。安陆、孝感、云梦、大悟、广水、浠水、蕲春庄组一般读 ʦ 组，止摄合口读 tʂ 组。也有一些例外，如大悟、孝感咸山摄读 ʦ 组，蕲春蟹摄读 ʦ 组。

（4）英山、罗田知二及开口庄组读 ʦ 组，知三、章组及今合口庄组读 tʂ 组，

熊正辉对这一区域知庄章组字的读音类型作如是说，“湖北与黄陂临近的云梦、孝感、安陆、应山、礼山以及安徽的岳西等都是有 ʮ 韵母和 ʮ- 介音的方言。他们都是属于南京型的分 ʦ、tʂ 的方言。因此我们有理由说黄陂话也属于南京型。”“在云梦、孝感、安陆、应山、礼山以及安徽的岳西等地的方言里，ʮ 韵母和 ʮ- 介音韵母属撮口呼，但在跟 tʂ 组声母相拼时，这类韵母相当于南京话的合口呼。”

二　安康方言知庄章组声母的接触层次

前章已述，元代的陕南，汉中有人口 21 875 人，商洛 5 219 人，安康 2 768 人，相比于汉中和商洛，安康人口最少。至清嘉庆末，汉中有人口 1 261 337 人，商洛 601 986 人，安康 1 214 239 人，安康人口基本与汉中持平。也就是说，安康人口几乎全部来自外地移民。我们就是把元代仅剩的 2 786 人完全视为安康本地人，它也不可能主导安康方言的演变。所以说，安康方言的音变不属于历时性的原发性音变，而是一种由语言接触引发的共时音变，是由这一方言的语音形式向另一方言语音形式的转变。

从安康方言的接触实际看，只要发生方言接触，就一定会留下方言接触的痕迹，只是痕迹的大小，完全由接触的程度来决定，一般来说，大体呈如下三种类型：

（1）变化轻微。只是声调发生变化。如前章提到的石泉、宁陕、岚皋和平利城关、老县、西河、大贵、三阳，黄孝方言的迁入，变化的只是入声的消失、入声归调的变动和调值的改变，而声母和韵母仍维持在原黄孝方言的读音特征上。还如旬阳城关及沿江一带的中原官话，自关中东部迁徙到旬阳，尽管也受着江淮官话的影响，但变化的也仅仅是调值。

（2）局部发生变化。声调未发生变化，只是局部音类发生变化。如安康汉滨城关话，只是知庄组假摄开口二等字、庄组蟹咸山梗摄开口二等字声母读音由 ʦ 组演变为 tʂ 组，其他均维持在关中方言的声母读音特征上。还如宁陕县江口镇回民方言，中古知系合口三等字（止摄合口三等字除外）以及山摄知系合口二等字、江摄开口二等字、宕摄开口三等字由读 pf、pfʰ、f 演变为读 tʂ、tʂʰ、ʂ。庄组开口三等字、梗摄知庄组开口二等字、遇摄和通摄知庄组合口三等字由读 tʂ、tʂʰ、ʂ 演变为读 ʦ、ʦʰ、s。

（3）变化程度高，声韵调均发生变化。如汉滨县河、白河城关、汉阴城关、平利八仙镇。

从安康方言知庄章组字声母的变化情况看，大都发生了变化，只有石泉、宁陕、岚皋和平利城关、老县、西河、大贵、三阳等 4 个区域仍还维持在原方言的读音特征上。下面结合“昌徐型”“济南型”“南京型”知庄章组声母的分合类型，分别对安康汉滨城关、县洪片的县河镇、白河城关、宁陕县江口回民镇知庄章组声母在方言接触中的变化层次作如下分析。

2.1　安康汉滨城关话知庄章组的接触层次

为方便比较，本文将西安话作为中原官话关中片的代表方言。先看安康汉滨城关话与西安话在知庄章组字上读音的相同点和不同点。

（1）知庄章三组字，西安话分读为 ʦ　ʦʰ　s/tʂ　tʂʰ　ʂ/pf　pfʰ　f 三组声母，安康汉滨城关话则分读 tʂ　tʂ　ʂ 和 pf　pfʰ　f　v 两组声母，其中中古知系合口三等字、江摄开口二等字、庄组山摄合口二等字、宕摄开口三等字、效摄肴、巧韵庄声母开口二等字安康汉滨城关话与西安话完全一致，读 pf　pfʰ　f　v。例如：

	猪	床	闩	润	柴	迟	师	昼	昭	愁	站	陕
西安	pfu^{31}	pfʰaŋ^{24}	fã^{55}	vẽ^{55}	ʦʰæ^{24}	ʦʰɿ^{24}	sɿ^{31}	tʂɤu^{55}	tʂau^{31}	ʦʰɤu^{24}	ʦã^{55}	sã^{53}
汉滨	pfu^{31}	pfʰaŋ^{35}	fã^{55}	vẽ^{55}	tʂʰæ^{35}	tʂʰʅ^{35}	ʂʅ^{31}	tʂəu^{44}	tʂau^{31}	tʂʰəu^{35}	tʂã^{44}	ʂã^{53}

（2）知庄组假摄开口二等字、庄组蟹咸山梗摄开口二等字、止流臻摄开口三等字、知庄章三组止摄开口三等字声母，西安话与精组合流，读ʦ组，而汉滨城关话读ʈʂ组，其中古入声知庄组开口二等韵字和庄组开口三等韵字（宕开三、江开二除外），安康汉滨城关话也读ʈʂ组。如：

	茶	差出~	斩	山	支	眨	察	侧	涩	泽	策
西安	ʦʰa^{24}	ʦʰæ^{31}	ʦã^{53}	sã^{31}	ʦɿ^{31}	ʦa^{53}	ʦʰa^{24}	ʦʰei^{31}	sei^{31}	ʦei^{24}	ʦʰei^{31}
汉滨	ʈʂʰa^{35}	ʈʂʰæ^{31}	ʈʂã^{53}	ʂã^{31}	ʈʂʅ^{31}	ʈʂa^{53}	ʈʂʰa^{35}	ʈʂʰei^{31}	ʂei^{31}	ʈʂei^{35}	ʈʂʰei^{31}

通过上面的比较，可见中古知系合口三等字以及江摄开口二等字、庄组山摄合口二等字、宕摄开口三等字、效摄肴、巧韵庄声母开口二等字读pf、pfʰ、f、v，最具西安话特色，直到现在仍被安康汉滨话完整地保留着，说明它是安康汉滨话最早的声母层次。而知庄组假摄开口二等字、庄组蟹咸山梗摄开口二等字、止流臻摄开口三等字、知庄章三组止摄开口三等字声母读ʈʂ ʈʂʰ ʂ，则是关中片方言迁徙于安康后在江淮官话的影响之下而产生的音类变化，无疑属于后借入的异源层。变化的结果，致使原中原官话（关中片）ʦ ʦʰ s/ʈʂ ʈʂʰ ʂ/pf pfʰ f三组声母演变为ʈʂ ʈʂ ʂ和pf pfʰ f两组声母，即除pf pfʰ f组声母未变化以外，其余一律读ʈʂ。参照万波、庄初升对关中话的层次分析，安康汉滨话则属于在昌徐型变异类型“A12”的基础上所产生的，是演变后的再次演变，演变的结果是转化为“济南型”，我们可以用下面的示意图来表示：

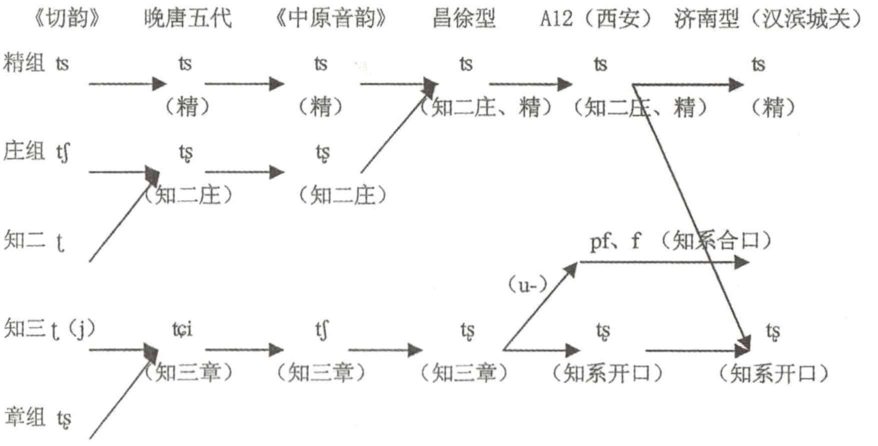

图39 汉滨城关话的演变层次

既然这样，那么有个问题是需要进一步论证的，即这个后借入的异源层是不是源自江淮官话？其实，我们只要通过汉中方言的比较就可以看得清清楚楚。

安康与西边的汉中市同处陕南，南边都分别与成渝方言区的重庆、四川交界，其方言语音对安康和汉中都有着直接的影响关系。成渝方言的最大特点是知庄章三组声母全读 ʦ 组，但对汉中的影响与对安康的影响却存在着很大差异，比如汉中西乡县的城关、堰口、罗镇、杨河、柳树、白龙塘等乡镇，和安康汉滨一样同属于中原官话区，但知庄章三组字读音除知系合口读 pf、pfʰ、f 外，其余全读 ʦ 组。

再看东边紧靠汉中的安康西南官话区，同样与成渝方言区的重庆、四川交界，但安康紫阳、岚皋等地的西南官话区，声母却增加了一组 ʈʂ、ʈʂʰ、ʂ，完全如熊正辉所归纳的“南京型”知庄章组字的读音特征。可见，安康不论是中原官话区还是西南官话区，之所以存在着一组 ʈʂ、ʈʂʰ、ʂ 读音，显然是受了江淮官话的影响才得以形成，而西部的汉中就不具备这个条件。如下表：

表 32

	精组		庄组							
例字	资 止开三	租 遇合一	炒 效开二	双 江开二	刷 山合二	省 梗开二	策 梗开二	所 遇合三	师 止开三	瘦 流开三
汉中西乡城关	꜀ʦɿ	꜀ʦu	꜂ʦʰau	꜀faŋ	꜀fa	꜂sən	꜀ʦʰe	꜂suo	꜀sʅ	səu꜄
安康汉滨城关	꜀ʦɿ	꜀ʦu	꜂ʈʂʰau	꜀faŋ	꜀fa	꜂ʂəŋ	꜀ʈʂʰei	꜂suo	꜀ʂʅ	ʂəu꜄
汉中镇巴	꜀ʦɿ	꜀ʦu	꜂ʦʰau	꜀suaŋ	꜀sua	꜂sən	꜀ʦʰe	꜂suo	꜀sʅ	səu꜄
紫阳	꜀ʦɿ	꜀ʦəu	꜂ʈʂʰau	꜀ʂuaŋ	꜀ʂua	꜂sən	꜀ʦʰɛ	꜂suo	꜀sɿ	səu꜄
	庄组						知组二等			
例字	初 遇合三	帅 止合三	床 宕开三	涩 深开三	茶 假开二	泽 梗开二	罩 效开二	撞 江开二	桌 江开二	
汉中西乡城关	꜀pfʰu	fai꜄	꜁pfʰaŋ	꜀se	꜁ ʦʰa	꜁ʦe	ʦau꜄	ʦuaŋ꜄	꜀pfo	
安康汉滨城关	꜀pfʰu	fai꜄	꜁pfʰaŋ	꜀ʂei	꜁ʈʂʰa	꜁ʈʂei	ʈʂau꜄	pfaŋ꜄	꜀pfɤ	
汉中镇巴	꜀ʦʰu	suai꜄	꜁ʦʰuaŋ	꜀sɛ	꜁ʦʰa	꜀ʦɛ	ʦau꜄	ʦuaŋ꜄	꜀ʦuo	
安康紫阳	꜀ʦʰu	ʂuai꜄	꜁ʈʂʰuaŋ	꜀sɛ	꜁ʈʂʰa	꜀ʦɛ	ʈʂau꜄	ʈʂuaŋ꜄	꜀ʈʂuo	

续表

	知组三等			章组				见组		
例字	知 止开三	猪 遇合三	追 止合三	诗 止开三	世 蟹开三	书 遇合三	水 止合三	虚 遇合三	叫 效开四	军 臻合三
汉中西乡城关	꜀ʦɿ	꜀pfu	꜀pfei	꜀sɿ	sɿ꜄	꜀fu	꜂fei	꜀ɕy	ʨiau꜄	꜀ʨyən
安康汉滨城关	꜀tʂʅ	꜀pfu	꜀pfei	꜀ʂʅ	ʂʅ꜄	꜀fu	꜂fei	꜀ɕy	ʨiau꜄	꜀ʨyən
汉中镇巴	꜀ʦɿ	꜀ʦu	꜀ʦuei	꜀sɿ	sɿ꜄	꜀su	꜂suei	꜀ɕy	ʨiau꜄	꜀ʨyən
紫阳	꜀tʂʅ	꜀tʂu	꜀tʂuei	꜀ʂʅ	ʂʅ꜄	꜀ʂu	꜂ʂuei	꜀ɕy	ʨiau꜄	꜀ʨyən

以上两相比较，其中古入声知庄组开口二等韵字和庄组开口三等韵字（宕开三、江开二除外）一起变读为 tʂ 组声母，完全是关中片方言迁徙于安康汉滨之后由于受江淮官话的影响才得以发生变化。

2.2　安康县洪话知庄章组的接触层次

如前所述，该混合区处汉滨中原官话核心区和外围江淮官话区之间，主要分布于汉滨区汉江南北两岸外的浅山地带。据调查，该混合区人口主要来自清代的湖广移民，但复杂的山地环境，加之方言间的相互影响，即就是以古入声字的今读调作单一标准，也难以划出整齐合理的内外两种方言的分界之线。其现状是多条同言线参差分布，如同环绕的河流，蜿蜒曲折，宽窄不一。如以知系合口字声母是读 pf 组声母还是读 tʂ 组声母作为区别江淮官话与中原官话的标准，其混合跨度可达一到两个乡镇之间。如以去声是否分阴阳作为区别江淮官话与中原官话的标准，其混合跨度可达三到四个乡镇之间，两种方言之间明显呈现出一个较大的混合区域。综合这些现象，也进一步论证了前章所说的该混合区靠近中原官话核心区一带的底层方言应为中原官话，而靠近周边江淮官话区一带区域的底层方言应为江淮官话。

为说明知庄章组字在该区域的接触层次，下面以靠近汉滨城区的县河镇话为例。先看它的读音特点。

（1）中古知系合口字与宕摄庄组字以及“日”母的深摄开口字“入”、遇摄、山摄、臻摄知系合口字读 pf、pfʰ、f 、v，如“猪初柱抓闩撰涮川说春双税书鼠主如入软闰诛厨揣喘吹追中终充众仲”等字。

（2）效摄、山摄、咸摄庄组开口二等字、假摄、江摄觉韵知庄组开口二等字，以及止摄“书禅”母合口、深摄、臻摄、曾摄等庄组开口字读 ʦ 等。如：沙查诈杉眨筛晒抄炒吵巢笊找稍山睡水盏铲产札紥察杀簪渗涩瑟虱色啬桌卓戳浊捉镯朔。

（3）知组三等字和章组开口字一律读 tʂ 组，其中包括章组止摄开口字。如“车滞世知支脂之诗时超昭绸周沾陕沉枕展扇阵神张唱贞正”等。

以上特征如下表：

表 33

	精组		庄组							
例字	资 止开三	租 遇合一	炒 效开二	双 江开二	刷 山合二	省 梗开二	策 梗开二	所 遇合三	师 止开三	瘦 流开三
西安	꜀ʦɿ	꜀ʦu	꜂ʦʰau	꜀faŋ	꜀fa	꜂səŋ	꜀ʦʰei	꜂fuɤ	꜀sɿ	sɤu꜄
县河镇	꜀ʦɿ	꜀ʦu	꜂ʦʰau	꜀faŋ	꜀fa	꜂sən	꜀ʦʰɛ	꜂suo	꜀sɿ	səu꜄
	庄组						知组二等			
例字	初 遇合三	帅 止合三	床 宕开三	涩 深开三	茶 假开二	泽 梗开二	罩 效开二	撞 江开二	桌 江开二	
西安	꜀pfʰu	fæ꜄	꜁pfʰaŋ	꜀sei	꜁ʦʰa	꜀ʦei	ʦau꜄	pfaŋ꜄	꜀pfuɤ	
县河镇	꜀pfʰu	fai꜄	꜁pfʰaŋ	꜀sɛ	꜁ʦʰa	꜀ʦe	ʦau꜄	ʦuaŋ꜄	꜀ʦo	
	知组三等			章组				见组		
例字	知 止开三	猪 遇合三	追 止合三	诗 止开三	世 蟹开三	书 遇合三	水 止合三	虚 遇合三	叫 效开四	军 臻合三
西安	꜀tʂʅ	꜀pfu	꜀pfei	꜀sɿ	sɿ꜄	꜀fu	꜂fei	꜀ɕy	ʨiau꜄	꜀ʨyẽ
县河镇	꜀tʂʅ	꜀pfu	꜀pfei	꜀ʂʅ	ʂʅ꜄	꜀fu	꜂fei	꜀ɕy	ʨiau꜄	꜀ʨyən

归纳以上特征，该混合区由于受江淮官话的影响，其变化主要在止摄开口三等知章组字、“禅”母合口三等字以及江摄觉韵知组字这一层次上。它相比于汉滨城关，这类字读 ʦ 组，而并未一律演变为 tʂ 组；相比于西安话，章组止摄开口字读 tʂ 组，并非如西安话读 ʦ 组，明显表现出对等方言间的接触特征。如下图所示：

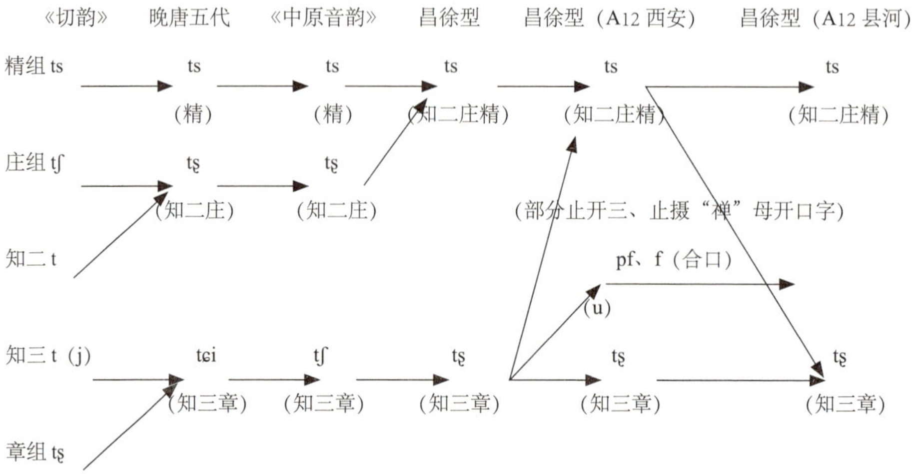

图 40　县洪话的演变层次

比照这种接触类型，我们专门调查了同样是江淮官话与关中方言相接触的商洛镇安城关方言。镇安处安康北部，与安康东北部的旬阳交界。据调查，镇安与安康有着共同的历史背景，人口主要由宋金元时期的关中移民、清代康乾时期的湖广移民以及清代同治年间的陕甘回民起义三部分组成。也就是说该地的现今方言同县河方言一样，也是由湖广移民所带的江淮官话与关中方言相互接触而形成。

据所记录的语音资料，镇安方言的语音特点是：

（1）中古知系合口三等字（止摄合口三等字除外）以及山摄知系合口二等字、江摄开口二等字、宕摄开口三等字读 tʂ 组声母。如：除 tʂʰʮ^{213}、主 tʂʮ^{55}、税 ʂʮei^{22}、闩 ʂʮan^{22}、转 tʂʮan^{55}、川 tʂʰʮan^{43}、庄 tʂʮaŋ^{43}、窗 tʂʰʮaŋ^{43}、中 tʂoŋ^{43}、充 tʂʰoŋ^{43}

（2）中古庄组开口三等字、梗摄知庄组开口二等字、遇摄和通摄知庄组合口三等字读 ʦ 组声母。如：师 sɿ^{43}、事 sɿ^{22}、愁 ʦʰəu^{213}、渗 sən^{22}、衬 ʦʰən^{22}、侧 ʦʰe^{43}、助 ʦʰəu^{22}、数 səu^{22}、生 səŋ^{43}、撑 ʦʰəŋ^{43}、崇 ʦʰoŋ^{213}。

（3）中古知庄组字在与假、蟹、效、咸、山摄开口二等字相拼时江口回民话已完全读成 ʦ 组声母。比如：茶 ʦʰa^{213}、查 ʦʰa^{213}、沙 sa^{43}、柴 ʦʰai^{213}、筛 sai^{43}、炒 ʦʰau^{55}、梢 sau^{43}、站 ʦan^{32}、斩 ʦan^{55}、铲 ʦʰan^{55}、山 san^{43}。

依据读音，镇安方言接触后的变化是：中古知系合口三等字（止摄合口三等字除外）以及山摄知系合口二等字、江摄开口二等字、宕摄开口三等字读 tʂ 组声母；一个是古庄组三等除止摄合口和宕摄今读 tʂ 组，其他全读 ʦ 组。说明镇安城关方言接触后在知庄章组字上不是以中原官话特征为主，而是仍然维持在江淮官话的主要特征上。只是在关中方言的影响与渗透下，知庄章组字假、蟹、效、咸、山等摄的开口二等字变得与梗摄二等字相同，读了 ʦ 组声母。其接触演变可图示如下：

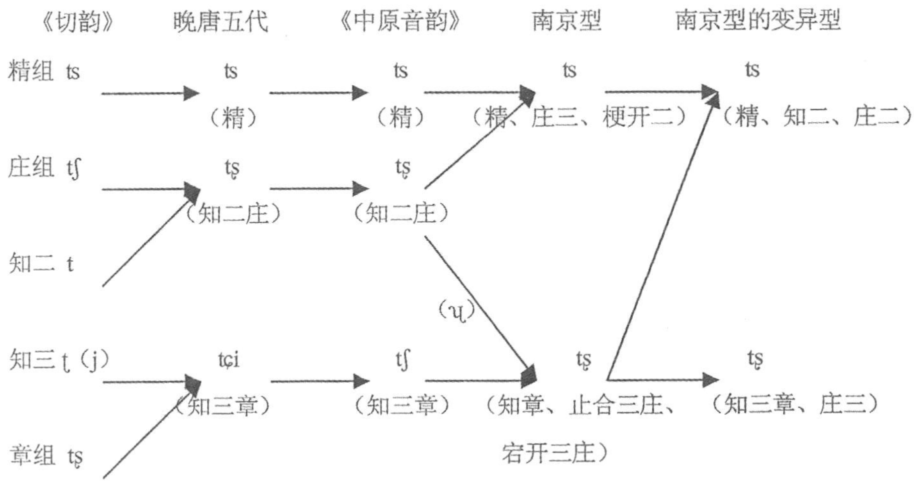

图 41　商洛镇安城关话的演变层次

2.3　安康白河城关话知庄章组的接触层次

据史料记载，清时的白河县城关是汉江边商贾往来之重要码头，县城由河街和山城两部分组成，进城必须沿着河街两头的清风沟和乔儿沟拾阶而上，是安康唯一一座名符其实的山城。像这样的地理环境，不难看出，县城因商贾而形成，河街与城，自然是先有河街而后形成山腰间的县城。这种判断虽说未有史料依据，但现今的城关方言却为此作了佐证。同一个县城，河街方言与城内并不完全相同，河街知庄章组字不论开合口今均读 tʂ 组，如“猪知朝转张初侧邹生崇遮书支州山”分别读成 tʂu、tʂʅ、tʂau、tʂuan、tʂaŋ、tʂ^{h}ou、tʂ^{h}ɛ、tʂou、ʂən、tʂ^{h}oŋ、tʂe、ʂu、tʂʅ、tʂou、ʂan。精组开口一等字如“早走杂餐仓”等分别读为 tʂau、tʂou、tʂa、tʂ^{h}an、tʂ^{h}aŋ。而山腰城内知庄章组字的读音却是：①古知组（梗二除外）声母读 tʂ 组。②古庄组止、流、深、臻、曾五摄开口三等字、梗摄开口二等字以及遇、通摄合口三等字声母读 ʦ 组，如“初疏数师士事愁皱渗涩衬虱侧生窄争责崇缩”。假、蟹、效、咸、山、江摄开口二等字、止摄合口三等字、山摄合口二等字以及宕摄开口三等字声母读 tʂ 组，如“查柴寨揣帅抓梢斩杉衫山铡闩刷率庄创双捉”。③古章组声母全读 tʂ 组。正因如此，城内戏说河街人说话夹舌。

前文已述，白河城关人口主要来自明代宣德后的荆襄流民和清代的湖广移民。依据资料，中原官话南鲁方言知庄章组字不论开合口今均读 tʂ 组，而现今的白河河街也全读 tʂ 组，凭此可说明白河城关特别是河街的底层方言是中原官话南鲁片方言，白河现今的城关话自然为中原官话南鲁方言与江淮官话黄孝方言混合而成，只是城内方言比河街方言混合程度要严重得多。如果以熊正辉归纳的官话方言分 ts、tʂ 的类型看，白河城关方言的底层方言——南阳话符合济南型的读音特征，正是有了后来与黄孝方言的接触，城内方言知庄章组字的读音才由此演变为“南京型”。其图示如下：

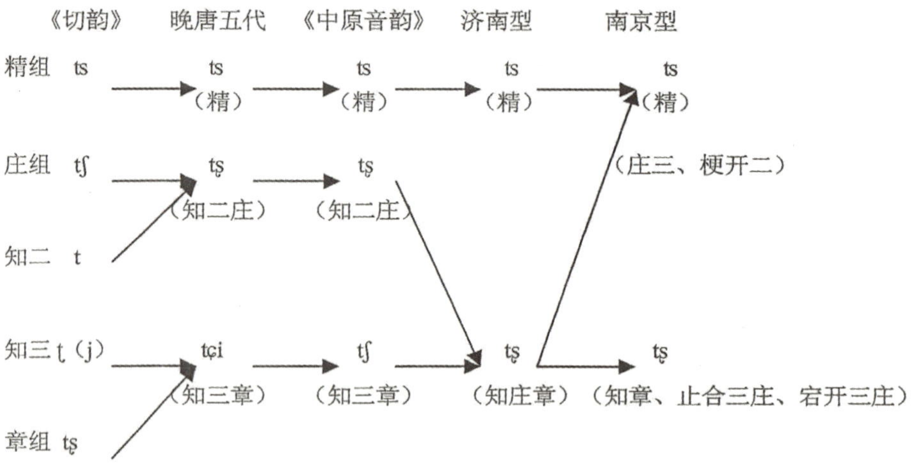

图 42　白河城关话的演变层次

方言接触结果是，除知组（梗二除外）、章组以及假、蟹、效、咸、山、江摄开口二等字、止摄合口三等字、山摄合口二等字以及宕摄开口三等字声母仍读 tʂ 组以外，古庄组止、流、深、臻、曾五摄开口三等字、梗摄开口二等字以及遇、通摄合口三等字声母演变为 ts 组。

2.4　安康宁陕县江口镇回民方言知庄章组的接触层次

在安康方言中，江口回民方言的混合关系是最为明显的，即由来自关中的回民话（中原官话关中片方言）与宁陕江口当地带黄孝方言声韵特征的西南官话的融合。该镇回民来自清时的关中，在江口虽然集中而居，但处于带混合特征的西南官话的包围之中，在经过与当地居民长期无处不在的交往相处之后，他们除坚持着关中话的声调以外，声母和韵母都已十分接近当地的西南官话了，其中尤以知庄章组字的变化最为突出。比如：

①中古知系合口三等字（止摄合口三等字除外）以及山摄知系合口二等字、江摄开口二等字、宕摄开口三等字声母读 tʂ 组，如：除 tʂʰʮ^{35}、主 tʂʮ^{53}、税 ʂʮei^{44}、闩 ʂʮan^{44}、转 tʂʮan^{53}、川 tʂʰʮan^{31}、庄 tʂʮaŋ^{31}、窗 tʂʰʮaŋ^{31}、中 tʂoŋ^{31}、充 tʂʰoŋ^{31}。而不再读唇齿音 pf、pfʰ、f。

②庄组开口三等字、梗摄知庄组开口二等字、遇摄和通摄知庄组合口三等字读 ʦ 组声母。也不再读 tʂ 组了。

③假、遇、效、流、咸、山、臻等摄的日母字声母除“日”字外全部读舌尖后浊音 ʐ。如：惹 ʐɤ^{53}、饶 ʐau^{35}、柔 ʐou^{35}、热 ʐɤ^{31}、如 ʐu^{35}、染 ʐan^{53}、然 ʐan^{35}、软 ʐan^{53}、润 ʐuən^{44}、绒 ʐəŋ^{35}。

这种变化图示如下：

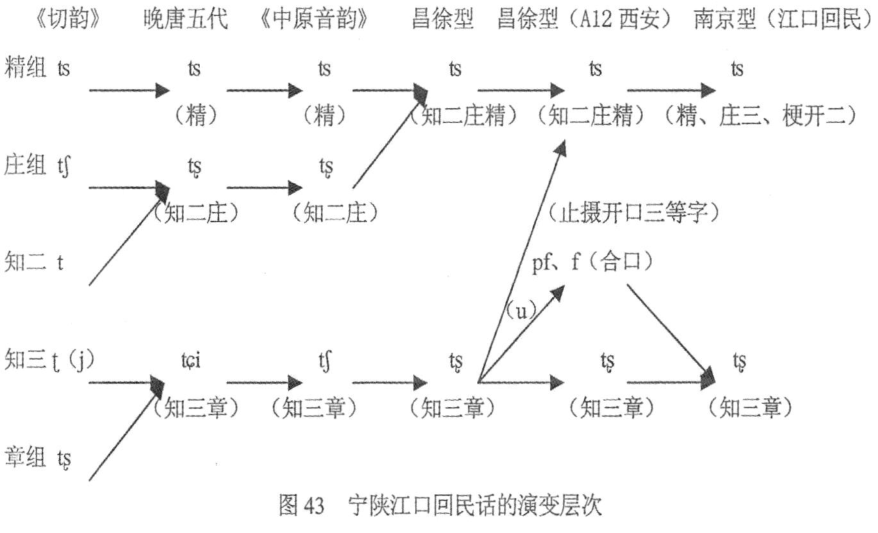

图 43　宁陕江口回民话的演变层次

江口回民方言知庄章组字的演变结果经过了两种语音变化方式——突变与合流。

语音变化大多采用渐变的方式，在汉语原发性的音变中尤其如此。在江口回民方言中，我们不排除之间所存在的渐变过程，但在清同治年间到现在不过一百三十余年，知庄章组字在短短几代人的时间里就基本完成了由 pf 组声母向 tʂ（ɥ-）组声母的演变，可见之间的过程是非常短的。王福堂将这种由几代人就完成的音变仍归纳在渐变之中，不过以笔者看来，虽然从时间上看似乎还存在有过渡期，但它毕竟是一种方言处于另一方言的包围之中而不是处在两种方言区的交界之地，这种过渡是极其短暂的，是因为要向当地语音靠拢，直接由一个音位跳到另一个音位，之间几乎不存在语音逐渐积累的过程。

合流，指语言在演变之中，本来不同的声母、韵母或声调的音值逐渐变得相近以至相同，结果是语音系统中减少了一类声母、韵母、声调或它们之间的配合。江口回民方言与当地方言在知庄章组字上经接触所产生的变化正是这种变化方式的一种结果，pf 组声母消失，合口及宕开三、江开二并入 tʂ（ɥ-）组，从而完成合流。演变结果，江口回民方言知庄章组字的读音类型由原昌徐型径直变为南京型。

在这种演变中，还有另外两个因素也是不能忽视的：①按方言的接触类型，人口占劣势的方言，居住于另一强势方言群体之中，一般不要几代很快都会自然而然地放弃自己的原来方言而服从于当地的强势方言，但江口回民却一直坚持着自己的声调，一个重要原因就是回民大多坚持集中而居，这种集中而居的团体行为为原方言声调的保护提供了环境。②从演变结果看，知庄章组字的读音特征与安康江淮官话的读音特征完全一致。对此笔者前文已述，因为整个宁陕县都属于清代湖广移民区，居民同相邻的商洛镇安县一样，人口大部来自鄂东和皖西南一带，经与西南官话相互融合，虽说声调特征已经变得和西南官话相同了（声调 4 个，古入声不分阴阳大部读阳平），但声、韵特征却没有发生变化，所以江口回民方言的演变结果也必然趋于当地具有江淮官话声韵特征的西南官话。这是一个很有趣的现象，不光原地的老民操的是原西南官话的腔调，咬的后入而来的江淮官话的字音，就连最后进入的关中回民，也是吐着关中话的腔调，咬的也是随移民而来的江淮方言的字音。对此，笔者认为，它实际也表现出了方言接触的一种规律，即弱势方言如果在空间上仍保持着相对完整的语音环境，即使声母和韵母服从于当地的强势方言，但声调仍会最大可能地保持着原来的读音特征。相反，强势方言在空间上不具备相对完整的语音环境，即使声、韵不会发生变化，但声调的变化在所难免。至此可以肯定地说，宁陕方言的接触现象，以实例说明了，在声、韵、调中声调是最具有漂移性的，在方言接触之中最易发生变化，要么服从于另一方言，要么产生新的调值。

2.5　安康宁陕、石泉、岚皋及镇坪北部话知庄章组的接触层次

这 4 个区域的基础方言应当是由湖广移民带来的江淮官话，经与当地老民以及相邻的西南官话接触，尽管声调已变得与西南官话相同，但声韵特点仍维系在江淮官话系统之中。究其原因，主要是调值最具漂移性，即使江淮官话先期进入该区域并处于强势地位，但在西南官话的影响下，声调的变化也是很难避免的。所以知庄章组字的读音没有发生变化，其类型仍属“南京型”（如图 7 所示）。

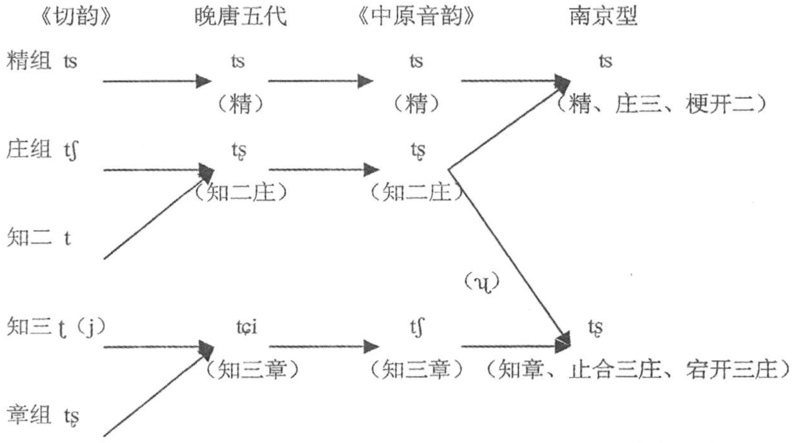

图 44　宁陕、石泉、岚皋及镇坪北部话的演变层次

图中后期主要变化层是古庄组三等除了止摄合口和宕摄读 tʂ 类，其余全读 ts 类；其他知庄章组除了梗摄二等读 ts 类，其余全读 tʂ 类。

第九章　安康方言韵母的接触层次

方言语音的最主要特征就是它的系统性。“方言中语音成分的变化主要不是以个体为单位的自由行动，而是声韵调各个不同层级的集群的集体性变化。”[①]安康方言在接触中所发生的语音变化也充分体现了这一特征。但安康的方言接触，并不是声母发生了变化，韵母和声调就一定发生变化，而是有的韵母和声调都发生变化；有的是韵母发生变化，而声调不发生变化；有的只是声调发生变化，韵母并不发生变化。

本章仍以安康汉滨区城关镇、县河镇、宁陕县江口回民镇、白河县城关镇作为中原官话与江淮官话的混合方言点，将平利县城关镇作为江淮官话与中原官话的混合方言点，将安康宁陕、石泉、岚皋三县的城关镇以及镇坪县的北部区域作为江淮官话与西南官话的混合方言点，将紫阳县城关镇作为西南官话与江淮官话的混合方言点，同时将商洛镇安城关镇也纳入比较之中，讨论它们在方言接触之中韵母和声调所发生的变化以及变化的先后顺序。

一　安康方言韵母的读音类型

本书所讨论的韵母变化，首先是不计入声韵的消失的。因为黄孝方言的入声韵随湖广移民带到安康后，因受安康中原官话和西南官话的影响很快归于消失，对安康的其他方言并没有产生直接的影响作用。

安康方言韵母的变化，总的看主要集中在遇蟹止流山臻通七摄之间。其中除流摄限于开口韵外，其余均为合口韵。变化的结果，或替换为另一方言的开口韵

① 王福堂：《汉语方言语音的演变和层次》，页8，语文出版社，1999年。

（如蟹止山臻四摄端系合口介音脱落，遇摄精组读 i）；或替换为另一方言的合口韵变体，如遇蟹止山臻今合口知系读 ɥ 类韵（杨春霖、王军虎称之为合变呼）；或合口韵自身发生语音变换，如模韵端组由 u 替换为另一方言的 ou。

因安康各县方言分布复杂，依据读音差异，分别对紫阳、镇坪、平利、旬阳、白河等县的方言区域作如下说明：

紫阳县：为西南官话区，分南区、中区和东北区。南区靠近四川，包括毛坝、高滩、麻柳、联合、双桥、斑桃、绕溪等乡镇；中区与本市汉阴县和汉中的镇巴县交界，包括城关、红椿、焕古、向阳、金川、东木、燎原等乡镇；东北区靠近本市的汉滨区、岚皋县，包括洄水、洞河、苗河、汉王、蒿坪等乡镇。

镇坪县：为西南官话区，分北区、中区和南区。北区包括曾家、洪石、牛头三个乡镇；中区包括城关、白家、上竹、小曙河、曙坪、钟宝等乡镇；南区与重庆交界，只华坪一个乡。

平利县：分北区江淮官话、南区八仙混合方言片、正阳西南官话片。北区包括城关、长安、老县、西河、兴隆、女娲、三阳、大贵、洛河等乡镇；正阳片包括南区与北区交界的正阳、广佛两个乡镇。

旬阳县：分汉江、旬河两岸一带中原官话区和南北后山江淮官话区。汉江、旬河两岸一带包括城关、吕河、神河、金寨、白柳、甘溪、赵湾、构元、棕溪、关口、蜀河等乡镇；南北后山一带包括赤岩、沙阳、铜钱、石门、双河、庙坪、红军、公馆、小河、仁河等乡镇。

白河县：分汉江沿岸中原官话区和后山江淮官话区。汉江沿岸包括城关、麻虎、冷水、大双、中厂、仓上等乡镇；后山包括茅坪、卡子、构朳、四新、宋家、桃园、双河、西营、小双等乡镇。

为表述简便，下文一般直接称紫阳南区；北区；东区。镇坪北区；中区；南区。平利北区；八仙；正阳。旬阳汉江、旬河两岸一带；南北后山一带。白河汉江沿岸；后山一带。除特殊需要以外，一般不再列出各区域的乡镇名称（参见图1：安康方言分区图）。

1.1 遇摄的读音类型

1.1.1 明母的读音类型

该韵母的读音差异主要集中在遇合一暮、遇合一模、流开一厚、山合一末、臻合一没（入）、宕开一铎（入）、通合一三屋（入）等韵字上。

安康方言明母读音较为复杂。依据读音实际，可分以下三种类型（参见方言地图28）：

（1）存在u、ə两种读音。遇合一暮、流开一厚、通合一三屋（入）等韵字读u如："暮慕墓募某亩牡母拇木目穆牧"；遇合一模、山合一末、臻合一没（入）、宕开一铎（入）等韵字读ə，如："末沫抹没沉~莫膜幕寞摸馍"，发音部位靠前。该类型见于中原官话核心区的汉滨、宁陕江口回民镇。可称为"汉滨型"。

（2）存在u、o两种读音。见于紫阳南区、北区、镇坪中区、南区等西南官话核心区、旬阳汉江、旬河两岸一带中原官话核心区。遇合一暮、流开一厚、通合一三屋（入）等韵字读u，如："暮慕墓募木目穆牧某亩牡母拇"；山合一末、臻合一没（入）、宕开一铎（入）等韵字读o，如："末沫茉没沉没莫膜幕寞馍摸"，发音部位靠后。可称为"紫旬型"。

（3）都读o，包括遇合一暮、流开一厚、通合一三屋（入）等韵字。见于江淮官话的平利北区、旬阳南北后山一带、白河后山一带、汉滨双龙、东镇、叶坪，紫阳东区的双安、安溪、宁陕东部的金川、丰富；西南官话区的石泉、宁陕、岚皋、紫阳东区、镇坪北区；中原官话区的汉滨洪县片、白河沿江一带；混合方言区的八仙镇。可称为"平石型"。如"木目穆牧某亩牡母拇暮慕墓募末沫茉没沉~莫膜幕寞馍摸"概读mo。

表34　安康方言明母的读音类型

<table>
<tr><th>类型</th><th>区域</th><th>方言分区</th><th>遇合一暮、流开一厚
通合一三屋（入）</th><th>遇合一模、山合一末、臻合一没（入）、宕开一铎（入）</th></tr>
<tr><td>汉滨</td><td>汉滨城关、恒口、五里、关庙
宁陕江口回民镇</td><td>中原官话区</td><td>u</td><td>ə</td></tr>
<tr><td rowspan="2">紫旬</td><td>紫阳南区、北区
镇坪中区、南区</td><td>西南官话区</td><td rowspan="2">u</td><td rowspan="2">o</td></tr>
<tr><td>旬阳汉江、旬河两岸一带</td><td>中原官话区</td></tr>
</table>

续表

类型	区域	方言分区	遇合一暮、流开一厚 通合一三屋（入）	遇合一模、山合一末、臻合一没（入）、宕开一铎（入）
平石	汉滨洪县片 白河沿江一带	中原官话区	o	o
	平利北区 旬阳南北后山一带 白河后山一带 汉滨双龙、东镇、叶坪等 紫阳东区的双安、安溪 宁陕金川、丰富	江淮官话区		
	紫阳东区、 石泉、宁陕、岚皋 镇坪北区	西南官话区		
	八仙镇	混合方言区		

1.1.2　**遇合一模韵的读音类型**

帮组（除明母“暮慕墓募”四字）、见组韵母都读 u，而端泥精组的韵母读音存在差异，依据韵母的读音实际可分以下三种类型（参见方言地图 29）：

（1）端泥精组字读 u，与明母同。见于紫阳南区、北区以及镇坪南区，可称为“紫镇型”。如：堵 ᶜtu、徒 ꜁tʰu、奴 ꜁nu、鲁ᶜlu、租꜀tsu、苏꜀su。

（2）端精组字兼读 u、ou，泥组字读 ou。见于中原官话核心区的汉滨城关、恒口、五里等，可称为“汉滨型”。如：徒 ꜁tʰu/ ꜁tʰou、租 ꜀tsu/ ꜀tsou、苏 ꜀su/ ꜀sou、奴 ꜁nou、鲁ᶜlou。

（3）端泥精组字与流摄侯韵合流（流摄侯韵除明母“戊茂贸”三字）读 ou。见于江淮官话区的平利北区、白河后山一带、旬阳南北后山一带、汉滨洪县片以及双龙、东镇、叶坪、紫阳北区、东区双安、安溪、镇坪北区、中区；西南官话区的石泉、宁陕、岚皋、紫阳北区、东区、镇坪中区、北区；中原官话区的汉滨洪县片、旬阳汉江、旬河两岸一带、宁陕江口回民镇、白河沿江一带；混合方言区的八仙镇。可称为“平石型”。如：徒 ꜁tʰou、奴 ꜁lou、租꜀tsou、苏 ꜀sou、鲁 ᶜlou、头 ꜁tʰou、楼 ꜁lou、走 ᶜtsou。

表 35　安康方言模韵的读音类型

类型	区域	方言分区	帮组除明母	端组	泥组	精组	见组
紫镇	紫阳南区、北区、镇坪南区	西南官话区	u	u	u	u	u
汉滨	汉滨城关、恒口、五里、关庙等	中原官话区	u	u ou	u ou	u ou	u
平石	汉滨洪县片 旬阳汉江、旬河两岸一带 宁陕江口回民镇 白河沿江一带	中原官话区	u	ou	ou	ou	u
	平利北区 白河后山一带 旬阳南北后山一带 汉滨双龙、东镇、叶坪等 紫阳东区的双安、安溪	江淮官话区					
	石泉、宁陕、岚皋 紫阳北区、东区、镇坪中区、北区	西南官话区					
	八仙镇	混合方言区					

1.1.3　遇合三鱼虞韵的读音类型

非组韵母均读 u。鱼虞韵有 i　y　ɥ　ɥ　uo　ou　ei　uei 等几种读音。其中 o（uo）仅限于庄组“所”。

安康方言鱼虞韵同样因中古声母的不同，韵母音值也有所不同。依据泥精组、知见系字韵母读音可分以下三种类型（参见方言地图 30）：

（1）泥精组、见系字读 y，知系字读 u。见于汉滨城关、恒口、五里及县洪片、紫阳南区和北区、镇坪南区、中区，可称为“汉紫型”。如：女꜂ny、吕꜂ly、缕꜂ly、徐꜁ɕy、取꜂tɕʰy、居 tɕy꜄、余꜁y、具 tɕy꜄、猪꜀pfu/꜀tʂu、柱 pfu꜄/tʂu꜄、初꜀pfʰu/꜀tsʰu、主꜂pfu/꜂tʂu、数꜂fu/꜂su、书꜀fu/꜀ʂu（“/”号前为汉滨城关读音，后为紫阳、镇坪读音）。

（2）泥精组、见系字读 y，知章组字读 ɥ（或 ɥ），庄组字读 əu。见于旬阳汉江、旬河两岸一带、宁陕江口回民镇、白河沿江一带。可称为“旬江型”。如：女꜂ny、吕꜂ly、徐꜁ɕy、需꜀ɕy、趋꜀tɕʰy、趣 tɕʰy꜄、居 tɕy꜄、余꜁y、虚꜀ɕy、区꜀tɕʰy、猪꜀tsɥ/꜀tʂɥ、书꜀sɥ/꜀ʂɥ、住 tsɥ꜄/tʂɥ꜄（“/”号前为旬阳城关话读音，后为江口回民、白河读音）、初꜀ʦʰəu、雏꜀ʦʰəu。

（3）泥组字兼读 ou、i、ʮ、ei，精组字兼读读 i 和 ʮ，知章组与见系字读 ʮ，庄组字读 ou。见于江淮官话的平利北区、旬阳南北后山一带、白河后山一带、汉滨双龙、东镇、叶坪，紫阳东部的双安、安溪、宁陕东部的金川、丰富；西南官话区的石泉、宁陕、岚皋、紫阳东区、镇坪北区；混合方言区的八仙镇。可称为“平石型”。如：庐꜁lou、女ᶜȵʮ、虑 liᵓ、旅ᶜli、屡ᶜlei、徐꜁ɕi、絮 ɕiᵓ、趋꜀tʂʰʮ、趣 tʂʰʮᵓ、需꜀ʂʮ、猪꜀tʂʮ、书꜀ʂʮ、住 tʂʮᵓ、虚꜀ʂʮ、区꜀tʂʰʮ、初꜀ʦʰou、雏꜀ʦʰou。

表 36　安康方言鱼虞韵的读音类型

类型	区域	方言分区	非组	泥组	精组	知系		见组
						知章	庄组	
汉紫型	汉滨城关、恒口、五里、关庙、县洪片	中原官话区	u	y	y	u	u	y
	紫阳、镇坪中区、南区	西南官话区						
旬江型	旬阳汉江、旬河两岸一带	中原官话区	u	y	y	ɥ	ou	y
	白河沿江一带 宁陕江口回民镇					ʮ		
平石型	白河后山一带 平利北区 旬阳南北后山一带 汉滨双龙、东镇、叶坪等 紫阳东区双安、安溪乡	江淮官话区	u	ou、i、ʮ、ei	i、ʮ	ʮ	ou	ʮ
	石泉、宁陕、岚皋 镇坪北区	西南官话区						
	八仙镇	混合方言区						

1.2　蟹止山臻摄的读音类型

1.2.1　蟹合一灰泰、蟹合三祭、止合三支脂韵的读音类型

帮组韵母都读 ei，见系字韵母都读 uei。而端系、知系字（“会会计、揣衰摔帅”除外）的韵母读音存在差异，依据韵母的读音可分以下七种类型（参见方言地图 31）：

（1）端系、知系字均读 uei。见于紫阳南区、镇坪南区，可称为“紫镇 I 型”。如：推꜀tʰuei、碎 sueiᵓ、脆 ʦʰueiᵓ、累 lueiᵓ、虽꜁suei、税 ʂueiᵓ、睡 ʂueiᵓ、

水꜂ʂuei。

（2）端系字读 ei，知系读 uei。见于紫阳北区、东区、镇坪中区，可称为“紫镇Ⅱ型”。如：推꜀tʰei、碎 sei꜄、脆 tsʰei꜄、累 lei꜄、虽꜁sei、税 ʂuei꜄、睡 ʂuei꜄、水꜂ʂuei。

（3）端系字读 uei，知系字读 ei。见于中原官话核心区的汉滨城关、恒口、五里等，可称为“汉滨型”。如：腿꜂tʰuei、嘴꜂tsuei、醉 tsuei꜄、魁꜁kʰuei、鳜꜀kuei、毁꜂xuei、维꜁uei、缀 pfei꜄、吹꜀pfʰei、追꜀pfei。

（4）端系字读 ei，知系字读 ei。见于中原官话区的汉滨县洪片，可称为“县洪型”。如：腿꜂tʰei、嘴꜂tsei、醉 tsei꜄、魁꜁kʰuei、毁꜂xuei、维꜁uei、缀 pfei꜄、吹꜀pfʰei、追꜀pfei。

（5）端系字读 uei，知系字读 ʮei。见于中原官话区的旬阳汉江、旬河两岸一带，可称为“旬阳型”。如：腿꜂tʰuei、嘴꜂tsuei、醉 tsuei꜄、魁꜁kʰuei、毁꜂xuei、维꜁uei、缀 tsʮei꜄、吹꜀tsʰʮei、追꜀tsʮei。

（6）端系字读 i，知系字读 ʮei。见于江淮官话核心区的白河后山一带、旬阳南山一带等乡镇，可称为“茅赤型”。如：堆 ti31、累泪 li22、催꜀tɕʰi、脆 tɕʰi꜄、岁 ɕi꜄、嘴꜂tɕi、醉 tɕi꜄、税 ʂʮei꜄、睡 ʂʮei꜄、水꜂ʂʮei。

（7）端系字读 ei，知系字读 ʮei。见于江淮官话区的平利北区、旬阳北山一带、汉滨双龙、东镇、叶坪，紫阳东部的双安、安溪、宁陕东部的金川、丰富。；西南官话区的石泉、宁陕、岚皋、紫阳东区、镇坪北区；中原官话区的宁陕江口回民镇；混合方言区的八仙镇。可称为“平石型”。如：推꜀tʰei、碎 sei꜄、脆 tsʰei꜄、累 lei꜄、虽꜁sei、税 ʂʮei꜄、睡 ʂʮei꜄、水꜂ʂʮei。

表 37　安康方言蟹止摄灰泰祭韵的读音类型

类型	区域	方言分区	端系	知系	见组
紫镇Ⅰ型	紫阳南区、镇坪南区	西南官话区	uei	uei	uei
紫镇Ⅱ型	紫阳北区、东区、镇坪中区	西南官话区	ei	uei	uei
汉滨型	汉滨城关、恒口、五里、关庙	中原官话区	uei	ei	uei
县洪型	汉滨县洪片	中原官话区	ei	ei	uei

续表

类型	区域	方言分区	端系	知系	见组
旬阳型	旬阳汉江、旬河两岸一带	中原官话区	uei	ʮei	uei
茅赤型	白河后山一带 旬阳南山一带	江淮官话区	i	ʮei	uei
平石型	白河沿江一带 宁陕江口回民镇	中原官话区	ei	ʮei	uei
	平利北区 旬阳北山一带 汉滨双龙、东镇、叶坪等 紫阳东区双安、安溪乡	江淮官话区			
	石泉、宁陕、岚皋、镇坪北区	西南官话区			
	八仙镇	混合方言区			

1.2.2　山合一桓缓换韵的读音类型

安康方言（除开入声）山摄合口一等帮组都读 an、见系都读 uan。依据桓缓换韵端系字的韵母读音可分以下两种类型（参见方言地图 32）：

（1）端系字读 uan。见于中原官话核心区的汉滨城关、恒口、五里等、旬阳汉江、旬河两岸一带、西南官话核心区的紫阳南区、镇坪南区，可称为“汉紫型”。如：端꜀tuan、段 tuanᵓ、暖ᶜluan、乱 luanᵓ、酸꜀suan、钻꜀tsuan。

（2）端系字读 an。见于平利北区、白河、石泉、宁陕、岚皋、旬阳南北后山一带、汉滨洪县片以及双龙、东镇、叶坪、紫阳北区、东区、镇坪北区、中区；混合方言区的八仙镇。可称为“平石型”。如：端꜀tan、暖ᶜlan、酸꜀san、段 tanᵓ、乱 lanᵓ、钻꜀tsan。

表 38　安康方言山合一桓缓换韵的读音类型

类型	区域	方言分区	端系
汉紫型	汉滨城关、恒口、五里等 旬阳汉江、旬河两岸一带	中原官话区	uan
	紫阳南区、镇坪南区	西南官话区	

续表

类型	区域	方言分区	端系
平石型	白河沿江一带 汉滨县洪片 宁陕江口回民镇	中原官话区	an
	平利北区 旬阳南北后山一带 汉滨双龙、东镇、叶坪等 紫阳东区双安、安溪乡 白河后山一带	江淮官话区	
	石泉、宁陕、岚皋 紫阳北区、东区、镇坪北区、中区	西南官话区	
	八仙镇	混合方言区	

1.2.3 山合三仙狝线、元阮愿韵的读音类型

安康方言（除开入声）山摄合口三四等帮组字韵母都读 an。依据仙狝线、元阮愿韵端系、知系、见系字的韵母读音可分以下六种类型（参见方言地图 33）：

（1）泥组、知系字读 uan，精组、见系字读 yan。见于紫阳南区、镇坪南区等西南官话区。可称为“紫镇Ⅰ型”。如：恋꜁luan、全꜁tɕʰyn、选꜂ɕyan、转꜂tʂuan、川꜀tʂʰuan、拳꜁tɕʰyan、员꜁yan、元꜁yan、袁꜁yan、犬꜂tɕʰyan、玄꜁ɕyan。

（2）泥组读 an、知系字读 uan，精组、见系字读 yan。见于紫阳北区、东区、镇坪中区等西南官话区，可称为“紫镇Ⅱ型”。如：恋꜁lan、全꜁tɕʰyn、选꜂ɕyan、转꜂tʂuan、川꜀tʂʰuan、拳꜁tɕʰyan、员꜁yan、元꜁yan、袁꜁yan、犬꜂tɕʰyan、玄꜁ɕyan。

（3）泥组字读 uan，知系字读 an，精组、见系字读 yan。见于汉滨城关、恒口、五里等中原官话区，可称为“汉滨型”。如：恋꜁luan、全꜁tɕʰyan、选꜂ɕyan、转꜂pfan、川꜀pfʰan、拳꜁tɕʰyan、员꜁yan、元꜁yan、袁꜁yan、犬꜂tɕʰyan、玄꜁ɕyan。

（4）泥组字读 an，知系字读 an，精组、见系字读 yan。见于汉滨县洪片中原官话区，可称为“县洪型”。如：恋꜁lan、全꜁tɕʰyan、选꜂ɕyan、转꜂pfan、川꜀pfʰan、拳꜁tɕʰyan、员꜁yan、元꜁yan、袁꜁yan、犬꜂tɕʰyan、玄꜁ɕyan。

（5）泥组字读 uan，精组、见系字读 yan、知系字读 ɥan（或 ʮan）。见于旬阳汉江、旬河两岸一带、宁陕江口回民镇，可称为“旬江型”。如：恋꜁luan、全꜁tɕʰyan、

选ᶜɕyan、拳꜁yan、院 yanᵓ、转ᶜts ɥan ／ᶜtʂɥan、川꜀tsʰɥan ／ ꜀tʂʰɥan、员꜁yan、元꜁yan、袁꜁yan、犬ᶜtɕʰyan、玄꜁ɕyan。

（6）泥组字读 an，知系、见系字读 ɥan，精组字兼读 ian 和 ɥan。见于江淮官话区的平利北区、旬阳南北后山一带、白河、汉滨双龙、东镇、叶坪，紫阳东部的双安、安溪、宁陕东部的金川、丰富；西南官话区的石泉、宁陕、岚皋、镇坪北区；混合区八仙镇。可称为“平石型”。如：恋꜁lan、全꜁tɕʰian、选ᶜɕian、转ᶜtʂɥan、川꜀tʂʰɥan、拳꜁tʂʰɥan、员꜁ɥan、元꜁ɥan、袁꜁ɥan、犬ᶜtʂʰɥan、玄꜁ʂɥan。

表 39　安康方言山合三仙狝線、元阮愿韵的读音类型

类型	区域	方言分区	泥组	精组	知系	见组
紫镇Ⅰ型	紫阳南区、镇坪南区	西南官话区	uan	yan	uan	yan
紫镇Ⅱ型	紫阳北区、东区、镇坪中区	西南官话区	an	yan	uan	yan
汉滨型	汉滨城关、恒口、五里、关庙	中原官话区	uã	yã	ã	yã
县洪型	汉滨县洪片	中原官话区	an	yan	an	yan
旬江型	宁陕江口回民镇	中原官话区	uan	yan	ɥan	yan
	旬阳汉江、旬河两岸一带				ɥan	
平石型	白河沿江一带	中原官话区	an	yan / ian / ɥan	ɥan	ɥan
	平利北区 白河 旬阳南北后山一带 汉滨双龙、东镇、叶坪等 紫阳东区双安、安溪乡	江淮官话区				
	石泉、宁陕、岚皋、镇坪北区	西南官话区				
	八仙镇	混合方言区				

1.2.4　臻合一魂混恩韵的读音类型

臻摄合口一等帮组、见组字（除开入声）韵母都读 ən。依据魂混恩韵端系字的韵母读音可分以下两种类型（参见方言地图 34）：

（1）端系字读 uən。见于汉滨城关、恒口、五里等、旬阳汉江、旬河两岸一带、紫阳南区、镇坪南区，可称为“汉紫型”。如：敦꜀tuən、钝 tuənᵓ、论 luənᵓ、嫩 luənᵓ、尊꜀tsuən、村꜀tsʰuən、孙꜀suən。

（2）端系字读 ən。见于平利北区、石泉、宁陕、岚皋、白河、旬阳南北后山一带、汉滨洪县片以及双龙、东镇、叶坪、紫阳北区、东区、镇坪北区、中区；混合方言区的八仙镇。可称为“平石型”。如：敦꜀tən、钝 tən꜄、论 lən꜄、嫩 lən꜄、尊꜀tsən、村꜀tsʰən、孙꜀sən。

表 40　安康方言臻合一魂混慁韵的读音类型

类型	区域	方言分区	端系
汉紫型	紫阳南区、镇坪南区	西南官话区	uən
	汉滨城关、恒口、五里等 旬阳汉江、旬河两岸一带	中原官话区	
平石型	白河沿江一带 汉滨县洪片 宁陕江口回民镇	中原官话区	ən
	平利北区 旬阳南北后山一带 白河后山一带 汉滨双龙、东镇、叶坪等 紫阳东区双安、安溪乡	江淮官话区	
	石泉、宁陕、岚皋、紫阳北区、东区、镇坪北区、中区	西南官话区	
	八仙镇	混合方言区	

1.2.5　臻合三谆准稕、文吻问韵的读音类型

安康方言（除开入声）臻摄合口三等帮组字韵母都读 ən。依据谆准稕、文吻问韵端系、知系、见系字的韵母读音可分以下六种类型（参见方言地图 35）：

（1）泥组、精组精清母字读 uən，知系字读 ən，见系、精组心邪母字读 yən。见于汉滨城关、恒口、五里、关庙、县洪片等，可称为“汉县型”。如：伦 luən꜄、遵꜀tsuən、荀꜁ɕyən、巡꜁ɕyən、春꜀pfʰən、顺 fən꜄、均꜀tɕyən、匀꜁yən、群꜁tɕʰyən、训 ɕyən꜄、云꜁yən。

（2）泥组、精组精清母字读 uən，知系字读 uən，见系和精组心邪母字读 yən。见于紫阳南区、镇坪南区，可称为“紫镇 I 型”。如：伦 luən꜄、遵꜀tsuən、巡꜁ɕyən、春꜀tʂʰuən、顺 ʂuən꜄、均꜀tɕyən、匀꜁yən、群꜁tɕʰyən、训 ɕyən꜄、云꜁yən、荀꜁ɕyən。

（3）泥组、精组精清母字读 ən，知系字读 uən，见系字和精组心邪母字读 yən。

见于紫阳北区、东区、镇坪中区，可称为“紫镇Ⅱ型”。如：伦 lənᵓ、遵꜀tsən、荀꜁ɕyən、巡꜁ɕyən、春꜀tʂʰuən、顺 ʂuənᵓ、均꜀tɕyən、匀꜁yən、群꜁tɕʰyən、训 ɕyənᵓ、云꜁yən。

（4）泥组、精组精清母字读 uən，精组字读 yən、知系、见系字读 ɥən。见于宁陕江口回民镇、白河沿江一带，可称为“江白型”。如：伦 lənᵓ、遵꜀tsən、荀꜁ɕyən、巡꜁ɕyən、春꜀tʂʰɥən、顺 ʂɥənᵓ、均꜀tɕyən、匀꜁yən、群꜁tɕʰyən、训 ɕyənᵓ、云꜁yən。

（5）泥组、精组精清母字读 uən，精组字读 yən、知系、见系字读 ɥən。见于旬阳汉江、旬河两岸一带，可称为“旬阳型”。如：伦 luənᵓ、遵꜀tsuən、荀꜁ɕyən、巡꜁ɕyən、春꜀tsʰɥən、顺 sɥənᵓ、均꜀tɕyən、匀꜁yən、群꜁tɕʰyən、训 ɕyənᵓ、云꜁yən。

（6）泥组、精组精清母字读 ən，知系、见系字读 ɥən，精组心邪母字兼读 in 或 ɥən。见于江淮官话的平利北区、白河后山一带、旬阳南北后山一带、汉滨双龙、东镇、叶坪等，紫阳东部的双安、安溪、宁陕东部的金川、丰富；西南官话区的石泉、宁陕、岚皋、紫阳东区、镇坪北区；混合方言区的八仙镇。可称为“平石型”。如：伦 lənᵓ、遵꜀tsən、荀꜁ʂɥən、迅 ɕinᵓ、巡꜁ɕin、春꜀tʂʰɥən、顺 ʂɥənᵓ、均꜀tʂɥən、匀꜁ɥən、群꜁tʂʰɥən、训 ʂɥənᵓ、云꜁ɥən。

表 41　安康方言臻合三谆准稕、文吻问韵的读音类型

类型	区域	方言分区	泥组	精组	知系	见组
汉县型	汉滨城关、恒口、五里、关庙、县洪片	中原官话区	uən	yən	ən	yən
紫镇Ⅰ型	紫阳南区、镇坪南区	西南官话区	uən	yən	uən	yən
紫镇Ⅱ型	紫阳北区、东区、镇坪中区	西南官话区	ən	yən	uən	yən
江白型	宁陕江口回民镇 白河沿江一带	中原官话区	ən	yən	ɥən	yən
旬阳型	旬阳汉江、旬河两岸一带	中原官话区	uən	yən	ɥən	yən
平石型	平利北区 白河后山一带 旬阳南北后山一带 汉滨双龙、东镇、叶坪等 紫阳东区双安、安溪乡	江淮官话区	ən	in / ɥən	ɥən	ɥən
	石泉、宁陕、岚皋、镇坪北区	西南官话区				
	八仙镇	混合方言区				

1.3　宕江曾梗摄的读音类型

1.3.1　宕开三阳养漾、江开二江讲绛韵庄组的读音类型

安康方言（除开入声）宕开三端系、见系字韵母读 iaŋ，知章组字韵母读 aŋ，都与原底层方言一致；江开二帮组、知组字韵母读 aŋ，见系字读 iaŋ，也都与原底层方言一致。但依据庄组字的韵母读音可分以下四种类型（参见方言地图 36）：

（1）读 aŋ。见于汉滨城关、恒口、五里、关庙以及县洪片等中原官话区。可称为“汉滨型”。如：庄꜀pfaŋ、创꜂pfʰuaŋ、霜꜀faŋ、窗꜀pfʰaŋ、双꜀faŋ。

（2）读 uaŋ。见于紫阳南区、北区、东区、镇坪南区、中区等西南官话区。可称为“紫镇型”。如：庄꜀tʂuaŋ、创꜂tʂʰuaŋ、霜꜀ʂuaŋ、窗꜀tʂʰuaŋ、双꜀ʂuaŋ。

（3）读 ɥaŋ。见于旬阳汉江、旬河两岸一带乡镇等中原官话区。可称为“旬阳型”。如：庄꜀tsɥaŋ、创꜂tsʰɥaŋ、霜꜀sɥaŋ、窗꜀tsʰɥaŋ、双꜀sɥaŋ。

（4）读 ɥaŋ。见于中原官话区的宁陕江口回民镇；西南官话区的石泉、宁陕、岚皋、镇坪北区；江淮官话的平利北区、白河、旬阳南北后山一带、汉滨双龙、东镇、叶坪等、紫阳东部双安、宁陕东部的金川、丰富；混合方言区的八仙镇。可称为“平石型”。如：庄꜀tʂɥaŋ、创꜂tʂʰɥaŋ、霜꜀ʂɥaŋ、窗꜀tʂʰɥaŋ、双꜀ʂɥaŋ。

表 42　安康方言宕开三阳养漾、江开二江讲绛韵庄组的读音类型

类型	区 域	方言分区	庄组
汉滨型	汉滨城关、恒口、五里、关庙以及县洪片	中原官话区	aŋ
紫镇型	紫阳南区、北区、东区、镇坪南区、中区	西南官话区	uaŋ
旬阳型	旬阳汉江、旬河两岸一带	中原官话区	ɥaŋ
平石型	宁陕江口回民镇	中原官话区	ɥaŋ
	石泉、宁陕、宁陕、岚皋、镇坪北区	西南官话区	
	平利北区 白河 旬阳南北后山一带 汉滨双龙、东镇、叶坪等 紫阳东部双安 宁陕东部的金川、丰富	江淮官话区	
	八仙镇	混合方言区	

1.3.2　曾开三蒸拯证、梗开二庚梗映、耕耿诤、梗开三清静劲、青耿诤韵的读音类型

依据安康方言（除开入声）曾开三蒸拯证韵、梗开二庚梗映韵、耕耿诤韵、梗开三清静劲、青耿诤韵的读音，可分以下两种类型（参见方言地图 37）：

（1）韵尾均收 ŋ。其中曾开三蒸拯证韵、梗开三清静劲、青耿诤韵，帮组、端系、见系字韵母读 iŋ，知系字韵母读 əŋ；梗开二庚梗映韵、耕耿诤韵，帮组、端系、知系、见系字韵母均读 əŋ。见于汉滨城关、恒口、五里、关庙以及旬阳汉江、旬河两岸一带。可称为“汉旬型”。如：冰꜀piŋ、平꜁pʰiŋ、名꜁miŋ、陵꜁liŋ、精꜀tɕiŋ、兴꜀ɕiŋ、英꜀iŋ、铭꜁miŋ、宁꜁niŋ、轻꜀tɕʰin、经꜀tɕiŋ、蒸꜀tʂʰəŋ、正꜀tʂʰəŋ、彭꜁pʰəŋ、冷꜂ləŋ、更 kəŋ꜄、耕꜀kəŋ、争꜀tʂəŋ。

（2）韵尾均收 n。其中曾开三蒸拯证韵、梗开三清静劲、青耿诤韵，帮组、端系、见系字韵母读 in，知系字韵母读 ən；梗开二庚梗映韵、耕耿诤韵帮组、端系、知系、见系字韵母均读 ən。见于西南官话区的紫阳、石泉、宁陕、岚皋、镇坪北区；江淮官话的平利北区、白河、旬阳南北后山一带、汉滨双龙、东镇、叶坪、紫阳东部的双安、宁陕东部的金川、丰富；中原官话区的宁陕江口回民镇；混合方言区的八仙镇。可称为“紫平型”。如：冰꜀pin、平꜁pʰin、名꜁min、陵꜁lin、精꜀tɕin、兴꜀ɕin、应 in꜄、英꜀in、铭꜁min、宁꜁lin、轻꜀tɕʰin、经꜀tɕin、橙꜁tʂʰən、蒸꜀tʂʰən、郑 tʂʰən꜄、正꜀tʂʰən、彭꜁pʰən、冷꜂lən、更 kən꜄、耕꜀kən、争꜀tsən。

表 43　曾开三蒸拯证、梗开二庚梗映韵、耕耿诤、梗开三清静劲、青耿诤韵的读音类型

<table>
<tr><th>类型</th><th>区域</th><th>方言分区</th><th>韵部</th><th>帮、端、见系</th><th>知系</th></tr>
<tr><td rowspan="2">汉旬型</td><td rowspan="2">汉滨城关、恒口、五里、关庙、旬阳汉江、旬河两岸一带</td><td rowspan="2">中原官话区</td><td>曾开三蒸拯证韵、梗开三清静劲、青迥径韵</td><td>iŋ</td><td>əŋ</td></tr>
<tr><td>梗开二庚梗映韵、耕耿诤韵</td><td colspan="2">əŋ</td></tr>
</table>

续表

<table>
<tr><th>类型</th><th>区域</th><th>方言分区</th><th>韵部</th><th>帮、端、见系</th><th>知系</th></tr>
<tr><td rowspan="7">紫平型</td><td rowspan="2">汉滨县洪片
江口回民镇
白河沿江一带</td><td rowspan="2">中原官话区</td><td>曾开三蒸拯证韵、梗开三清静劲、青迥径韵</td><td>in</td><td>ən</td></tr>
<tr><td>梗开二庚梗映韵、耕耿诤韵</td><td colspan="2">ən</td></tr>
<tr><td rowspan="2">紫阳、石泉、宁陕、岚皋、镇坪</td><td rowspan="2">西南官话区</td><td>曾开三蒸拯证韵、梗开三清静劲、青迥径韵</td><td>in</td><td>ən</td></tr>
<tr><td>梗开二庚梗映韵、耕耿诤韵</td><td colspan="2">ən</td></tr>
<tr><td rowspan="2">平利北区
旬阳南北后山一带
汉滨双龙、东镇、叶坪
紫阳双安、安溪
宁陕金川、丰富</td><td rowspan="2">江淮官话区</td><td>曾开三蒸拯证韵、梗开三清静劲、青迥径韵</td><td>in</td><td>ən</td></tr>
<tr><td rowspan="2">梗开二庚梗映韵、耕耿诤韵</td><td colspan="2" rowspan="2">ən</td></tr>
<tr><td>八仙镇</td><td>混合方言区</td></tr>
</table>

二　安康方言韵母的接触层次

依照前章所述，各混合方言区的底层方言，除入声消失、调值发生变化以外，韵母变化最大的区域当为白河县包括城关在内的沿江一带乡镇以及宁陕县江口回民镇，其次是本书所指的宁陕、石泉、岚皋三县以及分布于安康汉滨城关周围的县洪片，再次就是紫阳北区、汉滨城关、旬阳沿汉江、旬河一带。变化主要发生在安康中原官话和西南官话，变化的源头主要来自江淮官话，再次佐证了安康方言的变化主要表现在与江淮官话的深度接触上。

2.1　安康各方言点韵母读音与原底层方言的比较

依照前章对各混合区底层方言的分析，下面将上述各方言点韵母的实际读音与原底层方言的韵母读音进行比较。

2.1.1　明母的读音比较

明母的读音主要集中在遇合一暮、遇合一模、流开一厚、山合一末、臻合一没（入）、宕开一铎（入）、通合一三屋（入）等韵字上。

（1）底层是西南官话的。其中紫阳南区、北区、镇坪南区、中区，仍与原底层的西南官话成渝方言类型一致，遇合一暮、流开一厚、通合一三屋（入）读 u；山合一末、臻合一没（入）、宕开一铎（入）读 o。而紫阳东区遇合一暮、流开一厚、通合一三屋（入）则由原底层西南官话成渝片方言的 u 变读为 o。

（2）底层是中原官话的。其中汉滨城关、恒口、五里、关庙、旬阳汉江、旬河两岸一带、宁陕江口回民镇，明母仍与原底层的关中片（西安）方言类型基本一致，如遇合一暮、流开一厚、通合一三屋（入）等读 u，但遇合一模、山合一末、臻合一没（入）、宕开一铎（入）与王军虎所记西安话稍有差异，汉滨发音部位靠前，读 ə，西安话发音部位靠后，读 o。除此，汉滨洪县片、白河沿江一带，以上明母则一概变读为 o。

（3）底层是江淮官话的。包括平利北区、白河后山一带、旬阳南北后山一带，汉滨双龙、东镇、叶坪，紫阳东部双安、安溪、宁陕金川、丰富等江淮官话区；石泉、宁陕、岚皋、镇坪北区等西南官话区，明母仍与原底层的江淮官话黄孝方言类型一致，读 o。均未产生变化。

2.1.2　遇合一模韵读音比较

（1）底层方言是西南官话的。其中紫阳南区、镇坪南区，模韵仍与原底层的西南官话成渝方言类型一致，端泥精见组字韵母读 u。而紫阳北区、东区、镇坪中区，端系字韵母则由原底层的西南官话成渝方言的 u 变读为 ou，与流摄侯韵合流。

（2）底层是中原官话的。一是汉滨的城关、恒口、五里、关庙等乡镇，模韵与原底层的关中方言类型基本一致，其中泥组字韵母读 əu，见组字韵母读 u，只是端、精组字韵母除读 u 外，也兼读 əu。

二是包括汉滨洪县片、旬阳汉江、旬河两岸一带、宁陕江口回民镇、白河沿江一带在内的区域，端系字韵母由原底层的中原官话关中片方言、南鲁片方言的 u 变读为 ou，与流摄侯韵合流。

（3）底层是江淮官话的。范围如前 2.1.1（3），模韵仍与原底层的江淮官话黄孝方言类型一致，端系字与流摄侯韵合流，读 ou，见组字读 u。没有产生变化。

2.1.3 遇合三鱼虞韵读音比较

差异主要在知系字的读音上。

（1）底层是西南官话的。紫阳南区和北区、镇坪中区、南区，鱼虞韵仍与原底层的成渝方言类型一致，泥精组、见系字韵母读 y，知系字韵母读 u。没有产生变化。

（2）底层是中原官话的。没有产生变化的，一是汉滨城关、恒口、五里、关庙及县洪片，鱼虞韵仍与原底层的中原官话关中片（西安、长安）方言类型一致，泥精组、见系字读 y，知系字读 u。二是旬阳汉江、旬河两岸一带，鱼虞韵也与原底层的中原官话关中片（渭南）方言类型一致，泥精组、见系字韵母读 y，知章组字韵母读 ɥ，庄组字读 əu。没有产生变化。

产生变化的是白河城关及沿江一带乡镇、宁陕县江口回民镇，其中知章组字韵母已由原底层的中原官话的 u 变读为 ɥ，庄组字韵母已由原方言的 u 变读为 əu。

（3）底层是江淮官话的。范围如前 2.1.1（3），模韵仍与底层的江淮官话黄孝方言类型一致，泥组字韵母兼读 ou、i、ɥ、ei，精组字韵母兼读 i 和 ɥ，知章组与见系字读 ɥ，庄组字读 ou。都没有产生变化。

2.1.4 蟹合一灰泰韵、蟹合三祭韵、止合三支脂韵的读音比较

差异主要在端系和知系字的读音上。

（1）底层是西南官话的。其中紫阳南区、镇坪南区，韵母仍与原底层的西南官话成渝方言类型一致，端系、知系、见系字均读 uei。而紫阳北区、镇坪中区，其中知系、见系字韵母与原底层的西南官话成渝方言类型一致，读 uei，但端系字韵母已由西南官话成渝方言的 uei 变读为 ei。

（2）底层是中原官话的。没有产生变化的，一是汉滨城关、恒口、五里、关庙等乡镇，韵母仍与原底层的中原官话关中片（西安、长安）方言类型一致，端系、见系字读 uei，知系字读 ei。二是旬阳汉江、旬河两岸一带，韵母也与原底层的中原官话关中片（渭南）方言类型一致，端系、见系字读 uei，知系字读 ɥei。

产生变化的一是汉滨区县洪片，知系字韵母仍与原底层的中原官话关中片方言类型一致，读 ei，但端系字韵母已由中原官话关中片方言的 uei 变读为 ei；二是宁陕江口回民镇方言，端系、见系字韵母仍与原底层的中原官话南鲁片方言类型一致，读 uei，但知系字韵母已分别由原中原官话关中片方言类型 ei 改读为 ɥei。三是白河沿江一带，端系字韵母已由中原官话南鲁片方言的 uei 变读为 ei，

知系字韵母已由原中原官话南鲁片方言类型 uei 改读为 ʮei。

（3）底层是江淮官话的。其中汉江南岸白河、旬阳后山一带区域，韵母仍与原底层的江淮官话黄孝方言类型完全一致，端系字读 i、见系字读 uei，知系字读 ʮei。没有产生变化。但平利北区、汉滨双龙、东镇、叶坪，紫阳东部双安、安溪、宁陕金川、丰富等江淮官话区；石泉、宁陕、岚皋、镇坪北区等西南官话区，其中端系字韵母在中原官话和西南官话的影响下，已由原江淮官话黄孝片的 tɕi、tɕʰi、ɕi 全部替换为 tsei、tsʰei、sei。

2.1.5 山合一桓缓换韵的读音比较

差异主要在端系字读音上。

（1）底层是西南官话的。没有产生变化的是紫阳南区、镇坪南区，韵母仍与原底层的西南官话成渝方言类型一致。端系字全读 uan。产生变化的是紫阳北区、镇坪中区，其中的端系字韵母已由原成渝方言的 uan 变读为 an。

（2）底层是中原官话的。没有产生变化的是汉滨城关、恒口、五里、关庙等乡镇、旬阳汉江、旬河两岸一带，韵母仍分别与原底层的中原官话关中片（西安、渭南）方言类型一致。其中端系字全读 uã。

产生变化的是白河沿江一带、宁陕江口回民话、汉滨县洪片等区域，其中的端系字韵母已由原底层中原官话南鲁片、中原官话关中片的 uan 变读为 an。

（3）底层是江淮官话的。范围如前 2.1.1（3），韵母仍与原底层的江淮官话黄孝方言类型一致，端系字读 an。都没有产生变化。

2.1.6 山合三仙猕线元阮愿韵的读音比较

差异主要在泥组字和知系字读音上。

（1）底层是西南官话的。其中紫阳南区、镇坪南区，韵母仍与原底层的西南官话成渝方言类型一致，泥组、知系字读 uan，精组、见系字读 yan。而紫阳北区、镇坪中区的泥组字已由原底层的成渝方言的 uan 变读为 an。

（2）底层是中原官话的。没有产生变化的，一是汉滨城关、恒口、五里、关庙以及县洪片等区域，韵母仍与原底层的中原官话关中片（长安）方言类型一致，泥组字读 uã，精组、见系字读 yã，知系字读 ã。二是旬阳汉江、旬河两岸一带，韵母也与原底层的中原官话关中片（渭南）方言类型一致，泥组字读 uã，精组、见系字读 yã、知系字读 ʮã。

产生变化的，一是宁陕江口回民镇，知章组字已由原底层的中原官话关中片方言的 an 变读为 ɥan。二是白河城关及沿江一带乡镇，其中精组、见系字仍与原底层的中原官话南鲁片方言一致，读 yan。但泥组、知章组字已分别由原底层的中原官话南鲁片方言的 uan 变读为 ɥan。

（3）底层是江淮官话的。范围如前 2.1.1（3），韵母仍与原底层的江淮官话黄孝方言类型一致，泥组字读 an，精组字兼读 ian 和 ɥan，知系、见系字读 ɥan。没有产生变化。

2.1.7 臻合一魂混恩韵的读音比较

差异主要在端系字读音上。

（1）底层是西南官话的。其中紫阳南区、镇坪南区，韵母仍与原底层的西南官话成渝方言类型一致，端系字仍全读 uən。而紫阳北区、镇坪中区的端系字韵母已由原底层西南官话成渝方言的 uən 变读为 ən。

（2）底层是中原官话的。没有发生变化的是汉滨城关、恒口、五里、关庙等乡镇、旬阳汉江、旬河两岸一带乡镇，韵母仍与原底层的关中片方言类型一致，端系字仍全读 uə̃。

产生变化的是汉滨洪县片、宁陕江口回民镇、白河沿江一带乡镇等区域的端系字韵母则均分别由原底层中原官话关中片方言、南鲁片方言的 uən 变读为 ən。

（3）底层是江淮官话的。范围如前 2.1.1（3），韵母仍与原底层的江淮官话黄孝方言类型一致，端系字读 ən。没有产生变化。

2.1.8 臻合三谆准稕文吻问韵的读音比较

差异主要在端系、知系、见系字读音上。

（1）底层是西南官话的。其中紫阳南区、镇坪南区，韵母仍与原底层的西南官话成渝方言类型一致，其中谆准稕合口三等泥组字、精组精清母、知章组字读 uən，谆准稕文吻问韵见系字和谆准稕韵心邪母字读 yən。但紫阳北区、镇坪中区在谆准稕合口三等泥组字、精组精清母字韵母读音上，则已由原底层西南官话成渝方言的 uən 变读为 ən。

（2）底层是中原官话的。其中没有发生变化的，一是汉滨城关、恒口、五里、关庙以及县洪片，韵母仍与原底层的中原官话关中片（长安）方言类型一致，泥组与精组精清母韵母读 uə̃，见系与精组心邪母字韵母读 yə̃、知系读 ə̃。二是旬阳汉江、旬河两岸一带乡镇等区域，韵母也与原底层的中原官话关中片（渭南）方言类型一致，泥组与精组精清母韵母读 uə̃，见系与精组心邪母字韵母读

yõ，知系读 ʮõ。

产生变化的，一是白河沿江一带乡镇，其中谆术合口三等泥组字、精组精清母字韵母已由原中原官话南鲁片方言的 uən 变读为 ən，知章组字已由 uən 变读为 ʮən。二是宁陕江口回民镇，其中知章组字已由中原官话关中片方言的 uən 变读为 ʮən。

（3）底层是江淮官话的。范围如前 2.1.1（3），韵母仍与原底层的江淮官话黄孝方言类型一致，泥组与精组精清母字读 ən，知系与见系字读 ʮən，精组心邪母字兼读 iən 或 ʮən，没有产生变化。

2.1.9　宕开三阳养漾韵、江开二江讲绛韵的读音比较

差异主要在庄组字的读音上。

（1）底层是西南官话的。其中紫阳南区、北区、东区、镇坪南区、中区，韵母仍与原底层的西南官话成渝方言类型一致，庄组字韵母仍读 uaŋ。

（2）底层是中原官话的。其中没有产生变化的，一是汉滨城关、恒口、五里、关庙以及县洪片，韵母仍与原底层的中原官话关中片（长安）方言类型一致，庄组字韵母读 aŋ。二是旬阳汉江、旬河两岸一带乡镇等区域，韵母也与原底层的中原官话关中片（渭南）方言类型一致，庄组字读 ʮaŋ。

产生变化的一是宁陕江口回民镇，其中庄组字韵母均已由原中原官话关中片长安方言的 aŋ 变读为 ʮaŋ；二是白河沿江一带乡镇，其中庄组字韵母均已由原中原官话南鲁片方言的 uaŋ 变读为 ʮaŋ。

（3）底层方言是江淮官话的。范围如前 2.1.1（3），韵母仍与原底层的江淮官话黄孝方言类型一致，庄组字读 ʮaŋ。

2.1.10　曾开三蒸拯证韵、梗开二庚梗映韵、耕耿诤韵、梗开三清静劲韵的读音比较

依照资料，曾开三蒸拯证、梗开二庚梗映、耕耿诤、梗开三庚梗映清静劲等韵目在成渝方言和江淮官话黄孝方言均收 n 韵尾，而中原官话关中片、南鲁片则收 ŋ 韵尾。所以该三组字的韵母读音差异主要存在于安康与江淮官话有接触关系的汉滨县洪片、宁陕江口回民镇、白河城关以及沿江一带等安康中原官话区。韵母均由原中原官话的 iŋ、əŋ 变读为 in、ən。相比汉滨城关、恒口、五里、关庙以及旬阳汉江、旬河两岸一带区域则没有发生变化，韵母仍与原底层的中原官话关中片方言类型一致，帮、端、见系字韵母读 iŋ、知系字韵母读 əŋ。

以上读音变化如表 44。

表 44—1　安康各方言片韵母读音变化表

方言分区		西南官话			中原官话				中原官话	江淮官话		西南官话
区域		紫阳南区 镇坪南区	紫阳北区 镇坪中区	紫阳东区	汉滨城关、恒口、五里、关庙	汉滨县洪片	旬阳沿汉江、旬河一带	宁陕江口回民镇	白河城关及沿江一带	白河后山一带	旬阳南北后山一带、平利北区、汉滨东镇、双龙、叶坪、宁陕金川、丰富、紫阳安溪、双安	石泉、宁陕、岚皋、镇坪北区
底层方言		西南官话成渝片			中原官话关中片				中原官话南鲁片	江淮官话黄孝片		
遇合一暮 流开一厚 通合一三屋	明母	u		u→o ▲	u	u→o ▲	u	u	u→o ▲	o		
遇合一模	端组	u	u→ou ▲		u 或 ou ▲	u→ou ▲	u → ou ▲	u→ou ▲	ou			
	泥组	u	u→ou ▲		ou				ou			
	精组	u	u→ou ▲		u 或 ou ▲	u→ou ▲	u→ou ▲	u→ou ▲	ou			
	见组	u			u				u			
遇合三 鱼虞	端组	y					y	y	y	兼读 i 和 ɥ		
	泥组									兼读 ou、i、ɥ、ei		
	精组									兼读 i 和 ɥ		
	知章	u					ɥ	u→ɥ ▲	u→ɥ ▲	ɥ		
	庄组						ou	u→ou ▲	u→ou ▲	ou		
	见组	y					y	y	y	ɥ		

表 44—2 安康各方言片韵母读音变化表

方言分区		西南官话			中原官话				中原官话	江淮官话		西南官话
区域		紫阳南区 镇坪南区	紫阳北区 镇坪中区	紫阳 东区	汉滨 城关、恒口、五里、关庙	汉滨 县洪片	旬阳 沿汉江、旬河一带	宁陕 江口回民镇	白河城关 及沿江一带	白河 后山一带	旬阳南北后山一带、平利北区、汉滨东镇、双龙、叶坪、宁陕金川、丰富、紫阳安溪、双安	石泉、宁陕岚皋、镇坪北区
底层方言		西南官话成渝片			中原官话关中片				中原官话南鲁片	江淮官话黄孝片		
蟹合一灰、泰；蟹合三祭；止合三支脂	端组 泥组 精组	uei	uei→ei ▲		uei	uei→ei ▲	uei	uei→ei ▲	uei→ei ▲	i	i→ei ▲	
	知章		uei		ei		ɥei	ei→ɥei ▲	uei→ɥei ▲	ɥei		
	见组				uei		uei		uei			
山合一桓末	端系	uan	uan→an ▲		uan	uan→an ▲	uan	uan→an ▲	uan→an ▲	an		
山合三仙薛、元月	泥组	uan	uan→an ▲		uan		uan	uan	uan→an ▲	an		
	精组	yan	yan		yan		yan	yan	ian 或 ɥan			
	知章	uan	uan		an		ɥan	an→ɥan ▲	uan→ɥan ▲	ɥan		
	见系	yan	yan		yan		yan	yan	ɥan			
臻合一魂没	端系	uən	uən→ən ▲		uən	uən→ən ▲	uən	uən→ən ▲	uən→ən ▲	ən		

表 44—3

方言分区		西南官话			中原官话				中原官话	江淮官话		西南官话
区域		紫阳南区 镇坪南区	紫阳北区 镇坪中区	紫阳 东区	汉滨 城关、恒口、五里、关庙	汉滨 县洪片	旬阳 沿汉江、旬河一带	宁陕 江口回民镇	白河城关 及沿江一带	白河 后山一带	旬阳南北后山一带、平利北区、汉滨东镇、双龙、叶坪、宁陕金川、丰富、紫阳安溪、双安	石泉、宁陕 岚皋、镇坪 北区
底层方言		西南官话成渝片			中原官话关中片				中原官话 南鲁片	江淮官话黄孝片		
臻合三谆术、文物	泥组	uən	uən→ən ▲		uən		uən	uən	uən→ən ▲	ən		
	精组	精清 uən 心邪 yən	精清 uən→ən ▲ 心邪 yən		精清 uən 心邪 yən		精清 ən 心邪 yən	精清 uən 心邪 yən	uən→ən ▲	精清 ən 心邪 iən 或 ɥən		
	知章	uən	uən		ən		ɥən	ən→ɥən ▲	uən→ɥən ▲	ɥən		
	见组	yən	yən		yən		yən	yən	yən	ɥən		
宕开三阳药、江开二江觉	庄组	uaŋ	uaŋ		aŋ		ɥaŋ	aŋ→ɥaŋ ▲	uaŋ→ɥaŋ ▲	ɥaŋ		
曾开三蒸职、梗开三清昔、青锡	帮端见系	in	in		iŋ	iŋ→in ▲	iŋ	iŋ→in ▲	iŋ→in ▲	in		
	知系	ən	ən		əŋ	əŋ→ən ▲	əŋ	əŋ→ən ▲	əŋ→ən ▲	ən		
梗开二庚陌、耕麦	帮端见知	ən	ən		əŋ	əŋ→ən ▲	əŋ	əŋ→ən ▲	əŋ→ən ▲	ən		

说明： 1. 表中的“▲”号表示该点韵母发生了变化。

综上所述，韵母读音变化最大的是中原官话区和西南官话区，中原官话区变化最大的是汉滨县洪片、宁陕江口回民镇、白河城关及沿江一带乡镇；西南官话区变化最大的是紫阳县的北区、东区、镇坪县的中部地区以及平利县的广佛镇。这些变化，有的是随声母的变化而变化，如知系合口三等字，有的只是单纯性的韵母变化，无论哪一种，其变化结果都是趋向于江淮官话（黄孝）韵母特征。再次说明，安康方言变化的动因主要来自江淮官话。如果将安康方言的韵母变化和声母变化进行比较，安康方言的声母变化就要小得多，比如宁陕江口回民镇只是知系合口三等字声母由齿唇音变读为舌尖后音，汉滨城关话也只是知庄组开口二等字、庄组开口三等字声母由舌尖前音变读为舌尖后音。而安康方言的韵母变化仅上文所列举的一些实例看，它不仅变化的类别多，而且涉及的区域面积也最广。由此不难看出，方言在接触中所带来的变化，除调值最易发生变化以外，韵母的变化也是比较容易的，它既不完全受制于声母，同时也不完全受制于声调。

观察外来的江淮官话对安康中原官话和西南官话的影响与渗透，其中也反映出了一定的变化规律，比如对西南官话来说，所受影响包括遇合一模韵与流摄合流，u 变读为 əu；蟹合一灰泰韵、蟹合三祭韵、止合三支、脂韵端系字 uei 变读为 ei；山合一桓缓换韵、山合三仙狝线元阮愿韵端系字分别由 uan、uən 变读为 an、ən。这反映了西南官话在接受江淮官话的影响与渗透中所发生的变化范围。而中原官话的变化范围除西南官话的 3 项以外，还包括遇合三鱼虞韵知章组字韵母已由原方言的 u 变读为 ɥ、庄组字韵母已由原方言的 u 变读为 əu；宕开三阳药韵、江开二江觉韵庄组字已分别由原方言的 aŋ、uan 变读为 ɥaŋ；曾开三蒸拯证韵、梗开二庚梗映韵、耕耿诤韵、梗开三清静劲韵均由收 ŋ 韵尾变为收 n 韵尾 3 项。两相比较，尽管都受着强势的江淮官话的影响，但变化的结果，中原官话韵母所发生的变化明显要比西南官话多，所以不难看出，在韵母上西南官话与江淮官话比起中原官话与江淮官话来说，要有更多的共同特征。

2.2 安康方言韵母接触层次分析

2.2.1 韵母变化与声母的关系

综合表中的韵母变化，有的只是韵母发生变化，声母并未变化；有的韵母是随声母发生了变化。声母发生变化主要集中在知系，但只存在于中原官话与江淮官话接触的宁陕县江口回民镇的回民方言中，再就是江淮官话黄孝方言进入安康后，端系在蟹合一灰、泰、蟹合三祭、止合三支脂中的声母也发生了变化。

在声母之间，四系十二组，端系的韵母变化最大，涉及地域也最宽，其次是知系，再次是见系和帮组。分析如下：

（1）端系韵母的演变

①遇合一模韵由单韵母 u 变读为复韵母 ou。区域涉及紫阳北区、东区、镇坪中区、汉滨县洪片、旬阳汉江、旬河两岸一带、宁陕江口回民镇等地。除此，中原官话核心区的汉滨城关、恒口、五里、关庙也受到一定程度的影响，u 与 ou 读音并存。

②蟹合一灰泰祭韵和止合三支、脂韵的演变分两类情况：一类是介音 u 脱落，复韵母 uei 变读为 ei。区域涉及汉滨县洪片、宁陕江口回民镇、紫阳北区、东区、镇坪中区等地。另一类是韵母由 i 变读为 ei。其中精组声母相应由原黄孝方言的 tɕ 组演变为 ʦ 组。区域涉及平利北区、汉滨双龙、叶坪、中原、东镇、宁陕东部的金川、丰富、紫阳东区的双安、安溪等江淮官话区以及底层为江淮官话的石泉、宁陕、岚皋、镇坪北区等西南官话区。

③山合一桓缓换韵、臻合一魂混慁韵介音 u 脱落，分别由鼻韵母 uan、uən 变读为 an、ən。区域涉及汉滨县洪片、宁陕江口回民镇、白河城关及沿江一带、紫阳北区、东区、镇坪中区等。

④山合三线韵、臻合三谆韵泥组分别由合口呼 uan 或 uən 变读为开口呼 an 或 ən。区域涉及紫阳北区、东区、镇坪中区、白河沿江一带。

⑤曾开三蒸拯证韵、梗开二庚梗映韵、耕耿诤韵、梗开三庚梗映清静劲青迥径韵，韵母由收 ŋ 尾变为收 n 尾。区域涉及汉滨区县洪片、宁陕江口回民镇、白河县城关及沿江一带。

（2）知章组韵母的演变

①遇合三鱼虞韵知章组字单韵母由 u 变读为 ʮ，庄组由单韵母 u 变读为复韵母 ou。区域涉及宁陕江口回民镇、白河县城关及沿江一带，其中江口回民镇知章组字声母相应由原读 pf、pfʰ、f、v 演变为读 tʂʮ-、tʂʰʮ-、ʂʮ- 及其零声母。

②蟹合三祭韵和止合三支、脂韵，宁陕江口回民镇、白河县沿江一带，韵母分别由中原官话的 ei 或 uei 变读为 ʮei。其中江口回民镇知系字声母相应由原读 pf、pfʰ、f、v 演变为读 tʂʮ-、tʂʰʮ-、ʂʮ- 及其零声母。

③山合三仙狝线元阮愿韵、臻合三谆准稕文吻问韵知章组字，宁陕江口回民

镇、白河县沿江一带，韵母分别由中原官话的 an、uan 或 ən、uən 变读为 ɥan、ɥən。其中江口回民镇知系字声母相应由原读 pf、pfʰ、f、v 演变为读 tʂɥ–、tʂʰɥ–、ʂɥ– 及其零声母。

④宕开三庄组阳养漾韵、江开二庄组江讲绛韵，宁陕江口回民镇、白河县城沿江一带，韵母分别由中原官话的 uaŋ 变读为 ɥaŋ。其中江口回民镇知系字声母相应由原读 pf、pfʰ、f、v 演变为读 tʂɥ–、tʂʰɥ–、ʂɥ– 及其零声母。

⑤曾开三蒸拯证韵、梗开二庚梗映韵、耕耿诤韵、梗开三清静劲青迥径韵，汉滨区县洪片、宁陕江口回民镇、白河县沿江一带，韵母分别由 iŋ 或 əŋ 变读为 in 或 ən。

（3）见组的韵母演变

①曾开三蒸拯证韵、梗开三清静劲青迥径韵。汉滨区县洪片、宁陕江口回民镇、白河县沿江一带，韵母分别由 iŋ 变读为 in。

②梗开二庚梗映耕耿诤韵。汉滨区县洪片、宁陕江口回民镇、白河县沿江一带，韵母分别由 əŋ 变读为 ən。

（4）帮组的韵母演变只限于遇合一模、流开一侯、通合一、三屋的明母字，韵母由 u 变读为 o，区域涉及紫阳东区、汉滨县洪片、白河沿江一带。

2.2.3　*韵母的变化层次*

以安康方言的接触实际，韵母的变化主要表现为两个层面，即从底层方言的韵母读音直接变读为被影响的另一方言的韵母读音，只有蟹止合口一三等端系字的韵母演变表现为三个层面。下面是我们的分析：

2.2.3.1　端系字韵母的接触层次

归纳端系字韵母的接触层次，按韵母读音大致可分为四类：（1）蟹止合口一三等端系字（灰泰祭支脂）韵母的演变，读音由 i 变读为 ei；（2）遇合一模韵的演变，韵母读音由 u 变读为 ou；（3）遇山臻合口一等端系字（桓缓换魂混慁）和山臻合口三等泥组字（仙狝线元阮愿谆准稕文吻问）韵母的演变，介音 u 的丢失，读音由 uan 或 uən 变读为 an 或 ən；（4）曾梗摄开口二三等字（蒸拯证庚梗映耕耿诤清静劲青迥径）韵母的演变，韵尾的分混，读音由 iŋ 或 əŋ 变读为 in 或 ən。

（1）遇合一模韵的接触层次

遇摄韵母是遇蟹止山臻通六摄中唯一的单元音韵母。在安康江淮官话区内，其中一等明母字读 o，端系字读 ou，与陈淑梅、唐爱华所记的黄孝片英山、宿松方言相比基本一致，也就是说，安康江淮官话至今还保持在黄孝方言的原始层面上，没有发生变化。

但在与江淮官话有接触关系的安康西南官话、中原官话区内却存在有读音的变化，一是紫阳北区和东区、镇坪北区、汉滨区县洪片、旬阳汉江、旬河两岸一带以及白河沿江一带，遇摄明母与流开一厚、通合一三屋（入）同，读 u；端系字读 ou。如“暮慕墓募”读 u，“都徒鲁租苏”读 ou。可看出端系字韵母经过了一个由 u 到 ou 的演变过程，显然在江淮官话的影响下，端系字由 u 直接变读为 ou。ou 为第二层面。

而在汉滨城关、恒口、五里、关庙等地相比于上述区域又要略显复杂，除遇摄明母读 u 以外，端泥精组字则有 u、əu 两种读音。如“都徒鲁租苏”既有读 u 的存在，又有读 əu 的存在。说明这一区域由于中原官话处于绝对的强势地位，江淮官话处于极度的弱势地位，致使江淮官话的模韵读音对这一区域的中原官话并未起到彻底的取代作用。

（2）蟹止合口一三等端系字韵母的演变

据郭沈青调查[①]，白河茅坪、宋家、双河、西营、四新、桃园、卡子，旬阳后山的赤岩、沙阳、铜线关等乡镇该类字的韵母读 i，与黄孝片方言读音一致，无疑应为安康江淮官话的原始层面。对此，笔者的调查也证实了这一读音。但是，这种黄孝方言的读音在安康凡与其他方言接触之后，读音全部演变为 ei。主要表现出了三种不同的接触关系：

①强势的江淮官话在中原官话、西南官话的影响下，韵母由 i 直接演变读为 ei，其中精组声母随韵母一起由 tɕ 组直接变读为 ts 组。一处见于平利县北区、宁陕东部的金川、丰富，汉滨区的双龙、新坝、叶坪、中原、荆河、东镇等江淮官话区；一处见于石泉、宁陕、岚皋、镇坪北区等西南官话区。变化主要分别来自周边中原官话或西南官话的影响。变化如下图所示：

① 郭沈青：陕南江淮官话的特点与成因，《西北大学学报》(哲学社会科学版)2007年第4期。

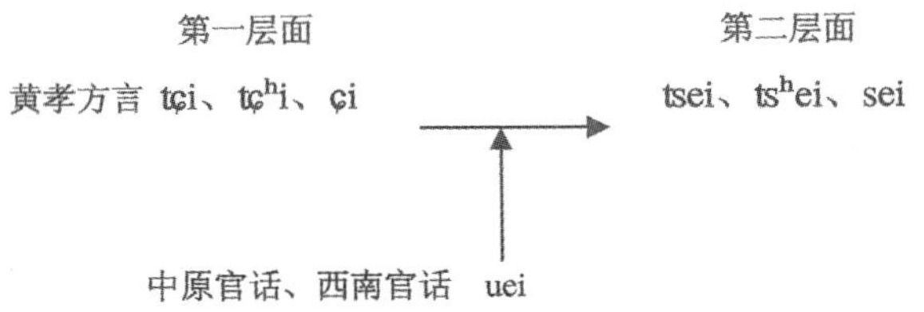

图45　蟹止合口一三等端系字韵母读音在安康江淮官话混合区的演变

②江淮官话在与中原官话对等接触下，端系字韵母首先完成由 i 到 ei 的替换过程，然后反过来影响该区域的中原官话。主要见于两个不同区域：

A、一处主要见于宁陕江口回民镇。该镇回民在清同治年间迁居于江口之前，包括江口镇在内的整个宁陕带黄孝声韵特征的西南官话就已经形成，也就是说在回民迁来之时该区域蟹止合口一三等端系字韵母就已经完成了由 i 到 ei 的变读过程，至此又反影响迁居于此的回民方言，使得回民方言蟹止合口一三等端系字韵母介音 u 脱落，由 uei 变读为 ei。变化如下图所示：

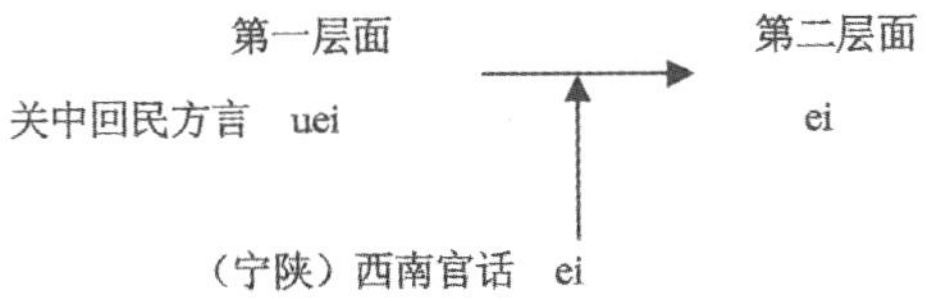

图46　蟹止合口一三等端系字韵母读音在宁陕江口回民镇的演变

B、另一处主要见于汉滨县洪片、白河城关及沿江一带。湖广移民在深入这两个区域之后，在强势中原官话的直接影响下，蟹止合口一三等端系字韵母自身首先由 i 替换为 ei，同时又反影响这两区域的中原官话，致使这两区域蟹止合口一三等端系字介音丢失，读音由原 uei 变读为 ei。变化如下图所示：

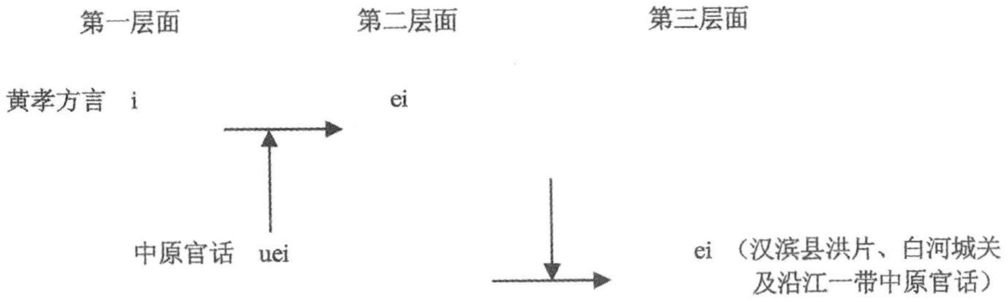

图47　蟹止合口一三等端系字韵母读音在县洪片、白河城关等地的演变

（3）山臻合口一等端系字和山臻合口三等泥组字韵母的接触层次

该两组字的韵母演变主要表现在桓缓换、魂混慁、仙狝线、元阮愿、谆准稕、文吻问等韵目上。区域主要见于安康西南官话的紫阳北区、东区、镇坪中区和安康中原官话的汉滨县洪片、宁陕江口回民镇、白河城关及沿江一带。演变的关节点是介音 u 丢失，读音由 uan 或 uən 直接演变为 an 或 ən，演变的结果，合口韵变读为开口韵。

依据孙立新（2007）、王军虎（1996）、柯西钢（2010）所记的西安方言、南鲁片方言和张一舟（2001）等所记的成都方言，山臻合口一等端系字和山臻合口三等泥组字韵母在中原官话关中片、南鲁片或西南官话成渝片方言中均读 uan 或 uən。也就是说，在西南官话的紫阳北区、东区、镇坪中区和安康中原官话的汉滨县洪片、宁陕江口回民镇、白河城关及沿江一带，山臻合口一等端系字和山臻合口三等泥组字韵母的底层读音应为 uan 或 uən。后来在江淮官话的影响之下，才经过了一个由 uan 或 uən 到 an 或 ən 的演变过程，an 或 ən 则属于第二层面。演变如下图所示：

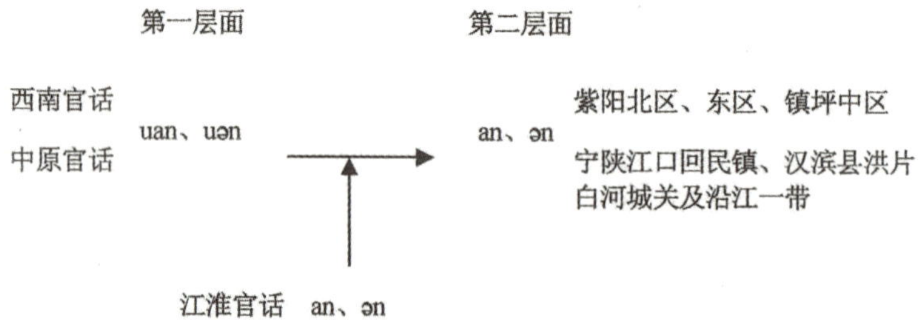

图48 安康中原、西南官话山臻合口一等端系字和山臻合口三等泥组字韵母读音的演变

（4）增梗摄开口二三等字韵母的接触层次

安康方言增梗摄开口二三等字韵母的演变主要表现在蒸拯证、庚梗映、耕耿诤、清静劲、青迥径等韵目上，读 in 或 ən。区域主要见于与江淮官话有接触关系的汉滨区县洪片、宁陕江口回民镇和白河城关及沿江一带中原官话区。

依据孙立新（2007）、王军虎（1996）所记的西安方言，增梗摄开口二三等字韵母均读 iŋ 或 əŋ。由此可见汉滨区县洪片、宁陕江口回民镇和白河城关及沿江一带该类字韵母的底层读音应是 iŋ 或 əŋ，后来在江淮官话的影响之下，发音部位前移，经过了一个由底层的iŋ或əŋ到in或ən的演变过程，in、ən处于演变的第二层面。演变如下图所示：

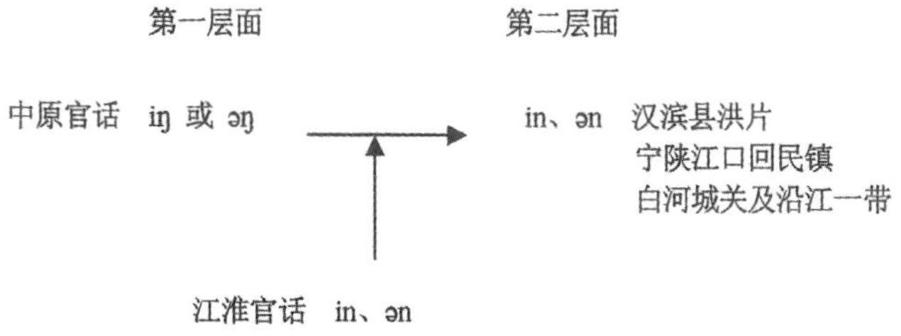

图49 安康中原、西南官话增梗摄开口二三等字韵母读音的演变

2.2.3.2 知系字韵母与见系字的接触层次

安康方言知系字韵母的演变主要发生在中原官话区与江淮官话相接触的宁陕江口回民镇和白河城关及沿江一带两个区域，演变结果江淮官话韵母替代了原中原官话韵母。按韵母与声母的关系，演变主要集中在知章组，包括遇合三鱼虞；蟹合一灰、泰；蟹合三祭；止合三支脂；山合三仙狝线、元阮愿；臻合三谆准稕、文吻问；曾开三蒸拯证、梗开三静劲、青迥径；梗开二庚梗映、耕耿诤等韵目。其次是庄组，包括遇合三鱼虞；宕开三阳养漾、江开二江讲绛；曾开三蒸拯证、梗开三清静劲、青迥径；梗开二庚梗映、耕耿诤等韵目。

按韵母演变方式大致可分三个类型：一是白河城关及沿江一带方言由合口呼u类直接变读为合变呼ʮ类；二是江口回民镇的回民方言由原中原官话关中片方言的开口呼韵母连同齿唇pf组声母一起直接替换为合变呼ʮ类韵母和与之相拼合的tʂ组声母；三是两个混合区都由后鼻音韵母əŋ演变为前鼻音韵母ən。

按江淮官话合变呼ʮ类韵母的分布，除合口三等知系字外，还同时分布于今遇、山、臻合口三等见系字，如：虚꜀ʂʮ、拳꜁tʂʰʮan、均꜀tʂʮən、云꜁ʮən、犬꜂tʂʰʮan。而今白河城关及沿江一带方言ʮ类韵母只分布于知系合口及曾梗摄开口二三等字，今合口三四等见系仍还停留在原中原官话的层面上，读tɕ组与y类韵母相拼，如：虚꜀ɕy、余꜁y、雨꜂y、权꜁tɕʰyan、院yan꜄、远꜂yan、悬꜁ɕyan、均꜀tɕyən、匀꜁yən、军꜀tɕyən、训ɕyən꜄。也就是说，江淮官话的影响只是改变了白河城关话及沿江一带合口三等知系及曾梗摄开口二三等字的韵母读音，而并未带动今遇、山、臻合口三等见系字的韵母演变。

再看宁陕江口回民镇方言知系韵母的变化。与白河城关方言相同的是，今合口三等见系仍还停留在原关中片方言的层面上，读 tɕ 组与 y 类韵母相拼，江淮官话的影响同样也没有带动遇、山、臻合口三等见系字韵母的演变。不同的是在演变方式上，首先是声母由齿唇音 pf 组直接变读为舌尖后音 tʂ 组，相应韵母也由开口呼直接变读为合变呼，如：猪꜀pfu →꜀tʂʮ、书꜀fu →꜀ʂʮ、主꜂pfu →꜂tʂʮ、吹꜀fei →꜀tʂʰʮei、追꜀pfei →꜀tʂʮei、衰꜀fai →꜀ʂʮai、拴꜀fan →꜀ʂʮan、专꜀pfan →꜀tʂʮan、准꜂pfən →꜂tʂʮən、床꜁pfʰaŋ →꜁tʂʰʮaŋ。

观察以上两地合口三等知系和合口三等见系的韵母演变，不难发现遇、山、臻合口三等见系字是衡量江淮官话影响中原官话的一个尺度，直接影响着方言的本质属性。

2.2.3.3　曾开三蒸拯证、梗开三清静劲青迥径、梗开二庚梗映耕耿诤韵的接触层次

安康方言在这组韵目中所显示韵母变化的主要问题是，原底层中原官话的后鼻音韵母 iŋ、əŋ 经与江淮官话接触之后演变为前鼻音韵母 in、ən，区域主要集中在汉滨区县洪片、宁陕江口回民镇、白河城关及沿江一带等几处中原官话之内。

随移民而带来安康的成渝方言、黄孝方言、关中方言，只有关中片方言存在后鼻音韵母，成渝方言和黄孝方言原本都是没有后鼻音韵母的，所以整个安康除汉滨区城关、恒口、五里、关庙和旬阳城关及沿汉江、旬河一带还存在有后鼻音韵母以外，其他区域都不存在后鼻音韵母。面对这样一个方言环境，汉滨区县洪片、宁陕江口回民镇、白河城关及沿江一带等中原官话片尽管底层之中原本也都有后鼻韵母，在强势江淮官话的影响下，势必带来发音部位的变化。

2.3　韵母变化的条件

2.3.1　*声母为韵母变化提供了方向*

安康方言接触所带来的韵母变化，有的只是韵母发生变化，声母不发生变化；有的韵母和声母一起发生变化。韵母发生变化的主要是遇合一暮、流开一厚、通合一三屋的明母字；遇合一模端系字；蟹合一灰、泰、蟹合三祭、止合三支脂端系字；山合一桓缓换、臻合一魂混慁端系字。韵母连同声母一起发生变化的主要有两处，一处是中原官话与江淮官话接触的宁陕县江口回民镇回民方言中的合口三等知系字，开口呼韵母连同 pf 组声母一起替换为 tʂʮ- 组；再一处是江

淮官话黄孝方言进入安康后蟹合一灰、泰、蟹合三祭、止合三支脂中的精组字，经与中原官话接触，声韵由 tɕi、tɕʰi、ɕi 直接替换为 tsei、tsʰei、sei。

那么这里有三个问题是值得讨论的：第一，声母随韵母发生变化主要集中在哪组声系里？第二，这种声母随韵母发生变化是否与相接触的底层方言属性存在着关联？第三，是否与方言间的强弱也存在着关联？

如表 28—37 所示，引起精组声母发生变化的只有蟹、止摄合口一处（见图 31），而引起知系字声母发生变化的竟达六处，除蟹、止摄合口外，还有遇合三鱼虞、山合三仙猕线元阮愿、臻合三谆准稕文吻问、宕开三阳养漾、江开二江讲绛等。这就说明，在方言接触中，最易引起声母发生变化的是知系字。

为什么知系字声母最容易发生变化？我们可以从以下两个方面来说明，第一，从官话区来说，知系字声母本身可以分读 ts、tʂ 两组，熊正辉根据知庄章三组字哪些字读 ts 组，哪些字读 tʂ 组，把官话区分 ts、tʂ 的方言归纳为济南、昌徐、南京三种基本类型。除此之外，还有另外三种特殊的读音：pf 组、tʃ 组、tθ 组。对此，熊正辉认为 pf 组声母产生的原因是跟 u 类韵母结合的结果，是由 tʂ 组分化出来的；tθ 组相当于 tʃ 组，tʃ 组又相当于 ts、tʂ 两组声母方言的 tʂ 组，它们都可以与 ts、tʂ 两组声母对应。[①] 根据熊正辉的分析，我们不难看到一个现象，就是知系声母本身就是一个不太稳定的系统，就是在官话方言里，也同时分布着几组不同的读音。所以，在官话方言之间，属性不同的两种方言相互接触，知系字声母的相互变换也就在所难免，声母也就自然随韵母的变换而变换。

不过，还有一种现象是特别要注意的，就是我们在观察安康方言接触时发现知系字的变化与见系字的变化并不完全同一，就是具有接触关系的两种方言，原本读音一致的知、见系字，影响的结果大都只是改变对方知系字的读音，而并未同时改变见系字的读音。比如江淮官话黄孝方言，遇、山、臻见系合口三等字是和知系合口三等字（遇合三庄除外）、宕开三庄一样，都读 ʮ 类韵母，在与宁陕江口回民镇和白河城关及沿江一带中原官话接触中，只是合口呼三等知系字的韵母读音发生了变化，而遇、山、臻合口三等见系字的 y 类韵并未发生变化。可在另一同样是黄孝方言与中原官话接触中的平利的城关、老县、西河、三阳、岚皋的佐龙、晓道、汉滨的新坝、坝河这几个区域，无论是知系还是见系，韵母读音

① 熊正辉：官话区方言分ts、tʂ的类型，《方言》1990年第1期。

都未发生任何变化，仍然还读ɥ类韵。我们认为，这种现象有两个因素在决定着接触后的结果。一个是接触的程度，另一个与底层方言有着直接的关系。江口回民镇和白河城关及沿江一带方言之所以见系字韵母读音没有变，是因为它的底层方言是中原官话，而平利的城关、老县、西河、三阳、岚皋的佐龙、晓道、汉滨的新坝、坝河这几个区域，知见系韵母之所以都没有发生变化，是因为它的底层方言是江淮官话，中原官话对它的影响只停留在声调上，并未对它的知见系字声母和韵母产生影响。

由此不免联系到另一个问题，即有观点认为，判断一个区域是不是江淮官话（黄孝方言），重在看它是不是还存在有入声字以及入声字的今读如何。但我们觉得，入声字的存在和入声字的今读固然重要，但将遇摄、山摄、臻摄合口三等见系字是否和合口三等知章组字一起是否全读ɥ类韵也是很重要的。因为这些特征一旦发生变化可以说也就从根本上动摇了江淮官话的本质属性。笔者之所以将受中原官话影响古全浊声母今读阳平去声不分阴阳的平利城关、老县、西河、三阳、大贵部分等区域仍划归为江淮官话，也正是出于这方面的衡量。

笔者在调查白河的茅坪、卡子、四新、桃园、双河、西营、旬阳的赤岩、沙阳、双河、红军、公馆、小河，平利的兴隆、女娲、徐家坝、普济寺以及商洛的镇安、柞水等等这些区域的时候，明显看到这里除合口三等知系字和遇、山、臻合口三等见系字一起读ɥ类韵外，并且古全浊入归阳去，去声分阴阳，阴平调值读低降，等等这些特征至今与江淮官话黄孝方言完全一致。既然这样，那么对这一片区域的方言是否仍要坚持存在入声的问题呢？对此，笔者曾在《平利方言调查研究》（2009）一文里是这样谈论这个问题的：据汪化云（2004）研究，在鄂东方言里就已经有部分古入声字归入其他声调，经统计，鄂东方言中已经有190个古入声字发生了变化。那为什么黄孝片的入声调逐渐趋于消变呢？以笔者之拙见，除汪化云所说它没有塞音韵尾这一原因外，还有一重要原因就是江淮处于南北过渡地带，西面和北面又直接与中原官话、西南官话交界，北方语言的影响无处不在，以此设想，江淮官话的入声字，最后也就必定趋于消亡，那么到那时江淮官话最后剩下的特点又是什么呢？所以，与合口三等知系字和遇、山、臻合口三等见系字读ɥ类韵，古全浊入归阳去，去声分阴阳，阴平调值读低降等特征比较起来，入声的有无反倒并不那么重要。

2.3.2　韵母的高化、裂化变合口为开口

安康方言韵母的变化也表现在韵母 u 的高化、裂化，有将其称为后元音高化，如模韵明母 u 因颚化演变为 o，遇合一模端系韵母 u 演变为 ou，蟹合一灰、泰；蟹合三祭；止合三支脂端系韵母由 uei 演变为 ei；山合一桓缓换、臻合一魂混慁端系韵母由 uan 演变为 an。

朱晓农（2004）总结了元音高顶出位的六种类型：擦化、舌尖化、边擦化、鼻音化、央化、裂化。安康方言高元音 u 裂化为复元音 ou 便是元音高顶出位的方式之一。高元音裂化符合音变通则，在高元音前面常常会增生一个舌位稍低的前滑音（on-glide），如 i ＞ ei，ɯ ＞ əɯ，u 前往往会增生滑音 ə，即 əu，在安康存在江淮官话与中原官话相接触的紫阳北区、东区；镇坪县中区；汉滨区县洪片、宁陕江口回民镇、白河城关及沿江一带，裂化为 ou 的高元音 u 也经历了这一过程。当 ə 的发音时间变长，语音更为清晰时，əu 便裂化为复元音 əu，即 u ＞ əu ＞ əu，安康上述区域方言 əu 进一步演变为 ou。这种在高元音前面增生滑音的裂化，朱晓农称之为“前裂化”。①

同样，在高元音后面也可能增生一个滑音，从而进一步发生的裂化叫“后裂化”。在高元音后增生舌位稍低的后滑音（off-glide），如 i ＞ ie，ɯ ＞ ɯə，y ＞ ye。至于高元音 u 后，则多增生滑音 ə，即 uə，当 ə 语音特征更为清晰时，uə 便裂化为复元音 uə，即 u ＞ uə ＞ uə。

安康方言明母“暮慕墓募”读为 o，便是第二种元音裂化类型，即“后裂化”。经历 u ＞ uə ＞ uə 的音变过程，uə 进一步演变为 uo。明母为唇音，唇音本身带有合口性质，合口韵母与之相拼便产生羡余成分，因此，唇音声母 m 后的韵母 uo 便演变为 o。

2.3.3　发音部位转移变后鼻音韵母为前鼻音韵母

在语音演变过程中，汉语方言的鼻音声母或韵母发音部位转移而发音方法不变是相当常见的现象。比如讲西南官话的人在学习普通话时就采用这种方法修正方言中错读的前鼻韵母，如“正”，由 tʂən꜄改读为 tʂəŋ꜄。方言接触也一样，一种方言接受另一方言的韵母读音，其中也就包括通过这种发音部位转移而发音方法不变的方法改读成另一方言的读音。在安康，存在有后鼻韵母的只有中原官话的

① 朱晓农：汉语元音的高顶出位，《中国语文》2004年第5期。

汉滨城关、恒口、五里和关庙。宁陕江口回民镇回民所讲的中原官话，原本也是有后鼻韵母的，如“清”读꜀tɕʰiŋ，“成”读꜁tʂʰəŋ，但自接受当地带江淮官话特征的西南官话严重影响之后，后鼻韵母消失，全部改读为前鼻韵母，“清”也就改读为꜀tɕʰin，“成”也就改读为꜁tʂʰən，收 ŋ 尾变成了收 n 尾。

第十章　安康方言声调的接触层次

一　声调的演变类型与层次

经调查分析，安康方言接触之后的语音变化首先以声调变化为最普遍，在调类、调值、轻声和连读变调中，又以调值变化为最普遍。如果单看调类，汉滨、旬阳、白河、紫阳、镇坪、石泉、宁陕、岚皋、平利、汉阴等十县城关，只有后五县城关调类发生了变化；如果看调值，全市9县1区，除开中原官话核心区的汉滨城区及月河川道的恒口、五里等乡镇还基本维系着关中方言的调值外，其他各县无论是中原官话区、西南官话区还是江淮官话区，几乎全都发生了变化。

安康方言的声调变化大体可分两种类型，一种只调值发生变化，调类并不变，如县洪片和白河城关及沿江一带的中原官话，以及紫阳南部、北部的西南官话；一种不但调值发生变化，调类也发生变化，如石泉、宁陕、汉阴、岚皋、镇坪北部等西南官话区、平利的城关、老县、西河、三阳、大贵部分等江淮官话区，甚至包括以湘语为底层方言的汉阴月河两岸乡镇。下面按“中原官话与江淮官话”“江淮官话与中原官话”“江淮官话与西南官话”三种混合关系列出10个混合方言点的声调变化比较表。为方便比较，同时列上原底层方言的声调。

表 45—1 混合方言声调变化比较表

方言点	关中片 方言	中原官话与江淮官话接触			南鲁片 南阳话	黄孝片 英山话	江淮官话与中原官话接触	
		江口 回民镇	汉滨 县河镇	白河 城关镇			平利 城关镇	平利 洛河镇
单字调 调值	阴平 31 阳平 35 上声 53 去声 44	阴平 31 阳平 35 上声 53 去声 44	阴平 42 阳平 312 上声 55 去声 223	阴平 213 阳平 42 上声 55 去声 51	阴平 35 阳平 31 上声 55 去声 41	阴平 31 阳平 55 上声 34 阴去 35 阳去 33 入声 213	阴平 45 阳平 52 上声 445 去声 214	阴平 31 阳平 52 上声 445 阴去 214 阳去 22
古清入 的归派	阴平	阴平	阴平	阴平	阴平		阴平	阴平
古次浊入 的归派								
古全浊 的归派	阳平	阳平	阳平	阳平	阳平		阳平	阳平

表 45—2 混合方言声调变化比较表

方言点	黄孝片 英山话	江淮官话与西南官话接触					成渝片 达州话	西南官话 与江淮官话
		宁陕 城关镇	石泉 城关镇	岚皋 城关镇	镇坪 北部	平利 广佛镇		紫阳 城关镇
单字调 调值	阴平 31 阳平 55 上声 34 阴去 35 阳去 33 入声 213	阴平 45 阳平 21 上声 53 去声 213	阴平 45 阳平 42 上声 53 去声 213	阴平 45 阳平 21 上声 53 去声 213	阴平 45 阳平 31 上声 53 去声 213	阴平 44 阳平 42 上声 43 去声 213	阴平 45 阳平 21 上声 53 去声 213	阴平 34 阳平 21 上声 53 去声 213
古清入 的归派								
古次浊入 的归派		阳平	阳平	阳平	阳平	阳平	阳平	阳平
古全浊 的归派								

表内的声调变化主要包括单字调调值和入声字的归派两个方面，入声字的归派按其变化特征又分古清入、古次浊入、古全浊入 3 个方面。按接触关系仍分为中原官话与江淮官话、江淮官话与中原官话、江淮官话与西南官话、西南官话与江淮官话接触 4 个区域，前为该区域接触前的基础方言，后为外来方言。表中所显示的变化是：

1. 没有入声。随移民带来的江淮官话入声在与他方言的接触中消失而归入其他调类。

2. 去声不分阴阳。随移民带来的江淮官话，去分阴阳只在江淮官话核心区的白河、旬阳后山以及平利北区的兴隆、长安、普济、女娲、洛河、岚皋的晓道、紫阳的双安、安溪、宁陕的金川、丰富、广货街、汉滨的双龙、东镇、叶坪、鳖盖子等区域还保留着。而在底层方言为江淮官话的宁陕、石泉、岚皋以及镇坪北部等区域，阴去和阳去全都合并为一类而不再分阴阳。即就是在江淮官话声韵特征保留较多、调值靠近黄孝方言的平利城关、老县、西河、三阳、岚皋的佐龙等乡镇，去声也不再分阴阳。说明江淮官话的去分阴阳在与中原官话、西南官话的接触中和入声一样也很快归入消失。

3. 入声的归派概随方言属性。如宁陕江口回民镇、白河城关、汉滨县河镇等区域，随移民带来的江淮官话，其入声随着与中原官话的接触，清入、次浊入变读为阴平，全浊入变读为阳平。宁陕、石泉、岚皋城关以及镇坪北部等地，随移民带来的江淮官话，其入声随着与西南官话的接触，大部变读为阳平。

4. 声调除安康汉滨城关、恒口、五里等地方言以及宁陕江口回民方言仍维持在关中方言而未发生变化外，其他各点均已发生变化。有的只是调值变而调类不变，如紫阳、汉滨县洪片、白河城关及沿江一带方言；有的调类、调值都变，如宁陕、石泉、岚皋、镇坪北部四县以及平利城关、老县、西河、三阳、大贵部分等地方言。

其中调值的变化，有的完全替换为所接触方言调值，如宁陕、石泉、岚皋城关以及镇坪北部；有的则产生新的调值，如汉滨的县洪片、平利城关、老县、西河、三阳、大贵部分等区域。

下面分别讨论以上方言点的声调变化。

（1）只调值发生变化

紫阳话。紫阳底层方言为成渝方言，是西南官话与江淮官话黄孝方言之间的接触。接触结果，调类未变，只是阴平由高平调变为中升调。如下图所示：

成渝方言（西南官话）		黄孝方言（江淮官话）		紫阳（西南官话）
阴平 55		阴平 31		阴平 34
阳平 21	+	阳平 55	→	阳平 21
上声 53		上声 34		上声 53
去声 213		阴声 35		去声 213
		阳去 33		
		入声 213		

图 50

县洪话。县洪片底层方言为关中话，是中原官话与江淮官话黄孝方言之间的接触。接触结果，调类未变，但四声调值全都发生变化。如下图所示：

关中方言（中原官话）		黄孝方言（江淮官话）		县洪方言（中原官话）
阴平 31		阴平 31		阴平 42
阳平 35	+	阳平 55	→	阳平 312
上声 53		上声 34		上声 55
去声 44		阴声 35		去声 223
		阳去 33		
		入声 213		

图 51

白河城关话。白河城关及沿江一带底层方言为河南南阳话，是中原官话南鲁方言与江淮官话黄孝方言之间的接触。接触结果，调类未变，只是阴平由中升调变读为低降升，阳平由低降变读为中降。如下图所示：

南阳话（中原官话）		英山话（江淮官话）		白河话（中原官话）
阴平 35		阴平 31		阴平 213
阳平 31	+	阳平 55	→	阳平 42
上声 55		上声 34		上声 55
去声 41		阴去 35		去声 51
		阳去 33		
		入声 213		

图 52

（2）调类、调值都发生变化。

宁陕、石泉、岚皋城关及镇坪北部方言。该四处底层方言为黄孝方言，是江淮官话与西南官话成渝方言之间的接触。接触结果，入声消失，大部归阳平；调类由原 6 个合流为 4 个，去声不再分阴阳；四声调值趋于成渝方言。如下图所示：

英山话（江淮官话）		成渝方言（西南官话）		石泉、宁陕、岚皋话（西南官话）
阴平 31		阴平 55		阴平 45
阳平 55	+	阳平 21		阳平 21
上声 34		上声 53	→	上声 53
阴去 35		去声 213		去声 213
阳去 33				（阳、阴去合流）
入声 213				（入声大部归阳平）

图 53

平利城关、老县话。该区域底层方言为黄孝方言，是江淮官话黄孝方言与中原官话关中方言之间的接触。接触结果，由原江淮官话 6 个调类合流为 4 个调类，入声消失，去声不再分阴阳；入声今读服从于关中方言（中原官话），清入、次浊入归阴平，全浊入归阳平；产生新的调值，阴平变读为半高平调。如下图所示：

黄孝片方言（英山）		汉滨方言		平利城关
阴平 31		阴平 31		阴平 43
阳平 55	+	阳平 35	→	阳平 52
上声 34		上声 53		上声 445
阴去 35		去声 44		去声 214
阳去 33				（阳、阴去合流）
入声 213				（清、次浊入归阴平，全浊入归阳平）

图 54

综合表中的变化，问题尽管错综复杂，但有一种现象是比较明显的，就是声调的变化程度除与方言间的强弱有关以外，与所接触的方言属性也有着密切的关联。比如底层方言是江淮官话的石泉、宁陕、岚皋以及镇坪北部方言，与西南官话接触，接触结果是，调值服从于西南官话，古入声的今读也服从于西南官话。而底层方言同样是江淮官话的平利城关、老县、西河、三阳等地方言，与中原官话接触，最终结果除古入声今读服从于中原官话，阴平调值稍有变化外，其他调值与安康江淮官话几乎完全一致，变化并不显著。这是否说明江淮官话与西南官话要比与中原官话要亲近得多，因为亲近，所以才容易接受西南官话的声调影响，而与中原官话疏远，所以对来自中原官话的声调影响自当是排斥的。

二 声调的演变次第

归纳以上声调变化，不难看出其中的调值演变、入声的消失和归调、去声的阴阳合流大致呈如下变化次第：

（1）调值最具漂移性。比如汉滨县洪片方言，底层方言是移民带来的关中方言，由于与江淮官话接触，虽说入声字的归调没有变，但调值已变得与原关中方言大不相同，由此可见调值在方言接触中是最容易受到他方言的影响的。

（2）在中原官话和西南官话的强势影响下，入声的消失与调值的变化一样，也是最容易实现的。尽管湖广移民给安康带来了江淮官话，但在中原官话和西南官话的大语言环境里，为克服语言上的交际障碍，入声的消失便成为一种自然。

（3）其次是阴阳去的合流。在安康方言中，阴去和阳去的保留仅限于白河、旬阳、平利三县后山的交合地带以及远离中原官话和西南官话区之外的平利洛河、汉滨的东镇、双龙、宁陕的金川、丰富。除此，凡处于中原官话或西南官话影响之区域，比如安康的宁陕、石泉、岚皋、镇坪北部以及平利的城关、老县等地，阴阳去的合流，其变化都是必然的，也是极为迅速的。

（4）再次是入声的归调。因为它直接关系着声调系统的改变和调整，这应是声调变化的最后一道防线，如果发生变化，也就意味着方言性质的改变。比如受西南官话影响的宁陕、石泉、岚皋，尽管底层方言都是江淮官话，至今也都还保留着较多的江淮官话的声韵特征，但由于入声的归调，方言性质也就由此发生变化。事实上已经说明，入声的归调决定着方言属性的演变方向。

三 调值的变化走向

分析安康的方言接触，调值的变化走向也是一个值得观察的现象。以笔者归纳，调值的变化结果大概有如以下三种类型：

（1）完全不受对方方言的影响，仍坚持自身方言的调值。如宁陕江口回民镇的回民方言，尽管受着身边带江淮官话声韵特征的西南官话的严重影响，但由于居住集中，调值仍丝毫不改原关中片方言的读法。

（2）个别调类仍保留着原底层方言的读法，其余部分则服从于对方方言调值。如石泉城关方言，阳平调值至今仍与安康江淮官话的阳平一致，读中降 42，但阴平、上声、去声调值则变成成渝方言的读法，分别为 45、53、213。

（3）产生新的调值。所产生的新调值既不同于底层方言，也不同于接触方方言。比如安康县洪片方言，底层为关中片方言，与之接触的是黄孝方言，产生新的调值是：阴平 42、阳平 312、上声 55、去声 223。与关中或与黄孝片方言调值相比，全都大相径庭。

不过，以我们的观察，所产生的新调值也存在着一定的变化走向。为了说明这个问题，我们同时列上商洛镇安城关方言调值。比如黄孝方言与关中方言接触而形成的安康县洪片方言和商洛镇安城关方言，县洪片处陕南南部的安康，镇安城关处陕南北部的商洛，尽管各处一方，相隔数百里之外，但由于人口来源一致，都属于对等的接触关系，最后形成的新调值却极为接近。如下图所示（为全面反映黄孝方言的调值读法，同时列上英山、蕲春、浠水等鄂东方言的调值）：

	英山	蕲春	浠水		西安话		县洪片方言、镇安城关方言
阴平	31	42	21		阴平 31		阴平 42（降调相接触仍然是降调）
阳平	55	31	32	+	阳平 35	——→	阳平 312（低降与中升接触产生低降升）
上声	34	34	34		上声 53		上声 55（中升与高降接触产生高平）
阴去	35	25	35		去声 44		去声 223（平声相接触仍然是低平）
阳去	33	33	33				
入声	213	21	214				

图 55

从图中的变化情况看，相同的两种方言接触下的调值变化，如果接触结果互不相同，要说它具有一定的变化走向，那是很勉强的，可两地各处南北，变化结果却完全一样，要说之间没有一点走向的话，反倒是不成立的。

为说明调值在方言接触之中的演变走向，我们特意将汉中中原官话的汉台、西乡、城固、勉县、略阳等五县城关的调值演变也拿来作一比较。这五县也各处汉中一方，但最后形成的调值也基本趋于一致，与县河、镇安话略有不同的是，由于汉中的强势方言为西南官话，致使汉中中原官话的调值接近于成渝方言。如下图所示：

宝鸡		成渝方言		汉台、西乡、城固、勉县、略阳等五县城关方言	
阴平 21		阴平 55		阴平 54	（趋向于成渝方言的高平调）
阳平 24	+	阳平 21	——→	阳平 32	（趋向于成渝方言的低降调）
上声 53		上声 53		上声 45	（形成高平调）
去声 44		去声 213		去声 313	（趋向于成渝方言的低降升）

图 56

这种走向说明新调值的产生，既与原两种不同方言的调值有着密切的关系，又与原两种方言的强弱也有着密切的关系。其融合方式，一种表现为原两种调值的对等结合，一种则是向强势方言调值靠近。我们分析新调值产生的结合走向，除探讨声调在方言接触上的融合规律之外，同时对判断一个区域的方言接触关系也可起着印证的作用。

第十一章　安康方言的文白异读在词汇接触中的借入层次

一　研究安康方言文白异读所面临的问题

所谓汉语方言文白异读，简要的说就是指一个字在书面语和口语里存在着不同的读音。具体来说是指“意义上有关联的两个或两个以上不同读音，具有相同的来历，即在《切韵》系统里具有完全相同的音韵地位。”① 在笔者看来，这里面有两点是应该注意的：第一，它具有系统性，是一种系统性的又音现象，指的是《切韵》系统的一个音类（如一个声母或一个韵）在今方言里有两种不同的分化方式；第二，具有单纯性，是指在某一种方言内所存在的系统性的又音现象，比如闽语，比如西安话。

既然这样，那么安康方言存不存在文白异读呢？因为安康的人口主要源自外地移民，从理论上讲，方言间的相互接触必然会影响到原方言的文白读音。如果存在，那么它还具有系统性吗？如果有变化，那么它是怎样变化的？其演变方式是什么？具有怎样的层次性？

为便于比较，我们对安康文白异读情况进行了较为细致的调查，并对与安康紫阳交界的四川万源乃至更远一点的达州的文白异读情况也进行了调查。各方资料显示安康方言不但存在着文白异读，并且仍旧还具有一定的系统性。我们分析个中原因，主要有如下两点：

（1）虽说安康人口主要来自外来移民，但影响安康方言格局的只有两处，一

① 张振兴：漳平永福方言的文白异读，《方言》1989年第3期。

是宋金元时期的关中移民，一是清代的湖广移民。如前所述，先来的关中移民主要分布于安康盆地及汉江沿岸的浅山地带，后来的湖广移民主要分布于汉江流域的后山地带，人口源流的相对集中和山地环境的相互封闭，为保护原方言的读音提供了先决条件。

（2）尽管安康人口来自多方的外地移民，但其中以湖广移民为绝大多数，湖广移民中又以鄂东和皖西南移民为主体，他们除集中居住于安康东部人烟稀少的后山地带外，同时也广泛分布于安康的其他区域特别是安康西部和南部的西南官话区。对此，本书前面已有说明，这里之所以强调它，因为它是我们认识安康方言文白异读现象的重要前提和依据。

不过，也应看到，安康由于几种方言间的相互影响，文白异读的相互渗透也变得复杂起来，一是方言不同，文白异读的影响也是有差异的，比如安康中原官话接受江淮官话的文白异读相比于西南官话就要小得多。二是随移民而来的原地方言，白读音少了，白读的类型也少了，白读和文读之间的优势也有所转换。还有，其变化在系统上也存在着明显的差别，比如，有的白读音很容易消失，而有的白读音却能顽强地保留下来，并且还表现出一定的层次。

二　安康方言文白异读的表现特征

2.1　前山与后山有别

如前所述，安康的关中移民主要分布于安康盆地及汉江沿岸的浅山地带而形成中原官话区，清代的湖广移民除集中分布于安康东部的白河、旬阳、平利等县形成江淮官话区以外，还广泛分布于安康西部的紫阳、宁陕、石泉、岚皋和镇坪等西南官话区，所以说安康方言的文白异读，其源头主要承袭于陕西的关中方言和鄂东及皖西南一带的黄孝方言，以体系而论，大致可分为前山和后山两个体系，即前山的关中方言体系和后山的黄孝方言体系。但值得注意的是，因为湖广移民分布广泛，所以无论是前山的中原官话区也好，还是后山的紫阳、宁陕、石泉、岚皋和镇坪等西南官话区也好，其文白异读都存在着相互混合的问题。为方便分析它的表现特征，下面先分别列出两个体系的文白异读。举例时，“：”前为白读，“：”后为文读。

2.1.1　前山关中方言体系的文白异读

前山体系的文白异读主要表现在见系开口二等字、咸摄开口三等盐严两韵疑影字、山臻合口三等精组字以及山臻宕三摄部分读舌尖清擦音声母字上。区域包括安康中原官话区的汉滨城关、恒口、五里、关庙、县洪片、旬阳县汉江、旬河流域的一些乡镇。（见方言地图 38）

（1）见系开口二等字的文白异读

该类字白读为 x、n 两声母，文读为 ɕ、ø 两声母。其中白读音占优势：所涉汉字或只有白读（凡此举例中不注文读音），或以白读为常（凡此举例中文读只注音不举例）。两读的差异许多表现在词汇上，及文白两读不能互换。如：

假开二麻：牙꜀nia：꜀ia｜伢꜂nia：꜂ia｜衙꜀nia：꜀ia｜砑 nia꜄：ia꜄｜下吓 xa꜄：ɕia꜄｜哑꜂nia：꜂ia

蟹开二佳：解姓 xæ꜄：｜解晓也 xæ꜄：｜解将原木用大锯锯成板材꜂kæ：｜懈 xæ꜄：ɕie꜄｜鞋꜀xæ：꜀ɕie

咸开二咸洽：鹹꜀xã：꜀ɕiã｜狭峡 tɕʰia꜄：꜀ɕia

咸开二衔狎：押꜀nia：꜀ia｜压 nia꜄：ia꜄

山开二山黠：闲空闲꜀xã：꜀ɕiã｜苋苋菜 xã꜄：

山开二删辖：瞎꜀xa：꜀ɕia｜辖꜀xa：꜀ɕia

江开二江觉：项 xaŋ꜄：ɕiaŋ꜄｜巷꜀xaŋ：꜀ɕiaŋ｜握꜀yo：꜀uo

梗开二梗陌：吓꜀xei：｜杏 xəŋ꜄：

（2）咸摄开口三等盐严韵疑影母的文白异读

严俨꜀niã：꜀iã｜酽 niã꜄：｜腌腌꜀niã：꜀iã｜业꜀nie：꜀ie

（3）山臻合口三等精组字的文白异读

山合三仙薛：全泉꜀tsʰuã：꜀tɕʰyã｜宣꜀suã：꜀ɕyã｜选꜂suã：꜂ɕyã｜旋旋涡꜀suã：꜀ɕyã｜镟镟了个洞 suã꜄：ɕyã꜄｜旋旋走旋说 suã꜄：ɕyã꜄

臻合三谆术：俊峻竣骏 tsuə̃꜄：tɕyə̃꜄｜荀询洵꜀suə̃：꜀ɕyə̃｜旬殉巡循꜀suə̃：꜀ɕyə̃

（4）山臻宕三摄部分读作舌尖清擦音声母字的文白异读

山开三仙：蝉禅꜀ʂã：꜀tʂʰã

咸开三盐：蟾꜀ʂã：꜀tʂʰã

臻开三真：辰晨꜀ʂə̃：꜀tʂə̃

宕开三阳：常尝偿꜀ʂaŋ：꜀tʂʰaŋ

从类别上看，以上文白异读与关中片方言基本一致，但在周边方言特别是江淮官话的影响下，使用上出现了一些变化：一种是白读占优势，比如见系开口二等字，其中有的为方便词义传达，仍然只用白读音而不用文读音，如：解姓 xæ꜄：｜解晓也 xæ꜄：｜解将原木用大锯锯成板材꜂kæ：｜苋苋菜 xãv：｜吓꜀xei：｜杏 xəŋ꜄：｜；一种是文读占优势，比如山臻合口三等精组字“全泉宣选旋镟”和“俊峻竣骏荀询洵旬殉巡循”，多用文读音而少用白读音，其主要原因是，安康中原官话本身就有一套撮口呼韵母，由合口呼变读为撮口呼是极其容易的；一种是白读与文读并存，比如咸摄开口三等盐严韵疑影母的“严俨酽醃腌业”、山臻宕三摄开口三等的“蝉禅蟾辰晨常尝偿”。

2.1.2 后山黄孝方言体系的文白异读

后山体系主要分布于安康江淮官话和西南官话的平利、白河、旬阳南北二山、宁陕、石泉、汉阴、紫阳、岚皋、镇坪以及汉滨区的叶坪、东镇、牛蹄、双龙等乡镇（见图 38）。后山体系的文白异读主要表现在见系开口二等字、蟹摄一等和止摄的帮组字、蟹止两摄合口端系字以及遇山臻合口三等精组字上。其中见系开口二等字、蟹摄一等和止摄的帮组字、蟹止两摄合口端系字的文白异读既存在于安康江淮官话区以及以江淮官话为底层方言的西南官话区的石泉、宁陕、岚皋三县和镇坪县的北区，还存在于西南部靠近四川的紫阳县。

（1）见系开口二等字的文白异读。

这类文白异读主要存在于安康江淮官话区以及底层方言为江淮官话的石泉、宁陕、岚皋、镇坪北区。对于西南官话区的紫阳县是否也存在这类文白异读，经笔者调查和对《紫阳县志》（1989 卷二十三“方言志”）、张德新《紫阳城关方言音系研究》“同音字汇”的核对，均表明与安康江淮官话区域的文白异读几乎完全一致。

该类声母白读为 k 组，韵母为开口呼；文读声母为 tɕ 组或零声母，韵母为齐齿呼。其中白读音占优势：所涉汉字或只有白读（凡此举例中不注文读音），或以白读为常（凡此举例中文读只注音不举例）。两读的差异大多表现在词汇上，且文白两读不能互换。如：

假摄：家꜀ka：꜀tɕia｜架 ka꜄：tɕia꜄｜驾 ka꜄：tɕia꜄｜枷꜀ka：꜀tɕia｜牙꜀ŋa：꜀ia｜伢꜀ŋa：꜀ia｜哑꜂ŋa：꜂ia｜下 xa꜄：ɕia꜄｜丫꜀ŋa：꜀ia｜鸦꜂ŋa：꜂ia

效摄：斠 kau꜄：｜窖 kau꜄：tɕiau꜄｜觉 kau꜄：tɕiau｜敲꜀kʰau：꜀tɕʰiau｜

咬ᶜŋau：ᶜȵiau ｜跤꜀kau：꜀tɕiau ｜搅ᶜkau：ᶜtɕiau ｜坳 ŋau꜄：

咸摄：夹꜀ka：꜀tɕia ｜掐꜀kʰa：꜀tɕʰia ｜狭꜀tɕʰia：꜁ɕia ｜鹹꜁xan：꜁ɕian ｜衔꜁xan：꜁ɕian ｜ ｜压 ŋa꜅：ia꜅｜陷 xan꜄：ɕian꜄｜岩꜁ŋai：

山摄：间꜀kan：꜀tɕian ｜间 kan꜄：tɕian꜄｜眼ᶜŋan：ᶜȵian ｜闲꜁xan：꜁ɕian ｜瞎꜀xa：꜀ɕia ｜苋 xan꜅： ｜轧 ŋa꜅：

蟹摄：皆阶街꜀kai：꜀tɕiai ｜介芥 kai꜄：tɕiai꜄｜界届疥 kai꜄：tɕiai꜄｜解ᶜkai：ᶜtɕiai ｜解姓 xai꜅： ｜鞋꜁xai：꜁ɕiai ｜蟹ᶜxai： ｜崖꜁ŋai：꜁ia

江摄：豇꜀kaŋ：꜀tɕiaŋ ｜虹 kaŋ꜄：tɕiaŋ꜄｜项巷 xaŋ꜅：ɕiaŋ꜅｜角꜀ko：꜀tɕio

梗摄：杏 xən꜅：ɕin꜅｜吓꜀xɛ： ｜吓 xa꜄：ɕia꜄

这类文白异读，大多读音和词义联系紧密，所以白读和文读往往是固定的，其中有的直到现在也只有白读音，没有文读音。比如：

	k kʰ ŋ x	tɕ tɕʰ ɕ Ø
家	家꜀ka 公外爷	家꜀tɕia 庭
驾	驾 ka꜄试开始	驾 tɕia꜄驶
牙	牙꜁ŋa 齿	爪牙꜁ia
下	底下 xa꜅	下 ɕia꜅流、下 ɕia꜅放
丫	丫꜀ŋa 头	脚丫꜀ia 子
街	上街꜀kai、街꜀kai 檐坎	——
角	牛角꜀ko	五角꜀tɕio
阶	阶꜀kai 级	阶꜀tɕiai 段
芥	芥 kai꜄菜	芥 tɕiai꜄末
界	界 kai꜄岭	界 tɕiai꜄限
哑	哑ᶜŋa 野蛮	哑ᶜia 巴
鸦	鸦ᶜŋa 雀	乌鸦꜀ia
解	解ᶜkai 手小便或大便	解ᶜtɕiai 散
解	解ᶜkai 板子用锯将原木解剖成板材	解ᶜtɕiai 剖
解	解 xai꜅姓	——
蟹	螃蟹ᶜxai	蟹 ɕiai꜅黄
鞋	鞋꜁xai 子	——
斛	斛 kau꜄一下用量器量一下	——

窖	窖kauᵓ洋芋	苕窖tɕiauᵓ
敲	敲꜀kʰau打人警告或捉弄人	推敲꜀tɕʰiau
咬	狗子咬ᶜŋau	程咬ᶜȵiau金
跤	绊跤꜀kau子	——
鹹	鹹꜁xan淡	——
衔	衔꜁xan草	衔꜁ɕian接
狭	窄狭꜁tɕʰia太狭窄	南坪狭꜁ɕia地名
间	间kanᵓ屋动词	——
瞎	瞎꜀xa子	瞎꜀ɕia搞经
苋	苋xanᵓ菜	——
虹	虹kaŋᵓ彩虹	——
项	项xaŋᵓ姓、猪项xaŋᵓ圈	项ɕiaŋᵓ链
杏	杏xənᵓ子	——

以上字的使用范围，有的属地名用字，如“界kaiᵓ岭”“街꜀kai檐坎”；有的属特殊的动植物用字，如“芥kaiᵓ菜”“苋xanᵓ菜”“螃蟹ᶜxai”；有的属姓氏和称谓用字，如“项xaŋᵓ”“解xaiᵓ”“家꜀ka公”；有的属特殊行业劳作词语用字，如“解ᶜkai板子”“斠kauᵓ一下”“窖kauᵓ洋芋”；有的则属于新兴词语用字，如“解ᶜtɕiai散”“驾tɕiaᵓ车”“下ɕiaᵓ流”“下ɕiaᵓ放”有的属于纯书面用语，如“推敲꜀tɕʰiau”“解ᶜtɕiai剖”“衔꜁ɕian接”。以这些字的使用范围，读音与词类、词义有着密切的联系，属于地名、姓氏、称谓、特殊的动植物、特殊的行业劳作一般用白读，不用文读，而属于新兴词语或纯属于书面用语，一般用文读，不用白读。

（2）蟹摄一等和止摄的帮组字、蟹止两摄合口端系字的文白异读

这类文白异读的差异主要表现在韵母上：白读i，文读ei。声母方面，仅精组字文读ts组，白读tɕ组。这类字的白读音最易消失，现仅存于不受中原官话、西南官话影响的白河后山的卡子、四新、茅坪、桃园、西营、双河、旬阳后山的赤岩、沙阳等江淮官话区域的乡镇中，属于最底层。而凡与中原官话、西南官话有接触关系的江淮官话区的其他乡镇以及底层方言为江淮官话的石泉、宁陕、岚皋、镇坪北区等西南官话区域，甚至包括受江淮官话影响的紫阳北区、东区，一律文读为ei。比如（下面所举字例，声调按江淮官话标注）：

贝辈背备被 pi꜄： pei꜄　配佩沛 pʰi꜄： pʰei꜄　胚坯꜀pʰi：꜀pʰei
培陪赔裴꜁pʰi：꜁pʰei　碑卑꜀pi：꜀pei　被被子 pi꜅： pei꜅
梅枚玫媒煤霉媚꜁mi：꜁mei　每美꜂mi：꜂mei　妹昧袂 mi꜅： mei꜅
寐 mi꜄： mei꜄　堆꜀ti：꜀tei꜀　推꜀tʰi：꜀tʰei
腿꜂tʰi：꜂tʰei　退蜕 tʰi꜄： tʰei꜄　碓对队兑 ti꜄： tei꜄
雷꜁li：꜁lei　儡壘累积累꜂li：꜂lei　内累连累类泪 li꜄： lei꜅
最醉 tɕi꜄： tsei꜄　催崔摧璀꜀tɕʰi：꜀tsʰei　罪 tɕi꜅： tsei꜄
碎岁穗祟 ɕi꜄： sei꜄　脆翠粹萃 tɕʰi꜄： tsʰei꜄　嘴咀꜂tɕi：꜂tsei
髓隧꜂ɕi：꜂sei　随虽绥遂꜁ɕi：꜁sei　庇避鄙꜂pʰi：
披꜀pʰei：

该类的“庇避鄙”三字同时又属于声母的文白异读，白读为 pʰ。除此，其他字与普通话声韵母基本相同，如：杯焙辔彼臂皮疲脾譬麋縻靡弥琵枇屁丕悲鼻篦泌。

（3）遇山臻合口三等精组字的文白异读

该类字既属于声母的文白异读又属于韵母的文白异读，即声母白读为 tɕ 组，韵母为齐齿呼，声母文读为 tʂ 组，韵母为合变呼 ʮ 类。它存留于安康江淮官话区和以江淮官话为底层方言的石泉、宁陕、岚皋以及镇坪的北区。紫阳县未有这类文白异读，因为紫阳本身就有一套撮口呼韵母，江淮官话这类文白异读的影响最终未能改变紫阳话的声韵系统。如：

遇合三鱼虞：蛆꜀tɕʰi： ｜徐꜁ɕi：꜁ʂʮ｜取娶：꜂tʂʰʮ｜序 ɕi꜄： ʂʮ꜄｜叙 ɕi꜄： ʂʮ꜄｜绪 ɕi꜄： ʂʮ꜄｜絮 ɕi꜄： ʂʮ꜄｜须꜀ɕi： ʂʮ꜄｜续： ʂʮ꜄

山合三仙薛：全泉꜁tɕʰian：꜁tʂʰʮan｜宣꜀ɕian：꜀ʂʮan｜选꜂ɕian： ｜旋旋涡꜁ɕian：꜁ʂʮan｜镟镟了个洞 ɕian꜄： ʂʮan꜄｜旋旋走旋说 ɕian꜄： ʂʮan꜄

臻合三谆术：俊峻竣骏 tɕin꜄： tʂʮən꜄｜荀询洵꜁ɕin：꜁ʂʮən｜旬殉巡循꜁ɕin：꜁ʂʮən｜迅 ɕin꜄： ʂʮən꜄

这类具有文白异读的字，读音往往随词语意义而固定，为表义的需要，有的只用白读，有的只用文读，有的文白都用。比如：

	tɕ 组	tʂ 组
蛆	蛆꜀tɕʰi 牙子	——
徐	徐꜁ɕi 姓	徐徐꜁ʂʮ 上升

取娶	——	争取꜂tʂʰʮ
序	次序ɕi꜄	顺序ʂʮ꜄
叙	叙ɕi꜄述	记叙ʂʮ꜄
绪	头绪ɕi꜄	情绪ʂʮ꜄、绪ʂʮ꜄论
絮	棉絮ɕi꜄	花絮ʂʮ꜄
须	胡须꜀ɕi	必须꜀ʂʮ
续	——	手续ʂʮ꜄、继续ʂʮ꜄
全	全꜀tɕʰian部、泉꜀tɕʰian水	——
旬	旬꜀ɕin阳	旬꜀ʂʮən阳
循	遵循꜀ɕin	——
巡	巡꜀ɕin逻	——
殉	——	殉꜀ʂʮən职、荀꜀ʂʮən子
迅	迅ɕin꜄速	——

2.2 借入与抵制同在

本节讨论的所谓“借入与抵制同在”，主要指以鄂东和皖西南方言的文白异读在对安康西南官话和中原官话的影响中所表现出来的差异。

为了客观说明这种差异，我们对毗邻安康紫阳的四川达州的方言进行了调查，其结果进一步证实了这种差异的存在。

经调查，有两个方面的资料是值得重视的：一个是，据王和洲考察，明万历元年（1578）四川有人口310万人，因战争、饥荒、瘟疫、虎患等灾祸肆虐，到清康熙元年（1662）四川人口陡减至50万人，其中达县明万历元年（1578）有人口16 233人，到清康熙元年（1662）实载5 393丁。但到康熙六十一年（1671），四川人口从低谷的50万人径直增加到325万人，增长6.5倍。究其原因，人口大部来自“湖广填川”，定居移民多来自湖广的麻城、孝感、黄州、汉阳、长沙、常德、永州和江西、陕西、福建、广东等地。其中以达州大树片区为例，据王和洲搜集到的318个入川家族资料：湖南省籍为234个家族，占73.7%；湖北省籍33个家族，占10.3%；其他省籍21个家族，占6.6%；未知省籍的 30 个，占 9.4%。[①] 从这一点看，说明四川北部与安康有着共同的社会背景和共同的人口来源。另一个是，经笔者调查，达州市北部与安康紫阳交界的万源市的官渡、大竹、竹峪三镇直至万源城关，其声韵调与紫阳毛坝方言完全一致，只是从万源城区以南才开始出现没有舌尖后音 tʂ、tʂʰ、ʂ、ʐ 的变化。

以上两点至少说明四川尤其是它的北部，和安康一样都存在着湖广方言的渗透与影响，只是比安康要轻微得多，原因是：（1）土著人的基数比安康要高得多，以达州为例，清康熙元年（1662）存有土著人 5393 丁，而安康元末明初仅存土著人 2768 丁；（2）巴山以南的四川，地势低缓，不存在地理上的障碍，而安康处于秦岭巴山之间，境内的西南官话是难以成为绝对的强势方言来克服江淮官话的渗透。其结果只能是，强势的成渝方言必将成为四川最后的高层语言，而安康的西南官话只能是在声调上占据强势，而在声母和韵母上却无法抵御江淮官话的影响，其中包括文白异读。

我们所调查的三个发音人均在 70 岁以上，他们强调，达州的文白异读大部保留在老年人的口中，青年人基本都不说了。经调查，达州与紫阳一样，因受西南官话声韵系统的限制，江淮官话文白异读的影响主要表现在见系开口二等字上，字数也比安康的紫阳话要少，但比成都话要多。如下表：

① 王和洲：《九龙湖·姓氏文化》，页11、12、17，达州市达川区大树片区编纂委员会，（2014）达市新出准印字第146号。

表 46—1

例字			成都方言		达州方言		黄孝方言		紫阳城关话		汉滨城关话		西安方言	
			白读	文读	白读	文读	白读	文读	白读	文读	白读	文读	白读	文读
见系	假开二	家～公 枷连～		꜀tɕia	꜀ka	꜀tɕia	꜀ka	꜀tɕia	꜀ka	꜀tɕia		꜀tɕia		꜀tɕia
		架		tɕia꜄		tɕia꜄	ka꜄	tɕia꜄	ka꜄	tɕia꜄		tɕia꜄		tɕia꜄
		驾		tɕia꜄		tɕia꜄	ka꜄	tɕia꜄	ka꜄	tɕia꜄		tɕia꜄		tɕia꜄
		牙伢		꜁ia		꜁ia	꜁ŋa	꜁ia	꜁ŋa	꜁ia	꜁nia	꜁ia	꜁nia	꜁ia
		哑		꜂ia		꜂ia	꜂ŋa	꜂ia	꜂ŋa	꜂ia	꜂nia	꜂ia	꜂nia	꜂ia
		吓～一跳	xa꜅	ɕia꜅	xa꜅	ɕia꜅	xa꜅	ɕia꜅	xa꜅	ɕia꜅	xa꜅	ɕia꜅	xa꜅	ɕia꜅
		下	xa꜅	ɕia꜅	xa꜅	ɕia꜅	xa꜅	ɕia꜅	xa꜅	ɕia꜅	xa꜅	ɕia꜅	xa꜅	ɕia꜅
		丫鸦		꜀ia		꜀ia	꜀ŋa	꜀ia	꜀ŋa	꜀ia		꜀ia		꜀ia
	效开二	斠窖	kau꜄		kau꜄		kau꜄		kau꜄		kau꜄	tɕiau꜄		tɕiau꜄
		觉	kau꜄	tɕiau꜄	kau꜄	tɕiau꜄	kau꜄	tɕiau꜄	kau꜄	tɕiau꜄		tɕiau꜄		tɕiau꜄
		敲	꜀kʰau	꜀tɕʰiau	꜀kʰau	꜀tɕʰiau	꜀kʰau	꜀tɕʰiau	꜀kʰau	꜀tɕʰiau		꜀tɕʰiau		꜀tɕʰiau
		咬		꜂ȵiau	꜂ŋau	꜂ȵiau	꜂ŋau	꜂ȵiau	꜂ŋau	꜂ȵiau	꜂niau		꜂niau	
		交跤		꜀tɕiau	꜀kau	꜀tɕiau	꜀kau	꜀tɕiau	꜀kau	꜀tɕiau		꜀tɕiau		꜀tɕiau
		搅	꜁kau	꜂tɕiau		꜂tɕiau	꜂kau	꜂tɕiau	꜂kau	꜂tɕiau		꜂tɕiau		꜂tɕiau
		坳	ŋau꜄		ŋau꜄		ŋau꜄		ŋau꜄		ŋau꜄		ŋau꜄	
	咸开二	夹		꜀tɕia		꜀tɕia	꜀ka	꜀tɕia	꜀ka	꜀tɕia		꜀tɕia		꜀tɕia
		掐		꜀tɕʰia	꜀kʰa	꜀tɕʰia	꜀kʰa	꜀tɕʰia	꜀kʰa	꜀tɕʰia		꜀tɕʰia		꜀tɕʰia
		狭		꜁ɕia	꜁tsa	꜁ɕia	꜀tɕʰia	꜁ɕia	꜀tɕʰia	꜁ɕia	꜀tɕʰia	꜁ɕia	꜀tɕʰia	꜁ɕia
		鹹	꜁xan	꜁ɕian	꜁xan	꜁ɕian	꜁xan	꜁ɕian	꜁xan	꜁ɕian	꜁xã	꜁ɕiã	꜁xã	꜁ɕiã
		衔		꜁ɕian	꜁xan	꜁ɕian	꜁xan	꜁ɕian	꜁xan	꜁ɕian	꜁xã	꜁ɕiã	꜁xã	꜁ɕiã
		压		ia꜅		ia꜅	ŋa꜅	ia꜅	ŋa꜅	ia꜅	nia꜅	ia꜅	nia꜅	ia꜄
		陷	xan꜄	ɕian꜄	xan꜄	ɕian꜄	xan꜄	ɕian꜄	xan꜄	ɕian꜄		ɕiã꜄		ɕiã꜄
		岩	꜁ŋæ		꜁ŋæ		꜁ŋai		꜁ŋai		꜁ŋæ		꜁ŋæ	
	山开二	间	꜀kan	꜀tɕian	꜀kan	꜀tɕian	꜀kan	꜀tɕian	꜀kan	꜀tɕian		꜀tɕiã		꜀tɕiã
		间动词	kan꜄	tɕian꜄	kan꜄	tɕian꜄	kan꜄	tɕian꜄	kan꜄	tɕian꜄				
		眼		꜂ȵian		꜂ȵian	꜂ŋan	꜂ȵian	꜂ŋan	꜂ȵian	꜂niã	꜂iã	꜂niã	꜂iã
		闲	꜁xan	꜁ɕian	꜁xan	꜁ɕian	꜁xan	꜁ɕian	꜁xan	꜁ɕian	꜁xã	꜁ɕiã	꜁xã	꜁ɕiã
		瞎		꜀ɕia		꜀ɕia	꜀xa	꜀ɕia	꜀xa	꜀ɕia	꜀xa	꜀ɕia	꜀xa	꜀ɕia
		苋	xan꜅		xan꜅		xan꜅		xan꜅		xã꜅		xã꜅	
		轧		ia꜄		ia꜄	ŋa꜅		ŋa꜅		nia꜅		nia꜅	

表 46—2

例字			成都方言		达州方言		黄孝方言		紫阳城关话		汉滨城关话		西安方言	
			白读	文读	白读	文读	白读	文读	白读	文读	白读	文读	白读	文读
见系	蟹开二	街	꜀kæ	꜀tɕiai	꜀kæ	꜀tɕiai	꜀kai	꜀tɕiai	꜀kai	꜀tɕiai	꜀kæ	꜀tɕiɛ		꜀tɕiɛ
		皆阶	꜀kæ	꜀tɕiai	꜀kæ	꜀tɕiai	꜀kai	꜀tɕiai	꜀kai	꜀tɕiai		꜀tɕiɛ		꜀tɕiɛ
		介芥界疥届		tɕiai꜄	kæ꜄	tɕiai꜄	kai꜄	tɕiai꜄	kai꜄	tɕiai꜄		tɕiɛ꜄		tɕiɛ꜄
		解	꜂kæ	꜂tɕiai	꜂kæ	꜂tɕiai	꜂kai	꜂tɕiai	꜂kai	꜂tɕiai	꜂kæ	꜂tɕiɛ		꜂tɕiɛ
		解姓		ɕiai꜄		ɕiai꜄	xai꜅		xai꜅		xæ꜅		xæ꜅	
		鞋	꜁xæ	꜁ɕiai	꜁xæ	꜁ɕiai	꜁xai	꜁ɕiai	꜁xai	꜁ɕiai	꜁xæ	꜁ɕiɛ	꜁xæ	꜁ɕiɛ
		蟹	꜂xæ		꜂kæ		꜂xai		꜂xai		꜂xæ		꜂xæ	
		崖	꜁ŋæ	꜁ia	꜁ŋæ	꜁ia	꜁ŋai	꜁ia	꜁ŋai	꜁ia	꜁ŋæ	꜁ia	꜁næ	꜁ia
	江开二	豇		꜀tɕiaŋ		꜀tɕiaŋ	꜀kaŋ	꜀tɕiaŋ	꜀kaŋ	꜀tɕiaŋ		꜀tɕiaŋ		꜀tɕiaŋ
		虹	kaŋ꜄		kaŋ꜄		kaŋ꜄		kaŋ꜄		tɕiaŋ꜄		tɕiaŋ꜄	
		讲		꜂tɕiaŋ		꜂tɕiaŋ	kaŋ	꜂tɕiaŋ		꜂tɕiaŋ				
		江		꜀tɕiaŋ		꜀tɕiaŋ	kaŋ	꜀tɕiaŋ		꜀tɕiaŋ				
		项巷	xaŋ꜅	ɕiaŋ꜅	xaŋ꜅	ɕiaŋ꜅	xaŋ꜅	ɕiaŋ꜅	xaŋ꜅	ɕiaŋ꜅	xaŋ꜅	ɕiaŋ꜅	xaŋ꜅	ɕiaŋ꜅
		角	꜀ko	꜀tɕio	꜀ko	꜀tɕio	꜀ko	꜀tɕio	꜀ko	꜀tɕio		꜀tɕyɤ		꜀tɕyɤ
	梗开二	杏	xən꜅	ɕin꜅	xən꜅	ɕin꜅	xən꜅	ɕin꜅	xən꜅	ɕin꜅	xəŋ꜅	ɕiŋ꜅	xəŋ꜅	ɕiŋ꜅
		硬	ŋən꜄		ŋən꜄		ŋən꜄		ŋən꜄		niŋ꜄		niŋ꜄	
		吓恐~	꜀xɛ		꜀xɛ		꜀xɛ		꜀xɛ		꜀xɛ		꜀xɛ	
	假合二	跨	꜁kʰa	kʰua꜄	꜁kʰa	kʰua꜄	꜁kʰa	kʰua꜄	꜁kʰa	kʰua꜄		kʰua꜄		kʰua꜄
		胯~裆	kʰa꜄	tɕʰia꜄	kʰa꜄	tɕʰia꜄	kʰa꜄	tɕʰia꜄	kʰa꜄	tɕʰia꜄		tɕʰia꜄		tɕʰia꜄
		剐~洋芋	꜂kʰua	꜀kua	꜂kʰua	꜀kua	꜂kʰua	꜀kua	꜂kʰua	꜀kua		꜀kua		꜀kua
	遇合三	去来~	kʰe꜄	tɕʰy꜄	tɕʰie꜄	tɕʰy꜄	tɕʰi꜄		tɕʰie꜄		tɕʰi꜄	tɕʰy꜄	tɕʰi꜄	tɕʰy꜄

续表

例字			成都方言		达州方言		黄孝方言		紫阳城关话		汉滨城关话		西安方言	
			白读	文读	白读	文读	白读	文读	白读	文读	白读	文读	白读	文读
精组	遇合三	蛆		꜀tɕʰy		꜀tɕʰy	꜀tɕʰi	꜀tʂʰɥ		꜀tɕʰy		꜀tɕʰy		꜀tɕʰy
		徐		꜁ɕy		꜁ɕy	꜁ɕi	꜁ʂɥ		꜁ɕy		꜁ɕy		꜁ɕy
		取娶		꜂tɕʰy		꜂tɕʰy	꜂tɕʰi	꜂tʂʰɥ		꜂tɕʰy		꜂tɕʰy		꜂tɕʰy
		序叙绪		ɕy꜄		ɕy꜄	ɕi꜄	ʂɥ꜄		ɕy꜄		ɕy꜄		ɕy꜄
		絮棉～	suei꜄	ɕy꜄	suei꜄	ɕy꜄	ɕi꜄	ʂɥ꜄		ɕy꜄		ɕy꜄		ɕy꜄
		须		꜀ɕy		꜀ɕy	꜀ɕi	꜀ʂɥ		꜀ɕy		꜀ɕy		꜀ɕy
		续		ɕy꜄		ɕy꜄	ɕi꜄	ʂɥ꜄		ɕy꜄		ɕy꜄		ɕy꜄

表 46—3

例字			成都方言		达州方言		黄孝方言		紫阳城关话		汉滨城关话		西安方言	
			白读	文读	白读	文读	白读	文读	白读	文读	白读	文读	白读	文读
精组	山合三	全泉		꜁tɕʰyan		꜁tɕʰyan	꜁tɕʰian			꜁tɕʰyan		꜁tɕʰyã	꜁tsʰuã	꜁tɕʰyã
		宣		꜀ɕyan		꜀ɕyan	꜀ɕian	꜀ʂɥan		꜀ɕyan		꜀ɕyã	꜀suã	꜀ɕyã
		选		꜂ɕyan		꜂ɕyan	꜂ɕian			꜂ɕyan		꜂ɕyã	꜂suã	꜂ɕyã
		旋～涡		꜁ɕyan		꜁ɕyan	꜁ɕian	꜁ʂɥan		꜁ɕyan		꜁ɕyã	꜁suã	꜁ɕyã
		镟动词		ɕyan꜄		ɕyan꜄	ɕian꜄	ʂɥan꜄		ɕyan꜄		ɕyã꜄	suã꜄	ɕyã꜄
		旋～走～说		ɕyan꜄		ɕyan꜄	ɕian꜄	ʂɥan꜄		ɕyan꜄		ɕyã꜄	suã꜄	ɕyã꜄
	臻合三	俊峻竣骏		tɕyən꜄		tɕyən꜄	tɕin꜄	tʂɥən꜄		tɕyən꜄		tɕyə̃꜄	tsuə̃꜄	tɕyə̃꜄
		荀询洵		꜁ɕyən		꜁ɕyən	꜁ɕin	꜁ʂɥən		꜁ɕyən		꜁ɕyə̃	꜁suə̃	꜁ɕyə̃
		旬殉巡循		꜁ɕyən		꜁ɕyən	꜁ɕin	꜁ʂɥən		꜁ɕyən		꜁ɕyə̃	꜁suə̃	꜁ɕyə̃

表中对接受江淮官话影响的安康汉滨话与西安话也进行了比较。经归纳，差异如下：

（1）58 个见系开口二等字，成都方言有 29 个字存在白读音，达州方言有 41 个字存在白读音（“狭”除外），紫阳城关话除“讲江豇”三字有 55 个字存在白读音；西安话虽说也有 26 个字存在白读音，但其中“牙伢哑咬压眼轧崖硬”等 9 个字的声母读 n，与黄孝方言的 ŋ 不同。（另表中的“去”成都话读 kʰeᵓ，达州话读 tɕʰieᵓ；“絮”成都话和达州话都读 sueiᵓ；“狭”达州话读꜀tsa，这显然是四川土著白读音）经比较，可看出两个问题：①达州与安康紫阳，在保留黄孝方言白读音的问题上明显存在着差异，其中紫阳话保留得要多一些，达州话则保留得要少一些，如把成都话作为比较对象，所保留的字数明显存在着由北边的紫阳到南边的成都呈逐渐减少趋势；②黄孝方言的文白异读对安康紫阳话影响最大，几乎全盘接收，其次是达州，由于这里的土著方言（当地称“四平话”）比安康的紫阳要强势得多，所以黄孝方言的影响比起安康的紫阳势必要小得多。

（2）如果把成都话的 29 个见系开口二等白读字算作是自身原有的，那么紫阳城关话 55 个见系开口二等字，除掉自身方言原有的 29 个字，另 26 个白读音无疑是借自黄孝方言的，属于新的层次。而汉滨城关话除“斠窖阶街皆解崖”7 个字的白读音是接收黄孝方言的以外，其余 24 个读音均和现在的西安方言相同，说明汉滨城关话源自关中方言。

（3）另江摄开口二等字的“虹角”2 字，紫阳城关话分别白读为 kaŋᵓ、꜀ko，与鄂东话的白读音一致，而汉滨城关话分别读 tɕiaŋᵓ、꜀tɕyo，与西安方言一致。

（4）遇、山、臻合口三等精组字，因为紫阳城关话与达州、成都方言一致，读撮口呼，所以，既没有接受黄孝方言的白读齐齿呼，也没有接受黄孝方言的文读合变呼。汉滨城关话也一样，因为都读撮口呼，所以，也没有受江淮官话黄孝方言文白异读的影响。

归纳以上四点文白异读在方言接触中的影响状况，不难看出，文白异读在方言接触中对另一方言的影响是有条件的，其中最重要的条件是：

（1）方言间的声韵特征是否相近。方言性质的不同除声调标准外，同时也取决于各自不同的声韵特征，那么方言间声韵特征差异的大小直接关乎着方言间文白异读的影响程度，特征差异小的，文白异读的影响程度就高，特征差异大的，文白异读的影响程度就小。比如紫阳城关话，尽管遇、山、臻三摄合口三等精组字仍坚持着成渝方言撮口呼的读音，但 58 个见系开口二等字的文白读音与黄孝方言完全一致。达州话文白异读字尽管比紫阳话要少，但也比较集中。而汉滨县河话无论是见系开口二等字还是遇、山、臻合口三等精组字，基本上都没有接受黄孝方言文白异读的影响。相比之下，紫阳和达州话接受黄孝方言文白异读要比汉滨城关话容易得多。所以说，方言间的声韵特征差异是直接关乎文白异读借入的首要条件。对此，潘悟云以温州借入上海话的“卸”为例指出：“借词的语音形式符合借入方言的语音系统，尽可能采用该方言固有的声韵调。”① 实际上海话的“卸”ɕia^{5}之所以能被温州话改造为ɕa而借入进来，其前提还是温州话和上海话在“卸”的读音上都有着共同的声母ɕ，否则离开这个前提也是不可能被改造的。

（2）音类是否相同。紫阳方言见系开口二等字的文白异读之所以能在原有的29个的基础上又增加了26个白读音，达州话也能在原有的29个的基础上又增加了12个白读音，其中一个主要原因就是成渝方言见系开口二等字的文白异读与黄孝方言同属于一个音类，即声母都白读为k kʰ ŋ x，所以接收黄孝方言的白读音不存在转换声母的问题。而汉滨城关话则不然，按其底层的西安方言的读音状况看，31个白读字中，其中“下斠窖坳衔鹹岩闲瞎轧街解姓蟹鞋崖项巷杏吓~一跳嚇恐~”等20个字读k组，“牙伢哑咬压眼轧硬”等8个字读n，“狭虹”2个字读tɕ组。因为“牙伢哑咬压眼轧硬”等字在黄孝方言里白读为ŋ，而这8个字西安话没有相应的白读音，所以以关中话为底层方言的汉滨城关话要接收该读音的词语，就只能采取连词带音的办法直接借入。所以说，方言接触中文白异读的借入同时也要受到音类的限制，如果两种方言的文白异读在声母中相互兼容处于同一音类，那么白读音随词语的借入是最容易实现的，反之则互为排斥。

（3）读音与词义的结合是否紧密。方言中有的白读音之所以能够长期存留于人们的口语之中，其中一个重要的原因就是读音与词义的结合是紧密的，在一定的区域之内，使用白读音具有表义的作用。对这类现象张振兴认为是“文白异读是词汇层次不同在语音上的表现”，它常常出现于地名、姓名和药名的用字之内。② 其实文白异读的这种现象在方言接触中也表现得很明显，比如上表所列的“家哑驾觉跤瞎芥蟹吓解斠窖”之所以能连音带义地被借入到西南官话，“斠窖阶街皆解”被借入到中原官话，就是因为它的语音与所表达的词义有着密不可分的

① 潘悟云：历史层次分析的目标与内容，《历史层次与方言研究》（丁邦新），页25，上海：上海教育出版社，2007年。

② 张振兴：漳平永福方言的文白异读，《方言》1989年第3期。

关系。比如：

家：家婆꜀ka ꜁pʰo、家公꜀ka ꜀koŋ（表示称谓）

哑：哑巴꜂ŋa ꜀pa（表示称谓）

驾：驾试 ka꜄ ʂʅ꜄（劳动术语，表开始做活）

角：羊角锄꜀ko ꜁tʂʰəu（一种用于挖地的有两只尖角的锄头）

觉：睡了一觉瞌睡 ʂʮei꜄꜂liau ꜀ikau꜄꜀kʰoʂʮei꜄（量词，表数量关系）

跤：绊了一跤子꜂pan꜂au ꜀i ꜀kau•tsɿ（表示特殊的事物名称）

瞎：瞎子꜀xa · tsɿ（表示称谓）

芥：芥菜 kai꜄ tsʰai꜄（植物名称）

蟹：螃蟹꜂pʰan꜂xai（动物名称）

吓：好吓人꜂xau ꜀xɛ ꜁zən（常用术语）

解：解板子꜂kai꜂pan · tsɿ（行业劳动术语，用大锯将原木解剖成板材）

斠：用秤斠一下 ioŋ꜅ tʂʰən꜄ kau꜄꜀ixa꜄（行业术语，指用秤称一下，看是否够秤）

窖：窖洋芋 kau꜄꜁iaŋʮ꜄（劳动术语，指播种洋芋，特点是将洋芋种子埋在土里）

归纳以上例字所组成的词语，这些词语除表示特定的地名、姓名和药名外，还表示生活中的特殊称谓、特殊行业、特有的动植物名称、特殊的事物名称以及特殊的数量关系。这些词的音和义固定，在一个特定的区域范围内，如果一旦不用白读而用它的文读音，势必影响它的词义传达。所以，这些字的白读音总是伴随词语的借入而借入，从而构成新的语音层面。

2.3　借入音与原有音叠置

关于文白异读的形成及其它的表现方式，学界已有较多的讨论。王洪君以山西闻喜方言为例，认为文白异读是叠置式音变的结果，“是经本地土语音系改造而后来进入的外地权威方言音韵层次。其变化单位不是词形或字音整体而是词形中字音的声、韵、调；其变化的条件不是共时音系的声、韵、调类而是历史上已经消失的声、韵、调类；其变化过程始终与词汇相关：新文读先是只出现在很少的新兴词语中，然后文读、白读都出现在一般词语中但有文体差异，最后是白读只出现在很少的当地特有土语词中”。并根据“白读音音类＋无异读音类＝白读层音类”的原理，指出文白异读中叠置着三个音韵层次：最早的白读层；次早的旧文读层；最新的新文读层（当代标准语北京官话）。[①]

杨秀芳认为文白异读源于语言的纵向变化和横向变化。按他的表述，第一种文白异读形成于古代文字记录下来的读书音和随时间不断演进而变化成形的口语音，属于纵向变化，文读为较古的形式，白读为新近的形式；第二种文白异读形成于各地方言的相互接触，属于横向变化。同时又指出横向变化分两种情形：一个是同化，即权威方言改变本地方言的读音系统；另一种是因方言接触带来语言的累增。不过，这第二种与王洪君的结论有所不同，他认为，方言发生接触，除因移民带来外来语和地方学习标准语而引进文读音形成文白异读之外，还有一种情形是如北京等标准语地区，引进的往往是外地的白话音而形成文白异读。[②]

王福堂也有类似的表述，认为“语音层次有本方言原有的，有由异方言借入的”，“异源层次一般是其中的文读层，大多是从外方言借入的”。[③]

以上讨论，虽说在文白异读的形成上表述各异，但有一点是一致的，就是他们都认为文读层是后来借入的，尽管杨秀芬也提到了存在引进白话音的情形，但它的前提只局限于如北京等标准语地区，没有提及其他地区。笔者认为这种结论有待存疑，因为如果纵向地单看一种语言或方言文白异读的演变，这种推论是合理的，但横向的看方言接触下文白异读的借入就未必一定是文读音了。

笔者认为，他们之所以持这样的观点，关键就在于他们所掌握的语言材料都是一些特定区域的方言，比如王洪君所说的闻喜方言，杨秀芬所提到的山西临猗、介休、平遥、霍县方言、陕西清涧方言、山东文登、荣成方言、江苏苏州方言以及福建闽方言。所以他们所谈的文白异读的音变现象，也只能是外来的移民语言对迁入地方言产生的一种语音影响，借入的异地方言词汇也只能是它的文读音了。可是，以我们对安康方言的调查结果看，情况并非这样，几种方言随移民而迁移到这个原本人烟空缺的地方，它们不仅各自形成自己的方言岛，同时还形成不同方言间的混合区域。所以文白异读的影响就不单是外来的移民方言对迁入

---

① 王洪君：文白异读与叠置式音变，《历史层次与方言研究》（丁邦新），页36，上海：上海教育出版社，2007年。

② 杨秀芬：论文白异读，《历史层次与方言研究》（丁邦新），页84、85，上海：上海教育出版社，2007年。

③ 王福堂：汉语方言语音中的层次，《历史层次与方言研究》（丁邦新），页2、5，上海：上海教育出版社，2007年。

地方言产生的一种语音影响，而是外来方言之间在相互接触中所产生的一种影响。

安康方言的文白异读现象是我们始料不及的，如上表所列属于西南官话的紫阳城关话 58 个见系开口二等字的白读音，如果除掉自身方言原有的 29 个，那么另 26 个白读音全都是借自黄孝方言的，自己的原读音相应成了文读。属于中原官话的汉滨城关话的“斠窖阶街皆解崖”8 个字的白读音也是借自黄孝方言的。

安康方言文白异读的横向影响和其他地区一样也表现为一种叠置的方式，大体表现如下 3 种类型：

（1）异音类没有文读，只有白读，且音义结合紧密，大多直接借入，与原音类构成叠置。例如：

街　上街꜀kai

轧　轧 ŋa꜄面

解　解 xai꜄姓

解　解꜂kai 板子用大锯将原木解剖为板材

窖　窖 kau꜄洋芋

斠　用升子斠 kau꜄一下用升子量一下，看是否够量

所举 6 个字为鄂东方言的白读音，都直接为安康中原官话区的汉滨城关话直接借入。它的标准语北京官话读音在安康方言的口语中是不用的，如果用必然会在词义传达中产生障碍，这是直接接收鄂东方言白读音的主要原因。

（2）异音类有白读，也有文读，白读音义结合紧密的直接借入，与原音类构成叠置。例如：

家　家꜀ka 公外爷：家꜀tɕia 庭

架　架 ka꜄到火上烤：山架 tɕia꜄高大的柜

驾　驾 ka꜄试开始：驾 tɕia꜄驶

牙　牙꜁ŋa 齿：牙꜁ia 科

哑　哑꜂ŋa 野蛮：哑꜂ia 巴

狭　狭꜁tɕʰia 窄狭：狭꜁ɕia 隘

压　把手压 ŋa꜄了：压 ia꜄迫

眼　眼꜂ŋan 睛：眼 ian꜄科

角　牛角꜀ko：五角꜀tɕio

界　界 kai꜄岭：界 tɕiai꜄限

瞎　瞎꜀xa 子：瞎꜀ɕia 搞经

间　间 kan꜄开隔开：间 tɕian꜄断

衔　衔꜁xan 冤：衔꜁ɕian 接

项　猪项 xaŋ꜄圈：项 ɕiaŋ꜄链

所举 14 个字所附籍的词语，其中白读音多处于口语词之中，具有特定的民间辨义功能，文读音多处于新兴词语之中，也具有社会所公认的辨义功能，它们均已构成定式，相互之间，大部既不能用文读音代替白读音，也不能用白读音代替文读音。这类词的白读音没有被四川达州话借入，但都被安康西南官话区的紫阳城关话直接借入，直到现在还广泛用于人们的口语之中。

（3）异音类有白读，也有文读，如白读义音结合松散，一般表现为不接收。在安康方言里，除处于安康白河、旬阳边缘乡镇的江淮官话区还用于口语之外，其他区域概被文读音或标准音所代替。如：

讲　讲话 ꜂kaŋxua꜄ ——→ ꜂tɕiaŋxua꜄

江　江水 ꜀kaŋ ꜂ʂʮei ——→ ꜀tɕiaŋ ꜂ʂʮei

豇　豇豆 ꜀kaŋtəu꜄ ——→ ꜀tɕiaŋtəu꜄

水　喝水 ꜀xo ꜂ʂʮ ——→ ꜀xo ꜂ʂʮei

三　关于安康方言文白异读的讨论

本节主要讨论以上安康文白音读现象还未涉及到的问题。

3.1　白读音在方言接触中并非一定处于减少状态

从目前来看，学界对文白异读的发展趋势讨论的比较多，总体上认为白读一开始总是占优势的，但会随着文读形式的运用范围日益扩大，白读便渐渐退居劣势。王洪君将这种过程归纳为“文弱白强”“文白相持”“文强白弱”三个阶段[①]。这种推论如果以长远的眼光看待一个没有像陕南这种特殊的移民现象的区域来说无疑是对的，因为随着人们使用语言环境的不断改善，无论哪个汉语方言区都会

① 王洪君：文白异读与叠置式音变，《历史层次与方言研究》（丁邦新），页50-53，上海：上海教育出版社，2007年。

最终以口语音为零而告终。不过，据我们调查，在两个外来方言横向接触之下的文白异读，其变化模式就并非这么单一了。比如，在安康方言分区之间，有的区域经过方言接触之后白读音给减少了，而有的区域白读音却反而增加了。如下表：

表 47

音类系统		成渝方言	达州方言	黄孝方言	紫阳城关话	汉滨城关话	西安方言
		白读字数	（成渝＋黄孝）白读字数	白读字数	（成渝＋黄孝）白读字数	（西安＋黄孝）白读字数	白读字数
见系	假开二	2	4	11	11	5	5
	效开二	6	8	9	9	4	2
	咸开二	3	6	8	8	5	5
	山开二	4	4	7	7	5	5
	蟹开二	7	12	13	13	6	4
	江开二	4	4	7	4	2	3
	梗开二	3	3	3	3	3	3
	见开二小计	29	41	58	55	30	26
	假合二	3	3	3	3		
	遇合三	1	1	1	1	1	1
精组	遇合三	1	1	10			
	山合三			7			7
	臻合三			11			11

表中反映的情况是，紫阳城关话白读音的字数是成渝方言与黄孝方言接触的结果，汉滨城关话的白读音的字数是关中方言与黄孝方言接触的结果，接触对象一致，但接触结果大相径庭，以见系开口二等字为例，紫阳城关话的白读音是 55 个字，相对于原成渝方言增加了 26 个字，但相对于黄孝方言减少了 3 个字；达州方言的白读音是 41 个，相对于原成渝方言增加了 12 个字，但相对于黄孝方言减少了 17 个字；汉滨城关话的白读音是 30 个字，相对于原关中方言增加了 4 个字。前文已述，文白异读在方言接触之中的影响是相互的，其影响同时要受到

方言间的声韵特征是否相近、音类是否相同、读音与词义的结合是否紧密等条件的限制。所以汉滨城关话相比于紫阳城关话，在与黄孝方言文白异读的接触中，既要受到声韵特征的限制，同时又受到音类的限制。而紫阳城关话，不断声韵特征与黄孝方言接近，而且音类也相一致，白读音的借入自然也就要容易得多。

3.2 文白读音在音类系统中具有整齐的对应关系

前面说了，文白异读的借入同时也要受到音类的限制，如果两种方言的文白异读在声韵上同属一类，那么白读音随词语的借入是最容易实现的，反之则互为排斥。

我们在检查黄孝方言、紫阳方言和西安方言时发现，黄孝方言与紫阳方言在见系字上的文白读音系统极为一致，而与关中方言差异较大，主要在假效咸山摄见系字上，黄孝方言读 ŋ 声母的，西安方言读 n ；黄孝方言读 k 声母的，西安文读为 tɕ。如下表：

表 48

		达州	黄孝	紫阳	西安			达州	黄孝	紫阳	西安
牙	白		꜁ŋa	꜁ŋa	꜁nia	掐	白	꜀kʰa	꜀kʰa	꜀kʰa	
	文	꜁ia	꜁ia	꜁ia	꜁ia		文	꜀tɕʰia	꜀tɕʰia	꜀tɕʰia	꜀tɕʰia
家~婆	白	꜀ka	꜀ka	꜀ka		闲	白	꜁xan	꜁xan	꜁xan	꜁xã
	文	꜀tɕia	꜀tɕia	꜀tɕia	꜀tɕia		文	꜁ɕian	꜁ɕian	꜁ɕian	꜀tɕʰia
咬	白	꜂ŋau	꜂ŋau	꜂ŋau	꜂niau	街	白	꜀kæ	꜀kai	꜀kai	꜀tɕiɛ
	文	꜂ȵiau	꜂ȵiau	꜂ȵiau			文	꜀tɕiai	꜀tɕiai	꜀tɕiai	nia꜄
眼	白		꜂ŋan	꜂ŋan	꜂nian	项	白	xaŋ꜅	xaŋ꜅	xaŋ꜅	xaŋ꜅
	文	꜂ȵian	꜂ȵian	꜂ȵian	꜂ian		文	ɕiaŋ꜅	ɕiaŋ꜅	ɕiaŋ꜅	ɕiaŋ꜅
鹹	白	꜁xan	꜁xan	꜁xan	꜁xã	狭	白	꜁tsa	꜀tɕʰia	꜀tɕʰia	꜀tɕʰia
	文	꜁ɕian	꜁ɕian	꜁ɕian	꜁ɕian		文	꜁ɕia	꜁ɕia	꜁ɕia	꜂tɕiɛ
压	白		꜀ŋa꜅	꜀ŋa꜅	nia꜄	崖	白	꜁ŋæ	꜁ŋai	꜁ŋai	꜁næ
	文	ia꜅	ia꜅	ia꜅	ia꜄		文	꜁ia	꜁ia	꜁ia	꜁ia

我们经过比较，黄孝方言古开口见系二等字的白读音，虽说其中的“牙眼压”达州方言没有相应的白读音，但紫阳话却对应得很整齐，声母白读为舌根音 k kʰ x ŋ，文读除“咬眼”读 n 声母之外其他均对应为舌面音 tɕ tɕʰ ɕ 或零声母；韵母白读为开口呼，文读韵母均对应为齐齿呼，如 a—ia、au—iau、an—ian、ai—iai、aŋ—iaŋ、o—io、ən—iən。

再看古合口精组三等字。黄孝方言声母白读为 tɕ tɕʰ ɕ，文读为 tʂ tʂʰ ʂ，相应韵母白读为齐齿呼，文读为合变呼。但这类字却并未对成渝方言和关中方言产生影响，其主要原因在于这类韵母属于古合口，按中古遇山臻三摄精组合口三等字与今四呼的关系，遇摄、山摄今读撮口，臻摄部分字今也读撮口，在同属古韵类的条件下，成渝、关中方言当然也就不会放弃自己的撮口呼 y 类韵而改读为合变呼 ɥ 类韵母。虽说未发生演变，但也对应得十分整齐。

3.3　白读音的存在也有它自身渊源和地域关系

什么是文读音？什么是白读音？以及它们之间的关系，杨秀芳认为文读音是“经师代代相传的读书音”“为较古的形式”，而“白话为新近的形式”，[①] 并且还说“如果文白异读还有辨义功能，并且大众还广泛使用，这样的异读便全部保留下来”。[②] 还有的认为文白异读与口语有着密切的关系，“文白竞争的过程，一般以口语音为零告终”。[③] 就是说只要有口语的存在，也就有白读音的存在。上述观点到底对不对，不妨先看看安康方言文白异读的例字：

“窖”，埋藏。《说文·穴部》：“地臧也。从穴，告声。”“窖”为形声字，表藏物之所和收藏方式。段玉裁注：“《通俗文》曰：‘藏谷麦曰窖。’”义为储藏。后用其藏物之所之义便有了如“苕窖”“地窖”“泸州老窖”等词语，用其储藏义也有了“窖藏”“窖冰”等词语。在安康方言里，如“苕窖”“地窖”“泸州老窖”等名词性词语现在均已文读为 tɕiau⁼，但表动作行为的“窖洋芋”的“窖”，至今仍白读为 kau⁼，与古音同，如文读为 tɕiau⁼，那在安康方言里是不认同的。

“斠”，《说文·斗部》：“平斗斛量也。从斗，冓声。”“斠”为形声字，本义

① 杨秀芬：论文白异读，《历史层次与方言研究》（丁邦新），页84，上海教育出版社，2007年。

② 杨秀芬：论文白异读，《历史层次与方言研究》（丁邦新），页84，上海教育出版社，2007年。

③ 王福堂：《汉语方言语音的演变和层次》，页36，北京：语文出版社，1999年。

为量谷物时刮平斗斛的器具，名词。后引申为动词，指用量器或衡器重新衡量一下物品是否够量。安康方言的用法至今也没有超越古代这一词义，但读音存在着差别，核对是否够秤，可以将“斠秤”文读为 tɕiau꜄ tʂʰən꜄，但核对体积“斠”就不能文读为 tɕiau꜄，只能白读 kau꜄，与古音很接近。如果将“用升子斠一下，看够不够”这句话里的“斠”读成文读音 tɕiau꜄，安康方言也是不认同的。

“角”，动物的角。《说文》：“兽角也。”为象形字。段玉裁注：“古岳切，三部。”安康江淮官话和西南官话至今多把“牛角”“牴角”“羊角锄”白读为꜀ko，只是对“墙角”“角色”“元角分”“直角”等才用文读音꜀tɕio。可见读꜀ko，至今仍指的是事物的原始义，读 tɕiau 大多是指它的引申义。

“虹”，彩虹。《说文》：“虹，螮蝀也。从虫，工声。户工切。”本读如杭，转为绛。《广韵》：“虹，古巷切，音绛。”黄孝方言，以汪化云所记，“虹”读 kaŋ꜄。成渝方言也读 kaŋ꜄，如《蜀语》：“虹，音冈去声。”《昭通方言疏证》（818）：“昭人谓虹霓曰虹，音如赣。”在安康的口语里，江淮官话与西南官话读 kaŋ꜄，中原官话读 tɕiaŋ꜄，只有在读书之时，才采用共同语꜀xoŋ 的读音。

“解”，《说文·角部》：“判也，从刀判牛角。”本义为解牛由此引申为解剖，用大锯将原木解剖成板材属于引申再引申。该义也不乏用于古代典籍之中，如北魏贾思勰《齐民要术·伐木》：“虽春夏不蠹，犹有剖析开解之害，又犯时令，非急无伐。”《金瓶梅词话》第六十七回：“我的儿，你肚子里枣胡解板儿，能有几句儿。”为专表此义后另造字给“解”加“钅”旁。在安康方言里，将原木解剖成板材的词义，只有白读音꜂kai。如按关中方言或共同语读꜂tɕie，安康方言也不认同。

“项”，《说文·页部》：“头后也，从页，工声。”段玉裁注：“胡讲切，九部。”安康江淮和西南官话区至今仍把脖项义白读为 xaŋ，与古音合，如指砍下的猪脖项，叫“项圈”，一定得白读为 xaŋ꜄꜀tʂʰʯan，不能读 ɕiaŋ꜄ tɕʰyan。只是江淮官话读阳去，西南官话读去声。如指“项链”“项目”“项羽”等名词，一般都可以用文读音 ɕiaŋ。

“间”，《说文·门部》：“从门月。”段玉裁注：“会意也，门开而月入。门有缝而月光可入，皆其义也，古闲切。”可见本义为“间隙”“夹缝”，名词。后以此义引申为“中间”“期间”“间壁”。后又引申为动词“间隔”，又以此义再引申为动词义“隔开”。至今安康江淮官话、西南官话在读“间隔”“期间”“其间”“间断”“间歇”等词语的时候可用文读音 tɕian˕，但在读“中间”“间开”“间壁墙”等词语的时候，一定得用白读音 kan，只是声调上表名词义时读阴平，表动词义时读去声。并且在表“隔开”语义的时候，一般是不能用共同语的“隔开”来代替的，因为“隔”的词义单纯，只表一个隔开的意思，而“间 kan”，不断具有隔开的意思，还具有用一面物体，如一面墙等等将其一分为二。如“把这间屋子间 kan˕成两间꜀kan。”意思是用隔墙把这间屋子隔成两间。

以上都是古字，它们的白读音有的不但与古音有着密切的关系，有的与古义也有着密切的关系。这样看来，杨秀芳所说的，文读音是“经师代代相传的读书音”“为较古的形式”，而“白话为新近的形式”就值得商讨了。

综合以上例字，还可以看出，白读音的产生，有的源于词义的引申，如“斢”“窖”“解～板子”；有的源于书面文读音的出现，才分立为文读和白读，如“项”；还有的源于最初的词义，如“角”“虹”，这些在词语的考释中都是有迹可寻的。

那白读音为什么在一个特定的区域里能一直传至于现在而读音不改呢？以笔者愚见，与下面两个方面的问题有着直接的关系。

（1）它反映着一个特定的区域里一种特定的行为。如“窖洋芋”，按生产程序和方式是：打窝，施底肥，将洋芋种块儿放置到窝里，再掩好土。这种种植方式与将红苕放置到地窖里储藏颇有相似之处，所以才称其为“窖洋芋”。依笔者推想，“窖”原本就读 kau˕，如以汪化云所记，在鄂东直到现在也只有白读音一种，也就是说，包括“苕窖”“地窖”“窖藏”“泸州老窖”等词语也都是读 kau˕而不读 tɕiau 的。而这个字被带到安康后却出现了文白两种读音，其他的都可以将 kau˕变读为文读 tɕiau，唯独“窖洋芋”仍坚持白读音 kau˕。究其原因，与语义有着直接的关系，周边方言如安康中原官话将“苕窖”“地窖”的“窖”读 tɕiau˕，将种洋芋叫“点洋芋”而不叫“窖洋芋”，所以在标准语和周边方言的影响下，安康江淮官话和受江淮官话影响的西南官话慢慢将“苕窖”“地窖”“窖藏”“泸州老窖”等表达藏物之所或收藏方式的“窖”演变为文读音 tɕiau˕，而唯独具有种植意思的“窖洋芋”的“窖”还保持着白读音 kau˕。显然是通过文白读音来区别之间的不同语义、不同词性。

“解板子”，按原始的手工劳动方式，是先给原木打上分解的等分墨斗线，平着固定在架上，然后两人用大锯按照所打的墨斗线将原木锯成板材，这就是所说的“解板子”，应该说它从“解剖”义直接引申。这种劳作方式在我国分布是很广。早先安康江淮官话与西南官话将“解放”“解手”“解散”“解决”“解释”“解乏”等词语的“解”原本是全读ᶜkai的，后来在普通话的影响下，人们才慢慢地将其变读为ᶜtɕie。但是，“解板子”的“解”至今还读ᶜkai，如果读ᶜtɕie，安康方言是决不认同的。所以说，“解”的读音与人的特定的劳动行为也有着密切的关系。

“斠”，《说文》：“平斗斠量也。从斗，冓声。”在安康方言里，词的本义被后来的“刮板”“刮尺”等新词代替了，而引申出来的用量器或衡器重新衡量一下物品是否够量反倒成了该词的主要意义了。究其原因，与人们的经济交往有着密切的关系，它反映了人们的一种日常的经济行为。在人们的日常生活中，只要有经济交往的存在，那么用量器或衡器重新衡量一下物品是否够量这种行为就必然存在，“斠”也就常用于人们的口语之中。可以将用秤重新称重的“斠秤”文读成 tɕiauᵓ tʂʰənᵓ，但对用升或斗核对谷物是否够量，就一定得将“斠”白读为 kauᵓ，说明特定的读音与特指的行为是密不可分的，特定的读音既然来自特指的行为，那么它必然始终伴随着特指的行为，除非随着社会的进步，新的做法代替了旧的做法。

再看“间”，可以将“间接”“间隔”“间苗”“间作”“间隙”“间断”“中间”等后来产生的双音词中的“间”文读为 tɕianᵓ，但对表隔开的单音词“间”至今仍白读为 kanᵓ，如“把这间房子间成两间”“一匹山梁正好间在我们村和他们村之间”“这里砌一堵墙把他们间开”，用法与读音均与古音合。这在安康方言里是绝对不能将其文读为 tɕianᵓ的，除非用“隔”来代替它。可见“间”的白读音也是因专指一种特指的行为而一直延续到现在。

（2）它因人们保留着对事物的特定认识而存在。比如“项”，《说文·页部》：“项，头后也。从页，工声。”另外又说“颈”：“颈，头茎也。从页，巠声。”《王力古汉语字典》引用了两个例句，一是荀子《荣辱》：“小人莫不延颈举踵而愿曰。”特指脖子前面部分。二是唐慧琳《一切经音义》（卷四）引《苍颉篇》：“前曰颈，后曰项。”说明造字之时人们对脖子的前后部分的叫法是分得很清的。在安康方言里，如果将“项圈”说成 xaŋᵓ꜀tʂʰʮan，那一定指的是杀猪时在割下猪头之后再从后脖起刀而砍下的一圈脖子肉；如果将其说成 ɕiaŋᵓ꜀tʂʰʮar，听者马上会知道指的是戴在孩子脖子上的长命银圈。这说明这个“项”字本身反映了人们对事物的一种认识，读音也就随着这种固定的认识一直传承到现在。即使后来应新词的读音需要，将“项链”“项目”“项羽”等词的“项”读成 ɕiaŋ꜄，但也不会将砍下的猪的一圈脖子肉的“项圈”也跟着读成 ɕiaŋ꜄꜀tʂʰɥar，除非将其换成其他的词。

总之，白读音的存在，笼统看起来为的是区别词义，其实仔细探讨起来，在区别词义上，它还具有很强的区域性，简言之就是在一个特定的方言区里，特定的读音都对应着特定的词义，词义决定读音，读音限定词义。

第十二章　安康方言词汇的融合方式

有观点认为，陕南方言唯独词汇的差异最小，几乎无法分辨词汇在不同方言间的差异，所以研究意义不大。我们认为这种看法有失偏颇，因为在我们的调查研究中，至少看到这样三种现象：1. 词汇的融合也是有层次的，比如词类的不同，融合的程度也不同，有的词类融合程度高，而有的词类融合程度低；2. 一种方言同时与几种方言接触，词汇融合的结果也是有差异的，比如安康随移民而来的江淮官话，与西南官话融合程度高，而与中原官话融合程度就低。3. 方言词汇的融合途径也不同，有的是吸收别的方言词，与原方言词形成叠置，有的则是用别的方言词替换自身原有的方言词，还有的干脆放弃原有的方言词而改用普通话词语。另外，安康方言词汇在融合之中也存在着区域间的差异，大体说来，安康东部、中部和北部主要表现为中原官话与江淮官话的融合，西部和南部主要表现为西南官话与江淮官话的融合。

为深入探讨安康方言词汇在方言接触中所表现出来的规律和差异，笔者以中国社会科学院语言研究所方言研究室编辑的《汉语方言词语调查条目表》为依据，对照普通话的词语条目，分别对安康中原官话核心区的汉滨（城关、五里、恒口等地）、中原官话与江淮官话混合区的县洪片（县河、吉河、岚河、瀛湖、大河、茨沟等）、西南官话核心区的紫阳、江淮官话核心区的茅赤片（茅坪、西营、赤岩、双河、兴隆等）、西南官话与江淮官话混合区的石岚片（石泉、岚皋、宁陕）等 5 个方言片的词语进行了尽可能的调查和搜集（详见文后附录二）。下面是我们的分析和归纳。

一　障碍性词语近于消失

本文所说的障碍性词语，是指那些结构特殊理解具有障碍的词语。这类词语大多表现原地的生活理念，因与另一方言的生活理念产生脱节而视为怪异。这类词语在安康方言中主要源自两个方面：一是随移民而带来的南方方言词语，一是随移民而带来的关中、成渝、黄孝三种主要方言中那些具有显著地域特征的词语。这两方面的词语都有一个共同特征，就是词义尽管相同，但词形、读音反差较大，在语言交际中往往不能被另一方言所理解。

南方方言在安康主要指明清时期随流民而带入的湘语、赣语、客家语、闽语和粤语，其中客家语、闽语、粤语，由于人数极少，加之又散居于官话方言区之间而难成强势，所以它的影响力几乎为零。比如居住在汉滨双龙镇的王氏家族和居住在平利凤桥村罗家坡、西河乡青藤沟等祖籍江西兴国的后代，他们只知道祖籍是客家人，但已经不知道祖上所说的口音和词汇。有的除语音还保留着一定的痕迹之外，原有的特殊词汇早已消失殆尽，比如平利的八仙、长安、普及、石泉的饶峰、红卫、银龙、前池等乡镇，它们都曾是湖南移民的分布区，但现在除［f］［x］还存在一定的混淆外，比如将“发”读 xua，“饭”读 xuan，“黄”读 faŋ，“方”读 xuaŋ，“反”读 xuan，“湖”读 fu，“飞”读 xuei、“府”读 xu，原有的特殊词语早已不见任何踪迹。

有的虽集中居住于山内而以方言岛的形式存在，比如汉阴县的田禾、石泉县的中池，汉滨区的铁路坝以及沈坝镇的桥头村、双溪乡的星红村等湘方言岛，虽说仍还使用着一定的湘方言的特殊词语，比如“大人子长辈”“伢子男孩儿”“妹子女孩”“刷郎骨石头”“磨郎骨鹅卵石”“沙婆子沙子”“吊股子豇豆”“爪子茄子”“麦线子麦穗”“禾线子稻穗”“糯米酒米”“菜兜子菜根”“松椏婆松球”“清猪母猪”“腋胛鸡翅”“蛆婆子蛆”“凤凤瓢虫”“洋咪咪蜻蜓”“脚鱼鳖”“麻拐青蛙”“螺陀螺蛳”“吊发头发”“颈根脖子”“肩胛肩膀”“腿把子腿”“螺拐踝骨”等等，但在周边大方言的影响之下，一是特殊词语的数量已经大大少于湖南原地湘方言，二是在年轻人的口语之中，为方便外界的语言交流也还同时兼用周边的方言词语，久而久之，原有的特殊词语便逐渐被周边大方言词语所代替。

在关中、成渝、黄孝三个主要方言中，在原方言里也存在着部分相互难以交流的障碍性词语，比如中原官话的“街楦子无事不知的街上人”“失国摆弄”“打牙关子因寒冷上下牙颤抖相碰”“岔生认生”“掛搭勾搭”“揭挖跑，走开”“圪威一扭一扭地缓慢移动”“圪搅搅乱，添乱”“遭怪撒谎”“禁断数落”“坦剥怀裸露着胸怀”“等搭比划”。西南官话的“霍闪闪电”“横屄蛮不讲理”“搦屎抱着小孩儿分开两腿使其大便”“戳脱断送性命”“弯酸刁难、挖苦”“吃雷私吞财物”“操搅动、翻动”“煞角结束、完毕”“打撮撮临时顶替”“搭白插话”“角逆起纠纷”“落教通情达理”“挖连寒碜”“苏气漂亮，好看”“过坳过硬”。黄孝方言的“玉榴玉米”“榴粟高粱”“隔生野生植物”“汉沿里边”“克化消化”“想窍儿想办法”“做翘闹别扭”“莫逆和睦”“扯嘴用力”“吃拼受人责备”“拉巴太大而不灵巧”“闪手失去了帮手”“缭绞做事快而不讲质量”“不佳作不够好”等。这些词语要么被另一方言词语所代替，要么替换成共同语语词，在现在的口语中都已不见踪迹。

这里至少说明这样一个问题，词汇的融合是无法抵制的，因为要交流就必须以对方理解和接受为前提，即就是不愿“出卖祖宗言”，试图顽强地保持老家的词汇，但久而久之，随着经济和文化的交往以及后辈的上学、婚配，那些具有障碍性的特殊词语也就不可避免地被各方能够理解的高层词语所替代。

二　强势方言词汇相互渗透

在安康方言里，尤其是西南官话和江淮官话，有一个共同点，就是不但多音节词语多，而且同义词也多。为什么会产生这样的现象？其中除方言自身历史演变这个原因之外，最主要的应该是词语在接触之中因相互接纳而形成叠置。这种词语上的相互接纳，大都经过了一个从相互懂得词义开始，到相互借用，再到相互吸收、择优保留这样三个阶段。例如：敞阳宽敞、光淌人长得漂亮或做事体面、猴心贪心、健旺老年人身体健康、遭孽可怜、贫困、相因语言或金钱上占便宜、点实办事踏实、子本文静规矩、抻头心情舒畅、外形舒展、凑手所要的东西手头都有、见皮绊见了怪事、裸连、硬人身体因硬物抵触而难受、合梗儿是真真是、硬是真真是、晓得知道、争一点点差一点、粉粉亮天微亮、打捶打架、谝闲聊天、眼鼻子浅羡慕别人的东西、熬煎、没搞场没搞头、干毬搞场多余做不应该做的事，以及表示整理的“拾掇”“收拾”“捡拾”，表示下午的“后半日”“下半天”“下昼”，表示斟酒的“筛酒”“升起”“面起”“倒酒”等等，这些词语在安康中原、西南、江淮三大官话区中都已成为常用词，但它们来源各异，其中的“敞阳”“光淌”“猴心”“健旺”“遭孽”“相因”“点实”“子本”“抻头”“凑手”“见皮绊”“裸连”“硬人”“下昼”等原属于江淮官话常用词；“硬是”“晓得”“捡拾”“争一点点”“粉粉亮”“下半天”“升起”“面起”“倒酒”等原属于西南官话常用词；而“拾掇”“打捶”“后半日”“眼鼻子浅”“熬煎”等原属于中原官话常用词。这些词随着方言接触而成为三大强势方言区共同的常用词。

不过接纳别的方言词，使之与原有方言词叠置，也是有条件的，大体是：

（1）结构不同，可使感情表达具有善恶分明效果。比如“贼娃子”与“绺二匠”、“拐东西”与“人精精儿”、“叫花子”与“讨口子”、“低头”与“头顉到”、“眼气”与“歉”、“黑风扫脸”与“垮脸”、“麻利”与“火色”、“糟蹋”与“贬作”等词语，结构不同，感情色彩也不同，前者直白，后者委婉，在对人和事物的认定中各具有不同的表述效果。例如：

①“你说的是张瘸子，他呀，拐东西一个，和他打交道可要多留个心眼儿。”

②“那个女娃子，处事精明，一张嘴巴能说会道，十足的一个人精精儿。”

例①所用的“拐东西”，表达的是厌恶之情，表明了对这类人的警惕。例②所用的“人精精儿”，表达的则是对这类人的欣赏和喜爱，不过也透露出了对这类人的警惕，别想去占这类人的便宜。

（2）语体不同，可使语言表述起到雅俗互补的作用。如：“私娃子”与“黑耳朵”、“抢犯”与“刁儿匠”、“骗子”与“哄人的”、“留神”与“把发”、“日鬼”与“斗经”、“打总荐”与“打搿合”、“哭嘴”与“叫唤”、“打赌”与“票彩”、“看笑话”与“看玩意儿”、“麻达”与“毬火了”等等，前者规范，具有书面特征，后面土气，表义直截了当。例如：

①你们的心思，不就是想看我的笑话儿，对吧？

②两个人都不是好东西，他们互相整起来，我们只当看玩意儿，谁都不准帮忙。

例①的“笑话儿”，为现代汉语规范词，词义是供人当作笑料的事情，用在该句的意思是看人出丑，表达的仅仅是一种现象和态度。例②则不同，“玩意儿”在安康方言本指玩具，借过来表示“笑话儿”，虽说词义相近，但表义形象，活脱脱地表现出了说话人的幸灾乐祸。

（3）表意程度或表意范围的不同，可使方言词语在表义上更加完善。比如“不强”与“不着经”，“不强”为江淮官话形容词，表义为不好，不怎么样，程度较轻；“不着经”，为中原官话形容词，表示很不好，程度较重。“沮湿”与“透涨”，“沮湿”为江淮官话形容词，表义为很湿，程度较轻；“透涨”，为中原官话形容词，表示湿透了，程度较重。“擦掉”与“跐掉”，“擦掉”，表一般擦去，程度较轻，“跐掉”，表示使劲地擦，程度重。“模奈子”与“得裸子”，“模奈子”为中原官话名词，指不好的人样子，“得裸子”为西南官话名词，则偏向于指人的长相形体不正常，不体面。“一河滩”与“一大些”，都指面对的事情太多了，但江淮官话的“一大些”只是从概念上说明事情太多，而中原官话的“一河滩”则运用了比喻的描写手法说明事情多得可铺满一大河滩。

三　替代原有方言词

方言词语接触同时还表现为词语的替代，即同一事物的原方言词语被另一方言词语所替代。这些词语所反映的大多是人的日常生活，它们有的因文化理念的转换，有的因自身的弱势地位，接触的结果，大多被另一强势方言词语所代替而成为共同的高层词语。这种替代在安康方言大体分两种类型：

3.1 不同方言间的词语替代

这种不同方言间的词语替代在安康方言表现得最为普遍。例如安康中原官话，自与江淮官话、西南官话接触后，“圪蹴蹲”“墂墙垒墙”“陪房嫁妆”“下凉歇凉”“仰棚”“打磉打地基”“搔地耙地”“呼雷爷主管打雷的神”“恶沙垃圾”“堰塄堰沟边坎”“临明咧天开始发白”“害娃怀孕的症候”“浮水游泳”“闲地闲置的耕地”等词，分别被“跩训读音”“砌墙”“陪嫁”“歇凉”“顶棚”“下根脚”“耙地”“雷公”“渣滓”“堰坎”“麻麻亮”“害喜”“洗澡”“二荒地”代替而成为常用词。

再如安康江淮官话，自与中原官话、西南官话接触后，表示农业的“挖麦种麦”“薅田”“沙镰镰刀”“耙锄”“剁刀砍刀”“粪凼粪池”，分别被“点麦子”“薅秧”“镰子”“钉耙”“弯刀”“粪坑”所代替。表示植物的“玉榴”“榴粟”“蛾眉豆儿”，分别被“苞谷”“稻黍”“刀刀豆”所代替。表示动物的“鸡公”“鸡婆”“细鸡”“猪牯”，分别被“公鸡”“母鸡”“鸡娃儿”“脚训读音猪”所代替。表示房屋、器具的“灶下厨房”“房里卧室”“院子猪圈”“捡屋角打地基”等词语，分别被“灶屋”“房屋”“猪圈”“下根脚”所代替。表示服饰的“絮袄”“絮裤”“絮鞋”等词语，分别被“袄子、棉袄”“棉裤”“棉鞋”所代替。表示婚姻的“新大姐儿新娘”“牵娘伴娘”“过路定亲”“下堂改嫁”等词语，分别被“新媳妇儿”“伴娘”“定婚”“再嫁”所代替。表示日常生活的“发粑馒头”“把火烧火”“擩猪喂猪”“做生活劳动”等词语，分别被“蒸馍”“烧火”“喂猪”“做活路”所代替。表示行为的“讲嘴吵架”“唊娘骂娘”“捞人偷情”“搞皮绊不正当男女关系”“打野精力不集中”“发性生气”等词语，分别被“吵嘴”“骂人娘老子”“偷人”“搞女人”“打洋绊”“发恼”所代替。

安康西南官话也存在着这种现象，自与江淮官话接触后，“绵绵雨”“傻包”“憨包”“卧单”“壩单”“生基”“引人”以及表示鸡交配的“打鸡”“打蛋”“采蛋”、表示家畜配种的“收窝”“吸窝”“保窝”等词语，分别被“毛毛雨”“傻子”“洋谈”“床单”“坟院”“引娃儿”以及“采水”和“牵窝”代替而成为常用词。

3.2　向普通话借词替代

这种替代指在词语接触中，当另一方言没有适当的词语可用来替代自己的特殊词语时，从北方方言的通用词语中选取适当的来替代便成了一种可能。例如关中方言的“脎꜀sa 脑袋”，江淮官话和西南官话都叫“脑壳”，安康中原官话在摒弃这个关中特殊方言词的时候没有借用江淮官话和西南官话的“脑壳”来替代，而是选取了北方方言通用的“头”。我们认为，这与安康中原官话本身的语体色彩有着密切的关系，安康中原官话与“头”组成的词有“头起”“头里”“头上”“头前”，这些词在安康江淮官话、西南官话都是不说的，所以安康中原官话用“头”而不用“脑壳”，从语体色彩上维护了安康中原官话词语的协调与统一。

在安康江淮官话也不乏这样的例子，比如原鄂东话把柳树叫“杨树”，把山楂叫“毛楂儿”，把鸡圈叫“鸡筹”，把棉袄叫“絮袄”，把手帕叫“手袱儿”，把围裙叫“抹腰儿”，把背心叫“背褡儿”，把喂小孩儿叫“擩伢儿”，把喂猪叫“擩猪”，把吵嘴叫“讲嘴”，把偷窃叫“捞”。这些地域特征极强的词在与安康中原官话和西南官话的交流中，既没有保留，也没有借用其他方言词来进行替代，而都相应改用了普通话的“柳树”“山楂”“鸡圈”“棉袄”“手帕”“围裙”“背心”“喂孩子”“喂猪”“吵嘴”“偷”。

在安康西南官话中，将原四川话的“吃茶”“官路”“口岸”“团鱼”“爬海”“黄脚龙”“太医”“索夜子”“圈子”“剪脑壳”，大多也分别改用普通话的“喝茶”“大路”“城”“甲鱼”“螃蟹”“外行”“医生”“妓女或娼妇、婊子”“镯子”“理发”。

对于上述词语替代现象，还有一点也是值得提及的，我们在整理和比对安康中原、西南、江淮三大方言词语时，发现江淮官话与西南官话在事物名称的叫法上相同的比较多，其比例要高于江淮官话与中原官话。我们认为，这里面有两个原因，一是江淮官话与西南官话词语本身就比较亲近，加之湖广移民在安康的人数也是最多的，且又大多分布在后山一带的西南官话区。人口的优势必然带来词语融合的优势，其词语在人们的交际中一般是很容易成为共同遵守的高层语言的。

四　部分移民词语随环境和生产、生活方式的变化而消失

这类变化以关中而来的中原官话最为突出。关中与陕西南部的安康相比，论位置，关中在北，安康在南；论环境，关中是平原，安康是山地和川道；论气候，关中干燥寒冷，安康则湿润温和；论生产，关中以旱地作物为主，安康却是水田和坡地兼而有之。所以关中移民迁徙于陕西南部的安康，无论是生产、生活方式，还是他所从事的劳动环境都无不随着地域环境的改变而改变，致使原仅限于关中环境下的某些特殊词语也随着地域环境的变迁而归于消失。比如：

平原地带的关中，与车相关的词语是比较多的，如：“扬门子马车上用来挡柴草的架子”“辖锏”“下脚儿车的轮子及轴”“牛车”“硬轱辘车”“旱车”“轿车子旧式马拉轿车”“土车子拉土的车子”“地老鼠车一个轮的推车”“蚂蚱车儿”“趟子车”“套车”等等，无疑车子成了最主要的劳动工具。但关中人移民到陕南的安康，由平原一下进入山区，车子就不再是最主要的劳动工具了，相应与车相关的一些特殊词语也就很快归于消失，取代它的词语只是一个概念化的类称——“车子”，或者是“拉拉车”“架子车”了。

还如反映关中生活习性的词语也是这样，比如，关中把“厕所”叫“茅子”，因关中如厕采用的是用铲子铲土盖粪便的作法，所以把厕所里的土肥掏出来叫“起茅子”。而陕南则不同，厕所多由不渗水的大池和上有遮雨的草棚组成，所以

称厕所为“茅厮”꜀mau ꜀sɿ、人粪尿为“水粪”、掏粪为“舀粪”。随着生活环境和生活习性的改变，关中这类“茅子”和“起茅子”的词语也就随之而消失。

再如冬天烧炕，是关中基本的取暖方式，所以“炕”“热炕”“炕沿儿”“铺炕”之类也是关中基本的常用词。而陕南的安康因没有这种取暖方式，所以这类词在移民到安康的关中人口中也就同样被丢弃了。

五　词形更新、词义叠加和减少

所谓词形更新，是指安康方言词语在接触中，对某一事物的表达是既不接受另一强势方言的词语，又不完全沿用自己的原有词语，而采取的是对自己的原有词语加以翻新和改造。对此我们比照了安康江淮官话与黄孝方言的相关词语。例如黄孝方言表示没有注意是“冇警觉꜀ko”，而现在安康江淮官话说“没有警顾得”，显然是既没有接受关中方言的“没注意”，也没有原分不动地沿用黄孝方言的“冇警觉꜀ko”，而是在原黄孝方言的基础上加以改造，翻新成“没有警顾得”。例如：“李老汉来没来，我～。”再如表示好长一段时间，黄孝方言有“一时向（儿）”和“一时马（儿）”两种说法，而现安康江淮官话只有“一向”这一种说法，如：“你说他，我好～冇 mau꜄看见了。”诸如此类的例子如下表：

表 49

词条	方言区	关中方言词语	成渝方言词语	黄孝方言词语	融合后的安康方言词语
迅速不断地	安康江淮官话	不住气儿的	直见	处流水	处流势
脏		肮脏、邋遢	稀脏、邋遢	癞塞	癞稀、脓㞞
没有好言语		没有好言语	没有好腔巴儿	没有好声气	没有好话
注意力不集中		打迈眼	打梦脚	打野	打白眼
筐篓		孛篮	斗筐	晒筐	提篮

续表

词条	方言区	关中方言词语	成渝方言词语	黄孝方言词语	融合后的安康方言词语
锄头	安康中原官话	镬头	拗锄	挖锄	挖镢
棉衣		棉衣	絮袄	絮袄	袄子꜀iau꜀tsɿ
厨房		厨房	灶屋	灶下	灶火
床边		床边儿	床舷	床沿儿	床舷舷儿
转眼		迈眼	转身	转背间	转眼
灰菜		灰藋藋、灰灰藋	灰灰苋	灰田苋	灰灰菜
半大孩子	安康西南官话	碎小伙子	半截子	半泼子伢	桩桩娃
门外汉，外行人		外行	黄师傅	生手	红脚杆儿
爱闲谝，爱说大话的人		谝大嘴	日白匠、把子客	夸巴儿	谝日匠
爱传闲话的人		黄瓜嘴	翻嘴尻、过话婆	爱过话的	是非婆子
比喻爱接别人话头的人		插嘴	接嘴婆	接鸡下巴	接下壳子
递眼色		使眼色	递点子	眨眼睛	叫点子
干粗重活		下力	砸笨	打操	捣蛮
漂亮		晳	伸抖	牌子驮了	牌场
挑夫		担脚的	挑脚棒	脚夫	挑挑子的

所谓词义叠加和减少，就是指词语在接触中有的词语增加新的意义，扩大它的表义范围。有的则减少了原有的意义，缩小了它的表义范围。例如“细发”一词，黄孝方言指不粗糙，如：“这布很～”；关中方言指做事细致，精打细算，如：“兀人～，糊的灯笼好看”“兀日子过得～”“这件衣服，让我细细发发地补了半天。”。现在安康方言除仍表这两个意义以外，还表示待人处事细致周到和谨慎。例如：“哎哟！你太～了，水烧开了就对了，还把茶给我泡上。”

再如“胀气”，本义指腹部膨胀，黄孝方言除此还引申指怄气、生气。例如：“他不是说你的，你莫～。”但该词自进入安康后，就不再表示生气和怄气了，只剩下单表腹部膨胀一个意义了。

还如安康紫阳话的“粑”，应该说源自四川话，四川方言习以“粑”与“硬”对举，此为方言造字。《蜀语》：“凡肉之烂者、地之泥湿者、果之熟者、粮食之不干者、人之弱者、物之不干者，皆曰粑。”四川话还将怕老婆的人称为“粑耳朵”，把患软骨病不能站立的人叫“粑子”。可见四川话的“粑”应用非常宽泛。该词在安康，除紫阳话还基本保留“粑”既指食物的软和烂，还指物体的不坚硬和人之软弱之外，其他方言区除沿用“脚粑手软”这一成语外，只用于指食物的软和烂，比如“肉蒸得太粑了”“红薯还没有煮粑”“柿子已经稀粑浓的了”，一般不说“地太粑了”“麦子还是粑的，还得晒”“浑身都是粑的”等这些话，至于四川话的“粑耳朵”“粑子”这两个词更被排斥在口语之外。

第十三章　安康方言词汇的层级关系

从近年的研究成果看，方言层次研究涉及词语的并不多，可见词汇层次整理比语音层次要困难。为什么困难？笔者以为，有两个因素是不可忽视的：一，方言接触本身是一种常态，因为任何一个地区尤其是我国北方，历史上都存在着范围不一、程度不同的人口变动，存在着人口变动就必然存在着语言接触，那么接触范围的大小、时间的长短、之间的人口比例等等，对词语层次的形成都会带来不同的变化，很难得出合理的统一的标准；第二，不同方言区之间政治、经济、文化、交通之间的相互联系，对方言的影响也是不可避免的，既然这样，那么往来的条件、往来的程度以及方言间的强弱关系，同样也影响着一个区域的词语层次，其结果也不可能是整齐划一的。以我国北方方言为例，正因为经过了一个不断接受北方少数民族语言的影响才发展成现在这个样子，也正因为语言交际存在着区域间的差异，也才形成了从东北到宁夏、从宁夏到云南不同的语言状态。所以说语言的自身发展与方言接触互为交织以及区域间条件和程度的不平衡，致使语言各自方面难成统一，即使在一个小的区域一般也是很难把它分得清楚的。

话又回到安康方言，如上文所述，安康是个多方言区，既然这样，那么安康方言词语的层级关系又该如何去辨识呢？

对此我们注意到了邢向东《秦晋两省沿河方言比较研究》对“底层词”和“上层词”所作的阐述。他认为：“‘底层词’指在较早时期已经存在于该方言中的词语，如果这个方言有文白异读的话，底层词一般读白读音。与之对应的‘上层词’，是较晚的时期才进入该方言的词语，一般来自权威方言或共同语。如果有文白异读，它们一般读文读音。底层词反映了该方言在较早时期的词汇状况，如果是在较大区域内存在的底层词，则反映了这些方言早期的共同词汇特点，上层词反映了该方言与周边方言的关系，尤其是与权威方言或共同语的关系。”①

邢先生的这段表述，对一个长期处于相对稳定状态的方言区是合适的，但对一个正处于接触状态的混合方言区就要看具体情况了。比如安康方言，我们认为至少有两个方面的问题是值得讨论的。

（1）方言底层与方言属性

方言底层与方言属性到底有没有关系？从方言的本质特征上说应该是有的，比如扬雄的《方言》常有秦晋之间与宋楚之间的区别，说明方言底层与方言属性本身就存在着关联。现在问题是，方言标准的提出，对这个问题的讨论似乎变得复杂了。比如安康西南官话区的宁陕、石泉、岚皋乃至紫阳的东部、镇坪的北部，这里的基础人口主要来自湖广移民，尽管它们现在的调类、调值以及入声字的今读属于西南官话，但该区域的方言词汇系统却是属于黄孝方言体系的。更突出的还如，安康南部靠近汉滨区的平利老县、西河、三阳、大贵部分等乡镇，基础人口也主要来自湖广移民。如果按照调类和入声字的今读当属中原官话，但该区域的方言词汇体系却更加符合黄孝方言词汇系统。对于这些区域，如果以方言属性而论，其方言底层词就很难将关中方言作为讨论的基础。比如“踒”，指腿脚扭伤，《说文解字》注为：“足跌也。”关中方言读［uɤ^{31}］，黄孝方言读［uai^{55}］，而安康平利老县、西河、三阳、大贵部分等乡镇却读［uai^{55}］而不读［uɤ^{31}］。还比如表示蹲的“跍”和“踋”，前者为成渝方言词，后者为黄孝方言词，同样，按调值和入声的归调，安康石泉、宁陕、岚皋等西南官话区，而是多用黄孝方言的“踋”而不用成渝方言的“跍”。所以说，对那些因接触而形成的混合方言区，关于底层词的辨识，显然和方言属性是没有直接的关系的。

（2）底层词与上层词，本源词与外来词

还有，对一个处于混合状态区域的词汇来说，我们认为，其层级关系是非常复杂的，粗略地说，除存在“底层词”、“上层词”和“表层词”的关系之外，同时还存在着“本源词”与“外来词”的关系，两相比较起来，后者则更为突出，更为明显，更为普遍，可以说安康没有哪一个区域不存在着这种关系，只是程度的不同罢了。比如在安康中原官话核心区，一说“脑壳”“踋下”“欻雨”“沮湿”等词语，大多知道不是自己的本源词。还比如安康西南官话区的宁陕、石泉、岚

① 邢向东：《秦晋两省沿河方言比较研究》，页176~177，北京：商务印书馆，2012年。

皋以及镇坪的北区，同样除保留着基本的黄孝方言词语之外，也接受了部分成渝方言词语，比如“找幌子、猛然、捶子、越进、经管”等词，是平时所说黄孝方言词语，但同时也对应有“扯葛系、猛股子、掟子、更劲、经由”等成渝方言词语。所以，正由于安康广泛存在着这种本源与外来的关系，才使得安康方言广泛存在着词语叠置现象。

所谓“本源词”，就是指该区域所拥有的底层人口的原方言词语，相对应的“外来词”就是指在方言接触之中所吸收的其他方言词，这种其他方言可能是一种，也可能是几种都有。如果将这种考察深入到词语内部，底层词也好，上层词也好，可能在本源词之中，也可能在外来词之间。

下面是我们对安康方言词语在接触之中所表现出来的层级关系的分析。

一　底层词与上层词

前面已述，辨识安康方言的底层词与上层词，与其他方言区相比无疑要复杂得多，因为这里是个多方言区，除开人口数量少、影响不明显的湘语和赣语之外，处于强势地位的有中原、西南、江淮三大官话方言，所以这里的方言词语，除通语词之外，同时也还存在着一定量的各自不同方言的特征词。下表是所举的例词，含底层、上层和表层，表中底层词，既有源于关中方言的底层词，又有源于黄孝方言和成渝方言的底层词，通过考释和比较，来看底层与上层之间的关系。

表 50

底层	上层	表层
嫽꜁ȵiau		漂亮、美、好
捼꜀uo	抈꜀ɥe、扜꜀ɥ	扳
皙꜀ɕi	牌场	标致、漂亮
撥꜂sai	潰、溅	甩
鋊 y꜄/ɥ꜄		
抈꜀ɥe、扜꜀ɥ		
搇꜂tsʰən	按	摁、压
杪꜂miau	梢	尖尖

续表

底层	上层	表层
坌 pən⊃		拌
敕꜀suo		吸、吸吮
歍꜀ua	痨人、懆人꜁	
佻 tiau⊃	吊	挂
胎鞠꜁tʰæ꜂tɕy/꜁tʰai꜂tʂʮ		养活、抚养、培养、供养
搊活꜀tsʰəu꜀xuo/꜀tsʰəu꜀xo	帮补	扶持、帮忙、帮助
巇乎儿꜀ɕixur⊃	争一点儿	差一点儿
黩黛꜁læ꜀tæ/꜀lai꜀tai	黩稀、黩腮、脓㣛	脏、肮脏
岸 pan⊃（一岸子、偏岸、东岸）		边、一边
谝꜂pʰian（谝闲、谝闲传）	谝广子、谝淡话、打广子	
茅子꜁mau.•tsɿ	茅房、茅厮	厕所
爷坡꜁ie꜀pʰə	阳坡	太阳地
剃头 tʰi⊃꜁tʰəu	推头	理发
房圈儿꜁faŋ꜀tɕʰyar	睡房、卧房	卧室
煆（热子）꜀xa（꜀ʐɤ•tsɿ）	乌度子、温度子、温热子、尿热子	温的
沮湿 tɕʰie⊃꜀ʂʅ	透涨、焦湿	
难谓꜁lan꜁uei		多谢、谢谢
照子 tʂau⊃•tsɿ	河罩子，山罩子	雾罩
见姅 tɕian⊃pʰan⊃	见皮姅、见鬼姅、见裸姅	见鬼、见怪
惕般꜁iaŋ꜀pʰan		东张西望
茭媞꜀tɕʰiau•ʂʅ		指桑骂槐、旁敲侧击
不耳视꜀pu꜂ər꜀ʂʅ	不理视、不秋睬	不理、不理睬
薌料 ɕiaŋ⊃liau⊃	作料、调料	佐料
麻利꜁mali⊃	火色、麻溜、快当	快些
灺꜀pʰa	灺活꜀pʰa•xuo	软

表中上层词既包括借用的其他方言词，如“拐”“牌场”“标致”“争一点儿”“麩腮”“打广子”“茅厮”等，同时也包括后起的衍生词，如“潰”“溅”“帮补”“脓㞞”“谝广子”“谝淡话”“茅房”“阳坡”“推头”“睡房”等。表层词则属于后期借用的通语词。

嫽꜀liau 《方言》卷二：“釥、嫽，好也。青徐海岱之间曰釥，或谓之嫽。”字义作“僚”。《诗经·陈风·月出》：“佼人僚兮。”从地域上看，“嫽”应是关中方言的早期词语。“～得太”“～砸了”“～得很”“～得很很”，是关中方言扩展后的短语，表示非常好。“嫽”在安康只通行于中原官话核心区，但使用频率已下降了许多。常用共同语的“美”和“漂亮”。从历史和使用区域上讲，底层词都应是“嫽”。

捼꜀uɤ 用力将直的或长的东西弯曲到一起。《广韵》：“平声戈韵，乌禾切。手縈也。”“縈”，《说文》：“縈，收卷也。”也为缠绕、盘旋的意思。如：“把那些支丫八叉的枝丫子～到一起，架到炉子烧。”该词义安康江淮官话用“拐”ɥe[31]。安康中原官话核心区只说“捼”而不说“拐”，显然继承了关中方言的说法。所以从其历史和使用区域上看，“捼”区域特征明显，属安康中原官话底层词。

皙꜀ɕi 人肤色白。《诗经·鄘风·君子偕老》：“扬且之～也。”《论衡·死伪》：“汤～以长，颐而髯。”都指肤色白。人以白为美，所以笔者认为，关中人指女子漂亮为“皙”，应由此引申。安康中原官话核心区至今也没有丢弃这个词，如：“这女娃长得～～儿的，咋看都好。”该词义安康江淮官话是“牌子”“牌场”。“标致、漂亮”为借用的共同语词。两相比较，“皙”应是安康中原官话底层词。

擞꜀sæ 为关中方言常用词，义为甩的意思。《集韵》：“擞，摆擞，抖数也。”已为安康各方言的常用词。如：“挨刀死的狗子，～了我一身水。”该词已通用于安康各方言区。

岸ŋã꜄ 本义为水边高起之地。《诗经·卫风·氓》：“淇则有～，隰则有泮。”关中方言由“岸”引申为“边”，组成的复音词如“一～子一边”“偏～子旁边”“东～儿东边”“西～儿西边”“北～儿北边”“南～儿南边”“路偏～儿路边”“山西～儿山的西边”等等，概由本义引申。“岸”的用法至今在安康中原官话核心区没有发生任何变化。所以，“岸”区域性强，底层特征明显。

谝꜀pʰiã 《说文》：“谝，便巧言也。”即花言巧语。关中由“谝”组成的短语有“～闲”“～闲传”。在安康中原官话区，除常说“～闲”“～闲传”以外，还常说“～淡话”“～广子”“～儿嘴”。与安康江淮官话常说的“打广子”相比较，“～淡话”“～广子”“～儿嘴”均概因受安康江淮官话的影响而形成的后起词语，其底层词当为“諞”。

煆 ꜁xa 《方言》卷七：“煦、煆，热也。吴越曰煦煆。”《说文》：“煆，热也。”安康江淮官话至今保持着黄孝方言的白读音 xa²¹，称水温热为“～热”。“乌度子”“尿热子”为后来的衍生词。安康中原官话核心区则多称其为“温的”，与共同语相同。“煆”的读音和用法，起于吴越，属底层词。

鋊 ɥ꜄ 《说文·金部》：“鋊，从金，谷声，读若浴。一曰铜屑。”《汉书·食货志》下：“今半两钱，法重四铢，而奸或盗摩钱质而取～。”由磨钱取鋊引申为器物磨损。明代焦竑《俗书刊误·俗用杂字》记为“金石久用无楞曰～”。安康江淮官话至今将钻、锥之类久用而失去锋尖叫“鋊”，安康其他方言以及普通话均无其他任何相对应的词语。应属底层词。

撡 ꜀tsʰən　用手按物叫撡，义和用法同于共同语的“摁”。《集韵·沁韵》：“撡，按也。”《蜀方言》卷上：“手按物使不动曰撡。”原注：“撡，邱禁切。按物也。今读为村，上声。俗作撳，无此字。”安康方言读 tsʰən⁴⁴⁵。该词安康主要通行于西南官话和江淮官话区，如：“这猪劲大，要～紧，小心跑了。”安康中原官话核心区多用“按”，有时也用“撡”。

抈 ꜁ɥɛ　用手使长条之物弯曲。《说文·手部》：“抈，折也。”《广韵·月部》：“抈，折也。鱼厥切。”安康江淮官话有“～拢”“～到一块儿”之语。同时也用“扜”，《方言》：“扜，搷，扬也。”引申为张开，《山海经·大荒南经》：“有人方引弓射黄蛇，名曰蜮人。”用手使长条之物弯曲当为由此再引申，安康江淮官话区至今不用普通话的“扳”和“折”，其中词义不相等是其主要原因。“抈”和“扜”应都属于底层词。

欶 ꜁so　用口连刮带吸叫欶，今俗字作“嗍”。《说文·欠部》：“欶，吮也。”《通俗文》：“含吸曰欶。”普通话词义与其相近的有“吸”“吸吮”，但安康江淮官话区口语中至今用“欶”而不用普通话的“吸”或“吸吮”。

杪 ꜀miau　物之末稍为杪，多指树干或枝条之末端，也指针、刀、锥之末端。《方言》二：“杪，（莫召反。）小也。”“木细枝谓之杪。”《方言》十三亦云：“杪、眇，小也。”《说文·木部》：“杪，木標末也。”段玉裁注：“引申之，凡末皆曰杪。”安康江淮官话如“树～～儿”、“针～～儿”。偶尔也借用普通话的“尖”。

坌 pən⁼ 《广韵·慁韵》:“蒲闷切。坌，尘也，亦作坋。”本义为尘土，引申为和物。北魏贾思勰《齐民要求·作菹藏生菜法》:“布菜一行，以熬末蒲～之、即下热粥清。”安康江淮官话的“～酒曲子”“～凉菜”概用此“坌”，偶尔也用普通话的“拌”。

歍 ꜀ua 指恶心难受。如：心里好～人。《说文·欠部》:“歍，心有所恶若吐也。从欠，乌声。”段玉载注:“心有所恶，若欲吐而实非吐也。”常俗写为“挖”，“～人”“痨人”“懆人”是后面出现的衍生词。普通话没有与之相对应的词语。

胎鞠 ꜀tʰæ꜂tɕy 《方言》卷一:“台、胎、陶、鞠，养也。晋、卫、燕魏曰台，陈楚韩郑之间曰鞠，秦或曰陶，汝颍梁宋之间曰胎，或曰艾。”关中方言把培养子女通称叫“胎鞠”，常写作“抬举”。在安康“胎鞠”只通行于中原官话核心区，如:“现在～一个孩子真不容易，看把你们两个大人累得。”其他方言区则大多单说一个“养”。除此，安康普遍也借用共同语词“抚养、培养、供养”。相比较，底层词应是“胎鞠”。

搊贺 ꜀tsʰəuxuo⁼ 其中“搊”,《广韵》:“平声尤韵，楚鸠切。搊，手搊。”关中方言当“扶”讲，如:“你把我搊起来，我实在没力气了。”“你先搊到，我去找个撑子。”“搊贺”用于安康方言，除“扶”以外，还有扶持、帮助的意思，如:“做生意，钱不够，想请你～一点儿。”写法上，大多俗写成“搊和”“搊合”。与该词义相关的，安康还有“帮补”“拉一把”“帮个忙”等，但都属于后起衍生的词语，所以比较起来，底层词当为“搊贺”。

巇乎儿꜀ɕi꜂xur 其中“巇”,《广韵》:“平声支韵，许羁切。巇，险巇。”《类篇》:“巇，山险。”口语词“巇乎儿”仍含有危险的意思，如:“今天好危险，～掉到沟里去了。”该词在安康使用区域较广，多俗写为“希乎儿”。安康还有等义词“争一点儿”，也说普通话的“差一点儿”。相比较，底层词应为“巇乎儿”。

黧黛 ꜀læ ꜀tæ 为关中方言常用词。《广韵》分别解释为:“黧 ꜀læ，平声落哀切，大黑”;“黛 ꜀tæ，丁来切，大黑貌。”合起来叫“黧黛”。安康中原官话核心区至今还这样说，不过使用频率已大大小于关中方言，大多改用共同语的“脏”，或衍生词“黧稀꜀læ꜀ɕi”。该词义，安康江淮官话叫“黧腮꜀læ꜂sai”；西南官话叫“稀脏”。此外，还有“脓怂”。依据成词关系和使用区域，“黧黛”为底层词，

“鶆腮”与“稀脏”则处上层。

沮湿 tɕʰiɛᵓ ꜀ʂʅ　很湿或特别湿。如“衣裳叫雨打得～。”《广雅》一：“沮，湿也。”孙子《军争》：“不知山林险阻沮泽之形者，不能行军。”句中的“沮”为低湿地带。担、阻、沮俱从“且”声，故音若“且”。“沮湿”用如现在，“沮”的语义已由名词演变为副词，对“湿”明显起着程度修饰作用。所以，“沮湿”应为底层词。该词义安康江淮官话偶尔也借用中原官话的“透涨”和西南官话的“焦湿”。

难谓 ꜀lanueiᵓ　多变读为 lau^{42}uei^{22} 或 laŋ^{42}uei^{22}。《说文》：“谓，报也。”“难谓”即难以酬报的意思。为感谢语，多用于借人东西归还的时候，安康至今与古义相同。如：“大婶，～你的筛子。”“谢谢”为共同语词，只用于文化人之间或公共场合，所以“难谓”当为底层词。

照子 tʂauᵓ ᶜtsɿ　指山顶、河面大雾，常俗写为“罩子”。《说文》：“焘，普覆照也。”“照”本训明，《说文》的“普覆照”只借其声，不借其义。黄孝方言把雾叫“照子”，安康各方言也将其叫“照子”，还细分把山顶雾叫“山～”，把河面雾叫“河～”，普通话没有与之相对应的词语，应为底层词。

见姅 tɕianᵓ pʰanᵓ　《说文》：“姅，妇人污也。汉律见姅变不得侍祠。”段玉裁注：“妇人污者，谓月事及免身及伤孕皆是也。”“姅”在黄孝方言有两个词，一是把与人发生不正当性关系的女人叫“皮姅”，一是把遇到不吉祥之事叫“见姅”。二者均是对“姅”的引申。在安康江淮官话只有“见姅”一词，后衍生为“见皮姅”“见鬼姅”“见裸姅”三个短语，词义与普通话的“见鬼”“见怪”相同。如：“今天真是见了皮姅了！做啥都不顺利。”该词多用于安康江淮官话，是为底层词。

愓般 ꜀iaŋpʰanᵓ　《方言》十：“愓，游也。江沅之间，谓戏为愓。或谓之嬉。”《释诂》：“般，乐也”，般，薄官切。黄孝方言把行动迟缓、磨蹭叫“愓般”。安康把精力不集中，做事磨蹭叫“打～”，俗写作“洋盘”。用法与黄孝方言区别不大。是为底层词。

荄媞 ꜀tɕʰiau ꜀ʂʅ^{0}　《方言》十：“眠娗、脉蜴、赐施、荄媞，皆欺谩之语也。楚郢以南东扬之郊通语也。”其中“媞”，读 tʰi^{42}，也读 ʂʅ^{22}，《说文》卷十二女部：“媞，谛也。一曰妍黠也。一曰江淮之间谓母曰媞。从女，是声。”“荄媞”一词，安康江淮官话延用了黄孝方言“欺谩之语”的本义，常用于不点名的指责某人做法不对。如："有话直说，少讽言带刺地～人！"

不尔视꜀pu꜄ər ꜀ʂʅ　不理睬。《蜀语》："不与人分辨曰不理，……亦曰不尔。"《蜀方言》卷下："不礼人曰不尔。"成都话作"不耳视"，重庆方言作"不耳食"。安康西南官话以及江淮官话称不理睬为"不尔视"，中原官话则多称其为"不理视"，至今称谓有别。安康各方言也有"不秋睬"的叫法，也用普通话的"不理""不理睬"。相比较，"不理视"较为接近于普通话的"不理睬"，以此，底层词应为"不尔视"。

蓍料 ɕiaŋ꜄liau꜄　作料。《蜀语》："以辛香和食曰蓍，蓍曰向。"《川方》作"相料"，即"佐料"，现四川方言通称作料为"蓍料"，安康西南官话以及江淮官话亦称其为"蓍料"。中原官话则多称作料为"调料"。安康方言之间至今称谓有别。

麻利꜀mali꜄　利索，利落。《昭通方言疏证》："昭人谓思想敏捷，行事手足便捷皆曰麻利，俗以麻利书之。麻即敏之声借。"《现代汉语词典》："❶敏捷：他干活儿很～。❷〈方〉迅速；赶快：社里开会，叫你～回去。"《川方》作"麻溜"，谓"麻利，快当"。安康各方言都说"麻利"，除此还说"火色""快当"，但"麻利"通行区域最广，应为底层词。

粑꜀p^{h}a　软，与硬相对。《蜀语》："烂曰鲅，鲅音跋，同。'八月为汃月'……，见《杨升庵集》。以汃即烂义，音与跋同。考《尔雅》，汃音彬。'西至于汃国，谓之四极。'四极之水也。又音普八切，音攀入声。"安康各方言都说"粑"，除此还说"～和""软和"，"粑"通行区域最广，依据表义范围应为西南官话底层词。

表中所举的"爷坡"与"阳坡"、"茅子"与"茅房""茅厮""厕所"、"房圈"与"卧房""睡房""卧室"、"剃头"与"推头""理发"等等，尽管无法对应历史文献，但将其与关中方言、黄孝方言、成渝方言以及普通话进行比较，同时考察它的使用区域，也可确认每组的第一个词都属于安康中原官话核心区的底层词。

以上仅仅是所举的一些例词。其中有的有上层词而没有表层词；有的有表层词而没有上层词；有的上层词和表层词都没有；有的既有上层词，又有表层词；有的只有一个上层词，有的却有几个上层词。抽出这些现象，或许给我们提示了这样两个意义：①方言之间词语的数量以及词语的表述不可能是对等的，因为事物尽管相同，可区域不同，方言不同，和造字一样，是不可能产生出完全相同的词语的。②一个词的语音或意义如果与另一方言的词语存在着对应关系，那么它们可能都是底层词，比如，“茅子”和“茅厮”、“搂”和“抈”“扜”、“捻”和“按”、“晢”和“牌子”、“沮湿”和“焦湿”“透涨”等，其中有的我们之所以将其放在上层的位置上，那是因为方言接触而吸收的另一方言词语。

这些底层词，从其来源看，有的来自秦岭以北的关中方言，有的来自湖北、安徽、湖南、江西一带的南方方言，还有的来自巴山以南的成渝方言。这些词，有的承袭于古代方言，如“嫽”“胎鞠”“煆”“惕般”；有的见诸古代著述，如“踒”“搊活”“谝”“谽”“惕般”“晢”“岸”；有的源于古代民俗，如“姅”；还有的出自古代市俗，如“坌”“剃头”“茭媞”，等等。这些词尽管处于底层，但它们都从不同的角度向我们透视着所负载的古代文化。如上述的“嫽”“晢”“难谓”“见姅”等。

二　本源词与外来词

研究混合方言区的词语接触层次，比较容易做的看似是对本源词和外来词的辨识，但也有很多让人难以辨识的地方。因为任何一种方言具有鲜明地域特征的词毕竟是少数，大量的却是那些没有特征或是特征很少、使用区域宽广的词。为说明本源词与外来词之间的关系，反映它们之间的接触状况，我们选择一些具有鲜明地域特征的本源词，同时列上相对应的与之有接触关系的其他方言特征词。下面按中原官话、西南官话、江淮官话顺序，分别列表举例。

表 51—1　安康中原官话本源词与外来词接触状况表

现今常用词	本源词	其他方言词	通语词
立、站	立		站
栽跤	栽跤	绊跤子、搭倒了	跌跤
乖嘴	乖嘴	打啵儿、亲嘴	接吻
道道儿	道道儿、巷子	过道儿、弄子	胡同
撂天地里	撂天地里	露天坝里	露天
叫唤、哭	叫唤	哭嘴	哭鼻子
拾掇、收拾	拾掇	捡拾	收拾
前半日、上午	前半日	上昼	上午、上半天

续表

现今常用词	本源词	其他方言词	通语词
夜个、昨晚上	夜个	昨晚夕	昨晚
阳坡	爷坡	阳坡	阳坡
蹴	圪蹴	蹴	蹲
淋雨、欻雨	淋雨	欻雨	淋
雪子、凌沫子	雪糁子	凌沫子	雪糁
坪坝子	躺地	坪坝子	平地
河堤、堤	堤坝	河堤	堤
沙坝	沙坝	沙洲	沙洲、沙滩
发大水、涨大水、涨水	发大水	涨大水	涨水
凉水、冷水	凉水	冷水	凉水、冷水
狗卵石、鹅卵石	狗卵石	鹅包儿	鹅卵石
缠和、舒服	缠和	安逸、熨帖	舒服
谝闲传、闲谝、谝淡话	谝闲传、闲谝	打广子、谝淡话	聊天
多亏、得亏、幸亏	多亏	得亏、	幸亏
找岔、起茓	找岔、起茓	找岔子、起茓头、找岔兮	找借口
糟蹋人	糟蹋人	贬作人、作践人	贬低人、贬损人
挨嚷	挨嚷	挨头子、挨巴眼儿	挨批评
打糙眼	打糙眼	打白眼、打洋盘	不专心
正公正	正公正	正当名分、正经的	应该的
滚烫	滚烫	飞烫、滚赖	滚烫
稠	稠	干巴巴	稠
粗苛苛	粗苛苛	糙尅尅、寡糙	粗糙

表 51—2　安康西南官话本源词与外来词接触状况表

现今常用词	本源词	其他方言词	共同语词
涨大水	泛水	涨大水	发水
坪坝子	平垱、平洋垱	坪坝子	平地
斗筐	斗筐	栲子	
小娃儿、伢儿	小娃儿	碎娃子、伢儿	小孩儿
精巴子、光董董	精巴子、光董董	精身子、赤巴溜儿	赤身
不晓得	不晓得	知不道、找不到	不知道
颈扛、颈口、脖子	颈扛、颈口	脖项、颈脖子	脖子
掟子、锤坨子	掟子、锤坨子	捶头子、拳头	拳头
跘跤、搭倒了	搭倒了	栽跤、跘跤	跌跤
脑壳勾到、脑壳鍞到	脑壳勾到	头杵下、脑壳鍞到	低头
栽耳、理视、着视	栽耳	着视、理视	理睬
观展、整齐	观展	齐整、斩齐	整齐
蛮好、好得很、美得很	蛮好	美得很、好得很	很好
不很是、不咋样、不着	不很是、不赫显	不咋相、不着、不赫显	不怎么样
伸展、排场、漂亮	伸抖、伸展	晳、排场、齐整、	漂亮
猛股子、突然	猛股子	陡然、猛然	突然
飞蛾儿、蝴蝶	飞蛾儿	蛾子、蝴蝶	蛾子、蝴蝶
焦干、迸干	焦干	迸干	脆
经佑	经佑	经管、招呼	照料
躮 $laŋ^{34}$ 巴儿	躮 $laŋ^{34}$ 巴儿	干柴棒	瘦小
炬 p^ha^{34} 耳朵	炬 p^ha^{34} 耳朵		
皮面、面上	皮面		表面、面上
讨口子、叫化子	讨口子	叫化子、讨米的、要饭的	乞丐
提提、攀攀	提提	攀攀	提手
晚夕	晚夕	夜里、黑地	晚上
喜得	喜得	亏得	亏得
幸喜得、幸亏、得亏	幸喜得	得亏、多亏	幸亏、幸好
走人户、走人家、走亲戚	走人户	走人家、走亲戚	走亲戚
捞轻	捞轻	飘轻	很轻
冲壳子、吹壳子	冲壳子、	吹壳子	吹牛

表 51—3　安康江淮官话本源词与外来词接触状况表

现今常用词	本源词	其他方言词	共同语词
夜蚊子	夜蚊子	蚊子	蚊子
饭蚊子、屎蚊子、麻蚊子	饭蚊子、屎蚊子	蝇子	苍蝇
蠓子	蠓子	蛅子	蠓子
古今儿	古今儿		经常、一直
一路来、一马里儿、向来、从来	一路来、一马里儿	向来、从来	向来、从来
一清早、一大早	一清早	匪早、清起、一大早	清早
撒黑、擦黑	撒黑	擦黑	傍晚
晚上	晚上	黑地、晚夕	晚上
赤膊溜儿	赤膊溜儿	精身子、精巴子	赤身
颈脖子	颔脖子	颈口、脖项	脖子
合身	合身	贴身、巴身	贴身
不算事	不算事	不顶事、不经事	不顶用
家业、家具	家业		家具
忙锤	忙锤	棒槌	棒槌
打总荐	打总荐	打搁合	推荐、说好话
睏醒	睏醒	睡瞌睡、睡觉	睡觉
哭嘴	哭嘴	叫唤、哭脸	哭鼻子
跸跤子	跸跤子	栽跤、搭倒了	跌跤
没警顾得	有警觉	没注意、没留神	没注意
量就	量就	量	量
估摸	估摸	可摸、估摸、古谙	估计
做么事、做么子	做么事	做啥、做啥子	做啥
找不到	找不到	不晓得、知不到	不知道
牌场	牌场	晳、干净	漂亮
死撒	死撒	死板、呆板	呆板
沮湿、透涨	沮湿	透涨、焦湿	湿透
癞稀	癞腮	癞胎、脓㶶、稀脏	脏、肮脏
丢圆	丢圆	纠圆、溜圆	
拖疲	拖疲	拖沓	疲沓、拖沓
冰光	冰光	溜滑、溜光	精光
当真的	当真的	真个的、老实的	真的

表中"其他方言词"主要指相对应的另外两类方言词；"通语词"指相对应的共同语词；"现今常用词"指的是该方言现在常用的词语，反映的是与其他方言词语的融合状况。

表中举例虽说只是少数，但从"现今常用词"的使用情况大体也能看出如下两点规律：

（1）安康西南官话接受其他方言词语的影响主要在江淮官话而不在中原官话。

（2）只坚持自己的本源词而不受其他方言词的影响，其中以中原官话为最突出，如"找岔""起茨""糟蹋人""挨嚷""打糙眼""栽跤""乖嘴""道道儿""巷子""撂天地里""叫唤""正公正""滚烫""稠""粗苛苛"等词语至今仍坚持着而拒绝其他方言词的融入。相反，既坚持自己的本源词又接受其他方言词的渗入，其中又以西南官话为最突出，如"栽耳、理视、着视""不很是、不咋样、不着""焦干、迸干""讨口子、叫化子""提提、攀攀""脑壳勾到、脑壳鎖到""观展、整齐""猛股子、突然""飞蛾儿、蝴蝶""皮面、面上""颈扛、颈口、脖子""伸展、牌场、漂亮""幸喜得、幸亏、得亏""走人户、走人家、走亲戚""冲壳子、吹壳子"等等这些，每组之中，既有自己的本源词，也接纳有其他的方言词，有的接纳一种方言，有的同时接纳几种方言的词语。

以上两点，说明词语的影响在方言之间也是存在差异的。从表现结果看，特征相近的最容易接受对方词语的影响，而特征差异大的势必相互排斥。江淮官话词语之所以容易被西南官话所接纳，其主要原因在于无论是音节数量还是词语结构，之间都比中原官话要接近得多。

三　安康方言词语类别的融合层次

3.1　安康方言词语类别的融合状况

为反映安康方言词汇的融合状况，我们专此选取汉滨区城关镇（中原官话区）、白河县茅坪镇（江淮官话区）、紫阳县城关（西南官话区）、汉滨区县河乡（混合 1 区）、石泉县城关（混合 3 区）等 5 个方言点，并以中国社会科学院语言研究所方言室编辑的《汉语方言词语调查条目表》为基本条目，按天文、地理、时令时间、农业、植物、动物、房舍、器具用品、称谓、亲属、身体、疾病医疗、衣服穿戴、饮食、红白大事、日常生活、讼事、交际、商业交通、文化教育、文体活动、动词、其他名词、位置、代词、形容词、副词、介词等 27 个词类、4000 余个词的条目，分别对这 5 个方言代表点的词汇进行了较为详细的调查和归类（见本文后附录二）。见下表：

表 52　各点词语数比较表

序号	类别	词条	汉滨	县河	茅坪	石泉	紫阳	词类中的相同词语数	共有词语数在词类中的比例
1	天文	105	132	122	122	123	122	93	89
2	地理	105	146	131	128	125	128	78	72
3	时令、时间	115	194	168	171	166	163	104	90
4	农业	116	136	123	123	123	121	87	74
5	植物	251	269	267	266	265	269	227	90
6	动物	194	212	207	206	213	210	143	73
7	房舍	97	100	102	102	102	102	97	100
8	器具、用品	292	315	310	310	312	311	240	82
9	称谓	172	229	212	208	215	214	133	77
10	亲属	114	153	162	170	157	150	105	92
11	身体	189	248	241	219	231	231	138	72
12	疾病、医疗	143	170	159	155	158	159	105	73
13	衣服、穿戴	105	116	111	110	108	108	80	76
14	饮食	178	203	194	188	191	191	146	82
15	红白大事	138	180	171	165	164	162	134	97
16	日常生活	127	150	145	143	145	143	94	74
17	讼事	89	109	106	105	106	106	97	106
18	交际	72	96	94	88	87	86	66	91
19	商业、交通	132	164	161	160	159	159	149	112
20	文化、教育	84	91	91	91	88	89	83	99
21	文体活动	87	95	92	87	87	87	67	77
22	动词	466	577	566	544	536	535	348	74
23	位置	93	109	104	104	104	105	80	86

续表

序号	类别	词条	汉滨	县河	茅坪	石泉	紫阳	词类中的相同词语数	共有词语数在词类中的比例
24	代词	70	80	76	75	74	75	19	27
25	形容词	307	360	354	359	350	350	229	75
26	特殊名词	50	63	63	65	64	64	50	100
27	副词、介词	136	170	167	166	164	163	118	87
总数		4027	4867	4699	4630	4617	4603	3310	82

本表显示了三个方面的数字情况：第一，各方言点在 27 个词类中所具有的词语总数以及在每个单项词类中所具有的词汇数；第二，每一词类在 5 个方言点中所具有的共有词语数；第三，共有词语数在每个词类中所占的比例。坦率地说，附录中的词汇调查仍只是一个大概，加之后面又略有增删，所以表中所反映的各方言点的词语数也只是一个约数，因为再细致的调查也不可能做到完全绝对化，不过在相同词条的比对下，所反映出来的一些问题还是可信的。比如：

（1）从获取的词语数看，五个方言点中以汉滨话的融合度为最低，所表现出来的差异也最大，说明汉滨城关话在词汇上与西南官话、江淮官话的亲和度最低，词汇的融合途径也主要表现为词语的叠置而不是用另一方言的词语来替代自身的方言词语，故而词语的总数相对于其他 4 个点要高出一些。

（2）从共有词语与特征词语所表现出来数差看，各点之间有 3 310 个词语是相互一致的，以词数最少的紫阳城关 4 603 个词语计，存在差异的是 1 293 个，这说明尽管词汇的融合在安康是普遍现象，但不同方言的特征词语依然存在，它们在词汇上各自代表着自身方言的本质特征。

（3）从共有词语数在各类词语中所占的比例看，比例最低的是代词，占该类词语总数的 27%；其次是地理、身体、农业、动物、疾病医疗、日常生活、动词、形容词、称谓、衣服穿戴、文体活动等，共有词语分别占各自词类的 72%—77%；再次是器具用品、饮食、位置、副词与介词，共有词语分别占各自词类的 82%—87%；比例最高的是房舍、红白大事、讼事、商业交通、文化教育，共有词语所占比例均在 90% 以上。这说明词类在词语的融合中也存在着不同的差异。从类别上看，代词以及地理、身体、农业、动物、疾病医疗、日常生活、动词、形容词、称谓、衣服穿戴、文体活动等均属于基本词类，处于方言词汇的最底层，也是特征词最为集中的地方，所以最能体现一个方言群体的语言特色。从安康方言的接触实际看，大多也不易被另一方言所替代。而器具用品、饮食、房舍、红白大事、讼事、商业交通、文化教育、位置、副词与介词等词类虽说也属于基本词类，但它们大多概念相同，认知相近，表述相同，所以共有词语也必然高于其他词类。

3.2 安康方言词汇类别的融合层次

安康方言的词汇融合也表现出一定的层次关系，有的词语被另一方言所借入，在不同的范围内成了通用词，而有的词语至今也未被另一方言所吸纳，只通行于本方言内部。在借入的词语中，有的能被几种方言所借入，而有的却只能被一种方言所借入，比如随移民而带来的江淮官话词语，多数能被西南官话所借入却不能被中原官话所借入。为说明安康方言词汇的这种融合层次，我们制作了两个比较表，对安康中原、西南、江淮三种主要方言的特征词语和方言点之间的词汇融合状况进行比较。先看表53。

表53 各点特征词汇比较表

类别	天文	地理	时令时间	农业	植物	动物	房舍	器具用品	称谓	亲属	身体	疾病医疗	衣服穿戴	饮食
汉滨	20	25	38	23	20	27	12	32	35	10	33	32	10	16
县河		5		2	1	2	1	1		4	2		1	
茅坪	1	2	7	1		2			3	9	17	3	2	
石泉			1	4	1	17	1	8	3	3	6	2		2
紫阳	4	11	12	3	6	15	4	10	4	1	6	1	6	5
类别	红白大事	日常生活	讼事	交际	商业交通	文化教育	文体活动	动词	位置	代词	形容词	特殊名词	副词介词	小计
汉滨	16	17	2	7	1	4	12	64	18	35	41	3	23	577
县河							1			1	3		2	26
茅坪	1	3					2	13	1	9	17	1	5	98
石泉	5			1			1	6	3	4	6		2	76
紫阳	6	2	1			2	6	17	7	3	11		3	148

本表所反映出来的问题是：

（1）表中以中原官话核心区汉滨城关话的特征词的数量为最高，为 577；其次是西南官话核心区的紫阳，为 148；第三是江淮官话核心区的白河茅坪镇，为 98；第四是西南官话与江淮官话混合区的石泉，为 76；第五是中原官话与江淮官话混合区的汉滨县河乡，只有特征词 26。该表反映出来的问题与表 54 是相互照应的，它不但反映了方言之间特征词的保留情况，同时还反映出了方言在接触之中所表现出来的亲和度，除此之外，也折射出了词汇融合与不同方言间的强弱关系。总体上看，随湖广移民而来的江淮官话与西南官话的融合度要远远高于与安康中部的中原官话。

（2）从词类各自所占特征词的数目看，也表现出了不同的层次。特征词最多的当为时令时间、器具用品、身体、疾病医疗、称谓、动词、代词和形容词，词数均在 30 至 60 之间；其次是天文、地理、农业、植物、动物、副词、介词，词数均在 20 至 30 之间；最低的是讼事、交际、商业交通、文化教育、文体活动，特征词语数只在 1 到 20 之间。详见文后附录二。

再看表 54，各方言点之间的词汇融合状况。

表 54—1　方言点之间词汇融合状况比较表

类别	天文	地理	时时令间	农业	植物	动物	房舍	器用具品	称谓	亲属	身体	疾病医疗	衣穿服戴	饮食
汉滨＝县河	9	17	19	3	7	8	2	6	29	7	36	9	6	16
汉滨＝县河＝茅坪	1	7	2	4	2	14	1	8	20	17	22	14	10	9
汉滨＝县河＝茅坪＝石泉	3	6	7	5	3	4	3	4	1				4	3
汉滨＝县河＝茅坪＝紫阳				1	1	6	1	3	1		6	1	1	1
汉滨＝县河＝石泉						1								2
汉滨＝县河＝石泉＝紫阳		2	1									3		
汉滨＝县河＝紫阳	5	3	3	1	2	1		1			1	1		3
汉滨＝茅坪＝石泉＝紫阳			1	4	3	1				1	1		1	
汉滨＝石泉＝紫阳			2	1	1	6	1	3	2		5	3	4	3
汉滨＝紫阳	1	7	4	6	2	1		1			2			3
县河＝茅坪	1	1	6		1	3	2	4	8	4	11	5	2	2
县河＝茅坪＝石泉	2	3	4	4	1	4		4		8	1		1	5

续表

类别	天文	地理	时令时间	农业	植物	动物	房舍	器具用品	称谓	亲属	身体	疾病医疗	衣服穿戴	饮食
县河＝茅坪＝石泉＝紫阳	8	7	10	9	17	16	11	20	13	6	22	21	6	7
县河＝茅坪＝紫阳				1		2		3		2				
茅坪＝石泉＝紫阳	8	13	9	3	5	5	4	5	22	10	16	5	4	11
石泉＝紫阳	3	5	5	2	1	13	2	9	32	14	33	17	7	9
小计	45	79	82	44	48	88	27	74	129	70	157	79	46	76

表 54—2

类别	红白大事	日常生活	讼事	交际	商业交通	文化教育	文体活动	动词	位置	代词	形容词	特殊名词	副词介词	合计
汉滨＝县河	6	14	2	12	3	1	10	111	5	13	49	9	15	424
汉滨＝县河＝茅坪	12	19	2	9	4	2	2	23	2	1	22		6	235
汉滨＝县河＝茅坪＝石泉	4	1	1				4	10	3		4		2	72
汉滨＝县河＝茅坪＝紫阳				1				3		5			1	32
汉滨＝县河＝石泉					1									4
汉滨＝县河＝石泉＝紫阳				1				3					1	11
汉滨＝县河＝紫阳								1						22
汉滨＝茅坪＝石泉＝紫阳		1	1								1		1	16
汉滨＝石泉＝紫阳	1		2					5			6			46
汉滨＝紫阳	1	1			1			2			3			35
县河＝茅坪	2	2		1		1	2	6	1		18		5	88
县河＝茅坪＝石泉		5			1	1	1	9	1	1	4		1	61
县河＝茅坪＝石泉＝紫阳	8	6	1	5	1	2	5	46	11	31	26	3	13	331
县河＝茅坪＝紫阳								3	2	3	1			17
茅坪＝石泉＝紫阳	1	8	1	6	2	1	5	68	4	9	39	9	9	282
石泉＝紫阳	8	25	1	8	5		4	36	2	2	32		12	286
小计	43	83	11	44	18	8	33	332	31	65	206	21	66	2005

我们将安康5个方言代表点27个词类的融合状况归纳为16个类型。尽管有些类型似乎与反映词汇的融合规律关系不大，但整体上却十分清楚的凸显出了方言之间词汇融合的大体走向，归纳起来，其中最能说明安康中原、西南、江淮三种主要官话的词汇融合只有“汉滨＝县河”“县河＝茅坪”“汉滨＝紫阳”“汉滨＝石泉＝紫阳”“石泉＝紫阳”“茅坪＝石泉＝紫阳”“县河＝茅坪＝石泉＝紫阳”这7个类型。

分析这7个类型，不难看出，“汉滨＝县河”反映的是安康中原官话词语在县河这个混合区的保留情况；“县河＝茅坪”反映的是安康江淮官话词语在县河这个混合区的融合情况；“汉滨＝紫阳”“汉滨＝石泉＝紫阳”反映的是安康中原官话词语在西南官话区的渗透情况；“石泉＝紫阳”“茅坪＝石泉＝紫阳”“县河＝茅坪＝石泉＝紫阳”反映的是江淮官话词语与西南官话词语的融合情况。融合结果显示：“汉滨＝县河”（有相同词语424个）、汉滨＝紫阳（有相同词语35个）、县河＝茅坪（有相同词语88个）、石泉＝紫阳（有相同词语286个）、“茅坪＝石泉＝紫阳”（有相同词语282个）、“县河＝茅坪＝石泉＝紫阳”（有相同词语331个）。下面举例说明。

（1）汉滨＝县河。如下例：

太阳地里、旱坡地、撂天地里露天地里、长马宽子要得时间长、辣面子、碎树娃儿、牲口、撵仗、蚕粪、黄颡、盖被子、勺勺儿、自家人、模浪子、瓷壶儿、榆木疙瘩反应迟钝的人、平班等辈、眼珠子、唾沫星子、精片儿脚、煎药、瞎眼窝、褂褂儿、锅渣、豆腐乳、睡觉、送人情、破费、扎势子、地滚牛儿陀螺、估宝、打剪脚打车轮子、寻、可不是、知不道、戳拐闯祸、嚼舌、欢实、里岸、头起、残的别的、正版地道、毛壳壳毛糙、没糟兮、残火心狠手重、头起、多亏。

这些例词在安康中原官话核心区是常用词，在县河的使用率也比较高，说明在县洪片这个中原官话与江淮官话的混合区内，中原官话的基本词汇在这里仍占有比较高的份额。

（2）县河＝茅坪。如下例：

末了儿最后、萝卜茧子萝卜干、菢母鸡、拐拐儿角落、绞经子爱缠人的孩子、手颈子、发冷噤、裤衩儿、迷倒了、落巴儿最后一个、懂到了、打洋盘不专心、死撒死板、正当名分、冰光、古今儿。

我们将茅坪词语和县河词语进行了比较，整体上说，江淮官话的特征词在县河所占比例并不高，只能说明随着湖广移民人口的大量涌入，明显带来了江淮官话词语对安康中原官话的影响，但由于方言间词语的差异，其影响并未盖过原底层方言的中原官话。

（3）汉滨＝紫阳、汉滨＝石泉＝紫阳。如下例：

汉滨＝紫阳：天热、坝子、河里、乡里、板碳、成年累月、上午、插秧、栽红苕、蒲篮、麦茬子、叫驴子、豆豉、青盐、面面盐、阴地、不顶事。

汉滨＝石泉＝紫阳：一天到黑、秋忙、萝卜干儿、蛐蟮子、壁虎子、金巴牛儿、耳锅、擀面杖、胯子、心窝儿、麻大、不自在、拉肚子、外衣、下摆、小衣、围脖子、神婆子、印尺寸、打点、离皮、捎话、缩不离、不瓤劲。

这两个类型实际都共同说明了一个问题，就是无论是安康中原官话词语对安康西南官话的影响，还是安康西南官话词语对安康中原官话的影响，其影响度都是有限的。

（4）石泉＝紫阳、茅坪＝石泉＝紫阳。如下例：

石泉＝紫阳：转窝子风、起锈、背弯、往回、荞子、草狗子、牴角、海膛老母猪、癞克包、壩单、卧单、刷把、瓜篱子水瓢、黄缸大木缸、开山子、婆婆客已婚妇女、细娃子小孩儿、大帽盖子大姑娘、过婚嫂二婚嫂、哈性白痴、苕性傻瓜、讨口子乞丐、扦担鬼说是非的人、粮子兵、鲁锅匠补锅匠、拉巴手纤夫、茶菜子干菜、看人户相亲、屙屎、喜得。

茅坪＝石泉＝紫阳：太阳落土、雪坨坨 子、温都子、早饭过、一清早、长命吊线、洋镐、镰刀、辣子面、树秧子、地耳子、柿饼儿、则耳根、阴沟、银柜、盖铺盖、饭瓢、调羹、热脸子一逗就哭的人、木头敦子、棒老二土匪、吹壳子吹牛、背佬儿背夫、家公、口水星子、赤脚片子、脚巴掌、打屌髂、眺胯、背梁筋脊梁骨、心肺、齁包子、凡生子半生不熟、化猪油、板糖、睏不着、礼行、破烦、机器铺缝纫店、跳钻欢实、没紧顾得、少宝很多、第了儿原本、莫腔手也许、恐怕。

前一个类型实际主要显示的是西南官话词语对石泉话的渗透；后一个类型则主要显示的是江淮官话词语对安康西南官话的渗透，明显表现出江淮官话的词语影响即就是在西南官话核心区的紫阳城关也是很大的。

（5）县河＝茅坪＝石泉＝紫阳。举例如下：

星宿把屎、连阴雨、下凌沫子、田坝、记浑、泥巴、口岸、今日、明日、窖洋芋、鸡屎粪、犁弯、板锄、包谷粉子、熟米、桑泡儿、果木、嬔蛋、饭蚊子、鱼秧子、房屋卧室、屋檐、耳门、窗眼子、门扇、磨屋、苞谷芯、敞子、潲水、搌布子、沟子秋怕事的人、骚包头子、脑壳、眼睛皮子、连巴肚子腿肚子、启麻子女阴、脚片子、摸脉、抓药、驼背子、亘裆裤、裹脚、现饭、鸡脑壳面疙瘩、耳子、害喜、双生子、吊颈、揉面、泡茶、盘存、搇按、打总荐、见皮绊见了不好的事情、不消挎的不用试，肯定不行、哪门、恁门、麻溜、火色行动快、见巴眼儿、反顺、流式、一努起一鼓作气、一把连一起。

这个类型说明江淮官话词语无论是对安康西南官话的影响还对安康中原官话（混合地带）的影响都很大。

综合以上五种情况，明显凸显出了两个问题：一，随着湖广移民而带来的江淮官话词语，它对西南官话的影响明显要远远高于中原官话。中原官话尽管占据安康最好的地理区域，处经济、政治、文化中心，但它所产生的词语影响并未超过江淮官话，说明地理、经济、政治、文化等因素与人口的多寡相比，其作用还是有限的。湖广移民遍布安康山区地带，词语的影响必将遍布安康山区地带。二，一种方言词语对另一方言词语的影响，影响度的大小与方言之间的属性特征有着直接的关系，说得通俗一点就是，如果两种方言之间的亲和度高，方言词语的借入度就高，反之，如果两种方言之间的亲和度低，方言词语的借入度就低。从上面“方言点之间词汇融合状况比较表”所表现出来的融合状态看，江淮官话与西南官话的词语融合明显高于中原官话，这就说明方言之间的亲和度是客观存在的，这种亲和度不但表现在语音上，同时也表现在词汇上，比如词语的构成方式、词语的表达方式、词语的用字等等。我们将与安康方言有着直接关联的关中方言、鄂东方言、成渝方言的词语进行了比较，发现关中方言除那些能体现自身特征的一些词以外，构词简洁凝练，表义直截了当也是其中一个最为主要的特征，致使它的多音节词语明显少于江淮官话。而江淮官话以多音节词语来表情达意则是它的普遍现象，恰在这一点上西南官话比较靠近江淮官话，并且和江淮官话一样也是多用描摹、比喻、比拟、引申、添字等方式来表情达义，比如“懒腰是夸、舔尻子、塞背手、星宿把屎、找经弄绊、有劲巴色、凇里凇气”等，而关中话的表达就要简洁得多，均可相应说成“懒样子、骚亲、塞黑、贼星、找事、有劲、凇气”等。正因有着这种区别，致使江淮官话的影响在中原官话与西南官话之间表现出不同的结果。

第十四章　安康方言的构词差异

安康中原、江淮、西南三种方言的词语，之间也存在着一定的差异。由于安康中原官话源自北边的关中，江淮官话和西南官话源自陕西南部的湖北、湖南和四川，所以安康中原、江淮、西南三种方言之间的词语差异实际主要表现在南北两类方言之间。而安康西南官话词语特征本身与江淮官话接近，加之相当部分词语又源自江淮官话的渗透，所以之间尽管也存在着部分差异，但相比于安康中原官话来说显得极为次要。

安康三种方言之间的词语差异，既表现在语音上，又表现在语素上，还表现在构词上。下面是我们的分析和比较。在分析南北方言词语差异的时候，一般所谈均指安康江淮官话、西南官话共同与中原官话的差异，只在个别的特殊问题上再分而论之。

一　语音方面的差异

1.1　音节数量的差异

安康中原官话与江淮官话、西南官话词语的音节差异既表现在单音节词与双音节词之间，又表现在双音节词与多音节词之间。大致倾向是，安康中原官话的单音词多于江淮官话和西南官话，安康江淮官话和西南官话的多音词多于安康中原官话。也就是说，尽管安康中原官话也渗入了一定的江淮官话词语，但总体上仍还保留着关中方言词语简洁的基本特征，在音节的数量上明显少于安康江淮官话和西南官话。下面是我们所举的例词（括号外是安康中原官话的词语，括号内是江淮、西南官话的词语，每组例词意义均相等）：

泥（泥巴） 鼻（鼻子鼻涕） 嘴（嘴巴） 锡（锡蜡子）
煤（煤炭） 恼（发恼） 杠（估杠） 牙（牙齿）
灵（灵性） 潭（乌潭） 砖（青砖） 笼（蒸笼）
头（脑壳） 赌（嫖彩） 土（灰尘） 皙（牌场）
袖子（袖笼子） 连雨（连阴雨） 阴处（阴凉处） 小气（小气包子）
坝子（坪坝子） 鸡粪（鸡屎粪） 雀斑（蚊子屎） 接嘴（接下壳子）
香椿（椿芽子） 碎娃（小娃子） 松针（枞树毛儿） 温水（温度子水）
眼泪（眼淋水） 干啥（做啥子） 病重（不好得很） 害冷（发冷噤）
耳背（耳朵背） 割麦（割麦子） 抽鼻（吸溜鼻子） 被窝（铺盖笼儿）
找岔（找茓头） 找事（找路径） 嚼舌（嚼舌根子） 月牙儿（月亮牙子）
也许（莫腔手） 铺床（褰床铺） 早霞（早上放霞） 往里走（往里头走）

音节差异实质反映的是构词法差别。安康中原官话的单音词，安康江淮、西南官话大多是合成词，几乎没有安康江淮、西南官话是单音词，而中原官话是双音词的。对应着看，有的多了后缀，构成附加式；有的多了一个词根，构成偏正关系或动宾关系；有的构成语素完全不同。大致可分为三种类型：

（1）多了后缀，构成附加式。如：

泥（泥巴） 嘴（嘴巴） 鼻（鼻子鼻涕） 一顿（一顿伙子）

（2）多了一个词根，构成偏正关系或动宾关系。如：

煤（煤炭） 牙（牙齿） 灵（灵性）
砖（青砖） 潭（乌潭） 锡（锡蜡子）
笼（蒸笼） 杠（賠杠） 恼（发恼）

（3）对应为语素完全不同的双音词。如：

头（脑壳） 赌（嫖彩） 土（灰尘） 皙（牌场）

安康中原官话有些双音节词，江淮、西南官话是三个或四个音节，有的甚至五个音节，区别主要体现在两个方面：一是多在词缀上；一是多在词根上。这些词大致可分四种类型：

（1）安康江淮、西南官话比中原官话多一个词根或多一个附加式，增加一个层次。如：

坝子（坪坝子） 小气（小气包子）

（2）安康中原官话双音节词中的词根，江淮、西南官话却是双音节合成词，增加一至两个层次。如：

袖子（袖笼子）　连雨（连阴雨）　鸡粪（鸡屎粪）　耳背（耳朵背）

抽鼻（吸溜鼻子）　阴处（阴凉处）　找事（找事情）　眼泪（眼淋水）

如“袖子”的“袖”，江淮官话为“袖笼”，为偏正关系，和词缀“子”构成两个层次。“抽鼻”的“抽”，江淮官话为“吸溜”，为并列关系，和附加式的“鼻子”又构成述宾关系

（3）其中一个词根安康中原官话是单音节，安康江淮、西南官话却是附加式合成词。如：

找岔（找茨头）　割麦（割麦子）　香椿（椿芽子）　接嘴（接下壳子）

嚼舌（嚼舌根子）月牙儿（月亮牙子）往里走（往里头走）温水（温度子水）

这类差异，江淮、西南官话与之对应的是多音词，有的词的后面用的是附加式合成词，如“找茨头”“割麦子”“接下壳子”“嚼舌根子”；有的是在词的中间又增加了一个附加式结构，如“往里头走”“温度子水”。

（4）对应为由完全不同的语素组成的多音词。如：

碎偢（小娃子）　也许（莫腔手）　重病（不好得很）　早霞（早上放霞）

害冷（发冷噤）　雀斑（蚊子屎）　松针（枞树毛儿）　被窝（铺盖笼儿）

干啥（做啥子）　铺床（褰床铺）　耍赖（死乞白赖）　痴呆（茶不乃呆）

这类差异，江淮官话的多音词，有的是合成词，如“蚊子屎”“发冷噤”“枞树毛儿”“铺盖笼儿”；有的是多层短语，如“不好得很”“早上放霞”；有的是单纯词，如“莫腔手”。

总之，江淮官话、西南官话通过增加词根、词缀作修饰成分来扩大词语结构，从而取得表义更形象、叙述更具体的效果。即就是语素完全不同的多音词，音节的数量也多在结构的扩大和表意层次的增加上。

1.2　叠音与非叠音的差异

安康方言的叠音词，数量最多、使用频率也最高的是西南官话。下面所例举的是安康西南官话与安康中原官话、江淮官话具有差异的重叠例词。

（1）AA 式

① A 为普通名词：粑粑、板板、本本、襻襻、盆盆、皮皮、瓢瓢、瓶瓶、毛毛、刀刀、果果、裤裤、带带、底底、洞洞、桶桶、篮篮、笼笼、秆秆、棍

棍、缸缸、根根、埂埂、坎坎、坑坑、花花、浆浆、脚脚、颈颈、面面、系系、厢厢、棚棚、渣渣、瓜瓜、齿齿、车车、沙沙、哨哨、柜柜、瓢瓢、芽芽、秧秧、窝窝、油油、窝窝、年年、月月、天天、处处

这类重叠西南官话为数最多，成人语大多不带儿化，其中同时存在于安康中原官话的大多带“子”尾或儿化，如：刀刀儿（子）、缸缸儿（子）、棍棍儿（子）、板板儿（子）、面面儿（子）、棚棚儿（子）。

② A 为动词：包包、簸簸、盖盖、滚滚、箍箍、夹夹、锤锤、叫叫、刨刨、推推、刮刮

这类重叠常见于西南官话，大多可带“子”尾和儿化，而安康中原官话除少数可作重叠用法并带儿化外，如“包包儿”“盖盖儿”“锤锤儿”“夹夹儿”“滚滚儿”，其余大多不做重叠用法。

③ A 为形容词：大大大伯父、大伯母、恍恍不务正业的人、尖尖、满满幼儿饭碗、弯弯、拐拐、绺绺、香香、歪歪、圆圆、满满、厚厚、碎碎、偏偏、敞敞

这类单音节形容词重叠，其语汇意义和语法意义都跟单音节名词重叠词相当，常见于安康中原官话，用时常带儿化，而用于安康西南官话为数不多，也不带儿化。

（2）AAB 式

包包菜、板板车、麻麻布、毛毛虫、桶桶靴、灰灰苋、虚虚眼、娃娃亲
花花碗、瓶瓶醋、棍棍面、水水药、格格布、棒棒糖、豁豁嘴、包包菜
把把面、面面饭、喷喷香、冰冰冷、迸迸干、梆梆硬、捞捞轻、蓁蓁黄
溜溜尖、廊廊宽、匡匡亮、丁丁大、麻麻亮、通通红、通通重、点点粗

（3）BAA 式

奶娃娃、尿片片、铁箍箍、干坡坡、谷堆堆、光董董、硬坨坨、花苞苞
后啄啄、稀汤汤、树兜兜、树桩桩、树尖尖、柴棒棒、柴渣渣、帽檐檐
刀鞘鞘、笋壳壳、菜坛坛、菜心心、菜根根、炭篓篓、纸盒盒、桌腿腿
山脑脑、水坑坑、布角角、线头头、菜汤汤、鬼蛋蛋儿

（2）（3）两类重叠，安康西南官话一般除少数（如“呱呱雀儿”“人花花儿”“鬼蛋蛋儿”）必须带儿化的以外大多是不带儿化，而安康中原官话带儿化的就比西南官话多，如“包包儿菜”“麻麻儿亮”“毛毛儿虫”“桶桶儿靴”“灰灰儿苋”“虚虚儿眼”“娃娃儿亲”“菜坛坛儿”“帽檐檐儿”等都可带儿化。

二　构词语素的差异

安康不同方言，构词语素也存在一定的差异，既体现在单语素词上，又体现在多语素词上，多语素词既体现在偏正式词语中，又体现在支配式词语中。

2.1　语素选择的差异

安康在表达同一事物、同一动作或同一状态时，不同方言由于语素选择的不同，从而形成较多的的同义词。按意义可分同义语素和非同义语素两类。

2.1.1　同义语素形成的差异

这类差异，其中单音词的如“寻”与“找”、“立”与“站”、“睡”与“睏”、“咬”与“痒”、“掂”与“栳”、“按”与“搇”等，每组分别是表示动作行为的同义语素，前为安康中原官话的造词语素，后为江淮官话、西南官话的造词语素。语素不同，但意义相等。

复合词的如“挪动”与“攒动”、“横的”与“亘的”、“尖刻”与“刻薄”、“迎黑”与“擦黑”、“贴身”与“巴身”、“经管”与“经由”等，每组同义词前为安康中原官话的词语，后为江淮官话、西南官话词语。其构成也体现了同义语素选择的差异，如中原官话的“挪动”，江淮官话说“攒动”，“挪”与“攒”同义；中原官话说“尖刻”，江淮官话说“刻薄”，“尖”与“薄”同义；中原官话的“迎黑”，江淮官话说“擦黑”，“迎”与“擦”同义。

2.1.2　非同义语素形成的差异

安康方言间的语素选择差异以非同义语素为最多，如“后半日”与“下昼”、“夜日个”与“昨天”、“黑地”与“晚夕”、“唾沫”与“口残”、“喜欢”与“爱见”、“獐子”与“香子”、“二尾子”与“公母人”、“叫花子”与“讨口子”、“刀子客”与“棒老二”、“辫子”与“帽根”、“精尻子”与“打屌骼”、“破烦”与“难谓”、“护短”与“卫顾”、“不着”与“不强”、“乌度子”与“温度子”、“麦面”与“灰面”、“水裤子”与“腰裤儿”、“发水”与“泛水”、“戳拐”与“闯祸”等词，每组同义词前为安康中原官话词语，后为江淮官话、西南官话词语。各自说法完全不同，语素也各不相同，但它们各自组词之后所表示的意义却是一样的。这种用非同义语素构成同义词的现象，充分表现出来自关中的中原官话和来自湖北和四川的江淮官话、西南官话，在造词上所存在的差异。

2.2　语素数量的差异

所谓语素数量的差异，顾名思义，指两个同义词音节数量相同，但包含的语素却有多有少。安康中原官话与安康江淮官话、西南官话之间，在构词语素数量上也存在着差异。

2.2.1　音节数量不同，语素数量相同

如“头”与“脑壳”、“残火”与“狠”、“恶燥”与“歪”、“碎蛤蟆儿”与“细娃儿小孩儿”、“嫖婆娘”与“打马老官”、“鬓角”与“太阳筋”等词，音节数量不同，但语素数量是相同的。比如中原官话两个音节的“残火”，与江淮官话单音节的“狠”同为单语素词；中原官话的“碎蛤蟆儿”与江淮官话的“细娃儿”，音节数量不同，但都包含两个语素。

2.2.2　音节数量不同，语素数量也不同

如“赌”与“嫖彩”、“土”与“灰尘”、“草包”与“八面人”、“正公正”与“正当”、“还好”与“不咋的”、“躺地”与“平坝子”、“地斑”与“地耳子”、“膀子”与“手杆子”、“后半日”与“下昼”、“夜日个”与“昨天”等词，音节数量不同，语素数量也不同。比如中原官话单音节的“赌”，与江淮官话双音节的“嫖彩”，前为一个语素，后为两个语素；还如“正公正”与“正当”，前为三个语素，后为两个语素，音节数量和语素数量都不相同。

三　复合词的构词差异

安康中原官话与安康江淮官话、西南官话之间的构词差异除语音和语素之外，同时也表现在复合词的结构上。

3.1　结构完全不同

如“黑地”与“晚夕”、“喜欢”与“爱见”、“二尾子”与“公母人”、“辫子”与“帽根”、“精尻子”与“打屌髂”、“破烦”与“难谓”、“护短”与“卫顾”、“夜日个”与“昨天”等特征词，语素不同，结构关系也不相同，比如“黑地”与“晚夕”都指晚上，名词，但中原官话的“黑地”为偏正结构，西南官话的“晚夕”为并列结构；“精尻子”与“打屌髂”都指赤身，未穿裤子，但中原官话的“精尻子”为附加式，名词，而江淮官话的“打屌髂”为动宾结构的动词

性短语；“护短”与“卫顾”都指袒护，都是动词，但中原官话的“护短”为动宾结构，而西南官话的“卫顾”为并列结构。

3.2 结构同中有异

3.2.1 偏正式复合词的差异

这类差异，在安康中原官话与安康江淮官话、西南官话之间主要表现为三种类型：①中心语素和修饰性语素都不同，如“唾沫”与“口残”、“刀子客”与“棒老二”、“后半日”与“下昼”、“水裤子”与“腰裤儿”、“鬓角”与“太阳筋”、“草包”与“八面人”、“躺地”与“平坝子”“碎蛤蟆儿”与“细娃儿小孩儿”、“还好”与“不咋的”；②中心语素相同，修饰性语素不同，如“麦面”与“灰面”；③修饰性语素相同，中心语素不同，如“地斑”与“地耳子”、“乌度子”与“温度子”、“不着”与“不强”。其中主要表现为第一种类型，这与上节的“非同义语素形成的差异”和本节的“结构完全不同”极为一致。我们认为，这属于特征词的范畴，这种现象的突出表现，正说明源自关中中原官话与源自鄂东江淮官话以及源自四川西南官话之间的差异，其实质主要表现为方言类别之间的差异，这种差异不但表现在语音上，同时也表在词汇上。因为方言类别的不同，所以才会出现较多的语素不同和结构不同的同义词。

3.2.2 支配式复合词的差异

该类差异，仍以动词性语素和受支配语素都不同的同义词为最多，如“戳拐”与“闯祸”、“嫖婆娘”与“打马老官”、“歇凉”与“躲阴”、“乖嘴”与“打啵儿”、“哄人”与“骗经”、“找事”与“闹经”、“摇头”与“摆脑壳”、“斜盘”与“蛮不讲理”、“应付”与“支呼”。

其次是动词性语素不同或受支配性语素不同的同义词。动词性语素不同的如“贴身”与“巴身”、“发水”与“泛水”、“迎黑”与“擦黑”、“迈过身”与“车过身”、“丢手”与“松手”、“着气”与“怄气”、“日弄人”与“摆弄人”；受支配性语素不同的如“找事”与“找路径”、“打搁合”与“打总荐”、“吵仗”与“吵嘴”、“挨嚷”与“挨头子”、“打糙眼”与“打洋恍”、“到顶”与“到莞”。

3.2.3 附加式

安康方言附加式词语以“子”尾词为最多。按类型举例如下（括号内为江淮官话、西南官话词语，括号外为安康中原官话词语）：

第一组：谷子、蚊子、枝丫子、竹茆子、毛栗子、猫娃子、铺盖里子、夹舌子、双生子、半札子、杵头子、趄趄子、去年子、背篓头子、煮角子

第二组：獐子（香子）、叫花子（讨口子）、乌度子（温度子）、膀子（手杆子）、米粒子（凌洙子）、黏筋子（绞经子）、囔包子（脓包子）、模浪子（毬样子）、杂毛子（私娃子）、扛背子（驼背子）、扎势子（摆样子）

第三组：蛐蟮（蛐蟮子）、草房（草房子）、小气（小气包子）、寡妇（寡母子）、结巴（结巴子）

第四组：月牙儿（月亮牙子）、树苗儿（树秧子）、喜鹊儿（鸦雀子）、桃花瓣儿（桃花子）、鱼苗儿（鱼秧子）、萝卜干儿（萝卜茧子）、篾片儿（篾片子）、零嘴儿（零嘴子）、豌豆瓣儿（豌豆瓣子）、萝卜缨儿（萝卜缨子）、麻雀儿（麻雀子）、围腰儿（围腰子）

分析上述四组子尾词，可看出安康中原官话本身已存在着一定的子尾词，如第二组；除此还接受了江淮官话和西南官话的子尾词，如第三组、第四组，是既使用非子尾词同时又使用子尾词。不过仍还有一些词，江淮官话、西南官话读子尾，中原官话却一直使用的是非子尾读法，如：“今年、明年、去年、前年、往年、鸡、锅铲、包谷糁儿、腿、胳膊、脖项、石磨、老鸹、蚂蚁、小月、木耳、结巴、麦、晒人、秋人、累人、怄人”。这些词，江淮官话、西南官话均读成“今年子、明年子、去年子、前年子、往年子、累人子、鸡子、锅铲子、包谷糁子、腿杆子、手杆子（手膀子）、颈脖子、磨子、老鸹子、蚂蚁子、耳子、结巴子、麦子、晒人子、秋人子、累人子、怄人子”。可见，方言间的接触，只要语音未发生根本性的变化，词汇结构以及词语的口语习惯的变化也不会是彻底的。

第十五章　安康方言的演变趋向

有一个问题是值得讨论的，就是存在于安康的多种方言在经过较长时期的相互融合之后，时至现代是不是就已经稳定了，不会再发生大的变化。随着调查工作的不断深入，我们越来越感到还真的不能轻易下结论。因为从理论上讲，在一个地理区域之内，只要有不同的方言存在，那么方言的接触与融合就永远不会停止。对此，斯大林同志曾深刻指出："语言随着社会的产生和发展而产生和发展。语言随着社会的死亡而死亡。社会以外是没有语言的。因此要了解语言及其发展的规律，就必须把语言同社会的历史，同创造这种语言、使用这种语言的人民的历史密切联系起来研究。"我们认为，与人民的历史相关联的能够带来语言的急剧变化无非源自两个方面，一个是因战争而带来的人口大迁徙，另一个是因社会或自然环境的改变而带来方言区之间频繁的人口流动。因为语言的急剧变化都是以人口的变化和人口的流动为前提的，没有人口的变动和流动，语言的变化都将是极其缓慢的。

预测方言的变化，对于其他地区似乎没有太大的意义，因为对它们特别是那些地势平坦，历史悠久，人口稳定，交通发达的地区，语言的变化过程是相当漫长的。如果硬要说它也存在着某种变化，无非来自官方语言的影响而已。但对安康来说就不单是这样，因为安康是一个多方言区，方言间的相互影响在所难免。同时，自进入新时期以后，安康的山地环境已经发生了天翻地覆的变化，已经不再是原来那种因闭塞而不相往来的状况了。既然这样，那么安康方言今后到底会有哪些变化？其变化又会发生在哪些区域？变化的结果又会怎样？本文将围绕着这样几个问题做些初步性的探讨与分析。

一　带动当代安康方言演变的因素

要对安康方言今后的进一步演变作一基本的预测，首先必须弄清楚影响和带动安康方言演变的各种因素。以安康的现实发展状况来看，影响和带动安康方言的演变因素主要有如下四个方面：

1.1　发达的交通和迅猛的城市化建设

笔者曾在多篇文章做过这样的说明，安康自宋金开始，经元、明、清，长达900余年的时间，在一个小小的两万三千余平方公里的区域至今还存在着五种方言，一重要原因就是安康为山区地带，山势陡峭，沟壑纵横，阻断了与外界的语言交际，从而使初始的移民语言得以较好的保护。对于这一点，我们只要与外界稍微作比较就可以看得清清楚楚。比如安康相邻的江汉平原和四川盆地，它们也都是明清时期的重要移民区，但它们的语言基本趋于一致，究其原因，主要是因为这些地方山势低缓，交通发达，尽管移民来自不同地区，即使移民抱团而居，但在彼此交往密切的环境里，语言会很快地归于一致。所以可以推想，安康现在铁路、高速公路纵横，乡乡公路成网，过去那种封闭的语言环境已经不复存在。既然如此，那么安康将来的方言格局自然也不会保持现在这个样子。

除此之外，打破安康方言环境的还有势头迅猛的城市化建设。我们知道，安康建国前的居住形态主要为散居，艰难的山路、单调的生活使得山内居民大多十天半月也难得走出家门，更不用说频繁进城了。但现在这一局面被彻底打破，在退耕还林政策的统筹下，大批山内居民被劝迁往乡镇和县城，从而使得安康镇、县、市三级城镇化建设得到迅猛发展，其规模已经远远超出了改革开放以前的任何一个时期，最为突出的是安康汉滨区城关镇。据有关部门统计，改革开放前的1980年，市区人口不足5万，至1990年，增至14万，到2011年，已达32.6万。现在的市区已由原来的汉江南区扩大到整个汉江北区，其规模已是改革开放前的5倍有余。从人口的来源看，安康城区所增人口主要来自安康各县。按保守数字估计，讲汉滨城关话的人口不足8万，仅占城区总人口的20%。按这样的人口比例情况，可以想象，30年以后的汉滨城关方言在80%的外县方言的影响之下，绝对不会仍是现在这样的声韵调结构。

1.2 大批农村青年的外出务工和新语音的借入

大批农村青壮年外出务工，也是影响和带动安康方言演变的重要因素。据安康市招商局资料，安康 305 万人口中有劳动力 150.8 万，富余劳动力 70.2 万。2012 年安康农村劳动力转移就业 63.2 万人，其中有组织劳务输出 33.4 万人，分别占总劳动力的 41%、富余劳动力的 90%。在这些劳力中，大多是年轻人，他们语言活跃，接受能力强。据调查，这些劳力在外务工一般都在三年以上，其口语与外出前相比大都出现了变化。据他们讲，在外单讲自己的家乡话是不行的，要想排除语言交际的障碍，要么学讲普通话，要么学讲当地话。要想克服家乡的语言习惯，不但要纠正原方言的声、韵、调的发音部位和发音方法，还要抛弃原有方言的特殊词汇和特殊的语法表达格式，随着时间的推移，新的语言习惯必定会固定于自己的语言系统之中。回到家乡以后，在一个村子或者一个乡镇里，如果只有几人或几十人，这种影响似乎微不足道，但一茬又一茬，一代又一代人都是这样的话，其影响必定会慢慢地显现出来，至少本地方言的特殊词汇在口语上会变得越来越少，本地方言特殊的声母和韵母恐怕也会自觉不自觉地从口语中消失。这种现象出现于我国改革开放以后，是我国工业化建设迅猛发展的产物，其影响之深，涉及范围之广，在我国历史上前所未有。

1.3 教育的普及和普通话的大力推广

还有一个重要因素，就是建国以来安康在方言上所出现的变化，与教育的普及、普通话的大力推广也是密不可分的。对此我们仅凭同方言发音人的接触就能明显感觉到这一点，七十年代以后出生的，其口语无论是语音还是词汇所受普通话的影响都要比四、五十年代出生的人大得多。这里实际反映了这样一个问题，就是普通话真正深入到千家万户，是从 1986 年普及九年义务教育开始的。不过，依笔者之见，随着我国城镇化建设的不断推进和文明程度的不断提高，普通话对安康方言所产生的影响还将继续扩大。其中有这样三种情形会使普通话的影响更加明显：

（1）教育会越来越受到人们的重视，人们的语言会自觉向普通话靠拢。其表现是孩子在学校接收普通话教育，家长也会因辅导孩子而跟着讲普通话。

（2）普通话除作为学校的主流语言外，也会广泛运用于城镇里的语言交流。因为城里来自不同方言区的人，在公众场合与人交流时，要么用普通话而不用自己的方言，要么仍用自己的方言声调，但会用普通话的声韵来纠正那些自己认为不雅的方言读音。比如，从江淮官话区迁来的人，大多会将“下雨”“吃鱼”对人说成［ɕia˭ ˓y］［˓tʂʰʅ ˓y］，而不说原方言的［xa˭ ˓ʮ］［˓tʂʰʅ ˓ʮ］。久而久之，即使原方言的声调不变，但声母和韵母最终会向普通话靠拢。

（3）政府机关和社会上的各种办事机构，乃至城镇之内的所有商业场所以及各种文化活动的公共场所，人们大多也会采用普通话而不用自己的原方言。

1.4　无处不在的媒体宣传

我国自进入全媒体时代之后，普通话更加变得无处不在，无处不有。包括报纸、杂志、广播、电视、音像、电影、出版、网路等在内的各类传播渠道，几乎涵盖了视、听、触觉等人们接受资讯的全部感官，而且还针对受众的不同需求，以最适合的媒体形式和管道深度融合，提供超细分的服务，实现对受众的全面覆盖及最佳传播效果。而所有这些通道的语言均为普通话，普通话在媒体中的运用已经彻底打破了所有的行业界限和各种群体界限，从而使得人们的生活与普通话贴得更近。随着时间的推移，方言也会随着媒体在人们生活中的不断深入而不知不觉地放弃自己某些特征而靠向普通话。

二　安康方言可能出现的变化趋向

2.1　方言格局的变化

2.1.1　方言特征的内部调整

前面分析了影响和带动安康方言演变的因素，这些因素如按笔者的预想发展开来，会促使部分区域的方言特征发生变化，甚至改变其方言属性。从安康各区域所具有的关乎方言演变的条件看，如下三个区域的方言特征将会出现较大的变化：

（1）城区。十县区中首先以汉滨城关为最突出，其次是平利、白河城关。方言属性不会发生改变，但声韵特征必定出现较大的变化。

（2）处于后山的部分区域

这些区域如白河的构朳、凉水、松树、仓上、大双，平利的大贵、三阳、长安，汉滨区的双龙，岚皋的佐龙、晓道等乡镇。这些乡镇原都属于江淮官话区，由于与安康中原官话区相连，有些特点现在已经出现了较大的变化，如古入声字的归调。今后在中原官话的进一步影响下，这种变化定会深入到声母和韵母之中。

（3）处于秦岭深处的宁陕江口镇的回民方言区

在周边方言的影响下，即使该地方言的声调还可再坚持一定的时间，但其声母、韵母不过三代也会彻底的融入到周边的西南官话之中。

2.1.2 方言格局的变动

安康方言内部特征的变化势必带来安康方言内部分区的变动，归纳起来，大体会出现如下三种情况：

（1）境内中原、江淮两大官话核心区将会不断缩小，混合区将会不断扩大

首先是安康中原官话核心区的变化，因新增人口主要居住于安康老城区周边的开发地带，其范围已经深入到江北的关庙和建民镇，这些区域会因新增人口方言的影响而失去原方言的某些特征，如唇齿音 pf 组声母将会被 tʂ 组声母所代替。发展下去具有关中片方言声韵特征的安康中原官话核心区将会因此而只局限于安康老城区以及周边的恒口、五里、大同、河西、富强一带。

（2）境内方言的主要差异将仍然表现在东部与西部之间

西部的西南官话区由于处于大山深处，加之又和四川、重庆相连，在整体上也将继续占具优势地位。东部盆地以及汉江两岸的中原官话区，由于地势平缓，交际方便，在整体上也将继续占具优势地位。而东部后山区域的江淮官话区，会因周边中原官话的影响，其核心范围将会变得越来越小。

（3）小方言将会接连消失

经调查，安康境内除存在中原官话、西南官话、江淮官话外，还存在着湘方言和赣方言，它们都以方言岛的形式零星分布于汉阴、石泉、汉滨等区县封闭的山内。因其范围小、人口少，故本文称其为“小方言”。它们之所以能在安康存在，主要有两个原因：一是人口来源相对一致。据陈良学调查，讲湘方言的移民主要来自湖南的长沙、湘潭、湘中、湘南和湘西；讲赣方言的移民主要来自江西的赣北、吉安，安徽的安庆、徽州和皖中地区。他们大多呼朋唤友，相约在一起，所以有着较好的方言基础。二是安康沟壑纵横，从而形成了一个个相对封闭的“世外桃源”，如汉阴的田禾乡，汉滨区的牛蹄乡、铁路坝，石泉的中池乡等。

在建国前，这些地方大多因交通闭塞而少与外界来往，所以这里的湘语在经过近 200 年以后也未受到外界语言的影响。笔者在调查湘方言时，听他们讲，这里在建国以前，无论年长年幼一概都讲湘语，但现在情况不一样了，这里的青壮年大多都会讲双语。他们把本县的主流方言称“平腔话”，平时在村内讲湘语，出村一概讲本县的平腔话——西南官话。可想而知，以现在的发展趋势，村村通公路，山内外经济交往频繁，再加上学校的教育和无处不在的媒体宣传影响，笔者预计，不出三代，这里最终将融入周边方言而永远告别湘语和赣语。

2.2　方言声韵系统的变化

2.2.1　声调的演变趋向

从安康方言声调的演变情况看，有的调值变了，调类不变，如县河、吉河、岚河、洪山、大河、茨沟等地方言；有的不但调值发生变化，调类也发生变化，如平利城关方言。可见在方言接触中，调值是最容易发生变化的，以此来预测安康方言今后的声调变化态势，两种可能依然存在。下面是我们的预测分析：

（1）调值变而调类不变

演变区域将主要发生在汉滨城关。由于大批新增人口主要来自安康其他九县，新老人口数量之比悬殊，从而也就决定了原老城区周边的方言调值必然在变化中而趋于一致。值得注意的是，由于汉滨城区的新增人口有的来自西南官话区，有的来自江淮官话区，还有的来自与汉滨城区方言属性相同的中原官话区。来自江淮官话区的，方言属性不同，调类、调值也不同；来自西南官话区的，调类相同，但调值和古入声字的归类不同；来自周边中原官话区的如旬阳、白河沿江一带，属性相同，但调值不同。声调的混乱对汉滨城区的调类不可能产生大的影响，将仍旧统一在安康中原官话这个强势方言的调类之中，但调值的变化是肯定的。依据我们对各方条件的分析，我们认为，对汉滨城关方言调值产生影响的会来自两个方面：

第一，可能会被周边县河、洪山等地方言声调所同化。理由为：一是城内已有相当的人口来自县河、洪山片方言区，具有一定的方言基础；二是县河、洪山片方言的调值是在原关中方言与湖广移民方言声调接触的基础上形成的，无论是与现在汉滨城关方言，还是与安康现在的江淮官话都比较接近，有可能成为今后的演变趋向。

第二，来自普通话的影响。从多年普通话的推广效果看，这种影响不会使汉滨城区方言的调值一下演变为普通话的调值，但对汉滨城区方言声调的演变会产生一定的影响。

（2）调值变，调类也变

演变区域将主要发生在白河的构杌、凉水、松树、仓上、大双，平利的大贵、三阳、长安，汉滨区的坝河、双龙，岚皋的佐龙、晓道等乡镇。以现在的情况看，这些乡镇所保留的江淮官话特征仍较多，其中有的区域调类 5 个，去声分阴阳，调值也还维持在江淮官话的读音特征上，如阴平读低降。但在中原官话的影响下，这里的方言变化势在必然，并且产生变化的首先是声调，调类会由 5 个演变为 4 个，调值会分别变得与白河城关、平利城关、县洪方言相同

2.2.2　*声母和韵母的演变趋向*

依据安康方言现今的演变走向，有些区域声调不会发生变化，但声母和韵母的变化不可避免，其区域主要是汉滨区城关（原老城街以外区域）、平利城关和白河城关及沿江一带，演变将分两种类型：

（1）汉滨型

用来自其他 8 县（旬阳除外）新增人口方言与现今汉滨区城关方言比较，其方言特征有一致的，也有不一致的。不一致的主要表现在五个方面：第一，来自江淮官话核心区的调类有 5 个，去声分阴阳；第二，遇合一、通合三明母字读开口 [o]，如“暮慕墓募模目穆牧”；第三，果、遇、蟹、山臻合口一等端系字读开口，如“唾骡坐徒鲁租堆催端酸乱钻”；第四，合口三等知章组字声母都读 tʂ 组，如“猪赘税吹追水涮闩专春顺床中钟”；第五，只有前鼻韵母，没有由后鼻韵母。

这五个差异中，第一个主要局限在白河的茅坪、西营；旬阳的赤岩、沙阳、双河、红军、公馆；平利的兴隆、长安、洛河等地，由于处于后山一带，所以迁往汉滨区城关的人数相比较而言是比较少的，其方言影响可以忽略不计。但后四个差异无论是江淮官话区，还是西南官话区都是一致的，所以占据了极大的强势地位，对汉滨城关方言势必会产生较大的影响。由此，汉滨区城关方言会在如下三个方面产生相应变化：

第一，遇蟹止臻四摄合口三等知章组字、山合二、宕开三、江开二等庄组字声母会由齿唇音 pf 组变读为 tʂ 组，相应与之相拼的韵母（遇合三除外）由

开口变读为合口，如：缀 pfei꜄→ tʂuei꜄、专꜀pfan →꜀tʂuan、春꜀pfʰən →꜀uən、床꜁pfʰaŋ →꜁tʂʰuaŋ。

第二，果、遇、蟹、山、臻摄合口一等精组字、遇摄合口一等明母字韵母会由合口变读为开口。如：坐 tsuo꜄→ tso꜄、祖꜂tsu →꜂tsəu、催꜀tsʰuei →꜀tsʰei、酸꜀suan →꜀san、村꜀tsʰuən →꜀tsʰən、暮 mu꜄→ mo꜄。

第三，曾、梗摄开口字韵母会与深、臻摄开口合流，由后鼻韵母 əŋ 变读为前鼻韵母 ən。如：登꜀təŋ →꜀tən、冰꜀piŋ →꜀pin、蒸꜀tʂəŋ →꜀tʂən、兴 ɕiŋ꜄ → ɕin꜄、更 kəŋ꜄ → kən꜄、京꜀tɕiŋ →꜀tɕin、名꜁miŋ꜁min、正꜀tʂəŋ →꜀tʂən、星꜀ɕiŋ →꜀ɕin。

（2）平利、白河型

平利城关、白河城关及沿江一带方言因为都属于江淮官话与中原官话相接触的混合地带，所以建国以来，由于受普通话的影响，加之较广泛的文化宣传，年轻人的口语与中老年人的口语现在已经出现了差异，预计 30 年以后会在如下两个方面彻底发生变化。

第一，遇、山、臻摄合口三四等端系、见系字声母会由 tʂ 组变读为 tɕ 组。如：须虚꜀ʂʮ →꜀ɕy、举꜂tʂʮ →꜂tɕy、区꜀tʂʰʮ →꜀tɕʰy、原꜁ʮan →꜁yan、决꜂tʂʮe →꜂tɕye、旬꜁ʂʮən →꜁ɕyən、均꜀tʂʮən →꜀tɕyən、云꜁ʮən →꜁yən

第二，遇蟹止臻四摄合口三等知章组字、山合二、宕开口、江开二等庄组字韵母（遇合三除外）由合变呼 ʮ 类韵变读为合口呼 u 类韵。如：税 ʂʮei꜄ → ʂuei꜄、除꜁tʂʰʮ →꜁tʂʰu、水꜂ʂʮei →꜂ʂuei、顺 ʂʮən꜄ → ʂuən꜄、庄꜀tʂʮaŋ →꜀tʂuaŋ、双꜀ʂʮaŋ →꜀ʂuaŋ。

从上文对安康方言今后演变趋向的分析，似乎可以得出以下三点结论：

一是随着乡镇之间交通条件的改善、城镇人口的急速膨胀以及普通话的强力影响，必将带来安康方言的再一次急速变化。但由于人口的交流主要发生在城镇与川道之间，所以安康方言的变化态势会呈现不平衡状态，方言的变化只会出现在部分县城以及极少数的乡镇，而处于山区的大部分乡镇仍将继续维持现有的方言。

二是新一轮的方言变化必将改变现实的方言格局，小方言将会逐渐走向消失，东部的中原官话将会得到进一步的扩大，而江淮官话区则会随着中原官话的不断扩大而缩小。

三是变化的内容，一个是江淮官话的调类将会随着去声分阴阳的消失合并为4个声调，一个是汉滨城区中原官话的遇合一、通合三明母字，果、遇、蟹、山臻合口一等端系字和合口三等知章组字的读音将会随着外县人口的进入而失去原来的特征。

参考文献

一　历史文献

康熙《兴安州志》(王希舜修)，康熙三十四年刻本

康熙《汉阴县志》(知县三韩赵世震重修)，康熙二十六年刻本

乾隆《兴安府志》(李国琪修)，乾隆五十三年刻本

乾隆《洵阳县志》，乾隆四十八年初刻，同治九年增刻本

乾隆《平利县志》，乾隆期本(手写)

嘉庆《续兴安府志》(叶世倬修)，嘉庆刻本

嘉庆《汉阴厅志》(钱鹤年修)，嘉庆版

严如熤《三省边防备览》，道光二年刻本

道光《紫阳县志》，道光二十三年刻本(光绪八年补刻本)

道光《石泉县志》，道光二十九年刻本

道光《宁陕厅志》，道光九年刻本

光绪《续修平利县志》(李联芳修)，光绪二十三年(丁酉)(1897)孟夏上澣刻本

光绪《白河县志》，光绪十九年刻本

民国《重修紫阳县志》，民国四十四年石刻本

民国《镇坪县新编简要志》，民国三十三年本(手写)

长卿《重修兴安府志》，手稿

二　专著

沈起炜　1983《中国历史大事年表》，上海：上海辞书出版社

葛剑雄　1997《中国移民史》第1、2卷，福州：福建人民出版社

陈良学　1998《湖广移民与陕南开发》，西安：三秦出版社

鲁西奇　2000《区域历史地理研究：对象与方法——汉水流域的个案考察》，南宁：广西人民出版社

陈良学　2009《明清川陕大移民》，北京：中国文联出版社

王和洲　2014《九龙湖·姓氏文化》，四川达州：（2014）达市新出准印字第146号

赵元任　1948《湖北方言调查报告》，上海：商务印书馆

侯精一　2002《现代汉语方言概论》，上海：上海教育出版社

贺登崧著，石汝杰、岩田礼译　2003《汉语方言地理学》，上海：上海教育出版社

周振鹤、游汝杰　2006《方言与中国文化》，上海：上海人民出版社

中国社会科学院和澳大利亚人文科学院1987《中国语言地图集》，（香港）朗文出版社（远东）有限公司

王福堂　1999《汉语方言语音的演变和层次》，北京：语文出版社

陈淑梅　1989《湖北英山方言志》，武汉：华中师范大学出版社

李金陵　1994《潜怀方言研究》，合肥：黄山书社

汪化云　2004《鄂东方言研究》，成都：巴蜀书社

孙立新　2007《西安方言研究》，西安：西安出版社

周　政　2009《平利方言调查研究》，北京：中华书局

王军虎　1996《西安方言词典》，南京：江苏教育出版社

黄群建　1999《湖北方言文献疏证》，武汉：湖北教育出版社

蒋宗福　2002《四川方言词语考释》，成都：巴蜀书社

黄尚军　2006《成都方言词汇》，成都：巴蜀书社

华开锋　2008《旬阳方言词语》，北京：语文出版社

樊光春　1989《紫阳县志》（方言），西安：三秦出版社

张德新　1991《汉阴县志》（方言），西安：陕西人民出版社

张德新　1993《岚皋县志》(方言)，西安：陕西人民出版社

《达州市志》编纂委员会　2009《达州市志》，北京：方志出版社

三　论文

萧正洪　1988　清代陕南种植业的盛衰及其原因，《中国农史》第4期

萧正洪　1996　清代汉江水运，《中国汉水文化研究》，西安：西北大学出版社

黄雪贞　1986　西南官话方言分区，《方言》第4期

刘祥柏　2007　江淮官话的分区（稿），《方言》第4期

熊正辉 张振兴　2008　汉语方言的分区，《方言》第2期

熊正辉　1990　官话方言分 ʦ、ʈʂ 的类型，《方言》第1期．

张成材　1999　商洛方言概况．《商洛师范专科学校学报》

郭沈青　2006　陕南中原官话的性质与归属，《语文研究》第4期

郭沈青　2006　陕南西南官话的内部差异与归属，《方言》第2期

郭沈青　2007　陕南江淮官话的特点与成因，《西北大学学报》(哲学社会科学版)第4期

翟时雨　1987　陕西省南部地区方言的归属，《方言》第1期

邢向东　2007　陕西省的汉语方言，《方言》第4期

邢向东　2007　论陕南方言的调查研究，《西北大学学报》第3期

汪化云　1999　黄冈方言文白异读现象初探，全国汉语方言学会第十届学术研讨会交流文章

王求是　2005　孝感（孝南）入声字分化的原因，全国汉语方言学会第十三届年会暨汉语方言国际学术研讨会交流文章

周　政　2006　关于安康方言分区的再调查，《方言》第2期

周　政　2007　陕西安康方言的混合特征，《方言》第3期

周　政　2004　安康方言内部分区概说，《国际汉学集刊》(1)，中国社会科学出版社

周　政　2007　镇坪方言的内部区划及成因，《安康学院学报》第6期

周　政　2009　陕南方言的标准问题，《安康学院学报》第2期

周　政　2010　陕西镇坪方言的内部差异，《方言》第4期

周　政　2013　陕西安康方言的词汇融合,《咸阳师范学院学报》第5期

周　政　2013　陕西宁陕江口回民方言的混合特征,《安康学院学报》第4期

周　政　2014　陕西西乡方言的语音差异及混合特征,《安康学院学报》第1期

张德新　2007　陕西汉阴蒲溪方言音系研究,《安康学院学报》第1期

张德新　2007　陕西安康方言音系,《安康学院学报》第5期

张德新　2008　紫阳城关方言音系研究,《安康学院学报》第1期

张德新　2008　宁陕城关方言音系研究,《安康学院学报》第6期

张德新　2009　石泉城关方言同音字汇研究,《安康学院学报》第1期

杨运庚、周海霞　2007　安康牛蹄乡赣语方言岛同音字汇，第4届官话方言国际学术研讨会（安康）交流论文

杨　静　2010　从疑问句看安康汉滨区方言的混合特征,《安康学院学报》第5期

周海霞　2010　安康牛蹄乡赣语方言岛同音字汇,《安康学院学报》第2期

李　婷　2014　旬阳方言同音字汇,《安康学院学报》第2期

附录一

安康4区9地1512个音系基础字字音对照表

凡例

1. 本表选择能够反映安康方言音系特点的常用字1 512个，分别标注安康汉滨、旬阳、紫阳、平利、白河、石泉等县城关以及白河县茅坪镇、汉滨区县河乡、宁陕县江口回民镇等9个点的读音。严格说，这9个点都具有混合性，其中以白河、平利、石泉城关话以及汉滨区县河话、宁陕县江口回民镇话最为严重。白河、平利城关话、汉滨区县河话、宁陕县江口回民镇话为中原官话与江淮官话相混合，石泉城关话为西南官话与江淮官话相混合。

2. 所标字音一律为各方言点的老派音。

3. 字音的挑选，重在体现安康的方言特点在9个点所表现出来的差异，如：古知庄章三组声母的今读、见系字的古今演变、知系合口三等字韵母的演变、合口与开口的分混，古入声的今读、去分阴阳等等，以期读者能够对安康方言的特点及内部差异有真切的了解。

4. 同义多音字一并写入栏内，并用小字限义。

5. 字音有文白异读的也一并写入栏内，并在字音后注“文”“白”以示区别。

6. 字音不包括儿化韵。

7. 声调一律用发圈法表示，对应调值如下表：

地点	阴平	阳平	上声	去声	
				阴去	阳去
汉滨城关	31	35	53	44	
旬阳城关	31	213	54	233	
县河	42	312	55	223	
江口回民	31	35	53	44	
白河城关	213	42	55	51	
平利城关	43	52	55	214	
白河茅坪	31	42	55	213	22
石泉城关	45	42	53	213	
紫阳城关	34	21	53	213	

字目	中古音	中原官话					江淮官话		西南官话	
		汉滨城关	旬阳城关	汉滨县河镇	江口回民镇	白河城关	平利城关	白河茅坪镇	石泉城关	紫阳城关
多	果开一 歌平端	꜀tuo	꜀tuo	꜀tuo	꜀tuo	꜀to	꜀to	꜀to	꜀to	꜀tuo
拖	果开一 歌平透	꜀tʰuo	꜀tʰuo	꜀tʰuo	꜀tʰuo	꜀tʰo	꜀tʰo	꜀tʰo	꜀tʰo	꜀tʰuo
他	果开一 歌平透	꜀tʰa	꜀tʰa	꜀tʰa	꜀tʰa	꜀tʰa	꜀tʰa	꜀tʰa	꜀tʰa	꜀tʰa
驼~背	果开一 歌平定	꜁tʰuo	꜁tʰuo	꜁tʰuo	꜁tʰuo	꜁tʰo	꜁tʰo	꜁tʰo	꜁tʰo	꜁tʰuo
舵	果开一 哿上定	tuo꜄	tuo꜄	tuo꜄	tuo꜄	to꜄	to꜄	to꜅	to꜄	tuo꜄
大~小	果开一 箇去定	ta꜄	ta꜄	ta꜄	ta꜄	ta꜄	ta꜄	ta꜅	ta꜄	ta꜄
挪	果开一 歌平泥	꜁luo	꜁luo	꜁luo	꜁nuo	꜁lo	꜁lo	꜁lo	꜁lo	꜁nuo

续表

字目	中古音	中原官话					江淮官话		西南官话	
		汉滨城关	旬阳城关	汉滨县河镇	江口回民镇	白河城关	平利城关	白河茅坪镇	石泉城关	紫阳城关
那	果开一箇去泥	na꜄	la꜄	la꜄	na꜄	la꜅	la꜄	la꜄	la꜄	na꜄
罗	果开一歌平来	꜁luo	꜁luo	꜁luo	꜁luo	꜁lo	꜁lo	꜁lo	꜁lo	꜁nuo
左	果开一哿上精	꜂tsuo	꜂tsuo	꜂tsuo	꜂tsuo	꜂tso	꜂tso	꜂tso	꜂tso	꜂tsuo
搓	果开一歌平清	꜀tsʰuo	꜀tsʰuo	꜀tsʰuo	꜀tsʰuo	꜀tsʰo	꜀tsʰo	꜀tsʰo	꜀tsʰo	꜀tsʰuo
歌	果开一歌平见	꜀kɤ	꜀kɤ	꜀kɤ	꜀kɤ	꜀ko	꜀ko	꜀ko	꜀ko	꜀kuo
个	果开一箇去见	kɤ꜄	kɤ꜄	kɤ꜄	kɔ꜄	ko꜄	ko꜄	ko꜄	ko꜄	kuo꜄
可	果开一哿上溪	꜂kʰɤ	꜂kʰɤ	꜂kʰɤ	꜂kʰɤ	꜂kʰo	꜂kʰo	꜂kʰo	꜂kʰo	꜂kʰuo
蛾	果开一歌平疑	꜁ŋɤ	꜁ŋɤ	꜁ŋɤ	꜁ŋɤ	꜁ŋo	꜁ŋo	꜁ŋo	꜁ŋo	꜁ŋuo
我	果开一哿上疑	꜂ŋɤ	꜂ŋɤ	꜂ŋɤ	꜂ŋɤ	꜂ŋo	꜂ŋo	꜂ŋo	꜂ŋo	꜂ŋuo
饿	果开一箇去疑	ŋɤ꜄	ŋɤ꜄	ŋɤ꜄	ŋɤ꜄	ŋo꜄	ŋo꜄	ŋo꜅	ŋo꜄	ŋuo꜄
河	果开一歌平匣	꜁xuo	꜁xuo	꜁xuo	꜁xuo	꜁xo	꜁xo	꜁xo	꜁xo	꜁xuo
贺	果开一箇去匣	xuo꜄	xuo꜄	xuo꜄	xuo꜄	xo꜄	xo꜄	xo꜅	xo꜄	xuo꜄
茄	果开三戈平群	꜁tɕʰie	꜁tɕʰie	꜁tɕʰie	꜁tɕʰie	꜁tɕʰiᴇ	꜁tɕʰiᴇ	꜁tɕʰiɛ	꜁tɕʰie	꜁tɕʰie
波	果合一戈平帮	꜀pɤ	꜀puo	꜀pɤ	꜀puo	꜀po	꜀po	꜀po	꜀po	꜀puo

续表

字目	中古音	中原官话					江淮官话		西南官话	
		汉滨城关	旬阳城关	汉滨县河镇	江口回民镇	白河城关	平利城关	白河茅坪镇	石泉城关	紫阳城关
破	果合一过去滂	pʰɤ⊃	pʰuo⊃	pʰɤ⊃	pʰuo⊃	pʰo⊃	pʰo⊃	pʰo⊃	pʰo⊃	pʰuo⊃
婆	果合一戈平並	꜀pʰɤ	꜀pʰuo	꜀pʰɤ	꜀pʰuo	꜀pʰo	꜀pʰo	꜀pʰo	꜀pʰo	꜀pʰuo
磨~刀	果合一戈平明	꜀mɤ	꜀muo	꜀mɤ	꜀muo	꜀mo	꜀mo	꜀mo	꜀mo	꜀muo
躲	果合一果上端	ᶜtuo	ᶜtuo	ᶜtuo	ᶜtuo	ᶜto	ᶜto	ᶜto	ᶜto	ᶜtuo
磨石~	果合一过去明	mɤ⊃	muo⊃	mɤ⊃	muo⊃	mo⊃	mo⊃	mo⊇	mo⊃	muo⊃
剁	果合一过去端	tuo⊃	tuo⊃	tuo⊃	tuo⊃	to⊃	to⊃	to⊃	to⊃	tuo⊃
唾~沫	果合一过去透	tʰuo⊃	tʰuo⊃	tʰəu⊃	tʰuo⊃	tʰou⊃	tʰou⊃	tʰou⊃	tʰo⊃	tʰuo⊃
惰	果合一果上定	tuo⊃	tuo⊃	tuo⊃	tuo⊃	to⊃	to⊃	to⊇	to⊃	tuo⊃
啰	果合一戈平泥	꜀luo	꜀luo	꜀luo	꜀luo	꜀lo	꜀lo	꜀lo	꜀lo	꜀nuo
糯	果合一过去泥	luo⊃	luo⊃	luo⊃	nuo⊃	lo⊃	lo⊃	lo⊇	lo⊃	nuo⊃
骡	果合一戈平来	꜀luo	꜀luo	꜀luo	꜀luo	꜀lo	꜀lo	꜀lo	꜀lo	꜀nuo
摞	果合一过去来	luo⊃	luo⊃	luo⊃	luo⊃	lo⊃	lo⊃	lo⊇	lo⊃	nuo⊃
锉	果合一戈平从	ʦʰuo⊃	ʦʰuo⊃	ʦʰuo⊃	ʦʰuo⊃	ʦʰo⊃	ʦʰo⊃	ʦʰo⊃	ʦʰo⊃	ʦʰuo⊃
矬	果合一戈平从	ʦuo⊃	ʦuo⊃	ʦuo⊃	ʦuo⊃	ʦo⊃	ʦo⊃	ʦo⊇	ʦo⊃	ʦuo⊃

续表

字目	中古音	中原官话					江淮官话		西南官话	
		汉滨城关	旬阳城关	汉滨县河镇	江口回民镇	白河城关	平利城关	白河茅坪镇	石泉城关	紫阳城关
坐	果合一果上从	ʦuo꜄	ʦuo꜄	ʦuo꜄	ʦuo꜄	ʦo꜄	ʦo꜄	ʦo꜅	ʦo꜄	ʦuo꜄
锁	果合一果上心	꜂suo	꜂suo	꜂suo	꜂suo	꜂so	꜂so	꜂so	꜂so	꜂suo
蓑	果合一戈平心	꜀suo	꜀suo	꜀suo	꜀suo	꜀so	꜀so	꜀so	꜀so	꜀suo
锅	果合一戈平见	꜀kuo	꜀kuo	꜀kuo	꜀kuo	꜀ko	꜀ko	꜀ko	꜀ko	꜀kuo
果	果合一果上见	꜂kuo	꜂kuo	꜂kuo	꜂kuo	꜂ko	꜂ko	꜂ko	꜂ko	꜂kuo
过	果合一过去见	kuo꜄	kuo꜄	kuo꜄	kuo꜄	ko꜄	ko꜄	ko꜄	ko꜄	kuo꜄
科	果合一戈平溪	꜀kʰɤ	꜀kʰɤ	꜀kʰɤ	꜀kʰɤ	꜀kʰo	꜀kʰo	꜀kʰo	꜀kʰo	꜀kʰuo
课	果合一过去溪	kʰɤ꜄	kʰɤ꜄	kʰɤ꜄	kʰɤ꜄	kʰo꜄	kʰo꜄	kʰo꜄	kʰo꜄	kʰuo꜄
讹	果合一戈平疑	꜁ŋɤ	꜁ŋɤ	꜁ŋɤ	꜁ŋɤ	꜁ŋo	꜁ŋo	꜁ŋo	꜁ŋo	꜁ŋuo
卧	果合一过去疑	uo꜄	uo꜄	uo꜄	uo꜄	uo꜄	uo꜄	uo꜄	uo꜄	uo꜄
瘸~腿	果合三戈平群	꜁ʨʰye	꜁ʨʰye	꜁ʨʰye	꜁ʨʰye	꜁ʨʰyᴇ	꜁ʈʂʰʮᴇ	꜁ʈʂʰʮɛ	꜁ʈʂʰʮe	꜁ʨʰye
火	果合一果上晓	꜂xuo	꜂xuo	꜂xuo	꜂xuo	꜂xo	꜂xo	꜂xo	꜂xo	꜂xuo
货	果合一过去晓	xuo꜄	xuo꜄	xuo꜄	xuo꜄	xo꜄	xo꜄	xo꜄	xo꜄	xuo꜄
和~气	果合一戈平匣	꜁xuo	꜁xuo	꜁xɤ	꜁xuo	꜁xo	꜁xo	꜁xo	꜁xo	꜁xuo

续表

字目	中古音	中原官话					江淮官话		西南官话	
		汉滨城关	旬阳城关	汉滨县河镇	江口回民镇	白河城关	平利城关	白河茅坪镇	石泉城关	紫阳城关
祸	果合一果上匣	xuo꜄	xuo꜄	xuo꜄	xuo꜄	xo꜄	xo꜄	xo꜅	xo꜄	xuo꜄
和~面	果合一过去匣	xuo꜄	xuo꜄	xuo꜄	xuo꜄	xo꜄	xo꜄	xo꜅	xo꜄	xuo꜄
靴	果合三戈平晓	꜀ɕye	꜀ɕye	꜀ɕye	꜀ɕye	꜀ɕyᴇ	꜀ʂʮᴇ	꜀ʂʮɛ	꜀ʂʮe	꜀ɕye
窝	果合一戈平影	꜀uo	꜀uo	꜀uo	꜀uo	꜀uo	꜀uo	꜀uo	꜀uo	꜀uo
巴	假开二麻平帮	꜀pa	꜀pa	꜀pa	꜀pa	꜀pa	꜀pa	꜀pa	꜀pa	꜀pa
爬	假开二麻平並	꜁pʰa	꜁pʰa	꜁pʰa	꜁pʰa	꜁pʰa	꜁pʰa	꜁pʰa	꜁pʰa	꜁pʰa
麻	假开二麻平明	꜁ma	꜁ma	꜁ma	꜁ma	꜁ma	꜁ma	꜁ma	꜁ma	꜁ma
把	假开二马上帮	꜂pa	꜂pa	꜂pa	꜂pa	꜂pa	꜂pa	꜂pa	꜂pa	꜂pa
马	假开二马上明	꜂ma	꜂ma	꜂ma	꜂ma	꜂ma	꜂ma	꜂ma	꜂ma	꜂ma
欛	假开二祃去帮	pa꜄	pa꜄	pa꜄	pa꜄	pa꜄	pa꜄	pa꜄	pa꜄	pa꜄
怕	假开二祃去滂	pʰa꜄	pʰa꜄	pʰa꜄	pʰa꜄	pʰa꜄	pʰa꜄	pʰa꜄	pʰa꜄	pʰa꜄
耙	假开二祃去並	pa꜄	pa꜄	pa꜄	pa꜄	pa꜄	pa꜄	pa꜅	pa꜄	pa꜄
骂	假开二祃去明	ma꜄	ma꜄	ma꜄	ma꜄	ma꜄	ma꜄	ma꜅	ma꜄	ma꜄
拿	假开二麻平泥	꜁la	꜁la	꜁la	꜁na	꜁la	꜁la	꜁la	꜁la	꜁na

续表

字目	中古音	中原官话					江淮官话		西南官话	
		汉滨城关	旬阳城关	汉滨县河镇	江口回民镇	白河城关	平利城关	白河茅坪镇	石泉城关	紫阳城关
茶	假开二麻平澄	꜁tʂʰa	꜁tsʰa	꜁tsʰa	꜁tsʰa	꜁tʂʰa	꜁tʂʰa	꜁tʂʰa	꜁tʂʰa	꜁tʂʰa
差~别	假开二麻平初	꜀tʂʰa	꜀tsʰa	꜀tsʰa	꜀tsʰa	꜀tʂʰa	꜀tʂʰa	꜀tʂʰa	꜀tʂʰa	꜀tʂʰa
茬	假开二麻平崇	tʂʰa꜄	tsʰa꜄	tsʰa꜄	tsʰa꜄	tʂʰa꜄	tʂʰa꜄	tʂʰa꜄	tʂʰa꜄	tʂʰa꜄
查调~	假开二麻平崇	꜁tʂʰa	꜁tsʰa	꜁tsʰa	꜁tsʰa	꜁tʂʰa	꜁tʂʰa	꜁tʂʰa	꜁tʂʰa	꜁tʂʰa
沙	假开二麻平生	꜀ʂa	꜀sa	꜀sa	꜀sa	꜀ʂa	꜀ʂa	꜀ʂa	꜀ʂa	꜀ʂa
洒	假开二马上生	꜂sa	꜂sa	꜂sa	꜂sa	꜂sa	꜂sa	꜂sa	꜂sa	꜂sa
诈	假开二祃去庄	tʂa꜄	tsa꜄	tsa꜄	tsa꜄	tʂa꜄	tʂa꜄	tʂa꜄	tʂa꜄	tʂa꜄
岔	假开二祃去初	tʂʰa꜄	tsʰa꜄	tsʰa꜄	tʂʰa꜄	tʂʰa꜄	tʂʰa꜄	tʂʰa꜄	tʂʰa꜄	tʂʰa꜄
厦	假开二祃去生	꜂ʂa	꜂sa	꜂sa	꜂sa	꜂ʂɥa	꜂ʂɥa	꜂ʂɥa	꜂ʂa	꜂ʂa
家	假开二麻平见	꜀tɕia	꜀tɕia	꜀tɕia	꜀tɕia	꜀tɕia 文 ꜀ka 白	꜀tɕia 文 ꜀ka 白	꜀tɕia 文 ꜀ka 白	꜀tɕia 文 ꜀ka 白	꜀tɕia 文 ꜀ka 白
加	假开二麻平见	꜀tɕia	꜀tɕia	꜀tɕia	꜀tɕia	꜀tɕia	꜀tɕia	꜀tɕia	꜀tɕia	꜀tɕia
牙	假开二麻平疑	꜁ȵia	꜁ȵia	꜁ȵia	꜁ia	꜁ia 文 ꜁ŋa 白	꜁ia 文 ꜁ŋa 白	꜁ia 文 ꜁ŋa 白	꜁ia 文 ꜁ŋa 白	꜁ia 文 ꜁ŋa 白
伢	假开二麻平疑	꜂ȵia	꜂ȵia	꜂ȵia	꜁ia	꜁ia	꜁ia	꜁ia	꜁ia 文 ꜁ŋa 白	꜁ia 文 ꜁ŋa 白
假	假开二马上见	꜂tɕia	꜂tɕia	꜂tɕia	꜂tɕia	꜂tɕia	꜂tɕia	꜂tɕia	꜂tɕia	꜂tɕia

续表

字目	中古音	中原官话					江淮官话		西南官话	
		汉滨城关	旬阳城关	汉滨县河镇	江口回民镇	白河城关	平利城关	白河茅坪镇	石泉城关	紫阳城关
雅	假开二马上疑	ᶜia	ᶜia	ᶜia	ᶜia	ᶜia	ᶜia	ᶜia	ᶜia	ᶜia
驾	假开二祃去见	tɕia꜄	tɕia꜄	tɕia꜄	tɕia꜄	tɕia꜄	tɕia꜄文 ka꜄白	tɕia꜄文 ka꜄白	tɕia꜄文 ka꜄白	tɕia꜄文 ka꜄白
嫁	假开二祃去见	tɕia꜄	tɕia꜄	tɕia꜄	tɕia꜄	tɕia꜄	tɕia꜄文 ka꜄白	tɕia꜄文 ka꜄白	tɕia꜄文 ka꜄白	tɕia꜄文 ka꜄白
价	假开二祃去见	tɕia꜄	tɕia꜄	tɕia꜄	tɕia꜄	tɕia꜄	tɕia꜄	tɕia꜄	tɕia꜄	tɕia꜄
虾	假开二麻平晓	꜁ɕia	꜁ɕia	꜁ɕia	꜁ɕia	꜁ɕia	꜁ɕia	꜁ɕia	꜁ɕia	꜁ɕia
霞	假开二麻平匣	꜁ɕia	꜁ɕia	꜁ɕia	꜁ɕia	꜁ɕia	꜁ɕia	꜁ɕia	꜁ɕia	꜁ɕia
下~来	假开二马上匣	ɕia꜄文 xa꜄白	ɕia꜄文 xa꜄白	ɕia꜄文 xa꜄白	ɕia꜄文 xa꜄白	ɕia꜄文 xa꜄白	ɕia꜄文 xa꜄白	ɕia꜅文 xa꜅白	ɕia꜄文 xa꜄白	ɕia꜄文 xa꜄白
夏	假开二祃去匣	ɕia꜄	ɕia꜄	ɕia꜄	ɕia꜄	ɕia꜄	ɕia꜅	ɕia꜅	ɕia꜄	ɕia꜄
嚇~一跳	假开二祃去晓	꜀xei	꜀xe	꜀xe	꜀xe	꜀xᴇ	꜀xᴇ	꜀xɛ	꜀xe	꜀xe
鸦	假开二麻平影	꜀ia	꜀ia	꜀ia	꜀ia	꜀ia	꜀ia	꜀ia	꜀ia	꜀ia
丫	假开二麻平影	꜀ia	꜀ia	꜀ia	꜀ia	꜀ia	꜀ia	꜀ia	꜀ia 文 ꜀ŋa 白	꜀ia 文 ꜀ŋa 白
哑	假开二马上影	ᶜŋ̊ia	ᶜia	ᶜŋ̊ia	ᶜia	ᶜia 文 ᶜŋa 白	ᶜia 文 ᶜŋa 白	ᶜia 文 ᶜŋa 白	ᶜia 文 ᶜŋa 白	ᶜia 文 ᶜŋa 白
亚	假开二祃去影	ᶜia	ᶜia	ᶜia	ᶜia	ᶜia	ᶜia	ᶜia	ᶜia	ᶜia
些	假开三麻平知	꜀ɕie	꜀ɕie	꜀ɕie	꜀ɕie	꜀ɕiᴇ	꜀ɕiᴇ	꜀ɕiɛ	꜀ɕie	꜀ɕie

续表

字目	中古音	中原官话					江淮官话		西南官话	
		汉滨城关	旬阳城关	汉滨县河镇	江口回民镇	白河城关	平利城关	白河茅坪镇	石泉城关	紫阳城关
邪	假开三麻平知	꜁ɕie	꜁ɕie	꜁ɕie	꜁ɕie	꜁ɕiE	꜁ɕiE	꜁ɕiɛ	꜁ɕie	꜁ɕie
姐	假开三马上精	꜂tɕie	꜂tɕie	꜂tɕie	꜂tɕie	꜂tɕiE	꜂tɕiE	꜂tɕiɛ	꜂tɕie	꜂tɕie
且	假开三马上清	꜂tɕʰie	꜂tɕʰie	꜂tɕʰie	꜂tɕʰie	꜂tɕʰiE	꜂tɕʰiE	꜂tɕʰiɛ	꜂tɕʰie	꜂tɕʰie
写	假开三马上心	꜂ɕie	꜂ɕie	꜂ɕie	꜂ɕie	꜂ɕiE	꜂ɕiE	꜂ɕiɛ	꜂ɕie	꜂ɕie
借	假开三祃去精	tɕʰie꜄	tɕʰie꜄	tɕʰie꜄	tɕʰie꜄	tɕʰiE꜄	tɕʰiE꜄	tɕʰiɛ꜄	tɕʰie꜄	tɕʰie꜄
笡斜	假开三马上清	tɕʰie꜄	tɕʰie꜄	tɕʰie꜄	tɕʰie꜄	tɕʰiE꜄	tɕʰiE꜄	tɕʰiɛ꜅	tɕʰie꜄	tɕʰie꜄
泻	假开三祃去心	ɕie꜄	ɕie꜄	ɕie꜄	ɕie꜄	ɕiE꜄	ɕiE꜄	ɕiɛ꜅	ɕie꜄	ɕie꜄
谢	假开三祃去邪	ɕie꜄	ɕie꜄	ɕie꜄	ɕie꜄	ɕiE꜄	ɕiE꜄	ɕiɛ꜅	ɕie꜄	ɕie꜄
爹	假开三麻平知	꜀tie	꜀tie	꜀tie	꜀tie	꜀tiE	꜀tiE	꜀tiɛ	꜀tie	꜀tie
遮	假开三麻平章	꜀tʂɤ	꜀tʂɤ	꜀tʂɤ	꜀tʂɤ	꜀tʂE	꜀tʂE	꜀tʂɛ	꜀tʂe	꜀tʂe
车	假开三麻平昌	꜀tʂʰɤ	꜀tʂʰɤ	꜀tʂʰɤ	꜀tʂʰɤ	꜀tʂʰE	꜀tʂʰE	꜀tʂʰɛ	꜀tʂʰe	꜀tʂʰe
蛇	假开三麻平船	꜁ʂɤ	꜁ʂɤ	꜁ʂɤ	꜁ʂɤ	꜁ʂE	꜁ʂE	꜁ʂɛ	꜁ʂe	꜁ʂe
扯	假开三马上昌	꜂tʂʰɤ	꜂tʂʰɤ	꜂tʂʰɤ	꜂tʂʰɤ	꜂tʂʰE	꜂tʂʰE	꜂tʂʰɛ	꜂tʂʰe	꜂tʂʰe
社	假开三马上禅	ʂɤ꜄	ʂɤ꜄	ʂɤ꜄	ʂɤ꜄	ʂE꜄	ʂE꜄	ʂɛ꜅	ʂe꜄	ʂe꜄

续表

字目	中古音	中原官话					江淮官话		西南官话	
		汉滨城关	旬阳城关	汉滨县河镇	江口回民镇	白河城关	平利城关	白河茅坪镇	石泉城关	紫阳城关
射	假开三祃去船	ʂɤ꜄	ʂɤ꜄	ʂɤ꜄	ʂɤ꜄	ʂᴇ꜄	ʂᴇ꜄	ʂɛ꜄	ʂe꜄	ʂe꜄
舍	假开三祃去书	ʂɤ꜄	ʂɤ꜄	ʂɤ꜄	ʂɤ꜄	ʂᴇ꜄	ʂᴇ꜄	ʂɛ꜄	ʂe꜄	ʂe꜄
惹	假开三马上日	꜂ʐɤ	꜂ʐɤ	꜂ʐɤ	꜂ʐɤ	꜂ʐᴇ	꜂ʐᴇ 文 ꜂ɥᴇ 白	꜂ɥɛ	꜂ʐe 文 ꜂ɥe 白	꜂ʐe
爷	假开三麻平以	꜁ie	꜁ie	꜁ie	꜁ie	꜁iᴇ	꜁iᴇ	꜁iɛ	꜁ie	꜁ie
夜	假开三祃去以	ie꜄	ie꜄	ie꜄	ie꜄	iᴇ꜄	iᴇ꜄	iɛ꜄	ie꜄	ie꜄
傻	假合二马上生	꜂ʂa	꜂sa	꜂sa	꜂ʂa	꜂ʂa	꜂ʂa	꜂ʂa	꜂ʂa	꜂ʂa
瓜	假合二麻平见	꜀kua	꜀kua	꜀kua	꜀kua	꜀kua	꜀kua	꜀kua	꜀kua	꜀kua
瓦	假合二马上疑	꜂ua	꜂ua	꜂ua	꜂ua	꜂ua	꜂ua	꜂ua	꜂ua	꜂ua
跨 ~过去	假合二祃去溪	꜁tɕʰia	꜁tɕʰia	꜁tɕʰia	꜁tɕʰia	꜁tɕʰia	꜁tɕʰia 文 ꜁kʰa 白	꜁tɕʰia 文 ꜁kʰa 白	kʰua꜄文 ꜁tɕʰia 白	kʰua꜄文 ꜁tɕʰia 白
花	假合二麻平晓	꜀xua	꜀xua	꜀xua	꜀xua	꜀xua	꜀xua	꜀xua	꜀xua	꜀xua
化	假合二祃去晓	xua꜄	xua꜄	xua꜄	xua꜄	xua꜄	xua꜄	xua꜄	xua꜄	xua꜄
桦	假合二祃去匣	xua꜄	xua꜄	xua꜄	xua꜄	xua꜄	xua꜄	xua꜄	xua꜄	xua꜄
蛙	假合二麻平影	꜀ua	꜀ua	꜀ua	꜀ua	꜀ua	꜀ua	꜀ua	꜀ua	꜀ua
铺 ~设	遇合一模平滂	꜀pʰu	꜀pʰu	꜀pʰu	꜀pʰu	꜀pʰu	꜀pʰu	꜀pʰu	꜀pʰu	꜀pʰu

续表

字目	中古音	中原官话					江淮官话		西南官话	
		汉滨城关	旬阳城关	汉滨县河镇	江口回民镇	白河城关	平利城关	白河茅坪镇	石泉城关	紫阳城关
铺 店~	遇合一暮去滂	pʰu꜄	pʰu꜄	pʰu꜄	pʰu꜄	pʰu꜄	pʰu꜄	pʰu꜄	pʰu꜄	pʰu꜄
模	遇合一模平明	꜁mu	꜁mu	꜁muo	꜁mu	꜁mo	꜁mo	꜁mo	꜁mo	꜁mu
谱	遇合一暮去帮	꜂pʰu	꜂pʰu	꜂pʰu	꜂pʰu	꜂pʰu	꜂pʰu	꜂pʰu	꜂pʰu	꜂pʰu
部	遇合一姥上並	pu꜄	pu꜄	pu꜄	pu꜄	pu꜄	pu꜄	pu꜅	pu꜄	pu꜄
布	遇合一暮去帮	pu꜄	pu꜄	pu꜄	pu꜄	pu꜄	pu꜄	pu꜄	pu꜄	pu꜄
步	遇合一暮去並	pu꜄	pu꜄	pu꜄	pu꜄	pu꜄	pu꜄	pu꜅	pu꜄	pu꜄
墓	遇合一暮去明	mu꜄	mu꜄	muo꜄	mu꜄	mo꜄	mo꜄	mo꜅	mu꜄	mu꜄
都	遇合一模平端	꜀təu	꜀təu	꜀təu	꜀təu	꜀tou	꜀tou	꜀tou	꜀təu	꜀təu
徒	遇合一模平定	꜁tʰu	꜁tʰəu	꜁tʰəu	꜁tʰu	꜁tʰou	꜁tʰou	꜁tʰou	꜁tʰəu	꜁tʰu
肚 猪~子	遇合一姥上定	꜂tu	꜂təu	꜂təu	꜂tu	꜂tou	꜂tou	꜂tou	꜂təu	꜂tu
肚 ~腹	遇合一姥上定	tu꜄	təu꜄	təu꜄	tu꜄	꜂tou	꜂tou	꜂tou	təu꜄	tu꜄
土	遇合一姥上透	꜂tʰu	꜂tʰəu	꜂tʰəu	꜂tʰu	꜂tʰou	꜂tʰou	꜂tʰou	꜂tʰəu	꜂tʰu
杜	遇合一姥上定	tu꜄	təu꜄	təu꜄	tu꜄	tou꜄	tou꜄	tou꜅	təu꜄	tu꜄
兔	遇合一暮去透	tʰu꜄	tʰəu꜄	tʰəu꜄	tʰu꜄	tʰou꜄	tʰou꜄	tʰou꜄	tʰəu꜄	tʰu꜄

续表

字目	中古音	中原官话					江淮官话		西南官话	
		汉滨城关	旬阳城关	汉滨县河镇	江口回民镇	白河城关	平利城关	白河茅坪镇	石泉城关	紫阳城关
度	遇合一暮去定	tu꜄	təu꜄	təu꜄	tu꜄	tou꜄	tou꜄	tou꜅	təu꜄	tu꜄
奴	遇合一模平泥	꜁ləu	꜁ləu	꜁ləu	꜁nəu	꜁lou	꜁lou	꜁lou	꜁ləu	꜁nu
卢	遇合一模平来	꜁ləu	꜁ləu	꜁ləu	꜁ləu	꜁lou	꜁lou	꜁lou	꜁ləu	꜁nu
怒	遇合一暮去泥	ləu꜄	ləu꜄	ləu꜄	nəu꜄	lou꜄	lou꜄	lou꜅	ləu꜄	nu꜄
路	遇合一暮去来	ləu꜄	ləu꜄	ləu꜄	ləu꜄	lou꜄	lou꜄	lou꜅	ləu꜄	nu꜄
租	遇合一模平精	꜀ʦu	꜀ʦəu	꜀ʦəu	꜀ʦəu	꜀ʦou	꜀ʦou	꜀ʦou	꜀ʦəu	꜀ʦu
粗	遇合一模平清	꜀ʦʰu	꜀ʦʰəu	꜀ʦʰəu	꜀ʦʰu	꜀ʦʰou	꜀ʦʰou	꜀ʦʰou	꜀ʦʰəu	꜀ʦʰu
苏	遇合一模平心	꜀su	꜀səu	꜀səu	꜀səu	꜀sou	꜀sou	꜀sou	꜀səu	꜀su
祖	遇合一姥上精	꜂ʦu	꜂ʦəu	꜂ʦəu	꜂ʦəu	꜂ʦou	꜂ʦou	꜂ʦou	꜂ʦəu	꜂ʦu
做	遇合一暮去精	ʦəu꜄	ʦəu꜄	ʦəu꜄	ʦəu꜄	ʦou꜄	ʦou꜄	ʦou꜄	ʦəu꜄	ʦəu꜄
错	遇合一暮去精	ʦʰuo꜄	ʦʰuo꜄	ʦʰuo꜄	ʦʰuo꜄	ʦʰo꜄	ʦʰo꜄	ʦʰo꜄	ʦʰo꜄	ʦʰuo꜄
素	遇合一暮去心	su꜄	səu꜄	səu꜄	səu꜄	sou꜄	sou꜄	sou꜄	səu꜄	səu꜄
姑	遇合一模平见	꜀ku	꜀ku	꜀ku	꜀ku	꜀ku	꜀ku	꜀ku	꜀ku	꜀ku
枯	遇合一模平溪	꜀kʰu	꜀kʰu	꜀kʰu	꜀kʰu	꜀kʰu	꜀kʰu	꜀kʰu	꜀kʰu	꜀kʰu

续表

字目	中古音	中原官话					江淮官话		西南官话	
		汉滨城关	旬阳城关	汉滨县河镇	江口回民镇	白河城关	平利城关	白河茅坪镇	石泉城关	紫阳城关
吴	遇合一模平疑	꜁u	꜁u	꜁u	꜁u	꜁u	꜁u	꜁u	꜁u	꜁u
古	遇合一姥上见	꜂ku	꜂ku	꜂ku	꜂ku	꜂ku	꜂ku	꜂ku	꜂ku	꜂ku
苦	遇合一姥上溪	꜂kʰu	꜂kʰu	꜂kʰu	꜂kʰu	꜂kʰu	꜂kʰu	꜂kʰu	꜂kʰu	꜂kʰu
五	遇合一姥上疑	꜂u	꜂u	꜂u	꜂u	꜂u	꜂u	꜂u	꜂u	꜂u
故	遇合一暮去见	ku꜄	ku꜄	ku꜄	ku꜄	ku꜄	ku꜄	ku꜄	ku꜄	ku꜄
库	遇合一暮去溪	kʰu꜄	kʰu꜄	kʰu꜄	kʰu꜄	kʰu꜄	kʰu꜄	kʰu꜄	kʰu꜄	kʰu꜄
悟	遇合一暮去疑	u꜄	u꜄	u꜄	u꜄	u꜄	u꜄	u꜅	u꜄	u꜄
呼	遇合一模平晓	꜀xu	꜀xu	꜀xu	꜀xu	꜀xu	꜀xu	꜀xu	꜀xu	꜀xu
湖	遇合一模平匣	꜁xu	꜁xu	꜁xu	꜁xu	꜁xu	꜁xu	꜁xu	꜁xu ꜁fu	꜁xu
虎	遇合一姥上晓	꜂xu	꜂xu	꜂xu	꜂xu	꜂xu	꜂xu	꜂xu	꜂xu ꜂fu	꜂xu
户	遇合一姥上匣	xu꜄	xu꜄	xu꜄	xu꜄	xu꜄	xu꜄	xu꜅	xu꜄ fu꜄	xu꜄
互	遇合一暮去匣	xu꜄	xu꜄	xu꜄	xu꜄	xu꜄	xu꜄	xu꜅	xu꜄ fu꜄	xu꜄
乌	遇合一模平影	꜀u	꜀u	꜀u	꜀u	꜀u	꜀u	꜀u	꜀u	꜀u
恶	遇合一暮去影	꜀ŋɤ	꜀ŋɤ	꜀ŋɤ	꜀ŋɤ	꜀ŋo	꜀ŋo	꜀ŋo	꜀ŋo	꜀ŋuo

续表

字目	中古音	中原官话					江淮官话		西南官话	
		汉滨城关	旬阳城关	汉滨县河镇	江口回民镇	白河城关	平利城关	白河茅坪镇	石泉城关	紫阳城关
庐	遇合三鱼平来	꜁lu	꜁ləu	꜁ləu	꜁ləu	꜁lou	꜁lou	꜁lou	꜁ləu	꜁nəu
女	遇合三语上泥	꜂ny	꜂ny	꜂ny	꜂ny	꜂ɳy	꜂ɳʮ	꜂ɳʮ	꜂ɳʮ	꜂ny
吕	遇合三语上来	꜂ly	꜂y	꜂ly	꜂ly	꜂y	꜂ʮ	꜂ʮ	꜂ʮ	꜂ny
旅	遇合三语上来	꜂ly	꜂ly	꜂ly	꜂ly	꜂li	꜂li	꜂li	꜂li	꜂ny
虑	遇合三御去来	꜀ly	꜀ly	꜀ly	꜀ly	꜀li	꜀li	꜀li	꜀li	꜀ny
蛆	遇合三鱼平清	꜀tɕʰy	꜀tɕʰy	꜀tɕʰy	꜀tɕʰy	꜀tɕʰy	꜀tɕʰi	꜀tɕʰi	꜀tɕʰi	꜀tɕʰy
徐	遇合三鱼平邪	꜁ɕy	꜁ɕy	꜁ɕy	꜁ɕy	꜁ɕy 文 ꜁ɕi 白	꜁ʂʮ 文 ꜁ɕi 白	꜁ʂʮ 文 ꜁ɕi 白	꜁ʂʮ 文 ꜁ɕi 白	꜁ɕy
序	遇合三语上邪	ɕy꜄	ɕy꜄	ɕy꜄	ɕy꜄	ɕy꜄文 ɕi꜄白	ʂʮ꜄文 ɕi꜄白	ʂʮ꜄文 ɕi꜄白	ʂʮ꜄文 ɕi꜄白	ɕy꜄
絮	遇合三御去心	ɕy꜄	ɕy꜄	ɕy꜄	ɕy꜄	ɕy꜄文 ɕi꜄白	ʂʮ꜄文 ɕi꜄白	ʂʮ꜄文 ɕi꜄白	ʂʮ꜄文 ɕi꜄白	ɕy꜄
猪	遇合三鱼平知	꜀pfu	꜀tsʮ	꜀pfu	꜀tʂʮ	꜀tʂʮ	꜀tʂʮ	꜀tʂʮ	꜀tʂʮ	꜀tʂu
除	遇合三鱼平澄	꜁pfʰu	꜁tsʰʮ	꜁pfʰu	꜁tʂʰʮ	꜁tʂʰʮ	꜁tʂʰʮ	꜁tʂʰʮ	꜁tʂʰʮ	꜁tʂʰu
锄板~	遇合三鱼平崇	꜁tsʰəu	꜁tsʰəu	꜁tsʰəu	꜁tsʰəu	꜁tʂʰou	꜁tʂʰou	꜁tʂʰou	꜁tsʰəu	꜁tsʰəu
梳	遇合三鱼平生	꜀fu	꜀səu	꜀fu	꜀fu	꜀sou	꜀sou	꜀sou	꜀səu	꜀səu
楚	遇合三语上初	꜂tsʰəu	꜂tsʰəu	꜂tsʰəu	꜂tsʰəu	꜂tsʰou	꜂tsʰou	꜂tsʰou	꜂tsʰəu	꜂tsʰəu

续表

字目	中古音	中原官话					江淮官话		西南官话	
		汉滨城关	旬阳城关	汉滨县河镇	江口回民镇	白河城关	平利城关	白河茅坪镇	石泉城关	紫阳城关
所	遇合三语上生	꜂suo ꜂fə	꜂suo	꜂suo ꜂fə	꜂suo	꜂so	꜂so	꜂so	꜂so	꜂suo
助	遇合三御去崇	tsʰəu꜄	tsʰəu꜄	tsʰəu꜄	tsʰəu꜄	tsʰou꜄	tsʰou꜄	tsʰou꜄	tsʰəu꜄	tsʰəu꜄
诸	遇合三鱼平章	꜀pfu	꜀tsʮ	꜀pfu	꜀tʂʯ	꜀tʂʯ	꜀tʂʯ	꜀tʂʯ	꜀tʂʯ	꜀tʂu
书	遇合三鱼平书	꜀fu	꜀sʮ	꜀fu	꜀ʂʯ	꜀ʂʯ	꜀ʂʯ	꜀ʂʯ	꜀ʂʯ	꜀ʂu
处	遇合三语上昌	꜂pfʰu	꜂tsʰʮ	꜂pfʰu	꜂tʂʰʯ	꜂tʂʰʯ	꜂tʂʰʯ	꜂tʂʰʯ	꜂tʂʰʯ	꜂tʂʰu
鼠	遇合三语上书	꜂fu	꜂sʮ	꜂fu	꜂ʂʯ	꜂ʂʯ	꜂ʂʯ	꜂ʂʯ	꜂ʂʯ	꜂ʂu
恕	遇合三御去书	fu꜄	sʮ꜄	fu꜄	ʂʯ꜄	ʂʯ꜄	ʂʯ꜄	ʂʯ꜄	ʂʯ꜄	ʂu꜄
署	遇合三御去禅	꜂fu	꜂sʮ	꜂fu	꜂ʂʯ	꜂ʂʯ	꜂ʂʯ	꜂ʂʯ	꜂ʂʯ	꜂ʂu
如	遇合三鱼平日	꜀vu	꜀ʮ	꜀vu	꜀ʯ	꜁ʯ ꜁y	꜀ʯ	꜀ʯ	꜀ʯ	꜀ʐu
居	遇合三鱼平见	tɕy꜄	tɕy꜄	tɕy꜄	tɕy꜄	tɕy꜄	tʂʯ꜄	tʂʯ꜄	tʂʯ꜄	tɕy꜄
据	遇合三御去见	tɕy꜄	tɕy꜄	tɕy꜄	tɕy꜄	tɕy꜄	tʂʯ꜄文 ke꜄白	tʂʯ꜄文 ke꜄白	tʂʯ꜄文 ke꜄白	tɕy꜄文 ke꜄白
渠	遇合三鱼平群	꜁tɕʰy	꜁tɕʰy	꜁tɕʰy	꜁tɕʰy	꜁tɕʰy	꜁tʂʰʯ	꜁tʂʰʯ	꜁tʂʰʯ	꜁tɕʰy
鱼	遇合三鱼平疑	꜁y	꜁y	꜁y	꜁y	꜁y	꜁ʯ	꜁ʯ	꜁ʯ	꜁y
举	遇合三语上见	꜂tɕy	꜂tɕy	꜂tɕy	꜂tɕy	꜂tɕy	꜂tʂʯ	꜂tʂʯ	꜂tʂʯ	꜂tɕy

续表

字目	中古音	中原官话					江淮官话		西南官话	
		汉滨城关	旬阳城关	汉滨县河镇	江口回民镇	白河城关	平利城关	白河茅坪镇	石泉城关	紫阳城关
距	遇合三语上群	tɕy꜄	tɕy꜄	tɕy꜄	tɕy꜄	tɕy꜄	tʂʮ꜄	tʂʮ꜄	tʂʮ꜄	tɕy꜄
去	遇合三御去溪	tɕʰy꜄	tɕʰy꜄	tɕʰy꜄	tɕʰy꜄	tɕʰy꜄文 tɕʰi꜄白	tɕʰʮ꜄文 tɕʰi꜄白	tɕʰʮ꜄文 tɕʰi꜄白	tɕʰʮ꜄文 tɕʰi꜄白	tɕʰy꜄文 tɕʰi꜄白
御	遇合三御去疑	y꜄	y꜄	y꜄	y꜄	y꜄	ʮ꜄	ʮ꜄	ʮ꜄	y꜄
虚	遇合三鱼平晓	꜀ɕy	꜀ɕy	꜀ɕy	꜀ɕy	꜀ɕy	꜀ʂʮ	꜀ʂʮ	꜀ʂʮ	꜀ɕy

说明：汉滨城关和县河镇“锄草”的“锄”说꜁pfʰu，其余7个点说꜁ʦʰəu。

字目	中古音	中原官话					江淮官话		西南官话	
		汉滨城关	旬阳城关	汉滨县河镇	江口回民镇	白河城关	平利城关	白河茅坪镇	石泉城关	紫阳城关
许	遇合三语上晓	꜂ɕy	꜂ɕy	꜂ɕy	꜂ɕy	꜂ɕy	꜂ʂʮ	꜂ʂʮ	꜂ʂʮ	꜂ɕy
余	遇合三鱼平以	꜁y	꜁y	꜁y	꜁y	꜁y	꜁ʮ	꜁ʮ	꜁ʮ	꜁y
与	遇合三语上以	꜀y	꜀y	꜀y	꜀y	꜀y	꜀ʮ	꜀ʮ	꜀ʮ	꜀y
预	遇合三御去以	y꜄	y꜄	y꜄	y꜄	y꜄	ʮ꜄	ʮ꜄	ʮ꜄	y꜄
夫	遇合三虞平非	꜀fu	꜀fu	꜀fu	꜀fu	꜀fu	꜀fu	꜀fu	꜀fu	꜀fu
无	遇合三虞平微	꜀u	꜀u	꜀u	꜀u	꜀u	꜀u	꜀u	꜀u	꜀u
府	遇合三麌上非	꜂fu	꜂fu	꜂fu	꜂fu	꜂fu	꜂fu	꜂fu	꜂fu	꜂fu
父	遇合三麌上奉	fu꜄	fu꜄	fu꜄	fu꜄	fu꜄	fu꜄	fu꜅	fu꜄	fu꜄

续表

字目	中古音	中原官话					江淮官话		西南官话	
		汉滨城关	旬阳城关	汉滨县河镇	江口回民镇	白河城关	平利城关	白河茅坪镇	石泉城关	紫阳城关
武	遇合三麌上微	꜂u	꜂u	꜂u	꜂u	꜂u	꜂u	꜂u	꜂u	꜂u
附	遇合三遇去奉	fu꜄	fu꜄	fu꜄	fu꜄	fu꜄	fu꜄	fu꜄	fu꜄	fu꜄
务	遇合三遇去微	u꜄	u꜄	u꜄	u꜄	u꜄	u꜄	u꜅	u꜄	u꜄
屡	遇合三遇去来	꜂luei	꜂luei	꜂lei	꜂luei	꜂lei	꜂lei	꜂lei	꜂lei	꜂nei
趋	遇合三虞平清	꜀ʨʰy	꜀ʨʰy	꜀ʨʰy	꜀ʨʰy	꜀ʨʰy	꜀tʂʰʮ	꜀tʂʰʮ 文 ꜀ʨʰi 白	꜀tʂʰʮ	꜀ʨʰy
须	遇合三虞平心	꜀ɕy	꜀ɕy	꜀ɕy	꜀ɕy	꜀ɕy	꜀ʂʮ 文 ꜀ɕi 白	꜀ʂʮ 文 ꜀ɕi 白	꜀ʂʮ	꜀ɕy
取	遇合三麌上清	꜂ʨʰy	꜂ʨʰy	꜂ʨʰy	꜂ʨʰy	꜂ʨʰy	꜂tʂʰʮ 文 ꜂ʨʰi 白	꜂tʂʰʮ 文 ꜂ʨʰi 白	꜂tʂʰʮ 文 ꜂ʨʰi 白	꜂ʨʰy
聚	遇合三麌上从	ʨy꜄	ʨy꜄	ʨy꜄	ʨy꜄	ʨy꜄	tʂʮ꜄	tʂʮ꜄文 ʨi꜄白	tʂʮ꜄	ʨy꜄
趣	遇合三遇去清	ʨʰy꜄	ʨʰy꜄	ʨʰy꜄	ʨʰy꜄	ʨʰy꜄	tʂʰʮ꜄	tʂʰʮ꜄文 ʨʰi꜄白	tʂʰʮ꜄	ʨʰy꜄
株	遇合三虞平知	꜀pfu	꜀ʦʮ	꜀pfu	꜀tʂʮ	꜀tʂʮ	꜀tʂʮ	꜀tʂʮ	꜀tʂʮ	꜀tʂu
厨	遇合三虞平澄	꜁pfʰu	꜁ʦʰʮ	꜁pfʰu	꜁tʂʰʮ	꜁tʂʰʮ	꜁tʂʰʮ	꜁tʂʰʮ	꜁tʂʰʮ	꜁tʂʰu
拄～手棍	遇合三麌上知	pfʰu꜄	ʦʰʮ꜄	pfʰu꜄	tʂʰʮ꜄	tʂʰʮ꜄	tʂʰʮ꜄	tʂʰʮ꜅	tʂʰʮ꜄	tʂʰu꜄
柱	遇合三麌上澄	pfu꜄	ʦʮ꜄	pfu꜄	tʂʮ꜄	tʂʮ꜄	tʂʮ꜄	tʂʮ꜅	tʂʮ꜄	tʂu꜄
驻	遇合三遇去知	pfu꜄	ʦʮ꜄	pfu꜄	tʂʮ꜄	tʂʮ꜄	tʂʮ꜄	tʂʮ꜅	tʂʮ꜄	tʂu꜄

续表

字目	中古音	中原官话					江淮官话		西南官话	
		汉滨城关	旬阳城关	汉滨县河镇	江口回民镇	白河城关	平利城关	白河茅坪镇	石泉城关	紫阳城关
住	遇合三遇去澄	pfuᵓ	ʦʮᵓ	pfuᵓ	tʂʮᵓ	tʂʮᵓ	tʂʮᵓ	tʂʮ⊇	tʂʮᵓ	tʂuᵓ
雏	遇合三虞平崇	꜀pfʰu	꜀ʦʰʮ	꜀pfʰu	꜀ʦʰəu	꜀ʦʰou	꜀ʦʰou	꜀ʦʰou	꜀ʦʰəu	꜀ʦʰəu
数动词	遇合三麌上生	ᶜfu	ᶜsəu	ᶜfu	ᶜsəu	ᶜsou	ᶜsou	ᶜsou	ᶜsəu	ᶜsəu
朱	遇合三虞平章	꜀pfu	꜀ʦʮ	꜀pfu	꜀tʂʮ	꜀tʂʮ	꜀tʂʮ	꜀tʂʮ	꜀tʂʮ	꜀tʂu
输	遇合三虞平书	꜀fu	꜀sʮ	꜀fu	꜀ʂʮ	꜀ʂʮ	꜀ʂʮ	꜀ʂʮ	꜀ʂʮ	꜀ʂu
殊	遇合三虞平禅	꜀pfʰu	꜀ʦʰʮ	꜀pfʰu	꜀tʂʰʮ	꜀tʂʰʮ	꜀tʂʰʮ	꜀tʂʰʮ	꜀tʂʰʮ	꜀tʂʰu
主	遇合三麌上章	ᶜpfu	ᶜʦʮ	ᶜpfu	ᶜtʂʮ	ᶜtʂʮ	ᶜtʂʮ	ᶜtʂʮ	ᶜtʂʮ	ᶜtʂu
竖	遇合三麌上禅	fuᵓ	sʮᵓ	fuᵓ	ʂʮᵓ	ʂʮᵓ	ʂʮᵓ	ʂʮ⊇	ʂʮᵓ	ʂuᵓ
注	遇合三遇去章	pfuᵓ	ʦʮᵓ	pfuᵓ	tʂʮᵓ	tʂʮᵓ	tʂʮᵓ	tʂʮ⊇	tʂʮᵓ	tʂuᵓ
树	遇合三遇去禅	fuᵓ	sʮᵓ	fuᵓ	ʂʮᵓ	ʂʮᵓ	ʂʮᵓ	ʂʮ⊇	ʂʮᵓ	ʂuᵓ
乳	遇合三麌上日	ᶜvu ᶜy	ᶜy	ᶜy	ᶜʮ	ᶜʮ ᶜy	ᶜʮ	ᶜʮ	ᶜʮ	ᶜzu
拘	遇合三虞平见	꜀tɕy	꜀tɕy	꜀tɕy	꜀tɕy	꜀tɕy	꜀tʂʮ	꜀tʂʮ	꜀tʂʮ	꜀tɕy
瞿	遇合三虞平群	꜀tɕʰy	꜀tɕʰy	꜀tɕʰy	꜀tɕʰy	꜀tɕʰy	꜀tʂʰʮ	꜀tʂʰʮ	꜀tʂʰʮ	꜀tɕʰy
娱	遇合三虞平疑	yᵓ	yᵓ	yᵓ	yᵓ	yᵓ	ʮᵓ	ʮᵓ	ʮᵓ	yᵓ

续表

字目	中古音	中原官话					江淮官话		西南官话	
		汉滨城关	旬阳城关	汉滨县河镇	江口回民镇	白河城关	平利城关	白河茅坪镇	石泉城关	紫阳城关
矩	遇合三麌上见	꜀tɕy	꜀tɕy	꜀tɕy	꜀tɕy	꜀tɕy	꜀tʂʮ	꜀tʂʮ	꜀tʂʮ	꜀tɕy
句	遇合三遇去见	tɕy꜄	tɕy꜄	tɕy꜄	tɕy꜄	tɕy꜄	tʂʮ꜄	tʂʮ꜄	tʂʮ꜄	tɕy꜄
具	遇合三遇去群	tɕy꜄	tɕy꜄	tɕy꜄	tɕy꜄	tɕy꜄	tʂʮ꜄	tʂʮ꜅	tʂʮ꜄	tɕy꜄
遇	遇合三遇去疑	y꜄	y꜄	y꜄	y꜄	y꜄	ʮ꜄	ʮ꜅	ʮ꜄	y꜄
吁	遇合三虞平晓	꜀y	꜀y	꜀y	꜀y	꜀y	꜀ʮ	꜀ʮ	꜀ʮ	꜀y
愉	遇合三虞平以	y꜄	y꜄	y꜄	y꜄	y꜄	ʮ꜄	ʮ꜄	ʮ꜄	y꜄
雨	遇合三麌上云	꜂y	꜂y	꜂y	꜂y	꜂y	꜂ʮ	꜂ʮ	꜂ʮ	꜂y
喻	遇合三遇去以	y꜄	y꜄	y꜄	y꜄	y꜄	ʮ꜄	ʮ꜄	ʮ꜄	y꜄
贝	蟹开一泰去帮	pei꜄	pei꜄	pei꜄	pei꜄	pei꜄	pei꜄	pei꜄	pei꜄	pei꜄

说明：“数”作名词时，安康 9 个点读 səu꜄。

字目	中古音	中原官话					江淮官话		西南官话	
		汉滨城关	旬阳城关	汉滨县河镇	江口回民镇	白河城关	平利城关	白河茅坪镇	石泉城关	紫阳城关
台	蟹开一咍平定	꜁tʰæ	꜁tʰai	꜁tʰai	꜁tʰai	꜁tʰai	꜁tʰai	꜁tʰai	꜁tʰai	꜁tʰai
待	蟹开一海上定	tæ꜄	tai꜄	tai꜄	tai꜄	tai꜄	tai꜄	tai꜅	tai꜄	tai꜄

续表

字目	中古音	中原官话					江淮官话		西南官话	
		汉滨城关	旬阳城关	汉滨县河镇	江口回民镇	白河城关	平利城关	白河茅坪镇	石泉城关	紫阳城关
代	蟹开一代去定	tæ꜄	tai꜄	tai꜄	tai꜄	tai꜄	tai꜄	tai꜅	tai꜄	tai꜄
带	蟹开一泰去端	tæ꜄	tæ꜄	tai꜄	tai꜄	tai꜄	tai꜄	tai꜅	tai꜄	tai꜄
大 ~夫	蟹开一泰去定	tæ꜄	tai꜄	tai꜄	tai꜄	tai꜄	tai꜄	tai꜄	tai꜄	tai꜄
耐	蟹开一代去泥	læ꜄	lai꜄	lai꜄	lai꜄	lai꜄	lai꜄	lai꜅	lai꜄	nai꜄
来	蟹开一咍平来	꜁læ	꜁lai	꜁lai	꜁lai	꜁lai	꜁lai	꜁lai	꜁lai	꜁nai
才	蟹开一咍平从	꜁tsʰæ	꜁tsʰai	꜁tsʰai	꜁tsʰai	꜁tsʰai	꜁tsʰai	꜁tsʰai	꜁tsʰai	꜁tsʰai
在	蟹开一海上从	tsæ꜄	tsai꜄	tsai꜄	tsai꜄	tsai꜄	tsai꜄	tsai꜅	tsai꜄	tsai꜄
赛	蟹开一代去心	sæ꜄	sai꜄	sai꜄	sai꜄	sai꜄	sai꜄	sai꜄	sai꜄	sai꜄
蔡	蟹开一泰去清	tsʰæ꜄	tsʰai꜄	tsʰai꜄	tsʰai꜄	tsʰai꜄	tsʰai꜄	tsʰai꜄	tsʰai꜄	tsʰai꜄
该	蟹开一咍平见	꜀kæ	꜀kai	꜀kai	꜀kai	꜀kai	꜀kai	꜀kai	꜀kai	꜀kai
开	蟹开一咍平溪	꜀kʰæ	꜀kʰai	꜀kʰai	꜀kʰai	꜀kʰai	꜀kʰai	꜀kʰai	꜀kʰai	꜀kʰai
獃	蟹开一咍平疑	꜀tæ	꜀tai	꜀tai	꜀tai	꜀tai	꜀tai	꜀tai	꜀tai	꜀tai
改	蟹开一海上见	꜂kæ	꜂kai	꜂kæ	꜂kai	꜂kai	꜂kai	꜂kai	꜂kai	꜂kai
概	蟹开一代去见	kʰæ꜄	kʰai꜄	kʰæ꜄	kʰai꜄	kai꜄文 kʰai꜄白	kai꜄文 kʰai꜄白	kai꜄文 kʰai꜄白	kai꜄文 kʰai꜄白	kai꜄文 kʰai꜄白

续表

字目	中古音	中原官话					江淮官话		西南官话	
		汉滨城关	旬阳城关	汉滨县河镇	江口回民镇	白河城关	平利城关	白河茅坪镇	石泉城关	紫阳城关
艾	蟹开一泰去疑	ŋæ꜄	ŋai꜄	ŋai꜄	ŋai꜄	ŋai꜄	ŋai꜄	ŋai꜅	ŋai꜄	ŋai꜄
孩	蟹开一咍平匣	꜁xæ	꜁xai	꜁xai	꜁xai	꜁xai	꜁xai	꜁xai	꜁xai	꜁xai
海	蟹开一海上晓	꜂xæ	꜂xai	꜂xai	꜂xai	꜂xai	꜂xai	꜂xai	꜂xai	꜂xai
害	蟹开一泰去匣	xæ꜄	xai꜄	xai꜄	xai꜄	xai꜄	xai꜄	xai꜅	xai꜄	xai꜄
爱	蟹开一代去影	ŋæ꜄	ŋai꜄	ŋai꜄	ŋai꜄	ŋai꜄	ŋai꜄	ŋai꜄	ŋai꜄	ŋai꜄
蔼和~	蟹开一泰去影	꜂ŋæ	꜂ŋai	꜂ŋai	꜂ŋai	꜂ŋai	꜂ŋai	꜂ŋai	꜂ŋai	꜂ŋai
排	蟹开二皆平並	꜁pʰæ	꜁pʰai	꜁pʰai	꜁pʰai	꜁pʰai	꜁pʰai	꜁pʰai	꜁pʰai	꜁pʰai
埋	蟹开二皆平明	꜁mæ	꜁mai	꜁mai	꜁mai	꜁mai	꜁mai	꜁mai	꜁mai	꜁mai
拜	蟹开二怪去帮	pæ꜄	pai꜄	pai꜄	pai꜄	pai꜄	pai꜄	pai꜄	pai꜄	pai꜄
斋	蟹开二皆平庄	꜀tʂæ	꜀tsai	꜀tsai	꜀tsai	꜀tʂai	꜀tʂai	꜀tʂai	꜀tʂai	꜀tʂai
豺	蟹开二皆平崇	꜁tʂʰæ	꜁tsʰai	꜁tsʰai	꜁tsʰai	꜁tʂʰai	꜁tʂʰai	꜁tʂʰai	꜁tʂʰai	꜁tʂʰai
阶	蟹开二皆平见	꜀tɕie	꜀tɕie	꜀tɕie	꜀tɕie	꜀tɕiᴇ 文 ꜀kai 白	꜀tɕiai	꜀tɕiai 文 ꜀kai 白	꜀tɕiai	꜀tɕiai
揩	蟹开二皆平溪	꜀kʰæ	꜀kʰai	꜀kʰai	꜀kʰai	꜀kʰai	꜀kʰai	꜀kʰai	꜀kʰai	꜀kʰai
介界	蟹开二怪去见	tɕie꜄	tɕie꜄	tɕie꜄	tɕie꜄	tɕiᴇ꜄文 kai꜄白	tɕiai꜄文 kai꜄白	tɕiai꜄文 kai꜄白	tɕiai꜄文 kai꜄白	tɕiai꜄文 kai꜄白

续表

字目	中古音	中原官话					江淮官话		西南官话	
		汉滨城关	旬阳城关	汉滨县河镇	江口回民镇	白河城关	平利城关	白河茅坪镇	石泉城关	紫阳城关
骇	蟹开二骇上匣	꜀xæ	꜀xai	꜀xai	꜀xai	꜀xɛ	꜀xᴇ	xɛ꜅	꜀xe	꜀xe
械	蟹开二怪去匣	tɕie꜄	tɕie꜄	tɕie꜄	tɕie꜄	tɕiᴇ꜄文 kai꜄白	tɕiai꜄文 kai꜄白	tɕiai꜄文 kai꜄白	tɕiai꜄	tɕiai꜄
挨	蟹开二皆平影	꜀ŋæ	꜀ŋai	꜀ŋai	꜀ŋai	꜀ŋai	꜀ŋai	꜀ŋai	꜀ŋai	꜀ŋai
牌	蟹开二佳平並	꜁pʰæ	꜁pʰai	꜁pʰai	꜁pʰai	꜁pʰai	꜁pʰai	꜁pʰai	꜁pʰai	꜁pʰai
罢	蟹开二蟹上並	pa꜄	pa꜄	pa꜄	pa꜄	pa꜄	pa꜄	pa꜅	pa꜄	pa꜄
买	蟹开二蟹上明	꜂mæ	꜂mai	꜂mai	꜂mai	꜂mai	꜂mai	꜂mai	꜂mai	꜂mai
派	蟹开二卦去滂	pʰæ꜄	pʰai꜄	pʰai꜄	pʰai꜄	pʰai꜄	pʰai꜄	pʰai꜄	pʰai꜄	pʰai꜄
败	蟹开二夬去並	pʰæ꜄	pʰai꜄	pʰai꜄	pʰai꜄	pʰai꜄	pʰai꜄	pʰai꜅	pʰai꜄	pʰai꜄
奶	蟹开二蟹上泥	꜂læ	꜂lai	꜂lai	꜂nai	꜂lai	꜂lai	꜂lai	꜂lai	꜂nai
钗	蟹开二佳平初	꜀tʂʰæ	꜀tsʰai	꜀tsʰai	꜀tsʰai	꜀tʂʰai	꜀tʂʰai	꜀tʂʰai	꜀tʂʰai	꜀tʂʰai
柴	蟹开二佳平崇	꜁tʂʰæ	꜁tsʰai	꜁tsʰai	꜁tsʰai	꜁tʂʰai	꜁tʂʰai	꜁tʂʰai	꜁tʂʰai	꜁tʂʰai
寨	蟹开二夬去崇	tʂæ꜄	tsai꜄	tsai꜄	tsai꜄	tʂai꜄	tʂai꜄	tʂai꜅	tʂai꜄	tʂai꜄
街	蟹开二佳平见	꜀tɕie 文 ꜀kæ 白	꜀tɕie 文 ꜀kai 白	꜀tɕie 文 ꜀kai 白	꜀tɕie 文 ꜀kai 白	꜀tɕiᴇ 文 ꜀kai 白	꜀tɕiai 文 ꜀kai 白	꜀tɕiai 文 ꜀kai 白	꜀tɕiai 文 ꜀kai 白	꜀tɕiai 文 ꜀kai 白
涯	蟹开二佳平疑	꜁ŋæ	꜁ŋai	꜁ŋai	꜁ŋai	꜁ŋai	꜁ŋai	꜁ŋai	꜁ŋai	꜁ŋai

续表

字目	中古音	中原官话					江淮官话		西南官话	
		汉滨城关	旬阳城关	汉滨县河镇	江口回民镇	白河城关	平利城关	白河茅坪镇	石泉城关	紫阳城关
解	蟹开二蟹上见	꜂tɕie	꜂tɕie	꜂tɕie	꜂tɕie	꜂tɕiᴇ 文 ꜂kai 白	꜂tɕiai 文 ꜂kai 白	꜂tɕiai 文 ꜂kai 白	꜂tɕiai 文 ꜂kai 白	꜂tɕiai 文 ꜂kai 白
鞋	蟹开二佳平匣	꜁ɕie 文 ꜁xæ 白	꜁xai 白	꜁ɕie 文 ꜁xai 白	꜁ɕie 文 ꜁xai 白	꜁xai 白	꜁xai 白	꜁xai 白	꜁xai	꜁xai
懈	蟹开二卦去见	ɕie꜄	ɕie꜄	ɕie꜄	ɕie꜄	xai꜄	xai꜄	xai꜄	xai꜄	xai꜄
矮	蟹开二蟹上影	꜂ŋæ	꜂ŋai	꜂ŋai	꜂ŋai	꜂ŋai	꜂ŋai	꜂ŋai	꜂ŋai	꜂ŋai
批	蟹开四齐平滂	꜀pʰi	꜀pʰi	꜀pʰi	꜀pʰi	꜀pʰi	꜀pʰi	꜀pʰi	꜀pʰi	꜀pʰi
米	蟹开四荠上明	꜂mi	꜂mi	꜂mi	꜂mi	꜂mi	꜂mi	꜂mi	꜂mi	꜂mi
弊	蟹开三祭去並	pi꜄	pi꜄	pi꜄	pi꜄	pi꜄	pi꜄	pi꜄	pi꜄	pi꜄
闭	蟹开四霁去帮	pi꜄	pi꜄	pi꜄	pi꜄	pi꜄	pi꜄	pi꜄	pi꜄	pi꜄
谜	蟹开四霁去明	mi꜄	mi꜄	mi꜄	mi꜄	mi꜄	mi꜄	mi꜅	mi꜄	mi꜄
低	蟹开四齐平端	꜀ti	꜀ti	꜀ti	꜀ti	꜀ti	꜀ti	꜀ti	꜀ti	꜀ti
帝	蟹开四霁去端	ti꜄	ti꜄	ti꜄	ti꜄	ti꜄	ti꜄	ti꜄	ti꜄	ti꜄
体	蟹开四荠上透	꜂tʰi	꜂tʰi	꜂tʰi	꜂tʰi	꜂tʰi	꜂tʰi	꜂tʰi	꜂tʰi	꜂tʰi
弟	蟹开四荠上定	ti꜄	ti꜄	ti꜄	ti꜄	ti꜄	ti꜄	ti꜅	ti꜄	ti꜄
泥	蟹开四齐平泥	꜁ȵi	꜁ȵi	꜁ȵi	꜁ȵi	꜁ȵi	꜁ȵi	꜁ȵi	꜁ȵi	꜁ȵi

续表

字目	中古音	中原官话					江淮官话		西南官话	
		汉滨城关	旬阳城关	汉滨县河镇	江口回民镇	白河城关	平利城关	白河茅坪镇	石泉城关	紫阳城关
厉	蟹开三祭去来	li꜄	li꜄	li꜄	li꜄	li꜄	li꜄	li꜅	li꜄	ȵi꜄
梨	蟹开四齐平来	꜁li	꜁li	꜁li	꜁li	꜁li	꜁li	꜁li	꜁li	꜁ȵi
丽	蟹开四霁去来	li꜄	li꜄	li꜄	li꜄	li꜄	li꜄	li꜅	li꜄	ȵi꜄
祭	蟹开三祭去精	tɕi꜄	tɕi꜄	tɕi꜄	tɕi꜄	tɕi꜄	tɕi꜄	tɕi꜄	tɕi꜄	tɕi꜄
妻	蟹开四齐平清	꜀tɕʰi	꜀tɕʰi	꜀tɕʰi	꜀tɕʰi	꜀tɕʰi	꜀tɕʰi	꜀tɕʰi	꜀tɕʰi	꜀tɕʰi
西	蟹开四齐平心	꜀ɕi	꜀ɕi	꜀ɕi	꜀ɕi	꜀ɕi	꜀ɕi	꜀ɕi	꜀ɕi	꜀ɕi
齐	蟹开四齐平从	꜁tɕʰi	꜁tɕʰi	꜁tɕʰi	꜁tɕʰi	꜁tɕʰi	꜁tɕʰi	꜁tɕʰi	꜁tɕʰi	꜁tɕʰi
洗	蟹开四荠上心	꜂ɕi	꜂ɕi	꜂ɕi	꜂ɕi	꜂ɕi	꜂ɕi	꜂ɕi	꜂ɕi	꜂ɕi
砌	蟹开四霁去清	tɕʰi꜄	tɕʰi꜄	tɕʰi꜄	tɕʰi꜄	tɕʰi꜄	tɕʰi꜄	tɕʰi꜄	tɕʰi꜄	tɕʰi꜄
制	蟹开三祭去章	tʂʅ꜄	tʂʅ꜄	tʂʅ꜄	tʂʅ꜄	tʂʅ꜄	tʂʅ꜄	tʂʅ꜄	tʂʅ꜄	tʂʅ꜄
世	蟹开三祭去书	ʂʅ꜄	ʂʅ꜄	ʂʅ꜄	ʂʅ꜄	ʂʅ꜄	ʂʅ꜄	ʂʅ꜄	ʂʅ꜄	ʂʅ꜄
逝	蟹开三祭去禅	ʂʅ꜄	ʂʅ꜄	ʂʅ꜄	ʂʅ꜄	ʂʅ꜄	ʂʅ꜄	ʂʅ꜄	ʂʅ꜄	ʂʅ꜄
艺	蟹开三祭去疑	i꜄	i꜄	i꜄	i꜄	i꜄	i꜄	i꜄	i꜄	i꜄
鸡	蟹开四齐平见	꜀tɕi	꜀tɕi	꜀tɕi	꜀tɕi	꜀tɕi	꜀tɕi	꜀tɕi	꜀tɕi	꜀tɕi

续表

字目	中古音	中原官话					江淮官话		西南官话	
		汉滨城关	旬阳城关	汉滨县河镇	江口回民镇	白河城关	平利城关	白河茅坪镇	石泉城关	紫阳城关
溪	蟹开四其平溪	꜀ɕi	꜀ɕi	꜀ɕi	꜀ɕi	꜀ɕi	꜀ɕi	꜀ɕi	꜀ɕi	꜀ɕi
启	蟹开四荠上溪	꜂tɕʰi	꜂tɕʰi	꜂tɕʰi	꜂tɕʰi	꜂tɕʰi	꜂tɕʰi	꜂tɕʰi	꜂tɕʰi	꜂tɕʰi
计	蟹开四霁去见	꜀tɕi	꜀tɕi	꜀tɕi	꜀tɕi	꜀tɕi	꜀tɕi	꜀tɕi	꜀tɕi	꜀tɕi
奚	蟹开四齐平匣	꜀ɕi	꜀ɕi	꜀ɕi	꜀ɕi	꜀ɕi	꜀ɕi	꜀ɕi	꜀ɕi	꜀ɕi
系~捆	蟹开四霁去匣	tɕi꜄	tɕi꜄	tɕi꜄	tɕi꜄	tɕi꜄	tɕi꜄	tɕi꜄	tɕi꜄	tɕi꜄
系联~	蟹开四霁去匣	ɕi꜄	ɕi꜄	ɕi꜄	ɕi꜄	ɕi꜄	ɕi꜄	ɕi꜄	ɕi꜄	ɕi꜄
瞖	蟹开四霁去影	i꜄	i꜄	i꜄	i꜄	i꜄	i꜄	i꜄	i꜄	i꜄
辈	蟹合一队去帮	pei꜄	pei꜄	pei꜄	pei꜄	pei꜄	pei꜄	pei꜄文 pi꜄白	pei꜄	pei꜄
坯土~	蟹合一灰平滂	꜀pʰei 文 pʰi꜄白	꜀pʰei 文 pʰi꜄白	꜀pʰei 文 pʰi꜄白	꜀pʰei 文 pʰi꜄白	꜀pʰei	꜀pʰei	꜀pʰei 文 pʰi꜄白	꜀pʰei	꜀pʰei
赔	蟹合一灰平並	꜁pʰei	꜁pʰei	꜁pʰei	꜁pʰei	꜁pʰei	꜁pʰei	꜁pʰei 文 ꜁pʰi 白	꜁pʰei	꜁pʰei
梅	蟹合一灰平明	꜁mei	꜁mei	꜁mei	꜁mei 文	꜁mei 文	꜁mei 文	꜁mei 文 ꜁mi 白	꜁mei	꜁mei
妹	蟹合一队去明	mei꜄	mei꜄	mei꜄	mei꜄	mei꜄	mei꜄	mei꜅文 mi꜅白	mei꜄	mei꜄
堆	蟹合一灰平端	꜀tuei	꜀tuei	꜀tei	꜀tuei	꜀tei	꜀tei	꜀tei 文 ꜀ti 白	꜀tei	꜀tei
对	蟹合一队去端	tuei꜄	tuei꜄	tei꜄	tuei꜄	tei꜄	tei꜄	tei꜄文 ti꜄白	tei꜄	tei꜄

续表

字目	中古音	中原官话					江淮官话		西南官话	
		汉滨城关	旬阳城关	汉滨县河镇	江口回民镇	白河城关	平利城关	白河茅坪镇	石泉城关	紫阳城关
腿	蟹合一贿上透	꜂tʰuei	꜂tʰuei	꜂tʰei	꜂tʰuei	꜂tʰei	꜂tʰei	꜂tʰei 文 ꜂tʰi 白	꜂tʰei	꜂tʰei
队	蟹合一队去定	tuei꜄	tuei꜄	tei꜄	tuei꜄	tei꜄	tei꜄	tei꜄文 ti꜄白	tei꜄	tei꜄
内	蟹合一队去泥	nuei꜅	luei꜅	nei꜅	nuei꜅	lei꜅	lei꜅	lei꜅文 ꜁li 白	lei꜅	nei꜅
雷	蟹合一灰平来	꜁luei	꜁luei	꜁lei	꜁luei	꜁lei	꜁lei	꜁lei 文 ꜁li 白	꜁lei	꜁nei
催	蟹合一灰平清	꜀tsuei	꜀tsɥei	꜀tsei	꜀tsei	꜀tsei	꜀tsei	꜀tsʰei 文 ꜀tɕʰi 白	꜀tsei	꜀tsei
罪	蟹合一贿上从	tsuei꜄	tsɥei꜄	tsei꜄	tsuei꜄	tsei꜄	tsei꜄	tsei꜅文 tɕi꜅白	tsei꜄	tsei꜄
碎	蟹合一队去心	suei꜄	sɥei꜄	sei꜄	sei꜄	sei꜄	sei꜄	sei꜄文 ɕi꜄白	sei꜄	sei꜄
块	蟹合一队去溪	꜂kʰuæ	꜂kʰuai	꜂kʰuai	꜂kʰuai	꜂kʰuai	꜂kʰuai	꜂kʰuai	꜂kʰuai	꜂kʰuai
外	蟹合一泰去疑	uæ꜄	uai꜄	uai꜄	uai꜄	uai꜄	uai꜄	uai꜅	uai꜄	uai꜄
灰	蟹合一灰平晓	꜀xuei	꜀xuei	꜀xuei	꜀xuei	꜀xuei	꜀xuei	꜀xuei	꜀xuei	꜀xuei
回	蟹合一灰平匣	꜁xuei	꜁xuei	꜁xuei	꜁xuei	꜁xuei	꜁xuei	꜁xuei	꜁xuei	꜁xuei
煨	蟹合一灰平影	꜀uei	꜀uei	꜀uei	꜀uei	꜀uei	꜀uei	꜀uei	꜀uei	꜀uei
怪	蟹合二怪去见	kuæ꜄	kuai꜄	kuai꜄	kuai꜄	kuai꜄	kuai꜄	kuai꜄	kuai꜄	kuai꜄
挂	蟹合二卦去见	kua꜄	kua꜄	kua꜄	kua꜄	kua꜄	kua꜄	kua꜄	kua꜄	kua꜄

续表

字目	中古音	中原官话					江淮官话		西南官话	
		汉滨城关	旬阳城关	汉滨县河镇	江口回民镇	白河城关	平利城关	白河茅坪镇	石泉城关	紫阳城关
快	蟹合二夬去溪	kuæ꜄	kuai꜄	kuai꜄	kuai꜄	kuai꜄	kuai꜄	kuai꜄	kuai꜄	kuai꜄
坏	蟹合二怪去匣	xuæ꜄	xuai꜄	xuai꜄	xuai꜄	xuai꜄	xuai꜄	xuai꜅	xuai꜄	xuai꜄
歪	蟹合二佳平晓	꜀uæ	꜀uai	꜀uai	꜀uai	꜀uai	꜀uai	꜀uai	꜀uai	꜀uai
画	蟹合二卦去匣	xua꜄	xua꜄	xua꜄	xua꜄	xua꜄	xua꜄	xua꜅	xua꜄	xua꜄
蛙	蟹合二佳平影	꜀ua	꜀ua	꜀ua	꜀ua	꜀ua	꜀ua	꜀ua	꜀ua	꜀ua
话	蟹合二夬去匣	xua꜄	xua꜄	xua꜄	xua꜄	xua꜄	xua꜄	xua꜅	xua꜄	xua꜄
肺	蟹合三废去敷	fei꜄	fei꜄	fei꜄	fei꜄	fei꜄	fei꜄	fei꜄	fei꜄	fei꜄
脆	蟹合三祭去清	ʦʰuei꜄	ʦʰuei꜄	ʦʰei꜄	ʦʰei꜄	ʦʰei꜄	ʦʰei꜄	ʦʰei꜄文 ʨʰi꜄白	ʦʰei꜄	ʦʰei꜄
岁	蟹合三祭去心	suei꜄	suei꜄	sei꜄	suei꜄	sei꜄	sei꜄	sei꜄文 ɕi꜄白	sei꜄	sei꜄
缀	蟹合三祭去知	pfei꜄	ʦɥei꜄	pfei꜄	tʂɥei꜄	tʂɥei꜄	tʂɥei꜄	tʂɥei꜄	tʂɥei꜄	tʂuei꜄
赘	蟹合三祭去章	pfei꜄	ʦɥei꜄	pfei꜄	tʂɥei꜄	tʂɥei꜄	tʂɥei꜄	tʂɥei꜄	tʂɥei꜄	tʂuei꜄
税	蟹合三祭去书	fei꜄	sɥei꜄	fei꜄	fei꜄	ʂɥei꜄	ʂɥei꜄	ʂɥei꜄	ʂɥei꜄	ʂuei꜄
奎	蟹合四齐平见	꜁kʰuei	꜁kʰuei	꜁kʰuei	꜁kʰuei	꜁kʰuei	꜁kʰuei	꜁kʰuei	꜁kʰuei	꜁kʰuei
锐	蟹合三祭去以	uei꜄	ɥei꜄	ʐuei꜄	ɥei꜄	ɥei꜄	ɥei꜄	ɥei꜄	ɥei꜄	ʐuei꜄

续表

字目	中古音	中原官话					江淮官话		西南官话	
		汉滨城关	旬阳城关	汉滨县河镇	江口回民镇	白河城关	平利城关	白河茅坪镇	石泉城关	紫阳城关
闺	蟹合四齐平见	꜀kuei	꜀kuei	꜀kuei	꜀kuei	꜀kuei	꜀kuei	꜀kuei	꜀kuei	꜀kuei
惠	蟹合四霁去匣	xuei꜄	xuei꜄	xuei꜄	xuei꜄	xuei꜄	xuei꜄	xuei꜄	xuei꜄	xuei꜄
卫	蟹合三祭去云	uei꜄	uei꜄	uei꜄	uei꜄	uei꜄	uei꜄	uei꜅	uei꜄	uei꜄
碑	止开三支平帮	꜀pei 文 ꜀pi 白	꜀pei 文 ꜀pi 白	꜀pei	꜀pei	꜀pei 文 ꜀pi 白	꜀pei 文 ꜀pi 白	꜀pei 文 ꜀pi 白	꜀pei 文 ꜀pi 白	꜀pei 文 ꜀pi 白
披	止开三支平滂	꜀pʰei	꜀pʰei	꜀pʰei	꜀pʰei	꜀pʰi 文 ꜀pʰei 白	꜀pʰei	꜀pʰei	꜀pʰei	꜀pʰei
被	止开三纸上並	pi꜄	pi꜄	pi꜄	pi꜄	pi꜄	pi꜄	pi꜅	pi꜄	pi꜄
皮	止开三支平並	꜁pʰi	꜁pʰi	꜁pʰi	꜁pʰi	꜁pʰi	꜁pʰi	꜁pʰi	꜁pʰi	꜁pʰi
避	止开三寘去並	꜂pʰi	꜂pʰi	꜂pʰi	꜂pʰi	꜂pʰi	꜂pʰi	꜂pʰi	꜂pʰi	꜂pʰi
靡	止开三纸上明	꜁mi	꜁mi	꜁mi	꜁mi	꜁mi	꜁mi	꜁mi	꜁mi	꜁mi
离	止开三支平来	li꜄	li꜄	li꜄	li꜄	li꜄	li꜄	li꜅	li꜄	ȵi꜄
刺	止开三寘去清	tsʰɿ꜄	tsʰɿ꜄	tsʰɿ꜄	tsʰɿ꜄	tsʰɿ꜄	tsʰɿ꜄	tsʰɿ꜄	tsʰɿ꜄	tsʰɿ꜄
厮	止开三支平心	꜀sɿ	꜀sɿ	꜀sɿ	꜀sɿ	꜀sɿ	꜀sɿ	꜀sɿ	꜀sɿ	꜀sɿ
赐	止开三寘去心	tsʰɿ꜄	tsʰɿ꜄	tsʰɿ꜄	tsʰɿ꜄	tsʰɿ꜄	tsʰɿ꜄	tsʰɿ꜄	tsʰɿ꜄	tsʰɿ꜄
知	止开三支平知	꜀tʂʅ	꜀tʂʅ	꜀tʂʅ	꜀tʂʅ	꜀tʂʅ	꜀tʂʅ	꜀tʂʅ	꜀tʂʅ	꜀tʂʅ

续表

字目	中古音	中原官话					江淮官话		西南官话	
		汉滨城关	旬阳城关	汉滨县河镇	江口回民镇	白河城关	平利城关	白河茅坪镇	石泉城关	紫阳城关
筛~子	止开三支平生	꜀ʂæ	꜀sai	꜀sai	꜀ʂai	꜀ʂai	꜀ʂai	꜀ʂai	꜀ʂai	꜀ʂai
支	止开三支平章	꜀tʂʅ	꜀tsɿ	꜀tʂʅ	꜀tʂʅ	꜀tʂʅ	꜀tʂʅ	꜀tʂʅ	꜀tʂʅ	꜀tʂʅ
翅	止开三寘去书	tʂʰʅ꜄	tsʰɿ꜄	tʂʰʅ꜄	tʂʰʅ꜄	tʂʅ꜄	tʂʅ꜄	tʂʅ꜄	tʂʰʅ꜄	tʂʰʅ꜄
是	止开三纸上禅	ʂʅ꜄	sɿ꜄	sɿ꜄	ʂʅ꜄	ʂʅ꜄	ʂʅ꜄	ʂʅ꜅	ʂʅ꜄	ʂʅ꜄
儿	止开三支平日	꜁ər	꜁ər	꜁ər	꜁ər	꜁ər	꜁ər	꜁ər	꜁ər	꜁ər
奇	止开三支平群	꜁tɕʰi	꜁tɕʰi	꜁tɕʰi	꜁tɕʰi	꜁tɕʰi	꜁tɕʰi	꜁tɕʰi	꜁tɕʰi	꜁tɕʰi
义	止开三寘去疑	i꜄	i꜄文 ȵi꜄白	i꜄	i꜄	i꜄文 ȵi꜄白	i꜄文 ȵi꜄白	i꜅文 ȵi꜅白	i꜄文 ȵi꜄白	i꜄文 ȵi꜄白
戏	止开三寘去晓	ɕi꜄	ɕi꜄	ɕi꜄	ɕi꜄	ɕi꜄	ɕi꜄	ɕi꜄	ɕi꜄	ɕi꜄
椅	止开三纸上影	꜂i	꜂i	꜂i	꜂i	꜂i	꜂i	꜂i	꜂i	꜂i
移	止开三支平以	꜀i	꜀i	꜀i	꜀i	꜀i	꜀i	꜀i	꜀i	꜀i
鄙	止开三旨上帮	꜀pʰi	꜀pʰi	꜀pʰi	꜀pʰi	꜀pʰi	꜀pʰi	꜀pʰi	꜀pʰi	꜀pʰi
鼻	止开三至去並	꜁pi	꜁pi	꜁pi	꜁pi	꜁pi	꜁pi	pi꜅	꜁pi	꜁pi
备	止开三至去並	pi꜄	pi꜄	pi꜄	pi꜄	pei꜄文 pi꜄白	pei꜄文 pi꜄白	pei꜅文 pi꜅白	pei꜄文 pi꜄白	pi꜄
眉	止开三脂平明	꜁mi	꜁mi	꜁mi	꜁mi	꜁mi	꜁mi	꜁mi	꜁mi	꜁mi

续表

字目	中古音	中原官话					江淮官话		西南官话	
		汉滨城关	旬阳城关	汉滨县河镇	江口回民镇	白河城关	平利城关	白河茅坪镇	石泉城关	紫阳城关
美	止开三旨上明	꜂mei	꜂mei	꜂mei	꜂mei	꜂mei	꜂mei	꜂mei	꜂mei	꜂mei
地	止开三至去定	ti꜄	ti꜄	ti꜄	ti꜄	ti꜄	ti꜄	ti꜅	ti꜄	ti꜄
尼	止开三脂平泥	꜁ȵi	꜁ȵi	꜁ȵi	꜁ȵi	꜁ȵi	꜁ȵi	꜁ȵi	꜁ȵi	꜁ȵi
梨	止开三脂平来	꜁li	꜁li	꜁li	꜁li	꜁li	꜁li	꜁li	꜁li	꜁ȵi
资	止开三脂平精	꜀ʦɿ	꜀ʦɿ	꜀ʦɿ	꜀ʦɿ	꜀ʦɿ	꜀ʦɿ	꜀ʦɿ	꜀ʦɿ	꜀ʦɿ
自	止开三至去心	ʦɿ꜄	ʦɿ꜄	ʦɿ꜄	ʦɿ꜄	ʦɿ꜄	ʦɿ꜄	ʦɿ꜅	ʦɿ꜄	ʦɿ꜄
迟	止开三脂平澄	꜁tʂʰʅ	꜁ʦʰɿ	꜁tʂʰʅ	꜁tʂʰʅ	꜁tʂʰʅ	꜁tʂʰʅ	꜁tʂʰʅ	꜁tʂʰʅ	꜁tʂʰʅ
师	止开三脂平生	꜀ʂʅ	꜀sɿ	꜀sɿ	꜀sɿ	꜀sɿ	꜀sɿ	꜀sɿ	꜀sɿ	꜀sɿ
至	止开三至去章	tʂʅ꜄	ʦɿ꜄	tʂʅ꜄	tʂʅ꜄	tʂʅ꜄	tʂʅ꜄	tʂʅ꜄	tʂʅ꜄	tʂʅ꜄
视	止开三至去禅	ʂʅ꜄	sɿ꜄	sɿ꜄	ʂʅ꜄	ʂʅ꜄	ʂʅ꜄	ʂʅ꜄	ʂʅ꜄	ʂʅ꜄
二	止开三至去日	ər꜄	ər꜄	ər꜄	ər꜄	ər꜄	ər꜄	ər꜅	ər꜄	ər꜄
饥	止开三脂平见	꜀ʨi	꜀ʨi	꜀ʨi	꜀ʨi	꜀ʨi	꜀ʨi	꜀ʨi	꜀ʨi	꜀ʨi
器	止开三至去溪	ʨʰi꜄	ʨʰi꜄	ʨʰi꜄	ʨʰi꜄	ʨʰi꜄	ʨʰi꜄	ʨʰi꜄	ʨʰi꜄	ʨʰi꜄
姨	止开三脂平以	꜁i	꜁i	꜁i	꜁i	꜁i	꜁i	꜁i	꜁i	꜁i

续表

字目	中古音	中原官话					江淮官话		西南官话	
		汉滨城关	旬阳城关	汉滨县河镇	江口回民镇	白河城关	平利城关	白河茅坪镇	石泉城关	紫阳城关
你	止开三止上泥	꜂ȵi	꜂ȵi	꜂ȵi	꜂ȵi	꜂ȵi	꜂ȵi 文 ꜂n̩ 白	꜂ȵi 文 ꜂n̩ 白	꜂ȵi	꜂ȵi
里	止开三止上来	꜂li	꜂li	꜂li	꜂li	꜂li	꜂li	꜂li	꜂li	꜂ȵi
子	止开三止上精	꜂tsɿ	꜂tsɿ	꜂tsɿ	꜂tsɿ	꜂tsɿ	꜂tsɿ	꜂tsɿ	꜂tsɿ	꜂tsɿ
字	止开三志去从	tsɿ꜄	tsɿ꜄	tsɿ꜄	tsɿ꜄	tsɿ꜄	tsɿ꜄	tsɿ꜅	tsɿ꜄	tsɿ꜄
司	止开三之平心	꜀sɿ	꜀sɿ	꜀sɿ	꜀sɿ	꜀sɿ	꜀sɿ	꜀sɿ	꜀sɿ	꜀sɿ
词	止开三之平邪	꜁tsʰɿ	꜁tsʰɿ	꜁tsʰɿ	꜁tsʰɿ	꜁tsʰɿ	꜁tsʰɿ	꜁tsʰɿ	꜁tsʰɿ	꜁tsʰɿ
置	止开三志去知	꜀tʂʅ	꜀tʂʅ	꜀tʂʅ	꜀tʂʅ	꜀tʂʅ	꜀tʂʅ	꜀tʂʅ	꜀tʂʅ	꜀tʂʅ
耻	止开三止上彻	꜂tʂʰʅ	꜂tʂʰʅ	꜂tʂʰʅ	꜂tʂʰʅ	꜂tʂʰʅ	꜂tʂʰʅ	꜂tʂʰʅ	꜂tʂʰʅ	꜂tʂʰʅ
治	止开三志去澄	tʂʅ꜄	tʂʅ꜄	tʂʅ꜄	tʂʅ꜄	tʂʅ꜄	tʂʅ꜄	tʂʅ꜅	tʂʅ꜄	tʂʅ꜄
滓	止开三止上庄	꜀tsɿ	꜀tsɿ	꜀tsɿ	꜀tsɿ	꜀tsɿ	꜀tsɿ	꜀tsɿ	꜀tsɿ	꜀tsɿ
柿	止开三止上崇	ʂʅ꜄	sɿ꜄	sɿ꜄	ʂʅ꜄	ʂʅ꜄	ʂʅ꜄	ʂʅ꜅	ʂʅ꜄	ʂʅ꜄
事	止开三志去崇	ʂʅ꜄	sɿ꜄	sɿ꜄	sɿ꜄	sɿ꜄	sɿ꜄	sɿ꜅	sɿ꜄	sɿ꜄
使	止开三止上生	꜂ʂʅ	꜂sɿ	꜂sɿ	꜂ʂʅ	꜂ʂʅ	꜂ʂʅ	꜂ʂʅ	꜂ʂʅ	꜂ʂʅ
志	止开三志去章	tʂʅ꜄	tsɿ꜄	tʂʅ꜄	tʂʅ꜄	tʂʅ꜄	tʂʅ꜄	tʂʅ꜄	tʂʅ꜄	tʂʅ꜄

续表

字目	中古音	中原官话					江淮官话		西南官话	
		汉滨城关	旬阳城关	汉滨县河镇	江口回民镇	白河城关	平利城关	白河茅坪镇	石泉城关	紫阳城关
齿	止开三止上昌	ᶜtʂʰʅ	ᶜtsʰɿ	ᶜtʂʰʅ	ᶜtʂʰʅ	ᶜtʂʰʅ	ᶜtʂʰʅ	ᶜtʂʰʅ	ᶜtʂʰʅ	ᶜtʂʰʅ
诗	止开三之平书	꜀ʂʅ	꜀sɿ	꜀sɿ	꜀ʂʅ	꜀ʂʅ	꜀ʂʅ	꜀ʂʅ	꜀ʂʅ	꜀ʂʅ
时	止开三之平禅	꜁ʂʅ	꜁sɿ	꜁sɿ	꜁ʂʅ	꜁ʂʅ	꜁ʂʅ	꜁ʂʅ	꜁ʂʅ	꜁ʂʅ
耳	止开三止上日	ᶜər	ᶜər	ᶜər	ᶜər	ᶜər	ᶜər	ᶜər	ᶜər	ᶜər
纪~律	止开三止上见	ᶜtɕi	ᶜtɕi	ᶜtɕi	ᶜtɕi	ᶜtɕi	ᶜtɕi	ᶜtɕi	ᶜtɕi	ᶜtɕi
纪世~	止开三止上见	tɕiᵓ	tɕiᵓ	tɕiᵓ	tɕiᵓ	tɕiᵓ	tɕiᵓ	tɕiᵓ	tɕiᵓ	tɕiᵓ
纪年~	止开三止上见	tɕio	tɕio	tɕio	tɕio	tɕio	tɕio	tɕio	tɕio	tɕio

说明:“纪”在“年纪”里读轻声。

字目	中古音	中原官话					江淮官话		西南官话	
		汉滨城关	旬阳城关	汉滨县河镇	江口回民镇	白河城关	平利城关	白河茅坪镇	石泉城关	紫阳城关
欺	止开三之平溪	꜀tɕʰi	꜀tɕʰi	꜀tɕʰi	꜀tɕʰi	꜀tɕʰi	꜀tɕʰi	꜀tɕʰi	꜀tɕʰi	꜀tɕʰi
忌	止开三志上群	tɕiᵓ	tɕiᵓ	tɕiᵓ	tɕiᵓ	tɕiᵓ	tɕiᵓ	tɕi꜅	tɕiᵓ	tɕiᵓ
疑	止开三之平疑	꜁ȵi	꜁ȵi	꜁ȵi	꜁ȵi	꜁ȵi	꜁ȵi	꜁ȵi	꜁ȵi	꜁ȵi
喜	止开三止上晓	ᶜɕi	ᶜɕi	ᶜɕi	ᶜɕi	ᶜɕi	ᶜɕi	ᶜɕi	ᶜɕi	ᶜɕi

续表

字目	中古音	中原官话					江淮官话		西南官话	
		汉滨城关	旬阳城关	汉滨县河镇	江口回民镇	白河城关	平利城关	白河茅坪镇	石泉城关	紫阳城关
医	止开三之平影	꜀i	꜀i	꜀i	꜀i	꜀i	꜀i	꜀i	꜀i	꜀i
异	止开三志去以	i꜄	i꜄	i꜄	i꜄	i꜄	i꜄	i꜄	i꜄	i꜄
几	止开三微平见	꜂tɕi	꜂tɕi	꜂tɕi	꜂tɕi	꜂tɕi	꜂tɕi	꜂tɕi	꜂tɕi	꜂tɕi
气	止开三未去溪	tɕʰi꜄	tɕʰi꜄	tɕʰi꜄	tɕʰi꜄	tɕʰi꜄	tɕʰi꜄	tɕʰi꜄	tɕʰi꜄	tɕʰi꜄
祈	止开三微平群	꜁tɕʰi	꜁tɕʰi	꜁tɕʰi	꜁tɕʰi	꜁tɕʰi	꜁tɕʰi	꜁tɕʰi	꜁tɕʰi	꜁tɕʰi
希	止开三微平晓	꜀ɕi	꜀ɕi	꜀ɕi	꜀ɕi	꜀ɕi	꜀ɕi	꜀ɕi	꜀ɕi	꜀ɕi
衣	止开三微平影	꜀i	꜀i	꜀i	꜀i	꜀i	꜀i	꜀i	꜀i	꜀i
累积~	止合三纸上来	꜂lei	꜂lei	꜂lei	꜂lei	꜂lei	꜂lei	꜂lei	꜂lei	꜂nei
累连~	止合三寘去来	luei꜄	lei꜄	lei꜄	lei꜄	lei꜄	lei꜄	lei꜄文 li꜄白	lei꜄	nei꜄
嘴	止合三纸上精	꜂tsuei	꜂tsuei	꜂tsei	꜂tsuei	꜂tsei	꜂tsei	꜂tsei 文 ꜂tɕi 白	꜂tsei	꜂tsei
随	止合三支平邪	꜁suei	꜁suei	꜁sei	꜁suei	꜁sei	꜁sei	꜁sei 文 ꜁ɕi 白	꜁sei	꜁sei
揣	止合三纸上初	꜀pfʰæ	꜀tsʰɥai	꜀pfʰai	꜀tʂʰɥai	꜀tʂʰɥai	꜀tʂʰɥai	꜀tʂʰɥai	꜀tʂʰɥai	꜀tʂʰuai
吹	止合三支平昌	꜀pfʰei	꜀tsʰɥei	꜀pfʰei	꜀tʂʰɥei	꜀tʂʰɥei	꜀tʂʰɥei	꜀tʂʰɥei	꜀tʂʰɥei	꜀tʂʰuei
睡	止合三寘去禅	fei꜄	sɥei꜄	fei꜄	ʂɥei꜄	ʂɥei꜄	ʂɥei꜄	ʂɥei꜄	ʂɥei꜄	ʂuei꜄

续表

字目	中古音	中原官话					江淮官话		西南官话	
		汉滨城关	旬阳城关	汉滨县河镇	江口回民镇	白河城关	平利城关	白河茅坪镇	石泉城关	紫阳城关
瑞	止合三寘去禅	uei꜄	sɥei꜄	zuei꜄	ʂɥei꜄	ʂɥei꜄	ʂɥei꜄	ʂɥei꜄	ʂɥei꜄	ʂuei꜄
蕊	止合三纸上日	uei꜄	ɥei꜄	zuei꜄	ɥei꜄	ɥei꜄	ɥei꜄	ɥei꜄	ɥei꜄	zuei꜄
跪	止合三纸上群	kuei꜄	kuei꜄	kuei꜄	kuei꜄	kuei꜄	kuei꜄	kuei꜅	kuei꜄	kuei꜄
危	止合三支平疑	꜀uei	꜀uei	꜀uei	꜀uei	꜀uei	꜀uei	꜀uei	꜀uei	꜀uei
毁	止合三纸上晓	꜂xuei	꜂xuei	꜂xuei	꜂xuei	꜂xuei	꜂xuei	꜂xuei	꜂xuei	꜂xuei
委	止合三纸上影	꜂uei	꜂uei	꜂uei	꜂uei	꜂uei	꜂uei	꜂uei	꜂uei	꜂uei
为作~	止合三支平云	꜁uei	꜁uei	꜁uei	꜁uei	꜁uei	꜁uei	꜁uei	꜁uei	꜁uei
为~谁	止合三寘去云	uei꜄	uei꜄꜄	uei꜄	uei꜄	uei꜄	uei꜄	uei꜅	uei꜄	uei꜄
泪	止合三至去来	luei꜄	luei꜄	luei꜄	luei꜄	lei꜄	lei꜄	lei꜅文 li꜅白	lei꜅	nei꜅
醉	止合三至去精	ʦuei꜄	ʦuei꜄	ʦuei꜄	ʦuei꜄	ʦei꜄	ʦei꜄	ʦei꜄文 ʨi꜄白	ʦei꜄	ʦei꜄
虽	止合三脂平心	꜀suei	꜀suei	꜀suei	꜀suei	꜀sei	꜀sei	꜀sei 文 ꜀ɕi 白	꜀sei	꜀sei
追	止合三脂平知	꜀pfei	꜀ʦɥei	꜀pfei	꜀tʂɥei	꜀tʂɥei	꜀tʂɥei	꜀tʂɥei	꜀tʂɥei	꜀tʂuei
帅	止合三至去生	fæi꜄	sɥai꜄	fai꜄	ʂɥai꜄	ʂɥai꜄	ʂɥai꜄	ʂɥai꜄	ʂɥai꜄	ʂuai꜄
水	止合三旨上书	꜂fəi	꜂sɥei	꜂sei	꜂fei	꜂ʂɥei	꜂ʂɥei	꜂ʂɥei 文 ꜂ʂɥ 白	꜂ʂɥei	꜂ʂuei

续表

字目	中古音	中原官话					江淮官话		西南官话	
		汉滨城关	旬阳城关	汉滨县河镇	江口回民镇	白河城关	平利城关	白河茅坪镇	石泉城关	紫阳城关
谁	止合三脂平禅	꜁ʂei	꜁sɥei	꜁sei	꜁sei	꜁ʂɥei	꜁ʂɥei	꜁ʂɥei	꜁ʂɥei	꜁ʂuei
龟	止合三脂平见	꜀kuei	꜀kuei	꜀kuei	꜀kuei	꜀kuei	꜀kuei	꜀kuei	꜀kuei	꜀kuei
葵	止合三脂平群	꜁kʰuei	꜁kʰuei	꜁kʰuei	꜁kʰuei	꜁kʰuei	꜁kʰuei	꜁kʰuei	꜁kʰuei	꜁kʰuei
柜	止合三至去群	kuei꜄	kuei꜄	kuei꜄	kuei꜄	kuei꜄	kuei꜄	kuei꜅	kuei꜄	kuei꜄
位	止合三至去云	uei꜄	uei꜄	uei꜄	uei꜄	uei꜄	uei꜄	uei꜅	uei꜄	uei꜄
飞	止合三微平非	꜀fei	꜀fei	꜀fei	꜀fei	꜀fei	꜀fei	꜀fei	꜀fei	꜀fei
肥	止合三微平奉	꜁fei	꜁fei	꜁fei	꜁fei	꜁fei	꜁fei	꜁fei	꜁fei	꜁fei
尾	止合三尾上微	꜂i ꜂uei	꜂uei	꜂uei	꜂uei	꜂i ꜂uei	꜂i ꜂uei	꜂i ꜂uei	꜂i ꜂uei	꜂i ꜂uei
味	止合三未去微	uei꜄	uei꜄	uei꜄	uei꜄	uei꜄	uei꜄	uei꜅	uei꜄	uei꜄
贵	止合三未去见	kuei꜄	kuei꜄	kuei꜄	kuei꜄	kuei꜄	kuei꜄	kuei꜄	kuei꜄	kuei꜄꜄
辉	止合三微平晓	꜀xuei	꜀xuei	꜀xuei	꜀xuei	꜀xuei	꜀xuei	꜀xuei	꜀xuei	꜀xuei
威	止合三微平影	꜀uei	꜀uei	꜀uei	꜀uei	꜀uei	꜀uei	꜀uei	꜀uei	꜀uei
围	止合三微平云	꜁uei	꜁uei	꜁uei	꜁uei	꜁uei	꜁uei	꜁uei	꜁uei	꜁uei
报	效开一号去帮	pau꜄	pau꜄	pau꜄	pau꜄꜄	pau꜄	pau꜄	pau꜄	pau꜄	pau꜄

续表

字目	中古音	中原官话					江淮官话		西南官话	
		汉滨城关	旬阳城关	汉滨县河镇	江口回民镇	白河城关	平利城关	白河茅坪镇	石泉城关	紫阳城关
抱	效开一皓上並	pauᵓ	pauᵓ	pauᵓ	pauᵓ	pauᵓ	pauᵓ	pau⊇	pauᵓ	pauᵓ
毛	效开一豪平明	꜁mau	꜁mau	꜁mau	꜁mau	꜁mau	꜁mau	꜁mau	꜁mau	꜁mau
倒颠～	效开一皓上端	ᶜtau	ᶜtau	ᶜtau	ᶜtau	ᶜtau	ᶜtau	ᶜtau	ᶜtau	ᶜtau
倒～水	效开一号去端	tauᵓ	tauᵓ	tauᵓ	tauᵓ	tauᵓ	tauᵓ	tauᵓ	tauᵓ	tauᵓ
讨	效开一皓上透	ᶜtʰau	ᶜtʰau	ᶜtʰau	ᶜtʰau	ᶜtʰau	ᶜtʰau	ᶜtʰau	ᶜtʰau	ᶜtʰau
桃	效开一豪平定	꜁tʰau	꜁tʰau	꜁tʰau	꜁tʰau	꜁tʰau	꜁tʰau	꜁tʰau	꜁tʰau	꜁tʰau
道	效开一皓上定	tauᵓ	tauᵓ	tauᵓ	tauᵓ	tauᵓ	tauᵓ	tau⊇	tauᵓ	tauᵓ
盗	效开一号去定	tauᵓ	tauᵓ	tauᵓ	tauᵓ	tauᵓ	tauᵓ	tau⊇	tauᵓ	tauᵓ
脑	效开一皓上泥	ᶜnau	ᶜlau	ᶜlau	ᶜnau	ᶜlau	ᶜlau	ᶜlau	ᶜlau	ᶜnau
老	效开一皓上来	ᶜlau	ᶜlau	ᶜlau	ᶜlau	ᶜlau	ᶜlau	ᶜlau	ᶜlau	ᶜnau
早	效开一皓上精	ᶜʦau	ᶜʦau	ᶜʦau	ᶜʦau	ᶜʦau	ᶜʦau	ᶜʦau	ᶜʦau	ᶜʦau
草	效开一皓上清	ᶜʦʰau	ᶜʦʰau	ᶜʦʰau	ᶜʦʰau	ᶜʦʰau	ᶜʦʰau	ᶜʦʰau	ᶜʦʰau	ᶜʦʰau
造	效开一皓上从	ʦauᵓ文 ʦʰauᵓ白	ʦauᵓ文 ʦʰauᵓ白	ʦauᵓ文 ʦʰauᵓ白	ʦauᵓ文 ʦʰauᵓ白	ʦauᵓ文 ʦʰauᵓ白	ʦauᵓ文 ʦʰauᵓ白	ʦauᵓ文 ʦʰauᵓ白	ʦauᵓ文 ʦʰauᵓ白	ʦauᵓ文 ʦʰauᵓ白
嫂	效开一皓上心	ᶜsau	ᶜsau	ᶜsau	ᶜsau	ᶜsau	ᶜsau	ᶜsau	ᶜsau	ᶜsau

续表

字目	中古音	中原官话					江淮官话		西南官话	
		汉滨城关	旬阳城关	汉滨县河镇	江口回民镇	白河城关	平利城关	白河茅坪镇	石泉城关	紫阳城关
高	效开一豪平见	꜀kau	꜀kau	꜀kau	꜀kau	꜀kau	꜀kau	꜀kau	꜀kau	꜀kau
考	效开一皓上溪	꜀kʰau	꜀kʰau	꜀kʰau	꜀kʰau	꜀kʰau	꜀kʰau	꜀kʰau	꜀kʰau	꜀kʰau
熬	效开一豪平疑	꜁ŋau	꜁ŋau	꜁ŋau	꜁ŋau	꜁ŋau	꜁ŋau	꜁ŋau	꜁ŋau	꜁ŋau
薅	效开一豪平晓	꜀xau	꜀xau	꜀xau	꜀xau	꜀xau	꜀xau	꜀xau	꜀xau	꜀xau
豪	效开一豪平匣	꜁xau	꜁xau	꜁xau	꜁xau	꜁xau	꜁xau	꜁xau	꜁xau	꜁xau
袄	效开一皓上影	꜂iau	꜂ŋau	꜂ŋau	꜂ŋau	꜂ŋau	꜂ŋau	꜂ŋau	꜂ŋau	꜂ŋau
包	效开二肴平帮	꜀pau	꜀pau	꜀pau	꜀pau	꜀pau	꜀pau	꜀pau	꜀pau	꜀pau
泡 灯~	效开二肴平滂	꜀pʰau	꜀pʰau	꜀pʰau	꜀pʰau	꜀pʰau	꜀pʰau	꜀pʰau	꜀pʰau	꜀pʰau
泡 ~水	效开二效去滂	pʰau꜄	pʰau꜄	pʰau꜄	pʰau꜄	pʰau꜄	pʰau꜄	pʰau꜄	pʰau꜄	pʰau꜄
刨 ~地	效开二肴平並	꜁pʰau	꜁pʰau	꜁pʰau	꜁pʰau	꜁pʰau	꜁pʰau	꜁pʰau	꜁pʰau	꜁pʰau
猫	效开二肴平明	mau꜄	mau꜄	mau꜄	mau꜄	mau꜄	mau꜄	mau꜄	mau꜄	mau꜄
闹	效开二效去泥	lau꜄	lau꜄	lau꜄	nau꜄	lau꜄	lau꜄	lau꜅	lau꜄	nau꜄
罩	效开二效去知	tʂau꜄	ʦau꜄	tʂau꜄	ʦau꜄	tʂau꜄	tʂau꜄	tʂau꜄	tʂau꜄	tʂau꜄
棹	效开二效去澄	꜀tʂau	꜀ʦau	꜀tʂau	꜀tʂau	꜀tʂau	꜀tʂau	꜀tʂau	꜀tʂau	꜀tʂau

续表

字目	中古音	中原官话					江淮官话		西南官话	
		汉滨城关	旬阳城关	汉滨县河镇	江口回民镇	白河城关	平利城关	白河茅坪镇	石泉城关	紫阳城关
抓	效开二肴平庄	꜀pfa	꜀ʦʮa	꜀pfa	꜀tʂʮa	꜀tʂʮa	꜀tʂʮa	꜀tʂʮa	꜀tʂʮa	꜀tʂua
爪	效开二巧上庄	꜂pfa	꜂ʦʮa	꜂pfa	꜂tʂʮa	꜂tʂʮa	꜂tʂʮa	꜂tʂʮa	꜂tʂʮa	꜂tʂua
吵	效开二巧上初	꜂tʂʰau	꜂ʦʰau	꜂ʦʰau	꜂tʂʰau	꜂tʂʰau	꜂tʂʰau	꜂tʂʰau	꜂tʂʰau	꜂tʂʰau
捎	效开二肴平生	꜀ʂau	꜀sau	꜀sau	꜀ʂau	꜀ʂau	꜀ʂau	꜀ʂau	꜀ʂau	꜀ʂau
潲	效开二效去生	sau꜄	sau꜄	sau꜄	sau꜄	sau꜄	sau꜄	sau꜄	sau꜄	sau꜄
交	效开二肴平见	꜀ʨiau	꜀ʨiau	꜀ʨiau	꜀ʨiau	꜀ʨiau	꜀ʨiau	꜀ʨiau	꜀ʨiau	꜀ʨiau
敲	效开二肴平溪	꜀ʨʰiau	꜀ʨʰiau	꜀ʨʰiau ꜀kʰau 白	꜀ʨʰiau	꜀ʨʰiau ꜀kʰau 白	꜀ʨʰiau ꜀kʰau 白	꜀ʨʰiau ꜀kʰau 白	꜀ʨʰiau ꜀kʰau 白	꜀ʨʰiau ꜀kʰau 白
咬	效开二巧上疑	꜂ȵiau	꜂ȵiau	꜂ȵiau 文 ꜂ŋau 白	꜂ȵiau	꜂ȵiau 文 ꜂ŋau 白	꜂ŋau	꜂ŋau	꜂ŋau	꜂ŋau
窖	效开二效去见	ʨiau꜄	ʨiau꜄	ʨiau꜄文 kau꜄白	ʨiau꜄	ʨiau꜄文 kau꜄白	ʨiau꜄文 kau꜄白	ʨiau꜄文 kau꜄白	ʨiau꜄文 kau꜄白	ʨiau꜄文 kau꜄白
觉睡~	效开二效去见	ʨiau꜄	ʨiau꜄	ʨiau꜄文 kau꜄白	ʨiau꜄	ʨiau꜄文 kau꜄白	ʨiau꜄文 kau꜄白	ʨiau꜄文 kau꜄白	ʨiau꜄文 kau꜄白	ʨiau꜄文 kau꜄白
淆	效开二肴平匣	꜀ɕiau	꜀ɕiau	꜀ɕiau	꜀ɕiau	꜀ɕiau	꜀ɕiau	꜀ɕiau	꜀ɕiau	꜀ɕiau
效	效开二效去匣	ɕiau꜄	ɕiau꜄	ɕiau꜄	ɕiau꜄	ɕiau꜄	ɕiau꜄	ɕiau⊇	ɕiau꜄	ɕiau꜄
坳山~	效开二肴平匣	ŋau꜄	ŋau꜄	ŋau꜄	ŋau꜄	ŋau꜄	ŋau꜄	ŋau꜄	ŋau꜄	ŋau꜄
表	效开三小上帮	꜂piau	꜂piau	꜂piau	꜂piau	꜂piau	꜂piau	꜂piau	꜂piau	꜂piau

续表

字目	中古音	中原官话					江淮官话		西南官话	
		汉滨城关	旬阳城关	汉滨县河镇	江口回民镇	白河城关	平利城关	白河茅坪镇	石泉城关	紫阳城关
飘	效开三宵平滂	꜀pʰiau	꜀pʰiau	꜀pʰiau	꜀pʰiau	꜀pʰiau	꜀pʰiau	꜀pʰiau	꜀pʰiau	꜀pʰiau
苗	效开三宵平明	꜁miau	꜁miau	꜁miau	꜁miau	꜁miau	꜁miau	꜁miau	꜁miau	꜁miau
燎~原	效开三宵平来	꜁liau	꜁liau	꜁liau	꜁liau	꜁liau	꜁liau	꜁liau	꜁liau	꜁ȵiau
燎火~	效开三小上来	꜂liau	꜂liau	꜂liau	꜂liau	꜂liau	꜂liau	꜂liau	꜂liau	꜂ȵiau
焦	效开三宵平精	꜀tɕiau	꜀tɕiau	꜀tɕiau	꜀tɕiau	꜀tɕiau	꜀tɕiau	꜀tɕiau	꜀tɕiau	꜀tɕiau
悄	效开三小上清	꜀tɕʰiau	꜀tɕʰiau	꜀tɕʰiau	꜀tɕʰiau	꜀tɕʰiau	꜀tɕʰiau	꜀tɕʰiau	꜀tɕʰiau	꜀tɕʰiau
樵	效开三宵平从	꜁tɕʰiau	꜁tɕʰiau	꜁tɕʰiau	꜁tɕʰiau	꜁tɕʰiau	꜁tɕʰiau	꜁tɕʰiau	꜁tɕʰiau	꜁tɕʰiau
笑	效开三笑去心	ɕiau꜄	ɕiau꜄	ɕiau꜄	ɕiau꜄	ɕiau꜄	ɕiau꜄	ɕiau꜄	ɕiau꜄	ɕiau꜄
朝今~	效开三宵平知	꜀tʂau	꜀tʂau	꜀tʂau	꜀tʂau	꜀tʂau	꜀tʂau	꜀tʂau	꜀tʂau	꜀tʂau
朝~代	效开三宵平知	꜁tʂʰau	꜁tʂʰau	꜁tʂʰau	꜁tʂʰau	꜁tʂʰau	꜁tʂʰau	꜁tʂʰau	꜁tʂʰau	꜁tʂʰau
超	效开三宵平彻	꜀tʂʰau	꜀tʂʰau	꜀tʂʰau	꜀tʂʰau	꜀tʂʰau	꜀tʂʰau	꜀tʂʰau	꜀tʂʰau	꜀tʂʰau
赵	效开三小上澄	tʂau꜄	tʂau꜄	tʂau꜄	tʂau꜄	tʂau꜄	tʂau꜄	tʂau꜅	tʂau꜄	tʂau꜄
招	效开三宵平章	꜀tʂau	꜀tʂau	꜀tʂau	꜀tʂau	꜀tʂau	꜀tʂau	꜀tʂau	꜀tʂau	꜀tʂau
烧	效开三宵平书	꜀ʂau	꜀ʂau	꜀ʂau	꜀ʂau	꜀ʂau	꜀ʂau	꜀ʂau	꜀ʂau	꜀ʂau

续表

字目	中古音	中原官话					江淮官话		西南官话	
		汉滨城关	旬阳城关	汉滨县河镇	江口回民镇	白河城关	平利城关	白河茅坪镇	石泉城关	紫阳城关
绍	效开三小上禅	ʂau꜄	ʂau꜄	ʂau꜄	ʂau꜄	ʂau꜄	ʂau꜄	ʂau꜅	ʂau꜄	ʂau꜄
饶	效开三宵平日	꜁ʐau	꜁ʐau	꜁ʐau	꜁ʐau	꜁ʐau	꜁ʐau	꜁ʐau	꜁ʐau	꜁ʐau
扰	效开三小上日	꜂ʐau	꜂ʐau	꜂ʐau	꜂ʐau	꜂ʐau	꜂ʐau	꜂ʐau	꜂ʐau	꜂ʐau
娇	效开三宵平见	꜀tɕiau	꜀tɕiau	꜀tɕiau	꜀tɕiau	꜀tɕiau	꜀tɕiau	꜀tɕiau	꜀tɕiau	꜀tɕiau
桥	效开三宵平群	꜁tɕʰiau	꜁tɕʰiau	꜁tɕʰiau	꜁tɕʰiau	꜁tɕʰiau	꜁tɕʰiau	꜁tɕʰiau	꜁tɕʰiau	꜁tɕʰiau
轿	效开三笑去群	tɕiau꜄	tɕiau꜄	tɕiau꜄	tɕiau꜄	tɕiau꜄	tɕiau꜄	tɕiau꜅	tɕiau꜄	tɕiau꜄
嚣	效开三宵平晓	꜀ɕiau	꜀ɕiau	꜀ɕiau	꜀ɕiau	꜀ɕiau	꜀ɕiau	꜀ɕiau	꜀ɕiau	꜀ɕiau
妖	效开三宵平影	꜀iau	꜀iau	꜀iau	꜀iau	꜀iau	꜀iau	꜀iau	꜀iau	꜀iau

说明：安康方言还把一块地的草或灌木用火烧了的意思读꜂pʰiau。

字目	中古音	中原官话					江淮官话		西南官话	
		汉滨城关	旬阳城关	汉滨县河镇	江口回民镇	白河城关	平利城关	白河茅坪镇	石泉城关	紫阳城关
摇	效开三宵平以	꜁iau	꜁iau	꜁iau	꜁iau	꜁iau	꜁iau	꜁iau	꜁iau	꜁iau
雕	效开四萧平端	꜀tiau	꜀tiau	꜀tiau	꜀tiau	꜀tiau	꜀tiau	꜀tiau	꜀tiau	꜀tiau
挑	效开四萧平透	꜀tʰiau	꜀tʰiau	꜀tʰiau	꜀tʰiau	꜀tʰiau	꜀tʰiau	꜀tʰiau	꜀tʰiau	꜀tʰiau

续表

字目	中古音	中原官话					江淮官话		西南官话	
		汉滨城关	旬阳城关	汉滨县河镇	江口回民镇	白河城关	平利城关	白河茅坪镇	石泉城关	紫阳城关
掉	效开四啸去定	tiau꜄	tiau꜄	tiau꜄	tiau꜄	tiau꜄	tiau꜄	tiau꜄	tiau꜄	tiau꜄
尿	效开四啸去泥	ȵiau꜄	ȵiau꜄	ȵiau꜄	ȵiau꜄	ȵiau꜄	ȵiau꜄	ȵiau꜅	ȵiau꜄	ȵiau꜄
料	效开四啸去来	liau꜄	liau꜄	liau꜄	liau꜄	liau꜄	liau꜄	liau꜅	liau꜄	ȵiau꜄
萧	效开四萧平心	꜀ɕiau	꜀ɕiau	꜀ɕiau	꜀ɕiau	꜀ɕiau	꜀ɕiau	꜀ɕiau	꜀ɕiau	꜀ɕiau
叫	效开四啸去见	tɕiau꜄	tɕiau꜄	tɕiau꜄	tɕiau꜄	tɕiau꜄	tɕiau꜄	tɕiau꜄	tɕiau꜄	tɕiau꜄
尧	效开四萧平疑	꜁iau	꜁iau	꜁iau	꜁iau	꜁iau	꜁iau	꜁iau	꜁iau	꜁iau
晓	效开四篠上晓	꜂ɕiau	꜂ɕiau	꜂ɕiau	꜂ɕiau	꜂ɕiau	꜂ɕiau	꜂ɕiau	꜂ɕiau	꜂ɕiau
幺	效开四萧平影	꜀iau	꜀iau	꜀iau	꜀iau	꜀iau	꜀iau	꜀iau	꜀iau	꜀iau
剖	流开一厚上滂	꜂pʰə	꜂pʰuo	꜂pʰə	꜂pʰo	꜂pʰo	꜂pʰo	꜂pʰo	꜂pʰo	꜂pʰuo
亩	流开一厚上明	꜂mu	꜂mu	꜂mo	꜂mu	꜂mo	꜂mo	꜂mo	꜂mo	꜂mu
母	流开一厚上明	꜂mu	꜂mu	꜂muo	꜂mu	꜂mo	꜂mo	꜂mo	꜂mo	꜂mu
茂	流开一候去明	mau꜄	mau꜄	mau꜄	mau꜄	mau꜄	mau꜄	mau꜅	mau꜄	mau꜄
贸	流开一候去明	mau꜄	mau꜄	mau꜄	mau꜄	mau꜄	mau꜄	mau꜅	mau꜄	mau꜄
斗升～	流开一厚上端	꜂təu	꜂təu	꜂təu	꜂təu	꜂tou	꜂tou	꜂tou	꜂təu	꜂təu

续表

字目	中古音	中原官话					江淮官话		西南官话	
		汉滨城关	旬阳城关	汉滨县河镇	江口回民镇	白河城关	平利城关	白河茅坪镇	石泉城关	紫阳城关
斗~争	流开一侯去端	təu꜄	təu꜄	təu꜄	təu꜄	tou꜄	tou꜄	tou꜄	təu꜄	təu꜄
偷	流开一侯平透	꜀tʰəu	꜀tʰəu	꜀tʰəu	꜀tʰəu	꜀tʰou	꜀tʰou	꜀tʰou	꜀tʰəu	꜀tʰəu
头	流开一侯平定	꜁tʰəu	꜁tʰəu	꜁tʰəu	꜁tʰəu	꜁tʰou	꜁tʰou	꜁tʰou	꜁tʰəu	꜁tʰəu
豆	流开一侯去定	təu꜄	təu꜄	təu꜄	təu꜄	tou꜄	tou꜄	tou꜅	təu꜄	təu꜄
楼	流开一侯平来	꜁ləu	꜁ləu	꜁ləu	꜁ləu	꜁lou	꜁lou	꜁lou	꜁ləu	꜁nəu
走	流开一厚上精	꜂tsəu	꜂tsəu	꜂tsəu	꜂tsəu	꜂tsou	꜂tsou	꜂tsou	꜂tsəu	꜂tsəu
凑	流开一候去清	tsʰəu꜄	tsʰəu꜄	tsʰəu꜄	tsʰəu꜄	tsʰou꜄	tsʰou꜄	tsʰou꜄	tsʰəu꜄	tsʰəu꜄
嗽咳~	流开一候去心	səu꜄	səu꜄	səu꜄	səu꜄	sou꜄	sou꜄	sou꜄	səu꜄	səu꜄
狗	流开一厚上见	꜂kəu	꜂kəu	꜂kəu	꜂kəu	꜂kou	꜂kou	꜂kou	꜂kəu	꜂kəu
抠	流开一侯平溪	꜀kʰəu 文 ꜀ŋəu 白	꜀kʰəu 文 ꜀ŋəu 白	꜀kʰəu 文 ꜀ŋəu 白	꜀kʰəu 文 ꜀ŋəu 白	꜀kʰou 文 ꜀ŋou 白	꜀kʰou 文 ꜀ŋou 白	꜀kʰou 文 ꜀ŋou 白	꜀kʰəu 文 ꜀ŋəu 白	꜀kʰəu 文 ꜀ŋəu 白
藕	流开一厚上疑	꜂ŋəu	꜂ŋəu	꜂ŋəu	꜂ŋəu	꜂ŋou	꜂ŋou	꜂ŋou	꜂ŋəu	꜂ŋəu
吼	流开一厚上晓	꜂xəu	꜂xəu	꜂xəu	꜂xəu	꜂xou	꜂xou	꜂xou	꜂xəu	꜂xəu
厚	流开一厚上匣	xəu꜄	xəu꜄	xəu꜄	xəu꜄	xou꜄	xou꜄	xou꜅	xəu꜄	xəu꜄
欧	流开一侯平影	꜀ŋəu	꜀ŋəu	꜀ŋəu	꜀ŋəu	꜀ŋou	꜀ŋou	꜀ŋou	꜀ŋəu	꜀ŋəu

续表

字目	中古音	中原官话					江淮官话		西南官话	
		汉滨城关	旬阳城关	汉滨县河镇	江口回民镇	白河城关	平利城关	白河茅坪镇	石泉城关	紫阳城关
怄~气	流开一侯去影	ŋəu꜄	ŋəu꜄	ŋəu꜄	ŋəu꜄	ŋou꜄	ŋou꜄	ŋou꜄	ŋəu꜄	ŋəu꜄
否	流开三有上非	꜂fu	꜂fu	꜂fu	꜂fu	꜂fo	꜂fo	꜂fo	꜂fo	꜂fu
妇	流开三有上奉	fu꜄	fu꜄	fu꜄	fu꜄	fu꜄	fu꜄	fu꜄	fu꜄	fu꜄
谋	流开三尤平明	꜂mu	꜂mau	꜂mu	꜂mu	꜂mo	꜂mo	꜂mo	꜂mo	꜂mu
矛	流开三尤平明	꜁mau	꜁mau	꜁mau	꜁mau	꜁mau	꜁mau	꜁mau	꜁mau	꜁mau
扭	流开三有上泥	꜂ȵiəu	꜂ȵiəu	꜂ȵiəu	꜂ȵiəu	꜂ȵiou	꜂ȵiou	꜂ȵiou	꜂ȵiəu	꜂ȵiəu
柳	流开三有上来	꜂liəu	꜂liəu	꜂liəu	꜂liəu	꜂liou	꜂liou	꜂liou	꜂liəu	꜂ȵiəu
酒	流开三有上精	꜂tɕiəu	꜂tɕiəu	꜂tɕiəu	꜂tɕiəu	꜂tɕiou	꜂tɕiou	꜂tɕiou	꜂tɕiəu	꜂tɕiəu
秋	流开三尤平清	꜀tɕʰiəu	꜀tɕʰiəu	꜀tɕʰiəu	꜀tɕʰiəu	꜀tɕʰiou	꜀tɕʰiou	꜀tɕʰiou	꜀tɕʰiəu	꜀tɕʰiəu
就	流开三宥去从	tɕiəu꜄	tɕiəu꜄	tɕiəu꜄	tɕiəu꜄	tɕiou꜄	tɕiou꜄	tɕiou꜅	tɕiəu꜄	tɕiəu꜄
修	流开三尤平心	꜀ɕiəu	꜀ɕiəu	꜀ɕiəu	꜀ɕiəu	꜀ɕiou	꜀ɕiou	꜀ɕiou	꜀ɕiəu	꜀ɕiəu
囚	流开三尤平邪	꜁tɕʰiəu	꜁tɕʰiəu	꜁tɕʰiəu	꜁tɕʰiəu	꜁tɕʰiou	꜁tɕʰiou	꜁tɕʰiou	꜁tɕʰiəu	꜁tɕʰiəu
昼	流开三宥去知	tʂəu꜄	tʂəu꜄	tʂəu꜄	tʂəu꜄	tʂou꜄	tʂou꜄	tʂou꜄	tʂəu꜄	tʂəu꜄
抽	流开三尤平彻	꜀tʂʰəu	꜀tʂʰəu	꜀tʂʰəu	꜀tʂʰəu	꜀tʂʰou	꜀tʂʰou	꜀tʂʰou	꜀tʂʰəu	꜀tʂʰəu

续表

字目	中古音	中原官话					江淮官话		西南官话	
		汉滨城关	旬阳城关	汉滨县河镇	江口回民镇	白河城关	平利城关	白河茅坪镇	石泉城关	紫阳城关
绸	流开三尤平澄	꜁tʂʰəu	꜁tʂʰəu	꜁tʂʰəu	꜁tʂʰəu	꜁tʂʰou	꜁tʂʰou	꜁tʂʰou	꜁tʂʰəu	꜁tʂʰəu
皱	流开三宥去庄	tʂəu꜄	tsəu꜄	tsəu꜄	tsəu꜄	tsou꜄ tsuŋ꜄	tsou꜄ tsuŋ꜄	tsou꜄ tsəŋ꜄	tsəu꜄ tsuŋ꜄	tsəu꜄ tsuŋ꜄
搊	流开三尤平初	꜀tʂʰəu	꜀tsʰəu	꜀tsʰəu	꜀tsʰəu	꜀tsʰou	꜀tsʰou	꜀tsʰou	꜀tsʰəu	꜀tsʰəu
愁	流开三尤平崇	꜁tʂʰəu	꜁tsʰəu	꜁tsʰəu	꜁tsʰəu	꜁tsʰou	꜁tsʰou	꜁tsʰou	꜁tsʰəu	꜁tsʰəu
搜	流开三尤平生	꜀səu	꜀səu	꜀səu	꜀səu	꜀sou	꜀sou	꜀sou	꜀səu	꜀səu
瘦	流开三宥去生	ʂəu꜄	səu꜄	səu꜄	səu꜄꜄	sou꜄	sou꜄	sou꜄	səu꜄	səu꜄
周	流开三尤平章	꜀tʂəu	꜀tʂəu	꜀tʂəu	꜀tʂəu	꜀tʂou	꜀tʂou	꜀tʂou	꜀tʂəu	꜀tʂəu
醜	流开三有上昌	꜂tʂʰəu	꜂tʂʰəu	꜂tʂʰəu	꜂tʂʰəu	꜂tʂʰou	꜂tʂʰou	꜂tʂʰou	꜂tʂʰəu	꜂tʂʰəu
手	流开三有上书	꜂ʂəu	꜂ʂəu	꜂ʂəu	꜂ʂəu	꜂ʂou	꜂ʂou	꜂ʂou	꜂ʂəu	꜂ʂəu
寿	流开三宥去禅	ʂəu꜄	ʂəu꜄	ʂəu꜄	ʂəu꜄	ʂou꜄	ʂou꜄	ʂou꜅	ʂəu꜄	ʂəu꜄
柔	流开三尤平日	꜁ʐəu	꜁ʐəu	꜁ʐəu	꜁ʐəu	꜁ʐou	꜁ʐou	꜁ʐou	꜁ʐəu	꜁ʐəu
九	流开三有上见	꜂tɕiəu	꜂tɕiəu	꜂tɕiəu	꜂tɕiəu	꜂tɕiou	꜂tɕiou	꜂tɕiou	꜂tɕiəu	꜂tɕiəu
丘	流开三尤平溪	꜀tɕʰiəu	꜀tɕʰiəu	꜀tɕʰiəu	꜀tɕʰiəu	꜀tɕʰiou	꜀tɕʰiou	꜀tɕʰiou	꜀tɕʰiəu	꜀tɕʰiəu
舅	流开三有上群	tɕiəu꜄	tɕiəu꜄	tɕiəu꜄	tɕiəu꜄	tɕiou꜄	tɕiou꜄	tɕiou꜅	tɕiəu꜄	tɕiəu꜄

续表

字目	中古音	中原官话					江淮官话		西南官话	
		汉滨城关	旬阳城关	汉滨县河镇	江口回民镇	白河城关	平利城关	白河茅坪镇	石泉城关	紫阳城关
旧	流开三宥去群	tɕiəu꜄	tɕiəu꜄	tɕiəu꜄	tɕiəu꜄	tɕiou꜄	tɕiou꜄	tɕiou꜅	tɕiəu꜄	tɕiəu꜄
牛	流开三尤平疑	꜁ȵiəu	꜁ȵiəu	꜁ȵiəu	꜁ȵiəu	꜁ȵiou	꜁ȵiou	꜁ȵiou	꜁ȵiəu	꜁ȵiəu
休	流开三尤平晓	꜀ɕiəu	꜀ɕiəu	꜀ɕiəu	꜀ɕiəu	꜀ɕiou	꜀ɕiou	꜀ɕiou	꜀ɕiəu	꜀ɕiəu
优	流开三尤平影	꜀iəu	꜀iəu	꜀iəu	꜀iəu	꜀iou	꜀iou	꜀iou	꜀iəu	꜀iəu
有	流开三有上云	꜂iəu	꜂iəu	꜂iəu	꜂iəu	꜂iou	꜂iou	꜂iou	꜂iəu	꜂iəu
油	流开三尤平以	꜁iəu	꜁iəu	꜁iəu	꜁iəu	꜁iou	꜁iou	꜁iou	꜁iəu	꜁iəu
谬	流开三幼去明	miəu꜄	ȵiəu꜄	ȵiəu꜄	ȵiəu꜄	ȵiou꜄	ȵiou꜄	ȵiou꜄	ȵiəu꜄	ȵiəu꜄

说明："皱"，白河、平利、石泉、紫阳四县可变读为 tsəu꜄或 tsuŋ꜄。

字目	中古音	中原官话					江淮官话		西南官话	
		汉滨城关	旬阳城关	汉滨县河镇	江口回民镇	白河城关	平利城关	白河茅坪镇	石泉城关	紫阳城关
彪	流开三幽平帮	꜀piau	꜀piau	꜀piau	꜀piau	꜀piau	꜀piau	꜀piau	꜀piau	꜀piau
丢	流开三幽平端	꜀tiəu	꜀tiəu	꜀tiəu	꜀tiəu	꜀tiou	꜀tiou	꜀tiou	꜀tiəu	꜀tiəu
纠	流开三黝上见	꜀tɕiəu	꜀tɕiəu	꜀tɕiəu	꜀tɕiəu	꜀tɕiou	꜀tɕiou	꜀tɕiou	꜀tɕiəu	꜀tɕiəu
幼	流开三幼去影	iəu꜄	iəu꜄	iəu꜄	iəu꜄	iou꜄	iou꜄	iou꜄	iəu꜄	iəu꜄

续表

字目	中古音	中原官话					江淮官话		西南官话	
		汉滨城关	旬阳城关	汉滨县河镇	江口回民镇	白河城关	平利城关	白河茅坪镇	石泉城关	紫阳城关
贪	咸开一覃平透	꜀tʰã	꜀tʰan	꜀tʰan	꜀tʰan	꜀tʰan	꜀tʰan	꜀tʰan	꜀tʰan	꜀tʰan
潭	咸开一覃平定	꜁tʰã	꜁tʰan	꜁tʰan	꜁tʰan	꜁tʰan	꜁tʰan	꜁tʰan	꜁tʰan	꜁tʰan
南	咸开一覃平泥	꜁lã	꜁lan	꜁lan	꜁nan	꜁lan	꜁lan	꜁lan	꜁lan	꜁nan
簪	咸开一覃平精	꜀tsã	꜀tsan	꜀tsan	꜀tsan	꜀tsan	꜀tsan	꜀tsan	꜀tsan	꜀tsan
惨	咸开一感上清	꜂tsʰã	꜂tsʰan	꜂tsʰan	꜂tsʰan	꜂tsʰan	꜂tsʰan	꜂tsʰan	꜂tsʰan	꜂tsʰan
蚕	咸开一覃平从	꜁tsʰã	꜁tsʰan	꜁tsʰan	꜁tsʰan	꜁tsʰan	꜁tsʰan	꜁tsʰan	꜁tsʰan	꜁tsʰan
感	咸开一感上见	꜂kã	꜂kan	꜂kan	꜂kan	꜂kan	꜂kan	꜂kan	꜂kan	꜂kan
堪	咸开一覃平溪	꜀kʰã	꜀kʰan	꜀kʰan	꜀kʰan	꜀kʰan	꜀kʰan	꜀kʰan	꜀kʰan	꜀kʰan
坎	咸开一感上溪	꜂kʰã	꜂kʰan	꜂kʰan	꜂kʰan	꜂kʰan	꜂kʰan	꜂kʰan	꜂kʰan	꜂kʰan
含	咸开一覃平匣	꜁xã	꜁xan	꜁xan	꜁xan	꜁xan	꜁xan	꜁xan	꜁xan	꜁xan
揞手覆	咸开一感上影	꜂ŋaŋ	꜂ŋan	꜂ŋaŋ	꜂ŋaŋ	꜂ŋaŋ	꜂ŋaŋ	꜂ŋaŋ	꜂ŋaŋ	꜂ŋan
暗	咸开一勘去影	ŋã꜄	ŋan꜄	ŋan꜄	ŋan꜄	ŋan꜄	ŋan꜄ ꜂ŋaŋ	ŋan꜄ ꜂ŋaŋ	ŋan꜄ ꜂ŋaŋ	ŋan꜄ ꜂ŋaŋ
胆	咸开一敢上端	꜂tã	꜂tan	꜂tan	꜂tan	꜂tan	꜂tan	꜂tan	꜂tan	꜂tan
谈	咸开一谈平定	꜁tʰã	꜁tʰan	꜁tʰan	꜁tʰan	꜁tʰan	꜁tʰan	꜁tʰan	꜁tʰan	꜁tʰan

续表

字目	中古音	中原官话					江淮官话		西南官话	
		汉滨城关	旬阳城关	汉滨县河镇	江口回民镇	白河城关	平利城关	白河茅坪镇	石泉城关	紫阳城关
淡	咸开一敢上定	tã꜄	tan꜄	tan꜄	tan꜄	tan꜄	tan꜄	tan꜅	tan꜄	tan꜄
蓝	咸开一谈平来	꜁lã	꜁lan	꜁lan	꜁lan	꜁lan	꜁lan	꜁lan	꜁lan	꜁nan
暂	咸开一阚去从	tʂã꜄	ʦan꜄	ʦan꜄	ʦan꜄	ʦan꜄	ʦan꜄	ʦan꜅	ʦan꜄	ʦan꜄
三	咸开一谈平心	꜀sã	꜀san	꜀san	꜀san	꜀san	꜀san	꜀san	꜀san	꜀san
敢	咸开一敢上见	꜂kã	꜂kan	꜂kan	꜂kan	꜂kan	꜂kan	꜂kan	꜂kan	꜂kan
喊	咸开一敢上晓	꜂xã	꜂xan	꜂xan	꜂xan	꜂xan	꜂xan	꜂xan	꜂xan	꜂xan
酣	咸开一谈平匣	꜀xã	꜀xan	꜀xan	꜀xan	꜀xan	꜀xan	꜀xan	꜀xan	꜀xan
站	咸开二陷去知	tʂã꜄	tʂan꜄	tʂan꜄	tʂan꜄	tʂan꜄	tʂan꜄	tʂan꜄	tʂan꜄	tʂan꜄
赚	咸开二陷去澄	pfã꜄	ʦɥan꜄	pfan꜄	tʂɥan꜄	tʂɥan꜄	tʂɥan꜄	tʂɥan꜅	tʂɥan꜄	tʂuan꜄
斩	咸开二豏上庄	꜂tʂã	꜂ʦan	꜂ʦan	꜂ʦan	꜂tʂan	꜂tʂan	꜂tʂan	꜂tʂan	꜂tʂan
馋	咸开二咸平崇	꜁tʂʰã	꜁ʦʰan	꜁ʦʰan	꜁ʦʰan	꜁ʦʰan	꜁ʦʰan	꜁ʦʰan	꜁ʦʰan	꜁ʦʰan
杉	咸开二咸平生	꜀ʂa	꜀sa	꜀sa	꜀ʂa	꜀ʂa	꜀ʂa	꜀ʂa	꜀ʂa	꜀ʂa
减	咸开二豏上见	꜂tɕiã	꜂tɕian	꜂tɕian	꜂tɕian	꜂tɕian	꜂tɕian	꜂tɕian	꜂tɕian	꜂tɕian
鸽	咸开二咸平溪	꜀tɕʰiã	꜀tɕʰian	꜀tɕʰian	꜀tɕʰian	꜀tɕʰian	꜀tɕʰian	꜀tɕʰian	꜀tɕʰian	꜀tɕʰian

续表

字目	中古音	中原官话					江淮官话		西南官话	
		汉滨城关	旬阳城关	汉滨县河镇	江口回民镇	白河城关	平利城关	白河茅坪镇	石泉城关	紫阳城关
鹹	咸开二咸平匣	꜁ɕiã 文 ꜁xã 白	꜁ɕian 文 ꜁xan 白	꜁ɕian 文 ꜁xan 白	꜁ɕian 文 ꜁xan 白	꜁ɕian 文 ꜁xan 白	꜁ɕian 文 ꜁xan 白	꜁ɕian 文 ꜁xan 白	꜁ɕian 文 ꜁xan 白	꜁ɕian 文 ꜁xan 白
搀	咸开二衔平初	꜀tʂʰã	꜀tsʰan	꜀tsʰan	꜀tsʰan	꜀tsʰan	꜀tsʰan	꜀tsʰan	꜀tsʰan	꜀tsʰan
衫	咸开二衔平生	꜀ʂã	꜀san	꜀san	꜀ʂan	꜀ʂan	꜀ʂan	꜀ʂan	꜀ʂan	꜀ʂan
监	咸开二衔平见	꜀tɕiã	꜀tɕian	꜀tɕian	꜀tɕian	꜀tɕian	꜀tɕian	꜀tɕian	꜀tɕian	꜀tɕian
嵌	咸开二衔平溪	꜀tɕʰiã	꜀tɕʰian	꜀tɕʰiã	꜀tɕʰian	꜀tɕʰian	꜀tɕʰian	꜀tɕʰian	꜀tɕʰian	꜀tɕʰian
岩~石	咸开二衔平疑	꜁ŋæ	꜁ian	꜁ŋai	꜁ŋai	꜁ŋai	꜁ŋai	꜁ŋai	꜁ŋai	꜁ŋai
衔	咸开二衔平匣	꜁ɕiã	꜁ɕian	꜁ɕian 文 ꜁xan 白	꜁ɕian 文 ꜁xan 白	꜁ɕian 文 ꜁xan 白	꜁ɕian 文 ꜁xan 白	꜁ɕian 文 ꜁xan 白	꜁ɕian 文 ꜁xan 白	꜁ɕian 文 ꜁xan 白
贬	咸开三琰上帮	꜂piã	꜂pian	꜂pian	꜂pian	꜂pian	꜂pian	꜂pian	꜂pian	꜂pian
黏	咸开三盐平泥	꜁ȵiã	꜁ȵian	꜁ȵian	꜁ȵian	꜁ȵian	꜁ȵian	꜁ȵian	꜁ȵian	꜁ȵian
廉	咸开三盐平来	꜁liã	꜁lian	꜁lian	꜁lian	꜁lian	꜁lian	꜁lian	꜁lian	꜁ȵian
尖	咸开三盐平精	꜀tɕiã	꜀tɕian	꜀tɕian	꜀tɕian	꜀tɕian	꜀tɕian	꜀tɕian	꜀tɕian	꜀tɕian
籤	咸开三盐平清	꜀tɕʰiã	꜀tɕʰian	꜀tɕʰian	꜀tɕʰian	꜀tɕʰian	꜀tɕʰian	꜀tɕʰian	꜀tɕʰian	꜀tɕʰian
潜	咸开三盐平从	꜂tɕʰiã	꜂tɕʰian	꜂tɕʰian	꜂tɕʰian	꜂tɕʰian	꜂tɕʰian	꜂tɕʰian	꜂tɕʰian	꜂tɕʰian
沾	咸开三盐平知	꜀tʂã	꜀tʂan	꜀tʂan	꜀tʂan	꜀tʂan	꜀tʂan	꜀tʂan	꜀tʂan	꜀tʂan

续表

字目	中古音	中原官话					江淮官话		西南官话	
		汉滨城关	旬阳城关	汉滨县河镇	江口回民镇	白河城关	平利城关	白河茅坪镇	石泉城关	紫阳城关
闪	咸开三琰上书	ᶜʂã	ᶜʂan	ᶜʂan	ᶜʂan	ᶜʂan	ᶜʂan	ᶜʂan	ᶜʂan	ᶜʂan
蟾	咸开三盐平禅	꜀tʂʰã	꜀tʂʰan	꜀tʂʰan	꜀tʂʰan	꜀tʂʰan	꜀tʂʰan	꜀tʂʰan	꜀tʂʰan	꜀tʂʰan
染	咸开三琰上日	ᶜzã	ᶜzan	ᶜzan	ᶜzan	ᶜzan	ᶜɥan	ᶜɥan	ᶜɥan	ᶜzan
脸	咸开三琰上见	ᶜliã	ᶜlian	ᶜlian	ᶜlian	ᶜlian	ᶜlian	ᶜlian	ᶜlian	ᶜȵian
钳	咸开三盐平群	꜀tɕʰiã	꜀tɕʰian	꜀tɕʰian	꜀tɕʰian	꜀tɕʰian	꜀tɕʰian	꜀tɕʰian	꜀tɕʰian	꜀tɕʰian
验	咸开三豔去疑	ȵiã꜄	ian꜄	ȵian꜄	ȵian꜄	ȵian꜄	ȵian꜄	ȵian꜄	ȵian꜄	ȵian꜄
险	咸开三琰上晓	ᶜɕiã	ᶜɕian	ᶜɕian	ᶜɕian	ᶜɕian	ᶜɕian	ᶜɕian	ᶜɕian	ᶜɕian
厌	咸开三豔去影	iã꜄	ian꜄	ian꜄	ian꜄	ian꜄	ian꜄	ian꜄	ian꜄	ian꜄
炎	咸开三盐平云	iã꜄	ian꜄	ian꜄	ian꜄	ian꜄	ian꜄	ian꜄	ian꜄	ian꜄
盐	咸开三盐平以	꜁iã	꜁ian	꜁ian	꜁ian	꜁ian	꜁ian	꜁ian	꜁ian	꜁ian
剑	咸开三酽去见	ᶜtɕiã	ᶜtɕian	ᶜtɕian	ᶜtɕian	ᶜtɕian	ᶜtɕian	ᶜtɕian	ᶜtɕian	ᶜtɕian
欠	咸开三酽去溪	tɕʰiã꜄	tɕʰian꜄	tɕʰian꜄	tɕʰian꜄	tɕʰian꜄	tɕʰian꜄	tɕʰian꜄	tɕʰian꜄	tɕʰian꜄
严	咸开三严平疑	꜁iã 文 ꜁ȵiã 白	꜁ian	꜁ȵian	꜁ȵian	꜁ȵian	꜁ȵian	꜁ȵian	꜁ȵian	꜁ȵian
杴 铁~	咸开三严平晓	꜀ɕiã	꜀ɕian	꜀ɕian	꜀ɕian	꜀ɕian	꜀ɕian	꜀ɕian	꜀ɕian	꜀ɕian

续表

字目	中古音	中原官话					江淮官话		西南官话	
		汉滨城关	旬阳城关	汉滨县河镇	江口回民镇	白河城关	平利城关	白河茅坪镇	石泉城关	紫阳城关
醃	咸开三严平影	꜀iã	꜀ian	꜀ian	꜀ian	꜀ian	꜀ian	꜀ian	꜀ian	꜀ian
点	咸开四忝上端	꜂tiã	꜂tian	꜂tian	꜂tian	꜂tian	꜂tian	꜂tian	꜂tian	꜂tian
舔	咸开四忝上透	꜂tʰiã	꜂tʰian	꜂tʰian	꜂tʰian	꜂tʰian	꜂tʰian	꜂tʰian	꜂tʰian	꜂tʰian
甜	咸开四添平定	꜁tʰiã	꜁tʰian	꜁tʰian	꜁tʰian	꜁tʰian	꜁tʰian	꜁tʰian	꜁tʰian	꜁tʰian
念	咸开四掭去泥	ȵiã꜄	ȵian꜄	ȵian꜄	ȵian꜄	ȵian꜄	ȵian꜄	ȵian꜄	ȵian꜄	ȵian꜄
兼	咸开四添平见	꜀tɕiã	꜀tɕian	꜀tɕian	꜀tɕian	꜀tɕian	꜀tɕian	꜀tɕian	꜀tɕian	꜀tɕian
谦	咸开四添平溪	꜀tɕʰiã	꜀tɕʰian	꜀tɕʰian	꜀tɕʰian	꜀tɕʰian	꜀tɕʰian	꜀tɕʰian	꜀tɕʰian	꜀tɕʰian
歉	咸开四掭去溪	tɕʰiã꜄	tɕʰian꜄	tɕʰian꜄	tɕʰian꜄	tɕʰian꜄	tɕʰian꜄	tɕʰian꜄	tɕʰian꜄	tɕʰian꜄
嫌	咸开四添平匣	꜁ɕiã	꜁ɕian	꜁ɕian	꜁ɕian	꜁ɕian	꜁ɕian	꜁ɕian	꜁ɕian	꜁ɕian
泛	咸合三梵去敷	fã꜄	fan꜄	fan꜄	fan꜄	fan꜄	fan꜄	fan꜄	fan꜄	fan꜄
凡	咸合三凡平奉	꜁fã	꜁fan	꜁fan	꜁fan	꜁fan	꜁fan	꜁fan	꜁fan	꜁fan
禀	深开三寝上帮	꜂pin	꜂pin	꜂pin	꜂pin	꜂pin	꜂pin	꜂pin	꜂pin	꜂pin
品	深开三寝上滂	꜂pʰin	꜂pʰin	꜂pʰin	꜂pʰin	꜂pʰin	꜂pʰin	꜂pʰin	꜂pʰin	꜂pʰin
林	深开三侵平来	꜁liən	꜁lin	꜁lin	꜁lin	꜁lin	꜁lin	꜁lin	꜁lin	꜁ȵin

续表

字目	中古音	中原官话					江淮官话		西南官话	
		汉滨城关	旬阳城关	汉滨县河镇	江口回民镇	白河城关	平利城关	白河茅坪镇	石泉城关	紫阳城关
侵	深开三侵平清	꜀tɕʰin	꜀tɕʰin	꜀tɕʰin	꜀tɕʰin	꜀tɕʰin	꜀tɕʰin	꜀tɕʰin	꜀tɕʰin	꜀tɕʰin
心	深开三侵平心	꜀ɕin	꜀ɕin	꜀ɕin	꜀ɕin	꜀ɕin	꜀ɕin	꜀ɕin	꜀ɕin	꜀ɕin
寻	深开三侵平邪	꜁ɕin	꜁ɕin	꜁ɕin	꜁ɕin	꜁ɕin	꜁ɕin	꜁ɕin	꜁ɕin	꜁ɕin
沉	深开三侵平澄	꜁tʂʰə̃	꜁tsʰən	꜁tʂʰən	꜁tʂʰən	꜁tʂʰən	꜁tʂʰən	꜁tʂʰən	꜁tʂʰən	꜁tʂʰən
簪	深开三侵平庄	꜀tsə̃	꜀tsən	꜀tsən	꜀tsən	꜀tsən	꜀tsən	꜀tsən	꜀tsən	꜀tsən
参~差	深开三侵平初	꜀tsʰə̃	꜀tsʰən	꜀tsʰən	꜀tsʰən	꜀tsʰən	꜀tsʰən	꜀tsʰən	꜀tsʰən	꜀tsʰən
参人~	深开三侵平生	꜀ʂə̃	꜀sən	꜀sən	꜀sən	꜀sən	꜀sən	꜀sən	꜀sən	꜀sən
岑	深开三侵平崇	꜀tsʰə̃	꜀tsʰən	꜀tsʰən	꜀tsʰən	꜀tsʰən	꜀tsʰən	꜀tsʰən	꜀tsʰən	꜀tsʰən
森	深开三侵平生	꜀sə̃	꜀sən	꜀sən	꜀sən	꜀sən	꜀sən	꜀sən	꜀sən	꜀sən
针	深开三侵平章	꜀tʂə̃	꜀tʂən	꜀tʂən	꜀tʂən	꜀tʂən	꜀tʂən	꜀tʂən	꜀tʂən	꜀tʂən
葚	深开三寝上船	ʂə̃꜅	ʂən꜅	ʂən꜅	ʂən꜅	ʂən꜅	ʂən꜅	ʂən꜅	ʂən꜅	ʂən꜅
婶	深开三寝上书	꜂ʂə̃	꜂ʂən	꜂ʂən	꜂ʂən	꜂ʂən	꜂ʂən	꜂ʂən	꜂ʂən	꜂ʂən
深	深开三侵平书	꜀ʂə̃	꜀ʂən	꜀ʂən	꜀ʂən	꜀ʂən	꜀ʂən	꜀ʂən	꜀ʂən	꜀ʂən
甚	深开三寝上禅	ʂə̃꜅	ʂən꜅	ʂən꜅	ʂən꜅	ʂən꜅	ʂən꜅	ʂən꜅	ʂən꜅	ʂən꜅

续表

字目	中古音	中原官话					江淮官话		西南官话	
		汉滨城关	旬阳城关	汉滨县河镇	江口回民镇	白河城关	平利城关	白河茅坪镇	石泉城关	紫阳城关
任姓	深开三侵平日	꜁zə̃	꜁zən	꜁zən	꜁zən	꜁zən	꜁zən	꜁zən	꜁zən	꜁zən
任责~	深开三沁去日	zə̃꜄	zən꜄	zən꜄	zən꜄	zən꜄	zən꜄	zən꜅	zən꜄	zən꜄
今	深开三侵平见	꜀tɕin	꜀tɕin	꜀tɕin	꜀tɕin	꜀tɕin	꜀tɕin	꜀tɕin	꜀tɕin	꜀tɕin
钦	深开三侵平溪	꜀tɕʰin	꜀tɕʰin	꜀tɕʰin	꜀tɕʰin	꜀tɕʰin	꜀tɕʰin	꜀tɕʰin	꜀tɕʰin	꜀tɕʰin
琴	深开三侵平群	꜁tɕʰin	꜁tɕʰin	꜁tɕʰin	꜁tɕʰin	꜁tɕʰin	꜁tɕʰin	꜁tɕʰin	꜁tɕʰin	꜁tɕʰin
吟	深开三侵平疑	꜁in	꜁in	꜁in	꜁in	꜁in	꜁in	꜁in	꜁in	꜁in
音	深开三侵平影	꜀in	꜀in	꜀in	꜀in	꜀in	꜀in	꜀in	꜀in	꜀in
饮	深开三寝上影	꜂in	꜂in	꜂in	꜂in	꜂in	꜂in	꜂in	꜂in	꜂in
淫	深开三侵平以	꜁in	꜁in	꜁in	꜁in	꜁in	꜁in	꜁in	꜁in	꜁in
赁	深开三沁去泥	lin꜄	lin꜄	lin꜄	lin꜄	lin꜄	lin꜄	lin꜅	lin꜄	ȵin꜄
浸	深开三沁去精	tɕʰin꜄	tɕʰin꜄	tɕʰin꜄	tɕʰin꜄	tɕʰin꜄	tɕʰin꜄	tɕʰin꜄	tɕʰin꜄	tɕʰin꜄
渗	深开三沁去生	ʂn꜄	sən꜄	sən꜄	sən꜄	sən꜄	sən꜄	sən꜄	sən꜄	sən꜄
枕	深开三沁去章	꜂tʂn	꜂tʂən	꜂tʂən	꜂tʂən	꜂tʂən	꜂tʂən	꜂tʂən	꜂tʂən	꜂tʂən
禁	深开三沁去见	tɕin꜄	tɕin꜄	tɕin꜄	tɕin꜄	tɕin꜄	tɕin꜄	tɕin꜄	tɕin꜄	tɕin꜄

续表

字目	中古音	中原官话					江淮官话		西南官话	
		汉滨城关	旬阳城关	汉滨县河镇	江口回民镇	白河城关	平利城关	白河茅坪镇	石泉城关	紫阳城关
揿 按	深开三沁去溪	꜂tsʰə̃	꜂tsʰən	꜂tsʰən	꜂tsʰən	꜂tsʰən	꜂tsʰən	꜂tsʰən	꜂tsʰən	꜂tsʰən
阴	深开三沁去影	꜀in	꜀in	꜀in	꜀in	꜀in	꜀in	꜀in	꜀in	꜀in
饮	深开三沁去影	꜂in	꜂in	꜂in	꜂in	꜂in	꜂in	꜂in	꜂in	꜂in
丹	山开一寒平端	꜀tã	꜀tan	꜀tan	꜀tan	꜀tan	꜀tan	꜀tan	꜀tan	꜀tan
滩	山开一寒平透	꜀tʰã	꜀tʰan	꜀tʰan	꜀tʰan	꜀tʰan	꜀tʰan	꜀tʰan	꜀tʰan	꜀tʰan
檀	山开一寒平定	꜁tʰã	꜁tʰan	꜁tʰan	꜁tʰan	꜁tʰan	꜁tʰan	꜁tʰan	꜁tʰan	꜁tʰan
诞	山开一旱上定	꜂tã	꜂tan	꜂tan	꜂tan	꜂tan	꜂tan	tan꜅	꜂tan	꜂tan
难	山开一寒平泥	꜁nã	꜁lan	꜁lan	꜁nan	꜁lan	꜁lan	꜁lan	꜁lan	꜁nan
蘭	山开一寒平来	꜁lã	꜁lan	꜁lan	꜁lan	꜁lan	꜁lan	꜁lan	꜁lan	꜁nan
餐	山开一旱上清	꜀tsʰã	꜀tsʰan	꜀tsʰan	꜀tsʰan	꜀tsʰan	꜀tsʰan	꜀tsʰan	꜀tsʰan	꜀tsʰan
残	山开一寒平从	꜁tsʰã	꜁tsʰan	꜁tsʰan	꜁tsʰan	꜁tsʰan	꜁tsʰan	꜁tsʰan	꜁tsʰan	꜁tsʰan
散 ~光	山开一旱上心	꜂sã	꜂san	꜂san	꜂san	꜂san	꜂san	꜂san	꜂san	꜂san
散 分~	山开一翰去心	sã꜄	san꜄	san꜄	san꜄	san꜄	san꜄	san꜄	san꜄	san꜄
伞	山开一旱上心	꜂sã	꜂san	꜂san	꜂san	꜂san	꜂san	꜂san	꜂san	꜂san

续表

字目	中古音	中原官话					江淮官话		西南官话	
		汉滨城关	旬阳城关	汉滨县河镇	江口回民镇	白河城关	平利城关	白河茅坪镇	石泉城关	紫阳城关
肝	山开一寒平见	꜀kã	꜀kan	꜀kan	꜀kan	꜀kan	꜀kan	꜀kan	꜀kan	꜀kan
刊	山开一寒平溪	꜀kʰã	꜀kʰan	꜀kʰan	꜀kʰan	꜀kʰan	꜀kʰan	꜀kʰan	꜀kʰan	꜀kʰan
鼾	山开一寒平晓	꜀xã	꜀xan	꜀xan	꜀xan	꜀xan	꜀xan	꜀xan	꜀xan	꜀xan
旱	山开一旱上匣	xã꜄	xan꜄	xan꜄	xan꜄	xan꜄	xan꜄	xan꜅	xan꜄	xan꜄
安	山开一寒平影	꜀ŋã	꜀ŋan	꜀ŋan	꜀ŋan	꜀ŋan	꜀ŋan	꜀ŋan	꜀ŋan	꜀ŋan
旦	山开一翰去端	tã꜄	tan꜄	tan꜄	tan꜄	tan꜄	tan꜄	tan꜅	tan꜄	tan꜄
炭	山开一翰去透	tʰã꜄	tʰan꜄	tʰan꜄	tʰan꜄	tʰan꜄	tʰan꜄	tʰan꜄	tʰan꜄	tʰan꜄
但	山开一翰去定	tã꜄	tan꜄	tan꜄	tan꜄	tan꜄	tan꜄	tan꜅	tan꜄	tan꜄
难灾~	山开一翰去泥	nã꜄	lan꜄	lan꜄	nan꜄	lan꜄	lan꜄	lan꜅	lan꜄	nan꜄
烂	山开一翰去来	nã꜄	lan꜄	lan꜄	lan꜄	lan꜄	lan꜄	lan꜅	lan꜄	nan꜄
赞	山开一翰去精	ʦã꜄	ʦan꜄	ʦan꜄	ʦan꜄	ʦan꜄	ʦan꜄	ʦan꜄	ʦan꜄	ʦan꜄
灿	山开一翰去清	꜂ʦʰã	꜂ʦʰan	꜂ʦʰan	꜂ʦʰan	꜂ʦʰan	꜂ʦʰan	꜂ʦʰan	꜂ʦʰan	꜂ʦʰan
干~燥	山开一寒平见	꜀kã	꜀kan	꜀kan	꜀kan	꜀kan	꜀kan	꜀kan	꜀kan	꜀kan
干~活	山开一翰去见	kã꜄	kan꜄	kan꜄	kan꜄	kan꜄	kan꜄	kan꜄	kan꜄	kan꜄

续表

字目	中古音	中原官话					江淮官话		西南官话	
		汉滨城关	旬阳城关	汉滨县河镇	江口回民镇	白河城关	平利城关	白河茅坪镇	石泉城关	紫阳城关
看	山开一翰去溪	kʰã⊃	kʰan⊃	kʰan⊃	kʰan⊃	kʰan⊃	kʰan⊃	kʰan⊃	kʰan⊃	kʰan⊃
岸	山开一翰去疑	ŋã⊃	ŋan⊃	ŋan⊃	ŋan⊃	ŋan⊃	ŋan⊃	ŋan⊇	ŋan⊃	ŋan⊃
汉	山开一翰去晓	xã⊃	xan⊃	xan⊃	xan⊃	xan⊃	xan⊃	xan⊃	xan⊃	xan⊃
汗	山开一翰去匣	xã⊃	xan⊃	xan⊃	xan⊃	xan⊃	xan⊃	xan⊇	xan⊃	xan⊃
按	山开一翰去影	ŋã⊃	ŋan⊃	ŋan⊃	ŋan⊃	ŋan⊃	ŋan⊃	ŋan⊃	ŋan⊃	ŋan⊃
扮	山开二裥去帮	pã⊃	pan⊃	pan⊃	pan⊃	pan⊃	pan⊃	pan⊃	pan⊃	pan⊃
盼	山开二裥去滂	pʰã⊃	pʰan⊃	pʰan⊃	pʰan⊃	pʰan⊃	pʰan⊃	pʰan⊃	pʰan⊃	pʰan⊃
办	山开二裥去並	pã⊃	pan⊃	pan⊃	pan⊃	pan⊃	pan⊃	pan⊇	pan⊃	pan⊃
绽	山开二裥去澄	tʂʰã⊃	tʂʰan⊃	tʂʰan⊃	tʂʰan⊃	tʂʰan⊃	tʂʰan⊃	tʂʰan⊃	tʂʰan⊃	tʂʰan⊃
盏	山开二产上庄	ᶜtʂã	ᶜtsan	ᶜtsan	ᶜtsan	ᶜtʂan	ᶜtʂan	ᶜtʂan	ᶜtʂan	ᶜtʂan
铲	山开二产上初	ᶜtʂʰã	ᶜtsʰan	ᶜtsʰan	ᶜtsʰan	ᶜtʂʰan	ᶜtʂʰan	ᶜtʂʰan	ᶜtʂʰan	ᶜtʂʰan
山	山开二山平生	꜀ʂã	꜀san	꜀san	꜀san	꜀ʂan	꜀ʂan	꜀ʂan	꜀ʂan	꜀ʂan
产	山开二产上生	ᶜtʂʰã	ᶜtsʰan	ᶜtsʰan	ᶜtsʰan	ᶜtʂʰan	ᶜtʂʰan	ᶜtʂʰan	ᶜtʂʰan	ᶜtʂʰan
艰	山开二山平见	꜀tɕiã	꜀tɕian	꜀tɕian	꜀tɕian	꜀tɕian	꜀tɕian	꜀tɕian	꜀tɕian	꜀tɕian

续表

字目	中古音	中原官话					江淮官话		西南官话	
		汉滨城关	旬阳城关	汉滨县河镇	江口回民镇	白河城关	平利城关	白河茅坪镇	石泉城关	紫阳城关
间 中~	山开二 山平见	꜀tɕiã	꜀tɕian	꜀tɕian	꜀tɕian	꜀tɕian	꜀tɕian	꜀tɕian 文 ꜀kan 白	꜀tɕian	꜀tɕian
间 ~断	山开二 裥去见	tɕiã꜄	tɕian꜄	tɕian꜄	tɕian꜄	tɕian꜄文 kan꜄白	tɕian꜄文 kan꜄白	tɕian꜄文 kan꜄白	tɕian꜄文 kan꜄白	tɕian꜄文 kan꜄白
间 动词	山开二 裥去见	kã꜄	kan꜄	kan꜄	kan꜄	kan꜄	kan꜄	kan꜄	kan꜄	kan꜄
眼	山开二 产上疑	꜂ȵiã	꜂ȵian	꜂ȵian	꜂ȵian	꜂ȵian 文 ꜂ŋan 白	꜂ȵian 文 ꜂ŋan 白	꜂ȵian 文 ꜂ŋan 白	꜂ȵian 文 ꜂ŋan 白	꜂ian
限	山开二 产上匣	ɕiã꜄	ɕian꜄	ɕian꜄	ɕian꜄	ɕian꜄	ɕian꜄	ɕian꜅	ɕian꜄	ɕian꜄
闲	山开二 山平匣	꜁ɕiã 文 ꜁xã 白	꜁ɕian	꜁ɕian 文 ꜁xan 白	꜁ɕian 文 ꜁xan 白	꜁ɕian	꜁ɕian 文 ꜁xan 白	꜁ɕian 文 ꜁xan 白	꜁ɕian	꜁ɕian
苋	山开二 裥去匣	xã꜄白	xan꜄白	xan꜄白	xan꜄白	xan꜄白	xan꜄白	xan꜅白	xan꜄白	xan꜄白
板	山开二 潸上帮	꜂pã	꜂pan	꜂pan	꜂pan	꜂pan	꜂pan	꜂pan	꜂pan	꜂pan
攀	山开二 删平滂	꜀pʰã	꜀pʰan	꜀pʰan	꜀pʰan	꜀pʰan	꜀pʰan	꜀pʰan	꜀pʰan	꜀pʰan
蛮	山开二 删平明	꜁mã	꜁man	꜁man	꜁man	꜁man	꜁man	꜁man	꜁man	꜁man
慢	山开二 谏去明	mã꜄	man꜄	man꜄	man꜄	man꜄	man꜄	man꜅	man꜄	man꜄
栈	山开二 谏去崇	tʂã꜄	tsan꜄	tʂan꜄	tʂan꜄	tʂan꜄	tʂan꜄	tʂan꜄	tʂan꜄	tʂan꜄
删	山开二 删平生	꜀ʂã	꜀ʂan	꜀ʂan	꜀ʂan	꜀ʂan	꜀ʂan	꜀ʂan	꜀ʂan	꜀ʂan
奸	山开二 删平见	꜀tɕiã	꜀tɕian	꜀tɕian	꜀tɕian	꜀tɕian	꜀tɕian	꜀tɕian	꜀tɕian	꜀tɕian

续表

字目	中古音	中原官话					江淮官话		西南官话	
		汉滨城关	旬阳城关	汉滨县河镇	江口回民镇	白河城关	平利城关	白河茅坪镇	石泉城关	紫阳城关
颜	山开二删平疑	꜁iã	꜁ian	꜁ian	꜁ian	꜁ian	꜁ian	꜁ian	꜁ian	꜁ian
晏 晚也	山开二谏去影	ŋã꜄	ŋan꜄	ŋan꜄	ŋan꜄	ŋan꜄	ŋan꜄	ŋan꜄	ŋan꜄	ŋan꜄
晏 姓	山开二谏去影	iã꜄	ian꜄	ian꜄	ian꜄	ian꜄	ian꜄	ian꜄	ian꜄	ian꜄
鞭	山开三仙平帮	꜀piã	꜀pian	꜀pian	꜀pian	꜀pian	꜀pian	꜀pian	꜀pian	꜀pian
变	山开三线去帮	piã꜄	pian꜄	pian꜄	pian꜄	pian꜄	pian꜄	pian꜄	pian꜄	pian꜄
偏	山开三仙平滂	꜀pʰiã	꜀pʰian	꜀pʰian	꜀pʰian	꜀pʰian	꜀pʰian	꜀pʰian	꜀pʰian	꜀pʰian
骗	山开三线去滂	pʰiã꜄	pʰian꜄	pʰian꜄	pʰian꜄	pʰian꜄	pʰian꜄	pʰian꜄	pʰian꜄	pʰian꜄
便 ~宜	山开三仙平並	꜁pʰiã	꜁pʰian	꜁pʰian	꜁pʰian	꜁pʰian	꜁pʰian	꜁pʰian	꜁pʰian	꜁pʰian
便 方~	山开三线去並	piã꜄	pian꜄	pian꜄	pian꜄	pian꜄	pian꜄	pian꜅	pian꜄	pian꜄
免	山开三狝上明	꜂miã	꜂mian	꜂mian	꜂mian	꜂mian	꜂mian	꜂mian	꜂mian	꜂mian
面	山开三线去明	miã꜄	mian꜄	mian꜄	mian꜄	mian꜄	mian꜄	mian꜅	mian꜄	mian꜄
碾	山开三狝上泥	꜂ȵiã	꜂ȵian	꜂ȵian	꜂ȵian	꜂ȵian	꜂ȵian	꜂ȵian	꜂ȵian	꜂ȵian
连	山开三仙平来	꜁liã	꜁lian	꜁lian	꜁lian	꜁lian	꜁lian	꜁lian	꜁lian	꜁ȵian
剪	山开三狝上精	꜂tɕiã	꜂tɕian	꜂tɕian	꜂tɕian	꜂tɕian	꜂tɕian	꜂tɕian	꜂tɕian	꜂tɕian

续表

字目	中古音	中原官话					江淮官话		西南官话	
		汉滨城关	旬阳城关	汉滨县河镇	江口回民镇	白河城关	平利城关	白河茅坪镇	石泉城关	紫阳城关
溅	山开三线去精	tsã꜄	tsan꜄	tsan꜄	tsan꜄	tsan꜄	tsan꜄	tsan꜄	tsan꜄	tsan꜄
钱	山开三仙平从	꜁tɕʰiã	꜁tɕʰian	꜁tɕʰian	꜁tɕʰian	꜁tɕʰian	꜁tɕʰian	꜁tɕʰian	꜁tɕʰian	꜁tɕʰian
贱	山开三线去从	tɕiã꜄	tɕian꜄	tɕian꜄	tɕian꜄	tɕian꜄	tɕian꜄	tɕian꜅	tɕian꜄	tɕian꜄
仙	山开三仙平心	꜀ɕiã	꜀ɕian	꜀ɕian	꜀ɕian	꜀ɕian	꜀ɕian	꜀ɕian	꜀ɕian	꜀ɕian
线	山开三线去心	ɕiã꜄	ɕian꜄	ɕian꜄	ɕian꜄	ɕian꜄	ɕian꜄	ɕian꜄	ɕian꜄	ɕian꜄
涎	山开三仙平邪	꜀xã	꜀xan	꜀xan	꜀xan	꜀xan	꜀xan	꜀xan	꜀xan	꜀xan
羡	山开三线去邪	ɕiã꜄	ɕian꜄	ɕian꜄	ɕian꜄	ɕian꜄	ɕian꜄	ɕian꜄	ɕian꜄	ɕian꜄
展	山开三狝上知	꜂tʂã	꜂tʂan	꜂tʂan	꜂tʂan	꜂tʂan	꜂tʂan	꜂tʂan	꜂tʂan	꜂tʂan
緾	山开三仙平澄	꜁tʂʰã	꜁tʂʰan	꜁tʂʰan	꜁tʂʰan	꜁tʂʰan	꜁tʂʰan	꜁tʂʰan	꜁tʂʰan	꜁tʂʰan
氈	山开三仙平章	꜀tʂã	꜀tʂan	꜀tʂan	꜀tʂan	꜀tʂan	꜀tʂan	꜀tʂan	꜀tʂan	꜀tʂan
战	山开三线去章	tʂã꜄	tʂan꜄	tʂan꜄	tʂan꜄	tʂan꜄	tʂan꜄	tʂan꜄	tʂan꜄	tʂan꜄
羶	山开三仙平书	꜀ʂã	꜀ʂan	꜀ʂan	꜀ʂan	꜀ʂan	꜀ʂan	꜀ʂan	꜀ʂan	꜀ʂan
扇	山开三线去书	ʂã꜄	ʂan꜄	ʂan꜄	ʂan꜄	ʂan꜄	ʂan꜄	ʂan꜄	ʂan꜄	ʂan꜄
蝉	山开三仙平禅	꜁ʂã	꜁ʂan	꜁ʂan	꜁tʂʰan	꜁tʂʰan	꜁tʂʰan	꜁tʂʰan	꜁tʂʰan	꜁tʂʰan

续表

字目	中古音	中原官话					江淮官话		西南官话	
		汉滨城关	旬阳城关	汉滨县河镇	江口回民镇	白河城关	平利城关	白河茅坪镇	石泉城关	紫阳城关
善	山开三狝上禅	ʂã꜄	ʂan꜄	ʂan꜄	ʂan꜄	ʂan꜄	ʂan꜄	ʂan꜅	ʂan꜄	ʂan꜄
膳	山开三线去禅	ʂã꜄	ʂan꜄	ʂan꜄	ʂan꜄	ʂan꜄	ʂan꜄	ʂan꜅	ʂan꜄	ʂan꜄
然	山开三仙平日	꜁ʐã	꜁ʐan	꜁ʐan	꜁ʐan	꜁ʐan	꜁ʐan ꜁ɥan	꜁ʐan ꜁ɥan	꜁ʐan ꜁ɥan	꜁ʐan
遣	山开三狝上溪	꜂tɕʰiã	꜂tɕʰian	꜂tɕʰian	꜂tɕʰian	꜂tɕʰian	꜂tɕʰian	꜂tɕʰian	꜂tɕʰian	꜂tɕʰian
件	山开三狝上群	tɕiã꜄	tɕian꜄	tɕian꜄	tɕian꜄	tɕian꜄	tɕian꜄	tɕian꜅	tɕian꜄	tɕian꜄
焉	山开三仙平云	꜀iã	꜀ian	꜀ian	꜀ian	꜀ian	꜀ian	꜀ian	꜀ian	꜀ian
演	山开三狝上以	꜂iã	꜂ian	꜂ian	꜂ian	꜂ian	꜂ian	꜂ian	꜂ian	꜂ian
建	山开三愿去见	tɕiã꜄	tɕian꜄	tɕian꜄	tɕian꜄	tɕian꜄	tɕian꜄	tɕian꜄	tɕian꜄	tɕian꜄
言 ~传	山开三元平疑	꜁iã 文 ꜁ȵiã 白	꜁ian	꜁ian	꜁ian 文 ꜁ȵian 白	꜁ian 文 ꜁ȵian 白	꜁ian 文 ꜁ȵian 白	꜁ian 文 ꜁ȵian 白	꜁ian 文 ꜁ȵian 白	꜁ian 文 ꜁ȵian 白
献	愿去晓	ɕiã꜄	ɕian꜄	ɕian꜄	ɕian꜄	ɕian꜄	ɕian꜄	ɕian꜄	ɕian꜄	ɕian꜄
蔫 花萎	山开三仙平影	꜀ȵiã	꜀ȵian	꜀ȵian	꜀ȵian	꜀ȵian	꜀ȵian	꜀ȵian	꜀ȵian	꜀ȵian
片	山开四霰去滂	pʰiã꜄	pʰian꜄	pʰian꜄	pʰian꜄	pʰian꜄	pʰian꜄	pʰian꜄	pʰian꜄	pʰian꜄
边	山开四先平帮	꜀piã	꜀pian	꜀pian	꜀pian	꜀pian	꜀pian	꜀pian	꜀pian	꜀pian
辩	山开四铣上並	piã꜄	pian꜄	pian꜄	pian꜄	pian꜄	pian꜄	pian꜅	pian꜄	pian꜄
眠	山开四先平明	꜁miã	꜁mian	꜁mian	꜁mian	꜁mian	꜁mian	꜁mian	꜁mian	꜁mian

续表

字目	中古音	中原官话					江淮官话		西南官话	
		汉滨城关	旬阳城关	汉滨县河镇	江口回民镇	白河城关	平利城关	白河茅坪镇	石泉城关	紫阳城关
颠	山开四先平端	꜀tiã	꜀tian	꜀tian	꜀tian	꜀tian	꜀tian	꜀tian	꜀tian	꜀tian
天	山开四先平透	꜀tʰiã	꜀tʰian	꜀tʰian	꜀tʰian	꜀tʰian	꜀tʰian	꜀tʰian	꜀tʰian	꜀tʰian
田	山开四先平定	꜁tʰiã	꜁tʰian	꜁tʰian	꜁tʰian	꜁tʰian	꜁tʰian	꜁tʰian	꜁tʰian	꜁tʰian
电	山开四霰去定	tiã꜄	tian꜄	tian꜄	tian꜄	tian꜄	tian꜄	tian꜅	tian꜄	tian꜄
年	山开四先平泥	꜁ȵiã	꜁ȵian	꜁ȵian	꜁ȵian	꜁ȵian	꜁ȵian	꜁ȵian	꜁ȵian	꜁ȵian
莲	山开四先平来	꜁liã	꜁lian	꜁lian	꜁lian	꜁lian	꜁lian	꜁lian	꜁lian	꜁ȵian
笺	山开四先平精	꜀tɕʰiã	꜀tɕʰian	꜀tɕʰian	꜀tɕʰian	꜀tɕʰian	꜀tɕʰian	꜀tɕʰian	꜀tɕʰian	꜀tɕʰian
千	山开四先平清	꜀tɕʰiã	꜀tɕʰian	꜀tɕʰian	꜀tɕʰian	꜀tɕʰian	꜀tɕʰian	꜀tɕʰian	꜀tɕʰian	꜀tɕʰian
前	山开四先平从	꜁tɕʰiã	꜁tɕʰian	꜁tɕʰian	꜁tɕʰian	꜁tɕʰian	꜁tɕʰian	꜁tɕʰian	꜁tɕʰian	꜁tɕʰian
先	山开四先平心	꜀ɕiã	꜀ɕian	꜀ɕian	꜀ɕian	꜀ɕian	꜀ɕian	꜀ɕian	꜀ɕian	꜀ɕian
肩	山开四先平见	꜀tɕiã	꜀tɕian	꜀tɕian	꜀tɕian	꜀tɕian	꜀tɕian	꜀tɕian	꜀tɕian	꜀tɕian
牵	山开四先平溪	꜀tɕʰiã	꜀tɕʰian	꜀tɕʰian	꜀tɕʰian	꜀tɕʰian	꜀tɕʰian	꜀tɕʰian	꜀tɕʰian	꜀tɕʰian
研	山开四先平疑	꜀iã 文 ꜁ȵiã 白	꜀ian	꜀ian 文 ꜁ȵian 白	꜀ian 文 ꜁ȵian 白	꜀ian 文 ꜁ȵian 白	꜀ian 文 ꜁ȵian 白	꜀ian 文 ꜁ȵian 白	꜀ian 文 ꜁ȵian 白	꜀ian 文 ꜁ȵian 白
砚	山开四霰去疑	ȵiã꜄	ian꜄	ȵian꜄	ȵian꜄	ȵian꜄	ȵian꜄	ȵian꜅	ȵian꜄	ȵian꜄

续表

字目	中古音	中原官话					江淮官话		西南官话	
		汉滨城关	旬阳城关	汉滨县河镇	江口回民镇	白河城关	平利城关	白河茅坪镇	石泉城关	紫阳城关
显	山开四铣上晓	꜂ɕiã	꜂ɕian	꜂ɕian	꜂ɕian	꜂ɕian	꜂ɕian	꜂ɕian	꜂ɕian	꜂ɕian
贤	山开四先平匣	꜁ɕiã	꜁ɕian	꜁ɕian	꜁ɕian	꜁ɕian	꜁ɕian	꜁ɕian	꜁ɕian	꜁ɕian
烟	山开四先平影	꜀iã	꜀ian	꜀ian	꜀ian	꜀ian	꜀ian	꜀ian	꜀ian	꜀ian
半	山合一换去帮	pã꜄	pan꜄	pan꜄	pan꜄	pan꜄	pan꜄	pan꜄	pan꜄	pan꜄
潘	山合一桓平滂	꜀pʰã	꜀pʰan	꜀pʰan	꜀pʰan	꜀pʰan	꜀pʰan	꜀pʰan	꜀pʰan	꜀pʰan
盘	山合一桓平並	꜁pʰã	꜁pʰan	꜁pʰan	꜁pʰan	꜁pʰan	꜁pʰan	꜁pʰan	꜁pʰan	꜁pʰan
伴	山合一缓上並	pã꜄	pan꜄	pan꜄	pan꜄	pan꜄	pan꜄	pan꜅	pan꜄	pan꜄
满	山合一缓上明	꜂mã	꜂man	꜂man	꜂man	꜂man	꜂man	꜂man	꜂man	꜂man
短	山合一缓上端	꜂tuã	꜂tuan	꜂tan	꜂tuan	꜂tan	꜂tan	꜂tan	꜂tan	꜂tan
团	山合一桓平定	꜁tʰuã	꜁tʰuan	꜁tʰan	꜁tʰuan	꜁tʰan	꜁tʰan	꜁tʰan	꜁tʰan	꜁tʰan
断	山合一缓上定	tuã꜅	tuan꜅	tan꜅	tuan꜅	tan꜅	tan꜅	tan꜅	tan꜅	tan꜅
暖	山合一缓上泥	꜂nuã	꜂luan	꜂lan	꜂nuan	꜂lan	꜂lan	꜂lan	꜂lan	꜂nan
乱	山合一换去来	luã꜄	luan꜄	lan꜄	luan꜄	lan꜄	lan꜄	lan꜅	lan꜄	nan꜄
钻用具	山合一桓平精	tsuã꜄	tsuan꜄	tsan꜄	tsuan꜄	tsan꜄	tsan꜄	tsan꜄	tsan꜄	tsan꜄

续表

字目	中古音	中原官话					江淮官话		西南官话	
		汉滨城关	旬阳城关	汉滨县河镇	江口回民镇	白河城关	平利城关	白河茅坪镇	石泉城关	紫阳城关
汆～水	山合一桓平清	꜀ʦʰuã	꜀ʦʰuan	꜀ʦʰan	꜀ʦʰuan	꜀ʦʰan	꜀ʦʰan	꜀ʦʰan	꜀ʦʰan	꜀ʦʰan
酸	山合一桓平心	꜀suã	꜀suan	꜀san	꜀suan	꜀san	꜀san	꜀san	꜀san	꜀san
官	山合一桓平见	꜀kuã	꜀kuan	꜀kuan	꜀kuan	꜀kuan	꜀kuan	꜀kuan	꜀kuan	꜀kuan
款	山合一缓上溪	꜂kʰuã	꜂kʰuan	꜂kʰuan	꜂kʰuan	꜂kʰuan	꜂kʰuan	꜂kʰuan	꜂kʰuan	꜂kʰuan
玩	山合一换去疑	꜁uã	꜁uan	꜁uan	꜁uan	꜁uan	꜁uan	꜁uan	꜁uan	꜁uan
欢	山合一桓平晓	꜀xuã	꜀xuan	꜀xuan	꜀xuan	꜀xuan	꜀xuan	꜀xuan	꜀xuan	꜀xuan
换	山合一换去匣	xuã꜃	xuan꜃	xuan꜃	xuan꜃	xuan꜃	xuan꜃	xuan꜅	xuan꜃	xuan꜃
碗	山合一缓上影	꜂uã	꜂uan	꜂uan	꜂uan	꜂uan	꜂uan	꜂uan	꜂uan	꜂uan
鳏	山合二山平见	꜀kuã	꜀kuan	꜀kuan	꜀kuan	꜀kuan	꜀kuan	꜀kuan	꜀kuan	꜀kuan
顽～皮	山合二山平疑	꜁uã	꜁uan	꜁uan	꜁uan	꜁uan	꜁uan	꜁uan	꜁uan	꜁uan
幻	山合二裥去匣	xuã꜃	xuan꜃	xuan꜃	xuan꜃	xuan꜃	xuan꜃	xuan꜃	xuan꜃	xuan꜃
篡	山合二谏去初	ʦʰuã꜃	ʦʰɥan꜃	ʦʰan꜃	ʦʰuan꜃	ʦʰan꜃	ʦʰan꜃	ʦʰan꜃	ʦʰan꜃	ʦʰan꜃
撰	山合二潸上崇	pfã꜃	ʦɥan꜃	pfan꜃	tʂɥan꜃	tʂɥan꜃	tʂɥan꜃	tʂɥan꜃	tʂɥan꜃	tʂuan꜃
拴	山合二删平生	꜀fã	꜀sɥan	꜀fan	꜀ʂɥan	꜀ʂɥan	꜀ʂɥan	꜀ʂɥan	꜀ʂɥan	꜀ʂuan

续表

字目	中古音	中原官话					江淮官话		西南官话	
		汉滨城关	旬阳城关	汉滨县河镇	江口回民镇	白河城关	平利城关	白河茅坪镇	石泉城关	紫阳城关
涮	山合二谏去生	fã꜄	sɥan꜄	fan꜄	ʂɥan꜄	ʂɥan꜄	ʂɥan꜄	ʂɥan꜄	ʂɥan꜄	ʂuan꜄
关	山合二删平见	꜀kuã	꜀kuan	꜀kuan	꜀kuan	꜀kuan	꜀kuan	꜀kuan	꜀kuan	꜀kuan
患	山合二谏去匣	xuã꜄	xuan꜄	xuan꜄	xuan꜄	xuan꜄	xuan꜄	xuan꜅	xuan꜄	xuan꜄
弯	山合二删平影	꜀uã	꜀uan	꜀uan	꜀uan	꜀uan	꜀uan	꜀uan	꜀uan	꜀uan
恋	山合三线去来	꜁luã	꜁luan ꜁lian 文	꜁lan	꜁luan	꜁lian	꜁lan	꜁lan	꜁lan	꜁nian
全	山合三仙平从	꜁tɕʰyã 文 ꜁tsʰuã 白	꜁tɕʰyan 文 ꜁tsʰuan 白	꜁tɕʰyan	꜁tɕʰyan	꜁tɕʰyan	꜁tʂʰɥan 文 ꜁tɕʰian 白	꜁tʂʰɥan 文 ꜁tɕʰian 白	꜁tʂʰɥan 文 ꜁tɕʰian 白	꜁tɕʰyan 文 ꜁tɕʰian 白
选	山合三狝上心	꜂ɕyã	꜂ɕyan	꜂ɕyan	꜂ɕyan	꜂ɕyan	꜂ɕian	꜂ɕian	꜂ɕian	꜂ɕyan
旋~转	山合三仙平邪	꜁ɕyã	꜁ɕyan	꜁ɕyan	꜁ɕyan	꜁ɕyan	꜁ʂɥan	꜁ʂɥan	꜁ʂɥan	꜁ɕyan
旋~床	山合三线去邪	ɕyã꜄	ɕyan꜄	ɕyan꜄	ɕyan꜄	ɕyan꜄	ʂɥan꜄	ʂɥan꜄	ʂɥan꜄	ɕyan꜄
传~达	山合三仙平澄	꜁pfʰã	꜁tsʰɥan	꜁pfʰan	꜁tʂʰɥan	꜁tʂʰɥan	꜁tʂʰɥan	꜁tʂʰɥan	꜁tʂʰɥan	꜁tʂʰuan
篆	山合三狝上澄	pfã꜄	tsɥan꜄	pfan꜄	tʂɥan꜄	tʂɥan꜄	tʂɥan꜄	tʂɥan꜅	tʂɥan꜄	tʂuan꜄
传~记	山合三线去澄	pfã꜄	tsɥan꜄	pfan꜄	tʂɥan꜄	tʂɥan꜄	tʂɥan꜄	tʂɥan꜅	tʂɥan꜄	tʂuan꜄
专	山合三仙平章	꜀pfã	꜀tsɥan	꜀pfan	꜀tʂɥan	꜀tʂɥan	꜀tʂɥan	꜀tʂɥan	꜀tʂɥan	꜀tʂuan
穿	山合三仙平昌	꜀pfʰã	꜀tsʰɥan	꜀pfʰan	꜀tʂʰɥan	꜀tʂʰɥan	꜀tʂʰɥan	꜀tʂʰɥan	꜀tʂʰɥan	꜀tʂʰuan

续表

字目	中古音	中原官话					江淮官话		西南官话	
		汉滨城关	旬阳城关	汉滨县河镇	江口回民镇	白河城关	平利城关	白河茅坪镇	石泉城关	紫阳城关
船	山合三仙平船	꜁pfʰã	꜁tsʰɥan	꜁pfʰan	꜁tʂʰɥan	꜁tʂʰɥan	꜁tʂʰɥan	꜁tʂʰɥan	꜁tʂʰɥan	꜁tʂʰuan
软	山合三狝上日	꜂vã	꜂van	꜂van	꜂ɥan	꜂ɥan	꜂ɥan	꜂ɥan	꜂ɥan	꜂ʐuan
眷	山合三线去见	tɕyã꜄	tɕyan꜄	tɕyan꜄	tɕyan꜄	tɕyan꜄	tʂɥan꜄	tʂɥan꜄	tʂɥan꜄	tɕyan꜄
圈	山合三仙平溪	꜀tɕʰyã	꜀tɕʰyan	꜀tɕʰyan	꜀tɕʰyan	꜀tɕʰyan	꜀tʂʰɥan	꜀tʂʰɥan	꜀tʂʰɥan	꜀tɕʰyan
权	山合三仙平群	꜁tɕʰyã	꜁tɕʰyan	꜁tɕʰyan	꜁tɕʰyan	꜁tɕʰyan	꜁tʂʰɥan	꜁tʂʰɥan	꜁tʂʰɥan	꜁tɕʰyan
倦	山合三线去群	tɕyã꜄	tɕyan꜄	tɕyan꜄	tɕyan꜄	tɕyan꜄	tʂɥan꜄	tʂɥan꜅	tʂɥan꜄	tɕyan꜄
员	山合三仙平云	꜁yã	꜁yan	꜁yan	꜁yan	꜁yan	꜁ɥan	꜁ɥan	꜁ɥan	꜁yan
院	山合三线去云	yã꜄	yan꜄	yan꜄	yan꜄	yan꜄	ɥan꜄	ɥan꜅	ɥan꜄	yan꜄
缘	山合三仙平以	꜁yã	꜁yan	꜁yan	꜁yan	꜁yan	꜁ɥan	꜁ɥan	꜁ɥan	꜁yan
沿	山合三仙平以	꜁iã	꜁ian	꜁ian	꜁ian	꜁ian	꜁ian	꜁ian	꜁ian	꜁ian
铅	山合三仙平以	꜀tɕʰiã	꜀tɕʰian	꜀tɕʰian	꜀tɕʰian	꜀tɕʰian	꜀tɕʰian	꜀tɕʰian	꜀tɕʰian	꜀tɕʰian
捐	山合三仙平以	꜀tɕyã	꜀tɕyan	꜀tɕyan	꜀tɕyan	꜀tɕyan	꜀tʂɥan	꜀tʂɥan	꜀tʂɥan	꜀tɕyan
反	山合三阮上非	꜂fã	꜂fan	꜂fan	꜂fan	꜂fan	꜂fan	꜂fan	꜂fan	꜂fan
翻	山合三元平敷	꜀fã	꜀fan	꜀fan	꜀fan	꜀fan	꜀fan	꜀fan	꜀fan	꜀fan

续表

<table>
<tr><th rowspan="2">字目</th><th rowspan="2">中古音</th><th colspan="5">中原官话</th><th colspan="2">江淮官话</th><th colspan="2">西南官话</th></tr>
<tr><th>汉滨
城关</th><th>旬阳
城关</th><th>汉滨
县河镇</th><th>江口
回民镇</th><th>白河
城关</th><th>平利
城关</th><th>白河
茅坪镇</th><th>石泉
城关</th><th>紫阳
城关</th></tr>
<tr><td>嬎
鸡～蛋</td><td>山合三
愿去敷</td><td>fã꜄</td><td>fan꜄</td><td>fan꜄</td><td>fan꜄</td><td>fan꜄</td><td>fan꜄</td><td>fan꜅</td><td>fan꜄</td><td>fan꜄</td></tr>
<tr><td>饭</td><td>山合三
愿去奉</td><td>fã꜄</td><td>fan꜄</td><td>fan꜄</td><td>fan꜄</td><td>fan꜄</td><td>fan꜄</td><td>fan꜅</td><td>fan꜄</td><td>fan꜄</td></tr>
<tr><td>晚</td><td>山合三
阮上微</td><td>꜂uã</td><td>꜂uan</td><td>꜂uan</td><td>꜂uan</td><td>꜂uan</td><td>꜂uan</td><td>꜂uan</td><td>꜂uan</td><td>꜂uan</td></tr>
<tr><td>万</td><td>山合三
愿去微</td><td>uã꜄</td><td>uan꜄</td><td>uan꜄</td><td>uan꜄</td><td>uan꜄</td><td>uan꜄</td><td>uan꜅</td><td>uan꜄</td><td>uan꜄</td></tr>
<tr><td>劝</td><td>山合三
愿去溪</td><td>tɕʰyã꜄</td><td>tɕʰyan꜄</td><td>tɕʰyan꜄</td><td>tɕʰyan꜄</td><td>tɕʰyan꜄</td><td>tʂʰʯan꜄</td><td>tʂʰʯan꜄</td><td>tʂʰʯan꜄</td><td>tɕʰyan꜄</td></tr>
<tr><td>元</td><td>山合三
元平疑</td><td>꜁yã</td><td>꜁yan</td><td>꜁yan</td><td>꜁yan</td><td>꜁yan</td><td>꜁ʯan</td><td>꜁ʯan</td><td>꜁ʯan</td><td>꜁yan</td></tr>
<tr><td>楦
鞋～</td><td>山合三
愿去晓</td><td>ɕyã꜄</td><td>ɕyan꜄</td><td>ɕyan꜄</td><td>ɕyan꜄</td><td>ɕyan꜄</td><td>ʂʯan꜄</td><td>ʂʯan꜄</td><td>ʂʯan꜄</td><td>ʂuan꜄</td></tr>
<tr><td>冤</td><td>山合三
元平影</td><td>꜀yã</td><td>꜀yan</td><td>꜀yan</td><td>꜀yan</td><td>꜀yan</td><td>꜀ʯan</td><td>꜀ʯan</td><td>꜀ʯan</td><td>꜀yan</td></tr>
<tr><td>袁</td><td>山合三
元平云</td><td>꜁yã</td><td>꜁yan</td><td>꜁yan</td><td>꜁yan</td><td>꜁yan</td><td>꜁ʯan</td><td>꜁ʯan</td><td>꜁ʯan</td><td>꜁yan</td></tr>
<tr><td>远</td><td>山合三
阮上云</td><td>꜂yã</td><td>꜂yan</td><td>꜂yan</td><td>꜂yan</td><td>꜂yan</td><td>꜂ʯan</td><td>꜂ʯan</td><td>꜂ʯan</td><td>꜂yan</td></tr>
<tr><td>犬</td><td>山合四
铣上溪</td><td>꜂tɕʰyã</td><td>꜂tɕʰyan</td><td>꜂tɕʰyan</td><td>꜂tɕʰyan</td><td>꜂tɕʰyan</td><td>꜂tʂʰʯan</td><td>꜂tʂʰʯan</td><td>꜂tʂʰʯan</td><td>꜂tɕʰyan</td></tr>
<tr><td>玄</td><td>山合四
先平匣</td><td>꜁ɕyã</td><td>꜁ɕyan</td><td>꜁ɕyan</td><td>꜁ɕyan</td><td>꜁ɕyan</td><td>꜁ʂʯan</td><td>꜁ʂʯan</td><td>꜁ʂʯan</td><td>꜁ɕyan</td></tr>
<tr><td>县</td><td>山合四
霰去匣</td><td>ɕiã꜄</td><td>ɕian꜄</td><td>ɕian꜄</td><td>ɕian꜄</td><td>ɕian꜄</td><td>ɕian꜄</td><td>ɕian꜅</td><td>ɕian꜄</td><td>ɕian꜄</td></tr>
<tr><td>渊</td><td>山合四
先平影</td><td>꜀yã</td><td>꜀yan</td><td>꜀yan</td><td>꜀yan</td><td>꜀yan</td><td>꜀ʯan</td><td>꜀ʯan</td><td>꜀ʯan</td><td>꜀yan</td></tr>
</table>

续表

字目	中古音	中原官话					江淮官话		西南官话	
		汉滨城关	旬阳城关	汉滨县河镇	江口回民镇	白河城关	平利城关	白河茅坪镇	石泉城关	紫阳城关
吞	臻开一痕平透	꜀tʰuə̃	꜀tʰəŋ	꜀tʰən	꜀tʰuən	꜀tʰən	꜀tʰən	꜀tʰən	꜀tʰən	꜀tʰən
根	臻开一痕平见	꜀kə̃	꜀kən	꜀kən	꜀kən	꜀kən	꜀kən	꜀kən	꜀kən	꜀kən
恨	臻开一恨去匣	xə̃꜄	xən꜄	xən꜄	xən꜄	xən꜄	xən꜄	xən꜅	xən꜄	xən꜄
恩	臻开一痕平影	꜀ŋə̃	꜀ŋən	꜀ŋən	꜀ŋən	꜀ŋən	꜀ŋən	꜀ŋən	꜀ŋən	꜀ŋən
宾	臻开三真平帮	꜀piə̃	꜀pin	꜀pin	꜀pin	꜀pin	꜀pin	꜀pin	꜀pin	꜀pin
贫	臻开三真平並	꜁pʰiə̃	꜁pʰin	꜁pʰin	꜁pʰin	꜁pʰin	꜁pʰin	꜁pʰin	꜁pʰin	꜁pʰin
民	臻开三真平明	꜁miə̃	꜁min	꜁min	꜁min	꜁min	꜁min	꜁min	꜁min	꜁min
敏	臻开三轸上明	꜂miə̃	꜂min	꜂min	꜂min	꜂min	꜂min	꜂min	꜂min	꜂min
邻	臻开三真平来	꜁liə̃	꜁lin	꜁lin	꜁lin	꜁lin	꜁lin	꜁lin	꜁lin	꜁ȵin
进	臻开三震去精	tɕiə̃꜄	tɕin꜄	tɕin꜄	tɕin꜄	tɕin꜄	tɕin꜄	tɕin꜄	tɕin꜄	tɕin꜄
亲~近	臻开三真平清	꜀tɕʰin	꜀tɕʰin	꜀tɕʰin	꜀tɕʰin	꜀tɕʰin	꜀tɕʰin	꜀tɕʰin	꜀tɕʰin	꜀tɕʰin
亲~家	臻开三震去清	tɕʰin꜄	tɕʰin꜄	tɕʰin꜄	tɕʰin꜄	tɕʰin꜄	tɕʰin꜄	tɕʰin꜄	tɕʰin꜄	tɕʰin꜄
秦	臻开三真平从	꜁tɕʰin	꜁tɕʰin	꜁tɕʰin	꜁tɕʰin	꜁tɕʰin	꜁tɕʰin	꜁tɕʰin	꜁tɕʰin	꜁tɕʰin
尽	臻开三轸上从	tɕin꜄	tɕin꜄	tɕin꜄	tɕin꜄	tɕin꜄	tɕin꜄	tɕin꜅	tɕin꜄	tɕin꜄

续表

字目	中古音	中原官话					江淮官话		西南官话	
		汉滨城关	旬阳城关	汉滨县河镇	江口回民镇	白河城关	平利城关	白河茅坪镇	石泉城关	紫阳城关
新	臻开三真平心	꜀ɕin	꜀ɕin	꜀ɕin	꜀ɕin	꜀ɕin	꜀ɕin	꜀ɕin	꜀ɕin	꜀ɕin
镇	臻开三震去知	tʂə̃꜄	tʂən꜄	tʂən꜄	tʂən꜄	tʂən꜄	tʂən꜄	tʂən꜅	tʂən꜄	tʂən꜄
陈	臻开三真平澄	꜁tʂʰə̃	꜁tʂʰən	꜁tʂʰən	꜁tʂʰən	꜁tʂʰən	꜁tʂʰən	꜁tʂʰən	꜁tʂʰən	꜁tʂʰən
阵	臻开三震去澄	tʂə̃꜄	tʂən꜄	tʂən꜄	tʂən꜄	tʂən꜄	tʂən꜄	tʂən꜅	tʂən꜄	tʂən꜄
臻	臻开三真平庄	꜀tʂə̃	꜀tʂən	꜀tʂən	꜀tʂən	꜀tʂən	꜀tʂən	꜀tʂən	꜀tʂən	꜀tʂən
衬	臻开三震去初	tʂʰə̃꜄	tʂʰən꜄	tsʰən꜄	tsʰən꜄	tsʰən꜄	tsʰən꜄	tsʰən꜄	tsʰən꜄	tsʰən꜄
真	臻开三真平章	꜀tʂə̃	꜀tʂən	꜀tʂən	꜀tʂən	꜀tʂən	꜀tʂən	꜀tʂən	꜀tʂən	꜀tʂən
神	臻开三真平船	꜁ʂə̃	꜁ʂən	꜁ʂən	꜁ʂən	꜁ʂən	꜁ʂən	꜁ʂən	꜁ʂən	꜁ʂən
辰	臻开三真平禅	꜁tʂʰə̃	꜁tʂʰən	꜁tʂʰən	꜁ʂən	꜁ʂən	꜁ʂən	꜁ʂən	꜁ʂən	꜁ʂən
臣	臻开三真平禅	꜁tʂʰə̃	꜁tʂʰən	꜁tʂʰən	꜁tʂʰən	꜁tʂʰən	꜁tʂʰən	꜁tʂʰən	꜁tʂʰən	꜁tʂʰən
肾	臻开三轸上禅	ʂə̃꜄	ʂən꜄	ʂən꜄	ʂən꜄	ʂən꜄	ʂən꜄	ʂən꜅	ʂən꜄	ʂən꜄
人	臻开三真平日	꜁ʐə̃	꜁ʐən	꜁ʐən	꜁ʐən	꜁ʐən	꜁ʐən	꜁ʐən	꜁ʐən	꜁ʐən
认	臻开三震去日	ʐə̃꜄	ʐən꜄	ʐən꜄	ʐən꜄	ʐən꜄	ʐən꜄	ʐən꜅	ʐən꜄	ʐən꜄
紧	臻开三轸上见	꜂tɕin	꜂tɕin	꜂tɕin	꜂tɕin	꜂tɕin	꜂tɕin	꜂tɕin	꜂tɕin	꜂tɕin

续表

字目	中古音	中原官话					江淮官话		西南官话	
		汉滨城关	旬阳城关	汉滨县河镇	江口回民镇	白河城关	平利城关	白河茅坪镇	石泉城关	紫阳城关
仅	臻开三震去群	tɕin꜄	tɕin꜄	tɕin꜄	tɕin꜄	tɕin꜄	tɕin꜄	tɕin꜄	tɕin꜄	tɕin꜄
银	臻开三真平疑	꜁in	꜁in	꜁in	꜁in	꜁in	꜁in	꜁in	꜁in	꜁in
印	臻开三震去影	in꜄	in꜄	in꜄	iə꜄	in꜄	in꜄	in꜄	in꜄	in꜄
引	臻开三轸上以	꜂in	꜂in	꜂in	꜂in	꜂in	꜂in	꜂in	꜂in	꜂in
谨	臻开三焮去见	꜂tɕin	꜂tɕin	꜂tɕin	꜂tɕin	꜂tɕin	꜂tɕin	꜂tɕin	꜂tɕin	꜂tɕin
勤	臻开三殷平群	꜁tɕʰin	꜁tɕʰin	꜁tɕʰin	꜁tɕʰin	꜁tɕʰin	꜁tɕʰin	꜁tɕʰin	꜁tɕʰin	꜁tɕʰin
近	臻开三隐上群	tɕin꜄	tɕin꜄	tɕin꜄	tɕin꜄	tɕin꜄	tɕin꜄	tɕin꜅	tɕin꜄	tɕin꜄
欣	臻开三殷平晓	꜀ɕin	꜀ɕin	꜀ɕin	꜀ɕin	꜀ɕin	꜀ɕin	꜀ɕin	꜀ɕin	꜀ɕin
殷	臻开三殷平影	꜁in	꜁in	꜁in	꜁in	꜁in	꜁in	꜁in	꜁in	꜁in
隐	臻开三隐上影	꜂in	꜂in	꜂in	꜂in	꜂in	꜂in	꜂in	꜂in	꜂in
本	臻合一混上帮	꜂pə̃	꜂pən	꜂pən	꜂pən	꜂pən	꜂pən	꜂pən	꜂pən	꜂pən
喷~水	臻合一魂平滂	pʰə̃꜄	pʰən꜄	pʰən꜄	pʰən꜄	pʰən꜄文 fən꜄白	pʰən꜄文 fən꜄白	pʰən꜄文 fən꜄白	pʰən꜄	pʰən꜄
喷~香	臻合一慁去滂	pʰə̃꜄	pʰən꜄	pʰən꜄	pʰəŋ꜄	pʰuŋ꜄	pʰuŋ꜄	pʰuŋ꜄	pʰuŋ꜄	pʰuŋ꜄
盆	臻合一魂平並	꜁pʰə̃	꜁pʰən	꜁pʰən	꜁pʰən	꜁pʰən	꜁pʰən	꜁pʰən	꜁pʰən	꜁pʰən

续表

字目	中古音	中原官话					江淮官话		西南官话	
		汉滨城关	旬阳城关	汉滨县河镇	江口回民镇	白河城关	平利城关	白河茅坪镇	石泉城关	紫阳城关
门	臻合一魂平明	꜁mə̃	꜁mən	꜁mən	꜁mən	꜁mən	꜁mən	꜁mən	꜁mən	꜁mən
顿	臻合一慁去端	tuə̃꜄	tuən꜄	tən꜄	tuən꜄	tən꜄	tən꜄	tən꜄	tən꜄	tən꜄
臀	臻合一魂平定	꜁tʰuə̃	꜁tʰuən	꜁tʰən	꜁tʰuən	꜁tʰən	꜁tʰən	꜁tʰən	꜁tʰən	꜁tʰən
钝	臻合一慁去定	tuə̃꜄	tuən꜄	tən꜄	tuən꜄	tən꜄	tən꜄	tən꜅	tən꜄	tən꜄
嫩	臻合一慁去泥	lyə̃꜄	lyən꜄	lən꜄	luən꜄	lən꜄	lən꜄	lən꜅	lən꜄	nən꜄
论~语	臻合一魂平来	꜁luə̃	꜁luən	꜁lən	꜁luən	꜁lən	꜁lən	꜁lən	꜁lən	꜁nən
论议~	臻合一慁去来	luə̃꜄	luən꜄	lən꜄	luən꜄	lən꜄	lən꜄	lən꜅	lən꜄	nən꜄
尊	臻合一魂平精	꜀tsuə̃	꜀tsən	꜀tsən	꜀tsuən	꜀tsən	꜀tsən	꜀tsən	꜀tsən	꜀tsən
村	臻合一魂平清	꜀tsʰuə̃	꜀tsʰuən	꜀tsʰən	꜀tsʰuən	꜀tsʰən	꜀tsʰən	꜀tsʰən	꜀tsʰən	꜀tsʰən
存	臻合一魂平从	꜁tsʰuə̃	꜁tsʰuən	꜁tsʰən	꜁tsʰuən	꜁tsʰən	꜁tsʰən	꜁tsʰən	꜁tsʰən	꜁tsʰən
孙	臻合一魂平心	꜀suə̃	꜀suən	꜀sən	꜀suən	꜀sən	꜀sən	꜀sən	꜀sən	꜀sən
昆	臻合一魂平见	꜀kʰuə̃	꜀kʰuən	꜀kʰuən	꜀kʰuən	꜀kʰuən	꜀kʰuən	꜀kʰuən	꜀kʰuən	꜀kʰuən
困	臻合一慁去溪	kʰuə̃꜄	kʰuən꜄	kʰuən꜄	kʰuən꜄	kʰuən꜄	kʰuən꜄	kʰuən꜄	kʰuən꜄	kʰuən꜄
昏	臻合一魂平晓	꜀xuə̃	꜀xuən	꜀xuən	꜀xuən	꜀xuən	꜀xuən	꜀xuən	꜀xuən	꜀xuən

续表

字目	中古音	中原官话					江淮官话		西南官话	
		汉滨城关	旬阳城关	汉滨县河镇	江口回民镇	白河城关	平利城关	白河茅坪镇	石泉城关	紫阳城关
魂	臻合一魂平匣	꜁xuə̃	꜁xuən	꜁xuən	꜁xuən	꜁xuən	꜁xuən	꜁xuən	꜁xuən	꜁xuən
浑~浊	臻合一混上匣	꜀xuə̃	꜀xuən	꜀xuən	꜀xuən	꜀xuən	꜀xuən	꜀xuən	꜀xuən	꜀xuən
混相~	臻合一混上匣	꜂xuə̃	꜂xuən	꜂xuən	꜂xuən	꜂xuən	꜂xuən	꜂xuən	꜂xuən	꜂xuən
稳	臻合一混上影	꜂uə̃	꜂uən	꜂uən	꜂uən	꜂uən	꜂uən	꜂uən	꜂uən	꜂uən
伦	臻合一谆平来	luə̃꜄	luən꜄	lən꜄	luən꜄	lən꜄	lən꜄	lən꜅	lən꜄	nən꜄
遵	臻合三谆平精	꜀tsuə̃	꜀tsən	꜀tsən	꜀tsuən	꜀tsən	꜀tsən	꜀tsən	꜀tsən	꜀tsən
皴	臻合三谆平清	꜀tsʰuə̃	꜀tsʰuən	꜀tsʰən	꜀tsʰun	꜀tsʰən	꜀tsʰən	꜀tsʰən	꜀tsʰən	꜀tsʰən
荀	臻合三谆平心	꜁ɕyə̃	꜁ɕyən	꜁ɕyən	꜁ɕin	꜁ɕyən	꜁ʂʮən 文 ꜁ɕin 白	꜁ʂʮən 文 ꜁ɕin 白	꜁ʂʮən 文 ꜁ɕin 白	꜁ʂʮən 文 ꜁ɕin 白
榫	臻合三准上心	꜂suə̃	꜂suən	꜂sən	꜂sən	꜂sən	꜂sən	꜂sən	꜂sən	꜂sən
旬	臻合三谆平邪	꜁ɕyə̃	꜁ɕyən	꜁ɕyən	꜁ɕyən	꜁ɕyən	꜁ʂʮən 文 ꜁ɕin 白	꜁ʂʮən 文 ꜁ɕin 白	꜁ʂʮən	꜁ɕyən
殉	臻合三稕去邪	꜁ɕyə̃	꜁ɕyən	꜁ɕyən	꜁ɕyən	꜁ɕyən	꜁ʂʮən 文 ꜁ɕin 白	꜁ʂʮən 文 ꜁ɕin 白	꜁ʂʮən	꜁ɕyən
椿	臻合三谆平彻	꜀pfʰə̃	꜀tsʰʮən	꜀pfʰən	꜀tʂʰʮən	꜀tʂʰʮən	꜀tʂʰʮən	꜀tʂʰʮən	꜀tʂʰʮən	꜀tʂʰuən
准	臻合三準上章	꜀pfə̃	꜀tsʮən	꜀pfən	꜀tʂʰʮən	꜀tʂʰʮən	꜀tʂʰʮən	꜀tʂʰʮən	꜀tʂʰʮən	꜀tʂʰuən
春	臻合三谆平昌	꜀pfʰə̃	꜀tsʰʮən	꜀pfʰən	꜀tʂʰʮən	꜀tʂʰʮən	꜀tʂʰʮən	꜀tʂʰʮən	꜀tʂʰʮən	꜀tʂʰuən

续表

字目	中古音	中原官话					江淮官话		西南官话	
		汉滨城关	旬阳城关	汉滨县河镇	江口回民镇	白河城关	平利城关	白河茅坪镇	石泉城关	紫阳城关
顺	臻合三稕去船	fə̃꜄	sʮən꜄	fən꜄	ʂʮən꜄	ʂʮən꜄	ʂʮən꜄	ʂʮən꜅	ʂʮən꜄	ʂuən꜄
舜	臻合三稕去书	fə̃꜄	sʮən꜄	fən꜄	ʂʮən꜄	ʂʮən꜄	ʂʮən꜄	ʂʮən꜅	ʂʮən꜄	ʂuən꜄
纯	臻合三谆平禅	꜁pfʰə̃	꜁ʦʰʮən	꜁pfʰuən	꜁tʂʰʮən	꜁tʂʰʮən	꜁tʂʰʮən	꜁tʂʰʮən	꜁tʂʰʮən	꜁tʂʰuən
闰	臻合三稕去日	və̃꜄	ʮən꜄	vən꜄	ʮən꜄	ʮən꜄	ʮən꜄	ʮən꜄	ʮən꜄	ʐuən꜄
均	臻合三谆平见	꜀tɕyə̃	꜀tɕyən	꜀tɕyən	꜀tɕyən	꜀tɕyən	꜀tʂʮən	꜀tʂʮən	꜀tʂʮən	꜀tɕyən
菌	臻合三準上群	tɕyə̃꜄	tɕyən꜄	tɕyən꜄	tɕyən꜄	tɕyən꜄	tʂʮən꜄	tʂʮən꜄	tʂʮən꜄	tɕyən꜄
匀	臻合三谆平以	꜀yə̃	꜀yən	꜀yən	꜀yən	꜀yən	꜀ʮən	꜀ʮən	꜀ʮən	꜀yən
分	臻合三文平非	꜀fə̃	꜀fən	꜀fən	꜀fən	꜀fən	꜀fən	꜀fən	꜀fən	꜀fən
芬	臻合三文平滂	꜀fə̃	꜀fən	꜀fən	꜀fən	꜀fən	꜀fən	꜀fən	꜀fən	꜀fən
坟	臻合三文平奉	꜁fə̃	꜁fən	꜁fən	꜁fən	꜁fən	꜁fən	꜁fən	꜁fən	꜁fən
愤	臻合三吻上奉	fə̃꜄	fən꜄	fən꜄	fən꜄	fən꜄	fən꜄	fən꜄	fən꜄	fən꜄
份	臻合三问去奉	fə̃꜄	fən꜄	fən꜄	fən꜄	fən꜄	fən꜄	fən꜅	fən꜄	fən꜄
文	臻合三文平微	꜁uə̃	꜁uən	꜁uən	꜁uən	꜁uən	꜁uən	꜁uən	꜁uən	꜁uən
问	臻合三问去微	uə̃꜄	uən꜄	uən꜄	uən꜄	uən꜄	uən꜄	uən꜅	uən꜄	uən꜄

续表

字目	中古音	中原官话					江淮官话		西南官话	
		汉滨城关	旬阳城关	汉滨县河镇	江口回民镇	白河城关	平利城关	白河茅坪镇	石泉城关	紫阳城关
军	臻合三文平见	꜀tɕyə̃	꜀tɕyən	꜀tɕyən	꜀tɕyən	꜀tɕyən	꜀tʂɥən	꜀tʂɥən	꜀tʂɥən	꜀tɕyən
裙	臻合三文平群	꜁tɕʰyə̃	꜁tɕʰyən	꜁tɕʰyən	꜁tɕʰyən	꜁tɕʰyən	꜁tʂʰɥən	꜁tʂʰɥən	꜁tʂʰɥən	꜁tɕʰyən
熏	臻合三文平晓	꜀ɕyə̃	꜀ɕyən	꜀ɕyən	꜀ɕyən	꜀ɕyən	꜀ʂɥən	꜀ʂɥən	꜀ʂɥən	꜀ɕyən
训	臻合三问去晓	ɕyə̃꜄	ɕyən꜄	ɕyən꜄	ɕyən꜄	ɕyən꜄	ʂɥən꜄	ʂɥən꜄	ʂɥən꜄	ɕyən꜄
云	臻合三文平云	꜁yə̃	꜁yən	꜁yən	꜁yən	꜁yən	꜁ɥən	꜁ɥən	꜁ɥən	꜁yən
熨	臻合三问去影	yə̃꜄	yən꜄	yən꜄	yən꜄	yən꜄	ɥən꜄	ɥən꜄	ɥən꜄	yən꜄
韵	臻合三问去云	yə̃꜄	yən꜄	yən꜄	yən꜄	yən꜄	ɥən꜄	ɥən꜄	ɥən꜄	yən꜄
运	臻合三问去云	yə̃꜄	yən꜄	yən꜄	yən꜄	yən꜄	ɥən꜄	ɥən꜄	ɥən꜄	yən꜄
帮	宕开一唐平帮	꜀paŋ	꜀paŋ	꜀paŋ	꜀paŋ	꜀paŋ	꜀paŋ	꜀paŋ	꜀paŋ	꜀paŋ
滂	宕开一唐平滂	꜁pʰaŋ	꜁pʰaŋ	꜁pʰaŋ	꜁pʰaŋ	꜁pʰaŋ	꜁pʰaŋ	꜁pʰaŋ	꜁pʰaŋ	꜁pʰaŋ
旁	宕开一唐平並	꜁pʰaŋ	꜁pʰaŋ	꜁pʰaŋ	꜁pʰaŋ	꜁pʰaŋ	꜁pʰaŋ	꜁pʰaŋ	꜁pʰaŋ	꜁pʰaŋ
忙	宕开一唐平明	꜁maŋ	꜁maŋ	꜁maŋ	꜁maŋ	꜁maŋ	꜁maŋ	꜁maŋ	꜁maŋ	꜁maŋ
党	宕开一荡上端	꜂taŋ	꜂taŋ	꜂taŋ	꜂taŋ	꜂taŋ	꜂taŋ	꜂taŋ	꜂taŋ	꜂taŋ
汤	宕开一唐平透	꜀tʰaŋ	꜀tʰaŋ	꜀tʰaŋ	꜀tʰaŋ	꜀tʰaŋ	꜀tʰaŋ	꜀tʰaŋ	꜀tʰaŋ	꜀tʰaŋ

续表

字目	中古音	中原官话					江淮官话		西南官话	
		汉滨城关	旬阳城关	汉滨县河镇	江口回民镇	白河城关	平利城关	白河茅坪镇	石泉城关	紫阳城关
糖	宕开一唐平定	꜁tʰaŋ	꜁tʰaŋ	꜁tʰaŋ	꜁tʰaŋ	꜁tʰaŋ	꜁tʰaŋ	꜁tʰaŋ	꜁tʰaŋ	꜁tʰaŋ
囊	宕开一唐平泥	꜀laŋ	꜀laŋ	꜀laŋ	꜀naŋ	꜀laŋ	꜀laŋ	꜀laŋ	꜀laŋ	꜀naŋ
狼	宕开一唐平来	꜁laŋ	꜁laŋ	꜁laŋ	꜁laŋ	꜁laŋ	꜁laŋ	꜁laŋ	꜁laŋ	꜁naŋ
葬	宕开一宕去精	tsaŋ꜄	tsaŋ꜄	tsaŋ꜄	tsaŋ꜄	tsaŋ꜄	tsaŋ꜄	tsaŋ꜄	tsaŋ꜄	tsaŋ꜄
仓	宕开一唐平清	꜀tsʰaŋ	꜀tsʰaŋ	꜀tsʰaŋ	꜀tsʰaŋ	꜀tsʰaŋ	꜀tsʰaŋ	꜀tsʰaŋ	꜀tsʰaŋ	꜀tsʰaŋ
藏 隐~	宕开一唐平从	꜁tsʰaŋ 文	꜁tsʰaŋ 文	꜁tsʰaŋ 文	꜁tsʰaŋ 文	꜁tsʰaŋ 文 ꜁tɕʰiaŋ 白	꜁tsʰaŋ 文 ꜁tɕʰiaŋ 白	꜁tsʰaŋ 文 ꜁tɕʰiaŋ 白	꜁tsʰaŋ	꜁tsʰaŋ
藏 西~	宕开一宕去从	tsaŋ꜄	tsaŋ꜄	tsaŋ꜄	tsaŋ꜄	tsaŋ꜄	tsaŋ꜄	tsaŋ꜅	tsaŋ꜄	tsaŋ꜄
脏 心~	宕开一宕去从	tsaŋ꜄	tsaŋ꜄	tsaŋ꜄	tsaŋ꜄	tsaŋ꜄	tsaŋ꜄	tsaŋ꜅	tsaŋ꜄	tsaŋ꜄
桑	宕开一唐平心	꜀saŋ	꜀saŋ	꜀saŋ	꜀saŋ	꜀saŋ	꜀saŋ	꜀saŋ	꜀saŋ	꜀saŋ
磉 柱下石	宕开一荡上心	꜂saŋ	꜂saŋ	꜂saŋ	꜂saŋ	꜂saŋ	꜂saŋ	꜂saŋ	꜂saŋ	꜂saŋ
缸	宕开一唐平见	꜀kaŋ	꜀kaŋ	꜀kaŋ	꜀kaŋ	꜀kaŋ	꜀kaŋ	꜀kaŋ	꜀kaŋ	꜀kaŋ
康	宕开一唐平溪	꜀kʰaŋ	꜀kʰaŋ	꜀kʰaŋ	꜀kʰaŋ	꜀kʰaŋ	꜀kʰaŋ	꜀kʰaŋ	꜀kʰaŋ	꜀kʰaŋ
囥 藏盖	宕开一宕去溪	꜂kʰaŋ	꜂kʰaŋ	꜂kʰaŋ	꜂kʰaŋ	꜂kʰaŋ	꜂kʰaŋ	꜂kʰaŋ	꜂kʰaŋ	꜂kʰaŋ
昂	宕开一唐平疑	꜀ŋaŋ	꜀ŋaŋ	꜀ŋaŋ	꜀ŋaŋ	꜀ŋaŋ	꜀ŋaŋ	꜀ŋaŋ	꜀ŋaŋ	꜀ŋaŋ

续表

字目	中古音	中原官话					江淮官话		西南官话	
		汉滨城关	旬阳城关	汉滨县河镇	江口回民镇	白河城关	平利城关	白河茅坪镇	石泉城关	紫阳城关
行	宕开一唐平匣	꜁xaŋ	꜁xaŋ	꜁xaŋ	꜁xaŋ	꜁xaŋ	꜁xaŋ	꜁xaŋ	꜁xaŋ	꜁xaŋ
肮	宕开一唐平影	꜀ŋaŋ	꜀ŋaŋ	꜀ŋaŋ	꜀ŋaŋ	꜀ŋaŋ	꜀ŋaŋ	꜀ŋaŋ	꜀ŋaŋ	꜀ŋaŋ
娘	宕开三阳平泥	꜁ȵiaŋ	꜁ȵiaŋ	꜁ȵiaŋ	꜁ȵiaŋ	꜁ȵiaŋ	꜁ȵiaŋ	꜁ȵiaŋ	꜁ȵiaŋ	꜁ȵiaŋ
良	宕开三阳平来	꜁liaŋ	꜁liaŋ	꜁liaŋ	꜁liaŋ	꜁liaŋ	꜁liaŋ	꜁liaŋ	꜁liaŋ	꜁ȵiaŋ
将~来	宕开三阳平精	꜀tɕiaŋ	꜀tɕiaŋ	꜀tɕiaŋ	꜀tɕiaŋ	꜀tɕiaŋ	꜀tɕiaŋ	꜀tɕiaŋ	꜀tɕiaŋ	꜀tɕiaŋ
将大~	宕开三漾去精	tɕiaŋ꜄	tɕiaŋ꜄	tɕiaŋ꜄	tɕiaŋ꜄	tɕiaŋ꜄	tɕiaŋ꜄	tɕiaŋ꜄	tɕiaŋ꜄	tɕiaŋ꜄
抢	宕开三养上清	꜂tɕʰiaŋ	꜂tɕʰiaŋ	꜂tɕʰiaŋ	꜂tɕʰiaŋ	꜂tɕʰiaŋ	꜂tɕʰiaŋ	꜂tɕʰiaŋ	꜂tɕʰiaŋ	꜂tɕʰiaŋ
墙	宕开三阳平从	꜁tɕʰiaŋ	꜁tɕʰiaŋ	꜁tɕʰiaŋ	꜁tɕʰiaŋ	꜁tɕʰiaŋ	꜁tɕʰiaŋ	꜁tɕʰiaŋ	꜁tɕʰiaŋ	꜁tɕʰiaŋ
匠	宕开三漾去从	tɕiaŋ꜄	tɕiaŋ꜄	tɕiaŋ꜄	tɕiaŋ꜄	tɕiaŋ꜄	tɕiaŋ꜄	tɕiaŋ꜅	tɕiaŋ꜄	tɕiaŋ꜄
想	宕开三养上心	꜂ɕiaŋ	꜂ɕiaŋ	꜂ɕiaŋ	꜂ɕiaŋ	꜂ɕiaŋ	꜂ɕiaŋ	꜂ɕiaŋ	꜂ɕiaŋ	꜂ɕiaŋ
详	宕开三阳平邪	꜁ɕiaŋ	꜁ɕiaŋ	꜁tɕʰiaŋ	꜁ɕiaŋ 文 ꜁tɕʰiaŋ 白	꜁ɕiaŋ 文 ꜁tɕʰiaŋ 白	꜁ɕiaŋ 文 ꜁tɕʰiaŋ 白	꜁ɕiaŋ 文 ꜁tɕʰiaŋ 白	꜁ɕiaŋ 文 ꜁tɕʰiaŋ 白	꜁ɕiaŋ 文 ꜁tɕʰiaŋ 白
像	宕开三养上邪	ɕiaŋ꜄	ɕiaŋ꜄	tɕʰiaŋ꜄	ɕiaŋ꜄	ɕiaŋ꜄文 tɕʰiaŋ꜄白	ɕiaŋ꜄文 tɕʰiaŋ꜄白	ɕiaŋ꜅文 tɕʰiaŋ꜅白	ɕiaŋ꜄文 tɕʰiaŋ꜄白	ɕiaŋ꜄文 tɕʰiaŋ꜄白
张	宕开三阳平知	꜀tʂaŋ	꜀tʂaŋ	꜀tʂaŋ	꜀tʂaŋ	꜀tʂaŋ	꜀tʂaŋ	꜀tʂaŋ	꜀tʂaŋ	꜀tʂaŋ
长生~	宕开三养上知	꜂tʂaŋ	꜂tʂaŋ	꜂tʂaŋ	꜂tʂaŋ	꜂tʂaŋ	꜂tʂaŋ	꜂tʂaŋ	꜂tʂaŋ	꜂tʂaŋ

续表

字目	中古音	中原官话					江淮官话		西南官话	
		汉滨城关	旬阳城关	汉滨县河镇	江口回民镇	白河城关	平利城关	白河茅坪镇	石泉城关	紫阳城关
长~短	宕开三阳平澄	꜁tʂʰaŋ	꜁tʂʰaŋ	꜁tʂʰaŋ	꜁tʂʰaŋ	꜁tʂʰaŋ	꜁tʂʰaŋ	꜁tʂʰaŋ	꜁tʂʰaŋ	꜁tʂʰaŋ
肠	宕开三阳平澄	꜁tʂʰaŋ	꜁tʂʰaŋ	꜁tʂʰaŋ	꜁tʂʰaŋ	꜁tʂʰaŋ	꜁tʂʰaŋ	꜁tʂʰaŋ	꜁tʂʰaŋ	꜁tʂʰaŋ
丈	宕开三养上澄	tʂaŋ꜄	tʂaŋ꜄	tʂaŋ꜄	tʂaŋ꜄	tʂaŋ꜄	tʂaŋ꜄	tʂaŋ꜅	tʂaŋ꜄	tʂaŋ꜄
仗	宕开三养上澄	tʂaŋ꜄	tʂaŋ꜄	tʂaŋ꜄	tʂaŋ꜄	tʂaŋ꜄	tʂaŋ꜄	tʂaŋ꜅	tʂaŋ꜄	tʂaŋ꜄
庄	宕开三阳平庄	꜀pfaŋ	꜀ʦʮaŋ	꜀pfaŋ	꜀tʂʮaŋ	꜀tʂʮaŋ	꜀tʂʮaŋ	꜀tʂʮaŋ	꜀tʂʮaŋ	꜀tʂuaŋ
创	宕开三漾去初	꜂pfʰaŋ	꜂ʦʰʮaŋ	꜂pfʰaŋ	꜂tʂʰʮaŋ	꜂tʂʰʮaŋ	꜂tʂʰʮaŋ	꜂tʂʰʮaŋ	꜂tʂʰʮaŋ	꜂tʂʰuaŋ
床	宕开三阳平崇	꜁pfʰaŋ	꜁ʦʰʮaŋ	꜁pfʰaŋ	꜁tʂʰʮaŋ	꜁tʂʰʮaŋ	꜁tʂʰʮaŋ	꜁tʂʰʮaŋ	꜁tʂʰʮaŋ	꜁tʂʰuaŋ
霜	宕开三阳平生	꜀faŋ	꜀sʮaŋ	꜀faŋ	꜀faŋ	꜀ʂʮaŋ	꜀ʂʮaŋ	꜀ʂʮaŋ	꜀ʂʮaŋ	꜀ʂuaŋ
章	宕开三阳平章	꜀tʂaŋ	꜀tʂaŋ	꜀tʂaŋ	꜀tʂaŋ	꜀tʂaŋ	꜀tʂaŋ	꜀tʂaŋ	꜀tʂaŋ	꜀tʂaŋ
厂	宕开三养上昌	꜂tʂʰaŋ	꜂tʂʰaŋ	꜂tʂʰaŋ	꜂tʂʰaŋ	꜂tʂʰaŋ	꜂tʂʰaŋ	꜂tʂʰaŋ	꜂tʂʰaŋ	꜂tʂʰaŋ
商	宕开三阳平书	꜀ʂaŋ	꜀ʂaŋ	꜀ʂaŋ	꜀ʂaŋ	꜀ʂaŋ	꜀ʂaŋ	꜀ʂaŋ	꜀ʂaŋ	꜀ʂaŋ
常	宕开三阳平禅	꜁ʂaŋ	꜁tʂʰaŋ	꜁tʂʰaŋ	꜁ʂaŋ	꜁ʂaŋ	꜁ʂaŋ	꜁ʂaŋ	꜁ʂaŋ	꜁ʂaŋ
上	宕开三养上禅	ʂaŋ꜄	ʂaŋ꜄	ʂaŋ꜄	ʂaŋ꜄	ʂaŋ꜄	ʂaŋ꜄	ʂaŋ꜅	ʂaŋ꜄	ʂaŋ꜄
让	宕开三漾去日	ʐaŋ꜄	ʐaŋ꜄	ʐaŋ꜄	ʐaŋ꜄	ʐaŋ꜄	ʐaŋ꜄	ʐaŋ꜅	ʐaŋ꜄	ʐaŋ꜄

续表

字目	中古音	中原官话					江淮官话		西南官话	
		汉滨城关	旬阳城关	汉滨县河镇	江口回民镇	白河城关	平利城关	白河茅坪镇	石泉城关	紫阳城关
姜	宕开三阳平见	꜀tɕiaŋ	꜀tɕiaŋ	꜀tɕiaŋ	꜀tɕiaŋ	꜀tɕiaŋ	꜀tɕiaŋ	꜀tɕiaŋ	꜀tɕiaŋ	꜀tɕiaŋ
强~大	宕开三阳平群	꜁tɕʰiaŋ	꜁tɕʰiaŋ	꜁tɕʰiaŋ	꜁tɕʰiaŋ	꜁tɕʰiaŋ	꜁tɕʰiaŋ	꜁tɕʰiaŋ	꜁tɕʰiaŋ	꜁tɕʰiaŋ
强勉~	宕开三养上群	꜂tɕʰiaŋ	꜂tɕʰiaŋ	꜂tɕʰiaŋ	꜂tɕʰiaŋ	꜂tɕʰiaŋ	꜂tɕʰiaŋ	꜂tɕʰiaŋ	꜂tɕʰiaŋ	꜂tɕʰiaŋ
仰	宕开三养上疑	꜂ȵiaŋ	꜂iaŋ	꜂ȵiaŋ	꜂ȵiaŋ	꜂ȵiaŋ	꜂ȵiaŋ	꜂ȵiaŋ	꜂ȵiaŋ	꜂niaŋ
香	宕开三阳平晓	꜀ɕiaŋ	꜀ɕiaŋ	꜀ɕiaŋ	꜀ɕiaŋ	꜀ɕiaŋ	꜀ɕiaŋ	꜀ɕiaŋ	꜀ɕiaŋ	꜀ɕiaŋ
央	宕开三阳平影	꜀iaŋ	꜀iaŋ	꜀iaŋ	꜀iaŋ	꜀iaŋ	꜀iaŋ	꜀iaŋ	꜀iaŋ	꜀iaŋ
羊	宕开三阳平以	꜁iaŋ	꜁iaŋ	꜁iaŋ	꜁iaŋ	꜁iaŋ	꜁iaŋ	꜁iaŋ	꜁iaŋ	꜁iaŋ
光	宕合一唐平见	꜀kuaŋ	꜀kuaŋ	꜀kuaŋ	꜀kuaŋ	꜀kuaŋ	꜀kuaŋ	꜀kuaŋ	꜀kuaŋ	꜀kuaŋ
旷	宕合一宕去溪	kʰuaŋ꜄	kʰuaŋ꜄	kʰuaŋ꜄	kʰuaŋ꜄	kʰuaŋ꜄	kʰuaŋ꜄	kʰuaŋ꜄	kʰuaŋ꜄	kʰuaŋ꜄
荒	宕合一唐平晓	꜀xuaŋ	꜀xuaŋ	꜀xuaŋ	꜀xuaŋ	꜀xuaŋ	꜀xuaŋ	꜀xuaŋ	꜀xuaŋ	꜀xuaŋ
黄	宕合一唐平匣	꜁xuaŋ	꜁xuaŋ	꜁xuaŋ	꜁xuaŋ	꜁xuaŋ	꜁xuaŋ	꜁xuaŋ	꜁xuaŋ	꜁xuaŋ
汪	宕合一唐平影	꜀uaŋ	꜀uaŋ	꜀uaŋ	꜀uaŋ	꜀uaŋ	꜀uaŋ	꜀uaŋ	꜀uaŋ	꜀uaŋ
方	宕合三阳平非	꜀faŋ	꜀faŋ	꜀faŋ	꜀faŋ	꜀faŋ	꜀faŋ	꜀faŋ	꜀faŋ	꜀faŋ
芳	宕合三阳平敷	꜂faŋ	꜂faŋ	꜂faŋ	꜂faŋ	꜂faŋ	꜂faŋ	꜂faŋ	꜂faŋ	꜂faŋ

续表

字目	中古音	中原官话					江淮官话		西南官话	
		汉滨城关	旬阳城关	汉滨县河镇	江口回民镇	白河城关	平利城关	白河茅坪镇	石泉城关	紫阳城关
妨	宕合三阳平敷	꜁faŋ	꜁faŋ	꜁faŋ	꜁faŋ	꜁faŋ	꜁faŋ	꜁faŋ	꜁faŋ	꜁faŋ
房	宕合三阳平奉	꜁faŋ	꜁faŋ	꜁faŋ	꜁faŋ	꜁faŋ	꜁faŋ	꜁faŋ	꜁faŋ	꜁faŋ
忘	宕合三漾去微	uaŋ꜄	uaŋ꜄	uaŋ꜄	uaŋ꜄	uaŋ꜄	uaŋ꜄	uaŋ꜅	uaŋ꜄	uaŋ꜄
逛	宕合三漾去见	kuaŋ꜄	kuaŋ꜄	kuaŋ꜄	kuaŋ꜄	kuaŋ꜄	kuaŋ꜄	kuaŋ꜄	kuaŋ꜄	kuaŋ꜄
筐	宕合三阳平溪	꜀kʰuaŋ	꜀kʰuaŋ	꜀kʰuaŋ	꜀kʰuaŋ	꜀kʰuaŋ	꜀kʰuaŋ	꜀kʰuaŋ	꜀kʰuaŋ	꜀kʰuaŋ
狂	宕合三阳平群	꜁kʰuaŋ	꜁kʰuaŋ	꜁kʰuaŋ	꜁kʰuaŋ	꜁kʰuaŋ	꜁kʰuaŋ	꜁kʰuaŋ	꜁kʰuaŋ	꜁kʰuaŋ
况	宕合三漾去晓	kʰuaŋ꜄	kʰuaŋ꜄	kʰuaŋ꜄	kʰuaŋ꜄	kʰuaŋ꜄	kʰuaŋ꜄	kʰuaŋ꜄	kʰuaŋ꜄	kʰuaŋ꜄
王	宕合三阳平云	꜁uaŋ	꜁uaŋ	꜁uaŋ	꜁uaŋ	꜁uaŋ	꜁uaŋ	꜁uaŋ	꜁uaŋ	꜁uaŋ
旺	宕合三漾去云	uaŋ꜄	uaŋ꜄	uaŋ꜄	uaŋ꜄	uaŋ꜄	uaŋ꜄	uaŋ꜅	uaŋ꜄	uaŋ꜄
绑	江开二讲上帮	꜂paŋ	꜂paŋ	꜂paŋ	꜂paŋ	꜂paŋ	꜂paŋ	꜂paŋ	꜂paŋ	꜂paŋ
胖	江开二绛去滂	pʰaŋ꜄	pʰaŋ꜄	pʰaŋ꜄	pʰaŋ꜄	pʰaŋ꜄	pʰaŋ꜄	pʰaŋ꜄	pʰaŋ꜄	pʰaŋ꜄
棒	江开二讲上並	paŋ꜄	paŋ꜄	paŋ꜄	paŋ꜄	paŋ꜄	paŋ꜄	paŋ꜄	paŋ꜄	paŋ꜄
攮~筛	江开二讲上泥	꜂laŋ	꜂laŋ	꜂laŋ	꜂naŋ	꜂laŋ	꜂laŋ	꜂laŋ	꜂laŋ	꜂naŋ
撞	江开二绛去澄	pfaŋ꜄ ꜂pfʰaŋ	꜂tsʮaŋ ꜂tsʰʮaŋ	pfaŋ꜄ ꜂pfʰaŋ	tʂʮaŋ꜄ ꜂tʂʰʮaŋ	tʂʮaŋ꜄ ꜂tʂʰʮaŋ	tʂʮaŋ꜄ ꜂tʂʰʮaŋ	tʂʮaŋ꜅ ꜂tʂʰʮaŋ	tʂʮaŋ꜄ ꜂tʂʰʮaŋ	tʂuaŋ꜄ ꜂tʂʰuaŋ

续表

字目	中古音	中原官话					江淮官话		西南官话	
		汉滨城关	旬阳城关	汉滨县河镇	江口回民镇	白河城关	平利城关	白河茅坪镇	石泉城关	紫阳城关
窗	江开二江平初	꜀pfʰaŋ	꜀tsʰɥaŋ	꜀pfʰaŋ	꜀tʂʰɥaŋ	꜀tʂʰɥaŋ	꜀tʂʰɥaŋ	꜀tʂʰɥaŋ	꜀tʂʰɥaŋ	꜀tʂʰuaŋ
双 单~	江开二江平生	꜀faŋ	꜀sɥaŋ	꜀faŋ	꜀faŋ	꜀ʂɥaŋ	꜀ʂɥaŋ	꜀ʂɥaŋ	꜀ʂɥaŋ	꜀ʂuaŋ
双 ~生	江开二绛去生	faŋ꜄	sɥaŋ꜄	faŋ꜄	faŋ꜄	ʂɥaŋ꜄	ʂɥaŋ꜄	ʂɥaŋ꜄	ʂɥaŋ꜄	ʂuaŋ꜄
江	江开二江平见	꜀tɕiaŋ	꜀tɕiaŋ	꜀tɕiaŋ	꜀tɕiaŋ	꜀tɕiaŋ	꜀tɕiaŋ	꜀tɕiaŋ	꜀tɕiaŋ	꜀tɕiaŋ
豇	江开二江平见	꜀tɕiaŋ	꜀tɕiaŋ	꜀tɕiaŋ	꜀tɕiaŋ 文 ꜀kaŋ 白	꜀tɕiaŋ 文 ꜀kaŋ 白	꜀tɕiaŋ 文 ꜀kaŋ 白	꜀tɕiaŋ 文 ꜀kaŋ 白	꜀tɕiaŋ	꜀tɕiaŋ
虹	江开二绛去见	tɕiaŋ꜄	tɕiaŋ꜄	tɕiaŋ꜄	tɕiaŋ꜄	kaŋ꜄	kaŋ꜄	kaŋ꜄	kaŋ꜄	kaŋ꜄
腔	江开二江平溪	꜀tɕʰiaŋ	꜀tɕʰiaŋ	꜀tɕʰiaŋ	꜀tɕʰiaŋ	꜀tɕʰiaŋ	꜀tɕʰiaŋ	꜀tɕʰiaŋ	꜀tɕʰiaŋ	꜀tɕʰiaŋ
夯	江开二江平晓	꜀xaŋ	꜀xaŋ	꜀xaŋ	꜀xaŋ	꜀xaŋ	꜀xaŋ	꜀xaŋ	꜀xaŋ	꜀xaŋ
降 下~	江开二绛去见	tɕiaŋ꜄	tɕiaŋ꜄	tɕiaŋ꜄	tɕiaŋ꜄	tɕiaŋ꜄	tɕiaŋ꜄	tɕiaŋ꜄	tɕiaŋ꜄	tɕiaŋ꜄
降 投~	江开二江平匣	꜁tɕʰiaŋ	꜁tɕʰiaŋ	꜁tɕʰiaŋ	꜁tɕʰiaŋ	꜁tɕʰiaŋ	꜁tɕʰiaŋ	꜁tɕʰiaŋ	꜁tɕʰiaŋ	꜁tɕʰiaŋ
项	江开二讲上匣	ɕiaŋ꜄文 xaŋ꜄白	ɕiaŋ꜄文 xaŋ꜄白	ɕiaŋ꜄文 xaŋ꜄白	ɕiaŋ꜄文 xaŋ꜄白	ɕiaŋ꜄文 xaŋ꜄白	ɕiaŋ꜄文 xaŋ꜄白	ɕiaŋ꜄文 xaŋ꜄白	ɕiaŋ꜄文 xaŋ꜄白	ɕiaŋ꜄文 xaŋ꜄白
巷	江开二绛去匣	ɕiaŋ꜄文 xaŋ꜄白	ɕiaŋ꜄文 xaŋ꜄白	ɕiaŋ꜄文 xaŋ꜄白	ɕiaŋ꜄文 xaŋ꜄白	ɕiaŋ꜄文 xaŋ꜄白	ɕiaŋ꜄文 xaŋ꜄白	ɕiaŋ꜄文 xaŋ꜄白	ɕiaŋ꜄文 xaŋ꜄白	ɕiaŋ꜄文 xaŋ꜄白
崩	曾开一登平帮	꜀pəŋ	꜀pəŋ	꜀pən	꜀pəŋ	꜀pəŋ	꜀pən	꜀pən	꜀pən	꜀pən
朋	曾开一登平並	꜁pʰəŋ	꜁pʰəŋ	꜁pʰəŋ	꜁pʰəŋ	꜁pʰəŋ	꜁pʰoŋ	꜁pʰəŋ	꜁pʰuŋ	꜁pʰuŋ

续表

字目	中古音	中原官话					江淮官话		西南官话	
		汉滨城关	旬阳城关	汉滨县河镇	江口回民镇	白河城关	平利城关	白河茅坪镇	石泉城关	紫阳城关
灯	曾开一登平端	꜀təŋ	꜀təŋ	꜀tən	꜀təŋ	꜀tən	꜀tən	꜀tən	꜀tən	꜀tən
腾	曾开一登平定	꜁tʰəŋ	꜁tʰəŋ	꜁tʰən	꜁tʰəŋ	꜁tʰən	꜁tʰən	꜁tʰən	꜁tʰən	꜁tʰən
能	曾开一登平泥	꜁nəŋ	꜁ləŋ	꜁lən	꜁nəŋ	꜁lən	꜁lən	꜁lən	꜁lən	꜁nən
楞	曾开一登平来	꜁ləŋ	꜁ləŋ	꜁lən	꜁ləŋ	꜁lən	꜁lən	꜁lən	꜁lən	꜁nən
增	曾开一登平精	꜀tsəŋ	꜀tsəŋ	꜀tsən	꜀tsəŋ	꜀tsən	꜀tsən	꜀tsən	꜀tsən	꜀tsən
曾姓	曾开一登平精	꜀tsəŋ	꜀tsəŋ	꜀tsən	꜀tsəŋ	꜀tsən	꜀tsən	꜀tsən	꜀tsən	꜀tsən
曾~经	曾开一登平从	꜁tsʰəŋ	꜁tsʰəŋ	꜁tsʰən	꜁tsʰəŋ	꜁tsʰən	꜁tsʰən	꜁tsʰən	꜁tsʰən	꜁tsʰən
层	曾开一登平从	꜁tsʰəŋ	꜁tsʰəŋ	꜁tsʰən	꜁tsʰəŋ	꜁tsʰən	꜁tsʰən	꜁tsʰən	꜁tsʰən	꜁tsʰən
僧	曾开一登平心	꜀səŋ	꜀səŋ	꜀sən	꜀səŋ	꜀sən	꜀sən	꜀sən	꜀sən	꜀sən
肯	曾开一等上溪	꜂kʰən	꜂kʰən	꜂kʰən	꜂kʰən	꜂kʰən	꜂kʰən	꜂kʰən	꜂kʰən	꜂kʰən
恒	曾开一登平匣	꜁xəŋ	꜁xəŋ	꜁xən	꜁xəŋ	꜁xən	꜁xən	꜁xən	꜁xən	꜁xən
冰	曾开三蒸平帮	꜀piŋ	꜀piŋ	꜀pin	꜀piŋ	꜀pin	꜀pin	꜀pin	꜀pin	꜀pin
凭	曾开三蒸平並	꜀pʰiŋ	꜀pʰiŋ	꜀pʰin	꜀pʰiŋ	꜀pʰin	꜀pʰin	꜀pʰin	꜀pʰin	꜀pʰin
陵	曾开三蒸平来	꜁liŋ	꜁liŋ	꜁lin	꜁liŋ	꜁lin	꜁lin	꜁lin	꜁lin	꜁ȵin

续表

字目	中古音	中原官话					江淮官话		西南官话	
		汉滨城关	旬阳城关	汉滨县河镇	江口回民镇	白河城关	平利城关	白河茅坪镇	石泉城关	紫阳城关
征	曾开三蒸平澄	꜀tʂəŋ	꜀tʂəŋ	꜀tʂən	꜀tʂəŋ	꜀tʂən	꜀tʂən	꜀tʂən	꜀tʂən	꜀tʂən
惩	曾开三蒸平澄	꜂tʂʰəŋ	꜂tʂʰəŋ	꜂tʂʰən	꜂tʂʰəŋ	꜂tʂʰən	꜂tʂʰən	꜂tʂʰən	꜂tʂʰən	꜂tʂʰən
澄	曾开三蒸平澄	tʂəŋ꜄	tʂəŋ꜄	tʂən꜄	tʂəŋ꜄	tʂən꜄	tʂən꜄	tʂən꜅	tʂən꜄	tʂən꜄
瞪	曾开三证去澄	təŋ꜄	təŋ꜄	tən꜄	təŋ꜄	tən꜄	tən꜄	tən꜄	tən꜄	tən꜄
蒸	曾开三蒸平章	꜀tʂəŋ	꜀tʂəŋ	꜀tʂən	꜀tʂəŋ	꜀tʂən	꜀tʂən	꜀tʂən	꜀tʂən	꜀tʂən
称~呼	曾开三蒸平昌	꜀tʂʰəŋ	꜀tʂʰəŋ	꜀tʂʰən	꜀tʂʰəŋ	꜀tʂʰən	꜀tʂʰən	꜀tʂʰən	꜀tʂʰən	꜀tʂʰən
称相~	曾开三证去昌	꜂tʂʰəŋ	꜂tʂʰəŋ	꜂tʂʰən	꜂tʂʰəŋ	꜂tʂʰən	꜂tʂʰən	꜂tʂʰən	꜂tʂʰən	꜂tʂʰən
秤	曾开三证去昌	tʂʰəŋ꜄	tʂʰəŋ꜄	tʂʰən꜄	tʂʰəŋ꜄	tʂʰən꜄	tʂʰən꜄	tʂʰən꜄	tʂʰən꜄	tʂʰən꜄
乘	曾开三蒸平船	tʂʰəŋ꜄	tʂʰəŋ꜄	tʂʰən꜄	tʂʰəŋ꜄	tʂʰən꜄	tʂʰən꜄	tʂʰən꜄	tʂʰən꜄	tʂʰən꜄
绳	曾开三蒸平船	꜁ʂəŋ	꜁ʂəŋ	꜁ʂən	꜁ʂəŋ	꜁ʂən	꜁ʂən	꜁ʂən	꜁ʂən	꜁ʂən
剩	曾开三证去船	ʂəŋ꜄	ʂəŋ꜄	ʂən꜄	ʂəŋ꜄	ʂən꜄	ʂən꜄	ʂən꜅	ʂən꜄	ʂən꜄
升	曾开三蒸平书	꜀ʂəŋ	꜀ʂəŋ	꜀ʂən	꜀ʂəŋ	꜀ʂən	꜀ʂən	꜀ʂən	꜀ʂən	꜀ʂən
胜	曾开三证去书	ʂəŋ꜄	ʂəŋ꜄	ʂən꜄	ʂəŋ꜄	ʂən꜄	ʂən꜄	ʂən꜄	ʂən꜄	ʂən꜄
承	曾开三蒸平禅	꜁tʂʰəŋ	꜁tʂʰəŋ	꜁tʂʰən	꜁tʂʰəŋ	꜁tʂʰən	꜁tʂʰən	꜁tʂʰən	꜁tʂʰən	꜁tʂʰən

续表

字目	中古音	中原官话					江淮官话		西南官话	
		汉滨城关	旬阳城关	汉滨县河镇	江口回民镇	白河城关	平利城关	白河茅坪镇	石泉城关	紫阳城关
扔	曾开三蒸平日	꜂ʐəŋ	꜂ʐən	꜂ʐən	꜂ʐəŋ	꜂ʐən	꜂ʐən	꜂ʐən	꜂ʐən	꜂ʐən
凝	曾开三证去疑	꜁ȵiŋ	꜁ȵin	꜁ȵin	꜁ȵiŋ	꜁ȵin	꜁ȵin	꜁ȵin	꜁ȵin	꜁ȵin
兴~旺	曾开三蒸平晓	꜀ɕiŋ	꜀ɕiŋ	꜀ɕin	꜀ɕiŋ	꜀ɕin	꜀ɕin	꜀ɕin	꜀ɕin	꜀ɕin
兴高~	曾开三证去晓	ɕiŋ꜄	ɕiŋ꜄	ɕin꜄	ɕiŋ꜄	ɕin꜄	ɕin꜄	ɕin꜄	ɕin꜄	ɕin꜄
应~当	曾开三蒸平影	iŋ꜄	iŋ꜄	in꜄	iŋ꜄	in꜄	in꜄	in꜄	in꜄	in꜄
应响~	曾开三证去影	iŋ꜄	iŋ꜄	in꜄	iŋ꜄	in꜄	in꜄	in꜄	in꜄	in꜄
鹰	曾开三蒸平影	꜀iŋ	꜀iŋ	꜀in	꜀iŋ	꜀in	꜀in	꜀in	꜀in	꜀in
蝇	曾开三蒸平以	꜀iŋ	꜀iŋ	꜀in	꜀iŋ	꜀in	꜀in	꜀in	꜀in	꜀in
孕	曾开三证去以	yən꜄	yən꜄	yən꜄	ʮən꜄	yən꜄	ʮən꜄	ʮən꜄	ʮən꜄	yən꜄
弘	曾合一登平匣	꜁xuŋ	꜁xuŋ	꜁xoŋ	꜁xuŋ	꜁xuŋ	꜁xuŋ	꜁xəŋ	꜁xuŋ	꜁xuŋ
烹	梗开二庚平滂	꜀pʰəŋ	꜀pʰəŋ	꜀pʰən	꜀pʰəŋ	꜀pʰən	꜀pʰən	꜀pʰən	꜀pʰən	꜀pʰən
彭	梗开二庚平並	꜁pʰəŋ	꜁pʰəŋ	꜁pʰən	꜁pʰəŋn	꜁pʰən	꜁pʰən	꜁pʰən	꜁pʰən	꜁pʰən
盲	梗开二庚平明	꜁maŋ	꜁maŋ	꜁maŋ	꜁maŋ	꜁maŋ	꜁maŋ	꜁maŋ	꜁maŋ	꜁maŋ
猛	梗开二梗上明	꜂məŋ	꜂məŋ	꜂məŋ	꜂məŋ	꜂məŋ	꜂moŋ	꜂məŋ	꜂muŋ	꜂muŋ

续表

字目	中古音	中原官话					江淮官话		西南官话	
		汉滨城关	旬阳城关	汉滨县河镇	江口回民镇	白河城关	平利城关	白河茅坪镇	石泉城关	紫阳城关
打	梗开二梗上端	ᶜta	ᶜta	ᶜta	ᶜta	ᶜta	ᶜta	ᶜta	ᶜta	ᶜta
冷	梗开二梗上来	ᶜləŋ	ᶜləŋ	ᶜlən	ᶜləŋ	ᶜlən	ᶜlən	ᶜlən	ᶜlən	ᶜnən
撑	梗开二庚平彻	꜀tʂʰəŋ	꜀tʂʰəŋ	꜀tsʰən	꜀tsʰəŋ	꜀tsʰən	꜀tsʰən	꜀tsʰən	꜀tsʰən	꜀tsʰən
生	梗开二庚平生	꜀ʂəŋ	꜀ʂəŋ	꜀sən	꜀səŋ	꜀sən	꜀sən	꜀sən	꜀sən	꜀sən
更五~	梗开二庚平见	꜀kəŋ	꜀kəŋ	꜀kən	꜀kəŋ	꜀kən	꜀kən	꜀kən	꜀kən	꜀kən
更~加	梗开二映去见	kəŋᵓ	kəŋᵓ	kənᵓ	kəŋᵓ	kənᵓ	kənᵓ	kənᵓ	kənᵓ	kənᵓ
坑	梗开二庚平溪	꜀kʰəŋ	꜀kʰəŋ	꜀kʰən	꜀kʰəŋ	꜀kʰən	꜀kʰən	꜀kʰən	꜀kʰən	꜀kʰən
庚	梗开二庚平见	꜀kəŋ	꜀kəŋ	꜀kən	꜀kəŋ	꜀kən	꜀kən	꜀kən	꜀kən	꜀kən
硬	梗开二映去疑	ȵiŋᵓ	ȵiŋᵓ	ȵinᵓ	ȵiŋᵓ	ŋənᵓ	ŋənᵓ	ŋənᵓ̲	ŋənᵓ	ŋənᵓ
亨	梗开二庚平晓	꜀xəŋ	꜀xəŋ	꜀xən	꜀xəŋ	꜀xən	꜀xən	꜀xən	꜀xən	꜀xən
行	梗开二庚平匣	꜁ɕiŋ	꜁ɕiŋ	꜁ɕin	꜁ɕiŋ	꜁ɕin	꜁ɕin	꜁ɕin	꜁ɕin	꜁ɕin
杏	梗开二梗上匣	xənᵓ	ɕiŋᵓ xənᵓ	xənᵓ	xənᵓ	xənᵓ	xənᵓ	xənᵓ̲	xənᵓ	xənᵓ
迸	梗开二諍去帮	pəŋᵓ	pəŋᵓ	pəŋᵓ文 pieᵓ白	pəŋᵓ文 pieᵓ白	pəŋᵓ文 pieᵓ白	poŋᵓ文 pieᵓ白	pəŋᵓ文 pieᵓ白	puŋᵓ文 pieᵓ白	puŋᵓ文 pieᵓ白
棚	梗开二耕平並	꜁pʰəŋ	꜁pʰəŋ	꜁pʰəŋ	꜁pʰəŋ	꜁pʰəŋ	꜁pʰoŋ	꜁pʰəŋ	꜁pʰuŋ	꜁pʰuŋ

续表

字目	中古音	中原官话					江淮官话		西南官话	
		汉滨城关	旬阳城关	汉滨县河镇	江口回民镇	白河城关	平利城关	白河茅坪镇	石泉城关	紫阳城关
萌	梗开二耕平明	꜁məŋ	꜁məŋ	꜁məŋ	꜁məŋ	꜁məŋ	꜁moŋ	꜁məŋ	꜁muŋ	꜁muŋ
橙~子	梗开二耕平澄	꜁tʂʰəŋ	꜁tʂʰəŋ	꜁tʂʰən	꜁tʂʰəŋ	꜁tʂʰən	꜁tʂʰən	꜁tʂʰən	꜁tʂʰən	꜁tʂʰən
争	梗开二耕平庄	꜀tʂəŋ	꜀tʂəŋ	꜀tsən	꜀tsəŋ	꜀tsən	꜀tsən	꜀tsən	꜀tsən	꜀tsən
耕	梗开二耕平见	꜀kəŋ	꜀kən	꜀kən	꜀kəŋ	꜀kən	꜀kən	꜀kən	꜀kən	꜀kən
幸	梗开二耿上匣	ɕiŋ꜄	ɕiŋ꜄	ɕin꜄	ɕiŋ꜄	ɕin꜄	ɕin꜄	ɕin꜅	ɕin꜄	ɕin꜄
樱	梗开二耕平影	꜀iŋ	꜀iŋ	꜀in	꜀iŋ	꜀in	꜀in	꜀in	꜀in	꜀in
兵	梗开三庚平帮	꜀piŋ	꜀piŋ	꜀pin	꜀piŋ	꜀pin	꜀pin	꜀pin	꜀pin	꜀pin
平	梗开三庚平並	꜁pʰiŋ	꜁pʰiŋ	꜁pʰin	꜁pʰiŋ	꜁pʰin	꜁pʰin	꜁pʰin	꜁pʰin	꜁pʰin
病	梗开三映去並	piŋ꜄	piŋ꜄	pin꜄	piŋ꜄	pin꜄	pin꜄	pin꜅	pin꜄	pin꜄
明	梗开三庚平明	꜁miŋ	꜁miŋ	꜁min	꜁miŋ	꜁min	꜁min	꜁min	꜁min	꜁min
京	梗开三庚平见	꜀tɕiŋ	꜀tɕiŋ	꜀tɕin	꜀tɕiŋ	꜀tɕin	꜀tɕin	꜀tɕin	꜀tɕin	꜀tɕin
镜	梗开三映去见	tɕiŋ꜄	tɕiŋ꜄	tɕin꜄	tɕiŋ꜄	tɕin꜄	tɕin꜄	tɕin꜄	tɕin꜄	tɕin꜄
庆	梗开三映去溪	tɕʰiŋ꜄	tɕʰiŋ꜄	tɕʰin꜄	tɕʰiŋ꜄	tɕʰin꜄	tɕʰin꜄	tɕʰin꜄	tɕʰin꜄	tɕʰin꜄
竞	梗开三映去群	tɕiŋ꜄	tɕiŋ꜄	tɕin꜄	tɕiŋ꜄	tɕin꜄	tɕin꜄	tɕin꜄	tɕin꜄	tɕin꜄

续表

字目	中古音	中原官话					江淮官话		西南官话	
		汉滨城关	旬阳城关	汉滨县河镇	江口回民镇	白河城关	平利城关	白河茅坪镇	石泉城关	紫阳城关
迎	梗开三庚平疑	꜁iŋ	꜁iŋ	꜁in	꜁iŋ	꜁in	꜁in	꜁in	꜁in	꜁in
英	梗开三庚平影	꜀iŋ	꜀iŋ	꜀in	꜀iŋ	꜀in	꜀in	꜀in	꜀in	꜀in
饼	梗开三静上帮	꜂piŋ	꜂piŋ	꜂pin	꜂piŋ	꜂pin	꜂pin	꜂pin	꜂pin	꜂pin
聘	梗开三劲去滂	pʰiŋ꜄	pʰiŋ꜄	pʰin꜄	pʰiŋ꜄	pʰin꜄	pʰin꜄	pʰin꜄	pʰin꜄	pʰin꜄
名	梗开三清平明	꜁miŋ	꜁miŋ	꜁min	꜁miŋ	꜁min	꜁min	꜁min	꜁min	꜁min
领	梗开三静上来	꜂liŋ	꜂liŋ	꜂lin	꜂liŋ	꜂lin	꜂lin	꜂lin	꜂lin	꜂ȵin
精	梗开三清平精	꜀tɕiŋ	꜀tɕiŋ	꜀tɕin	꜀tɕiŋ	꜀tɕin	꜀tɕin	꜀tɕin	꜀tɕin	꜀tɕin
井	梗开三静上精	꜂tɕiŋ	꜂tɕiŋ	꜂tɕin	꜂tɕiŋ	꜂tɕin	꜂tɕin	꜂tɕin	꜂tɕin	꜂tɕin
清	梗开三清平清	꜀tɕʰiŋ	꜀tɕʰiŋ	꜀tɕʰin	꜀tɕʰiŋ	꜀tɕʰin	꜀tɕʰin	꜀tɕʰin	꜀tɕʰin	꜀tɕʰin
情	梗开三清平从	꜁tɕʰiŋ	꜁tɕʰiŋ	꜁tɕʰin	꜁tɕʰiŋ	꜁tɕʰin	꜁tɕʰin	꜁tɕʰin	꜁tɕʰin	꜁tɕʰin
静	梗开三静上从	tɕiŋ꜄	tɕiŋ꜄	tɕin꜄	tɕiŋ꜄	tɕin꜄	tɕin꜄	tɕin꜅	tɕin꜄	tɕin꜄
省~长	梗开二梗上生	꜂ʂəŋ	꜂ʂəŋ	꜂sən	꜂ʂəŋ	꜂sən	꜂sən	꜂sən	꜂sən	꜂sən
省反~	梗开三静上心	꜂ɕiŋ	꜂ɕiŋ	꜂ɕin	꜂ɕiŋ	꜂ɕin	꜂ɕin	꜂ɕin	꜂ɕin	꜂ɕin
贞	梗开三清平知	꜀tʂən	꜀tʂən	꜀tʂən	꜀tʂən	꜀tʂən	꜀tʂən	꜀tʂən	꜀tʂən	꜀tʂən

续表

字目	中古音	中原官话					江淮官话		西南官话	
		汉滨城关	旬阳城关	汉滨县河镇	江口回民镇	白河城关	平利城关	白河茅坪镇	石泉城关	紫阳城关
侦	梗开三清平彻	꜀tʂən	꜀tʂən	꜀tʂən	꜀tʂən	꜀tʂən	꜀tʂən	꜀tʂən	꜀tʂən	꜀tʂən
逞	梗开三静上彻	꜁tʂʰəŋ	꜁tʂʰəŋ	꜁tʂʰən	꜁tʂʰə	꜁tʂʰən	꜁tʂʰən	꜁tʂʰən	꜁tʂʰən	꜁tʂʰən
程	梗开三清平澄	꜁tʂʰəŋ	꜁tʂʰəŋ	꜁tʂʰən	꜁tʂʰəŋ	꜁tʂʰən	꜁tʂʰən	꜁tʂʰən	꜁tʂʰən	꜁tʂʰən
郑	梗开三劲去澄	tʂəŋ꜄	tʂəŋ꜄	tʂən꜄	tʂəŋ꜄	tʂən꜄	tʂən꜄	tʂən꜅	tʂən꜄	tʂən꜄
整	梗开三静上章	꜂tʂəŋ	꜂tʂəŋ	꜂tʂən	꜂tʂəŋ	꜂tʂən	꜂tʂən	꜂tʂən	꜂꜂tʂən	꜂tʂən
正~月	梗开三清平章	꜀tʂəŋ	꜀tʂəŋ	꜀tʂən	꜀tʂəŋ	꜀tʂən	꜀tʂən	꜀tʂən	꜀tʂən	꜀tʂən
正~确	梗开三劲去章	tʂəŋ꜄	tʂəŋ꜄	tʂən꜄	tʂəŋ꜄	tʂən꜄	tʂən꜄꜄	tʂən꜄	tʂən꜄	tʂən꜄
政	梗开三劲去章	tʂəŋ꜄	tʂəŋ꜄	tʂən꜄	tʂəŋ꜄	tʂən꜄	tʂən꜄	tʂən꜄	tʂən꜄	tʂən꜄
声	梗开三清平书	꜀ʂəŋ	꜀ʂəŋ	꜀ʂən	꜀ʂəŋ	꜀ʂən	꜀ʂən	꜀ʂən	꜀ʂən	꜀ʂən
成	梗开三清平禅	꜁tʂʰəŋ	꜁tʂʰəŋ	꜁tʂʰən	꜁tʂʰəŋ	꜁tʂʰən	꜁tʂʰən	꜁tʂʰən	꜁tʂʰən	꜁tʂʰən
颈	梗开三静上见	꜂tɕiŋ	꜂tɕiŋ	꜂tɕin	꜂tɕiŋ	꜂tɕin	꜂tɕin	꜂tɕin	꜂tɕin	꜂tɕin
轻	梗开三清平溪	꜀tɕʰiŋ	꜀tɕʰiŋ	꜀tɕʰin	꜀tɕʰiŋ	꜀tɕʰin	꜀tɕʰin	꜀tɕʰin	꜀tɕʰin	꜀tɕʰin
婴	梗开三清平影	꜁iŋ	꜁iŋ	꜁in	꜁iŋ	꜁in	꜁in	꜁in	꜁in	꜁in
赢	梗开三清平以	꜁iŋ	꜁iŋ	꜁in	꜁iŋ	꜁in	꜁in	꜁in	꜁in	꜁in

续表

字目	中古音	中原官话					江淮官话		西南官话	
		汉滨城关	旬阳城关	汉滨县河镇	江口回民镇	白河城关	平利城关	白河茅坪镇	石泉城关	紫阳城关
姘	梗开四青平滂	pʰiŋ꜄	pʰin꜄	pʰin꜄꜄	pʰiŋ꜄	pʰin꜄	pʰin꜄	pʰin꜄	pʰin꜄	pʰin꜄
瓶	梗开四青平並	꜁pʰiŋ	꜁pʰiŋ	꜁pʰin	꜁pʰiŋ	꜁pʰin	꜁pʰin	꜁pʰin	꜁pʰin	꜁pʰin
並	梗开四迥上並	piŋ꜄	piŋ꜄	pin꜄	piŋ꜄	pin꜄	pin꜄	pin꜅	pin꜄	pin꜄꜄
铭	梗开四青平明	꜁miŋ	꜁miŋ	꜁min	꜁miŋ	꜁min	꜁min	꜁min	꜁min	꜁min
钉铁~	梗开四青平端	꜀tiŋ	꜀tiŋ	꜀tin	꜀tiŋ	꜀tin	꜀tin	꜀tin	꜀tin	꜀tin
钉~住	梗开四径去端	tiŋ꜄	tiŋ꜄	tin꜄	tiŋ꜄	tin꜄	tin꜄	tin꜄	tin꜄	tin꜄
听~力	梗开四青平透	꜀tʰiŋ	꜀tʰiŋ	꜀tʰin	꜀tʰiŋ	꜀tʰin	꜀tʰin	꜀tʰin	꜀tʰin	꜀tʰin
听~任	梗开四径去透	tʰiŋ꜄	tʰiŋ꜄	tʰin꜄	tʰiŋ꜄	tʰin꜄	tʰin꜄	tʰin꜄	tʰin꜄	tʰin꜄
停	梗开四青平定	꜁tʰiŋ	꜁tʰiŋ	꜁tʰin	꜁tʰiŋ	꜁tʰin	꜁tʰin	꜁tʰin	꜁tʰin	꜁tʰin
定	梗开四径去定	tiŋ꜄	tiŋ꜄	tin꜄	tiŋ꜄	tin꜄	tin꜄	tin꜅	tin꜄	tin꜄
宁	梗开四青平泥	꜁ȵiŋ	꜁ȵiŋ	꜁lin	꜁ȵiŋ	꜁lin	꜁lin	꜁lin	꜁lin	꜁ȵin
灵	梗开四青平来	꜁liŋ	꜁liŋ	꜁lin	꜁liŋ	꜁lin	꜁lin	꜁lin	꜁lin	꜁ȵin
青	梗开四青平清	꜀tɕʰiŋ	꜀tɕʰiŋ	꜀tɕʰin	꜀tɕʰiŋ	꜀tɕʰin	꜀tɕʰin	꜀tɕʰin	꜀tɕʰin	꜀tɕʰin
星	梗开四青平心	꜀ɕiŋ	꜀ɕiŋ	꜀ɕin	꜀ɕiŋ	꜀ɕin	꜀ɕin	꜀ɕin	꜀ɕin	꜀ɕin

续表

字目	中古音	中原官话					江淮官话		西南官话	
		汉滨城关	旬阳城关	汉滨县河镇	江口回民镇	白河城关	平利城关	白河茅坪镇	石泉城关	紫阳城关
经	梗开四青平见	꜀tɕiŋ	꜀tɕiŋ	꜀tɕin	꜀tɕiŋ	꜀tɕin	꜀tɕin	꜀tɕin	꜀tɕin	꜀tɕin
罄	梗开四径去见	tɕʰiŋ꜄	tɕʰiŋ꜄	tɕʰin꜄	tɕʰiŋ꜄	tɕʰin꜄	tɕʰin꜄	tɕʰin꜄	tɕʰin꜄	tɕʰin꜄
馨	梗开四青平晓	꜀tɕʰiŋ	꜀tɕʰiŋ	꜀tɕʰin	꜀tɕʰiŋ	꜀tɕʰin	꜀tɕʰin	꜀tɕʰin	꜀tɕʰin	꜀tɕʰin
形	梗开四青平匣	꜁ɕiŋ	꜁ɕiŋ	꜁ɕin	꜁ɕiŋ	꜁ɕin	꜁ɕin	꜁ɕin	꜁ɕin	꜁ɕin
矿	梗合二梗上见	kʰuaŋ꜄	kʰuaŋ꜄	kʰuaŋ꜄	kʰuaŋ꜄	kʰuaŋ꜄	kʰuaŋ꜄	kʰuaŋ꜄	kʰuaŋ꜄	kʰuaŋ꜄
横	梗合二庚平匣	꜁xuən	꜁xuəŋ	꜁xuən	꜁xuən	꜁xuən	꜁xuən	꜁xuən	꜁xuən	꜁xuən
宏	梗合二耕平匣	꜁xuŋ	꜁xuŋ	꜁xoŋ	꜁xuŋ	꜁xəŋ	꜁xoŋ	꜁xəŋ	꜁xuŋ	꜁xuŋ
倾	梗合三清平溪	꜂tɕʰyn	꜂tɕʰyn	꜂tɕʰin	꜂tɕʰin	꜂tɕʰin	꜂tɕʰin	꜂tɕʰin	꜂tɕʰin	꜂tɕʰin
琼	梗合三清平群	꜁tɕʰyn	꜁tɕʰyn	꜁tɕʰioŋ	꜁tɕʰyŋ	꜁tɕʰyŋ	꜁tʂʰɥən	꜁tʂʰɥən	꜁tɕʰiuŋ	꜁tɕʰyŋ
兄	梗合三庚平晓	꜀ɕyŋ	꜀ɕyŋ	꜀ɕioŋ	꜀ɕyŋ	꜀ɕyŋ	꜀ɕioŋ	꜀ɕiəŋ	꜀ɕiuŋ	꜀ɕyŋ
荣	梗合三庚平云	꜁yŋ	꜁yŋ	꜁zuŋ 文 ꜁yŋ 白	꜁yŋ	꜁zuŋ 文 ꜁yŋ 白	꜁zoŋ 文 ꜁ioŋ 白	꜁iəŋ	꜁zuŋ 文 ꜁iuŋ 白	꜁zuŋ 文 ꜁yŋ 白
永	梗合三梗上云	꜂yən	꜂yən	꜂yən	꜂yən	꜂yən	꜂ɥən	꜂ɥən	꜂ɥən	꜂yən
营	梗合三清平以	꜁iŋ	꜁iŋ	꜁in	꜁iŋ	꜁in	꜁in	꜁in	꜁in	꜁in
萤	梗合四青平匣	꜁iŋ	꜁iŋ	꜁in	꜁iŋ	꜁in	꜁in	꜁in	꜁in	꜁in

续表

字目	中古音	中原官话					江淮官话		西南官话	
		汉滨城关	旬阳城关	汉滨县河镇	江口回民镇	白河城关	平利城关	白河茅坪镇	石泉城关	紫阳城关
蓬	通合一东平並	꜁pʰuŋ	꜁pʰuŋ	꜁pʰuŋ	꜁pʰuŋ	꜁pʰəŋ	꜁pʰoŋ	꜁pʰəŋ	꜁pʰuŋ	꜁pʰuŋ
蒙	通合一东平明	꜁muŋ	꜁muŋ	꜁muŋ	꜁muŋ	꜁məŋ	꜁moŋ	꜁məŋ	꜁muŋ	꜁muŋ
懵~懂	通合一董上明	꜂muŋ	꜂muŋ	꜂muŋ	꜂muŋ	꜂məŋ	꜂moŋ	꜂məŋ	꜂muŋ	꜂muŋ
东	通合一东平端	꜀tuŋ	꜀tuŋ	꜀tuŋ	꜀tuŋ	꜀təŋ	꜀toŋ	꜀təŋ	꜀tuŋ	꜀tuŋ
通	通合一东平透	꜀tʰuŋ	꜀tʰuŋ	꜀tʰuŋ	꜀tʰuŋ	꜀tʰəŋ	꜀tʰoŋ	꜀tʰəŋ	꜀tʰuŋ	꜀tʰuŋ
痛	通合一送去透	tʰuŋ꜄	tʰuŋ꜄	tʰuŋ꜄	tʰuŋ꜄	tʰəŋ꜄	tʰoŋ꜄	tʰəŋ꜄	tʰuŋ꜄	tʰuŋ꜄
同	通合一东平定	꜁tʰuŋ	꜁tʰuŋ	꜁tʰuŋ	꜁tʰuŋ	꜁tʰəŋ	꜁tʰoŋ	꜁tʰəŋ	꜁tʰuŋ	꜁tʰuŋ
洞	通合一送去定	tuŋ꜄	tuŋ꜄	tuŋ꜄	tuŋ꜄	təŋ꜄	toŋ꜄	təŋ꜅	tuŋ꜄	tuŋ꜄
动	通合一董上定	tuŋ꜄	tuŋ꜄	tuŋ꜄	tuŋ꜄	təŋ꜄	toŋ꜄	təŋ꜅	tuŋ꜄	tuŋ꜄
齉	通合一送去泥	luŋ꜄	luŋ꜄	luŋ꜄	nuŋ꜄	ləŋ꜄	loŋ꜄	ləŋ꜄	luŋ꜄	nuŋ꜄
笼	通合一东平来	꜁luŋ	꜁luŋ	꜁luŋ	꜁luŋ	꜁ləŋ	꜁loŋ	꜁ləŋ	꜁luŋ	꜁nuŋ
粽	通合一送去精	tsuŋ꜄	tsɥŋ꜄	tsuŋ꜄	tsuŋ꜄	tsəŋ꜄	tsoŋ꜄	tsəŋ꜄	tsuŋ꜄	tsuŋ꜄
聪	通合一东平清	꜀tsʰuŋ	꜀tsʰɥŋ	꜀tsʰuŋ	꜀tsʰuŋ	꜀tsʰəŋ	꜀tsʰoŋ	꜀tsʰəŋ	꜀tsʰuŋ	꜀tsʰuŋ
从	通合一东平从	꜁tsʰuŋ	꜁tsʰɥŋ	꜁tsʰuŋ	꜁tsʰuŋ	꜁tsʰəŋ	꜁tsʰoŋ	꜁tsʰəŋ	꜁tsʰuŋ	꜁tsʰuŋ

续表

字目	中古音	中原官话					江淮官话		西南官话	
		汉滨城关	旬阳城关	汉滨县河镇	江口回民镇	白河城关	平利城关	白河茅坪镇	石泉城关	紫阳城关
送	通合一送去心	suŋ꜄	sʮŋ꜄	suŋ꜄	suŋ꜄	səŋ꜄	soŋ꜄	səŋ꜄	suŋ꜄	suŋ꜄
工	通合一东平见	꜀kuŋ	꜀kuŋ	꜀kuŋ	꜀kuŋ	꜀kəŋ	꜀koŋ	꜀kəŋ	꜀kuŋ	꜀kuŋ
空~虚	通合一东平溪	꜀kʰuŋ	꜀kʰuŋ	꜀kʰuŋ	꜀kʰuŋ	꜀kʰəŋ	꜀kʰoŋ	꜀kʰəŋ	꜀kʰuŋ	꜀kʰuŋ
空~缺	通合一送去溪	kʰuŋ꜄	kʰuŋ꜄	kʰuŋ꜄	kʰuŋ꜄	kʰəŋ꜄	kʰoŋ꜄	kʰəŋ꜄	kʰuŋ꜄	kʰuŋ꜄
烘	通合一东平晓	꜀xuŋ	꜀xuŋ	꜀xuŋ	꜀xuŋ	꜀xəŋ	꜀xoŋ	꜀xəŋ	꜀xuŋ	꜀xuŋ
哄~骗	通合一董上晓	꜂xuŋ	꜂xuŋ	꜂xuŋ	꜂xuŋ	꜂xəŋ	꜂xoŋ	꜂xəŋ	꜂xuŋ	꜂xuŋ
红	通合一东平匣	꜁xuŋ	꜁xuŋ	꜁xuŋ	꜁xuŋ	꜁xəŋ	꜁xoŋ	꜁xəŋ	꜁xuŋ	꜁xuŋ
翁	通合一东平影	꜀uəŋ	꜀uəŋ	꜀uŋ	꜀uəŋ	꜀uəŋ	꜀uŋ	꜀uŋ	꜀uŋ	꜀uŋ
冬	通合一冬平端	꜀tuŋ	꜀tuŋ	꜀tuŋ	꜀tuŋ	꜀təŋ	꜀toŋ	꜀təŋ	꜀tuŋ	꜀tuŋ
农	通合一冬平泥	꜁luŋ	꜁luŋ	꜁luŋ	꜁nuŋ	꜁ləŋ	꜁loŋ	꜁ləŋ	꜁luŋ	꜁nuŋ
宗	通合一冬平精	꜀tsuŋ	꜀tsʮŋ	꜀tsuŋ	꜀tsuŋ	꜀tsəŋ	꜀tsoŋ	꜀tsəŋ	꜀tsuŋ	꜀tsuŋ
鬆	通合一冬平心	꜀suŋ	꜀sʮŋ	꜀suŋ	꜀suŋ	꜀səŋ	꜀soŋ	꜀səŋ	꜀suŋ	꜀suŋ
风	通合三东平非	꜀fəŋ	꜀fəŋ	꜀fuŋ	꜀fəŋ	꜀fəŋ	꜀foŋ	꜀fəŋ	꜀fuŋ	꜀fuŋ
丰	通合三东平敷	꜀fəŋ	꜀fəŋ	꜀fuŋ	꜀fəŋ	꜀fəŋ	꜀foŋ	꜀fəŋ	꜀fuŋ	꜀fuŋ

续表

字目	中古音	中原官话					江淮官话		西南官话	
		汉滨城关	旬阳城关	汉滨县河镇	江口回民镇	白河城关	平利城关	白河茅坪镇	石泉城关	紫阳城关
冯	通合三东平奉	꜁fəŋ	꜁fəŋ	꜁fuŋ	꜁fəŋ	꜁fəŋ	꜁foŋ	꜁fəŋ	꜁fuŋ	꜁fuŋ
梦	通合三送去明	məŋ꜄	məŋ꜄	muŋ꜄	məŋ꜄	məŋ꜄	moŋ꜄	məŋ꜅	muŋ꜄	muŋ꜄
隆	通合三东平来	꜁luŋ	꜁luŋ	꜁luŋ	꜁luŋ	꜁ləŋ	꜁loŋ	꜁ləŋ	꜁luŋ	꜁nuŋ
嵩	通合三东平心	꜀suŋ	꜀suŋ	꜀suŋ	꜀suŋ	꜀səŋ	꜀soŋ	꜀səŋ	꜀suŋ	꜀suŋ
忠	通合三东平知	꜀pfəŋ	꜀tʂuŋ	꜀pfəŋ	꜀tʂuŋ	꜀tʂəŋ	꜀tʂoŋ	꜀tʂəŋ	꜀tʂuŋ	꜀tʂuŋ
虫	通合三东平澄	꜁pfʰəŋ	꜁tʂʰuŋ	꜁pfʰəŋ	꜁tʂʰuŋ	꜁tʂʰəŋ	꜁tʂʰoŋ	꜁tʂʰəŋ	꜁tʂʰuŋ	꜁tʂʰuŋ
崇	通合三东平崇	꜁tsʰuŋ	꜁tsʰɥŋ	꜁tsʰuŋ	꜁tsʰuŋ	꜁tʂʰəŋ	꜁tsʰoŋ	꜁tsʰəŋ	꜁tsʰuŋ	꜁tsʰuŋ
众	通合三送去章	tʂəŋ꜄	tʂuŋ꜄	tʂuŋ꜄	tʂuŋ꜄	tʂəŋ꜄	tʂoŋ꜄	tʂəŋ꜄	tʂuŋ꜄	tʂuŋ꜄
铳	通合三送去昌	pfʰəŋ꜄	tʂʰuŋ꜄	pfʰəŋ꜄	tʂʰuŋ꜄	tʂʰəŋ꜄	tʂʰoŋ꜄	tʂʰəŋ꜄	tʂʰuŋ꜄	tʂʰuŋ꜄
绒	通合三东平日	꜁vəŋ	꜁yŋ	꜁ʐuŋ	꜁yŋ	꜁yŋ	꜁ioŋ	꜁iəŋ	꜁iuŋ	꜁yŋ
宫	通合三东平见	꜀kuŋ	꜀kuŋ	꜀kuŋ	꜀kuŋ	꜀kuŋ	꜀koŋ	꜀kəŋ	꜀kuŋ	꜀kuŋ
穷	通合三东平群	꜁tɕʰyŋ	꜁tɕʰyŋ	꜁tɕʰyŋ	꜁tɕʰyŋ	꜁tɕʰyŋ	꜁tɕʰioŋ	꜁tɕʰiəŋ	꜁tɕʰiuŋ	꜁tɕʰyŋ
熊	通合三东平云	꜁ɕyŋ	꜁ɕyŋ	꜁ɕyŋ	꜁ɕyŋ	꜁ɕyŋ	꜁ɕioŋ	꜁ɕiəŋ	꜁ɕiuŋ	꜁ɕyŋ
雄	通合三东平云	꜀ɕyŋ	꜀ɕyŋ	꜀ɕyŋ	꜀ɕyŋ	꜀ɕyŋ	꜀ɕioŋ	꜀ɕiəŋ	꜀ɕiuŋ	꜀ɕyŋ

续表

字目	中古音	中原官话					江淮官话		西南官话	
		汉滨城关	旬阳城关	汉滨县河镇	江口回民镇	白河城关	平利城关	白河茅坪镇	石泉城关	紫阳城关
融	通合三东平以	꜁yŋ	꜁yŋ	꜁ʐuŋ 文 ꜁yŋ 白	꜁yŋ	꜁ʐuŋ 文 ꜁yŋ 白	꜁ʐoŋ 文 ꜁ioŋ 白	꜁iəŋ	꜁ʐuŋ 文 ꜁iuŋ 白	꜁ʐuŋ 文 ꜁yŋ 白
封	通合三钟平非	꜀fəŋ	꜀fəŋ	꜀fuŋ	꜀fəŋ	꜀fəŋ	꜀foŋ	꜀fəŋ	꜀fuŋ	꜀fuŋ
蜂	通合三钟平敷	꜀fəŋ	꜀fəŋ	꜀fuŋ	꜀fəŋ	꜀fəŋ	꜀foŋ	꜀fəŋ	꜀fuŋ	꜀fuŋ
缝~纫	通合三钟平奉	꜁fəŋ	꜁fəŋ	꜁fuŋ	꜁fəŋ	꜁fəŋ	꜁foŋ	꜁fəŋ	꜁fuŋ	꜁fuŋ
奉	通合三肿上奉	fəŋ꜄	fəŋ꜄	fuŋ꜄	fəŋ꜄	fəŋ꜄	foŋ꜄	fəŋ꜅	fuŋ꜄	fuŋ꜄
浓	通合三钟平泥	꜁nuŋ	꜁nuŋ	꜁luŋ	꜁nuŋ	꜁ləŋ	꜁loŋ	꜁ləŋ	꜁luŋ	꜁nuŋ
龙	通合三钟平来	꜁luŋ	꜁luŋ	꜁luŋ	꜁luŋ	꜁ləŋ	꜁loŋ	꜁ləŋ	꜁luŋ	꜁nuŋ
踪~迹	通合三钟平精	꜀ʦuŋ	꜀ʦʮŋ	꜀ʦuŋ	꜀ʦuŋ	꜀ʦəŋ	꜀ʦoŋ	꜀ʦəŋ	꜀ʦuŋ	꜀ʦuŋ
纵放~	通合三用去精	ʦuŋ꜄	ʦʮŋ꜄	ʦuŋ꜄	ʦuŋ꜄	ʦəŋ꜄	ʦoŋ꜄	ʦəŋ꜄	ʦuŋ꜄	ʦuŋ꜄
从~容	通合三钟平清	꜀ʦʰuŋ	꜀ʦʰʮŋ	꜀ʦʰuŋ	꜀ʦʰuŋ	꜀ʦʰəŋ	꜀ʦʰoŋ	꜀ʦʰəŋ	꜀ʦʰuŋ	꜀ʦʰuŋ
从跟~	通合三钟平从	꜂ʦʰuŋ	꜂ʦʰʮŋ	꜂ʦʰuŋ	꜂ʦʰuŋ	꜂ʦʰəŋ	꜂ʦʰoŋ	꜂ʦʰəŋ	꜂ʦʰuŋ	꜂ʦʰuŋ
松	通合三钟平邪	꜀suŋ	꜀sʮŋ	꜀suŋ	꜀suŋ	꜀səŋ	꜀soŋ	꜀səŋ	꜀suŋ	꜀suŋ
诵	通合三用去邪	suŋ꜄	sʮŋ꜄	suŋ꜄	suŋ꜄	səŋ꜄	soŋ꜄	səŋ꜅	suŋ꜄	suŋ꜄
冢	通合三肿上知	꜂pfəŋ	꜂ʦʮŋ	꜂pfəŋ	꜂tʂuŋ	꜂tʂəŋ	꜂tʂoŋ	꜂tʂəŋ	꜂tʂuŋ	꜂tʂuŋ

续表

字目	中古音	中原官话					江淮官话		西南官话	
		汉滨城关	旬阳城关	汉滨县河镇	江口回民镇	白河城关	平利城关	白河茅坪镇	石泉城关	紫阳城关
宠	通合三肿上彻	꜂pfʰəŋ	꜂tsʰɥŋ	꜂pfʰəŋ	꜂tʂʰuŋ	꜂tʂʰəŋ	꜂tʂʰoŋ	꜂tʂʰəŋ	꜂tʂʰuŋ	꜂tʂʰuŋ
重~复	通合三钟平澄	꜁pfʰəŋ	꜁tsʰɥŋ	꜁pfʰəŋ	꜁tʂʰuŋ	꜁tʂʰəŋ	꜁tʂʰoŋ	꜁tʂʰəŋ	꜁tʂʰuŋ	꜁tʂʰuŋ
重轻~	通合三肿上澄	pfəŋ꜄	tsɥŋ꜄	pfəŋ꜄	tʂuŋ꜄	tʂəŋ꜄	tʂoŋ꜄	tʂəŋ꜅	tʂuŋ꜄	tʂuŋ꜄
盅	通合三钟平章	꜀pfəŋ	꜀tsɥŋ	꜀pfəŋ	꜀tʂuŋ	꜀tʂəŋ	꜀tʂoŋ	꜀tʂəŋ	꜀tʂuŋ	꜀tʂuŋ
冲	通合三钟平昌	꜀pfʰəŋ	꜀tsʰɥŋ	꜀pfʰəŋ	꜀tʂʰuŋ	꜀tʂʰəŋ	꜀tʂʰoŋ	꜀tʂʰəŋ	꜀tʂʰuŋ	꜀tʂʰuŋ
冗	通合三肿上日	꜁vəŋ	꜁yŋ	꜁vəŋ	꜁yŋ	꜁yŋ	꜁ioŋ	꜁iəŋ	꜁iuŋ	꜁yŋ
茸	通合三钟平日	꜁vəŋ	꜁ɥŋ	꜁vəŋ	꜁yŋ	꜁yŋ	꜁ioŋ	꜁iəŋ	꜁iuŋ	꜁yŋ
恭	通合三钟平见	꜀kuŋ	꜀kuŋ	꜀kuŋ	꜀kuŋ	꜀kuŋ	꜀koŋ	꜀kəŋ	꜀kuŋ	꜀kuŋ
拱	通合三肿上见	꜂kuŋ	꜂kuŋ	꜂kuŋ	꜂kuŋ	꜂kuŋ	꜂koŋ	꜂kəŋ	꜂kuŋ	꜂kuŋ
共	通合三用去群	kuŋ꜄	kuŋ꜄	kuŋ꜄	kuŋ꜄	kuŋ꜄	koŋ꜄	kəŋ꜅	kuŋ꜄	kuŋ꜄
胸	通合三钟平晓	꜀ɕyŋ	꜀ɕyŋ	꜀ɕyŋ	꜀ɕyŋ	꜀ɕyŋ	꜀ɕioŋ	꜀ɕiəŋ	꜀ɕiuŋ	꜀ɕyŋ
拥	通合三肿上影	꜂yŋ	꜂yŋ	꜂yŋ	꜂yŋ	꜂yŋ	꜂ioŋ	꜂iəŋ	꜂iuŋ	꜂yŋ
容	通合三钟平以	꜁yŋ	꜁yŋ	꜁yŋ	꜁yŋ	꜁yŋ	꜁ioŋ	꜁iəŋ	꜁iuŋ	꜁yŋ
用	通合三用去以	yŋ꜄	yŋ꜄	yŋ꜄	yŋ꜄	yŋ꜄	ioŋ꜄	iəŋ꜅	iuŋ꜄	yŋ꜄

续表

字目	中古音	中原官话					江淮官话		西南官话	
		汉滨城关	旬阳城关	汉滨县河镇	江口回民镇	白河城关	平利城关	白河茅坪镇	石泉城关	紫阳城关
答回~	咸开一合入端	꜁ta	꜁ta	꜁ta	꜁ta	꜁ta	꜁ta	꜁ta	꜁ta	꜁ta
答~应	咸开一合入端	꜀ta	꜀ta	꜀ta	꜀ta	꜀ta	꜀ta	꜀ta	꜁ta	꜁ta
踏	咸开一合入透	꜀tʰa	꜀tʰa	꜀tʰa	꜀tʰa	꜀tʰa	꜀tʰa	꜀tʰa	꜁tʰa	꜁tʰa
纳	咸开一合入泥	꜀na	꜀la	꜀la	꜀na	꜀la	꜀la	꜀la	꜁la	꜁na
杂	咸开一合入从	꜁ʦa	꜁ʦa	꜁ʦa	꜁ʦa	꜁ʦa	꜁ʦa	ʦa꜅	꜁ʦa	꜁ʦa
鸽	咸开一合入见	꜀kɤ	꜀kɤ	꜀kɤ	꜀kɤ	꜀ko	꜀ko	꜀ko	꜁ko	꜁kuo
喝~酒	咸开一合入晓	꜀xuo	꜀xuo	꜀xuo	꜀xuo	꜀xo	꜀xo	꜀xo	꜁xo	꜁xuo
合	咸开一合入匣	꜁xuo	꜁xuo	꜁xuo	꜁xuo	꜁xo	꜁xo	xo꜅	꜁xo	꜁xuo
塔	咸开一盍入透	꜀tʰa	꜀tʰa	꜀tʰa	꜀tʰa	꜀tʰa	꜀tʰa	꜀tʰa	꜁tʰa	꜁tʰa
腊	咸开一盍入溪	꜀la	꜀la	꜀la	꜀la	꜀la	꜀la	꜀la	꜁la	꜁na
磕	咸开一盍入溪	꜀kʰɤ	꜀kʰɤ	꜀kʰɤ	꜀kʰuo	꜀kʰo	꜀kʰo	꜀kʰo	꜁kʰo	꜁kʰuo
插	咸开二洽入初	꜀tʂʰa	꜀ʦʰa	꜀tʂʰa	꜀tʂʰa	꜀tʂʰa	꜀tʂʰa	꜀tʂʰa	꜁tʂʰa	꜁tʂʰa
狭	咸开二洽入匣	꜁ɕia 文 ꜁ʨʰia 白	꜁ɕia 文 ꜁ʨʰia 白	꜁ɕia 文 ꜁ʨʰia 白	꜁ɕia 文 ꜁ʨʰia 白	꜁ɕia 文 ꜁ʨʰia 白	꜁ɕia 文 ꜁ʨʰia 白	ɕia꜅文 ʨʰia꜅白	꜁ɕia 文 ꜁ʨʰia 白	꜁ɕia 文 ꜁ʨʰia 白
鸭	咸开二洽入影	꜀ia	꜀ia	꜀ia	꜀ia	꜀ia	꜀ia	꜀ia	꜁ia	꜁ia

续表

字目	中古音	中原官话					江淮官话		西南官话	
		汉滨城关	旬阳城关	汉滨县河镇	江口回民镇	白河城关	平利城关	白河茅坪镇	石泉城关	紫阳城关
甲	咸开二狎入见	꜀tɕia	꜀tɕia	꜀tɕia	꜀tɕia	꜀tɕia	꜀tɕia	꜀tɕia	꜁tɕia	꜁tɕia
聂	咸开三叶入泥	꜀ȵie	꜀ȵie	꜀ȵie	꜀ȵie	꜀ȵiᴇ	꜀ȵiᴇ	꜀ȵiɛ	꜁ȵie	꜁ȵie
猎	咸开三叶入来	꜀lie	꜀lie	꜀lie	꜀lie	꜀liᴇ	꜀liᴇ	꜀liɛ	꜁lie	꜁ȵie
接	咸开三叶入精	꜀tɕie	꜀tɕie	꜀tɕie	꜀tɕie	꜀tɕiᴇ	꜀tɕiᴇ	꜀tɕiɛ	꜁tɕie	꜁tɕie
涉	咸开三叶入禅	ʂɤ꜄	ʂɤ꜄	ʂɤ꜄	ʂɤ꜄	ʂᴇ꜄	ʂᴇ꜄	ʂɛ꜅	꜁ʂe	꜁ʂe
叶	咸开三叶入以	꜀ie	꜀ie	꜀ie	꜀ie	꜀iᴇ	꜀iᴇ	꜀iɛ	꜁ie	꜁ie
业	咸开三业入疑	꜀ȵie	꜀ȵie	꜀ȵie	꜀ȵie	꜀ȵiᴇ	꜀ȵiᴇ	꜀ȵiɛ	꜁ȵie	꜁ȵie
劫	咸开三业入见	꜀tɕie	꜀tɕie	꜀tɕie	꜀tɕie	꜀tɕiᴇ	꜀tɕiᴇ	꜀tɕiɛ	꜁tɕie	꜁tɕie
跌	咸开四帖入端	꜀tie	꜀tie	꜀tie	꜀tie	꜀tiᴇ	꜀tiᴇ	꜀tiɛ	꜁tie	꜁tie
叠	咸开四帖入定	꜁tie	꜁tie	꜁tie	꜁tie	꜁tiᴇ	꜁tiᴇ	tiɛ꜅	꜁tie	꜁tie
协	咸开四帖入匣	꜁ɕie	꜁ɕie	꜁ɕie	꜁ɕie	꜁ɕiᴇ	꜁ɕiᴇ	꜁ɕiɛ	꜁ɕie	꜁ɕie
法	咸合三乏入非	꜀fa	꜀fa	꜀fa	꜀fa	꜀fa	꜀fa	꜀fa	꜁fa	꜁fa
乏	咸合三乏入奉	꜁fa	꜁fa	꜁fa	꜁fa	꜁fa	꜁fa	fa꜅	꜁fa	꜁fa
立	深开三缉入来	꜀li	꜀li	꜀li	꜀li	꜀li	꜀li	꜀li	꜁li	꜁ȵi

续表

字目	中古音	中原官话					江淮官话		西南官话	
		汉滨城关	旬阳城关	汉滨县河镇	江口回民镇	白河城关	平利城关	白河茅坪镇	石泉城关	紫阳城关
集	深开三缉入从	tɕi꜄	tɕi꜄	tɕi꜄	tɕi꜄	tɕi꜄	tɕi꜄	tɕi꜄	꜁tɕi	꜁tɕi
涩	深开三缉入生	꜀ʂei	꜀sei	꜀ʂei	꜀sei	꜀sᴇ	꜀sᴇ	꜀sɛ	꜁se	꜁se
十	深开三缉入禅	꜁ʂʅ	꜁ʂʅ	꜁ʂʅ	꜁ʂʅ	꜁ʂʅ	꜁ʂʅ	ʂʅ꜅	꜁ʂʅ	꜁ʂʅ
入	深开三缉入日	꜀vu	꜀ɥ	꜀vu	꜀ɥ	꜀ɥ	꜀ɥ	꜀ɥ	꜁ɥ	꜁zu
及	深开三缉入群	꜀tɕi	꜀tɕi	꜀tɕi	꜀tɕi	꜀tɕi	꜀tɕi	꜀tɕi	꜁tɕi	꜁tɕi
吸	深开三缉入晓	꜀ɕi	꜀ɕi	꜀ɕi	꜀ɕi	꜀ɕi	꜀ɕi	꜀ɕi	꜀ɕi	꜀ɕi
达	山开一曷入定	꜁ta	꜁ta	꜁ta	꜁ta	꜁ta	꜁ta	꜁ta	꜁ta	꜁ta
捺	山开一曷入泥	꜀na	꜀la	꜀la	꜀na	꜀la	꜀la	꜀la	꜁la	꜁na
辣	山开一曷入来	꜀la	꜀la	꜀la	꜀la	꜀la	꜀la	꜀la	꜁la	꜁na
擦	山开一曷入清	꜀tsʰa	꜀tsʰa	꜀tsʰa	꜀tsʰa	꜀tsʰa	꜀tsʰa	꜀tsʰa	꜀tsʰa	꜀tsʰa
割	山开一曷入见	꜀kɤ	꜀kɤ	꜀kɤ	꜀kɤ	꜀ko	꜀ko	꜀ko	꜁ko	꜁kuo
渴	山开一曷入溪	꜀kʰɤ	꜀kʰɤ	꜀kʰɤ	꜀kʰɤ	꜀kʰo	꜀kʰo	꜀kʰo	꜁kʰo	꜁kʰuo
喝 吆～	山开一曷入晓	꜀xuo	꜀xuo	꜀xuo	꜀xuo	꜀xo	꜀xo	꜀xo	꜀xo	꜀xuo
八	山开二黠入帮	꜀pa	꜀pa	꜀pa	꜀pa	꜀pa	꜀pa	꜀pa	꜁pa	꜁pa

续表

字目	中古音	中原官话					江淮官话		西南官话	
		汉滨城关	旬阳城关	汉滨县河镇	江口回民镇	白河城关	平利城关	白河茅坪镇	石泉城关	紫阳城关
拔	山开二黠入並	꜁pa	꜁pa	꜁pa	꜁pa	꜁pa	꜁pa	꜁pa	꜁pa	꜁pa
杀	山开二辖入生	꜀ʂa	꜀sa	꜀sa	꜀sa	꜀ʂa	꜀ʂa	꜀ʂa	꜁ʂa	꜁ʂa
铡	山开二辖入崇	꜁tʂa	꜁ʦa	꜁ʦa	꜁tʂa	꜁tʂa	꜁tʂa	꜁tʂa	꜁tʂa	꜁tʂa
瞎	山开二辖入晓	꜀xa	꜀xa	꜀xa	꜀xa	꜀ɕia	꜀xa	꜀xa	꜁xa	꜁xa
别	山开三薛入並	꜁pie	꜁pie	꜁pie	꜁pie	꜁piᴇ	꜁piᴇ	piɛ꜅	꜁pie	꜁pie
灭	山开三薛入明	꜀mie	꜀mie	꜀mie	꜀mie	꜀miᴇ	꜀miᴇ	꜀miɛ	꜁mie	꜁mie
裂	山开三薛入来	꜀lie	꜀lie	꜀lie	꜀lie	꜀liᴇ	꜀liᴇ	꜀liɛ	꜁lie	꜁ȵie
彻	山开三薛入彻	꜀tʂʰɤ	꜀tʂʰɤ	꜀tʂʰɤ	꜀tʂʰɤ	꜀tʂʰᴇ	꜀tʂʰᴇ	꜀tʂʰɛ	꜁tʂʰe	꜁tʂʰe
舌	山开三薛入船	꜁ʂɤ	꜁ʂɤ	꜁ʂɤ	꜁ʂɤ	꜁ʂᴇ	꜁ʂᴇ	ʂɛ꜅	꜁ʂe	꜁ʂe
热	山开三薛入日	꜀ʐɤ	꜀ʐɤ	꜀ʐɤ	꜀ʐɤ	꜀ɥᴇ	꜀ɥᴇ	꜀ɥɛ	꜁ɥe	꜁ʐe
杰	山开三薛入群	꜁ʨie	꜁ʨie	꜁ʨie	꜁ʨie	꜁ʨiᴇ	꜁ʨiᴇ	ʨiɛ꜅	꜁ʨie	꜁ʨie
孽	山开三薛入疑	꜀ȵie	꜀ȵie	꜀ȵie	꜀ȵie	꜀ȵiᴇ	꜀ȵiᴇ	꜀ȵiɛ	꜁ȵie	꜁ȵie
歇	山开三月入晓	꜀ɕie	꜀ɕie	꜀ɕie	꜀ɕie	꜀ɕiᴇ	꜀ɕiᴇ	꜀ɕiɛ	꜁ɕie	꜁ɕie
憋	山开四屑入帮	꜀pie	꜀pie	꜀pie	꜀pie	꜀piᴇ	꜀piᴇ	꜀piɛ	꜀pie	꜀pie

续表

字目	中古音	中原官话					江淮官话		西南官话	
		汉滨城关	旬阳城关	汉滨县河镇	江口回民镇	白河城关	平利城关	白河茅坪镇	石泉城关	紫阳城关
铁	山开四屑入透	꜀tʰie	꜀tʰie	꜀tʰie	꜀tʰie	꜀tʰiᴇ	꜀tʰiᴇ	꜀tʰiɛ	꜁tʰie	꜁tʰie
捏	山开四屑入泥	꜀ȵie	꜀ȵie	꜀ȵie	꜀ȵie	꜀ȵiᴇ	꜀ȵiᴇ	꜀ȵiɛ	꜀ȵie	꜀ȵie
节	山开四屑入精	꜀tɕie	꜀tɕie	꜀tɕie	꜀tɕie	꜀tɕiᴇ	꜀tɕiᴇ	꜀tɕiɛ	꜁tɕie	꜁tɕie
截	山开四屑入从	꜀tɕie	꜀tɕie	꜀tɕie	꜀tɕie	꜀tɕiᴇ	꜀tɕiᴇ	tɕiɛ꜅	꜁tɕie	꜁tɕie
结	山开四屑入见	꜀tɕie	꜀tɕie	꜀tɕie	꜀tɕie	꜀tɕiᴇ	꜀tɕiᴇ	꜀tɕiɛ	꜁tɕie	꜁tɕie
噎	山开四屑入影	꜀ie	꜀ie	꜀ie	꜀ie	꜀iᴇ	꜀iᴇ	꜀iɛ	꜀ie	꜀ie
泼	山合一末入滂	꜀pʰə	꜀pʰo	꜀pʰə	꜀pʰo	꜀pʰo	꜀pʰo	꜀pʰo	꜁pʰo	꜁pʰuo
末	山合一末入明	꜀mə	꜀mo	꜀mo	꜀mo	꜀mo	꜀mo	꜀mo	꜁mo	꜁muo
脱	山合一末入透	꜀tʰuo	꜀tʰuo	꜀tʰuo	꜀tʰuo	꜀tʰo	꜀tʰo	꜀tʰo	꜁tʰo	꜁tʰuo
夺	山合一末入定	꜁tuo	꜁tuo	꜁tuo	꜁tuo	꜁to	꜁to	to꜅	꜁to	꜁tuo
阔	山合一末入溪	꜀kʰuo	꜀kʰuo	꜀kʰuo	꜀kʰuo	꜀kʰo	꜀kʰo	꜀kʰo	꜁kʰo	꜁kʰuo
活	山合一末入匣	꜁xuo	꜁xuo	꜁xuo	꜁xuo	꜁xo	꜁xo	xo꜅	꜁xo	꜁xuo
滑	山合二黠入匣	꜁xua	꜁xua	꜁xua	꜁xua	꜁xua	꜁xua	꜁xua	꜁xua	꜁xua
挖	山合二黠入影	꜀ua	꜀ua	꜀ua	꜀ua	꜀ua	꜀ua	꜀ua	꜀ua	꜀ua

续表

字目	中古音	中原官话					江淮官话		西南官话	
		汉滨城关	旬阳城关	汉滨县河镇	江口回民镇	白河城关	平利城关	白河茅坪镇	石泉城关	紫阳城关
刷	山合二辖入生	꜀fa	꜀sɥa	꜀ʂua	꜀ʂɥa	꜀ʂɥa	꜀ʂɥa	꜀ʂɥa	꜁ʂɥa	꜁ʂua
刮	山合二辖入见	꜀kua	꜀kua	꜀kua	꜀kua	꜀kua	꜀kua	꜀kua	꜁kua	꜁kua
劣	山合三薛入来	꜀lie	꜀lie	꜀lie	꜀lie	꜀liᴇ	꜀liᴇ	꜀liɛ	꜁lie	꜁ȵie
绝	山合三薛入从	꜁tɕye	꜁tɕye	꜁tɕye	꜁tɕye	꜁tɕyᴇ 文 ꜁tɕiᴇ 白	꜁tʂɥᴇ 文 ꜁tɕiᴇ 白	tʂɥɛ꜅文 tɕiɛ꜅白	꜁tʂɥe 文 ꜁tɕie 白	꜁tɕye 文 ꜁tɕie 白
雪	山合三薛入心	꜀ɕye	꜀ɕye	꜀ɕie	꜀ɕye	꜀ɕiᴇ	꜀ɕiᴇ	꜀ɕiɛ	꜁ɕie	꜁ɕie
拙	山合三薛入章	꜁pfo	꜁tsɥo	꜁tʂo	꜁tʂuo	꜁tʂo	꜁tʂo	꜁tʂo	꜁tʂo	꜁tʂuo
说	山合三薛入书	꜀fə	꜀sɥo	꜀fə	꜀ʂuo	꜀ʂo	꜀ʂo	꜀ʂo 文 ꜀ʂɥɛ 白	꜀ʂo	꜀ʂuo
悦	山合三薛入以	꜀ye	꜀ye	꜀ye	꜀ye	꜀yᴇ	꜀ɥᴇ	꜀ɥɛ	꜁ɥe	꜁ye
罚	山合三月入奉	꜁fa	꜁fa	꜁fa	꜁fa	꜁fa	꜁fa	fa꜅	꜁fa	꜁fa
袜	山合三月入微	꜀ua	꜀ua	꜀ua	꜀ua	꜀ua	꜀ua	꜀ua	꜁ua	꜁ua
掘	山合三月入群	꜁tɕye	꜁tɕye	꜁tɕye	꜁tɕye	꜁tɕyᴇ	꜁tʂɥᴇ	tʂɥɛ꜅	꜁tʂɥe	꜁tɕye
月	山合三月入疑	꜀ye	꜀ye	꜀ye	꜀ye	꜀yᴇ	꜀ɥᴇ	꜀ɥɛ	꜁ɥe	꜁ye
越	山合三月入云	꜀ye	꜀ye	꜀ye	꜀ye	꜀yᴇ	꜀ɥᴇ	꜀ɥɛ	꜁ɥe	꜁ye
决	山合四屑入见	꜂tɕye	꜂tɕye	꜂tɕye	꜂tɕye	꜂tɕyᴇ	꜂tʂɥᴇ	꜂tʂɥɛ	꜂tʂɥe	꜂tɕye

续表

字目	中古音	中原官话					江淮官话		西南官话	
		汉滨城关	旬阳城关	汉滨县河镇	江口回民镇	白河城关	平利城关	白河茅坪镇	石泉城关	紫阳城关
缺	山合四屑入溪	꜀tɕʰye	꜀tɕʰye	꜀tɕʰye	꜀tɕʰye	꜀tɕʰyᴇ	꜀tʂʰʮᴇ	꜀tʂʰʮɛ	꜁tʂʰʮe	꜁tɕʰye
血	山合四屑入晓	꜀ɕie	꜀ɕie	꜀ɕie	꜀ɕie	꜀ɕiᴇ	꜀ɕiᴇ	꜀ɕiɛ	꜁ɕie	꜁ɕie
穴	山合四屑入匣	꜁ɕie	꜁ɕie	꜁ɕie	꜁ɕie	꜁ɕiᴇ	꜁ɕiᴇ	ɕiɛ꜅	꜁ɕie	꜁ɕie
笔	臻开三质入帮	꜀pi	꜀pi	꜀pi	꜀pi	꜀pi	꜀pi	꜀pi	꜁pi	꜁pi
密	臻开三质入明	꜀mi	꜀mi	꜀mi	꜀mi	꜀mi	꜀mi	꜀mi	꜁mi	꜁mi
栗	臻开三质入来	꜀li	꜀li	꜀li	꜀li	꜀li	꜀li	꜀li	꜁li	꜁ȵi
侄	臻开三质入澄	꜁tʂʅ	꜁tʂʅ	꜁tʂʅ	꜁tʂʅ	꜁tʂʅ	꜁tʂʅ	tʂʅ꜄	꜁tʂʅ	꜁tʂʅ
虱	臻开三质入生	꜀ʂe	꜀se	꜀se	꜀se	꜀sᴇ	꜀sᴇ	꜀sɛ	꜁se	꜁se
一	臻开三质入影	꜀i	꜀i	꜀i	꜀i	꜀i	꜀i	꜀i	꜁i	꜁i
质	臻开三质入章	꜀tʂʅ	꜀tʂʅ	꜀tʂʅ	꜀tʂʅ	꜀tʂʅ	꜀tʂʅ	꜀tʂʅ	꜁tʂʅ	꜁tʂʅ
实	臻开三质入船	꜁ʂʅ	꜁ʂʅ	꜁ʂʅ	꜁ʂʅ	꜁ʂʅ	꜁ʂʅ	ʂʅ꜅	꜁ʂʅ	꜁ʂʅ
日	臻开三质入日	꜀ər	꜀ər	꜀ər	꜀ər	꜀ər	꜀ər	꜀ər	꜁ər	꜁ər
乞	臻开三迄入溪	꜀tɕʰi	꜀tɕʰi	꜀tɕʰi	꜀tɕʰi	꜀tɕʰi	꜀tɕʰi	꜀tɕʰi	꜁tɕʰi	꜁tɕʰi
没	臻合一没入明	꜀mə	꜀mo	꜀mo	꜀mo	꜀mo	꜀mo	꜀mo	꜁mo	꜁muo

续表

字目	中古音	中原官话					江淮官话		西南官话	
		汉滨城关	旬阳城关	汉滨县河镇	江口回民镇	白河城关	平利城关	白河茅坪镇	石泉城关	紫阳城关
突	臻合一没入定	꜁tʰu	꜁tʰəu	꜁tʰəu	꜁tʰəu	꜁tʰou	꜁tʰou	tʰou꜅	꜁tʰəu	꜁tʰəu
卒	臻合一没入精	꜁ʦəu	꜁ʦəu	꜁ʦəu	꜁ʦəu	꜁ʦou	꜁ʦou	꜁ʦou	꜁ʦəu	꜁ʦəu
骨	臻合一没入见	꜀ku	꜀ku	꜀ku	꜀ku	꜀ku	꜀ku	꜀ku	꜁ku	꜁ku
忽	臻合一没入晓	꜀xu	꜀xu	꜀xu	꜀xu	꜀xu	꜀xu	꜀xu	꜀xu	꜀xu
律	臻合三术入来	꜀ly	꜀ly	꜀ly	꜀li	꜀ly ꜀li	꜀li	꜀li	꜁li	꜁n̥i
戌	臻合三术入心	꜀ɕy	꜀ɕy	꜀ɕy	꜀ɕy	꜀ɕy	꜀ʂʮ	꜀ʂʮ	꜀ʂʮ	꜀ɕy
率~领	臻合三术入生	fæ꜄	sʮai꜄	fai꜄	ʂʮai꜄	ʂʮai꜄	ʂʮai꜄	ʂʮai꜄	ʂʮai꜄	ʂuai꜄
出	臻合三术入昌	꜀pfʰu	ʦʰʮ	꜀pfʰu	꜀tʂʰʮ	꜀tʂʰʮ	꜀tʂʰʮ	꜀tʂʰʮ	꜁tʂʰʮ	꜁tʂʰu
术	臻合三术入船	fu꜄	sʮ꜄	fu꜄	ʂʮ꜄	ʂʮ꜄	ʂʮ꜄	ʂʮ꜅	ʂʮ꜄	ʂu꜄
橘	臻合三术入见	꜀ʨy	꜀ʨy	꜀ʨy	꜀ʨy	꜀ʨy	꜀tʂʮ	꜀tʂʮ	꜁tʂʮ	꜁ʨy
佛	臻合三物入奉	꜁fuo	꜁fuo	꜁fuo	꜁fuo	꜁fo	꜁fo	꜁fo	꜁fo	꜁fuo
物	臻合三物入微	꜀uo	꜀uo	꜀u	꜀u	꜀u	꜀u	꜀u	꜁u	꜁u
屈	臻合三物入溪	꜀ʨʰy	꜀ʨʰy	꜀ʨʰy	꜀ʨʰy	꜀ʨʰy	꜀tʂʰʮ	꜀tʂʰʮ	꜀tʂʰʮ	꜀ʨʰy
倔	臻合三物入群	꜁ʨye	꜁ʨye	꜁ʨye	꜁ʨye	꜁ʨyᴇ	꜁tʂʮᴇ	꜁tʂʮɛ	꜁tʂʮe	꜁ʨye

续表

字目	中古音	中原官话					江淮官话		西南官话	
		汉滨城关	旬阳城关	汉滨县河镇	江口回民镇	白河城关	平利城关	白河茅坪镇	石泉城关	紫阳城关
博	宕开一铎入帮	꜀pə	꜀po	꜀pə	꜀po	꜀po	꜀po	꜀po	꜁po	꜁puo
薄	宕开一铎入並	꜁pə	꜁po	꜁pə	꜁po	꜁po	꜁po	po꜅	꜁po	꜁puo
莫	宕开一铎入明	꜀mə	꜀muo	꜀mə	꜀muo	꜀mo	꜀mo	꜀mo	꜁mo	꜁muo
托	宕开一铎入透	꜀tʰuo	꜀tʰuo	꜀tʰuo	꜀tʰuo	꜀tʰo	꜀tʰo	꜀tʰo	꜁tʰo	꜁tʰuo
诺	宕开一铎入泥	꜂luo	꜂luo	꜂luo	nuo꜄	lo꜄	lo꜄	lo꜅	lo꜄	nuo꜄
落	宕开一铎入来	꜀luo	꜀luo	꜀luo	꜀luo	꜀lo	꜀lo	꜀lo	꜁lo	꜁nuo
烙	宕开一铎入来	꜀luo	꜀luo	꜀luo	꜀luo	꜀lo	꜀lo	꜀lo	꜀lo	꜀nuo
作	宕开一铎入精	꜀ʦuo	꜀ʦuo	꜀ʦuo	꜀ʦuo	꜀ʦo	꜀ʦo	꜀ʦo	꜁ʦo	꜁ʦuo
凿	宕开一铎入从	꜁ʦuo	꜁ʦuo	꜁ʦuo	꜁ʦuo	꜁ʦo	꜁ʦo	ʦo꜅	꜁ʦo	꜁ʦuo
各	宕开一铎入见	꜀kɤ	꜀kɤ	꜀kɤ	꜀kɤ	꜀ko	꜀ko	꜀ko	꜁ko	꜁kuo
鳄	宕开一铎入疑	꜀ŋɤ	꜀ŋɤ	꜀ŋɤ	꜀ŋɤ	꜀ŋo	꜀ŋo	꜀ŋo	꜁ŋo	꜁ŋuo
鹤	宕开一铎入匣	꜁xuo	꜁xuo	꜁xuo	꜁xuo	꜁xo	꜁xo	xo꜅	꜁xo	꜁xuo
恶 善~	宕开一铎入影	꜀ŋɤ	꜀ŋɤ	꜀ŋɤ	꜀ŋɤ	꜀ŋo	꜀ŋo	꜀ŋo	꜁ŋo	꜁ŋuo
略	宕开三药入来	꜀lyo 文 ꜀luo 白	꜀lyo 文 ꜀luo 白	꜀lyo	꜀lyo 文 ꜀luo 白	꜀lio	꜀lio	꜀lio	꜁lio	꜁nyo

续表

字目	中古音	中原官话					江淮官话		西南官话	
		汉滨城关	旬阳城关	汉滨县河镇	江口回民镇	白河城关	平利城关	白河茅坪镇	石泉城关	紫阳城关
嚼	宕开三药入从	꜁tɕiau	꜁tɕiau	꜁tɕiau	꜁tɕiau	꜁tɕiau	꜁tɕiau	tɕiau꜅	꜁tɕiau	꜁tɕiau
着睡~	宕开三药入从	꜁pfʰə	꜁tsɥo	꜁pfʰə	꜁tʂuo	꜁tʂo	꜁tʂo	tʂo꜅	꜁tʂo	꜁tʂuo
勺	宕开三药入禅	꜁ʂə	꜁sɥo	꜁ʂuo	꜁ʂuo	꜁ʂo	꜁ʂo	ʂo꜅	꜁ʂo	꜁ʂuo
弱	宕开三药入日	꜀uo	꜀ʐuo 文 ꜀luo 白	꜀ʐuo	꜀ʐuo 文 ꜀luo 白	꜀ʐo	꜀ʐo 文 ꜀ȵio 白	꜀ʐo 文 ꜀ȵio 白	꜁ʐo 文 ꜁ȵio 白	꜁ʐuo 文 ꜁ȵyo 白
脚	宕开三药入见	꜀tɕyo	꜀tɕyo	꜀tɕyo	꜀tɕyo	꜀tɕio	꜀tɕio	꜀tɕio	꜁tɕio	꜁tɕyo
虐	宕开三药入疑	꜀ȵyo	꜀ȵyo	꜀ȵyo	꜀ȵyo	꜀ȵio	꜀ȵio	꜀ȵio	꜁ȵio	꜁nyo
约	宕开三药入影	꜀yo	꜀yo	꜀yo	꜀yo	꜀io	꜀io	꜀io	꜁io	꜁yo
药	宕开三药入以	꜀yo	꜀yo	꜀yo	꜀yo	꜀io	꜀io	꜀io	꜁io	꜁yo
郭	宕合一铎入见	꜀kuo	꜀kuo	꜀kuo	꜀kuo	꜀ko	꜀ko	꜀ko	꜁ko	꜁kuo
霍	宕合一铎入晓	꜀xuo	꜀xuo	꜀xuo	꜀xuo	xo꜄	xo꜄	xo꜄	꜁xo	꜁xuo
缚	宕合三药入奉	꜁fu	꜁fu	꜁fu	꜁fu	꜁fu	꜁fu	fu꜅	꜁fu	꜁fu
剥	江开二觉入帮	꜀pə	꜀po	꜀pə	꜀po	꜀po	꜀po	꜀po	꜁po	꜁puo
雹	江开二觉入並	꜀pau	꜀pau	꜀pau	꜀pau	꜀pau	꜀pau	꜀pau	꜁pau	꜁pau
桌	江开二觉入知	꜀pfə	꜀tsɥo	꜀pfə	꜀tʂuo	꜀tʂo	꜀tʂo	꜀tʂo	꜁tʂo	꜁tʂuo

续表

字目	中古音	中原官话					江淮官话		西南官话	
		汉滨城关	旬阳城关	汉滨县河镇	江口回民镇	白河城关	平利城关	白河茅坪镇	石泉城关	紫阳城关
戳	江开二觉入彻	꜂pfʰə	꜂tsʰʮo	꜂pfʰə	꜂tʂʰuo	꜂tʂʰo	꜂tʂʰo	꜂tʂʰo	꜁tʂʰo	꜁tʂʰuo
浊	江开二觉入澄	꜁pfə	꜁tsʮo	꜁pfə	꜁tʂuo	꜁tʂo	꜁tʂo	tʂo꜅	꜁tʂo	꜁tʂuo
镯	江开二觉入崇	꜁tsuo	꜁tsʮo	꜁tsuo	꜁tʂuo	꜁tʂo	꜁tʂo	tʂo꜅	꜁tʂo	꜁tʂuo
觉 知~	江开二觉入见	꜀tɕyo	꜀tɕyo	꜀tɕyo	꜀tɕye	꜀tɕio	꜀tɕio	꜀tɕio	꜁tɕio	꜁tɕyo
岳	江开二觉入疑	꜀yo	꜀yo	꜀yo	꜀yo	꜀io	꜀io	꜀io	꜁io	꜁yo
学	江开二觉入匣	꜁ɕyo	꜁ɕyo	꜁ɕyo	꜁ɕyo	꜁ɕio	꜁ɕio	ɕio꜅	꜁ɕio	꜁ɕyo
北	曾开一德入帮	꜀pei	꜀pe	꜀pe	꜀pe	꜀pᴇ	꜀pᴇ	꜀pɛ	꜁pe	꜁pe
墨	曾开一德入明	꜀mei	꜀me	꜀me	꜀me	꜀mᴇ	꜀mᴇ	꜀mɛ 文 ꜀miɛ 白	꜁me 文 ꜁mie 白	꜁me 文 ꜁mie 白
德	曾开一德入端	꜀tei	꜀te	꜀te	꜀te	꜀tᴇ	꜀tᴇ	꜀tɛ	꜁te	꜁te
特	曾开一德入定	꜀tʰei	꜀tʰe	꜀tʰe	꜀tʰe	꜀tʰᴇ	꜀tʰᴇ	tʰɛ꜅文 tʰiɛ꜅白	꜁tʰe 文 ꜁tʰie 白	꜁tʰe 文 ꜁tʰie 白
肋	曾开一德入来	꜀lei	꜀le	꜀le	꜀le	꜀lᴇ	꜀lᴇ	꜀lɛ	꜁le	꜁ne
则	曾开一德入精	꜀tsei	꜀tse	꜀tse	꜀tse	꜀tsᴇ	꜀tsᴇ	꜀tsɛ	꜁tse	꜁tse
贼	曾开一德入从	꜁tsei	꜁tse	꜁tse	꜁tse	꜁tsᴇ	꜁tsᴇ	tsɛ꜅	꜁tse	꜁tse
塞	曾开一德入心	꜀sei	꜀se	꜀se	꜀se	꜀sᴇ	꜀sᴇ	꜀sɛ	꜁se	꜁se

续表

字目	中古音	中原官话					江淮官话		西南官话	
		汉滨城关	旬阳城关	汉滨县河镇	江口回民镇	白河城关	平利城关	白河茅坪镇	石泉城关	紫阳城关
克	曾开一德入溪	꜀kʰei	꜀kʰe	꜀kʰe	꜀kʰe	꜀kʰᴇ	꜀kʰᴇ	꜀kʰɛ	꜁kʰe	꜁kʰe
黑	曾开一德入晓	꜀xei	꜀xe	꜀xe	꜀xe	꜀xᴇ	꜀xᴇ	꜀xɛ	꜁xe	꜁xe
逼	曾开三职入帮	꜀pi	꜀pi	꜀pi	꜀pi	꜀pi	꜀pi	꜀pi	꜀pi	꜀pi
力	曾开三职入来	꜀li	꜀li	꜀li	꜀li	꜀li	꜀li	꜀li	꜁li	꜁n̥i
即	曾开三职入精	꜀tɕi	꜀tɕi	꜀tɕi	꜀tɕi	꜀tɕi	꜀tɕi	꜀tɕi	꜁tɕi	꜁tɕi
直	曾开三职入澄	꜁tʂʅ	꜁tʂʅ	꜁tʂʅ	꜁tʂʅ	꜁tʂʅ	꜁tʂʅ	tʂʅ꜅	꜁tʂʅ	꜁tʂʅ
测	曾开三职入初	꜀tʂʰei	꜀tʂʰe	꜀tʂʰe	꜀tsʰe	꜀tsʰᴇ	꜀tsʰᴇ	꜀tsʰɛ	꜁tsʰe	꜁tsʰe
色	曾开三职入生	꜀ʂei	꜀se	꜀ʂe	꜀se	꜀sᴇ	꜀sᴇ	꜀sɛ	꜁se	꜁se
织	曾开三职入章	꜀tʂʅ	꜀tʂʅ	꜀tʂʅ	꜀tʂʅ	꜀tʂʅ	꜀tʂʅ	꜀tʂʅ	꜁tʂʅ	꜁tʂʅ
食	曾开三职入船	꜁ʂʅ	꜁ʂʅ	꜁ʂʅ	꜁ʂʅ	꜁ʂʅ	꜁ʂʅ	ʂʅ꜅	꜁ʂʅ	꜁ʂʅ
植	曾开三职入禅	꜀tʂʅ	꜀tʂʅ	꜀tʂʅ	꜀tʂʅ	꜀tʂʅ	꜀tʂʅ	tʂʅ꜅	꜁tʂʅ	꜁tʂʅ
极	曾开三职入群	꜀tɕi	꜀tɕi	꜀tɕi	꜀tɕi	꜀tɕi	꜀tɕi	tɕi꜅	꜁tɕi	꜁tɕi
国	曾合一德入见	꜀kuei	꜀kue	꜀kue	꜀kue	꜀kuᴇ	꜀kuᴇ	꜀kuɛ	꜁kue	꜁kue
或	曾合一德入匣	꜁xuæ	꜁xuai	꜁xuai	꜁xuai	꜁xuai	꜁xuai	xuai꜅	꜁xuai	꜁xuai

续表

字目	中古音	中原官话					江淮官话		西南官话	
		汉滨城关	旬阳城关	汉滨县河镇	江口回民镇	白河城关	平利城关	白河茅坪镇	石泉城关	紫阳城关
域	曾合三职入云	y꜄	y꜄	y꜄	y꜄	y꜄	ɥ꜄	ɥ꜄	ɥ꜄	y꜄
百	梗开二陌入帮	꜀pei	꜀pe	꜀pe	꜀pe	꜀pᴇ	꜀pᴇ	꜀pε	꜁pe	꜁pe
迫	梗开二陌入帮	꜀pʰei	꜀pʰe	꜀pʰe	꜀pʰe	꜀pʰᴇ	꜀pʰᴇ	꜀pʰε	꜁pʰe	꜁pʰe
拍	梗开二陌入滂	꜀pʰei	꜀pʰe	꜀pʰe	꜀pʰe	꜀pʰᴇ	꜀pʰᴇ	꜀pʰε	꜁pʰe	꜁pʰe
白	梗开二陌入並	꜁pei	꜁pe	꜁pe	꜁pe	꜁pᴇ	꜁pᴇ	pε꜅	꜁pe	꜁pe
择选~	梗开二陌入澄	꜁tʂei	꜁ʦe	꜁ʦe	꜁ʦe	꜁ʦᴇ	꜁ʦᴇ	ʦε꜅	꜁ʦe	꜁ʦe
宅	梗开二陌入澄	꜀tʂei	꜀ʦe	꜀ʦe	꜀ʦe	꜀ʦᴇ 文 ꜀ʦʰᴇ 白	꜀ʦᴇ 文 ꜀ʦʰᴇ 白	꜀ʦε 文 ꜀ʦʰε 白	꜁ʦe 文 ꜁ʦʰe 白	꜁ʦe 文 ꜁ʦʰe 白
格	梗开二陌入见	꜀kei	꜀ke	꜀ke	꜀ke	꜀kᴇ	꜀kᴇ	꜀kε	꜁ke	꜁ke
客	梗开二陌入溪	꜀kʰei	꜀kʰe	꜀kʰe	꜀kʰe	꜀kʰᴇ	꜀kʰᴇ	꜀kʰε	꜁kʰe	꜁kʰe
额	梗开二陌入疑	꜀ŋei	꜀ŋe	꜀ŋe	꜀ŋe	꜀ŋᴇ	꜀ŋᴇ	꜀ŋε	꜁ŋe	꜁ŋe
赫	梗开二陌入晓	꜀xei	꜀xe	꜀xe	꜀xe	꜀xᴇ	꜀xᴇ	꜀xε	꜁xe	꜁xe
麦	梗开二麦入明	꜀mei	꜀me	꜀me	꜀me	꜀mᴇ	꜀mᴇ	꜀mε	꜁me	꜁me
摘	梗开二麦入知	꜁tʂei	꜁ʦe	꜁ʦe	꜁ʦe	꜁ʦᴇ	꜁ʦᴇ	꜁ʦε	꜁ʦe	꜁ʦe
责	梗开二麦入庄	꜁tʂei	꜁ʦe	꜁ʦe	꜁ʦe	꜁ʦᴇ	꜁ʦᴇ	꜁ʦε	꜁ʦe	꜁ʦe

续表

字目	中古音	中原官话					江淮官话		西南官话	
		汉滨城关	旬阳城关	汉滨县河镇	江口回民镇	白河城关	平利城关	白河茅坪镇	石泉城关	紫阳城关
策	梗开二麦入初	꜀tʂʰei	꜀tsʰe	꜀tsʰe	꜀tsʰe	꜀tsʰᴇ	꜀tsʰᴇ	꜀tsʰɛ	꜁tsʰe	꜁tsʰe
隔	梗开二麦入见	꜀kei	꜀ke	꜀ke	꜀ke	꜀kᴇ	꜀kᴇ	꜀kɛ	꜁ke	꜁ke
核审~	梗开二麦入匣	꜀xei	꜀xe	꜀xe	꜀xe	꜀xᴇ	꜀xᴇ	xɛ꜅	꜁xe	꜁xe
核果~	梗开二麦入匣	꜁xu	꜁xu	꜁xu	꜁xu	꜁xu	꜁xu	xu꜅	꜁xu	꜁xu
碧	梗开三陌入帮	꜀pi	꜀pi	꜀pi	꜀pi	꜀pi	꜀pi	꜀pi	꜁pi	꜁pi
剧	梗开三陌入群	tɕy꜄	tɕy꜄	tɕy꜄	tʂʮ꜄	tɕy꜄	tʂʮ꜄	tʂʮ꜅	tʂʮ꜄	tɕy꜄
逆	梗开三陌入疑	꜁ȵi	꜁ȵi	꜁ȵi	꜁ȵi	꜁ȵi	꜁ȵi	꜁ȵi	꜁ȵi	꜁ȵi
璧	梗开三昔入帮	꜀pi	꜀pi	꜀pi	꜀pi	꜀pi	꜀pi	꜀pi	꜁pi	꜁pi
积	梗开三昔入精	꜀tɕi	꜀tɕi	꜀tɕi	꜀tɕi	꜀tɕi	꜀tɕi	꜀tɕi	꜁tɕi	꜁tɕi
籍	梗开三昔入从	꜀tɕi	꜀tɕi	꜀tɕi	꜀tɕi	꜀tɕi	꜀tɕi	tɕi꜅	꜁tɕi	꜁tɕi
席	梗开三昔入邪	꜁ɕi	꜁ɕi	꜁ɕi	꜁ɕi	꜁ɕi	꜁ɕi	ɕi꜅	꜁ɕi	꜁ɕi
掷	梗开三昔入澄	꜀tʂʅ	꜀tʂʅ	꜀tʂʅ	꜀tʂʅ	꜀tʂʅ	꜀tʂʅ	꜀tʂʅ	꜁tʂʅ	꜁tʂʅ
尺	梗开三昔入昌	꜀tʂʰʅ	꜀tʂʰʅ	꜀tʂʰʅ	꜀tʂʰʅ	꜀tʂʰʅ	꜀tʂʰʅ	꜀tʂʰʅ	꜁tʂʰʅ	꜁tʂʰʅ
石	梗开三昔入禅	꜁ʂʅ	꜁ʂʅ	꜁ʂʅ	꜁ʂʅ	꜁ʂʅ	꜁ʂʅ	ʂʅ꜅	꜁ʂʅ	꜁ʂʅ

续表

字目	中古音	中原官话					江淮官话		西南官话	
		汉滨城关	旬阳城关	汉滨县河镇	江口回民镇	白河城关	平利城关	白河茅坪镇	石泉城关	紫阳城关
益	梗开三昔入影	꜀i	꜀i	꜀i	꜀i	꜀i	꜀i	꜀i	꜁i	꜁i
译	梗开三昔入以	꜀i	꜀i	꜀i	꜀i	꜀i	꜀i	꜀i	꜁i	꜁i
劈	梗开四锡入滂	꜀pʰi	꜀pʰi	꜀pʰi	꜀pʰi	꜀pʰi	꜀pʰi	꜀pʰi	꜁pʰi	꜁pʰi
滴	梗开四锡入端	꜀ti	꜀ti	꜀ti	꜀ti	꜀ti	꜀ti	꜀ti	꜁ti	꜁ti
敌	梗开四锡入定	꜁ti	꜁ti	꜁ti	꜁ti	꜁ti	꜁ti	ti꜅	꜁ti	꜁ti
历	梗开四锡入来	꜀li	꜀li	꜀li	꜀li	꜀li	꜀li	꜀li	꜁li	꜁ȵi
绩	梗开四锡入精	꜀tɕi	꜀tɕi	꜀tɕi	꜀tɕi	꜀tɕi	꜀tɕi	꜀tɕi	꜁tɕi	꜁tɕi
锡	梗开四锡入心	꜀ɕi	꜀ɕi	꜀ɕi	꜀ɕi	꜀ɕi	꜀ɕi	꜀ɕi	꜁ɕi	꜁ɕi
击	梗开四锡入见	꜀tɕi	꜀tɕi	꜀tɕi	꜀tɕi	꜀tɕi	꜀tɕi	꜀tɕi	꜁tɕi	꜁tɕi
获	梗合二麦入匣	꜁xuo	꜁xuo	꜁xuo	꜁xo	꜁xo	꜁xo	xo꜅	꜁xo	꜁xuo
役	梗开三昔入以	i꜄	i꜄	i꜄	i꜄	i꜄	i꜄	i꜄	i꜄	i꜄
划 计~	梗合二麦入匣	꜁xua	꜁xua	꜁xua	꜁xua	꜁xua	꜁xua	xua꜅	꜁xua	꜁xua
木	通合一屋入明	꜀mu	꜀mu	꜀muo	꜀mu	꜀mo	꜀mo	꜀mo	꜁mu	꜁mu
独	通合一屋入定	꜁tu	꜁təu	꜁təu	꜁təu	꜁tou	꜁tou	tou꜅	꜁təu	꜁təu

续表

字目	中古音	中原官话					江淮官话		西南官话	
		汉滨城关	旬阳城关	汉滨县河镇	江口回民镇	白河城关	平利城关	白河茅坪镇	石泉城关	紫阳城关
鹿	通合一屋入来	꜀lu	꜀ləu	꜀ləu	꜀ləu	꜀lou	꜀lou	꜀lou	꜁ləu	꜁nu
族	通合一屋入从	꜁ʦu	꜁ʦəu	꜁ʦəu	꜁ʦəu	꜁ʦou	꜁ʦou	ʦou꜅	꜁ʦəu	꜁ʦu
谷	通合一屋入见	꜀ku	꜀ku	꜀ku	꜀ku	꜀ku	꜀ku	꜀ku	꜁ku	꜁ku
哭	通合一屋入溪	꜀kʰu	꜀kʰu	꜀kʰu	꜀kʰu	꜀kʰu	꜀kʰu	꜀kʰu	꜁kʰu	꜁kʰu
屋	通合一屋入影	꜀u	꜀u	꜀u	꜀u	꜀u	꜀u	꜀u	꜁u	꜁u
督	通合一沃入端	꜀tu	꜀təu	꜀təu	꜀təu	꜀təu	꜀təu	꜀təu	꜀təu	꜀tu
毒	通合一沃入定	꜁tu	꜁təu	꜁təu	꜁təu	꜁təu	꜁təu	təu꜅	꜁təu	꜁tu
酷	通合一沃入溪	꜀kʰu	꜀kʰu	꜀kʰu	꜀kʰu	꜀kʰu	꜀kʰu	꜀kʰu	꜀kʰu	꜀kʰu
沃	通合一沃入影	꜀uo	꜀uo	꜀uo	꜀uo	꜀uo	꜀uo	꜀uo	꜁uo	꜁uo
福	通合三屋入非	꜀fu	꜀fu	꜀fu	꜀fu	꜀fu	꜀fu	꜀fu	꜁fu	꜁fu
服	通合三屋入奉	꜁fu	꜁fu	꜁fu	꜁fu	꜁fu	꜁fu	fu꜅	꜁fu	꜁fu
目	通合三屋入明	꜀mu	꜀mu	꜀mu	꜀mu	꜀mo	꜀mo	꜀mo	꜀mu	꜀mu
六	通合三屋入来	꜀liəu	꜀liəu	꜀liəu	꜀ləu	꜀lou	꜀lou	꜀lou	꜁ləu	꜁nəu
宿	通合三屋入心	꜀su	꜀səu	꜀səu	꜀səu	꜀sou	꜀sou	꜀sou	꜁səu	꜁səu

续表

字目	中古音	中原官话					江淮官话		西南官话	
		汉滨城关	旬阳城关	汉滨县河镇	江口回民镇	白河城关	平利城关	白河茅坪镇	石泉城关	紫阳城关
竹	通合三屋入知	꜀pfu	꜀tsəu	꜀tʂəu	꜀tʂəu	꜀tʂou	꜀tʂou	꜀tʂou	꜁tʂəu	꜁tʂu
缩	通合三屋入生	꜀suo	꜀sɥo	꜀suo	꜀suo	꜀so	꜀so	꜀so	꜁so	꜁suo
祝	通合三屋入章	꜀pfu	꜀tsəu	꜀pfu	꜀tʂəu	꜀tʂou	꜀tʂou	꜀tʂou	꜁tʂəu	꜁tʂu
粥	通合三屋入章	꜀pfu	꜀tsəu	꜀pfu	꜀tʂəu	꜀tʂou	꜀tʂou	꜀tʂou	꜁tʂəu	꜁tʂu
叔	通合三屋入书	꜀ʂu	꜀səu	꜀ʂəu	꜀ʂəu	꜀ʂou	꜀ʂou	꜀ʂou	꜁ʂəu	꜁ʂu
熟	通合三屋入禅	꜁fu	꜁səu	꜁ʂəu	꜁ʂəu	꜁ʂou	꜁ʂou	ʂou꜅	꜁ʂəu	꜁ʂu
肉	通合三屋入日	zəu꜄	zəu꜄	zəu꜄	zəu꜄	zou꜄	zou꜄	zou꜄	zəu꜄	zəu꜄
菊	通合三屋入见	꜀tɕy	꜀tɕy	꜀tɕy	꜀tɕy	꜀tɕy	꜀tʂɥ	꜀tʂɥ	꜁tʂɥ	꜁tɕy
蓄储~	通合三屋入晓	꜀ɕy	꜀ɕy	꜀ɕy	꜀ɕy	꜀ɕy 文 ɕiou꜄白	꜀ʂɥ 文 ɕiou꜄白	꜀ʂɥ 文 ɕiou꜄白	꜁ʂɥ 文 ꜁ɕiəu 白	꜁ɕy 文 ꜁ɕiəu 白
畜~牲	通合三屋入晓	꜀pfʰu	꜀tsʰəu	꜀pfʰu	꜀tʂʰu	꜀tʂʰou	꜀tʂʰou	꜀tʂʰou	꜁tʂʰəu	꜁tʂʰu
畜六~	通合三屋入晓	꜀ɕy	꜀ɕy	꜀ɕy	꜀ɕy	꜀ɕy 文 ɕiou꜄白	꜀ʂɥ 文 ꜀ɕiou 白	꜀ʂɥ 文 ꜀ɕiou 白	꜁ʂɥ 文 ꜁ɕiəu 白	꜁ɕy 文 ꜁ɕiəu 白
郁	通合三屋入影	꜀y	꜀y	꜀y	꜀y	꜀y	꜀ɥ	꜀ɥ	꜀ɥ	꜀y
育	通合三屋入以	y꜄	y꜄	y꜄	y꜄	y꜄文 iou꜄白	ɥ꜄文 iou꜄白	ɥ꜄文 iou꜄白	ɥ꜄文 iəu꜄白	y꜄文 iəu꜄白
绿	通合三烛入来	꜀liəu	꜀liəu	꜀liəu	꜀liəu	꜀lou	꜀lou	꜀lou	꜁ləu	꜁nu

续表

字目	中古音	中原官话					江淮官话		西南官话	
		汉滨城关	旬阳城关	汉滨县河镇	江口回民镇	白河城关	平利城关	白河茅坪镇	石泉城关	紫阳城关
録	通合三烛入来	꜀ləu	꜀ləu	꜀ləu	꜀ləu	꜀lou	꜀lou	꜀lou	꜁ləu	꜁nu
足	通合三烛入精	꜁ʦu	꜁ʦəu	꜁ʦəu	꜁ʦəu	꜁ʦou	꜁ʦou	꜀ʦou	꜁ʦəu	꜁ʦu
粟	通合三烛入心	꜀su	꜀səu	꜀səu	꜀səu	꜀sou	꜀sou	꜀sou	꜁səu	꜁su
俗	通合三烛入邪	꜁su	꜁səu	꜁səu	꜁səu	꜁sou	꜁sou	sou꜅	꜁səu	꜁su
烛	通合三烛入章	꜁pfu	꜁ʦəu	꜁pfəu	꜁tʂəu	꜁tʂou	꜁tʂou	꜀tʂou	꜁tʂəu	꜁tʂu
触	通合三烛入昌	꜁pfu	꜁ʦəu	꜁pfəu	꜁tʂəu	꜁tʂou	꜁tʂou	tʂou꜅	꜁tʂəu	꜁tʂu
赎	通合三烛入船	꜁fu	꜁səu	꜁fu	꜁ʂəu	꜁ʂou	꜁ʂou	ʂou꜅	꜁ʂəu	꜁ʂu
束	通合三烛入书	꜁fu	꜁səu	꜁səu	꜁ʂəu	꜁ʂou	꜁ʂou	꜁ʂou	꜁ʂəu	꜁ʂu
属	通合三烛入禅	꜁fu	꜁səu	꜁ʂəu	꜁ʂəu	꜁ʂou	꜁ʂou	ʂou꜅	꜁ʂəu	꜁ʂu
辱	通合三烛入日	꜀ʐəu	꜀ʐəu	꜀ʐəu	꜀ʐəu	꜀ʐou	꜀ʐou	꜀ʐou	꜁ʐəu	꜁ʐəu
曲	通合三烛入溪	꜀tɕʰy	꜀tɕʰy	꜀tɕʰy	꜀tɕʰy	꜀tɕʰy	꜀tʂʰʮ	꜀tʂʰʮ	꜁tʂʰʮ	꜁tɕʰy
局	通合三烛入群	꜁tɕy	꜁tɕy	꜁tɕy	꜁tɕy	꜁tɕy	꜁tʂʮ	tʂʮ꜅	꜁tʂʮ	꜁tɕy
狱	通合三烛入疑	꜀y	꜀y	꜀y	꜀y	꜀y 文 ꜀iou 白	꜀ʮ 文 ꜀iou 白	꜀ʮ 文 ꜀iou 白	꜀ʮ 文 ꜀iəu 白	y꜄文 ꜀iəu 白
欲	通合三烛入以	y꜄	y꜄	y꜄	y꜄	y꜄	ʮ꜄	ʮ꜄	ʮ꜄	y꜄

附录二

安康方言分类词表

凡例

1. 依照本文的分析，本表选取5个方言代表点作为词语的比较点，分别是汉滨区城关镇（中原官话区代表点）、汉滨区县河乡（混合1区代表点）、白河县茅坪镇（江淮官话区代表点）、石泉县城关（混合3区代表点）、紫阳县城关（西南官话区代表点）。为简单起见，表中分别写为：汉滨、县河、茅坪、石泉、紫阳。

2. 本表以中国社会科学院语言研究所方言室编辑的《汉语方言词语调查条目表》为基本条目，按27类4 030余个词条，对安康方言进行调查，所收方言词语分别约为：汉滨话4 870个、县河话4 700个、茅坪话4 630个、石泉话4 620个、紫阳话4 600个。

3. 为全面反映安康方言的词汇面貌，专意对安康特有词语进行了发掘，其中以动词、形容词、副词、名词为最多。只是这些特有词语，有的无法对应调查表中的条目，有的甚至在《现代汉语词典》中也没有相对应的词条。对这些无法列出相应条目的词或短语，本表采取释义的办法，将词义标注在“词目”栏里。例如：“杂讲”解释为“背后说人坏话”；“败脏人”解释为“污蔑中伤他人”。

4. 为避免累赘，删去《汉语方言词语调查条目表》中部分带共性的词语，主要是：

（1）安康没有的事物名词，如：台风、龙眼、骆驼、炕、木屐等。

（2）安康没有或名称无法对应的植物和动物，如：小米儿、黑豆、墨鱼、鱿鱼、胖头鱼等。

（3）安康方言没有的概念，如：籼米、早米、晚米等。

（4）“文化教育”中字的笔画名称。

（5）区别不明显的数量词。

5. 词语中的连续变调，只写出变调结果，不显示变调过程。

6. 每条先写汉字，凡方言之间读音有差异的，一律标注老派读音，调值分别用“1 2 3 4 5”数字表示，轻声用“0”表示，均标在音节的右上角。

7. “□”表示写不出本字。字下标“_”号表示同音借用。

一　天文

方言点/词目	中原官话区	混合 1 区	江淮官话区	混合 3 区	西南官话区
	汉滨	县河	茅坪	石泉	紫阳
太阳	太阳 tʰæ^{44}iaŋ^{0} 日头 ər^{31}tʰəu^{0}	太阳 tʰai^{23}iaŋ^{32} 日头 ər^{42}tʰəu^{0}	太阳 tʰai^{23}iaŋ^{0} 日头 ər^{31}tʰou^{0}	太阳 tʰai^{23}iaŋ^{0} 日头 ər^{42}tʰəu^{0}	太阳 tʰai^{23}iaŋ^{0} 日头 ər^{21}tʰəu^{0}
太阳地	太阳地里 tʰæ^{44}iaŋ^{0}ti^{44}li^{53} 太阳底下 tʰæ^{44}iaŋ^{0}ti^{53}xa^{0}	太阳地里 tʰai^{23} iaŋ^{32}ti^{23}li^{55} 太阳底下 tʰai^{23}iaŋ^{32}ti^{55}xa^{0}	太阳坝 tʰai^{23}iaŋ^{42}pa^{213} 太阳底下 tʰai^{23}iaŋ^{42}ti^{55}xa^{0}	太阳坝 tʰai^{23}iaŋ^{42}pa^{213} 太阳底下 tʰai^{23}iaŋ^{42}ti^{53}xa^{0}	太阳坝 tʰai^{23}iaŋ^{21}pa^{213} 太阳地里 tʰai^{23}iaŋ^{21}ti^{23}li^{0}
向阳	向阳 ɕiaŋ^{44}iaŋ^{35} 阳坡 iaŋ^{35}pʰə^{31}	向阳 ɕiaŋ^{23}iaŋ^{312} 阳坡 iaŋ^{32}pʰə^{42}	向阳 ɕiaŋ^{23}iaŋ^{42} 阳坡 iaŋ^{42}pʰo^{31}	向阳 ɕiaŋ^{23}iaŋ^{42} 阳坡 iaŋ^{42}pʰo^{45}	向阳 ɕiaŋ^{23}iaŋ^{21} 阳坡 iaŋ^{21}pʰuo^{34}
背阴	背阴 pei^{44}in^{31}	背阴 pei^{23}in^{42}	背阴 pei^{23}in^{31}	背阴 pei^{23}in^{45}	背阴 pei^{23}in^{34}
阴坡	阴坡 in^{31}pʰə^{31}	阴坡 in^{42}pʰə^{42}	阴坡 in^{31}pʰo^{31}	阴坡 in^{45}pʰo^{45}	阴坡 in^{34}pʰuo^{34} 阴弯 in^{34}uan^{34}
阴凉	阴处儿 in^{31}pfʰur^{0} 阴凉处儿 in^{31} liaŋ^{35}pfʰur^{53}	阴凉处儿 in^{42}liaŋ^{32}pfʰur^{0}	阴凉处儿 in^{31}liaŋ^{42}tʂʰɥr^{0}	阴凉处 in^{45}liaŋ^{42}tʂʰɥ^{0}	阴凉处 in^{34}ȵiaŋ^{21}tʂʰu^{0}
日蚀	天狗吃太阳 tʰiã^{31}kəu^{53}tʂʰʅ^{31} tʰæ^{44}iaŋ^{0}	天狗吃太阳 tʰian^{42}kəu^{55}tʂʰʅ^{42} tʰai^{23}iaŋ^{0}	天狗吃太阳 tʰian^{31}kəu^{55} tʂʰʅ^{31} tʰai^{23}iaŋ^{0}	天狗吃太阳 tʰian^{45}kəu^{53} tʂʰʅ^{45} tʰai^{23}iaŋ^{0}	天狗吃太阳 tʰian^{34}kəu^{53} tʂʰʅ^{34} tʰai^{23}iaŋ^{0} 黑天 xe^{21}tʰian^{34}
日晕	太阳长毛 tʰæ^{44} iaŋ^{0}tʂaŋ^{53}mau^{35}	太阳长毛 tʰai^{23} iaŋ^{32}tʂaŋ^{55}mau^{312}	太阳长毛 tʰai^{23} iaŋ^{42}tʂaŋ^{55}mau^{42}	太阳长毛 tʰai^{23} iaŋ^{42}tʂaŋ^{53}mau^{42}	太阳长毛 tʰai^{23} iaŋ^{21}tʂaŋ^{53}mau^{21}
阳光	阳光 iaŋ^{35}kuaŋ^{31}	阳光 iaŋ^{32}kuaŋ^{42}	阳光 iaŋ^{42}kuaŋ^{31} 光线 kuaŋ^{31}ɕian^{213}	阳光 iaŋ^{42}kuaŋ^{45} 光线 kuaŋ^{45}ɕian^{213}	阳光 iaŋ^{21}kuaŋ^{34} 光线 kuaŋ^{34}ɕian^{213}
太阳落山	太阳落山 tʰæ^{44} iaŋ^{0}luo^{35}ʂã^{31}	太阳落山 tʰai^{23} iaŋ^{32}luo^{42}ʂan^{42}	太阳落土 tʰai^{23} iaŋ^{42}lo^{31}tʰou^{55}	太阳落土 tʰai^{23} iaŋ^{42}lo^{45}tʰəu^{53}	太阳落土 tʰai^{23} iaŋ^{21}nuo^{34}tʰəu^{53}

续表

方言点 词目	中原官话区 汉滨	混合 1 区 县河	江淮官话区 茅坪	混合 3 区 石泉	西南官话区 紫阳
月亮	月亮 ye^{31}liaŋ^{0}	月亮 ye^{42}liaŋ^{0}	月亮 ɥɛ^{31}liaŋ^{0}	月亮 ɥe^{42}liaŋ^{0}	月亮 ye^{21}ȵiaŋ^{0}
弯月	月牙儿 ye^{31}iar^{35}	月牙 ye^{42}ia^{312}	月亮牙子 ɥɛ^{31}liaŋ^{22}ia^{42}tsɿ^{0}	月亮牙子 ɥe^{42}liaŋ^{23}ia^{42}tsɿ^{0}	月牙儿 ye^{21}iar^{21}
月亮地	月亮地 ye^{31}liaŋ^{0}ti^{44}	月亮地 ye^{42}liaŋ^{0}ti^{223}	月亮坝 ɥɛ^{31}liaŋ^{0}pa^{213}	月亮坝 ɥe^{42}liaŋ^{0}pa^{213}	月亮地里 ye^{21}ȵiaŋ^{0}ti^{23}li^{0}
月蚀	天狗吃月亮 tʰiã^{31}kəu^{53}tʂʰʅ^{35} ye^{31}liaŋ^{0}	天狗吃月亮 tʰian^{42}kəu^{55} tʂʰʅ^{42}ye^{42}liaŋ^{0}	天狗吃月亮 tʰian^{31}kou^{55} tʂʰʅ^{31}ɥɛ^{31}liaŋ^{0}	天狗吃月亮 tʰian^{45}kəu^{53} tʂʰʅ^{45}ɥe^{42}liaŋ^{0}	天狗吃月亮 tʰian^{34}kəu^{53} tʂʰʅ^{34}ye^{21}ȵiaŋ^{23}
月晕	月亮长毛 ye^{31} liaŋ^{0}tʂaŋ^{53}mau^{35}	月亮长毛 ye^{42} liaŋ^{0}tʂaŋ^{55}mau^{312}	月亮长毛 ɥɛ^{31} liaŋ^{0}tʂaŋ^{55}mau^{42}	月亮长毛 ɥe^{42} liaŋ^{0}tʂaŋ^{53}mau^{42}	月亮长毛 ye^{21} ȵiaŋ^{23}tʂaŋ^{53}mau^{21}
星星	星星儿 ɕiŋ^{31}ɕir^{0}	星宿 ɕin^{42}ɕiəu^{0}	星宿 ɕin^{31}ɕiou^{0}	星宿 ɕin^{45}ɕiəu^{0}	星宿 ɕin^{34}ɕiəu^{0}
银河	天河 tʰiã^{31}xuo^{35}	天河 tʰian^{42}xuo^{312}	天河 tʰian^{31}xo^{42}	天河 tʰian^{45}xo^{42}	天河 tʰian^{34}xuo^{21}
流星	贼星 tsei^{35}ɕiŋ^{31} 流星 liəu^{35}ɕiŋ^{31}	星宿屉屎 ɕin^{42}ɕiəu^{0}pa^{55}ʂʅ^{55}	星宿屉屎 ɕin^{31}ɕiou^{0}pa^{55}ʂʅ^{55}	星宿屉屎 ɕin^{45}ɕiəu^{0}pa^{53}ʂʅ^{53}	星宿屉屎 ɕin^{34}ɕiəu^{0}pa^{53}ʂʅ^{53}
彗星	扫帚星 sau^{44}pfu^{0}ɕiŋ^{31}	扫帚星 sau^{23}tʂəu^{0}ɕin^{42}	扫帚星 sau^{23}tʂou^{0}ɕin^{31}	扫帚星 sau^{23}tʂəu^{0}ɕin^{45}	扫帚星 sau^{23}tʂəu^{0}ɕin^{34}
大风	大风 ta^{44}fəŋ^{31}	大风 ta^{23} fəŋ^{42}	大风 ta^{22} fəŋ^{31}	大风 ta^{23} fuŋ^{45}	大风 ta^{23}fuŋ^{34}
狂风	恶风 ŋɤ^{31}fəŋ^{31} 狂风 kʰuaŋ^{35}fəŋ^{31}	恶风 ŋɤ^{42}fəŋ^{42} 狂风 kʰuaŋ^{32}fəŋ^{42}	恶风 ŋo^{31}fəŋ^{31} 狂风 kʰuaŋ^{42}fəŋ^{31}	恶风 ŋo^{45}fəŋ^{45} 狂风 kʰuaŋ^{42}fuŋ^{45}	恶风 ŋuo^{21}fuŋ^{34} 狂风 kʰuaŋ^{21}fuŋ^{34}
小风	扫扫儿风 sau^{44} saur^{0}fəŋ^{31} 悠悠儿 风 iəu^{31}iəur^{0}fəŋ^{31}	悠悠儿风 iəu^{42}iəur^{0}fəŋ^{42}	悠悠儿风 iou^{31}iour^{0}fəŋ^{31}	悠悠儿风 iəu^{45}iəur^{0}fəŋ^{45}	悠悠儿风 iəu^{34}iəur^{0}fuŋ^{34}
旋风	鬼旋风 kuei^{53} ɕyã^{35}fəŋ^{31} 旋旋儿 风 ɕyã^{35}ɕyar^{0}fəŋ^{31}	旋旋儿风 ɕyan^{32}ɕyar^{32} fəŋ^{42}	转转儿风 tʂɥan^{23}tʂɥar^{0} fəŋ^{31}	转窝子风 tʂɥan^{23}uo^{45}tsɿ^{0} fuŋ^{45}	转窝子风 tʂuan^{23}uo^{34}tsɿ^{0} fuŋ^{34}

续表

方言点 词目	中原官话区	混合 1 区	江淮官话区	混合 3 区	西南官话区
	汉滨	县河	茅坪	石泉	紫阳
顶风	迎面风 in^{35}miã^{44}fəŋ^{31}	迎面风 in^{32}mian^{23}fəŋ^{42}	顶头风 tin^{55}tʰou^{42}fəŋ^{31}	顶头风 tin^{53}tʰəu^{42}fuŋ^{45}	顶头风 tin^{53}tʰəu^{21}fuŋ^{34}
顺风	顺风 fə̃^{44}fəŋ^{31}	顺风 fən^{23}fəŋ^{42}	顺风 ʂɥən^{22}fəŋ^{31}	顺风 ʂɥən^{23}fuŋ^{45}	顺风 ʂuən^{23}fuŋ^{34}
冷风	冷风 ləŋ^{53}fəŋ^{31}	冷风 lən^{55}fəŋ^{42}	冷风 lən^{55}fəŋ^{31}	冷风 lən^{53}fuŋ^{45}	冷风 nən^{53}fuŋ^{34}
热风	热风 ʐɤ^{35}fəŋ^{31}	热风 ʐɤ^{42}fəŋ^{42}	热风 ɥɛ^{31}fəŋ^{31}	热风 ɥe^{42}fuŋ^{45}	热风 ʐe^{21}fuŋ^{34}
刮风	起风咧 tɕʰi^{53}fəŋ^{31}lie^{0}	起风了 tɕʰi^{55}fəŋ^{42}lia^{0} 刮风 kua^{42}fəŋ^{42}	起风了 tɕʰi^{55}fəŋ^{31}lia^{0} 刮风 kua^{31}fəŋ^{31}	起风了 tɕʰi^{53}fuŋ^{45}lia^{0} 刮风 kua^{45}fuŋ^{45}	吹风了 tʂʰuei^{53} fuŋ^{34}nia^{0} 起风 了 tɕʰi^{53}fuŋ^{34}niau^{0}
风停了	风住咧 fəŋ^{31}pfu^{44}lie^{0}	风住啦 fəŋ^{42}pfu^{23}la^{0}	风停了 fəŋ^{31}tʰin^{42}lia^{0}	风停了 fuŋ^{45}tʰin^{42}lia^{0}	风住啦 fuŋ^{34}tʂu^{23}na^{0}
云	云 yə̃^{35}	云 yən^{312}	云 ɥən^{42}	云 ɥən^{42}	云 yən^{21}
黑云	乌云 u^{31}yə̃^{35}	乌云 u^{42}yən^{312}	乌云 u^{31}ɥən^{42}	乌云 u^{45}ɥən^{42}	乌云 u^{34}yən^{21}
起云了	起云咧 tɕʰi^{53}yə̃^{35}lie^{0} 上云了 ʂaŋ^{44}yə̃^{35}lia^{0}	起云了 tɕʰi^{55}yən^{312}lia^{0} 上云了 ʂaŋ^{23}yən^{312}lia^{0}	起云了 tɕʰi^{55}ɥən^{42}lia^{0} 上云了 ʂaŋ^{23}ɥən^{42}lia^{0}	起云了 tɕʰi^{53}ɥən^{42}lia^{0} 上云了 ʂaŋ^{23}ɥən^{42}lia^{0}	起云了 tɕʰi^{53}yən^{21}nia^{0} 上云了 ʂaŋ^{23}yən^{21}nia^{0}
出霞	放霞 faŋ^{44}ɕia^{35}	放霞 faŋ^{23}ɕia^{312}	放霞 faŋ^{23}ɕia^{42}	放霞 faŋ^{23}ɕia^{42} 烧霞 ʂau^{45}ɕia^{42}	烧霞 ʂau^{34}ɕia^{21}
早霞	早霞 tsau^{53}ɕia^{35}	早上放霞 tsau^{55} ʂaŋ^{0}faŋ^{23}ɕia^{312}	早上放霞 tsau^{55} ʂaŋ^{0}faŋ^{23}ɕia^{42}	早上放霞 tsau^{53} ʂaŋ^{0}faŋ^{23}ɕia^{42}	早上放霞 tsau^{53} ʂaŋ^{0}faŋ^{23}ɕia^{21}
晚霞	晚霞 uã^{53}ɕia^{35}	晚上放霞 uan^{55} ʂaŋ^{0}faŋ^{23}ɕia^{312}	晚上放霞 uan^{55} ʂaŋ^{0}faŋ^{23}ɕia^{42}	晚上放霞 uan^{53} ʂaŋ^{0}faŋ^{23}ɕia^{42}	晚上放霞 uan^{53} ʂaŋ^{0}faŋ^{23}ɕia^{21}
雷公	雷公 luei^{35}kuŋ^{31}	雷公 lei^{32}kuŋ^{42}	雷公 lei^{42}kəŋ^{31}	雷公 lei^{42}kuŋ^{45}	雷公 nei^{21}kuŋ^{34}

续表

方言点 词目	中原官话区	混合 1 区	江淮官话区	混合 3 区	西南官话区
	汉滨	县河	茅坪	石泉	紫阳
打雷	打雷 ta^{53}luei^{35}	打雷 ta^{55}lei^{312}	打雷 ta^{55}lei^{42}	打雷 ta^{53}lei^{42}	打雷 ta^{53}nei^{21}
霹雳	炸雷 tʂa^{44}luei^{35}	炸雷 tʂa^{23}lei^{32}	炸雷 tʂa^{23}lei^{42}	炸雷 tʂa^{23}lei^{42}	炸雷 tʂa^{23}nei^{21}
闷雷	闷轰子雷 mə̃^{44}xuŋ^{31}tsʅ^{0}l uei^{35}	闷雷 mən^{23}lei^{32}	闷雷 mən^{22}lei^{42}	闷雷 mən^{23}lei^{42}	闷雷 mən^{23}nei^{21}
雷打了	雷抓咧 luei^{35}pfa^{31}lie^{0}	雷抓了 lei^{32}pfa^{42}lia^{0}	雷打了 lei^{42}ta^{55}lia^{0}	雷打了 lei^{42}ta^{53}lia^{0}	雷抓了 nei^{21}tʂua^{23}nia^{0}
闪电	扯闪 tʂʰɤ^{53}ʂã^{53} 打闪 ta^{53}ʂã^{53}	扯闪 tʂʰɤ^{55}ʂan^{55}	扯闪 tʂʰɛ^{55}ʂan^{55}	扯闪 tʂʰe^{53}ʂan^{53}	扯闪 tʂʰe ^{53}ʂan^{53}
下雨	落雨 luo^{31}y^{53} 下雨 ɕia^{44}y^{53}	下雨 ɕia^{23}y^{55}	下雨 ɕia^{22}ʮ^{55}	下雨 ɕia^{23}ʮ^{53}	落雨 nuo^{21}y ^{53} 下雨 ɕia^{23}y^{53}
掉点	掉点咧 tiau^{44}tiã^{53}lie^{0}	掉点儿了 tiau^{23}tian^{55}lia^{0}	掉点儿了 tiau^{23}tian^{55}lia^{0}	掉点子了 tiau^{23} tian^{53}tsʅ^{0}lia^{53}	掉点子了 tiau^{23} tian^{53}tsʅ^{0}na^{53}
小雨	小雨 ɕiau^{53}y^{53}	小雨 ɕiau^{55}y ^{55}	小雨 ɕiau^{55}ʮ^{55}	小雨 ɕiau^{53}ʮ^{53}	小雨 ɕiau^{53}y ^{53}
飘雨	飘雨 pʰiau^{31}y^{53}	飘雨 pʰiau^{42}y ^{55}	飘雨 pʰiau^{31}ʮ^{55}	飘雨 pʰiau^{45}ʮ^{53}	飘雨 pʰiau^{34}y^{53}
毛毛雨	毛毛儿雨 mau^{35}maur ^{0}y^{53} 麻麻儿雨 ma^{35}mar ^{0}y^{53}	毛毛儿雨 mau^{32}maur^{0}y^{55} 麻麻儿雨 ma^{32}mar ^{0}y^{55}	毛毛儿雨 mau^{42}maur^{0}y^{55} 麻麻儿雨 ma^{42}mar ^{0}ʮ^{55}	麻麻儿雨 ma^{42}mar ^{0}ʮ^{53}	麻麻儿雨 ma^{21}mar^{0}y ^{53}
大雨	大雨 ta^{44}y^{53}	大雨 ta^{23}y ^{55}	大雨 ta^{22}ʮ^{55}	大雨 ta^{23}ʮ^{53}	大雨 ta^{23}y ^{53}
暴雨	暴雨 pau^{44}y^{53}	暴雨 pau^{23}y^{55}	暴雨 pau^{22}ʮ^{55}	暴雨 pau^{23}ʮ^{53}	暴雨 pau^{23}y ^{53}
雷阵雨	雷阵雨 luei^{35}tʂə̃^{44}y^{53}	暴雨 pau^{23}y ^{55}	暴雨 pau^{22}ʮ^{55}	暴雨 pau^{23}ʮ^{53}	暴雨 pau^{23}y ^{53}

续表

词目 \ 方言点	中原官话区	混合 1 区	江淮官话区	混合 3 区	西南官话区
	汉滨	县河	茅坪	石泉	紫阳
躲暴雨	躲暴雨 tuo^{53}pau^{44}y^{53}	跑暴 pʰau^{55}pau^{223}	跑暴 pʰau^{55}pau^{22}	跑暴 pʰau^{53}pau^{213}	跑暴 pʰau^{53}pau^{213}
太阳雨	白雨 pei^{35}y^{53} 大白雨 ta^{44}pei^{35}y^{53}	白雨 pe^{32}y^{55}	白雨 pɛ^{52}ʮ^{55}	白雨 pe^{42}ʮ^{53}	白雨 pe^{21}y^{53}
连阴雨	连雨 liã^{35}y^{53} 连阴雨 liã^{35}in^{31}y^{53}	连阴雨 liã^{32}in^{42}y^{55}	连阴雨 lian^{42}in^{31}ʮ^{55}	连阴雨 lian^{42}in^{45}ʮ^{53}	连阴雨 nian^{21}in^{34}y^{53}
将下雨	雨要来了 y^{53}iau^{44}lai^{35}lia^{0} 要下雨了 iau^{44} ɕia^{44}y^{53}lia^{0}	雨要来了 y^{55} iau^{23}lai^{32}lia^{0} 要下雨了 iau^{23} ɕia^{23}y^{55}lia^{0}	雨要来了 ʮ^{55} iau^{23}lai^{42}lia^{0} 要下雨了 iau^{23} ɕia^{22}ʮ^{55}lia^{0}	雨要来了 ʮ^{53} iau^{23}lai^{42}lia^{0} 要下雨了 iau^{23} ɕia^{23}ʮ^{53}lia^{0}	雨要来了 y^{53} iau^{23}nai^{21}na^{0} 要下雨了 iau^{23} ɕia^{23}y^{53}na^{0}
雨停了	雨住咧 y^{53}pfu^{44} lie^{0} 雨停咧 y^{53}tʰin^{35}lie^{0}	雨住咧 y^{55}pfu^{32} lie^{0} 雨停了 y^{55}tʰin^{32}lia^{0}	雨停了 ʮ^{55}tʰin^{42} lia^{0} 不下了 pu^{31}ɕia^{22}lia^{0}	雨停了 ʮ^{53}tʰin^{42} lia^{0} 不下了 pu^{45}ɕia^{22}lia^{0}	雨住了 y^{53}tʂu^{23} na^{0} 不下了 pu^{34}ɕia^{23}na^{53}
淋雨	淋雨 lin^{35}y^{53} 欻雨 pfʰa^{44}y^{53}	欻雨 pfʰa^{23}y^{55}	欻雨 tʂʰʮa^{22}ʮ^{55}	欻雨 tʂʰʮa^{23}ʮ^{53}	欻雨 tʂʰua^{23}y^{53}
虹	虹 tɕiaŋ^{44}	虹 kaŋ^{223}	虹 kaŋ^{213}	虹 kaŋ^{213}	虹 kaŋ^{213}
冰柱	冰凌凌儿 pin^{31}lin^{44}liər^{0}	冰凌凌儿 pin^{42} lin^{23}liər^{0}	凌冰吊儿 lin^{22} pin^{31}tiaur^{213}	凌冰吊儿 lin^{23} pin^{45}tiaur^{213}	凌冰吊儿 ȵin^{23} pin^{34}tiaur^{213}
冰	凌冰 lin^{44}pin^{31} 凌冰块子 lin^{44} pin^{31}kʰuæ^{53}tsɿ^{0}	凌冰 lin^{23}pin^{42} 凌冰块子 lin^{23} pin^{42}kʰuai^{55}tsɿ^{0}	凌冰 lin^{22}pin^{31} 凌冰块子 lin^{22} pin^{31}kʰuai^{55}tsɿ^{0}	凌冰 lin^{23}pin^{45} 凌冰块子 lin^{23} pin^{45}kʰuai^{53}tsɿ^{0}	凌冰 ȵin^{23}pin^{34}
结冰	结冰 tɕie^{35}pin^{31} 上凌 ʂaŋ^{44}lin^{44}	结冰 tɕie^{42}pin^{42} 上凌 ʂaŋ^{23}lin^{223}	结冰 tɕiɛ^{31}pin^{31} 上凌 ʂaŋ^{23}lin^{22}	结冰 tɕie^{42}pin^{45} 上冻 ʂaŋ^{23}toŋ^{213}	结冰 tɕie^{21}pin^{34} 上凌 ʂaŋ^{23}ȵin^{213}
油光凌	油光凌 iəu^{35}kuaŋ^{31}lin^{44}	油光凌 iəu^{32}kuaŋ^{42}lin^{223}	油光凌 iou^{52}kuaŋ^{31}lin^{22}	油光凌 iəu^{42}kuaŋ^{45}lin^{213} 桐油凌 tʰəŋ^{42} iəu^{42}lin^{213}	油光凌 iəu^{21} kuaŋ^{34}ȵin^{213} 桐油凌 tʰuŋ^{21} iəu^{21}ȵin^{213}
地上面大且厚的冰	门板凌 mə̃^{35}pã^{53}lin^{44}	门板凌 mən^{32}pan^{44}lin^{223}	门板凌 mən^{42}pan^{55}lin^{22}	门板凌 mən^{42}pan^{53}lin^{213}	门板凌 mən^{21}pan^{53}nin^{213}

续表

方言点 词目	中原官话区	混合 1 区	江淮官话区	混合 3 区	西南官话区
	汉滨	县河	茅坪	石泉	紫阳
化凌	化凌 xua^{44}lin^{44}	化凌 xua^{23}lin^{223}	化凌 xua^{23}lin^{22}	化凌 xua^{23}lin^{213}	化凌 xua^{23}ȵin^{213}
雹子	冷子 ləŋ^{53}tsɿ^{0} 冰雹 pin^{35}pau^{31}	冷子 ləŋ^{55}tsɿ^{0} 冰雹 pin^{42}pau^{42}	冷子 lən^{55}tsɿ^{0}	冷子 lən^{53}tsɿ^{0}	冷子 nən^{53}tsɿ^{0}
下雪	落雪 luo^{35}ɕye^{31} 下雪 ɕia^{44}ɕye^{31}	下雪 ɕia^{23}ɕye^{42}	下雪 ɕia^{22}ɕiɛ^{31}	下雪 ɕia^{23}ɕie^{42}	下雪 ɕia^{23}ɕye^{21}
下雪籽	下米粒子 ɕia^{44} mi^{53}lei^{35}tsɿ^{0}	下凌沫子 ɕia^{23} lin^{23}mə^{42}tsɿ^{0}	下凌沫子 ɕia^{22} lin^{22}mo^{31}tsɿ^{0}	下凌沫子 ɕia^{23} lin^{23}mo^{42}tsɿ^{0}	下凌沫子 ɕia^{23} ȵin^{23}mo^{21}tsɿ^{0}
鹅毛雪	大雪 ta^{44}ɕye^{31} 雪朵朵子 ɕye^{31} tuo^{53}tuo^{53}tsɿ^{0}	大雪 ta^{23}ɕye^{42} 雪朵朵子 ɕye^{42} tuo^{55}tuo^{55}tsɿ^{0}	大雪 ta^{22}ɕiɛ^{31} 雪坨坨子 ɕiɛ^{31} tʰo^{42}tʰo^{42}tsɿ^{0}	大雪 ta^{23}ɕie^{42} 雪坨坨子 ɕie^{42} tʰo^{42}tʰo^{42}tsɿ^{0}	大雪 ta^{23}ɕye^{21} 雪坨坨子 ɕye^{21} tʰuo^{21}tʰuo^{21}tsɿ^{0}
雪珠子	米粒子 mi^{53}lei^{35} tsɿ^{0} 雪糁子 ɕye^{35}tʂən^{31}tsɿ^{0}	雪籽 ɕie^{42}tsər^{55} 凌沫子 lin^{23}mə^{42}tsɿ^{0}	雪籽 ɕiɛ^{31}tsər^{55} 凌沫子 lin^{22}mo^{31}tsɿ^{0}	雪籽 ɕie^{42}tsər^{53} 凌沫子 lin^{23}mo^{42}tsɿ^{0}	雪籽籽 ɕye^{21}tsɿ^{53} tsɿ^{0}
雨夹雪	雨夹雪 y^{53}tɕia^{35}ɕye^{31}	雨夹雪 y^{55}tɕia^{42}ɕie^{42}	雨夹雪 ʮ^{55}tɕia^{31}ɕiɛ^{31}	雨夹雪 ʮ^{53}tɕia^{45}ɕie^{42}	雨夹雪 y^{53}tɕia^{34}ɕye^{21}
雪化了	雪消咧 ɕye^{35} ɕiau^{31}lie^{0} 雪化 咧 ɕyɛ^{31}xua^{44}lie^{0}	雪化咧 ɕye^{42}xua^{23}lie^{0}	雪化了 ɕiɛ^{31}xua^{23}lia^{0}	雪化了 ɕie^{42}xua^{23}lia^{0}	雪化了 ɕye^{21}xua^{23}nia^{0}
露	露水 ləu^{44}fei^{53}	露水 ləu^{23}fei^{55}	露水 lou^{22}ʂʮei^{55}	露水 ləu^{23}ʂʮei^{53}	露水 nəu^{23}ʂuei^{53}
下露	下露水 ɕia^{44}ləu^{44}fei^{53}	打露水 ta^{55}ləu^{23}fei^{55}	打露水 ta^{55}lou^{22}ʂʮei^{55}	打露水 ta^{53}ləu^{23}ʂʮei^{53}	打露水 ta^{53}nəu^{23}ʂuei^{53}
霜	霜 faŋ^{31}	霜 faŋ^{42}	霜 ʂʮaŋ^{31}	霜 ʂʮaŋ^{45}	霜 ʂuaŋ^{34}
下霜	上霜 ʂaŋ^{44}faŋ^{31} 打霜 ta^{53}faŋ^{31}	上霜 ʂaŋ^{23}faŋ^{42} 打霜 ta^{55}faŋ^{42}	上霜 ʂaŋ^{22}ʂʮaŋ^{31} 打霜 ta^{55}ʂʮaŋ^{31}	上霜 ʂaŋ^{23}ʂʮaŋ^{45} 打霜 ta^{53}ʂʮaŋ^{45}	上霜 ʂaŋ^{23}ʂuaŋ^{34} 打霜 ta^{53}ʂuaŋ^{34}
雾	雾罩子 u^{44}tʂau^{44} tsɿ^{0} 雾气 u^{44}tɕʰi^{44}	雾罩子 u^{23}tʂau^{23} tsɿ^{0} 雾气 u^{23}tɕʰi^{223}	雾气 u^{22}tɕʰi^{213} 罩子 tʂau^{23}tsɿ^{0}	雾气 u^{23}tɕʰi^{213} 罩子 tʂau^{23}tsɿ^{0}	雾气 u^{23}tɕʰi^{213} 罩子 tʂau^{23}tsɿ^{0}

续表

方言点 词目	中原官话区	混合 1 区	江淮官话区	混合 3 区	西南官话区
	汉滨	县河	茅坪	石泉	紫阳
下雾	起雾咧 tɕʰi^{53}u^{44}lie^{0}	起雾 tɕʰi^{55}u^{223}	起雾 tɕʰi^{55}u^{22}	起雾 tɕʰi^{53}u^{213}	起雾了 tɕʰi^{53}u^{23}liau^{53}
山顶雾	山戴帽 ʂã^{31}tæ^{44}mau^{44}	山戴帽 ʂan^{42}tai^{23}mau^{223}	山戴帽 ʂan^{31}tai^{23}mau^{22}	山戴帽 ʂan^{45}tai^{23}mau^{213}	山戴帽 ʂan^{34}tai^{23}mau^{213}
河雾	河罩子 xuo^{35}tʂau^{44}tsɿ^{0}	河罩子 xuo^{32}tʂau^{23}tsɿ^{0}	河罩子 xo^{42}tʂau^{23}tsɿ^{0}	河罩子 xo^{42}tʂau^{23}tsɿ^{0}	河罩 xuo^{21}tʂau^{213}
天气	天气 tʰiã^{31}tɕʰi^{44}	天气 tʰian^{42}tɕʰi^{0}	天气 tʰian^{31}tɕʰi^{0}	天气 tʰian^{45}tɕʰi^{0}	天气 tʰian^{34}tɕʰi^{0}
好天气	好天气 xau^{53}tʰiã^{31}tɕʰi^{0}	好天气 xau^{55}tʰian^{42}tɕʰi^{0}	好天气 xau^{55}tʰian^{31}tɕʰi^{0}	好天气 xau^{53}tʰian^{45}tɕʰi^{0}	好天气 xau^{53}tʰian^{34}tɕʰi^{0}
晴天	晴天 tɕʰin^{35}tʰiã^{31}	晴天 tɕʰin^{32}tʰian^{42}	晴天 tɕʰin^{42}tʰian^{31}	晴天 tɕʰin^{42}tʰian^{45}	晴天 tɕʰin^{21}tʰian^{34}
阴天	阴天 in^{31}tʰiã^{31}	阴天 in^{42}tʰian^{42}	阴天 in^{31}tʰian^{31}	阴天 in^{45}tʰian^{45}	阴天 in^{34}tʰian^{34}
晴间阴	半阴半晴 pã^{44} in^{31}pã^{44}tɕʰin^{35}	半阴半晴 pan^{23} in^{42}pan^{23}tɕʰin^{312}	半阴半晴 pan^{23} in^{31}pan^{23}tɕʰin^{42}	半阴半晴 pan^{23} in^{45}pan^{23}tɕʰin^{42}	半阴半晴 pan^{23} in^{34}pan^{23}tɕʰin^{21}
由晴转阴	天阴了 tʰian^{35}in^{31}liau^{0}	天阴了 tʰian^{42}in^{42}liau^{0}	天阴了 tʰian^{31}in^{31}liau^{0}	天阴了 tʰian^{45}in^{45}liau^{0}	天阴了 tʰian^{34}in^{34}niau^{0}
天气热	天热 tʰiã^{35}ʐɤ^{31}	天气热 tʰian^{42}tɕʰi^{0}ʐɤ^{42}	天气热 tʰian^{31}tɕʰi^{0}ɥɛ^{31}	天气热 tʰian^{45}tɕʰi^{0}ɥe^{42}	天热 tʰian^{34}ʐe^{21}
天气闷热	沤热 ŋəu^{44}ʐɤ^{31}	沤热 ŋəu^{23}ʐɤ^{42}	沤热 ŋou^{23}ɥɛ^{31}	沤热 ŋəu^{23}ɥe^{45}	沤热 ŋəu^{23}ʐe^{34}
天凉	天凉 tʰiã^{31}liaŋ^{35}	天凉 tʰian^{42}liaŋ^{312}	天凉 tʰian^{31}liaŋ^{42}	天凉 tʰian^{45}liaŋ^{42}	天凉 tʰian^{34}ȵiaŋ^{21}
天气冷	天冷 tʰiã^{31}ləŋ^{53}	天冷 tʰian^{42}lən^{55}	天气冷 tʰian^{31}tɕʰi^{0}lən^{55}	天气冷 tʰian^{45}tɕʰi^{0}lən^{53}	天气冷 tʰian^{34}tɕʰi^{0}nən^{53}
天气闷	天气闷 tʰiã^{31}tɕʰi^{0}mə̃^{44}	天气闷 tʰian^{42}tɕʰi^{0}mən^{223}	天气闷 tʰian^{31}tɕʰi^{0}mən^{22}	天气闷 tʰian^{45}tɕʰi^{0}mən^{213}	天气闷 tʰian^{34}tɕʰi^{0}mən^{213}

续表

方言点 / 词目	中原官话区	混合 1 区	江淮官话区	混合 3 区	西南官话区
	汉滨	县河	茅坪	石泉	紫阳
伏天	伏天 fu^{35}tʰiã^{31} 三伏天 ʂã^{31}fu^{35}tʰiã^{31}	伏天 fu^{32}tʰian^{42} 三伏天 ʂan^{42}fu^{32}tʰian^{42}	伏天 fu^{42}tʰian^{31} 三伏天 ʂan^{31}fu^{42}tʰian^{31}	伏天 fu^{42}tʰian^{45} 三伏天 ʂan^{45}fu^{42}tʰian^{34}	伏天 fu^{21}tʰian^{34} 三伏天 ʂan^{34}fu^{21}tʰian^{34}
入伏	进伏 tɕin^{44}fu^{35}	进伏 tɕin^{23}fu^{312}	进伏 tɕin^{23}fu^{42}	进伏 tɕin^{23}fu^{42}	进伏 tɕin^{23}fu^{21}
初伏	初伏 ʦʰəu^{31}fu^{35}	初伏 ʦʰəu^{42}fu^{312}	初伏 ʦʰou^{31}fu^{42}	初伏 ʦʰəu^{45}fu^{42}	初伏 ʦʰəu^{34}fu^{21}
中伏	中伏 pfəŋ^{31}fu^{35}	中伏 pfəŋ^{42}fu^{312}	中伏 tʂəŋ^{31}fu^{42}	中伏 tʂuŋ^{45}fu^{42}	中伏 tʂuŋ^{34}fu^{21}
末伏	末伏 mu^{31}fu^{35}	末伏 muo^{42}fu^{312}	末伏 mo^{31}fu^{42}	末伏 mo^{42}fu^{42}	末伏 muo^{21}fu^{21}
出伏	出伏 pfʰu^{31}fu^{35}	出伏 pfʰu^{42}fu^{312}	出伏 tʂʰʮ^{31}fu^{42}	出伏 tʂʰʮ^{45}fu^{42}	出伏 tʂʰu^{34}fu^{21}
五六月间	五黄六月 u^{53} xuaŋ^{35}liəu^{31}ye^{31}	五黄六月 u^{55} xuaŋ^{32}liəu^{42}ye^{42}	五黄六月 u^{55} xuaŋ^{42}lou^{31}ʮɛ^{31}	五黄六月 u^{53} xuaŋ^{42}ləu^{42}ʮe^{42}	五黄六月 u^{53} xuaŋ^{21}nəu^{21}ye^{21}
天旱	天旱 tʰiã^{31}xã^{44} 天干 tʰiã^{35}kã^{31}	天干 tʰian^{42}kan^{42}	天干 tʰian^{31}kan^{31}	天干 tʰian^{45}kan^{45}	天干 tʰian^{34}kan^{34}
涝（了）	雨涝 y^{53}lau^{44}	雨涝 y^{55}lau^{312}	涝灾 lau^{42}ʦai^{31}	涝灾 lau^{42}ʦai^{45}	雨涝 y^{53}nau^{21}
春天	春上 pfʰən^{31}ʂaŋ^{44}	春上 pfʰən^{42}ʂaŋ^{223}	春上 tʂʮən^{31}ʂaŋ^{22}	春上 tʂʮən^{45}ʂaŋ^{213}	春上 tʂuən^{34}ʂaŋ^{213}
春季里	春里 pfʰən^{31}li^{53}	春里 pfʰən^{42}li^{55}	春里 tʂʮən^{31}li^{55}	春里 tʂʮən^{45}li^{53}	春里 tʂuən^{34}ȵi^{53}
夏季里	夏里 ɕia^{44}li^{53}	夏里 ɕia^{23}li^{55}	夏里 ɕia^{22}li^{55}	夏里 ɕia^{23}li^{53}	夏里 ɕia^{23}ȵi^{53}
冬季里	冬里 tuŋ^{31}li^{0}	冬里 tuŋ^{42}li^{0}	冬里 təŋ^{31}li^{0}	冬里 tuŋ^{45}li^{0}	冬里 tuŋ^{34}ȵi^{0}

续表

方言点 词目	中原官话区	混合 1 区	江淮官话区	混合 3 区	西南官话区
	汉滨	县河	茅坪	石泉	紫阳
三九天	三九天 sã^{31}tɕiəu^{53}tʰiã^{31}	三九天 san^{42}tɕiəu^{55}tʰian^{42}	三九天 san^{31}tɕiəu^{55}tʰian^{31}	三九天 san^{45}tɕiəu^{53}tʰian^{45}	三九天 san^{34}tɕiəu^{53}tʰian^{34}
进九	交九 tɕiau^{31}tɕiəu^{53}	交九 tɕiau^{42}tɕiəu^{55}	交九 tɕiau^{31}tɕiəu^{55}	交九 tɕiau^{45}tɕiəu^{53}	交九 tɕiau^{34}tɕiəu^{53}
三九天里	九里天 tɕiəu^{53}li^{0}tʰiã^{31}	九里天 tɕiəu^{55}li^{0}tʰian^{31}	九里天 tɕiəu^{55}li^{0}tʰian^{31}	九里天 tɕiəu^{53} li^{0}tʰian^{45}	九里天 tɕiəu^{53}ȵi^{0}tʰian^{34}
换季	换季 xuã^{44}tɕi^{44}	换季 xuan^{23}tɕi^{223}	换季 xuan^{22}tɕi^{213}	换季 xuan^{23}tɕi^{213}	换季 xuan^{23}tɕi^{213}

二　地理

方言点 词目	中原官话区	混合 1 区	江淮官话区	混合 3 区	西南官话区
	汉滨	县河	茅坪	石泉	紫阳
平原	躺地 tʰaŋ^{53}ti^{44} 坝子 pa^{44}tsɿ^{0}	平躺子 pʰin^{32}tʰaŋ^{55}tsɿ^{0}	平坝子 pʰin^{42}pa^{23}tsɿ^{0}	平坝子 pʰin^{42}pa^{23}tsɿ^{0}	坝子 pa^{23}tsɿ^{0} 平坝子 pʰin^{21}pa^{23}tsɿ^{0}
旱地	旱坡地 xã^{44}pʰə^{31}ti^{44}	旱坡地 xan^{23}pʰə^{42}ti^{223}	旱地 xan^{22}ti^{22}	旱地 xan^{23}ti^{213}	地 ti^{213}
水田	水田 fei^{53}tʰiã^{35} 田坝 tʰian^{35}pa^{44}	田坝 tʰian^{32}pa^{213} 水田 fei^{55}tʰian^{312}	田坝 tʰian^{42}pa^{213} 水田 ʂɥei^{55}tʰian^{42}	田坝 tʰian^{42}pa^{213} 水田 ʂɥei^{53}tʰian^{42}	田坝 tʰian^{21}pa^{213} 水田 ʂuei^{53}tʰian^{21}
菜地	菜地 tsʰæ^{44}ti^{44} 菜园子 tsʰæ^{44} yã^{35}tsɿ^{0}	菜地 tsʰai^{23}ti^{223} 菜园子 tsʰai^{23} yan^{32}tsɿ^{0}	菜园子 tsʰai^{23}ɥan^{42}tsɿ^{0}	菜园子 tsʰai^{23}ɥan^{42}tsɿ^{0}	菜园子 tsʰai^{23}yan^{21}tsɿ^{0}
沙土地	沙土地 ʂa^{31}tʰu^{53} ti^{44} 沙坝地 ʂa^{31}pa^{44}ti^{44}	沙坝地 ʂa^{42}pa^{23}ti^{223}	沙地 ʂa^{31}ti^{22}	沙地 ʂa^{45}ti^{213}	沙地 ʂa^{34}ti^{213} 沙坝地 ʂa^{34}pa^{23}ti^{213}
坡地	坡地 pʰə^{31}ti^{44}	坡地 pʰə^{42}ti^{223}	坡地 pʰo^{31}ti^{22}	坡地 pʰo^{45}ti^{213}	坡地 pʰuo^{34}ti^{213}

续表

词目＼方言点	中原官话区	混合 1 区	江淮官话区	混合 3 区	西南官话区
	汉滨	县河	茅坪	石泉	紫阳
二荒地	二荒地 ər^{44}xuaŋ^{31}ti^{44}	二荒地 ər^{23}xuaŋ^{42}ti^{223}	二荒地 ər^{22}xuaŋ^{31}ti^{22}	二荒地 ər^{23}xuaŋ^{45}ti^{213}	二荒地 ər^{23}xuaŋ^{34}ti^{213}
山	山 ʂã^{31} 大山 ta^{44}ʂã^{31}	山 ʂan^{42} 大山 ta^{23}ʂan^{42}	山 ʂan^{31} 大山 ta^{22}ʂan^{31}	山 ʂan^{45} 大山 ta^{23}ʂan^{45}	山 ʂan^{34} 大山 ta^{23}ʂan^{34}
山腰	半山腰 pã^{44}ʂã^{35}iau^{31}	半山腰 pan^{23}ʂan^{42}iau^{42}	半山腰 pan^{23}ʂan^{31}iau^{31}	半山腰 pan^{23}ʂan^{45}iau^{45}	半山腰 pan^{23}ʂan^{34}iau^{34}
山脚	山脚下 ʂã^{35}tɕyo^{31}xa^{0}	山根根儿 ʂan^{42}kən^{42}kər^{0} 山脚下 ʂan^{42}tɕyo^{42}xa^{0}	山脚下 ʂan^{31}tɕio^{31}xa^{0}	山脚下 ʂan^{45}tɕio^{42}xa^{0}	山脚下 ʂan^{34}tɕyo^{21}xa^{0}
山坳	山沟 ʂã^{35}kəu^{31}	山沟 ʂan^{42}kəu^{42}	山沟 ʂan^{31}kou^{31} 山洼 ʂan^{31}ua^{213}	山沟 ʂan^{45}kəu^{45} 山洼 ʂan^{45}ua^{213}	山沟沟 ʂan^{34}kəu^{34}kəu^{0} 山洼洼 ʂan^{34}ua^{23}ua^{0}
山包	山包包儿 ʂã^{35}pau^{31}paur^{0}	山包包儿 ʂan^{42}pau^{42}paur^{0}	山包 ʂan^{31}pau^{31}	山包 ʂan^{45}pau^{45}	山包 ʂan^{34}pau^{34}
山梁	山梁梁儿 ʂã^{31}liaŋ^{35}liaŋr^{0} 梁上 liaŋ^{35}ʂaŋ^{0}	梁上 liaŋ^{32}ʂaŋ^{0}	山梁 ʂan^{31}liaŋ^{42}	山梁 ʂan^{45}liaŋ^{42}	山梁 ʂan^{34}ȵiaŋ^{21}
山垭子	山垭垭儿 ʂã^{31}ia^{53}iar^{0}	山垭垭儿 ʂan^{42}ia^{55}iar^{0}	垭子 ia^{55}tsʅ^{0}	垭子 ia^{53}tsʅ^{0}	垭子 ia^{53}tsʅ^{0}
山谷	大山沟 ta^{44}ʂã^{35}kəu^{31} 山峡 ʂan^{31}ɕia^{35}	大山沟 ta^{23}ʂan^{42}kəu^{42} 山峡 ʂan^{42}ɕia^{312}	山峡 ʂan^{31}ɕia^{42}	山峡 ʂan^{45}ɕia^{42}	大沟 ta^{23}kəu^{34} 峡沟沟 ɕia^{21}kəu^{34}kəu^{0}
峡沟	山卡卡 ʂã^{31}tɕʰia^{44}tɕʰia^{0}	山卡卡 ʂan^{42}tɕʰia^{23}tɕʰia^{0}	山卡卡 ʂan^{31}tɕʰia^{23}tɕʰia^{0}	山卡卡 ʂan^{45}tɕʰia^{23}tɕʰia^{0}	山卡卡 ʂan^{34}tɕʰia^{23}tɕʰia^{0}
山涧	山沟沟儿 ʂã^{35}kəu^{31}kəur^{0}	山沟沟儿 ʂan^{42}kəu^{42}kəur^{0}	山沟 ʂan^{31}kou^{31}	山沟 ʂan^{45}kəu^{45}	山沟沟 ʂan^{34}kəu^{33}kəu^{0}
土台	台子 tʰæ^{35}tsʅ^{0}	台子 tʰai^{32}tsʅ^{0}	台子 tʰai^{42}tsʅ^{0}	台子 tʰai^{42}tsʅ^{0}	台子 tʰai^{21}tsʅ^{0}

续表

方言点 词目	中原官话区 汉滨	混合 1 区 县河	江淮官话区 茅坪	混合 3 区 石泉	西南官话区 紫阳
山坡	山坡 ʂã^{35}pʰə^{31}	山坡 ʂan^{42}pʰə^{42}	山坡 ʂan^{31}pʰo^{31}	山坡 ʂan^{45}pʰo^{45}	山坡 ʂan^{34}pʰuo^{34}
山顶	山顶头儿 ʂã^{31}tin^{53}tʰəur^{35}	山顶头儿 ʂan^{42}tin^{55}tʰəur^{0}	山垴垴儿 ʂan^{31}lau^{55}lau^{0}	山垴垴 ʂan^{45}lau^{53}lau^{0}	山尖尖 ʂan^{34}tɕian^{34}tɕian^{0}
山崖	崖 ŋæ^{35}	崖 ŋai^{312}	崖 ŋai^{42}	崖 ŋai^{42}	崖 ŋai^{21}
拐弯处	弯弯儿 uã^{31}uar^{0}	弯弯儿 uan^{42}uar^{0}	弯弯儿 uan^{31}uar^{0}	拐弯 kuai^{53}uan^{45}	拐弯 kuai^{53}uan^{34}
山中长且宽的湾坡地	大湾 ta^{44}uã^{31}	扯皮湾 tʂʰe^{55}pʰi^{32}uan^{42}	扯皮湾 tʂʰɛ^{55}pʰi^{42}uan^{31}	扯皮湾 tʂʰe^{53}pʰi^{42}uan^{45}	扯皮湾 tʂʰe^{53}pʰi^{21}uan^{34}
河	河 xuo^{35} 河坝 xuo^{35}pa^{44}	河坝 xuo^{32}pa^{223}	河坝 xo^{42}pa^{213}	河坝 xo^{42}pa^{213}	河坝 xuo^{21}pa^{213}
河里	河里 xuo^{35}li^{0} 河坝里 xuo^{35}pa^{44}li^{0}	河坝里 xuo^{32}pa^{223}li^{0}	河坝里 xo^{42}pa^{213}li^{0}	河坝里 xo^{42}pa^{23}li^{0}	河里 xuo^{21}ȵi^{0}
河畔	河边 xuo^{35}piã^{31}	河边 xuo^{32}pian^{42}	河边 xo^{42}pian^{31}	河边 xo^{42}pian^{45}	河边 xuo^{21}pian^{34}
河岸	岸上 ŋã^{44}ʂaŋ^{0}	岸上 ŋan^{23}ʂaŋ^{0}	岸上 ŋan^{22}ʂaŋ^{0}	岸上 ŋan^{23}ʂaŋ^{0}	岸上 ŋan^{23}ʂaŋ^{0}
堰	堰 iã^{44}	堰 ian^{223}	堰 ian^{213}	堰 ian^{213}	堰 ian^{213}
水渠	堰沟 ian^{44}kəu^{31}	堰沟 ian^{23}kəu^{42}	堰沟 ian^{23}kou^{31}	堰沟 ian^{23}kəu^{45}	堰沟 ian^{23}kəu^{34}
水沟	水沟 fei^{53}kəu^{31}	水沟 fei^{55}kəu^{42}	水沟 ʂʮei^{55}kou^{31}	水沟 ʂʮei^{0}kəu^{45}	阴沟 in^{34}kəu^{34}

续表

方言点 词目	中原官话区	混合 1 区	江淮官话区	混合 3 区	西南官话区
	汉滨	县河	茅坪	石泉	紫阳
湖	湖 xu^{35}	湖 xu^{312}	湖 xu^{42}	湖 xu^{42}	湖 xu^{21}
潭	潭 tʰã^{31} 乌潭 u^{31}tʰã^{31}	乌潭 u^{42}tʰan^{42} 绿茵潭 ly^{42}in^{42}tʰan^{42}	乌潭 u^{31}tʰan^{31} 绿茵潭 lou^{31}in^{31}tʰan^{31}	乌潭 u^{45}tʰan^{45} 绿茵潭 ləu^{42}in^{45}tʰan^{45}	乌潭 u^{34}tʰan^{34} 绿茵潭 ny^{21}in^{34}tʰan^{34}
小水滩	水滩滩儿 fei^{53}tʰan^{31}tʰar^{0}	水滩儿 fei^{55}tʰar^{42}	水滩儿 ʂɥei^{55}tʰar^{31}	水坑 ʂɥei^{53}kʰen^{45}	水坑坑 ʂuei^{53} kʰen^{34}kʰən^{0}
水塘	堰塘 iã^{44}tʰaŋ^{35}	堰塘 ian^{23}tʰaŋ^{312}	堰塘 ian^{23}tʰaŋ^{42}	堰塘 ian^{23}tʰaŋ^{42}	堰塘 ian^{23}tʰaŋ^{21}
水坑	水坑 fei^{53}kʰən^{31}	水坑 fei^{55}kʰən^{42}	水坑 ʂɥei^{55}kʰən^{31}	水坑 ʂɥei^{53}kʰən^{45}	水坑 ʂuei^{53}kʰən^{34}
海	海 xæ^{53}	海 xai^{55}	海 xai^{55}	海 xai^{53}	海 xai^{53}
河岸	河边儿 xuo^{35}piar^{31}	河边上 xuo^{32}pian^{42}ʂaŋ^{0}	岸 ŋan^{22} 河边儿 xo^{42}piar^{31}	岸 ŋan^{213} 河边儿 xo^{42}piar^{45}	岸 ŋan^{213} 河边上 xuo^{21} pian^{34}ʂaŋ^{0}
堤	堤坝 tʰi^{35}pa^{44} 河堤 xuo^{35}tʰi^{35}	河堤 xuo^{32}tʰi^{312}	河堤 xo^{42}tʰi^{42}	河堤 xo^{42}tʰi^{42}	河堤 xuo^{21}tʰi^{21}
坝	坝 pa^{44}	坝 pa^{223}	坝 pa^{213}	坝 pa^{213}	坝 pa^{213}
沙洲	沙坝 ʂa^{31}pa^{44} 沙洲 ʂa^{31}tʂəu^{31}	沙洲 ʂa^{42}tʂəu^{42}	沙洲 ʂa^{31}tʂəu^{31}	沙洲 ʂa^{45}tʂəu^{45}	沙干子 ʂa^{34} kan^{23}tsɿ^{0} 沙洲 ʂa^{34}tʂəu^{34}
河滩	河坝 xuo^{35}pa^{44}	沙洲 ʂa^{42}ʂəu^{42}	河坝 xo^{42}pa^{213}	河坝 xo^{42}pa^{213}	河坝 xuo^{21}pa^{213}

续表

词目 \ 方言点	中原官话区	混合 1 区	江淮官话区	混合 3 区	西南官话区
	汉滨	县河	茅坪	石泉	紫阳
清水	清水 tɕʰiŋ31fei53	清水 tɕʰin42fei55	清水 tɕʰin31ʂɥei55	清水 tɕʰin45ʂɥei53	清水 tɕʰin34ʂuei53
浑水	浑水 xuən31fei53 麻浑子水 ma35xuə̃31tsɿ0fei53	浑水 xuən42fei55 麻浑子水 ma32xuən42tsɿ0fei55	浑水 xuən31 ʂɥei55 麻浑子水 ma42xuən31tsɿ0ʂɥei55	浑水 xuən45 ʂɥei53 麻浑子水 a42xuən45tsɿ0ʂɥei53	浑水 xuən34 ʂuei53 麻浑子水 ma21xuən34tsɿ0ʂɥei53
雨水	雨水 y53fei53	雨水 y55fei55	雨水 ɥ55ʂɥei55	雨水 ɥ53ʂɥei53	雨水 y53ʂuei53
洪水	洪水 xoŋ35fei53 大水 ta44fei53	大水 ta23fei55	大水 ta22ʂɥei55	大水 ta23ʂɥei53	洪水 xuŋ21ʂuei53
小水	小水 ɕiau53fei53	小水 ɕiau55fei55	小水 ɕiau55ʂɥei55	小水 ɕiau53ʂɥei53	细水 ɕi23ʂuei53
山沟洪水	竹筒子水 pfu31tʰuŋ35tsɿ0fei53	竹筒子水 pfu42tʰuŋ32tsɿ0fei55	竹筒子水 tʂou31 tʰəŋ52tsɿ0ʂɥei55	竹筒子水 tʂəu42 tʰuŋ42tsɿ0ʂɥei53	竹筒子水 tʂəu21 tʰuŋ21tsɿ0ʂuei53
发大水	发大水 fa31ta44fei53 涨大水 tʂaŋ53ta23fei53	涨大水 tʂaŋ55ta23fei55	涨大水 tʂaŋ55ta22ʂɥei55	涨大水 tʂaŋ53ta23ʂɥei53	泛水 fan23ʂuei53 走火 tsəu53xuo53 涨大水 tʂaŋ53 ta23ʂuei53
洪峰	水头 fei53tʰəu35	水头 fei55tʰəu312	水头 ʂɥei55tʰou42	水头 ʂɥei53tʰəu42	水头 ʂuei53tʰəu21
凉水	凉水 liaŋ35fei53 冷水 ləŋ53fei53	冷水 lən55fei55	冷水 lən55ʂɥei55	冷水 lən53ʂɥei53	凉水 ȵiaŋ21ʂuei53
泉水	泉水 tɕyã35fei53 凉水 liaŋ35fei53	山泉水 ʂan42tɕʰyan32fei55	山沟水 ʂan31kou31ʂɥei55	山沟水 ʂan45kəu45ʂɥei53	凉水 ȵiaŋ21ʂuei53
开水	开水 kʰæ31fei53 滚水 kuə̃53fei53	开水 kʰai42fei55	开水 kʰai31ʂɥei55	开水 kʰai45ʂɥei53	开水 kʰai34ʂuei53

续表

词目＼方言点	中原官话区	混合 1 区	江淮官话区	混合 3 区	西南官话区
	汉滨	县河	茅坪	石泉	紫阳
温水	温水 uə̃^{31}fei^{53} 乌度子水 u^{31}təu^{31}ʦɿ^{0}fei^{53}	乌度子水 u^{42}təu^{42}ʦɿ^{0}fei^{55} 温热子水 uən^{42} ʐɤ^{42}tsɿ^{0}fei^{55}	乌度子水 u^{31}tou^{31}ʦɿ^{0}ʂɥei^{55} 温度子水 uən^{31} tou^{31}tsɿ^{0}ʂɥei^{55}	温度子水 uən^{45}təu^{45}tsɿ^{0} ʂɥei^{53}	温度水 uən^{34}təu^{34}ʂuei^{53}
温热	尿热子 ȵiau^{44}ʐɤ^{31}ʦɿ^{0}	尿热子 ȵiau^{23}ʐɤ^{42}ʦɿ^{0}	尿热子 ȵiau^{22}ɥɛ^{31}ʦɿ^{0}	尿热子 ȵiau^{23}ɥe^{42}ʦɿ^{0}	尿热子 ȵiau^{23}ʐe^{21}ʦɿ^{0}
石头	石头 ʂɿ^{35}tʰəu^{0}	石头 ʂɿ^{32}tʰəu^{0}	石头 ʂɿ^{42}tʰou^{0}	石头 ʂɿ^{42}tʰəu^{0}	石头 ʂɿ^{21}tʰəu^{0}
大石头	大石头 ta^{44}ʂɿ^{35}tʰəu^{0}	大石头 ta^{23}ʂɿ^{42}tʰəu^{0}	大石头 ta^{22}ʂɿ^{42}tʰou^{0}	大石头 ta^{23}ʂɿ^{42}tʰəu^{0}	大石头 ta^{23}ʂɿ^{21}tʰəu^{0}
小石头	碎石头 suei^{44}ʂɿ^{35}tʰəu^{0} 小石头 ɕiau^{53}ʂɿ^{35}tʰəu^{0}	石头娃儿 ʂɿ^{42}tʰəu^{0}uar^{42} 小石头 ɕiau^{55}ʂɿ^{42}tʰəu^{0}	石头娃儿 ʂɿ^{42}tʰou^{0}uar^{42} 小石头 ɕiau^{55}ʂɿ^{42}tʰou^{0}	石头娃子 ʂɿ^{42}tʰəu^{0}ua^{42}tsɿ^{0} 小石头 ɕiau^{53}ʂɿ^{42}tʰəu^{0}	小石头 ɕiau^{53}ʂɿ^{21}tʰəu^{0}
石籽	石籽 ʂɿ^{35}tsɿ^{53}	石籽儿 ʂɿ^{32}tsər^{55}	石头籽儿 ʂɿ^{42}tʰou^{0}tsər^{55}	石头籽儿 ʂɿ^{42}tʰəu^{0}tsər^{53}	石头籽 ʂɿ^{21}tʰəu^{0}tsɿ^{53}
石板	石板 ʂɿ^{35}pã^{53}	石条 ʂɿ^{42}tʰiau^{42} 石板 ʂɿ^{42}pan^{55}	石条 ʂɿ^{42}tʰiau^{42} 石板 ʂɿ^{42}pan^{55}	石条 ʂɿ^{42}tʰiau^{42} 石板 ʂɿ^{42}pan^{53}	石条 ʂɿ^{21}tʰiau^{21} 石板 ʂɿ^{21}pan^{53}
鹅卵石	狗卵石 kəu^{53}lã^{53}ʂɿ^{35}	鹅卵石 ŋɤ^{32}lan^{55}ʂɿ^{312}	疙瘩子石头 kɛ^{31} ta^{31}ʦɿ^{0}ʂɿ^{42}tʰou^{0}	鹅卵石 ŋo^{42}lan^{53}ʂɿ^{42}	鹅抱石 ŋuo^{21}pau^{23}ʂɿ^{21}
沙子	沙 ʂa^{31} 沙子 ʂa^{31}tsɿ^{0}	沙 ʂa^{42} 沙子 ʂa^{42}tsɿ^{0}	沙子 ʂa^{31}tsɿ^{0}	沙子 ʂa^{45}tsɿ^{0}	沙子 ʂa^{34}tsɿ^{0}
沙土	沙土 ʂa^{31}tʰu^{53} 潮沙 tʂʰau^{35}ʂa^{31}	泥沙 ȵi^{32}ʂa^{42} 潮沙 tʂʰau^{32}ʂa^{42}	泥沙 ȵi^{42}ʂa^{31} 潮沙 tʂʰau^{42}ʂa^{31}	泥沙 ȵi^{42}ʂa^{45}	泥沙 ȵi^{21}ʂa^{34}
土坯	胡基 xu^{35}tɕi^{31} 土坯 tʰu^{53}pʰi^{31}	胡基 xu^{32}tɕi^{42} 土坯 tʰou^{55}pʰi^{42}	土坯子 tʰou^{55}pʰei^{31}tsɿ^{0}	胡基 xu^{42}tɕi^{45} 土坯 tʰəu^{53}pʰei^{45}	胡基 xu^{21}tɕi^{34} 土坯 tʰəu^{53}pʰei^{34}

续表

词目＼方言点	中原官话区	混合 1 区	江淮官话区	混合 3 区	西南官话区
	汉滨	县河	茅坪	石泉	紫阳
砖坯	砖坯子 pfã^{35}pʰi^{31}tsɿ^{0}	砖坯子 pfan^{42}pʰei^{42}tsɿ^{0}	砖坯子 tʂɥan^{31}pʰei^{31}tsɿ^{0}	砖坯子 tʂɥan^{45}pʰei^{45}tsɿ^{0}	砖坯子 tʂuan^{34}pʰei^{34}tsɿ^{0}
砖	砖 pfã^{31} 砖头 pfã^{31}tʰəu^{0}	砖 pfan^{42} 砖头 pfã^{42}tʰəu^{0}	砖头子 tʂɥan^{31}tʰou^{42}tsɿ^{0}	砖头子 tʂɥan^{45}tʰəu^{42}tsɿ^{0}	砖头子 tʂuan^{34}tʰəu^{21}tsɿ^{0}
瓦	瓦 ua^{53}	瓦 ua^{55}	瓦 ua^{55}	瓦 ua^{53}	瓦 ua^{53}
碎瓦	瓦片儿 ua^{53}pʰiar^{53} 瓦渣滓 ua^{53}tʂa^{31}tsɿ^{0}	瓦片儿 ua^{55}pʰiar^{55} 瓦渣滓 ua^{55}tʂa^{42}tsɿ^{0}	瓦片儿 ua^{55} pʰiar^{55} 瓦块子 ua^{55}kʰuai^{55}tsɿ^{0} 瓦 渣滓 ua^{55}tʂa^{31}tsɿ^{0}	瓦片片 ua^{53} pʰian^{53}pʰian^{0} 瓦渣滓 ua^{53}tʂa^{45}tsɿ^{0}	瓦片片 ua^{53} pʰian^{53}pʰian^{0} 瓦渣滓 ua^{53}tʂa^{34}tsɿ^{0}
灰尘	土 tʰu^{53} 灰尘 xuei^{31}tʂʰə̃^{0}	灰尘 xuei^{42}tʂʰən^{0}	灰尘 xuei^{31}tʂʰən^{0}	灰尘 xuei^{45}tʂʰən^{42}	灰尘 xuei^{34}tʂʰən^{21}
扫尘 腊月二十三或二十四扫除房内灰尘	打飏尘 ta^{53}iaŋ^{35}tʂʰə̃^{0}	打飏尘 ta^{55}iaŋ^{32}tʂʰən^{0}	打飏尘 ta^{55}iaŋ^{42}tʂʰən^{0}	打飏尘 ta^{53}iaŋ^{42}tʂʰən^{0}	打飏尘 ta^{53}iaŋ^{21}tʂʰən^{0}
烂泥	烂泥 nã^{44}ȵi^{35} 稀泥巴 ɕi^{31}ȵi^{35}pa^{0}	烂泥 lan^{23}ȵi^{32} 稀泥巴 ɕi^{42}ȵi^{32}pa^{0}	烂泥巴 lan^{22}ȵi^{42}pa^{0}	烂泥巴 lan^{23}ȵi^{42}pa^{0}	烂泥巴 nan^{23}ȵi^{21}pa^{0}
泥土	泥 ȵi^{35} 土巴 tʰu^{53}pa^{0}	泥巴 ȵi^{32}pa^{0}	泥巴 ȵi^{42}pa^{0}	泥巴 ȵi^{42}pa^{0}	泥巴 ȵi^{21}pa^{0}
金	金 tɕin^{31} 金子 tɕin^{31}tsɿ^{0}	金子 tɕin^{42}tsɿ^{0}	金子 tɕin^{31}tsɿ^{0}	金子 tɕin^{45}tsɿ^{0}	金子 tɕin^{34}tsɿ^{0}
银	银子 in^{35}tsɿ^{0}	银子 in^{32}tsɿ^{0}	银子 in^{42}tsɿ^{0}	银子 in^{42}tsɿ^{0}	银子 in^{21}tsɿ^{0}
铜	铜 tʰuŋ^{35}	铜 tʰuŋ^{312}	铜 tʰəŋ^{42}	铜 tʰuŋ^{42}	铜 tʰuŋ^{21}

续表

方言点 / 词目	中原官话区	混合 1 区	江淮官话区	混合 3 区	西南官话区
	汉滨	县河	茅坪	石泉	紫阳
铁	铁 tʰie^{31} 生铁 ʂəŋ^{35} tʰie^{31}	铁 tʰie^{42} 生铁 ʂəŋ^{42} tʰie^{42}	铁 tʰiɛ^{31} 生铁 sən^{31} tʰiɛ^{31}	铁 tʰie^{42} 生铁 sən^{45} tʰie^{42}	铁 tʰie^{21} 生铁 sən^{34} tʰie^{21}
生锈	生锈 ʂəŋ^{31}ɕiəu^{44}	长锈 tʂaŋ^{55}ɕiəu^{223} 生锈 ʂəŋ^{42}ɕiəu^{223}	长锈 tʂaŋ^{55}ɕiou^{213} 生锈 sən^{31}ɕiou^{213}	起锈 tɕʰi^{53}ɕiəu^{213}	起锈 tɕʰi^{53}ɕiəu^{213}
腐朽	烂咧 lã^{44}lie^{0} 腐咧 fu^{53}lie^{0}	烂了 lan^{23}liau^{0}	烂了 lan^{22}liau^{0}	朽了 ɕiəu^{53}liau^{0}	朽了 ɕiəu^{53}liau^{0}
锡	锡 ɕi^{31}	锡 ɕi^{42}	锡蜡子 ɕi^{31}la^{31}tsɿ^{0}	锡蜡子 ɕi^{45}la^{42}tsɿ^{0}	锡 ɕi^{21}
煤油	煤油 mei^{35}iəu^{35} 洋油 iaŋ^{35}iəu^{35}	煤油 mei^{32}iəu^{312} 洋油 iaŋ^{32}iəu^{312}	煤油 mei^{42}iou^{42} 洋油 iaŋ^{42}iou^{42}	煤油 mei^{42}iəu^{42} 洋油 iaŋ^{42}iəu^{42}	煤油 mei^{21}iəu^{21} 洋油 iaŋ^{21}iəu^{21}
汽油	汽油 tɕʰi^{44}iəu^{35} 洋油 iaŋ^{35}iəu^{35}	汽油 tɕʰi^{23}iəu^{312} 洋油 iaŋ^{32}iəu^{312}	汽油 tɕʰi^{23}iou^{42} 洋油 iaŋ^{42}iou^{42}	汽油 tɕʰi^{23}iəu^{42} 洋油 iaŋ^{42}iəu^{42}	汽油 tɕʰi^{23}iəu^{21} 洋油 iaŋ^{21}iəu^{21}
石灰	石灰 ʂʅ^{35}xuei^{31} 白灰 pe^{35}xuei^{31}	石灰 ʂʅ^{32}xuei^{42}	石灰 ʂʅ^{42}xuei^{31}	石灰 ʂʅ^{42}xuei^{45}	石灰 ʂʅ^{21}xuei^{34}
水泥	洋灰 iaŋ^{35}xuei^{31} 水泥 fei^{53}ȵi^{35}	洋灰 iaŋ^{32}xuei^{42} 水泥 fei^{55}ȵi^{312}	洋灰 iaŋ^{42}xuei^{31} 水泥 ʂɥei^{55}ȵi^{42}	洋灰 iaŋ^{42}xuei^{45} 水泥 ʂɥei^{53}ȵi^{42}	洋灰 iaŋ^{21}xuei^{34} 水泥 ʂuei^{53}ȵi^{21}
磁石	吸铁石 ɕi^{35}tʰie^{31}ʂʅ^{35}	吸铁石 ɕi^{42}tʰie^{42}ʂʅ^{312}	吸铁石 ɕi^{31}tʰiɛ^{31}ʂʅ^{42}	吸铁石 ɕi^{45}tʰie^{42}ʂʅ^{42}	吸铁石 ɕi^{34}tʰie^{21}ʂʅ^{21}
玉	玉石 y^{44}ʂʅ^{35}	玉石 y^{23}ʂʅ^{32}	玉石 ɥ^{23}ʂʅ^{42}	玉石 ɥ^{23}ʂʅ^{42}	玉石 y^{23}ʂʅ^{21}
石灰岩	广子石 kuaŋ^{53} tsɿ^{0}ʂʅ^{35} 石灰石 ʂʅ^{35}xuei^{31}ʂʅ^{35}	广子石 kuaŋ^{55} tsɿ^{0}ʂʅ^{312} 石灰石 ʂʅ^{32}xuei^{42}ʂʅ^{312}	广子石 kuaŋ^{55}tsɿ^{0}ʂʅ^{42}	广子石 kuaŋ^{53}tsɿ^{0}ʂʅ^{42}	广子石 kuaŋ^{53}tsɿ^{0}ʂʅ^{21}
煤	煤 mei^{35} 煤炭 mei^{35}tʰã^{44}	煤 mei^{312} 煤炭 mei^{32}tʰan^{223}	煤炭 mei^{42}tʰan^{213}	煤炭 mei^{42}tʰan^{213}	煤炭 mei^{21}tʰan^{213}

续表

方言点 / 词目	中原官话区	混合 1 区	江淮官话区	混合 3 区	西南官话区
	汉滨	县河	茅坪	石泉	紫阳
石炭	石炭 ʂʅ^{35}tʰã^{44}	石炭 ʂʅ^{32}tʰan^{223}	石炭 ʂʅ^{42}tʰan^{213}	石炭 ʂʅ^{42}tʰan^{213}	石炭 ʂʅ^{21}tʰan^{213}
乏炭	乏炭 fa^{35}tʰã^{44}	乏炭 fa^{32}tʰan^{223}	乏炭 fa^{42}tʰan^{213}	乏炭 fa^{42}tʰan^{213}	乏炭 fa^{21}tʰan^{213}
木炭窑烧的	木炭 mu^{31}tʰã^{44} 板炭 pã^{53}tʰã^{44}	木炭 mu^{42}tʰan^{223}	木炭 mo^{31}tʰan^{213} 黑炭 xɛ^{31}tʰan^{213} 白炭 pɛ^{42} tʰan^{213}	木炭 mo^{42}tʰan^{213} 黑炭 xe^{42}tʰan^{213} 白炭 pe^{42} tʰan^{213}	木炭 mu^{21}tʰan^{213} 白炭 pe^{21} tʰan^{213} 板炭 pan^{53}tʰan^{213}
木炭瓦罐闭熄的	麸炭 fu^{31}tʰã^{44} 麸糟子 fu^{31}tsau^{31}tsɿ^{0}	麸炭 fu^{42}tʰan^{223} 麸糟子 fu^{42}tsau^{42}tsɿ^{0}	麸糟子 fu^{31}tsau^{31}tsɿ^{0}	麸糟子 fu^{42}tsau^{45}tsɿ^{0}	麸糟子 fu^{21}tsau^{34}tsɿ^{0}
城市	城市 tʂʰəŋ^{35}ʂʅ^{44}	口岸 kəu^{55}ŋan^{223} 码头 ma^{55}tʰəu^{0}	口岸 kou^{55}ŋan^{22} 码头 ma^{55}tʰou^{0}	口岸 kəu^{53}ŋan^{213} 码头 ma^{53}tʰəu^{0}	口岸 kəu^{53}ŋan^{213}
城墙	城墙 tʂʰəŋ^{35}tɕʰiaŋ^{35}	城墙 tʂʰən^{32}tɕʰiaŋ^{312}	城墙 tʂʰən^{42}tɕʰiaŋ^{42}	城墙 tʂʰən^{42}tɕʰiaŋ^{42}	城墙 tʂʰən^{21}tɕʰiaŋ^{21}
深沟	壕沟 xau^{35}kəu^{31}	壕沟 xau^{32}kəu^{42}	壕沟 xau^{42}kou^{31}	壕沟 xau^{42}kəu^{45}	壕沟 xau^{21}kəu^{34}
城内	城里 tʂʰəŋ^{32}li^{53} 城里头 tʂʰəŋ^{35} li^{53}tʰəu^{0}	城里头 tʂʰən^{32}li^{55}tʰəu^{0}	城里头 tʂʰən^{42}li^{55}tʰou^{0}	城里头 tʂʰən^{42}li^{53}tʰəu^{0}	城里头 tʂʰən^{21}ȵi^{53}tʰəu^{0}
城外	城外 tʂʰəŋ^{35} uai^{44} 城外头 tʂʰə̃^{35}uæ^{44}tʰəu^{0}	城外头 tʂʰən^{32} uai^{23}tʰəu^{0}	城外头 tʂʰən^{42}uai^{22}tʰou^{0}	城外头 tʂʰən^{42} uai^{23}tʰəu^{0}	城外头 tʂʰən^{21} uai^{23}tʰəu^{0}
城门	城门 tʂʰəŋ^{35} mən^{35} 城门楼 子 tʂʰəŋ^{35}mə̃^{35} lou^{35}tsɿ^{0}	城门 tʂʰən^{32}mən^{312}	城门 tʂʰən^{42}mən^{42}	城门 tʂʰən^{42}mən^{42}	城门洞子 tʂʰən^{21}mən^{21} tuŋ^{23}tsɿ^{0}
胡同	巷子 xaŋ^{44}tsɿ^{0}	过道 kuo^{23}tau^{223}	过道 ko^{23}tau^{22}	过道 ko^{23}tau^{213}	巷道儿 ɕiaŋ^{23}taur^{213}

续表

方言点 词目	中原官话区	混合 1 区	江淮官话区	混合 3 区	西南官话区
	汉滨	县河	茅坪	石泉	紫阳
乡村	乡里 ɕiaŋ^{31}li^{0} 乡下 ɕiaŋ^{31}ɕia^{44}	乡下 ɕiaŋ^{42}ɕia^{223}	乡里头 ɕiaŋ^{31}li^{55}tʰou^{0}	乡里头 ɕiaŋ^{45}li^{53}tʰəu^{0}	乡里 ɕiaŋ^{34}ȵi^{53}
山沟	山沟沟儿 ʂã^{35}kəu^{31}kəur^{0}	山沟沟儿 ʂan^{42}kəu^{42}kəur^{0}	山沟 ʂan^{31}kou^{31}	山沟 ʂan^{45}kəu^{45}	山沟 ʂan^{34}kəu^{34}
赶集	赶场 kã^{53}tʂʰaŋ^{35}	赶场 kan^{55}tʂʰaŋ^{312}	赶场 kan^{55}tʂʰaŋ^{42}	赶场 kan^{53}tʂʰaŋ^{42}	赶场 kan^{53}tʂʰaŋ^{21}
街道	街道 kæ^{31}tau^{44} 街上 kæ^{31}ʂaŋ^{0}	街道 kai^{42}tau^{223} 街上 kai^{42}ʂaŋ^{0}	街道 kai^{31}tau^{22} 街上 kai^{31}ʂaŋ^{0}	街道 kai^{45}tau^{213} 街上 kai^{45}ʂaŋ^{0}	街道 kai^{34}tau^{213} 街上 kai^{34}ʂaŋ^{0}
大路	大路 ta^{44}ləu^{44}	大路 ta^{23}ləu^{223}	大路 ta^{22}lou^{22}	大路 ta^{213}ləu^{213}	大路 ta^{23}nu^{213}
小路	小路 ɕiau^{53}ləu^{44} 毛毛儿路 mau^{35} maur^{0}ləu^{44}	小路 ɕiau^{55}ləu^{223} 毛毛儿路 mau^{32} maur^{0}ləu^{223}	小路 ɕiau^{55}lou^{22} 毛毛儿路 mau^{42} maur^{0}lou^{22}	小路 ɕiau^{53}ləu^{213} 毛毛儿路 mau^{42} maur^{0}ləu^{213}	小路 ɕiau^{53}nu^{213} 毛毛路 mau^{21} mau^{0}nu^{213}
偏僻的 地方	僻石凹 pʰi^{53}ʂʅ^{35}ua^{44}	僻石凹 pʰi^{55}ʂʅ^{32}ua^{223}	僻石凹 pʰi^{55}ʂʅ^{42}ua^{213}	背弯的 pei^{23}uan^{45}ti^{0}	背弯的 pei^{23}uan^{34}ti^{0}
比喻山 的两边	两搭连儿 liaŋ^{53}ta^{31}liar^{35}	两搭连儿 liaŋ^{55}ta^{42}liar^{312}	两搭连儿 liaŋ^{55}ta^{31}liar^{42}	两搭连儿 liaŋ^{55}ta^{45}liar^{42}	两搭连儿 ȵiaŋ^{53}ta^{34}liar^{21}
露天地里	撂天地里 liau^{44}tʰiã^{31}ti^{44}li^{0}	撂天地里 liau^{23}tʰian^{42}ti^{23}li^{0}	露天坝里 lou^{22}tʰian^{31}pa^{23}li^{0}	露天坝里 ləu^{23}tʰian^{45}pa^{23}li^{0}	露天坝里 ləu^{23}tʰian^{34}pa^{23}ȵi^{0}

三　时令、时间

方言点 词目	中原官话区	混合 1 区	江淮官话区	混合 3 区	西南官话区
	汉滨	县河	茅坪	石泉	紫阳
春天	春天 pfʰə̃^{31}tʰiã^{31} 春季 pfʰə̃^{31}tɕi^{44}	春天 pfʰən^{42}tʰian^{42}	春天 tʂʰɥən^{31}tʰian^{31} 春上 tʂʰɥən^{31}ʂaŋ^{22}	春天 tʂʰɥən^{45} tʰian^{45}　春上 tʂʰɥən^{45}ʂaŋ^{213}	春天 tʂʰuən^{34}tʰian^{34} 春上 tʂʰuən^{34}ʂaŋ^{213}
夏天	夏天 ɕia^{44}tʰiã^{31} 热天 ʐɤ^{31}tʰiã^{31}	夏天 ɕia^{23}tʰian^{42} 热天 ʐɤ^{42}tʰian^{42}	夏天 ɕia^{22}tʰian^{31} 热天 ɥɛ^{31}tʰian^{31}	夏天 ɕia^{23}tʰian^{45} 热天 ɥe^{42}tʰian^{45}	夏天 ɕia^{23}tʰian^{34} 热天 ʐe^{21}tʰian^{34}
大热天	热斯黄天 ʐɤ^{31}sɿ^{0}xuaŋ^{35}tʰiã^{31}	热斯黄天 ʐɤ^{42} sɿ^{0}xuaŋ^{32}tʰian^{42}	热斯黄天 ɥɛ^{31} sɿ^{0}xuaŋ^{42}tʰian^{31}	热斯黄天 ɥe^{42} sɿ^{0}xuaŋ^{42}tʰian^{45}	热斯黄天 ʐe^{21} sɿ^{0}xuaŋ^{21}tʰian^{34}
秋天	秋天 tɕʰiəu^{31}tʰiã^{31} 秋季 tɕʰiəu^{31}tɕi^{44}	秋天 tɕʰiəu^{42}tʰian^{42}	秋天 tɕʰiou^{31}tʰian^{31} 秋里 tɕʰiou^{31}li^{55}	秋天 tɕʰiəu^{45}tʰian^{45} 秋里 tɕʰiəu^{45}li^{53}	秋天 tɕʰiəu^{34}tʰian^{34} 秋里 tɕʰiəu^{34}ȵi^{53}
秋寒天	秋风冻 tɕʰiəu^{31}fəŋ^{31}tuŋ^{44}	秋风冻 tɕʰiəu^{42}fəŋ^{42}tuŋ^{223}	秋风冻 tɕʰiou^{31}fəŋ^{31}təŋ^{213}	秋风冻 tɕʰiəu^{45}fəŋ^{45}tuŋ^{213}	秋风冻 tɕʰiəu^{34}fəŋ^{34}tuŋ^{213}
冬天	冬天 tuŋ^{35}tʰiã^{31} 冬里 tuŋ^{31}li^{53} 冷天 ləŋ^{53}tiã^{31}	冬天 tuŋ^{42}tʰian^{42} 冷天 lən^{55}tian^{42}	冬天 təŋ^{31}tʰian^{31} 冷天 lən^{55}tian^{31}	冬下天 tuŋ^{45}xa^{23}tʰian^{45} 冷天 lən^{53}tian^{45}	冬天 tuŋ^{34}tʰian^{34} 冷天 nən^{53}tian^{34}
历书	皇历本儿 xuaŋ^{35}li^{0}pər^{53}	皇历本儿 xuaŋ^{32}li^{0}pər^{55}	皇历本儿 xuaŋ^{42}li^{0}pər^{55}	皇历本儿 xuaŋ^{42}li^{0}pər^{53}	皇历本儿 xuaŋ^{21}ȵi^{0}pər^{53}
农历	阴历 in^{31}li^{31}	阴历 in^{42}li^{42}	阴历 in^{31}li^{31}	阴历 in^{45}li^{42}	阴历 in^{34}ȵi^{21}
公历	阳历 iaŋ^{35}li^{31}	阳历 iaŋ^{32}li^{42}	阳历 iaŋ^{42}li^{31}	阳历 iaŋ^{42}li^{42}	阳历 iaŋ^{21}ȵi^{21}
除夕	大年三十 ta^{44}ȵian^{35}sã^{31}ʂʅ^{35} 三十晚上 sã^{31}ʂʅ^{35}uã^{53}ʂaŋ^{0}	大年三十 ta^{23}ȵian^{32}san^{42}ʂʅ^{312} 三十晚上 san^{42}ʂʅ^{32}uan^{55}aŋ^{0}	大年三十 ta^{22}ȵian^{42}san^{31}ʂʅ^{42} 三十晚上 san^{31}ʂʅ^{0}uan^{55}ʂaŋ^{0}	大年三十 ta^{23}ȵian^{42}san^{45}ʂʅ^{42} 三十晚上 san^{45}ʂʅ^{0}uan^{53}ʂaŋ^{0}	大年三十 ta^{23}ȵian^{21}san^{34}ʂʅ^{21} 三十晚上 san^{34}ʂʅ^{0}uan^{53}ʂaŋ^{0}
迎接新年	出天星 pfʰu^{31}tʰiã^{31}ɕin^{31}	出天星 pfʰu^{42}tʰian^{42}ɕin^{42}	出天星 tʂʰɥ^{31}tʰian^{31}ɕin^{31}	出天星 tʂʰɥ^{45}tʰian^{45}ɕin^{45}	出天星 tʂʰu^{34}tʰian^{34}ɕin^{34}

续表

词目＼方言点	中原官话区	混合 1 区	江淮官话区	混合 3 区	西南官话区
	汉滨	县河	茅坪	石泉	紫阳
大年初一	大年初一 ta^{44}ȵiã^{35}tsʰəu^{35}i^{31} 正月初一 tʂəŋ^{31} ye^{31}tsʰəu^{35}i^{31}	大年初一 ta^{23}ȵian^{32}tsʰəu^{42}i^{42} 正月初一 tʂən^{42} ye^{42}tsʰəu^{42}i^{42}	大年初一 ta^{22}ȵian^{42}tsʰou^{31}i^{31} 正月初一 tʂən^{31} ɥɛ^{31}tsʰou^{31}i^{31}	大年初一 ta^{23} ȵian^{42}tsʰəu^{45}i^{42} 正月初一 tʂən^{45} ɥe^{42}tsʰəu^{45}i^{42}	大年初一 ta^{23} ȵian^{21}tsʰu^{34}i^{21} 正月初一 tʂən^{34} ye^{21}tsʰu^{34}i^{21}
拜年	拜年 pæ^{44}ȵiã^{35}	拜年 pai^{23}ȵian^{312}	拜年 pai^{23}ȵian^{42}	拜年 pai^{23}ȵian^{42}	拜年 pai^{23}ȵian^{21}
元宵节	正月十五 tʂəŋ^{31}ye^{31}ʂʅ^{35}u^{53}	正月十五 tʂən^{42}ye^{42}ʂʅ^{32}u^{55}	正月十五 tʂən^{31}ɥɛ^{31}ʂʅ^{42}u^{55}	正月十五 tʂən^{45}ɥe^{42}ʂʅ^{42}u^{53}	正月十五 tʂən^{34}ye^{21}ʂʅ^{21}u^{53}
端午节	五月端午 u^{53}ye^{31}tã^{31}u^{53} 端阳节 tuã^{31}iaŋ^{35}tɕie^{31}	五月端午 u^{55}ye^{42}tan^{42}u^{55} 端阳节 tan^{42}iaŋ^{32}tɕie^{42}	五月端午 u^{55}ɥɛ^{31}tan ^{31}u^{55} 端阳节 tan^{31}iaŋ^{42}tɕiɛ^{31}	五月端午 u^{53}ɥe^{42}tan^{45}u^{53} 端阳节 tan^{45}iaŋ^{42}tɕie^{42}	五月端午 u^{53}ye^{21}tan^{53}u^{53} 端阳节 tan^{34}iaŋ^{21}tɕie^{21}
中秋节	中秋节 pfuŋ^{31}tɕʰiəu^{35}tɕie^{31} 八月十五 pa^{31}ye^{31}ʂʅ^{35}u^{53}	八月十五 pa^{42}ye^{42}ʂʅ^{32}u^{55}	八月十五 pa^{31}ɥɛ^{31}ʂʅ^{42}u^{55}	八月十五 pa^{42}ɥe^{42}ʂʅ^{42}u^{53}	八月十五 pa^{21}ye^{21}ʂʅ^{21}u^{53}
七夕	七月七 tɕʰi^{31}ye^{35} tɕʰi^{31} 七巧节 tɕʰi^{31}tɕʰau^{53}tɕie^{31}	七月七 tɕʰi^{42}ye^{42}tɕʰi^{42}	七月七 tɕʰi^{31}ɥɛ^{31}tɕʰi^{31}	七月七 tɕʰi^{42}ɥe^{42}tɕʰi^{42}	七月七 tɕʰi^{21}ye^{21}tɕʰi^{21}
中元节	七月半 tɕʰi^{31}ye^{31}pã^{44}	七月半 tɕʰi^{42}ye^{42}pan^{223}	七月半 tɕʰi^{31}ɥɛ^{31}pan^{213}	七月半 tɕʰi^{42}ɥe^{42}pan^{213}	七月半 tɕʰi^{21}ye^{21}pan^{213}
重阳节	九月九 tɕiəu^{53}ye^{31}tɕiəu^{53} 重阳节 pfʰəŋ^{35}iaŋ^{35}tɕie^{31}	九月重阳 tɕiəu^{55}ye^{42} pfʰəŋ^{32}iaŋ^{32}	九月重阳 tɕiəu^{55}ɥɛ^{31} tʂʰəŋ^{42}iaŋ^{42}	九月重阳 tɕiəu^{53}ɥe^{42} tʂʰuŋ^{42}iaŋ^{42}	九月重阳 tɕiəu^{53}ye^{21} tʂʰuŋ^{21}iaŋ^{21}
今年	今年 tɕin^{31}ȵiã^{35} 今年子 tɕin^{31}ȵiã^{35}tsɿ^{0}	今年 tɕin^{42}ȵian^{322} 今年子 tɕin^{42}ȵian^{32}tsɿ^{0}	今年 tɕin^{31}ȵian^{42} 今年子 tɕin^{31}ȵian^{42}tsɿ^{0}	今年 tɕin^{45}ȵian^{42} 今年子 tɕin^{45}ȵian^{42}tsɿ^{0}	今年 tɕin^{34}ȵian^{21} 今年子 tɕin^{34}ȵian^{21}tsɿ^{0}
去年	年时个 ȵiã^{35}ʂʅ^{31} kɤ^{0} 去年 tʂʰy^{44} ȵiã^{35} 去年子 tʂʰy^{44}ȵiã^{35}tsɿ^{0}	去年 tʂʰy^{23}ȵian^{322} 去年子 tʂʰy^{23}ȵian^{32}tsɿ^{0}	去年 tʂʰʮ^{213}ȵian^{42} 去年子 tʂʰʮ^{23}ȵian^{42}tsɿ^{0}	去年 tʂʰʮ^{23}ȵian^{42} 去年子 tʂʰʮ^{23}ȵian^{42}tsɿ^{0}	昨年 tɕʰy^{23}ȵian^{21} 去年子 tɕʰy^{23}ȵian^{21}tsɿ^{0}

续表

方言点 词目	中原官话区	混合 1 区	江淮官话区	混合 3 区	西南官话区
	汉滨	县河	茅坪	石泉	紫阳
明年	明年个 miŋ^{35}ɳiã^{0}kɤ^{31} 明年 miŋ^{35}ɳiã^{35}	明年 min^{32}ɳian^{312} 明年子 min^{32}ɳian^{32}tsɿ^{0}	明年 mən^{42}ɳian^{42} 明年子 mən^{42}ɳian^{42}tsɿ^{0}	明年 mən^{42}ɳian^{42} 明年子 mən^{42}ɳian^{42}tsɿ^{0}	明年 mən^{21}ɳian^{21} 明年子 mən^{21}ɳian^{21}tsɿ^{0}
前年	前年个 tɕʰiã^{35}ɳiã^{0}kɤ^{31} 前年子 tɕʰiã^{35}ɳiã^{35}tsɿ^{0}	前年 tɕʰian^{32}ɳian^{312} 前年子 tɕʰian^{32}ɳian^{32}tsɿ^{0}	前年 tɕʰian^{42}ɳian^{42} 前年子 tɕʰian^{42}ɳian^{42}tsɿ^{0}	前年 tɕʰian^{42}ɳian^{42} 前年子 tɕʰian^{42}ɳian^{42}tsɿ^{0}	前年 tɕʰian^{21}ɳian^{21} 前年子 tɕʰian^{21}ɳian^{21}tsɿ^{0}
大前年	大前年 ta^{44}tɕʰiã^{35}ɳiã^{35} 上前年 ʂaŋ^{44}tɕʰiã^{35}ɳiã^{35}	大前年 ta^{23}tɕʰian^{32}ɳian^{32} 上前年 ʂaŋ^{23}tɕʰian^{32}ɳian^{32}	向前年 ɕiaŋ^{23}tɕʰian^{42}ɳian^{42}	向前年 ɕiaŋ^{23}tɕʰian^{42}ɳian^{42}	上前年 ʂaŋ^{23}tɕʰian^{21}ɳian^{21}
后年	后年 xəu^{44}ɳiã^{35}	后年 xəu^{23}ɳian^{312}	后年 xou^{22}ɳian^{42}	后年 xəu^{23}ɳian^{42}	后年 xəu^{23}ɳian^{21}
大后年	大后年 ta^{44}xəu^{44}ɳiã^{35}	大后年 ta^{23}xəu^{23}ɳian^{32}	老后年 lau^{55}xou^{22}ɳian^{42}	大后年 ta^{23}xəu^{23}ɳian^{42}	大后年 ta^{23}xəu^{23}ɳian^{21}
往年	往年 uaŋ^{53}ɳiã^{35} 前几年 tɕʰiã^{35}tɕi^{35}ɳiã^{35} 早年 tsau^{53}ɳiã^{35}	往年 uaŋ^{55}ɳian^{312} 早年 tsau^{55}ɳian^{312} 前几年 tɕʰian^{32}tɕi^{55}ɳian^{32}	往年 uaŋ^{55}ɳian^{42} 以往 i^{55}uaŋ^{55} 前几年 tɕʰian^{42}tɕi^{55}ɳian^{42}	往年 uaŋ^{53}ɳian^{42} 以往 i^{53}uaŋ^{53} 前几年 tɕʰian^{42}tɕi^{53}ɳian^{42}	往年子 uaŋ^{53}ɳian^{21}tsɿ^{0} 前几年 tɕʰian^{21}tɕi^{53}ɳian^{21}
很早以前的旧岁月	陈古八十年 tʂʰə̃^{35}ku^{53}pa^{31}ʂʅ^{35}ɳiã^{35}	陈古八十年 tʂʰən^{32}ku^{55}pa^{42}ʂʅ^{42}ɳian^{32}	陈古八十年 tʂʰən^{42}ku^{55}pa^{31}ʂʅ^{42}ɳian^{42}	陈古八十年 tʂʰən^{42}ku^{53}pa^{42}ʂʅ^{42}ɳian^{42}	陈古八十年 tʂʰən^{21}ku^{53}pa^{21}ʂʅ^{21}ɳian^{21}
每年	年年儿 ɳiã^{35}ɳiar^{0} 每年 mei^{53}ɳiã^{35}	年年儿 ɳian^{32}ɳiar^{0} 每年 mei^{55}ɳian^{312}	每年 mei^{55}ɳian^{42} 年年 ɳian^{42}ɳian^{42}	每年 mei^{53}ɳian^{42} 年年 ɳian^{42}ɳian^{42}	每年 mei^{53}ɳian^{21} 年年 ɳian^{21}ɳian^{21}
年初	年头儿 ɳiã^{35}tʰər^{35} 年初 ɳiã^{35}tsʰəu^{31} 开年 kʰæ^{31}ɳiã^{35}	年初 ɳian^{32}tsʰəu^{42} 开年 kʰai^{42}ɳian^{312}	年初 ɳian^{42}tsʰou^{31} 开年 kʰai^{31}ɳian^{42}	年初 ɳian^{42}tsʰəu^{45} 开年 kʰai^{45}ɳian^{42}	年头 ɳian^{21}tʰəu^{21} 开年 kʰai^{34}ɳian^{21}
年中	年中 ɳiã^{35}pfəŋ^{31}	年中 ɳian^{32}pfəŋ^{42}	年中 ɳian^{42}tʂəŋ^{31}	年中 ɳian^{42}tʂuŋ^{45}	年中 ɳian^{21}tʂuŋ^{34}
年底	年底 ɳiã^{35}ti^{53} 年终 ɳiã^{35}pfəŋ^{31} 年尾 ɳiã^{35}uei^{53}	年底 ɳian^{32}ti^{55} 年终 ɳian^{32}pfəŋ^{42} 年尾 ɳian^{32}uei^{55}	年底 ɳian^{42}ti^{55} 年终 ɳian^{42}tʂəŋ^{31} 年尾 ɳian^{42}uei^{55}	年底 ɳian^{42}ti^{53} 年终 ɳian^{42}tʂuŋ^{45} 年尾 ɳian^{42}uei^{53}	年底 ɳian^{21}ti^{53} 年终 ɳian^{21}tʂuŋ^{34} 年尾 ɳian^{21}uei^{53}

续表

词目 \ 方言点	中原官话区	混合 1 区	江淮官话区	混合 3 区	西南官话区
	汉滨	县河	茅坪	石泉	紫阳
上半年	上半年 ʂaŋ^{44}pã^{44}ȵiã^{35} 前半年 tɕʰiã^{35}pã^{44}ȵiã^{35}	上半年 ʂaŋ^{23}pan^{23}ȵian^{32}	上半年 ʂaŋ^{22}pan^{23}ȵian^{42}	上半年 ʂaŋ^{23}pan^{23}ȵian^{42}	上年 ʂaŋ^{23}ȵian^{21}
下半年	下半年 xa^{44}pã^{44}ȵiã^{35} 下年 xa^{44}ȵiã^{35}	下半年 xa^{23}pan^{23}ȵian^{32} 下年 xa^{23}ȵian^{32}	下半年 xa^{22}pan^{23}ȵian^{42} 下年 xa^{22}ȵian^{42}	下半年 xa^{23}pan^{23}ȵian^{42} 下年 xa^{23}ȵian^{42}	下半年 xa^{23}pan^{23}ȵian^{21} 下年 xa^{23}ȵian^{21}
整年	整年 tʂəŋ^{53}ȵiã^{35} 整整儿一年 tʂəŋ^{53}tʂəŋr^{53};i^{31} ȵiã^{35} 一年到头 i^{31}ȵiã^{35}tau^{44}tʰəu^{35}	亘亘儿一年 kən^{55}kər^{55};i^{42} ȵian^{312} 一年到头 i^{42}ȵian^{312}tau^{23} tʰəu^{312}	亘年 kən^{55}ȵian^{42} 亘亘儿一年 kən^{55}kər^{55};i^{31} ȵian^{42} 一年到头 i^{31} ȵian^{42}tau^{23}tʰou^{42}	亘年 kən^{53}ȵian^{42} 亘亘儿一年 kən^{53}kər^{53};i^{42} ȵian^{42} 一年到头 i^{42} ȵian^{42}tau^{23}tʰəu^{42}	亘年 kən^{53}ȵian^{21} 亘亘儿一年 kən^{53}kər^{53};i^{21} ȵian^{21} 一年到头 i^{21} ȵian^{21}tau^{23}tʰəu^{21}
成年累月	成年累月 tʂʰə̃^{35}ȵiã^{35}lei^{53}ye^{31}	成年合月 tʂʰən^{32} ȵian^{32}xuo^{32}ye^{42}	成年合月 tʂʰən^{42} ȵian^{42}xo^{42}ʮɛ^{31}	成年合月 tʂʰən^{42} ȵian^{42}xo^{42}ʮe^{42}	成年累月 tʂʰən^{21} ȵian^{21}nei^{53}ye^{21}
腊月	腊月 la^{31}ye^{31} 腊月间 la^{31}ye^{31}tɕiã^{31}	腊月 la^{42}ye^{42} 腊月间 la^{42}ye^{42}tɕian^{42}	腊月 la^{31}ʮɛ^{31} 腊月间 la^{31}ʮɛ^{31}tɕian^{31}	腊月 la^{42}ʮe^{42} 腊月间 la^{42}ʮe^{42}tɕian^{45}	腊月 na^{21}ye^{21} 腊月间 na^{21}ye^{21}tɕian^{34}
正月	正月 tʂəŋ^{31}ye^{31} 正月间 tʂəŋ^{31}ye^{31}tɕiã^{31}	正月 tʂən^{42}ye^{42} 正月间 tʂən^{42}ye^{42}tɕian^{42}	正月 tʂən^{31}ʮɛ^{31} 正月间 tʂən^{31}ʮɛ^{31}tɕian^{31}	正月 tʂən^{45}ʮe^{42} 正月间 tʂən^{45}ʮe^{42}tɕian^{45}	正月 tʂən^{34}ye^{21} 正月间 tʂən^{34}ye^{21}tɕian^{34}
正月初一开始之时	出天星 pfʰu^{31}tʰiã^{31}ɕin^{31}	出天星 pfʰu^{42}tʰian^{42}ɕin^{42}	出天星 tʂʰʮ^{31}tʰian^{31}ɕin^{31}	出天星 tʂʰʮ^{45}tʰian^{45}ɕin^{45}	出天星 tʂʰu^{34}tʰian^{34}ɕin^{34}
闰月	闰月 və̃^{44}ye^{31}	闰月 vən^{23}ye^{42}	闰月 ʮən^{22}ʮɛ^{31}	闰月 ʮən^{23}ʮe^{42}	闰月 zuən^{23}ye^{21}
月初	月头 ye^{31}tʰəu^{35} 月初 ye^{35}tsʰəu^{31}	月头 ye^{42}tʰəu^{312} 月初 ye^{42}tsʰəu^{42}	月头 ʮɛ^{31}tʰou^{42} 月初 ʮɛ^{31}tsʰou^{31}	月头 ʮe^{42}tʰəu^{42} 月初 ʮe^{42}tsʰəu^{45}	月头 ye^{21}tʰəu^{21} 月初 ye^{21}tsʰəu^{34}
月半	月半 ye^{31}pã^{44}	月半 ye^{42}pan^{223}	月半 ʮɛ^{31}pan^{213}	月半 ʮe^{42}pan^{213}	月半 ye^{21}pan^{213}
月底	月底 ye^{31}ti^{53} 月尾 ye^{31}uei^{53}	月底 ye^{42}ti^{55} 月尾 ye^{42}uei^{55}	月底 ʮɛ^{31}ti^{55} 月尾 ʮɛ^{31}uei^{55}	月底 ʮe^{42}ti^{53} 月尾 ʮe^{42}uei^{53}	月底 yɛ^{21}ti^{53} 月尾 ye^{21}uei^{53}

续表

方言点 词目	中原官话区	混合 1 区	江淮官话区	混合 3 区	西南官话区
	汉滨	县河	茅坪	石泉	紫阳
一个月	一个月 i^{31}kɤ^{44}ye^{31}	一个月 i^{54}kɤ^{23}ye^{42}	一个月 i^{31}ko^{23}ɥɛ^{31}	一个月 i^{42}ko^{23}ɥe^{42}	一个月 i^{21}kuo^{23}ye^{21}
前个月	上上个月 ʂaŋ^{44}ʂaŋ^{44}kɤ^{0}ye^{31}	上上个月 ʂaŋ^{23}ʂaŋ^{23}kɤ^{0}ye^{42}	上上个月 ʂaŋ^{22}ʂaŋ^{22}ko^{0}ɥɛ^{31}	上上个月 ʂaŋ^{23}ʂaŋ^{23}ko^{0}ɥe^{42}	上上个月 ʂaŋ^{23}ʂaŋ^{23}kuo^{0}ye^{21}
上个月	前个月 tɕʰiã^{35} kɤ^{0}ye^{31} 上个月 ʂaŋ^{44}kɤ^{0}ye^{31}	上个月 ʂaŋ^{23}kɤ^{0}ye^{42}	上个月 ʂaŋ^{22}ko^{0}ɥɛ^{31}	上个月 ʂaŋ^{23}ko^{0}ɥe^{42}	上个月 ʂaŋ^{23}kuo^{0}ye^{21}
这个月	这个月 tʂɤ^{44}kɤ^{0}ye^{31}	这个月 tʂɤ^{23}kɤ^{0}ye^{42}	这个月 tʂɛ^{23}ko^{0}ɥɛ^{31}	这个月 tʂɛ^{23}ko^{0}ɥe^{42}	这个月 tʂɛ^{23}kuo^{0}ye^{21}
下个月	下个月 ɕia^{44}kɤ^{0}ye^{31}	下个月 ɕia^{23}kɤ^{0}ye^{42}	下个月 xa^{22}ko^{0}ɥɛ^{31}	下个月 xa^{23}ko^{0}ɥe^{42}	下个月 xa^{23}kuo^{0}ye^{21}
每月	每月 mei^{53}ye^{31} 月月儿 ye^{31}yer^{35}	月月 ye^{42}ye^{0} 每个月 mei^{55}kɤ^{0}ye^{42}	月月 ɥɛ^{31}ɥɛ^{0} 每个月 mei^{55}ko^{0}ɥɛ^{31}	每个月 mei^{53}ko^{0}ɥe^{42} 月月 ɥe^{42}ɥe^{0}	每个月 mei^{53}kuo^{0}ye^{21} 月月 ye^{21}ye^{0}
上旬	月头 ye^{31}tʰəu^{35} 上旬 ʂaŋ^{44}ɕyən^{35}	月头 ye^{42}tʰəu^{312} 上旬 ʂaŋ^{23}ɕyən^{32}	月初 yɛ^{31}tsʰou^{31} 上旬 ʂaŋ^{22}ɕin^{42}	月初 ye^{42}tsʰəu^{45} 上旬 ʂaŋ^{23}ɕin^{42}	月初 ye^{21}tsʰəu^{34} 上旬 ʂaŋ^{23}ɕyən^{21}
中旬	月中 ye^{35}pfəŋ^{31} 中旬 pfəŋ^{31}ɕyə̃^{35}	月中 ye^{42}pfəŋ^{42} 中旬 pfəŋ^{42}ɕyən^{32}	中旬 tʂəŋ^{31}ɕin^{42}	中旬 tʂuŋ^{45}ɕin^{42}	中旬 tʂuŋ^{34}ɕyən^{21}
下旬	月底 ye^{31}ti^{53} 下旬 ɕia^{44}ɕyən^{35}	月底 ye^{42}ti^{55} 下旬 ɕia^{23}ɕyən^{32}	月底 yɛ^{31}ti^{55} 下旬 ɕia^{22}ɕin^{42}	月底 ye^{42}ti^{53} 下旬 ɕia^{23}ɕin^{42}	月底 ye^{21}ti^{53} 下旬 ɕia^{23}ɕyən^{21}
今天	今日个 tɕir^{31}kɤ^{0} 今天 tɕin^{31}tʰiã^{31}	今日 tɕiər^{42} 今天 tɕin^{42}tʰian^{42}	今日 tɕiər^{31} 今天 tɕin^{31}tʰian^{31}	今日 tɕiər^{45} 今天 tɕin^{45}tʰian^{45}	今日 tɕiər^{34} 今天 tɕin^{34}tʰian^{34}
昨天	夜日个 iər^{44}kɤ^{0} 昨天 tsuo^{35}tʰian^{31}	昨天 tsuo^{32}tʰian^{42}	昨日 tsor^{42} 昨天 tso^{42}tʰian^{0}	昨日 tsor^{42} 昨天 tso^{42}tʰian^{45}	昨天 tsuo^{21}tʰian^{34}
明天	明日个 mir^{35}kɤ^{0} 明天 min^{35}tʰiã^{31}	明日 mər^{312} 明天 min^{32}tʰian^{42}	明日 mər^{42} 明天 mən^{42}tʰian^{31}	明日 mər^{42} 明天 min^{42}tʰian^{45}	明日 mər^{21} 明天 min^{21}tʰian^{34}
次日	第二天 ti^{44}ər^{44}tʰiã^{31}	第二天 ti^{23}ər^{23}tʰian^{42}	第二天 ti^{22}ər^{22}tʰian^{31}	第二天 ti^{23}ər^{213}tʰian^{45}	第二天 ti^{23}ər^{213}tʰian^{34}

续表

方言点 词目	中原官话区	混合 1 区	江淮官话区	混合 3 区	西南官话区
	汉滨	县河	茅坪	石泉	紫阳
后天	后日个 xər^{44}kɤ^{0} 后天 xəu^{44}tʰiã^{31}	后日 xəur^{213} 后天 xəu^{23}tʰian^{42}	后日 xour^{22} 后天 xou^{22}tʰian^{31}	后天 xəu^{23}tʰian^{45}	后天 xəu^{23}tʰian^{34}
大后天	大后天 ta^{44}xəu^{44}tʰiã^{31} 外后日 uæ^{44}xər^{44}	大后天 ta^{23}xəu^{23}tʰian^{42} 外后天 uai^{23}xəu^{23}tʰian^{42}	老后天 lau^{55}xou^{22}tʰian^{31} 外后天 uai^{22}xou^{22}tʰian^{31}	老后天 lau^{53}xəu^{23}tʰian^{45} 外后天 uai^{23}xəu^{23}tʰian^{45}	外后天 uai^{23}xəu^{23}tʰian^{34}
前天	前日个 tɕʰiar^{35}kɤ^{0} 前天 tɕʰiã^{35}tʰiã^{31}	前日个 tɕʰar^{32}kɤ^{0} 前天 tɕʰian^{32}tʰian^{42}	前日 tɕʰiar^{42} 前天 tɕʰian^{42}tʰian^{31}	前天 tɕʰian^{42}tʰian^{45}	前天 tɕʰian^{21}tʰian^{34}
大前天	上前日个 ʂaŋ^{44} tɕʰiar^{35}kɤ^{0} 大前天 ta^{44}tɕʰiã^{35}tʰiã^{31}	向前天 ɕiaŋ^{23} tɕʰian^{32}tʰian^{42}	向前天 ɕiaŋ^{23} tɕʰian^{42}tʰian^{0}	上前天 ʂaŋ^{23} tɕʰian^{42}tʰian^{45}	上前天 ʂaŋ^{23} tɕʰian^{21}tʰian^{34}
前几天	前两天 tɕʰiã^{35} liaŋ^{53}tʰiã^{31} 前阵 儿 tɕʰiã^{35}tʂər^{44}	前两天 tɕʰian^{32} liaŋ^{55}tʰian^{42}	前两天 tɕʰian^{42} liaŋ^{55}tʰian^{31}	前两天 tɕʰian^{42} liaŋ^{53}tʰian^{45}	前两天 tɕʰian^{21} ȵiaŋ^{53}tʰian^{34}
几天前	几天前 tɕi^{53}tʰiã^{31}tɕʰiã^{35}	几天前 tɕi^{55}tʰian^{42}tɕʰian^{32}	几天前 tɕi^{55}tʰian^{31}tɕʰian^{42}	几天前 tɕi^{53}tʰian^{45}tɕʰian^{42}	几天前 tɕi^{53}tʰian^{34}tɕʰian^{21}
星期天	礼拜天 li^{53}pæ^{44}tʰiã^{31}	礼拜天 li^{44}pai^{23}tʰian^{42}	礼拜天 li^{55}pai^{23}tʰian^{31}	礼拜天 li^{53}pai^{23}tʰian^{45}	礼拜天 ȵi^{53}pai^{23}tʰian^{34}
一星期	一个礼拜 i^{31}kɤ^{44}li^{53}pæ^{0}	一个礼拜 i^{42}kɤ^{23}li^{44}pai^{0}	一个礼拜 i^{31}ko^{23}li^{55}pai^{0}	一个礼拜 i^{42}ko^{23}li^{53}pai^{0}	一个礼拜 i^{21}kuo^{23}ȵi^{53}pai^{0}
好多天	多日 tuo^{35}ʐʅ^{31} 一向 i^{31}ɕiaŋ^{44}	一向 i^{42}ɕiaŋ^{223}	一向 i^{31}ɕiaŋ^{213}	一向 i^{42}ɕiaŋ^{213}	一向 i^{21}ɕiaŋ^{213}
十几天	十几天 ʂʅ^{35}tɕi^{53} tʰiã^{31} 十多天 ʂʅ^{35}tuo^{35}tʰiã^{31}	十几天 ʂʅ^{32}tɕi^{55} tʰian^{42} 十多天 ʂʅ^{32}tuo^{42}tʰian^{42}	十几天 ʂʅ^{42}tɕi^{55}tʰian^{31}	十几天 ʂʅ^{42}tɕi^{53}tʰian^{45}	十几天 ʂʅ^{21}tɕi^{53}tʰian^{34}
十来天	十来天 ʂʅ^{35}læ^{35}tʰiã^{31}	十来天 ʂʅ^{32}lai^{32}tʰian^{42}	十来天 ʂʅ^{42}lai^{42}tʰian^{31}	十来天 ʂʅ^{42}lai^{42}tʰian^{45}	十来天 ʂʅ^{21}nai^{21}tʰian^{34}

续表

方言点 词目	中原官话区	混合 1 区	江淮官话区	混合 3 区	西南官话区
	汉滨	县河	茅坪	石泉	紫阳
整天	一天到黑 i^{35}tʰiã^{31}tau^{44}xe^{31} 整天 tʂəŋ^{53}tʰiã^{31}	一天到晚 i^{42}tʰian^{42}tau^{23} uan^{55} 整天 tʂən^{55}tʰian^{42}	成天 tʂʰən^{42}tʰian^{31} 亘天 kən^{55}tʰian^{31} 一天到晚 i^{31} tʰian^{31}tau^{31}uan^{55}	成天 tʂʰən^{42}tʰian^{45} 亘天 kən^{53}tʰian^{45} 一天到黑 i^{42} tʰian^{45}tau^{23}xe^{42}	整天 tʂən^{53}tʰian^{34} 亘天 kən^{53}tʰian^{34} 一天到黑 i^{21} tʰian^{34}tau^{23}xe^{21}
每天	天天儿 tʰiã^{31}tʰiar^{0} 每天 mei^{53}tʰiã^{31}	天天 tʰian^{42}tʰian^{0} 见天每日 tɕian^{23} tʰian^{42}mei^{55}ər^{42}	每天 mei^{55}tʰian^{31} 天天 tʰian^{31}tʰian^{31} 见天每日 tɕian^{23} tʰian^{31}mei^{55}ər^{31}	每天 mei^{53}tʰian^{45} 见天 tɕian^{23} tʰian^{45} 天天 tʰian^{45}tʰian^{45}	每天 mei^{53}tʰian^{34} 天天 tʰian^{34} tʰian^{34} 见天 tɕian^{23}tʰian^{34}
刚到五更	五更头儿 u^{53}kən^{31}tʰəur^{35}	五更头儿 u^{55}kən^{42}tʰəur^{312}	五更头儿 u^{55}kən ^{31}tʰour^{42}	五更头儿 u^{53}kən ^{45}tʰəur^{42}	五更头儿 u^{53}kən ^{34}tʰəur^{21}
早饭后	早饭罢 tsau^{53}fan^{44}pa^{44}	早饭罢 tsau^{55}fan^{23}pa^{312}	早饭过 tsau^{55}fan^{22}ko^{213}	早饭过 tsau^{53}fan^{23}ko^{213}	早饭过 tsau^{53}fan^{23}kuo^{213}
上午	前半日 tɕʰiã^{35}par^{31} 上午 ʂaŋ^{44}u^{0}	上昼 ʂaŋ^{23}tʂəu^{223} 前半日 tɕʰian^{32} pan^{23}ər^{42}	上昼 ʂaŋ^{22} tʂou^{213} 上半天 ʂaŋ^{22}pan^{23}tʰian^{31}	上昼 ʂaŋ^{23} tʂəu^{213} 上半天 ʂaŋ^{23}pan^{23}tʰian^{45}	上午 ʂaŋ^{23}u^{53} 上半天 ʂaŋ^{23} pan^{23}tʰian^{34}
中午	晌午 ʂaŋ^{53}u^{0} 中午 pfəŋ^{31}u^{53}	晌午 ʂaŋ^{55}u^{0} 中午 pfəŋ^{42}u^{55}	晌午 ʂaŋ^{55}u^{0} 中午 tʂəŋ^{31}u^{55}	晌午 ʂaŋ^{53}u^{0} 中午 tʂuŋ^{45}u^{53}	晌午 ʂaŋ^{53}u^{0} 中午 tʂuŋ^{34}u^{53}
正午	正午 tʂəŋ^{44}u^{53} 正晌午 tʂə̃^{44} ʂaŋ^{53}u^{0} 当晌午 taŋ^{31}ʂaŋ^{53}u^{0}	正晌午 tʂən^{23} ʂaŋ^{55}u^{0} 太阳当 顶了 tʰai^{23}iaŋ^{32} taŋ^{42}tin^{55}liau^{0}	正晌午 tʂən^{23} ʂaŋ^{55}u^{0} 太阳当 顶了 tʰai^{23}iaŋ^{42} taŋ^{31}tin^{55}liau^{0}	正晌午 tʂən^{23}ʂaŋ^{53}u^{0}	正晌午 tʂən^{23}ʂaŋ^{53}u^{53}
下午	后半日 xəu^{44}par^{31} 下午 ɕia^{44}u^{53}	后半日 xəu^{23}par^{42}	下昼 xa^{22}tʂou^{213}	下昼 xa^{23}tʂəu^{213}	下午 xa^{23}u^{53} 下半天 ɕia^{23}pan^{23}tʰian^{34}
接近黄昏之时	后半日黑 xəu^{44}par^{31}xei^{31}	后半日黑 xəu^{23}par^{42}xei^{42}	下昼黑 xa^{22}tʂou^{23}xei^{31}	下昼黑 xa^{23}tʂəu^{23}xe^{45}	下午黑 xa^{23}u^{53}xe^{34}
昨天下午	昨儿下午 tsuor^{35}ɕia^{44}u^{53}	昨儿下午 tsuor^{32}ɕia^{23}u^{55}	昨儿黑 tsor^{42}xɛ^{31}	昨儿黑 tsor^{42}xe^{45}	昨黑 tsuo^{21}xe^{34}
半天	半天儿 pã^{44}tʰiar^{31} 半天 pã^{44}tʰiã^{31}	半天 pan^{23}tʰian^{42}	半天 pan^{23}tʰian^{31}	半天 pan^{23}tʰian^{45}	半天 pan^{23}tʰian^{34}

续表

词目＼方言点	中原官话区	混合 1 区	江淮官话区	混合 3 区	西南官话区
	汉滨	县河	茅坪	石泉	紫阳
大半天	大半天 ta^{44}pã^{44}tʰiã^{31}	大半天 ta^{23}pan^{23}tʰian^{42}	大半天 ta^{22}pan^{23}tʰian^{31}	大半天 ta^{23}pan^{23}tʰian^{45}	大半天 ta^{23}pan^{23}tʰian^{34}
凌晨	麻麻亮 ma^{35}mar^{0}liaŋ^{44}	麻麻亮 ma^{32}mar^{0}liaŋ^{223}	粉粉儿亮 fən^{55}fər^{0}liaŋ^{22}	擦粉粉儿亮 tʂʰa^{45}fən^{53}fər^{0} liaŋ^{213}	麻麻亮 ma^{21}mar^{0}ȵiaŋ^{213}
清晨	早起 tsau^{53}tɕʰi^{53} 清早 tɕʰin^{31} tsau^{53} 大清早 ta^{44}tɕʰin^{31}tsau^{53}	清早 tɕʰin^{42}tsau^{55} 大清早 ta^{23}tɕʰin^{42}tsau^{55}	清早 tɕʰin^{31}tsau^{55} 一清早 i^{31}tɕʰin^{31}tsau^{55}	晨早 tʂʰən^{42}tsau^{53} 一清早 i^{42}tɕʰin^{45}tsau^{53}	一清早 i^{21}tɕʰin^{34}tsau^{53} 匪早 fei^{34}tsau^{53}
大清早	一早起 i^{31}tsau^{53}tɕʰi^{53} 一大清早 i^{31}ta^{44}tɕʰin^{31}tsau^{53}	一大清早 i^{42}ta^{23}tɕʰin^{42}tsau^{55}	清晨巴早 tɕʰin^{31} tʂʰən^{42}pa^{31}tsau^{55} 大清早 a^{22}tɕʰin^{31}tsau^{55}	一大早起 i^{42}ta^{23}tsau^{53}tɕʰi^{53} 匪早 fei^{45}tsau^{53}	一大早起 i^{34}ta^{23}tsau^{53}tɕʰi^{53} 匪早 fei^{34}tsau^{53}
大老早	大老早 ta^{44}lau^{53}tsau^{53}	大老早 ta^{23}lau^{55}tsau^{55}	大老早 ta^{22}lau^{55}tsau^{55}	大老早 ta^{23}lau^{53}tsau^{53}	大老早 ta^{23}nau^{53}tsau^{53}
午前	午前 u^{53}tɕʰiã^{35} 早晌午 tsau^{53} ʂaŋ^{53}u^{0}	早晌午 tsau^{55}ʂaŋ^{55}u^{0}	早晌午 tsau^{55}ʂaŋ^{55}u^{0}	早晌午 tsau^{53}ʂaŋ^{53}u^{0}	早晌午 tsau^{53}ʂaŋ^{53}u^{0}
中午	晌午 ʂaŋ^{53}u^{53} 中午 pfəŋ^{31}u^{53}	晌午 ʂaŋ^{55}u^{55} 中午 pfəŋ^{42}u^{55}	晌午 ʂaŋ^{55}u^{55} 中午 tʂəŋ^{31}u^{55}	晌午 ʂaŋ^{53}u^{53} 中午 tʂuŋ^{45}u^{53}	晌午 ʂaŋ^{53}u^{53} 中午 tʂuŋ^{34}u^{53}
近中午的时候	小晌午 ɕiau^{53}ʂaŋ^{53}u^{0}	小晌午 ɕiau^{55}ʂaŋ^{55}u^{0}	小晌午 ɕiau^{55}ʂaŋ^{55}u^{0}	小晌午 ɕiau^{53}ʂaŋ^{53}u^{0}	小晌午 ɕiau^{53}ʂaŋ^{53}u^{0}
午后	下午 ɕia^{44}u^{53} 过晌午 kuo^{44}ʂaŋ^{53}u^{0}	下午 ɕia^{23}u^{55} 过晌午 ko^{23}ʂaŋ^{55}u^{0}	下午 xa^{23}u^{55} 过晌午 ko^{23}ʂaŋ^{55}u^{0}	下午 xa^{23}u^{53} 过晌午 ko^{23}ʂaŋ^{53}u^{0}	下午 ɕia^{23}u^{53}
干农活的计时单位，约 2 小时	一火烟 i^{31}xuo^{53}iã^{31}	一火烟 i^{42}xuo^{55}ian^{42}	一火烟 i^{31}xo^{55}ian^{31}	一火烟 i^{42}xo^{44}ian^{45}	一火烟 i^{21}xuo^{53}ian^{34}
白天	白日家 pe^{35}ʐʅ^{31}tɕia^{31} 大天白儿的 ta^{44}tʰiã^{31}per^{35}ti^{0}	白天 pe^{32}tʰian^{42} 大天白儿的 ta^{23}tʰian^{42}per^{32}ti^{0}	白天 pɛ^{42}tʰian^{31} 大天白儿的 ta^{22}tʰian^{31}pɛr^{42}ti^{0}	白天 pe^{42}tʰian^{45} 大天白儿的 ta^{23}tʰian^{45}per^{42}ti^{0}	白天 pe^{21}tʰian^{34} 清光白儿 tɕʰin^{34} kuaŋ^{34}pe^{21}ər^{21}

续表

词目 \ 方言点	中原官话区	混合 1 区	江淮官话区	混合 3 区	西南官话区
	汉滨	县河	茅坪	石泉	紫阳
黄昏	麻麻黑 ma^{35}ma^{35}xei^{31} 迎黑儿 in^{35}xər^{31}	打麻子影儿 ta^{55}ma^{32}tsɿ^{0}iər^{55}	打麻子影儿 ta^{55}ma^{42}tsɿ^{0}iər^{55}	打麻子影儿 ta^{53}ma^{42}tsɿ^{0}iər^{53}	擦黑 tsʰa^{34}xe^{34} 打麻子影儿 ta^{53}ma^{21}tsɿ^{0}iər^{53}
鸡鸭归笼的时候	鸡上架 tɕi^{31}ʂaŋ^{44}tɕia^{44}	鸡上架 tɕi^{42}ʂaŋ^{23}tɕia^{213}	鸡上架 tɕi^{31}ʂaŋ^{22}tɕia^{213}	鸡上架 tɕi^{45}ʂaŋ^{23}tɕia^{213}	鸡上架 tɕi^{34}ʂaŋ^{23}tɕia^{213}
夜晚	黑地 xei^{31}ti^{44} 夜里 ie^{44}li^{53} 晚上 uan^{53}ʂaŋ^{0}	晚上 uan^{55}ʂaŋ^{0}	晚上 uan^{55}ʂaŋ^{0}	晚上 uan^{53}ʂaŋ^{0}	晚夕 uan^{53}ɕi^{34}
昨晚	夜儿黑 ier^{44}xei^{31} 昨晚上 tsuo^{35}uan^{53}ʂaŋ^{0}	昨晚上 tsuo^{32}uan^{55}ʂaŋ^{0}	昨晚上 tso^{42}uan^{55}ʂaŋ^{0}	昨晚上 tso^{42}uan^{53}ʂaŋ^{0}	昨晚夕 tsuo^{21}uan^{53}ɕi^{34}
半夜	半夜 pã^{44}ie^{44}	半夜 pan^{23}ie^{223} 半夜半 pan^{23}ie^{0}pan^{223}	半夜 pan^{23}iɛ^{22} 半夜半 pan^{23}iɛ^{0}pan^{23}	半夜 pan^{23}ie^{213} 半夜半 pan^{23}ie^{0}pan^{213}	半夜 pan^{23}ie^{213} 半夜半 pan^{23}ie^{0}pan^{213}
上半夜	上半夜 ʂaŋ^{44} pã^{44}ie^{44} 前半夜 tɕʰiã^{35}pã^{44}ie^{44}	上半夜 ʂaŋ^{23} pan^{23}ie^{23} 前半夜 tɕʰian^{32}pan^{23}ie^{23}	上半夜 ʂaŋ^{22} pan^{23}iɛ^{22} 前半夜 tɕʰian^{42}pan^{23}iɛ^{22}	上半夜 ʂaŋ^{23} pan^{23}ie^{23} 前半夜 tɕʰian^{42}pan^{23}ie^{23}	上半夜 ʂaŋ^{23} pan^{23}ie^{23} 前半夜 tɕʰian^{21}pan^{23}ie^{23}
下半夜	后半夜 xəu^{44}pã^{44}ie^{44}	后半夜 xəu^{23}pan^{23}ie^{23}	后半夜 xou^{22}pan^{23}iɛ^{22}	后半夜 xəu^{23}pan^{23}ie^{23}	下半夜 ɕia^{23}pan^{23}ie^{23}
整夜	整夜 tʂəŋ^{53}ie^{44} 亘夜 kã^{53}ie^{44}	亘夜 kən^{55}ie^{23}	亘夜 kən^{55}iɛ^{22}	亘夜 kən^{53}ie^{23}	一晚夕 i^{21}uan^{53}ɕi^{23}
无月光的夜晚	月黑头 ye^{31}xei^{31}tʰəu^{35}	月黑头 ye^{42}xei^{42}tʰou^{312}	月黑头 ɥɛ^{31}xɛ^{31}tʰou^{42}	月黑头 ɥe^{42}xe^{42}tʰəu^{42}	月黑头 ye^{21}xe^{21}ʰəu^{21}
无灯摸黑	摸黑 mə^{31}xei^{31} 打黑摸 ta^{53}xei^{31}mə^{0}	摸黑 mə^{42}xei^{42} 打黑摸 ta^{55}xei^{42}mə^{0}	打黑摸儿 ta^{55}xɛ^{31}mor^{0}	打黑摸 ta^{53}xe^{42}mo^{0}	打黑摸 ta^{53}xe^{21}muo^{0}
每天晚上	每天夜里 mei^{53}tʰiã^{31}ie^{44}li^{53} 每天晚上 mei^{53} tʰiã^{31}uã^{53}ʂaŋ^{0}	每天夜里 mei^{55}tʰian^{42}ie^{23}li^{55} 每天晚上 mei^{55} tʰian^{42}uan^{23}ʂaŋ^{0}	每天晚上 mei^{55} tʰian^{31}uan^{55}ʂaŋ^{0}	每天晚上 mei^{53} tʰian^{45}uan^{53}ʂaŋ^{0}	每天晚上 mei^{53} tʰian^{34}uan^{53}ʂaŋ^{0}

续表

方言点 词目	中原官话区	混合 1 区	江淮官话区	混合 3 区	西南官话区
	汉滨	县河	茅坪	石泉	紫阳
等一会儿或慢一下	一下儿 i^{31}xar^{44}	一下儿 i^{42}xar^{55}	慢儿 mar^{22} 一下儿 i^{31}xar^{55}	一下儿 i^{42}xar^{53}	一下儿 i^{21}xar^{53}
五荒六月	五荒六月 u^{53}xuaŋ^{31}liəu^{31}ye^{31}	五荒六月 u^{55} xuaŋ^{42}liəu^{42}ye^{42}	五荒六月 u^{55}xuaŋ^{42}lou^{31}ɥɛ^{31}	五荒六月 u^{53} xuaŋ^{45}ləu^{42}ɥe^{42}	五荒六月 u^{53} xuaŋ^{34}ȵiəu^{21}ye^{21}
猴子元年	猴子元年 xəu^{35} tsɿ^{0}yã^{35}ȵiã^{35}	猴子元年 xəu^{32} tsɿ^{0}yan^{32}ȵian^{312}	猴子元年 xəu^{42} tsɿ^{0}ɥan^{42}ȵian^{42}	猴子元年 xəu^{42} tsɿ^{0}ɥan^{42}ȵian^{42}	猴子元年 xəu^{21} tsɿ^{0}yan^{21}ȵian^{21}
什么时候	啥时候 ʂa^{44}ʂʅ^{35}xəu^{0}	啥时候 ʂa^{23}ʂʅ^{32}xəu^{0}	么子时候 mo^{55}tsɿ^{0}ʂʅ^{42}xou^{0} 啥门这儿 ʂa^{23}mən^{42}tʂər^{55}	啥子时候 ʂa^{23}tsɿ^{0}ʂʅ^{42}xəu^{0}	啥子时候 ʂa^{23}tsɿ^{0}ʂʅ^{21}xəu^{0}
要得时间长	长马宽子 tʂʰaŋ^{35} ma^{53}kʰuã^{31}tsɿ^{0}	长马宽子 tʂʰaŋ^{32} ma^{55}kʰuan^{42}tsɿ^{0}	长命吊线 tʂʰaŋ^{32} min^{22}tiau^{23}ɕian^{23}	长命吊线 tʂʰaŋ^{32} min^{23}tiau^{23}ɕian^{213}	长命吊线 tʂʰaŋ^{21} min^{23}tiau^{23}ɕian^{213}
以前 从前	先前 ɕiã^{31}tɕʰiã^{35} 以前 i^{53}tɕʰiã^{35} 往年 uaŋ^{53}ȵiã^{35}	先前 ɕian^{42}tɕʰian^{312} 以前 i^{55}tɕʰian^{312} 往年 uaŋ^{55}ȵian^{312}	往年 uaŋ^{55}ȵian^{42} 以前 i^{55}tɕʰian^{42} 过去 ko^{23}tɕʰy^{213}	往回 uaŋ^{53} xuei^{42} 以前 i^{53}tɕʰian^{42} 过去 ko^{23}tɕʰy^{213}	往回 uaŋ^{53}xuei^{21} 以前 i^{53}tɕʰian^{21} 早先 tsau^{53}ɕian^{34}
后来	后来 xəu^{44}læ^{35}	后来 xəu^{23}lai^{312}	后来 xou^{22}lai^{42} 后头 xou^{22}tʰou^{0}	后来 xəu^{23}lai^{42} 后头 xəu^{23}tʰəu^{0}	落后 nuo^{21}xəu^{23}
以后	二回 ər^{44}xuei^{35} 以后 i^{53}xəu^{44}	二回 ər^{23}xuei^{32} 以后 i^{55}xəu^{23}	二回 ər^{22}xuei^{42} 以后 i^{55}xou^{22}	二回 ər^{23}xuei^{42} 以后 i^{53}xəu^{213}	二回 ər^{23}xuei^{21} 而后 ər^{21}xəu^{213}
现在	现时个 ɕiã^{44}ʂʅ^{35}kɤ^{0} 现在 ɕiã^{44}tsæ^{44}	现在 ɕian^{23}tsai^{23}	现在 ɕian^{22}tsai^{22}	现在 ɕian^{23}tsai^{213}	此如今 tsɿ^{53}ʐu^{21}tɕin^{34}
将来	将来 tɕiaŋ^{31}læ^{35}	将来 tɕiaŋ^{42}lai^{312}	将来 tɕiaŋ^{31}lai^{42}	将来 tɕiaŋ^{45}lai^{42}	将来 tɕiaŋ^{34}nai^{21}
从今以后	从今往后 tsʰuŋ^{35}tɕin^{31} uaŋ^{44}xəu^{44} 今后 tɕin^{31}xəu^{44}	从今往后 tsʰuŋ^{32}tɕin^{42} uaŋ^{23}xəu^{223} 今后 tɕin^{42}xəu^{223}	从今往后 tsʰəŋ^{42}tɕin^{3} uaŋ^{22}xou^{22} 今后 tɕin^{31}xou^{22}	从今往后 tsʰuŋ^{42}tɕin^{45} uaŋ^{23}xəu^{213} 今后 tɕin^{45}xəu^{213}	从今往后 tsʰuŋ^{21}tɕin^{34} uaŋ^{23}xəu^{213} 今后 tɕin^{34}xəu^{213}

续表

方言点 词目	中原官话区	混合 1 区	江淮官话区	混合 3 区	西南官话区
	汉滨	县河	茅坪	石泉	紫阳
从此以后	从此以后 tsʰuŋ^{35}tsʰɿ^{53} i^{53}xəu^{44}	从此以后 tsʰuŋ^{32}tsʰɿ^{55} i^{55}xəu^{223}	从此以后 tsʰəŋ^{42}tsʰɿ^{55} i^{55}xou^{22}	从此以后 tsʰuŋ^{42}tsʰɿ^{53} i^{53}xəu^{213}	从此以后 tsʰuŋ^{21}tsʰɿ^{53} i^{53}xəu^{213}
最后	后头 xəu^{44}tʰəu^{0} 末家把儿 mə^{31}tɕia^{31}par^{44}	后头 xəu^{23}tʰəu^{0} 末了儿 mə^{42}liaur^{55}	后头 xou^{22}tʰou^{0} 末了儿 mo^{31}liaur^{55}	后头 xəu^{23}tʰəu^{0} 最后 tsei^{23}tʰəu^{213}	后头 xəu^{23}tʰəu^{0} 最后 tsei^{23}tʰəu^{213}
早晚	早晚 tsau^{53}uan^{53}	早晚 tsau^{55}uan^{55} 迟早 tʂʰʅ^{32}tsau^{55}	迟早 tʂʰʅ^{42}tsau^{55}	迟早 tʂʰʅ^{42}tsau^{53}	早晏 tsau^{53}ŋan^{213}
什么时候	啥时候 ʂa^{44}ʂʅ^{35}xəu^{0}	啥时候 ʂa^{23}ʂʅ^{32}xəu^{0}	啥门着儿 ʂa^{23}mən^{42}tʂər^{55}	啥时候 ʂa^{23}ʂʅ^{42}xəu^{0}	啥时候 ʂa^{23}ʂʅ^{21}xəu^{0}
先	先 ɕiã^{31} 起先 tɕʰi^{53}ɕiã^{31} 事先 ʂʅ^{44}ɕiã^{31}	先 ɕian^{42} 起先 tɕʰi^{55}ɕian^{42} 事先 sɿ^{23}ɕian^{42}	先 ɕian^{31} 起先 tɕʰi^{55}ɕian^{31} 事先 sɿ^{22}ɕian^{31}	先 ɕian^{45} 起先 tɕʰi^{53}ɕian^{45} 事先 sɿ^{23}ɕian^{45}	先 ɕian^{34} 起先 tɕʰi^{53}ɕian^{34} 事先 sɿ^{23}ɕian^{34}
从前	早先 tsau^{53}ɕiã^{31} 从前 tsuŋ^{35}tɕʰiã^{35}	早先 tsau^{55}ɕian^{42} 从前 tsuŋ^{32}tɕʰian^{32}	从前 tsəŋ^{42}tɕʰian^{42}	从前 tsuŋ^{42}tɕʰian^{42}	从前 tsuŋ^{21}tɕʰian^{21}

四 农业

方言点 词目	中原官话区	混合 1 区	江淮官话区	混合 3 区	西南官话区
	汉滨	县河	茅坪	石泉	紫阳
春耕	春耕 pfʰə̃^{35}kəŋ^{31}	春耕 pfʰən^{42}kən^{42}	春耕 tʂʰɥən^{31}kən^{31}	春耕 tʂʰɥən^{45}kən^{45}	春耕 tʂʰuən^{34}kən^{34}
耖地	挖地 ua^{31}ti^{44} 犁地 li^{35}ti^{44}	挖地 ua^{42}ti^{223} 犁地 li^{32}ti^{223}	挖地 ua^{31}ti^{213} 犁地 li^{42}ti^{213}	挖地 ua^{45}ti^{213} 犁地 li^{42}ti^{213}	挖地 ua^{34}ti^{213} 犁地 n̩i^{21}ti^{213}
犁田	犁田 li^{35}tʰiã^{35}	犁田 li^{32}tʰian^{312}	犁田 li^{42}tʰian^{42}	犁田 li^{42}tʰian^{42}	犁田 n̩i^{21}tʰian^{21}

续表

方言点 词目	中原官话区	混合 1 区	江淮官话区	混合 3 区	西南官话区
	汉滨	县河	茅坪	石泉	紫阳
耙田	耙田 pa^{44}tʰiã^{35}	耙田 pa^{23}tʰian^{32}	耙田 pa^{23}tʰian^{42}	耙田 pa^{23}tʰian^{42}	耙田 pa^{23}tʰian^{21}
平地	耙地 pa^{44}ti^{44}	耙地 pa^{23}ti^{213}	耙地 pa^{23}ti^{22}	耙地 pa^{23}ti^{213}	耙地 pa^{23}ti^{213}
概指整田的一套农活	犁田打耙 li^{35}tʰiã^{35}ta^{53}pa^{44}	犁田打耙 li^{32}tʰian^{32}ta^{55}pa^{223}	犁田打耙 li^{42}tʰian^{42}ta^{55}pa^{213}	犁田打耙 li^{42}tʰian^{42}ta^{53}pa^{213}	犁田打耙 ȵi^{21}tʰian^{21}ta^{53}pa^{213}
下种	下种 ɕia^{44}pfəŋ^{53}	下种 ɕia^{23}pfəŋ^{55}	下种 ɕia^{22}tʂəŋ^{55}	下种 ɕia^{23}tʂuŋ^{53}	下种 ɕia^{23}tʂuŋ^{53}
插秧	插秧 tʂʰa^{35}iaŋ^{31} 栽秧 tsæ^{35}iaŋ^{31}	栽秧 tsai^{42}iaŋ^{42}	栽秧 tsai^{31}iaŋ^{31}	栽秧 tsai^{45}iaŋ^{45}	栽秧 tsai^{34}iaŋ^{34} 插秧 tʂʰa^{21}iaŋ^{34}
种玉米	点包谷 tiã^{53}pau^{31}ku^{0}	点包谷 tian^{55}pau^{42}ku^{0}	点包谷 tian^{55}pau^{31}ku^{0}	点包谷 tian^{53}pau^{45}ku^{0}	点包谷 tian^{53}pau^{34}ku^{0}
薅秧	薅秧 xau^{35}iaŋ^{31}	薅秧 xau^{42}iaŋ^{42}	薅秧 xau^{31}iaŋ^{31}	薅秧 xau^{45}iaŋ^{45}	薅秧 xau^{34}iaŋ^{34}
锄地	薅草 xau^{31}tsʰau^{53} 锄地 tʂʰu^{35}ti^{44}	薅草 xau^{42}tsʰau^{55}	薅草 xau^{31}tsʰau^{55}	薅草 xau^{45}tsʰau^{53}	薅草 xau^{34}tsʰau^{53}
锣鼓草	锣鼓草 luo^{35}ku^{53}ʦʰau^{53}	锣鼓草 luo^{32}ku^{55}ʦʰau^{55}	锣鼓草 lo^{42}ku^{55}ʦʰau^{55}	锣鼓草 lo^{42}ku^{53}ʦʰau^{53}	锣鼓草 nuo^{21}ku^{53}ʦʰau^{53}
赛口	赛口 ʂæ^{44}kʰəu^{53}	赛口 sai^{23}kʰəu^{55}	赛口 ʂai^{23}kʰou^{55}	赛口 ʂai^{23}kʰəu^{53}	赛口 ʂai^{23}kʰəu^{53}
夏收	夏收 ɕia^{44}ʂəu^{31}	夏收 ɕia^{23}ʂəu^{42}	夏收 ɕia^{22}ʂou^{31}	夏忙 ɕia^{23}maŋ^{42}	夏忙 ɕia^{23}maŋ^{21}
割麦	割麦子 kɤ^{35}mei^{31}tsɿ^{0} 收麦子 ʂəu^{35}mei^{31}tsɿ^{0}	割麦子 kɤ^{42}me^{42}tsɿ^{0}	割麦子 ko^{31}mɛ^{31}tsɿ^{0}	割麦子 ko^{45}mɛ^{42}tsɿ^{0}	割麦子 kuo^{34}mɛ^{21}tsɿ^{0}
打场	打场 ta^{53}tʂʰaŋ^{35} 打麦子 ta^{53}mei^{31}tsɿ^{0}	打场 ta^{55}tʂʰaŋ^{312} 打麦子 ta^{55}me^{42}tsɿ^{0}	打场 ta^{55}tʂʰaŋ^{42} 打麦子 ta^{55}mɛ^{31}tsɿ^{0}	打场 ta^{53}tʂʰaŋ^{42} 打麦子 ta^{53}me^{42}tsɿ^{0}	打场 ta^{53}tʂʰaŋ^{21} 打麦子 ta^{53}me^{21}tsɿ^{0}

续表

方言点 词目	中原官话区	混合 1 区	江淮官话区	混合 3 区	西南官话区
	汉滨	县河	茅坪	石泉	紫阳
挖洋芋	挖洋芋 ua^{31}iaŋ^{35}y^{44}	挖洋芋 ua^{42}iaŋ^{32}y^{223}	挖洋芋 ua^{31}iaŋ^{42}ɥ^{0}	挖洋芋 ua^{45}iaŋ^{42}ɥ^{0}	挖洋芋 ua^{34}iaŋ^{21}y^{0}
插红苕	插红苕 tʂʰa^{31}xuŋ^{35}ʂau^{35} 栽红苕 tsæ^{31}xuŋ^{35}ʂau^{35}	插红苕 tʂʰa^{42}xuŋ^{32}ʂau^{312}	插红苕 tʂʰa^{31}xəŋ^{42}ʂau^{42}	插红苕 tʂʰa^{45}xuŋ^{42}ʂau^{42}	插红苕 tʂʰa^{34}xuŋ^{21}ʂau^{21} 栽红苕 tsai^{34}xuŋ^{21}ʂau^{21}
早秋	早秋 tsau^{53}tɕʰiəu^{31}	早秋 tsau^{55}tɕʰiəu^{42}	早秋 tsau^{55}tɕʰiou^{31}	早秋 tsau^{53}tɕʰiəu^{45}	早秋 tsau^{53}tɕʰiəu^{34}
晚秋	晚秋 uã^{53}tɕʰiəu^{31}	晚秋 uan^{55}tɕʰiəu^{42}	晚秋 uan^{55}tɕʰiou^{31}	晚秋 uan^{53}tɕʰiəu^{45}	晚秋 uan^{53}tɕʰiəu^{34}
秋收	秋收 tɕʰiəu^{35}ʂəu^{31} 秋忙 tɕʰiəu^{31}maŋ^{35}	秋收 tɕʰiəu^{42}ʂəu^{42}	秋收 tɕʰiou^{31}ʂou^{31}	秋忙 tɕʰiəu^{45}maŋ^{42}	秋忙 tɕʰiəu^{34}maŋ^{21}
稻穗	谷穗子 ku^{31}suei^{44}tsɿ^{0}	谷刁子 ku^{42}tiau^{42}tsɿ^{0}	谷刁子 ku^{31}tiau^{31}tsɿ^{0}	谷刁子 ku^{45}tiau^{45}tsɿ^{0}	谷刁子 ku^{34}tiau^{34}tsɿ^{0}
割稻子	割谷子 kɤ^{35}ku^{31}tsɿ^{0}	割谷子 kɤ^{42}ku^{42}tsɿ^{0}	割谷子 ko^{31}ku^{31}tsɿ^{0}	割谷子 ko^{42}ku^{45}tsɿ^{0}	割谷子 kuo^{21}ku^{34}tsɿ^{0}
收稻子	板谷子 pã^{53}ku^{31} tsɿ^{0}　打谷子 ta^{53}ku^{31}tsɿ^{0}	打谷子 ta^{55}ku^{42}tsɿ^{0}	打谷子 ta^{55}ku^{31}tsɿ^{0}	搭谷子 ta^{42}ku^{45}tsɿ^{0}	搭谷子 ta^{21}ku^{34}tsɿ^{0}
收包谷	扳包谷 pã^{35}pa^{31}ku^{0}	扳包谷 pan^{42}pa^{42}ku^{0}	扳包谷 pan^{31}pa^{31}ku^{0}	扳包谷 pan^{45}pa^{45}ku^{0}	扳包谷 pan^{34}pa^{34}ku^{0}
收绿豆	检绿豆 tɕiã^{53}liəu^{31}təu^{0}	检绿豆 tɕian^{55}liəu^{42}təu^{0}	检绿豆 tɕian^{55}lou^{31}təu^{0}	检绿豆 tɕian^{53}ləu^{42}təu^{0}	检绿豆 tɕian^{53}nəu^{21}təu^{0}
挖红苕	挖红苕 ua^{31}xoŋ^{35}ʂau^{35}	挖红苕 ua^{42}xoŋ^{32}ʂau^{312}	挖红苕 ua^{31}xəŋ^{42}ʂau^{312}	挖红苕 ua^{45}xuŋ^{42}ʂau^{42}	挖红苕 ua^{34}xuŋ^{21}ʂau^{21}
收黄豆	拔黄豆 pa^{35}xuaŋ^{35}təu^{44}	拔黄豆 pa^{32}xuaŋ^{32}təu^{223}	拔黄豆 pa^{42}xuaŋ^{42}tou^{223}	拔黄豆 pa^{42}xuaŋ^{42}təu^{213}	拔黄豆 pa^{21}xuaŋ^{21}təu^{213}

续表

方言点 / 词目	中原官话区	混合 1 区	江淮官话区	混合 3 区	西南官话区
	汉滨	县河	茅坪	石泉	紫阳
种洋芋	窖洋芋 kau^{44} iaŋ^{35}y^{44} 点洋芋 tiã^{53}iaŋ^{35}y^{44}	窖洋芋 kau^{23}iaŋ^{32}y^{223}	窖洋芋 kau^{23}iaŋ^{42}ɥ^{0}	窖洋芋 kau^{23}iaŋ^{42}ɥ^{213}	窖洋芋 kau^{23}iaŋ^{21}ɥ^{213}
种麦子	点麦子 tã^{53}mei^{31}tsɿ^{0}	点麦子 tan^{55}me^{42}tsɿ^{0}	点麦子 tan^{55}mɛ^{31}tsɿ^{0}	点麦子 tan^{53}me^{42}tsɿ^{0}	点麦子 tan^{53}me^{21}tsɿ^{0}
场院	院坝 yã^{44}pa^{44}	院坝 yan^{23}pa^{223}	院场 ɥan^{22}tʂʰaŋ^{42} 院坝 ɥan^{22}pa^{213}	场坝 tʂʰaŋ^{42}pa^{213} 院坝 ɥan^{23}pa^{213}	院坝 yan^{23}pa^{213}
施肥	上粪 ʂaŋ^{44}fə̃^{44}	上粪 ʂaŋ^{23}fən^{223}	上粪 ʂaŋ^{22}fən^{213}	上粪 ʂaŋ^{23}fən^{213}	上粪 ʂaŋ^{23}fən^{213}
浇粪	浇粪 tɕiau^{31}fə̃^{44}	浇粪 tɕiau^{42}fən^{223}	浇粪 tɕiau^{31}fən^{213}	浇粪 tɕiau^{45}fən^{213}	浇粪 tɕiau^{34}fən^{213}
粪坑	粪坑 fə̃^{44}kʰə̃^{31} 粪池子 fə̃^{44}tʂʰʅ^{35}tsɿ^{0}	粪坑 fən^{23}kʰən^{42} 粪池子 fən^{23}tʂʰʅ^{32}tsɿ^{0}	粪坑 fən^{23}kʰən^{31} 粪池子 fən^{23}tʂʰʅ^{42}tsɿ^{0}	粪坑 fən^{23}kʰən^{45} 粪池子 fən^{23}tʂʰʅ^{42}tsɿ^{0}	粪坑 fən^{23}kʰən^{34} 粪池子 fən^{23}tʂʰʅ^{21}tsɿ^{0}
积肥	攒粪 tsã^{53}fə̃^{44}	攒粪 tsan^{55}fən^{312}	攒肥 tsan^{55}fei^{42}	攒肥 tsan^{53}fei^{42}	攒肥 tsan^{53}fei^{21}
拾粪	捡粪 tɕiã^{53}fə̃^{44}	捡粪 tɕian^{55}fən^{223}	捡粪 tɕian^{55}fən^{213}	捡粪 tɕian^{53}fən^{213}	捡粪 tɕian^{53}fən^{213}
猪粪	猪粪 pfu^{31}fə̃^{44}	猪粪 pfu^{55}fən^{223}	猪粪 tʂɥ^{31}fən^{213}	猪粪 tʂɥ^{45}fən^{213}	猪屎粪 tʂu^{34}ʂʅ^{53}fən^{213}
牛粪	牛粪 ȵiəu^{35}fə̃^{44}	牛粪 ȵiəu^{32}fən^{223}	牛粪 ȵiəu^{42}fən^{213}	牛粪 ȵiəu^{42}fən^{213}	牛粪 ȵiəu^{21}fən^{213}
鸡粪	鸡粪 tɕi^{31}fə̃^{44} 稀鸡粪 ɕi^{31}tɕi^{31}fə̃^{44}	鸡屎粪 tɕi^{42}ʂʅ^{55}fən^{223}	鸡屎粪 tɕi^{31}ʂʅ^{55}fən^{213}	鸡屎粪 tɕi ^{45}ʂʅ^{53}fən^{213}	鸡屎粪 tɕi ^{34}ʂʅ^{53}fən^{213}
羊粪	羊粪 iaŋ^{35}fə̃^{44} 羊屎蛋蛋 iaŋ^{35}ʂʅ^{53}tã^{44}tã^{0}	羊粪 iaŋ^{32}fən^{223}	羊粪 iaŋ^{42}fən^{213}	羊粪 iaŋ^{42}fən^{213}	羊屎蛋蛋 iaŋ^{21} ʂʅ^{53}tan^{23}tan^{0}

续表

词目＼方言点	中原官话区	混合 1 区	江淮官话区	混合 3 区	西南官话区
	汉滨	县河	茅坪	石泉	紫阳
渣滓粪	渣滓粪 tʂa^{31}ʦʅ^{0}fə̃^{44}	渣滓粪 tʂa^{42}ʦʅ^{0}fən^{223}	渣滓粪 tʂa^{31}ʦʅ^{0}fən^{213}	渣滓粪 tʂa^{45}ʦʅ^{0}ən^{213}	渣滓粪 tʂa^{34}ʦʅ^{0}fən^{213}
人尿粪	大粪 ta^{44}fə̃^{44} 水粪 fei^{53}fə̃^{44}	大粪 ta^{23}fə̃^{223} 水粪 fei^{55}fən^{223}	大粪 ta^{22}fən^{213} 水粪 ʂɥei^{55}fən^{213}	大粪 ta^{23}fən^{213} 水粪 ʂɥei^{53}fən^{213}	水粪 ʂuei^{53}fən^{213}
火粪	火粪 xuo^{53}fə̃^{44}	火粪 xuo^{55}fən^{223}	火粪 xo^{55}fən^{213}	火粪 xo^{53}fən^{213}	火粪 xuo^{53}fən^{213}
干粪	干粪 kã^{31}fə̃^{44}	干粪 kan^{42}fən^{223}	干粪 kan^{31}fən^{213}	干粪 kan^{45}fən^{213}	干粪 kan^{34}fən^{213}
浇水	浇水 tɕiau^{31}fei^{53}	浇水 tɕiau^{42}fei^{55}	浇水 tɕiau^{31}ʂɥei^{55}	浇水 tɕiau^{45}ʂɥei^{53}	浇水 tɕiau^{34}ʂuei^{53}
灌水	灌水 kuã^{44}fei^{53} 引水 in^{53}fei^{53}	引水 in^{55}fei^{55}	引水 in^{55}ʂɥei^{55}	灌水 kuan^{23}ʂɥei^{53}	引水 in^{53}ʂuei^{53}
排水	排水 pʰæ^{35}fei^{53} 放水 faŋ^{44}fei^{53}	放水 faŋ^{23}fei^{55}	放水 faŋ^{23}ʂɥei^{55}	放水 faŋ^{23}ʂɥei^{53}	放水 faŋ^{23}ʂuei^{53}
打水	打水 ta^{53}fei^{53}	打水 ta^{55}fei^{55}	打水 ta^{55}ʂɥei^{55}	打水 ta^{53}ʂɥei^{53}	打水 ta^{53}ʂuei^{53}
水井	水井 fei^{53}tɕin^{53}	水井 fei^{55}tɕin^{55}	水井 ʂɥei^{55}tɕin^{55}	水井 ʂɥei^{53}tɕin^{53}	水井 ʂuei^{53}tɕin^{53}
粪桶	粪桶 fə̃^{44}tʰuŋ^{53}	粪桶 fən^{23}tʰuŋ^{55}	粪桶 fən^{23}tʰəŋ^{55}	粪桶 fən^{23}tʰuŋ^{53}	粪桶 fən^{23}tʰuŋ^{53}
水桶	水桶 fei^{53}tʰuŋ^{53}	水桶 fei^{55}tʰuŋ^{55}	水桶 ʂɥei^{55}tʰəŋ^{55}	水桶 ʂɥei^{53}tʰuŋ^{53}	水桶 ʂuei^{53}tʰuŋ^{53}
架子车	架子车 tɕia^{44}ʦʅ^{0}tʂʰɤ^{31}	架子车 tɕia^{23}ʦʅ^{0}tʂʰɤ^{42}	架子车 tɕia^{23}ʦʅ^{0}tʂʰɛ^{31}	架子车 tɕia^{23}ʦʅ^{0}tʂʰe^{45}	架子车 tɕia^{23}ʦʅ^{0}tʂʰe^{34}
马车	马车 ma^{53}tʂʰɤ^{31}	马拉车 ma^{55}la^{0}tʂʰɤ^{42}	马拉车 ma^{55}la^{0}tʂʰɛ^{31}	马拉车 ma^{53}la^{0}tʂʰe^{45}	马拉车 ma^{53}na^{0}tʂʰe^{34}

续表

词目 \ 方言点	中原官话区	混合 1 区	江淮官话区	混合 3 区	西南官话区
	汉滨	县河	茅坪	石泉	紫阳
牛轭	牛槅头 ȵiəu^{35}kɤ^{31}təu^{0}	牛轭头 ȵiəu^{32}ŋe^{42}təu^{0}	牛轭头 ȵiou^{42}ŋɛ^{31}tou^{0}	枷档 tɕia^{45}taŋ^{213}	牛轭头 ȵiəu^{21}ŋe^{21}təu^{0}
牛笼嘴	牛笼嘴 ȵiəu^{35}luŋ^{35}tsei^{53}	牛笼嘴 ȵiəu^{32}luŋ^{32}tsei^{55}	牛笼嘴 ȵiou^{42}ləŋ^{42}tsei^{55}	牛笼嘴 ȵiəu^{42}luŋ^{42}tsei^{53}	牛笼嘴 ȵiəu^{21}luŋ^{21}tsei^{53}
牛鼻桊儿	牛鼻桊子 ȵiəu^{35}pi^{35}tɕyã^{44}tsɿ^{0}	牛鼻子 ȵiəu^{32}pi^{32}tsɿ^{0}	牛鼻子 ȵiou^{42}pi^{42}tsɿ^{0}	牛鼻子 ȵiəu^{42}pi^{42}tsɿ^{0}	牛鼻子 ȵiəu^{21}pi^{21}tsɿ^{0}
吆喝牛	吆牛 iau^{31}ȵiəu^{35}	吆牛 iau^{42}ȵiəu^{312}	吆牛 iau^{31}ȵiou^{42}	吆牛 iau^{45}ȵiəu^{42}	吆牛 iau^{34}ȵiəu^{21}
犁	犁 li^{35}	犁 li^{312}	犁 li^{42}	犁 li^{42} 犁头 li^{42}tʰəu^{0}	犁 ȵi^{21}
旱犁	旱犁 xã^{44}li^{35}	旱犁 xan^{23}li^{312}	旱犁 xan^{22}li^{42}	旱犁 xan^{23}li^{42}	旱犁 xan^{23}ȵi^{21}
水犁	板犁 pã^{53}i^{35} 水犁 fei^{53}li^{35}	板犁 pan^{55}li^{312} 水犁 fei^{55}li^{312}	板犁 pan^{55}li^{42}	水犁 ʂʮei^{53}li^{42}	水犁 ʂuei^{53}ȵi^{21}
犁身	犁辕 li^{35}yan^{35}	犁弯 li^{32}uan^{42}	犁弯 li^{42}uan^{31}	犁弯 li^{42}uan^{45}	犁弯 ȵi^{21}uan^{34}
犁把	犁把 li^{35}pa^{44}	犁把 li^{32}pa^{223}	犁把 li^{42}pa^{213}	犁把 li^{42}pa^{213}	犁把 ȵi^{21}pa^{213}
犁铧	铧 xua^{35}	铧 xua^{312}	铧 xua^{42}	铧 xua^{42}	铧 xua^{21}
耙子	耙 pa^{44}	齿耙 tʂʰʅ^{55}pa^{223} 攮耙 laŋ^{55}pa^{223}	齿耙 tʂʰʅ^{55}pa^{213} 攮耙 laŋ^{55}pa^{213}	齿耙 tʂʰʅ^{53}pa^{213} 攮耙 laŋ^{53}pa^{213}	耙子 pa^{213}tsɿ^{0}
围席	围席 uei^{35}ɕi^{35}	围席 uei^{32}ɕi^{312}	围席 uei^{42}ɕi^{42}	围席 uei^{42}ɕi^{42}	围席 uei^{21}ɕi2^{1}
板柜	板柜 pã^{53}kuei^{44}	板柜 pan^{55}kuei^{223}	板柜 pan^{55}kuei^{22}	板柜 pan^{53}kuei^{213}	板柜 pan^{53}kuei^{213}

续表

方言点 / 词目	中原官话区	混合 1 区	江淮官话区	混合 3 区	西南官话区
	汉滨	县河	茅坪	石泉	紫阳
扇车	风车 fəŋ31tʂʰɤ31	风车 fəŋ42tʂʰɤ42	风车 fəŋ31tʂʰɛ31	风车 fəŋ45tʂʰe45	风车 fuŋ34tʂʰe34
石磙	碾子 ȵian53tsɿ0	碾磙子 ȵian55kuən55tsɿ0	碾子 ȵian55tsɿ0	碾子 ȵian53tsɿ0	碾子 ȵian53tsɿ0
碾磙	碾磙 ȵian53kuən53	碾磙 ȵian55kuən55	碾磙 ȵian55kuən55	碾磙 ȵian53kuən53	碾磙 ȵian53kuən53
碾盘	碾盘 ȵiã53pʰã35	碾盘 ȵian55pʰan312	碾盘 ȵian55pʰan42	碾盘 ȵian53pʰan42	碾盘 ȵian53pʰan21
砻脱去稻谷外皮的农具	檑子 lei44ts0	檑子 lei23ts0	檑子 lei22ts0	檑子 lei213ts0	檑子 nei213ts0
石磨	石磨 ʂɿ35mə44	磨子 mə23tsɿ0	磨子 mo22tsɿ0	磨子 mo213tsɿ0	磨子 muo213tsɿ0
大磨	大磨 ta44mə44	大磨 ta23mə223	大磨 ta22mo22	大磨 ta23mo213	大磨 ta23muo213
拐子磨	拐子磨 kuæ53tsɿ0mə44	拐子磨 kuai55tsɿ0mə223	拐子磨 kuai55tsɿ0mo22	拐子磨 kuai53tsɿ0mo213	拉磨 na23muo213
豆腐磨	豆腐磨 təu44fu0mə44	豆腐磨 təu23fu0mə223	豆腐磨 tou22fu0mo22	豆腐磨 təu23fu0mo213	豆腐磨 təu23fu0muo213
手推磨	手磨子 ʂəu53mə44tsɿ0	手磨 ʂəu55mə223	手磨 ʂəu55mo22	手磨 ʂəu53mo213	手磨 ʂəu53muo213
磨盘	磨盘 mə44pʰã35	磨盘 mə23pʰan312	磨盘 mo22pʰan42	磨盘 mo23pʰan42	磨盘 muo23pʰan21
磨把儿	磨拐子 mə44kuæ53tsɿ0	磨拐子 mə23kuai55tsɿ0	磨拐子 mo22kuai55tsɿ0	磨拐子 mo23kuai53tsɿ0	磨挝 muo23tʂua21
磨杠	磨杠 mə44kaŋ44	磨杠 mə23kaŋ223	磨杠 mo22kaŋ213	磨杠 mo23kaŋ213	磨杠 muo23kaŋ213

续表

方言点 词目	中原官话区 汉滨	混合 1 区 县河	江淮官话区 茅坪	混合 3 区 石泉	西南官话区 紫阳
磨脐儿	磨眼儿 mə^{44}ȵiar^{53}	磨眼儿 mə^{23}ŋar^{55}	磨眼儿 mo^{22}ŋar^{55}	磨眼儿 mo^{23}ŋar^{53}	磨眼 muo^{23}ian^{53}
筛子	筛子 ʂai^{31}tsʅ^{0}	筛子 ʂai^{42}tsʅ^{0}	筛子 ʂai^{31}tsʅ^{0}	筛子 ʂai^{45}tsʅ^{0}	筛子 ʂai^{34}tsʅ^{0}
晒篮	箁篮 pu^{31}lã^{31}	栲子 kʰau^{55}tsʅ^{0}	栲子 kʰau^{55}tsʅ^{0}	栲子 kʰau^{53}tsʅ^{0}	栲子 kʰau^{53}tsʅ^{0}
面筛	面筛 miã^{44}ʂæ^{31}	面筛 mian^{23}ʂai^{42}	面筛 mian^{22}ʂai^{31}	面筛 mian^{23}ʂai^{45}	面筛 mian^{23}ʂai^{34}
米筛	米筛 mi^{53}ʂæ^{31}	米筛 mi^{55}ʂai^{42}	米筛 mi^{55}ʂai^{31}	米筛 mi^{53}ʂai^{45}	米筛 mi^{53}ʂai^{34}
攮筛	攮筛 laŋ^{53}ʂæ^{31}	攮筛 laŋ^{55}ʂai^{42}	攮筛 laŋ^{55}ʂai^{31}	攮筛 laŋ^{53}ʂai^{45}	攮筛 naŋ^{53}ʂai^{34}
罗筛	罗儿 luor^{35}	罗儿 luor^{312}	罗筛 lo^{42}ʂai^{31}	罗筛 lo^{42}ʂai^{45}	罗筛 nuo^{21}ʂai^{34}
连枷	连枷 liã^{35}tɕia^{31}	连枷 lian^{32}ka^{42}	连枷 lian^{42}ka^{31}	连杖 lian^{42}tʂaŋ^{213}	连枷 ȵian^{21}ka^{34}
碓	碓窝子 tuei^{44}uo^{31}tsʅ^{0}	碓窝子 tei^{23}uo^{42}tsʅ^{0}	碓窝子 tei^{23}uo^{31}tsʅ^{0}	碓窝 tei^{23}uo^{45}	碓窝子 tei^{23}uo^{34}tsʅ^{0}
碓杵	碓挝子 tei^{44}pfa^{35}tsʅ^{0}	碓挝子 tei^{23}pfa^{32}tsʅ^{0}	碓挝子 tei^{23}tʂʮa^{42}tsʅ^{0}	碓挝子 tei^{23}tʂʮa^{42}tsʅ^{0}	碓挝子 tei^{23}tʂua^{21}tsʅ^{0}
钉耙	钉钯 tin^{31}pʰa^{35}	钉钯 tin^{42}pʰa^{312}	钉钯 tin^{31}pʰa^{42}	钉钯 tin^{45}pʰa^{42}	钉钯 tin^{34}pʰa^{21}
镐	十字镐 ʂʅ^{35}tsʅ^{44}kau^{31}	十字镐 ʂʅ^{32}tsʅ^{23}kau^{42}	洋镐 iaŋ^{42}kau^{31}	洋镐 iaŋ^{42}kau^{45}	洋镐 iaŋ^{21}kau^{21}
薅锄	薅锄 xau^{31}tʂʰu^{35} 锄头 pfʰu^{35}tʰəu^{0}	薅扒儿 xau^{42}pʰar^{32} 薅锄 xau^{42}tʂʰəu^{0}	薅扒儿 xau^{31}pʰar^{42} 薅锄 xau^{31}tʂʰou^{0}	薅扒儿 xau^{45}pʰar^{42} 薅锄 xau^{45}tʂʰəu^{42}	薅锄 xau^{34}tʂʰəu^{21}

续表

词目 \ 方言点	中原官话区	混合 1 区	江淮官话区	混合 3 区	西南官话区
	汉滨	县河	茅坪	石泉	紫阳
锄头	挖镢 ua^{31}tɕye^{31}	板锄 pan^{55}tʂʰəu^{32}	板锄 pan^{55}tʂʰou^{42}	板锄 pan^{53}tʂʰəu^{42}	板锄 pan^{53}tʂʰəu^{21}
羊角锄	羊角锄 iaŋ^{35}tɕyo^{31}tsʰəu^{35}	羊角锄 iaŋ^{32}kuo^{42}tʂʰəu^{312}	羊角锄 iaŋ^{42}ko^{31}tʂʰou^{42}	角锄 ko^{42}tʂʰəu^{42}	角锄 kuo^{21}tʂʰəu^{21}
铡刀	铡子 tʂa^{35}tsɿ^{0}	铡刀 tʂa^{32}tau^{42}	铡刀 tʂa^{42}tau^{31}	铡刀 tʂa^{42}tau^{45}	铡刀 tʂa^{21}tau^{34}
镰刀	镰刀 liã^{35}tau^{31}	镰子 lian^{32}tsɿ^{0}	镰刀 lian^{42}tau^{31}	镰刀 lian^{42}tau^{45}	镰刀 ȵian^{21}tau^{34}
砍刀	弯刀 uã^{35}tau^{31}	弯刀 uan^{42}tau^{42}	弯刀 uan^{31}tau^{31}	弯刀 uan^{45}tau^{45}	弯刀 uan^{34}tau^{34}
木锨	木锨 mu^{31}ɕiã^{31}	木锨 mə^{42}ɕian^{42}	木锨 mo^{31}ɕian^{31}	木锨 mo^{42}ɕian^{45}	木锨 mu^{21}ɕian^{34}
铁锨	铁锨 tʰiɛ^{35}ɕiã^{31} 洋铲 iaŋ^{35}tʂʰã^{53}	洋铲 iaŋ^{32}tʂʰan^{55}	洋铲 iaŋ^{42}tʂʰan^{55}	洋铲 iaŋ^{42}tʂʰan^{53}	洋铲 iaŋ^{21}tʂʰan^{53}
筐箩	筐篮 pu^{44}lã^{35}	提篮 tʰiː^{32}lan^{312}	提篮 tʰiː^{42}lan^{42}	提篮 tʰiː^{42}lan^{42}	筐篮 pʰu^{21}lan^{21}
簸箕	柳簸 liəu^{53}pə^{44}	柳簸 liəu^{55}pə^{223}	柳簸 liou^{55}po^{213}	柳簸 liəu^{53}po^{213}	簸箕 puo^{23}tɕi^{34}
撮箕	擢箕 pfʰə^{31}tɕi^{0}	擢箕 pfʰə^{42}tɕi^{0}	擢箕 tʂʰuo^{31}tɕi^{0}	擢箕 tʂʰuo^{45}tɕi^{0}	撮箕 tsʰuo^{21}tɕi^{34}
垃圾	渣滓 tʂa^{31}tsɿ^{0}	渣滓 tʂa^{42}tsɿ^{0}	渣滓 tʂa^{31}tsɿ^{0}	渣滓 tʂa^{45}tsɿ^{0}	渣滓 tʂa^{34}tsɿ^{0}
筐	筐子 kʰuaŋ^{31}tsɿ^{0} 笼子 luŋ^{53}tsɿ^{0}	筐子 kʰuaŋ^{42}tsɿ^{0}	筐子 kʰuaŋ^{31}tsɿ^{0}	筐子 kʰuaŋ^{45}tsɿ^{0}	筐子 kʰuaŋ^{34}tsɿ^{0}
箩筐	箩筐 luo^{35}kʰuaŋ^{31} 荆筐子 tɕin^{31}kʰuaŋ^{31}tsɿ^{0}	箩筐 luo^{32}kʰuaŋ^{42}	箩筐 lo^{42}kʰuaŋ^{31}	箩筐 lo^{42}kʰuaŋ^{45}	箩筐 nuo^{21}kʰuaŋ^{34}

续表

方言点 / 词目	中原官话区	混合 1 区	江淮官话区	混合 3 区	西南官话区
	汉滨	县河	茅坪	石泉	紫阳
篓	皮篓 pʰi^{35}ləu^{53}	皮篓 pʰi^{32}ləu^{55}	皮篓 pʰi^{42}lou^{55}	皮篓 pʰi^{42}ləu^{53}	皮篓 pʰi^{21}ləu^{53}
背笼	背笼 pei^{44}luŋ^{0}	背笼 pei^{23}luŋ^{0}	背笼 pei^{23}ləŋ^{0}	背笼 pei^{23}luŋ^{0}	背笼 pei^{23}nuŋ^{0}
挎篮	挎篮 kʰua^{44}lã^{35}	挎篮 kʰua^{23}lan^{312}	挎篮 kʰua^{23}lan^{42}	挎篮 kʰua^{23}lan^{42}	挎篮 kʰua^{23}nan^{21}
点籽篓	篓篓儿 ləu^{53}ləur^{0} 笼娃儿 luŋ^{53}uar^{35}	点籽篓儿 tian^{55}tsɿ^{0}ləur^{55}	点籽篓儿 tian^{55}tsɿ^{0}lour^{55}	点籽篓 tian^{53}tsɿ^{0}ləu^{53}	点籽篓篓 tian^{53} tsɿ^{0}nəu^{53}nəu^{0}
扦担担麦捆、稻捆所用的扁担	扦担 tɕʰiã^{31}tã^{44}	扦担 tɕʰian^{42}tan^{223}	扦担 tɕʰian^{31}tan^{0}	扦担 tɕʰian^{45}tan^{213}	扦担 tɕʰian^{34}tan^{213}
扁担	扁担 piã^{53}tã^{0}	扁担 pian^{55}tan^{0}	扁担 pian^{55}tan^{0}	扁担 pian^{53}tan^{0}	扁担 pian^{53}tan^{0}
用于杵手和支撑扁担的用具	打杵 ta^{53}pfʰu^{53}	打杵 ta^{55}pfʰu^{55}	打杵 ta^{55}tʂʰʮ^{55}	打杵 ta^{53}tʂʰʮ^{53}	打杵 ta^{53}tʂʰu^{53}
挑担子	担挑子 tã^{35} tʰiau^{31}tsɿ^{0} 挑担 子 tʰiau^{31}tã^{44}tsɿ^{0}	担挑子 tan^{42}tʰiau^{42}tsɿ^{0}	挑挑子 tʰiau^{31}tʰiau^{31}tsɿ^{0}	挑挑子 tʰiau^{45}tʰiau^{45}tsɿ^{0}	挑担子 tʰiau^{34} tan^{23}tsɿ^{0} 担挑子 tan^{34}tʰiau^{34}tsɿ^{0}
扫帚	扫帚 sau^{44}tʂəu^{0}	大扫把 ta^{23}sau^{23}pa^{0}	大扫把 ta^{22}sau^{23}pa^{0}	大扫把 ta^{213}sau^{23}pa^{0}	大扫把 ta^{23}sau^{23}pa^{0}
笤帚	笤帚 tʰiau^{35}pfu^{0}	小扫把 ɕiau^{55}sau^{23}pa^{0}	小扫把 ɕiau^{55}sau^{23}pa^{0}	小扫把 ɕiau^{53}sau^{23}pa^{0}	小扫把 ɕiau^{53}sau^{23}pa^{0}
绳子	绳子 ʂəŋ^{35}tsɿ^{0}	绳子 ʂən^{32}tsɿ^{0}	绳子 ʂən^{42}tsɿ^{0}	绳子 ʂən^{42}tsɿ^{0}	绳子 ʂən^{21}tsɿ^{0}
短绳	要子 iau^{44}tsɿ^{0}	要子 iau^{23}tsɿ^{0}	要子 iau^{23}tsɿ^{0}	要子 iau^{23}tsɿ^{0}	要子 iau^{23}tsɿ^{0}

五　植物

方言点 / 词目	中原官话区	混合1区	江淮官话区	混合3区	西南官话区
	汉滨	县河	茅坪	石泉	紫阳
庄稼	庄稼 pfaŋ^{31}tɕia^{0}	庄稼 pfaŋ^{42}tɕia^{0}	庄稼 tʂɥaŋ^{31}tɕia^{0}	庄稼 tʂɥaŋ^{45}tɕia^{0}	庄稼 tʂuaŋ^{34}tɕia^{0}
粮食	粮食 liaŋ^{35}ʂʅ^{0}	粮食 liaŋ^{32}ʂʅ^{0}	粮食 liaŋ^{42}ʂʅ^{0}	粮食 liaŋ^{42}ʂʅ^{0}	粮食 ȵiaŋ^{21}ʂʅ^{0}
五谷	五谷 u^{53}ku^{31}	五谷 u^{55}ku^{42}	五谷 u^{55}ku^{31}	五谷 u^{53}ku^{42}	五谷 u^{53}ku^{21}
套种在高秆庄稼下的农作物	脚粮 tɕyo^{31}laŋ^{35}	脚粮 tɕyo^{42}laŋ^{32}	脚粮 tɕio^{31}laŋ^{42}	脚粮 tɕio^{42}laŋ^{42}	脚粮 tɕyo^{21}laŋ^{21}
麦	麦子 mei^{31}tsʅ^{0} 小麦 ɕiau^{53}mei^{31}	麦子 me^{42}tsʅ^{0}	麦子 mɛ^{31}tsʅ^{0}	麦子 me^{42}tsʅ^{0}	麦子 me^{21}tsʅ^{0}
大麦	大麦 ta^{44}mei^{31}	大麦 ta^{23}me^{42}	大麦 ta^{22}mɛ^{31}	大麦 ta^{23}me^{42}	大麦 ta^{23}me^{21}
荞麦	荞麦 tɕʰiau^{35}mei^{31}	荞麦 tɕʰiau^{32}me^{42}	荞麦 tɕʰiau^{42}mɛ^{0}	荞子 tɕʰiau^{42}tsʅ^{0}	荞子 tɕʰiau^{21}tsʅ^{0}
燕麦	燕麦 iã^{44}mei^{31}	燕麦 ian^{23}me^{42}	燕麦 ian^{23}mɛ^{31}	燕麦 ian^{23}me^{42}	燕麦 ian^{23}me^{21}
麦茬儿	麦茬子 mei^{31}tʂʰa^{44}ʦʅ^{0}	麦蔸子 me^{42}təu^{42}ʦʅ^{0}	麦蔸子 mɛ^{31}tou^{31}ʦʅ^{0}	麦蔸子 me^{42}təu^{45}ʦʅ^{0}	麦茬子 me^{21}tʂa^{21}ʦʅ^{0}
玉米	苞谷 pau^{31}ku^{0}	苞谷 pau^{42}ku^{0}	苞谷 pau^{31}ku^{0}	苞谷 pau^{45}ku^{0}	苞谷 pau^{34}ku^{0}
高粱	稻黍 tʰau^{31}fu^{0}	稻黍 tʰau^{42}fu^{0}	稻黍 tʰau^{31}ʂʮ^{0}	稻黍 tʰau^{45}ʂʮ^{0}	高粱 kau^{34}ȵiaŋ^{21} 黍谷 ʂu^{53}ku^{21}
稻谷	谷子 ku^{31}tsʅ^{0}	谷子 ku^{42}tsʅ^{0}	谷子 ku^{31}tsʅ^{0}	谷子 ku^{42}tsʅ^{0}	谷子 ku^{21}tsʅ^{0}
糯谷	酒谷 tɕiou^{53}ku^{31}	酒谷 tɕiəu^{55}ku^{42}	酒谷 tɕiou^{55}ku^{31}	酒谷 tɕiəu^{53}ku^{42}	酒谷 tɕiəu^{53}ku^{21}

续表

方言点 词目	中原官话区	混合 1 区	江淮官话区	混合 3 区	西南官话区
	汉滨	县河	茅坪	石泉	紫阳
早稻	早谷子 tsau^{53}ku^{31}tsɿ^{0}	早谷子 tsau^{55}ku^{42}tsɿ^{0}	早谷子 tsau^{44}ku^{31}tsɿ^{0}	早谷子 tsau^{53}ku^{42}tsɿ^{0}	早谷子 tsau^{53}ku^{21}tsɿ^{0}
晚稻	迟谷子 tʂʰʅ^{35}ku^{31}tsɿ^{0}	迟谷子 tʂʰʅ^{32}ku^{42}tsɿ^{0}	迟谷子 tʂʰʅ^{42}ku^{31}tsɿ^{0}	迟谷子 tʂʰʅ^{42}ku^{42}tsɿ^{0}	迟谷子 tʂʰʅ^{21}ku^{21}tsɿ^{0}
稗子	稗子 pæ^{44}tsɿ^{0}	稗子 pai^{23}tsɿ^{0}	稗子 pai^{22}tsɿ^{0}	稗子 pai^{23}tsɿ^{0}	稗子 pai^{23}tsɿ^{0}
秕子	秕谷子 pie^{53}ku^{31}tsɿ^{0}	秕谷 pie^{55}ku^{42}	秕谷 piɛ^{55}ku^{31}	秕壳 pie^{53}kʰo^{42}	秕谷 pie^{53}ku^{21}
白米	白米 pe^{35}mi^{53}	白米 pe^{32}mi^{55} 熟米 ʂəu^{32}mi^{55}	白米 pɛ^{42}mi^{55} 熟米 ʂou^{42}mi^{55}	白米 pe^{42}mi^{53} 熟米 ʂəu^{42}mi^{53}	白米 pe^{21}mi^{53} 熟米 ʂəu^{21}mi^{53}
大米	米 mi^{53} 饭米 fã^{44}mi^{53}	米 mi^{55} 饭米 fan^{23}mi^{55}	米 mi^{44} 饭米 fan^{22}mi^{55}	米 mi^{53} 饭米 fan^{23}mi^{53}	米 mi^{53} 饭米 fan^{23}mi^{53}
糯米	酒米 tɕiəu^{53}mi^{53}	酒米 tɕiəu^{55}mi^{55}	酒米 tɕiou^{55}mi^{55}	酒米 tɕiəu^{53}mi^{53}	酒米 tɕiəu^{53}mi^{53}
糙米	糙子米 tsʰau^{44}tsɿ^{0}mi^{53}	糙子米 tsʰau^{23}tsɿ^{0}mi^{55}	糙子米 tsʰau^{23}tsɿ^{0}mi^{55}	糙子米 tsʰau^{23}tsɿ^{0}mi^{53}	糙子米 tsʰau^{23}tsɿ^{0}mi^{53}
玉米糁	包谷糁儿 pau^{31}ku^{53}tʂər^{31}	包谷粉子 pau^{42} ku^{0}fən^{55}tsɿ^{0}	包谷粉子 pau^{31} ku^{0}fən^{55}tsɿ^{0}	包谷粉子 pau^{45} ku^{0}fən^{53}tsɿ^{0}	包谷粉子 pau^{34} ku^{0}fən^{53}tsɿ^{0}
面粉	麦面 mei^{31}miã^{44} 灰面 xuei^{31}miã^{44}	灰面 xuei^{42}mian^{223}	灰面 xuei^{31}mian^{22}	灰面 xuei^{45}mian^{213}	灰面 xuei^{34}mian^{213}
棉花	棉花 miã^{35}xua^{31}	棉花 mian^{32}xua^{42}	棉花 mian^{42}xua^{0}	棉花 mian^{42}xua^{45}	棉花 mian^{21}xua^{34}
棉花桃	棉花桃儿 miã^{35} xua^{31}tʰaur^{35}	棉花桃儿 mian^{32} xua^{42}tʰaur^{213}	棉花桃儿 mian^{42} xua^{31}tʰaur^{42}	棉花桃儿 mian^{42} xua^{45}tʰaur^{42}	棉花桃儿 mian^{21} xua^{34}tʰaur^{21}
麻秆	麻秆 ma^{35}kã^{53}	麻秆 ma^{32}kar^{55}	麻秆 ma^{42}kar^{55}	麻秆 ma^{42}kar^{53}	麻秆 ma^{21}kar^{53}
苎麻	麻 ma^{35}	麻 ma^{32}	麻 ma^{42}	麻 ma^{42}	麻 ma^{21}

续表

方言点 / 词目	中原官话区	混合 1 区	江淮官话区	混合 3 区	西南官话区
	汉滨	县河	茅坪	石泉	紫阳
蓖麻	蓖麻 pi^{31}ma^{35}	蓖麻 pi^{42}ma^{312}	蓖麻 pi^{31}ma^{42}	蓖麻 pi^{45}ma^{42}	蓖麻 pi^{34}ma^{21}
脂麻	芝麻 tʂʅ^{31}ma^{0}	芝麻 tʂʅ^{42}ma^{0}	芝麻 tʂʅ^{31}ma^{0}	芝麻 tʂʅ^{45}ma^{0}	芝麻 tʂʅ^{34}ma^{0}
向日葵	葵花 kʰuei^{35}xua^{0}	葵花 kʰuei^{32}xua^{0}	葵花 kʰuei^{42}xua^{0}	葵花 kʰuei^{42}xua^{0}	向日葵 ɕiaŋ^{23}ər^{0}kʰuei^{21}
葵花籽	葵花籽儿 kʰuei^{35}xua^{0}tsər^{53}	葵花籽儿 kʰuei^{32}xua^{0}tsər^{55}	葵花籽儿 kʰuei^{42}xua^{0}tsər^{33}	葵花籽儿 kʰuei^{42}xua^{0}tsər^{53}	葵花籽儿 kʰuei^{21}xua^{0}tsər^{53}
莲菜	莲菜 liã^{35}tsæ^{44} 藕 ŋəu^{53}	莲菜 lian^{32}tsai^{223} 藕 ŋəu^{55}	藕 ŋou^{55}	藕 ŋəu^{53}	藕 ŋəu^{53}
白薯	红苕 xuŋ^{35}ʂau^{35}	红苕 xuŋ^{32}ʂau^{312}	红苕 xəŋ^{42}ʂau^{42}	苕 ʂau^{42}	红苕 xuŋ^{21}ʂau^{21}
作种子的红薯	苕母子 ʂau^{35}mu^{53}tsʅ^{0}	红苕母子 xoŋ^{32} ʂau^{32}mu^{55}tsʅ^{0}	红苕母子 xəŋ^{42} ʂau^{42}mo^{55}tsʅ^{0}	红苕母子 xuŋ^{42} ʂau^{42}mo^{53}tsʅ^{0}	红苕母子 xuŋ^{21} ʂau^{12}mu^{53}tsʅ^{0}
马铃薯	洋芋 iaŋ^{35}y^{44}	洋芋 iaŋ^{32}y^{223}	洋芋 iaŋ^{42}ɥ^{213}	洋芋 iaŋ^{42}ɥ^{213}	洋芋 iaŋ^{21}y^{213}
芋头	芋头 y^{44}tʰəu^{0}	芋头 y^{23}tʰəu^{0}	芋头 ɥ^{22}tʰou^{0}	芋头 ɥ^{23}tʰəu^{0}	芋头 y^{23}tʰəu^{21}
山药	山药 ʂã^{31}yo^{0}	山药 ʂan^{42}yo^{0}	山药 ʂan^{31}io^{0}	山药 ʂan^{45}io^{0}	山药 ʂan^{34}yo^{0}
莲子	莲米儿 liã^{35}mir^{53}	莲米 lian^{32}mi^{55}	莲米 lian^{42}mi^{55}	莲米 lian^{42}mi^{53}	莲米 ȵian^{21}mi^{53}
黄豆	黄豆 xuaŋ^{35}təu^{44}	黄豆 xuaŋ^{32}təu^{223}	黄豆 xuaŋ^{42}tou^{22}	黄豆 xuaŋ^{42}təu^{213}	黄豆 xuaŋ^{21}təu^{213}
绿豆	绿豆 liəu^{31}təu^{44}	绿豆 liəu^{42}təu^{223}	绿豆 lou^{31}tou^{22}	绿豆 liəu^{42}təu^{213}	绿豆 nəu^{21}təu^{213}
黑豆	黑黄豆 xei^{31}xuaŋ^{35}təu^{44}	黑黄豆 xei^{42}xuaŋ^{32}təu^{223}	黑黄豆 xɛ^{31}xuaŋ^{42}tou^{22}	黑黄豆 xe^{42}xuaŋ^{42}təu^{213}	黑黄豆 xe^{21}xuaŋ^{21}təu^{213}

续表

方言点 词目	中原官话区	混合 1 区	江淮官话区	混合 3 区	西南官话区
	汉滨	县河	茅坪	石泉	紫阳
红小豆	小豆 ɕiau^{53}təu^{44}	小豆 ɕiau^{55}təu^{223}	小豆 ɕiau^{55}tou^{22}	小豆 ɕiau^{53}təu^{213}	小豆 ɕiau^{53}təu^{213}
豌豆	豌豆 uã^{31}təu^{44}	豌豆 uan^{42}təu^{223}	豌豆 uan^{31}tou^{22}	豌豆 uan^{45}təu^{213}	豌豆 uan^{34}təu^{213}
豇豆	豇豆 tɕiaŋ^{31}təu^{44}	豇豆 tɕiaŋ^{42}təu^{223}	豇豆 kaŋ^{31}tou^{22}	豇豆 kaŋ^{45}təu^{213}	豇豆 tɕiaŋ^{34}təu^{213}
扁豆	坡豇子 pʰə^{31}tɕiaŋ^{31}tsɿ^{53}	扁豆 pian^{55}təu^{223}	扁豆 pian^{55}tou^{22}	扁豆 pian^{53}təu^{213}	扁豆 pian^{53}təu^{213}
蚕豆	胡豆 xu^{35}təu^{44}	胡豆 xu^{32}təu^{223}	胡豆 xu^{42}tou^{22}	胡豆 fu^{42}təu^{213}	胡豆 xu^{21}təu^{213}
茄子	茄子 tɕʰie^{35}tsɿ^{0}	茄子 tɕʰie^{32}tsɿ^{0}	茄子 tɕʰiɛ^{42}tsɿ^{0}	茄子 tɕʰie^{42}tsɿ^{0}	茄子 tɕʰie^{21}tsɿ^{0}
黄瓜	黄瓜 xuaŋ^{35}kua^{31}	黄瓜 xuaŋ^{32}kua^{42}	黄瓜 xuaŋ^{42}kua^{31}	黄瓜 xuaŋ^{42}kua^{45}	黄瓜 xuaŋ^{21}kua^{34}
菜瓜	菜瓜子 tsʰæ^{44}kua^{31}tsɿ^{0}	菜瓜子 tsʰai^{23}kua^{42}tsɿ^{0}	菜瓜子 tsʰai^{23}kua^{31}tsɿ^{0}	菜瓜子 tsʰai^{23}kua^{45}tsɿ^{0}	菜瓜儿 tsʰai^{23}kuar^{34}
丝瓜	丝瓜 sɿ^{31}kua^{31}	丝瓜 sɿ^{42}kua^{42}	丝瓜 sɿ^{31}kua^{31}	丝瓜 sɿ^{45}kua^{45}	丝瓜 sɿ^{34}kua^{34}
苦瓜	苦瓜 kʰu^{53}kua^{31}	苦瓜 kʰu^{55}kua^{42}	苦瓜 kʰu^{42}kua^{31}	苦瓜 kʰu^{42}kua^{45}	苦瓜 kʰu^{21}kua^{34}
南瓜	南瓜 laŋ^{35}kua^{31}	南瓜 laŋ^{32}kua^{42}	南瓜 laŋ^{42}kua^{31}	南瓜 laŋ^{42}kua^{45}	南瓜 naŋ^{21}kua^{34}
冬瓜	冬瓜 tuŋ^{31}kua^{31}	冬瓜 tuŋ^{42}kua^{42}	冬瓜 təŋ^{31}kua^{31}	冬瓜 tuŋ^{45}kua^{45}	冬瓜 tuŋ^{34}kua^{34}
葫芦	葫芦 kʰu^{35}lu^{0}	葫芦 kʰu^{32}ləu^{0}	葫芦 kʰu^{42}lou^{0}	葫芦 kʰu^{42}ləu^{0}	葫芦 kʰu^{21}ləu^{0}
瓠子	瓠子 xu^{44}tsɿ^{0}	瓠子 xu^{23}tsɿ^{0}	瓠子 xu^{22}tsɿ^{0}	瓠子 xu^{23}tsɿ^{0}	瓠子 xu^{23}tsɿ^{0}

续表

词目＼方言点	中原官话区	混合 1 区	江淮官话区	混合 3 区	西南官话区
	汉滨	县河	茅坪	石泉	紫阳
葱	葱 tsʰuŋ^{31}	葱 tsʰuŋ^{42}	葱 tsʰəŋ^{31}	葱 tsʰuŋ^{45}	葱 tsʰuŋ^{34}
洋葱	洋葱 iaŋ^{35}tsʰuŋ^{31}	洋葱 iaŋ^{32}tsʰuŋ^{42}	洋葱 iaŋ^{42}tsʰəŋ^{31}	洋葱 iaŋ^{42}tsʰuŋ^{45}	洋葱 iaŋ^{21}tsʰuŋ^{34}
葱叶	葱叶子 tsʰuŋ^{35}ie^{31}tsɿ^{0}	葱叶 tsʰuŋ^{42}ie^{42}	葱叶 tsʰəŋ^{31}iɛ^{31}	葱叶 tsʰuŋ^{45}ie^{42}	葱叶 tsʰuŋ^{34}ie^{21}
葱白	葱根儿 tsʰuŋ^{35}kər^{31}	葱白 tsʰuŋ^{42}pe^{312}	葱白 tsʰəŋ^{31}pɛ^{42}	葱白 tsʰuŋ^{45}pe^{42}	葱白 tsʰuŋ^{34}pe^{21}
蒜	蒜 sã^{44} 大蒜 ta^{44}suã^{44}	大蒜 ta^{23}suan^{223}	大蒜 ta^{22}san^{213}	大蒜 ta^{23}san^{213}	大蒜 ta^{23}san^{213}
蒜头	蒜瓣儿 sã^{44}par^{44}	大蒜瓣儿 ta^{23}san^{23}par^{223}	大蒜瓣儿 ta^{22}san^{23}par^{213}	大蒜瓣儿 ta^{23}san^{23}par^{213}	大蒜瓣瓣 ta^{23}san^{23}par^{23}par^{0}
青蒜	蒜苗儿 sã^{44}miaur^{35}	蒜苗儿 san^{23}miaur^{312}	蒜苗儿 san^{23}miaur^{42}	蒜苗儿 san^{23}miaur^{42}	蒜苗子 san^{23}miau^{21}tsɿ^{0}
蒜薹	蒜薹儿 sã^{44}tʰær^{35}	蒜薹儿 san^{23}tʰair^{312}	蒜薹儿 san^{23}tʰair^{42}	蒜薹儿 san^{23}tʰair^{42}	蒜薹儿 san^{23}tʰair^{21}
蒜泥	蒜泥 sã^{44}ȵi^{35}	蒜泥 san^{23}ȵi^{312}	蒜泥 san^{23}ȵi^{42}	蒜泥 san^{23}ȵi^{42}	蒜泥 san^{23}ȵi^{21}
韭菜	韭菜 tɕiəu^{53}tsʰæ^{44}	韭菜 tɕiəu^{55}tsʰai^{223}	韭菜 tɕiou^{55}tsʰai^{213}	韭菜 tɕiəu^{53}tsʰai^{213}	韭菜 tɕiəu^{53}tsʰai^{213}
韭黄	韭黄 tɕiəu^{53}xuaŋ^{35}	韭黄 tɕiəu^{55}xuaŋ^{312}	韭黄 tɕiou^{55}xuaŋ^{42}	韭黄 tɕiəu^{53}xuaŋ^{42}	韭黄 tɕiəu^{53}xuaŋ^{213}
苋菜	红苋菜 xuŋ^{35} xã^{44}tsʰai^{44}	苋菜 xan^{23}tsʰai^{312}	苋菜 xan^{22}tsʰai^{213}	苋菜 xan^{23}tsʰai^{213}	苋菜 xan^{23}tsʰai^{213}
西红柿	洋柿子 iaŋ^{35}ʂʅ^{44} tsɿ^{0} 西红柿 ɕi^{31}xuŋ^{35}ʂʅ^{44}	洋茄子 iaŋ^{32} tɕʰie^{32}tsɿ^{0} 西红 柿 ɕi^{42}xuŋ^{32}ʂʅ^{223}	洋茄子 iaŋ^{42} tɕʰiɛ^{42}tsɿ^{0} 西红 柿 ɕi^{31}xəŋ^{42}ʂʅ^{22}	洋茄子 iaŋ^{42} tɕʰie^{42}tsɿ^{0} 西红 柿 ɕi^{45}xuŋ^{42}ʂʅ^{213}	洋茄子 iaŋ^{213} tɕʰie^{21}tsɿ^{0} 西红 柿 ɕi^{34}xuŋ^{21}ʂʅ^{213}
姜	生姜 ʂəŋ^{31}tɕiaŋ^{31}	生姜 ʂən^{42}tɕiaŋ^{42}	生姜 sən^{31}tɕiaŋ^{31}	生姜 sən^{45}tɕiaŋ^{45}	生姜 sən^{34}tɕiaŋ^{34}

续表

词目＼方言点	中原官话区	混合 1 区	江淮官话区	混合 3 区	西南官话区
	汉滨	县河	茅坪	石泉	紫阳
辣椒	辣子 la^{31}tsɿ^{0}	辣子 la^{42}tsɿ^{0}	辣子 la^{31}tsɿ^{0}	辣子 la^{42}tsɿ^{0}	辣子 na^{21}tsɿ^{0}
青辣椒	青辣子 tɕʰin^{31}la^{31}tsɿ^{0}	青辣子 tɕʰin^{42}la^{42}tsɿ^{0}	青辣子 tɕʰin^{31}la^{31}tsɿ^{0}	青辣子 tɕʰin^{45}la^{42}tsɿ^{0}	青辣子 tɕʰin^{34}na^{21}tsɿ^{0}
红辣椒	红辣子 xuŋ^{35}la^{31}tsɿ^{0}	红辣子 xuŋ^{32}la^{42}tsɿ^{0}	红辣子 xəŋ^{42}la^{31}tsɿ^{0}	红辣子 xuŋ^{42}la^{42}tsɿ^{0}	红辣子 xuŋ^{21}la^{21}tsɿ^{0}
干辣椒	干辣子 kã^{31}la^{31}tsɿ^{0}	干辣子 kan^{42}la^{42}tsɿ^{0}	干辣子 kan^{31}la^{31}tsɿ^{0}	干辣子 kan^{45}la^{42}tsɿ^{0}	干辣子 kan^{34}na^{21}tsɿ^{0}
辣椒面	辣面子 la^{31} miã^{44}tsɿ^{0}	辣面子 la^{42}mian^{23}tsɿ^{0}	辣子面 la^{31}tsɿ^{0}mian^{22}	辣子面 la^{42}tsɿ^{0}mian^{213}	辣子面 na^{21}tsɿ^{0}mian^{213}
芥菜	芥菜 kæ^{44}tsʰæ^{44}	芥菜 kai^{23}tsʰai^{223}	芥菜 kai^{23}tsʰai^{213}	芥菜 kai^{23}tsʰai^{213}	芥菜 kai^{23}tsʰai^{213}
芥末	芥末 tɕiæ^{44}mə^{31}	芥末 tɕiɛ^{23}mə^{42}	芥末 tɕiai^{23}mo^{31}	芥末 tɕiai^{23}mo^{42}	芥末 tɕiai^{23}muo^{21}
胡椒	胡椒 xu^{35}tɕiau^{31}	胡椒 xu^{32}tɕiau^{42}	胡椒 xu^{42}tɕiau^{31}	胡椒 xu^{42}tɕiau^{45}	胡椒 xu^{21}tɕiau^{34}
菠菜	菠菜 pə^{31}tsʰæ^{44}	菠菜 pə^{42}tsʰai^{223}	菠菜 po^{31}tsʰai^{213}	菠菜 po^{45}tsʰai^{213}	菠菜 puo^{34}tsʰai^{213} 扯根菜 tʂʰe^{53}kən^{34}tsʰai^{213}
白菜	白菜 pe^{35}tsʰæ^{44}	白菜 pe^{32}tsʰai^{23}	白菜 pɛ^{42}tsʰai^{213}	白菜 pe^{42}tsʰai^{213}	白菜 pe^{21}tsʰai^{213}
洋白菜	莲花白 liã^{35}xua^{31}pe^{35}	莲花白 lian^{32}xua^{42}pe^{312} 包包儿菜 pau^{42}paur^{42}tsʰai^{223}	莲花白 lian^{42}xua^{31}pɛ^{42} 包包儿菜 pau^{31} paur^{31}tsʰai^{213}	莲花白 lian^{42}xua^{45}pe^{42} 包包儿菜 pau^{45} paur^{45}tsʰai^{312}	莲花白 ȵian^{21}xua^{34}pe^{21} 包包儿菜 pau^{34} paur^{34}tsʰai^{312}
卷白菜	卷心白 tɕyã^{53}ɕin^{31}pe^{35}	卷心白 tɕyan^{55}ɕin^{42}pe^{312}	卷心白 tʂɥan^{55}ɕin^{31}pɛ^{42}	卷心白 tʂɥan^{53}ɕin^{45}pe^{42}	卷心白 tɕyan^{53}ɕin^{34}pe^{21}
小白菜	小白菜 ɕiau^{53}pe^{35}tsʰæ^{44}	小白菜 ɕiau^{55}pe^{32}tsʰai^{223}	小白菜 ɕiau^{55} pɛ^{42}tsʰai^{213}	小白菜 ɕiau^{53} pe^{42}tsʰai^{213}	小白菜 ɕiau^{53} pe^{21}tsʰai^{213}

续表

词目＼方言点	中原官话区	混合 1 区	江淮官话区	混合 3 区	西南官话区
	汉滨	县河	茅坪	石泉	紫阳
莴笋	莴笋 uo^{31}suə̃^{53}	莴笋 uo^{42}sən^{55}	莴笋 uo^{31}sən^{55}	莴笋 uo^{45}sən^{53}	莴笋 uo^{34}sən^{53}
莴笋叶	莴笋叶 uo^{31}suə̃^{53}ie^{31}	莴笋叶 uo^{42}sən^{55}ie^{42}	莴笋叶 uo^{31}sən^{55}iɛ^{31}	莴笋叶 uo^{45}sən^{53}ie^{42}	莴笋叶 uo^{34}sən^{53}ie^{21}
生菜	生菜 ʂəŋ^{43}tsʰæ^{23}	生菜 ʂən^{42}tsʰai^{223}	生菜 sən^{31}tsʰai^{213}	生菜 sən^{45}tsʰai^{213}	生菜 sən^{34}tsʰai^{213}
芹菜	芹菜 tɕʰin^{35}tsʰæ^{44}	芹菜 tɕʰin^{32}tsʰai^{223}	芹菜 tɕʰin^{42}tsʰai^{213}	芹菜 tɕʰin^{42}tsʰai^{213}	芹菜 tɕʰin^{21}tsʰai^{213}
萝卜	萝卜 luo^{35}pu^{44}	萝卜 luo^{32}pu^{0}	萝卜 lo^{42}pu^{0}	萝卜 lo^{42}pu^{0}	萝卜 nuo^{21}pu^{0}
糠了	萝卜空心咧 luo^{35}pu^{0}kʰuŋ^{35}ɕin^{31}lie^{0}	萝卜空心了 luo^{32}pu^{0}kʰuŋ^{42}ɕin^{42}liau^{0}	萝卜空心了 lo^{42}pu^{0}kʰoŋ^{31}ɕin^{31}liau^{0}	萝卜空心了 lo^{42}pu^{0}kʰuŋ^{45}ɕin^{45}	萝卜空心了 nuo^{21}pu^{0}kʰuŋ^{34}ɕin^{34}lau^{0} 糠心萝卜 kʰaŋ^{34}ɕin^{34}nuo^{21}pu^{0}
萝卜缨	萝卜缨儿 luo^{35}pu^{44}iər^{31}	萝卜缨子 luo^{32}pu^{0}in^{42}tsɿ^{0}	萝卜缨子 lo^{42}pu^{0}in^{31}tsɿ^{0}	萝卜缨子 lo^{42}pu^{0}in^{45}tsɿ^{0}	萝卜缨子 nuo^{21}pu^{0}in^{34}tsɿ^{0}
萝卜干	萝卜干儿 luo^{35}pu^{44}kar^{31}	萝卜茧子 luo^{32}pu^{0}tɕian^{55}tsɿ^{0}	萝卜茧子 lo^{42}pu^{0}tɕian^{55}tsɿ^{0}	萝卜干儿 lo^{42}pu^{0}kar^{45}	萝卜干儿 nuo^{21}pu^{0}kar^{34}
胡萝卜	胡萝卜 xu^{35}luo^{35}pu^{44}	红萝卜 xuŋ^{32}luo^{32}pu^{0}	红萝卜 xəŋ^{42}lo^{42}pu^{0}	红萝卜 xuŋ^{42}lo^{42}pu^{213}	红萝卜 xuŋ^{21}nuo^{21}pu^{0}
萝卜	白萝卜 pe^{35}luo^{35}pu^{44}	白萝卜 pɛ^{32}luo^{32}pu^{0}	白萝卜 pɛ^{42}lo^{42}pu^{0}	白萝卜 pe^{42}lo^{42}pu^{213}	白萝卜 pe^{21}nuo^{21}pu^{0}
茭白	茭白 tɕiau^{31}pe^{35} 茭笋子 tɕiau^{31}suə̃^{53}tsɿ^{0}	茭白 tɕiau^{42}pe^{32}	茭白 tɕiau^{31}pɛ^{42}	茭白 tɕiau^{45}pe^{42}	茭白 tɕiau^{34}pe^{21}
油菜	油菜 iəu^{35}tsʰæ^{44}	油菜 iəu^{32}tsʰai^{223}	油菜 iou^{42}tsʰai^{213}	油菜 iəu^{42}tsʰai^{213}	油菜 iəu^{21}tsʰai^{213}
油菜苔	油菜苔儿 iəu^{35}tsʰæ^{44}tʰar^{35}	油菜苔儿 iəu^{32}tsʰai^{23}tʰar^{312}	油菜苔儿 iou^{42}tsʰai^{23}tʰar^{42}	油菜苔儿 iəu^{42}tsʰai^{23}tʰar^{42}	油菜苔儿 iəu^{21}tsʰai^{23}tʰar^{21}

续表

方言点 词目	中原官话区	混合 1 区	江淮官话区	混合 3 区	西南官话区
	汉滨	县河	茅坪	石泉	紫阳
油菜籽	油菜籽儿 iəu^{35}tsʰæ^{44}tsər^{53}	油菜籽儿 iəu^{32}tsʰai^{23}tsər^{55}	油菜籽儿 iou^{42}tsʰai^{23}tsər^{55}	油菜籽儿 iəu^{42}tsʰai^{23}tsər^{53}	油菜籽儿 iəu^{21}tsʰai^{23}tsər^{53}
荠菜	荠荠儿菜 tɕi^{44}tɕiər^{0}tsʰæ^{44}	荠荠儿菜 tɕi^{23}tɕiər^{0}tsʰai^{23}	地名菜 ti^{22}miər^{42}tsʰai^{213}	地名菜 ti^{23}miər^{42}tsʰai^{213}	荠荠菜 tɕi^{23}tɕi^{0}tsʰai^{213}
蘑菇	香菇 ɕiaŋ^{35}ku^{31} 菌子 tɕyə̃^{44}tsɿ^{0}	菌子 tɕyən^{23}tsɿ^{0}	菌子 tʂʮən^{23}tsɿ^{0}	菌子 tʂʮən^{23}tsɿ^{0}	菌子 tɕyən^{23}tsɿ^{0}
地上雨后生长的菌类	地斑 ti^{44}pã^{31}	地斑 ti^{23}pan^{42}	地耳子 ti^{22}ər^{55}tsɿ^{0}	地耳子 ti^{23}ər^{53}tsɿ^{0}	地耳子 ti^{23}ər^{53}tsɿ^{0}
树	树 fu^{44}	树木 fu^{23}mə^{42} 树 fu^{223}	树木 ʂʮ^{22}mo^{31} 树 ʂʮ^{22}	树木 ʂʮ^{23}mo^{42} 树 ʂʮ^{213}	树木 ʂu^{23}mu^{21} 树 ʂu^{213}
树林	树林子 fu ^{44}lin^{35}tsɿ^{0}	树林子 fu ^{23}lin^{32}tsɿ^{0}	树林子 ʂʮ^{22}lin^{42}tsɿ^{0}	树林子 ʂʮ^{23}lin^{42}tsɿ^{0}	树林子 ʂu^{23}ȵin^{21}tsɿ^{0}
连片的树林	树朳 fu^{44}pʰa^{35}	树朳 fu ^{23}pʰa^{312}	树朳 ʂʮ^{22}pʰa^{42}	树朳 ʂʮ^{23}pʰa^{42}	树朳 ʂu^{23}pʰa^{21}
树苗	树苗儿 fu^{44}miaur^{35} 碎树娃儿 ʂei^{44} fu^{44}uar^{35}	树苗儿 fu^{23}miaur^{312} 碎树娃儿 ʂei^{23} fu^{23}uar^{312}	树秧子 ʂʮ^{22}iaŋ^{31}tsɿ^{0} 树苗儿 ʂʮ^{22}miaur^{42}	树秧子 ʂʮ^{23}iaŋ^{45}tsɿ^{0} 树苗儿 ʂʮ^{23}miaur^{42}	树秧子 ʂu^{23}iaŋ^{34}tsɿ^{0} 树苗子 ʂu^{23}miau^{21}tsɿ^{0}
树干	树干 fu^{44}kã^{31}	树桶子 fu^{23}tʰuŋ^{32}tsɿ^{0} 树干子 fu^{23}kan^{42}sɿ^{0} 棒棒 paŋ^{23}paŋ^{0}	树桶子 ʂʮ^{22}tʰəŋ^{42}tsɿ^{0} 树干子 ʂʮ^{22}kan^{31}tsɿ^{0} 棒棒 paŋ^{23}paŋ^{0}	树桶子 ʂʮ^{23}tʰuŋ^{42}tsɿ^{0} 树干子 ʂʮ^{23}kan^{45}tsɿ^{0} 棒棒 paŋ^{23}paŋ^{0}	树桶子 ʂu^{23}tʰuŋ^{21}tsɿ^{0} 树干子 ʂu^{23}kan^{34}tsɿ^{0} 棒棒 paŋ^{23}paŋ^{0}
树梢	树杪杪儿 fu^{44} miau^{53}miaur^{0} 树尖尖儿 fu^{44} tɕiã^{31}tɕiar^{0}	树杪杪儿 fu^{23} miau^{55}miaur^{0}	树杪杪儿 ʂʮ^{22} miau^{55}miaur^{0}	树杪杪儿 ʂʮ^{23} miau^{53}miaur^{0}	树尖尖 ʂu^{23} tɕian^{34}tɕian^{0} 树杪杪 ʂu^{23} miau^{53}miau^{0}
树根	树根 fu^{44}kə̃^{31} 疙瘩蔸 kɤ^{31}ta^{0}təu^{31}	树根 fu^{23}kən^{42} 疙瘩蔸 kɤ^{42}ta^{0}təu^{42}	树根 ʂʮ^{22}kən^{31} 疙瘩蔸 kɛ^{31}ta^{0}tou^{31}	树根 ʂʮ^{23}kən^{45} 疙瘩蔸 kɛ^{42}ta^{0}təu^{45}	树根 ʂu^{23}kən^{34} 疙瘩蔸 kɛ^{21}ta^{0}təu^{34}

续表

方言点 / 词目	中原官话区	混合 1 区	江淮官话区	混合 3 区	西南官话区
	汉滨	县河	茅坪	石泉	紫阳
树叶	树叶子 fu^{44}ie^{31}tsɿ^{0}	树叶子 fu^{23}ie^{42}tsɿ^{0}	树叶子 ʂʮ^{22}iɛ^{31}tsɿ^{0}	树叶子 ʂʮ^{23}ie^{45}tsɿ^{0}	树叶子 ʂu^{23}ie^{34}tsɿ^{0}
树枝	枝丫子 tʂʅ^{31}ia^{31} tsɿ^{0} 枝条子 tʂʅ^{31}tʰiau^{35}tsɿ^{0}	枝丫子 tʂʅ^{42}ia^{42}tsɿ^{0}	枝丫子 tʂʅ^{31}ia^{31}tsɿ^{0}	枝丫子 tʂʅ^{45}ia^{42}tsɿ^{0}	树丫枝 ʂu^{23}ia^{21}tʂʅ^{34}
种树	栽树 tsæ^{31}fu^{44}	栽树 tsai^{42}fu^{223}	栽树 tsai^{31}ʂʮ^{22}	栽树 tsai^{45}ʂʮ^{213}	栽树 tsai^{34}ʂu^{213}
砍树	砍树 kʰã^{53}fu^{44} 放树砍大树 faŋ^{44}fu^{44}	砍树 kʰan^{55}fu^{223} 放树 faŋ^{23}fu^{223}	砍树 kʰan^{55}ʂʮ^{22} 放树 faŋ^{23}ʂʮ^{22}	砍树 kʰan^{53}ʂʮ^{213} 放树 faŋ^{23}ʂʮ^{213}	砍树 kʰan^{53}ʂu^{213} 放树 faŋ^{23}ʂu^{213}
松树	松树 suŋ^{31}fu^{44} 枞树 tsʰuŋ^{35}fu^{44}	枞树 tsʰuŋ^{32}fu^{223}	枞树 tsʰəŋ^{42}ʂʮ^{22}	枞树 tsʰuŋ^{42}ʂʮ^{213}	枞树 tsʰuŋ^{21}ʂu^{213}
松针	松针 suŋ^{35}tʂə̃^{31}	枞树毛儿 tsʰuŋ^{32}fu^{23} maur^{312}	枞树毛儿 tsʰəŋ^{42}ʂʮ^{22} maur^{42}	枞树毛儿 tsʰuŋ^{42}ʂʮ^{23} maur^{42}	枞树毛子 tsʰuŋ^{21}ʂu^{23} mau^{21}tsɿ^{0}
松球	松果儿 suŋ^{31}kuor^{53}	枞树果儿 tsʰuŋ^{32}fu^{23}kuor^{55}	枞树果儿 tsʰəŋ^{42}ʂʮ^{22}kor^{55}	枞树果果 tsʰuŋ^{42} ʂʮ^{23}ko^{53}ko^{0}	枞树果果 tsʰuŋ^{21} ʂu^{23}ko^{53}ko^{0}
松香	松香 suŋ^{31}ɕiaŋ^{31}	松香 suŋ^{42}ɕiaŋ^{42}	松香 səŋ^{31}ɕiaŋ^{31}	松香 suŋ^{45}ɕiaŋ^{45}	松香 suŋ^{34}iaŋ^{34}
杉树	杉树 ʂa^{31}fu^{44}	杉树 ʂa^{42}u^{223}	杉树 ʂa^{31}ʂʮ^{22}	杉树 ʂa^{45}ʂʮ^{213}	杉树 ʂa^{34}ʂu^{213}
杉针	杉树刺 ʂa^{31}fu^{44}tsʰɿ^{44}	杉树刺 ʂa^{42}fu^{23}tsʰɿ^{223}	杉树刺 ʂa^{31}ʂʮ^{22}tsʰɿ^{213}	杉树刺 ʂa^{45}ʂʮ^{23}tsʰɿ^{213}	杉树刺 ʂa^{34}ʂu^{23}tsʰɿ^{213}
春树	香椿树 ɕiaŋ^{31}pfʰə̃^{31}fu^{44}	椿树 pfʰən^{42}fu^{23}	椿树 tʂʰʮən^{31}ʂʮ^{22}	椿树 tʂʰuən^{45}ʂu^{213}	椿树 tʂʰuən^{34}ʂu^{213}
臭椿树	臭椿树 tʂʰəu^{44}pfʰə̃^{31}fu^{44}	臭椿树 tʂʰəu^{23} pfʰən^{42}fu^{223}	臭椿树 tʂʰou^{23} tʂʰʮən^{31}ʂʮ^{22}	臭椿树 tʂʰəu^{23} tʂʰʮən^{45}ʂʮ^{213}	臭椿树 tʂʰəu^{23} tʂʰuən^{34}ʂu^{213}
柏树	柏树 pei^{31}fu^{44}	柏树 pe^{42}fu^{23}	柏树 pɛ^{31}ʂʮ^{22}	柏树 pe^{42}ʂʮ^{213}	柏树 pe^{21}ʂu^{213}

续表

方言点 词目	中原官话区	混合 1 区	江淮官话区	混合 3 区	西南官话区
	汉滨	县河	茅坪	石泉	紫阳
楸树	楸树 tɕʰiəu^{31}fu^{44}	楸树 tɕʰiəu^{42}fu^{223}	楸树 tɕʰiou^{31}ʂʮ^{22}	楸树 tɕʰiəu^{45}ʂʮ^{213}	楸树 tɕʰiəu^{34}ʂu^{213}
榆树	榆树 y^{35}fu^{44}	榆树 y^{32}fu^{223}	榆树 ʮ^{42}ʂʮ^{22}	榆树 ʮ^{42}ʂʮ^{213}	榆树 y^{21}ʂu^{213}
槐树	槐树 xuæ^{35}fu^{44}	槐树 xuai^{32}fu^{223}	槐树 xuai^{42}ʂʮ^{22}	槐树 xuai^{42}ʂʮ^{213}	槐树 xuai^{21}ʂu^{213}
构树	构叶树 kəu^{44}ie^{31}fu^{44}	构叶树 kəu^{23}ie^{42}fu^{223}	构叶树 kou^{23}iɛ^{31}ʂʮ^{22}	构叶树 kəu^{23}ie^{45}ʂʮ^{213}	构树 kəu^{23}ʂu^{213}
皂角树	皂角树 tsau^{44}tɕyo^{31}fu^{44}	皂角树 tsau^{23}tɕio^{42}fu^{223}	皂角树 tsau^{22}tɕio^{31}ʂʮ^{22}	皂角树 tsau^{23}tɕio^{45}ʂʮ^{213}	皂角树 tsau^{23}tɕyo^{34}ʂu^{213}
橡树	花栗树 xua^{31}li^{0}fu^{44}	花栗树 xua^{42}li^{0}fu^{223}	花栗树 xua^{31}li^{0}ʂʮ^{22}	花栗树 xua^{45}li^{0}ʂʮ^{213}	花栗树 xua^{34}ȵi^{0}ʂu^{213}
毛栗树	毛栗树 mau^{35}li^{0}fu^{44}	毛栗树 mau^{32}li^{0}fu ^{223}	毛栗树 mau^{42}li^{0}ʂʮ^{22}	毛栗树 mau^{42}li^{0}ʂʮ^{213}	板栗树 pan^{53}ȵi^{0}ʂu^{213}
檀树	檀树 tʰã^{35}fu^{44}	檀树 tʰan^{32}fu^{223}	檀树 tʰan^{42}ʂʮ^{22}	檀树 tʰan^{42}ʂʮ^{213}	檀树 tʰan^{21}ʂu^{213}
枫树	枫树 fəŋ^{31}fu^{44}	枫树 fəŋ^{42}fu^{223}	枫树 fəŋ^{31}ʂʮ^{22}	枫树 fuŋ^{45}ʂʮ^{213}	枫树 fuŋ^{34}ʂu^{213}
银杏树	白果树 pe^{35}kuo^{53}fu^{44}	白果树 pe^{32}kuo^{55}fu^{223}	白果树 pɛ^{42}ko^{55}ʂʮ^{22}	白果树 pe^{42}ko^{53}ʂʮ^{213}	白果树 pe^{21}kuo^{53}ʂu^{213}
桐树	泡桐树 pʰau^{44}tʰuŋ^{35}fu^{44}	泡桐树 pʰau^{223} tʰuŋ^{32}fu^{223}	泡桐树 pʰau^{23} tʰəŋ^{42}ʂʮ^{22}	泡桐树 pʰau^{23} tʰuŋ^{42}ʂʮ^{213}	泡桐树 pʰau^{23} tʰuŋ^{21}ʂu ^{213}
桑树	桑树 saŋ^{31}fu^{44}	桑树 saŋ^{42}fu^{223}	桑树 saŋ^{31}ʂʮ^{22}	桑树 saŋ^{45}ʂʮ^{213}	桑树 saŋ^{34}ʂu ^{213}
桑葚	桑母儿 saŋ^{31}mər^{53}	桑泡儿 saŋ^{42}pʰaur^{42}	桑泡儿 saŋ^{31}pʰaur^{31}	桑泡儿 saŋ^{45}pʰaur^{45}	桑泡儿 saŋ^{34}pʰaur^{34}
桑叶	桑叶 saŋ^{35}ie^{31}	桑叶 saŋ^{42}ie^{42}	桑叶 saŋ^{31}iɛ^{31}	桑叶 saŋ^{45}ie^{42}	桑叶 saŋ^{34}ie^{21}

续表

方言点 / 词目	中原官话区	混合 1 区	江淮官话区	混合 3 区	西南官话区
	汉滨	县河	茅坪	石泉	紫阳
杨树	白杨树 pe^{35}iaŋ^{35}fu^{44}	白杨树 pe^{32}iaŋ^{32}fu^{223}	白杨树 pɛ^{42}iaŋ^{42}ʂʮ^{22}	白杨树 pe^{42}iaŋ^{42}ʂʮ^{213}	白杨树 pe^{21}iaŋ^{21}ʂu^{213}
柳树	杨柳树 iaŋ^{35}liəu^{53}fu^{44}	杨柳树 iaŋ^{32}liəu^{55}fu^{223}	杨柳树 iaŋ^{42}liou^{55}ʂʮ^{22}	杨柳树 iaŋ^{42}liəu^{53}ʂʮ^{213}	杨柳树 iaŋ^{21}ȵiəu^{53}ʂu^{213}
麻柳树	麻柳树 ma^{35}liəu^{53}fu^{44}	麻柳树 ma^{32}liəu^{55}fu^{213}	麻柳树 ma^{42}liou^{55}ʂʮ^{22}	麻柳树 ma^{42}liəu^{53}ʂʮ^{213}	麻柳树 ma^{21}ȵiəu^{53}ʂu^{213}
槐树	槐树 xuæ^{35}fu^{44}	槐树 xuaɪ^{32}fu^{223}	槐树 xuaɪ^{42}ʂʮ^{22}	槐树 xuaɪ^{42}ʂʮ^{213}	槐树 xuaɪ^{21}ʂu^{213}
荆条	荆条 tɕin^{31}tʰiau^{35}	黄荆条 xuaŋ^{32} tɕin^{42}tʰiau^{312}	黄荆条 xuaŋ^{42} tɕin^{31}tʰiau^{42}	黄荆条 xuaŋ^{42} tɕin^{45}tʰiau^{42}	黄荆条 xuaŋ^{21} tɕin^{34}tʰiau^{21}
梧桐树	梧桐树 u^{31}tʰuŋ^{35}fu^{44}	梧桐树 u^{42}tʰuŋ^{32}fu^{223}	梧桐树 u^{31}tʰəŋ^{42}ʂʮ^{22}	梧桐树 u^{45}tʰuŋ^{42}ʂʮ^{213}	梧桐树 u^{34}tʰuŋ^{21}ʂu^{213}
桐油树	桐油树 tʰuŋ^{35}iəu^{35}fu^{44}	桐子树 tʰuŋ^{32}tsɿ^{0}fu^{223}	桐子树 tʰəŋ^{42}tsɿ^{0}ʂʮ^{22}	桐子树 tʰuŋ^{42}tsɿ^{0}ʂʮ^{213}	桐子树 tʰuŋ^{21}tsɿ^{0}ʂu^{213}
桐子	桐子 tʰuŋ^{35}tsɿ^{0}	桐子 tʰuŋ^{32}tsɿ^{0}	桐子 tʰəŋ^{42}tsɿ^{0}	桐子 tʰuŋ^{42}tsɿ^{0}	桐子 tʰuŋ^{21}tsɿ^{0}
桐油	桐油 tʰuŋ^{35}iəu^{35}	桐油 tʰuŋ^{32}iəu^{312}	桐油 tʰəŋ^{42}iou^{42}	桐油 tʰuŋ^{42}iəu^{42}	桐油 tʰuŋ^{21}iəu^{21}
苦楝树	苦楝树 kʰu^{53}liã^{0}fu^{44}	苦楝子树 kʰu^{55} lian^{23}tsɿ^{0}fu^{223}	苦楝子树 kʰu^{55} lian^{22}tsɿ^{0}ʂʮ^{22}	苦楝子树 kʰu^{53} lian^{23}tsɿ^{0}ʂʮ^{213}	苦楝子树 kʰu^{53} ȵian^{23}tsɿ^{0}ʂu^{213}
竹子	竹子 pfu^{31}tsɿ^{0}	竹子 pfu^{42}tsɿ^{0}	竹子 tʂou^{31}tsɿ^{0}	竹子 tʂəu^{42}tsɿ^{0}	竹子 tʂəu^{21}tsɿ^{0}
荆竹	荆竹 tɕin^{31}pfu^{31}	荆竹 tɕin^{42}pfu^{42}	荆竹 tɕin^{31}tʂou^{31}	荆竹 tɕin^{45}tʂəu^{45}	荆竹 tɕin^{34}tʂəu^{34}
斑竹	斑竹 pã^{31}pfu^{31}	斑竹 pan^{42}pfu^{42}	斑竹 pan^{31}tʂou^{31}	斑竹 pan^{45}tʂəu^{45}	斑竹 pan^{34}tʂəu^{34}
紫竹	紫竹 tsɿ^{53}pfu^{31}	紫竹 tsɿ^{55}pfu^{42}	紫竹 tsɿ^{55}tʂou^{31}	紫竹 tsɿ^{53}tʂəu^{45}	紫竹 tsɿ^{53}tʂəu^{34}

续表

词目＼方言点	中原官话区	混合 1 区	江淮官话区	混合 3 区	西南官话区
	汉滨	县河	茅坪	石泉	紫阳
廖竹	廖竹 liau^{35}pfu^{31}	廖竹 liau^{32}pfu^{42}	廖竹 liau^{42}tʂou^{31}	廖竹 liau^{42}tʂəu^{42}	廖竹 liau^{21}tʂəu^{21}
水竹	水竹 fei^{53}pfu^{31}	水竹 fei^{55}pfu^{42}	水竹 ʂʮei^{55}tʂou^{31}	水竹 ʂʮei^{53}tʂəu^{42}	水竹 ʂuei^{53}tʂəu^{21}
竹枝条	竹茆子 pfu^{31}mau^{53}tsɿ^{0}	竹茆子 pfu^{42}mau^{55}tsɿ^{0}	竹茆子 tʂou^{31}mau^{55}tsɿ^{0}	竹茆子 tʂəu^{42}mau^{42}tsɿ^{0}	竹茆子 tʂəu^{21}mau^{53}tsɿ^{0}
竹叶	竹叶儿 pfu^{35}ier^{31}	竹叶子 pfu^{42}ie^{42}tsɿ^{0}	竹叶子 tʂou^{31}iɛ^{31}tsɿ^{0}	竹叶子 tʂəu^{42}ie^{42}tsɿ^{0}	竹叶子 tʂəu^{21}ie^{21}tsɿ^{0}
龙头竹	龙头竹 luŋ^{35}tʰəu^{0}pfu^{31}	龙头竹 luŋ^{32}tʰəu^{0}pfu^{42}	龙头竹 ləŋ^{42}tʰəu^{0}tʂou^{31}	龙头竹 luŋ^{42}tʰəu^{0}tʂəu^{42}	楠竹 nan^{21}tʂəu^{21}
竹笋	竹笋子 pfu^{31}sə̃^{53}tsɿ^{0}	竹笋子 pfu^{42}sən^{55}tsɿ^{0}	竹笋子 tʂou^{31}sən^{55}tsɿ^{0}	竹笋子 tʂəu^{42}sən^{53}tsɿ^{0}	竹笋子 tʂəu^{21}sən^{53}tsɿ^{0}
笋壳	笋壳叶儿 sə̃^{53}kʰɤ^{0}iər^{31}	笋壳叶儿 sən^{55}kʰɤ^{0}ier^{42}	笋壳叶儿 sən^{55}kʰo^{0}iɛr^{31}	笋叶子 sən^{53}ie^{42}tsɿ^{0}	笋壳叶 sən^{53}kʰuo^{0}ie^{21}
竹竿	竹竿 pfu^{35}kan^{31}	竹竿 pfu^{42}kan^{42}	竹竿 tʂou^{31}kan^{31}	竹竿 tʂəu^{42}kan^{45}	竹竿 tʂəu^{21}kan^{34}
竹片	竹块子 pfu^{31}kʰuæ^{53}tsɿ^{0}	竹块子 pfu^{42}kʰuai^{55}tsɿ^{0}	竹块子 tʂou^{31}kʰuai^{55}tsɿ^{0}	竹块子 tʂəu^{42}kʰuai^{53}tsɿ^{0}	竹块子 tʂəu^{21}kʰuai^{53}tsɿ^{0}
篾片	篾片子 mie^{31}pʰiã^{53}tsɿ^{0}	篾片子 mie^{42}pʰian^{55}tsɿ^{0}	篾片子 miɛ^{31}pʰian^{55}tsɿ^{0}	篾片子 mie^{42}pʰian^{53}tsɿ^{0}	篾片子 mie^{21}pʰian^{53}tsɿ^{0}
篾黄	篾黄 mie^{31}xuaŋ^{35}	篾黄 mie^{42}xuaŋ^{312}	篾黄 miɛ^{31}xuaŋ^{42}	篾黄 mie^{42}xuaŋ^{42}	篾黄 mie^{21}xuaŋ^{21}
篾青	篾青 mie^{35}tɕʰin^{31}	篾青 mie^{42}tɕʰin^{42}	篾青 miɛ^{31}tɕʰin^{31}	篾青 mie^{42}tɕʰin^{45}	篾青 mie^{21}tɕʰin^{34}
桃树	桃儿树 tʰaur^{35}fu^{44}	桃子树 tʰau^{32}tsɿ^{0}fu^{223}	桃子树 tʰau^{42}tsɿ^{0}ʂʮ^{22}	桃子树 tʰau^{42}tsɿ^{0}ʂʮ^{213}	桃子树 tʰau^{21}tsɿ^{0}ʂu^{213}
杏树	杏儿树 xər^{44}fu^{44}	杏子树 xən^{23}tsɿ^{0}fu2^{223}	杏子树 xən^{22}tsɿ^{0}ʂʮ^{22}	杏子树 xən^{23}tsɿ^{0}ʂʮ^{213}	杏子树 xən^{23}tsɿ^{0}ʂu^{213}

续表

方言点 词目	中原官话区 汉滨	混合 1 区 县河	江淮官话区 茅坪	混合 3 区 石泉	西南官话区 紫阳
李树	李树 li^{53}fu^{44}	李子树 li^{55}tsɿ^{0}fu^{223}	李子树 li^{55}tsɿ^{0}ʂʯ^{22}	李子树 li^{53}tsɿ^{0}ʂʯ^{213}	李子树 ȵi^{53}tsɿ^{0}ʂu^{213}
枣树	枣儿树 tsaur^{53}fu^{44}	枣子树 tsau^{55}tsɿ^{0}fu^{223}	枣子树 tsau^{55}tsɿ^{0}ʂʯ^{22}	枣子树 tsau^{53}tsɿ^{0}ʂʯ^{213}	枣子树 tsau^{53}tsɿ^{0}ʂu^{213}
拐枣树	拐枣树 kuæ^{53}tsau^{53}fu^{44}	拐枣儿树 kuai^{55}tsaur^{55}fu^{223}	拐枣儿树 kuai^{55}tsaur^{55}ʂʯ^{22}	拐枣儿树 kuai^{53}tsaur^{53}ʂʯ^{213}	拐枣儿树 kuai^{53}tsaur^{53}ʂu^{213}
枇杷树	枇杷树 pʰi^{35}pʰa^{0}fu^{44}	枇杷树 pʰi^{32}pʰa^{0}fu^{223}	枇杷树 pʰi^{42}pʰa^{0}ʂʯ^{22}	枇杷树 pʰi^{42}pʰa^{0}ʂʯ^{213}	枇杷树 pʰi^{21}pʰa^{0}ʂu^{213}
柿子树	柿柿树 sɿ^{44}sɿ^{0}fu^{44}	柿子树 ʂʅ^{23}tsɿ^{0}fu^{223}	柿子树 ʂʅ^{22}tsɿ^{0}ʂʯ^{22}	柿子树 ʂʅ^{23}tsɿ^{0}ʂʯ^{213}	柿子树 ʂʅ^{23}tsɿ^{0}ʂu^{213}
石榴树	石榴树 ʂʅ^{35}liəu^{53}fu^{44}	石榴树 ʂʅ^{32}liəu^{55}fu^{223}	石榴树 ʂʅ^{42}liou^{55}ʂʯ^{22}	石榴树 ʂʅ^{42}liəu^{53}ʂʯ^{213}	石榴树 ʂʅ^{21}ȵiəu^{53}ʂu^{213}
橘子树	橘子树 tɕy^{31}sɿ^{0}fu^{44}	橘子树 tɕy^{42}tsɿ^{0}fu^{223}	橘子树 tʂʯ^{31}tsɿ^{0}ʂʯ^{22}	橘子树 tʂʯ^{42}tsɿ^{0}ʂʯ^{213}	橘子树 tɕy^{21}tsɿ^{0}ʂu^{213}
木瓜树	木瓜树 mu^{31}kua^{31}fu^{44}	木瓜树 mu^{42}kua^{42}fu^{223}	木瓜树 mo^{31}kua^{31}ʂʯ^{22}	木瓜树 mo^{42}kua^{45}ʂʯ^{213}	木瓜树 mu^{21}kua^{34}ʂu^{213}
沙果树	沙果儿树 ʂa^{31}kuor^{53}fu^{44}	沙果儿树 ʂa^{42}kor^{55}fu^{223}	沙果儿树 ʂa^{31}kor^{55}ʂʯ^{22}	沙果儿树 ʂa^{45}kor^{53}ʂʯ^{213}	沙果儿树 ʂa^{34}kuor^{53}ʂu^{213}
梨树	梨儿树 lir^{35}fu^{44}	梨子树 li^{32}tsɿ^{0}fu^{223}	梨子树 li^{42}tsɿ^{0}ʂʯ^{22}	梨子树 li^{42}tsɿ^{0}ʂʯ^{213}	梨子树 ȵi^{21}tsɿ^{0}ʂu^{213}
樱桃树	樱桃树 in^{31}tʰaur^{35}fu^{44}	樱桃儿树 in^{42}tʰaur^{32}fu^{223}	樱桃儿树 in^{31}tʰaur^{42}ʂʯ^{22}	樱桃儿树 in^{45}tʰaur^{42}ʂʯ^{213}	樱桃儿树 in^{34}tʰaur^{21}ʂu^{213}
水果	水果 fei^{53}kuo^{53}	果木 kuo^{55}mo^{42}	果木 ko^{55}mo^{31}	果木 ko^{53}mo^{0}	果木 kuo^{53}mu^{0}
桃	桃儿 tʰaur^{35}	桃子 tʰau^{32}tsɿ^{0}	桃子 tʰau^{42}tsɿ^{0}	桃子 tʰau^{42}tsɿ^{0}	桃子 tʰau^{21}tsɿ^{0}
杏	杏儿 xər^{44}	杏子 xən^{23}tsɿ^{0}	杏子 xən^{22}tsɿ^{0}	杏子 xən^{213}tsɿ^{0}	杏子 xən^{23}tsɿ^{0}

续表

方言点 / 词目	中原官话区	混合 1 区	江淮官话区	混合 3 区	西南官话区
	汉滨	县河	茅坪	石泉	紫阳
李子	李子 li^{53}tsɿ^{0}	李子 li^{55}tsɿ^{0}	李子 li^{55}tsɿ^{0}	李子 li^{53}tsɿ^{0}	李子 ȵi^{53}tsɿ^{0}
苹果	苹果 pʰin^{35}kuo^{53}	苹果 pʰin^{32}kor^{55}	苹果 pʰin^{42}kor^{55}	苹果 pʰin^{42}kor^{53}	苹果 pʰin^{21}kuor^{53}
沙果	沙果儿 ʂa^{31}kuor^{53}	沙果儿 ʂa^{42}kor^{55}	沙果儿 ʂa^{31}kor^{55}	沙果儿 ʂa^{45}kor^{53}	沙果儿 ʂa^{34}kuor^{53}
枣儿	枣儿 tsaur^{53}	枣子 tsau^{55}tsɿ^{0}	枣子 tsau^{55}tsɿ^{0}	枣子 tsau^{53}tsɿ^{0}	枣子 tsau^{53}tsɿ^{0}
梨	梨儿 lir^{35}	梨子 li^{32}tsɿ^{0}	梨子 li^{42}tsɿ^{0}	梨子 li^{42}tsɿ^{0}	梨子 ȵi^{21}tsɿ^{0}
枇杷	枇杷 pʰi^{35}pʰa^{0}	枇杷 pʰi^{32}pʰa^{0}	枇杷 pʰi^{42}pʰa^{0}	枇杷 pʰi^{42}pʰa^{0}	枇杷 pʰi^{21}pʰa^{0}
木瓜	木瓜 mu^{31}kua^{31}	木瓜 mə^{42}kua^{42}	木瓜 mo^{31}kua^{31}	木瓜 mo^{42}kua^{45}	木瓜 mu^{21}kua^{34}
柿子	柿子 ʂʅ^{44}tsɿ^{0}	柿子 ʂʅ^{23}tsɿ^{0}	柿子 ʂʅ^{22}tsɿ^{0}	柿子 ʂʅ^{23}tsɿ^{0}	柿子 ʂʅ^{23}tsɿ^{0}
柿饼	柿饼 ʂʅ^{44}pin^{53}	柿花子 ʂʅ^{23}xua^{42}tsɿ^{0}	柿饼儿 ʂʅ^{22}piər^{55}	柿饼 ʂʅ^{23}pin^{53}	柿饼 ʂʅ^{23}pin^{53}
石榴	石榴 ʂʅ^{35}liəu^{53}	石榴 ʂʅ^{32}liəu^{55}	石榴 ʂʅ^{42}liou^{55}	石榴 ʂʅ^{42}liəu^{53}	石榴 ʂʅ^{21}liəu^{53}
柚子	柚子 iəu^{44}tsɿ^{0}	柚子 iəu^{23}tsɿ^{0}	柚子 iou^{22}tsɿ^{0}	柚子 iəu^{23}tsɿ^{0}	柚子 iəu^{23}tsɿ^{0}
橘子	橘子 tɕy^{31}tsɿ^{0}	橘子 tɕy^{42}tsɿ^{0}	橘子 tʂʯ^{31}tsɿ^{0}	橘子 tʂʯ^{42}tsɿ^{0}	橘子 tɕy^{21}tsɿ^{0}
金橘	金橘 tɕin^{35}tɕy^{31}	金橘 tɕin^{42}tɕy^{42}	金橘 tɕin^{31}tʂʯ^{31}	金橘 tɕin^{45}tʂʯ^{42}	金橘 tɕin^{34}tɕy^{21}
橙子	橙子 tʂʰə̃^{35}tsɿ^{0}	橙子 tʂʰən^{32}tsɿ^{0}	橙子 tʂʰən^{42}tsɿ^{0}	橙子 tʂʰən^{42}tsɿ^{0}	橙子 tʂʰən^{21}tsɿ^{0}

续表

方言点 / 词目	中原官话区	混合 1 区	江淮官话区	混合 3 区	西南官话区
	汉滨	县河	茅坪	石泉	紫阳
拐枣	拐枣 kuæ^{53}tsau^{0}	拐枣 kuai^{55}tsau^{0}	拐枣 kuai^{55}tsau^{0}	拐枣 kuai^{53}tsau^{0}	拐枣 kuai^{53}tsau^{0}
八月炸一种藤生野果	八月炸 pa^{31}ye^{31}tʂa^{44}	八月炸 pa^{42}ye^{42}tʂa^{213}	八月炸 pa^{31}ɥɛ^{31}tʂa^{213}	八月炸 pa^{42}ɥe^{42}tʂa^{213}	八月炸 pa^{21}ye^{21}tʂa^{213}
五味子	五味籽 u^{53}uei^{44}ʦɿ^{53}	五味籽 u^{55}uei^{23}ʦɿ^{55}	五月籽 u^{55}ɥɛ^{31}ʦɿ^{55}	五月籽 u^{53}ɥe^{42}ʦɿ^{53}	五味籽 u^{53}uei^{23}ʦɿ^{53}
樱桃	樱桃 in^{31}tʰau^{33}	樱桃儿 in^{42}tʰaur^{32}	樱桃儿 in^{31}tʰaur^{42}	樱桃儿 in^{45}tʰaur^{42}	樱桃儿 in^{34}tʰaur^{21}
栗子	栗子 li^{31}tsɿ^{0} 毛栗子 mau^{35}li^{31}tsɿ^{0}	板栗子 pan^{55}li^{42}tsɿ^{0} 毛栗子 mau^{32}li^{42}tsɿ^{0}	板栗子 pan^{55}li^{31}tsɿ^{0} 毛栗子 mau^{42}li^{31}tsɿ^{0}	板栗子 pan^{53}li^{42}tsɿ^{0} 毛栗子 mau^{42}li^{42}tsɿ^{0}	板栗子 pan^{53}ȵi^{21}tsɿ^{0} 毛栗子 mau^{21}ȵi^{21}tsɿ^{0}
核桃	核桃 xɤ^{35}tʰau^{0}	核桃 xɤ^{32}tʰau^{0}	核桃 xɛ^{42}tʰau^{0}	核桃 xe^{42}tʰau^{0}	核桃 xe^{21}tʰau^{0}
瓜籽	瓜子儿 kua^{31}tsɿər^{53}	瓜子儿 kua^{42}tsɿər^{55}	南瓜子儿 lan^{42}kua^{31}tsɿər^{55}	南瓜子 lan^{42}kua^{45}tsɿ^{53}	南瓜子 nan^{21}kua^{34}tsɿ^{53}
甜瓜	甜瓜 tʰiã^{35}kua^{31}	甜瓜 tʰian^{32}kua^{42}	甜瓜 tʰian^{42}kua^{31}	甜瓜 tʰian^{42}kua^{45}	甜瓜 tʰian^{21}kua^{34}
香瓜	香瓜 ɕiaŋ^{31}kua^{31}	香瓜 ɕiaŋ^{42}kua^{42}	香瓜 ɕiaŋ^{31}kua^{31}	香瓜 ɕiaŋ^{45}kua^{45}	香瓜 ɕiaŋ^{34}kua^{34}
荸荠	荸荠儿 pu^{31}ʨiər^{44}	荸荠儿 pu^{42}ʨiər^{223}	荸荠儿 pu^{31}ʨiər^{213}	荸荠儿 pu^{45}ʨiər^{213}	荸荠儿 pu^{34}ʨiər^{213}
甘蔗	甘蔗 kã^{31}tʂɤ^{35}	甘蔗 kan^{42}ʂɤ^{32}	甘蔗 kan^{31}tʂɛ^{42}	甘蔗 kan^{45}tʂe^{42}	甘蔗 kan^{34}tʂe^{21}
花生	花生 xua^{44}ʂəŋ^{31}	花生 xua^{23}ʂəŋ^{42}	花生 xua^{23}sən^{31}	花生 xua^{23}sən^{45}	花生 xua^{23}sən^{34}
花生米	花生豆儿 xua^{44} səŋ^{31}tour^{44} 花生米儿 xua^{44}ʂəŋ^{31}mir^{53}	花生豆儿 xua^{23}sən^{42}tour^{23} 花生米儿 xua^{23}ʂən^{42}mir^{55}	花生米儿 xua^{23}sən^{31}mir^{55}	花生米儿 xua^{23}sən^{45}mir^{53}	花生米 xua^{23}sən^{34}mi^{53}

续表

方言点 词目	中原官话区	混合 1 区	江淮官话区	混合 3 区	西南官话区
	汉滨	县河	茅坪	石泉	紫阳
桂花	桂花 kuei^{44}xua^{31}	桂花 kuei^{23}xua^{42}	桂花 kuei^{23}xua^{31}	桂花 kuei^{23}xua^{45}	桂花 kuei^{23}xua^{34}
菊花	菊花 tɕy^{31}xua^{31}	菊花 tɕy^{42}xua^{42}	菊花 tʂʯ^{31}xua^{31}	菊花 tʂʯ^{42}xua^{45}	菊花 tɕy^{21}xua^{34}
荷花	荷花 xɤ^{35}xua^{31}	荷花 xɤ^{32}xua^{42}	荷花 xo^{42}xua^{31}	荷花 xo^{42}xua^{45}	荷花 xuo^{21}xua^{34}
荷叶	荷叶 xɤ^{35}ie^{31}	荷叶 xɤ^{32}ie^{42}	荷叶 xo^{42}iɛ^{31}	荷叶 xo^{42}ie^{45}	荷叶 xuo^{21}ie^{21}
莲蓬	莲蓬 liã^{35}pʰəŋ^{35}	莲子饼 lian^{32}tsɿ^{0}pin^{55}	莲子饼 lian^{42}tsɿ^{0}pin^{55}	莲子饼 lian^{42}tsɿ^{0}pin^{53}	莲子饼 ȵian^{21}tsɿ^{0}pin^{53}
水仙	水仙花 fei^{53}ɕiã^{31}xua^{31}	水仙花 fei^{55} ɕian^{42}xua^{42}	水仙花 ʂɥei^{55} ɕian^{31}xua^{31}	水仙花 ʂɥei^{53} ɕian^{45}xua^{45}	水仙花 ʂuei^{53} ɕian^{34}xua^{34}
茉莉花	茉莉花 mu^{31}li^{35}xua^{31}	茉莉花 mə^{42}li^{32}xua^{42}	茉莉花 mo^{31}li^{42}xua^{31}	茉莉花 mo^{42}li^{42}xua^{45}	茉莉花 mu^{21}ȵi^{21}xua^{34}
含羞草	含羞草 xã^{35} ɕiəu^{31}tsʰau^{53}	含羞草 xan^{32} ɕiəu^{42}tsʰau^{55}	含羞草 xan^{42} ɕiou^{31}tsʰau^{55}	含羞草 xan^{42} ɕiəu^{45}tsʰau^{53}	含羞草 xan^{21} ɕiəu^{34}tsʰau^{53}
牵牛花	牵牛花 tɕʰiã^{31} ȵiəu^{35}xua^{31}	牵牛花 tɕʰian^{42} ȵiəu^{32}xua^{42}	牵牛花 tɕʰian^{31} ȵiou^{42}xua^{31}	牵牛花 tɕʰian^{45} ȵiəu^{42}xua^{45}	牵牛花 tɕʰian^{34} ȵiəu^{21}xua^{34}
芍药	芍药 fə^{35}yo^{31}	芍药 fə^{32}yo^{42}	芍药花 ʂo^{42}io^{31}xua^{31}	芍药花 ʂo^{42}io^{42}xua^{45}	芍药花 ʂuo^{21}yo^{21}xua^{34}
石榴花	石榴花 ʂʅ^{35}liəu^{53}xua^{31}	石榴花 ʂʅ^{32}liəu^{55}xua^{42}	石榴花 ʂʅ^{42}liou^{55}xua^{31}	石榴花 ʂʅ^{42}liəu^{53}xua^{45}	石榴花 ʂʅ^{21}ȵiəu^{53}xua^{34}
玫瑰	玫瑰花 mei^{35}kuei^{44}xua^{31}	玫瑰花 mei^{32}kuei^{23}xua^{42}	玫瑰花 mei^{42}kuei^{23}xua^{31}	玫瑰花 mei^{42}kuei^{23}xua^{45}	玫瑰花 mei^{21}kuei^{23}xua^{34}
刺梅	刺梅花 tsʰɿ^{44}mei^{35}xua^{31}	刺梅花 tsʰɿ^{23}mei^{32}xua^{42}	刺梅花 tsʰɿ^{23}mei^{42}xua^{31}	刺梅花 tsʰɿ^{23}mei^{42}xua^{45}	刺梅花 tsʰɿ^{23}mei^{21}xua^{34}
月季花	月季花 ye^{31}tɕi^{44}xua^{31}	月季花 ye^{42}tɕi^{23}xua^{42}	月季花 ɥɛ^{31}tɕi^{23}xua^{31}	月季花 ɥe^{42}tɕi^{23}xua^{45}	月季花 ye^{21}tɕi^{23}xua^{34}

续表

方言点 / 词目	中原官话区	混合 1 区	江淮官话区	混合 3 区	西南官话区
	汉滨	县河	茅坪	石泉	紫阳
海棠	海棠花 xæ^{53}tʰaŋ^{35}xua^{31}	海棠花 xai^{55}tʰaŋ^{32}xua^{42}	海棠花 xai^{55}tʰaŋ^{42}xua^{31}	海棠花 xai^{53}tʰaŋ^{42}xua^{45}	海棠花 xai^{53}tʰaŋ^{21}xua^{34}
栀子花	栀子花 tʂʅ^{31}tsɿ^{0}xua^{31}	栀子花 tʂʅ^{42}tsɿ^{0}xua^{42}	栀子花 tʂʅ^{31}tsɿ^{0}xua^{31}	栀子花 tʂʅ^{42}tsɿ^{0}xua^{45}	栀子花 tʂʅ^{21}tsɿ^{0}xua^{34}
金银花	金银花 tɕin^{31}in^{35}xua^{31}	金银花 tɕin^{42}in^{32}xua^{42}	金银花 tɕin^{31}in^{42}xua^{31}	金银花 tɕin^{45}in^{42}xua^{45}	金银花 tɕin^{34}in^{21}xua^{34}
梅花	腊梅花 la^{31}mei^{35}xua^{31}	腊梅花 la^{42}mei^{32}xua^{42}	腊梅花 la^{31}mei^{42}xua^{31}	腊梅花 la^{42}mei^{42}xua^{45}	腊梅花 na^{21}mei^{21}xua^{34}
兰草	兰草花 lã^{35}tsʰau^{53}xua^{31}	兰草花 lan^{32}tsʰau^{55}xua^{42}	兰草花 lan^{42}tsʰau^{55}xua^{31}	兰草花 lan^{42}tsʰau^{53}xua^{45}	兰草花 nan^{21}tsʰau^{53}xua^{34}
牡丹	牡丹花 mu^{53}tã^{31}xua^{31}	牡丹花 mu^{55}tan^{42}xua^{42}	牡丹花 mau^{55}tan^{31}xua^{31}	牡丹花 mau^{53}tan^{45}xua^{45}	牡丹花 mu^{53}tan^{34}xua^{34}
牵牛花	太阳花 tʰæ^{44}iaŋ^{35}xua^{31}	太阳花 tʰai^{23}iaŋ^{32}xua^{42}	太阳花 tʰai^{23}iaŋ^{42}xua^{31}	太阳花 tʰai^{23}iaŋ^{42}xua^{45}	太阳花 tʰai^{23}iaŋ^{21}xua^{34}
迎春花	迎春花 in^{35}pfʰə̃^{31}xua^{31}	迎春花 in^{32}pfʰən^{42}xua^{42}	迎春花 in^{42}tʂʰɥən^{31}xua^{31}	迎春花 in^{42}tʂʰɥən^{45}xua^{45}	迎春花 in^{21}tʂʰuən^{34}xua^{34}
鸡冠花	鸡冠花 tɕi^{35}kuã^{31}xua^{31}	鸡冠花 tɕi^{42}kuan^{42}xua^{42}	鸡冠花 tɕi^{31}kuan^{31}xua^{31}	鸡冠花 tɕi^{45}kuan^{45}xua^{45}	鸡冠花 tɕi^{34}kuan^{34}xua^{34}
千年矮	千年矮 tɕʰiã^{31}ȵiã^{35}ŋæ^{53}	千年矮 tɕʰian^{42} ȵian^{35}ŋai^{55}	千年矮 tɕʰian^{31} ȵian^{42}ŋai^{55}	千年矮 tɕʰian^{45} ȵian^{42}ŋai^{53}	千年矮 tɕʰian^{34} ȵian^{21}ŋai^{53}
万年青	万年青 uã^{23}ȵiã^{35}tɕʰin^{31}	万年青 uan^{23}ȵian^{32}tɕʰin^{42}	万年青 uan^{23}ȵian^{42}tɕʰin^{31}	万年青 uan^{23}ȵian^{42}tɕʰin^{45}	万年青 uan^{23}ȵian^{21}tɕʰin^{34}
仙人掌	仙人掌 ɕiã^{31} ʐə̃^{35}tʂaŋ^{53}	仙人掌 ɕian^{42} ʐən^{32}tʂaŋ^{55}	仙人掌 ɕian^{31} ʐən^{42}tʂaŋ^{55}	仙人掌 ɕian^{45} ʐən^{42}tʂaŋ^{53}	仙人掌 ɕian^{34} ʐən^{21}tʂaŋ^{53}
花蕾	花苞苞儿 xua^{31}pau^{53}paur^{0}	花苞苞儿 xua^{42}pau^{55}paur^{0}	花苞苞儿 xua^{31}pau^{55}paur^{0}	花苞苞儿 xua^{45}pau^{53}paur^{0}	花苞苞 xua^{34}pau^{53}pau^{0}
花瓣	花瓣瓣儿 xua^{31}pã^{44}par^{0}	花瓣瓣儿 xua^{42}pan^{23}par^{0}	花瓣瓣儿 xua^{31}pan^{23}par^{0}	花瓣瓣儿 xua^{45}pan^{23}par^{0}	花瓣瓣 xua^{34}pan^{23}pan^{0}

续表

方言点 词目	中原官话区	混合 1 区	江淮官话区	混合 3 区	西南官话区
	汉滨	县河	茅坪	石泉	紫阳
花蕊	花芯芯儿 xua^{35}ɕin^{31}ɕiər^{0}	花芯芯儿 xua^{42}ɕin^{42}ɕiər^{0}	花芯芯儿 xua^{31}ɕin^{31}ɕiər^{0}	花芯芯儿 xua^{45}ɕin^{45}ɕiər^{0}	花芯芯 xua^{34}ɕin^{34}ɕin^{0}
菖蒲	菖蒲 tʂʰaŋ^{31}pʰu^{0}	菖蒲 tsʰaŋ^{42}pʰu^{0}	菖蒲 tsʰaŋ^{31}pʰu^{0}	菖蒲 tsʰaŋ^{45}pʰu^{0}	菖蒲 tsʰaŋ^{34}pʰu^{0}
艾	艾蒿 ŋæ^{44}xau^{31}	艾蒿 ŋai^{23}xau^{42}	艾蒿 ŋai^{22}xau^{31}	艾蒿 ŋai^{23}xau^{45}	艾蒿 ŋai^{23}xau^{34}
青苔	青苔 tɕʰin^{31}tʰæ^{0}	青苔 tɕʰin^{42}tʰai^{0}	青苔 tɕʰin^{31}tʰai^{0}	青苔 tɕʰin^{45}tʰai^{0}	青苔 tɕʰin^{34}tʰai^{0}
丹参	蜂糖罐儿 fəŋ^{31}tʰaŋ^{35}kuar^{44}	蜂糖罐儿 fəŋ^{42}tʰaŋ^{32}kuar^{223}	蜂糖罐儿 fəŋ^{31}tʰaŋ^{42}kuar^{213}	蜂糖罐儿 fuŋ^{45}tʰaŋ^{42}kuar^{213}	蜂糖罐儿 fuŋ^{34}tʰaŋ^{21}kuar^{213}
南沙参	奶浆菜 læ^{53}tɕiaŋ^{31}tsʰæ^{44}	奶浆菜 lai^{55}tɕiaŋ^{42}tsʰai^{223}	奶浆菜 lai^{55}tɕiaŋ^{31}tsʰai^{213}	奶浆菜 lai^{53}tɕiaŋ^{45}tsʰai^{213}	奶浆菜 nai^{53}tɕiaŋ^{34}tsʰai^{23}
蒲公英	黄花苗 xuaŋ^{35} xua^{31}miaur^{35}	黄花苗 xuaŋ^{32} xua^{42}miaur^{312}	黄花苗 xuaŋ^{42} xua^{31}miaur^{42}	黄花苗 xuaŋ^{42} xua^{45}miaur^{42}	黄花苗 xuaŋ^{21} xua^{34}miaur^{21}
紫花地丁	犁铧草 li^{35}xua^{31}tsʰau^{53}	犁铧草 li^{42}xua^{32}tsʰau^{55}	犁铧草 li^{42}xua^{42}tsʰau^{55}	犁铧草 li^{42}xua^{45}tsʰau^{53}	犁铧草 ȵi^{21}xua^{34}tsʰau^{53}
吴茱萸	气辣子 tɕʰi^{44}la^{31} tsɿ^{0} 米辣子 mi^{53} la^{31}tsɿ^{0} 吴芋子 u^{35}y^{44}tsɿ^{0}	气辣子 tɕʰi^{23}la^{42} tsɿ^{0} 米辣子 mi^{55} la^{42}tsɿ^{0} 吴芋子 u^{32}y^{23}tsɿ^{0}	气辣子 tɕʰi^{23}la^{31} tsɿ^{0} 米辣子 mi^{55} la^{31}tsɿ^{0} 吴芋子 u^{42}ʯ^{22}tsɿ^{0}	气辣子 tɕʰi^{23}la^{42} tsɿ^{0} 米辣子 mi^{53} la^{42}tsɿ^{0} 吴芋子 u^{42}ʯ^{23}tsɿ^{0}	气辣子 tɕʰi^{23}na^{21} tsɿ^{0} 米辣子 mi^{53}na^{21}tsɿ^{0} 吴芋子 u^{21}y^{23}tsɿ^{0}
杜仲	丝棉树 sɿ^{31}miã^{35}fu^{44}	丝棉树 sɿ^{42}mian^{32}fu^{223}	丝棉树 sɿ^{31}mian^{42}ʂʯ^{22}	丝棉树 sɿ^{45}mian^{42}ʂʯ^{213}	丝棉树 sɿ^{34}mian^{21}ʂu^{213}
何首乌	何首乌 xuo^{35}ʂəu^{53}u^{31}	何首乌 xuo^{32}ʂəu^{55}u^{42}	何首乌 xo^{42}ʂou^{55}u^{31}	狗卵砣 kəu^{53}lan^{53}tʰo^{42}	狗卵砣 kəu^{53}nan^{53}tʰuo^{21}
连钱草	透骨消 tʰəu^{44} ku^{31}ɕiau^{31}	透骨消 tʰəu^{23} ku^{42}ɕiau^{42}	透骨消 tʰou^{23} ku^{31}ɕiau^{31}	透骨消 tʰəu^{23} ku^{45}ɕiau^{45}	透骨消 tʰəu^{23} ku^{34}ɕiau^{34}
金钱草	过路黄 kuo^{44} ləu^{44}xuaŋ^{35}	过路黄 kuo^{23} ləu^{23}xuaŋ^{32}	过路黄 ko^{23}lou^{22}xuaŋ^{42}	过路黄 ko^{23}ləu^{23}xuaŋ^{42}	过路黄 kuo^{23}nəu^{23}xuaŋ^{21}

续表

方言点 词目	中原官话区	混合 1 区	江淮官话区	混合 3 区	西南官话区
	汉滨	县河	茅坪	石泉	紫阳
鱼腥草	节耳根 tɕie^{35}ər^{53}kə̃^{31}	节耳根 tɕie^{42}ər^{55}kən^{42}	则耳根 tsɛ^{31}ər^{55}kən^{31}	则耳根 tse^{42}ər^{53}kən^{45}	则耳根 tse^{21}ər^{53}kən^{34}
天南星	麻芋子 ma^{35}y^{44}tsɿ^{0}	麻芋子 ma^{42}y^{23}tsɿ^{0}	麻芋子 ma^{31}ʮ^{22}tsɿ^{0}	麻芋子 ma^{42}ʮ^{23}tsɿ^{0}	麻芋子 ma^{21}y^{23}tsɿ^{0}
瓜蒌	屎瓜葫芦 ʂɿ^{53} kua^{31}xu^{35}lu^{0}	屎瓜葫芦 ʂɿ^{55} kua^{42}xu^{32}lu^{0}	屎瓜蒌子 ʂɿ^{55} kua^{31}lou^{42}tsɿ^{0}	屎瓜葫芦 ʂɿ^{53} kua^{45}xu^{42}lu^{0}	屎瓜葫芦 ʂɿ^{53} kua^{34}xu^{21}nu^{0}
菟丝子	无娘藤子 u^{31} ȵiaŋ^{35}tʰən^{35}tsɿ^{53}	无娘藤子 u^{42} ȵiaŋ^{32}tʰən^{32}tsɿ^{55}	无娘藤子 u^{31} ȵiaŋ^{42}tʰən^{42}tsɿ^{55}	无娘藤子 u^{42} ȵiaŋ^{42}tʰən^{42}tsɿ^{53}	无娘藤子 u^{21} ȵiaŋ^{21}tʰən^{21}tsɿ^{53}
猕猴桃	杨桃 iaŋ^{35}tʰau^{35}	杨桃 iaŋ^{32}tʰau^{32}	杨桃 iaŋ^{42}tʰau^{42}	杨桃 iaŋ^{42}tʰau^{42}	杨桃 iaŋ^{21}tʰau^{21}
石苇	刀口药 tau^{31}kʰəu^{53}yo^{31}	刀口药 tau^{42}kʰəu^{55}io^{42}	刀口药 tau^{31}kʰou^{55}io^{31}	刀口药 tau^{45}kʰəu^{53}io^{42}	刀口药 tau^{34}kʰəu^{53}yo^{21}
麝香	寸香 tsʰuə̃^{44}ɕiaŋ^{31}	寸香 tsʰən^{23}ɕiaŋ^{42}	寸香 tsʰən^{23}ɕiaŋ^{31}	寸香 tsʰən^{23}ɕiaŋ^{45}	寸香 tsʰən^{23}ɕiaŋ^{34}
茯苓块	白方块儿 pe^{35}faŋ^{31}kʰuær^{53}	白方块儿 pe^{32}faŋ^{42}kʰuair^{55}	白方块儿 pɛ^{42}faŋ^{31}kʰuair^{55}	白方块儿 pe^{42}faŋ^{45}kʰuair^{53}	白方块 pe^{21}faŋ^{34}kʰuai^{53}
茵陈	茵陈蒿 in^{31}tʂʰən^{35}xau^{31}	茵陈蒿 in^{42}tʂʰən^{32}xau^{42}	茵陈蒿 in^{31}tʂʰən^{42}xau^{31}	茵陈蒿 in^{45}tʂʰən^{42}xau^{45}	茵陈蒿 in^{34}tʂʰən^{21}xau^{34}

六 动物

方言点 词目	中原官话区	混合 1 区	江淮官话区	混合 3 区	西南官话区
	汉滨	县河	茅坪	石泉	紫阳
牲口	牲口 ʂəŋ^{31}kʰəu^{53}	牲口 ʂəŋ^{42}kʰəu^{55}	畜牲 tʂʰəu^{31}sən^{31}	畜牲 tʂʰəu^{42}sən^{45}	畜牲 tʂʰəu^{21}sən^{34}
马	马 ma^{53}	马 ma^{55}	马 ma^{55}	马 ma^{53}	马 ma^{53}

续表

方言点 词目	中原官话区	混合 1 区	江淮官话区	混合 3 区	西南官话区
	汉滨	县河	茅坪	石泉	紫阳
公马	公马 kuŋ^{31}ma^{53}	公马 kuŋ^{42}ma^{55}	公马 kəŋ^{31}ma^{55}	公马 kuŋ^{45}ma^{53}	公马 kuŋ^{34}ma^{53}
母马	母马 mu^{53}ma^{53}	母马 mo^{55}ma^{55}	母马 mo^{55}ma^{55}	母马 mo^{53}ma^{53}	母马 mu^{53}ma^{53}
骟马	骟马 ʂã^{44}ma^{53}	骟马 ʂan^{23}ma^{55}	骟马 ʂan^{23}ma^{55}	骟马 ʂan^{23}ma^{53}	骟马 ʂan^{23}ma^{53}
骟牛	犍牛 tɕiã^{31}ȵiəu^{35}	犍牛 tɕian^{42}ȵiəu^{312}	犍牛 tɕian^{31}ȵiou^{42}	阉公牛 ɕian^{23} kuŋ^{45}ȵiəu^{42}	骟牛 ʂan^{23}ȵiəu^{21}
公牛	牯牛 ku^{53}ȵiəu^{35}	牯牛 ku^{55}ȵiəu^{312}	角牛 tɕio^{31}ȵiou^{42} 牯子牛 ku^{55}tsɿ^{0}ȵiou^{42}	牯牛 ku^{53}ȵiəu^{42} 骚牛 ʂa^{45}ȵiəu^{42}	牯牛 ku^{53}ȵiəu^{21}
母牛	母牛 mu^{44}ȵiəu^{35}	母牛 mə^{23}ȵiəu^{312}	母牛 mo^{22}ȵiou^{42}	母牛 mo^{23}ȵiəu^{42}	母牛 mu^{23}ȵiəu^{21}
黄牛	黄牛 xuaŋ^{35}ȵiəu^{35}	黄牛 xuaŋ^{32}ȵiəu^{312}	黄牛 xuaŋ^{42}ȵiou^{42}	黄牛 xuaŋ^{42}ȵiəu^{42}	黄牛 xuaŋ^{21}ȵiəu^{21}
水牛	水牛 fei^{53}niəu^{35}	水牛 fei^{55}ȵiəu^{312}	水牛 ʂɥei^{55}ȵiou^{42}	水牛 ʂɥei^{53}ȵiəu^{42}	水牛 ʂuei^{53}ȵiəu^{21}
牛犊	牛娃儿 ȵiəu^{35}uar^{35}	牛娃儿 ȵiəu^{32}uar^{312}	牛娃儿 ȵiou^{42}uar^{42}	牛娃儿 ȵiəu^{42}uar^{42}	牛娃儿 ȵiəu^{21}uar^{21}
牛打架	打架 ta^{53}tɕia^{44}	打架 ta^{55}tɕia^{223}	打架 ta^{55}tɕia^{213}	牴角 ti^{53}ko^{42}	牴角 ti^{53}ko^{21}
驴	驴子 ly ^{35}tsɿ^{0}	驴子 ly ^{32}tsɿ^{0}	驴子 ɥ^{42}tsɿ^{0}	驴子 ɥ^{42}tsɿ^{0}	驴子 ny ^{21}tsɿ^{0}
公驴	叫驴子 tɕiau^{44}ly^{35}tsɿ^{0}	犍驴 tɕian^{42}ly^{312}	公驴子 kəŋ^{31}ɥ^{42}tsɿ^{0}	公驴子 kuŋ^{45}ɥ^{42}tsɿ^{0}	叫驴子 tɕiau^{23}ny^{21}tsɿ^{0}
母驴	母驴 mu^{53}ly^{35}	母驴 mə^{55}ly^{312}	母驴子 mo^{55}ɥ^{42}tsɿ^{0}	母驴子 mo^{53}ɥ^{42}tsɿ^{0}	母驴子 mu^{53}ny^{21}tsɿ^{0}
骡	骡子 luo^{35}tsɿ^{0}	骡子 luo^{32}tsɿ^{0}	骡子 lo^{42}tsɿ^{0}	骡子 lo^{42}tsɿ^{0}	骡子 nuo^{21}tsɿ^{0}

续表

方言点 / 词目	中原官话区	混合 1 区	江淮官话区	混合 3 区	西南官话区
	汉滨	县河	茅坪	石泉	紫阳
驴骡	驴骡子 ly^{35}luo^{35}ʦɿ^{0}	骡子 luo^{32}ʦɿ^{0}	骡子 lo^{42}ʦɿ^{0}	骡子 lo^{42}ʦɿ^{0}	骡子 nuo^{21}ʦɿ^{0}
马骡	马骡子 ma^{53}luo^{35}ʦɿ^{0}	马骡子 ma^{55}luo^{32}ʦɿ^{0}	骡子 lo^{42}ʦɿ^{0}	骡子 lo^{42}ʦɿ^{0}	骡子 nuo^{21}ʦɿ^{0}
绵羊	绵羊 miã^{35}iaŋ^{35}	绵羊 mian^{32}iaŋ^{32}	绵羊 mian^{42}iaŋ^{42}	绵羊 mian^{42}iaŋ^{42}	绵羊 mian^{21}iaŋ^{21}
山羊	山羊 ʂã^{31}iaŋ^{35}	山羊 ʂan^{42}iaŋ^{32}	山羊 ʂan^{31}iaŋ^{42}	山羊 ʂan^{45}iaŋ^{42}	山羊 ʂan^{34}iaŋ^{21}
公羊未骟	骚羊子 sau^{31}iaŋ^{35}ʦɿ^{0}	骚羊子 sau^{42}iaŋ^{32}ʦɿ^{0}	骚羊子 sau^{31}iaŋ^{42}ʦɿ^{0}	骚羊子 sau^{45}iaŋ^{42}ʦɿ^{0}	骚羊子 sau^{34}iaŋ^{21}ʦɿ^{0}
公羊已骟	骟羊 ʂã^{44}iaŋ^{35}	骟羊 ʂan^{23}iaŋ^{32}	骟羊 ʂan^{23}iaŋ^{42}	奶骟子 lai^{53}ʂan^{23}ʦɿ^{0}	骟羊 ʂan^{23}iaŋ^{21}
母羊	母羊 mu^{53}iaŋ^{35}	母羊 mə^{55}iaŋ^{32}	母羊 mo^{55}iaŋ^{42}	母羊 mo^{53}iaŋ^{42}	母羊 mu^{53}iaŋ^{21}
羊羔	羊娃儿 iaŋ^{35}uar^{35}	羊娃儿 iaŋ^{32}uar^{32}	羊娃儿 iaŋ^{42}uar^{42}	羊崽崽 iaŋ^{42}ʦai^{42}ʦai^{42}	羊娃儿 iaŋ^{21}uar^{21}
狗	狗子 kəu^{53}ʦɿ^{0}	狗子 kəu^{55}ʦɿ^{0}	狗子 kou^{55}ʦɿ^{0}	狗子 kəu^{53}ʦɿ^{0}	狗子 kəu^{53}ʦɿ^{0}
公狗	牙狗 ia^{35}kəu^{53}	牙狗 ia^{32}kəu^{55}	牙狗 ia^{42}kou^{55}	牙狗 ia^{42}kəu^{53}	牙狗 ia^{21}kəu^{53}
母狗	母狗 mu^{53}kəu^{53}	母狗 mə^{55}kəu^{55}	母狗 mo^{55}kou^{55}	母狗 mo^{53}kəu^{53}	母狗 mu^{53}kəu^{53}
骟狗	母狗 mu^{53}kəu^{53}	母狗 mə^{55}kəu^{55}	母狗 mo^{55}kou^{55}	騲狗子 tsʰau^{53}kəu^{53}ʦɿ^{0}	騲狗子 tsʰau^{53}kəu^{53}ʦɿ^{0}
小狗	狗娃儿 kəu^{53}uar^{35}	狗娃儿 kəu^{55}uar^{32}	狗娃儿 kou^{55}uar^{42}	狗娃儿 kəu^{53}uar^{42}	狗娃儿 kəu^{53}uar^{21}
猎犬	撵山狗 ȵiã^{53}ʂã^{31}kəu^{53}	撵山狗 ȵian^{55}ʂan^{42}kəu^{55}	撵山狗 ȵian^{55}ʂan^{31}kou^{55}	撵山狗 ȵian^{53}ʂan^{45}kəu^{53}	撵山狗 ȵian^{53}ʂan^{34}kəu^{53}

续表

方言点 词目	中原官话区	混合1区	江淮官话区	混合3区	西南官话区
	汉滨	县河	茅坪	石泉	紫阳
打猎	撵仗 ȵiã^{53}tʂaŋ^{44}	撵仗 ȵian^{55}tʂaŋ^{23}	撵山 ȵian^{55}ʂan^{31}	撵山 ȵian^{53}ʂan^{45}	撵山 ȵian^{53}ʂan^{34}
狗交配	狗连蛋 kəu^{53}liã^{35}tã^{44}	狗连蛋 kəu^{55}lian^{32}tan^{23}	狗连裆 kou^{55}lian^{42}taŋ^{31}	狗连裆 kəu^{53}lian^{42}taŋ^{45}	狗连裆 kəu^{53}ȵian^{21}taŋ^{34}
猫	猫娃子 mau^{44}ua^{35}tsɿ^{0}	猫娃子 mau^{23}ua^{32}tsɿ^{0}	猫娃子 mau^{23}ua^{42}tsɿ^{0}	猫娃子 mau^{23}ua^{42}tsɿ^{0}	猫子 mau^{23}tsɿ^{0}
公猫	郎猫儿 laŋ^{35}maur^{35}	男猫儿 lan^{32}maur^{223}	男猫儿 lan^{42}maur^{213}	男猫儿 lan^{42}maur^{23}	男猫儿 nan^{21}maur^{23}
母猫	咪猫儿 mi^{53}maur^{35}	女猫儿 ny^{55}maur^{223}	女猫儿 ȵʮ^{55}maur^{213}	女猫儿 ȵʮ^{53}maur^{23}	女猫儿 ny^{53}maur^{23}
猫威慑老鼠的能力	逼鼠 pi^{44}fu^{53}	逼鼠 pi^{23}fu^{55}	逼鼠 pi^{23}ʂʮ^{55}	逼鼠 pi^{23}ʂʮ^{53}	逼鼠 pi^{23}ʂu^{53}
种公猪	种猪 pfəŋ^{53}pfu^{31}	脚猪 tɕyo^{42}pfu^{42}	脚猪 tɕio^{31}tʂʮ^{31}	脚猪子 tɕio^{42}tʂʮ^{45}tsɿ^{0}	脚独 tɕyo^{21}təu^{21} 脚猪子 tɕyo^{21}tʂu^{34}tsɿ^{0}
母猪	母猪 mu^{53}pfu^{31}	母猪 mə^{55}pfu^{42}	母猪 mo^{55}tʂʮ^{31}	母猪 mo^{53}tʂʮ^{45}	母猪 mu^{53}tʂu^{34}
阉过的公猪	牙猪 ia^{35}pfu^{31}	牙猪 ia^{32}pfu^{42}	牙猪 ia^{42}tʂʮ^{31}	牙猪 ia^{42}tʂʮ^{45}	牙猪 ia^{21}tʂu^{34}
劁过的母猪	騲猪 tsʰau^{53}pfu^{31}	騲猪 tsʰau^{55}pfu^{42}	騲猪 tsʰau^{55}tʂʮ^{31}	騲猪 tsʰau^{53}tʂʮ^{45}	騲猪 tsʰau^{53}tʂu^{34}
老母猪	老母猪 lau^{53}mu^{53}pfu^{31}	老母猪 lau^{55}mə^{55}pfu^{42}	老母猪 lau^{55}mo^{55}tʂʮ^{31}	海膛肚大的老母猪 xai^{53}taŋ^{42}	海膛肚大的老母猪 xai^{53}tʰaŋ^{21}
母猪发情	拉窝 la^{35}uo^{31} 起草咧 tɕʰi^{53}tsʰau^{53}liɛ^{31}	起窝 tɕʰi^{55}uo^{42}	起窝 tɕʰi^{55}uo^{31}	起窝 tɕʰi^{53}uo^{45}	起窝 tɕʰi^{53}uo^{34}
猪配种	牵窝 tɕʰiã^{35}uo^{31}	牵窝 tɕʰian^{42}uo^{42}	牵窝 tɕʰian^{31}uo^{31}	牵窝 tɕʰian^{45}uo^{45}	牵窝 tɕʰian^{34}uo^{34}

续表

方言点 词目	中原官话区	混合1区	江淮官话区	混合3区	西南官话区
	汉滨	县河	茅坪	石泉	紫阳
已长成较大身架的猪	胚子猪 pʰei^{31}tsɿ^{0} pfu^{31} 架子猪 tɕia^{44}tsɿ^{0}pfu^{31}	胚子猪 pʰei^{42}tsɿ^{0} pfu^{42} 架子猪 tɕia^{23}tsɿ^{0}pfu^{42}	胚子猪 pʰei^{31}tsɿ^{0} tʂʮ^{31} 架子猪 tɕia^{23}tsɿ^{0}tʂʮ^{31}	胚子猪 pʰei^{45}tsɿ^{0} tʂʮ^{45} 架子猪 tɕia^{23}tsɿ^{0}tʂʮ^{45}	胚子猪 pʰei^{34}tsɿ^{0} tʂu^{34} 架子猪 tɕia^{23}tsɿ^{0}tʂu^{34}
猪崽	猪娃儿 pfu ^{31}uar^{35}	猪娃儿 pfu ^{42}uar^{32}	猪娃儿 tʂʮ^{31}uar^{42}	猪娃儿 tʂʮ^{45}uar^{42}	猪娃儿 tʂu^{34}uar^{21}
劁猪	劁猪 tɕʰiau^{35}pfu ^{31}	劁猪 tɕʰiau^{42}pfu ^{42}	劁猪 tɕʰiau^{31}tʂʮ^{31}	劁猪 tɕʰiau^{45}tʂʮ^{45}	劁猪 tɕʰiau^{34}tʂu^{34}
兔子	兔子 tʰu^{44}tsɿ^{0}	兔子 tʰəu^{23}tsɿ^{0}	兔子 tʰou^{23}tsɿ^{0}	兔子 tʰəu^{23}tsɿ^{0}	兔子 tʰəu^{23}tsɿ^{0}
鸡	鸡 tɕi^{31}	鸡子 tɕi^{42}sɿ^{0}	鸡子 tɕi^{31}tsɿ^{0}	鸡子 tɕi^{45}tsɿ^{0}	鸡子 tɕi^{34}tsɿ^{0}
公鸡	公鸡 kuŋ^{31}tɕi^{31}	公鸡 koŋ^{42}tɕi^{42} 鸡公 tɕi^{42}kuŋ^{42}	公鸡 kəŋ^{31}tɕi^{31} 鸡公 tɕi^{31}kəŋ^{31}	鸡公 tɕi^{45}kuŋ^{45}	公鸡 kuŋ^{34}tɕi^{34} 鸡公 tɕi^{34}kuŋ^{34}
母鸡	母鸡 mu^{53}tɕi^{31}	母鸡 mə^{55}tɕi^{42} 鸡母 tɕi^{42}mə^{55}	母鸡 mo^{55}tɕi^{31} 鸡母 tɕi^{31}mo^{55}	鸡母 tɕi^{45}mo^{53} 母鸡 mo^{53}tɕi^{45}	鸡母 tɕi^{34}mu^{53} 母鸡 mu^{53}tɕi^{34}
鸡角	半桩子公鸡 pã^{44} pfaŋ^{31}tsɿ^{0}kuŋ^{31}tɕi^{31}	公鸡头子 kuŋ^{42} tɕi^{42}tʰəu^{32}tsɿ^{0}	公鸡头子 kəŋ^{31} tɕi^{31}tʰou^{42}tsɿ^{0}	公鸡头子 kuŋ^{45} tɕi^{45}tʰəu^{42}tsɿ^{0}	仔鸡公 tsɿ^{53}tɕi^{34}kuŋ^{34}
童子鸡	仔鸡子 tsɿ^{53}tɕi^{31}tsɿ^{0}	仔鸡子 tsɿ^{55}tɕi^{42}tsɿ^{0}	仔鸡子 tsɿ^{55}tɕi^{31}tsɿ^{0}	仔鸡子 tsɿ^{53}tɕi^{45}tsɿ^{0}	仔鸡子 tsɿ^{53}tɕi^{34}tsɿ^{0}
阉鸡	阉鸡 ɕiã^{44}tɕi^{31}	阉鸡 ɕian^{23}tɕi^{42}	阉鸡 ɕian^{23}tɕi^{31}	阉鸡 ɕian^{23}tɕi^{45}	阉鸡 ɕian^{23}tɕi^{34}
抱窝鸡	濑母鸡 læ^{44}mu^{53}tɕi^{31}	抱母鸡 pau^{23}mə^{55}tɕi^{42}	抱母鸡 pau^{22}mo^{55}tɕi^{0}	抱鸡母 pau^{23}tɕi^{45}mo^{53}	抱鸡母 pau^{23}tɕi^{34}mu^{53}
鸡娘	碎母鸡 suei^{44} mu^{53}tɕi^{31} 母鸡娃儿 mu^{44}tɕi^{31}uar^{32}	母鸡娃儿 mə^{55}tɕi^{42}uar^{32}	母鸡娃儿 mo^{55}tɕi^{0}uar^{42}	母鸡娃儿 mo^{53}tɕi^{45}uar^{42}	鸡母 tɕi^{34}mu^{53}
鸡交配	踩水 tsʰæ^{53}fei^{53}	踩水 tsʰai^{55}fei^{55}	踩水 tsʰai^{55}ʂʮei^{55}	踩水 tsʰai^{53}ʂʮei^{53}	踩水 tsʰai^{53}ʂuei^{53}

续表

词目＼方言点	中原官话区	混合 1 区	江淮官话区	混合 3 区	西南官话区
	汉滨	县河	茅坪	石泉	紫阳
小鸡儿	碎鸡娃儿 suei^{44}tɕi^{31}uar^{35}	鸡娃儿 tɕi^{42}uar^{312}	鸡娃儿 tɕi^{31}uar^{42}	鸡娃儿 tɕi^{45}uar^{42}	鸡仔仔 tɕi^{34}tsai^{53}tsai^{0}
鸡蛋	鸡蛋 tɕi^{31}tã^{44}	鸡蛋 tɕi^{42}tan^{223}	鸡蛋 tɕi^{31}tan^{22}	鸡蛋 tɕi^{45}tan^{213}	鸡蛋 tɕi^{34}tan^{213}
下蛋	下蛋 ɕia^{44}tã^{44}	下蛋 ɕia^{23}tan^{223} 嬎蛋 fan^{23}tan^{223}	下蛋 ɕia^{22}tan^{22} 嬎蛋 fan^{23}tan^{22}	下蛋 ɕia^{23}tan^{213} 嬎蛋 fan^{23}tan^{213}	下蛋 ɕia^{23}tan^{213} 嬎蛋 fan^{23}tan^{213}
孵	菢鸡娃儿 pau^{44}tɕi^{31}uar^{35}	菢鸡娃儿 pau^{23}tɕi^{42}uar^{312}	菢鸡娃儿 pau^{22}tɕi^{31}uar^{42}	菢鸡娃儿 pau^{23}tɕi^{45}uar^{42}	菢鸡仔 pau^{23}tɕi^{34}tsai^{53}
鸡冠	鸡冠子 tɕi^{35}kuã^{31}tsɿ^{0}	鸡冠子 tɕi^{42}kuan^{42}tsɿ^{0}	鸡冠子 tɕi^{31}kuan^{31}tsɿ^{0}	鸡冠子 tɕi^{45}kuan^{45}tsɿ^{0}	鸡冠子 tɕi^{34}kuan^{34}tsɿ^{0}
鸡爪子	鸡爪子 tɕi^{31}pfa^{53}tsɿ^{0}	鸡爪子 tɕi^{42}pfa^{55}tsɿ^{0}	鸡爪子 tɕi^{31}tʂɥa^{55}tsɿ^{0}	鸡爪子 tɕi^{45}tʂɥa^{53}tsɿ^{0}	鸡爪子 tɕi^{34}tʂua^{53}tsɿ^{0}
鸭	鸭子 ia^{31}tsɿ^{0}	鸭子 ia^{42}tsɿ^{0}	鸭子 ia^{31}tsɿ^{0}	鸭子 ia^{42}tsɿ^{0}	鸭子 ia^{21}tsɿ^{0}
公鸭	公鸭子 kuŋ^{31}ia^{31}tsɿ^{0}	公鸭子 kuŋ^{42}ia^{42}tsɿ^{0}	公鸭子 kəŋ^{31}ia^{31}tsɿ^{0}	公鸭子 kuŋ^{45}ia^{0}tsɿ^{0}	公鸭子 kuŋ^{34}ia^{21}tsɿ^{0}
母鸭	母鸭子 mu^{53}ia^{31}tsɿ^{0}	母鸭子 mə^{55}ia^{42}tsɿ^{0}	母鸭子 mo^{55}ia^{31}tsɿ^{0}	母鸭子 mo^{53}ia^{0}tsɿ^{0}	母鸭子 mu^{53}ia^{21}tsɿ^{0}
小鸭子	鸭娃儿 ia^{31}uar^{35}	鸭娃儿 ia^{42}uar^{312}	鸭娃儿 ia^{31}uar^{42}	鸭娃儿 ia^{42}uar^{42}	小鸭子 ɕiau^{53}ia^{21}tsɿ^{0}
鸭蛋	鸭蛋 ia^{31}tan^{44}	鸭蛋 ia^{42}tan^{223}	鸭蛋 ia^{31}tan^{22}	鸭蛋 ia^{42}tan^{213}	鸭蛋 ia^{21}tan^{213}
鹅	鹅 ŋɤ^{35}	鹅 ŋɤ^{312}	鹅 ŋo^{42}	鹅 ŋo^{42}	鹅 ŋuo^{21}
小鹅儿	鹅娃儿 ŋɤ^{35}uar^{35}	鹅娃儿 ŋɤ^{32}uar^{32}	鹅娃儿 ŋo^{42}uar^{42}	鹅娃儿 ŋo^{42}uar^{42}	鹅娃儿 ŋuo^{21}uar^{21}
野兽	野物 ie^{53}u^{31} 野兽 ie^{53}ʂəu^{44}	野物 ie^{55}u^{42}	野物 iɛ^{55}u^{31}	野兽 ie^{53}ʂəu^{23} 野物 ie^{53}u^{45}	野兽 ie^{53}ʂəu^{23} 野物 ie^{53}u^{34}

续表

方言点 / 词目	中原官话区	混合1区	江淮官话区	混合3区	西南官话区
	汉滨	县河	茅坪	石泉	紫阳
狮子	狮子 ʂʅ^{31}tsʅ^{0}	狮子 sʅ^{42}tsʅ^{0}	狮子 sʅ^{31}tsʅ^{0}	狮子 sʅ^{45}tsʅ^{0}	狮子 sʅ^{34}tsʅ^{0}
老虎	老虎 lau^{31}xu^{0}	老虎 lau^{55}xu^{55}	老虎 lau^{55}xu^{55}	老虎 lau^{53}xu^{53}	老虎 nau^{53}xu^{53}
母老虎	母老虎 mu^{53}lau^{31}xu^{0}	母老虎 mə^{55}lau^{55}xu^{55}	母老虎 mo^{55}lau^{55}xu^{55}	母老虎 mo^{53}lau^{53}xu^{53}	母老虎 mu^{53}nau^{53}xu^{53}
猴子	猴子 xəu^{35}tsʅ^{0}	猴子 xəu^{32}tsʅ^{0}	猴子 xou^{42}tsʅ^{0}	猴子 xəu^{42}tsʅ^{0}	猴子 xəu^{21}tsʅ^{0}
熊	熊 ɕyŋ^{35} 狗熊 kəu^{53}ɕyŋ^{35}	狗熊 kəu^{55}ɕyŋ^{312} 黑子 xe^{42}tsʅ^{0}	狗熊 kou^{55}ɕiəŋ^{42} 黑子 xɛ^{31}tsʅ^{0}	黑娃子 xe^{42}ua^{42}tsʅ^{0}	狗熊 kəu^{53}ɕyŋ^{21} 黑子 xe^{21}tsʅ^{0}
豹	豹子 pau^{44}tsʅ^{0}	豹子 pau^{23}tsʅ^{0}	豹子 pau^{23}tsʅ^{0}	豹老二 pau^{23}lau^{53}ər^{23}	豹老二 pau^{23}lau^{53}ər^{23}
狼	长尾巴 tʂʰaŋ^{35}uei^{53}pa^{0} 狼娃子 laŋ^{35}ua^{35}tsʅ^{0}	豺狼 tʂʰai^{32}laŋ^{312}	豺狼 tʂʰai^{42}laŋ^{42}	狼娃子 laŋ^{42}ua^{42}tsʅ^{0}	狼娃子 naŋ^{21}ua^{21}tsʅ^{0}
狐狸	狐子 xu^{35}tsʅ^{0} 毛狗子 mau^{35}kəu^{53}tsʅ^{0}	毛狗子 mau^{32}kəu^{55}tsʅ^{0}	毛狗子 mau^{42}kou^{55}tsʅ^{0}	毛狗子 mau^{42}kəu^{53}tsʅ^{0}	毛狗子 mau^{21}kəu^{53}tsʅ^{0}
黄鼠狼	黄鼠狼 xuaŋ^{35}fu^{53}laŋ^{35}	黄鼠狼 xuaŋ^{32}fu^{55}laŋ^{312}	黄鼠狼 xuaŋ^{42}ʂʮ^{55}laŋ^{31}	黄鼠狼 xuaŋ^{42}ʂʮ^{53}laŋ^{42}	黄鼠狼 xuaŋ^{21}ʂu^{53}naŋ^{21}
青猺	果子狸 kuo^{53}tsʅ^{0}li^{35}	果子狸 ko^{55}tsʅ^{0}li^{312}	果子狸 ko^{55}tsʅ^{0}li^{42}	白咪子 pe^{42}mi^{45}tsʅ^{0}	白米子 pe^{21}mi^{53}tsʅ^{0}
羚羊	羚羊 lin^{35}iaŋ^{35}	羚羊 lin^{32}iaŋ^{312}	羚羊 lin^{42}iaŋ^{42}	野牛 ie^{53}ȵiəu^{42}	野牛 ie^{53}ȵiəu^{21}
野猪	野猪 ie^{53}pfu^{31}	野猪 ie^{55}pfu^{42}	野猪 iɛ^{55}tʂʮ^{31}	野猪 ie^{53}tʂʮ^{45}	野猪 ie^{53}tʂu^{34}
刺猬	豪猪子 xau^{35}pfu^{31}tsʅ^{0}	豪猪子 xau^{32}pfu^{42}tsʅ^{0}	豪猪子 xau^{42}tʂʮ^{31}tsʅ^{0}	刺猪子 tsʰʅ^{23}tʂʮ^{45}tsʅ^{0}	刺猪子 tsʰʅ^{23}tʂu^{34}tsʅ^{0}

续表

词目＼方言点	中原官话区	混合 1 区	江淮官话区	混合 3 区	西南官话区
	汉滨	县河	茅坪	石泉	紫阳
麂子	麂子 tɕi^{53}tsɿ^{0}	麂子 tɕi^{55}tsɿ^{0}	麂子 tɕi^{55}tsɿ^{0}	麂子 tɕi^{53}tsɿ^{0}	麂子 tɕi^{53}tsɿ^{0}
獐子	獐子 tʂaŋ^{31}tsɿ^{0}	獐子 tʂaŋ^{42}tsɿ^{0}	獐子 tʂaŋ^{31}tsɿ^{0}	香子 ɕiaŋ^{45}tsɿ^{0}	香子 ɕiaŋ^{34}tsɿ^{0}
老鼠	老鼠 lau^{31}fu^{0}	老鼠 lau^{55}fu^{0}	老鼠 lau^{55}ʂʯ^{0}	老鼠 lau^{53}ʂʯ^{0}	老鼠 nau^{53}ʂu^{0}
田鼠	拱老鼠 kuŋ^{53}lau^{31}fu^{0}	拱老鼠 kuŋ^{55}lau^{55}fu^{0}	拱老鼠 kəŋ^{55}lau^{55}ʂʯ^{0}	拱老鼠 kuŋ^{53}lau^{53}ʂʯ^{0}	拱老鼠 kuŋ^{53}nau^{53}ʂu^{0}
松鼠	毛老鼠 mau^{35}lau^{31}fu^{0}	毛老鼠 mau^{32}lau^{55}fu^{0}	毛老鼠 mau^{42}lau^{55}ʂʯ^{0}	毛老鼠 mau^{42}lau^{53}ʂʯ^{0}	毛老鼠 mau^{42}nau^{53}ʂu^{0}
蝙蝠	檐老鼠儿 ian^{35} lau^{53}fur^{53}	檐老鼠 ian^{32}lau^{55}fu^{0}	檐老鼠 ian^{42}lau^{55}ʂʯ^{0}	檐老鼠 ian^{42}lau^{53}ʂʯ^{0}	檐老鼠 ian^{21}nau^{53}ʂu^{0}
蛇	长虫 tʂʰaŋ^{35} pfʰəŋ^{0} 蛇 ʂɤ^{35}	蛇 ʂɤ^{32} 长虫 tʂʰaŋ^{32}pfʰəŋ^{312}	蛇 ʂɛ^{42}	地上梭 ti^{23}ʂaŋ^{23} so^{42} 蛇 ʂe^{42}	地上梭 ti^{23}ʂaŋ^{23} suo^{21} 蛇 ʂe^{21}
蜥蜴	马蛇子 ma^{53}ʂɤ^{35}tsɿ^{0}	四脚蛇 sɿ^{23}tɕyo^{42}ʂɤ^{312}	四脚蛇 sɿ^{23}tɕio^{31}ʂɛ^{42}	药包袱 io^{42}pau^{45}fu^{0}	四脚蛇 sɿ^{23}tɕyo^{34}ʂe^{21}
鸟儿	鸟 ȵiau^{53} 雀雀 儿 tɕʰyo^{53}tɕʰyor^{0}	雀鸟 tɕʰio^{55}ȵiau^{55}	雀鸟 tɕʰio^{55}ȵiau^{55}	雀鸟 tɕʰio^{53}ȵiau^{53}	雀鸟 tɕʰyo^{53}ȵiau^{53}
鸟的别称	尖嘴子 tɕiã^{31}tsei^{53}tsɿ^{0}	尖嘴子 tɕian^{42}tsei^{55}tsɿ^{0}	尖嘴子 tɕian^{31}tsei^{55}tsɿ^{0}	尖嘴子 tɕian^{45}tsei^{53}tsɿ^{0}	尖嘴子 tɕian^{34}tsei^{53}tsɿ^{0}
乌鸦	老鸹 lau^{53}ua^{31}	老鸹 lau^{55}ua^{42}	老鸹子 lau^{55}ua^{31}tsɿ^{0}	老鸹 lau^{53}ua^{45}	老鸹子 lau^{53}ua^{34}tsɿ^{0}
喜鹊	野鹊儿 ie^{53}tɕʰyor^{53} 喜鹊儿 ɕi^{53}tɕʰyor^{53}	哑雀子 ia^{55}tɕʰyo^{55}tsɿ^{0} 喜鹊 ɕi^{55}tɕʰyor^{55}	哑雀子 ia^{55}tɕʰio^{55}tsɿ^{0} 喜鹊 ɕi^{55}tɕʰior^{55}	哑雀子 ia^{53}tɕʰio^{53}tsɿ^{0} 喜鹊 ɕi^{53}tɕʰior^{53}	哑雀子 ia^{53}tɕʰyo^{53}tsɿ^{0} 喜鹊 ɕi^{53}tɕʰyor^{53}
麻雀	麻雀儿 ma^{35}tɕʰyor^{53}	麻雀儿 ma^{32}tɕʰyor^{55}	麻雀儿 ma^{42}tɕʰiər^{55}	麻雀儿 ma^{42}tɕʰiər^{53}	麻雀儿 ma^{21}tɕʰyor^{53}

续表

方言点 / 词目	中原官话区	混合 1 区	江淮官话区	混合 3 区	西南官话区
	汉滨	县河	茅坪	石泉	紫阳
燕子	燕子 iã^{44}tsɿ^{0}	燕子 ian^{23}tsɿ^{0}	燕子 ian^{23}tsɿ^{0}	燕子 ian^{23}tsɿ^{0}	燕子 ian^{23}tsɿ^{0}
雁	大雁 ta^{44}iã^{44}	大雁 ta^{23}ian^{23}	大雁 ta^{22}ian^{213}	大雁 ta^{23}ian^{213}	大雁 ta^{23}ian^{213}
斑鸠	斑鸡 pã^{31}tɕi^{31}	斑鸡 pan^{42}tɕi^{42}	斑鸡 pan^{31}tɕi^{31}	斑鸡 pan^{45}tɕi^{45}	斑鸡 pan^{34}tɕi^{34}
鸽子	鸽子 kɤ^{31}ʦɿ^{0}	鸽子 kɤ^{42}ʦɿ^{0}	鸽子 ko^{31}ʦɿ^{0}	鸽子 ko^{42}ʦɿ^{0}	鸽子 kuo^{21}ʦɿ^{0}
鹌鹑	鹌鹑 ŋã^{31}pfʰə̃^{35} 秧鸡子 iaŋ^{31}tɕi^{31}ʦɿ^{0}	秧鸡子 iaŋ^{42}tɕi^{42}ʦɿ^{0} 田鸡子 tʰian^{32}tɕi^{42}tsɿ^{0}	秧鸡子 iaŋ^{31}tɕi^{31}ʦɿ^{0}	秧鸡子 iaŋ^{45}tɕi^{45}ʦɿ^{0}	秧鸡子 iaŋ^{34}tɕi^{34}ʦɿ^{0}
布谷鸟	豌豆鹊 uã^{31}təu^{44}tɕʰyor^{53}	豌豆鹊 uan^{42}təu^{23}tɕʰyor^{55}	豌豆鹊 uan^{31}tou^{22}tɕʰior^{55}	豌豆鹊 uan^{45}təu^{0}tɕʰior^{53}	豌豆鹊 uan^{34}təu^{0}tɕʰyor^{53}
啄木鸟	叨木官 tau^{31}mu^{0}kuã^{31}	叨木官 tau^{42}mə^{0}kuan^{42}	挝米官 tʂɥa^{42}mi^{0}kuan^{31}	挝木官 tʂɥa^{42}mo^{0}kuan^{45}	挝木官 tʂua^{21}mu^{0}kuan^{34}
猫头鹰	猫头鹰 mau^{44}tʰəu^{35}in^{31}	猫头鹰 mau^{23}tʰəu^{32}in^{42}	猫头鹰 mau^{23}tʰou^{42}in^{31}	夜视鹰 ie^{23}ʂʅ^{23}in^{45} 猫公鸟 mau^{23}kuŋ^{45}ȵiau^{53}	猫公鸟 mau^{23}kuŋ^{34}ȵiau^{53} 夜猫子 ie^{23}mau^{23}ʦɿ^{0}
水鸭子	水鸭子 fei^{53}ia^{31}ʦɿ^{0} 野鸭子 ie^{53}ia^{31}tsɿ^{0}	水鸭子 fei^{55}ia^{42}ʦɿ^{0}	野鸭子 iɛ^{55}ia^{31}ʦɿ^{0} 水鸭子 ɕɥei^{55}ia^{31}ʦɿ^{0}	野鸭子 ie^{53}ia^{45}ʦɿ^{0} 水鸭子 ɕɥei^{53}ia^{45}ʦɿ^{0}	野鸭子 ie^{53}ia^{34}ʦɿ^{0} 水鸭子 ʂuei^{53}ia^{34}ʦɿ^{0}
野鸡	野鸡 ie^{53}tɕi^{31}	野鸡 ie^{55}tɕi^{42}	野鸡 iɛ^{55}tɕi^{31}	野鸡 ie^{53}tɕi^{45}	野鸡 ie^{53}tɕi^{34}
八哥儿	八哥 pa^{31}kɤ^{31}	八哥儿 pa^{42}kər^{42}	八哥儿 pa^{31}kor^{0}	八哥儿 pa^{42}kor^{45}	八哥儿 pa^{21}kuor^{34}
老鹰	老鹰 lau^{53}in^{31}	老鹰 lau^{55}in^{42}	老鹰 lau^{55}in^{31}	岩鹰 ŋai^{42}in^{45}	老鹰 nau^{53}in^{34}
鹞子	鹞子 iau^{44}tsɿ^{0}	鹞子 iau^{23}tsɿ^{0}	鹞子 iau^{22}tsɿ^{0}	鹞子 iau^{23}tsɿ^{0}	鹞子 iau^{23}tsɿ^{0}

续表

方言点 词目	中原官话区	混合 1 区	江淮官话区	混合 3 区	西南官话区
	汉滨	县河	茅坪	石泉	紫阳
点水雀	点水雀儿 tiã^{53}fei^{53}tɕʰyor^{53}	点水雀儿 tian^{55}fei^{55}tɕʰyor^{55}	点水雀儿 tian^{55} ʂʮei^{55}tɕʰior^{55}	点水雀儿 tian^{53} ʂʮei^{53}tɕʰior^{53}	点水雀儿 tian^{53} ʂuei^{53}tɕʰyor^{53}
鹭鸶	鹭鸶 lu^{44}sɿ^{0}	鹭鸶 ləu^{23}sɿ^{0}	鹭鸶 lou^{22}sɿ^{0}	青桩 tɕʰin^{45} tʂʮaŋ^{45}	鱼老鸦 y^{21}nau^{53}ua^{34}
翅膀	翅膀 tʂʰʅ^{44}paŋ^{0}	翅膀 tʂʅ^{23}paŋ^{0}	翅膀 tʂʅ^{23}paŋ^{0}	翅膀 tʂʅ^{23}paŋ^{0}	翅膀 tʂʅ^{23}paŋ^{0}
鸟窝	鸟窝 ȵiau^{53}uo^{31}	鸟窝 ȵiau^{55}uo^{42}	鸟窝 ȵiau^{55}uo^{31}	鸟窝 ȵiau^{53}uo^{45}	鸟窝 ȵiau^{53}uo^{34}
蚕	蚕子 tsʰã^{35}tsɿ^{0}	蚕子 tsʰan^{32}tsɿ^{0}	蚕子 tsʰan^{42}tsɿ^{0}	蚕子 tsʰan^{42}tsɿ^{0}	蚕子 tsʰan^{21}tsɿ^{0}
蚕蛹	蚕蛹儿 tsʰã^{35}yŋr^{53}	蚕蛹儿 tsʰan^{32}yŋr^{55}	蚕蛹儿 tsʰan^{42}iəŋr^{55}	蚕蛹儿 tsʰan^{42}iuŋr^{53}	蚕蛹儿 tsʰan^{21}yŋr^{53}
蚕沙	蚕粪 tsʰã^{35}fən^{44}	蚕粪 tsʰan^{32}fən^{223}	蚕沙 tsʰan^{42}ʂa^{31}	蚕沙 tsʰan^{42}ʂa^{45}	蚕沙 tsʰan^{21}ʂa^{34}
蜘蛛	蛛蛛儿 fu^{31}fur^{0}	蛰蛛 tʂe^{42}fu^{42}	蛰蛛 tʂɛ^{31}tʂʮ^{31}	蛰蛛 tʂe^{42}tʂʮ^{45}	格蛛 ke^{21}tʂu^{34}
千脚虫	草鞋耙子 tsʰau^{53} xæ^{35}pʰa^{35}tsɿ^{0}	草鞋耙子 tsʰau^{55} xai^{32}pʰa^{32}tsɿ^{0}	草鞋耙子 tsʰau^{55} xai^{42}pʰa^{42}tsɿ^{0}	草鞋耙子 tsʰau^{53} xai^{42}pʰa^{42}tsɿ^{0}	草鞋耙子 tsʰau^{53} xai^{21}pʰa^{21}tsɿ^{0}
蚂蚁	蚂蚁 ma^{53}ie^{31}	蚂蚁 ma^{55}ȵi^{223}	蚂蚁子 ma^{55}ȵi^{22}tsɿ^{0}	蚂蚁子 ma^{53}ȵi^{23}tsɿ^{0}	蚂蚁子 ma^{53}ȵi^{23}tsɿ^{0}
土鳖	土鳖子 tʰu^{53}pie^{31}tsɿ^{0}	土鳖 tʰəu^{55}pie^{42}	土鳖 tʰou^{55}piɛ^{31}	土狗子 tʰəu^{53}kəu^{53}tsɿ^{0}	土狗子 tʰəu^{53}kəu^{53}tsɿ^{0}
蜣螂	屎把牛儿 ʂʅ^{53}pa^{53}ȵiəur^{35}	屎把牛儿 ʂʅ^{55}pa^{55}ȵiəur^{312}	屎把牛儿 ʂʅ^{55}pa^{55}ȵiour^{42}	屎把牛儿 ʂʅ^{53} pa^{53}ȵiəur^{42} 推屎 爬 tʰei^{45}ʂʅ^{53}pʰa^{42}	屎把牛儿 ʂʅ^{53}pa^{53}ȵiəur^{21}
蛴螬	老母虫 lau^{53}mu^{53}pfʰəŋ^{35}	老母虫 lau^{55}mə^{55}pfʰəŋ^{312}	老母虫 lau^{55}mo^{55}tʂʰəŋ^{42}	老母虫 lau^{53}mo^{53}tʂʰuŋ^{42}	老母虫 nau^{53}mu^{53}tʂʰuŋ^{21}
米象	谷牛子 ku^{31}ȵiəu^{35}tsɿ^{0}	谷牛子 ku^{42}ȵiəu^{32}tsɿ^{0}	谷牛子 ku^{31}ȵiou^{42}tsɿ^{0}	谷牛子 ku^{45}ȵiəu^{42}tsɿ^{0}	谷牛子 ku^{34}ȵiəu^{21}tsɿ^{0}

续表

方言点 / 词目	中原官话区	混合 1 区	江淮官话区	混合 3 区	西南官话区
	汉滨	县河	茅坪	石泉	紫阳
蚯蚓	蛐蟮 tɕʰy^{31}ʂã^{44}	抽蟮子 pfʰu^{42}ʂan^{23}tsɿ^{0}	抽蟮子 tʂʰou^{31}ʂan^{23}tsɿ^{0}	蛐蟮子 tʂʰɥ^{45}ʂan^{23}tsɿ^{0}	蛐蟮子 tɕʰy^{34}ʂan^{23}tsɿ^{0}
蜗牛	呱呱牛儿 kua^{31} kua^{31}ȵiəur^{35}	螺丝纠儿 luo^{32}sɿ^{0}tɕiəur^{223}	螺丝纠儿 lo^{42}sɿ^{0}tɕiour^{213}	螺丝 lo^{42}sɿ^{0}	螺丝纠儿 nuo^{21}sɿ^{34}tɕiəur^{213}
蜈蚣	蜈蚣 u^{35}kuŋ^{31}	蜈蚣 u^{32}kuŋ^{42}	蜈蚣 u^{42}kəŋ^{31}	蜈蚣 u^{42}kuŋ^{45}	蜈蚣虫 u^{21}kuŋ^{34}tʂʰuŋ^{21}
蝎子	蝎子 ɕie^{31}tsɿ^{0}	蝎子 ɕie^{42}tsɿ^{0}	蝎子 ɕiɛ^{31}tsɿ^{0}	蝎子 ɕie^{42}tsɿ^{0}	蝎子 ɕie^{21}tsɿ^{0}
壁虎	壁虎儿 pi^{31}xur^{53}	爬墙虎 pʰa^{32}tɕʰiaŋ^{32}xu^{55}	爬墙虎 pʰa^{42}tɕʰiaŋ^{42}xu^{55}	爬墙虎 pʰa^{42}tɕʰiaŋ^{42}xu^{53} 壁虎子 pi^{45}xu^{53}tsɿ^{0}	爬墙虎 pʰa^{21} tɕʰiaŋ^{21}xu^{53} 壁虎子 pi^{34}xu^{53}tsɿ^{0}
毛虫	毛虫 mau^{35}pfʰəŋ^{35}	毛虫 mau^{32}pfʰəŋ^{312}	毛虫 mau^{42}tʂʰəŋ^{42}	毛虫 mau^{42}tʂʰuŋ^{42}	毛虫 mau^{21}tʂʰuŋ^{21}
肉虫	肉虫 ʐəu^{44}tʂʰuŋ^{35}	肉虫 ʐəu^{23}tʂʰuŋ^{312}	肉虫 ʐou^{23}tʂʰəŋ^{42}	肉虫 ʐəu^{23}tʂʰuŋ^{42}	肉虫 ʐəu^{23}tʂʰuŋ^{21}
千脚虫	草鞋耙子 tsʰau^{53} xæ^{35}pʰa^{35}tsɿ^{0}	草鞋耙子 tsʰau^{55} xai^{32}pʰa^{32}tsɿ^{0}	草鞋耙子 tsʰau^{55} xai^{42}pʰa^{42}tsɿ^{0}	草鞋耙子 tsʰau^{53} xai^{42}pʰa^{42}tsɿ^{0}	草鞋耙子 tsʰau^{53} xai^{21}pʰa^{21}tsɿ^{0}
蚜虫	蚜虫 ia^{35}tʂʰəŋ^{35}	蚜虫 ia^{32}tʂʰəŋ^{312}	蚜虫 ia^{42}tʂʰəŋ^{42}	蚜虫 ia^{42}tʂʰuŋ^{42}	蚜虫 ia^{21}tʂʰuŋ^{21}
苍蝇	苍蝇 tsʰaŋ^{31}iŋ^{31} 屎蚊子 ʂʅ^{53}uə̃^{35}tsɿ^{0}	蚊子 uən^{32}tsɿ^{0} 饭蚊子 fan^{23} uən^{32}tsɿ^{0} 屎蚊子 ʂʅ^{55}uən^{32}tsɿ^{0}	蚊子 uən^{42}tsɿ^{0} 饭蚊子 fan^{22} uən^{42}tsɿ^{0} 屎蚊子 ʂʅ^{55}uən^{42}tsɿ^{0}	蚊子 uən^{42}tsɿ^{0} 饭蚊子 fan^{23} uən^{42}tsɿ^{0} 屎蚊子 ʂʅ^{53}uən^{42}tsɿ^{0}	蚊子 uən^{21}tsɿ^{0} 饭蚊子 fan^{23} uən^{21}tsɿ^{0} 屎蚊子 ʂʅ^{53}uən^{21}tsɿ^{0}
蚊子	夜蚊子 ie^{44}uə̃^{35} tsɿ^{0} 蝇子 iŋ^{35}tsɿ^{0}	夜蚊子 ie^{23}uən^{32}tsɿ^{0}	夜蚊子 iɛ^{22}uən^{42}tsɿ^{0}	夜蚊子 ie^{23}uən^{42}tsɿ^{0}	夜蚊子 ie^{23}uən^{21}tsɿ^{0}
孑孓	跟斗虫 kən^{31}təu^{0}pfʰəŋ^{35}	跟斗虫 kən^{42}təu^{0}pfʰəŋ^{312}	跟斗虫 kən^{31}tou^{0}tʂəŋ^{42}	跟斗虫 kən^{45}təu^{0}tʂuŋ^{42}	跟斗虫 kən^{34}təu^{0}tʂuŋ^{21}
蛆	蛆蚜子 tɕʰy^{31}ia^{35}tsɿ^{0}	蛆蚜子 tɕʰy^{42}ia^{32}tsɿ^{0}	蛆蚜子 tɕʰi^{31}ia^{42}tsɿ^{0}	蛆蚜子 tɕʰi^{45}ia^{42}tsɿ^{0}	蛆蚜子 tɕʰi^{34}ia^{21}tsɿ^{0}

续表

方言点 词目	中原官话区	混合 1 区	江淮官话区	混合 3 区	西南官话区
	汉滨	县河	茅坪	石泉	紫阳
虱子	虱子 ʂei^{31}tsɿ^{0}	虱子 ʂe^{42}tsɿ^{0}	虱子 sɛ^{31}tsɿ^{0}	虱子 se^{42}tsɿ^{0}	虱子 se^{21}tsɿ^{0}
虱虮子	虱虮子 ʂei^{31}tɕi^{53}tsɿ^{0}	虱虮子 ʂe^{42}tɕi^{55}tsɿ^{0}	虱虮子 sɛ^{31}tɕi^{55}tsɿ^{0}	虱虮子 se^{42}tɕi^{53}tsɿ^{0}	虱虮子 se^{21}tɕi^{53}tsɿ^{0}
臭虫	臭虫 tʂʰəu^{44}pfʰəŋ^{35}	臭虱 tʂʰəu^{23}ʂe^{42}	臭虱 tʂʰou^{23}sɛ^{31}	臭虱 tʂʰəu^{23}se^{42}	臭虱 tʂʰəu^{23}se^{21}
跳蚤	虼蚤 kɤ^{31}tsau^{53}	虼蚤 kɤ^{42}tsau^{55}	虼蚤 kɛ^{31}tsau^{55}	虼蚤 ke^{42}tsau^{53}	虼蚤 ke^{21}tsau^{53}
牛虻	牛虻钻 ȵiəu^{35} məŋ^{35}tsã^{44}	牛虻钻 ȵiəu^{32} məŋ^{32}tsan^{223}	牛虻钻 ȵiou^{42} məŋ^{42}tsan^{213}	牛蚊子 ȵiəu^{42} uən^{42}tsɿ^{0}	牛虱子 ȵiəu^{21} se^{21}tsɿ^{0}
蟋蟀	蛐蛐儿 tɕʰy^{31}tɕʰyr^{31}	土歌儿 tʰəu^{55}kər^{0}	土歌儿 tʰou^{55}kor^{0}	土歌儿 tʰəu^{53}kor^{0}	蟋素 ɕi^{34}suo^{21}
灶蟋蟀	灶蚂子 tsau^{44}ma^{31}tsɿ^{0}	灶蚂子 tsau^{23}ma^{55}tsɿ^{0}	灶蚂子 tsau^{213}ma^{55}tsɿ^{0}	灶鸡子 tsau^{23}tɕi^{45}tsɿ^{0}	灶蟋素 tsau^{23}ɕi^{34}suo^{21}
蝗虫	蚂蚱 ma^{31}tʂa^{0}	蚂爪儿 ma^{42}pfar^{0}	蚂爪儿 ma^{31}tʂɥar^{0}	蚂爪儿 ma^{45}tʂɥa^{0}	蚂爪儿 ma^{34}tʂua^{0}
螳螂	猴子 xəu^{35}tsɿ^{0}	猴子 xəu^{32}tsɿ^{0}	猴子 xou^{42}tsɿ^{0}	黄婆娘 xuaŋ^{42} pʰo^{42}ȵiaŋ^{0}	黄婆娘 xuaŋ^{21} pʰuo^{21}ȵiaŋ^{0}
蝉	吱闹儿 tʂʅ^{31}laur^{44}	吱闹儿 tʂʅ^{42}aur^{223}	嗞啦子 tsɿ^{31}la^{31}tsɿ^{0}	蛪啊子 ȵi^{23}ŋa^{45}tsɿ^{0} 米呐子 mi^{53}la^{42}tsɿ^{0}	蛪啊子 ȵi^{23}ŋa^{34} tsɿ^{0} 嗞油子 tsɿ^{34}iəu^{21}tsɿ^{0}
蜜蜂	糖蜂子 tʰaŋ^{35}fəŋ^{31}tsɿ^{0}	糖蜂子 tʰaŋ^{32}fəŋ^{42}tsɿ^{0}	糖蜂子 tʰaŋ^{42}fəŋ^{31}tsɿ^{0}	糖蜂子 tʰaŋ^{42} fuŋ^{45}tsɿ^{0}	糖蜂子 tʰaŋ^{21} fuŋ^{34}tsɿ^{0}
马蜂	长脚儿捞 tʂʰaŋ^{35} tɕyor^{31}lau^{44} 马蜂子 ma^{53}fəŋ^{31}tsi^{0}	长脚捞 tʂʰaŋ^{32}tɕyo^{42}lau^{23} 马蜂子 ma^{55}fəŋ^{42}tsi^{0}	长脚捞 tʂʰaŋ^{42}tɕio^{31}lau^{213} 马蜂子 ma^{55}fəŋ^{31}tsi^{0}	长脚捞 tʂʰaŋ^{42}tɕio^{42}lau^{213} 马蜂子 ma^{53}fuŋ^{53}tsi^{0}	长脚捞 tʂʰaŋ^{21}tɕyo^{21}lau^{213} 马蜂子 ma^{53}fuŋ^{53}tsi^{0}

续表

方言点 / 词目	中原官话区	混合 1 区	江淮官话区	混合 3 区	西南官话区
	汉滨	县河	茅坪	石泉	紫阳
蜂窝	蜂子窝 fəŋ^{31}tsɿ^{0}uo^{31} 葫芦包 kʰu^{35}ləu^{0}pau^{31}	蜂子窝 fəŋ^{42}tsɿ^{0}uo^{42} 葫芦包 kʰu^{32}ləu^{0}pau^{42}	蜂子窝 fəŋ^{31}tsɿ^{0}uo^{31} 葫芦包 kʰu^{42}lou^{0}pau^{31}	蜂子窝 fuŋ^{45}tsɿ^{0}uo^{45} 葫芦包 kʰu^{42}ləu^{0}pau^{45}	蜂子窝 fuŋ^{34}tsɿ^{0}uo^{34} 葫芦包 kʰu^{21}ləu^{0}pau^{34}
蜂蜜	蜂糖 fəŋ^{31}tʰaŋ^{35}	蜂糖 fəŋ^{42}tʰaŋ^{312}	蜂糖 fəŋ^{31}tʰaŋ^{42}	蜂糖 fuŋ^{45}tʰaŋ^{42}	蜂糖 fuŋ^{34}tʰaŋ^{21}
萤火虫	明火虫 min^{35} xuo^{53}pfʰəŋ^{35}	亮花虫 liaŋ^{23} xua^{42}pfʰəŋ^{312}	亮花虫儿 liaŋ^{22} xua^{31}tʂʰəŋr^{42}	亮火虫 liaŋ^{23} xo^{53}tʂʰuŋ^{42}	亮花虫 liaŋ^{23} xua^{23}tʂʰuŋ^{21}
臭大姐	屁板虫 pʰi^{44}pã^{53}pfʰəŋ^{35}	打屁虫 ta^{55}pʰi^{23}pfʰəŋ^{312}	打屁虫 ta^{55}pʰi^{2}tʂʰəŋ^{42}	打屁虫 ta^{53}pʰi^{23}tʂʰuŋ^{42}	打屁虫 ta^{53}pʰi^{23}tʂʰuŋ^{21}
灯蛾	扑灯蛾 pʰu^{31}təŋ^{31}ŋɤ^{35}	蛾子 ŋɤ^{32}tsɿ^{0}	蛾子 ŋo^{42}tsɿ^{0}	蛾子 ŋo^{42}tsɿ^{0}	蛾子 ŋuo^{21}tsɿ^{0}
蝴蝶	蝴蝶儿 xu^{35}tier^{0}	蝴蝶儿 xu^{32}tier^{0}	蝴蝶儿 xu^{42}tʰier^{0}	飞蛾儿 fei^{42}ŋor^{0}	蝴蝶 fu^{21}tʰie^{0}
蜻蜓	麻螂 ma^{35}laŋ^{44}	麻螂 ma^{32}laŋ^{223}	麻螂 ma^{42}laŋ^{213}	洋咪咪 iaŋ^{42}mi^{45} mi^{0}　洋丁丁 iaŋ^{42}tin^{45}tin^{0}	洋丁丁 iaŋ^{21}tin^{34}tin^{0}
瓢虫	花媳妇儿 xua^{35}ɕi^{31}fur^{44} 金巴牛儿 tɕin^{31}pa^{31}ȵiəur^{35}	花媳妇儿 xua^{42}ɕi^{42}fur^{213}	花媳妇儿 xua^{31}ɕi^{31}fur^{213}	金巴牛儿 tɕin^{45}pa^{0}ȵiəur^{42}	金巴牛儿 tɕin^{34}pa^{0}ȵiəur^{21}
鱼	鱼 y^{35}	鱼 y^{312}	鱼 ʯ^{42}	鱼 ʯ^{42}	鱼 y^{21}
鲤鱼	鲤鱼 li^{53}y^{35}	鲤鱼 li^{55}y^{312}	鲤鱼 li^{55}ʯ^{42}	鲤鱼 li^{53}ʯ^{42}	鲤鱼 ȵi^{53}y^{21}
草鱼	草鱼 tsʰau^{53}y^{35}	草鱼 tsʰau^{55}y^{312}	草鱼 tsʰau^{55}ʯ^{42}	草鱼 tsʰau^{53}ʯ^{42}	草鱼 tsʰau^{53}y^{21}
鲫鱼	鲫花儿鱼 tɕi^{44}xuar^{31}y^{35} 鲫个子 tɕi^{44}kɤ^{44}tsɿ^{0}	鲫鱼 tɕi^{23}y^{312}	鲫鱼 tɕi^{213}ʯ^{42}	鲫鱼 tɕi^{213}ʯ^{42}	鲫鱼 tɕi^{23}y^{21}

续表

方言点 词目	中原官话区	混合 1 区	江淮官话区	混合 3 区	西南官话区
	汉滨	县河	茅坪	石泉	紫阳
黄颡鱼	黄颡 xuaŋ^{35}saŋ^{53}	黄颡 xuaŋ^{32}saŋ^{55}	黄拉丁子 xuaŋ^{42}la^{0}tin^{31}tsɿ^{0}	黄颡 xuaŋ^{42}saŋ^{53}	黄颡 xuaŋ^{21}saŋ^{53}
桃花鱼	桃花瓣儿 tʰau^{35}xua^{31}par^{44}	桃花瓣儿 tʰau^{32}xua^{42}par^{213}	桃花子 tʰau^{42}xua^{31}tsɿ^{0}	桃花子 tʰau^{42}xua^{45}tsɿ^{0}	桃花子 tʰau^{21}xua^{34}tsɿ^{0}
白条鱼	白条子 pei^{35}tiau^{35}tsɿ^{0}	白条子 pe^{32}tiau^{32}tsɿ^{0}	白条子 pɛ^{42}tiau^{42}tsɿ^{0}	白条子 pe^{42}tiau^{42}tsɿ^{0}	白条子 pe^{21}tiau^{21}tsɿ^{0}
金鱼	金鱼 tɕin^{31}y^{35}	金鱼 tɕin^{42}y^{312}	金鱼 tɕin^{31}ɥ^{42}	金鱼 tɕin^{45}ɥ^{42}	金鱼 tɕin^{34}y^{21}
泥鳅	泥鳅 ȵi^{35}tɕʰiəu^{31}	泥鳅 ȵi^{32}tɕʰiəu^{42}	泥鳅 ȵi^{42}tɕʰiou^{31}	泥鳅 ȵi^{42}tɕʰiəu^{45}	泥鳅 ȵi^{21}tɕʰiəu^{34}
大鲵	娃娃鱼 ua^{35}ua^{0}y^{35}	娃娃鱼 ua^{32}ua^{0}y^{312}	娃娃鱼 ua^{42}ua^{0}ɥ^{42}	娃娃鱼 ua^{42}ua^{0}ɥ^{42}	娃娃鱼 ua^{21}ua^{0}y^{21}
鳝鱼	黄鳝 xuaŋ^{35}ʂã^{44} 鳝鱼 ʂã^{44}y^{35}	黄鳝 xuaŋ^{32}ʂan^{223} 鳝鱼 ʂan^{23}y^{32}	黄鳝 xuaŋ^{42}ʂan^{213}	黄鳝 xuaŋ^{42}ʂan^{213}	黄鳝 xuaŋ^{21}ʂan^{213}
鱼腥味	鱼腥气 y^{35}ɕiŋ^{31}tɕʰi^{44}	鱼腥气 y^{32}ɕin^{42}tɕʰi^{223}	鱼腥气 ɥ^{42}ɕin^{31}tɕʰi^{213}	鱼腥气 ɥ^{42}ɕin^{45}tɕʰi^{213}	鱼腥气 y^{21}ɕin^{34}tɕʰi^{213}
鱼鳞	鱼甲 y^{35}tɕia^{31}	鱼甲 y^{32}tɕia^{42}	鱼鳞甲 ɥ^{42}lin^{42}tɕia^{0}	鱼鳞甲 ɥ^{42}lin^{42}tɕia^{45}	鱼斑 y^{21}pan^{34}
鱼刺	鱼刺 y^{35}tsʰɿ^{44}	鱼刺 y^{32}tsʰɿ^{223}	鱼刺 ɥ^{42}tsʰɿ^{213}	鱼刺 ɥ^{42}tsʰɿ^{213}	鱼刺 y^{21}tsʰɿ^{213}
鱼鳔儿	鱼泡儿 y^{35}paur^{44}	鱼泡儿 y^{32}paur^{223}	鱼泡儿 ɥ^{42}paur^{213}	鱼泡儿 ɥ^{42}paur^{213}	鱼泡儿 y^{21}paur^{213}
鱼腮	鱼腮 y^{35}sæ^{31}	鱼腮 y^{32}sai^{42}	鱼腮 ɥ^{42}sai^{31}	鱼腮 ɥ^{42}sai^{45}	鱼腮 y^{21}sai^{45}
鱼子	鱼子 y^{35}tsɿ^{53}	鱼子 y^{32}tsɿ^{55}	鱼子 ɥ^{42}tsɿ^{55}	鱼子 ɥ^{42}tsɿ^{53}	鱼子 y^{21}tsɿ^{53}
鱼苗儿	鱼苗儿 y^{35}miaur^{35}	鱼秧子 y^{32}iaŋ^{42}tsɿ^{0}	鱼秧子 ɥ^{42}iaŋ^{31}tsɿ^{0}	鱼秧子 ɥ^{42}iaŋ^{45}tsɿ^{0}	鱼秧子 y^{21}iaŋ^{34}tsɿ^{0}

续表

方言点 词目	中原官话区	混合1区	江淮官话区	混合3区	西南官话区
	汉滨	县河	茅坪	石泉	紫阳
钓鱼	钓鱼 tiau^{44}y^{35}	钓鱼 tiau^{23}y^{312}	钓鱼 tiau^{23}ʮ^{42}	钓鱼 tiau^{23}ʮ^{42}	钓鱼 tiau^{23}y^{21}
钓鱼竿	钓鱼竿儿 tiau^{44}y^{35}kar^{31}	钓鱼竿儿 tiau^{23}y^{32}kar^{42}	钓鱼竿儿 tiau^{23}ʮ^{42}kar^{31}	钓鱼竿儿 tiau^{23}ʮ^{42}kar^{45}	钓鱼竿儿 tiau^{23}y^{21}kar^{34}
钓鱼钩	鱼钩儿 y^{35}kəur^{31}	钓鱼钩儿 tiau^{23}y^{32}kəur^{42}	钓鱼钩儿 tiau^{23}ʮ^{42}kəur^{31}	钓鱼钩儿 tiau^{23}ʮ^{42}kəur^{45}	钓鱼钩儿 tiau^{23}y^{21}kəur^{34}
鱼篓	鱼篓儿 y^{35}ləur^{53}	鱼篓儿 y^{32}ləur^{55}	鱼篓儿 ʮ^{42}lour^{55}	鱼篓儿 ʮ^{42}ləur^{53}	鱼篓儿 y^{21}ləur^{53}
渔网	鱼网 y^{35}uaŋ^{53}	鱼网 y^{32}uaŋ^{55}	鱼网 ʮ^{42}uaŋ^{55}	鱼网 ʮ^{42}uaŋ^{53}	鱼网 y^{21}uaŋ^{53}
渔捞	渔捞子 y^{35}lau^{42}ʦɿ^{0}	渔捞子 y^{32}lau^{32}ʦɿ^{0}	渔捞子 ʮ^{42}lau^{42}ʦɿ^{0}	渔捞子 ʮ^{42}lau^{42}ʦɿ^{0}	渔捞子 y^{21}nau^{21}ʦɿ^{0}
虾	虾 ɕia^{35}	虾 ɕia^{312}	虾 ɕia^{42}	虾 ɕia^{42}	虾 ɕia^{21}
虾仁	虾仁儿 ɕia^{35}ʐər^{35}	虾仁 ɕia^{32}ʐən^{312}	虾仁 ɕia^{42}ʐən^{42}	虾仁 ɕia^{42}ʐən^{42}	虾仁 ɕia^{21}ʐən^{21}
虾米	虾米 ɕia^{35}mi^{0}	虾米 ɕia^{32}mi^{0}	虾米 ɕia^{42}mi^{0}	虾米 ɕia^{42}mi^{0}	虾米 ɕia^{21}mi^{0}
龟	乌龟 u^{31}kuei^{31}	乌龟 u^{42}kuei^{42}	乌龟 u^{31}kuei^{31}	乌龟 u^{45}kuei^{45}	乌龟 u^{34}kuei^{34}
鳖	鳖 pie^{31} 团鱼 tʰuã^{35}y^{35}	鳖 pie^{42}	鳖 piɛ^{31}	脚鱼 tɕio^{42}ʮ^{42} 团鱼 tʰan^{42}ʮ^{42}	鳖 pie^{21}
螃蟹	螃蟹 pʰã^{35}xæ^{53}	螃蟹 pʰan^{32}xai^{55}	螃蟹 pʰan^{42}xai^{55}	螃蟹 pʰan^{42}xai^{53}	螃蟹 pʰan^{21}xai^{53}
青蛙	蛤蟆 kʰɤ^{35}ma^{31}	蛤蟆 kʰɤ^{32}ma^{42}	蛤蟆 kʰɛ^{42}ma^{31}	蛤蟆 kʰe^{42}ma^{45}	蛤蟆 kʰe^{21}ma^{34}
蝌蚪	蛤蟆骨豆儿 kʰɤ^{35}ma^{0}ku^{31} təur^{44}	蛤蟆骨豆儿 kʰɤ^{32}ma^{0}ku^{42} təur^{223}	蛤蟆骨豆儿 kʰɛ^{42}ma^{0}ku^{31} tər^{31}	蛤蟆骨豆儿 kʰe^{42}ma^{0}ku^{45} tər^{213}	蛤蟆骨豆儿 kʰe^{21}ma^{0}ku^{34} tər^{213}

续表

词目＼方言点	中原官话区	混合 1 区	江淮官话区	混合 3 区	西南官话区
	汉滨	县河	茅坪	石泉	紫阳
青蛙卵	蛤蟆衣子 kʰɤ^{35}ma$^{0;}$i^{31}ʦɿ^{0}	蛤蟆衣子 kʰɤ^{32}ma$^{0;}$i^{42}ʦɿ^{0}	蛤蟆衣子 kʰɛ^{42} ma$^{0;}$i^{31}ʦɿ^{0}	蛤蟆衣子 kʰe^{42} ma$^{0;}$i^{45}ʦɿ^{0}	蛤蟆衣子 kʰe^{21} ma$^{0;}$i^{34}ʦɿ^{0}
蟾蜍	癞肚子 læ^{44}təu^{31}tsɿ^{0}	癞肚子 lai^{23}təu^{55}tsɿ^{0}	癞肚子 lai^{22}tou^{55}tsɿ^{0}	癞克包 lai^{23}kʰe^{42} pau^{45}　癞肚鼓 lai^{23}təu^{53}ku^{53}	癞克包 nai^{23}kʰe^{21}pau^{34}
水蛭	蚂蝗 ma^{53}xuaŋ^{35}	蚂蝗 ma^{55}xuaŋ^{312}	蚂蝗 ma^{55}xuaŋ^{42}	蚂蝗 ma^{53}xuaŋ^{42}	蚂蝗 ma^{53}xuaŋ^{21}
螺蛳	螺丝 luo^{35}sɿ^{0}	螺丝 luo^{32}sɿ^{0}	螺丝 lo^{42}sɿ^{0}	螺丝 lo^{42}sɿ^{0}	螺丝 nuo^{21}sɿ^{0}
蚌	蚌壳儿 pã^{44}kʰɤr^{31}	蚌壳儿 pan^{23}kʰɤr^{42}	蚌壳儿 pan^{22}kʰor^{31}	蚌壳儿 pan^{23}kʰor^{45}	蚌壳儿 pan^{23}kʰuor^{34}
田螺	蜗牛 uo^{31}n̥iəu^{35}	蜗牛 uo^{42}n̥iəu^{32}	蜗牛 uo^{31}n̥iou^{42}	蜗牛 uo^{45}n̥iəu^{42}	蜗牛 uo^{34}n̥iəu^{21}

七　房舍

词目＼方言点	中原官话区	混合 1 区	江淮官话区	混合 3 区	西南官话区
	汉滨	县河	茅坪	石泉	紫阳
住宅	房子 faŋ^{35}ʦɿ^{0}	房子 faŋ^{32}ʦɿ^{0}	屋 u^{31}	屋 u^{45}	屋 u^{34}
远离庄院的人家	吊庄子 tiau^{44}pfaŋ^{31}ʦɿ^{0}	吊庄子 tiau^{23}pfaŋ^{42}ʦɿ^{0}	吊庄子 tiau^{23}tʂɥaŋ^{31}ʦɿ^{0}	吊庄子 tiau^{23}tʂɥaŋ^{45}ʦɿ^{0}	吊庄子 tiau^{23}tʂuaŋ^{34}ʦɿ^{0}
这一带独此一家	独庄子 tu^{35}pfaŋ^{31}ʦɿ^{0}	独庄子 təu^{32}pfaŋ^{42}ʦɿ^{0}	独庄子 tou^{42}tʂɥaŋ^{31}ʦɿ^{0}	独庄子 təu^{42}tʂɥaŋ^{45}ʦɿ^{0}	独庄子 təu^{21}tʂuaŋ^{34}ʦɿ^{0}
房子	房子 faŋ^{35}ʦɿ^{0} 屋 u^{31}	房子 faŋ^{32}ʦɿ^{0} 屋 u^{42}	房子 faŋ^{42}ʦɿ^{0} 屋 u^{31}	房子 faŋ^{42}ʦɿ^{0} 屋 u^{45}	房子 faŋ^{21}ʦɿ^{0} 屋 u^{34}
卧室	睡房 fei^{44}faŋ^{35}	房屋 faŋ^{32}u^{42}	房屋 faŋ^{42}u^{31}	房屋 faŋ^{42}u^{45}	房屋 faŋ^{41}u^{34}

续表

方言点 词目	中原官话区 汉滨	混合 1 区 县河	江淮官话区 茅坪	混合 3 区 石泉	西南官话区 紫阳
造房子	盖房子 kæ⁴⁴faŋ³⁵tsɿ⁰	盖房子 kai²³faŋ³²tsɿ⁰	盖房子 kai²³faŋ⁴²tsɿ⁰	盖房子 kai²³faŋ⁴²tsɿ⁰	盖房子 kai²³faŋ²¹tsɿ⁰
院子	院子 yã⁴⁴tsɿ⁰	院子 yan²³tsɿ⁰	院子 ɥan²²tsɿ⁰	屋场 u⁴⁵tʂʰaŋ⁵³ 院子 ɥan²³tsɿ⁰	院子 yan²³tsɿ⁰
院墙	院墙 yã⁴⁴tɕʰiaŋ³⁵	院墙 yan²³tɕʰiaŋ³¹²	院墙 ɥan²²tɕʰiaŋ⁴²	院墙 ɥan²³tɕʰiaŋ⁴²	院墙 yan²³tɕʰiaŋ²¹
院坝	院坝 yã⁴⁴pa⁴⁴	院坝 yan²³pa²²³	院坝 ɥan²²pa²¹³	院坝 ɥan²³pa²¹³	院坝 yan²³pa²¹³
里间	里间 li⁵³tɕiã³¹	里间 li⁵⁵tɕian⁴² 里屋 li⁵⁵u⁴²	里屋 li⁵⁵u³¹	里屋 li⁵³u⁴⁵	里屋 ȵi⁵³u³⁴
正房	堂屋 tʰaŋ³⁵u³¹ 正房 tʂəŋ⁴⁴faŋ³⁵	堂屋 tʰaŋ³²u⁴²	堂屋 tʰaŋ⁴²u³¹	堂屋 tʰaŋ⁴²u⁴⁵	堂屋 tʰaŋ²¹u³⁴
院沟	檐沟 iã³⁵kəu³¹	院沟 yuan²³kəu⁴²	阴沟 in³¹kou³¹	阴沟 in⁴⁵kəu⁴⁵	阴沟 in³⁴kəu³⁴
把一间隔成两间的墙	间墙 kã⁴⁴tɕʰiaŋ³⁵	间墙 kan²³tɕʰiaŋ³¹²	间墙 kan²³tɕʰiaŋ⁰	间墙 kan²³tɕʰiaŋ⁴²	间墙 kan²³tɕʰiaŋ²¹
影壁	照壁 tʂau⁴⁴pi³¹	照壁 tʂau²³pi⁴²	照壁 tʂau²³pi⁰	照壁 tʂau²³pi⁴⁵	照壁 tʂau²³pi³⁴
猫洞	猫耳洞 mau³¹ər⁵³tuŋ⁴⁴	猫耳洞 mau⁴²ər⁵⁵tuŋ²²³	猫耳洞 mau³¹ər⁵⁵təŋ²²	猫耳洞 mau⁴⁵ər⁵³tuŋ²¹³	猫耳洞 mau³⁴ər⁵³tuŋ²¹³
开间	开间 kʰæ³¹tɕiã³¹	开间 kʰai⁴²tɕian⁴²	开间 kʰai³¹tɕian³¹	开间 kʰai⁴⁵tɕian⁴⁵	开间 kʰai³⁴tɕian³⁴
进深	进深 tɕin⁴⁴ʂə̃³¹	进深 tɕin²³ʂən⁴²	进深 tɕin²³ʂən³¹	进深 tɕin²³ʂən⁴⁵	进深 tɕin²³ʂən³⁴
外间	外间 uæ⁴⁴tɕiã³¹	外间 uai²³tɕian⁴²	外间 uai²²tɕian³¹	外间 uai²³tɕian⁴⁵	外间 uai²³tɕian³⁴
偏厦	偏厦子 pʰiã³¹fa⁵³tsɿ⁰	偏厦子 pʰian⁴²fa⁵⁵tsɿ⁰	偏厦子 pʰian³¹ʂɥa⁵⁵tsɿ⁰	偏厦子 pʰian⁴⁵ʂɥa⁵³tsɿ⁰	偏厦子 pʰian³⁴ʂua⁵³tsɿ⁰

续表

方言点 词目	中原官话区	混合 1 区	江淮官话区	混合 3 区	西南官话区
	汉滨	县河	茅坪	石泉	紫阳
加长的后檐	拖檐 tʰuo^{31}iã^{35}	拖檐 tʰuo^{42}ian^{312}	拖檐 tʰo^{31}ian^{42}	拖檐 tʰo^{45}ian^{42}	后八尺 xəu^{23}pa^{21}tʂʰʅ^{34}
山墙	山头子 ʂã^{31}tʰəu^{35}tsʅ^{0} 山墙 ʂã^{31}tɕʰiaŋ^{35}	边墙 pian^{42}tɕʰiaŋ^{312}	边墙 pian^{31}tɕʰiaŋ^{42}	边墙 pian^{45}tɕʰiaŋ^{42}	边墙 pian^{34}tɕʰiaŋ^{21}
柜房	柜房 kuei^{44}faŋr^{35}	柜房 kuei^{23}faŋr^{312}	柜房 kuei^{22}faŋr^{42}	柜房 kuei^{23}faŋr^{42}	柜房 kuei^{23}faŋr^{21}
厢房	厢屋 ɕiaŋ^{31}u^{31}	厢屋 ɕiaŋ^{42}u^{42}	厢屋 ɕiaŋ^{31}u^{31}	厢屋 ɕiaŋ^{45}u^{45}	厢屋 ɕiaŋ^{34}u^{34}
客房	客屋 kʰei^{31}u^{31}	客屋 kʰe^{42}u^{42}	客屋 kʰɛ^{31}u^{31}	客屋 kʰe^{42}u^{45}	客屋 kʰe^{21}u^{34}
偏房	耳房 ər^{53}faŋ^{35}	耳房 ər^{55}faŋ^{312}	耳房 ər^{55}faŋ^{42}	耳房 ər^{53}faŋ^{42}	耳房 ər^{53}faŋ^{21}
屋后房	后屋 xəu^{44}u^{51}	后屋 xəu^{23}u^{42}	后屋 xou^{22}u^{31}	后屋 xəu^{23}u^{45}	后屋 xəu^{23}u^{34}
平房	平房 pʰin^{35}faŋ^{35}	平房 pʰin^{32}faŋ^{312}	平房 pʰin^{42}faŋ^{42}	平房 pʰin^{42}faŋ^{42}	平房 pʰin^{21}faŋ^{21}
瓦屋	瓦屋 ua^{53}u^{31}	瓦屋 ua^{55}u^{42}	瓦屋 ua^{55}u^{31}	瓦屋 ua^{53}u^{45}	瓦屋 ua^{53}u^{34}
楼房	楼房 ləu^{35}faŋ^{35}	楼房 ləu^{32}faŋ^{312}	楼房 lou^{42}faŋ^{42}	楼房 ləu^{42}faŋ^{42}	楼房 nəu^{21}faŋ^{21}
洋房	洋楼 iaŋ^{35}ləu^{35}	洋楼 iaŋ^{32}ləu^{312}	洋楼 iaŋ^{42}lou^{42}	洋楼 iaŋ^{42}ləu^{42}	洋楼 iaŋ^{21}nəu^{21}
楼上	楼上 ləu^{35}ʂaŋ^{44}	楼上 ləu^{32}ʂaŋ^{223}	楼上 lou^{42}ʂaŋ^{22}	楼上 ləu^{42}ʂaŋ^{213}	楼上 nəu^{21}ʂaŋ^{213}
楼下	楼下 ləu^{35}xa^{44}	楼下 ləu^{32}xa^{223}	楼下 lou^{42}xa^{22}	楼下 ləu^{42}xa^{213}	楼下 nəu^{21}xa^{213}

续表

方言点 词目	中原官话区	混合 1 区	江淮官话区	混合 3 区	西南官话区
	汉滨	县河	茅坪	石泉	紫阳
正屋上的半面楼	燕子楼 iã^{44}tsɿ^{0}ləu^{35}	燕子楼 ian^{23}tsɿ^{0}ləu^{312}	燕子楼 ian^{23}tsɿ^{0}lou^{42}	燕子楼 ian^{23}tsɿ^{0} ləu^{42}	燕子楼 ian^{23}tsɿ^{0}nəu^{21}
门楼儿	门楼儿 mə̃^{35}ləur^{35}	门楼儿 mən^{32}ləur^{312}	门楼儿 mən^{42}lour^{42}	门楼儿 mən^{42}ləur^{42}	门楼儿 mən^{21}nəur^{21}
楼梯	梯子 tʰi^{31}tsɿ^{0} 板楼梯 pan^{53}ləu^{35}ti^{31}	梯子 tʰi^{42}tsɿ^{0} 板楼梯 pan^{55}ləu^{32}ti^{42}	楼梯 lou^{42}tʰi^{31} 板楼梯 pan^{55}lou^{42}ti^{31}	楼梯 ləu^{42}tʰi^{45} 板楼梯 pan^{53}ləu^{42}ti^{45}	楼梯 nəu^{21}tʰi^{34} 板楼梯 pan^{53}nəu^{21}ti^{34}
梯子	梯子 tʰi^{31}tsɿ^{0}	梯子 tʰi^{42}tsɿ^{0}	楼梯 lou^{42}tʰi^{31}	楼梯 ləu^{42}tʰi^{45}	楼梯 nəu^{23}tʰi^{34}
阳台	阳台 iaŋ^{35}tʰæ^{35}	阳台 iaŋ^{32}tʰai^{312}	阳台 iaŋ^{42}tʰai^{42}	阳台 iaŋ^{42}tʰai^{42}	阳台 iaŋ^{21}tʰai^{21}
晒台	晒台 ʂæ^{44}tʰæ^{35}	晒台 ʂai^{23}tʰai^{312}	晒台 ʂai^{23}tʰai^{42}	晒台 ʂai^{23}tʰai^{42}	晒台 ʂai^{23}tʰai^{21}
草房	草房 tsʰau^{53}faŋ^{35}	草房子 tsʰau^{55}faŋ^{32}tsɿ^{0}	草房子 tsʰau^{55}faŋ^{42}tsɿ^{0} 草屋 tsʰau^{55}u^{31}	草房子 tsʰau^{53}faŋ^{42}tsɿ^{0} 草屋 tsʰau^{53}u^{45}	草房子 tsʰau^{53}faŋ^{21}tsɿ^{0} 草屋 tsʰau^{53}u^{34}
崖屋	崖屋 ŋæ^{35}u^{31}	崖屋 ŋai^{32}u^{42}	崖屋 ŋai^{42}u^{31}	崖屋 ŋai^{42}u^{45}	崖屋 ŋai^{21}u^{34}
房脊	房脊 faŋ^{35}tɕi^{31}	屋脊 u^{42}tɕi^{42}	屋脊 u^{31}tɕi^{31}	屋脊 u^{45}tɕi^{45}	屋脊 u^{34}tɕi^{34}
山墙	山花垛子 ʂã^{31} xua^{31}tuo^{53}tsɿ^{0}	山花垛子 ʂan^{42} xua^{42}tuo^{55}tsɿ^{0}	山花垛子 ʂan^{31} xua^{31}to^{55}tsɿ^{0}	山花垛子 ʂan^{45} xua^{45}to^{53}tsɿ^{0}	山花垛子 ʂan^{34} xua^{34}tuo^{53}tsɿ^{0}
房顶	房顶 faŋ^{35}tin^{53}	房顶 faŋ^{32}tin^{55}	房顶 faŋ^{42}tin^{55}	房顶 faŋ^{42}tin^{53}	房梁 faŋ^{21}ȵiaŋ^{21}
房檐儿	房檐儿 faŋ^{35}iãr^{35}	屋檐 u^{42}ian^{312}	屋檐 u^{31}ian^{42}	屋檐 u^{45}ian^{42}	屋檐 u^{34}ian^{21}
大梁	梁 liaŋ^{35}	梁 liaŋ^{312}	梁 liaŋ^{42}	屋梁 u^{45}liaŋ^{42}	梁 ȵiaŋ^{21}

续表

方言点 词目	中原官话区 汉滨	混合 1 区 县河	江淮官话区 茅坪	混合 3 区 石泉	西南官话区 紫阳
檩	檩子 lin^{53}tsɿ^{0}	檩子 lin^{55}tsɿ^{0}	檩子 lin^{55}tsɿ^{0}	檩子 lin^{53}tsɿ^{0}	檩子 ȵin^{53}tsɿ^{0}
椽子	椽子 pfã^{35}tsɿ^{0}	椽子 pfan^{32}tsɿ^{0}	椽子 tʂʰɥan^{42}tsɿ^{0}	椽子 tʂʰɥan^{42}tsɿ^{0}	椽子 tʂʰuan^{21}tsɿ^{0}
伸出墙外承担檩条的粗方木	挑 tʰiau^{31}	挑 tʰiau^{42}	挑 tʰiau^{31}	挑 tʰiau^{45}	挑 tʰiau^{34}
柱	柱头 pfu^{44}tʰəu^{0}	柱头 pfu^{23}tʰəu^{0}	柱头 tʂɥ^{22}tʰou^{0}	柱头 tʂɥ^{23}tʰəu^{0}	柱头 tʂu^{23}tʰəu^{0}
柱子底下的石礅	磉墩儿 saŋ^{53}tər^{53}	桑墩儿 saŋ^{55}tər^{55}	桑墩儿 saŋ^{55}tər^{55}	桑墩儿 saŋ^{53}tər^{53}	桑墩 saŋ^{53}tən^{53}
台阶	梯子坎儿 tʰi^{31}tsɿ^{0}kʰar^{53}	梯子坎儿 tʰi^{42}tsɿ^{0}kʰar^{55}	梯子坎儿 tʰi^{31}tsɿ^{0}kʰar^{55}	梯子坎 tʰi^{45}tsɿ^{0}kʰan^{53}	坎坎 kʰan^{53}kʰan^{0}
天花板	天花板 tʰiã^{31}xua^{31}pã^{53}	天花板 tʰian^{42}xua^{42}pan^{55}	天花板 tʰian^{31}xua^{31}pan^{55}	天花板 tʰian^{45}xua^{45}pan^{53}	天花板 tʰian^{34}xua^{34}pan^{53}
顶棚	顶棚 tin^{53}pʰəŋ^{35}	顶棚 tin^{55}pʰəŋ^{312}	顶棚 tin^{55}pʰəŋ^{42}	顶棚 tin^{53}pʰuŋ^{42}	顶棚 tin^{53}pʰuŋ^{21}
房中起隔离作用的木板壁	鼓皮 ku^{53}pʰi^{35}	鼓皮 ku^{55}pʰi^{312}	鼓皮 ku^{55}pʰi^{42}	鼓皮 ku^{53}pʰi^{42}	鼓皮 ku^{53}pʰi^{21}
正门	大门 ta^{44}mə̃^{35}	大门 ta^{23}mən^{312} 正门 tʂən^{23}mən^{312}	大门 ta^{22}mən^{42} 正门 tʂən^{23}mən^{42}	大门 ta^{23}mən^{42} 正门 tʂən^{23}mən^{42}	大门 ta^{23}mən^{21} 正门 tʂən^{23}mən^{21}
后门	后门 xəu^{44}mə̃^{35}	后门 xəu^{23}mən^{312}	后门 xou^{22}mən^{42}	后门 xəu^{23}mən^{42}	后门 xəu^{23}mən^{21}
边门	腰门 iau^{31}mə̃^{35}	耳门 ər^{55}mən^{312}	耳门 ər^{55}mən^{42}	耳门 ər^{53}mən^{42}	耳门 ər^{53}mən^{21}
门扇	门板 mə̃^{35}pã^{53}	门板 mən^{32}pan^{55}	门板 mən^{42}pan^{55}	门板 mən^{42}pan^{53}	门板 mən^{21}pan^{53}

续表

方言点 / 词目	中原官话区	混合 1 区	江淮官话区	混合 3 区	西南官话区
	汉滨	县河	茅坪	石泉	紫阳
门槛	门槛 mə̃^{35}kʰã^{53}	门槛儿 mən^{32}kʰar^{55}	门槛儿 mən^{42}kʰar^{55}	门槛儿 mən^{42}kʰar^{53}	门槛 mən^{21}kʰan^{53}
门后	门背后头 mə̃^{35}pei^{44}xəu^{44}tʰəu^{0}	门后头 mən^{32}xəu^{23}tʰəu^{0}	门后头 mən^{42}xou^{22}tʰou^{0}	门后头 mən^{42}xəu^{23}tʰəu^{0}	门后头 mən^{21}xəu^{23}tʰəu^{0}
门拴	门栓子 mə̃^{35}fã^{44}tsɿ^{0}	门栓子 mən^{32}fan^{23}tsɿ^{0}	门栓儿 mən^{42}ʂʮar^{213}	门栓子 mən^{42}ʂʮan^{23}tsɿ^{0}	门栓子 mən^{21}ʂuan^{23}tsɿ^{0}
门扇	门页子 mə̃^{35}ie^{31}tsɿ^{0}	门扇 mən^{32}ʂan^{223} 门页子 mən^{32}ie^{42}tsɿ^{0}	门扇 mən^{42}ʂan^{213} 门页子 mən^{42}iɛ^{31}tsɿ^{0}	门扇 mən^{42}ʂan^{213} 门页子 mən^{42}ie^{42}tsɿ^{0}	门扇 mən^{21}ʂan^{213} 门页子 mən^{21}ie^{21}tsɿ^{0}
双扇门	双扇门 faŋ^{31}ʂan^{44}mə̃^{35}	双扇门 faŋ^{42}ʂan^{23}mən^{312}	双扇门 ʂʮaŋ^{31}ʂan^{23}mən^{42}	双扇门 ʂʮaŋ^{45}ʂan^{23}mən^{42}	双扇门 ʂuaŋ^{34}ʂan^{23}mən^{21}
单扇门	单扇门 tã^{31}ʂã^{44}mə̃^{35}	单扇门 tan^{42}ʂan^{23}mən^{312}	单扇门 tan^{31}ʂan^{23}mən^{42}	单扇门 tan^{45}ʂan^{23}mən^{42}	单扇门 tan^{34}ʂan^{23}mən^{21}
安装不垂直，门扇不受控制	走扇子 tsəu^{53}ʂã^{44}tsɿ^{0}	走扇子 tsəu^{55}ʂan^{23}tsɿ^{0}	走扇子 tsəu^{55}ʂan^{23}tsɿ^{0}	走扇子 tsəu^{53}ʂan^{23}tsɿ^{0}	走扇子 tsəu^{53}ʂan^{23}tsɿ^{0}
门楣	门帮子 mə̃^{35}paŋ^{31}tsɿ^{0}	门帮子 mən^{32}paŋ^{42}tsɿ^{0}	门帮子 mən^{42}paŋ^{31}tsɿ^{0}	门框 mən^{42}kʰuaŋ^{45}	门框 mən^{21}kʰuaŋ^{34}
门顶板	门顶板 mə̃^{35}tin^{53}pã^{53}	门顶板 mən^{42}tin^{55}pan^{55}	门顶板 mən^{42}tin^{55}pan^{55}	门顶板 mən^{42}tin^{53}pan^{53}	门顶板 mən^{21}tin^{53}pan^{53}
门里上下固定门扇的包形套	门包 mə̃^{35}pau^{31}	门包 mən^{32}pau^{42}	门包 mən^{42}pau^{31}	门包 mən^{42}pau^{45}	门錾錾 mən^{21}tsan^{53}tsan^{0}
门墩	门墩儿 mə̃^{35}tər^{53}	门墩儿 mən^{32}tər^{55}	门墩儿 mən^{42}tər^{55}	门墩儿 mən^{42}tər^{53}	门墩儿 mən^{21}tər^{53}
锁	锁子 suo^{53}tsɿ^{0}	锁子 suo^{55}tsɿ^{0}	锁子 so^{55}tsɿ^{0}	锁子 so^{53}tsɿ^{0}	锁子 suo^{53}tsɿ^{0}
门扣	门扣 mə̃^{35}kʰəu^{44}	门了吊儿 mən^{32}liau^{55}tiaur^{0}	门了吊儿 mən^{42}liau^{55}tiaur^{0}	门了吊子 mən^{42}liau^{53}tiau^{23}tsɿ^{0}	门了吊子 mən^{21}ȵiau^{53}tiau^{23}tsɿ^{0}

续表

词目 \ 方言点	中原官话区	混合 1 区	江淮官话区	混合 3 区	西南官话区
	汉滨	县河	茅坪	石泉	紫阳
钥匙	钥匙 yo^{31}ʂʅ^{0}	钥匙 yo^{42}sɿ^{0}	钥匙 io^{31}ʂʅ^{0}	钥匙 io^{42}ʂʅ^{0}	钥匙 yo^{21}ʂʅ^{0}
窗子	窗子 pfʰaŋ^{31}tsɿ^{0}	窗子 pfʰaŋ^{42}tsɿ^{0} 窗眼儿 pfʰaŋ^{42}iar^{55}	窗子 tʂʰɥaŋ^{31}tsɿ^{0} 窗眼儿 tʂʰɥaŋ^{31}ŋar^{55}	窗子 tʂʰɥaŋ^{45}tsɿ^{0} 窗眼子 tʂʰɥaŋ^{45}ŋan^{53}ʦɿ^{0}	窗子 tʂʰuaŋ^{34}tsɿ^{0} 窗眼子 tʂʰuaŋ^{34}ian^{53}ʦɿ^{0}
楼板	楼板 ləu^{35}pã^{53}	楼板 ləu^{32}pan^{55}	楼板 lou^{42}pan^{55}	楼板 ləu^{42}pan^{53}	楼板 nəu^{21}pan^{53}
窗台	窗台 pfʰaŋ^{31}tʰæ^{35}	窗台 pfʰaŋ^{42}tʰai^{312}	窗台 tʂʰɥaŋ^{31}tʰai^{42}	窗台 tʂʰɥaŋ^{45}tʰai^{42}	窗台 tʂʰuaŋ^{34}tʰai^{21}
走廊	过道儿 kuo^{44}taur^{44}	过道儿 kuo^{23}taur^{223}	过道儿 ko^{23}taur^{22}	过道儿 ko^{23}taur^{213}	过道 kuo^{23}tau^{213}
过道	过道儿 kuo^{44}taur^{44}	过道儿 kuo^{23}taur^{223}	过道儿 ko^{23}taur^{22}	过道儿 ko^{23}taur^{213}	过道 kuo^{23}tau^{213}
楼道	楼道儿 ləu^{35}taur^{44}	楼道儿 ləu^{32}taur^{223}	楼道儿 lou^{42}taur^{22}	楼道儿 ləu^{42}taur^{23}	楼道儿 nəu^{21}taur^{23}
天井	天井 tʰiã^{31}tɕin^{53}	天井 tʰian^{42}ɕin^{55}	天井 tʰian^{31}tɕin^{55}	天井 tʰian^{45}tɕin^{53}	天井 tʰian^{34}tɕin^{53}
厨房	灶火 ʦau^{44}xuo^{53}	灶屋 ʦau^{23}u^{42}	灶屋 ʦau^{23}u^{31}	灶屋 ʦau^{23}u^{45} 灶房 ʦau^{213}faŋ^{42}	灶屋 ʦau^{213}u^{34} 灶房 ʦau^{213}faŋ^{21}
灶	灶 ʦau^{44}	灶 ʦau^{223}	灶 ʦau^{213}	灶 ʦau^{213}	灶 ʦau^{213}
厕所	茅厕 mau^{35}sɿ^{0}	茅厕 mau^{32}sɿ^{0}	茅厕 mau^{42}sɿ^{0}	茅厕 mau^{42}sɿ^{0}	茅厕 mau^{21}sɿ^{0}
磨房	磨道 mə^{44}tau^{44}	磨屋 mə^{23}u^{42}	磨屋 mo^{22}u^{31}	磨屋 mo^{23}u^{45}	磨屋 muo^{23}u^{34}
牛圈	牛圈 ȵiəu^{35}tɕyã^{44}	牛圈 ȵiəu^{32}tɕyan^{223}	牛圈 ȵiou^{42}tʂɥan^{22}	牛圈 ȵiəu^{42}tʂɥan^{213}	牛圈 ȵiəu^{21}tɕyan^{213}

续表

方言点 词目	中原官话区	混合 1 区	江淮官话区	混合 3 区	西南官话区
	汉滨	县河	茅坪	石泉	紫阳
猪圈	猪圈 pfu^{31}tɕyã^{44}	猪圈 pfu^{42}tɕyan^{223}	猪圈 tʂʮ^{31}tʂʮan^{22}	猪院子 tʂʮ^{45}ʮan^{23}sɿ^{0}	猪圈 tʂu^{34}tɕyan^{213}
猪食槽	猪槽 pfu^{31}tsʰau^{35}	猪槽 pfu^{42}tsʰau^{312}	猪槽 tʂʮ^{31}tsʰau^{42}	猪槽 tʂʮ^{45}tsʰau^{42}	猪槽 tʂu^{34}tsʰau^{21}
羊圈	羊圈 iaŋ^{35}tɕyã^{44}	羊圈 iaŋ^{32}tɕyan^{223}	羊圈 iaŋ^{42}tʂʮan^{22}	羊圈 iaŋ^{42}tʂʮan^{213}	羊圈 iaŋ^{21}tɕyan^{213}
猪窝	猪窝 pfu^{35}uo^{31}	猪窝 pfu^{42}uo^{42}	猪窝 tʂʮ^{31}uo^{31}	猪窝 tʂʮ^{45}uo^{45}	猪窝 tʂu^{34}uo^{34}
狗窝	狗窝 kəu^{53}uo^{31}	狗窝 kəu^{55}uo^{42}	狗窝 kou^{55}uo^{31}	狗窝 kəu^{53}uo^{45}	狗窝 kəu^{53}uo^{34}
鸡窝	鸡窝 tɕi^{35}uo^{31}	鸡窝 tɕi^{42}uo^{42}	鸡窝 tɕi^{31}uo^{31}	鸡窝 tɕi^{45}uo^{45}	鸡窝 tɕi^{34}uo^{34}
鸡笼	鸡笼 tɕi^{31}luŋ^{35}	鸡笼 tɕi^{42}luŋ^{312}	鸡笼 tɕi^{31}ləŋ^{42}	鸡笼 tɕi^{45}luŋ^{42}	鸡笼 tɕi^{34}nuŋ^{21}
鸡罩	鸡罩子 tɕi^{31}tʂau^{44}tsɿ^{0}	鸡罩子 tɕi^{42}tʂau^{23}tsɿ^{0}	鸡罩子 tɕi^{31}tʂau^{213}tsɿ^{0}	鸡罩子 tɕi^{45}tʂau^{23}tsɿ^{0}	鸡罩子 tɕi^{34}tʂau^{23}tsɿ^{0}
柴房	柴屋 tʂʰæ^{35}u^{31}	柴屋 tʂʰai^{32}u^{42}	柴屋 tʂʰai^{42}u^{31}	柴屋 tʂʰai^{42}u^{45}	柴屋 tʂʰai^{21}u^{34}
柴垛	柴码子 tʂʰæ^{35}ma^{53}tsɿ^{0}	柴码子 tʂʰai^{32}ma^{55}tsɿ^{0}	柴码子 tʂʰai^{42}ma^{55}tsɿ^{0}	柴码子 tʂʰai^{42}ma^{53}tsɿ^{0}	柴堆子 tʂʰai^{21}tuei^{34}tsɿ^{0}
角落	旮旯拐角儿 kɤ^{31}lau^{44}kuæ^{53} tɕyor^{31} 角角儿 tɕyor^{31}tɕyor^{35}	旮旯 ke^{42}laur^{223} 拐拐儿 kuai^{55}kuai^{0}	旮旯 kɛ^{31}laur^{213} 拐拐儿 kuai^{55}kuai^{0}	角角儿 ko^{42}kor^{0}	角角 kuo^{21}kuo^{0}
地窖	红苕窖 xuŋ^{35}ʂau^{35}tɕiau^{44}	红苕窖 xuŋ^{32}ʂau^{32}tɕiau^{213}	红苕窖 xoŋ^{42}ʂau^{42}tɕiau^{213}	红苕窖 xuŋ^{42}ʂau^{42}tɕiau^{213}	红苕窖 xuŋ^{21}ʂau^{21}tɕiau^{213}
地炉子 烧石炭的地下火炉	地炉子 ti^{44}ləu^{35}tsɿ^{0}	地炉子 ti^{23}ləu^{32}tsɿ^{0}	地炉子 ti^{22}lou^{42}tsɿ^{0}	地炉子 ti^{23}ləu^{42}tsɿ^{0}	地炉子 ti^{23}nu^{21}tsɿ^{0}

八　器具、用品

方言点 词目	中原官话区	混合 1 区	江淮官话区	混合 3 区	西南官话区
	汉滨	县河	茅坪	石泉	紫阳
家具	家具 tɕia^{31}tɕy^{44}	家业 tɕia^{42}ȵie^{0}	家业 tɕia^{31}ȵiɛ^{0}	家业 tɕia^{45}ȵi^{0}	家业 tɕia^{34}ȵi^{0}
家产	家业 tɕia^{35}ȵie^{31} 家当 tɕia^{31}taŋ^{0}	家业 tɕia^{42}ȵie^{0} 家当 tɕia^{42}taŋ^{0}	家业 tɕia^{31}ȵiɛ^{0} 家当 tɕia^{31}taŋ^{0}	家业 tɕia^{45}ȵi^{0} 家当 tɕia^{45}taŋ^{0}	家业 tɕia^{34}ȵi^{0} 家当 tɕia^{34}taŋ^{0}
柜	柜子 kuei^{44}tsɿ^{0}	柜子 kuei^{23}tsɿ^{0}	柜子 kuei^{22}tsɿ^{0}	柜子 kuei^{23}tsɿ^{0}	柜子 kuei^{23}tsɿ^{0}
碗柜	碗柜 uã^{53}kuei^{44}	碗柜 uan^{55}kuei^{223}	碗柜 uan^{55}kuei^{22}	碗柜 uan^{53}kuei^{213}	碗柜 uan^{53}kuei^{213}
钱柜	钱柜 tɕʰiã^{35}kui^{44}	钱柜 tɕʰian^{32}kui^{223}	钱柜 tɕʰian^{42}kui^{22} 银柜 in^{42}kui^{22}	钱柜 tɕʰian^{42}kui^{213} 银柜 in^{42}kui^{213}	钱柜 tɕʰian^{21}kui^{213} 银柜 in^{21}kui^{213}
立柜	大立柜 ta^{44}li^{31}kui^{44}	大立柜 ta^{23}li^{42}kui^{223}	大立柜 ta^{22}li^{31}kui^{22}	大立柜 ta^{23}li^{45}kui^{213}	大立柜 ta^{23}ȵi^{34}kui^{213}
衣柜	衣柜 i^{31}kui^{44}	衣柜 i^{42}kui^{223}	衣柜 i^{31}kui^{22}	衣柜 i^{45}kui^{213}	衣柜 i^{34}kui^{213}
货柜	货架子 xuo^{44}tɕia^{44}tsɿ^{0} 山架 ʂã^{31}tɕia^{44}	山架 ʂan^{42}tɕia^{223}	山架 ʂan^{31}tɕia^{213}	山架 ʂan^{45}tɕia^{213}	山架 ʂan^{34}tɕia^{213}
柜台	柜台子 kuei^{44}tʰæ^{35}tsɿ^{0}	柜台子 kuei^{23}tʰai^{32}tsɿ^{0}	柜台子 kuei^{22}tʰai^{42}tsɿ^{0}	柜台子 kuei^{23}tʰai^{42}tsɿ^{0}	柜台子 kuei^{23}tʰai^{21}tsɿ^{0}
药柜	药柜 yo^{31}kuei^{44}	药柜 yo^{42}kuei^{223}	药柜 io^{31}kuei^{22}	药柜 io^{42}kuei^{213}	药柜 yo^{21}kuei^{213}
平柜	板柜 pã^{53}kui^{44}	板柜 pan^{55}kui^{223}	板柜 pan^{55}kui^{22}	板柜 pan^{53}kui^{213}	板柜 pan^{53}kui^{213}
箱子	箱子 ɕiaŋ^{31}tsɿ^{0}	箱子 ɕiaŋ^{42}tsɿ^{0}	箱子 ɕiaŋ^{31}tsɿ^{0}	箱子 ɕiaŋ^{45}tsɿ^{0}	箱子 ɕiaŋ^{34}tsɿ^{0}
桌子	桌子 pfə^{31}tsɿ^{0}	桌子 pfə^{42}tsɿ^{0}	桌子 tʂo^{31}tsɿ^{0}	桌子 tʂo^{42}tsɿ^{0}	桌子 tʂuo^{21}tsɿ^{0}

续表

方言点 词目	中原官话区 汉滨	混合 1 区 县河	江淮官话区 茅坪	混合 3 区 石泉	西南官话区 紫阳
圆桌	圆桌 yã^{35}pfə^{31}	圆桌 yan^{32}pfə^{42}	圆桌 ɥan^{42}tʂo^{31}	圆桌 ɥan^{42}tʂo^{42}	圆桌 yan^{21}tʂuo^{21}
八仙桌	八仙桌 pa^{31}ɕiã^{35}pfə^{31}	八仙桌 pa^{42}ɕian^{42}pfə^{42}	八仙桌 pa^{31}ɕian^{31}tʂo^{31}	八仙桌 pa^{42}ɕian^{0}tʂo^{42}	八仙桌 pa^{21}ɕian^{34}tʂuo^{21}
方桌	方桌 faŋ^{35}pfə^{31}	方桌 faŋ^{42}pfə^{42}	方桌 faŋ^{31}tʂo^{0}	方桌 faŋ^{45}tʂo^{42}	四方桌 sɿ^{23}faŋ^{34}tʂuo^{21}
条案	条桌 tʰiau^{35}pfə^{31} 案子 ŋã^{44}tsɿ^{0}	条桌 tʰiau^{32}pfə^{42} 案子 ŋan^{23}tsɿ^{0}	条桌 tʰiau^{42}tʂo^{0} 案子 ŋan^{23}tsɿ^{0}	条桌 tʰiau^{42}tʂo^{42} 案子 ŋan^{23}tsɿ^{0}	条桌 tʰiau^{21}tʂuo^{21} 案子 ŋan^{23}tsɿ^{0}
茶几	茶几子 tʂʰa^{35}tɕi^{31}tsɿ^{0}	茶几 tʂʰa^{32}tɕi^{42}	茶几 tʂʰa^{42}tɕi^{31}	茶几 tʂʰa^{42}tɕi^{45}	茶几 tʂʰa^{21}tɕi^{34}
饭桌	饭桌 fã^{44}pfə^{31}	饭桌 fan^{23}pfə^{42}	饭桌 fan^{22}tʂo^{31}	饭桌 fan^{23}tʂo^{42}	饭桌 fan^{23}tʂuo^{21}
台布	台布 tʰæ^{35}pu^{44}	台布 tʰai^{32}pu^{223}	台布 tʰai^{42}pu^{213}	台布 tʰai^{42}pu^{213}	台布 tʰai^{21}pu^{213}
抽屉	抽屉 tʂʰəu^{31}tʰi^{44}	抽屉 tʂʰəu^{42}tʰi^{223}	抽屉 tʂʰou^{31}tʰi^{213}	抽屉 tʂʰəu^{45}tʰi^{213}	抽屉 tʂʰəu^{34}tʰi^{213}
椅子	椅子 i^{53}tsɿ^{0}	椅子 i^{55}tsɿ^{0}	椅子 i^{55}tsɿ^{0}	椅子 i^{53}tsɿ^{0}	椅子 i^{53}tsɿ^{0}
躺椅	躺椅 tʰaŋ^{53}i^{53}	躺椅 tʰaŋ^{55}i^{55}	躺椅 tʰaŋ^{55}i^{55}	躺椅 tʰaŋ^{53}i^{53}	躺椅 tʰaŋ^{53}i^{53}
婴儿的车形椅	椅架儿 i^{53}tɕiar^{44}	椅架儿 i^{55}tɕiar^{223}	椅架儿 i^{55}tɕiar^{213}	椅架儿 i^{53}tɕiar^{213}	椅架儿 i^{53}tɕiar^{213}
圈椅	圈椅 tɕʰyã^{35}i^{53}	圈椅 tɕʰyan^{32}i^{55}	圈椅 tʂʰɥan^{42}i^{55}	圈椅 tʂʰɥan^{42}i^{53}	圈椅 tɕʰyan^{21}i^{53}
椅背	椅子背 i^{53}tsɿ^{0}pei^{44}	椅子背 i^{55}tsɿ^{0}pei^{223}	椅子背 i^{55}tsɿ^{0}pei^{213}	椅子背 i^{53}tsɿ^{0}pei^{213}	椅子背 i^{53}tsɿ^{0}pei^{213}
椅撑	椅子樘 i^{53}tsɿ^{0}tʂʰəŋ^{44}	椅子档档儿 i^{55}tsɿ^{0}taŋ^{23}taŋr^{0}	椅子档档儿 i^{55}tsɿ^{0}taŋ^{23}taŋr^{0}	椅子档档 i^{53}tsɿ^{0}taŋ^{23}taŋ^{0}	椅子档档 i^{53}tsɿ^{0}taŋ^{23}taŋ^{0}

续表

方言点 / 词目	中原官话区	混合 1 区	江淮官话区	混合 3 区	西南官话区
	汉滨	县河	茅坪	石泉	紫阳
小椅子	小椅娃儿 ɕiau^{53}i^{53}uar^{35}	小椅娃儿 ɕiau^{55}i^{55}uar^{312}	小椅娃儿 ɕiau^{55}i^{55}uar^{42}	小椅子 ɕiau^{53}i^{53}tsɿ^{0}	小椅子 ɕiau^{53}i^{53}tsɿ^{0}
凳子	凳子 təŋ^{44}tsɿ^{0}	凳子 tən^{23}tsɿ^{0}	凳子 tən^{23}tsɿ^{0}	凳子 tən^{23}tsɿ^{0}	凳子 tən^{23}tsɿ^{0}
板凳	板凳 paŋ^{53}təŋ^{44}	板凳 pan^{55}ən^{223}	板凳 pan^{55}tən^{23}	板凳 pan^{53}tən^{213}	板凳 pan^{53}tən^{213}
方凳	方凳 faŋ^{31}təŋ^{44}	方凳 faŋ^{55}tən^{223}	方凳 faŋ^{31}tən^{213}	方凳 faŋ^{45}tən^{213}	方凳 faŋ^{34}tən^{213}
独凳	独凳 tu^{35}təŋ^{44}	独凳 tou^{32}tən^{223}	独凳 tou^{42}tən^{213}	独凳 təu^{42}tən^{213}	独凳 tu^{21}tən^{213}
小凳	板凳娃儿 pã^{53}təŋ^{44}uar^{35}	板凳娃儿 pan^{55}tən^{23}uar^{312}	板凳娃儿 pan^{55}tən^{23}uar^{42}	板凳娃儿 pan^{53} tən^{23}uar^{42}	板凳娃儿 pan^{53}tən^{23}uar^{21}
圆凳	圆凳 yã^{35}təŋ^{44}	圆凳 yan^{32}tən^{223}	圆凳 ɥan^{42}tən^{213}	圆凳 ɥan^{42}tən^{213}	圆凳 yan^{21}tən^{213}
高凳子	高凳子 kau^{31}təŋ^{44}tsɿ^{0}	高凳子 kau^{42}tən^{23}tsɿ^{0}	高凳子 kau^{31}tən^{23}tsɿ^{0}	高凳子 kau^{45}tən^{23}tsɿ^{0}	高凳子 kau^{34}tən^{23}tsɿ^{0}
条凳	条凳 tʰiau^{35}təŋ^{44}	条凳 tʰiau^{32}tən^{213}	条凳 tʰiau^{42}tən^{213}	条凳 tʰiau^{42}tən^{213}	条凳 tʰiau^{21}tən^{213}
长且宽厚的大条凳	秦凳 tɕʰin^{35}təŋ^{44}	秦凳 tɕʰin^{32}tən^{223}	秦凳 tɕʰin^{42}tən^{23}	秦凳 tɕʰin^{42}tən^{213}	秦凳 tɕʰin^{21}tən^{213}
马扎	马扎 ma^{53}tʂa^{35} 撑子 tsʰəŋ^{44}tsɿ^{0}	撑子 tsʰən^{23}tsɿ^{0}	撑子 tsʰən^{23}tsɿ^{0}	撑子 tsʰən^{213}tsɿ^{0}	马扎子 ma^{53}tʂa^{34}tsɿ^{0}
蒲团	草铺团儿 tsʰau^{53} pʰu^{31}tãr^{35} 草墩 儿 tsʰau^{53}tər^{53}	草墩儿 tsʰau^{55}tər^{55}	草墩儿 tsʰau^{55}tər^{55}	草墩儿 tsʰau^{53}tər^{53}	草墩儿 tsʰau^{53}tər^{53}
床	床 pfʰaŋ^{35} 床铺 pfʰaŋ^{35}pʰu^{44}	床 pfʰaŋ^{312} 床铺 pfʰaŋ^{32}pʰu^{223}	床 tʂʰɥaŋ^{42} 床铺 tʂʰɥaŋ^{42}pʰu^{213}	床 tʂʰɥaŋ^{42} 床铺 tʂʰɥaŋ^{42}pʰu^{213}	床 tʂʰuaŋ^{21} 床铺 tʂʰuaŋ^{21}pʰu^{213}

续表

方言点 词目	中原官话区	混合 1 区	江淮官话区	混合 3 区	西南官话区
	汉滨	县河	茅坪	石泉	紫阳
铺板	床铺板 pfʰaŋ^{35}pʰu^{44}pã^{53}	床铺板 pfʰaŋ^{32} pʰu^{23}pan^{55}	床铺板 tʂʰɥaŋ^{42} pʰu^{0}pan^{55}	床铺板 tʂʰɥaŋ^{42} pʰu^{0}pan^{53}	床铺板 tʂʰuaŋ^{21} pʰu^{0}pan^{53}
棕绷	棕床 tsuŋ^{31}pfʰaŋ^{35}	棕床 tsuŋ^{42}pfʰaŋ^{312}	棕床 tsəŋ^{31}tʂʰɥaŋ^{42}	棕床 tsuŋ^{45}tʂʰɥaŋ^{42}	棕床 tsuŋ^{34}tʂʰuaŋ^{21}
竹床	竹床 pfu^{31}pfʰaŋ^{35}	竹床 pfu^{42}pfʰaŋ^{312}	竹床 tʂou^{31}tʂʰɥaŋ^{42}	竹床 tʂəu^{42}tʂʰɥaŋ^{42}	竹床 tʂəu^{21}tʂʰuaŋ^{21}
踏脚板	踏脚板儿 tʰa^{35}tɕyo^{31}pãr^{53}	踏脚板儿 tʰa^{42}tɕyo^{42}par^{55}	踏脚板儿 tʰa^{31}tɕio^{31}par^{55}	踏脚板儿 tʰa^{45}tɕio^{42}par^{53}	踏脚板儿 tʰa^{34}tɕyo^{21}par^{53}
帐子	帐子 tʂaŋ^{44}tsɿ^{0}	帐子 tʂaŋ^{23}tsɿ^{0}	帐子 tʂaŋ^{23}tsɿ^{0}	帐子 tʂaŋ^{23}tsɿ^{0}	帐子 tʂaŋ^{23}tsɿ^{0}
帐钩	帐钩 tʂaŋ^{44}kəu^{31}	帐钩儿 tʂaŋ^{23}kour^{42}	帐钩儿 tʂaŋ^{23}kour^{31}	帐钩 tʂaŋ^{23}kəu^{45}	帐钩 tʂaŋ^{23}kəu^{34}
帐檐儿	帐檐儿 tʂaŋ^{44}iar^{35}	帐檐儿 tʂaŋ^{23}iar^{312}	帐檐儿 tʂaŋ^{23}iar^{42}	帐檐儿 tʂaŋ^{23}iar^{42}	帐檐儿 tʂaŋ^{23}iar^{21}
毯子	毯子 tʰã^{53}tsɿ^{0}	毯子 tʰan^{55}tsɿ^{0}	毯子 tʰan^{55}tsɿ^{0}	毯子 tʰan^{53}tsɿ^{0}	毯子 tʰan^{53}tsɿ^{0}
被子	被子 pei^{44}tsɿ^{0} 铺盖 pʰu^{31}kæ^{44}	铺盖 pʰu^{42}kai^{223}	铺盖 pʰu^{31}kai^{213}	铺盖 pʰu^{45}kai^{213}	铺盖 pʰu^{34}kai^{213}
被窝儿	被窝 pei^{44}uo^{31}	被窝 pei^{23}uo^{42}	铺盖笼儿 pʰu^{31}kai^{23}ləŋr^{42}	铺盖笼 pʰu^{45}kai^{23}luŋ^{42}	被窝 pei^{23}uo^{34}
被里	被里子 pei^{44}li^{53} tsɿ^{0} 铺盖里子 pʰu^{31}kæ^{0}li^{53}tsɿ^{0}	铺盖里子 pʰu^{42}kai^{0}li^{55}tsɿ^{0}	铺盖里子 pʰu^{31}kai^{23}li^{55}tsɿ^{0}	铺盖里子 pʰu^{45}kai^{0}li^{53}tsɿ^{0}	铺盖里子 pʰu^{34}kai^{0}ȵi^{53}tsɿ^{0}
被面	被面儿 pei^{44} miar^{44} 铺盖面子 pʰu^{31}kæ^{0}miã^{44}tsɿ^{0}	铺盖面子 pʰu^{42} kai^{0}mian^{23}tsɿ^{0}	铺盖面子 pʰu^{31} kai^{23}mian^{22}tsɿ^{0}	铺盖面子 pʰu^{45} kai^{23}mian^{23}tsɿ^{0}	铺盖面子 pʰu^{34} kai^{23}mian^{23}tsɿ^{0}
棉花胎	棉絮 miã^{35}ɕy^{44}	棉絮 mian^{32}ɕy^{223}	棉絮 mian^{42}ɕi^{0}	棉絮 mian^{42}ɕi^{213}	棉絮 mian^{21}ɕy^{213}

续表

词目＼方言点	中原官话区	混合1区	江淮官话区	混合3区	西南官话区
	汉滨	县河	茅坪	石泉	紫阳
床单	单子 tã^{31}tsɿ^{0} 床单子 pfʰaŋ^{35} tã^{31}tsɿ^{0} 太平洋单子 tæ^{44}pʰiŋ^{35} iaŋ^{35}tã^{31}tsɿ^{0}	单子 tan^{42}tsɿ^{0} 床单子 pfʰaŋ^{32} tan^{42}tsɿ^{0} 太平洋单子 tai^{23}pʰin^{32} iaŋ^{32}tan^{42}tsɿ^{0}	单子 tan^{31}tsɿ^{0} 床单子 tʂʰɥaŋ^{42} tan^{31}tsɿ^{0} 太平洋单子 tai^{23}pʰin^{42} iaŋ^{42}tan^{31}tsɿ^{0}	坝单 pa^{23}tan^{45} 卧单 uo^{23}tan^{45} 太平洋单子 tai^{23}pʰin^{42}iaŋ^{42} tan^{45}tsɿ^{0}	坝单 pa^{23}tan^{34} 卧单 uo^{23}tan^{34} 太平洋单子 tai^{23}pʰin^{21}iaŋ^{21}tan^{34}tsɿ^{0}
盖被子	盖被子 kai^{44}pei^{44}tsɿ^{0}	盖被子 kai^{23}pei^{23}tsɿ^{0}	盖铺盖 kai^{213}pʰu^{31}kai^{0}	盖铺盖 kai^{23}pʰu^{45}kai^{0}	盖铺盖 kai^{23}pʰu^{34}kai^{0}
褥子	褥子 zu^{31}tsɿ^{0} 垫铺盖 tiã^{44}pʰu^{31}kæ^{0}	垫被子 tian^{23} pei^{23}tsɿ^{0} 垫铺盖 tian^{23}pʰu^{42}kai^{0}	垫铺盖 tian^{22}pʰu^{31}kai^{0}	垫铺盖 tian^{23}pʰu^{45}kai^{0}	垫铺盖 tian^{23}pʰu^{34}kai^{0}
草席	灯草席 təŋ^{31}tsʰau^{53}ɕi^{35}	灯草席 tən^{42}tsʰau^{55}ɕi^{312}	灯草席 tən^{31}tsʰau^{55}ɕi^{42}	灯草席 tən^{45}tsʰau^{53}ɕi^{42}	灯草席 tən^{34}tsʰau^{53}ɕi^{21}
稿荐	稿荐 kau^{53}tɕiã^{0}	稿荐 kau^{55}tɕian^{0}	稿荐 kau^{55}tɕian^{0}	稿荐 kau^{53}tɕian^{0}	稿荐 kau^{53}tɕian^{0}
竹席	凉席 liaŋ^{35}ɕi^{35} 竹席 pfu^{31}ɕi^{35}	席子 ɕi^{32}tsɿ^{0} 竹席 pfu^{42}ɕi^{312}	席子 ɕi^{42}tsɿ^{0} 竹席 tʂou^{31}ɕi^{42}	席子 ɕi^{42}tsɿ^{0} 竹席 tʂəu^{42}ɕi^{42}	席子 ɕi^{21}tsɿ^{0} 竹席 tʂəu^{21}ɕi^{21}
枕头	枕头 tʂə̃^{53}tʰəu^{0}	枕头 tʂən^{55}tʰəu^{0}	枕头 tʂən^{55}tʰou^{0}	枕头 tʂən^{53}tʰəu^{0}	枕头 tʂən^{53}tʰəu^{0}
枕套	枕头套子 tʂə̃^{53} tʰəu^{0}tʰau^{44}tsɿ^{0}	枕头套子 tʂən^{55} tʰəu^{0}tʰau^{23}tsɿ^{0}	枕头套子 tʂən^{55} tʰou^{0}tʰau^{23}tsɿ^{0}	枕头套子 tʂən^{53} tʰəu^{0}tʰau^{23}tsɿ^{0}	枕头套子 tʂən^{53} tʰəu^{0}tʰau^{23}tsɿ^{0}
枕头芯儿	枕头芯子 tʂə̃^{53} tʰəu^{0}ɕin^{31}tsɿ^{0}	枕头芯子 tʂən^{55} tʰəu^{0}ɕin^{42}tsɿ^{0}	枕头芯子 tʂən^{55} tʰou^{0}ɕin^{31}tsɿ^{0}	枕头芯子 tʂən^{53} tʰəu^{0}ɕin^{45}tsɿ^{0}	枕头芯子 tʂən^{53} tʰəu^{0}ɕin^{34}tsɿ^{0}
梳妆台	梳妆台 fu^{31} pfaŋ^{31}tʰæ^{35}	梳妆台 fu^{42} pfaŋ^{42}tʰai^{312}	梳妆台 sou^{31} tʂɥaŋ^{31}tʰai^{42}	梳妆台 səu^{45} tʂɥaŋ^{45}tʰai^{42}	梳妆台 səu^{34} tʂuaŋ^{34}tʰai^{21}
镜子	镜子 tɕin^{44}tsɿ^{0}	镜子 tɕin^{23}tsɿ^{0}	镜子 tɕin^{23}tsɿ^{0}	镜子 tɕin^{23}tsɿ^{0}	镜子 tɕin^{23}tsɿ^{0}
手提箱	手提箱 ʂəu^{53}tʰi^{35}ɕiaŋ^{31}	手提箱 ʂəu^{55}tʰi^{32}ɕiaŋ^{42}	手提箱 ʂəu^{55}tʰi^{42}ɕiaŋ^{31}	手提箱 ʂəu^{53}tʰi^{42}ɕiaŋ^{45}	手提箱 ʂəu^{53}tʰi^{21}ɕiaŋ^{34}
衣架	衣架子 i^{31}tɕia^{44}tsɿ^{0}	衣架子 i^{42}tɕia^{23}tsɿ^{0}	衣架子 i^{31}tɕia^{23}tsɿ^{0}	衣架子 i^{45}tɕia^{23}tsɿ^{0}	衣架子 i^{34}tɕia^{23}tsɿ^{0}

续表

方言点 / 词目	中原官话区	混合 1 区	江淮官话区	混合 3 区	西南官话区
	汉滨	县河	茅坪	石泉	紫阳
晾衣架	晾衣架 liaŋ^{44}i^{31}tɕia^{44}	晾衣杆 liaŋ^{23}i^{42}kanr^{42}	晾衣杆 liaŋ^{22}i^{31}kanr^{31}	晾衣杆 liaŋ^{23}i^{45}kanr^{45}	晾衣杆 ȵiaŋ^{23}i^{34}kanr^{34}
马桶	尿罐儿 ȵiau^{44}kuar^{44} 尿桶 ȵiau^{44}tʰuŋ^{53}	尿罐儿 ȵiau^{23}kuar^{223}	尿罐儿 ȵiau^{22}kuar^{213}	尿罐儿 ȵiau^{23}kuar^{213}	尿罐儿 ȵiau^{23}kuar^{213}
夜壶	夜壶 ie^{44}xu^{35}	夜壶 ie^{23}xu^{32}	夜壶 iɛ^{22}xu^{42}	夜壶 ie^{23}xu^{42}	夜壶 ie^{23}xu^{21}
火盆	火盆 xuo^{53}pʰə̃^{35}	火盆 xuo^{55}pʰən^{312}	火盆 xo^{55}pʰən^{42}	火盆 xo^{53}pʰən^{42}	火盆 xuo^{53}pʰən^{21}
暖水瓶	电壶 tiã^{44}xu^{35}	电壶 tian^{23}xu^{312}	电壶 tian^{22}xu^{42}	电壶 tian^{23}xu^{42}	电壶 tian^{23}xu^{21}
灶	灶 tsau^{44}	灶 tsau^{223}	灶 tsau^{213}	灶 tsau^{213}	灶 tsau^{213}
灶台	锅台 kuo^{31}tʰæ^{35}	灶台 tsau^{23}tʰai^{312}	灶台 tsau^{23}tʰai^{42}	灶台 tsau^{23}tʰai^{42}	灶台 tsau^{23}tʰai^{21}
灶口	锅洞门儿 kuo^{31}tuŋ^{44}mər^{35}	灶门口 tsau^{23}mən^{32}kʰəu^{55}	灶门口 tsau^{23}mən^{42}kʰou^{55}	灶门口 tsau^{23}mən^{42}kʰəu^{53}	灶门口 tsau^{23}mən^{21}kʰəu^{53}
镶于炉灶壁用于温水的坛子	瓮坛子 uəŋ^{31}tʰã^{35}tsɿ^{0}	瓮坛子 uəŋ^{42}tʰan^{32}tsɿ^{0}	热水罐 ʮɛ^{31}ʂʮei^{55}kuan^{213}	热水罐 ʮɛ^{42}ʂʮei^{53}kuan^{213}	瓮罐子 uŋ^{34}kuan^{23}tsɿ^{0}
火筒	吹火筒 pfʰei^{31}xuo^{53}tʰuŋ^{35}	吹火筒 pfʰei^{42}xuo^{55}tʰuŋ^{312}	吹火筒 tʂʰʮei^{31}xo^{55}tʰəŋ^{42}	吹火筒 tʂʰʮei^{45}xo^{53}tʰuŋ^{42}	吹火筒 tʂʰuei^{34}xuo^{53}tʰuŋ^{21}
风箱	风箱 fəŋ^{31}ɕiaŋ^{31}	风箱 fəŋ^{42}ɕiaŋ^{42}	风箱 fəŋ^{31}ɕiaŋ^{31}	风箱 fuŋ^{45}ɕiaŋ^{45}	风箱 fuŋ^{34}ɕiaŋ^{34}
通条	通条 tʰuŋ^{31}tʰiau^{35}	通条 tʰuŋ^{42}tʰiau^{32}	通条 tʰəŋ^{31}tʰiau^{42}	通条 tʰuŋ^{45}tʰiau^{42}	通条 tʰuŋ^{34}tʰiau^{21}
火钳	火钳 xuo^{53}tɕʰiã^{35}	火钳 xuo^{55}tɕʰian^{312}	火钳 xo^{55}tɕʰian^{42}	火钳 xo^{53}tɕʰian^{42}	火钳 xuo^{53}tɕʰian^{21}
火筷子	火筷子 xuo^{53}kʰuæ^{44}tsɿ^{0}	火筷子 xuo^{55}kʰuai^{23}tsɿ^{0}	火筷子 xo^{55}kʰuai^{23}tsɿ^{0}	火筷子 xo^{53}kʰuai^{23}tsɿ^{0}	火筷子 xuo^{53}kʰuai^{23}tsɿ^{0}

续表

方言点 词目	中原官话区	混合 1 区	江淮官话区	混合 3 区	西南官话区
	汉滨	县河	茅坪	石泉	紫阳
火铲	火铲 xuo^{53}tʂʰã^{53}	火铲 xuo^{55}tʂʰan^{55}	火铲 xo^{55}tʂʰan^{55}	火铲 xo^{53}tʂʰan^{53}	火铲 xuo^{53}tʂʰan^{53}
柴草	柴火 tʂʰæ^{35}xuo^{0}	柴 tʂʰai^{312}	柴 tʂʰai^{42}	柴 tʂʰai^{42}	柴火 tʂʰai^{21}xuo^{0}
柴垛	柴穄子 tʂʰæ^{35}tɕi^{44}tsɿ^{0}	柴码子 tʂʰai^{32}ma^{55}tsɿ^{0}	柴码子 tʂʰai^{42}ma^{55}tsɿ^{0}	柴码子 tʂʰai^{42}ma^{53}tsɿ^{0}	柴堆 tʂʰai^{21}tuei^{34}
引火柴	引火柴 in^{53}xuo^{53}tʂʰæ^{35}	引火柴 in^{55}xuo^{55}tʂʰai^{312}	引火柴 in^{55}xo^{55}tʂʰai^{42}	引火柴 in^{53}xo^{53}tʂʰai^{42}	引火柴 in^{53}xuo^{53}tʂʰai^{21}
稻秸	稻草 tau^{44}tsʰau^{53}	稻草 tau^{23}tsʰau^{55}	稻草 tau^{22}tsʰau^{55}	稻草 tau^{23}tsʰau^{53}	稻草 tau^{23}tsʰau^{53}
麦秸	麦草 mei^{31}tsʰau^{53}	麦草 me^{42}tsʰau^{55}	麦草 mɛ^{31}tsʰau^{55}	麦草 me^{42}tsʰau^{53}	麦草 me^{21}tsʰau^{53}
高粱秸	稻黍秆儿 tʰau^{31}fu^{0}kar^{53}	稻黍秆儿 tʰau^{42}fu^{0}kar^{55}	稻黍秆儿 tʰau^{31}ʂʮ^{55} kar^{55}	稻黍秆儿 tʰau^{45}ʂʮ^{53} kar^{53}	高粱秆儿 kau^{34}ȵiaŋ^{21}kar^{53}
芝麻秸	芝麻秆儿 tʂʅ^{31}ma^{0}kar^{53}	芝麻秆儿 tʂʅ^{42}ma^{0}kar^{55}	芝麻秆儿 tʂʅ^{31}ma^{0}kar^{55}	芝麻秆儿 tʂʅ^{45}ma^{0}kar^{53}	芝麻秆儿 tʂʅ^{34}ma^{0}kar^{53}
豆秸	黄豆秆儿 xuaŋ^{35}təu^{44}kar^{53}	黄豆秆儿 xuaŋ^{32}tou^{23}kar^{55}	黄豆秆儿 xuaŋ^{42}tou^{22}kar^{55}	黄豆秆儿 xuaŋ^{42}təu^{23}kar^{53}	黄豆秆儿 xuaŋ^{21}təu^{23}kar^{53}
玉米芯	瓤吐子 ʐaŋ^{35}tʰu^{53}tsɿ^{31}	包谷芯 pau^{42}ku^{0}ɕin^{42}	包谷芯 pau^{31}ku^{0}ɕin^{31}	包谷芯 pau^{45}ku^{0}ɕin^{45}	包谷芯 pau^{34}ku^{0}ɕin^{34}
玉米秸	包谷秆儿 pau^{31}ku^{0}kar^{53}	包谷秆儿 pau^{42}ku^{0}kar^{55}	包谷秆儿 pau^{31}ku^{0}kar^{55}	包谷秆儿 pau^{45}ku^{0}kar^{53}	包谷秆儿 pau^{34}ku^{0}kar^{53}
谷壳	谷壳子 ku^{31}kʰɤ^{31}tsɿ^{0}	谷壳儿 ku^{42}kʰɤr^{42}	谷壳儿 ku^{31}kʰor^{31}	谷壳子 ku^{45}kʰo^{42}tsɿ^{0}	谷壳子 ku^{34}kʰuo^{21}tsɿ^{0}
锯沫	锯沫 tɕy^{44}mə^{31}	锯沫子 tɕy^{23}mə^{42}tsɿ^{0}	锯沫子 tʂʮ^{23}mo^{31}tsɿ^{0}	锯沫面 ʂʮ^{23} mo^{42}mian^{213}	锯沫面 tɕy^{23} muo^{21}mian^{213}
刨花	刨花子 pau^{44}xua^{31}tsɿ^{0}	刨花子 pau^{23}xua^{42}tsɿ^{0}	刨花子 pau^{22}xua^{31}tsɿ^{0}	刨花儿 pau^{23}xuar^{45}	刨花儿 pau^{23}xuar^{34}

续表

方言点 / 词目	中原官话区	混合 1 区	江淮官话区	混合 3 区	西南官话区
	汉滨	县河	茅坪	石泉	紫阳
火柴	洋火 iaŋ^{35}xuo^{53}	洋火 iaŋ^{32}xuo^{55}	洋火 iaŋ^{42}xo^{55}	洋火 iaŋ^{42}xo^{53}	洋火 iaŋ^{21}xuo^{53}
火罐	闭火罐儿 pi^{44}xuo^{53}kuar^{44}	闭火罐儿 pi^{23}xuo^{55}kuar^{23}	闭火罐儿 pi^{23}xo^{55}kuar^{213}	闭火罐儿 pi^{23}xo^{53}kuar^{213}	闭火罐儿 pi^{23}xuo^{53}kuar^{213}
锅烟子	锅煤烟子 kuo^{31} mei^{35}iã^{31}tsɿ^{0}	锅麻烟子 kuo^{42} ma^{3}ian^{42}tsɿ^{0}	锅麻烟子 ko^{31} ma^{42}ian^{31}tsɿ^{0}	锅麻烟子 ko^{42} ma^{42}ian^{45}tsɿ^{0}	锅麻烟子 kuo^{21} ma^{21}ian^{34}tsɿ^{0}
草木灰	小灰 ɕiau^{53}xuei^{31}	小灰 ɕiau^{55}xuei^{42}	小灰 ɕiau^{55}xuei^{31}	小灰 ɕiau^{53}xuei^{45}	小灰 ɕiau^{53}xuei^{34}
铝锅	铝锅 ly^{53}kuo^{31}	铝锅 ly^{55}kuo^{42}	铝锅 ʮ^{55}ko^{31}	铝锅 ʮ^{53}ko^{42}	铝锅 ny^{53}kuo^{21}
砂锅	砂锅 ʂa^{31}kuo^{31}	砂锅 ʂa^{42}kuo^{42}	砂锅 ʂa^{31}ko^{31}	砂锅 ʂa^{45}ko^{42}	砂锅 ʂa^{34}kuo^{21}
大锅	大锅 ta^{44}kuo^{31}	大锅 ta^{23}kuo^{42}	大锅 ta^{22}ko^{31}	大锅 ta^{23}ko^{42}	大锅 ta^{23}kuo^{21}
小锅	小锅 ɕiau^{53}kuo^{31} 耳锅 ər^{53}kuo^{31}	小锅 ɕiau^{55}kuo^{42}	小锅 ɕiau^{55}ko^{31}	耳锅 ər^{53}ko^{42}	耳锅 ər^{53}kuo^{21}
头号锅	头号锅 tʰəu^{35} xau^{44}kuo^{31} 毛边锅 mau^{35} piã^{31}kuo^{31}	头号锅 tʰou^{32}xau^{23}kuo^{42} 毛边锅 mau^{32} pian^{42}kuo^{42}	头号锅 tʰou^{42}xau^{22}ko^{31} 毛边锅 mau^{42}pian^{31}ko^{31}	头号锅 tʰəu^{42}xau^{23}ko^{42} 毛边锅 mau^{42}pian^{45}ko^{42}	头号锅 tʰəu^{21}xau^{23}kuo^{21} 毛边锅 mau^{21}pian^{34}kuo^{21}
二号锅	二号锅 ər^{44}xau^{44}kuo^{31}	二号锅 ər^{23}xau^{23}kuo^{42}	二号锅 ər^{22}xau^{23}ko^{31}	二号锅 ər^{23}xau^{23}ko^{42}	二号锅 ər^{23}xau^{23}kuo^{21}
鼎罐	吊罐 tiau^{44}kuã^{44}	吊罐 tiau^{23}kuan^{223}	吊罐 tiau^{23}kuan^{213}	吊罐 tiau^{23}kuan^{213}	吊罐 tiau^{23}kuan^{213}
锅盖	锅盖 kuo^{31}kai^{44}	锅盖 kuo^{42}kai^{223}	锅盖 ko^{31}kai^{213}	锅盖 ko^{42}kai^{213}	锅盖 kuo^{21}kai^{213}
锅铲	锅铲 kuo^{31}tʂʰã^{53}	锅铲 kuo^{42}tʂʰan^{55}	锅铲 ko^{31}tʂʰan^{55}	锅铲 ko^{42}tʂʰan^{53}	锅铲 kuo^{21}tʂʰan^{53}

续表

方言点／词目	中原官话区	混合 1 区	江淮官话区	混合 3 区	西南官话区
	汉滨	县河	茅坪	石泉	紫阳
灶刷子	锅刷子 kuo^{35}fa^{31}ʦɿ^{0}	锅刷子 kuo^{42}fa^{42}ʦɿ^{0}	锅刷子 ko^{31}ʂʮa^{31}ʦɿ^{0}	刷把 ʂʮa^{42}pa^{213}	刷把 ʂua^{21}pa^{213}
水壶	茶壶 tʂʰa^{35}xu^{35}	茶壶 tʂʰa^{32}xu^{32}	茶壶 tʂʰa^{42}xu^{42}	茶壶 tʂʰa^{42}xu^{42}	茶壶 tʂʰa^{21}xu^{21}
茶盘	茶盘儿 tʂʰa^{35}pʰar^{35}	茶盘儿 tʂʰa^{32}pʰar^{32}	茶盘儿 tʂʰa^{42}pʰar^{42}	茶盘儿 tʂʰa^{42}pʰar^{42}	茶盘儿 tʂʰa^{21}pʰar^{21}
茶缸	摭缸子 tʂɤ^{31}kaŋ^{31}tsɿ^{0}	摭缸子 tʂɤ^{42}kaŋ^{42}tsɿ^{0}	摭缸子 tʂɛ^{31}kaŋ^{31}tsɿ^{0}	摭缸子 tʂe^{42}kaŋ^{45}tsɿ^{0}	摭缸子 tʂe^{21}kaŋ^{34}tsɿ^{0}
盖碗子	盖碗子 kæ^{44}uã^{53}tsɿ^{0}	盖碗子 kai^{23}uan^{55}tsɿ^{0}	盖碗子 kai^{23}uan^{55}tsɿ^{0}	盖碗子 kai^{23}uan^{53}tsɿ^{0}	盖碗儿 kai^{23}uar^{53}
碗	碗 uã^{53}	碗 uan^{55}	碗 uan^{55}	碗 uan^{53}	碗 uan^{53}
搪瓷碗	洋瓷碗 iaŋ^{35}ʦʰɿ^{35}uã^{53}	洋瓷碗 iaŋ^{32}ʦʰɿ^{32}uan^{55}	洋瓷碗 iaŋ^{42}ʦʰɿ^{42}uan^{55}	洋瓷碗 iaŋ^{42}ʦʰɿ^{42}uan^{53}	洋瓷碗 iaŋ^{21}ʦʰɿ^{21}uan^{53}
细料子碗	细料子碗 ɕi^{44}liau^{44}ʦɿ^{0}uã^{53}	细料子碗 ɕi^{23}liau^{23}ʦɿ^{0}uan^{55}	细料子碗 ɕi^{23}liau^{22}ʦɿ^{0}uan^{55}	细料子碗 ɕi^{23}liau^{23}ʦɿ^{0}uan^{53}	细料子碗 ɕi^{23}ȵiau^{23}ʦɿ^{0}uan^{53}
二碗子	二碗子 ər^{44}uã^{53}ʦɿ^{0}	二碗子 ər^{23}uan^{55}ʦɿ^{0}	二碗子 ər^{22}uan^{55}ʦɿ^{0}	二碗子 ər^{23}uan^{53}ʦɿ^{0}	二碗子 ər^{23}uan^{53}ʦɿ^{0}
小碗儿	小碗儿 ɕiau^{53}uar^{53}	小碗儿 ɕiau^{55}uar^{55}	小碗儿 ɕiau^{55}uar^{55}	小碗儿 ɕiau^{53}uar^{53}	小碗儿 ɕiau^{53}uar^{53}
土巴碗	土巴碗 tʰu^{53} pa^{0} uã^{53} 黑碗 xei^{31}uã^{53}	土巴碗 tʰəu^{55}pa^{0}uan^{55}	土巴碗 tʰou^{55}pa^{0}uan^{55}	土巴碗 tʰəu^{53}pa^{0}uan^{53}	土巴碗 tʰəu^{53}pa^{0}uan^{53}
海碗	海碗 xæ^{53}uã^{53} 品碗 pʰin^{53}uã^{53}	品碗 pʰin^{55}uan^{55}	品碗 pʰin^{55}uan^{55}	品碗 pʰin^{53}uan^{53}	品碗 pʰin^{53}uan^{53}
小孩碗的别称	满满儿 mã^{53}mar^{0}	满满儿 man^{55}mar^{0}	满满儿 man^{55}mar^{0}	满满儿 man^{53}mar^{0}	满满儿 man^{53}mar^{0}
碗渣子	瓷瓦子 ʦʰɿ^{35}ua^{53}ʦɿ^{0}	瓷瓦子 ʦʰɿ^{32}ua^{55}ʦɿ^{0}	瓷瓦子 ʦʰɿ^{42}ua^{55}ʦɿ^{0}	瓷瓦子 ʦʰɿ^{42}ua^{53}ʦɿ^{0}	瓷瓦子 ʦʰɿ^{21}ua^{53}ʦɿ^{0}

续表

方言点 / 词目	中原官话区	混合 1 区	江淮官话区	混合 3 区	西南官话区
	汉滨	县河	茅坪	石泉	紫阳
茶杯	茶缸子 tʂʰa^{35}kaŋ^{31}tsɿ^{0}	茶缸子 tʂʰa^{32}kaŋ^{42}tsɿ^{0}	茶缸子 tʂʰa^{42}kaŋ^{31}tsɿ^{0}	茶缸子 tʂʰa^{42}kaŋ^{45}tsɿ^{0}	茶缸子 tʂʰa^{21}kaŋ^{34}tsɿ^{0}
茶碗	茶碗 tʂʰa^{35}uã^{53}	茶碗儿 tʂʰa^{32}uar^{55}	茶碗儿 tʂʰa^{42}uar^{55}	茶碗 tʂʰa^{42}uan^{53}	茶碗 tʂʰa^{21}uan^{53}
茶托	茶盘儿 tʂʰa^{32}pʰar^{32}	茶盘儿 tʂʰa^{32}pʰar^{32}	茶盘儿 tʂʰa^{42}pʰar^{42}	茶盘 tʂʰa^{42}pʰan^{42}	茶盘 tʂʰa^{21}pʰan^{21}
碟子	碟子 tie^{35}tsɿ^{0}	碟子 tie^{32}tsɿ^{0}	碟子 tiɛ^{42}tsɿ^{0}	碟子 tie^{42}tsɿ^{0}	碟子 tie^{21}tsɿ^{0}
盘子	盘子 pʰã^{35}tsɿ^{0}	盘子 pʰan^{32}tsɿ^{0}	盘子 pʰan^{42}tsɿ^{0}	盘子 pʰan^{42}tsɿ^{0}	盘子 pʰan^{21}tsɿ^{0}
盆子	盆子 pʰə̃^{35}tsɿ^{0}	盆子 pʰən^{32}tsɿ^{0}	盆子 pʰən^{42}tsɿ^{0}	盆子 pʰən^{42}tsɿ^{0}	盆子 pʰən^{21}tsɿ^{0}
瓦盆	瓦盆 ua^{53}pʰə̃^{35}	瓦盆 ua^{55}pʰən^{32}	瓦盆 ua^{55}pʰən^{42}	瓦盆 ua^{53}pʰən^{42}	瓦盆 ua^{53}pʰən^{21}
洋瓷盆	洋瓷盆 iaŋ^{35}tsʰi^{35}pʰə̃^{35}	洋瓷盆 iaŋ^{32}tsʰi^{32}pʰən^{312}	洋瓷盆 iaŋ^{42}tsʰi^{42}pʰən^{42}	洋瓷盆 iaŋ^{42}tsʰi^{42}pʰən^{42}	洋瓷盆 iaŋ^{21}tsʰi^{21}pʰən^{21}
小盆	钵钵儿 puo^{31}puor^{0}	钵钵儿 puo^{42}puor^{0}	钵钵儿 po^{31}por^{0}	钵钵儿 po^{42}por^{0}	钵钵儿 puo^{21}puor^{0}
饭勺	饭勺子 fã^{44}fə^{35}tsɿ^{0}	饭勺子 fan^{23}fə^{32}tsɿ^{0}	饭瓢 fan^{22}pʰiau^{42}	饭瓢 fan^{23}pʰiau^{42}	饭瓢 fan^{23}pʰiau^{21}
铁勺子	铁瓢 tʰie^{31}pʰiau^{35}	铁瓢儿 tʰie^{42}pʰiaur^{32}	铁瓢儿 tʰiɛ^{31}pʰiaur^{42}	铁瓢 tʰie^{42}pʰiau^{42}	铁瓢 tʰie^{21}pʰiau^{21}
木瓢	戳瓢 pfʰə^{31}pʰiau^{35}	戳瓢 pfʰə^{42}pʰiau^{32}	戳瓢 tʂʰo^{31}pʰiau^{42}	戳瓢 tʂʰo^{42}pʰiau^{42}	戳瓢 tʂʰuo^{21}pʰiau^{21}
水瓢	马勺 ma^{53}fə^{35}	水瓢 fei^{55}pʰiau^{32}	水瓢 ʂʯei^{55}pʰiau^{42}	瓜篱子 kua^{45}li^{42}tsɿ^{0}	瓜篱 kua^{34}ȵi^{21} 瓜瓢 kua^{34}pʰiau^{21}
漏瓢	漏勺 ləu^{44}fə^{35}	漏瓢儿 ləu^{23}pʰiaur^{32}	漏瓢儿 lou^{22}pʰiaur^{42}	漏瓢儿 ləu^{23}pʰiaur^{42}	漏瓢儿 nəu^{23}pʰiaur^{21}

续表

词目＼方言点	中原官话区	混合 1 区	江淮官话区	混合 3 区	西南官话区
	汉滨	县河	茅坪	石泉	紫阳
炒瓢	炒瓢 tʂʰau^{53}pʰiau^{35}	炒瓢 tʂʰau^{55}pʰiau^{32}	炒瓢 tʂʰau^{55}pʰiau^{42}	炒瓢 tʂʰau^{53}pʰiau^{42}	炒瓢 tʂʰau^{53}pʰiau^{21}
羹匙	勺勺儿 fə^{35}fər^{0}	勺勺儿 fə^{32}fər^{0}	调羹儿 tʰiau^{42}kər^{0}	调羹儿 tʰiau^{42}kər^{0}	调羹儿 tʰiau^{21}kər^{0}
筷子	筷子 kʰuæ^{44}tsɿ^{0} 划食子 xua^{44}ʂʅ^{35}tsɿ^{0}	筷子 kʰuai^{23}tsɿ^{0} 划食子 xua^{23}ʂʅ^{32}tsɿ^{0}	筷子 kʰuai^{23}tsɿ^{0} 划食子 xua^{23}ʂʅ^{42}tsɿ^{0}	筷子 kʰuai^{23}tsɿ^{0} 划食子 xua^{23}ʂʅ^{42}tsɿ^{0}	筷子 kʰuai^{23}tsɿ^{0} 划食子 xua^{23}ʂʅ^{21}tsɿ^{0}
筷笼	筷篓子 kʰuæ^{44}ləu^{53}tsɿ^{0}	筷子篓儿 kʰuai^{23}tsɿ^{0}ləur^{55}	筷子篓儿 kʰuai^{23}tsɿ^{0}lour^{55}	筷篓子 kʰuai^{23}ləu^{53}tsɿ^{0}	筷子篓 kʰuai^{23}tsɿ^{0}ləu^{53}
酒杯	酒盅盅儿 tɕiəu^{53} pfəŋ^{31}pfəŋr^{0}	酒盅子 tɕiəu^{55}pfəŋ^{42}tsɿ^{0}	酒盅子 tɕiou^{55}tʂəŋ^{31}tsɿ^{0}	酒盅子 tɕiəu^{53}tʂuŋ^{45}tsɿ^{0}	酒盅子 tɕiəu^{53}tʂuŋ^{34}tsɿ^{0}
酒壶	酒壶 tɕiəu^{53}xu^{35}	酒壶儿 tɕiəu^{55}xur^{32}	酒壶儿 tɕiou^{55}xur^{42}	酒壶 tɕiəu^{53}xu^{42}	酒壶壶 tɕiəu^{53}xu^{21}xu^{0}
酒瓶子	酒瓶子 tɕiəu^{53}pʰin^{35}tsɿ^{0}	酒瓶子 tɕiəu^{55}pʰin^{32}tsɿ^{0}	酒瓶子 tɕiou^{55}pʰin^{42}tsɿ^{0}	酒瓶子 tɕiəu^{53}pʰin^{42}tsɿ^{0}	酒瓶子 tɕiəu^{53}pʰin^{21}tsɿ^{0}
酒坛子	酒坛子 tɕiəu^{53}tʰã^{35}tsɿ^{0}	酒坛子 tɕiəu^{55}tʰan^{32}tsɿ^{0}	酒坛子 tɕiou^{55}tʰan^{42}tsɿ^{0}	酒坛子 tɕiəu^{53}tʰan^{42}tsɿ^{0}	酒坛子 tɕiəu^{53}tʰan^{21}tsɿ^{0}
漏斗	溜子 liəu^{44}tsɿ^{0}	敞子 tʂʰaŋ^{55}tsɿ^{0}	敞子 tʂʰaŋ^{55}tsɿ^{0}	敞子 tʂaŋ^{53}tsɿ^{0}	敞子 tʂaŋ^{53}tsɿ^{0}
坛子	坛子 tʰã^{35}tsɿ^{0}	坛子 tʰan^{32}tsɿ^{0}	坛子 tʰan^{42}tsɿ^{0}	坛子 tʰan^{42}tsɿ^{0}	坛子 tʰan^{21}tsɿ^{0}
腌坛子	腌坛子 iã^{31} tʰã^{35}tsɿ^{0}	腌坛子 ian^{42} tʰan^{32}tsɿ^{0}	腌坛子 ian^{31} tʰan^{42}tsɿ^{0}	腌坛子 ian^{45} tʰan^{42}tsɿ^{0}	腌坛子 ian^{34} tʰan^{21}tsɿ^{0}
菜坛子	菜坛子 tsʰai^{44}tʰã^{35}tsɿ^{0}	菜坛子 tsʰai^{23}tʰan^{32}tsɿ^{0}	菜坛子 tsʰai^{23}tʰan^{42}tsɿ^{0}	菜坛子 tsʰai^{23}tʰan^{42}tsɿ^{0}	菜坛子 tsʰai^{23}tʰan^{21}tsɿ^{0}
泡坛子	泡坛子 pʰau^{44}tʰã^{35}tsɿ^{0}	泡坛子 pʰau^{23}tʰan^{32}tsɿ^{0}	泡坛子 pʰau^{23}tʰan^{42}tsɿ^{0}	泡坛子 pʰau^{23}tʰan^{42}tsɿ^{0}	泡坛子 pʰau^{23}tʰan^{21}tsɿ^{0}

续表

方言点 词目	中原官话区	混合 1 区	江淮官话区	混合 3 区	西南官话区
	汉滨	县河	茅坪	石泉	紫阳
醋坛子	醋坛子 tsʰu^{44}tʰã^{35}tsɿ^{0}	醋坛子 tsʰəu^{23}tʰan^{32}tsɿ^{0}	醋坛子 tsʰou^{23}tʰan^{42}tsɿ^{0}	醋坛子 tsʰəu^{23}tʰan^{42}tsɿ^{0}	醋坛子 tsʰəu^{23}tʰan^{21}tsɿ^{0}
酸坛子	酸坛子 suan^{31}tʰã^{35}tsɿ^{0}	菜坛子 tsʰai^{23}tʰan^{32}tsɿ^{0}	酸坛子 san^{31}tʰan^{42}tsɿ^{0}	酸坛子 san^{45}tʰan^{42}tsɿ^{0}	酸坛子 san^{34}tʰan^{21}tsɿ^{0}
罐子	罐子 kuã^{44}tsɿ^{0}	罐子 kuan^{23}tsɿ^{0}	罐子 kuan^{23}tsɿ^{0}	罐子 kuan^{23}tsɿ^{0}	罐子 kuan^{23}tsɿ^{0}
笊篱	笊篱子 tʂau^{44}li^{31}tsɿ^{0}	笊篱子 tʂau^{23}li^{42}tsɿ^{0}	笊篱子 tʂau^{23}li^{31}tsɿ^{0}	捞篱子 lau^{42}li^{42}tsɿ^{0}	笊篱子 tʂau^{23}ȵi^{21}tsɿ^{0}
筲箕	筲箕 ʂau^{31}tɕi^{0}	筲箕 ʂau^{42}tɕi^{0}	筲箕 ʂau^{31}tɕi^{0}	筲箕 ʂau^{45}tɕi^{0}	筲箕 ʂau^{34}tɕi^{0}
大木桶	木梢 mu^{31}ʂau^{31}	木缸 mə^{42}kaŋ^{42} 木梢 mə^{42}ʂau^{42}	木缸 mo^{31}kaŋ^{31} 木梢 mo^{31}ʂau^{31}	黄缸 xuaŋ^{42}kaŋ^{45}	黄缸 xuaŋ^{21}kaŋ^{34}
瓶子	瓶子 pʰin^{35}tsɿ^{0}	瓶子 pʰin^{32}tsɿ^{0}	瓶子 pʰin^{42}tsɿ^{0}	瓶子 pʰin^{42}tsɿ^{0}	罐罐 kuan^{23}kuan^{23}
瓶盖儿	瓶盖儿 pʰin^{35}kar^{44}	瓶盖儿 pʰin^{32}kar^{23}	瓶盖儿 pʰin^{42}kar^{213}	瓶盖儿 pʰin^{42}kar^{213}	瓶盖儿 pʰin^{21}kar^{213}
礤床	礤板儿 tsʰa^{31}par^{53} 礤子 tsʰa^{31}tsɿ^{0}	礤板儿 tsʰa^{42}par^{55} 礤子 tsʰa^{42}tsɿ^{0}	礤板儿 tsʰa^{31}par^{55} 礤子 tsʰa^{31}tsɿ^{0}	礤板儿 tsʰa^{45}par^{53} 礤子 tsʰa^{45}tsɿ^{0}	礤板儿 tsʰa^{34}par^{53} 礤子 tsʰa^{34}tsɿ^{0}
菜刀	菜刀 tsʰai^{44}tau^{31}	菜刀 tsʰai^{23}tau^{42}	菜刀 tsʰai^{23}tau^{31}	菜刀 tsʰai^{23}tau^{45}	菜刀 tsʰai^{23}tau^{34}
大菜刀	砍刀 kʰã^{53}tau^{31}	砍刀 kʰan^{55}tau^{42}	砍刀 kʰan^{55}tau^{31}	砍刀 kʰan^{53}tau^{45}	砍刀 kʰan^{53}tau^{34}
菜板	菜板儿 tsʰæ^{44}par^{53}	砧板儿 tsən^{42}par^{55}	砧板儿 tsən^{31}par^{55}	砧板儿 tsən^{45}par^{53}	砧板儿 tsən^{34}par^{53}
蒜臼子	石窝子 ʂʅ^{35}uo^{31}tsɿ^{0}	辣子窝儿 la^{42}tsɿ^{0}uor^{42}	辣子窝儿 la^{31}tsɿ^{0}uor^{31}	辣子窝 la^{42}tsɿ^{0}uo^{45}	辣子窝窝 na^{21}tsɿ^{0}uo^{34}uo^{34}

续表

方言点 / 词目	中原官话区	混合 1 区	江淮官话区	混合 3 区	西南官话区
	汉滨	县河	茅坪	石泉	紫阳
面板	案板 ŋã^{44}pã^{53}	案板 ŋan^{23}pan^{55}	案板 ŋan^{23}pan^{55}	面板 mian^{23}pan^{53}	面板 mian^{23}pan^{53}
擀杖	擀面杖 kã^{53}miã^{44}tʂaŋ^{44}	擀面棒 kan^{55} mian^{23}paŋ^{223}	擀面棒 kan^{55} mian^{22}paŋ^{213}	擀面杖 kan^{53} mian^{23}tʂaŋ^{213}	擀面杖 kan^{53} mian^{23}tʂaŋ^{213}
水桶	水桶 fei^{53}tʰuŋ^{53}	水桶 fei^{55}tʰuŋ^{55}	水桶 ʂʮei^{55}tʰəŋ^{55}	水桶 ʂʮei^{53}tʰuŋ^{53}	水桶 ʂuei^{53}tʰuŋ^{53}
研船	碾槽 ȵiã^{53}ʦʰau^{35}	碾槽 ȵian^{55}ʦʰau^{312}	碾槽 ȵian^{55}ʦʰau^{42}	碾槽 ȵian^{53}ʦʰau^{42}	碾槽 ȵian^{53}ʦʰau^{21}
饭盆	饭盆 fã^{44}pʰə̃^{35}	饭盆 fan^{23}pʰən^{312}	饭盆 fan^{22}pʰən^{42}	饭盆 fan^{23}pʰən^{42}	饭盆 fan^{23}pʰən^{21}
蒸笼	蒸笼 tʂəŋ^{31}luŋ^{35}	蒸笼 tʂən^{42}luŋ^{312}	蒸笼 tʂən^{31}ləŋ^{42}	蒸笼 tʂən^{45}luŋ^{42}	蒸笼 tʂən^{34}nuŋ^{21}
甑子	甑子 ʦəŋ^{44}tsɿ^{0}	甑子 ʦən^{23}tsɿ^{0}	甑子 ʦən^{23}tsɿ^{0}	甑子 ʦən^{23}tsɿ^{0}	甑子 ʦən^{23}tsɿ^{0}
箅子	笼隔子 luŋ^{35}kei^{31}tsɿ^{0} 笆笆儿 pa^{31}par^{0}	笼隔子 luŋ^{32}ke^{42}tsɿ^{0} 笆笆儿 pa^{42}par^{0}	笼隔子 ləŋ^{42}kɛ^{31}tsɿ^{0} 笆笆儿 pa^{31}par^{0}	笼隔子 luŋ^{42}ke^{42}tsɿ^{0} 笆笆儿 pa^{45}par^{0}	笼隔子 nuŋ^{21}ke^{21}tsɿ^{0} 笆笆儿 pa^{34}par^{0}
水缸	水缸 fei^{53}kaŋ^{31}	水缸 fei^{55}kaŋ^{42}	水缸 ʂʮei^{55}kaŋ^{31}	水缸 ʂʮei^{53}kaŋ^{45}	水缸 ʂuei^{53}kaŋ^{34}
泔水	恶水 ŋɤ^{31}fei^{53}	潲水 sau^{23}fei^{55}	潲水 sau^{23}ʂʮei^{55}	潲水 sau^{23}ʂʮei^{53}	潲水 sau^{23}ʂuei^{53}
泔水缸	恶水桶 ŋɤ^{31}fei^{53}tʰuŋ^{53}	潲水桶 sau^{23}fei^{55}tʰuŋ^{55}	潲水桶 sau^{23} ʂʮei^{55}tʰəŋ^{55}	潲缸 sau^{23}kaŋ^{53}	潲水桶 sau^{23} ʂuei^{53}tʰuŋ^{53}
抹布	抹布 ma^{31}pu^{44}	搌布子 tʂan^{55}pu^{23}tsɿ^{0}	搌布子 tʂan^{55}pu^{23}tsɿ^{0}	搌布子 tʂan^{53}pu^{23}tsɿ^{0}	搌布子 tʂan^{53}pu^{23}tsɿ^{0}
刨子	推刨儿 tʰuei^{31}paur^{0}	推刨儿 tʰei^{42}paur^{0}	推刨儿 tʰei^{31}paur^{0}	推刨儿 tʰei^{45}paur^{0}	推刨儿 tʰei^{34}paur^{0}

续表

方言点 / 词目	中原官话区	混合 1 区	江淮官话区	混合 3 区	西南官话区
	汉滨	县河	茅坪	石泉	紫阳
斧子	斧子 fu^{53}tsɿ^{0}	斧子 fu^{55}tsɿ^{0}	斧子 fu^{55}tsɿ^{0}	斧子 fu^{53}tsɿ^{0}	响子 ɕiaŋ^{53}tsɿ^{0}
大斧头	响子 ɕiaŋ^{53}tsɿ^{0}	响子 ɕiaŋ^{55}tsɿ^{0}	响子 ɕiaŋ^{55}tsɿ^{0}	响子 ɕiaŋ^{53}tsɿ^{0} 开山子 kʰai^{45}ʂan^{45}tsɿ^{0}	响子 ɕiaŋ^{53}tsɿ^{0} 开山子 kʰai^{34}ʂan^{34}tsɿ^{0}
锛子	锛子 pən^{31}tsɿ^{0}	锛子 pən^{42}tsɿ^{0}	锛子 pən^{31}tsɿ^{0}	锛子 pən^{45}tsɿ^{0}	锛锄 pən^{34}tsʰəu^{21}
锯子	锯子 tɕy^{44}tsɿ^{0}	锯子 tɕy^{23}tsɿ^{0}	锯子 tʂʮ^{23}tsɿ^{0}	锯子 tʂʮ^{23}tsɿ^{0}/ ke^{23}ʦɿ^{0}	锯子 tɕy^{23}tsɿ^{0}/ ke^{23}ʦɿ^{0}
将大木解剖为木板的大锯	解锯 kæ^{53}tɕy^{44}	解锯 kai^{55}tɕy^{223}	解锯 kai^{55}tʂʮ^{213}	解锯 kai^{53}tʂʮ^{213}	解锯 kai^{53}tɕy^{213}
梳锯	梳锯 fu^{31}tɕy^{44}	梳锯 fu^{31}tɕy^{223}	梳锯 sou^{31}tʂʮ^{213}	梳锯 səu^{45}tʂʮ^{213}	梳锯 səu^{34}tɕy^{213}
钻子	钻子 tsa^{44}tsɿ^{0}	钻子 tsan^{23}tsɿ^{0}	钻子 tsan^{23}tsɿ^{0}	钻子 tsan^{23}tsɿ^{0}	钻子 tsan^{23}tsɿ^{0}
凿子	凿子 tsuo^{35}tsɿ^{0}	凿子 tsuo^{32}tsɿ^{0}	凿子 tso^{42}tsɿ^{0}	凿子 tso^{42}tsɿ^{0}	凿子 tsuo^{21}tsɿ^{0}
尺子	尺子 tʂʰʅ^{31}tsɿ^{0}	尺子 tʂʰʅ^{42}tsɿ^{0}	尺子 tʂʰʅ^{31}tsɿ^{0}	尺子 tʂʰʅ^{42}tsɿ^{0}	尺子 tʂʰʅ^{21}tsɿ^{0}
曲尺	拐尺 kuæ^{53}tʂʰʅ^{31}	拐尺 kuai^{55}tʂʰʅ^{42}	拐尺 kuai^{55}tʂʰʅ^{0}	拐尺 kuai^{42}tʂʰʅ^{42}	拐尺 kuai^{21}tʂʰʅ^{21}
摺尺	折尺 tʂɤ^{35}tʂʰʅ^{31}	折尺 tʂɤ^{32}tʂʰʅ^{42}	折尺 tʂɛ^{42}tʂʰʅ^{0}	折尺 tʂe^{42}tʂʰʅ^{42}	折尺 tʂe^{21}tʂʰʅ^{21}
卷尺	卷尺 tɕyã^{53}tʂʰʅ^{31}	卷尺 tɕyan^{55}tʂʰʅ^{42}	卷尺 tʂʮan^{55}tʂʰʅ^{0}	卷尺 tʂʮan^{53}tʂʰʅ^{42}	卷尺 tɕyan^{53}tʂʰʅ^{21}
墨斗	墨斗盒子 mei^{31}təu^{53}xuo^{35}ʦɿ^{0}	墨斗 me^{42}tou^{55}	墨斗 mɛ^{31}tou^{55}	墨斗 me^{42}təu^{53}	墨斗 me^{21}təu^{53}

续表

方言点 词目	中原官话区	混合 1 区	江淮官话区	混合 3 区	西南官话区
	汉滨	县河	茅坪	石泉	紫阳
墨斗线	墨斗线 mei^{31}təu^{53}ɕiã^{44}	墨斗线 me^{42}təu^{55}ɕian^{223}	墨斗线 mɛ^{31}tou^{55}ɕian^{213}	墨斗线 me^{42}təu^{53}ɕian^{213}	墨斗线 me^{21}təu^{53}ɕian^{213}
划签	划签子 xua^{44}tɕʰiã^{31}tsɿ^{0}	划签子 xua^{23}tɕʰian^{42}tsɿ^{0}	划签子 xua^{22}tɕʰian^{31}tsɿ^{0}	划签子 xua^{23}tɕʰian^{45}tsɿ^{0}	划签子 xua^{23}tɕʰian^{34}tsɿ^{0}
钉子	钉子 tin^{31}tsɿ^{0}	钉子 tin^{42}tsɿ^{0}	钉子 tin^{31}tsɿ^{0}	钉子 tin^{45}tsɿ^{0}	钉子 tin^{34}tsɿ^{0}
钳子	钳子 tɕʰiã^{35}tsɿ^{0}	钳子 tɕʰian^{32}tsɿ^{0}	钳子 tɕʰian^{42}tsɿ^{0}	钳子 tɕʰian^{42}tsɿ^{0}	钳子 tɕʰian^{21}tsɿ^{0}
老虎钳	老虎钳 lau^{53}xu^{53}tɕʰiã^{35}	老虎钳 lau^{55}xu^{55}tɕʰian^{312}	老虎钳 lau^{55}xu^{55}tɕʰian^{42}	老虎钳 lau^{53}xu^{53}tɕʰian^{42}	老虎钳 nau^{53}xu^{53}tɕʰian^{21}
钉锤	钉锤儿 tiŋ^{31}pfʰər^{35}	钉锤儿 tin^{42}pfʰər^{312}	钉锤儿 tin^{31}tʂʰʯər^{42}	钉锤 tin^{45}tʂʰʯei^{42}	钉锤儿 tin^{34}tʂʰuei^{21}
螺丝刀	起子 tɕʰi^{53}tsɿ^{0} 改锥 kæ^{53}pfei^{31}	起子 tɕʰi^{55}tsɿ^{0} 改锥 kai^{55}pfei^{42}	起子 tɕʰi^{55}tsɿ^{0} 改锥 kai^{55}tʂʯei^{31}	起子 tɕʰi^{53}tsɿ^{0} 改锥 kai^{53}tʂʯei^{45}	起子 tɕʰi^{53}tsɿ^{0} 改锥 kai^{53}tʂuei^{34}
螺丝	螺丝 luo^{35}sɿ^{0}	螺丝 luo^{32}sɿ^{0}	螺丝 lo^{42}sɿ^{0}	螺丝 lo^{42}sɿ^{0}	螺丝 nuo^{21}sɿ^{0}
螺纹被磨平	滑丝 xua^{35}sɿ^{31}	滑丝 xua^{32}sɿ^{42}	滑丝 xua^{42}sɿ^{31}	滑丝 xua^{42}sɿ^{45}	滑丝 xua^{21}sɿ^{34}
马口	马口 ma^{53}kʰəu^{53}	马口 ma^{55}kʰəu^{55}	马口 ma^{55}kʰou^{55}	马口 ma^{53}kʰəu^{53}	马口 ma^{53}kʰəu^{53}
马凳	马凳 ma^{53}tən^{44}	马凳 ma^{55}tən^{223}	马凳 ma^{55}tən^{213}	马凳 ma^{53}tən^{213}	马凳 ma^{53}tən^{213}
马头	马头 ma^{53}tʰəu^{0}	马头 ma^{55}tʰəu^{0}	马头 ma^{55}tʰou^{0}	马头 ma^{53}tʰəu^{0}	马头 ma^{53}tʰəu^{0}
榫头	公卯 kuŋ^{31}mau^{53}	公榫 kuŋ^{42}sən^{55}	公榫 kəŋ^{31}sən^{55}	公榫 kuŋ^{45}sən^{53}	公榫 kuŋ^{34}sən^{53}
榫眼	榫眼儿 suən^{53}ȵiãr^{53}	母榫 mə^{55}sən^{55}	母榫 mo^{44}sən^{55}	母榫 mo^{53}sən^{53}	母榫 mu^{53}sən^{53}

续表

方言点 / 词目	中原官话区	混合1区	江淮官话区	混合3区	西南官话区
	汉滨	县河	茅坪	石泉	紫阳
镊子	镊子 ȵie^{31}tsɿ^{0}	镊子 ȵie^{42}tsɿ^{0}	镊子 ȵiɛ^{31}tsɿ^{0}	镊子 ȵie^{42}tsɿ^{0}	镊子 ȵie^{21}tsɿ^{0}
绳子	绳子 ʂəŋ^{35}tsɿ^{0}	绳子 ʂən^{32}tsɿ^{0}	绳子 ʂən^{42}tsɿ^{0}	索索 so^{42}so^{42} 绳子 ʂən^{42}tsɿ^{0}	绳子 ʂən^{21}tsɿ^{0} 要子 iau^{23}tsɿ^{0}
勾	勾搭子 kəu^{31}ta^{31}tsɿ^{0}	勾搭子 kəu^{42}ta^{42}tsɿ^{0}	勾搭子 kou^{31}ta^{31}tsɿ^{0}	勾搭子 kəu^{45}ta^{45}tsɿ^{0}	勾搭子 kəu^{34}ta^{34}tsɿ^{0}
合页	合页儿 xuo^{35}iər^{31}	合页儿 xuo^{32}iər^{42}	合页儿 xo^{42}iər^{31}	合页儿 xo^{42}iər^{45}	合页儿 xuo^{21}ɪər^{34}
砍砖刀	砍砖刀 kʰã^{53} pfã^{31}tau^{31} 泥刀 ȵi^{35}tau^{31}	瓦刀 ua^{55}tau^{42} 泥刀 ȵi^{32}tau^{42}	瓦刀 ua^{55}tau^{31} 泥刀 ȵi^{42}tau^{31}	砖刀 tʂuan^{45}tau^{45} 泥刀 ȵi^{42}tau^{45}	砖刀 tʂuan^{34}tau^{34} 泥刀 ȵi^{21}tau^{34}
搪子	搪子 tʰaŋ^{44}tsɿ^{0}	搪子 tʰaŋ^{23}tsɿ^{0}	搪子 tʰaŋ^{23}tsɿ^{0}	搪子 tʰaŋ^{23}tsɿ^{0}	搪子 tʰaŋ^{23}tsɿ^{0}
抿子	抿子 min^{53}tsɿ^{0}	抿子 min^{55}tsɿ^{0}	抿子 min^{55}tsɿ^{0}	抿子 min^{53}tsɿ^{0}	抿子 min^{53}tsɿ^{0}
抹子	抹子 muo^{31}tsɿ^{0}	抹子 muo^{42}tsɿ^{0}	抹子 ma^{31}tsɿ^{0}	抹子 mo^{42}tsɿ^{0}	抹子 muo^{21}tsɿ^{0}
泥板	泥板 ȵi^{35}pã^{53}	泥板 ȵi^{32}pan^{55}	泥板 ȵi^{42}pan^{55}	泥板 ȵi^{42}pan^{53}	泥板 ȵi^{21}pan^{53}
麻刀	麻刀 ma^{35}tau^{31}	麻刀 ma^{32}tau^{42}	麻刀 ma^{42}tau^{31}	麻刀 ma^{42}tau^{45}	麻刀 ma^{21}tau^{34}
灰兜子	灰兜子 xuei^{31}təu^{31}tsɿ^{0}	灰兜子 xuei^{42}təu^{42}tsɿ^{0}	灰兜子 xuei^{31}tou^{31}tsɿ^{0}	灰兜子 xuei^{45}təu^{45}tsɿ^{0}	灰兜子 xuei^{34}təu^{34}tsɿ^{0}
灰斗子	灰斗子 xuei^{31}təu^{53}tsɿ^{0}	灰斗子 xuei^{42}təu^{55}tsɿ^{0}	灰斗子 xuei^{31}tou^{55}tsɿ^{0}	灰斗子 xuei^{45}təu^{53}tsɿ^{0}	灰斗子 xuei^{34}təu^{44}tsɿ^{0}
灰桶	灰桶 xuei^{31}tʰuŋ^{53}	灰桶 xuei^{42}tʰuŋ^{55}	灰桶 xuei^{31}tʰəŋ^{55}	灰桶 xuei^{45}tʰuŋ^{53}	灰桶 xuei^{34}tʰuŋ^{53}
砧子	砧子 tsə̃^{31}tsɿ^{0}	砧子 tsən^{42}tsɿ^{0}	砧子 tsən^{31}tsɿ^{0}	砧子 tsən^{45}tsɿ^{0}	砧子 tsən^{34}tsɿ^{0}

续表

方言点 / 词目	中原官话区	混合 1 区	江淮官话区	混合 3 区	西南官话区
	汉滨	县河	茅坪	石泉	紫阳
剃刀	剃头刀 tʰi^{44}tʰəu^{35}tau^{31}	剃头刀 tʰi^{23}tʰəu^{32}tau^{42}	剃头刀 tʰi^{23}tʰou^{42}tau^{31}	剃头刀 tʰi^{23}tʰəu^{42}tau^{45}	剃头刀 tʰi^{23}tʰəu^{21}tau^{34}
推子	推子 tʰuei^{31}tsɿ^{0}	推子 tʰei^{42}tsɿ^{0}	推子 tʰei^{31}tsɿ^{0}	推子 tʰei^{45}tsɿ^{0}	推子 tʰei^{34}tsɿ^{0}
理发剪	理发剪子 li^{53}fa^{31}tɕiã^{53}tsɿ^{0}	理发剪子 li^{55}fa^{42}tɕian^{55}tsɿ^{0}	理发剪子 li^{55}fa^{31}tɕian^{55}tsɿ^{0}	剪发剪子 li^{53}fa^{42}tɕian^{53}tsɿ^{0}	理发剪子 ŋ̥i^{53}fa^{21}tɕian^{53}tsɿ^{0}
梳子	梳子 fu^{31}tsɿ^{0}	梳子 fu^{42}tsɿ^{0}	梳子 sou^{31}tsɿ^{0}	梳子 səu^{45}tsɿ^{0}	梳子 səu^{34}tsɿ^{0}
刷子	刷子 fa^{31}tsɿ^{0}	刷子 fa^{42}tsɿ^{0}	刷子 ʂɥa^{31}tsɿ^{0}	刷子 ʂɥa^{42}tsɿ^{0}	刷子 ʂua^{21}tsɿ^{0}
鐾刀布	挡刀布 taŋ^{44}tau^{31}pu^{44}	挡刀布 taŋ^{23}tau^{42}pu^{223}	挡刀布 taŋ^{22}tau^{31}pu^{213}	挡刀布 taŋ^{23}tau^{45}pu^{213}	挡刀布 taŋ^{23}tau^{34}pu^{213}
理发椅	理发椅子 li^{53}fa^{31}i^{53}tsɿ^{0}	理发椅子 li^{55}fa^{42}i^{55}tsɿ^{0}	理发椅子 li^{55}fa^{3}i^{55}tsɿ^{0}	理发椅子 li^{53}fa^{42}i^{53}tsɿ^{0}	理发椅子 ŋ̥i^{53}fa^{21}i^{53}tsɿ^{0}
缝纫机	缝纫机 fəŋ^{35}ʐə̃^{53}tɕi^{31}	缝纫机 fəŋ^{32}ʐən^{55}tɕi^{42}	缝纫机 fəŋ^{42}ʐən^{55}tɕi^{31}	缝纫机 fuŋ^{42}ʐən^{53}tɕi^{45}	缝纫机 fuŋ^{21}ʐən^{53}tɕi^{34}
剪子	剪子 tɕiã^{53}tsɿ^{0}	剪子 tɕian^{55}tsɿ^{0}	剪子 tɕian^{55}tsɿ^{0}	剪子 tɕian^{53}tsɿ^{0}	剪子 tɕian^{53}tsɿ^{0}
熨斗	熨斗 yə̃^{44}təu^{53}	熨斗 yən^{23}təu^{55}	熨斗 ɥən^{23}tou^{55}	熨斗 ɥən^{23}təu^{53}	熨斗 yən^{23}təu^{53}
烙铁	烙铁 luo^{31}tʰie^{31}	烙铁 luo^{42}tʰie^{42}	烙铁 lo^{31}tʰiɛ^{0}	烙铁 lo^{42}tʰie^{45}	烙铁 nuo^{21}tʰie^{21}
弹花弓	弹花弓 tʰã^{35}xua^{31}kuŋ^{31}	弹花弓 tʰan^{32}xua^{42}kuŋ^{42}	弹花弓 tʰan^{42}xua^{31}kəŋ^{31}	弹花弓 tʰan^{42}xua^{45}kuŋ^{45}	弹花弓 tʰan^{21}xua^{34}kuŋ^{34}
弹花锤	弹花锤 tʰã^{35}xua^{31}pfʰei^{35}	弹花锤 tʰan^{32}xua^{42}pfʰei^{312}	弹花锤 tʰan^{42}xua^{31}tʂʰɥei^{42}	弹花锤 tʰan^{42}xua^{45}tʂʰɥei^{42}	弹花锤 tʰan^{21}xua^{34}tʂʰuei^{21}
纺车	纺车 faŋ^{53}tʂʰɤ^{31}	纺线车 faŋ^{55}ɕian^{23}tʂʰɤ^{42}	纺线车 faŋ^{55}ɕian^{23}tʂʰɛ^{31}	纺线车 faŋ^{53}ɕian^{23}tʂʰe^{45}	纺线车 faŋ^{53}ɕian^{23}tʂʰe^{34}

续表

词目 \ 方言点	中原官话区 汉滨	混合 1 区 县河	江淮官话区 茅坪	混合 3 区 石泉	西南官话区 紫阳
织布机	织布机 tʂʅ^{31}pu^{44}tɕi^{31}	织布机 tʂʅ^{42}pu^{23}tɕi^{42}	织布机 tʂʅ^{31}pu^{0}tɕi^{31}	织布机 tʂʅ^{45}pu^{23}tɕi^{45}	织布机 tʂʅ^{34}pu^{23}tɕi^{34}
梭	梭子 suo^{31}tsɿ^{0}	梭子 suo^{42}tsɿ^{0}	梭子 so^{31}tsɿ^{0}	梭子 so^{45}tsɿ^{0}	梭子 suo^{34}tsɿ^{0}
东西	东西 tuŋ^{31}ɕi^{0}	东西 tuŋ^{42}ɕi^{0}	东西 təŋ^{31}ɕi^{0}	东西 tuŋ^{45}ɕi^{0}	东西 tuŋ^{34}ɕi^{0}
洗脸水	洗脸水 ɕi^{53}liã^{44}fei^{53}	洗脸水 ɕi^{55}lian^{55}fei^{55}	洗脸水 ɕi^{55}lian^{55}ʂʮei^{55}	洗脸水 ɕi^{53}lian^{53}ʂʮei^{53}	洗脸水 ɕi^{53}ȵian^{53}ʂuei^{53}
脸盆	洗脸盆儿 ɕi^{53}liã^{53}pʰə̃^{35}	洗脸盆儿 ɕi^{55}lian^{55}pʰən^{312}	洗脸盆儿 ɕi^{55}lian^{55}pʰən^{42}	洗脸盆儿 ɕi^{53}lian^{53}pʰən^{42}	洗脸盆儿 ɕi^{53}ȵian^{53}pʰən^{21}
脸盆架	脸盆架 liã^{53}pʰə̃^{35}tɕia^{44}	脸盆架 lian^{55}pʰən^{32}tɕia^{223}	脸盆架 lian^{55}pʰən^{42}tɕia^{213}	脸盆架 lian^{53}pʰən^{42}tɕia^{213}	脸盆架 ȵian^{53} pʰən^{21}tɕia^{213}
脚盆	脚盆 tɕyo^{31}pʰə̃^{35}	脚盆 tɕio^{42}pʰən^{312}	脚盆 tɕio^{31}pʰən^{42}	脚盆 tɕio^{42}pʰən^{42}	脚盆 tɕyo^{21}pʰən^{21}
男用澡盆	澡盆 tsau^{53}pʰə̃^{35}	大脚盆 ta^{23}tɕyo^{42}pʰən^{312}	大脚盆 ta^{22}tɕio^{31}pʰən^{42}	大脚盆 ta^{23}tɕio^{42}pʰən^{42}	大脚盆 ta^{23}tɕyo^{21}pʰən^{21}
女用澡盆	小脚盆 ɕiau^{53}tɕyo^{31}pʰə̃^{35}	小脚盆 ɕiau^{55}tɕyo^{42}pʰən^{312}	小脚盆 ɕiau^{55}tɕio^{31}pʰən^{42}	小脚盆 ɕiau^{53}tɕio^{42}pʰən^{42}	小脚盆 ɕiau^{53}tɕyo^{21}pʰən^{21}
洗脚水	洗脚水 ɕi^{53}tɕyo^{31}fei^{53}	洗脚水 ɕi^{55}tɕyo^{42}fei^{55}	洗脚水 ɕi^{55}tɕio^{31}ʂʮei^{55}	洗脚水 ɕi^{53}tɕio^{42}ʂʮei^{53}	洗脚水 ɕi^{53}tɕyo^{21}ʂuei^{53}
洗澡水	洗澡水 ɕi^{53}tsau^{53}fei^{53}	洗澡水 ɕi^{55}tsau^{55}fei^{55}	洗澡水 ɕi^{55}tsau^{55}ʂʮei^{55}	洗澡水 ɕi^{53}tsau^{53}ʂʮei^{53}	洗澡水 ɕi^{53}tsau^{53}ʂuei^{53}
香皂	胰子 i^{44}tsɿ^{0}	胰子 i^{23}tsɿ^{0}	胰子 i^{23}tsɿ^{0}	胰子 i^{23}tsɿ^{0}	胰子 i^{23}tsɿ^{0}
肥皂	洋碱 iaŋ^{35}tɕiã^{53}	洋碱 iaŋ^{32}tɕian^{55}	洋碱 iaŋ^{42}tɕian^{55}	洋碱 iaŋ^{42}tɕian^{53}	洋碱 iaŋ^{21}tɕian^{53}
毛巾	洗脸手巾子 ɕi^{53}lian^{53}ʂəu^{53} tɕin^{31}tsɿ^{0}	洗脸手巾 ɕi^{55} lian^{55}ʂəu^{55}tɕin^{42}	洗脸手巾 ɕi^{55} lian^{55}ʂou^{55}ɕin^{31}	洗脸手巾 ɕi^{53} lian^{53}ʂəu^{53}tɕin^{45}	洗脸手巾 ɕi^{53} ȵian^{53}ʂəu^{53}tɕin^{34} 帕子 pʰa^{23}tsɿ^{0}

续表

方言点 词目	中原官话区	混合1区	江淮官话区	混合3区	西南官话区
	汉滨	县河	茅坪	石泉	紫阳
擦脚布	洗脚布子 ɕi^{53}tɕyo^{31}pu^{44}tsɿ^{0}	擦脚布子 tsʰa^{42} tɕyo^{42}pu^{23}tsɿ^{0}	擦脚布子 tsʰa^{31} tɕio^{31}pu^{23}tsɿ^{0}	擦脚布子 tsʰa^{42} tɕio^{42}pu^{213}tsɿ^{0}	擦脚布子 tsʰa^{21} tɕyo^{21}pu^{23}tsɿ^{0}
电灯	电灯 tiã^{44}təŋ^{31}	电灯 tian^{23}tən^{42}	电灯 tian^{22}tən^{31}	电灯 tian^{23}tən^{45}	电灯 tian^{23}tən^{34}
汽灯	汽灯 tɕʰi^{44}təŋ^{31}	汽灯 tɕʰi^{23}tən^{42}	汽灯 tɕʰi^{213}tən^{31}	汽灯 tɕʰi^{213}tən^{45}	汽灯 tɕʰi^{213}tən^{34}
蜡烛	洋蜡 iaŋ^{35}la^{31} 蜡 la^{31}	洋蜡 iaŋ^{32}la^{42} 蜡 la^{42}	洋蜡 iaŋ^{42}la^{31} 蜡 la^{42}	洋蜡 iaŋ^{42}la^{42} 蜡 la^{42}	洋蜡 iaŋ^{21}na^{21} 蜡 na^{21}
煤油灯	煤油灯儿 mei^{35}iəu^{35}tər^{31}	煤油灯儿 mei^{32}iəu^{32}tər^{42}	煤油灯儿 mei^{42}iou^{42}tər^{31}	煤油灯儿 mei^{42}iəu^{42}tər^{45}	煤油灯儿 mei^{21}iəu^{21}tər^{34}
桐油灯	桐油灯儿 tʰuŋ^{35}iəu^{35}tər^{31}	桐油灯儿 tʰuŋ^{32}iəu^{32}tər^{42}	桐油灯儿 tʰəŋ^{42}iou^{42}tər^{31}	桐油灯儿 tʰuŋ^{42}iəu^{42}tər^{45}	桐油灯儿 tʰuŋ^{21}iəu^{21}tər^{34}
马灯	马灯 ma^{53}təŋ^{31}	马灯 ma^{55}tən^{42}	马灯 ma^{55}tən^{31}	马灯 ma^{53}tən^{45}	马灯 ma^{53}tən^{34}
走马灯	走马灯 tsəu^{53}ma^{53}təŋ^{31}	走马灯 tsəu^{55}ma^{55}tən^{42}	走马灯 tsəu^{55}ma^{55}tən^{31}	走马灯 tsəu^{53}ma^{53}tən^{45}	走马灯 tsəu^{53}ma^{53}tən^{34}
灯芯	灯芯 təŋ^{35}ɕin^{31}	灯芯 tən^{42}ɕin^{42}	灯芯 tən^{31}ɕin^{31}	灯芯 tən^{45}ɕin^{45}	灯芯 tən^{34}ɕin^{34}
灯台	灯台 təŋ^{31}tʰæ^{35}	灯台 tən^{42}tʰai^{32}	灯台 tən^{31}tʰai^{42}	灯台 tən^{45}tʰai^{42}	灯台 tən^{34}tʰai^{21}
灯罩	灯罩子 təŋ^{31}tʂau^{44}tsɿ^{0}	灯罩子 tən^{42}tʂau^{23}tsɿ^{0}	灯罩子 tən^{31}tʂau^{23}tsɿ^{0}	灯罩子 tən^{45}tʂau^{23}tsɿ^{0}	灯罩子 tən^{34}tʂau^{23}tsɿ^{0}
灯盏	灯盏 təŋ^{31}tʂã^{53}	灯盏 tən^{42}tʂan^{55}	灯盏 tən^{31}tʂan^{55}	灯盏 tən^{45}tʂan^{53}	灯盏 tən^{34}tʂan^{53}
灯草	灯草 təŋ^{31}tsʰau^{53}	灯草 tən^{42}tsʰau^{55}	灯草 tən^{31}tsʰau^{55}	灯草 tən^{45}tsʰau^{53}	灯草 tən^{34}tsʰau^{53}
灯捻子	灯捻子 təŋ^{31}ȵian^{53}tsɿ^{0}	灯捻子 tən^{42}ȵian^{55}tsɿ^{0}	灯捻子 tən^{31}ȵian^{55}tsɿ^{0}	灯捻子 tən^{45}ȵian^{53}tsɿ^{0}	灯捻子 tən^{34}ȵian^{53}tsɿ^{0}

续表

方言点 词目	中原官话区	混合 1 区	江淮官话区	混合 3 区	西南官话区
	汉滨	县河	茅坪	石泉	紫阳
灯油	灯油 təŋ^{31}iəu^{35}	灯油 tən^{42}iəu^{32}	灯油 tən^{31}iou^{42}	灯油 tən^{45}iəu^{42}	灯油 tən^{34}iəu^{21}
拨灯棍儿	拨灯棍儿 puo^{31}təŋ^{31}kuə̃^{44}	拨灯棍儿 puo^{42}tən^{42}kuən^{223}	拨灯棍儿 po^{31}tən^{31}kuən^{213}	抛灯棍儿 pʰau^{42} tən^{45}kuən^{213}	拨灯棍儿 pʰau^{21} tən^{34}kuən^{213}
灯笼	灯笼 təŋ^{31}luŋ^{0}	灯笼 tən^{42}luŋ^{0}	灯笼 tən^{31}ləŋ^{0}	灯笼 tən^{45}luŋ^{0}	灯笼 tən^{34}nuŋ^{0}
手电	手电 ʂəu^{53}tiã^{44}	电棒 tian^{23}paŋ^{223}	电棒 tian^{22}paŋ^{213}	电棒 tian^{45}paŋ^{213}	电棒 tian^{34}paŋ^{213}
手提包	提包儿 tʰi^{35}paur^{31} 挎包 kʰua^{44}pau^{31}	提包儿 tʰi^{32}paur^{42} 挎包 kʰua^{23}pau^{42}	提包儿 tʰi^{42}paur^{31} 挎包 kʰua^{23}pau^{31}	提包儿 tʰi^{42}paur^{45} 挎包 kʰua^{23}pau^{45}	提包儿 tʰi^{21}paur^{34} 挎包 kʰua^{23}pau^{34}
布褡裢	褡裢子 ta^{31}liã^{35}tsɿ^{0}	褡裢子 ta^{42}lian^{32}tsɿ^{0}	褡裢子 ta^{31}lian^{42}tsɿ^{0}	褡裢子 ta^{42}lian^{42}tsɿ^{0}	褡裢子 ta^{21}ȵian^{21}tsɿ^{0}
钱包	钱包儿 tɕʰiã^{35}paur^{31}	钱包儿 tɕʰian^{32}paur^{42}	钱包儿 tɕʰian^{42}paur^{31}	钱包 tɕʰian^{42}pau^{45}	钱包 tɕʰian^{21}pau^{34}
图章	章子 tʂaŋ^{31}tsɿ^{0}	章子 tʂaŋ^{42}tsɿ^{0}	章子 tʂaŋ^{31}tsɿ^{0}	章子 tʂaŋ^{45}tsɿ^{0}	章子 tʂaŋ^{34}tsɿ^{0}
糨糊	糨糊 tɕiaŋ^{44}xu^{35}	糨子 tɕiaŋ^{23}tsɿ^{0}	糨子 tɕiaŋ^{23}tsɿ^{0}	糨子 tɕiaŋ^{23}tsɿ^{0}	糨子 tɕiaŋ^{23}tsɿ^{0}
顶针	顶顶儿 tin^{53}tir^{0}	顶针儿 tin^{55}tʂər^{42}	顶针儿 tin^{55}tʂər^{31}	抵针 ti^{53}tʂən^{45}	顶针儿 tin^{53}tʂər^{34}
针	针 tʂə̃^{31}	针 tʂən^{42}	针 tʂən^{31}	针 tʂən^{45}	针 tʂən^{34}
缝衣针	缝衣针 fəŋ^{35}i^{31}tʂə̃^{31}	缝衣针 fəŋ^{32}i^{42}tʂən^{42}	缝衣针 fəŋ^{42}i^{31}tʂən^{31}	缝衣针 fuŋ^{42}i^{45}tʂən^{45}	缝衣针 fuŋ^{21}i^{34}tʂən^{34}
缝纫针	缝纫针 fəŋ^{35}ʐə̃^{53}tʂə̃^{31}	缝纫针 fəŋ^{32}ʐən^{55}tʂən^{42}	缝纫针 fəŋ^{42}ʐən^{55}tʂən^{31}	缝纫针 fuŋ^{42}ʐən^{53}tʂən^{45}	缝纫针 fuŋ^{21}ʐən^{53}tʂən^{34}
状被子针	行针 xaŋ^{35}tʂə̃^{31}	行针 xaŋ^{32}tʂən^{42}	行针 xaŋ^{42}tʂən^{31}	行针 xaŋ^{42}tʂən^{45}	行针 xaŋ^{21}tʂən^{34}

续表

方言点 词目	中原官话区	混合 1 区	江淮官话区	混合 3 区	西南官话区
	汉滨	县河	茅坪	石泉	紫阳
针鼻儿	针屁眼儿 tʂə̃^{31}pʰi^{44}ȵiar^{53}	针鼻子 tʂən^{42}pi^{32}tsɿ^{0}	针鼻子 tʂən^{31}pi^{42}tsɿ^{0}	针鼻子 tʂən^{45}pi^{42}tsɿ^{0}	针鼻子 tʂən^{34}pi^{21}tsɿ^{0}
针尖儿	针尖儿 tʂə̃^{35}tɕiar^{31}	针尖儿 tʂən^{42}tɕiar^{42} 针杪杪儿 tʂən^{42} miau^{55}miaur^{0}	针尖儿 tʂən^{31}tɕiar^{31} 针杪杪儿 tʂən^{31} miau^{55}miaur^{0}	针尖儿 tʂən^{45}tɕiar^{45} tɕian^{0}	针尖尖 tʂən^{34}tɕiar^{34} tɕian^{0}
穿针	穿针 pfʰã^{35}tʂə̃^{31}	穿针 pfʰan^{42}tʂən^{42}	穿针 tʂʰɥan^{31}tʂən^{31}	穿针 tʂʰɥan^{45}tʂən^{45}	穿针 tʂʰuan^{34}tʂən^{34}
线	线 ɕiã^{44}	线 ɕian^{213}	线 ɕian^{213}	线 ɕian^{213}	线 ɕian^{213}
细绳	绳绳儿 ʂəŋ^{35}ʂər^{0}	绳绳儿 ʂən^{32}ʂər^{0}	麻绳 ma^{42}ʂən^{42}	麻绳 ma^{42}ʂən^{42}	线绳 ɕian^{23}ʂən^{21}
线轴	线滚滚儿 ɕiã^{44} kuə̃^{53}kuər^{0}	线滚滚儿 ɕian^{23} kuən^{55}kuər^{0}	线滚滚儿 ɕian^{24} kuən^{55}kuər^{0}	线滚滚 ɕian^{23} kuən^{53}kuən^{0}	线滚滚 ɕian^{23} kuən^{53}kuən^{0}
缝被针	状铺盖针 pfaŋ^{44} pʰu^{31}kæ^{44}tʂə̃^{31}	状铺盖针 pfaŋ^{23} pʰu^{42}kai^{23}tʂən^{42}	状 铺 盖 针 tʂɥaŋ^{23} pʰu^{31}kai^{23}tʂən^{31}	状 铺 盖 针 tʂɥaŋ^{23} pʰu^{45}kai^{23}tʂən^{45}	状铺盖针 tʂuaŋ^{23} pʰu^{34}kai^{23}tʂən^{34}
针脚	针脚儿 tʂə̃^{31}tɕyo^{31}	针脚（大） tʂən^{42}tɕyo^{42}ta^{223}	针脚（大） tʂən^{31}tɕio^{31}ta^{22}	针脚（大） tʂən^{45}tɕio^{42}ta^{213}	针脚（大） tʂən^{34}tɕyo^{21}ta^{213}
双线	双线 faŋ^{31}ɕiã^{44}	双线 faŋ^{42}ɕian^{223}	双线 ʂɥaŋ^{31}ɕian^{213}	双线 ʂɥaŋ^{45}ɕian^{213}	双线 ʂuaŋ^{34}ɕian^{213}
锥子	锥子 pfei^{31}tsɿ^{0}	锥子 pfei^{42}tsɿ^{0}	锥子 tʂɥei^{31}tsɿ^{0}	钻子 tsan^{23}tsɿ^{0}	锥子 tʂuei^{34}tsɿ^{0}
耳挖子	耳挖子 ər^{53}ua^{31}tsɿ^{0}	耳挖子 ər^{55}ua^{42}tsɿ^{0}	挖耳子 ua^{31}ər^{55}tsɿ^{0}	挖耳子 ua^{45}ər^{53}tsɿ^{0}	挖耳子 ua^{34}ər^{53}tsɿ^{0}
洗衣板	搓衣板儿 tsʰuo^{31}i^{31}par^{53}	搓衣板儿 tsʰuo^{55}i^{42}par^{55}	洗衣板儿 ɕi^{55}i^{31}par^{55}	搓衣板 tsʰo^{45}i^{45}pan^{53}	洗衣板儿 ɕi^{53}i^{34}par^{53}
棒槌	棒槌 paŋ^{44}pfʰei^{35}	棒槌 paŋ^{23}pfʰei^{312}	杧槌 maŋ^{42}tʂʰɥei^{42}	杧槌 maŋ^{42}tʂʰɥei^{42}	杧槌 maŋ^{21}tʂʰuei^{21}

续表

方言点 词目	中原官话区	混合 1 区	江淮官话区	混合 3 区	西南官话区
	汉滨	县河	茅坪	石泉	紫阳
鸡毛掸子	鸡毛掸子 tɕi^{31} mau^{35}tã^{53}tsɿ^{0}	鸡毛掸子 tɕi^{42} mau^{32}tan^{55}tsɿ^{0}	鸡毛掸子 tɕi^{31} mau^{42}tan^{55}tsɿ^{0}	鸡毛掸子 tɕi^{45} mau^{42}tan^{53}tsɿ^{0}	鸡毛掸子 tɕi^{34} mau^{21}tan^{53}tsɿ^{0}
扇子	扇子 ʂã^{44}tsɿ^{0}	扇子 ʂan^{23}tsɿ^{0}	扇子 ʂan^{23}tsɿ^{0}	凉扇 liaŋ^{42}ʂan^{213} 扇子 ʂan^{23}tsɿ^{0}	扇子 ʂan^{23}tsɿ^{0}
蒲扇	蒲扇 pʰu^{35}ʂã^{44}	蒲扇 pʰu^{32}ʂan^{223}	蒲扇 pʰu^{42}ʂan^{213}	蒲扇 pʰu^{42}ʂan^{213}	蒲扇 pʰu^{21}ʂan^{213}
折扇	纸扇子 tʂɿ^{53}ʂã^{44}tsɿ^{0}	纸扇子 tʂɿ^{55}ʂan^{23}tsɿ^{0}	纸扇子 tʂɿ^{55}ʂan^{23}tsɿ^{0}	纸扇子 tʂɿ^{53}ʂan^{23}tsɿ^{0}	纸扇子 tʂɿ^{53}ʂan^{23}tsɿ^{0}
拐杖	拐棍儿 kuæ^{53}kuər^{44}	拐棍儿 kuai^{55}kuər^{223}	拐棍儿 kuai^{55}kuər^{213}	杵路棍 tʂʰʮ^{53} lou^{23}kuən^{213}	杵路棍 tʂʰu^{53} nu^{23}kuən^{213}
手杖	杵手棍 pfʰu^{53} ʂəu^{53}kuə̃^{44}	杵手棍 pfʰu^{55} ʂəu^{55}kuən^{223}	杵手棍 tʂʰʮ^{55} ʂou^{55}kuən^{213}	杵手棍 tʂʰʮ^{53} ʂəu ^{53}kuən^{213}	杵手棍 tʂʰu^{53} ʂəu ^{53}kuən^{213}
手纸	擦尻子纸 tsʰa^{31} kəu^{31}tsɿ^{0}tʂɿ^{53}	擦屁股纸 tsʰa^{42} pʰi^{23}ku^{55}tʂɿ^{55}	擦屁股纸 tsʰa^{31} pʰi^{23}ku^{55}tʂɿ^{55}	擦屁股纸 tsʰa^{45} pʰi^{23}ku^{53}tʂɿ^{53}	擦屁股纸 tsʰa^{34} pʰi^{23}ku^{53}tʂɿ^{53}
驱赶禽类的竹制用具	响竹夸 ɕiaŋ^{53}pfu^{31}kʰua^{31}	响竹夸 ɕiaŋ^{55}pfu^{42}kʰua^{42}	响竹夸 ɕiaŋ^{55}tʂou^{31}kʰua^{31}	响竹夸 ɕiaŋ^{53}tʂəu^{42}kʰua^{45}	响竹夸 ɕiaŋ^{53}tʂəu^{21}kʰua^{34}
网兜	网兜儿 uaŋ^{53}təur^{31}	网兜儿 uaŋ^{55}təur^{42}	网兜儿 uaŋ^{55}tour^{31}	网兜儿 uaŋ^{55}təur^{45}	网兜儿 uaŋ^{53}təur^{34}

九 称谓

方言点 词目	中原官话区	混合 1 区	江淮官话区	混合 3 区	西南官话区
	汉滨	县河	茅坪	石泉	紫阳
男人	男儿 lã^{35}ər^{35} 男人 lã^{35}ʐə̃^{35}	男人 lan^{32}ʐən^{312}	男人 lan^{42}ʐən^{42}	男人 lan^{42}ʐən^{42}	男人 nan^{21}ʐən^{21}
女人	女儿 ny^{53}ər^{35} 女人 ny^{53}ʐə̃^{35}	女人 ny^{55}ʐən^{32}	女人 ȵʮ^{55}ʐən^{42}	女人 ȵʮ^{53}ʐən^{42}	女人 ny^{53}ʐən^{21}

续表

方言点 / 词目	中原官话区	混合 1 区	江淮官话区	混合 3 区	西南官话区
	汉滨	县河	茅坪	石泉	紫阳
性别不男不女的人	二尾子 ər^{44}i^{31}tsɿ^{0} 阴阳人 in^{31}iaŋ^{35}zə̃^{35}	二尾子 ər^{23}i^{42}tsɿ^{0} 阴阳人 in^{42}iaŋ^{32}zən^{32}	二尾子 ər^{22}i^{31}tsɿ^{0} 阴阳人 in^{31}iaŋ^{42}zən^{42}	公母人 kuŋ^{45}mo^{53}zən^{42} 阴阳人 in^{45}iaŋ^{42}zən^{42}	公母人 kuŋ^{34}mu^{5} zən^{21} 阴阳人 in^{34}iaŋ^{21}zən^{21}
已婚妇女	婆娘 pʰə^{35}ɳiaŋ^{0}	婆娘 pʰə^{32}ɳiaŋ^{0}	婆娘 pʰo^{42}ɳiaŋ^{0}	婆娘 pʰo^{42}ɳiaŋ^{0} 婆婆客 pʰo^{42}pʰo^{42}kʰe^{42}	婆娘 pʰuo^{21}ɳiaŋ^{0} 婆婆客 pʰuo^{21}pʰuo^{21}kʰe^{21}
大姑娘	大姑娘 ta^{44}ku^{31}ɳiaŋ^{0}	大姑娘 ta^{23}ku^{42}ɳiaŋ^{0}	大姑娘 ta^{22}ku^{31}ɳiaŋ^{0}	大帽盖子 ta^{23}mau^{23}kai^{23}tsɿ^{0}	大帽盖子 ta^{23}mau^{23}kai^{23}tsɿ^{0}
老处女	老姑娘 lau^{53}ku^{31}ɳiaŋ^{0}	老姑娘 lau^{55}ku^{42}ɳiaŋ^{0}	老姑娘 lau^{55}ku^{31}ɳiaŋ^{0}	老姑娘 lau^{53}ku^{45}ɳiaŋ^{0}	老姑娘 nau^{53}ku^{34}ɳiaŋ^{0}
婴儿	月娃儿 ye^{31} uar^{35} 月娃子 ye^{31}ua^{35}tsɿ^{0}	月娃儿 ye^{42} uar^{312} 月娃子 ye^{42}ua^{32}tsɿ^{0}	月娃儿 ɥɛ^{31} uar^{42} 月娃子 ɥɛ^{31}ua^{42}tsɿ^{0}	奶娃儿 lai^{53}uar^{42} 月娃子 ɥe^{42}ua^{42} tsɿ^{0}	奶娃儿 nai^{53}uar^{21} 月娃子 ye^{21}ua^{21} tsɿ^{0}
小孩儿	碎娃子 suei^{44} ua^{35}tsɿ^{0} 碎蛤 蟆儿 suei^{44}kʰə^{35} mar^{44}	碎娃子 suei^{23}ua^{32}tsɿ^{0} 小娃子 ɕiau^{55}ua^{32}tsɿ^{0}	小娃子 ɕiau^{55}ua^{42}tsɿ^{0}	细娃子 ɕi^{23}ua^{42}tsɿ^{0} 小娃儿 ɕiau^{53}uar^{42}	细娃子 ɕi^{23}ua^{21}tsɿ^{0} 细娃儿 ɕi^{23}uar^{21}
男孩儿	儿娃子 ər^{35}ua^{31} tsɿ^{0} 放牛娃儿 faŋ^{44}ɳiəu^{35}uar^{35}	儿娃子 ər^{32}ua^{32} tsɿ^{0} 放牛娃儿 faŋ ^{23}ɳiəu^{32}uar^{312}	儿娃子 ər^{42}ua^{42} tsɿ^{0} 放牛娃儿 faŋ^{23}ɳiou^{42}uar^{42}	儿娃子 ər^{42}ua^{42} tsɿ^{0} 放牛娃儿 faŋ^{23}ɳiəu^{42}uar^{42}	男娃儿 nan^{21}uar^{21} 放牛娃儿 faŋ^{23}ɳiəu^{21}uar^{21}
女孩儿	女娃子 ny^{53} ua^{35}tsɿ^{0} 姑娘家 ku^{31}ɳiaŋ^{35}tɕia^{0} 姑娘娃儿 ku^{31} ɳiaŋ^{35}uar^{35}	女娃子 ny^{55}ua^{32} tsɿ^{0} 姑娘家 ku^{42}ɳiaŋ^{32}tɕia^{0} 姑娘娃儿 ku^{42} ɳiaŋ^{32}uar^{32}	女娃子 ɳʮ^{55}ua^{42} tsɿ^{0} 姑娘家 ku^{31}ɳiaŋ^{42}tɕia^{0} 姑娘娃儿 ku^{31} ɳiaŋ^{42}uar^{42}	女娃子 ɳʮ^{53}ua^{42} tsɿ^{0} 姑娘家 ku^{45}ɳiaŋ^{42}tɕia^{0} 姑娘娃儿 ku^{45} ɳiaŋ^{42}uar^{42}	女娃儿 ny^{53}uar^{21} 姑娘家 ku^{34}ɳiaŋ^{21}tɕia^{0} 姑娘娃儿 ku^{34} ɳiaŋ^{21}uar^{21}
骂孩子的詈语	碎㞞 suei^{44}suŋ^{35} 崽娃子 tsæ^{31}ua^{35}tsɿ^{0}	崽娃子 tsai^{42}ua^{32}tsɿ^{0}	小东西 ɕiau^{55}təŋ^{31}ɕi^{0}	小东西 ɕiau^{53}tuŋ^{45}ɕi^{0}	小东西 ɕiau^{53}tuŋ^{34}ɕi^{0}
老头儿	老汉 lau^{53}xã^{0} 老头儿 lau^{53}tʰər^{35}	老汉 lau^{55}xan^{0}	老汉 lau^{55}xan^{0}	老汉 lau^{53}xan^{0}	老汉 nau^{53}xan^{0}

续表

方言点 词目	中原官话区	混合 1 区	江淮官话区	混合 3 区	西南官话区
	汉滨	县河	茅坪	石泉	紫阳
老大爷	老头子 lau^{53} tʰəu^{35}tsɿ^{0} 老太爷 lau^{53}tʰæ^{44}iɛ^{35}	老头子 lau^{55}tʰəu^{32}tsɿ^{0}	老头子 lau^{55}tʰou^{42}tsɿ^{0}	老头子 lau^{53}tʰəu^{42}tsɿ^{0}	老头子 nau^{53}tʰəu^{21}tsɿ^{0}
老太婆	老太婆儿 lau^{53} tʰæ^{44}pʰər^{35} 老婆子 lau^{53}pʰə^{35}tsɿ^{0}	老太婆儿 lau^{55} tʰai^{23}pʰər^{312} 老婆子 lau^{55}pʰə^{32}tsɿ^{0}	老太婆儿 lau^{55} tʰai^{23}pʰo^{42} 老婆子 lau^{55}pʰo^{42}tsɿ^{0}	老婆婆 lau^{53} pʰo^{42}pʰo^{0} 老婆子 lau^{53}pʰo^{42}tsɿ^{0}	老婆婆 nau^{53} pʰuo^{21}pʰuo^{0} 老婆子 nau^{53}pʰuo^{21}tsɿ^{0}
年龄不大也不小	半老其少 pã^{44} lau^{53}tɕʰi^{31}ʂau^{44}	半老其少 pan^{23} lau^{55}tɕʰi^{42}ʂau^{223}	半老其少 pan^{23} lau^{55}tɕʰi^{31}ʂau^{213}	半老其少 pan^{23} lau^{53}tɕʰi^{45}ʂau^{213}	半老其少 pan^{23} nau^{53}tɕʰi^{34}ʂau^{213}
小伙子	小伙子 ɕiau^{31} xuo^{31}tsɿ^{0} 小伙儿 ɕiau^{31}xuor^{31}	小伙子 ɕiau^{55}xuo^{55}tsɿ^{0}	小伙子 ɕiau^{55}xo^{55}tsɿ^{0}	小伙子 ɕiau^{53}xo^{53}tsɿ^{0}	小伙子 ɕiau^{53}xuo^{53}tsɿ^{0}
未婚小伙子	子小伙子 tsɿ^{53} ɕiau^{31}xuo^{31}tsɿ^{0}	子小伙子 tsɿ^{55} ɕiau^{55}xuo^{55}tsɿ^{0}	青头狼 tɕʰin^{31}tʰou^{42}laŋ^{42} 子小伙子 tsɿ^{55}ɕiau^{55}xo^{55}tsɿ^{0}	子小伙子 tsɿ^{53} ɕiau^{53}xo^{53}tsɿ^{0}	子小伙子 tsɿ^{53} ɕiau^{53}xuo^{53}tsɿ^{0}
城里人	城里人 tʂʰəŋ^{35} li^{53}zə̃^{35} 街上人 kæ^{31}ʂaŋ^{0}zə̃^{35}	城里人 tʂʰən^{32} li^{55}zən^{32} 街上人 kai^{42}ʂaŋ^{0}zən^{312}	城里头人 tʂʰən^{42}li^{55}tʰou^{0} zən^{42}	街上人 kai^{45}ʂaŋ^{23}zən^{42}	街上人 kai^{34}ʂaŋ^{23}zən^{21}
乡巴佬	乡巴佬儿 ɕiaŋ^{35}pa^{0}lau^{53}	乡巴佬儿 ɕiaŋ^{42}pa^{0}lau^{55}	乡巴佬儿 ɕiaŋ^{31}pa^{0}lau^{55}	乡巴佬儿 ɕiaŋ^{45}pa^{0}lau^{53}	乡巴佬儿 ɕiaŋ^{34}pa^{0}nau^{53}
乡下人	乡里人 ɕiaŋ^{31}li^{53}zən^{35}	乡里人 ɕiaŋ^{42}li^{42}zən^{312}	乡里人 ɕiaŋ^{31}li^{55}zən^{42}	乡里人 ɕiaŋ^{45}li^{53}zən^{42}	乡里人 ɕiaŋ^{34}ȵi^{53}zən^{21}
一家子	一家子 i^{35}tɕia^{31}tsɿ^{0}	一家子 i^{42}tɕia^{42}tsɿ^{0}	一家子 i^{31}tɕia^{31}tsɿ^{0}	本家 pən^{53}tɕia^{45}	本家 pən^{53}tɕia^{34}
外地人	外地人 uæ^{44} ti^{44}zə̃^{35}	外地人 uai^{23} ti^{23}zən^{312}	外迁人 uai^{22} tɕʰian^{31}zən^{42}	山外人 ʂan^{45} uai^{23}zən^{42}	山外人 ʂan^{34} uai^{23}zən^{21}

续表

方言点 / 词目	中原官话区	混合 1 区	江淮官话区	混合 3 区	西南官话区
	汉滨	县河	茅坪	石泉	紫阳
本地人	本地人 pə̃^{53}ti^{44}ʐə̃^{35}	本地人 pən^{55}ti^{23}ʐən^{312}	本地人 pən^{55}ti^{22}ʐən^{42}	本地人 pən^{53}ti^{23}ʐən^{42}	本地人 pən^{53}ti^{23}ʐən^{21}
外国人	外国人 uæ^{44}kue^{31}ʐə̃^{35}	外国人 uai^{23}kue^{42}ʐən^{312}	外国人 uai^{22}kuɛ^{31}ʐən^{42}	外国人 uai^{23}kue^{42}ʐən^{42}	外国人 uai^{23}kue^{21}ʐən^{21}
自己人	自己人 tsɿ^{44}tɕi^{53} ʐə̃^{35} 自家人 tsɿ^{44}tɕia^{31}ʐə̃^{35}	自己人 tsɿ^{23}tɕi^{55} ʐən^{312} 自家人 tsɿ^{23}tɕia^{42}ʐən^{312}	自己人 tsɿ^{22}tɕi^{55}ʐən^{42}	自己人 tsɿ^{23}tɕi^{53}ʐən^{42}	自己人 tsɿ^{23}tɕi^{53}ʐən^{21}
外人	外人 uæ^{44}ʐə̃^{35}	外人 uai^{23}ʐən^{312}	外人 uai^{22}ʐən^{42}	外人 uai^{23}ʐən^{42}	外人 uai^{23}ʐən^{21}
客人	客人 kʰɤ^{31}ʐə̃^{35}	客人 kʰɤ^{42}ʐən^{312}	客人 kʰɛ^{31}ʐən^{42}	人客 ʐən^{42}kʰe^{42}	人客 ʐən^{21}kʰe^{21}
同庚	老庚 lau^{53}kə̃^{31} 同年 tʰuŋ^{35}ȵiã^{35}	老庚 lau^{55}kən^{42}	老庚 lau^{55}kən^{31}	同年 tʰuŋ^{42}ȵian^{42} 老庚 lau^{53}kən^{45}	同年 tʰuŋ^{21}ȵian^{21} 老庚 nau^{53}kən^{34}
内行	把式 pa^{53}ʂʅ^{0} 内行 lei^{44}xaŋ^{35}	把式 pa^{55}ʂʅ^{0} 内行 lei^{23}xaŋ^{32}	把式 pa^{55}ʂʅ^{0} 内行 lei^{22}xaŋ^{42}	把式 pa^{53}ʂʅ^{0}	把式 pa^{53}ʂʅ^{0}
外行	外行 uæ^{44}xaŋ^{35}	外行 uai^{23}xaŋ^{32}	外行 uai^{22}xaŋ^{42}	外行 uai^{23}xaŋ^{42}	外行 uai^{23}xaŋ^{21}
言行轻狂的人	半吊子 pã^{44}tiau^{44}ʦɿ^{0} 二半彪子 ər^{44} pã^{55}piau^{31}tsɿ^{0}	半吊子 pan^{23}tiau^{23}ʦɿ^{0} 二半彪子 ər^{23} pan^{55}piau^{42}tsɿ^{0}	半吊子 pan^{23}tiau^{23}ʦɿ^{0} 二半彪子 ər^{22} pa^{55}piau^{31}tsɿ^{0}	半吊子 pan^{23}tiau^{23}ʦɿ^{0} 二半彪子 ər^{23} pan^{53}piau^{45}tsɿ^{0}	半吊子 pan^{23}tiau^{23}ʦɿ^{0} 二半彪子 ər^{23} pan^{53}piau^{34}tsɿ^{0}

续表

方言点 / 词目	中原官话区	混合 1 区	江淮官话区	混合 3 区	西南官话区
	汉滨	县河	茅坪	石泉	紫阳
逞能，做事不计后果的人	凉凉子 liaŋ^{35}liaŋ^{35}tsɿ^{0} 二杆子 ər^{44}kã^{53}tsɿ^{0} 二家凉子 ər^{44}tɕia^{31}liaŋ^{35}tsɿ^{0} 二求货 ər^{44}tɕʰiəu^{35}xuo^{44}	凉凉子 liaŋ^{23}liaŋ^{23}tsɿ^{0} 二杆子 ər^{23}kan^{55}tsɿ^{0} 二家凉子 ər^{23}tɕia^{42}liaŋ^{32}tsɿ^{0} 二求货 ər^{23}tɕʰiəu^{32}xuo^{223}	二杆子 ər^{22}kan^{55}tsɿ^{0} 二家凉子 ər^{22}tɕia^{55}liaŋ^{42}tsɿ^{0} 二求货 ər^{22}tɕʰiou^{42}xo^{213} 凉凉子 liaŋ^{42}liaŋ^{42}tsɿ^{0}	二杆子 ər^{23}kan^{53}tsɿ^{0} 二气子 ər^{23}tɕʰi^{23}tsɿ^{0} 二求货 ər^{23}tɕʰiəu^{42}xo^{213} 凉凉子 liaŋ^{42}liaŋ^{42}tsɿ^{0}	二杆子 ər^{23}kan^{53}tsɿ^{0} 二气子 ər^{23}tɕʰi^{23}tsɿ^{0} 二求货 ər^{23}tɕʰiəu^{21}xuo^{213} 凉凉子 ȵiaŋ^{21}ȵiaŋ^{21}tsɿ^{0}
一激就起劲而不知轻重的人	烧料子 ʂau^{31}liau^{44}tsɿ^{0} 烧包儿 ʂau^{35}paur^{31}	烧料子 ʂau^{42}liau^{23}tsɿ^{0} 烧包儿 ʂau^{42}paur^{42}	烧料子 ʂau^{31}liau^{22}tsɿ^{0} 烧包儿 ʂau^{31}paur^{31}	烧料子 ʂau^{45}liau^{23}tsɿ^{0} 焮种 ɕin^{23}tʂuŋ^{53}	烧料子 ʂau^{34}ȵiau^{23}tsɿ^{0} 焮种 ɕin^{23}tʂuŋ^{53}
冒失鬼	冒失锤子 mau^{44}ʂʅ^{44}pfʰei^{35}tsɿ^{0}	冒失锤子 mau^{23}ʂʅ^{23}pfʰei^{32}tsɿ^{0}	冒失鬼 mau^{23}ʂʅ^{31}kuei^{55}	冒失鬼 mau^{23}ʂʅ^{45}kuei^{53}	冒失鬼 mau^{23}ʂʅ^{34}kuei^{53}
爱在人前张狂的女性	人来疯 ʐən^{35}lai^{35}fəŋ^{31} 疯婆子 fəŋ^{31}pə^{35}tsɿ^{0}	人来疯 ʐən^{32}lai^{32}fəŋ^{42} 风摆柳 fəŋ^{42}pai^{55}liəu^{55}	人来疯 ʐən^{42}lai^{42}fəŋ^{31} 风摆柳 fəŋ^{31}pai^{55}liou^{55}	人来疯 ʐən^{42}lai^{42}fuŋ^{45} 风摆柳 fuŋ^{45}pai^{53}liəu^{53}	人来疯 ʐən^{21}nai^{21}fuŋ^{34} 风摆柳 fuŋ^{34}pai^{53}ȵiəu^{53}
爱出风头的人	人馅子 ʐən^{35}ɕian^{44}tsɿ^{0}	显示 ɕian^{55}ʂʅ^{213}	显示 ɕian^{55}ʂʅ^{213}	显示 ɕian^{53}ʂʅ^{213}	显示 ɕian^{53}ʂʅ^{213}
怕事的人	㞞沟子 suŋ^{35}kəu^{31}tsɿ^{0}	沟子秋 kəu^{42}tsɿ^{0}tɕʰiəu^{42}	沟子秋 kou^{31}tsɿ^{0}tɕʰiou^{31}	沟子秋 kəu^{45}tsɿ^{0}tɕʰiəu^{45}	沟子秋 kəu^{34}tsɿ^{0}tɕʰiəu^{34}
少言寡语的人	不言传儿 pu^{31}ȵiã^{35}pfʰar^{53}	不言传 pu^{42}ȵian^{32}pfʰan^{312}	不言传 pu^{31}ȵian^{42}tʂʰɥan^{42}	冷哥儿 lən^{53}kor^{45}	大众寡子 ta^{23}tʂuŋ^{23}kua^{53}tsɿ^{0}
一逗就哭的人	灰皮脸 xuei^{31}pʰi^{35}liã^{53}	灰皮脸 xuei^{42}pʰi^{32}lian^{55}	热脸子 ɥɛ^{31}lian^{55}tsɿ^{0}	热脸子 ɥe^{42}lian^{53}tsɿ^{0}	热脸子 ʐe^{21}ȵian^{53}tsɿ^{0}
一遇难事就哭的人	囔包子 laŋ^{31}pau^{31}tsɿ^{0}	囔包子 laŋ^{42}pau^{42}tsɿ^{0}	齉包子 ləŋ^{23}pau^{31}tsɿ^{0}	齉包子 luŋ^{23}pau^{45}tsɿ^{0}	齉包子 nuŋ^{23}pau^{34}tsɿ^{0}

续表

方言点 词目	中原官话区	混合 1 区	江淮官话区	混合 3 区	西南官话区
	汉滨	县河	茅坪	石泉	紫阳
脸厚不怕说的人	死皮脸 sɿ^{53}pʰi^{35}liã^{53}	死皮脸 sɿ^{55}pʰi^{32}lian^{55}	厚脸皮 xou^{22}lian^{55}pʰi^{42}	厚脸皮 xəu^{23}lian^{53}pʰi^{42}	厚脸皮 xəu^{23}ȵian^{53}pʰi^{21}
爱缠人的孩子	黏筋子 vã^{35}tɕin^{31}tsɿ^{0}	绞筋子 tɕiau^{55}tɕin^{42}tsɿ^{0}	绞筋子 tɕiau^{55}tɕin^{31}tsɿ^{0}	绞包子 tɕiau^{53}pau^{45}tsɿ^{0}	绞包子 tɕiau^{53}pau^{34}tsɿ^{0}
死缠硬磨的人	黏筋头 vã^{35}tɕin^{31}tʰəu^{35}	黏筋头 van^{32}tɕin^{42}tʰəu^{312}	黏筋头 ʐan^{42}tɕin^{31}tʰou^{42}	黏筋头 ʐan^{42}tɕin^{45}tʰəu^{42}	黏筋头 ʐan^{21}tɕin^{34}tʰəu^{21}
做事动作缓慢的人	肉头 ʐəu^{44}tʰəu^{35}	肉头 ʐəu^{23}tʰəu^{312}	肉筋头 ʐəu^{23}tɕin^{31}tʰou^{42}	肉筋头 ʐəu^{23}tɕin^{45}tʰəu^{42}	肉筋头 ʐəu^{23}tɕin^{34}tʰəu^{21}
爱耍牛的孩子	牛娃儿 ȵiəu^{35}uau^{35}	牛娃儿 ȵiəu^{32}uau^{312}	牛筋头 ȵiou^{42} tɕin^{31}tʰou^{42}	牛筋子 ȵiəu^{42} tɕin^{45}tsɿ^{0}	牛筋子 ȵiəu^{21} tɕin^{34}tsɿ^{0}
小气人	小气 ɕiau^{53}tɕʰi^{44}	小气包子 ɕiau^{55} tɕʰi^{23}pau^{42}tsɿ^{0} 小心眼儿 ɕiau^{55}ɕin^{42}iar^{55}	小气包子 ɕiau^{55} tɕʰi^{23}pau^{31}tsɿ^{0} 小心眼儿 ɕiau^{55}ɕin^{31}iar^{55}	小气包子 ɕiau^{53} tɕʰi^{23}pau^{45}tsɿ^{0} 小心眼儿 ɕiau^{53}ɕin^{45}iar^{53}	小气包子 ɕiau^{53} tɕʰi^{23}pau^{34}tsɿ^{0} 小心眼儿 ɕiau^{53}ɕin^{34}iar^{53}
办事呆板的人	呆板板 tæ^{31}pã^{53}pã^{53}	解板子的 kai^{55}pan^{55}tsɿ^{0}ti^{0}	解板子的 kai^{55}pan^{55}tsɿ^{0}ti^{0}	死木墩子 sɿ^{53}mo^{42}tən^{45}tsɿ^{0}	死木墩子 sɿ^{53}mu^{21}tən^{34}tsɿ^{0}
胡搅蛮缠的人	麻名儿 ma^{35}mir^{35}	麻名儿 ma^{32}mir^{312}	麻名儿 ma^{42}mir^{42}	麻名儿 ma^{42}mir^{42}	麻名儿 ma^{21}mir^{21}
模样子	模浪子 mə^{35}laŋ^{44}tsɿ^{0}	模浪子 mə^{32}laŋ^{23}tsɿ^{0}	得骡子 tɛ^{55}lo^{42} tsɿ^{0} 毬样子 tɕʰiou^{42}iaŋ^{22}tsɿ^{0}	得骡子 tɛ^{53}lo^{42} tsɿ^{0} 毬样子 tɕʰiəu^{42}iaŋ^{23}tsɿ^{0}	毬样子 tɕʰiəu^{21}iaŋ^{23}tsɿ^{0}
单身汉	单身汉儿 tã^{31} ʂə̃^{31}xã^{44} 光棍汉 kuaŋ^{31}kuə̃^{44}xã^{44}	单身汉儿 tan^{42}ʂən^{42}xan^{223}	单身汉儿 tan^{31}ʂən^{31}xan^{213}	单身汉儿 tan^{45}ʂən^{45}xan^{213}	单身汉儿 tan^{45}ʂən^{34}xan^{213}

续表

方言点 词目	中原官话区	混合 1 区	江淮官话区	混合 3 区	西南官话区
	汉滨	县河	茅坪	石泉	紫阳
亡妻男人	孤寡老儿 ku^{31}kua^{53}laur^{53}	孤寡老儿 ku^{42}kua^{55}laur^{55}	孤寡老儿 ku^{31}kua^{55}laur^{55}	鳏夫 kuan^{45}fu^{45}	鳏夫 kuan^{34}fu^{34}
童养媳	小媳妇儿 ɕiau^{53}ɕi^{31}fur^{0}	小媳妇儿 ɕiau^{55}ɕi^{42}fur^{0}	小媳妇儿 ɕiau^{55}ɕi^{31}fur^{0}	小媳妇 ɕiau^{53}ɕi^{45}fu^{0}	小媳妇 ɕiau^{53}ɕi^{34}fu^{0}
二婚头	二婚头 ər^{44}xuə̃^{31}tʰəu^{35}	二婚子 ər^{23}xuən^{42}tsɿ^{0}	二婚子 ər^{22}xuən^{31}tsɿ^{0}	过婚嫂 ko^{23}xuən^{45}sau^{53}	过婚嫂 kuo^{23}xuən^{34}sau^{53}
寡妇	寡妇 kua^{53}fu^{31}	寡母子 kua^{55}mə^{55}tsɿ^{0}	寡母子 kua^{55}mo^{55}tsɿ^{0}	寡母子 kua^{53}mo^{53}tsɿ^{0}	寡母子 kua^{53}mu^{53}tsɿ^{0}
婊子	婊子 piau^{53}tsɿ^{0} 卖屄的 mai^{44}pʰi^{31}ti^{0}	婊子 piau^{55}tsɿ^{0} 卖屄的 mai^{23}pʰi^{42}ti^{0}	婊子 piau^{55}tsɿ^{0} 卖屄的 mai^{22}pʰi^{31}ti^{0}	婊子 piau^{53}tsɿ^{0} 卖屄的 mai^{23}pʰi^{45}ti^{0}	婊子 piau^{53}tsɿ^{0} 卖屄的 mai^{23}pʰi^{34}ti^{0}
男情人	野老公 ie^{53}lau^{53}kuŋ^{31}	野老公 ie^{55}lau^{55}kuŋ^{42}	野老公 iɛ^{55}lau^{55}kəŋ^{31}	野老公 ie^{53}lau^{53}kuŋ^{45}	野老公 ie^{53}nau^{53}kuŋ^{34}
女情人	野婆娘 ie^{53}pʰə^{35} ȵiaŋ^{0} 腿子 tʰuei^{53}tsɿ^{0}	野婆娘 ie^{55}pʰə^{32} ȵiaŋ^{0} 亲家母儿 tɕʰin^{23}tɕia^{42}mər^{55}	野婆娘 iɛ^{55}pʰo^{32} ȵiaŋ^{0} 亲家母儿 tɕʰin^{23}tɕia^{31}mor^{55}	野婆娘 ie^{53}pʰo^{42} ȵiaŋ^{0} 亲家母儿 tɕʰin^{23}tɕia^{45}mor^{53}	野婆娘 ie^{53}pʰuo^{21} ȵiaŋ^{0} 亲家母儿 tɕʰin^{23}tɕia^{34}mur^{53}
嫖客	角猪子 tɕyo^{31}pfu^{31}tsɿ^{0}	角猪子 tɕyo^{42}pfu^{42}tsɿ^{0}	角猪子 tɕio^{31}tʂʮ^{31}tsɿ^{0}	角猪子 tɕio^{42}tʂʮ^{45}tsɿ^{0}	角猪子 tɕyo^{21}tʂu^{34}tsɿ^{0}
称性放荡的女人	烂货 lã^{44}xuo^{44}	烂货 lan^{23}xuo^{223}	烂货 lan^{22}xo^{213}	烂货 lan^{23}xo^{213}	烂货 nan^{23}xuo^{213}
私生子	杂毛子 tsa^{35}mau^{35}tsɿ^{0} 野种 ie^{53}pfəŋ^{53} 杂种 tsa^{35}pfəŋ^{53}	私娃子 sɿ^{42}ua^{32} tsɿ^{0} 黑耳朵 xe^{42}ər^{55}tuo^{0} 杂种 tsa^{32}pfəŋ^{55}	私娃子 sɿ^{31}ua^{42} tsɿ^{0} 黑耳朵 xɛ^{31} ər^{55}to^{0} 杂种 tsa^{42}tʂəŋ^{55}	私娃子 sɿ^{45}ua^{42}tsɿ^{0} 杂种 tsa^{42}tʂuŋ^{53}	私娃子 sɿ^{34}ua^{21}tsɿ^{0} 杂种 tsa^{21}tʂuŋ^{53}

续表

方言点 / 词目	中原官话区	混合 1 区	江淮官话区	混合 3 区	西南官话区
	汉滨	县河	茅坪	石泉	紫阳
妻有外遇的男人	肉头 ʐəu^{44}tʰəu^{35}	肉脑壳 ʐəu^{23}lau^{55}kʰɤ^{42}	肉脑壳 ʐou^{23}lau^{55}kʰo^{31}	肉脑壳 ʐəu^{23}lau^{53}kʰo^{42}	肉脑壳 ʐəu^{23}lau^{53}kʰuo^{21}
不孝敬父母的人	不要娘的 pu^{31}iau^{44}ȵiaŋ^{35}ti^{0}	不要娘的 pu^{42}iau^{23}ȵiaŋ^{32}ti^{0}	抛娘货 pʰau^{31}ȵiaŋ^{42}xo^{213}	不要娘的 pu^{45}iau^{23}ȵiaŋ^{42}ti^{0}	不要娘的 pu^{34}iau^{23}ȵiaŋ^{21}ti^{0}
暴发户	暴发户 pau^{44}fa^{31}xu^{44}	暴发户 pau^{23}fa^{42}xu^{223}	暴发户儿 pau^{23}fa^{31}xur^{22}	暴发户 pau^{23}fa^{42}xu^{213}	暴发户 pau^{23}fa^{21}xu^{213}
假充阔气	耍排场 fa^{53}pʰæ^{35}tʂʰaŋ^{0}	耍排子 fa^{55}pʰai^{32}tsɿ^{0}	耍排子 ʂɥa^{55}pʰai^{42}tsɿ^{0}	耍排子 ʂɥa^{53} pʰai^{42}tsɿ^{0} □包子 tʂo^{53}pau^{45}tsɿ^{0}	耍排子 ʂua^{53} pʰai^{21}tsɿ^{0} □包子 tʂuo^{53}pau^{34}tsɿ^{0}
凡事爱耍滑的人	溜光锤子 liəu^{44}kuaŋ^{31} pfʰei^{35}tsɿ^{0}	溜光锤子 liəu^{23}kuaŋ^{42} pfʰei^{32}tsɿ^{0}	溜光锤子 liou^{23}kuaŋ^{31} tʂʰɥei^{42}tsɿ^{0}	溜光锤子 liəu^{23}kuaŋ^{45} tʂʰɥei^{42}tsɿ^{0}	溜光锤子 ȵiəu^{23}kuaŋ^{34} tʂʰuei^{21}tsɿ^{0}
处事不灵活的人	痴糊儿 tsʰɿ^{35}xur^{35}	痴糊儿 tsʰɿ^{32}xur^{32}	实心子 ʂʅ^{42}ɕin^{31}tsɿ^{0}	实心子 ʂʅ^{42}ɕin^{45}tsɿ^{0}	实心子 ʂʅ^{21}ɕin^{34}tsɿ^{0}
特老实的人	老实头子 lau^{53}ʂʅ^{0}təu^{35}tsɿ^{0}	老实头子 lau^{55}ʂʅ^{0}təu^{32}tsɿ^{0}	老实砣子 lau^{55}ʂʅ^{0}to^{42}tsɿ^{0}	老实砣子 lau^{53}ʂʅ^{0}to^{42}tsɿ^{0}	老实砣子 nau^{53}ʂʅ^{0}tuo^{21}tsɿ^{0}
专意制造麻烦的人	搅屎棍 tɕiau^{53} ʂʅ^{53}kuən^{44}	搅屎棍 tɕiau^{55} ʂʅ^{55}kuən^{223}	搅屎棍 tɕiau^{55} ʂʅ^{55}kuən^{213}	搅屎棍 tɕiau^{53} ʂʅ^{53}kuən^{213}	搅屎棍 tɕiau^{53} ʂʅ^{53}kuən^{213}
吝啬鬼	小气鬼 ɕiau^{53} tɕʰi^{44}kuei^{53} 啬皮 ʂei^{31}pʰi^{35} 啬家子 ʂei^{31}tɕia^{31} tsɿ^{0} 牙子客 ia^{35}tsɿ^{0}kʰei^{31}	啬家子 se^{42}tɕia^{42}tsɿ^{0} 沟子客 kəu^{42}tsɿ^{0} kʰei^{42} 却薄 tɕʰyo^{42} puo^{312} 牙子客 ia^{42}tsɿ^{0}kʰei^{42}	狠子手 xən^{55}tsɿ^{0} ʂou^{55} 沟子客 kou^{31}tsɿ^{0}kʰɛ^{31} 却薄 tɕʰio^{31}po^{42}	甲甲虫 tɕia^{45} tɕia^{45}tʂʰɿ^{42} 狗甲甲 kəu^{53}tɕia^{45}tɕia^{0} 㞞大头 suŋ^{21}ta^{23} tʰəu^{42} 却薄 tɕʰio^{42}po^{42}	甲甲虫 tɕia^{34} tɕia^{34}tʂʰɿ^{21} 啬夹鬼 se^{21}tɕia^{34} kuei^{53} 㞞大头 suŋ^{21}ta^{23}tʰəu^{21} 却薄 tɕʰyo^{21}puo^{21}
好吃懒做	懒光精 lã^{53}kuaŋ^{35}tɕin^{31}	懒光精 lan^{55}kuaŋ^{42}tɕin^{42}	懒光精 lan^{55}kuaŋ^{31}tɕin^{31}	粮食虫 liaŋ^{42}ʂʅ^{0}tʂʰuŋ^{42}	粮食虫 ȵiaŋ^{21}ʂʅ^{0}tʂʰuŋ^{21}

续表

方言点 词目	中原官话区	混合 1 区	江淮官话区	混合 3 区	西南官话区
	汉滨	县河	茅坪	石泉	紫阳
好吃别人东西的人	油嘴子 iəu^{35}tsei^{53}tsɿ^{0} 好吃包 xau^{44}tʂʰʅ^{31}pau^{31}	油嘴子 iəu^{32}tsei^{55}tsɿ^{0} 好吃包 xau^{23}tʂʰʅ^{42}pau^{42}	油嘴狗 iou^{42}tsei^{55}kou^{55} 好吃包 xau^{23}tʂʰʅ^{31}pau^{31}	油嘴狗 iəu^{42}tsei^{53}kəu^{53} 好吃包 xau^{23}tʂʰʅ^{45}pau^{45}	油嘴狗 iəu^{21}tsei^{53}kəu^{53} 好吃包 xau^{23}tʂʰʅ^{34}pau^{34}
容易喜好别人东西的人	见巴眼儿 tɕian^{44}pa^{0}iar^{53}	见巴眼儿 tɕian^{23}pa^{0}iar^{55}	见巴眼儿 tɕian^{23}pa^{0}iar^{55}	见巴眼儿 tɕian^{23}pa^{0}iar^{53}	见巴眼儿 tɕian^{23}pa^{0}iar^{53}
没脑子的人	醒头儿 ɕiŋ^{53}tʰər^{0}	醒头儿 ɕin^{55}tʰəur^{0}	醒头儿 ɕin^{55}tʰəur^{0}	醒头儿 ɕin^{53}tʰəur^{0}	醒头儿 ɕin^{53}tʰəur^{0}
贪心不足的人	猴心 xəu^{35}ɕin^{31}	猴心 xəu^{32}ɕin^{42}	猴心包 xou^{42}ɕin^{31}pau^{31}	猴心包 xəu^{42}ɕin^{45}pau^{45}	猴心包 xəu^{21}ɕin^{34}pau^{34}
白痴	洋谈 iaŋ^{35}tʰã^{35} 洋㞞 iaŋ^{35}suŋ^{35} 汰包子 tʰæ^{53}pau^{31}tsɿ^{0} 瓜㞞 kua^{31}suŋ^{35}	洋谈 iaŋ^{312}tʰan^{312} 苕筒子 ʂau^{32}tʰuŋ^{32}tsɿ^{0} 洋㞞 iaŋ^{32}suŋ^{312}	苕筒子 ʂau^{42}tʰəŋ^{42}tsɿ^{0} 洋㞞 iaŋ^{42}səŋ^{42}	哈性 xa^{53}ɕin^{213} 洋㞞 iaŋ^{42}suŋ^{42} 哈卵 xa^{53}tsɿ^{53}	哈性 xa^{53}ɕin^{213} 洋㞞 iaŋ^{21}suŋ^{21} 性包包 ɕin^{23} pau^{34}pau^{0}
笨蛋傻瓜	笨㞞 mə̃^{44}suŋ^{35} 笨烘山 mə̃^{44}xuŋ^{35}ʂã^{31}	笨㞞 mən^{23}suŋ^{312} 苕拉巴 ʂau^{32}la^{0}pa^{42}	笨㞞 mən^{22}səŋ^{42} 苕拉巴 ʂau^{42}la^{0}pa^{31}	笨㞞 mən^{23}suŋ^{42} 苕性 ʂau^{42}ɕin^{213} 苕脑壳 ʂau^{42}lau^{53}kʰo^{0}	笨㞞 mən^{23}suŋ^{21} 苕性 ʂau^{21}ɕin^{213} 苕脑壳 ʂau^{21}nau^{53}kʰuo^{0}
比喻反应迟钝的人	榆木疙瘩 y^{35}mu^{31}kɤ^{31}ta^{31}	榆木疙瘩 y^{32}mu^{42}kɤ^{42}ta^{42}	木头墩子 mo^{31}tʰou^{0}tən^{31}tsɿ^{0}	木头墩子 mo^{42}tʰəu^{0}tən^{45}tsɿ^{0}	木头墩子 mu^{21}tʰəu^{0}tən^{34}tsɿ^{0}
易受别人唆使的人	汰㞞 tʰæ^{53}suŋ^{35} 汰谈 tʰæ^{53}tʰã^{35} 董董噔 tuŋ^{53}tuŋ^{53}tʰaŋ^{44}	董董噔 tuŋ^{55}tuŋ^{55}tʰaŋ^{223} 汰谈 tʰai^{55}tʰan^{312}	董董噔 təŋ^{55}təŋ^{55}tʰaŋ^{22} 汰谈 tʰai^{55}tʰan^{42}	董董哐 tuŋ^{53}tuŋ^{53}kʰuaŋ^{213} 汰谈 tʰai^{53}tʰan^{42}	董董哐 tuŋ^{53}tuŋ^{53}kʰuaŋ^{213} 汰谈 tʰai^{53}tʰan^{21}
什么都不懂的人	懵懂虫 məŋ^{53} tuŋ^{53}pfʰəŋ^{35}	懵懂虫 məŋ^{55} tuŋ^{55}pfʰəŋ^{312}	懵懂虫 məŋ^{55} təŋ^{55}tʂʰəŋ^{42}	懵懂虫 muŋ^{53} tuŋ^{53}tʂʰuŋ^{42}	懵懂虫 muŋ^{53} tuŋ^{53}tʂʰuŋ^{21}

续表

方言点 词目	中原官话区	混合 1 区	江淮官话区	混合 3 区	西南官话区
	汉滨	县河	茅坪	石泉	紫阳
脑子不够用的人	洋昏子 iaŋ^{35}xuən^{31}tsɿ^{0}	洋昏子 iaŋ^{32}xuən^{42}tsɿ^{0}	洋昏子 iaŋ^{42}xuən^{31}tsɿ^{0}	洋昏子 iaŋ^{42}xuən^{45}tsɿ^{0}	洋昏子 iaŋ^{21}xuən^{34}tsɿ^{0}
比喻无用的人	㞞人 suŋ^{35}ʐə̃^{35}	齈包 luŋ^{23}pau^{42}	齈包 ləŋ^{23}pau^{31}	齈包 luŋ^{23}pau^{45}	齈包 nuŋ^{23}pau^{34}
比喻只会吃无能力做事的人	馕蒸饭的 laŋ^{53}tʂəŋ^{31}fan^{44}ti^{0}	馕干饭的 laŋ^{55}kan^{42}fan^{23}ti^{0}	馕糠货 laŋ^{55}kaŋ^{31}xo^{213}	馕饭包 laŋ^{53}fan^{23}pau^{45}	馕饭包 naŋ^{53}fan^{23}pau^{34}
草包	草包 tsʰau^{53}pau^{31}	草包 tsʰau^{55}pau^{42}	草包 tsʰau^{55}pau^{31}	八面人 pa^{42}mian^{23}ʐən^{42}	八面人 pa^{21}mian^{23}ʐən^{21}
家伙	家伙三 tɕia^{31}xuo^{0}sã^{31}	家伙三 tɕia^{42}xuo^{0}san^{42}	家伙三 tɕia^{31}xo^{0}san^{31}	家伙三 tɕia^{45}xo^{0}san^{45}	家伙三 tɕia^{34}xuo^{0}san^{34}
败家子	败家子 pæ^{44}tɕia^{31}tsɿ^{53}	败家子 pai^{23}tɕia^{42}tsɿ^{0}	败家子 pai^{22}tɕia^{31}tsɿ^{0}	败家子 pai^{23}tɕia^{45}tsɿ^{0}	败家子 pai^{23}tɕia^{34}tsɿ^{0}
用树结疤比喻不成器的人	暴节子 pau^{44}tɕie^{31}tsɿ^{0}	暴节子 pau^{23}tɕie^{42}tsɿ^{0}	暴节子 pau^{23}tɕiɛ^{31}tsɿ^{0}	暴节子 pau^{23}tɕie^{42}tsɿ^{0}	暴节子 pau^{23}tɕie^{21}tsɿ^{0}
发育不良的人或动物	火连包子 xuo^{55} liã^{35}pau^{31}tsɿ^{0}	火连包子 xuo^{55} lian^{32}pau^{42}tsɿ^{0}	火连包子 xo^{55} lian^{42}pau^{31}tsɿ^{0}	火连包子 xo^{53} lian^{42}pau^{45}tsɿ^{0}	火连包子 xuo^{53} ȵian^{21}pau^{34}tsɿ^{0}
乞丐	叫花子 tɕiau^{44}xua^{31}tsɿ^{0}	叫花子 tɕiau^{23}xua^{42}tsɿ^{0}	叫花子 kau^{23}xua^{31}tsɿ^{0}	讨口子 tʰau^{53} kʰəu^{53}tsɿ^{0} 叫花 子 kau^{23}xua^{45}tsɿ^{0}	讨口子 tʰau^{53} kʰəu^{53}tsɿ^{0} 叫花 子 kau^{23}xua^{34}tsɿ^{0}
行走江湖的人	跑江湖的 pʰau^{53} tɕiaŋ^{31}xu^{35}ti^{0}	跑江湖的 pʰau^{55} tɕiaŋ^{42}xu^{32}ti^{0}	跑江湖的 pʰau^{55} tɕiaŋ^{31}xu^{42}ti^{0}	跑江湖的 pʰau^{53} tɕiaŋ^{45}xu^{42}ti^{0}	跑江湖的 pʰau^{53} tɕiaŋ^{34}xu^{21}ti^{0}

续表

方言点 词目	中原官话区	混合 1 区	江淮官话区	混合 3 区	西南官话区
	汉滨	县河	茅坪	石泉	紫阳
骗子	哄人的 xuŋ^{53}ʐə̃^{35}ti^{0} 骗子 pʰiã^{44}tsɿ^{0}	哄人的 xuŋ^{55}ʐən^{32}ti^{0} 骗子 pʰian^{23}tsɿ^{0}	哄人的 xəŋ^{55}ʐən^{42}ti^{0} 骗子 pʰian^{23}tsɿ^{0}	哄人的 xuŋ^{53}ʐən^{42}ti^{0} 骗子 pʰian^{23}tsɿ^{0}	哄人的 xuŋ^{53}ʐən^{21}ti^{0} 骗子 pʰian^{23}tsɿ^{0}
赌徒	骷髅子 ku^{31}ləu^{35}tsɿ^{0}	骷髅子 ku^{42}ləu^{32}tsɿ^{0}	骷髅子 ku^{31}lou^{42}tsɿ^{0}	骷髅子 ku^{45}ləu^{42}tsɿ^{0}	骷髅子 ku^{34}ləu^{21}tsɿ^{0}
流氓	流氓 liəu^{35}maŋ^{35}	流氓 liəu^{32}maŋ^{312}	流氓 liou^{42}maŋ^{42}	流氓 liəu^{42}maŋ^{42}	流氓 ȵiəu^{21}maŋ^{21}
言行轻佻的人	骚包儿 sau^{35}paur^{31}	骚包儿 sau^{42}paur^{42}	骚包儿 sau^{31}paur^{31}	骚包儿 sau^{45}paur^{45}	骚包儿 sau^{34}paur^{34}
爱讨好女性的人	骚货 sau^{31}xuo^{44}	骚包头子 sau^{42} pau^{42}tʰəu^{32}tsɿ^{0}	骚包头子 sau^{31} pau^{31}tʰou^{42}tsɿ^{0}	骚包头子 sau^{45} pau^{45}tʰəu^{42}tsɿ^{0}	骚包头子 sau^{34} pau^{34}tʰəu^{21}tsɿ^{0}
土匪	土匪 tu^{53}fei^{53} 刀子客 tau^{31}tsɿ^{0}kɤ^{31}	土匪 tu^{55}fei^{55} 刀子客 tau^{42}tsɿ^{0}kɤ^{42}	棒老二 paŋ^{213}lau^{55}ər^{0}	棒老二 paŋ^{23}lau^{53}ər^{0}	棒老二 paŋ^{23}nau^{53}ər^{0}
强盗	刁夫儿匠 tiau^{31} fu^{31}ər^{0}tɕiaŋ^{44} 强盗 tɕʰiaŋ^{35}tau^{44}	抢犯 tɕʰiaŋ^{55}fan^{0}	抢犯 tɕʰiaŋ^{55}fan^{0}	刁儿匠 tiau^{45}ər^{0}tɕiaŋ^{213} 抢犯 tɕʰaŋ^{53}fan^{0}	刁儿匠 tiau^{34}ər^{0}tɕiaŋ^{213} 抢犯 tɕʰaŋ^{53}fan^{0}
坏蛋	瞎东西 xa^{53}tuŋ^{31}ɕi^{0} 瞎怂 xa^{53}suŋ^{35}	瞎东西 xa^{55}tuŋ^{42}ɕi^{0} 瞎怂 xa^{55}suŋ^{312}	瞎东西 xa^{55}təŋ^{31}ɕi^{0} 瞎怂 xa^{55}səŋ^{42}	瞎家伙 xa^{53}tɕia^{45}xo^{0} 瞎怂 xa^{53}suŋ^{42}	瞎家伙 xa^{53}tɕia^{34}xuo^{0} 瞎怂 xa^{53}suŋ^{21}
坏的	瞎瞎子 xa^{31}xa^{31}tsɿ^{0}	瞎瞎子 xa^{54}xa^{54}tsɿ^{0}	瞎的 xa^{55}ti^{0}	瞎的 xuai^{53}ti^{0}	瞎的 xa^{53}ti^{0}
贼	贼壳壳子 tsei^{35} kʰɤ^{31}kʰɤ^{31}tsɿ^{0} 贼娃子 tsei^{35} ua^{31}tsɿ^{0}	贼娃子 tse^{32}ua^{32} tsɿ^{0} 绺二匠 liəu^{55}ər^{0}tɕiaŋ^{223}	贼娃子 tsɛ^{42}ua^{42} tsɿ^{0} 绺二匠 liou^{55}ər^{0}tɕiaŋ^{22}	贼娃子 tse^{42}ua^{42} tsɿ^{0} 绺娃子 liəu^{53}ua^{42}tsɿ^{0}	贼娃子 tse^{21}ua^{21} tsɿ^{0} 绺娃子 niəu^{53}ua^{21}tsɿ^{0}

续表

词目＼方言点	中原官话区	混合 1 区	江淮官话区	混合 3 区	西南官话区
	汉滨	县河	茅坪	石泉	紫阳
爱搬弄是非的人	是非婆子 ʂʅ^{44}fei^{31}pʰə^{35}ʦɿ^{0} 扦担牙子 ʨʰiã^{31}tã^{31}ia^{35}tsɿ^{0}	是非婆子 ʂʅ^{23}fei^{42}pʰə^{32}ʦɿ^{0} 扦担牙子 ʨʰian^{42} tan^{42}ia^{32}tsɿ^{0}	是非婆子 ʂʅ^{22}fei^{31}pʰo^{42}ʦɿ^{0}	是非婆子 ʂʅ^{23}fei^{45}pʰo^{42}ʦɿ^{0} 扦担鬼 ʨʰian^{45} tan^{23}kuei^{53}	过话婆子 kuo^{23}xua^{34}pʰuo^{21}ʦɿ^{0} 扦担鬼 ʨʰian^{34}tan^{23}kuei^{53}
说话不算数的人	水条子 fei^{53}tʰiau^{35}ʦɿ^{0}	水条子 fei^{55}tʰiau^{32}ʦɿ^{0}	水条子 ʂɥei^{55}tʰiau^{42}ʦɿ^{0}	水条子 ʂɥei^{53}tʰiau^{42}ʦɿ^{0}	水条子 ʂuei^{53}tʰiau^{21}ʦɿ^{0}
爱附声助势的人	和卵咆 xuo^{44}lan^{53}pʰau^{31}	和卵咆 xuo^{23}lan^{55}pʰau^{42}	和卵咆 xo^{22}lan^{55}pʰau^{31}	和卵咆 xo^{23}lan^{53}pʰau^{45}	和卵咆 xuo^{23}nan^{53}pʰau^{34}
给人提东西的人多用贬义	挎娃子 kʰua^{44}ua^{35}ʦɿ^{0}	挎娃子 kʰua^{23}ua^{32}ʦɿ^{0}	挎娃子 kʰua^{23}ua^{42}ʦɿ^{0}	挎娃子 kʰua^{23}ua^{42}ʦɿ^{0}	挎娃子 kʰua^{23}ua^{21}ʦɿ^{0}
爱扯皮的人	嚼经人 ʨiau^{35}ʨin^{31}ʐə̃^{35}	搅经人 ʨiau^{55}ʨin^{42}ʐən^{312}	搅经人 ʨiau^{55}ʨin^{31}tsɿ^{42}	搅家子 ʨiau^{53}ʨia^{45}tsɿ^{42}	搅家子 ʨiau^{53}ʨia^{34}tsɿ^{21}
莫须有的人	求良玉 ʨʰiəu^{35}liaŋ^{53}y^{44}	求良玉 ʨʰiəu^{32}liaŋ^{32}y^{223}	求连玉 ʨʰiou^{31}lian^{42}ɥ^{213}	求老玉 ʨʰiəu^{42}lau^{53}ɥ^{213}	求老玉 ʨʰiəu^{21}nau^{53}y^{213}
工作	工作 kuŋ^{31}ʦuo^{31}	工作 kuŋ^{42}ʦuo^{42}	工作 kəŋ^{31}ʦo^{31}	工作 kuŋ^{45}ʦo^{42}	工作 kuŋ^{34}ʦo^{21}
干部	公家人 kuŋ^{31}ʨia^{31}ʐə̃^{35} 干部 kã^{44}pu^{44}	公家人 kuŋ^{42}ʨia^{42}ʐən^{312} 干部 kan^{23}pu^{223}	公家人 kəŋ^{31}ʨia^{31}ʐən^{42} 干部 kan^{23}pu^{22}	公家人 kuŋ^{45}ʨia^{45}ʐən^{42} 干部 kan^{23}pu^{213}	公家人 kuŋ^{34}ʨia^{34}ʐən^{21} 干部 kan^{23}pu^{213}
工人	工人 kuŋ^{31}ʐə̃^{35}	工人 kuŋ^{42}ʐən^{312}	工人 kəŋ^{31}ʐən^{42}	工人 kuŋ^{45}ʐən^{42}	工人 kuŋ^{34}ʐən^{21}
仆人	下人 ɕia^{44}ʐə̃^{35}	下人 ɕia^{23}ʐən^{312}	下人 ɕia^{23}ʐən^{42}	下人 ɕia^{23}ʐən^{42}	下人 ɕia^{23}ʐən^{21}

续表

方言点 词目	中原官话区	混合 1 区	江淮官话区	混合 3 区	西南官话区
	汉滨	县河	茅坪	石泉	紫阳
佣人	佣人 yŋ^{44}zə̃^{35}	佣人 yŋ^{23}zən^{32}	佣人 iəŋ^{22}zən^{0}	佣人 iuŋ^{23}zən^{42}	佣人 yŋ^{23}zən^{21}
女佣人	老妈子 lau^{53}ma^{31}tsɿ^{0}	老妈子 lau^{55}ma^{42}tsɿ^{0}	老妈子 lau^{55}ma^{31}tsɿ^{0}	老妈子 lau^{53}ma^{45}tsɿ^{0}	老妈子 nau^{53}ma^{34}tsɿ^{0}
奶娘	奶娘 nai^{53}ȵiaŋ^{35}	奶娘 nai^{55}ȵiaŋ^{312}	奶妈子 nai^{55}ma^{31}tsɿ^{0}	奶妈子 nai^{53}ma^{45}tsɿ^{0}	奶妈子 nai^{53}ma^{34}tsɿ^{0}
雇工	雇工 ku^{44}kuŋ^{31}	雇工 ku^{23}kuŋ^{42}	雇工 ku^{23}kəŋ^{31}	雇工 ku^{23}kuŋ^{45}	雇工 ku^{23}kuŋ^{34}
长工	长工 tʂʰaŋ^{35}kuŋ^{31} 长年子 tʂʰaŋ^{35}ȵiã^{35}tsɿ^{0}	长工 tʂʰaŋ^{32}kuŋ^{42}	长工 tʂʰaŋ^{42}kəŋ^{31}	长工 tʂʰaŋ^{42}kuŋ^{45}	长工 tʂʰaŋ^{21}kuŋ^{34}
短工	短工 tuã^{53}kuŋ^{31}	短工 tan^{55}kuŋ^{42}	短工 tan^{55}kəŋ^{0}	短工 tan^{53}kuŋ^{45}	短工 tan^{53}kuŋ^{34}
零工	零工 lin^{35}kuŋ^{31}	零工 lin^{32}kuŋ^{42}	零工 lin^{42}kəŋ^{0}	零工 lin^{42}kuŋ^{45}	零工 ȵin^{21}kuŋ^{34}
农民	庄稼人 pfaŋ^{31}tɕia^{31}zə̃^{35}	庄稼人 pfaŋ^{42}tɕia^{42}zən^{312}	庄稼人 tʂɥaŋ^{31}tɕia^{31}zən^{42}	庄稼人 tʂɥaŋ^{45}tɕia^{0}zən^{42}	庄稼人 tʂuaŋ^{34}tɕia^{34}zən^{21}
生意人	生意人 ʂəŋ^{31}i$^{31:44}$zə̃^{35}	做生意的 tsəu^{23}ʂəŋ^{42}i$^{42:23}$ti^{0}	做生意的 tsəu^{23}sən^{31}i$^{31:23}$ti^{0}	生意人 sən^{45}i$^{45:23}$zən^{42}	生意人 sən^{34}i$^{34:23}$zən^{21}
东家	东家 tuŋ^{31}tɕia^{31}	东家 tuŋ^{42}tɕia^{42}	东家 təŋ^{31}tɕia^{31}	东家 tuŋ^{45}tɕia^{45}	东家 tuŋ^{34}tɕia^{34}

续表

方言点 词目	中原官话区	混合 1 区	江淮官话区	混合 3 区	西南官话区
	汉滨	县河	茅坪	石泉	紫阳
老板	老板 lau^{53}pã^{53}	老板 lau^{55}pan^{55}	老板 lau^{55}pan^{55}	老板 lau^{53}pan^{53}	老板 nau^{53}pan^{53}
老板	掌柜的 tʂaŋ^{53}kuei^{44}ti^{0}	掌柜的 tʂaŋ^{55}kuei^{23}ti^{0}	掌柜的 tʂaŋ^{55}kuei^{22}ti^{0}	掌柜的 tʂaŋ^{53}kuei^{23}ti^{0}	掌柜的 tʂaŋ^{53}kuei^{23}ti^{0}
老板娘	掌柜娘子 tʂaŋ^{53} kuei^{44}ɳiaŋ^{35}tsɿ^{0}	掌柜娘子 tʂaŋ^{55} kuei^{23}ɳiaŋ^{32}tsɿ^{0}	掌柜娘子 tʂaŋ^{55} kuei^{22}ɳiaŋ^{42}tsɿ^{0}	掌柜娘子 tʂaŋ^{53} kuei^{23}ɳiaŋ^{42}tsɿ^{0}	掌柜娘子 tʂaŋ^{53} kuei^{23}ɳiaŋ^{21}tsɿ^{0}
伙计	伙计 xuo^{53}tɕi^{0}	伙计 xuo^{55}tɕi^{0}	伙计 xo^{55}tɕi^{0}	伙计 xo^{53}tɕi^{0}	伙计 xuo^{53}tɕi^{0}
学徒	学徒 ɕyo^{35}tʰəu^{35} 徒弟娃子 tʰəu^{35}ti^{44}ua^{35}tsɿ^{0}	徒弟娃子 tʰəu^{32}ti^{23}ua^{32}tsɿ^{0}	徒弟娃子 tʰou^{42}ti^{22}ua^{42}tsɿ^{0}	徒弟娃儿 tʰəu^{42}ti^{0}uar^{42}	徒弟娃儿 tʰəu^{21}ti^{0}uar^{21}
顾客	顾客 ku^{44}kʰe^{31}	顾客 ku^{23}kʰe^{42}	顾客 ku^{23}kʰɛ^{31}	顾客 ku^{23}kʰe^{45}	顾客 ku^{23}kʰe^{34}
小贩	小商贩儿 ɕiau^{53}ʂaŋ^{31}far^{44} 货郎担儿 xuo^{44}laŋ^{35}tar^{44}	小商贩儿 ɕiau^{55}ʂaŋ^{42}far^{223} 货郎担儿 xuo^{23}laŋ^{32}tar^{223}	小商贩儿 ɕiau^{55}ʂaŋ^{31}far^{213} 货郎担儿 xo^{23}laŋ^{42}tar^{213}	小商贩 ɕiau^{53}ʂaŋ^{45}fan^{213} 货郎担 xo^{23} laŋ^{42}tan^{213}	小商贩 ɕiau^{53}ʂaŋ^{34}fan^{213} 货郎担 xuo^{23} naŋ^{21}tan^{213}
摊贩	摊贩儿 tʰã^{31}far^{44}	摊贩儿 tʰan^{42}far^{223}	摊贩儿 tʰan^{31}far^{213}	摊贩儿 tʰan^{45}far^{213}	摊贩儿 tʰan^{34}far^{213}
教师	教书先生 tɕiau^{35} fu^{31}xiã^{31}səŋ^{0}	教书先生 tɕiau^{42} fu^{42}xian^{42}sən^{0}	教书先生 tɕiau^{31} ʂu^{31}xian^{31}sən^{0}	教书先生 tɕiau^{45} ʂu^{45}xian^{45}sən^{0}	教书先生 tɕiau^{34} ʂu^{34}xian^{34}sən^{0}
学生	念书的 ɳiã^{44}fu^{31}ti^{0}	念书的 ɳian^{23}fu^{42}ti^{0}	念书的 ɳian^{23}ʂʯ^{31}ti^{0}	念书的 ɳian^{23}ʂʯ^{45}ti^{0}	念书的 ɳian^{23}ʂu^{34}ti^{0}

续表

方言点 / 词目	中原官话区	混合 1 区	江淮官话区	混合 3 区	西南官话区
	汉滨	县河	茅坪	石泉	紫阳
小学生	学娃子 ɕyo^{35}ua^{35}tsɿ^{0}	学娃子 ɕio^{32}ua^{32}tsɿ^{0}	学生娃子 ɕio^{42} sən^{31}ua^{42}tsɿ^{0}	学娃子 ɕio^{42}ua^{42}tsɿ^{0}	学娃子 ɕyo^{21}ua^{21}tsɿ^{0}
同学	同学 tuŋ^{35}ɕyo^{35} 同窗 tuŋ^{35}pfʰaŋ^{31}	同学 tuŋ^{32}ɕyo^{312} 同窗 tuŋ^{32}pfʰaŋ^{42}	同学 təŋ^{42}ɕio^{42} 同窗 təŋ^{42}tʂʰɥaŋ^{31}	同学 tuŋ^{42}ɕio^{42} 同窗 tuŋ^{42}tʂʰɥaŋ^{45}	同学 tuŋ^{21}ɕyo^{21} 同窗 tuŋ^{21}tʂʰuaŋ^{34}
朋友	朋友 fəŋ^{35}iəu^{53}	伙随伙儿的 xuo^{55}sei^{32}xuor^{55}ti^{0}	伙随伙儿的 xo^{55}sei^{42}xor^{55}ti^{0}	伙随伙儿的 xo^{53}sei^{42}xor^{53}ti^{0}	伙随伙儿的 xuo^{53}sei^{21}xuor^{53}ti^{0}
兵	兵娃子 pin^{31} ua^{35}tsɿ^{0} 当兵的 taŋ^{35}pin^{31}ti^{0}	兵娃子 pin^{42}ua^{32}tsɿ^{0}	兵娃子 pin^{31}ua^{42}tsɿ^{0}	粮子 liaŋ^{42}tsɿ^{0} 老总 lau^{53}tsŋ^{53}	粮子 ȵiaŋ^{21}tsɿ^{0} 老总 nau^{53}tsŋ^{53}
警察	警察 tɕiŋ^{53}tʂʰa^{35}	警察 tɕin^{55}tʂʰa^{312}	警察 tɕin^{55}tʂʰa^{42}	警察 tɕin^{53}tʂʰa^{42}	警察 tɕin^{53}tʂʰa^{21}
官员	长官 tʂaŋ^{53}kuã^{31}	长官 tʂaŋ^{55}kuan^{42}	长官 tʂaŋ^{55}kuan^{31}	长官 tʂaŋ^{53}kuan^{45}	长官 tʂaŋ^{53}kuan^{34}
医生	医生 i^{31}ʂəŋ^{31} 先生 xiã^{31}səŋ^{31}	医生 i^{42}sən^{42} 先生 xian^{42}sən^{42}	看病先生 kʰan^{23} pin^{22}xian^{31}sən^{0}	看病先生 kʰan^{23} pin^{23}xian^{45}sən^{0}	看病先生 kʰan^{23} pin^{23}xian^{34}sən^{0}
手艺人	匠人 tɕiaŋ^{44}zə̃^{35} 手艺人 ʂəu^{53}i^{44}zə̃^{35}	匠人 tɕiaŋ^{23}zən^{312} 手艺人 ʂəu^{55}ȵi^{23}zən^{312}	匠人 tɕiaŋ^{22}zən^{42} 手艺人 ʂəu^{55}ȵi^{22}zən^{42}	匠人 tɕiaŋ^{23}zən^{42} 手艺人 ʂəu^{53}ȵi^{23}zən^{42}	匠人 tɕiaŋ^{23}zən^{21} 手艺人 ʂəu^{53}ȵi^{23}zən^{21}
技艺高的人	把式 pa^{53}ʂʅ^{0}	把式 pa^{55}ʂʅ^{0}	把式 pa^{55}ʂʅ^{0}	把式 pa^{53}ʂʅ^{0}	把式 pa^{53}ʂʅ^{0}
学艺不精的人	半瓶子醋 pã^{44} pʰiŋ^{35}tsɿ^{0}tsʰu^{44}	半瓶子醋 pan^{23} pʰin^{32}tsɿ^{0}tsʰəu^{223}	半瓶子醋 pan^{23} pʰin^{42}tsɿ^{0}tsʰou^{213}	半瓶子醋 pan^{23} pʰin^{42}tsɿ^{0}tsʰəu^{213}	半瓶子醋 pan^{23} pʰin^{21}tsɿ^{0}tsʰəu^{213}

续表

方言点 词目	中原官话区 汉滨	混合 1 区 县河	江淮官话区 茅坪	混合 3 区 石泉	西南官话区 紫阳
外行	红脚杆 xuŋ^{35}tɕyo^{31}kã^{53}	红脚杆 xuŋ^{32}tɕyo^{42}kan^{55}	红脚杆 xəŋ^{42}tɕio^{31}kan^{55}	红脚杆 xuŋ^{42}tɕio^{42}kan^{53}	红脚杆 xuŋ^{21}tɕyo^{21}kan^{53}
木匠	木匠 mu^{31}tɕiaŋ^{44}	木匠 mə^{42}tɕiaŋ^{223}	木匠 mo^{31}tɕiaŋ^{22}	木匠 mo^{42}tɕiaŋ^{213}	木匠 mu^{21}tɕiaŋ^{213}
瓦匠	瓦匠 ua^{53}tɕiaŋ^{44}	瓦匠 ua^{55}tɕiaŋ^{223}	瓦匠 ua^{55}tɕiaŋ^{22}	瓦匠 ua^{53}tɕiaŋ^{213}	瓦匠 ua^{53}tɕiaŋ^{213}
泥水匠	泥水匠 ȵi^{35}fei^{53}tɕiaŋ^{44}	泥水匠 ȵi^{32}fei^{55}tɕiaŋ^{223}	泥水匠 ȵi^{42}ʂɥei^{55}tɕiaŋ^{22}	泥水匠 ȵi^{42}ʂɥei^{53}tɕiaŋ^{213}	泥水匠 ȵi^{21}ʂuei^{53}tɕiaŋ^{213}
铜匠	铜匠 tʰuŋ^{35}tɕiaŋ^{44}	铜匠 tʰuŋ^{32}tɕiaŋ^{223}	铜匠 tʰəŋ^{42}tɕiaŋ^{22}	铜匠 tʰuŋ^{42}tɕiaŋ^{213}	铜匠 tʰuŋ^{21}tɕiaŋ^{213}
铁匠	铁匠 tʰie^{31}tɕiaŋ^{44}	铁匠 tʰie^{42}tɕiaŋ^{223}	铁匠 tʰiɛ^{31}tɕiaŋ^{22}	铁匠 tʰie^{42}tɕiaŋ^{213}	铁匠 tʰie^{21}tɕiaŋ^{213}
弹花匠	弹花匠 tʰã^{35}xua^{31}tɕiaŋ^{44}	弹花匠 tʰan^{32}xua^{42}tɕiaŋ^{223}	弹花匠 tʰan^{42}xua^{31}tɕiaŋ^{22}	弹花匠 tʰan^{42}xua^{45}tɕiaŋ^{213}	弹花匠 xua^{21}tɕiaŋ^{34}tʰan^{213}
补锅匠	补锅匠 pu^{53}kuo^{31}tɕiaŋ^{44}	补锅匠 pu^{55}kuo^{42}tɕiaŋ^{223}	补锅匠 pu^{55}ko^{31}tɕiaŋ^{22}	鲁锅匠 ləu^{53}ko^{42}tɕiaŋ^{213}	鲁锅匠 nəu^{53}kuo^{21}tɕiaŋ^{213}
漆匠	漆匠 tɕʰi^{31}tɕiaŋ^{44}	漆匠 tɕʰi^{42}tɕiaŋ^{223}	漆匠 tɕʰi^{31}tɕiaŋ^{22}	漆匠 tɕʰi^{42}tɕiaŋ^{213}	漆匠 tɕʰi^{21}tɕiaŋ^{213}
裁缝	裁缝 tsʰæ^{35}fəŋ^{0}	裁缝 tsʰai^{32}fəŋ^{0}	裁缝 tsʰai^{42}fəŋ^{0}	裁缝 tsʰai^{42}fuŋ^{0}	裁缝 tsʰai^{21}fuŋ^{0}
理发员	剃头匠 tʰi^{44}tʰəu^{35}tɕiaŋ^{44}	剃头匠 tʰi^{23}tʰəu^{32}tɕiaŋ^{223}	剃头匠 tʰi^{23}tʰou^{42}tɕiaŋ^{22}	剃头匠 tʰi^{23}tʰəu^{42}tɕiaŋ^{213}	剃头匠 tʰi^{23}tʰəu^{21}tɕiaŋ^{213}

续表

方言点 / 词目	中原官话区	混合 1 区	江淮官话区	混合 3 区	西南官话区
	汉滨	县河	茅坪	石泉	紫阳
屠户	杀猪匠 ʂa^{35}pfu^{31}tɕiaŋ^{44}	杀猪匠 ʂa^{42}pfu^{42}tɕiaŋ^{223}	杀猪匠 ʂa^{31}tʂʮ^{31}tɕiaŋ^{22}	杀猪匠 ʂa^{42}tʂu^{45}tɕiaŋ^{213}	杀猪匠 ʂa^{21}tʂu^{34}tɕiaŋ^{213}
背夫	背脚的 pei^{35}tɕyo^{31}ti^{0}	背脚的 pei^{42}tɕyo^{42}ti^{0}	背老二 pei^{31}lau^{55}ər^{22}	背老二 pei^{45}lau^{53}ər^{23}	背老二 pei^{34}lau^{53}ər^{23}
挑夫	担脚的 tã^{43} tɕyo^{31}ti^{0} 挑挑子 的 tʰiau^{31}tʰiau^{31} tsɿ^{0}ti^{0}	担脚的 tan^{42} tɕyo^{42}ti^{0} 挑挑子 的 tʰiau^{42}tʰiau^{42} tsɿ^{0}ti^{0}	挑脚的 tʰiau^{31} tɕio^{31}ti^{0} 挑挑子 的 tʰiau^{31}tʰiau^{31} tsɿ^{0} ti^{0}	挑脚的 tʰiau^{45}tɕio^{42}ti^{0}	挑脚的 tʰiau^{34}tɕyo^{21}ti^{0}
轿夫	抬轿子的 tʰæ^{35} tɕiau^{44}tsɿ^{0}ti^{0}	抬轿子的 tʰai^{32} tɕiau^{23}tsɿ^{0}ti^{0}	抬轿子的 tʰai^{42} tɕiau^{22}tsɿ^{0}ti^{0}	抬轿子的 tʰai^{42} tɕiau^{23}tsɿ^{53}ti^{0}	抬轿子的 tʰai^{21} tɕiau^{23}tsɿ^{53}ti^{0}
艄公	船太公 pfʰã^{35}tʰæ^{44}kuŋ^{31} 驾船的 tɕʰia^{44}pfʰã^{35}ti^{0}	船太公 pfʰan^{32}tʰai^{23}kuŋ^{42} 驾船的 tɕʰia^{23}pfʰan^{32}ti^{0}	船太公 tʂʰʮan^{42}tʰai^{23}kəŋ^{31} 驾船的 tɕʰia^{23}tʂhʮan^{42}ti^{0}	船太公 tʂʰʮan^{42} tʰai^{23}kuŋ^{45} 驾船的 tɕʰia^{23}tʂhʮan^{42}ti^{0}	船太公 tʂʰuan^{21} tʰai^{23}kuŋ^{34} 驾船的 tɕʰia^{23}tʂhuan^{21}ti^{0}
纤夫	船夫 pfʰã^{35}fu^{31}	船夫 pfʰan^{32}fu^{42}	船夫 tʂʰʮan^{42}fu^{31}	拉把手 la^{45}pa^{53}ʂəu^{53}	拉把手 na^{34}pa^{53}ʂəu^{53}
管家	管家 kuã^{53}tɕia^{31}	管家 kuan^{55}tɕia^{42}	管家 kuan^{55}tɕia^{31}	管家 kuan^{53}tɕia^{45}	管家 kuan^{53}tɕia^{34}
伙计	伙计 xuo^{53}tɕi^{0}	伙计 xo^{55}tɕi^{0}	伙计 xo^{55}tɕi^{0}	伙计 xo^{53}tɕi^{0}	伙计 xuo^{53}tɕi^{0}
厨师	厨子 pfʰu^{35}tsɿ^{0}	厨子 pfʰu^{32}tsɿ^{0}	厨子 tʂʰʮ^{42}tsɿ^{0}	厨子 tʂʰʮ^{42}tsɿ^{0}	厨子 tʂʰu^{21}tsɿ^{0}
堂倌儿	跑堂的 pʰau^{53}tʰaŋ^{35}ti^{0}	跑堂的 pʰau^{55}tʰaŋ^{32}ti^{0}	跑堂的 pʰau^{55}tʰaŋ^{42}ti^{0}	跑堂的 pʰau^{53}tʰaŋ^{42}ti^{0}	跑堂的 pʰau^{53}tʰaŋ^{21}ti^{0}

续表

方言点 词目	中原官话区	混合 1 区	江淮官话区	混合 3 区	西南官话区
	汉滨	县河	茅坪	石泉	紫阳
饲养员	喂牲口的 vei^{44}ʂəŋ^{31}kəu^{53}ti^{0}	放牛娃儿 faŋ^{23}ȵiəu^{32}uar^{312}	放牛娃子 faŋ^{23} ȵiou^{42}ua^{42}ʦɿ^{0}	放牛娃子 faŋ^{23} ȵiəu^{42}ua^{42}ʦɿ^{0}	放牛娃子 faŋ^{23} ȵiəu^{21}ua^{21}ʦɿ^{0}
奶妈	奶妈 læ^{53}ma^{31} 干妈 kã^{35}ma^{31}	奶妈子 lai^{55}ma^{42}tsɿ^{0}	奶妈子 lai^{55}ma^{31}tsɿ^{0}	奶妈子 lai^{53}ma^{45}tsɿ^{0}	奶妈 nai^{53}ma^{34}
丫鬟	丫鬟 ia^{31}xuã^{0}	丫鬟 ia^{42}xuan^{0}	丫鬟 ia^{31}xuan^{0}	丫鬟 ia^{45}xuan^{0}	丫鬟 ia^{34}xuan^{0}
接生婆	接生婆儿 tɕie^{31}səŋ^{31}pʰər^{35}	接生婆儿 tɕie^{42}sən^{42}pʰər^{312}	接生婆儿 tɕiɛ^{31}sən^{31}pʰor^{42}	接生娘子 tɕie^{42} sən^{45}ȵiaŋ^{42}ʦɿ^{0}	接生娘子 tɕie^{21} sən^{34}ȵiaŋ^{21}ʦɿ^{0}

十　亲属

方言点 词目	中原官话区	混合 1 区	江淮官话区	混合 3 区	西南官话区
	汉滨	县河	茅坪	石泉	紫阳
长辈	长辈 tʂaŋ^{53}pei^{44} 老辈子 lau^{53} pei^{31}ʦɿ^{0}	长辈 tʂaŋ^{55}pei^{223} 老辈子 lau^{55} pei^{23}ʦɿ^{0}	长辈 tʂaŋ^{55}pei^{22} 老辈子 lau^{55} pei^{22}ʦɿ^{0}	长辈 tʂaŋ^{53}pei^{213} 老辈子 lau^{53} pei^{23}ʦɿ^{0}	长辈 tʂaŋ^{53}pei^{213} 老辈子 nau^{53} pei^{23}ʦɿ^{0}
曾祖父	太 tʰæ^{44}　太太 tʰæ^{44}tʰæ^{44} 老太 lau^{53}tʰæ^{44}	太 tʰai^{223} 太爷 tʰai^{23}ie^{312} 太爹 tʰai^{23}tiɛ^{42}	太 tʰai^{213} 太爷 tʰai^{23}iɛ^{42} 太爹 tʰai^{23}tiɛ^{31}	太 tʰai^{213} 太爷 tʰai^{23}ie^{42} 太爹 tʰai^{23}tie^{45}	太太 tʰai^{23}tʰai^{23}
曾祖母	太 tʰæ^{44} 太太 tʰæ^{44}tʰæ^{44}	太 tʰai^{223} 太婆 tʰai^{23}pʰə^{312} 太奶 tʰai^{23}lai^{55}	太 tʰai^{213} 太婆 tʰai^{23}pʰo^{42} 太奶 tʰai^{23}lai^{55}	太 tʰai^{213} 太婆 tʰai^{23}pʰo^{42} 太奶 tʰai^{23}lai^{53}	太太 tʰai^{23}tʰai^{23}
祖父	爷 ie^{35}	爷 ie^{312} 爹 tia^{42}	爷 iɛ^{42} 爹 tia^{31}	爷 ie^{42} 爹 tia^{45}	爷 ie^{21} 公 kuŋ^{34}

续表

方言点 / 词目	中原官话区	混合 1 区	江淮官话区	混合 3 区	西南官话区
	汉滨	县河	茅坪	石泉	紫阳
祖母	奶 læ^{53} 婆 pʰə^{35}	奶 lai^{55} 婆 pʰə^{312}	奶 lai^{55} 婆 pʰo^{42}	奶 lai^{53} 婆 pʰo^{42}	奶 nai^{53} 婆 pʰuo^{21}
外祖父	外爷 uei^{44}ie^{35}/uæ^{44}ie^{35}	外爷 uei^{23}ie^{312} 外公 uai^{23}kuŋ^{412}	外爷 uei^{22}iɛ^{0} 家公 ka^{31}kəŋ^{31}	外爷 uei^{23}ie^{42} 家公 ka^{45}kuŋ^{45}	外爷 uei^{23}ie^{21} 家公 ka^{34}kuŋ^{34}
外祖母	外婆 uei^{44}pʰə^{35}/ uæ^{44}pʰə^{35}	外婆 uei^{23}pʰə^{312} 家婆 ka^{42}pʰə^{312} 家奶 ka^{42}lai^{55}	家婆 ka^{31}pʰo^{42} 家奶 ka^{31}lai^{55} 外婆 uei^{22}pʰo^{42}	家婆 ka^{45}pʰo^{42} 阿婆 a^{45}pʰo^{42} 外婆 uai^{213}pʰo^{42}	外婆 uei^{23}pʰuo^{21} 家婆 ka^{34}pʰuo^{21}
父亲	大 ta^{35} 爹 tie^{31} 爸 pa^{35}	大 ta^{312} 爹 tie^{42} 爷 ia^{312}	爹 tiɛ^{31} 爷 ia^{42} 伯 pɛ^{31}	爹 tie^{45} 大大 ta^{42}ta^{42} 父 fu^{213} 爷 ia^{42}	爹 tie^{34} 爷 ia^{21}
母亲	妈 ma^{31} 娘 ȵiaŋ^{35}	妈 ma^{42} 母 mə^{55} 娘 ȵiaŋ^{312}	妈 ma$^{31/}$ 母 mo^{55} 娘 ȵiaŋ$^{42/}$ 媪 au^{213} □妈 m̩^{55}ma^{0}	妈 ma$^{45/}$ 母 mo^{53} 娘 ȵiaŋ$^{42/}$ 姨 i^{213}	妈 ma^{34}/ 母 mu^{53} 娘 ȵiaŋ^{21}/ 姨 i^{213}
父母的转述或背称	老的 lau^{53}ti^{0} 娘老子 ȵiaŋ^{35}lau^{53}tsɿ^{0}	老的 lau^{55}ti^{0} 娘老子 ȵiaŋ^{32}lau^{55}tsɿ^{0}	老的 lau^{55}ti^{0} 娘老子 ȵiaŋ^{42}lau^{55}tsɿ^{0}	老的 lau^{53}ti^{0} 娘老子 ȵiaŋ^{42}lau^{53}tsɿ^{0}	老的 nau^{53}ti^{0} 娘老子 ȵiaŋ^{21}nau^{53}tsɿ^{0}
父亲的转述或背称	老太爷 lau^{53}tʰai^{44}ie^{35}	老爹 lau^{55}tie^{42}	老子 lau^{55}tsɿ^{0}	老爹 lau^{53}tie^{45}	老爹 nau^{53}tie^{34}
母亲的转述或背称	老太婆儿 lau^{53}tʰai^{44}pər^{35}	老娘 lau^{55}ȵiaŋ^{312}	老娘 lau^{55}ȵiaŋ^{42} 老妈 lau^{55}ma^{31}	老娘 lau^{53}ȵiaŋ^{42}	老娘 nau^{53}ȵiaŋ^{21}
岳父	外父 uæ^{44}fu^{44}	外父 uai^{23}fu^{223} 外父老汉 uai^{23}fu^{23}lau^{55}xan^{0}	外父 uai^{22}fu^{22} 外父老汉 uai^{22}fu^{22}lau^{55}xan^{0}	外父 uai^{23}fu^{23} 外父老汉 uai^{23}fu^{23}lau^{53}xan^{0}	外父 uai^{23}fu^{23} 外父老汉 uai^{23}fu^{23}nau^{53}xan^{0}
岳母	外母娘 uæ^{44}mu^{0} ȵiaŋ^{35} 丈母娘 tʂaŋ^{44}mu^{0}ȵiaŋ^{35}	外母娘 uai^{23}mə^{55} ȵiaŋ^{312} 丈母娘 tʂaŋ^{23}mə^{55}ȵiaŋ^{312}	外母娘 uai^{22}mo^{55} ȵiaŋ^{42} 丈母娘 tʂaŋ^{22}mo^{55}ȵiaŋ^{42}	外母娘 uai^{23}mo^{53}ȵiaŋ^{42}	外母娘 uai^{23}mu^{53}ȵiaŋ^{21}
公公	公爹 kuŋ^{35}tie^{31}	公公佬儿 kuŋ^{42}kuŋ^{42}laur^{55}	公公佬儿 kəŋ^{31}kəŋ^{31}laur^{55}	公公老汉 kuŋ^{45} kuŋ^{45}lau^{53}xan^{0}	公公老汉 kuŋ^{34} kuŋ^{34}nau^{53}xan^{0}

续表

方言点 词目	中原官话区	混合 1 区	江淮官话区	混合 3 区	西南官话区
	汉滨	县河	茅坪	石泉	紫阳
婆婆	婆子妈 pʰə^{35}tsɿ^{0}ma^{31}	婆子娘 pʰə^{32} tsɿ^{0}ȵiaŋ^{312} 公婆 kuŋ^{42}pʰə^{312}	婆子妈 pʰo^{42}tsɿ^{0} ma^{31} 老婆子 lau^{55}pʰo^{42}tsɿ^{0}	婆子妈 pʰo^{42}tsɿ^{0}ma^{45}	婆子妈 pʰuo^{21}tsɿ^{0}ma^{34}
继父	后老子 xəu^{44}lau^{53}tsɿ^{0}	继父老汉 tɕi^{23}fu^{23}lau^{55}xan^{0} 后老子 xəu^{23}lau^{55}tsɿ^{0}	继父老汉 tɕi^{23}fu^{23}lau^{55}xan^{0} 后老子 xou^{22}lau^{55}tsɿ^{0}	后老子 xəu^{23}lau^{53}tsɿ^{0}	后老子 xəu^{23}nau^{53}tsɿ^{0}
继母	后娘 xəu^{44}ȵiaŋ^{35}	后娘 xəu^{23}ȵiaŋ^{312}	后妈 xou^{22}ma^{31}	后娘 xəu^{23}ȵiaŋ^{42}	后娘 xəu^{23}ȵiaŋ^{21}
伯父	大爹 ta^{44}tie^{31}	大爹 ta^{23}tie^{43}	伯 pɛ^{31}	伯伯 pe^{42}pe^{42}	伯伯 pe^{21}pe^{21}
伯母	娘 ȵiaŋ^{35} 大妈 ta^{44}ma^{31}	大婶 ta^{23}ʂən^{55} 大妈 ta^{23}ma^{42}	伯娘 pɛ^{31}ȵiaŋ^{42} 大妈 ta^{23}ma^{31}	伯娘 pe^{42}ȵiaŋ^{42}	伯娘 pe^{21}ȵiaŋ^{21}
叔父	爹 tie^{31}	爹 tie^{42}	叔 ʂou^{31}	叔叔 ʂəu^{42}ʂəu^{42}	叔叔 ʂu^{21}ʂu^{21}
叔母	娘 ȵiaŋ^{35}	娘 ȵiaŋ^{312}	婶 ʂən^{55} 婶娘 ʂən^{55}ȵiaŋ^{42}	婶婶 ʂən^{53}ʂən^{53}	婶婶 ʂən^{53}ʂən^{53}
舅爷	舅爷 tɕiəu^{44}ie^{35}	舅爷 tɕiəu^{23}ie^{312} 舅家公 tɕiəu^{23}ka^{42}kuŋ^{42}	舅爷 tɕiou^{22}iɛ^{42} 舅家公 tɕiou^{22}ka^{31}kəŋ^{31}	舅爷 tɕiəu^{23}ie^{42} 舅家公 tɕiəu^{23}ka^{45}kuŋ^{45}	舅爷 tɕiəu^{23}ie^{21} 舅家公 tɕiəu^{23}ka^{34}kuŋ^{34}
舅父	舅 tɕiəu^{44}	舅 tɕiəu^{223}	舅 tɕiou^{22}	舅舅 tɕiəu^{23}tɕiəu^{23}	舅舅 tɕiəu^{23}tɕiəu^{23}
舅母	舅母 tɕiəu^{44}mu^{53} 舅妈 tɕiəu^{44}ma^{31}	舅母 tɕiəu^{23}mə^{55} 舅妈 tɕiəu^{23}ma^{42}	舅妈 tɕiou^{22}ma^{31} 舅母 tɕiou^{22}mo^{55} 舅娘 tɕiou^{22}ȵiaŋ^{42}	舅娘 tɕiəu^{23}ȵiaŋ^{42}	舅娘 tɕiəu^{23}ȵiaŋ^{21}
姑妈	姑 ku^{43} 姑娃儿年龄小的 ku^{31}uar^{35}	姑 ku^{42} 姑妈 ku^{42}ma^{42} 姑娃儿 ku^{42}uar^{312}	姑 ku^{31} 姑妈 ku^{31}ma^{31} 姑娃儿 ku^{31}uar^{42}	姑 ku^{45} 姑妈 ku^{45}ma^{45} 姑娃儿 ku^{45}uar^{42}	姑 ku^{34} 姑妈 ku^{34}ma^{34} 姑娃儿 ku^{34}uar^{21}
姑夫	姑爹 ku^{35}tie^{31} 姑大 ku^{31}ta^{35}	姑爹 ku^{42}tie^{42} 姑大 ku^{42}ta^{312}	姑夫 ku^{31}fu^{0} 姑大 ku^{31}ta^{42}	姑夫 ku^{45}fu^{0} 姑爷 ku^{45}ie^{42}	姑夫 ku^{34}fu^{0} 姑爷 ku^{45}ie^{21}

续表

方言点 / 词目	中原官话区	混合 1 区	江淮官话区	混合 3 区	西南官话区
	汉滨	县河	茅坪	石泉	紫阳
姨妈	姨 i^{35} 姨妈 i^{35}ma^{31}	姨 i^{32} 姨妈 i^{32}ma^{42}	姨 i^{42} 姨妈 i^{42}ma^{31}	姨 i^{42} 姨妈 i^{42}ma^{45}	姨 i^{21} 姨妈 i^{21}ma^{34}
姨夫	姨夫 i^{35}fu^{0}	姨夫 i^{32}fu^{0}	姨夫 i^{42}fu^{0}	姨夫 i^{42}fu^{0}	姨夫 i^{21}fu^{0}
姻伯弟兄的岳父或姐妹的公公	姨夫 i^{35}fu^{31}	姨夫 i^{32}fu^{42}	干老儿 kan^{31}laur^{55} 干老子 kan^{31}lau^{55}tsɿ^{0} 干爹 kan^{31}tiɛ^{31}	干老儿 kan^{45}laur^{53} 干老子 kan^{45}lau^{53}tsɿ^{0} 干爹 kan^{45}tie^{45}	干老儿 kan^{34}naur^{53} 干老子 kan^{34}nau^{53}tsɿ^{0} 干爹 kan^{34}tie^{34}
姑奶奶	姑婆 ku^{31}pʰə^{35}	姑婆 ku^{42}pʰə^{312}	姑婆 ku^{31}pʰo^{42} 姑奶 ku^{31}lai^{55}	姑婆 ku^{45}pʰo^{42}	姑婆 ku^{34}pʰuo^{21}
姨奶奶	姨婆 i ^{35}pʰə^{35}	姨婆 i ^{32}pʰə^{312}	姨婆 i^{42}pʰo^{42}	姨婆 i^{42}pʰo^{42}	姨婆 i^{21}pʰuo^{21}
干娘	干娘 kã^{31}ȵiaŋ^{35} 干妈 kã^{35}ma^{31}	干娘 kan^{42}ȵiaŋ^{312} 干妈 kan^{42}ma^{42}	干娘 kan^{31}ȵiaŋ^{42} 干妈 kan^{31}ma^{31}	干娘 kan^{45}ȵiaŋ^{42} 干妈 kan^{45}ma^{45}	干娘 kan^{34}ȵiaŋ^{21} 干妈 kan^{34}ma^{34}
父之姑母	姑奶 ku^{31}læ^{53} 姑婆 ku^{31}pʰə^{35}	姑奶 ku^{42}lai^{55} 姑婆 ku^{42}pʰə^{312}	姑奶 ku^{31}lai^{55} 姑婆 ku^{31}pʰo^{42}	姑婆 ku^{45}pʰo^{42}	姑婆 ku^{34}pʰuo^{21}
父之姨母	姨奶 i^{35}læ^{53} 姨婆 i^{35}pʰə^{35}	姨奶 i^{32}lai^{55} 姨婆 i^{32}pʰə^{312}	姨奶 i^{42}lai^{55} 姨婆 i^{42}pʰo^{42}	姨婆 i^{42}pʰo^{42}	姨婆 i^{21}pʰuo^{21}
表叔	表叔 piau^{53}fu^{31}	表叔 piau^{55}fu^{42}	表叔 piau^{55}ʂou^{31}	表叔 piau^{53}ʂəu^{42}	表叔 piau^{53}ʂəu^{21}
表姑	表姑 piau^{53}ku^{31}	表姑 piau^{55}ku^{42}	表姑 piau^{55}ku^{31}	表姑 piau^{53}ku^{45}	表姑 piau^{53}ku^{34}
表姨	表姨 piau^{53}i^{35}	表姨 piau^{55}i^{312}	表姨 piau^{55}i^{42}	表姨 piau^{53}i^{42}	表姨 piau^{53}i^{21}
平辈	平班等辈 pʰin^{35}pã^{31}təŋ^{53} pei^{44}	平班等辈 pʰin^{32}pan^{42}tən^{55} pei^{312}	平辈 pʰin^{42}pei^{23} 平班是辈 pʰin^{42} pan^{31}ʂɿ^{0}pei^{23}	平辈 pʰin^{42}pei^{213}	平辈 pʰin^{21}pei^{213}
夫妻	两口子 liaŋ^{53}kʰəu^{53}tsɿ^{0}	两口子 liaŋ^{55}kʰəu^{55}tsɿ^{0}	两口子 liaŋ^{44}kʰou^{44}tsɿ^{0}	两口子 liaŋ^{53}kʰəu^{53}tsɿ^{0}	两口子 ȵiaŋ^{53}kʰəu^{53}tsɿ^{0}

续表

词目 \ 方言点	中原官话区	混合 1 区	江淮官话区	混合 3 区	西南官话区
	汉滨	县河	茅坪	石泉	紫阳
夫	掌柜的 tʂaŋ^{53}kuei^{44}ti^{0} 当家的 taŋ^{31}ɕia^{31}ti^{0} 男人 lã^{35}ʐə̃^{0}	掌柜的 tʂaŋ^{55}kuei^{23}ti^{0} 当家的 taŋ^{42}ɕia^{42}ti^{0} 男人 lan^{32}ʐən^{0}	掌柜的 tʂaŋ^{55}kuei^{22}ti^{0} 当家的 taŋ^{31}ɕia^{31}ti^{0} 男人 lan^{42}ʐən^{0}	掌柜的 tʂaŋ^{53}kuei^{23}ti^{0} 当家的 taŋ^{45}ɕia^{45}ti^{0} 男人 lan^{42}ʐən^{0}	掌柜的 tʂaŋ^{53}kuei^{23}ti^{0} 当家的 taŋ^{34}ɕia^{34}ti^{0} 男人 nan^{21}ʐən^{0}
妻	媳妇儿 ɕi^{31}fur^{0} 屋里人 u^{31}li^{53}ʐə̃^{35} 老婆儿 lau^{53}pʰər^{35}	媳妇儿 ɕi^{31}fur^{0} 婆娘 pʰə^{32}ȵiaŋ^{0} 老婆儿 lau^{55}pʰər^{312}	媳妇儿 ɕi^{31}fur^{0} 屋里头的 u^{31}li^{55}tʰou^{42}ti^{0} 老婆子 lau^{55}pʰo^{42}tsɿ^{0}	媳妇子 ɕi^{45}fu^{0}tsɿ^{53} 屋里人 u^{45}li^{53}ʐən^{42} 婆娘 pʰo^{42}ȵiaŋ^{0}	媳妇子 ɕi^{34}fu^{0}tsɿ^{53} 屋里人 u^{34}ȵi^{53}ʐən^{21} 婆娘 pʰuo^{21}ȵiaŋ^{0}
小老婆	小老婆儿 ɕiau^{53}lau^{53}pʰər^{35}	小老婆儿 ɕiau^{55}lau^{55}pʰər^{312}	小老婆儿 ɕiau^{55}lau^{55}pʰor^{42}	小老婆子 ɕiau^{53}lau^{53}pʰo^{42}tsɿ^{0}	小老婆子 ɕiau^{53}nau^{53}pʰuo^{21}tsɿ^{0}
大伯子	大伯子 ta^{44}pe^{31}tsɿ^{0} 哥 kɤ^{31}	大伯子哥 ta^{23}pe^{42}tsɿ^{0}kɤ^{42}	大伯子哥 ta^{22}pɛ^{31}tsɿ^{0}ko^{31}	大伯子哥 ta^{23}pe^{42}tsɿ^{0}ko^{45}	大伯子哥 ta^{23}pe^{21}tsɿ^{0}kuo^{34}
小叔子	小叔子 ɕiau^{53}fu^{31}tsɿ^{0} 兄弟 ɕyŋ^{31}ti^{0}	小叔子 ɕiau^{55}fu^{42}tsɿ^{0} 兄弟 ɕyŋ^{42}ti^{0}	小叔子 ɕiau^{55}ʂou^{31}tsɿ^{0} 兄弟 ɕiəŋ^{31}ti^{0}	小叔子 ɕiau^{53}ʂəu^{42}tsɿ^{0} 兄弟 ɕiuŋ^{45}ti^{0}	小叔子 ɕiau^{53}ʂəu^{21}tsɿ^{0} 兄弟 ɕyŋ^{34}ti^{0}
大姑子	大姑子 ta^{44}ku^{31}tsɿ^{0}	大姑子 ta^{23}ku^{42}tsɿ^{0}	大姑子 ta^{22}ku^{31}tsɿ^{0}	大姑子 ta^{23}ku^{45}tsɿ^{0}	大姑子 ta^{23}ku^{34}tsɿ^{0}
小姑子	小姑子 ɕiau^{53}ku^{31}tsɿ^{0}	小姑子 ɕiau^{55}ku^{42}tsɿ^{0}	小姑子 ɕiau^{55}ku^{31}tsɿ^{0}	小姑子 ɕiau^{53}ku^{45}tsɿ^{0}	小姑子 ɕiau^{53}ku^{34}tsɿ^{0}
内兄弟	舅老倌儿 tɕiəu^{44}lau^{53}kuar^{31}	舅老倌儿 tɕiəu^{23}lau^{55}kuar^{42}	舅老倌儿 tɕiou^{22}lau^{55}kuar^{31}	舅老倌 tɕiəu^{23}lau^{53}kuan^{45}	舅老倌 tɕiəu^{23}nau^{53}kuan^{34}
连襟	挑担儿 tʰiau^{31}tar^{0}	挑担儿 tʰiau^{42}tar^{0}	挑担儿 tʰiau^{31}tar^{0}	挑担 tʰiau^{45}tan^{0}	挑担 tʰiau^{34}tan^{0}
大姨子	姨姐子 i^{35}tɕie^{53}tsɿ^{0}	姨姐子 i^{32}tɕie^{55}tsɿ^{0}	姨姐子 i^{42}tɕiɛ^{55}tsɿ^{0}	姨姐子 i^{42}tɕie^{53}tsɿ^{0}	姨姐子 i^{21}tɕie^{53}tsɿ^{0}
小姨子	小姨子 ɕiau^{53}i^{35}tsɿ^{0}	姨妹子 i^{32}mei^{23}tsɿ^{0}	姨妹子 i^{42}mɛi^{22}tsɿ^{0}	姨妹子 i^{42}mei^{23}tsɿ^{0}	姨妹子 i^{21}mei^{23}tsɿ^{0}
哥哥	哥哥 kɤ^{31}kɤ^{31}	哥 kɤ^{42}	哥 ko^{31}	哥哥 ko^{45}ko^{45}	哥哥 kuo^{34}kuo^{34}
哥的转述或背称	大爷 ta^{44}ie^{35} 二爷 ər^{44}ie^{35}	大爷 ta^{23}ie^{312} 二爷 ər^{23}ie^{312}	大爷 ta^{22}iɛ^{42} 二爷 ər^{22}iɛ^{42}	大爷 ta^{23}ie^{42} 二爷 ər^{23}ie^{42}	大爷 ta^{23}ie^{21} 二爷 ər^{23}ie^{21}

续表

方言点 词目	中原官话区	混合 1 区	江淮官话区	混合 3 区	西南官话区
	汉滨	县河	茅坪	石泉	紫阳
嫂子	嫂子 sau^{53}tsɿ^{0} 姐 tɕie^{53}	嫂子 sau^{55}tsɿ^{0} 姐 tɕie^{55}	嫂子 sau^{55}tsɿ^{0} 姐 tɕiɛ^{55}	嫂子 sau^{53}tsɿ^{0} 姐 tɕie^{53}	嫂子 sau^{53}tsɿ^{0} 姐 tɕie^{53}
弟弟	兄弟 ɕyŋ^{31}ti^{0}	兄弟 ɕyŋ^{42}ti^{0}	兄弟 ɕiəŋ^{31}ti^{0}	兄弟 ɕiuŋ^{45}ti^{0}	兄弟 ɕyŋ^{34}ti^{0}
弟媳	弟妹 ti^{44}mei^{44} 兄弟媳妇儿 ɕyŋ^{31}ti^{44}ɕi^{31}fur^{0}	兄弟媳妇儿 ɕiuŋ^{42}ti^{0}ɕi^{42}fur^{0}	兄弟媳妇儿 ɕiəŋ^{31}ti^{0}ɕi^{31}fur^{0}	兄弟媳妇 ɕiuŋ^{45}ti^{0}ɕi^{42}fu^{42}	兄弟媳妇 ɕyŋ^{34}ti^{0}ɕi^{21}fu^{0}
姐姐	姐姐 tɕie^{53}tɕie^{53}	姐 tɕie^{55}	姐 tɕiɛ^{55}	姐姐 tɕie^{53}tɕie^{0}	姐姐 tɕie^{53}tɕie^{0}
姐夫	姐夫 tɕie^{53}fu^{0} 哥 kɤ^{31}	姐夫 tɕie^{55}fu^{0} 哥 ko^{42}	姐夫 tɕiɛ^{55}fu^{0} 哥 ko^{31}	姐夫 tɕie^{53}fu^{0} 哥 ko^{45}	姐夫 tɕie^{53}fu^{0} 哥 kuo^{34}
妹妹	妹子 mei^{44}tsɿ^{0}	妹妹 mei^{23}mei^{0} 妹子 mei^{23}tsɿ^{0}	妹妹 mei^{22}mei^{0} 妹子 mei^{22}tsɿ^{0}	妹妹 mei^{23}mei^{0} 妹子 mei^{23}tsɿ^{0}	妹妹 mei^{23}mei^{0} 妹子 mei^{23}tsɿ^{0}
妹夫	妹夫子 mei^{44}fu^{31}tsɿ^{0}	妹夫子 mei^{23}fu^{42}tsɿ^{0}	妹夫子 mei^{22}fu^{31}tsɿ^{0}	妹夫子 mei^{23}fu^{45}tsɿ^{0}	妹夫子 mei^{23}fu^{34}tsɿ^{0}
堂兄弟	堂兄弟 tʰaŋ^{35} ɕyŋ^{31}ti^{44}	堂兄弟 tʰaŋ^{32} ɕyŋ^{42}ti^{223}	堂兄弟 tʰaŋ^{42} ɕiəŋ^{31}ti^{22}	隔房兄弟 ke^{42} faŋ^{42}ɕiuŋ^{45}ti^{0}	隔房兄弟 ke^{21} faŋ^{21}ɕyŋ^{34}ti^{0}
堂兄	堂兄 tʰaŋ^{35}ɕyŋ^{31}	堂兄 tʰaŋ^{32}ɕyŋ^{42}	堂兄 tʰaŋ^{42}ɕiəŋ^{31}	隔房哥 ke^{42}faŋ^{42}ko^{45}	隔房哥 ke^{21}faŋ^{21}kuo^{34}
堂弟	堂弟 tʰaŋ^{35}ti^{44}	堂弟 tʰaŋ^{32}ti^{223}	堂弟 tʰaŋ^{42}ti^{22}	隔房兄弟 ke^{42}faŋ^{42}ɕiuŋ^{45}ti^{0}	隔房兄弟 ke^{21}faŋ^{21}ɕyŋ^{34}ti^{0}
堂姊妹	堂姊妹 tʰaŋ^{35}tsɿ^{53}mei^{0}	堂姊妹 tʰaŋ^{32}tsɿ^{55}mei^{0}	堂姊妹 tʰaŋ^{42}tsɿ^{55}mei^{0}	隔房姊妹 ke^{42} faŋ^{42}tsɿ^{53}mei^{0}	隔房姊妹 ke^{21} faŋ^{21}tsɿ^{53}mei^{0}
堂姐	堂姐 tʰaŋ^{35}tɕie^{53}	堂姐 tʰaŋ^{32}tɕie^{55}	堂姐 tʰaŋ^{42}tɕiɛ^{55}	隔房姐姐 ke^{42} faŋ^{42}tɕie^{53}tɕie^{0}	隔房姐姐 ke^{21} faŋ^{21}tɕie^{53}tɕie^{0}
堂妹	堂妹 tʰaŋ^{35}mei^{44}	堂妹 tʰaŋ^{32}mei^{223}	堂妹 tʰaŋ^{42}mei^{22}	隔房妹妹 ke^{42} faŋ^{42}mei^{23}mei^{0}	隔房妹妹 ke^{21} faŋ^{21}mei^{23}mei^{0}
表兄弟	老表 lau^{31}piau^{53}	老表 lau^{55}piau^{55}	老表 lau^{55}piau^{55}	老表 lau^{53}piau^{53}	老表 nau^{53}piau^{53}

续表

词目＼方言点	中原官话区	混合 1 区	江淮官话区	混合 3 区	西南官话区
	汉滨	县河	茅坪	石泉	紫阳
表兄	表哥 piau^{53}kɤ^{31}	表哥 piau^{55}kɤ^{42}	表哥 piau^{55}ko^{31}	表哥 piau^{53}ko^{45}	表哥 piau^{53}kuo^{34}
表嫂	表嫂 piau^{53}sau^{53}	表嫂 piau^{55}sau^{55}	表嫂 piau^{55}sau^{55}	表嫂 piau^{53}sau^{53}	表嫂 piau^{53}sau^{53}
表弟	表弟 piau^{53}ti^{44}	表弟 piau^{55}ti^{223}	表弟 piau^{55}ti^{22}	表弟 piau^{53}ti^{213}	表弟 piau^{53}ti^{213}
表姊妹	表姊妹 piau^{53}ʦɿ^{53}mei^{0}	表姊妹 piau^{55}ʦɿ^{55}mei^{0}	表姊妹 piau^{55}ʦɿ^{55}mei^{0}	表姊妹 piau^{53}ʦɿ^{53}mei^{0}	表姊妹 piau^{53}ʦɿ^{53}mei^{0}
表姐	表姐 piau^{53}tɕie^{53}	表姐 piau^{55}tɕie^{55}	表姐 piau^{55}tɕiɛ^{55}	表姐 piau^{53}tɕie^{53}	表姐 piau^{53}tɕie^{53}
表妹	表妹 piau^{53}mei^{44}	表妹 piau^{55}mei^{223}	表妹 piau^{55}mei^{22}	表妹 piau^{53}mei^{213}	表妹 piau^{53}mei^{213}
晚辈	晚辈 uã^{53}pei^{44}	晚辈子 uan^{55}pei^{23}tsɿ^{0}	晚辈子 uan^{55}pei^{2}tsɿ^{0}	晚辈子 uan^{53}pei^{23}tsɿ^{0}	晚辈子 uan^{53}pei^{23}tsɿ^{0}
子女	子女 tsɿ^{53}ny^{53}	子女 tsɿ^{55}ny^{55}	子女 tsɿ^{55}ɳʮ^{55}	子女 tsɿ^{53}ɳʮ^{53}	子女 tsɿ^{53}ny^{53}
儿子	儿子 ər^{35}tsɿ^{0}	儿子 ər^{32}tsɿ^{0}	儿子 ər^{42}tsɿ^{0}	儿子 ər^{42}tsɿ^{0}	儿子 ər^{21}tsɿ^{0}
大儿子	大儿子 ta^{44}ər^{35}tsɿ^{0}	大儿子 ta^{23}ər^{32}tsɿ^{0}	大儿子 ta^{22}ər^{42}tsɿ^{0}	大儿子 ta^{23}ər^{42}tsɿ^{0}	大儿子 ta^{23}ər^{21}tsɿ^{0}
小儿子	小儿子 ɕiau^{53}ər^{35}tsɿ^{0}	小儿子 ɕiau^{55} ər^{32}tsɿ^{0} 幺儿子 iau^{42}ər^{32}tsɿ^{0}	小儿子 ɕiau^{55} ər^{4}tsɿ^{0} 幺儿子 iau^{31}ər^{42}tsɿ^{0}	小儿子 ɕiau^{53}ər^{42}tsɿ^{0} 满崽 man^{53}ʦai^{53}	小儿子 ɕiau^{53} ər^{21}tsɿ^{0} 幺儿 iau^{34}ər^{21}
养子	抱的 pau^{44}ti^{0} 寄子儿 tɕi^{44}ʦɿ^{0}ər^{35}	抱的 pau^{23}ti^{0} 寄子儿 tɕi^{23}ʦɿ^{0}ər^{32}	引下的 in^{55}xa^{22}ti^{0} 寄子儿 tɕi^{23}ʦɿ^{0}ər^{42}	抱蛋子 pau^{23} tan^{23}ʦɿ^{0} 寄儿子 tɕi^{23}ər^{42}ʦɿ^{0}	抱蛋子 pau^{23} tan^{23}ʦɿ^{0} 寄儿子 tɕi^{23}ər^{21}ʦɿ^{0}
儿媳妇	儿媳妇 ər^{35}ɕi^{31}fur^{0}	儿媳妇 ər^{32}ɕi^{42}fur^{0}	儿媳妇 ər^{42}ɕi^{31}fur^{0}	儿媳妇 ər^{42}ɕi^{42}fur^{0}	儿媳妇 ər^{21}ɕi^{21}fur^{0}
女儿	女儿 ny^{53}ər^{0} 女子 ny^{53}ʦɿ^{0}	女儿 ny^{55}ər^{0} 女子 ny^{55}ʦɿ^{0}	女儿 ɳʮ^{55}ər^{0} 女子 ɳʮ^{55}ʦɿ^{0}	女儿 ɳʮ^{53}ər^{0} 女子 ɳʮ^{53}ʦɿ^{0}	女儿 ny^{53}ər^{0} 女子 ny^{53}ʦɿ^{0}

续表

词目＼方言点	中原官话区	混合 1 区	江淮官话区	混合 3 区	西南官话区
	汉滨	县河	茅坪	石泉	紫阳
女婿	女婿 ny^{53}ɕi^{31} 姑爷 ku^{31}ie^{35} 女婿娃子 ny^{53}ɕi^{31}ua^{35}tsɿ^{0}	女婿 ny^{55}ɕi^{42} 女婿娃子 ny^{55}ɕi^{42}ua^{32}tsɿ^{0}	女婿 ɳʮ^{55}ɕi^{0} 女婿娃子 ɳʮ^{55}ɕi^{0}ua^{42}tsɿ^{0}	女婿 ɳʮ^{53}ɕi^{0} 女婿娃子 ɳʮ^{53}ɕi^{0}ua^{42}tsɿ^{0}	女婿 ny^{53}ɕi^{0} 女婿娃子 ny^{53}ɕi^{0}ua^{21}tsɿ^{0}
孙子	孙娃子 suə̃^{31}ua^{35}tsɿ^{0} 孙子 suə̃^{31}tsɿ^{0}	孙娃子 sən^{42}ua^{32}tsɿ^{0} 孙子 sən^{42}tsɿ^{0}	孙娃子 sən^{31}ua^{42}tsɿ^{0} 孙子 sən^{31}tsɿ^{0}	孙娃子 sən^{45}ua^{42}tsɿ^{0} 孙子 sən^{45}tsɿ^{0}	孙娃子 sən^{34}ua^{21}tsɿ^{0} 孙子 sən^{34}tsɿ^{0}
孙媳妇	孙子媳妇儿 suə̃^{31}tsɿ^{0}ɕi^{31}fur^{0}	孙媳妇儿 sən^{42}ɕi^{42}fur^{0}	孙媳妇儿 sən^{31}ɕi^{31}fur^{0}	孙媳妇儿 sən^{45}ɕi^{45}fur^{0}	孙媳妇儿 sən^{34}ɕi^{34}fur^{0}
孙女	孙女 suə̃^{31}ny^{53} 孙女子 suə̃^{31}ny^{53}tsɿ^{0}	孙女儿 sən^{42}nyr^{55}	孙女儿 sən^{31}ɳʮr^{55}	孙女 sən^{45}ɳʮ^{53}	孙女 sən^{34}ny^{53}
孙女婿	孙女婿 suə̃^{31}ny^{53}ɕi^{0}	孙女婿 sən^{42}ny^{55}ɕi^{0}	孙女婿 sən^{31}ɳʮ^{55}ɕi^{0}	孙女婿 sən^{45}ɳʮ^{53}ɕi^{0}	孙女婿 sən^{34}ny^{53}ɕi^{0}
重孙	重孙子 pfʰəŋ^{35}suə̃^{31}tsɿ^{0} 重孙儿 pfʰəŋ^{35}suər^{31}	重孙子 pfʰəŋ^{32}sən^{42}tsɿ^{0} 重孙儿 pfʰəŋ^{32}sər^{42}	重孙子 tʂʰəŋ^{42}sən^{3}tsɿ^{0} 重孙儿 tʂʰəŋ^{42}sər^{31}	重孙子 tʂʰuŋ^{42}sən^{45}tsɿ^{0} 重孙儿 tʂʰuŋ^{42}sər^{45}	重孙子 tʂʰuŋ^{21}sən^{34}tsɿ^{0} 重孙儿 tʂʰuŋ^{21}sər^{34}
重孙女	重孙女儿 pfʰəŋ^{35}suə̃^{31}nyr^{53}	重孙女儿 pfʰəŋ^{32}sən^{42}nyr^{55}	重孙女儿 tʂʰəŋ^{42}sən^{31}ɳʮr^{55}	重孙女儿 tʂʰuŋ^{42}sən^{45}ɳʮr^{53}	重孙女儿 tʂʰuŋ^{21}sən^{34}nyr^{53}
外孙	外孙 uæ^{44}suə̃^{31}	外孙 uai^{23}sən^{42}	外孙 uai^{22}sən^{31}	外孙 uai^{23}sən^{45}	外孙 uai^{23}sən^{34}
外孙女	外孙女儿 uæ^{44}suə̃^{31}nyr^{53}	外孙女儿 uai^{23}sən^{42}nyr^{55}	外孙女儿 uai^{22}sən^{0}ɳʮr^{55}	外孙女儿 uai^{23}sən^{45}ɳʮr^{53}	外孙女儿 uai^{23}sən^{34}nyr^{53}
外甥	外甥 uæ^{44}ʂəŋ^{31}	外甥 uai^{23}sən^{42}	外甥 uai^{22}sən^{31}	外侄 uai^{23}tʂʅ^{42}	外侄 uai^{23}tʂʅ^{21}
外甥女	外甥女儿 uæ^{44}ʂəŋ^{31}nyr^{53}	外甥女儿 uai^{23}sən^{42}nyr^{55}	外甥女儿 uai^{22}sən^{31}ɳʮr^{55}	外侄女 uai^{23}tʂʅ^{42}ɳʮ^{53}	外侄女 uai^{23}tʂʅ^{21}ny^{53}
侄子	侄儿子 tʂʅ^{35}ər^{35}tsɿ^{0}	侄儿子 tʂʅ^{32}ər^{32}tsɿ^{0}	侄儿子 tʂʅ^{42}ər^{42}tsɿ^{0}	侄儿子 tʂʅ^{42}ər^{42}tsɿ^{0}	侄儿子 tʂʅ^{21}ər^{21}tsɿ^{0}

续表

方言点 词目	中原官话区	混合 1 区	江淮官话区	混合 3 区	西南官话区
	汉滨	县河	茅坪	石泉	紫阳
侄女	侄女儿 tʂʅ^{35}nyr^{53}	侄女儿 tʂʅ^{32}nyr^{55}	侄女儿 tʂʅ^{42}ɳɥr^{55}	侄女儿 tʂʅ^{42}ɳɥr^{53}	侄女儿 tʂʅ^{21}nyr^{53}
内侄	内侄儿 lei^{44}tʂʅ^{35}ər^{0}	内侄儿 lei^{23}tʂʅ^{32}ər^{0}	内侄儿 lei^{22}tʂʅ^{42}ər^{0}	妻侄儿 tɕʰi^{45}tʂʅ^{42}ər^{0}	妻侄儿 tɕʰi^{34}tʂʅ^{21}ər^{0}
内侄女	内侄女儿 lei^{44}tʂʅ^{35}nyr^{53}	内侄女儿 lei^{23}tʂʅ^{32}nyr^{55}	内侄女儿 lei^{22}tʂʅ^{42}ɳɥr^{55}	妻侄女 tɕʰi^{45}tʂʅ^{42}ɳɥ^{53}	妻侄女 tɕʰi^{34}tʂʅ^{21}ny^{53}
外侄儿	外侄儿 uæ^{44}tʂʅ^{35}ər^{0}	外侄儿 uai^{23}tʂʅ^{32}ər^{0}	外侄儿 uai^{22}tʂʅ^{42}ər^{0}	外侄儿 uai^{23}tʂʅ^{42}ər^{0}	外侄儿 uai^{23}tʂʅ^{21}ər^{0}
外侄女儿	外侄女儿 uæ^{44}tʂʅ^{35}nyr^{53}	外侄女儿 uai^{23}tʂʅ^{32}nyr^{55}	外侄女儿 uai^{22}tʂʅ^{42}ɳɥr^{55}	外侄女儿 uai^{23}tʂʅ^{42}ɳɥr^{53}	外侄女儿 uai^{23}tʂʅ^{21}nyr^{53}
亲家母	亲家母 tɕʰin^{44}tɕia^{31}mu^{53}	亲家母 tɕʰin^{23}tɕia^{42}mə^{55}	亲家母 tɕʰin^{23}tɕia^{31}mo^{55}	亲家母 tɕʰin^{23}tɕia^{45}mo^{53}	亲家母 tɕʰin^{23}tɕia^{34}mu^{53}
亲家翁	亲家 tɕʰin^{44}tɕia^{31}	亲家 tɕʰin^{23}tɕia^{42}	亲家 tɕʰin^{23}tɕia^{31}	亲家 tɕʰin^{23}tɕia^{45}	亲家 tɕʰin^{23}tɕia^{34}
亲戚	亲戚 tɕʰin^{31}tɕʰi^{0}	亲戚 tɕʰin^{42}tɕʰi^{0}	亲戚 tɕʰin^{31}tɕʰi^{0}	亲戚 tɕʰin^{45}tɕʰi^{0}	亲戚 tɕʰin^{34}tɕʰi^{0}
带犊儿	带来的 tai^{44}lai^{35}ti^{0}	带来的 tai^{23}lai^{32}ti^{0}	带来的 tai^{23}lai^{42}ti^{0}	带来的 tai^{23}lai^{42}ti^{0}	带来的 tai^{23}nai^{21}ti^{0}
娘家	娘屋 ɳiaŋ^{35}u^{31} 娘家 ɳiaŋ^{35}tɕia^{31}	娘屋 ɳiaŋ^{32}u^{42} 娘家 ɳiaŋ^{32}tɕia^{42}	娘屋 ɳiaŋ^{42}u^{31} 娘家 ɳiaŋ^{42}tɕia^{31}	娘屋 ɳiaŋ^{42}u^{45} 娘家 ɳiaŋ^{42}tɕia^{45}	娘屋 ɳiaŋ^{21}u^{34} 娘家 ɳiaŋ^{21}tɕia^{34}
婆家	婆家 pʰə^{35}tɕia^{31} 婆屋 pʰə^{35}u^{31}	婆家 pʰə^{32}tɕia^{42} 婆屋 pʰə^{32}u^{42}	婆家 pʰo^{42}tɕia^{0} 婆屋 pʰo^{42}u^{31}	婆家 pʰo^{42}tɕia^{45} 婆屋 pʰo^{42}u^{45}	婆家 pʰuo^{21}tɕia^{34} 婆屋 pʰuo^{21}u^{34}
男家	男家 lã^{35}tɕia^{31}	男家 lan^{32}tɕia^{42}	男家 lan^{42}tɕia^{31}	男家 lan^{42}tɕia^{45}	男家 nan^{21}tɕia^{34}
女家	女家 ny^{53}tɕia^{31}	女家 ny^{55}tɕia^{42}	女家 ɳɥ^{55}tɕia^{31}	女家 ɳɥ^{53}tɕia^{45}	女家 ny^{53}tɕia^{34}
母子之间	娘母伙里 ɳiaŋ^{35} mu^{0}xuo^{53}li^{0}	娘母伙的 ɳiaŋ^{32} mo^{0}xuo^{55}ti^{0}	娘母伙的 ɳiaŋ^{42} mo^{0}xo^{55}ti^{0}	娘母伙的 ɳiaŋ^{42} mo^{0}xo^{53}ti^{0}	娘母伙里 ɳiaŋ^{21} mu^{0}xuo^{53}ɳi^{0}

续表

词目＼方言点	中原官话区	混合 1 区	江淮官话区	混合 3 区	西南官话区
	汉滨	县河	茅坪	石泉	紫阳
母女之间	娘母伙里 ȵiaŋ^{35} mu^{0}xuo^{53}li^{0}	娘母伙的 ȵiaŋ^{32} mə^{0}xuo^{55}ti^{0}	娘母伙的 ȵiaŋ^{42} mo^{0}xo^{55}ti^{0}	娘母伙的 ȵiaŋ^{42} mo^{0}xo^{53}ti^{0}	娘母伙里 ȵiaŋ^{21} mu^{0}xuo^{53}ȵi^{0}
父子之间	爷儿伙里 ie^{35}ər^{0}xuo^{53}li^{0}	爷儿伙的 ie^{32}ər^{0}xuo^{55}ti^{0}	爷儿伙的 iɛ^{42}ər^{0}xo^{55}ti^{0}	爷儿伙的 ie^{42}ər^{0}xo^{53}ti^{0}	爷儿伙里 ie^{21}ər^{0}xuo^{53}ȵi^{0}
姊妹之间	姊妹伙里 tsɿ^{53}mei^{44}xuo^{53}li^{0}	姊妹伙的 tsɿ^{55}mei^{23}xuo^{55}ti^{0}	姊妹伙的 tsɿ^{55}mei^{22}xo^{55}ti^{0}	姊妹伙的 tsɿ^{53}mei^{23}xo^{53}ti^{0}	姊妹伙里 tsɿ^{53}mei^{23}xuo^{53}ȵi^{0}
弟兄之间	弟兄伙的 ti^{44}ɕyŋ^{31}xuo^{53}ti^{0}	弟兄伙的 ti^{23}ɕyŋ^{42}xuo^{55}ti^{0}	弟兄伙的 ti^{22}ɕiəŋ^{31}xo^{55}ti^{0}	弟兄伙的 ti^{23}ɕiuŋ^{45}xo^{53}ti^{0}	弟兄伙里 ti^{23}ɕyŋ^{34}xuo^{53}ȵi^{0}
妯娌之间	相母伙的 ɕiaŋ^{44} mu^{0}xuo^{53}ti^{0}	相母伙的 ɕiaŋ^{23} mo^{0}xuo^{55}ti^{0}	妯娌伙的 tʂou^{42}li^{0}xo^{55}ti^{0}	妯娌伙的 tʂəu^{42}li^{0}xo^{55}ti^{0}	妯娌伙里 tʂəu^{21}ȵi^{0}xuo^{53}ȵi^{0}

十一　身体

词目＼方言点	中原官话区	混合 1 区	江淮官话区	混合 3 区	西南官话区
	汉滨	县河	茅坪	石泉	紫阳
身体	身子 ʂə̃^{31}tsɿ^{0} 身体 ʂə̃^{31}tʰi^{53}	身子 ʂən^{42}tsɿ^{0} 身体 ʂən^{42}tʰi^{55}	身子 ʂən^{31}tsɿ^{0} 身体 ʂən^{31}tʰi^{55}	身子 ʂən^{45}tsɿ^{0} 身体 ʂən^{45}tʰi^{53}	身子 ʂən^{34}tsɿ^{0} 身体 ʂən^{34}tʰi^{53}
身材	身材 ʂə̃^{31}tsʰæ^{35} 身个儿 ʂə̃^{31}kɤr^{44} 身段儿 ʂə̃^{31}tar^{44}	身材 ʂən^{42}tsʰai^{32} 身个儿 ʂən^{42}kɤr^{223} 身段儿 ʂən^{42}tar^{223}	身材 ʂən^{31}tsʰai^{42} 身个儿 ʂən^{31} kor^{213}　身坯子 ʂən^{31}pʰei^{31}tsɿ^{0}	身材 ʂən^{45}tsʰai^{42} 身段儿 ʂən^{45}tar^{213}	身材 ʂən^{34}tsʰai^{21} 身段儿 ʂən^{34}tar^{213}
胖	胖 pʰaŋ^{44}	胖冬冬 pʰaŋ^{23}tuŋ^{42}tuŋ^{42}	胖冬冬 pʰaŋ^{23}təŋ^{31}təŋ^{31}	胖冬冬 pʰaŋ^{23}tuŋ^{45}tuŋ^{45}	胖冬冬 pʰaŋ^{23}tuŋ^{34}tuŋ^{34}
身材丰满	富态 fu^{44}tʰæ^{44}	富态 fu^{23}tʰai^{223}	富态 fu^{23}tʰai^{213}	富态 fu^{23}tʰai^{213}	富态 fu^{23}tʰai^{213}

续表

词目 \ 方言点	中原官话区	混合 1 区	江淮官话区	混合 3 区	西南官话区
	汉滨	县河	茅坪	石泉	紫阳
瘦	瘦 ʂəu^{44}	瘦 səu^{223}	瘦 sou^{213}	躲巴儿 laŋ^{45}par^{0} 瘦 səu^{213}	躲巴儿 naŋ^{34}par^{0} 瘦 səu^{213}
赤身	精身子 tɕiŋ^{35}ʂə̃^{31}tsɿ^{0} 精不溜儿 tɕiŋ^{35}pu^{31}liər^{44}	精身子 tɕin^{32}ʂən^{42}tsɿ^{0} 精不溜儿 tɕin^{32}pu^{42}liəur^{312}	赤巴溜儿 tʂʰʅ^{31}pa^{31}liour^{213}	精巴子 tɕin^{45}pa^{53}tsɿ^{0}	精巴子 tɕin^{34}pa^{53}tsɿ^{0}
相貌	长相 tʂaŋ^{53} ɕiaŋ^{44} 相貌儿 ɕiaŋ^{44}maur^{44}	长相 tʂaŋ^{55}ɕiaŋ^{223}	长相 tʂaŋ^{55}ɕiaŋ^{213}	长相 tʂaŋ^{53}ɕiaŋ^{23}	长相 tʂaŋ^{53}ɕiaŋ^{23}
头	头 tʰəu^{35} 脑壳 lau^{55}kʰɤ^{0}	脑壳 lau^{55}kʰɤ^{0} 头 tʰəu^{312}	脑壳 lau^{55}kʰo^{31}	脑壳 lau^{53}kʰo^{42}	脑壳 nau^{53}kʰuo^{21}
奔头儿	奔楼儿 pə̃^{31}tʰəur^{35}	奔楼儿 pən^{32}tʰəur^{312}	囥崖罩 kʰaŋ^{55} ŋai^{42}tʂau^{213}	奔楼 pən^{23}ləu^{42}	奔楼 pən^{23}nəu^{21}
头疮	癞痢壳 la^{31}li^{44}kʰɤ^{31} 秃子 tʰəu^{31} tsɿ^{0}	癞痢壳 la^{42}li^{23}kʰɤ^{42} 秃子 tʰəu^{42}tsɿ^{0}	癞痢壳 la^{31}li^{3}kʰo^{31} 秃子 tʰou^{31} tsɿ^{0}	癞痢壳 la^{45}li^{23}kʰo^{42} 秃子 tʰəu^{45} tsɿ^{0}	癞痢壳 na^{21}ȵi^{21}kʰuo^{21} 秃子 tʰəu^{34} tsɿ^{0}
秃头	光脎儿 kuaŋ^{31}sar^{35} 光头儿 kuaŋ^{31}tʰəur^{35}	光脎 kuaŋ^{42}sa^{312} 光头儿 kuaŋ^{42} tʰəur^{23} 光脑壳 kuaŋ^{42}lau^{55}kʰɤ^{0}	光脑壳 kuaŋ^{31}lau^{55}kʰo^{0} 秃子罐儿 tʰou^{31}tsɿ^{0}kuar^{23}	光脑壳 kuaŋ^{45}lau^{53}kʰo^{42} 秃子 tʰu^{45}tsɿ^{0}	光脑壳 kuaŋ^{34}nau^{53}kʰuo^{21} 秃子 tʰu^{34}tsɿ^{0}
秃顶	秃顶 tʰəu^{31}tin^{53} 开顶 kʰæ^{31}tin^{53}	秃顶 tʰəu^{42}tin^{55} 开顶 kʰai^{42}tin^{55}	秃顶 tʰou^{31}tin^{55} 开顶 kʰai^{31}tin^{55}	谢顶 ɕie^{23}tin^{53} 开顶 kʰai^{45}tin^{53}	谢顶 ɕie^{23}tin^{53} 开顶 kʰai^{34}tin^{53}
头顶	头顶儿 tʰəu^{35}tir^{53}	头顶儿 tʰəu^{32}tir^{55} 脑壳顶 lau^{55}kʰɤ^{42}tin^{55}	脑壳顶 lau^{55}kʰo^{31}tin^{55}	脑壳顶 lau^{53}kʰo^{42}tin^{53}	脑壳顶 nau^{53}kʰuo^{21}tin^{53}
后脑勺	后脑勺儿 xəu^{44}lau^{53}fə^{35}	后脑勺儿 xəu^{23}lau^{55}fə^{312}	后脑壳 xou^{22}lau^{55}kʰo^{31}	后脑挝 xəu^{23}lau^{53}tʂua^{42}	后脑挝 xəu^{23}nau^{53}tʂua^{21}

续表

方言 点 词目	中原官话区	混合 1 区	江淮官话区	混合 3 区	西南官话区
	汉滨	县河	茅坪	石泉	紫阳
脖子	脖子 pə^{35}tsɿ^{0} 脖腔骨 pə^{35}tɕʰiaŋ^{31}ku^{31}	脖子 pə^{32}tsɿ^{0} 脖腔骨 pə^{32}tɕʰiaŋ^{42}ku^{42}	颈脖子 tɕin^{55}pau^{31}tsɿ^{0}	颈项 tɕin^{53}ɕiaŋ^{213} 颈箍子 tɕin^{53}kʰu^{45}tsɿ^{0}	颈扛 tɕin^{53}kʰaŋ^{21} 颈口 tɕin^{53}kʰəu^{53}
后脑窝子	后颈窝子 xəu^{44}tɕin^{53}uo^{31}tsɿ^{0} 争嘴窝儿 tʂəŋ^{31}ʦei^{53}uor^{31}	后颈窝子 xəu^{23}tɕin^{55}uo^{42}tsɿ^{0} 争嘴窝儿 tʂəŋ^{42}ʦei^{55}uor^{42}	后颈窝儿 xou^{22}tɕin^{55}uor^{31} 争嘴窝儿 tʂəŋ^{31}ʦei^{55}uor^{31}	后颈窝儿 xəu^{23}tɕin^{53}uor^{45} 争嘴窝儿 tʂəŋ^{45}ʦei^{53}uor^{45}	后颈窝儿 xəu^{23}tɕin^{53}uor^{34} 争嘴窝儿 tʂəŋ^{34}ʦei^{53}uor^{34}
头发	头发 tʰəu^{35}fa^{31}	头发 tʰəu^{32}fa^{42}	头发 tʰou^{42}fa^{31}	头发 tʰəu^{42}fa^{42}	头发 tʰəu^{21}fa^{21}
少白头	少年白 ʂau^{44}ȵiã^{35}pe^{35}	少年白 ʂau^{23}ȵian^{32}pe^{312}	少年白 ʂau^{23}ȵian^{42}pɛ^{42}	少年白 ʂau^{23}ȵian^{42}pe^{42}	少年白 ʂau^{23}ȵian^{21}pe^{21}
掉头发	掉头发 tiau^{44}tʰəu^{35}fa^{31}	掉头发 tiau^{23}tʰəu^{32}fa^{42}	掉头发 tiau^{23}tʰou^{42}fa^{31}	掉头发 tiau^{23}tʰəu^{42}fa^{42}	掉头发 tiau^{23}tʰəu^{21}fa^{21}
额	额头盖子 ŋe^{31}tʰəu^{0}kæ^{44}tsɿ^{0}	额头盖儿 ŋe^{42}tʰəu^{32}kair^{223}	额颅盖 ŋɛ^{31}lou^{42} kai^{213} 额脑壳 ŋɛ^{31}lau^{42}kʰo^{0}	额颅 ŋu^{42}ləu^{42} 额壳 ŋe^{42}kʰo^{42}	额颅 ŋu^{21}nəu^{21} 额壳 ŋe^{21}kʰuo^{21}
囟门	天门穴儿 tʰiã^{31}mə̃^{35}ɕyer^{35}	天门穴儿 tʰian^{42}mən^{32}ɕyer^{312}	囟门洞儿 ɕin^{23}mən^{42}təŋr^{22}	囟门吊 ɕin^{23}mən^{42}tiau^{213}	囟门吊 ɕin^{23}mən^{21}tiau^{213}
鬓角	鬓角 pin^{44}tɕyo^{31}	鬓角 pin^{23}tɕio^{42}	鬓角 pin^{23}tɕio^{31}	太阳筋 tʰai^{23}iaŋ^{42}tɕin^{45}	太阳筋 tʰai^{23}iaŋ^{21}tɕin^{34}
辫子	辫子 piã^{44}tsɿ^{0} 帽辫儿 mau^{44}piar^{44}	辫子 pian^{23}tsɿ^{0} 帽辫儿 mau^{23}piar^{223}	辫子 pian^{22}tsɿ^{0} 帽辫儿 mau^{22}piar^{22}	帽根 mau^{23} kən^{45} 帽辫儿 mau^{23}piar^{23}	帽辫子 mau^{23}pian^{23}ʦɿ^{0}
髻	巴巴儿 pa^{31}par^{0}	巴巴儿 pa^{42}par^{0}	巴巴儿 pa^{31}par^{0}	牛屎巴 ȵiəu^{42}ʂɿ^{53}pa^{45}	牛屎巴 ȵiəu^{21}ʂɿ^{53}pa^{34}
刘海儿	刘海儿 liəu^{35}xær^{53} 连毛缨儿 liã^{35}mau^{35}iər^{31}	刘海儿 liəu^{32}xair^{55} 连毛缨儿 lian^{32}mau^{32}iər^{42}	刘海儿 liou^{42}xair^{55} 连毛缨儿 lian^{42}mau^{42}iər^{31}	刘海儿 liəu^{42}xair^{53} 连毛缨儿 lian^{42}mau^{42}iər^{45}	刘海儿 ȵiəu^{21}xair^{53} 连毛缨儿 ȵian^{21}mau^{21}iər^{34}

续表

方言点 / 词目	中原官话区	混合1区	江淮官话区	混合3区	西南官话区
	汉滨	县河	茅坪	石泉	紫阳
脸	脸 liã^{53}	脸 lian^{55}	脸 lian^{55}	脸 lian^{53}	脸 ȵian^{53}
脸蛋儿	脸蛋儿 liã^{53}tar^{44} 脸蛋子 liã^{53}tã^{44}tsɿ^{0}	脸蛋儿 lian^{55}tar^{223} 脸蛋子 lian^{55}tan^{23}tsɿ^{0}	脸蛋子 lian^{55} tan^{22}tsɿ^{0} 脸蛋 儿 lian^{55}tar^{22}	脸蛋子 lian^{53} tan^{23}tsɿ^{0} 脸蛋 lian^{53}tan^{213}	脸蛋子 ȵian^{53} tan^{23}tsɿ^{0} 脸蛋 ȵian^{53}tan^{213}
颧骨	颧骨 tɕʰyã^{35}ku^{31}	颧骨 tɕʰyan^{32}ku^{42}	颧骨 tʂʰɥan^{42}ku^{31}	颧骨 tʂʰɥan^{42}ku^{42}	颧骨 tɕʰyan^{21}ku^{21}
酒窝	酒嘴窝儿 tɕiəu^{53}tsei^{53}uor^{31}	酒嘴窝儿 tɕiəu^{55}tsei^{55}uor^{42}	酒窝儿 tɕiou^{55}uor^{31}	酒窝儿 tɕiəu^{53}uor^{45}	酒窝儿 tɕiəu^{53}uor^{34}
人中	人中 zə̃^{35}pfəŋ^{31}	人中 zən^{32}pfəŋ^{42}	人中 zən^{42}tʂəŋ^{31}	人中 zən^{42}tʂuŋ^{45}	人中 zən^{21}tʂuŋ^{34}
腮	腮帮子 ʂæ^{31}paŋ^{31}tsɿ^{0}	腮帮子 ʂai^{42}paŋ^{42}tsɿ^{0}	腮帮子 ʂai^{31}paŋ^{31}tsɿ^{0}	腮帮子 ʂai^{45}paŋ^{45}tsɿ^{0}	腮帮子 ʂai^{34}paŋ^{34}tsɿ^{0}
眼睛	眼窝 ȵiã^{53}uo^{31} 眼睛 ȵiã^{53}tɕin^{0}	眼窝 ȵian^{55}uo^{42}	眼睛 ŋan^{55}tɕin^{0}	眼睛 ŋan^{53}tɕin^{0}	眼睛 ian^{53}tɕin^{0}
眼眶	眼框子 ȵiã^{53}kʰuaŋ^{31}tsɿ^{0}	眼框子 ȵian^{55}kʰuaŋ^{42}tsɿ^{0}	眼睛框子 ŋan^{55} tɕin^{0}kʰuaŋ^{31}tsɿ^{0}	眼睛框 ŋan^{53}tɕin^{0}kʰuaŋ^{53}	眼睛框 ian^{53}tɕin^{0}kʰuaŋ^{53}
眼窝	眼窝 ȵiã^{53}uo^{31}	眼睛窝 ȵian^{55}tɕin^{55}uo^{42}	眼睛窝 ŋan^{55}tɕin^{31}uo^{31}	眼睛窝 ŋan^{53}tɕin^{0}uo^{45}	眼睛窝 ian^{53}tɕin^{0}uo^{34}
睁不开的眼睛	眯眼儿 mi^{44}ȵiar^{53}	眯眼儿 mi^{23}iar^{55}	眯眼儿 mi^{23}iar^{55}	眯眼儿 mi^{23}iar^{53}	眯眼儿 mi^{23}iar^{53}
睫毛	眼眨毛 ȵiã^{53}tʂa^{31}mau^{35}	眼眨毛 ȵian^{55}tʂa^{55}mau^{312}	眼眨毛 ŋan^{55}tʂa^{31}mau^{42}	眼眨毛 ŋan^{53}tʂa^{45}mau^{42}	眼眨毛 ian^{53}tʂa^{34}mau^{21}

续表

方言 点 / 词目	中原官话区	混合 1 区	江淮官话区	混合 3 区	西南官话区
	汉滨	县河	茅坪	石泉	紫阳
眼珠	眼睛仁子 ȵiã^{53}tɕin^{31}ʐə̃^{35}tsɿ^{0} 眼珠子 ȵian^{53}pfu^{31}ʦɿ^{0}	眼睛仁子 ȵian^{55} tɕin^{42}ʐən^{32}tsɿ^{0} 眼珠子 ȵian^{55}pfu^{42}ʦɿ^{0}	眼睛籽儿 ŋan^{55}tɕin^{31}ʦər^{55}	眼珠子 ŋan^{53}tʂʮ^{45}ʦɿ^{0}	眼珠子 ian^{53}tʂu^{34}ʦɿ^{0}
白眼珠	白眼仁儿 pei^{35}ȵiã^{53}ʐər^{35}	白眼仁子 pe^{32} ȵian^{55}ʐən^{32}tsɿ^{0}	白眼睛籽儿 pɛ^{42} ŋan^{55}tɕin^{31}ʦər^{55}	白眼仁 pe^{42}ian^{53}ʐən^{42}	白眼仁 pe^{21}ian^{53}ʐən^{21}
黑眼珠	黑眼珠子 xei^{31} ȵiã^{53}pfu^{31}tsɿ^{0}	黑眼珠子 xe^{42} ȵian^{55}pfu^{42}tsɿ^{0}	黑眼睛籽儿 xɛ^{31} ŋan^{55}tɕin^{31}ʦər^{55}	黑眼珠子 xe^{45} ian^{53}tʂu^{45}ʦɿ^{0}	黑眼珠子 xe^{34} ian^{53}tʂu^{34}ʦɿ^{0}
瞳仁	瞳仁儿 tʰuŋ^{35}ʐər^{35}	瞳仁儿 tʰuŋ^{32}ʐər^{32}	瞳仁儿 tʰəŋ^{42}ʐər^{42}	瞳仁儿 tʰuŋ^{42}ʐər^{42}	瞳仁儿 tʰuŋ^{21}ʐər^{21}
眼角	眼角 ȵiã^{53}tɕyo^{31}	眼角儿 ȵian^{55}tɕyor^{42}	眼角儿 ŋan^{55}tɕior^{31}	眼角 ŋan^{53}tɕio^{45}	眼角 ian^{53}tɕyo^{34}
大眼角	大眼角儿 ta^{44}ȵiã^{53}tɕyor^{31}	大眼角儿 ta^{23}ȵian^{55}tɕyor^{42}	大眼角儿 ta^{22}ŋan^{55}tɕior^{31}	大眼角 ta^{23}ŋan^{53}tɕio^{42}	大眼角 ta^{23}ian^{53}tɕyo^{34}
眼圈	眼圈儿 ȵiã^{53}tɕʰyar^{31}	眼圈儿 ȵian^{55}tɕʰyar^{42}	眼圈儿 ŋan^{55}tʂʰʮar^{31}	眼圈圈 ŋan^{53} tʂʰʮan^{45}tʂʰʮan^{0}	眼圈圈 ian^{53} tɕʰyan^{34}tɕʰyan^{0}
眼泪	眼泪 ȵiã^{53}lei^{44} 眼睛水 ȵian^{44} tɕin^{43}fei^{44}	眼泪 ȵian^{55}lei^{223} 眼睛水 ȵian^{55}tɕin^{42}fei^{55}	眼淋水 ŋan^{55}lin^{42}ʂʮei^{55}	眼睛水 ŋan^{53}tɕin^{45}ʂʮei^{53}	眼睛水 ian^{53}tɕin^{34}ʂuei^{53}
眼眵	眼屎 ȵiã^{53}ʂʅ^{53} 眼角屎 ȵiã^{53}tɕiau^{31}ʂʅ^{53}	眼睛屎 ȵian^{55}tɕin^{42}ʂʅ^{55}	眼睛屎 ŋan^{55}tɕin^{31}ʂʅ^{55}	眼屎 ŋan^{53}ʂʅ^{53}	眼屎 ian^{53}ʂʅ^{53}
眼皮	眼皮儿 ȵiã^{53} pʰiər^{35} 眼皮子 ȵiã^{53}pʰi^{35}tsɿ^{0}	眼睛皮子 ȵian^{55}tɕin^{42}pʰi^{32} tsɿ^{0}	眼睛皮子 ŋan^{55}tɕin^{31}pʰi^{42} tsɿ^{0}	眼睛皮子 ŋan^{53}tɕin^{45}pʰi^{42} tsɿ^{0}	眼睛皮子 ian^{53}tɕin^{34}pʰi^{21}tsɿ^{0}
单眼皮	单眼皮 tã^{31}ȵiã^{53}pʰi^{35}	单眼皮 tan^{42}ȵian^{55}pʰi^{312}	单眼皮 tan^{31}ŋan^{55}pʰi^{42}	单眼皮 tan^{45}ian^{53}pʰi^{42}	单眼皮 tan^{34}ian^{53}pʰi^{21}

续表

方言点 词目	中原官话区	混合 1 区	江淮官话区	混合 3 区	西南官话区
	汉滨	县河	茅坪	石泉	紫阳
双眼皮	双眼皮 faŋ^{31}ȵiã^{53}pʰi^{35}	双眼皮 faŋ^{42}ȵian^{55}pʰi^{312}	双眼皮 ʂʮaŋ^{31}ŋan^{55}pʰi^{42}	双眼皮 ʂʮaŋ^{45}ian^{53}pʰi^{42}	双眼皮 ʂuaŋ^{34}ian^{53}pʰi^{21}
眼睫毛	眼眨毛 ȵiã^{53}tʂa^{31}mau^{35} 睫毛 tɕie^{35}mau^{35}	眼眨毛 ȵian^{55}tʂa^{42}mau^{312}	眼眨毛 ŋan^{55}tʂa^{31}mau^{42}	眼眨毛 ŋan^{53}tʂa^{45}mau^{42}	眼眨毛 ian^{53}tʂa^{34}mau^{21}
眉毛	眉毛 mi^{35}mau^{0}	眉毛 mi^{32}mau^{0}	眉毛 mi^{42}mau^{0}	眉毛 mi^{42}mau^{0}	眉毛 mi^{21}mau^{0}
皱眉头	皱眉头 tʂəu^{44}mi^{35}tʰəu^{0}	瞇眉搭眼的 ʦʰuŋ^{32}mi^{32}ta^{42} ȵian^{55}ti^{0}	瞇眉搭眼的 ʦʰəŋ^{42}mi^{42}ta^{31} ŋan^{55}ti^{0}	皱眉毛 ʦəu^{23}mi^{42}mau^{42}	皱眉毛 ʦəu^{23}mi^{21}mau^{21}
鼻子 鼻涕	鼻子 pi^{35}tsɿ^{0}	鼻子 pi^{32}tsɿ^{0}	鼻子 pi^{42}tsɿ^{0}	鼻子 pi^{42}tsɿ^{0}	鼻子 pi^{21}tsɿ^{0}
鼻垢	鼻痂子 pi^{35}tɕia^{31}tsɿ^{0}	鼻痂子 pi^{32}tɕia^{42}tsɿ^{0}	鼻痂子 pi^{42}tɕia^{31}tsɿ^{0}	鼻屎 pi^{42}tʂʅ^{53}	鼻屎 pi^{21}ʂʅ^{53}
鼻孔	鼻窟窿儿 pi^{35}kʰu^{31}luŋr^{53}	鼻窟窿儿 pi^{32}kʰu^{42}luŋr^{55}	鼻子窟窿儿 pi^{42}tsɿ^{0}kʰu^{31}ləŋr^{55}	鼻孔 pi^{42}kʰuŋ^{53}	鼻孔 pi^{21}kʰuŋ^{53}
鼻毛	鼻毛 pi^{35}mau^{35}	鼻毛 pi^{32}mau^{32}	鼻毛 pi^{42}mau^{42}	鼻毛 pi^{42}mau^{42}	鼻毛 pi^{21}mau^{21}
鼻子 尖儿	鼻尖儿 pi^{35}tɕiar^{31}	鼻子尖儿 pi^{32}tsɿ^{0}tɕiar^{42}	鼻子尖儿 pi^{42}tsɿ^{0}tɕiar^{31}	鼻尖儿 pi^{42}tɕiar^{45}	鼻尖儿 pi^{21}tɕiar^{34}
嗅觉灵敏	鼻子尖 pi^{35}tsɿ^{0}tɕiã^{31}	鼻子尖 pi^{32}tsɿ^{0}tɕian^{42}	鼻子尖 pi^{42}tsɿ^{0}tɕian^{31}	鼻子尖 pi^{42}tsɿ^{0}tɕian^{45}	鼻子尖 pi^{21}tsɿ^{0}tɕian^{34}
鼻梁	鼻梁 pi^{35}liaŋ^{35}	鼻梁 pi^{32}liaŋ^{32}	鼻梁 pi^{42}liaŋ^{42}	鼻梁 pi^{42}liaŋ^{42}	鼻梁 pi^{21}ȵiaŋ^{21}

续表

方言点 词目	中原官话区	混合 1 区	江淮官话区	混合 3 区	西南官话区
	汉滨	县河	茅坪	石泉	紫阳
鼻翅儿	鼻子泡儿 pi^{35}tsɿ^{0}pʰaur^{44} 鼻子疙瘩儿 pi^{35}tsɿ^{0}kɤ^{31}tar^{0}	鼻子疙瘩儿 pi^{32}tsɿ^{0}kɤ^{42}tar^{0}	鼻子疙瘩儿 pi^{42}tsɿ^{0}kɛ^{31}tar^{0}	鼻子疙瘩儿 pi^{42}tsɿ^{0}ke^{42}tar^{0}	鼻子疙瘩儿 pi^{21}tsɿ^{0}ke^{21}tar^{0}
酒糟鼻子	酒糟鼻 tɕiəu^{53}tsau^{31}pi^{35}	酒糟鼻子 tɕiəu^{55} tsau^{42}pi^{32}tsɿ^{0}	酒糟鼻子 tɕiou^{55} tsau^{31}pi^{42}tsɿ^{0}	酒糟鼻子 tɕiəu^{53} tsau^{45}pi^{42}tsɿ^{0}	酒糟鼻子 tɕiəu^{53} tsau^{34}pi^{21}tsɿ^{0}
塌鼻	塌鼻子 tʰa^{31}pi^{35}tsɿ^{0}	塌鼻子 tʰa^{42}pi^{32}tsɿ^{0}	塌鼻子 tʰa^{31}pi^{42}tsɿ^{0}	塌鼻子 tʰa^{42}pi^{42}tsɿ^{0}	塌鼻子 tʰa^{21}pi^{21}tsɿ^{0}
嘴	嘴巴 tsuei^{53}pa^{0}	嘴巴 tsei^{55}pa^{0}	嘴巴 tsei^{55}pa^{0}	嘴巴 tsei^{53}pa^{0}	嘴巴 tsei^{53}pa^{0}
嘴唇儿	嘴唇儿 tsei^{53}pfʰər^{35}	嘴唇儿 tsei^{55}pfʰər^{312}	嘴唇儿 tsei^{55}tʂʰɥər^{42}	嘴巴皮 tsei^{53}pa^{0}pʰi^{42}	嘴唇 tsei^{53}tʂʰuən^{21}
痰	痰 tʰã^{35}	痰 tʰan^{312} 残 tsʰan^{312}	痰 tʰan^{42} 残 tsʰan^{42}	痰 tʰan^{42} 残 tsʰan^{42}	痰 tʰan^{21} 残 tsʰan^{21}
唾沫	唾沫 tʰuo^{44}mə^{31} 口水 kʰəu^{53}fei^{53}	唾沫 tʰəu^{23}mə^{42} 口水 kʰəu^{55}fei^{55}	口水 kʰou^{55}ʂɥei^{55} 口残 kʰou^{55}tsʰan^{42}	口水 kʰəu^{53}ʂɥei^{53}	口水 kʰəu^{53}ʂuei^{53}
唾沫星	唾沫星子 tʰuo^{44} mə^{31}ɕin^{31}tsɿ^{0}	唾沫星子 tʰəu^{23} mə^{42}ɕin^{42}tsɿ^{0}	口水星子 kʰou^{55} ʂɥei^{55}ɕin^{31}tsɿ^{0}	口水星子 kʰəu^{53} ʂɥei^{53}ɕin^{45}tsɿ^{0}	口水星子 kʰəu^{53} ʂuei^{53}ɕin^{34}tsɿ^{0}
涎水	涎水 xã^{31}fei^{53}	涎水 xan^{42}fei^{55}	涎水 xan^{31}ʂɥei^{55}	涎水 xan^{45}ʂɥei^{53}	涎水 xan^{34}ʂuei^{53}
舌头	舌头 ʂɤ^{35}tʰəu^{0}	舌根子 ʂɤ^{32}kən^{42}tsɿ^{0}	舌头 ʂɛ^{42}tʰou^{0}	舌头 ʂe^{42}tʰəu^{0}	舌头 ʂe^{21}tʰəu^{0}
舌苔	舌苔 ʂɤ^{35}tʰæ^{31}	舌苔 ʂɤ^{32}tʰai^{42}	舌苔 ʂɛ^{42}tʰai^{31}	舌苔 ʂe^{42}tʰai^{45}	舌苔 ʂe^{21}tʰai^{34}

续表

方言点 词目	中原官话区	混合 1 区	江淮官话区	混合 3 区	西南官话区
	汉滨	县河	茅坪	石泉	紫阳
大舌头	大舌头 ta^{44}ʂɤ^{35}tʰəu^{0}	大舌头 ta^{23}ʂɤ^{32}tʰəu^{0}	大舌头 ta^{22}ʂɛ^{42}tʰou^{0}	大舌头 ta^{23}ʂe^{42}tʰəu^{0}	大舌头 ta^{23}ʂe^{21}tʰəu^{0}
牙	牙 ȵia^{35} 牙齿 ȵia^{35}tʂʰʅ^{0}	牙 ȵia^{32} 牙齿 ȵia^{32}tʂʰʅ^{0}	牙齿 ŋa^{42}tʂʰʅ^{0}	牙齿 ŋa^{42}tʂʰʅ^{0}	牙齿 ia^{21}tʂʰʅ^{0}
门牙	门牙 mə̃^{35}ia^{35}	门牙 mən^{32}ia^{0}	门牙 mən^{42}ia^{0}	门牙 mən^{42}ia^{42}	门牙 mən^{21}ia^{21}
大牙	板牙 pã^{53}ia^{35} 槽牙 tsʰau^{35}ia^{35}	板牙 pan^{55}ia^{312} 槽牙 tsʰau^{32}ia^{0}	板牙 pan^{55}ia^{42} 槽牙 tsʰau^{42}ia^{0}	板牙 pan^{53}ia^{42} 槽牙 tsʰau^{42}ia^{0}	板牙 pan^{53}ia^{21} 槽牙 tsʰau^{21}ia^{0}
虎牙	虎牙 xu^{53}ia^{35}	虎牙 xu^{55}ia^{312}	虎牙 xu^{55}ia^{42}	虎牙 xu^{53}ia^{42}	虎牙 xu^{53}ia^{21}
牙垢	牙花子 ȵia^{35}xua^{31}tsɿ^{0}	牙花子 ȵia^{32}xua^{42}tsɿ^{0}	牙花子 ŋa^{42}xua^{31}tsɿ^{0}	牙花子 ŋa^{42}xua^{45}tsɿ^{0}	牙花子 ia^{21}xua^{34}tsɿ^{0}
牙床	牙根儿 ȵia^{35}kər^{31} 牙巴骨 ȵia^{35}pa^{31}ku^{31}	牙根子 ȵia^{32} kən^{42}tsɿ^{0} 牙巴骨 ȵia^{32}pa^{42}ku^{42}	牙根子 ŋa^{42}kən^{31} tsɿ^{0} 牙巴 骨 ŋa^{42}pa^{31}ku^{31}	牙根子 ŋa^{42} kən^{45}tsɿ^{0} 牙巴 骨 ŋa^{42}pa^{45}ku^{45}	牙根子 ia^{21} kən^{34}tsɿ^{0} 牙巴 骨 ia^{21}pa^{34}ku^{34}
凸牙	凸牙腔 pau^{44} ȵia^{35}tɕʰiaŋ^{31}	凸牙腔 pau^{23} ȵia^{32}tɕʰiaŋ^{42}	凸牙腔 pau^{23}ŋa^{42}tɕʰiaŋ^{31}	凸牙腔 pau^{23}ŋa^{42}tɕʰiaŋ^{45}	凸牙腔 pau^{23}ia^{21}tɕʰiaŋ^{34}
虫牙	虫牙 pfʰəŋ^{35}ȵia^{35}	虫牙 pfʰəŋ^{32}ia^{32}	虫牙 tʂʰəŋ^{42}ia^{0}	虫牙 tʂʰuŋ^{42}ia^{42}	虫牙 tʂʰuŋ^{21}ia^{21}
耳朵	耳朵 ər^{53}tuo^{0}	耳朵 ər^{55}tuo^{0}	耳朵 ər^{55}to^{0}	耳朵 ər^{53}to^{0}	耳朵 ər^{53}tuo^{0}
耳朵眼	耳朵窟窿儿 ər^{53}tuo^{0}kʰu^{31}luŋr^{53}	耳朵窟窿儿 ər^{55}tuo^{0}kʰu^{42}luŋr^{55}	耳朵窟窿儿 ər^{55}to^{0}kʰu^{31}ləŋr^{55}	耳洞 ər^{53}tuŋ^{213}	耳朵眼 ər^{53}tuo^{0}ian^{53}
耳屎	耳塞 ər^{53}sei^{31} 铁耳塞 tʰie^{31}ər^{53} sei^{31} 耳屎 ər^{53}ʂʅ^{53}	耳塞 ər^{55}se^{42} 耳屎 ər^{55}ʂʅ^{55}	耳朵屎 ər^{55}to^{0}ʂʅ^{55}	耳屎 ər^{53}ʂʅ^{53}	耳屎 ər^{53}ʂʅ^{53}

续表

方言点 / 词目	中原官话区	混合 1 区	江淮官话区	混合 3 区	西南官话区
	汉滨	县河	茅坪	石泉	紫阳
耳背	耳朵背 r^{53}tuo^{0} pei^{44} 耳背后 ər^{53}pei^{44}xəu^{44}	耳朵背 ər^{55}tuo^{0} pei^{223} 耳背后 ər^{55}pei^{23}xəu^{223}	耳朵背后 ər^{55} to^{0}pei^{23}xou^{22}	耳背后 ər^{53}pei^{23}xəu^{23}	耳背后 ər^{53}pei^{23}xəu^{23}
耳垂	耳沉 ər^{53}tʂʰə̃^{35}	耳垂 ər^{55}pfʰei^{312}	耳垂 ər^{55}tʂʰɥei^{42}	耳垂 ər^{53}tʂʰɥei^{42}	耳垂 ər^{53}tʂʰuei^{21}
下巴	下巴子 ɕia^{44}pa^{31} tsɿ^{0} 下巴儿 xa^{44}par^{31}	下巴壳子 xa^{23}pa^{42}kʰɤ^{42}tsɿ^{0}	下巴儿 xa^{22}par^{31}	下巴儿 xa^{23}par^{45}	下巴儿 xa^{23}par^{34}
喉咙	嗓子 saŋ^{53}tsɿ^{0} 喉咙管 xu^{35}luŋ^{35}kuar^{53}	嗓子 saŋ^{55}tsɿ^{0} 喉咙管 xu^{32} luŋ^{32}kuar^{55}	喉咙 xou^{42}ləŋ^{42} 喉咙管儿 xou^{42}ləŋ^{42}kuar^{55}	喉咙 xəu^{42}luŋ^{42} 喉咙管 xou^{42}loŋ^{0}kuan^{53}	喉咙 xəu^{21}nuŋ^{21} 喉咙管 xou^{21}noŋ^{0}kuan^{53}
喉结	喉头 xəu^{35}tʰəu^{0}	喉头 xəu^{32}tʰəu^{42}	喉嗓骨 xou^{42}saŋ^{31}ku^{31}	喉嗓骨 xəu^{42}saŋ^{45}ku^{42}	喉嗓骨 xəu^{21}saŋ^{34}ku^{21}
胡子	胡子 xu^{35}tsɿ^{0}	胡子 xu^{32}tsɿ^{0}	胡子 xu^{42}tsɿ^{0}	胡子 xu^{42}tsɿ^{0}	胡子 xu^{21}tsɿ^{0}
络腮胡子	串脸胡 pfʰã^{44}liã^{53}xu^{35}	串脸胡 pfʰan^{23}lian^{55}xu^{312}	串脸胡 tʂʰɥan^{23}lian^{55}xu^{42}	串脸胡 tʂʰɥan^{23}lian^{53}xu^{42}	串脸胡 tʂʰuan^{23}ȵian^{53}xu^{21}
八字胡	八字胡 pa^{31}tsɿ^{44}xu^{35}	八字胡 pa^{42}tsɿ^{23}xu^{312}	八字胡 pa^{31}tsɿ^{22}xu^{42}	八字胡 pa^{45}tsɿ^{23}xu^{42}	八字胡 pa^{21}tsɿ^{23}xu^{21}
下巴须	山羊胡子 ʂã^{31}iaŋ^{35}xu^{35}tsɿ^{0}	山羊胡子 ʂan^{42}iaŋ^{32}xu^{32}tsɿ^{0}	山羊胡子 ʂan^{31}iaŋ^{42}xu^{42}tsɿ^{0}	山羊胡子 ʂan^{45}iaŋ^{42}xu^{42}tsɿ^{0}	山羊胡子 ʂan^{34}iaŋ^{21}xu^{21}tsɿ^{0}
肩膀	膀子 paŋ^{53}tsɿ^{0} 肩膀 tɕiã^{31}paŋ^{53}	膀子 paŋ^{55}tsɿ^{0} 肩膀 tɕian^{42}paŋ^{55}	肩膀 tɕian^{31}paŋ^{55}	膀子 paŋ^{53}tsɿ^{0} 肩膀 tɕian^{45}paŋ^{53}	膀子 paŋ^{53}tsɿ^{0} 肩膀 tɕian^{34}paŋ^{53}
肩胛骨	肩胛骨 tɕiã^{31}tɕia^{35}ku^{31}	背膀子 pei^{23}paŋ^{55}tsɿ^{0}	背膀子 pei^{23}paŋ^{55}tsɿ^{0}	背膀子 pei^{23}paŋ^{53}tsɿ^{0}	肩胛骨 tɕian^{34}tɕia^{21}ku^{21}

续表

方言点 / 词目	中原官话区	混合 1 区	江淮官话区	混合 3 区	西南官话区
	汉滨	县河	茅坪	石泉	紫阳
溜肩膀儿	溜肩 liəu^{44}tɕiã^{31} 削肩 ɕyo^{31}tɕiã^{31}	溜肩 liəu^{23}tɕian^{42}	溜肩膀 liou^{23}tɕian^{31}paŋ^{55}	溜肩膀 liəu^{23}tɕian^{45}paŋ^{53}	溜肩膀 liəu^{23}tɕian^{34}paŋ^{53}
胳膊	胳膊 kɤ^{31}pə^{31} 膀子 paŋ^{53}tsɿ^{0}	手膀子 ʂəu^{55}paŋ^{55}tsɿ^{0}	手杆子 ʂəu^{55}kan^{55}tsɿ^{0}	手杆子 ʂəu^{53}kan^{53}tsɿ^{0}	手杆子 ʂəu^{53}kan^{53}tsɿ^{0}
胳膊肘	胳膊肘 kɤ^{31}pə^{31} tʂəu^{53} 倒拐子 tau^{44}kuæ^{53}tsɿ^{0}	倒司拐 tau^{23}sɿ^{42}kuai^{55}	倒司拐 tau^{22}sɿ^{31}kuai^{55}	倒拐子 tau^{23}kuai^{53}tsɿ^{0}	倒拐子 tau^{23}kuai^{53}tsɿ^{0}
胳肢窝	胳老肢儿 kɤ^{31} lau^{53}tʂʅr^{31} 胳肢 窝 kɤ^{31}tʂʅ^{0}uo^{31}	胳乍窝 kɤ^{42}tʂa^{0} uo^{42} 胳肢窝 kɤ^{42}tʂʅ^{0}uo^{42}	胳乍窝 kε^{31}tʂa^{0}uo^{31}	胁夹窝 ɕie^{42}ka^{42} uo^{45} 夹肢窝儿 ka^{42} tʂʅ^{45}uor^{45}	胁夹窝 ɕie^{21}ka^{21} uo^{34} 夹肢窝儿 ka^{21} tʂʅ^{34}uorr^{34}
左手	左手 tsuo^{53}ʂəu^{53} 反手 fã^{53}ʂəu^{53} 左撇子 tsuo^{53} pʰie^{31}tsɿ^{0} 左瓜瓜 tsuo^{53}kua^{31}kua^{0}	左手 tsuo^{55}ʂəu^{55} 反手 fan^{55}ʂəu^{55} 左撇子 tsuo^{55} pʰie^{42}tsɿ^{0} 左瓜瓜 tsuo^{55}kua^{42}kua^{0}	左手 tso^{55}ʂou^{55} 反手 fan^{55}ʂou^{55} 左撇子 tso^{55} pʰiε^{31}tsɿ^{0} 左拐拐 tso^{55}kuai^{55}kuai^{0}	左手 tso^{53}ʂəu^{53} 反手 fan^{53}ʂəu^{53} 左撇子 tso^{53} pʰie^{42}tsɿ^{0} 左拐拐 tso^{53}kuai^{53}kuai^{0}	左手 tsuo^{53}ʂəu^{53} 反手 fan^{53}ʂəu^{53} 左撇子 tsuo^{53} pʰie^{21}tsɿ^{0} 左拐拐 tsuo^{53}kuai^{53}kuai^{0}
右手	右手 iəu^{44}ʂəu^{53}	右手 iəu^{23}ʂəu^{55} 顺手 fən^{23}ʂəu^{55}	右手 iəu^{22}ʂou^{55} 顺手 ʂɥən^{22}ʂou^{55}	右手 iəu^{23}ʂəu^{53} 顺手 ʂɥən^{23}ʂəu^{53}	右手 iəu^{23}ʂəu^{53} 顺手 ʂuən^{23}ʂəu^{53}
手指	手指头儿 ʂəu^{53} tʂʅ^{31}tʰəur^{0}	手指 ʂəu^{55}tʂʅ^{42} 手指头儿 ʂəu^{55} tʂʅ^{42}tʰəur^{0}	手指头儿 ʂou^{55} tʂʅ^{31}tʰəur^{0} 手指丫儿 ʂou^{55} tʂʅ^{23}ŋər^{0}	手指头儿 ʂəu^{53} tʂʅ^{45}tʰəur^{0} 手指丫儿 ʂəu^{53} tʂʅ^{45}ŋər^{0}	手指头儿 ʂəu^{53} tʂʅ^{34}tʰəur^{0} 手指丫儿 ʂəu^{53} tʂʅ^{34}ŋər^{0}
指关节	骨头包儿 ku^{31}tʰəu^{0}paur^{31}	骨头包儿 ku^{42}tʰəu^{0}paur^{42}	骨头包儿 ku^{31}tʰou^{0}paur^{31}	指拇弯弯 tʂʅ^{45}mo^{0}uan^{45}uan^{0}	指拇弯弯 tʂʅ^{34}mu^{0}uan^{34}uan^{0}
手指缝	指头缝 tʂʅ^{43}tʰəu^{0}fəŋ^{23}	指头缝 tʂʅ^{42}tʰəu^{32}fəŋ^{213}	指头缝 tʂʅ^{31}tʰou^{0}fəŋ^{22}	指头缝 tʂʅ^{45}tʰəu^{42}fuŋ^{213}	指头缝 tʂʅ^{34}tʰəu^{21}fuŋ^{213}
大拇指	大拇指头儿 ta^{44}mu^{0}tʂʅ^{31}tʰəur^{0}	大拇指头儿 ta^{23}mə^{55}tʂʅ^{42}tʰəur^{0}	大拇指头儿 ta^{22}mo^{55}tʂʅ^{31}tʰour^{0}	大拇指头儿 ta^{23}mo^{53}tʂʅ^{45}tʰəur^{0}	大拇指头儿 ta^{23}mu^{53}tʂʅ^{34}tʰəur^{0}

续表

方言点 词目	中原官话区	混合 1 区	江淮官话区	混合 3 区	西南官话区
	汉滨	县河	茅坪	石泉	紫阳
食指	二拇指 ər^{44}mu^{0}tʂʅ^{31}	二拇指 ər^{23}mə^{55}tʂʅ^{42}	二拇指 ər^{22}mo^{55}tʂʅ^{31}	二拇指 ər^{23}mo^{53}tʂʅ^{45}	二拇指 ər^{23}mu^{53}tʂʅ^{34}
中指	中指 pfəŋ^{31}tʂʅ^{31}	中指 pfəŋ^{42}tʂʅ^{42}	中指 tʂəŋ^{31}tʂʅ^{31}	中指拇儿 tʂuŋ^{45}tʂʅ^{45}mor^{0}	中指拇儿 tʂuŋ^{34}tʂʅ^{34}mur^{0}
无名指	无名指 u^{31}miŋ^{35} tʂʅ^{31} 贼拇指头儿 tsei^{35}mu^{53}tʂʅ^{31}tʰəur^{0}	无名指 u^{42}min^{32}tʂʅ^{42}	无名指 u^{31}min^{42}tʂʅ^{31}	无名指 u^{42}min^{42}tʂʅ^{45}	无名指 u^{21}min^{21}tʂʅ^{34}
小拇指	小指头儿 ɕiau^{53}tʂʅ^{31}tʰəur^{0}	小指头儿 ɕiau^{55}tʂʅ^{42}tʰəur^{0}	小拇指 ɕiau^{55}mo^{55}tʂʅ^{31}	小指拇儿 ɕiau^{53}tʂʅ^{45}mor^{0}	小指拇儿 ɕiau^{53}tʂʅ^{34}mur^{0}
指甲	指甲 tʂʅ^{31}tɕia^{0}	指甲 tʂʅ^{42}tɕia^{0}	指甲 tʂʅ^{31}tɕia^{0}	指甲壳 tʂʅ^{45}tɕia^{0}kʰo^{42}	指甲壳 tʂʅ^{34}tɕia^{0}kʰuo^{21}
指甲心儿	指甲根儿 tʂʅ^{31}tɕia^{0}kər^{31}	指甲根儿 tʂʅ^{42}tɕia^{0}kər^{42}	指甲根儿 tʂʅ^{31}tɕia^{0}kər^{31}	指甲根儿 tʂʅ^{45}tɕia^{0}kər^{45}	指甲根儿 tʂʅ^{34}tɕia^{0}kər^{34}
指甲缝	指甲眉儿 tʂʅ^{31}tɕia^{0}mir^{35}	指甲眉 tʂʅ^{42}tɕia^{0}mi^{312}	指甲眉 tʂʅ^{31}tɕia^{0}mi^{42}	指甲缝 tʂʅ^{45}tɕia^{0}fuŋ^{213}	指甲缝 tʂʅ^{34}tɕia^{0}fuŋ^{213}
指甲盖	指甲盖儿 tʂʅ^{31}tɕia^{0}kair^{44}	指甲盖儿 tʂʅ^{42}tɕia^{0}kair^{223}	指甲盖儿 tʂʅ^{31}tɕia^{0}kair^{213}	指甲盖 tʂʅ^{45}tɕia^{0}kai^{213}	指甲盖 tʂʅ^{34}tɕia^{0}kai^{213}
指头肚子	指母蛋儿 tʂʅ^{31}mu^{0}tar^{44}	指母蛋儿 tʂʅ^{42}mə^{55}tar^{223}	指头蛋蛋儿 tʂʅ^{31} tʰou^{0}tan^{22}tar^{0}	指拇子 tʂʅ^{45}mu^{53}tsɿ^{0}	指拇子 tʂʅ^{34}mu^{53}tsɿ^{0}
拳头	锤头子 pfʰei^{35}tʰəu^{31}tsɿ^{0}	锤头子 pfʰei^{32}tʰəu^{32}tsɿ^{0}	锤头子 tʂʰɥei^{42}tʰou^{42}tsɿ^{0}	捶砣子 tʂʰɥei^{42}tʰo^{42}tsɿ^{0}	锭子 tin^{23}tsɿ^{0} 捶砣子 tʂʰuei^{21} tʰuo^{21}tsɿ^{0}
手掌	手巴掌 ʂəu^{53}pa^{31}tʂaŋ^{53}	手巴掌 ʂəu^{55}pa^{42}tʂaŋ^{55}	手巴掌 ʂəu^{55}pa^{31}tʂaŋ^{55}	手巴掌 ʂəu^{53}pa^{45}tʂaŋ^{53}	手巴掌 ʂəu^{53}pa^{34}tʂaŋ^{53}
巴掌	巴掌 pa^{31}tʂaŋ^{53}	巴掌 pa^{42}tʂaŋ^{55}	巴掌 pa^{31}tʂaŋ^{55}	巴掌 pa^{45}tʂaŋ^{53}	巴掌 pa^{34}tʂaŋ^{53}

续表

方言点 词目	中原官话区	混合 1 区	江淮官话区	混合 3 区	西南官话区
	汉滨	县河	茅坪	石泉	紫阳
手心	手腕心儿 ʂəu^{53}uã^{53}ɕiər^{31}	手板心 ʂəu^{55}pan^{55}ɕin^{42}	手板心 ʂou^{55}pan^{55}ɕin^{31}	手板心 ʂəu^{53}pan^{53}ɕin^{45}	手板心 ʂəu^{53}pan^{53}ɕin^{34}
手背	手背 ʂəu^{53}pei^{44}	手背 ʂəu^{55}pei^{223}	手背 ʂəu^{55}pei^{213}	手背 ʂəu^{53}pei^{213}	手背 ʂəu^{53}pei^{213}
手腕子	手腕子 ʂəu^{53} uã^{53}tsɿ^{0} 手腕儿 ʂəu^{53}uar^{53}	手颈子 ʂəu^{55}tɕin^{55}tsɿ^{0}	手颈子 ʂou^{55}tɕin^{55}tsɿ^{0}	手颈颈 ʂəu^{53}tɕin^{53}tɕin^{0}	手颈颈 ʂəu^{53}tɕin^{53}tɕin^{0}
腿	腿 tʰuei^{53} 腿杆 子 tʰuei^{53}kã^{53}tsɿ^{0}	腿 tʰei^{55} 腿杆子 tʰei^{55}kan^{55}tsɿ^{0}	腿 tʰei^{55} 腿杆子 tʰei^{55}kan^{55}tsɿ^{0}	腿 tʰei^{53} 腿杆子 tʰei^{53}kan^{53}tsɿ^{0}	腿 tʰei^{53} 腿杆子 tʰei^{53}kan^{53}tsɿ^{0}
大腿	大腿 ta^{44}tʰuei^{53} 胯子 kʰua^{53}tsɿ^{0}	大胯 ta^{23}kʰua^{55} 胯根子 kʰua^{55}kən^{42}tsɿ^{0}	大胯 ta^{22}kʰua^{55} 胯根子 kʰua^{55}kən^{31}tsɿ^{0}	胯子 kʰua^{53}tsɿ^{0}	胯子 kʰua^{53}tsɿ^{0}
小腿	小腿 ɕiau^{53}tʰuei^{53} 小腿杆子 ɕiau^{53}tʰei^{53}kã^{53}tsɿ^{0}	小腿杆子 ɕiau^{55}tʰei^{55}kan^{55} tsɿ^{0}	小腿杆子 ɕiau^{55}tʰei^{55}kan^{55} tsɿ^{0}	脚杆 tɕio^{42}kan^{53}	小腿 ɕiau^{53}tʰei^{53}
腿肚子	腿肚子 tʰuei^{53}tu^{53}tsɿ^{0} 腿猪娃子 tʰuei^{53}pfu^{31}ua^{35}tsɿ^{0}	腿肚子 tʰei^{55}təu^{55}tsɿ^{0} 连把肚子 lian^{32}pa^{0}təu^{55}tsɿ^{0}	腿肚子 tʰei^{55}tou^{55}tsɿ^{0} 连把肚子 lian^{42}pa^{31}tou^{55}tsɿ^{0}	腿肚子 tʰei^{53}təu^{53}tsɿ^{0} 连把肚子 lian^{42}pa^{0}təu^{53}tsɿ^{0}	腿肚子 tʰei^{53}təu^{53}tsɿ^{0} 连把肚子 ȵian^{21}pa^{0}təu^{53}tsɿ^{0}
胫骨	腿梁子 tʰuei^{53} liaŋ^{35}tsɿ^{0} 腿扳峠 tʰuei^{53}pan^{31}tɕʰia^{0}	梁儿杆 lian^{32}ər^{0} kan^{55} 腿梁子 tʰei^{55}liaŋ^{32}tsɿ^{0}	梁儿杆 liar^{42}kan^{55}	梁儿杆 liaŋ^{42}ər^{23}kan^{53}	梁儿杆 ȵiaŋ^{21}ər^{23}kan^{53}
膝盖	磕膝巴子 kʰɤ^{31}tɕʰi^{0}pa^{31}tsɿ^{0} 膝子盖 tɕʰi^{31}tsɿ^{53}kæ^{44}	磕膝包儿 kʰɤ^{42}tɕʰi^{0}paur^{42}	磕膝包儿 kʰε^{31}tɕʰi^{0}paur^{31}	膝盖 tɕʰi^{42}kai^{213} 磕膝包 kʰo^{45}tɕʰi^{0}pau^{45}	膝盖 tɕʰi^{21}kai^{213} 磕膝包 kʰuo^{34}tɕʰi^{0}pau^{34}
胯骨	胯骨 kʰua^{53}ku^{31}	胯骨 kʰua^{55}ku^{42}	胯骨 kʰua^{55}ku^{31}	胯骨 kʰua^{53}ku^{42}	胯骨 kʰua^{53}ku^{21}

续表

方言点 词目	中原官话区	混合 1 区	江淮官话区	混合 3 区	西南官话区
	汉滨	县河	茅坪	石泉	紫阳
裆	裆 taŋ^{31} 裤裆 kʰu^{44}taŋ^{31}	髂裆 kʰa^{23}taŋ^{42}	髂裆 kʰa^{23}taŋ^{31}	长裆 tʂʰaŋ^{42}taŋ^{45} 髂裆 kʰa^{23}taŋ^{45}	髂裆 kʰa^{23}taŋ^{34}
屁股	尻渠子 kəu^{31}tɕʰy^{35}tsɿ^{0} 尻子 kəu^{31}tsɿ^{0} 屁股 pʰi^{44}ku^{53}	尻子 kəu^{42}tsɿ^{0} 屁股 pʰi^{23}ku^{55}	尻子 kou^{31}tsɿ^{0} 屁股 pʰi^{23}ku^{55}	尻子 kəu^{45}tsɿ^{0} 屁股 pʰi^{23}ku^{53}	尻子 kəu^{34}tsɿ^{0} 屁股 pʰi^{23}ku^{53}
肛门	屁股眼儿 pʰi^{44} ku^{31}iar^{53} 尻门子 kəu^{31}mən^{35}tsɿ^{0}	屁股眼儿 pʰi^{23} ku^{31}iar^{55} 尻门子 kəu^{42}mən^{32}tsɿ^{0}	屁眼儿 pʰi^{23}ŋar^{55} 尻门子 kou^{31} mən^{42}tsɿ^{0}	屁眼儿 pʰi^{23}iar^{53} 尻门子 kəu^{45} mən^{42}tsɿ^{0}	屁眼儿 pʰi^{23}iar^{53} 尻门子 kəu^{34} mən^{21}tsɿ^{0}
屁股蛋儿	尻蛋子 kəu^{31}tã^{44} tsɿ^{0} 屁股蛋儿 pʰi^{44}ku^{31}tar^{44}	尻蛋子 kəu^{42}tan^{23} tsɿ^{0} 屁股蛋儿 pʰi^{23}ku^{55}tar^{23}	尻蛋子 kou^{31}tan^{22}tsɿ^{0}	尻蛋子 kəu^{45}tan^{23}tsɿ^{0}	尻蛋子 kəu^{34}tan^{23}tsɿ^{0}
屁股沟儿	屁股凹凹儿 pʰi^{44}ku^{31}ua^{44}uar^{0}	屁股凹凹儿 pʰi^{23}ku^{55}ua^{23}uar^{0}	屁股丫丫儿 pʰi^{23}ku^{55}ŋa^{23}ŋar^{0}	屁股丫丫 pʰi^{23}ku^{53}ŋa^{23}ŋa^{0}	屁股丫丫 pʰi^{23}ku^{53}ia^{23}ia^{0}
光屁股	精尻子 tɕin^{35}kəu^{31}tsɿ^{0}	精尻子 tɕin^{42}kəu^{42}tsɿ^{0}	打屌髂 ta^{55}tʰiau^{55}kʰa^{23}	打屌髂 ta^{53}tʰiau^{53}kʰa^{213}	打屌髂 ta^{53}tʰiau^{53}kʰa^{213}
裸体，不着衣服	精尻摆裆 tɕin^{35} kəu^{31}pai^{53}taŋ^{31}	精尻摆裆 tɕin^{42} kəu^{42}pai^{55}taŋ^{42}	精光吊胯 tɕin^{31} kuaŋ^{31}tʰiau^{55}kʰa^{213}	精光吊胯 tɕin^{45} kuaŋ^{45}tʰiau^{53}kʰa^{213}	精光吊胯 tɕin^{34} kuaŋ^{34}tʰiau^{53}kʰa^{213}
尾骨	尾骨 uei^{53}ku^{31}	尾胫骨 uei^{55}tɕin^{43}ku^{42}	尾胫骨 uei^{55}tɕin^{31}ku^{31}	尾胫骨 uei^{53}tɕin^{45}ku^{42}	尾胫骨 uei^{53}tɕin^{34}ku^{21}
男阴	鸡娃子 tɕi^{31}ua^{35} tsɿ^{0} 球 tɕʰiəu^{35}	鸡娃子 tɕi^{42}ua^{32} tsɿ^{0} 球 tɕʰiəu^{312}	鸡娃子 tɕi^{31}ua^{42} tsɿ^{0} 球 tɕʰiou^{42}	鸡娃子 tɕi^{45}ua^{42} tsɿ^{0} 球 tɕʰiəu^{42}	鸡娃子 tɕi^{34}ua^{21} tsɿ^{0} 球 tɕʰiəu^{21}
睾丸	卵包子 luã^{53} pau^{31}tsɿ^{0} 卵籽 儿 luã^{53}tsər^{53}	卵包子 lan^{55} pau^{42}tsɿ^{0} 卵籽 儿 lan^{55}tsər^{55}	卵包子 lan^{55} pau^{31}tsɿ^{0} 卵籽 儿 lan^{55}tsər^{55}	卵包子 lan^{53}pau^{45}tsɿ^{0} 卵籽 lan^{53}tsɿ^{53}	卵包子 nan^{53}pau^{34}tsɿ^{0} 卵籽 lan^{53}tsɿ^{53}
赤子阴	牛牛儿 ȵiəu^{35} ȵiəur^{0} 雀雀儿 tɕʰyo^{53}tɕʰyor^{0} 鸡鸡儿 tɕi^{31}tɕiər^{0}	牛牛儿 ȵiəu^{32} ȵiəur^{0} 雀雀儿 tɕʰyo^{55}tɕʰyor^{0} 鸡鸡儿 tɕi^{42}tɕiər^{0}	鸡鸡儿 tɕi^{31}tɕiər^{0} 雀雀儿 tɕʰio^{55}tɕʰior^{0}	鸡鸡 tɕi^{45}tɕi^{45} 雀娃儿 tɕʰio^{53}uar^{0}	鸡鸡 tɕi^{34}tɕi^{34} 雀娃儿 tɕʰyo^{53}uar^{0}

续表

方言点 词目	中原官话区	混合 1 区	江淮官话区	混合 3 区	西南官话区
	汉滨	县河	茅坪	石泉	紫阳
女阴	屄 pi^{31}/pʰi^{31} 下身 ɕia^{44}ʂə̃^{31}	屄 pi^{42}/pʰi^{42} 启妈子 tɕʰi^{55}ma^{42}ʦɿ^{0} 下身 ɕia^{23}ʂən^{42}	屄 pi^{31}/pʰi^{31} 启妈子 tɕʰi^{55}ma^{31}ʦɿ^{0} 下身 ɕia^{22}ʂən^{31}	屄 pi^{45}/pʰi^{45} 麻屄 ma^{42}pʰi^{45} 启妈子 tɕʰi^{53}ma^{45} ʦɿ^{0} 下身 ɕia^{23}ʂən^{45}	屄 pi^{34}/pʰi^{34} 麻屄 ma^{21}pʰi^{34} 启妈子 tɕʰi^{53}ma^{34} ʦɿ 下身 ɕia^{23}ʂən^{34}
交合	肏屄 ʐʅ^{35}pʰi^{31}	肏屄 ʐʅ^{42}pʰi^{42} 搞启妈子 kau^{55} tɕʰi^{55}ma^{42}ʦɿ^{0}	肏屄 ʐʅ^{31}pʰi^{31} 搞启妈子 kau^{55} tɕʰi^{55}ma^{31}ʦɿ^{0}	肏屄 ʐʅ^{42}pʰi^{45} 搞启妈子 kau^{53} tɕʰi^{53}ma^{45}ʦɿ^{0}	肏屄 ʐʅ^{21}pʰi^{34} 搞启妈子 kau^{53} tɕʰi^{53}ma^{34}ʦɿ^{0}
精液	㞞 suŋ^{35}	㞞 suŋ^{32}	㞞 səŋ^{42}	㞞 suŋ^{42}	㞞 soŋ^{21} 㞞水 suŋ^{21}ʂuei^{53}
脚腕子	脚腕子 tɕyo^{31}uan^{53}tsɿ^{0}	脚腕子 tɕyo^{42}uan^{55}tsɿ^{0}	脚颈子 tɕio^{31}tɕin^{55}tsɿ^{0}	脚颈颈 tɕio^{42} tɕin^{53}tɕin^{0}	脚颈颈 tɕyo^{21} tɕin^{53}tɕin^{0}
脚颈后部	脚缆筋 tɕyo^{31}lan^{53}tɕin^{31}	脚缆筋 tɕyo^{42}lan^{55}tɕin^{42}	脚缆筋 tɕio^{31}lan^{55}tɕin^{31}	脚缆盘 tɕio^{42}lan^{53}pʰan^{42}	脚缆盘 tɕyo^{21}lan^{53}pʰan^{21}
踝骨	螺丝骨 luo^{35}sɿ^{0}ku^{31}	螺丝骨 luo^{32}sɿ^{0}ku^{42}	螺丝骨 lo^{42}sɿ^{0}ku^{31}	螺丝骨 lo^{42}sɿ^{0}ku^{42}	螺丝骨 nuo^{21}sɿ^{0}ku^{21}
脚	脚 tɕyo^{31}	脚 tɕyo^{42} 脚片子 tɕyo^{42}pʰian ^{55}ʦɿ^{0}	脚 tɕio^{31} 脚片子 tɕio^{42}pʰian^{55}ʦɿ^{0}	脚 tɕio^{42} 脚片子 tɕio^{42}pʰian^{53}ʦɿ^{0}	脚 tɕyo^{21} 脚片子 tɕyo^{21}pʰian^{53}ʦɿ^{0}
赤脚	精片儿脚 tɕin^{31} pʰiar^{53}tɕyo^{31}	精片儿脚 tɕin^{42} pʰiar^{55}tɕyo^{42}	赤脚片子 tʂʰʅ^{31} tɕio^{31}pʰian^{55}tsɿ^{0}	赤脚片子 tʂʰʅ^{45} tɕio^{42}pʰian^{53}tsɿ^{0}	赤脚片子 tʂʰʅ^{21} tɕyo^{21}pʰian^{53}tsɿ^{0}
脚背	脚背 tɕyo^{31}pei^{44}	脚背 tɕyo^{42}pei^{223}	脚背 tɕio^{31}pei^{213}	脚背 tɕio^{42}pei^{213}	脚背 tɕyo^{21}pei^{213}
脚掌	脚掌 tɕyo^{31}tʂaŋ^{53}	脚板 tɕyo^{42}pan^{55} 脚巴掌 tɕyo^{42}pa^{0}tʂaŋ^{55}	脚板 tɕio^{31}pan^{55} 脚巴掌 tɕio^{31}pa^{0}tʂaŋ^{55}	脚板 tɕio^{42}pan^{53} 脚巴掌 tɕio^{42}pa^{0}tʂaŋ^{53}	脚板 tɕyo^{21}pan^{53} 脚巴掌 tɕyo^{21}pa^{0}tʂaŋ^{53}
脚心	脚板心 tɕyo^{35}pã^{53}ɕin^{31}	脚板心 tɕyo^{42}pan^{55}ɕin^{42}	脚板心 tɕio^{31}pan^{55}ɕin^{31}	脚板心 tɕio^{42}pan^{53}ɕin^{45}	脚板心 tɕyo^{21}pan^{53}ɕin^{34}

续表

方言点 / 词目	中原官话区	混合 1 区	江淮官话区	混合 3 区	西南官话区
	汉滨	县河	茅坪	石泉	紫阳
脚尖	脚尖 tɕyo^{35}tɕiã^{31}	脚尖 tɕyo^{42}tɕian^{42}	脚尖 tɕio^{31}tɕian^{31}	脚尖 tɕio^{42}tɕian^{45}	脚尖 tɕyo^{21}tɕian^{34}
脚趾头	脚趾头儿 tɕyo^{35}tʂʅ^{31}tʰəur^{0}	脚趾头儿 tɕyo^{42}tʂʅ^{42}tʰəur^{0}	脚趾头儿 tɕio^{31}tʂʅ^{31}tʰour^{0}	脚趾头 tɕio^{42}tʂʅ^{42}tʰəu^{0}	脚趾头 tɕyo^{21}tʂʅ^{21}tʰəu^{0}
脚趾甲	脚趾甲 tɕyo^{35}tʂʅ^{31}tɕia^{31}	脚趾甲 tɕyo^{42}tʂʅ^{42}tɕia^{42}	脚趾甲 tɕio^{31}tʂʅ^{31}tɕia^{31}	脚趾甲 tɕio^{42}tʂʅ^{42}tɕia^{45}	脚趾甲 tɕyo^{21}tʂʅ^{21}tɕia^{34}
脚腰	脚腰 tɕyo^{35}iau^{31}	脚腰 tɕyo^{42}iau^{42}	脚腰 tɕio^{31}iau^{31}	脚腰 tɕio^{42}iau^{45}	脚腰 tɕio^{21}iau^{34}
脚跟	脚后跟儿 tɕyo^{31}xəu^{44}kər^{31}	脚后跟儿 tɕyo^{42}xəu^{23}kər^{42}	脚后跟儿 tɕio^{31}xou^{22}kər^{31}	脚后跟 tɕio^{42}xəu^{23}kən^{45}	脚后跟 tɕyo^{21}xəu^{23}kən^{34}
鸡眼	鸡眼 tɕi^{31}iã^{53}	鸡眼儿 tɕi^{42}iar^{55}	鸡眼儿 tɕi^{31}iar^{55}	鸡眼 tɕi^{45}ian^{53}	鸡眼 tɕi^{34}ian^{53}
胸脯	胸脯 ɕyŋ^{31}pʰu^{35}	胸脯 ɕiuŋ^{42}pʰu^{0}	胸脯 ɕiəŋ^{31}pʰu^{0}	胸腔子 ɕiuŋ^{45}tɕʰiaŋ^{45}tsʅ^{0}	胸腔子 ɕyŋ^{34}tɕʰiaŋ^{34}tsʅ^{0}
胸窝	心窝儿 ɕin^{35}uor^{31}	心口儿 ɕin^{42}kʰəur^{55}	心口儿 ɕin^{31}kʰour^{55}	心门口 ɕin^{45} mən^{42}kʰəu^{53} 心窝 ɕin^{45}uo^{45}	心门口 ɕin^{34} mən^{21}kʰəu^{53} 心窝 ɕin^{34}uo^{34}
乳房	奶奶 læ^{53}læ^{0}	奶 lai^{55} 奶包子 lai^{55}pau^{42}tsʅ^{0}	奶 lai^{55} 奶包子 lai^{55}pau^{31}tsʅ^{0}	奶子 lai^{53}tsʅ^{0}	奶子 nai^{53}tsʅ^{0}
胸肌	奶膀子 læ^{53}pʰaŋ^{35}tsʅ^{0}	奶膀子 lai^{55}pʰaŋ^{32}tsʅ^{0}	奶膀子 lai^{55}pʰaŋ^{42}tsʅ^{0}	奶膀子 lai^{53}pʰaŋ^{42}tsʅ^{0}	奶膀子 nai^{53}pʰaŋ^{21}tsʅ^{0}
比喻老年妇女的干瘪乳房	上墙 ʂaŋ^{44}tɕʰiaŋ^{35}	上墙 ʂaŋ^{23}tɕʰiaŋ^{312}	上墙 ʂaŋ^{22}tɕʰiaŋ^{42}	上墙 ʂaŋ^{23}tɕʰiaŋ^{42}	上墙 ʂaŋ^{23}tɕʰiaŋ^{21}
肋骨	腔子骨 tɕiaŋ^{31}tsʅ^{0}ku^{31}	腔子骨 tɕiaŋ^{42}tsʅ^{0}ku^{42}	肋巴骨 lɛ^{31}pa^{31}ku^{31}	肋骨 le^{42}ku^{45}	肋骨 ne^{21}ku^{34}

续表

方言点 / 词目	中原官话区	混合 1 区	江淮官话区	混合 3 区	西南官话区
	汉滨	县河	茅坪	石泉	紫阳
奶汁	奶水 læ^{53}fei^{53}	奶水 lai^{55}fei^{55}	奶水 lai^{55}ʂɥei^{55}	奶水 lai^{53}ʂɥei^{53}	奶水 nai^{53}ʂuei^{53}
肚子	肚子 tu^{44}tsɿ^{0}	肚子 təu^{223}tsɿ^{0}	肚子 tou^{55}tsɿ^{0}	肚子 təu^{53}tsɿ^{0}	肚子 təu^{53}tsɿ^{0}
小腹	小肚子 ɕiau^{53}tu^{44}tsɿ^{0}	小肚子 ɕiau^{55}təu^{223}tsɿ^{0}	小肚子 ɕiau^{55}tou^{55}tsɿ^{0}	小肚子 ɕiau^{53}təu^{53}tsɿ^{0}	小肚子 ɕiau^{53}təu^{53}tsɿ^{0}
肚脐眼	肚脐眼儿 tu^{44}tɕʰi^{35}iar^{53} 肚母脐儿 təu^{44}mu^{0}tɕhir^{35}	肚母脐儿 təu^{23}mu^{0}tɕhir^{312}	肚麻脐儿 tou^{22}ma^{0}tɕʰiər^{42}	肚不脐子 təu^{23}pu^{0}tɕʰi^{42}tsɿ^{0} 肚脐眼儿 təu^{23}tɕʰi^{42}iar^{53}	肚不脐子 təu^{23}pu^{0}tɕʰi^{21}tsɿ^{0} 肚脐眼儿 təu^{23}tɕʰi^{21}iar^{53}
腰	腰 iau^{31} 腰杆 iau^{31}kã^{53}	腰 iau^{42} 腰杆 iau^{42}kan^{55}	腰 iau^{31} 腰杆 iau^{31}kan^{55}	腰杆 iau^{45}kan^{53}	腰杆 iau^{34}kan^{53}
指纹	指纹 tʂʅ^{53}uə̃^{35}	指纹 tʂʅ^{55}uən^{312}	指纹 tʂʅ^{55}uən^{42}	指纹 tʂʅ^{53}uən^{42}	指纹 tʂʅ^{53}uən^{21}
脊背	脊背 tɕi^{31}pei^{44} 脊梁 tɕi^{31}liaŋ^{35}	脊背 tɕi^{42}pei^{223} 背心 pei^{23}ɕin^{42}	背 pei^{213} 背心 pei^{23}ɕin^{31}	背壳壳 pei^{23} kʰo^{42}kʰo^{42}	背壳壳 pei^{23} kʰuo^{21}kʰuo^{21}
脊梁骨	脊梁骨 tɕi^{31}liaŋ^{35}ku^{31}	脊梁骨 tɕi^{42}liaŋ^{32}ku^{42}	背梁筋 pei^{23}liaŋ^{42}tɕin^{31} 背梁骨 pei^{23}liaŋ^{42}ku^{31}	背梁筋 pei^{23}liaŋ^{42}tɕin^{45} 背梁骨 pei^{23}liaŋ^{42}ku^{42}	背梁筋 pei^{23}ȵiaŋ^{21}tɕin^{34} 背梁骨 pei^{23}ȵiaŋ^{21}ku^{21}
头发旋儿	头旋 thəu^{35}ɕyã^{35}	头旋 thəu^{32}ɕyan^{312}	头旋 thou^{42}ɕian^{213}	旋儿 ɕiar^{213}	旋儿 ɕyar^{213}
斗 圆形指纹	斗 təu^{53}	斗 təu^{55}	脶儿 lor^{42}	脶儿 lor^{42}	斗 təu^{53}
箕 箕形指纹	筲箕 ʂau^{31}tɕi^{31}	筲箕 ʂau ^{42}tɕi^{42}	筲箕 ʂau ^{31}po^{0}	筲箕 ʂau ^{45}tɕi^{0}	筲箕 ʂau ^{34}tɕi^{0}

续表

方言点 / 词目	中原官话区	混合 1 区	江淮官话区	混合 3 区	西南官话区
	汉滨	县河	茅坪	石泉	紫阳
寒毛	寒毛 xã^{35}mau^{35}	寒毛 xan^{32}mau^{312}	寒毛 xan^{42}mau^{42}	寒毛 xan^{42}mau^{42}	寒毛 xan^{21}mau^{21}
毛孔	毛眼儿 mau^{35}ȵiar^{53}	毛眼儿 mau^{32}ȵiar^{55}	毛眼儿 mau^{42}ŋar^{55}	毛眼儿 mau^{42}ŋar^{53}	毛眼儿 mau^{21}iar^{53}
痣	痣 tʂʅ^{44}	痣 tʂʅ^{223}	痣 tʂʅ^{213}	痣 tʂʅ^{213}	痣 tʂʅ^{213}
骨	骨头 ku^{31}tʰəu^{0}	骨头 ku^{42}tʰəu^{0}	骨头 ku^{31}tʰou^{0}	骨头 ku^{42}tʰəu^{0}	骨头 ku^{21}tʰəu^{0}
筋	筋 tɕin^{31}	筋 tɕin^{42}	筋 tɕin^{31}	筋 tɕin^{45}	筋 tɕin^{34}
血	血 ɕie^{31}	血 ɕie^{42}	血 ɕiɛ^{31}	血 ɕie^{42}	血 ɕie^{21}
血管	血管儿 ɕie^{31}kuar^{44}	血管儿 ɕie^{42}kuar^{55}	血管儿 ɕiɛ^{31}kuar^{55}	血管儿 ɕie^{42}kuar^{53}	血管儿 ɕie^{21}kuar^{53}
脉	脉 me^{31} 血脉 ɕie^{35}mei^{0}	脉 me^{42} 血脉 ɕie^{42}me^{0}	脉 mɛ^{31} 血脉 ɕiɛ^{31}mɛ^{0}	脉 me^{42} 血脉 ɕie^{42}me^{0}	脉 me^{21} 血脉 ɕie^{21}me^{0}
五脏	五脏 u^{53}tsaŋ^{44}	五脏 u^{55}tsaŋ^{223}	五脏 u^{55}tsaŋ^{22}	五脏 u^{53}tsaŋ^{213}	五脏 u^{53}tsaŋ^{213}
心	心 ɕin^{31}	心 ɕin^{42}	心 ɕin^{31}	心 ɕin^{45}	心 ɕin^{34}
肝	肝子 kã^{31}tsʅ^{0}	肝子 kan^{42}tsʅ^{0}	肝子 kan^{31}tsʅ^{0}	肝子 kan^{45}tsʅ^{0}	肝子 kan^{34}tsʅ^{0}
肺	肺 fei^{44}	肺 fei^{223}	心肺 ɕin^{31}fei^{213}	心肺 ɕin^{45}fei^{213}	心肺 ɕin^{34}fei^{213}

续表

词目＼方言点	中原官话区	混合 1 区	江淮官话区	混合 3 区	西南官话区
	汉滨	县河	茅坪	石泉	紫阳
胆	胆 tã^{53}	苦胆 kʰu^{55}tan^{55}	苦胆 kʰu^{55}tan^{55}	胆 tan^{53}	胆 tan^{53}
脾	连贴 liã^{35}tʰie^{31}	盐贴 ian^{32}tʰie^{42}	盐贴 ian^{42}tʰiɛ^{31}	盐贴 ian^{42}tʰie^{45}	盐贴 ian^{21}tʰie^{34}
胃	肚子 tu^{44}tsɿ^{0}	肚子 təu^{44}tsɿ^{0}	肚子 tou^{55}tsɿ^{0}	肚子 təu^{53}tsɿ^{0}	肚子 təu^{53}tsɿ^{0}
肾	肾 ʂə̃^{44} 腰子 iau^{31}tsɿ^{0}	腰子 iau^{42}tsɿ^{0}	腰子 iau^{31}tsɿ^{0}	腰子 iau^{45}tsɿ^{0}	腰子 iau^{34}tsɿ^{0}
肠	肠子 tʂʰaŋ^{35}tsɿ^{0}	肠子 tʂʰaŋ^{32}tsɿ^{0}	肠子 tʂʰaŋ^{42}tsɿ^{0}	肠子 tʂʰaŋ^{42}tsɿ^{0}	肠子 tʂʰaŋ^{21}tsɿ^{0}
盲肠	盲肠 maŋ^{35}tʂʰaŋ^{35}	盲肠 maŋ^{32}tʂʰaŋ^{32}	盲肠 maŋ^{42}tʂʰaŋ^{42}	盲肠 maŋ^{42}tʂʰaŋ^{42}	盲肠 maŋ^{21}tʂʰaŋ^{21}
膀胱	尿脬 ȵiau^{44}pʰau^{0}	尿脬 ȵiau^{23}pʰau^{0}	尿脬 ȵiau^{22}pʰau^{0}	尿脬 ȵiau^{23}pʰau^{0}	尿脬 ȵiau^{23}pʰau^{0}

十二　疾病、医疗

词目＼方言点	中原官话区	混合 1 区	江淮官话区	混合 3 区	西南官话区
	汉滨	县河	茅坪	石泉	紫阳
病了	害病咧 xæ^{44}piŋ^{44}lie^{0}	害病 xai^{23}pin^{223}	害病 xai^{22}pin^{22}	害病 xai^{23}pin^{213}	害病 xai^{23}pin^{213}
小孩生病的隐晦说	变狗 piã^{44}kəu^{53}	变狗 pian^{23}kəu^{55}	变狗 pian^{23}kou^{55}	变狗 pian^{23}kəu^{53}	变狗 pian^{23}kəu^{53}

续表

方言点 词目	中原官话区	混合 1 区	江淮官话区	混合 3 区	西南官话区
	汉滨	县河	茅坪	石泉	紫阳
小病	不自在 pu^{31}tsɿ^{44} tsæ^{0} 不好过 pu^{31}xau^{53}kuo^{44}	不好过 pu^{42}xau^{55}kuo^{223}	不好过 pu^{31}xau^{55}ko^{213}	不自在 pu^{45}tsɿ^{23} tsai^{23} 不好过 pu^{45}xau^{53}ko^{213}	不自在 pu^{34}tsɿ^{23} tsai^{23} 不好过 pu^{34}xau^{53}kuo^{213}
重病	病重咧 pin^{44}pfəŋ^{44}lie^{0}	大病 ta^{23}pin^{23} 不好得很 pu^{42}xau^{55}ti^{0}xən^{55}	大病 ta^{22}pin^{22} 不好得很 pu^{31}xau^{55}ti^{0}xən^{55}	大病 ta^{23}pin^{213} 不好得很 pu^{45}xau^{53}ti^{0}xən^{53}	大病 ta^{23}pin^{213} 不好得很 pu^{34}xau^{53}ti^{0}xən^{53}
昏迷	人事不知 ʐə̃^{35}ʂɿ^{44}pu^{35}tʂɿ^{31}	人事不知 ʐən^{32}sɿ^{23}pu^{42}tʂɿ^{42}	人事不知 ʐən^{42}sɿ^{22}pu^{31}tʂɿ^{31}	人事不知 ʐən^{42}sɿ^{23}pu^{0}tʂɿ^{45}	人事不知 ʐən^{21}sɿ^{23}pu^{0}tʂɿ^{34}
休克	打闷头 ta^{53}mə̃^{44}tʰəu^{0}	打闷头 ta^{55}mən^{23}tʰəu^{0}	打闷头 ta^{55}mən^{22}tʰou^{0}	打闷头 ta^{53}mən^{23}tʰəu^{0}	打闷头 ta^{53}mən^{23}tʰəu^{0}
病人状态不好	麻达 ma^{35}ta^{0} 不太好 pu^{31}tʰæ^{44}xau^{53}	不太好 pu^{42}tʰai^{23}xau^{55}	不太好 pu^{31}tʰai^{23}xau^{55}	麻达 ma^{42}ta^{0}	麻达 ma^{21}ta^{0}
病轻了	松活些了 suŋ^{31}xuo^{31}ɕie^{53}liau^{0}	松活些了 suŋ^{42}xuo^{32}ɕie^{55}liau^{0}	松活些了 suŋ^{31}xo^{42}ɕiɛ^{55}liau^{0}	松活些了 suŋ^{45}xo^{42}ɕie^{53}liau^{0}	松活些了 suŋ^{34}xuo^{21}ɕie^{53}nau^{0}
病情开始转好	强些了 tɕʰiaŋ^{35}ɕie^{44}liau^{0} 好点儿了 xau^{53}tiar^{53}liau^{0}	强些了 tɕʰiaŋ^{32}ɕie^{55}liau^{0} 好点儿了 xau^{55}tiar^{55}liau^{0}	强些了 tɕʰiaŋ^{42}ɕiɛ^{55}liau^{0} 好点儿了 xau^{55}tiar^{55}liau^{0}	强些了 tɕʰiaŋ^{42}ɕie^{53}liau^{0} 好点儿了 xau^{53}tiar^{53}liau^{0}	强些了 tɕʰiaŋ^{21}ɕie^{53}nau^{0} 好点儿了 xau^{53}tiar^{53}liau^{0}
病好了	病好了 pin^{44}xau^{53}liau^{0}	病好了 pin^{23}xau^{55}liau^{0}	病好了 pin^{22}xau^{55}liau^{0}	利索了 li^{23}so^{45}liau^{0}	利索了 ȵi^{23}suo^{34}nau^{0}
请医生	请先生 tɕʰiŋ^{53} xiã^{31}ʂə̃^{31} 请医生 tɕʰin^{53}i^{31}ʂə̃^{31}	请先生 tɕʰin^{55} xian^{42}sən^{0} 请医生 tɕʰin^{55}i^{42}sən^{0}	请先生 tɕʰin^{55}xian^{31}sən^{0}	请先生 tɕʰin^{53} xian^{45}sən^{0} 请医生 tɕʰin^{53}i^{45}sən^{0}	请先生 tɕʰin^{53} xian^{34}sən^{0} 请医生 tɕʰin^{53}i^{34}sən^{0}
诊断和医病	治病 tʂɿ^{44}pin^{44} 看病 kʰã^{44}pin^{44}	看病 kʰan^{23}pin^{223}	看病 kʰan^{23}pin^{22}	看病 kʰan^{23}pin^{213}	看病 kʰan^{23}pin^{213}

续表

方言点 词目	中原官话区	混合 1 区	江淮官话区	混合 3 区	西南官话区
	汉滨	县河	茅坪	石泉	紫阳
号脉	号脉 xau^{44}me^{31} 把脉 pa^{53}me^{31}	号脉 xau^{23}me^{42} 摸脉 mə^{42}me^{42} 把脉 pa^{55}me^{42}	号脉 xau^{23}mɛ^{31} 摸脉 mo^{31}mɛ^{31} 把脉 pa^{55}mɛ^{31}	号脉 xau^{23}me^{42} 摸脉 mo^{42}me^{42} 把脉 pa^{53}me^{42}	号脉 xau^{23}me^{21} 摸脉 muo^{21}me^{21} 把脉 pa^{53}me^{21}
开药方子	开单子 kʰæ^{35}tã^{31}tsɿ^{0} 开方子 kʰæ^{35}faŋ^{31}tsɿ^{0}	开单子 kʰai^{42}tan^{42}tsɿ^{0}	开单子 kʰai^{31}tan^{31}tsɿ^{0}	开单子 kʰai^{45}tan^{45}tsɿ^{0}	开单子 kʰai^{34}tan^{34}tsɿ^{0}
偏方儿	偏方儿 pʰiã^{35}faŋr^{31} 单方儿 tã^{35}faŋr^{31}	偏方儿 pʰian^{42}faŋr^{42} 单方儿 tan^{42}faŋr^{42}	偏方儿 pʰian^{31}faŋr^{31} 单方儿 tan^{31}faŋr^{31}	偏方儿 pʰian^{45}faŋr^{45} 单方儿 tan^{45}faŋr^{45}	偏方儿 pʰian^{34}faŋr^{34} 单方儿 tan^{34}faŋr^{34}
抓药	检药 tɕiã^{53}yo^{31}	抓药 pfa^{42}yo^{42} 检药 tɕian^{55}yo^{42}	抓药 tʂɥa^{31}io^{31} 检药 tɕian^{55}io^{31}	抓药 tʂɥa^{45}io^{42} 检药 tɕian^{53}io^{42}	抓药 tʂua^{34}yo^{21} 检药 tɕian^{53}yo^{21}
买药	买药 mæ^{53}yo^{31}	买药 mai^{55}yo^{42}	买药 mai^{55}io^{31}	买药 mai^{53}io^{42}	买药 mai^{53}yo^{21}
药铺	药铺 yo^{31}pʰu^{44}	药铺 yo^{42}pʰu^{223}	药铺 io^{31}pʰu^{213}	药铺 io^{42}pʰu^{213}	药铺 yo^{21}pʰu^{213}
药房	药房 yo^{31}faŋ^{35}	药房 yo^{42}faŋ^{312}	药房 io^{31}faŋ^{42}	药房 io^{42}faŋ^{42}	药房 yo^{21}faŋ^{21}
药引子	药引子 yo^{31}in^{53}tsɿ^{0}	药引子 yo^{42}in^{55}tsɿ^{0}	药引子 io^{31}in^{55}tsɿ^{0}	药引子 io^{42}in^{53}tsɿ^{0}	药引子 yo^{21}in^{53}tsɿ^{0}
药罐子	药罐儿 yo^{31}kuar^{44}	药罐儿 yo^{42}kuar^{223}	药罐儿 io^{31}kuar^{213}	药罐子 io^{42}kuan^{23}tsɿ^{0}	药罐子 yo^{21}kuan^{23}tsɿ^{0}
煎药	熬药 ŋau^{35}yo^{31} 煎药 tɕiã^{35}yo^{31}	熬药 ŋau^{32}yo^{42} 煎药 tɕian^{42}yo^{42}	熬药 ŋau^{42}io^{31}	熬药 ŋau^{42}io^{42}	熬药 ŋau^{21}yo^{21}
药膏	药膏儿 yo^{35}kaur^{31}	药膏子 yo^{42}kau^{42}tsɿ^{0}	药膏子 io^{31}kau^{31}tsɿ^{0}	药膏子 io^{42}kau^{45}tsɿ^{0}	药膏子 yo^{21}kau^{34}tsɿ^{0}

续表

方言点 词目	中原官话区	混合 1 区	江淮官话区	混合 3 区	西南官话区
	汉滨	县河	茅坪	石泉	紫阳
膏药	膏药 kau^{31}yo^{31}	膏药 kau^{42}yo^{42}	膏药 kau^{31}io^{0}	膏药 kau^{45}io^{0}	膏药 kau^{34}yo^{21}
药面儿	药面面儿 yo^{31}miã^{44}miar^{0}	药面面儿 yo^{42}mian^{23}miar^{0}	药面面儿 io^{31}mian^{22}miar^{0}	药面面 io^{42}mian^{23}mian^{0}	药面面 yo^{21}mian^{23}mian^{0}
搽药膏	抹药 mə^{53}yo^{31}	抹药 mə^{55}yo^{42}	抹药 mo^{55}io^{31}	抹药 mo^{53}io^{42}	抹药 mo^{53}yo^{21}
上药	上药 ʂaŋ^{44}yo^{31}	上药 ʂaŋ^{23}yo^{42}	上药 ʂaŋ^{22}io^{31}	上药 ʂaŋ^{23}io^{42}	上药 ʂaŋ^{23}yo^{21}
毒药	毒药 tu^{35}yo^{31} 痨药 lau^{44}yo^{31}	痨药 lau^{23}yo^{42}	痨药 lau^{22}io^{31}	痨药 lau^{23}io^{42}	痨药 nau^{23}yo^{21}
发汗	发汗 fa^{31}xã^{44}	发汗 fa^{42}xan^{23}	发汗 fa^{31}xan^{22}	发汗 fa^{42}xan^{213}	发汗 fa^{21}xan^{213}
去风	去风 tɕʰy^{44}fəŋ^{31}	去风 tɕʰy^{23}fəŋ^{42}	去风 tʂʰʯ^{23}fəŋ^{31}	去风 tʂʰʯ^{23}fəŋ^{45}	去风 tɕʰy^{23}fəŋ^{34}
去火	下火 ɕia^{44}xuo^{53} 败火 pai^{44}xuo^{53}	下火 ɕia^{23}xuo^{55} 败火 pai^{23}xuo^{55}	下火 ɕia^{22}xo^{55} 败火 pai^{22}xo^{55}	下火 ɕia^{23}xo^{53} 败火 pai^{23}xo^{53}	下火 ɕia^{23}xuo^{53} 败火 pai^{23}xuo^{53}
去湿	去湿气 tɕʰy^{44}ʂʅ^{31}tɕʰi^{0}	去湿气 tɕʰy^{23}ʂʅ^{42}tɕʰi^{0}	去湿气 tʂʰʯ^{23}ʂʅ^{31}tɕʰi^{0}	去湿气 tʂʰʯ^{23}ʂʅ^{42}tɕʰi^{213}	去湿气 tɕʰy^{23}ʂʅ^{21}tɕʰi^{213}
去毒	败毒 pæ^{44}tu^{35}	败毒 pai^{23}təu^{312}	败毒 pai^{22}tou^{42}	败毒 pai^{23}təu^{42}	败毒 pai^{23}təu^{21}
扎针	扎针 tʂa^{35}tʂə̃^{31}	扎针 tʂa^{42}tʂən^{42}	扎针 tʂa^{31}tʂən^{31}	扎针 tʂa^{42}tʂən^{45}	扎针 tʂa^{21}tʂən^{34}

续表

方言点/词目	中原官话区	混合 1 区	江淮官话区	混合 3 区	西南官话区
	汉滨	县河	茅坪	石泉	紫阳
拔火罐子	拔瓯罐子 pa^{35} $ŋəu^{31}kuã^{44}tsɿ^{0}$	拔瓯罐 $pa^{32}ŋəu^{42}kuan^{223}$	拔火罐 $pa^{42}xo^{55}kuan^{23}$	拔火罐子 pa^{42} $xo^{53}kuan^{23}tsɿ^{0}$	拔火罐子 pa^{21} $xuo^{53}kuan^{23}tsɿ^{0}$
发烧	发烧 $fa^{35}ʂau^{31}$	发烧 $fa^{42}ʂau^{42}$	发烧 $fa^{31}ʂau^{31}$	发烧 $fa^{42}ʂau^{45}$	发烧 $fa^{21}ʂau^{34}$
泻肚	拉肚子 $la^{31}tu^{53}tsɿ^{0}$ 跑肚子 $p^hau^{53}tu^{53}tsɿ^{0}$	跑肚子 $p^hau^{55}təu^{55}tsɿ^{0}$	跑肚子 $p^hau^{55}tou^{55}tsɿ^{0}$	拉肚子 $la^{45}təu^{53}tsɿ^{0}$ 拉稀 $la^{45}ɕi^{45}$	拉肚子 $na^{34}təu^{53}tsɿ^{0}$ 拉稀 $la^{34}ɕi^{34}$
用水枪喷射比喻严重腹泻	打滮枪 $ta^{53}piau^{31}tɕiaŋ^{31}$	打滮枪 $ta^{55}piau^{42}tɕiaŋ^{42}$	打滮枪 $ta^{55}piau^{31}tɕiaŋ^{31}$	打滮枪 $ta^{53}piau^{45}tɕiaŋ^{45}$	打滮枪 $ta^{53}piau^{34}tɕiaŋ^{34}$
发冷	害冷 $xæ^{44}ləŋ^{53}$ 冷噤 $ləŋ^{53}tɕin^{44}$	发冷噤 $fa^{42}lən^{55}tɕin^{223}$ 害冷 $xai^{23}lən^{55}$	发冷噤 $fa^{31}lən^{55}tɕin^{213}$ 害冷 $xai^{22}lən^{55}$	发冷 $fa^{42}lən^{53}$	发冷 $fa^{21}nən^{53}$
鸡皮疙瘩	鸡皮疙瘩 $tɕi^{31}pi^{35}kɤ^{31}ta^{0}$	鸡皮疙瘩 $tɕi^{42}pi^{32}kɤ^{42}ta^{0}$	鸡皮疙瘩 $tɕi^{31}pi^{42}kɛ^{31}ta^{0}$	鸡皮疙瘩 $tɕi^{45}pi^{42}ke^{42}ta^{0}$	鸡皮疙瘩 $tɕi^{34}pi^{21}ke^{21}ta^{0}$
伤风感冒	受凉咧 $ʂəu^{44}$ $liaŋ^{35}lie^{0}$ 凉咧 $liaŋ^{35}lie^{0}$	受凉了 $ʂəu^{23}liaŋ^{32}la^{0}$	受凉 $ʂou^{22}liaŋ^{42}$	受凉 $ʂou^{23}liaŋ^{42}$	受凉 $ʂou^{23}ȵiaŋ^{21}$
咳嗽	咳嗽 $k^hɤ^{31}səu^{44}$	咳嗽 $k^hɤ^{42}sou^{223}$	咯 k^ha^{55}	咳嗽 $k^he^{42}səu^{213}$	咳嗽 $k^he^{21}səu^{213}$
哮喘	气喘 $tɕ^hi^{44}pf^hæ^{53}$	气喘 $tɕ^hi^{23}pf^hai^{55}$	齁包子 $xou^{31}pau^{31}tsɿ^{0}$	齁包子 $xəu^{45}pau^{45}tsɿ^{0}$	齁包儿 $xəu^{34}paur^{0}$
中暑	受热咧 $ʂəu^{44}zɤ^{31}lie^{0}$	受热 $ʂəu^{23}zɤ^{42}$	受热 $ʂou^{22}ɥɛ^{31}$	受热了 $ʂəu^{23}ɥe^{42}liau^{0}$	受热了 $ʂəu^{23}ze^{21}liau^{0}$

续表

词目 \ 方言点	中原官话区	混合 1 区	江淮官话区	混合 3 区	西南官话区
	汉滨	县河	茅坪	石泉	紫阳
上火	上火 ʂaŋ^{44}xuo^{53}	上火 ʂaŋ^{23}xuo^{55}	上火 ʂaŋ^{22}xo^{55}	上火 ʂaŋ^{23}xo^{53}	上火 ʂaŋ^{23}xo^{53}
停食	食气 ʂʅ^{35}tɕʰi^{31} 吃倒咧 tʂʰʅ^{31}tau^{53}lie^{0}	隔到了 ke^{42}tau^{23} liau^{0} 饤到了 tin^{32}tau^{23}liau^{0}	隔到了 kɛ^{31}tau^{22} liau^{0} 饤到了 tin^{42}tau^{23}liau^{0}	隔到了 ke^{42}tau^{23} liau^{0} 饤到了 tin^{42}tau^{23}liau^{0}	隔到了 ke^{21}tau^{23} nau^{0} 饤到了 tin^{21}tau^{23}nau^{0}
消食	消食 ɕiau^{31}ʂʅ^{35}	消食 ɕiau^{42}ʂʅ^{312}	打食积 ta^{42}ʂʅ^{42}tɕi^{0}	消食 ɕiau^{45}ʂʅ^{42}	消食 ɕiau^{34}ʂʅ^{21}
肚子疼	肚子疼 tu^{53}tsɿ^{0}tʰəŋ^{44}	肚子疼 təu^{55}tsɿ^{0}tʰəŋ^{223}	肚子疼 tou^{55}tsɿ^{0}tʰoŋ^{23}	肚子疼 təu^{53}tsɿ^{0}tʰuŋ^{213}	肚子疼 təu^{53}tsɿ^{0}tʰuŋ^{213}
胸口疼	心口儿疼 ɕin^{31}kʰəur^{53}tʰəŋ^{44}	心口儿疼 ɕin^{42}kʰour^{55}tʰəŋ^{223}	心口儿疼 ɕin^{31}kʰour^{55}tʰəŋ^{23}	心口儿疼 ɕin^{45} kʰəur^{53}tʰuŋ^{213}	心口儿疼 ɕin^{34} kʰəur^{53}tʰuŋ^{213}
头晕	头昏 tʰəu^{35}xuə̃^{31}	头昏 tʰəu^{42} xuən^{42} 脑壳昏 lau^{55}kʰɤ^{0}xuən^{42}	脑壳昏 lau^{55} kʰo^{0}xuən^{31}	脑壳昏 lau^{53} kʰo^{0}xuən^{45}	脑壳昏 nau^{53} kʰuo^{0}xuən^{34}
晕车	晕车 yə̃^{35}tʂʰɤ^{31}	晕车 yən^{42}tʂʰɤ^{42}	晕车 ʮən^{31}tʂʰɛ^{31}	晕车 ʮən^{45}tʂʰe^{45}	晕车 yən^{34}tʂʰe^{34}
晕船	晕船 yə̃^{31}pfʰã^{35}	晕船 yən^{42}pfʰan^{312}	晕船 ʮən^{31}tʂʰʮan^{42}	晕船 ʮən^{45}tʂʰʮan^{42}	晕船 yən^{34}tʂʰuan^{21}
头疼	头疼 tʰəu^{35}tʰəŋ^{44}	脑壳疼 lau^{55}kʰɤ^{42}tʰəŋ^{223}	脑壳疼 lau^{55}kʰo^{31}tʰəŋ^{213}	脑壳疼 lau^{53}kʰo^{42}tʰuŋ^{213}	脑壳疼 nau^{53} kʰuo^{21}tʰuŋ^{213}
不想吃 吞不下	打哕 ta^{44}ya^{53}	打暴口 ta^{55}pau^{23}kʰəu^{55}	打暴口 ta^{55}pau^{23}kʰou^{55}	打暴口 ta^{53}pau^{23}kʰəu^{53}	打暴口 ta^{53}pau^{23}kʰəu^{53}
恶心	恶心 ŋɤ^{35}ɕin^{31} 想吐 ɕiaŋ^{53}tʰu^{53}	心里翻 ɕin^{42}li^{55}fan^{42}	心里翻 ɕin^{31}li^{55}fan^{31}	发翻 fa^{42}fan^{45}	发翻 fa^{21}fan^{34}

续表

词目＼方言点	中原官话区	混合 1 区	江淮官话区	混合 3 区	西南官话区
	汉滨	县河	茅坪	石泉	紫阳
吐了	吐了 tʰu^{53}liau^{0}	吐了 tʰəu^{55}liau^{0}	吐了 tʰou^{55}liau^{0}	哕了 ʯa^{53}liau^{0}	呕了 ŋəu^{53}liau^{0}
干哕	发哕 fa^{31}ya^{53}	干呕 kan^{42}ŋəu^{55}	干呕 kan^{31}ŋou^{55}	干呕 kan^{45}ŋəu^{53}	干呕 kan^{34}ŋəu^{53}
疝气	气卵子 tɕʰi^{23}luã^{44} tsɿ^{0} 气泡卵 tɕʰi^{44}pʰau^{31}luã^{53}	气泡卵 tɕʰi^{23}pʰau^{42}lan^{55}	气泡卵 tɕʰi^{23}pʰau^{31}lan^{55}	气包卵 tɕʰi^{23}pau^{45}lan^{53}	气包卵 tɕʰi^{23}pau^{34}lan^{53}
脱肛	脱肛 tuo^{35}kaŋ^{31}	脱肛 tuo^{42}kaŋ^{42}	吊肛 tiau^{23}kaŋ^{31}	脱肛 to^{45}kaŋ^{45}	脱肛 tuo^{34}kaŋ^{34}
子宫脱垂	吊茄子 tiau^{44}tɕʰie^{35}tsɿ^{0}	吊茄子 tiau^{23}tɕʰie^{32}tsɿ^{0}	吊茄子 tiau^{23}tɕʰiɛ^{42}tsɿ^{0}	吊茄子 tiau^{23}tɕʰie^{42}tsɿ^{0}	吊茄子 tiau^{23}tɕʰie^{21}tsɿ^{0}
发疟疾	打摆子 ta^{53}pæ^{53}tsɿ^{0}	打摆子 ta^{55}pai^{55}tsɿ^{0}	打摆子 ta^{55}pai^{55}tsɿ^{0}	打摆子 ta^{53}pai^{53}tsɿ^{0}	打摆子 ta^{53}pai^{53}tsɿ^{0}
霍乱	黑水泻 xei^{31}fei^{53}ɕiɛ^{44}	窝子病 uo^{42}ʦɿ^{0}pin^{23}	窝子病 uo^{31}ʦɿ^{0}pin^{22}	窝子病 uo^{45}ʦɿ^{0}pin^{213}	窝子病 uo^{34}ʦɿ^{0}pin^{213}
染病	染病 ʐã^{53}piŋ^{44}	惹病 ʐɤ^{55}pin^{223}	惹病 ʯɛ^{55}pin^{22}	惹病 ʯe^{53}pin^{213}	惹病 ʐe^{53}pin^{213}
麻疹	出癁子 pfʰu^{35}fu^{31}tsɿ^{0}	出癁子 pfʰu^{42}fu^{42}tsɿ^{0}	出癁子 tʂʰʯ^{31}fu^{31}tsɿ^{0}	出癁子 tʂʰʯ^{45}fu^{42}tsɿ^{0}	出癁子 tʂʰu^{34}fu^{21}tsɿ^{0}
水痘	出水痘子 pfʰu^{31} fei^{53}təu^{44}tsɿ^{0}	出水痘子 pfʰu^{42} fei^{55}təu^{23}tsɿ^{0}	出水痘子 tʂʰʯ^{31} ʂʯei^{55}tou^{22}tsɿ^{0}	出水痘子 tʂʰʯ^{45} ʂʯei^{53}təu^{23}tsɿ^{0}	出水痘子 tʂʰu^{34} ʂuei^{53}təu^{23}tsɿ^{0}
天花	出福彩 pfʰu^{31} fu^{35}ʦʰæ^{53} 出天花 pfʰu^{35}tʰã^{31}xua^{31}	出天花 pfʰu^{42} tʰan^{42}xua^{0}	出天花 tʂʰʯ^{31}tʰan^{31}xua^{0}	出麻子 tʂʰʯ^{45}ma^{42}tsɿ^{0}	出麻子 tʂʰu^{34}ma^{21}tsɿ^{0}

续表

词目＼方言点	中原官话区	混合 1 区	江淮官话区	混合 3 区	西南官话区
	汉滨	县河	茅坪	石泉	紫阳
种痘	种牛豆儿 pfəŋ^{44}ȵiəu^{35}təur^{44} 放苗 faŋ^{44}miau^{35}	种痘儿 pfəŋ^{23}təur^{223} 放苗 faŋ^{23}miau^{312}	种痘儿 tʂəŋ^{23}tour^{22}	种痘儿 tʂuŋ^{23}təur^{213}	种痘儿 tʂuŋ^{23}təur^{213} 放苗 faŋ^{23}miau^{21}
伤寒	伤寒 ʂaŋ^{31}xã^{35}	伤寒 ʂaŋ^{42}xan^{32}	伤寒 ʂaŋ^{31}xan^{42}	伤寒 ʂaŋ^{45}xan^{42}	伤寒 ʂaŋ^{34}xan^{21}
黄疸	黄疸肝炎 xuaŋ^{35}tã^{53}kã^{31}iã^{44}	黄病 xuaŋ^{32}pin^{223}	黄病 xuaŋ^{42}pin^{22}	黄病 xuaŋ^{42}pin^{213}	黄病 xuaŋ^{21}pin^{213}
肝炎	肝炎 kã^{31}iã^{44}	肝炎 kan^{42}ian^{223}	肝炎 kan^{31}ian^{213}	肝炎 kan^{45}ian^{213}	肝炎 kan^{34}ian^{213}
肺炎	肺炎 fei^{44}ia^{44}	肺炎 fei^{23}ian^{223}	肺炎 fei^{23}ian^{213}	肺炎 fei^{23}ian^{213}	肺炎 fei^{23}ian^{213}
胃病	肚子疼 tu^{53}tsɿ^{0} tʰuŋ^{44} 心口儿疼 ɕin^{31}kʰər^{53}tʰuŋ^{44}	肚子疼 təu^{55}tsɿ^{0}tʰuŋ^{223} 心口儿疼 ɕin^{45}kʰəur^{55}tʰuŋ^{223}	肚子疼 tou^{55}tsɿ^{0}tʰəŋ^{213} 心口儿疼 ɕin^{31}kʰour^{55}tʰəŋ^{213}	肚子疼 təu^{53}tsɿ^{0}tʰuŋ^{213} 心口儿疼 ɕin^{45}kʰəur^{53}tʰuŋ^{213}	肚子疼 təu^{53}tsɿ^{0}tʰuŋ^{213} 心口儿疼 ɕin^{34}kʰəur^{53}tʰuŋ^{213}
盲肠炎	盲肠炎 maŋ^{35}tʂʰaŋ^{35}iã^{44}	盲肠炎 maŋ^{32}tʂʰaŋ^{32}ian^{223}	盲肠炎 maŋ^{42}tʂʰaŋ^{42}ian^{213}	盲肠炎 maŋ^{42}tʂʰaŋ^{42}ian^{213}	盲肠炎 maŋ^{21}tʂʰaŋ^{21}ian^{213}
痨病	痨病 lau^{35}piŋ^{44}	肺痨病 fei^{23}lau^{32}pin^{223}	肺痨病 fei^{23}lau^{42}pin^{22}	肺痨病 fei^{23}lau^{42}pin^{213}	肺痨病 fei^{23}nau^{21}pin^{213}
遗精	跑阳 pʰau^{53}iaŋ^{35}	跑阳 pʰau^{55}iaŋ^{312}	跑阳 pʰau^{55}iaŋ^{42}	跑阳 pʰau^{53}iaŋ^{42}	跑阳 pʰau^{53}iaŋ^{21}
腹胀	肚子胀 tu^{53}tsɿ^{0}tʂaŋ^{44}	肚子胀 təu^{55}tsɿ^{0}tʂaŋ^{223}	肚子胀 tou^{55}tsɿ^{0}tʂaŋ^{213}	肚子胀 təu^{53}tsɿ^{0}tʂaŋ^{213}	肚子胀 təu^{53}tsɿ^{0}tʂaŋ^{213}
劳疾	劳伤 lau^{35}ʂaŋ^{31}	劳伤 lau^{32}ʂaŋ^{42}	劳伤 lau^{42}ʂaŋ^{31}	劳伤 lau^{42}ʂaŋ^{45}	劳伤 nau^{21}ʂaŋ^{34}

续表

方言点 词目	中原官话区	混合 1 区	江淮官话区	混合 3 区	西南官话区
	汉滨	县河	茅坪	石泉	紫阳
跌伤了	栽伤了 tsæ^{35}ʂaŋ^{31}liau^{0} 绊伤咧 pã^{53}ʂaŋ^{31}lie^{0}	绊伤了 pan^{55}ʂaŋ^{42}liau^{0}	绊坏了 pan^{55}xuai^{22}liau^{0}	绊伤了 pan^{53}ʂaŋ^{45}liau^{0}	绊伤了 pan^{53}ʂaŋ^{34}nau^{0}
碰伤	碰到了 pəŋ^{44}tau^{53}liau^{0}	碰到了 pʰəŋ^{23}tau^{55}liau^{0}	碰到了 pʰəŋ^{23}tau^{55}liau^{0}	碰到了 pʰuŋ^{23}tau^{53}liau^{0}	碰到了 pʰuŋ^{23}tau^{53}nau^{0}
蹭破皮儿	跐破皮 tsʰɿ^{53}pʰuo^{44}pʰi^{35}	跐破皮 tsʰɿ^{55}pʰə^{23}pʰi^{312}	跐破皮 tsʰɿ^{55}pʰo^{23}pʰi^{42}	跐破皮 tsʰɿ^{53}pʰo^{23}pʰi^{42}	跐破皮 tsʰɿ^{53}pʰuo^{23}pʰi^{21}
皮肤被划破	划了个口子 xua^{44}lie^{0}kɤ^{0} kʰəu^{53}tsɿ^{0}	划了个口子 xua^{23}lie^{0}kɤ^{0} kʰəu^{55}tsɿ^{0}	划了个口子 xua^{22}liau^{55}ko^{0} kʰou^{55}tsɿ^{0}	划了个口子 xua^{23}liau^{53}ko^{0} kʰəu^{53}tsɿ^{0}	划了个口子 xua^{23}ȵiau^{53}kuo^{0} kʰəu^{53}tsɿ^{0}
因伤病而误工	打坐工 ta^{53}tsuo^{44}kuŋ^{31}	打坐工 ta^{55}tsuo^{23}kuŋ^{42}	打坐工 ta^{55}tso^{22}kəŋ^{31}	坐营 tso^{23}in^{42}	坐营 tsuo^{23}in^{21}
出血	流血了 liəu^{35}ɕie^{31}lie^{0}	流血了 liəu^{32}ɕie^{42}liau^{0}	流血了 liou^{42}ɕiɛ^{31}liau^{0}	流血了 liəu^{42}ɕie^{42}liau^{0}	流血了 ȵiəu^{21}ɕie^{21}niau^{0}
淤血	淤血 y^{35}ɕie^{31}	淤血 y^{42}ɕie^{42}	淤血 ʮ^{31}ɕiɛ^{31}	淤血 ʮ^{42}ɕie^{42}	淤血 y^{21}ɕie^{21}
红肿	肿了 pfəŋ^{53}liau^{0}	肿了 pfəŋ^{55}liau^{0}	肿了 tʂəŋ^{55}liau^{0}	肿了 tʂuŋ^{53}liau^{0}	肿了 tʂuŋ^{53}nau^{0}
溃脓	化脓 xua^{44}luŋ^{35}	化脓 xua^{23}luŋ^{32}	化脓 xua^{23}ləŋ^{42}	化脓 xua^{23}luŋ^{42}	化脓 xua^{23}nuŋ^{21}
结痂	浸痂了 tɕʰin^{44}tɕia^{31}liau^{0}	结痂痂子 tɕie^{42}tɕia^{42}tɕia^{42}tsɿ^{0}	结痂痂子 tɕiɛ^{31}tɕia^{31}tɕia^{31}tsɿ^{0}	血壳壳 ɕie^{42}kʰo^{42}kʰo^{0}	血壳壳 ɕie^{21}kʰuo^{21}kʰuo^{0}
伤口愈合	交口了 tɕiau^{31}kʰəu^{53}liau^{0}	交口了 kau^{23}kʰəu^{55}liau^{0}	交口了 kau^{23}kʰou^{55}liau^{0}	交口了 kau^{23}kʰəu^{53}liau^{0}	交口了 kau^{23}kʰəu^{53}nau^{0}

续表

词目＼方言点	中原官话区	混合 1 区	江淮官话区	混合 3 区	西南官话区
	汉滨	县河	茅坪	石泉	紫阳
疤	疤子 pa^{31}tsɿ^{0}	疤子 pa^{42}tsɿ^{0}	疤子 pa^{31}tsɿ^{0}	疤子 pa^{45}tsɿ^{0}	疤子 pa^{34}tsɿ^{0}
腮腺炎	猴儿包 xəur^{35}pau^{31}	猴儿包 xəur^{32}pau^{42}	猴儿包 xour^{42}pau^{31}	猴儿包 xəur^{42}pau^{45}	猴儿包 xəur^{21}pau^{34}
长疮	生疮 ʂə̃^{35}pfʰaŋ^{31}	长疮 tʂaŋ^{55}pfʰaŋ^{42}	长疮 tʂaŋ^{55}tʂʰɥaŋ^{31}	长疮 tʂaŋ^{53}tʂʰɥaŋ^{45}	长疮 tʂaŋ^{53}tʂʰuaŋ^{34}
长疔	长焦疔子 tʂaŋ^{53} tɕʰiau^{31}tin^{31}tsɿ^{0}	长颗颗子 tʂaŋ^{55} kʰɤ^{55}kʰɤ^{55}tsɿ^{0}	长颗颗子 tʂaŋ^{55} kʰo^{55}kʰo^{55}tsɿ^{0}	长颗颗子 tʂaŋ^{53} kʰo^{53}kʰo^{53}tsɿ^{0}	长颗颗子 tʂaŋ^{53} kʰuo^{53}kʰuo^{53}tsɿ^{0}
痔疮	痔疮 tʂʅ^{44}pfʰaŋ^{31}	痔疮 tʂʅ^{23}pfʰaŋ^{42}	痔疮 tʂʅ^{23}tʂʰɥaŋ^{31}	痔疮 tʂʅ^{23}tʂʰɥaŋ^{45}	痔疮 tʂʅ^{23}tʂʰuaŋ^{34}
疥疮	疥疮 tɕie^{44}pfʰaŋ^{31}	疥疮 tɕie^{23}pfʰaŋ^{42}	疥疮 kai^{23}tʂʰɥaŋ^{31}	癞疤子疮 lai^{23} pa^{45}tsɿ^{0}tʂʰuaŋ^{45}	癞疤子疮 lai^{23} pa^{34}tsɿ^{0}tʂʰuaŋ^{34}
痒	痒 iaŋ^{53} 咬人 ȵiau^{53}ʐən^{35}	痒 iaŋ^{55} 咬人 ȵiau^{55}ʐən^{312}	痒 iaŋ^{55}	痒 iaŋ^{53}	痒 iaŋ^{53}
癣	癣 ɕiã^{53}	癣 ɕian^{55}	癣 ɕian^{55}	癣 ɕian^{53}	癣 ɕian^{53}
痱子	痱子 fei^{44}tsɿ^{0}	痱子 fei^{23}tsɿ^{0}	痱子 fei^{23}tsɿ^{0}	痱子 fei^{23}tsɿ^{0}	痱子 fei^{23}tsɿ^{0}
汗斑	汗斑 xã^{44}pã^{31}	汗斑 xan^{23}pan^{42}	汗斑 xan^{22}pan^{31}	汗斑 xan^{23}pan^{45}	汗斑 xan^{23}pan^{34}
瘊子	瘊子 xəu^{35}tsɿ^{0}	瘊子 xəu^{32}tsɿ^{0}	瘊子 xou^{42}tsɿ^{0}	瘊子 xəu^{42}tsɿ^{0}	瘊子 xəu^{21}tsɿ^{0}

续表

词目 \ 方言点	中原官话区	混合 1 区	江淮官话区	混合 3 区	西南官话区
	汉滨	县河	茅坪	石泉	紫阳
痦子	痦子 u^{44}tsɿ^{0}	痦子 u^{23}tsɿ^{0}	痦子 u^{22}tsɿ^{0}	痦子 u^{23}tsɿ^{0}	痦子 u^{23}tsɿ^{0}
雀斑	雀斑 tɕʰyo^{53}pã^{31}	雀斑 tɕʰyo^{55}pan^{42} 蛟子屎 tɕiau^{42}tsɿ^{0}ȵiau ^{223}	雀儿斑 tɕʰior^{55} pan^{31} 蚊子屎 uən^{42}tsɿ^{0}ʂʅ^{53}	蚊子屎 uən^{42}tsɿ^{0}ʂʅ^{53}	蚊子屎 uən^{21}tsɿ^{0}ʂʅ^{53}
头皮屑	风皮 fəŋ^{31}pʰi^{35}	风皮 fəŋ^{42}pʰi^{312}	风皮 fəŋ^{31}pʰi^{42}	风皮 fuŋ^{45}pʰi^{42}	风皮 fuŋ^{34}pʰi^{21}
粉刺	粉刺 fə̃^{53}tsʰɿ^{44}	粉刺 fən^{55}tsʰɿ^{223}	粉刺 fən^{55}tsʰɿ^{213}	粉刺 fən^{53}tsʰɿ^{213}	粉刺 fən^{53}tsʰɿ^{213}
胡臭	有门户 iəu^{53} mə̃^{35}xu^{44} 臭胎子 tʂʰəu^{44}tʰæ^{31}tsɿ^{0}	有门户 iəu^{55} mən^{32}xu^{223} 臭胎子 tʂʰəu^{23}tʰai^{42}tsɿ^{0}	臭胎子 tʂʰou^{23}tʰai^{31}tsɿ^{0}	狐狸骚 xu^{42}li^{0}sau^{45}	狐狸骚 xu^{21}ȵi^{0}sau^{34}
口臭	口臭 kʰəu^{53}tʂʰəu^{44}	口臭 kʰəu^{55}tʂʰəu^{223}	口臭 kʰou^{55}tʂʰou^{23}	口臭 kʰəu^{53}tʂʰəu^{23}	口臭 kʰəu^{53}tʂʰəu^{23}
大脖子	瘿包 in^{53}pau^{31} 大脖子 ta^{44}pə^{35}tsɿ^{0}	瘿包 in^{55}pau^{42}	瘿包 in^{55}pau^{31}	包颈 pʰau^{45}tɕin^{53} 瘿瓜瓜 in^{53}kua^{45} kua^{0}	包颈 pʰau^{34}tɕin^{53} 瘿瓜瓜 in^{53}kua^{34} kua^{0}
鼻子不灵	实鼻子 ʂʅ^{35}pi^{35}tsɿ^{0}	实鼻子 ʂʅ^{32}pi^{32}tsɿ^{0}	实鼻子 ʂʅ^{42}pi^{42}tsɿ^{0}	实鼻子 ʂʅ^{42}pi^{42}tsɿ^{0}	实鼻子 ʂʅ^{21}pi^{21}tsɿ^{0}
齉鼻子	齉鼻子 luŋ^{44}pi^{35}tsɿ^{0}	齉鼻子 luŋ^{23}pi^{32}tsɿ^{0}	齉鼻子 ləŋ^{23}pi^{42}tsɿ^{0}	齉鼻子 luŋ^{23}pi^{42}tsɿ^{0}	齉鼻子 nuŋ^{23}pi^{21}tsɿ^{0}
公鸭嗓子	破嗓子 pʰə^{44}saŋ^{53}tsɿ ^{0}	破胡咙 pʰə^{23}xu^{32}luŋ^{0}	破喉咙 pʰo^{23}xou^{42}ləŋ^{0}	哈喉咙 xa^{45}xəu^{42}luŋ^{0}	哈喉咙 xa^{34}xəu^{21}nuŋ^{0}
一只眼儿	独眼儿龙 tu^{35}ȵiar^{53}luŋ^{35}	独眼儿龙 təu^{32}iar^{55}luŋ^{312}	独眼儿龙 tou^{42}iar^{55}ləŋ^{42}	独眼儿龙 təu^{42}iar^{53}luŋ^{42}	独眼儿龙 təu^{21}iar^{53}nuŋ^{21}

续表

方言点 / 词目	中原官话区	混合 1 区	江淮官话区	混合 3 区	西南官话区
	汉滨	县河	茅坪	石泉	紫阳
近视眼	近视眼儿 tɕin44ʂʅ0ȵiar53	近视眼儿 tɕin23ʂʅ0iar55	近视眼儿 tɕin22ʂʅ0iar55	马虎眼儿 ma53xu0iar53	近视眼 tɕin23ʂʅ23ian53
远视眼	远视眼儿 yã53ʂʅ0ȵiar53	远视眼儿 yan55ʂʅ0iar55	远视眼儿 ɥan55ʂʅ0iar55	远视眼儿 ɥan53ʂʅ23iar53	远视眼 yan53ʂʅ23ian53
老花眼	老花眼儿 lau53xua31ȵiar53	老花眼儿 lau55xua42iar55	老花眼儿 lau55xua31iar55	老花眼儿 lau53xua45iar53	老花眼 nau53xua34ian53
眼肿状	肿眼泡儿 pfəŋ53 ȵiã53pʰaur31	肿眼泡儿 pfəŋ55 ian55pʰaur31	肿眼泡儿 tʂəŋ55 ŋan55pʰaur31	肿眼泡儿 tʂuŋ53 ŋan53pʰaur45	肿眼泡儿 tʂuŋ53 ian53pʰaur34
斗鸡眼儿	斗鸡眼儿 təu44tɕi31ȵiar53	斗眼儿 təu23iar55	斗眼儿 tou23iar55	斗眼儿 təu23iar53	斗眼儿 təu23iar53
眼疔	长挑挑儿 tʂaŋ53tʰiau31tiaur31	长挑挑儿 tʂaŋ55tʰiau42tiaur0	长挑挑儿 tʂaŋ55tʰiau31tiaur0	长挑挑儿 tʂaŋ53tʰiau45tiaur0	长挑挑儿 tʂaŋ53tʰiau34tiaur0
白内障	萝卜花儿 luo35pu0xuar31	萝卜花儿 luo32pu0xuar42	萝卜花儿 lo42pu0xuar31	萝卜花儿 lo42pu0xuar45	萝卜花儿 nuo21pu0xuar34
眼发炎，迎风流泪	风火眼 fəŋ31xuo53iãn53	风火眼 fəŋ42xuo55ian55	风火眼 fəŋ31xuo55ian55	风火眼 fuŋ45xuo53ian53	风火眼 fuŋ34xuo53ian53
红眼病	红眼儿病 xuŋ35 ȵiar53piŋ44 眨巴眼儿 tʂa53pa0ȵiar53	眨巴眼儿 tʂa55pa0iar55	眨巴眼儿 tʂa55pa31iar55	眨巴眼 tʂa53pa45ian53	眨巴眼 tʂa53pa34ian53
癫痫	羊角儿风 iaŋ35kər0fəŋ31	羊角儿风 iaŋ32kər0fəŋ42	羊角儿风 iaŋ42kor0fəŋ31	母猪风 mo53tʂʮ45fəŋ45	羊角风 iaŋ21kuo0fuŋ34
惊风受凉	惊风 tɕin35fəŋ31	惊风 tɕin 42fəŋ42	惊风 tɕin 31fəŋ31	惊风 tɕin 45fuŋ45	惊风 tɕin 34fuŋ34

续表

方言点 / 词目	中原官话区	混合 1 区	江淮官话区	混合 3 区	西南官话区
	汉滨	县河	茅坪	石泉	紫阳
抽风	抽风 tʂʰəu^{35}fəŋ^{31}	抽风 tʂʰəu^{42}fəŋ^{42}	抽风 tʂʰəu^{31}fəŋ^{31}	抽风 tʂʰəu^{45}fuŋ^{45}	抽风 tʂʰəu^{34}fuŋ^{34}
中风	中风 pfəŋ^{35}fəŋ^{31}	中风 pfəŋ^{42}fəŋ^{42}	中风 tʂəŋ^{31}fəŋ^{31}	中风 tʂuŋ^{45}fuŋ^{45}	中风 tʂuŋ^{34}fuŋ^{34}
瘫痪	瘫了 tʰã^{31}liau^{0}	瘫子 tʰan^{42}tsɿ^{0}	瘫子 tʰan^{31}tsɿ^{0}	瘫子 tʰan^{45}tsɿ^{0}	瘫子 tʰan^{34}tsɿ^{0}
手指蜷	□□子 pfʰa^{35}pfʰa^{35}tsɿ^{0}	□□子 pfʰa^{32}pfʰa^{32}tsɿ^{0}	□□子 tʂʰʮa^{42}tʂʰʮa^{42}tsɿ^{0}	□子 tʂʰʮa^{42}tsɿ^{0}	□子 tʂʰua^{21}tsɿ^{0}
聋子	聋子 luŋ^{35}tsɿ^{0}	聋子 luŋ^{42}tsɿ^{0} 聋耳朵 luŋ^{42}ər^{55}tuo^{0}	聋子 ləŋ^{31}tsɿ^{0} 聋耳朵 ləŋ^{31}ər^{55}to^{0}	聋子 luŋ^{45}tsɿ^{0} 聋耳朵 luŋ^{45}ər^{53}to^{0}	聋子 luŋ^{34}tsɿ^{0} 聋耳朵 luŋ^{34}ər^{53}tuo^{0}
听力差	耳朵背 ər^{53}tuo^{0}pei^{44}	耳朵背 ər^{55}tuo^{0}pei^{223}	耳朵背 ər^{55}to^{0}pei^{22}	耳朵背 ər^{53}to^{0}pei^{213}	耳朵背 ər^{53}tuo^{0}pei^{213}
哑巴	哑巴 ȵia^{53}pa^{31} 呱子 kua^{31}tsɿ^{0}	呱子 kua^{55}tsɿ^{0}	呱子 kua^{55}tsɿ^{0}	呱呱 kua^{53}kua^{0}	呱呱 kua^{53}kua^{0}
结巴	结巴 tɕie^{31}pa^{31}	结巴子 tɕie^{42}pa^{42}tsɿ^{0}	结巴子 tɕiɛ^{31}pa^{31}tsɿ^{0}	结巴子 tɕie^{42}pa^{45}tsɿ^{0}	结巴子 tɕie^{21}pa^{34}tsɿ^{0}
吐字不清	夹舌子 tɕia^{31}ʂɤ^{35}tsɿ^{0}	夹舌子 tɕia^{42}ʂɤ^{32}tsɿ^{0}	夹舌子 tɕia^{31}ʂɛ^{42}tsɿ^{0}	夹舌子 tɕia^{42}ʂe^{42}tsɿ^{0}	夹舌子 tɕia^{21}ʂe^{21}tsɿ^{0}
豁唇子	豁嘴唇子 xuo^{31} tsei^{53}pfʰə̃^{35}tsɿ^{0}	豁嘴唇子 xuo^{42} tsei^{55}pfʰən^{32}tsɿ^{0}	豁嘴唇子 xo^{31} tsei^{55}tʂʰʮən^{42}tsɿ^{0}	豁嘴巴 xo^{42}tsei^{53}pa^{0}	豁嘴巴 xuo^{21}tsei^{53}pa^{0}
瞎子	瞎子 ɕia^{31}tsɿ^{0}	瞎子 xa^{42}tsɿ^{0}	瞎子 xa^{31}tsɿ^{0}	摸子 mo^{42}tsɿ^{0}	摸子 muo^{21}tsɿ^{0}

续表

方言点 词目	中原官话区 汉滨	混合 1 区 县河	江淮官话区 茅坪	混合 3 区 石泉	西南官话区 紫阳
骂人不长眼睛	瞎眼窝 xa^{31}ȵiã^{53}uo^{31}	瞎眼窝 xa^{42}ȵian^{55}uo^{42}	瞎眼睛 xa^{31}ŋan^{55}tɕin^{31}	瞎眼睛 xa^{45}ŋan^{53}tɕi^{45}	瞎眼睛 ɕia^{34}ian^{53}tɕi^{34}
罗锅儿	扛背子 kʰaŋ^{35}pei^{44}tsɿ^{0}	驼背子 tʰuo^{32}pei^{23}tsɿ^{0}	驼背子 tʰo^{42}pei^{23}tsɿ^{0}	驼背子 tʰo^{42}pei^{23}tsɿ^{0}	驼背子 tʰuo^{21}pei^{23}tsɿ^{0}
罗圈腿	罗圈儿腿 luo^{35}tɕʰyar^{31}tʰuei^{53}	罗圈儿腿 luo^{32}tɕʰyar^{42}tʰei^{55}	罗圈儿腿 lo^{42}tʂʰɥar^{31}tʰei^{55}	罗圈儿腿 lo^{42}tʂʰɥar^{45}tʰei^{53}	罗圈儿腿 nuo^{21}tɕʰyar^{34}tʰei^{53}
瘸子	瘸子 tɕʰye^{35}tsɿ^{0}	瘸子 tɕʰye^{32}tsɿ^{0}	瘸子 tʂʰɥɛ^{42}tsɿ^{0}	瘸子 tʂʰɥe^{42}tsɿ^{0}	瘸子 tɕʰye^{21}tsɿ^{0}
跛子	跛子 pə^{53}tsɿ^{0} 跰子 pæ^{31}tsɿ^{0}	跰子 pai^{42}tsɿ^{0}	跰子 pai^{31}tsɿ^{0}	跰子 pai^{45}tsɿ^{0}	跰子 pai^{34}tsɿ^{0}
出天花	出麻子 pfʰu^{31}ma^{35}tsɿ^{0}	出麻子 pfʰu^{42}ma^{32}tsɿ^{0}	出麻子 tʂʰʮ^{31}ma^{42}tsɿ^{0}	出麻子 tʂʰʮ^{45}ma^{42}tsɿ^{0}	出麻子 tʂʰu^{34}ma^{21}tsɿ^{0}
豁牙子	豁牙漏嘴 xuo^{31} ȵia^{0}ləu^{44}tsuei^{53}	豁牙齿 xuo^{42}ȵia^{32}tʂʰʅ^{55}	豁牙齿 xo^{31}ŋa^{0}tʂʰʅ^{55}	豁牙齿 xo^{42}ŋa^{42}tʂʰʅ^{53}	豁牙齿 xuo^{21}ia^{21}tʂʰʅ^{53}
老公嘴儿	婆婆嘴 pʰə^{35}pʰə^{0}tsuei^{53}	老婆儿嘴 lau^{55}pʰər^{32}tsei^{55}	老婆儿嘴 lau^{55}pʰor^{42}tsei^{55}	雷公嘴 lei^{42}kuŋ^{45}tsei^{53}	雷公嘴 nei^{21}kuŋ^{34}tsei^{53}
六指儿	六指子 liəu^{31}tʂʅ^{31}tsɿ^{0}	六指头儿 liəu^{42}tʂʅ^{42}tʰəur^{0}	六指头儿 lou^{31}tʂʅ^{31}tʰour^{0}	六指头儿 ləu^{42}tʂʅ^{42}tʰəur^{0}	六指头儿 ȵiəu^{21}tʂʅ^{21}tʰəur^{0}
梦魇	发梦颠 fa^{31}məŋ^{44}tiã^{31}	发梦颠 fa^{42}məŋ^{23}tian^{42}	发梦颠 fa^{31}məŋ^{22}tian^{31}	发梦忡 fa^{42}muŋ^{23}tʂʰuŋ^{45}	发梦忡 fa^{21}muŋ^{23}tʂʰuŋ^{34}
身材矮	地滚牛儿 ti^{44}ku^{0}ȵiəur^{35}	矮矬矬 ŋai^{55}tsuo^{23}tsuo^{0}	矮矬矬 ŋai^{55}tso^{22}tso^{0}	矮矬矬 ŋai^{53}tso^{23}tso^{0}	矮矬矬 ŋai^{53}tsuo^{23}tsuo^{0}

十三 衣服、穿戴

方言点 词目	中原官话区	混合 1 区	江淮官话区	混合 3 区	西南官话区
	汉滨	县河	茅坪	石泉	紫阳
穿戴	穿戴 pfʰã^{31}tæ^{44}	穿戴 pfʰan^{42}tai^{223}	穿戴 tʂʰɥan^{31}tai^{0}	穿戴 tʂʰɥan^{45}tai^{213}	穿作 tʂʰuan^{34}tsuo^{21}
打扮	打扮 ta^{53}pã^{0}	打扮 ta^{55}pan^{0}	打扮 ta^{55}pan^{0}	打扮 ta^{53}pan^{0}	打扮 ta^{53}pan^{0}
衣服	衣裳 i^{31}ʂaŋ^{0}	衣裳 i^{42}ʂaŋ^{0}	衣裳 i^{31}ʂaŋ^{0}	衣裳 i^{45}ʂaŋ^{0}	衣裳 i^{34}ʂaŋ^{0}
新衣服	新衣裳 ɕin^{35}i^{31}ʂaŋ^{0}	新衣裳 ɕin^{42}i^{42}ʂaŋ^{0}	新衣裳 ɕin^{31}i^{31}ʂaŋ^{0}	新衣裳 ɕin^{45}i^{45}ʂaŋ^{0}	新衣裳 ɕin^{34}i^{34}ʂaŋ^{0}
对儿童称呼新衣服	新褂褂儿 ɕin^{31}kua^{44}kuar^{35}	新褂褂儿 ɕin^{42}kua^{23}kuar^{0}	新排排 ɕin^{31}pʰai^{42}pʰai^{23}	新排排 ɕin^{45}pʰai^{42}pʰai^{213}	新排排 ɕin^{34}pʰai^{21}pʰai^{213}
制服	制服 tʂʅ^{44}fu^{35}	制服 tʂʅ^{23}fu^{312}	制服 tʂʅ^{23}fu^{42}	制服 tʂʅ^{23}fu^{42}	制服 tʂʅ^{23}fu^{21}
中装	便衣 piã^{44}i^{31} 褂褂儿 kua^{44}kuar^{0}	便衣 pian^{23}i^{42} 褂褂儿 kua^{23}kuar^{0}	便衣 pian^{22}i^{31}	便衣 pian^{23}i^{45}	便衣 pian^{23}i^{34}
西装	西装 ɕi^{31}pfaŋ^{31}	西装 ɕi^{42}pfaŋ^{42}	西装 ɕi^{31}tʂɥaŋ^{31}	西装 ɕi^{45}tʂɥaŋ^{45}	西装 ɕi^{34}tʂuaŋ^{34}
长衫	长布衫子 tʂʰaŋ^{35}pu^{44}ʂã^{31}tsɿ^{0}	长布衫子 tʂʰaŋ^{32}pu^{23}ʂan^{42}tsɿ^{0}	长袍儿 tʂʰaŋ^{42}pʰaur^{42}	长衫子 tʂʰaŋ^{42}ʂan^{45}tsɿ^{0}	长衫子 tʂʰaŋ^{21}ʂan^{34}tsɿ^{0}
马褂儿	马褂儿 ma^{53}kuãr^{44}	马褂儿 ma^{55}kuar^{223}	马褂儿 ma^{55}kuar^{213}	马褂儿 ma^{53}kuar^{213}	马褂儿 ma^{53}kuar^{213}
旗袍	旗袍儿 tɕʰi^{35}pʰaur^{35}	旗袍儿 tɕʰi^{32}pʰaur^{312}	旗袍儿 tɕʰi^{42}pʰaur^{42}	旗袍儿 tɕʰi^{42}pʰaur^{42}	旗袍儿 tɕʰi^{21}pʰaur^{21}
棉衣	棉袄儿 miã^{35}ŋaur^{53} 袄子 iau^{31}tsɿ^{0}	棉袄 mian^{32}ŋau^{55} 袄子 iau^{42}tsɿ^{0}	棉袄 mian^{42}ŋau^{55} 袄子 ŋau^{55}tsɿ^{0}	袄子 ŋau^{53}tsɿ^{0}	袄子 ŋau^{53}tsɿ^{0}

续表

方言点 词目	中原官话区	混合 1 区	江淮官话区	混合 3 区	西南官话区
	汉滨	县河	茅坪	石泉	紫阳
皮袄	皮袄 pʰi^{35}ŋau^{53}	皮袄 pʰi^{32}ŋau^{55}	皮袄 pʰi^{42}ŋau^{55}	皮袄 pʰi^{42}ŋau^{53}	皮袄 pʰi^{21}ŋau^{53}
大衣	大衣 ta^{44}i^{0} 大氅 ta^{44}tʂʰaŋ^{53}	大衣 ta^{23}i^{42} 大氅 ta^{23}tʂʰaŋ^{55}	大衣 ta^{22}i^{0} 大氅 ta^{22}tʂʰaŋ^{55}	外氅 uai^{23}tʂʰaŋ^{53}	外氅 uai^{23}tʂʰaŋ^{53}
短大衣	二马驹子 ər^{44} ma^{53}tɕy^{31}tsɿ^{0}	二马驹子 ər^{23}ma^{55}tɕy^{42}tsɿ^{0}	短大衣 tan^{55}ta^{22}i^{0}	短大衣 tan^{53}ta^{23}i^{45}	短大衣 tan^{53}ta^{23}i^{34}
衬衫	衬衣 tʂʰə̃^{44}i^{0} 汗褂儿 xã^{44}kuar^{44}	衬衣 tsʰən^{23}i^{42} 汗褂 xan^{23}kuar^{223}	衬衣 tsʰən^{23}i^{0} 汗褂 xan^{22}kuar^{213}	衬衣 tsʰən^{23}i^{45} 汗褂 xan^{23}kuar^{213}	衬衣 tsʰən^{23}i^{34} 汗褂 xan^{23}kuar^{213}
外衣	外衣 uæ^{44}i^{0} 罩衣 tʂau^{44}i^{0}	罩衣 tʂau^{23}i^{42}	罩衣 tʂau^{23}i^{0}	外衣 uai^{23}i^{45}	外衣 uai^{23}i^{34}
内衣	内衣 lei^{44}i^{0}	内衣 lei^{23}i^{42}	内衣 lei^{22}i^{0}	内衣 lei^{23}i^{45}	内衣 nei^{23}i^{34}
领子	领子 liŋ^{53}tsɿ^{0}	领子 lin^{55}tsɿ^{0}	领子 lin^{55}tsɿ^{0}	领子 lin^{53}tsɿ^{0}	领子 ȵin^{53}tsɿ^{0}
坎肩儿	领褂儿 liŋ^{53} tɕiar^{44} 坎褂儿 kʰã^{53}tɕiãr^{44}	领褂儿 lin^{55} tɕiar^{223} 坎褂儿 kʰan^{55}tɕiar^{223}	领褂儿 lin^{55} tɕiar^{213} 坎褂儿 kʰan^{55}tɕiar^{213}	领褂儿 lin^{53} tɕiar^{213} 褂褂儿 tɕia^{23}tɕiar^{23}	领褂儿 ȵin^{53} tɕiar^{213} 褂褂儿 tɕia^{23}tɕiar^{23}
圆领衫	月亮领 ye^{31}liaŋ^{44}lin^{53}	圆领 yan^{32}lin^{55}	月亮领 ɥɛ^{31}liaŋ^{23}lin^{55}	月亮领 ɥe^{42}liaŋ^{23}lin^{53}	月亮领 ye^{21}ȵiaŋ^{23}lin^{53}
汗背心	汗褂儿 xã^{44}tɕiar^{44}	汗褂儿 xan^{23}tɕiar^{223}	汗褂儿 xan^{22}tɕiar^{213}	汗褂 pei^{23}tɕia^{213}	汗褂 pei^{23}tɕia^{213}
衣襟儿	衣襟 i^{31}tɕin^{31}	衣襟 i^{42}tɕin^{42}	衣襟 i^{31}tɕin^{31}	衣襟 i^{45}tɕin^{45}	衣襟 i^{34}tɕin^{34}
大襟	大襟 ta^{44}tɕin^{31}	大襟 ta^{23}tɕin^{42}	大襟 ta^{22}tɕin^{31}	大襟 ta^{23}tɕin^{45}	大襟 ta^{23}tɕin^{34}
小襟	小襟 ɕiau^{53}tɕin^{31}	小襟 ɕiau^{55}tɕin^{23}	小襟 ɕiau^{55}tɕin^{31}	小襟 ɕiau^{53}tɕin^{45}	小襟 ɕiau^{53}tɕin^{34}

续表

方言点 词目	中原官话区	混合 1 区	江淮官话区	混合 3 区	西南官话区
	汉滨	县河	茅坪	石泉	紫阳
对襟儿	对门襟 tuei^{44}mu^{35}tɕin^{31}	对襟 tei^{23}tɕin^{42}	对襟 tei^{23}tɕin^{31}	对襟 tei^{23}tɕin^{45}	对襟 tei^{23}tɕin^{34}
下摆	下摆 ɕia^{44}pæ^{53}	衣裳摆 i^{42}ʂaŋ^{0}pai^{55}	衣裳摆 i^{31}ʂaŋ^{0}pai^{55}	下摆 ɕia^{23}pai^{53}	下摆 ɕia^{23}pai^{53}
衣裳褊	衣褊 i^{31}piã^{53}	衣裳褊 i^{42}ʂaŋ^{0}pian^{55}	衣裳褊 i^{31}ʂaŋ^{0}pian^{55}	衣褊 i^{45}pian^{53}	衣褊 i^{34}pian^{53}
袖子	袖子 ɕiəu^{44}tsɿ^{0}	袖子 ɕiəu^{23}tsɿ^{0}	袖子 ɕiəu^{22}tsɿ^{0}	袖笼子 ɕiəu^{23}luŋ^{42}tsɿ^{0}	袖笼子 ɕiəu^{23}nuŋ^{21}tsɿ^{0}
长袖	长袖子 tʂʰaŋ^{35}ɕiəu^{44}tsɿ^{0}	长袖子 tʂʰaŋ^{32}ɕiəu^{23}tsɿ^{0}	长袖子 tʂʰaŋ^{42}ɕiou^{22}tsɿ^{0}	长袖子 tʂʰaŋ^{42}ɕiəu^{23}tsɿ^{0}	长袖子 tʂʰaŋ^{21}ɕiəu^{23}tsɿ^{0}
短袖	短袖子 tuã^{53}ɕiəu^{44}tsɿ^{0}	短袖子 tan^{55}ɕiəu^{23}tsɿ^{0}	短袖子 tan^{55}ɕiou^{22}tsɿ^{0}	短袖子 tan^{53}ɕiəu^{23}tsɿ^{0}	短袖子 tan^{53}ɕiəu^{23}tsɿ^{0}
裙子	裙子 tɕʰyən^{35}tsɿ^{0}	裙子 tɕʰyən^{32}tsɿ^{0}	裙子 tʂʰɥən^{42}tsɿ^{0}	裙子 tʂʰɥən^{42}tsɿ^{0}	裙子 tɕʰyən^{21}tsɿ^{0}
裤子	裤子 kʰu^{44}tsɿ^{0}	裤子 kʰu^{23}tsɿ^{0}	裤子 kʰu^{23}tsɿ^{0}	裤子 kʰu^{23}tsɿ^{0}	裤子 kʰu^{23}tsɿ^{0}
单裤	单裤子 tã^{31}kʰu^{44}tsɿ^{0}	单裤子 tan^{42}kʰu^{23}tsɿ^{0}	单裤子 tan^{31}kʰu^{23}tsɿ^{0}	单裤子 tan^{45}kʰu^{23}tsɿ^{0}	单裤子 tan^{34}kʰu^{23}tsɿ^{0}
棉裤	棉裤 miã^{35}kʰu^{44}	棉裤 mian^{32}kʰu^{223}	棉裤 mian^{42}kʰu^{213}	棉裤 mian^{42}kʰu^{213}	棉裤 mian^{21}kʰu^{213}
裤衩儿	水裤子 fei^{53}kʰu^{44}tsɿ^{0}	水裤子 fei^{55}kʰu^{23}tsɿ^{0}	裤衩儿 kʰu^{23}tʂʰar^{55}	水裤子 ʂɥei^{53}kʰu^{23}tsɿ^{0}	水裤儿 ʂuei^{53}kʰu^{23}ər^{0} 腰裤儿 iau^{34}kʰu^{23}ər^{0}
短裤	裤衩子 kʰu^{44}tʂʰa^{53}tsɿ^{0}	裤衩儿 kʰu^{23}tʂʰar^{55}	裤衩儿 kʰu^{23}tʂʰar^{55}	裤衩儿 kʰu^{23}tʂʰar^{53}	半截裤 pan^{23}tɕie^{21}kʰu^{213}
女短裤	小衣 ɕiau^{53}i^{31}	裤衩儿 kʰu^{23}tʂʰar^{55}	裤衩儿 kʰu^{23}tʂʰar^{55}	小衣 ɕiau^{53}i^{45}	小衣 ɕiau^{53}i^{34}

续表

方言点 词目	中原官话区	混合 1 区	江淮官话区	混合 3 区	西南官话区
	汉滨	县河	茅坪	石泉	紫阳
连脚裤	连脚儿裤 liã^{35}tɕyor^{31}kʰu^{44}	连脚裤 lian^{32}tɕyo^{42}kʰu^{223}	连脚裤 lian^{42}tɕio^{31}kʰu^{23}	连脚裤 lian^{42}tɕio^{42}kʰu^{213}	连脚裤 ȵian^{21}tɕyo^{21}kʰu^{213}
开裆裤	开裆裤 kʰæ^{31}taŋ^{31}kʰu^{44}	开裆裤 kʰai^{42}taŋ^{42}kʰu^{223}	开裆裤 kʰai^{31}taŋ^{31}kʰu^{213}	开裆裤 kʰai^{45}taŋ^{45}kʰu^{213}	叉裆裤 tʂʰa^{53}taŋ^{34}kʰu^{213}
死裆裤	浑裆裤 xuə̃^{35}taŋ^{31}kʰu^{44}	亘裆裤 kən^{55}taŋ^{42}kʰu^{223}	亘裆裤 kən^{55}taŋ^{31}kʰu^{23}	亘裆裤 kən^{53}taŋ^{45}kʰu^{213}	亘裆裤 kən^{53}taŋ^{34}kʰu^{213}
裤裆	裤裆 kʰu^{44}taŋ^{31}	裤裆 kʰu^{23}taŋ^{42}	裤裆 kʰu^{23}taŋ^{31}	裤裆 kʰu^{23}taŋ^{45}	裤裆 kʰu^{23}taŋ^{34}
裤腰	裤腰 kʰu^{44}iau^{31}	裤腰 kʰu^{23}iau^{42}	裤腰 kʰu^{23}iau^{31}	裤腰 kʰu^{23}iau^{45}	裤腰 kʰu^{23}iau^{34}
裤腰带	裤腰带 kʰu^{44}iau^{31}tæ^{44}	裤腰带 kʰu^{23}iau^{42}tai^{223}	裤腰带 kʰu^{23}iau^{31}tai^{213}	裤腰带 kʰu^{23}iau^{45}tai^{213}	裤腰带 kʰu^{23}iau^{34}tai^{213}
裤腿儿	裤腿儿 kʰu^{44}tʰuər^{55}	裤腿儿 kʰu^{23}tʰər^{55}	裤腿儿 kʰu^{23}tʰər^{55}	裤腿儿 kʰu^{23}tʰər^{53}	裤腿儿 kʰu^{23}tʰər^{53}
兜儿	口袋儿 kʰəu^{53}tær^{0}	口袋儿 kʰəu^{55}tar^{0}	荷包儿 xo^{42} paur^{31} 口兜儿 kʰou^{55}təur^{0}	荷包儿 xo^{42} paur^{45} 口兜儿 kʰəu^{53}təur^{45}	荷包儿 xuo^{21} paur^{34} 口兜儿 kʰəu^{53}təur^{34}
纽扣	扣纽子 kʰəu^{44}niəu^{53}tsɿ^{0}	扣子 kʰəu^{23}tsɿ^{0}	扣子 kʰou^{23}tsɿ^{0}	扣子 kʰəu^{23}tsɿ^{0}	扣子 kʰəu^{23}tsɿ^{0}
扣襻儿	纽襻儿 niəu^{53}pʰãr^{44}	纽襻儿 niəu^{55}pʰar^{223}	扣襻儿 kʰou^{23}pʰar^{213}	扣子襻襻 kʰəu^{23} tsɿ^{0}pʰan^{23}pʰan^{0}	扣子襻襻 kʰəu^{23} tsɿ^{0}pʰan^{23}pʰan^{0}
扣儿	扣子 kʰəu^{44}tsɿ^{0}	扣子 kʰəu^{23}tsɿ^{0}	扣子 kʰou^{23}tsɿ^{0}	扣子 kʰəu^{23}tsɿ^{0}	扣子 kʰəu^{23}tsɿ^{0}
扣眼儿	扣眼儿 kʰəu^{44}niãr^{53}	扣眼儿 kʰəu^{23}ȵiar^{55}	扣眼儿 kʰou^{23}ŋar^{55}	扣眼儿 kʰəu^{23}ŋar^{53}	扣眼儿 kʰəu^{23}ŋar^{53}
鞋	鞋子 xæ^{35}tsɿ^{0}	鞋子 xai^{32}tsɿ^{0}	鞋子 xai^{42}tsɿ^{0}	鞋子 xai^{42}tsɿ^{0}	鞋子 xai^{21}tsɿ^{0}

续表

方言点 词目	中原官话区	混合 1 区	江淮官话区	混合 3 区	西南官话区
	汉滨	县河	茅坪	石泉	紫阳
拖鞋	拖板子 tʰuo^{31} pã^{53}tsɿ^{0} 靸板儿鞋 sa^{31}pãr^{53}xæ^{35}	拖板子 tʰuo^{42} pan^{55}tsɿ^{0} 靸板儿鞋 sa^{42}par^{55}xai^{312}	靸板儿鞋 sa^{31}par^{55}xai^{42}	靸片儿鞋 sa^{45}pʰiar^{53}xai^{42}	靸片儿鞋 sa^{34}pʰiar^{53}xai^{21}
棉鞋	靴子 ɕye^{31}tsɿ^{0}	靴子 ɕye^{42}tsɿ^{0}	靴子 ʂɥɛ^{31}tsɿ^{0}	靴子 ʂɥe^{42}tsɿ^{0}	靴子 ɕye^{21}tsɿ^{0}
皮鞋	皮鞋 pʰi^{35}xæ^{35}	皮鞋 pʰi^{32}xai^{312}	皮鞋 pʰi^{42}xai^{42}	皮鞋 pʰi^{42}xai^{42}	皮鞋 pʰi^{21}xai^{21}
布鞋	布鞋 pu^{44}xæ^{35}	布鞋 pu^{23}xai^{312}	布鞋 pu^{23}xai^{42}	布鞋 pu^{23}xai^{42}	布鞋 pu^{23}xai^{21}
鞋底儿	鞋底子 xæ^{35}ti^{53}tsɿ^{0}	鞋底子 xai^{32}ti^{55}tsɿ^{0}	鞋底子 xai^{42}ti^{55}tsɿ^{0}	鞋底子 xai^{42}ti^{53}tsɿ^{0}	鞋底子 xai^{21}ti^{53}tsɿ^{0}
做鞋底用的旧布片	铺衬 pu^{31}tʂʰə̃^{44}	铺衬 pu^{42}tsʰən^{223}	铺衬 pu^{31}tsʰən^{213}	铺衬 pu^{45}tsʰən^{213}	铺衬 pu^{34}tsʰən^{213}
鞋帮儿	鞋帮子 xæ^{35}paŋ^{31}tsɿ^{0}	鞋帮子 xai^{32}paŋ^{42}tsɿ^{0}	鞋帮子 xai^{42}paŋ^{31}tsɿ^{0}	鞋帮子 xai^{42}paŋ^{45}tsɿ^{0}	鞋帮子 xai^{21}paŋ^{34}tsɿ^{0}
鞋楦子	鞋楦子 xæ^{35}fan^{44}tsɿ^{0}	鞋楦子 xai^{32}fan^{23}tsɿ^{0}	鞋楦子 xai^{42}ʂɥan^{23}tsɿ^{0}	鞋楦子 xai^{42}ʂɥan^{23}tsɿ^{0}	鞋楦子 xai^{21}ʂuan^{23}tsɿ^{0}
鞋拔子	鞋拔子 xæ^{35}pa^{35}tsɿ^{0}	鞋拔子 xai^{32}pa^{32}tsɿ^{0}	鞋拔子 xai^{42}pa^{42}tsɿ^{0}	鞋拔子 xai^{42}pa^{42}tsɿ^{0}	鞋拔子 xai^{21}pa^{21}tsɿ^{0}
雨鞋	雨鞋 y^{53}xæ^{35}	胶鞋 tɕiau^{42}xai^{312}	胶鞋 tɕiau^{31}xai^{42}	胶鞋 tɕiau^{45}xai^{42}	胶鞋 tɕiau^{34}xai^{21}
鞋带儿	鞋带儿 xæ^{35} tar^{44} 鞋襻襻儿 xæ^{35}pʰan^{4}pʰar^{0}	鞋带儿 xai^{32}tar^{223}	鞋带儿 xai^{42}tar^{213}	鞋带儿 xai^{42}tar^{213}	鞋带儿 xai^{21}tar^{213}
袜子	袜子 ua^{31}tsɿ^{0}	袜子 ua^{42}tsɿ^{0}	袜子 ua^{31}tsɿ^{0}	袜子 ua^{42}tsɿ^{0}	袜子 ua^{21}tsɿ^{0}

续表

方言点 词目	中原官话区	混合 1 区	江淮官话区	混合 3 区	西南官话区
	汉滨	县河	茅坪	石泉	紫阳
线袜	线袜子 ɕiã^{44}ua^{31}tsɿ^{0}	线袜子 ɕian^{23}ua^{42}tsɿ^{0}	线袜子 ɕian^{23}ua^{31}tsɿ^{0}	线袜子 ɕian^{23}ua^{42}tsɿ^{0}	线袜子 ɕian^{23}ua^{21}tsɿ^{0}
丝袜	丝光袜子 sɿ^{31}kuaŋ^{31}ua^{31}tsɿ^{0}	丝光袜子 sɿ^{42}kuaŋ^{42}ua^{42}tsɿ^{0}	丝光袜子 sɿ^{31}kuaŋ^{31}ua^{31}tsɿ^{0}	丝光袜子 sɿ^{45}kuaŋ^{45}ua^{42}tsɿ^{0}	丝光袜子 sɿ^{34}kuaŋ^{34}ua^{21}tsɿ^{0}
长袜	长筒袜子 tʂʰaŋ^{35} tʰuŋ^{53}ua^{31}tsɿ^{0}	长筒袜子 tʂʰaŋ^{32} tʰuŋ^{55}ua^{42}tsɿ^{0}	长筒袜子 tʂʰaŋ^{42} tʰəŋ^{55}ua^{31}tsɿ^{0}	长筒袜子 tʂʰaŋ^{42} tʰuŋ^{53}ua^{42}tsɿ^{0}	长筒袜子 tʂʰaŋ^{21} tʰuŋ^{53}ua^{21}tsɿ^{0}
短袜	短袜子 tuã^{53}ua^{31}tsɿ^{0}	短袜子 tan^{55}ua^{42}tsɿ^{0}	短袜子 tan^{55}ua^{31}tsɿ^{0}	短袜子 tan^{53}ua^{42}tsɿ^{0}	短袜子 tan^{53}ua^{21}tsɿ^{0}
袜带	袜带儿 ua^{31}tær^{44}	袜带儿 ua^{42}tar^{223}	袜带儿 ua^{31}tar^{213}	袜带儿 ua^{42}tar^{213}	袜带儿 ua^{21}tar^{213}
裹脚	裹缠子 kuo^{53}tʂʰã^{35}tsɿ^{0}	裹脚 kuo^{55}tɕyo^{42}	裹脚 ko^{55}tɕio^{31}	裹脚 ko^{53}tɕio^{42}	裹脚 kuo^{53}tɕyo^{21}
裹腿	裹腿 kuo^{53}tʰuei^{53}	裹腿 kuo^{55}tʰei^{55}	裹腿 ko^{55}tʰei^{55}	裹腿 ko^{53}tʰei^{53}	裹腿 kuo^{53}tʰei^{53}
帽子	帽子 mau^{44}tsɿ^{0}	帽子 mau^{23}tsɿ^{0}	帽子 mau^{22}tsɿ^{0}	帽子 mau^{23}tsɿ^{0}	帽子 mau^{23}tsɿ^{0}
皮帽	皮帽子 pʰi^{35}mau^{44}tsɿ^{0}	皮帽子 pʰi^{32}mau^{23}tsɿ^{0}	皮帽子 pʰi^{42}mau^{22}tsɿ^{0}	皮帽子 pʰi^{42}mau^{23}tsɿ^{0}	皮帽子 pʰi^{21}mau^{23}tsɿ^{0}
礼帽	礼帽儿 li^{53}maur^{44}	礼帽儿 li^{55}maur^{223}	礼帽儿 li^{55}maur^{22}	礼帽儿 li^{53}maur^{213}	礼帽儿 ȵi^{53}maur^{213}
瓜皮帽	瓜皮帽儿 kua^{31}pʰi^{35}maur^{44}	瓜皮帽儿 kua^{42}pʰi^{32}maur^{223}	瓜皮帽儿 kua^{31}pʰi^{42}maur^{22}	瓜皮帽儿 kua^{45}pʰi^{42}maur^{213}	瓜皮帽儿 kua^{34}pʰi^{21}maur^{213}
军帽	军帽 tɕyə̃^{31}mau^{44}	军帽 tɕyən^{42}mau^{223}	军帽 tʂʮən^{31}mau^{22}	军帽 tʂʮən^{45}mau^{213}	军帽 tɕyən^{34}mau^{213}
草帽	草帽儿 tsʰau^{53}maur^{44}	草帽儿 tsʰau^{55}maur^{223}	草帽儿 tsʰau^{55}maur^{22}	草帽儿 tsʰau^{53}maur^{213}	草帽儿 tsʰau^{53}maur^{213}

续表

方言点 词目	中原官话区	混合 1 区	江淮官话区	混合 3 区	西南官话区
	汉滨	县河	茅坪	石泉	紫阳
斗笠	斗笠 təu^{53}li^{31}	斗笠 təu^{55}li^{0}	斗笠 tou^{55}li^{0}	斗篷 təu^{53}pʰuŋ^{42}	斗篷 təu^{53}pʰuŋ^{21}
帽檐儿	帽檐檐儿 mau^{44}iã^{35}iãr^{0}	帽檐儿 mau^{23}iar^{312}	帽檐儿 mau^{22}iar^{42}	帽檐檐 mau^{23}ian^{42}ian^{42}	帽檐檐 mau^{23}ian^{21}ian^{21}
首饰	首饰 ʂəu^{53}ʂʅ^{0}	首饰 ʂəu^{55}ʂʅ^{0}	首饰 ʂou^{55}ʂʅ^{0}	首饰 ʂəu^{53}ʂʅ^{0}	首饰 ʂəu^{53}ʂʅ^{0}
镯子	镯子 tsuo^{35}tsɿ^{0}	颈子 kən^{55}tsɿ^{0}	颈子 kən^{55}tsɿ^{0}	颈子 kən^{53}tsɿ^{0}	颈子 kən^{53}tsɿ^{0}
戒指	戒指 tɕie^{44}tʂʅ^{0}	戒指 tɕie^{23}tʂʅ^{42}	戒指 tɕiɛ^{23}tʂʅ^{31}	戒指 tɕie^{23}tʂʅ^{45}	戒指 tɕie^{23}tʂʅ^{34}
项链	项链儿 ɕiaŋ^{44}liãr^{44}	项链儿 ɕiaŋ^{23}liar^{223}	项链儿 ɕiaŋ^{22}liar^{22}	项链儿 ɕiaŋ^{23}liar^{213}	项链儿 ɕiaŋ^{23}liar^{213}
项圈	项圈儿 xaŋ^{44}tɕʰyãr^{31}	项圈儿 xaŋ^{23}tɕyar^{42}	项圈儿 xaŋ^{22}tʂʰʮar^{31}	项圈儿 xaŋ^{23}tʂʰʮar^{45}	项圈儿 xaŋ^{23}tɕʰyar^{34}
百家锁	长命锁 tʂʰaŋ^{35}miŋ^{44}suo^{53}	长命锁 tʂʰaŋ^{32}min^{23}suo^{55}	长命锁 tʂʰaŋ^{42}min^{22}so^{55}	长命锁 tʂʰaŋ^{42}min^{23}so^{53}	长命锁 tʂʰaŋ^{21}min^{23}suo^{53}
别针	别针儿 pie^{35}tʂər^{31}	别针儿 pie^{42}tʂər^{42}	别针儿 piɛ^{31}tʂər^{31}	别针儿 pie^{42}tʂər^{45}	别针儿 pie^{21}tʂər^{34}
簪子	簪子 tsuã^{31}tsɿ^{0}	簪子 tsan^{42}tsɿ^{0}	簪子 tsan^{31}tsɿ^{0}	簪子 tsan^{45}tsɿ^{0}	簪子 tsan^{34}tsɿ^{0}
耳环	耳环子 ər^{53}xuã^{35}tsɿ^{0}	耳环子 ər^{55}xuan^{32}tsɿ^{0}	耳环子 ər^{55}xuan^{42}tsɿ^{0}	耳环子 ər^{53}xuan^{42}tsɿ^{0}	耳环子 ər^{53}xuan^{21}tsɿ^{0}
胭脂	胭脂 iã^{31}tʂʅ^{0}	胭脂 ian^{42}tʂʅ^{0}	胭脂 ian^{31}tʂʅ^{0}	胭脂 ian^{45}tʂʅ^{0}	胭脂 ian^{34}tʂʅ^{0}
粉	粉 fə̃^{53}	粉 fən^{55}	粉 fən^{55}	粉 fən^{53}	粉 fən^{53}

续表

方言点 词目	中原官话区	混合 1 区	江淮官话区	混合 3 区	西南官话区
	汉滨	县河	茅坪	石泉	紫阳
围裙	围腰子 uei^{35}iau^{31} ʦɿ^{0} 围裙子 uei^{35}tɕʰyə̃^{35}ʦɿ^{0}	围腰子 uei^{32}iau^{42}ʦɿ^{0}	围腰子 uei^{42}iau^{31}ʦɿ^{0}	围腰子 uei^{42}iau^{45}ʦɿ^{0}	围腰子 uei^{21}iau^{34}ʦɿ^{0}
围嘴儿	搭搭儿 ta^{31}tar^{0}	兜兜儿 təu^{42}təur^{0}	兜兜儿 tou^{31}tour^{0}	兜兜儿 təu^{45}təur^{0}	围嘴儿 uei^{21}ʦər^{53}
尿布	尿片子 ȵiau^{44}pʰiã^{44}tsɿ^{0}	尿片子 ȵiau^{23} pʰian^{23}tsɿ^{0}	尿片子 ȵiau^{22} pʰian^{23}tsɿ^{0}	尿片子 ȵiau^{23} pʰian^{23}tsɿ^{0}	尿片子 ȵiau^{23} pʰian^{23}tsɿ^{0}
手绢儿	手帕儿 ʂəu^{53} pʰar^{31} 手巾子 ʂəu^{53}tɕin^{31}ʦɿ^{0}	手帕儿 ʂəu^{55}pʰar^{42}	手帕儿 ʂou^{55}pʰar^{31}	手帕儿 ʂəu^{53}pʰar^{45}	帕子 pʰa^{23}tsɿ^{0}
围巾	围巾儿 uei^{35} tɕir^{31} 围脖子 uei^{35}pə^{35}tsɿ^{0}	围巾 uei^{32}tɕin^{42}	围巾 uei^{42}tɕin^{31}	围脖 uei^{42}po^{42}	围脖 uei^{21}puo^{21}
手套	手套儿 ʂəu^{53}tʰaur^{44}	手套儿 ʂəu^{55}tʰaur^{223}	手套儿 ʂou^{55}tʰaur^{213}	手笼子 ʂəu^{53}loŋ^{42}ʦɿ^{0}	手笼子 ʂəu^{53}loŋ^{21}ʦɿ^{0}
眼镜	眼镜儿 iã^{53}tɕir^{44}	眼镜儿 ian^{55}tɕir^{223}	眼镜儿 ŋan^{55}tɕir^{213}	眼镜子 ian^{53}tɕir^{23}tsɿ^{0}	眼镜子 ian^{53}tɕir^{23}tsɿ^{0}
雨衣	雨衣 y^{53}i^{0}	雨衣 y^{55}i^{42}	雨衣 ʮ^{55}i^{31}	雨衣 ʮ^{53}i^{45}	雨衣 y^{53}i^{34}
伞	伞 sã^{53}	伞 san^{55}	伞 san^{55}	伞 san^{53}	伞 san^{53}
布伞	洋伞 iaŋ^{35}sã^{53}	洋伞 iaŋ^{32}san^{55}	洋伞 iaŋ^{42}san^{55}	洋伞 iaŋ^{42}san^{53}	洋伞 iaŋ^{21}san^{53}
蓑衣	蓑衣 suo^{31}i^{31}	蓑衣 suo^{42}i^{42}	蓑衣 so^{31}i^{31}	蓑衣 so^{45}i^{45}	蓑衣 suo^{34}i^{34}
草帽	草帽儿 ʦʰau^{53}maur^{44}	草帽儿 ʦʰau^{55}maur^{223}	草帽儿 ʦʰau^{55}maur^{213}	草帽儿 ʦʰau^{53}maur^{213}	草帽儿 ʦʰau^{53}maur^{213}

续表

方言点 词目	中原官话区	混合 1 区	江淮官话区	混合 3 区	西南官话区
	汉滨	县河	茅坪	石泉	紫阳
怀表	怀表 xuæ^{35}piau^{53}	怀表 xuai^{32}piau^{55}	怀表 xuai^{42}piau^{55}	怀表 xuai^{42}piau^{53}	怀表 xuai^{21}piau^{53}
手表	手表 ʂəu^{53}piau^{53}	手表 ʂəu^{55}piau^{55}	手表 ʂou^{55}piau^{55}	手表 ʂəu^{53}piau^{53}	手表 ʂəu^{53}piau^{53}

十四　饮食

方言点 词目	中原官话区	混合 1 区	江淮官话区	混合 3 区	西南官话区
	汉滨	县河	茅坪	石泉	紫阳
办席	办席 pã^{44}ɕi^{35}	办席 pan^{23}ɕi^{32}	造厨 tsau^{23}tʂʰʮ^{42}	造厨 tsau^{23}tʂʰʮ^{42}	造厨 tsau^{23}tʂʰu^{21}
帮厨	帮厨 paŋ^{31}pfʰu^{35}	帮厨 paŋ^{42}pfʰu^{312}	帮厨 paŋ^{31}tʂʰʮ^{42}	帮厨 paŋ^{45}tʂʰʮ^{42}	帮厨 paŋ^{34}tʂʰu^{21}
食物	东西 tuŋ^{31}ɕi^{0}	东西 tuŋ^{42}ɕi^{0}	东西 təŋ^{31}ɕi^{0}	东西 tuŋ^{45}ɕi^{0}	东西 tuŋ^{34}ɕi^{0}
夜宵	夜宵 ie^{44}ɕiau^{31}	夜宵 ie^{23}ɕiau^{42}	夜宵 iɛ^{22}ɕiau^{31}	夜宵 ie^{23}ɕiau^{45}	夜宵 ie^{23}ɕiau^{34}
宵夜	宵夜 ɕiau^{31}ie^{44}	宵夜 ɕiau^{42}ie^{223}	宵夜 ɕiau^{31}iɛ^{22}	宵夜 ɕiau^{45}ie^{213}	宵夜 ɕiau^{34}ie^{213}
米饭	蒸饭 tʂəŋ^{31}fã^{44} 捞蒸饭 lau^{35}tʂəŋ^{31}fã^{44}	干饭 kan^{42}fan^{223}	干饭 kan^{31}fan^{22}	干饭 kan^{45}fan^{213} 蒸饭 tʂən^{45}fan^{213}	干饭 kan^{34}fan^{213} 蒸饭 tʂən^{34}fan^{213}
酒米饭	酒米饭 tɕiəu^{53}mi^{53}fã^{44}	酒米饭 tɕiəu^{55}mi^{55}fan^{223}	酒米饭 tɕiou^{55}mi^{55}fan^{22}	酒米饭 tɕiəu^{53}mi^{53}fan^{213}	酒米饭 tɕiəu^{53}mi^{53}fan^{213}
随水干	侭水干 tɕin^{53}fei^{53}kã^{31}	随水干 sei^{32}fei^{55}kan^{42}	随水干 sei^{42}ʂʮei^{55}kan^{31}	随水干 sei^{42} ʂʮei^{53}kan^{45} 秾巴 子 luŋ^{23}pa^{45}tsɿ^{0}	随水干 sei^{21} ʂuei^{53}kan^{34} 秾巴 子 nuŋ^{23}pa^{34}tsɿ^{0}

续表

词目＼方言点	中原官话区	混合 1 区	江淮官话区	混合 3 区	西南官话区
	汉滨	县河	茅坪	石泉	紫阳
剩下的饭食	剩饭 ʂəŋ^{44}fã^{44}	剩饭 ʂən^{23}fan^{223}	剩饭 ʂən^{22}fan^{22}	剩饭 ʂən^{23}fan^{213}	剩饭 ʂən^{23}fan^{213}
热下的上顿剩饭	烫饭 tʰaŋ^{44}fã^{44}	现饭 ɕian^{23}fan^{223}	现饭 ɕian^{22}fan^{22}	现饭 ɕian^{23}fan^{213}	现饭 ɕian^{23}fan^{213}
稀一点	稀活 ɕi^{31}xuo^{0}	稀活 ɕi^{42}xuo^{0}	稀活 ɕi^{31}xo^{0}	稀一点 ɕi^{45}i^{42}tian^{53}	稀一点 ɕi^{34}i^{21}tian^{53}
（饭）煳了	焦咧 tɕiau^{31}lie^{0}	煳了 xu^{32}liau^{0}	煳了 xu^{42}liau^{0}	香了 ɕiaŋ^{45}liau^{0} 煳了 xu^{42}liau^{0}	香了 ɕiaŋ^{34}liau^{0} 煳了 xu^{21}liau^{0}
（饭）馊了	馊咧 səu^{31}lie^{0} 丝气咧 sɿ^{31}tɕʰi^{44}lie^{0}	馊了 səu^{42}liau^{0}	馊了 sou^{31}liau^{0}	丝了 sɿ^{45}liau^{0}	丝了 sɿ^{34}ȵiau^{0}
半生不熟	还生子 xuã^{35}ʂəŋ^{31}tsɿ^{0}	还生子 xuan^{32}ʂəŋ^{42}tsɿ^{0}	凡生子 fan^{42}sən^{31}tsɿ^{0}	凡生子 fan^{42}sən^{45}tsɿ^{0}	凡生子 fan^{21}sən^{34}tsɿ^{0}
锅巴	锅渣 kuo^{31}tʂa^{0}	锅渣 kuo^{42}tʂa^{0}	锅巴 ko^{31}pa^{0}	锅巴 ko^{42}pa^{0}	锅巴 kuo^{21}pa^{0}
粥	稀饭 ɕi^{31}fã^{44} 米汤 mi^{53}tʰaŋ^{31}	稀饭 ɕi^{42}fan^{223} 米汤 mi^{55}tʰaŋ^{42}	米汤 mi^{55}tʰaŋ^{31}	米汤 mi^{53}tʰaŋ^{45}	稀饭 ɕi^{34}fan^{213}
豆浆稀饭	豆浆稀饭 təu^{44}tɕiaŋ^{31}ɕi^{31}fã^{44}	甜浆子 tʰian^{32}tɕiaŋ^{23}tsɿ^{0}	甜浆子 tʰian^{42}tɕiaŋ^{23}tsɿ^{0}	甜浆子 tʰian^{42}tɕiaŋ^{23}tsɿ^{0}	甜浆子 tʰian^{21}tɕiaŋ^{23}tsɿ^{0}
带渣的豆浆稀饭	连渣涝 liã^{35}tʂa^{31}lau^{44}	连渣涝 lian^{32}tʂa^{42}lau^{223}	连渣涝 lian^{42}tʂa^{31}lau^{213}	连渣涝 lan^{42}tʂa^{45}lau^{213}	连渣涝 ȵian^{21}tʂa^{34}nau^{213}
米汤	米汤 mi^{53}tʰaŋ^{31}	米汤 mi^{55}tʰaŋ^{42}	米汤 mi^{55}tʰaŋ^{31}	米汤 mi^{53}tʰaŋ^{45}	米汤 mi^{53}tʰaŋ^{34}
米糊	米糊糊儿 mi^{53}xu^{44}xur^{0}	米糊糊儿 mi^{55}xu^{23}xur^{0}	米糊糊儿 mi^{55}xu^{22}xur^{0}	米糊糊儿 mi^{53}xu^{23}xur^{0}	米糊糊儿 mi^{53}xu^{23}xur^{0}
面条	面 miã^{44}	面 mian^{223}	面 mian^{22}	面 mian^{213}	面 mian^{213}
挂面	挂面 kua^{44}miã^{44}	挂面 kua^{23}mian^{223}	挂面 kua^{23}mian^{22}	挂面 kua^{23}mian^{213}	挂面 kua^{23}mian^{213} 机器面 tɕi^{34}tɕʰi^{213} mian^{213}

续表

方言点 / 词目	中原官话区	混合 1 区	江淮官话区	混合 3 区	西南官话区
	汉滨	县河	茅坪	石泉	紫阳
宽挂面	宽面 kuã^{31}miã^{44} 韭菜叶子 tɕiəu^{53} tsæ^{44}ie^{31}tsɿ^{0}	宽面 kuan^{42}mian^{23}	宽面 kuan^{31}mian^{22}	韭菜叶子 tɕiəu^{53} tsai^{23}ie^{42}tsɿ^{0}	韭菜叶子 tɕiəu^{53} tsai^{23}ie^{21}tsɿ^{0}
汤面	臊子面 ʂau^{44}tsɿ^{0}miã^{44}	臊子面 sau^{23}tsɿ^{0}mian^{23}	臊子面 sau^{23}tsɿ^{0}mian^{22}	臊子面 sau^{23}tsɿ^{0}mian^{213}	臊子面 sau^{23}tsɿ^{0}mian^{213}
臊子	臊子 ʂau^{44}tsɿ^{0}	臊子 sau^{23}tsɿ^{0}	臊子 sau^{23}tsɿ^{0}	臊子 sau^{23}tsɿ^{0}	臊子 sau^{23}tsɿ^{0}
面片儿	面片儿 miã^{44}pʰiãr^{53}	面片儿 mian^{23}pʰiar^{55}	面片儿 mian^{22}pʰiar^{55}	面片儿 mian^{23}pʰiar^{53}	面片儿 mian^{23}pʰiar^{53}
面疙瘩	面疙瘩 miã^{44}kɤ^{31}ta^{0}	鸡脑壳 tɕi^{42}lau^{55}kʰɤ^{0}	鸡脑壳 tɕi^{31}lau^{55}kʰo^{0}	鸡脑壳 tɕi^{45}lau^{53}kʰo^{0}	鸡脑壳 tɕi^{34}nau^{53}kʰuo^{0}
就酸汤而食的玉米面团	搅团 tɕiau^{53}tʰã^{0}	搅团 tɕiau^{55}tʰan^{0}	搅团 tɕiau^{55}tʰan^{0}	搅团 tɕiau^{53}tʰan^{0}	搅团 tɕiau^{53}tʰan^{0}
馒头	馍馍 mə^{35}mə^{0}	馍馍 mə^{32}mə^{32}	馍馍 mo^{42}mo^{42}	馍馍 mo^{42}mo^{42}	馍馍 muo^{21}muo^{21}
花卷儿	油旋子 iəu^{35} ɕyã^{44}tsɿ^{0} 花卷儿 xua^{31}tɕyar^{53}	花卷儿 xua^{42}tɕyar^{55}	花卷儿 xua^{31}tʂɥar^{55}	花卷儿 xua^{45}tʂɥar^{53}	花卷儿 xua^{34}tɕyar^{53}
包子	包子 pau^{31}tsɿ^{0}	包子 pau^{42}sɿ^{0}	包子 pau^{31}tsɿ^{0}	包子 pau^{45}tsɿ^{0}	包子 pau^{34}tsɿ^{0}
（包子）馅儿	馅儿 ɕyãr^{44}	馅儿 ɕiar^{223}	包心 pau^{31}ɕin^{31}	包心 pau^{45}ɕin^{45}	包心 pau^{34}ɕin^{34}
大烧饼	锅盔 kuo^{31}kʰuei^{31}	锅盔 kuo^{42}kʰuei^{42}	火烧馍 xo^{55}ʂau^{31}mo^{42}	火烧馍 xo^{53}ʂau^{45}mo^{42}	锅盔 kuo^{34}kʰuei^{34}
烧饼	烧饼 ʂau^{31}piŋ^{0} 炕炕儿馍 kʰaŋ^{44} kʰar^{0}mə^{44}	炕炕儿馍 kʰaŋ^{23}kʰar^{0}mə^{312}	炕炕儿馍 kʰaŋ^{23}kʰar^{0}mo^{42}	火烧馍 xo^{53}ʂau^{45}mo^{42}	烧馍 ʂau^{34}muo^{21}

续表

方言点 / 词目	中原官话区	混合1区	江淮官话区	混合3区	西南官话区
	汉滨	县河	茅坪	石泉	紫阳
指定量的揉好的生面团	剂子 tɕi^{44}tsɿ^{0}	剂子 tɕi^{23}tsɿ^{0}	剂子 tɕi^{23}tsɿ^{0}	剂子 tɕi^{23}tsɿ^{0}	剂子 tɕi^{23}tsɿ^{0}
烙饼	饼子 piŋ^{53}tsɿ^{0}	饼子 pin^{55}tsɿ^{0}	饼子 pin^{55}tsɿ^{0}	饼子 pin^{53}tsɿ^{0}	软饼子 zuan^{53}pin^{53}tsɿ^{0}
浆巴馍	浆巴馍 tɕiaŋ^{31}pa^{31}mə^{44}	浆巴馍 tɕiaŋ^{42}pa^{0}mə^{312}	浆巴馍 tɕiaŋ^{31}pa^{0}mə^{42}	浆巴馍 tɕiaŋ^{45}pa^{0}mə^{42}	浆巴馍 tɕiaŋ^{34}pa^{0}mə^{21}
饺子	饺子 tɕiau^{53}tsɿ^{0} 扁食 piã^{53}ʂʅ^{0} 煮角子 pfu^{53}tɕyo^{31}tsɿ^{0}	饺子 tɕiau^{55}tsɿ^{0} 扁食 pian^{55}ʂʅ^{0} 煮角子 pfu^{55}tɕyo^{42}tsɿ^{0}	饺子 tɕiau^{55}tsɿ^{0} 扁食 pian^{55}ʂʅ^{0}	扁食 pian^{53}ʂʅ^{0} 抄手儿 tʂʰau^{45}ʂəur^{53}	扁食 pian^{53}ʂʅ^{0} 煮角子 tʂu^{53}tɕyo^{21}tsɿ^{0}
拌汤	拌汤 pã^{44}tʰaŋ^{31}	拌汤 pan^{23}tʰaŋ^{42}	拌汤 pan^{23}tʰaŋ^{31}	拌汤 pan^{23}tʰaŋ^{45}	拌汤 pan^{23}tʰaŋ^{34}
馅儿	馅儿 ɕyãr^{44}	馅子 ɕyan^{23}tsi^{0}	馅子 ɕian^{23}tsi^{0}	馅子 ɕian^{23}tsi^{0}	馅子 ɕian^{23}tsi^{0}
馄饨	馄饨 xuə̃^{31}tuə̃^{44}	馄饨 xuən^{42}tən^{223}	馄饨 xuən^{31}tən^{213}	馄饨 xuən^{45}tən^{213}	馄饨 xuən^{34}tən^{213}
浆粑	浆粑 tɕiaŋ^{31}pa^{31}	浆粑 tɕiaŋ^{42}pa^{0}	浆粑 tɕiaŋ^{31}pa^{0}	浆粑 tɕiaŋ^{45}pa^{0}	浆粑 tɕiaŋ^{34}pa^{0}
玉米稠粥	包谷糁儿 pau^{31}ku^{53}tʂər^{31} 糊豆儿 xu^{44}tər^{44}	糊豆儿 xu^{23}təur^{223}	糊豆儿 xu^{22}tour^{213}	糊豆子 fu^{42}təu^{23}tsɿ^{0}	糊豆子 fu^{21}təu^{23}tsɿ^{0}
玉米粥里加面条	糊豆儿面 xu^{44}təur^{0}miã^{44}	糊豆儿面 xu^{23}təur^{32}mian^{223}	鱼儿钻沙 ɥ^{42}ər^{0}tsan^{31}ʂa^{31}	鱼儿钻沙 ɥ^{42}ər^{0}tsan^{45}ʂa^{45}	鱼儿钻沙 y^{21}ər^{0}tsan^{34}ʂa^{34}
蛋糕	蛋糕 tã^{44}kau^{31}	蛋糕 tan^{23}kau^{42}	蛋糕 tan^{22}kau^{31}	蛋糕 tan^{23}kau^{45}	蛋糕 tan^{23}kau^{34}
元宵	汤圆儿 tʰaŋ^{31}yãr^{35} 元宵 yã^{35}ɕiau^{31}	汤圆儿 tʰaŋ^{42}yar^{32} 元宵 yan^{32}ɕiau^{42}	汤圆儿 tʰaŋ^{31}ɥar^{42} 元宵 ɥan^{42}ɕiau^{31}	汤圆儿 tʰaŋ^{45}ɥar^{42} 元宵 ɥan^{42}ɕiau^{45}	汤圆儿 tʰaŋ^{34}yar^{21} 元宵 yan^{21}ɕiau^{34}

续表

词目＼方言点	中原官话区	混合 1 区	江淮官话区	混合 3 区	西南官话区
	汉滨	县河	茅坪	石泉	紫阳
油条	油条 iəu^{35}tʰiau^{35}	油条 iəu^{32}tʰiau^{312}	果子 ko^{55}tsɿ^{0}	油条 iəu^{42}tʰiau^{42}	油果子 iəu^{21}kuo^{53}tsɿ^{0}
油糕	油糕 iəu^{35}kau^{31}	油糕 iəu^{32}kau^{42}	油糕 iou^{42}kau^{31}	欢喜坨儿 xuan^{45}ɕi^{53}tʰor^{42}	欢喜坨儿 xuan^{34}ɕi^{53}tʰuor^{21}
麻花	麻花儿 ma^{35}xuar^{31}	麻花儿 ma^{32}xuar^{42}	麻花儿 ma^{42}xuar^{31}	果子 ko^{53}tsɿ^{0}	果子 kuo^{53}tsɿ^{0}
粽子	粽子 tsuŋ^{44}tsɿ^{0}	粽子 tsuŋ^{23}tsɿ^{0}	粽子 tsəŋ^{23}tsɿ^{0}	粽子 tsuŋ^{23}tsɿ^{0}	粽子 tsuŋ^{23}tsɿ^{0}
零食	吃喝儿 tʂʰʅ^{31}xuor^{0} 零嘴儿 liŋ^{35}tsər^{53}	吃喝儿 tʂʰʅ^{42}xuor^{0} 零嘴儿 lin^{32}tsər^{55}	吃喝儿 tʂʰʅ^{31}xor^{0} 零嘴儿 lin^{42}tsər^{55}	零嘴儿 lin^{42}tsər^{53}	零嘴 lin^{21}tsəi^{53}
点心	点心 tiã^{53}ɕin^{31}	点心 tian^{55}ɕin^{0}	点心 tian^{55}ɕin^{0}	点心 tian^{53}ɕin^{0}	点心 tian^{53}ɕin^{0}
茶点	茶点 tʂʰa^{35}tiã^{53}	茶点 tʂʰa^{32}tian^{55}	茶点 tʂʰa^{42}tian^{55}	茶点 tʂʰa^{42}tian^{53}	茶点 tʂʰa^{21}tian^{53}
月饼	月饼 ye^{31}pin^{53}	月饼 ye^{42}pin^{55}	月饼 ɥɛ^{31}pin^{55}	月饼 ɥe^{42}pin^{53}	月饼 ye^{21}pin^{53}
散子	散子 san^{53}tsɿ^{0}	散子 san^{55}tsɿ^{0}	麻叶儿 ma^{42}iər^{31} 散子 san^{55}tsɿ^{0}	散子 san^{53}tsɿ^{0}	散子 san^{53}tsɿ^{0}
糍粑	糍粑 tsʰɿ^{35}pa^{0}	糍粑 tsʰɿ^{32}pa^{0}	糍粑 tsʰɿ^{42}pa^{0}	糍粑 tsʰɿ^{42}pa^{45}	糍粑 tsʰɿ^{21}pa^{34}
油糍	油糍儿 iəu^{35}tsʰɿr^{35}	油糍儿 iəu^{32}tsʰɿr^{312}	油糍儿 iou^{42}tsʰɿr^{42}	油糍儿 iəu^{42}tsʰɿr^{42}	油糍儿 iəu^{21}tsʰɿr^{21}
米糕	米面馍 mi^{53}mian^{44}mə^{44}	米面馍 mi^{55}mian^{23}mə^{312}	碗儿糕 uar^{53}kau^{31}	米面馍 mi^{53}mian^{23}mə^{42}	米面馍 mi^{53}mian^{23}mə^{21}
饼干	饼干儿 pin^{53}kar^{31}	饼干儿 pin^{55}kar^{42}	饼干儿 pin^{55}kar^{31}	饼干儿 pin^{53}kar^{45}	饼干儿 pin^{53}kar^{34}
酵子	酵子 tɕiau^{44}tsɿ^{0}	酵子 tɕiau^{23}tsɿ^{0}	酵子 tɕiau^{23}tsɿ^{0}	酵子 tɕiau^{23}tsɿ^{0}	酵子 tɕiau^{23}tsɿ^{0}

续表

方言点 词目	中原官话区	混合 1 区	江淮官话区	混合 3 区	西南官话区
	汉滨	县河	茅坪	石泉	紫阳
肉丁	肉丁儿 ʐəu^{44}tir^{31}	肉丁儿 ʐəu^{23}tir^{42}	肉丁 ʐou^{23}tin^{31}	肉丁 ʐəu^{23}tin^{45}	肉丁 ʐəu^{23}tin^{34}
肉片	肉片儿 ʐəu^{44}pʰiãr^{53}	肉片儿 ʐəu^{23}pʰiar^{55}	肉片儿 ʐou^{23}pʰiar^{55}	肉片儿 ʐəu^{23}pʰiar^{53}	肉片儿 ʐəu^{23}pʰiar^{53}
肉丝	肉丝儿 ʐəu^{44}sɿr^{31}	肉丝儿 ʐəu^{23}sər^{42}	肉丝儿 ʐou^{23}sər^{31}	肉丝 ʐəu^{23}sɿ^{45}	肉丝 ʐəu^{23}sɿ^{34}
肉末	肉末 ʐəu^{44}mə^{31}	肉末儿 ʐəu^{23}mər^{42}	肉末 ʐou^{23}mo^{31}	肉末 ʐəu^{23}mo^{42}	肉末 ʐəu^{23}muo^{21}
肉皮	肉皮 ʐəu^{44}pʰi^{35}	肉皮 ʐəu^{23}pʰi^{312}	肉皮 ʐou^{23}pʰi^{42}	肉皮 ʐəu^{23}pʰi^{42}	肉皮 ʐəu^{23}pʰi^{21}
熏肉	腊肉 la^{31}ʐəu^{44}	腊肉 la^{42}ʐəu^{223}	腊肉 la^{31}ʐou^{213}	腊肉 la^{42}ʐəu^{213}	腊肉 na^{21}ʐəu^{213}
肘子	猪腿 pfu^{31}tʰuei^{53}	蹄髈子 tʰi^{32}paŋ^{23}tsɿ^{0}	蹄髈子 tʰi^{42}paŋ^{23}tsɿ^{0}	蹄髈子 tʰi^{42}paŋ^{23}tsɿ^{0}	蹄髈子 tʰi^{21}paŋ^{23}tsɿ^{0}
猪蹄儿	猪蹄子 pfu^{31}tʰi^{35}tsɿ^{0}	猪蹄子 pfu^{42}tʰi^{32}tsɿ^{0}	猪蹄子 tʂʮ^{31}tʰi^{42}tsɿ^{0}	猪蹄子 tʂʮ^{45}tʰi^{42}tsɿ^{0}	猪蹄子 tʂu^{34}tʰi^{21}tsɿ^{0}
里脊	里脊 li^{53}tɕi^{31}	里脊 li^{55}tɕi^{42}	里脊 li^{55}tɕi^{31}	里脊 li^{53}tɕi^{42}	里脊 ȵi^{53}tɕi^{21}
蹄筋	蹄筋儿 tʰi^{35}tɕir^{31}	蹄筋儿 tʰi^{32} tɕir^{42}	蹄筋儿 tʰi^{42} tɕir^{31}	蹄筋儿 tʰi^{42} tɕir^{45}	蹄筋儿 tʰi^{21} tɕir^{34}
牛舌头	牛舌头 ȵiəu^{35}ʂɤ^{35}tʰəu^{0}	牛舌头 ȵiəu^{32}ʂɤ ^{32}tʰəu^{0}	牛舌头 ȵiou^{42}ʂɛ^{42}tʰou^{0}	牛舌头 ȵiəu^{42}ʂe^{42}tʰəu^{0}	牛舌头 ȵiəu^{21}ʂe^{21}tʰəu^{0}
猪舌头	猪舌头 pfu^{31}ʂɤ^{35}tʰəu^{0}	猪舌头 pfu^{42}ʂɤ^{32}tʰəu^{0}	猪舌头 tʂʮ^{31}ʂɛ^{42}tʰou^{0}	猪舌头 tʂʮ^{45}ʂe^{42}tʰəu^{0}	猪舌头 tʂu^{34}ʂe^{21}tʰəu^{0}
猪内脏的统称	下水 ɕia^{44}fei^{53}	下水 ɕia^{23}pfʰei^{55}	下水 ɕia^{22}ʂʮei^{55}	下水 ɕia^{23}ʂʮei^{53}	下水 ɕia^{23}ʂuei^{53}
肺	心肺 ɕin^{31}fei^{44}	心肺 ɕin^{43}fei^{223}	心肺 ɕin^{31}fei^{213}	心肺 ɕin^{45}fei^{213}	心肺 ɕin^{34}fei^{213}

续表

方言点 词目	中原官话区 汉滨	混合 1 区 县河	江淮官话区 茅坪	混合 3 区 石泉	西南官话区 紫阳
大肠	肠子 tʂʰaŋ^{35}tsɿ^{0} 大肠 ta^{44}tʂʰaŋ^{35}	肠子 tʂʰaŋ^{32}tsɿ^{0} 大肠 ta^{23}tʂʰaŋ^{32}	大肠 ta^{22}tʂʰaŋ^{42}	大肠 ta^{23}tʂʰaŋ^{42}	大肠 ta^{23}tʂʰaŋ^{21}
小肠	小肠 ɕiau^{53}tʂʰaŋ^{35}	小肠 ɕiau^{55}tʂʰaŋ^{32}	小肠 ɕiau^{55}tʂʰaŋ^{42}	小肠 ɕiau^{53}tʂʰaŋ^{42}	小肠 ɕiau^{53}tʂʰaŋ^{21}
腔骨	筒子骨 tʰuŋ^{53}tsɿ^{0}ku^{31}	筒子骨 tʰuŋ^{55}tsɿ^{0}ku^{42}	筒子骨 tʰəŋ^{55}tsɿ^{0}ku^{31}	筒子骨 tʰuŋ^{53}tsɿ^{0}ku^{42}	筒子骨 tʰuŋ^{53}tsɿ^{0}ku^{21}
排骨	排骨 pʰæ^{35}ku^{31}	排骨 pʰai^{32}ku^{42}	排骨 pʰai^{42}ku^{31}	排骨 pʰai^{42}ku^{42}	排骨 pʰai^{21}ku^{21}
牛肚儿	牛肚子 ȵiəu^{35}təu^{53}tsɿ^{0} 毛肚 mau^{35}təu^{53}	牛肚子 ȵiəu^{32}təu^{55}tsɿ^{0} 毛肚 mau^{32}təu^{55}	牛肚子 ȵiou^{42}tou^{55}tsɿ^{0} 毛肚 mau^{42}tou^{55}	牛肚子 ȵiəu^{42}təu^{53}tsɿ^{0} 毛肚 mau^{42}təu^{53}	牛肚子 ȵiəu^{21}təu^{53}tsɿ^{0} 毛肚 mau^{21}təu^{53}
血肝	猪肝儿 pfu^{31} kãr^{31} 血肝儿 ɕie^{35}kãr^{31}	猪肝儿 pfu ^{42} kar^{42} 血肝儿 ɕie^{42}kar^{42}	猪肝儿 tʂʮ^{31} kar^{31} 血肝儿 ɕiɛ^{31}kar^{31}	猪肝儿 tʂʮ^{45} kar^{45} 血肝儿 ɕie^{42}kar^{45}	猪肝儿 tʂu^{34} kar^{34} 血肝儿 ɕie^{21}kar^{34}
腰子	腰子 iau^{31}tsɿ^{0}	腰子 iau^{42}tsɿ^{0}	腰子 iau^{31}tsɿ^{0}	腰子 iau^{45}tsɿ^{0}	腰子 iau^{34}tsɿ^{0}
煮熟的牛羊内脏	杂干儿 tsa^{35}kar^{31}	杂干儿 tsa^{32}kar^{42}	杂干儿 tsa^{42}kar^{31}	杂干儿 tsa^{42}kar^{45}	杂干儿 tsa^{21}kar^{34}
鸡杂	鸡杂儿 tɕi^{31}tsar^{35}	鸡杂 tɕi^{42}tsa^{312}	鸡杂 tɕi^{31}tsa^{42}	鸡杂 tɕi^{45}tsa^{42}	鸡杂 tɕi^{34}tsa^{21}
鸡脯	鸡脯 tɕi^{31}pʰu^{35}	鸡脯 tɕi^{42}pʰu^{312}	鸡脯 tɕi^{31}pʰu^{42}	鸡脯 tɕi^{45}pʰu^{42}	鸡脯 tɕi^{34}pʰu^{21}
鸡肫	鸡肫子 tɕi^{31}tɕyə̃^{44}tsɿ^{0}	鸡肫子 tɕi^{42}tɕyən^{23}tsɿ^{0}	鸡肫子 tɕi^{31}tʂʮən^{23}tsɿ^{0}	鸡肫子 tɕi^{45}tʂʮən^{23}tsɿ^{0}	鸡肫子 tɕi^{34}tɕyən^{23}tsɿ^{0}
猪血	猪血 pfu^{35}ɕie^{35}	猪血 pfu^{42}ɕie^{42}	猪血 tʂʮ^{31}ɕiɛ^{31}	猪血 tʂʮ^{45}ɕie^{42}	猪血 tʂu^{34}ɕie^{21}
鸡血	鸡血 tɕi^{35}ɕie^{31}	鸡血 tɕi^{42}ɕie^{42}	鸡血 tɕi^{31}ɕiɛ^{31}	鸡血 tɕi^{45}ɕie^{42}	鸡血 tɕi^{34}ɕie^{21}

续表

方言点 词目	中原官话区	混合 1 区	江淮官话区	混合 3 区	西南官话区
	汉滨	县河	茅坪	石泉	紫阳
炒鸡蛋	炒鸡蛋 tʂʰau^{53}tɕi^{31}tã^{44}	炒鸡蛋 tʂʰau^{55}tɕi^{42}tan^{223}	炒鸡蛋 tʂʰau^{55}tɕi^{31}tan^{22}	炒鸡蛋 tʂʰau^{53}tɕi^{45}tan^{213}	炒鸡蛋 tʂʰau^{53}tɕi^{34}tan^{213}
卧鸡子儿	荷包蛋 xuo^{35}pau^{31}tã^{44}	荷包蛋 xɤ^{32}pau^{42}tan^{223}	荷包蛋 xo^{42}pau^{31}tan^{22}	荷包蛋 xo^{42}pau^{45}tan^{213}	荷包蛋 xuo^{21}pau^{34}tan^{213}
煮鸡子儿	煮鸡蛋 pfu^{53}tɕi^{31}tã^{44}	煮鸡蛋 pfu^{55}tɕi^{42}tan^{223}	煮鸡蛋 tʂʮ^{55}tɕi^{31}tan^{22}	煮鸡蛋 tʂʮ^{53}tɕi^{45}tan^{213}	煮鸡蛋 tʂu^{53}tɕi^{34}tan^{213}
蛋羹	蒸鸡蛋 tʂəŋ^{31}tɕi^{31}tã^{4}	蒸鸡蛋 tʂən^{42}tɕi^{42}tan^{223}	蒸鸡蛋 tʂən^{31}tɕi^{31}tan^{22}	蒸鸡蛋 tʂən^{45}tɕi^{45}tan^{213}	蒸鸡蛋 tʂən^{34}tɕi^{34}tan^{213}
松花蛋	变蛋 piã^{44}tã^{44}	变蛋 pian^{23}tan^{223}	变蛋 pian^{23}tan^{22}	变蛋 pian^{23}tan^{213}	变蛋 pian^{23}tan^{213}
咸鸡蛋	腌鸡蛋 iã^{31}tɕi^{31}tã^{44}	腌鸡蛋 ian^{42}tɕi^{42}tan^{223}	腌鸡蛋 ian^{31}tɕi^{31}tan^{22}	腌鸡蛋 ian^{45}tɕi^{45}tan^{213}	腌鸡蛋 ian^{34}tɕi^{34}tan^{213}
咸鸭蛋	腌鸭蛋 iã^{31}ia^{31}tã^{22}	腌鸭蛋 ian^{42}ia^{42}tan^{223}	腌鸭蛋 ian^{31}ia^{31}tan^{22}	腌鸭蛋 ian^{45}ia^{45}tan^{213}	腌鸭蛋 ian^{34}ia^{34}tan^{213}
香肠	香肠 ɕiaŋ^{31}tʂʰaŋ^{35}	香肠 ɕiaŋ^{42}tʂʰaŋ^{312}	香肠 ɕiaŋ^{31}tʂʰaŋ^{42}	香肠 ɕiaŋ^{45}tʂʰaŋ^{42}	香肠 ɕiaŋ^{34}tʂʰaŋ^{21}
素菜	素菜 səu^{44}tsʰæ^{44}	素菜 səu^{23}tsʰai^{223}	素菜 sou^{23}tsʰai^{0}	素菜 səu^{23}tsʰai^{213}	素菜 səu^{23}tsʰai^{213}
荤菜	荤菜 xuə̃^{31}tsʰæ^{44}	荤菜 xuən^{42}tsʰai^{223}	荤菜 xuən^{31}tsʰai^{0}	荤菜 xuən^{45}tsʰai^{213}	荤菜 xuən^{34}tsʰai^{213}
小菜儿	小菜 ɕiau^{53}tsʰæ^{44}	小菜 ɕiau^{55}tsʰai^{223}	小菜 ɕiau^{55}tsʰai^{0}	小菜 ɕiau^{53}tsʰai^{213}	小菜 ɕiau^{53}tsʰai^{213}
干菜	干菜 kã^{31}tsʰæ^{44}	干菜 kan^{42}tsʰai^{223}	干菜 kan^{31}tsʰai^{23}	茶菜子 tʂʰa^{42}tsʰai^{23}tsɿ^{0}	茶菜子 tʂʰa^{21}tsʰai^{23}tsɿ^{0}
腌菜	盐菜 iã^{35}tsʰæ^{44}	盐菜 ian^{32}tsʰai^{223}	盐菜 ian^{42}tsʰai^{23}	盐菜 ian^{42}tsʰai^{23}	盐菜 ian^{21}tsʰai^{23}
泡菜	酸坛子 suã^{31}tʰã^{35}tsɿ^{0}	酸菜 san^{42}tsʰai^{223}	酸菜 san^{31}tsʰai^{23}	浸菜 tɕʰin^{23}tsʰai^{213}	浸菜 tɕʰin^{23}tsʰai^{213}

续表

方言点 / 词目	中原官话区	混合 1 区	江淮官话区	混合 3 区	西南官话区
	汉滨	县河	茅坪	石泉	紫阳
浆水菜	浆水菜 tɕiaŋ^{31}fei^{53}tsʰæ^{44} 酸菜 suã^{31}tsʰæ^{44}	浆水菜 tɕiaŋ^{42}fei^{55}tsʰai^{23} 酸菜 san^{42}tsʰai^{23}	酸菜 san^{31}tsʰai^{23}	浆水菜 tɕiaŋ^{45}ʂɥei^{53} tsʰai^{213}	酸菜 san^{34}tsʰai^{213}
豆腐	豆腐 təu^{44}fu^{0}	豆腐 təu^{23}fu^{0}	豆腐 tou^{22}fu^{0}	豆腐 təu^{23}fu^{0}	豆腐 təu^{23}fu^{0}
豆油皮	豆油皮子 təu^{44}iəu^{35}pʰi^{35}tsɿ^{0}	豆油皮子 təu^{23}iəu^{32}pʰi^{32}tsɿ^{0}	豆油皮子 tou^{22}iou^{42}pʰi^{42}tsɿ^{0}	豆油皮子 təu^{23}iəu^{42}pʰi^{42}tsɿ^{0}	豆油皮子 təu^{23}iəu^{21}pʰi^{21}tsɿ^{0}
千张皮	千张皮子 tɕʰiã^{31}tʂaŋ^{31} pʰi^{35}tsɿ^{0}	千张皮子 tɕʰian^{42}tʂaŋ^{42} pʰi^{32}tsɿ^{0}	千张皮子 tɕʰian^{31}tʂaŋ^{31} pʰi^{42}tsɿ^{0}	千张皮子 tɕʰian^{45}tʂaŋ^{45} pʰi^{42}tsɿ^{0}	豆腐皮子 təu^{23}fu^{0}pʰi^{21}tsɿ^{0}
豆腐干儿	豆腐干儿 təu^{44}fu^{0}kãr^{31}	豆腐干儿 təu^{23}fu^{0}kar^{42}	豆腐干儿 tou^{22}fu^{0}kar^{31}	豆腐干儿 təu^{23}fu^{0}kar^{45}	豆腐干儿 təu^{23}fu^{0}kar^{34}
豆腐脑儿	豆腐脑儿 təu^{44}fu^{0}laur^{53}	豆腐脑儿 təu^{23}fu^{0}laur^{55}	豆腐脑儿 tou^{22}fu^{0}laur^{55}	豆腐脑儿 təu^{23}fu^{0}laur^{53}	豆腐脑儿 təu^{23}fu^{0}naur^{53}
豆腐乳	豆腐乳 təu^{44}fu^{0}y^{53}	豆腐乳 təu^{23}fu^{0}y^{55}	霉豆腐 mei^{42}tou^{22}fu^{55}	霉豆腐 mei^{42} təu^{23}fu^{53} 红豆腐 xuŋ^{42}təu^{23}fu^{53}	霉豆腐 mei^{21} təu^{23}fu^{53} 红豆腐 xuŋ^{21}təu^{23}fu^{53}
豆浆	豆浆 təu^{44}tɕiaŋ^{31}	豆浆 təu^{23}tɕiaŋ^{42}	豆浆 tou^{22}tɕiaŋ^{31}	豆浆 təu^{23}tɕiaŋ^{45}	豆浆 təu^{23}tɕiaŋ^{34}
粉丝	粉条儿 fə̃^{53}tiaur^{35} 粉丝 fə̃^{53}sɿ^{31}	粉条儿 fən^{55}tiaur^{32} 粉丝 fən^{55}sɿ^{42}	粉条儿 fən^{55}tiaur^{42} 粉丝 fən^{55}sɿ^{31}	粉条儿 fən^{53}tiaur^{42} 粉丝 fən^{53}sɿ^{45}	粉条儿 fən^{53}tiaur^{21} 粉丝 fən^{53}sɿ^{34}
粉皮	粉皮 fə̃^{53}pʰi^{35}	粉皮 fən^{55}pʰi^{312}	粉皮 fən^{55}pʰi^{42}	粉皮 fən^{53}pʰi^{42}	粉皮 fən^{53}pʰi^{21}
面筋	面筋 miã^{44}tɕin^{31}	面筋 mian^{23}tɕin^{42}	面筋 mian^{22}tɕin^{31}	面筋 mian^{23}tɕin^{45}	面筋 mian^{23}tɕin^{34}
凉粉	凉粉儿 liaŋ^{35}fə̃r^{53}	凉粉儿 liaŋ^{32}fər^{55}	凉粉儿 liaŋ^{42}fər^{55}	凉粉儿 liaŋ^{42}fər^{53}	凉粉儿 ȵiaŋ^{21}fər^{53}
藕粉	藕粉 ŋəu^{53}fə̃^{53}	藕粉 ŋəu^{55}fən^{55}	藕粉 ŋou^{55}fən^{55}	藕粉 ŋəu^{53}fən^{53}	藕粉 ŋəu^{53}fən^{53}

续表

方言点 词目	中原官话区	混合 1 区	江淮官话区	混合 3 区	西南官话区
	汉滨	县河	茅坪	石泉	紫阳
豆豉	豆豉 təu^{44}ʂʅ^{31}	豆酱 təu^{23}tɕiaŋ^{223}	豆酱 tou^{22}tɕiaŋ^{213}	豆酱 təu^{23}tɕiaŋ^{213}	豆豉 təu^{23}ʂʅ^{34}
芡粉	芡粉 tɕʰiã^{44}fə̃^{53}	芡粉 tɕʰian^{23}fən^{55}	芡粉 tɕʰian^{23}fən^{55}	芡粉 tɕʰian^{23}fən^{53}	芡粉 tɕʰian^{23}fən^{53}
木耳	木耳 mu^{31}ər^{53}	耳子 ər^{55}tsɿ^{0}	耳子 ər^{55}tsɿ^{0}	耳子 ər^{53}tsɿ^{0}	耳子 ər^{53}tsɿ^{0}
蘑菇	菌子 tʂyə̃^{44}tsɿ^{0} 香菇 ɕiaŋ^{35}ku^{31}	菌子 tɕyən^{23}tsɿ^{0}	菌子 tʂɥən^{23}tsɿ^{0}	菌子 tʂɥən^{23}tsɿ^{0}	菌子 tɕyən^{23}tsɿ^{0}
银耳	白耳子 pe^{35}ər^{53} tsɿ^{0} 银耳 in^{35}ər^{53}	白耳子 pe^{32}ər^{55}tsɿ^{0}	白耳子 pɛ^{42}ər^{55}tsɿ^{0}	银耳 in^{42}ər^{53}	白耳子 pe^{21}ər^{53}tsɿ^{0}
金针	黄花 xuaŋ^{35}xua^{31}	黄花 xuaŋ^{32}xua^{42}	黄花 xuaŋ^{42}xua^{31}	黄花 xuaŋ^{42}xua^{45}	黄花 xuaŋ^{21}xua^{34}
海参	海参 xæ^{53}ʂəŋ^{31}	海参 xai^{55}sən^{42}	海参 xai^{55}sən^{31}	海参 xai^{53}sən^{45}	海参 xai^{53}sən^{34}
海带	海带 xæ^{53}tæ^{44}	海带 xai^{55}tai^{223}	海带 xai^{55}tai^{22}	海带 xai^{53}tai^{213}	海带 xai^{53}tai^{213}
滋味	味道儿 uei^{44}taur^{0} 滋味儿 tsɿ^{31}uər^{44}	味道儿 uei^{23}taur^{0} 滋味儿 tsɿ^{42}uər^{223}	味道儿 uei^{22}taur^{0} 滋味儿 tsɿ^{31}uər^{22}	味道儿 uei^{23}taur^{0} 滋味儿 tsɿ^{45}uər^{213}	味道儿 uei^{23}taur^{0} 滋味儿 tsɿ^{34}uər^{213}
气味	气味 tɕʰi^{44}uei^{44}	气味 tɕʰi^{23}uei^{223}	气味 tɕʰi^{23}uei^{22}	气味 tɕʰi^{23}uei^{213}	气味 tɕʰi^{23}uei^{213}
颜色	颜色 iã^{35}ʂe^{31}	色气 se^{42}tɕʰi^{223}	色气 sɛ^{31}tɕʰi^{213}	颜色 ian^{42}se^{42}	颜色 ian^{21}se^{21}
荤油	大油 ta^{44}iəu^{35} 荤油 xuə̃^{31}iəu^{35} 猪油 pfu^{31}iəu^{35}	大油 ta^{23}iəu^{312} 荤油 xuən^{42}iəu^{312} 猪油 pfu^{42}iəu^{312}	猪油 tʂɥ^{31}iou^{42} 化猪油 xua^{23}tʂɥ^{31}iou^{42}	猪油 tʂɥ^{45}iəu^{42} 化猪油 xua^{23}tʂɥ^{45}iəu^{42}	猪油 tʂu^{34}iəu^{21} 化猪油 xua^{23}tʂu^{34}iəu^{21}
素油	清油 tɕʰiŋ^{31}iəu^{35}	清油 tɕʰin^{42}iəu^{312}	清油 tɕʰin^{31}iou^{42}	清油 tɕʰin^{45}iəu^{42}	菜油 tsʰai^{23}iəu^{21} 清油 tɕʰin^{34}iəu^{21}
花生油	花生油 xua^{44}səŋ^{31}iəu^{35}	花生油 xua^{42}sən^{42}iəu^{312}	花生油 xua^{31}sən^{31}iou^{42}	花生油 xua^{45}sən^{45}iəu^{42}	花生油 xua^{34}sən^{34}iəu^{21}

续表

方言点 / 词目	中原官话区	混合 1 区	江淮官话区	混合 3 区	西南官话区
	汉滨	县河	茅坪	石泉	紫阳
菜籽油	菜油 ʦʰæ^{44}iəu^{35}	菜油 ʦʰai^{23}iəu^{312}	菜油 ʦʰai^{23}iou^{42}	菜油 ʦʰai^{23}iəu^{42}	菜油 ʦʰai^{23}iəu^{21}
芝麻油	香油 ɕiaŋ^{31}iəu^{35}	香油 ɕiaŋ^{42}iəu^{312}	香油 ɕiaŋ^{31}iou^{42}	香油 ɕiaŋ^{45}iəu^{42}	香油 ɕiaŋ^{34}iəu^{21}
盐	盐 iã^{35}	盐 ian^{312}	盐 ian^{42}	盐 ian^{42}	盐 ian^{21}
粗盐	粗盐 ʦʰu^{31}iã^{35} 青盐 ʨʰiŋ^{31}iã^{35}	粗盐 ʦʰou^{42}ian^{312} 颗子盐 kʰɤ^{55}tsɿ^{0}ian^{312}	粗盐 ʦʰəu^{31}ian^{42} 颗子盐 kʰo^{55}tsɿ^{0}ian^{42}	粗盐 ʦʰəu^{45}ian^{42} 颗子盐 kʰo^{53}tsɿ^{0}ian^{42}	青盐 ʨʰin^{34}ian^{21} 青颗子盐 ʨʰin^{34} kʰuo^{53}tsɿ^{0}ian^{21}
精盐	精盐 ʨin^{31}ian^{35} 面面盐 miã^{44}miã^{0}iã^{35}	细盐 ɕi^{23}ian^{312} 面子盐 mian^{23}tsɿ^{0}ian^{312}	细盐 ɕi^{213}ian^{42} 面子盐 mian^{22}tsɿ^{0}ian^{42}	细盐 ɕi^{23}ian^{42} 面子盐 mian^{23}tsɿ^{0}ian^{42}	面面盐 mian^{23}mian^{23}ian^{42}
酱油	酱油儿 ʨiaŋ^{44}iəur^{35}	酱油 ʨiaŋ^{23}iəu^{312}	酱油 ʨiaŋ^{23}iou^{42}	酱油 ʨiaŋ^{23}iəu^{42}	酱油 ʨiaŋ^{23}iəu^{21}
芝麻酱	芝麻酱 tʂʅ^{31}ma^{0}ʨiaŋ^{44}	芝麻酱 tʂʅ^{42}ma^{0}ʨiaŋ^{223}	芝麻酱 tʂʅ^{31}ma^{0}ʨiaŋ^{213}	芝麻酱 tʂʅ^{45}ma^{42}ʨiaŋ^{213}	芝麻酱 tʂʅ^{34}ma^{21}ʨiaŋ^{213}
芝麻粉	芝麻芽儿 tʂʅ^{31}ma^{0}iar^{35}	芝麻芽儿 tʂʅ^{42}ma^{0}iar^{312}	芝麻芽儿 tʂʅ^{31}ma^{0}iar^{42}	芝麻芽儿 tʂʅ^{45}ma^{0}iar^{42}	芝麻芽儿 tʂʅ^{34}ma^{0}iar^{21}
甜面酱	甜面酱 tʰiã^{35} miã^{44}ʨiaŋ^{44}	甜面酱 tʰian^{32} mian^{23}ʨiaŋ^{223}	面酱 mian^{22}ʨiaŋ^{213}	面酱 mian^{23}ʨiaŋ^{213}	面酱 mian^{23}ʨiaŋ^{213}
豆瓣儿酱	豆瓣儿酱 təu^{44} par^{0}ʨiaŋ^{44}	豆瓣儿酱 təu^{23} par^{0}ʨiaŋ^{223}	豆瓣儿酱 tou^{22} par^{0}ʨiaŋ^{213}	豆瓣儿酱 təu^{23} par^{0}ʨiaŋ^{213}	豆瓣儿酱 təu^{23} par^{0}ʨiaŋ^{213}
辣酱	辣子酱 la^{31}ʦɿ^{0}ʨiaŋ^{44}	辣子酱 la^{42}ʦɿ^{0}ʨiaŋ^{223}	辣子酱 la^{31}ʦɿ^{0}ʨiaŋ^{213}	辣子酱 la^{42}ʦɿ^{0}ʨiaŋ^{213}	辣子酱 na^{21}ʦɿ^{0}ʨiaŋ^{213}
调味汤	调和儿汤 tʰiau^{35}xuor^{0}tʰaŋ^{31}	调味汤 tʰiau^{32}uei^{23}tʰaŋ^{42}	调味汤 tʰiau^{42}uei^{23}tʰaŋ^{31}	调味汤 tʰiau^{42}uei^{23}tʰaŋ^{45}	腊汤 na^{21}tʰaŋ^{34}
醋	醋 ʦʰu^{44}	醋 ʦʰəu^{223}	醋 ʦʰou^{213}	醋 ʦʰəu^{213}	醋 ʦʰəu^{213}

续表

方言点／词目	中原官话区	混合 1 区	江淮官话区	混合 3 区	西南官话区
	汉滨	县河	茅坪	石泉	紫阳
醋汤	醋汤 tsʰu^{44}tʰaŋ^{31} 和菜汤 uxo^{35} tsʰai^{44}tʰaŋ^{31}	醋汤 tsʰu^{23}tʰaŋ^{42}	醋汤 tsʰou^{23}tʰaŋ^{31}	醋汤 tsʰu^{23}tʰaŋ^{45}	醋汤 tsʰu^{23}tʰaŋ^{34}
料酒	黄酒 xuaŋ^{35}tɕiəu^{53}	黄酒 xuaŋ^{23}tɕiəu^{55}	料酒 liau^{22}tɕiou^{55}	料酒 liau^{23}tɕiəu^{53}	尾子水 uei^{53}tsɿ^{0}ʂuei^{53}
红糖	红糖 xuŋ^{35}tʰaŋ^{35}	红糖 xuŋ^{32}tʰaŋ^{32}	红糖 xəŋ^{42}tʰaŋ^{42}	红糖 xuŋ^{42}tʰaŋ^{42}	红糖 xuŋ^{21}tʰaŋ^{21}
白糖	白糖 pe^{35}tʰaŋ^{35}	白糖 pe^{32}tʰaŋ^{32}	白糖 pɛ^{42}tʰaŋ^{42}	白糖 pe^{42}tʰaŋ^{42}	白糖 pe^{21}tʰaŋ^{21}
冰糖	冰糖 piŋ^{31}tʰaŋ^{35}	冰糖 pin^{42}tʰaŋ^{32}	冰糖 pin^{31}tʰaŋ^{42}	冰糖 pin^{45}tʰaŋ^{42}	冰糖 pin^{34}tʰaŋ^{21}
糖块	糖块 tʰaŋ^{35}kuai^{53}	糖块 tʰaŋ^{32}kuai^{55}	糖块 tʰaŋ^{42}kuai^{55}	糖块 tʰaŋ^{42}kuai^{53}	糖块 tʰaŋ^{21}kuai^{53}
花生糖	花生糖 xua^{44}səŋ^{31}tʰaŋ^{35}	花生糖 xua^{23}sən^{42}tʰaŋ^{312}	花生糖 xua^{23}sən^{31}tʰaŋ^{42}	花生糖 xua^{23}sən^{45}tʰaŋ^{42}	花生糖 xua^{23}sən^{34}tʰaŋ^{21}
麦芽糖	麦芽儿糖 me^{31}iar^{35}tʰaŋ^{35}	麦芽儿糖 me^{42}iar^{3}tʰaŋ^{312}	板糖 pan^{55}tʰaŋ^{42}	板糖 pan^{53}tʰaŋ^{42}	板糖 pan^{53}tʰaŋ^{21}
作料	调和儿 tʰiau^{35}xuor^{0}	香料儿 ɕiaŋ^{42}liaur^{312}	香料儿 ɕiaŋ^{23}liaur^{22}	作料 tso^{42}liau^{213}	作料 tsuo^{21}ȵiau^{213}
八角	大茴 ta^{44}xuei^{35}	大茴 ta^{23}xuei^{312}	大茴 ta^{22}xuei^{42}	大茴 ta^{23}xuei^{42}	大茴 ta^{23}xuei^{21}
桂皮	桂皮 kuei^{44}pʰi^{35}	桂皮 kuei^{23}pʰi^{312}	桂皮 kuei^{23}pʰi^{42}	桂皮 kuei^{23}pʰi^{42}	桂皮 kuei^{23}pʰi^{21}
花椒	花椒 xua^{31}tɕiau^{31}	花椒 xua^{42}tɕiau^{42}	花椒 xua^{31}tɕiau^{31}	花椒 xua^{45}tɕiau^{45}	花椒 xua^{34}tɕiau^{34}
胡椒粉	胡椒粉 xu^{35}tɕiau^{31}fə̃^{53}	胡椒粉 xu^{32}tɕiau^{42}fən^{55}	胡椒粉 xu^{42}tɕiau^{31}fən^{55}	胡椒粉 xu^{42}tɕiau^{45}fən^{53}	胡椒粉 xu^{21}tɕiau^{34}fən^{53}
烟	烟 iã^{31}	烟 ian^{42}	烟 ian^{31}	烟 ian^{45}	烟 ian^{34}

续表

方言点 词目	中原官话区	混合 1 区	江淮官话区	混合 3 区	西南官话区
	汉滨	县河	茅坪	石泉	紫阳
鸦片烟	大烟 ta^{44}iã^{31} 烟土 ian^{31}tʰu^{53}	大烟 ta^{23}ian^{42} 烟土 ian^{42}tʰəu^{55}	大烟 ta^{22}ian^{31} 烟土 ian^{31}tʰou^{55}	大烟 ta^{23}ian^{45} 烟土 ian^{45}tʰəu^{53}	大烟 ta^{23}ian^{34} 烟土 ian^{34}tʰəu^{53}
烟叶	旱烟叶子 xã^{44}iã^{35}ie^{31}tsɿ^{0}	旱烟叶子 xan^{23}ian^{42}ie^{42}tsɿ^{0}	旱烟叶子 xan^{22}ian^{31}iɛ^{31}tsɿ^{0}	旱烟叶子 xan^{23}ian^{45}ie^{42}tsɿ^{0}	旱烟叶子 xan^{23}ian^{34}ie^{21}tsɿ^{0}
烟丝	烟丝儿 iã^{35}sər^{31}	烟丝儿 ian^{42}sər^{42}	烟丝儿 ian^{31}sər^{31}	烟丝 ian^{45}sɿ^{45}	烟丝 ian^{34}sɿ^{34}
香烟	纸烟 tʂʅ^{53}iã^{31}	纸烟 tʂʅ^{55}ian^{42}	纸烟 tʂʅ^{55}ian^{31}	纸烟 tʂʅ^{53}ian^{45}	纸烟 tʂʅ^{53}ian^{34}
旱烟	旱烟 xã^{44}iã^{31}	旱烟 xan^{23}ian^{42}	旱烟 xan^{22}ian^{31}	旱烟 xan^{23}ian^{45}	旱烟 xan^{23}ian^{34}
水烟袋	水烟袋 fei^{53}iã^{31}tæ^{44}	水烟袋 fei^{55}ian^{42}tai^{223}	水烟袋 ʂɥei^{55}ian^{31}tai^{22}	水烟袋 ʂɥei^{53}ian^{45}tai^{213}	水烟袋 ʂuei^{53}ian^{34}tai^{213}
旱烟袋	旱烟袋 xã^{44}iã^{31}tæ^{44}	旱烟袋 xan^{23}ian^{42}tai^{223}	旱烟袋 xan^{22}ian^{31}tai^{22}	旱烟袋 xan^{23}ian^{45}tai^{213}	旱烟袋 xan^{23}ian^{34}tai^{213}
卷烟棒 卷成像栀子花状的烟棒	栀子花儿 tʂʅ^{31}tsɿ^{0}xuar^{31}	栀子花儿 tʂʅ^{42}tsɿ^{0}xuar^{42}	栀子花儿 tʂʅ^{31}tsɿ^{0}xuar^{31}	栀子花儿 tʂʅ^{42}tsɿ^{0}xuar^{45}	栀子花 tʂʅ^{21}tsɿ^{0}xua^{34}
烟盒	烟盒儿 iã^{31}xuor^{35}	烟盒儿 ian^{42}xuor^{32}	烟盒儿 ian^{31}xor^{42}	烟盒儿 ian^{45}xor^{42}	烟盒儿 ian^{34}xuor^{21}
烟油子	烟油 iã^{31}iəu^{35} 烟屎 iã^{31}ʂʅ^{53}	烟油 ian^{42}iəu^{32} 烟屎 ian^{42}ʂʅ^{55}	烟屎 ian^{31}ʂʅ^{55}	烟屎 ian^{45}ʂʅ^{53}	烟屎 ian^{34}ʂʅ^{53}
烟灰	烟灰 iã^{35}xuei^{31}	烟灰 ian^{42}xuei^{42}	烟灰 ian^{31}xuei^{31}	烟灰 ian^{45}xuei^{45}	烟灰 ian^{34}xuei^{34}
火镰	火镰 xuo^{53}liã^{35}	火镰 xuo^{55}lian^{32}	火镰 xo^{55}lian^{42}	火镰 xo^{53}lian^{42}	火镰 xuo^{53}ȵian^{21}
火石	火石 xuo^{53}ʂʅ^{35} 打火石 ta^{53}xuo^{53}ʂʅ^{35}	火石 xuo^{55}ʂʅ^{32} 打火石 ta ^{55}xuo^{55}ʂʅ^{32}	打火石 ta ^{55}xo^{55}ʂʅ^{42}	打火石 ta ^{53}xo^{53}ʂʅ^{42}	打火石 ta ^{53}xuo^{53}ʂʅ^{21}

续表

方言点 / 词目	中原官话区	混合 1 区	江淮官话区	混合 3 区	西南官话区
	汉滨	县河	茅坪	石泉	紫阳
纸煤	煤子 mei^{35}tsɿ^{0}	煤子 mei^{32}tsɿ^{0}	纸煤子 tʂʅ^{55}mei^{42}tsɿ^{0}	纸煤子 tʂʅ^{53}mei^{42}tsɿ^{0}	纸煤子 tʂʅ^{53}mei^{21}tsɿ^{0}
茶	茶 tʂʰa^{35}	茶 tʂʰa^{312}	茶 tʂʰa^{42}	茶 tʂʰa^{42}	茶 tʂʰa^{21}
茶叶	茶叶 tʂʰa^{35}ie^{0}	茶叶 tʂʰa^{32}ie^{42}	茶叶 tʂʰa^{42}iɛ^{31}	茶叶 tʂʰa^{42}ie^{42}	茶叶 tʂʰa^{21}ie^{21}
白酒	白酒 pe^{35}tɕiəu^{53} 烧酒 ʂau^{31}tɕiəu^{33}	白酒 pe^{32}tɕiəu^{55} 烧酒 ʂau^{42}tɕiəu^{55}	白酒 pɛ^{42}tɕiou^{55} 烧酒 ʂau^{31}tɕiou^{55}	白酒 pe^{42}tɕiəu^{53} 烧酒 ʂau^{45}tɕiəu^{53}	白酒 pe^{21}tɕiəu^{53} 烧酒 ʂau^{34}tɕiəu^{53}
瓶装酒	瓶子酒 pʰin^{35}tsɿ^{0}tɕiəu^{53}	瓶子酒 pʰin^{32}tsɿ^{0}tɕiəu^{55}	瓶子酒 pʰin^{42}tsɿ^{0}tɕiou^{55}	瓶子酒 pʰin^{42}tsɿ^{0}tɕiəu^{53}	瓶子酒 pʰin^{21}tsɿ^{0}tɕiəu^{53}
醪糟儿	甜酒 tʰiã^{35}tɕiəu^{53}	甜酒 tʰian^{32}tɕiəu^{55}	甜酒 tʰian^{42}tɕiou^{55}	甜酒 tʰian^{42}tɕiəu^{53}	甜酒 tʰian^{21}tɕiəu^{53}
醪糟汁	酒釀子 tɕiəu^{53}ȵiaŋ^{35}tsɿ^{0}	酒釀子 tɕiəu^{55}ȵiaŋ^{32}tsɿ^{0}	酒釀子 tɕiou^{55}ȵiaŋ^{42}tsɿ^{0}	酒釀子 tɕiəu^{53}ȵiaŋ^{42}tsɿ^{0}	酒釀子 tɕiəu^{53}ȵiaŋ^{21}tsɿ^{0}
酒糟子	酒糟子 tɕiəu^{53}tsau^{31}tsɿ^{0}	酒糟子 tɕiəu^{55}tsau^{42}tsɿ^{0}	酒糟子 tɕiou^{55}tsau^{31}tsɿ^{0}	酒糟子 tɕiəu^{53}tsau^{45}tsɿ^{0}	酒糟子 tɕiəu^{53}tsau^{34}tsɿ^{0}
黄酒	黄酒 xuaŋ^{35}tɕiəu^{53}	黄酒 xuaŋ^{32}tɕiəu^{55}	黄酒 xuaŋ^{42}tɕiou^{55}	黄酒 xuaŋ^{42}tɕiəu^{53}	黄酒 xuaŋ^{21}tɕiəu^{53}
稠酒	稠酒 tʂʰəu^{35}tɕiəu^{53}	稠酒 tʂʰəu^{32}tɕiəu^{55}	稠酒 tʂʰou^{42}tɕiou^{55}	稠酒 tʂʰəu^{42}tɕiəu^{53}	稠酒 tʂʰou^{21}tɕiəu^{53}
作发酵用的熟面糊	熟欠 ʂəu^{35}tɕʰian^{44}	熟欠 ʂəu^{32}tɕʰian^{223}	熟欠 ʂou^{42}tɕʰian^{213}	熟欠 ʂəu^{42}tɕʰian^{213}	熟欠 ʂəu^{21}tɕʰian^{213}
轻微地吸吮	抿 min^{53}	抿 min^{55}	抿 min^{55}	抿 min^{53}	抿 min^{53}

十五　红白大事

方言点 词目	中原官话区	混合 1 区	江淮官话区	混合 3 区	西南官话区
	汉滨	县河	茅坪	石泉	紫阳
亲事	亲事 tɕʰin^{31}ʂʅ^{44} 红事 xuŋ^{35}ʂʅ^{44}	亲事 tɕʰin^{42}sʅ^{223} 红喜事 xuŋ^{32}ɕi^{55}sʅ^{223}	亲事 tɕʰin^{31}sʅ^{22} 红喜事 xəŋ^{42}ɕi^{55}sʅ^{22}	亲事 tɕʰin^{45}sʅ^{213} 红喜事 xuŋ^{42}ɕi^{53}sʅ^{213}	亲事 tɕʰin^{34}sʅ^{213} 红喜事 xuŋ^{21}ɕi^{53}sʅ^{213}
做媒	做媒 tsəu^{44}mei^{35} 提亲 tʰi^{35}tɕʰin^{31}	做媒 tsəu^{23}mei^{213} 提亲 tʰi^{32}tɕʰin^{42}	做媒 tsou^{23}mei^{42} 提亲 tʰi^{42}tɕʰin^{31}	做媒 tsəu^{23}mei^{42} 提亲 tʰi^{42}tɕʰin^{45}	做媒 tsəu^{23}mei^{21} 提亲 tʰi^{21}tɕʰin^{34}
媒人	媒人 mei^{35}ʐə̃^{0}	媒人 mei^{32}ʐən^{0}	媒人 mei^{42}ʐən^{0}	媒人 mei^{42}ʐən^{0}	媒人 mei^{21}ʐən^{0}
男性媒人	红爷 xuŋ^{35}iɛ^{0}	红爷 xuŋ^{32}iɛ^{0}	红爷 xəŋ^{42}iɛ^{0}	红爷 xuŋ^{42}iɛ^{0}	红爷 xuŋ^{21}iɛ^{0}
媒婆	媒婆子 mei^{35}pʰə^{35}tsʅ^{0}	媒婆儿 mei^{32}pʰər^{312}	媒婆儿 mei^{42}pʰor^{42}	媒婆子 mei^{42}pʰo^{42}tsʅ^{0}	媒婆子 mei^{21}pʰuo^{21}tsʅ^{0}
相亲	看家儿 kʰã^{44} tɕiar^{31}　相亲 ɕiaŋ^{35}tɕʰin^{31}	看家儿 kʰan^{23}tɕiar^{42}	看家儿 kʰan^{23}tɕiar^{31}	看人户 kʰan^{23}ʐən^{42}xu^{213}	看人户 kʰan^{23}ʐən^{21}xu^{213}
相貌	相貌 ɕiaŋ^{44}mau^{44}	相貌 ɕiaŋ^{23}mau^{223}	相貌 ɕiaŋ^{23}mau^{22}	相貌 ɕiaŋ^{23}mau^{213}	相貌 ɕiaŋ^{23}mau^{213}
年龄	年龄 ȵiã^{35}ȵiŋ^{0}	年龄 ȵian^{32}ȵin^{0}	年龄 ȵian^{42}ȵin^{0}	年龄 ȵian^{42}ȵin^{0}	年龄 ȵian^{21}ȵin^{0}
定婚	定婚 tin^{44}xuə̃^{31}	定婚 tin^{23}xuən^{42}	定婚 tin^{22}xuən^{31}	定婚 tin^{23}xuən^{45} 准喜酒 tʂɥən^{53} ɕi^{53}tɕiəu^{53}	定婚 tin^{23}xuən^{34} 准喜酒 tʂuən^{53} ɕi^{53}tɕiəu^{53}
定礼	定礼 tin^{44}li^{53} 下彩礼 ɕia^{44}tsʰæ^{53}li^{53}	定礼 tin^{23}li^{55} 下彩礼 ɕia^{23}tsʰai^{55}li^{55}	定礼 tin^{22}li^{55} 下彩礼 ɕia^{22}tsʰai^{55}li^{55}	定礼 tin^{23}li^{53} 下彩礼 ɕia^{23}tsʰai^{53}li^{53}	放定 faŋ^{23}tin^{213}
喜期	喜期 ɕi^{53}tɕʰi^{31}	喜期 ɕi^{55}tɕʰi^{42}	喜期 ɕi^{55}tɕʰi^{31}	喜期 ɕi^{53}tɕʰi^{45}	喜期 ɕi^{53}tɕʰi^{34}
喜酒	喜酒 ɕi^{53}tɕiəu^{53}	喜酒 ɕi^{55}tɕiəu^{55}	喜酒 ɕi^{55}tɕiou^{55}	喜酒 ɕi^{53}tɕiəu^{53}	喜酒 ɕi^{53}tɕiəu^{53}

续表

方言点 词目	中原官话区	混合 1 区	江淮官话区	混合 3 区	西南官话区
	汉滨	县河	茅坪	石泉	紫阳
过嫁妆	抬嫁妆 tʰæ^{35}tɕia^{44}pfaŋ^{0}	抬嫁妆 tʰai^{32} tɕia^{23}pfaŋ^{42}	抬嫁妆 tʰai^{42} tɕia^{23}tʂʮaŋ^{31}	抬嫁妆 tʰai^{42} tɕia^{23}tʂʮaŋ^{45}	抬陪嫁 tʰai^{21} pʰei^{21}tɕia^{213}
娶亲	接亲 tɕie^{35}tɕʰin^{31} 接媳妇儿 tɕie^{35}ɕi^{31}fur^{0}	接亲 tɕie^{42}tɕʰin^{42} 接媳妇儿 tɕie^{42}ɕi^{42}fur^{0}	接亲 tɕiɛ^{31}tɕʰin^{31} 接媳妇儿 tɕiɛ^{31}ɕi^{31}fur^{0}	接亲 tɕie^{42}tɕʰin^{45} 接媳妇儿 tɕie^{42}ɕi^{42}fur^{213}	接亲 tɕie^{21}tɕʰin^{34} 接媳妇儿 tɕie^{21}ɕi^{21}fur^{213}
出嫁	出嫁女子 pfʰu^{31}tɕia^{44}ny^{53}tsɿ^{0}	出嫁女子 pfʰu^{42} tɕia^{23}ny^{55}tsɿ^{0}	出嫁 tʂʰʮ^{31}tɕia^{213}	出嫁女子 tʂʰʮ^{45} tɕia^{23}ȵʮ^{53}tsɿ^{0}	出嫁女子 tʂʰu^{34} tɕia^{23}ny^{53}tsɿ^{0}
嫁闺女	嫁女 tɕia^{44}ny^{53}	嫁女 tɕia^{23}ny^{55}	嫁女 tɕia^{23}ȵʮ^{55}	放婆屋 faŋ^{23}pʰo^{42}u^{0}	放婆屋 faŋ^{23}pʰuo^{21}u^{0}
上亲	上亲 ʂaŋ^{44}tɕʰin^{31}	上亲 ʂaŋ^{23}tɕʰin^{42}	上亲 ʂaŋ^{23}tɕʰin^{31}	上亲 ʂaŋ^{23}tɕʰin^{45}	上亲 ʂaŋ^{23}tɕʰin^{34}
结婚	成亲 tʂʰəŋ^{35}tɕʰin^{31}	成亲 tʂʰən^{32}tɕʰin^{42}	成亲 tʂʰən^{42}tɕʰin^{31}	成亲 tʂʰən^{42}tɕʰin^{45}	成亲 tʂʰən^{21}tɕʰin^{34}
花轿	花轿 xua^{31}tɕiau^{44}	花轿 xua^{42}tɕiau^{223}	花轿 xua^{31}tɕiau^{22}	花轿 xua^{45}tɕiau^{213}	花轿 xua^{34}tɕiau^{213}
礼箱	抬箱 tʰæ^{35}ɕiaŋ^{31} 礼箱 li^{53}ɕiaŋ^{31} 礼担 li^{53}tã^{44}	抬箱 tʰai^{42}ɕiaŋ^{42} 礼箱 li^{55}ɕiaŋ^{42} 礼担 li^{55}tan^{223}	抬箱 tʰai^{42}ɕiaŋ^{31} 礼箱 li^{55}ɕiaŋ^{31} 礼担 li^{44}tan^{213}	抬盒 tʰai^{42}xo^{42}	抬盒 tʰai^{21}xuo^{21}
拜堂	拜堂 pæ^{44}tʰaŋ^{35}	拜堂 pai^{23}tʰaŋ^{312}	拜堂 pai^{23}tʰaŋ^{42}	拜堂 pai^{23}tʰaŋ^{42}	拜堂 pai^{23}tʰaŋ^{21}
新郎	新郎 ɕin^{31}laŋ^{35} 新郎官儿 ɕin^{31} laŋ^{35}kuar^{31}	新郎 ɕin^{42}laŋ^{312} 新郎官儿 ɕin^{42} laŋ^{32}kuar^{42}	新郎 ɕin^{31}laŋ^{42} 新郎官儿 ɕin^{31} laŋ^{42}kuar^{31}	新郎 ɕin^{45}laŋ^{42} 新郎官儿 ɕin^{45} laŋ^{42}kuar^{45}	新郎 ɕin^{34}naŋ^{21} 新郎官儿 ɕin^{34} naŋ^{21}kuar^{34}
新娘	新娘子 ɕin^{31} ȵiaŋ^{35}tsɿ^{0} 新媳 妇儿 ɕin^{35}ɕi^{31}fur^{0}	新娘子 ɕin^{42} ȵiaŋ^{32}tsɿ^{0} 新媳 妇儿 ɕin^{42}ɕi^{42}fur^{0}	新媳妇儿 ɕin^{31} ɕi^{31}fur^{0} 花媳妇 儿 xua^{31}ɕi^{31}fur^{0}	新娘子 ɕin^{45} ȵiaŋ^{42}tsɿ^{0} 新大 姐 ɕin^{45}ta^{23}tɕie^{53}	新姑娘 ɕin^{34}ku^{34}ȵiaŋ^{21}
新房	新房 ɕin^{31}faŋ^{35} 洞房 tuŋ^{44}faŋ^{35}	新房 ɕin^{42}faŋ^{32} 洞房 tuŋ^{23}faŋ^{32}	新房 ɕin^{31}faŋ^{42} 洞房 təŋ^{22}faŋ^{42}	新房 ɕin^{45}faŋ^{42} 洞房 tuŋ^{23}faŋ^{42}	新房 ɕin^{34}faŋ^{21} 洞房 tuŋ^{23}faŋ^{21}
交杯酒	交杯酒 ɕiau^{35}pei^{31}tɕiəu^{53}	交杯酒 ɕiau^{42}pei^{42}tɕiəu^{55}	交杯酒 ɕiau^{31}pei^{31}tɕiou^{55}	交杯酒 ɕiau^{45}pei^{45}tɕiəu^{53}	交杯酒 ɕiau^{34}pei^{34}tɕiəu^{53}

续表

方言点 词目	中原官话区	混合 1 区	江淮官话区	混合 3 区	西南官话区
	汉滨	县河	茅坪	石泉	紫阳
暖房	闹房 lau^{44}faŋ^{35}	闹房 lau^{23}faŋ^{312}	闹房 lau^{22}faŋ^{42}	闹房 lau^{23}faŋ^{42}	闹房 nau^{23}faŋ^{21}
开脸	开脸 kʰæ^{31}liã^{53}	开脸 kʰai^{42}lian^{55}	开脸 kʰai^{31}lian^{55}	开脸 kʰai^{45}lian^{53}	开脸 kʰai^{34}ȵian^{53}
回门	回门 xuei^{35}mə̃^{35}	回门 xuei^{32}mən^{312}	回门 xuei^{42}mən^{42}	回门 xuei^{42}mən^{42}	回门 xuei^{21}mən^{21}
再醮	再嫁 ʦæ^{44}ʨia^{44}	再嫁 ʦai^{23}ʨia^{223}	再嫁 ʦai^{23}ʨia^{213}	再嫁 ʦai^{23}ʨia^{213}	再嫁 ʦai^{23}ʨia^{213}
续弦	续弦 ɕy^{44}ɕyã^{35}	续弦 ɕy^{23}ɕyan^{312}	续弦 ʂʮ^{23}ʂʮan^{42}	续弦 ʂʮ^{23}ʂʮan^{42}	续弦 ɕy^{23}ɕyan^{21}
填房	填房 tʰiã^{35}faŋ^{35}	填房 tʰian^{32}faŋ^{312}	填房 tʰian^{42}faŋ^{42}	填房 tʰian^{42}faŋ^{42}	填房 tʰian^{21}faŋ^{21}
怀孕了	有喜咧 iəu^{53}ɕi^{53}lie^{0} 怀上了 xuæ^{35}ʂaŋ^{44}lie^{0}	有喜 iəu^{55}ɕi^{55} 害喜 xai^{23}ɕi^{55}	有喜 iou^{55}ɕi^{55} 害喜 xai^{22}ɕi^{55}	有喜 iəu^{53}ɕi^{53} 害喜 xai^{23}ɕi^{53}	有喜 iəu^{53}ɕi^{53} 害喜 xai^{23}ɕi^{53}
孕妇	孕妇 yə̃^{44}fu^{0} 怀肚子 xuæ^{35}tu^{53}ʦɿ^{0} 有身孕 iəu^{53}ʂə̃^{31}yə̃^{44}	孕妇 yən^{23}fu^{42} 怀肚子 xuai^{32}təu^{55}ʦɿ^{0}	孕妇 ʮən^{22}fu^{31} 怀肚子 xuai^{42}tou^{55}ʦɿ^{0}	四眼人 sɿ^{23}ian^{53}ʐən^{42} 双身子 ʂʮaŋ^{45}ʂən^{45}tsɿ^{0}	怀肚婆 xuai^{21}təu^{53}pʰuo^{21}
小产	小月 ɕiau^{53}ye^{31}	小月子 ɕiau^{55}ye^{42}tsɿ^{0}	小月子 ɕiau^{55}ʮɛ^{31}tsɿ^{0}	小月子 ɕiau^{53}ʮe^{42}tsɿ^{0}	小月 ɕiau^{53}ye^{21}
临产	发作了 fa^{31}ʦuo^{31}lia^{0}	发作了 fa^{42}ʦuo^{42}liau^{0}	发作了 fa^{31}ʦo^{31}liau^{0}	发作了 fa^{42}ʦo^{42}liau^{0}	发作了 fa^{21}ʦuo^{21}liau^{0}
生孩子	生娃子 ʂəŋ^{31}ua^{35}tsɿ^{0}	生娃子 sən^{42}ua^{32}tsɿ^{0}	生娃子 sən^{31}ua^{42}tsɿ^{0}	生娃子 sən^{45}ua^{42}tsɿ^{0}	生娃子 sən^{34}ua^{21}tsɿ^{0}
接生	接生 tɕie^{35}ʂəŋ^{31} 捡生 tɕiã^{53}ʂəŋ^{31}	接生 tɕie^{42}sən^{42} 捡生 tɕian^{55}sən^{42}	接生 tɕiɛ^{31}sən^{31} 捡生 tɕian^{55}sən^{31}	接生 tɕie^{42}sən^{45} 捡生 tɕian^{53}sən^{45}	接生 tɕie^{21}sən^{34} 捡生 tɕian^{53}sən^{34}
胎盘	衣胞子 i^{31}pau^{31}tsɿ^{0}	衣胞子 i^{42}pau^{42}tsɿ^{0}	衣胞子 i^{31}pau^{31}tsɿ^{0}	衣胞子 i^{45}pau^{45}tsɿ^{0}	衣胞子 i^{34}pau^{34}tsɿ^{0}

续表

方言点 词目	中原官话区	混合 1 区	江淮官话区	混合 3 区	西南官话区
	汉滨	县河	茅坪	石泉	紫阳
坐月子	坐月子 ʦuo^{44}ye^{31}tsɿ^{0}	坐月子 ʦuo^{23}ye^{42}tsɿ^{0}	坐月子 ʦo^{22}ʮɛ^{31}tsɿ^{0}	坐月子 ʦo^{23}ʮe^{42}tsɿ^{0}	坐月子 ʦuo^{23}ye^{21}tsɿ^{0}
产妇	月母子 ye^{31}mu^{53}ʦɿ^{0}	月母子 ye^{42}mə^{55}ʦɿ^{0}	月母子 ʮɛ^{31}mo^{55}ʦɿ^{0}	月母子 ʮe^{42}mo^{53}ʦɿ^{0}	月母子 ye^{21}mu^{53}ʦɿ^{0}
给产妇送食肴	送汤 suŋ^{44}tʰaŋ^{31}	送汤 suŋ^{23}tʰaŋ^{42}	送汤 səŋ^{23}tʰaŋ^{31}	送汤 suŋ^{23}tʰaŋ^{45}	送汤 suŋ^{23}tʰaŋ^{34}
满月	满月 mã^{33}ye^{31}	满月 man^{33}ye^{42}	满月 man^{33}ʮɛ^{31}	满月 man^{33}ʮe^{42}	满月 man^{33}ye^{21}
头胎	头胎 tʰəu^{35}tʰæ^{31}	头胎 tʰəu^{32}tʰai^{42}	头胎 tʰou^{42}tʰai^{31}	头胎 tʰəu^{42}tʰai^{45}	头胎 tʰəu^{21}tʰai^{34}
双胞胎	双胞胎 faŋ^{31}pʰau^{35}tʰæ^{31}	双生子 faŋ^{23}sən^{42}ʦɿ^{0}	双生子 ʂʮaŋ^{23}sən^{31}ʦɿ^{0}	双生子 ʂʮaŋ^{23}sən^{45}ʦɿ^{0}	双生子 ʂuaŋ^{23}sən^{34}ʦɿ^{0}
打胎	打胎 ta^{53}tʰæ^{31}	打胎 ta^{55}tʰai^{42}	打胎 ta^{55}tʰai^{31}	打胎 ta^{53}tʰai^{45}	打胎 ta^{53}tʰai^{34}
遗腹子	遗腹子 i^{31}fu^{35}tsɿ^{53}	遗腹子 i^{42}fu^{32}tsɿ^{55}	遗腹子 i^{31}fu^{42}tsɿ^{55}	遗腹子 i^{42}fu^{42}tsɿ^{53}	遗腹子 i^{21}fu^{21}tsɿ^{53}
生日	生日 ʂəŋ^{31}ər^{31} 过生日 kuo^{44}ʂəŋr^{31}	生日 sər^{42} 过生日 kuo^{23}sər^{42}	生日 sər^{31} 过生日 ko^{23}sər^{31}	生日 sər^{45} 过生 ko^{23}sən^{45}	生日 sər^{34} 过生 kuo^{23}sən^{34}
做生日	做生日 ʦəu^{44}ʂər^{31} 过寿 kuo^{44}ʂəu^{44}	做生日 ʦəu^{23}sər^{42} 过寿 kuo^{23}ʂəu^{223}	做生日 ʦou^{23}sər^{31} 做寿 ʦou^{23}ʂou^{22}	做生日 ʦəu^{23}sər^{45} 做寿 ʦəu^{23}ʂəu^{213}	过生 kuo^{23}sən^{34} 做寿 ʦəu^{23}ʂəu^{213}
祝寿	祝寿 tʂəu^{35}ʂəu^{44} 贺寿 xuo^{44}ʂəu^{44}	祝寿 tʂəu^{32}ʂəu^{223} 贺寿 xɤ^{23}ʂəu^{223}	祝寿 tʂou^{42}ʂou^{22}	祝寿 tʂəu^{42}ʂəu^{213}	祝寿 tʂəu^{21}ʂəu^{213}
寿星	寿星 ʂəu^{44}ɕin^{31}	寿星老儿 ʂəu^{23}ɕin^{42}laur^{55}	寿星老儿 ʂou^{22}ɕin^{31}laur^{55}	寿星老儿 ʂou^{23}ɕin^{45}laur^{53}	寿星老儿 ʂou^{23}ɕin^{34}laur^{53}
老人过世	白事 pe^{35}ʂʅ^{44} 白喜事 pe^{35}ɕi^{53}ʂʅ^{44}	白事 pe^{32}sɿ^{223} 白喜事 pe^{32}ɕi^{55}sɿ^{223}	白喜事 pɛ^{42}ɕi^{55}sɿ^{22}	白喜事 pe^{42}ɕi^{53}sɿ^{213}	白喜事 pe^{21}ɕi^{53}sɿ^{213}

续表

方言点 / 词目	中原官话区	混合 1 区	江淮官话区	混合 3 区	西南官话区
	汉滨	县河	茅坪	石泉	紫阳
老人临终时陪在身旁照料	送终 suŋ^{44}pfəŋ^{31}	送终 suŋ^{23}pfəŋ^{42}	送终 səŋ^{23}tʂəŋ^{31}	送终 suŋ^{23}tʂuŋ^{45}	送终 suŋ^{23}tʂuŋ^{34}
丧葬之事	丧事 saŋ^{31}ʂʅ^{44}	丧事 saŋ^{42}sɿ^{223}	丧事 saŋ^{31}sɿ^{22}	丧事 saŋ^{45}sɿ^{213}	丧事 saŋ^{34}sɿ^{213}
奔丧	奔丧 pə̃^{35}saŋ^{31}	奔丧 pən^{42}saŋ^{42}	奔丧 pən^{31}saŋ^{31}	奔丧 pən^{45}saŋ^{45}	奔丧 pən^{34}saŋ^{34}
死	断气了 tuãu^{44}tɕʰi^{44}liau^{0}	断气了 tan^{23}tɕʰi^{23}liau^{0}	断气了 tan^{22}tɕʰi^{23}liau^{0}	断气了 tan^{23}tɕʰi^{23}liau^{0}	断气了 tan^{23}tɕʰi^{23}ȵiau^{0}
死了	过世 kuo^{44}ʂʅ^{44} 去世咧 tɕʰy^{44} ʂʅ^{44}lie^{0} 不在咧 pu^{31}tsæ^{44}lie^{0} 走咧 tsəu^{53} lie^{0}	过世 kuo^{23}ʂʅ^{223} 去世了 tɕʰy^{23} ʂʅ^{23}lia^{0} 不在了 pu^{42}tsai^{23}liau^{0} 走了 tsəu^{55}liau^{0}	过世 ko^{23}ʂʅ^{213} 走了 tsou^{55}liau^{0} 不在了 pu^{31}tsai^{22}liau^{0}	过世 ko^{23}ʂʅ^{213} 走了 tsəu^{53}liau^{0} 不在了 pu^{45}tsai^{23}liau^{0}	过世 kuo^{23}ʂʅ^{213} 走了 tsəu^{53}ȵiau^{0} 不在了 pu^{34}tsai^{23}ȵiau^{0}
老人去世	老咧 lau^{53} lie^{0} 老人咧 lau^{53}ʐə̃^{35}liɛ^{0}	老了 lau^{55}liau^{0} 老人了 lau^{55}ʐən^{32}liau^{0}	老了 lau^{55}liau^{0} 老人了 lau^{55}ʐən^{42}liau^{0}	老了 lau^{53}liau^{0} 老人了 lau^{53}ʐən^{42}liau^{0}	老了 nau^{53}ȵiau^{0} 老人了 nau^{53}ʐən^{21}ȵiau^{0}
中青年人早亡	串门儿去咧 pfʰã^{44}mər^{35}tɕy^{44} lie^{0} 背盐去了 pei^{53}ian^{35}tɕi^{44}lio^{0}	串门儿去咧 pfʰan^{23}mər^{32}tɕy^{23} lie^{0} 背盐去了 pei^{55}ian^{32}tɕi^{23}lio^{0}	背盐去了建国前陕南到四川背盐，路途多有死亡。为隐讳，借指中青年早亡 pei^{55}ian^{42}tɕi^{23}lio^{0}	背盐去了 pei^{53}ian^{42}tɕi^{23} lio^{0}	背盐去了 pei^{53}ian^{21}tɕi^{23} ȵiau^{0}
小孩夭折	丢咧 tiəu^{31}lie^{0}	丢了 tiəu^{42}lio^{0}	丢了 tiou^{31}lio^{0}	丢了 tiəu^{45}lio^{0}	丢了 tiəu^{34}ȵiau^{0}
灵床	草上 tsʰau^{53}ʂaŋ^{0} 灵床 lin^{35}pfʰaŋ^{35}	灵床 lin^{32}pfʰaŋ^{312}	灵床 lin^{42}tʂʰɥaŋ^{42}	灵床 lin^{42}tʂʰɥaŋ^{42}	灵床 ȵin^{21}tʂʰuaŋ^{21}
棺材	土料 tʰəu^{53}liau^{44} 寿枋 ʂəu^{44}faŋ^{31} 枋子 faŋ^{31}tsɿ^{0}	土料 tʰəu^{55}liau^{223} 寿枋 ʂəu^{23}faŋ^{312} 枋子 faŋ^{42}tsɿ^{0}	土料 tʰou^{55}liau^{22} 寿枋 ʂou^{22}faŋ^{42} 枋子 faŋ^{31}tsɿ^{0}	寿料 ʂəu^{23}liau^{213} 枋子 faŋ^{45}tsɿ^{0}	寿料 ʂəu^{23}ȵiau^{213} 枋子 faŋ^{34}tsɿ^{0}

续表

词目＼方言点	中原官话区	混合 1 区	江淮官话区	混合 3 区	西南官话区
	汉滨	县河	茅坪	石泉	紫阳
寿材	寿材 ʂəu^{44}tsʰæ^{35}	料坯子 liau^{23} pʰei^{42}tsɿ^{0} 土料枋子 tʰəu^{55} liau^{23}faŋ^{42}tsɿ^{0}	料坯子 liau^{22} pʰei^{31}tsɿ^{0} 土料枋子 tʰou^{55} liau^{22}faŋ^{31}tsɿ^{0}	料坯子 liau^{23} pʰei^{45}tsɿ^{0} 土料枋子 tʰəu^{53} liau^{23}faŋ^{45}tsɿ^{0}	料坯子 ȵiau^{23} pʰei^{34}tsɿ^{0} 土料枋子 tʰəu^{53} ȵiau^{23}faŋ^{34}tsɿ^{0}
盖棺的薄板	七星板 tɕʰi^{35}ɕiŋ^{31}pã^{53}	七星板 tɕʰi^{42}ɕin^{42}pan^{55}	七星板 tɕʰi^{31}ɕin^{31}pan^{55}	七星板 tɕʰi^{45}ɕin^{45}pan^{53}	七星板 tɕʰi^{34}ɕin^{34}pan^{53}
入殓	收殓 ʂəu^{31}liã^{44} 封棺 fəŋ^{35}kuã^{31}	入殓 vu^{42}lian^{223} 封棺 fəŋ^{42}kuan^{42}	进材 tɕin^{23}tsʰai^{42} 封棺 fəŋ^{31}kuan^{31}	进材 tɕin^{23}tsʰai^{42} 封棺 fəŋ^{35}kuan^{45}	装棺 tʂuaŋ^{34}kuan^{34} 入殓 ʐu^{21}ȵian^{213}
灵堂	灵堂 liŋ^{35}tʰaŋ^{35} 丧道 saŋ^{31}tau^{44}	灵堂 liŋ^{32}tʰaŋ^{312} 孝堂 ɕiau^{23}tʰaŋ^{312}	孝堂 ɕiau^{23}tʰaŋ^{42}	孝堂 ɕiau^{23}tʰaŋ^{42}	孝堂 ɕiau^{23}tʰaŋ^{21}
守灵	守灵 ʂəu^{53}liŋ^{35} 守丧 ʂəu^{53}saŋ^{31}	守灵 ʂəu^{55}lin^{312}	守灵 ʂou^{55}lin^{42}	守灵 ʂəu^{53}lin^{42}	守灵 ʂəu^{53}ȵin^{21}
做七	做七 tsəu^{44}tɕʰi^{31}	做七 tsəu^{23}tɕʰi^{42}	做七 tsəu^{23}tɕʰi^{31}	做七 tsəu^{23}tɕʰi^{42}	做七 tsəu^{23}tɕʰi^{21}
守孝	守孝 ʂəu^{53}ɕiau^{44}	守孝 ʂəu^{55}ɕiau^{223}	守孝 ʂou^{55}ɕiau^{213}	守孝 ʂəu^{53}ɕiau^{213}	守孝 ʂəu^{53}ɕiau^{213}
带孝	带孝 tæ^{44}ɕiau^{44}	带孝 tai^{23}ɕiau^{223}	带孝 tai^{23}ɕiau^{213}	带孝 tai^{23}ɕiau^{213}	带孝 tai^{23}ɕiau^{213}
除孝	去孝 tɕʰy^{44}ɕiau^{44}	除孝 pfʰu^{32}ɕiau^{223}	除孝 tʂʰʮ^{42}ɕiau^{213}	除孝 tʂʰʮ^{42}ɕiau^{213}	除孝 tʂʰu^{21}ɕiau^{213}
孝子	孝子 ɕiau^{44}tsɿ^{0}	孝子 ɕiau^{23}tsɿ^{0}	孝子 ɕiau^{23}tsɿ^{0}	孝子 ɕiau^{23}tsɿ^{0}	孝子 ɕiau^{23}tsɿ^{0}
出殡	出灵 pfʰu^{31}liŋ^{35} 上山 ʂaŋ^{44}ʂã^{31}	出灵 pfʰu^{42}lin^{312} 上山 ʂaŋ^{23}ʂan^{42}	出丧 tʂʰʮ^{31}saŋ^{31} 上山 ʂaŋ^{22}ʂan^{31}	出丧 tʂʰʮ^{42}saŋ^{45} 上山 ʂaŋ^{23}ʂan^{45}	出丧 tʂʰu^{21}saŋ^{34} 上山 ʂaŋ^{23}ʂan^{34}
送葬	送葬 suŋ^{44}tsaŋ^{44}	送葬 suŋ^{23}tsaŋ^{223}	送葬 səŋ^{23}tsaŋ^{213}	送葬 suŋ^{23}tsaŋ^{213}	送葬 suŋ^{23}tsaŋ^{213}
埋葬	安埋 an^{31}mai^{35}	安埋 an^{42}mai^{32}	安埋 an^{31}mai^{42}	安埋 an^{45}mai^{42}	安埋 an^{34}mai^{21}

续表

词目＼方言点	中原官话区	混合 1 区	江淮官话区	混合 3 区	西南官话区
	汉滨	县河	茅坪	石泉	紫阳
哭丧棒	丧棒 saŋ^{31}paŋ^{44} 丧棍 saŋ^{31}kuə̃^{44}	哭丧棒 kʰu^{42}saŋ^{42}paŋ^{223}	哭丧棒 kʰu^{31}saŋ^{31}paŋ^{213}	哭丧棒 kʰu^{45}saŋ^{45}paŋ^{213}	哭丧棒 kʰu^{34}saŋ^{34}paŋ^{213}
纸扎	灵屋子 liŋ^{35}u^{31}tsɿ^{0}	灵屋子 lin^{32}u^{42}tsɿ^{0}	灵屋子 lin^{42}u^{31}tsɿ^{0}	灵屋子 lin^{42}u^{45}tsɿ^{0}	灵房子 ȵin^{21}faŋ^{21}tsɿ^{0}
火纸	火纸 xuo^{53}tʂʅ^{53}	火纸 xuo^{55}tʂʅ^{55}	火纸 xuo^{55}tʂʅ^{55}	火纸 xuo^{53}tʂʅ^{53}	火纸 xuo^{53}tʂʅ^{53}
纸钱	纸钱 tʂʅ^{44}tɕʰiã^{35}	纸钱 tʂʅ^{55}tɕʰian^{312}	纸钱 tʂʅ^{55}tɕʰian^{42}	纸钱 tʂʅ^{53}tɕʰian^{42}	纸钱 tʂʅ^{53}tɕʰian^{21}
给死者敬献的馒头	斋巴子 tʂæ^{31}pa^{31}tsɿ^{0} 斋献 tʂæ^{31}ɕiãn^{44}	贡献 kuŋ^{32}ɕian^{223} 斋巴子 tʂai^{42}pa^{42}tsɿ^{0}	贡献 kəŋ^{23}ɕian^{213} 斋巴子 tʂai^{31}pa^{31}tsɿ^{0}	贡献 kuŋ^{23}ɕian^{213} 斋巴子 tʂai^{45}pa^{45}tsɿ^{0}	贡献 kuŋ^{23}ɕian^{213} 斋巴子 tʂai^{34}pa^{34}tsɿ^{0}
坟地	坟院 fə̃^{35}yã^{44} 阴地 in^{31}ti^{44}	坟院 fən^{32}yan^{223}	坟院 fən^{42}ɥan^{22}	坟院 fən^{42}ɥan^{213}	阴地 in^{34}ti^{213} 坟院 fən^{21}yan^{213}
坟墓	坟 fə̃^{42}	坟 fən^{312}	坟 fən^{42}	坟 fən^{42}	坟 fən^{21}
碑	碑子 pi^{31}tsɿ^{0}	碑子 pi^{42}tsɿ^{0}	石碑 ʂʅ^{42}pi^{31}	碑 pi^{45}	碑 pi^{34}
墓碑	墓碑 mu^{44}pi^{31}	墓碑 mə^{23}pi^{42}	墓碑 mo^{22}pi^{31}	墓碑 mo^{23}pi^{45}	墓碑 mu^{23}pi^{34}
上坟	上坟 ʂaŋ^{44}fə̃^{35}	上坟 ʂaŋ^{23}fən^{312}	上坟 ʂaŋ^{22}fən^{42}	上坟 ʂaŋ^{23}fən^{42}	上坟 ʂaŋ^{23}fən^{21}
除夕元宵时墓前给亡者送灯	送亮 suŋ^{44}liaŋ^{44}	送亮 suŋ^{23}liaŋ^{223}	送亮 səŋ^{23}liaŋ^{22}	送亮 suŋ^{23}liaŋ^{213}	送亮 suŋ^{23}ȵiaŋ^{213}
自杀	寻短 ɕin^{35}tuã^{53}	寻短见 ɕin^{32}tan^{55}tɕian^{223}	寻短见 ɕin^{42}tan^{55}tɕian^{213}	寻短见 ɕin^{42}tan^{53}tɕian^{213}	寻短路 ɕin^{21}tan^{53}nəu^{213}
投水	跳河 tʰau^{35}xuo^{35}	跳河 tʰau^{23}xɤ^{312}	跳河 tʰau^{23}xo^{42}	跳河 tʰau^{23}xo^{42}	跳河 tʰau^{23}xuo^{21}

续表

方言点 词目	中原官话区	混合 1 区	江淮官话区	混合 3 区	西南官话区
	汉滨	县河	茅坪	石泉	紫阳
上吊	上吊 ʂaŋ^{44}tiau^{44}	吊颈 tiau^{23}tɕin^{55} 上吊 ʂaŋ^{23}tiau^{223}	吊颈 tiau^{23}tɕin^{55}	吊颈 tiau^{23}tɕin^{53}	吊颈 tiau^{23}tɕin^{53}
尸骨	尸骨 ʂʅ^{35}ku^{31} 尸首 ʂʅ^{31}ʂəu^{53}	尸骨 ʂʅ^{42}ku^{42}	尸骨 ʂʅ^{31}ku^{31}	尸骨 ʂʅ^{45}ku^{42}	尸骨 ʂʅ^{34}ku^{21}
未下葬的灵柩	丘祭子 tɕʰiəu^{31}tɕi^{44}tsʅ^{0}	丘祭子 tɕʰiəu^{42}tɕi^{23}tsʅ^{0}	丘祭子 tɕʰiou^{31}tɕi^{23}tsʅ^{0}	丘祭子 tɕʰiəu^{45}tɕi^{23}tsʅ^{0}	丘祭子 tɕʰiəu^{34}tɕi^{23}tsʅ^{0}
骨灰坛子	骨灰盒儿 ku^{31}xuei^{31}xuor^{35}	骨灰盒儿 ku^{42}xuei^{42}xuor^{312}	骨灰盒儿 ku^{31}xuei^{31}xor^{42}	骨灰盒儿 ku^{42}xuei^{45}xor^{42}	骨灰盒儿 ku^{21}xuei^{34}xuor^{21}
红白喜事的主持人	执客 tʂʅ^{31}kʰɤ^{31}	执客 tʂʅ^{42}kʰɤ^{42}	执客 tʂʅ^{31}kʰɛ^{31}	执客 tʂʅ^{42}kʰe^{42}	执客 tʂʅ^{21}kʰe^{21}
老天爷	老天爷 lau^{53}tʰiã^{31}ie^{35}	老天爷 lau^{55}tʰian^{42}ie^{312}	老天爷 lau^{55}tʰian^{31}iɛ^{42}	老天爷 lau^{53}tʰian^{53}ie^{42}	老天爷 nau^{53}tʰian^{53}ie^{21}
灶王爷	灶王爷 tsau^{44}uaŋ^{35}ie^{35} 灶神爷 tsau^{44}ʂə̃^{35}ie^{35}	灶司老爷 tsau^{23}sʅ^{0}lau^{55}ie^{0}	灶司老爷 tsau^{23}sʅ^{0}lau^{55}iɛ^{0}	灶神老爷 tsau^{23} ʂən^{42}lau^{53}ie^{0}	灶王菩萨 tsau^{23} uaŋ^{21}pʰu^{21}sa^{21}
佛	佛爷 fə^{35}ie^{35}	佛 fə^{312}	佛 fo^{42}	佛 fo^{42}	佛爷 fo^{21}ie^{21}
菩萨	菩萨 pʰu^{35}sa^{31}	菩萨 pʰu^{32}sa^{42}	菩萨 pʰu^{42}sa^{31}	菩萨 pʰu^{42}sa^{42} 菩萨老爷 pʰu^{42} sa^{0}lau^{53}ie^{0}	菩萨 pʰu^{21}sa^{21} 菩萨老爷 pʰu^{21} sa^{0}nau^{53}ie^{0}
观世音	观音菩萨 kuã^{31} in^{31}pʰu^{35}sa^{31}	观音菩萨 kuan^{42} in^{42}pʰu^{32}sa^{42}	观音菩萨 kuan^{31} in^{31}pʰu^{42}sa^{31}	观音菩萨 kuan^{45} in^{45}pʰu^{42}sa^{42}	观音菩萨 kuan^{34} in^{34}pʰu^{21}sa^{21}
土地庙	土地庙儿 tʰu^{53}ti^{0}miaur^{44}	土地庙儿 tʰəu^{55}ti^{0}miaur^{223}	土地庙儿 tʰou^{55}ti^{0}miaur^{22}	土地庙 tʰəu^{53}ti^{23}miau^{213}	土地庙 tʰəu^{53}ti^{23}miau^{213}
土地爷	土地老爷 tʰu^{53}ti^{0}lau^{53}ie^{0}	土地老爷 tʰəu^{55}ti^{23}lau^{55}ie^{0}	土地老爷 tʰou^{55}ti^{23}lau^{55}iɛ^{0}	土地老爷 tʰəu^{53}ti^{23}lau^{53}ie^{0}	土地老爷 tʰəu^{53}ti^{23}nau^{53}ie^{0}
关帝庙	关帝庙 kuã^{31}ti^{44}miau^{44}	关帝庙 kuan^{42}ti^{23}miau^{223}	关帝庙 kuan^{31}ti^{22}miau^{22}	关帝庙 kuan^{45}ti^{23}miau^{213}	关帝庙 kuan^{34}ti^{23}miau^{213}

续表

方言点 词目	中原官话区	混合 1 区	江淮官话区	混合 3 区	西南官话区
	汉滨	县河	茅坪	石泉	紫阳
城隍庙	城隍庙 tʂʰən^{35} xuaŋ^{35}miau^{44}	城隍庙 tʂʰən^{223} xuaŋ^{32}miau^{23}	城隍庙 tʂʰən^{42} xuaŋ^{42}miau^{22}	城隍庙 tʂʰən^{42} xuaŋ^{42}miau^{213}	城隍庙 tʂʰən^{21} xuaŋ^{21}miau^{213}
阎王	阎王 ian^{35}uaŋ^{0} 阎王爷 iã^{35}uaŋ^{0}ie^{35}	阎王 ian^{32}uaŋ^{0} 阎王老爷 ian^{32}uaŋ^{0}lau^{55}ie^{0}	阎王 ian^{42}uaŋ^{0} 阎王老爷 ian^{42}uaŋ^{0}lau^{55}iɛ^{0}	阎王 ian^{42}uaŋ^{0} 阎王老爷 ian^{42}uaŋ^{0}lau^{53}ie^{0}	阎王 ian^{21}uaŋ^{0} 阎王老爷 ian^{21}uaŋ^{0}nau^{53}ie^{0}
佛堂	佛堂 fə^{35}tʰaŋ^{35}	佛堂 fə^{32}tʰaŋ^{312}	佛堂 fo^{42}tʰaŋ^{42}	佛堂 fo^{42}tʰaŋ^{42}	佛堂 fuo^{21}tʰaŋ^{21}
祠堂	祠堂 tsʰɿ^{35}tʰaŋ^{35} 祠庙 tsʰɿ^{35}miau^{44}	祠堂 tsʰɿ^{32}tʰaŋ^{312}	祠堂 tsʰɿ^{42}tʰaŋ^{42}	祠堂 tsʰɿ^{42}tʰaŋ^{42}	祠堂 tsʰɿ^{21}tʰaŋ^{21}
佛龛	神龛子 ʂə̃^{35}kʰã^{53}tsɿ^{0}	神龛子 ʂən^{32}kʰan^{55}tsɿ^{0}	神龛子 ʂən^{42}kʰan^{55}tsɿ^{0}	神龛子 ʂən^{42}kʰan^{53}tsɿ^{0}	神龛 ʂən^{21}kʰan^{53}
香案	香案 ɕiaŋ^{31}ŋã^{44}	香案 ɕiaŋ^{42}ŋan^{223}	香案 ɕiaŋ^{31}ŋan^{213}	香案 ɕiaŋ^{45}ŋan^{213}	香案 ɕiaŋ^{34}ŋan^{213}
上供	上供 ʂaŋ^{44}kuŋ^{44}	上供 ʂaŋ^{23}kuŋ^{223}	上供 ʂaŋ^{22}kəŋ^{213}	上供 ʂaŋ^{23}kuŋ^{213}	上供 ʂaŋ^{23}kuŋ^{213}
烛台	蜡台 la^{31}tʰæ^{35}	蜡台 la^{42}tʰai^{312}	蜡台 la^{31}tʰai^{42}	蜡台 la^{42}tʰai^{42}	蜡台 na^{21}tʰai^{21}
蜡烛	蜡 la^{31}	蜡 la^{42}	蜡 la^{31}	蜡 la^{42}	蜡 na^{21}
线香	线香 ɕiã^{44}ɕiaŋ^{31}	线香 ɕian^{23}ɕiaŋ^{42}	线香 ɕian^{23}ɕiaŋ^{31}	线香 ɕian^{23}ɕiaŋ^{45}	线香 ɕian^{23}ɕiaŋ^{34}
香炉	香炉 ɕiaŋ^{31}lu^{35}	香炉 ɕiaŋ^{42}ləu^{312}	香炉 ɕiaŋ^{31}ləu^{42}	香炉 ɕiaŋ^{45}ləu^{42}	香炉 ɕiaŋ^{34}nəu^{21}
烧香	上香 ʂaŋ^{44}ɕiaŋ^{31} 敬香 tɕiŋ^{44}ɕiaŋ^{31}	上香 ʂaŋ^{23}ɕiaŋ^{42} 敬香 tɕin^{23}ɕiaŋ^{42}	上香 ʂaŋ^{22}ɕiaŋ^{31} 敬香 tɕin^{23}ɕiaŋ^{31}	上香 ʂaŋ^{23}ɕiaŋ^{45} 敬香 tɕin^{23}ɕiaŋ^{45}	上香 ʂaŋ^{23}ɕiaŋ^{34} 敬香 tɕin^{23}ɕiaŋ^{34}
签诗	签诗 tɕʰiã^{35}ʂɿ^{31}	签诗 tɕʰian^{42}ʂɿ^{42}	签诗 tɕʰian^{31}ʂɿ^{31}	签诗 tɕʰian^{45}ʂɿ^{45}	签诗 tɕʰian^{34}ʂɿ^{34}

续表

方言点 词目	中原官话区	混合 1 区	江淮官话区	混合 3 区	西南官话区
	汉滨	县河	茅坪	石泉	紫阳
求签	抽签 tʂʰəu^{35}tɕʰiã^{31}	抽签 tʂʰəu^{42}tɕʰian^{42}	抽签 tʂʰou^{31}tɕʰian^{31}	抽签 tʂʰəu^{45}tɕʰian^{45}	抽签 tʂʰəu^{34}tɕʰian^{34}
打卦	打卦 ta^{53}kua^{44}	打卦 ta^{55}kua^{223}	打卦 ta^{55}kua^{213}	打卦 ta^{53}kua^{213}	打卦 ta^{53}kua^{213}
阴卦	阴卦 in^{31}kua^{44}	阴卦 in^{42}kua^{223}	阴卦 in^{31}kua^{213}	阴卦 in^{45}kua^{213}	阴卦 in^{34}kua^{213}
阳卦	阳卦 iaŋ^{35}kua^{44}	阳卦 iaŋ^{32}kua^{223}	阳卦 iaŋ^{42}kua^{213}	阳卦 iaŋ^{42}kua^{213}	阳卦 iaŋ^{21}kua^{213}
圣卦	圣卦 ʂə̃^{44}kua^{44}	圣卦 ʂən^{23}kua^{223}	圣卦 ʂən^{23}kua^{213}	圣卦 ʂən^{23}kua^{213}	圣卦 ʂən^{23}kua^{213}
庙会	庙会 miau^{44}xuei^{44}	庙会 miau^{23}xuei^{223}	庙会 miau^{22}xuei^{22}	庙会 miau^{23}xuei^{213}	庙会 miau^{23}xuei^{213}
做道场	做道场 tsəu^{44}tau^{44}tʂʰaŋ^{53}	做道场 tsəu^{23}tau^{23}tʂʰaŋ^{55}	做道场 tsou^{23}tau^{22}tʂʰaŋ^{55}	做道场 tsəu^{23}tau^{23}tʂʰaŋ^{53}	做道场 tsəu^{23}tau^{23}tʂʰaŋ^{53}
念经	念经 ȵiã^{44}tɕin^{31}	念经 ȵian^{23}tɕin^{42}	念经 ȵian^{22}tɕin^{31}	念经 ȵian^{23}tɕin^{45}	念经 ȵian^{23}tɕin^{34}
测字	测字 tʂʰei^{31}tsɿ^{44}	测字 tsʰe^{42}tsɿ^{223}	测字 tsʰɛ^{31}tsɿ^{22}	测字 tsʰe^{42}tsɿ^{213}	测字 tsʰe^{21}tsɿ^{213}
风水先生	地仙儿 ti^{44}ɕiar^{31} 阴阳先生 in^{31} iaŋ^{35}ɕiã^{31}ʂə̃^{31}	地理仙儿 ti^{23}li^{55}ɕiar^{42}	地理仙儿 ti^{22}li^{55}ɕiar^{31}	阴阳先生 in^{45}iaŋ^{42}ɕian^{45} sən^{45}	阴阳先生 in^{34}iaŋ^{21}ɕian^{34} sən^{34}
和尚	和尚 xuo^{35}ʂaŋ^{0}	和尚 xuo^{32}ʂaŋ^{0}	和尚 xo^{42}ʂaŋ^{0}	和尚 xo^{42}ʂaŋ^{0}	和尚 xuo^{21}ʂaŋ^{0}
尼姑	尼姑 ȵi^{35}ku^{31}	尼姑 ȵi^{32}ku^{42}	尼姑 ȵi^{42}ku^{31}	尼姑 ȵi^{42}ku^{45}	尼姑 ȵi^{21}ku^{34}
道士	道士 tau^{44}ʂʅ^{0}	道士 tau^{23}sɿ^{0}	道士 tau^{22}sɿ^{0}	道士 tau^{23}sɿ^{0}	道士 tau^{23}sɿ^{0}

续表

方言点 词目	中原官话区	混合 1 区	江淮官话区	混合 3 区	西南官话区
	汉滨	县河	茅坪	石泉	紫阳
男巫	端公子 tuã^{31}kuŋ^{31}ʦɿ^{0}	端公子 tan^{42}kuŋ^{42}ʦɿ^{0}	端公子 tan^{31}kəŋ^{31}ʦɿ^{0}	端公子 tan^{45}kuŋ^{45}ʦɿ^{0}	端公子 tan^{34}kuŋ^{34}ʦɿ^{0}
算命	算命 suã^{44}miŋ^{44}	算命 san^{23}min^{223}	算命 san^{23}min^{22}	算八字 san^{23}pa^{42}ʦɿ^{213}	算八字 san^{23}pa^{21}ʦɿ^{213}
算命先生	算命先生 suã^{44} miŋ^{44}ɕiã^{31}ʂəŋ^{0}	算命先生 san^{23} min^{23}ɕian^{42}sən^{0}	算命先生 san^{23} min^{22}ɕian^{31}sən^{0}	算命先生 san^{23} min^{23}ɕian^{45}sən^{0}	算命先生 san^{23} min^{23}ɕian^{34}sən^{0}
看相的	看相的 kʰã^{44}ɕiaŋ^{44}ti^{0}	看相的 kʰan^{23}ɕiaŋ^{23}ti^{0}	看相的 kʰan^{23}ɕiaŋ^{23}ti^{0}	看相的 kʰan^{23}ɕiaŋ^{23}ti^{0}	看相的 kʰan^{23}ɕiaŋ^{23}ti^{0}
巫婆	巫婆儿 u^{31}pʰər^{35} 神婆子 ʂə̃^{35}pʰə^{35}tsɿ^{0}	巫婆儿 u^{42}pʰər^{312}	巫婆儿 u^{31}pʰor^{42}	神婆子 ʂən^{42}pʰo^{42}tsɿ^{0}	神婆子 ʂən^{21}pʰuo^{21}tsɿ^{0}
跳神	跳端公子 tʰiau^{44} tuã^{31}kuŋ^{31}tsɿ^{0}	跳端公子 tʰiau^{23} tan^{42}kuŋ^{42}tsɿ^{0}	跳端公子 tʰiau^{23} tan^{31}kəŋ^{31}tsɿ^{0}	跳端公 tʰiau^{23} tan^{45}kuŋ^{45}	跳端公 tʰiau^{23} tan^{34}kuŋ^{34}
朝圣	朝圣 tʂʰau^{35}ʂəŋn^{44}	朝圣 tʂʰau^{32}ʂən^{233}	朝圣 tʂʰau^{42}ʂən^{213}	朝圣 tʂʰau^{42}ʂən^{213}	朝圣 tʂʰau^{21}ʂən^{213}
拜神	拜神 pai^{44}ʂən^{35}	拜神 pai^{23}ʂən^{312}	拜神 pai^{23}ʂən^{42}	拜神 pai^{23}ʂən^{42}	拜神 pai^{23}ʂən^{21}
磕头	磕头 kʰɤ^{31}tʰəu^{35}	磕头 kʰɤ^{2}tʰəu^{312}	磕头 kʰo^{31}tʰəu^{42}	磕头 kʰo^{42}tʰəu^{42}	磕头 kʰuo^{21}tʰəu^{21}
许愿	许愿 ɕy^{53}yã^{44}	许愿 ɕy^{55}yan^{223}	许愿 ʂʮ^{55}ʮan^{22}	许愿 ʂʮ^{53}ʮan^{213}	许愿 ɕy^{53}yan^{213}
还愿	还愿 xuã^{35}yã^{44}	还愿 xuan^{32}yan^{223}	还愿 xuan^{42}ʮan^{22}	还愿 xuan^{42}ʮan^{213}	还愿 xuan^{21}yan^{213}
发誓	赌咒 təu^{53}tʂəu^{44} 发誓赌咒 fa^{31} ʂʅ^{44}təu^{53}tʂəu^{44}	赌咒 təu^{55}tʂəu^{223} 发誓赌咒 fa^{42} ʂʅ^{23}təu^{55}tʂəu^{223}	赌咒 tau^{55}tʂou^{213} 发誓赌咒 fa^{31} ʂʅ^{23}tou^{55}tʂou^{213}	赌咒 təu^{53}tʂəu^{213} 发誓赌咒 fa^{45} ʂʅ^{23}təu^{53}tʂəu^{213}	赌咒 təu^{53}tʂəu^{213} 发誓赌咒 fa^{34} ʂʅ^{23}təu^{53}tʂəu^{213}
报应	报应 pau^{44}iŋ^{31} 现报 ɕiã^{44}pau^{44}	报应 pau^{23}iŋ^{42} 现报 ɕian^{23}pau^{223}	报应 pau^{23}iŋ^{31} 现报 ɕian^{23}pau^{213}	报应 pau^{23}iŋ^{45} 现报 ɕian^{23}pau^{213}	报应 pau^{23}iŋ^{34} 现报 ɕian^{23}pau^{213}

方言点 / 词目	中原官话区	混合 1 区	江淮官话区	混合 3 区	西南官话区
	汉滨	县河	茅坪	石泉	紫阳
叫魂	叫黑 tɕiau^{44}xei^{31}	叫黑 tɕiau^{23}xe^{42}	叫黑 tɕiau^{23}xɛ^{31}	叫黑 tɕiau^{23}xe^{42}	叫黑 tɕiau^{23}xe^{21}
过阴	过阴 kuo^{44}in^{31}	过阴 kuo^{23}in^{42}	过阴 ko^{23}in^{31}	过阴 ko^{23}in^{45}	过阴 kuo^{23}in^{34}

十六　日常生活

方言点 / 词目	中原官话区	混合 1 区	江淮官话区	混合 3 区	西南官话区
	汉滨	县河	茅坪	石泉	紫阳
穿衣服	穿衣裳 pfʰã^{31}i^{31}ʂaŋ^{0}	穿衣裳 pfʰan^{42}i^{42}ʂaŋ^{0}	穿衣裳 tʂʰɥan^{31}i^{31}ʂaŋ^{0}	穿作 tʂʰɥan^{45}ʦo^{0}	穿作 tʂʰuan^{34}ʦuo^{0}
合身	贴身 tʰie^{35}ʂə̃^{31} 归身 kuei^{35}ʂə̃^{31}	贴身 tʰie^{42}ʂən^{42} 合身 xɤ^{32}ʂən^{42}	合身 xo^{42}ʂən^{31}	合身 xo^{42}ʂən^{45}	巴身 pa^{21}ʂən^{34}
脱衣服	脱衣裳 tʰuo^{35}i^{31}ʂaŋ^{0}	脱衣裳 tʰuo^{42}i^{42}ʂaŋ^{0}	脱衣裳 tʰo^{31}i^{31}ʂaŋ^{0}	脱衣裳 tʰo^{45}i^{45}ʂaŋ^{0}	脱衣裳 tʰuo^{34}i^{34}ʂaŋ^{0}
脱鞋	脱鞋 tʰuo^{31}xæ^{35}	脱鞋 tʰuo^{42}xai^{312}	脱鞋 tʰo^{31}xai^{42}	脱鞋 tʰo^{45}xai^{42}	脱鞋 tʰuo^{34}xai^{21}
量衣服	印尺寸 in^{44}tʂʰʅ^{31} ʦʰuə̃^{44}　量尺寸 liaŋ^{35}tʂʰʅ^{31}ʦʰuə̃^{44}	量尺寸 liaŋ^{32}tʂʰʅ^{42}ʦʰən^{223}	量尺寸 liaŋ^{42}tʂʰʅ^{31}ʦʰən^{213}	印尺寸 in^{23}tʂʰʅ^{42}ʦʰən^{213}	印尺寸 in^{23}tʂʰʅ^{21}ʦʰən^{213}
做衣服	做衣裳 ʦəu^{44}i^{31}ʂaŋ^{0}	做衣裳 ʦəu^{23}i^{42}ʂaŋ^{0}	做衣裳 ʦou^{23}i^{31}ʂaŋ^{0}	连衣 lian^{42}i^{0}	连衣 ȵian^{21}i^{0}
缝补缝合	缝 fəŋ^{35} 繚 liau^{35}	缝 fəŋ^{312} 繚 liau^{312}	缝 fəŋ^{42} 繚 liau^{42}	缝 fəŋ^{42} 繚 liau^{42}	缝 fəŋ^{21} 繚 liau^{21}
缝被子	状铺盖 pfaŋ^{44}pʰu^{31}kæ^{0}	状铺盖 pfaŋ^{23}pʰu^{42}kai^{0}	状铺盖 tʂɥaŋ^{23}pʰu^{31}kai^{0}	状铺盖 tʂɥaŋ^{23}pʰu^{45}kai^{0}	状铺盖 tʂuaŋ^{23}pʰu^{34}kai^{0}
打补丁	打补巴 ta^{53}pu^{53}pa^{0}	打补巴 ta^{55}pu^{55}pa^{0}	打补巴 ta^{55}pu^{55}pa^{0}	打补巴 ta^{53}pu^{53}pa^{0}	打补巴 ta^{53}pu^{53}pa^{0}

续表

方言点 / 词目	中原官话区	混合 1 区	江淮官话区	混合 3 区	西南官话区
	汉滨	县河	茅坪	石泉	紫阳
做鞋底	拉鞋底 la^{31}xæ^{35}ti^{53}	拉鞋底 la^{42}xai^{32}ti^{55}	拉鞋底 la^{31}xai^{42}ti^{55}	拉鞋底 la^{45}xai^{42}ti^{53}	拉鞋底 na^{34}xai^{21}ti^{53}
给鞋面缝合鞋底	上鞋子 ʂaŋ^{44}xæ^{42}tsʅ^{0}	上鞋子 ʂaŋ^{23}xai^{32}tsʅ^{0}	上鞋子 ʂaŋ^{22}xai^{42}tsʅ^{0}	上鞋子 ʂaŋ^{23}xai^{42}tsʅ^{0}	上鞋子 ʂaŋ^{23}xai^{21}tsʅ^{0}
贴边	贴边儿 tʰie^{35}piãr^{31}	贴边儿 tʰie^{42}piar^{42}	贴边儿 tʰiɛ^{31}piar^{31}	贴边 tʰie^{42}pian^{45}	贴边 tʰie^{21}pian^{34}
滚边	鞔边 yã^{44}piã^{31}	鞔边 yan^{23}pian^{42}	鞔边 ɥan^{22}pian^{31}	鞔边 ɥan^{23}pian^{45}	鞔边 yan^{23}pian^{34}
缲边儿	缲边儿 sau^{35}piã^{31}	缲边儿 sau^{42}pian^{42}	缲边儿 sau^{31}pian^{31}	缲边 sau^{45}pian^{45}	缲边 sau^{34}pian^{34}
鞔鞋帮儿	鞔鞋帮子 yã^{44}xæ^{35}paŋ^{31}tsʅ^{0}	鞔鞋帮子 yan^{23} xai^{32}paŋ^{42}tsʅ^{0}	鞔鞋帮子 ɥan^{22} xai^{42}paŋ^{31}tsʅ^{0}	鞔鞋帮子 ɥan^{23} xai^{42}paŋ^{45}tsʅ^{0}	鞔鞋帮子 yan^{23} xai^{21}paŋ^{34}tsʅ^{0}
钉扣子	钉扣子 tiŋ^{44}kʰəu^{44}tsʅ^{0}	钉扣子 tin^{23}kʰəu^{23}tsʅ^{0}	钉扣子 tin^{23}kʰou^{23}tsʅ^{0}	钉扣子 tin^{23}kʰəu^{23}tsʅ^{0}	钉扣子 tin^{23}kʰəu^{23}tsʅ^{0}
绣花儿	绣花儿 ɕiəu^{44}xuar^{31}	绣花儿 ɕiu^{23}xuar^{42}	绣花儿 ɕiou^{23}xuar^{31}	绣花 ɕiu^{23}xua^{45}	绣花 ɕiu^{23}xua^{34}
打补丁	打补巴 ta^{53}pu^{53}pa^{0}	打补巴 ta^{55}pu^{55}pa^{0}	打补巴 ta^{55}pu^{55}pa^{0}	打补巴 ta^{53}pu^{53}pa^{45}	打补巴 ta^{53}pu^{53}pa^{34}
洗衣服	洗衣裳 ɕi^{53}i^{31}ʂaŋ^{0}	洗衣裳 ɕi^{55}i^{42}ʂaŋ^{0}	洗衣裳 ɕi^{55}i^{31}ʂaŋ^{0}	洗衣裳 ɕi^{53}i^{42}ʂaŋ^{45}	洗衣裳 ɕi^{53}i^{34}ʂaŋ^{0}
洗一水	洗一水 ɕi^{53}i^{31}fei^{53}	洗一水 ɕi^{55}i^{42}fei^{55}	洗一水 ɕi^{55}i^{31}ʂɥei^{55}	洗一水 ɕi^{53}i^{42}ʂɥei^{53}	洗一水 ɕi^{53}i^{21}ʂuei^{53}
漂洗	透水 tʰəu^{44}fei^{53}	透水 tʰəu^{23}fei^{55}	透水 tʰou^{23}ʂɥei^{55}	透水 tʰəu^{23}ʂɥei^{53}	透水 tʰəu^{23}ʂuei^{53}
晒衣服	晒衣裳 ʂæ^{44}i^{31}ʂaŋ^{0}	晒衣裳 ʂai^{23}i^{42}ʂaŋ^{0}	晒衣裳 ʂai^{23}i^{31}ʂaŋ^{0}	晒衣裳 ʂai^{23}i^{45}ʂaŋ^{0}	晒衣裳 ʂai^{23}i^{34}ʂaŋ^{0}
晾衣服	凉衣裳 liaŋ^{44}i^{31}ʂaŋ^{0}	凉衣裳 liaŋ^{23}i^{42}ʂaŋ^{0}	凉衣裳 liaŋ^{22}i^{31}ʂaŋ^{0}	凉衣裳 liaŋ^{23}i^{45}ʂaŋ^{0}	凉衣裳 ȵiaŋ^{23}i^{34}ʂaŋ^{0}
浆衣服	浆衣裳 tɕiaŋ^{31}i^{31}ʂaŋ^{0}	浆衣裳 tɕiaŋ^{42}i^{42}ʂaŋ^{0}	浆衣裳 tɕiaŋ^{31}i^{31}ʂaŋ^{0}	浆衣裳 tɕiaŋ^{45}i^{45}ʂaŋ^{45}	浆衣裳 tɕiaŋ^{34}i^{34}ʂaŋ^{0}

续表

方言点 词目	中原官话区	混合 1 区	江淮官话区	混合 3 区	西南官话区
	汉滨	县河	茅坪	石泉	紫阳
熨衣服	熨衣裳 yə̃^{44}i^{31}ʂaŋ^{0}	熨衣裳 yən^{23}i^{42}ʂaŋ^{0}	熨衣裳 ɥən^{23}i^{31}ʂaŋ^{0}	熨衣裳 ɥən^{23}i^{45}ʂaŋ^{45}	熨衣裳 yən^{23}i^{34}ʂaŋ^{0}
生火	生火 ʂəŋ^{31}xuo^{53}	生火 sən^{42}xuo^{55}	烧火 ʂau^{31}xo^{55}	烧火 ʂau^{45}xo^{53}	爨火避讳"烧火"二字 tʂʰan^{34}xuo^{53}
做饭	做饭 tsəu^{44}fã^{44}	做饭 tsəu^{23}fan^{223}	做饭 tsou^{23}fan^{22}	煮饭 tʂ^{53}fan^{213}	煮饭 tʂ^{53}fan^{213}
淘米	淘米 tʰau^{35}mi^{53}	淘米 tʰau^{32}mi^{55}	淘米 tʰau^{42}mi^{55}	淘米 tʰau^{42}mi^{53}	淘米 tʰau^{21}mi^{53}
发面	发面 fa^{31}miã^{44}	发面 fa^{42}mian^{223}	发面 fa^{31}mian^{22}	发面 fa^{42}mian^{213}	发面 fa^{21}mian^{213}
和面	和面 xuo^{44}miã^{44}	和面 xuo^{23}mian^{223}	和面 xo^{22}mian^{22}	和面 xo^{23}mian^{213}	和面 xuo^{23}mian^{213}
揉面	挼面 va^{35}mian^{44} 搋面 pfʰæ^{31}miã^{44}	挼面 ʐua^{32}mian^{223} 搋面 pfʰai^{42}mian^{223}	挼面 ɥa^{42}mian^{22} 搋面 tʂʰɥai^{31}mian^{22}	挼面 ɥa^{42}mian^{213} 搋面 tʂʰɥai^{45}mian^{213}	挼面 ʐua^{21}mian^{213} 搋面 tʂʰuai^{34}mian^{213}
擀面条	擀面 kã^{53}miã^{44}	擀面 kan^{55}mian^{223}	擀面 kan^{55}mian^{22}	擀面 kan^{53}mian^{213}	擀面 kan^{53}mian^{213}
抻面条	扯面 tʂʰɤ^{53}miã^{44}	扯面 tʂʰɤ^{55}mian^{223}	扯面 tʂʰɛ^{55}mian^{22}	扯面 tʂʰe^{53}mian^{213}	扯面 tʂʰe^{53}mian^{213}
蒸馒头	蒸馍 tʂəŋ^{31}mə^{35}	蒸馍 tʂən^{42}mə^{312}	蒸馍馍 tʂən^{31}mo^{42}mo^{0}	蒸馍 tʂən^{45}mo^{42}	蒸馍 tʂən^{34}muo^{21}
择菜	择菜 tʂei^{35}tsʰæ^{44}	择菜 tse^{32}tsʰai^{223}	择菜 tsɛ^{42}tsʰai^{213}	理菜 li^{53}tsʰai^{213}	理菜 ȵi^{53}tsʰai^{213}
做菜	做菜 tsəu^{44} tsʰæ^{44} 炒菜 tʂʰau^{53}tsʰæ^{44}	做菜 tsəu^{23} tsʰai^{223} 炒菜 tʂʰau^{55}tsʰai^{223}	做菜 tsəu^{23} tsʰai^{213} 炒菜 tʂʰau^{55}tsʰai^{213}	做菜 tsəu^{23} tsʰai^{213} 炒菜 tʂʰau^{53}tsʰai^{213}	炒菜 tʂʰau^{53}tsʰai^{213}
做汤	做汤 tsəu^{44}tʰaŋ^{31} 打汤 ta^{53}tʰaŋ^{31}	打汤 ta^{55}tʰaŋ^{42}	打汤 ta^{55}tʰaŋ^{31}	打汤 ta^{53}tʰaŋ^{45}	打汤 ta^{53}tʰaŋ^{34}
饭好了	饭好咧 fã^{44}xau^{53}lie^{0}	饭好了 fan^{23}xau^{55}liau^{0}	饭好了 fan^{22}xau^{55}liau^{0}	饭好了 fan^{23}xau^{53}liau^{0}	饭好了 fan^{23}xau^{53}liau^{0}

续表

方言点 / 词目	中原官话区	混合 1 区	江淮官话区	混合 3 区	西南官话区
	汉滨	县河	茅坪	石泉	紫阳
（饭）生	夹生子 tɕia^{31}ʂən^{31}tsɿ^{0}	夹生子 tɕia^{42}sən^{42}tsɿ^{0}	夹生子 tɕia^{31}sən^{31}tsɿ^{0}	夹生饭 tɕia^{42}sən^{45}fan^{23}	夹生饭 tɕia^{21}sən^{34}fan^{213}
开饭	端饭 tuã^{31}fã^{44}	端饭 tan^{42}fan^{223}	端饭 tan^{31}fan^{22}	开饭 kʰai^{45}fan^{213}	开饭 kʰai^{34}fan^{213}
盛饭	舀饭 iau^{53}fã^{44}	舀饭 iau^{55}fan^{223}	舀饭 iau^{55}fan^{22}	舀饭 iau^{53}fan^{213}	舀饭 iau^{53}fan^{213}
吃饭	吃饭 tʂʰʅ^{31}fã^{44} 喋 tie^{35}	吃饭 tʂʰʅ^{42}fan^{223}	喫饭 tɕʰi^{31}fan^{22} 吃饭 tʂʰʅ^{31}fan^{22}	吃饭 tʂʰʅ^{45}fan^{213} 齁饭 tɕʰia^{42}fan^{23}	吃饭 tʂʰʅ^{34}fan^{213}
吃饭的詈语	日馕 zʅ^{31}laŋ^{31} 胀衣禄 tʂaŋ^{44};i^{31}ləu^{0}	胀衣禄 tʂaŋ^{23};i^{42}ləu^{0} 捣腭子 tau^{55}ŋɤ^{32}tsɿ^{0}	胀衣禄 tʂaŋ^{23};i^{31}ləu^{0} 捣腭子 tau^{53}ŋo^{42}tsɿ^{0}	胀衣禄 tʂaŋ^{23};i^{45}ləu^{0} 捣腭子 tau^{53}ŋo^{42}tsɿ^{0}	胀衣禄 tʂaŋ^{23};i^{34}nəu^{0} 捣腭子 tau^{53}ŋuo^{21}tsɿ^{0}
吃早饭	吃早饭 tʂʰʅ^{31}tsau^{53}fã^{44} 过早 kuo^{44}tsau^{53}	吃早饭 tʂʰʅ^{42}tsau^{55}fan^{23} 过早 kuo^{23}tsau^{55}	吃早饭 tʂʰʅ^{31}tsau^{55}fan^{22} 过早 ko^{23}tsau^{55}	吃早饭 tʂʰʅ^{45}tsau^{53}fan^{213} 过早 ko^{23}tsau^{53}	吃早饭 tʂʰʅ^{34}tsau^{53}fan^{213} 过早 kuo^{23}tsau^{53}
吃午饭	吃晌午 tʂʰʅ^{31}ʂaŋ^{53}u^{31}	吃晌午 tʂʰʅ^{42}ʂaŋ^{55}u^{0}	吃晌午 tʂʰʅ^{31}ʂaŋ^{55}u^{0}	吃晌午 tʂʰʅ^{45}ʂaŋ^{53}u^{0}	吃晌午 tʂʰʅ^{34}ʂaŋ^{53}u^{0}
吃晚饭	吃晚饭 tʂʰʅ^{31}uã^{53}fã^{44} 吃夜饭 tʂʰʅ^{31}ie^{44}fã^{44}	吃下午饭 tʂʰʅ^{42}xa^{23}u^{55}fan^{223} 吃夜饭 tʂʰʅ^{42}ie^{23}fan^{223}	吃下午饭 tʂʰʅ^{31}xa^{22}u^{55}fan^{22} 吃夜饭 tʂʰʅ^{31}iɛ^{22}fan^{22}	吃下午饭 tʂʰʅ^{45}xa^{23}u^{0}fan^{213} 吃夜饭 tʂʰʅ^{45}ie^{23}fan^{213}	吃下午饭 tʂʰʅ^{34}xa^{23}u^{0}fan^{213} 吃夜饭 tʂʰʅ^{34}ie^{23}fan^{213}
打尖	打点 ta^{53}tiã^{53}	打尖 ta^{55}tɕian^{42}	打尖 ta^{22}tɕian^{31}	打尖 ta^{53}tɕian^{45}	打点 ta^{53}tian^{53}
吃饭贪婪	饿牢 ŋɤ^{44}lau^{35}	饿牢 ŋɤ^{23}lau^{312}	饿牢 ŋo^{22}lau^{42}	饿牢 ŋo^{23}lau^{42}	饿牢 ŋuo^{23}nau^{21}
搛菜	拈菜 ȵiã^{31}tsʰæ^{44} 挟菜 tɕia^{31}tsʰæ^{44}	拈菜 ȵian^{42}tsʰai^{223} 挟菜 tɕia^{42}tsʰai^{223}	拈菜 ȵian^{31}tsʰai^{213} 挟菜 tɕia^{31}tsʰai^{213}	拈菜 ȵian^{45}tsʰai^{213} 挟菜 tɕia^{42}tsʰai^{213}	拈菜 ȵian^{34}tsʰai^{213} 挟菜 tɕia^{21}tsʰai^{213}
舀汤	舀汤 iau^{53}tʰaŋ^{31}	舀汤 iau^{55}tʰaŋ^{42}	舀汤 iau^{55}tʰaŋ^{31}	滗汤 pi^{42}tʰaŋ^{45}	滗汤 pi^{21}tʰaŋ^{34}
吃零食	啖零嘴儿 tã^{44}liŋ^{35}tsueir^{0}	打零嘴 ta^{55}lin^{32}tsei^{0} 吃零嘴儿 tʂʰʅ^{42}lin^{32}tser^{0}	打零嘴 ta^{55}lin^{42}tsei^{0} 吃零嘴儿 tʂʰʅ^{31}lin^{42}tser^{0}	打零嘴 ta^{53}lin^{42}tsei^{53} 吃零嘴儿 tʂʰʅ^{45}lin^{42}tser^{53}	打零嘴 ta^{53}ȵin^{21}tsei^{53} 吃零嘴儿 tʂʰʅ^{34}ȵin^{21}tser^{53}

续表

方言点 词目	中原官话区	混合 1 区	江淮官话区	混合 3 区	西南官话区
	汉滨	县河	茅坪	石泉	紫阳
使筷子	动筷子 tuŋ^{44}kʰuæ^{44}tsɿ^{0}	动筷子 tuŋ^{23}kʰuai^{23}tsɿ^{0}	动筷子 təŋ^{22}kʰuai^{23}tsɿ^{0}	拿筷子 la^{42}kʰuai^{23}tsɿ^{0}	拿筷子 na^{21}kʰuai^{23}tsɿ^{0}
肉不烂	肉不烂 ʐəu^{44} pu^{31}lã^{44} 肉不粑 ʐəu^{23}pu^{0}pʰa^{43}	肉不粑 ʐəu^{23}pu^{0}pʰa^{42}	肉不粑 ʐou^{23}pu^{0}pʰa^{31}	肉不粑 ʐəu^{23}pu^{0}pʰa^{45}	肉不粑 ʐəu^{23}pu^{0}pʰa^{34}
嚼不动	咬不动 ȵiau^{53}pu^{0}tuŋ^{44}	咬不动 ŋau^{55}pu^{0}tuŋ^{223}	咬不动 ŋau^{55}pu^{0}təŋ^{22}	咬不动 ŋau^{53}pu^{0}tuŋ^{213}	咬不动 ŋau^{53}pu^{0}tuŋ^{213}
噎住了	噎住咧 ie^{31}pfu^{44}lie^{0}	噎住了 ie^{42}pfu^{23}liau^{0}	哽倒了 kən^{55}tau^{23}liau^{0}	哽倒了 kən^{53}tau^{23}liau^{0}	哽倒了 kən^{53}tau^{23}nau^{0}
打嗝儿	打嗝儿 ta^{53}kɤr^{53}	打嗝 ta^{55}kɤ^{55}	打嗝 ta^{55}kɛ^{55}	打嗝 ta^{53}ke^{53}	打嗝 ta^{53}ke^{53}
撑着了	吃撑倒咧 tʂʰʅ^{35} tʂʰə̃^{31}tau^{53}lie^{0}	吃胀倒了 tʂʰʅ^{42} tʂaŋ^{23}tau^{55}liau^{0}	吃胀倒了 tʂʰʅ^{31} tʂaŋ^{23}tau^{55}liau^{0}	胀饱了 tʂaŋ^{23} pau^{53}liau^{0}	胀饱了 tʂaŋ^{23} pau^{53}nau^{0}
口中无味	嘴巴没味儿 tsuei^{53}pa^{0}mə^{31} uər^{44}	嘴巴没味儿 tsei^{55}pa^{0}mə^{42} uər^{223}	嘴巴没味儿 tsei^{55}pa^{0}mo^{31} uər^{22}	嘴巴没味儿 tsei^{53}pa^{0}mo^{42} uər^{213}	嘴巴没味儿 tsei^{53}pa^{0}muo^{21} uər^{213}
喝茶	喝茶 xuo^{31}tʂʰa^{35}	喝茶 xuo^{42}tʂʰa^{312}	喝茶 xo^{31}tʂʰa^{42}	喝茶 xo^{45}tʂʰa^{42}	喝茶 xuo^{34}tʂʰa^{21}
喝酒	喝酒 xuo^{31}tɕiəu^{53}	喝酒 xuo^{42}tɕiəu^{55}	喝酒 xo^{31}tɕiou^{55}	喝酒 xo^{45}tɕiəu^{53}	喝酒 xuo^{34}tɕiəu^{53}
抽烟	吃烟 tʂʰʅ^{35}iã^{31}	吃烟 tʂʰʅ^{42}ian^{42}	吃烟 tʂʰʅ^{31}ian^{31}	吃烟 tʂʰʅ^{45}ian^{45}	吃烟 tʂʰʅ^{34}ian^{34}
饿了	饿咧 ŋɤ^{44}lie^{0}	饿了 ŋɤ^{23}liau^{0}	饿了 ŋo^{22}liau^{0}	饿了 ŋo^{23}liau^{0}	饿了 ŋuo^{23}liau^{0}
饿很了	饿着咧 ŋɤ^{44}tʂau^{35}lie^{0}	饿着了 ŋɤ^{23}tʂau^{32}liau^{0}	饿着了 ŋo^{22}tʂau^{42}liau^{0}	饿着了 ŋo^{23}tʂau^{42}liau^{0}	饿着了 ŋuo^{23}tʂau^{21}liau^{0}
住下	立下 li^{31}xa^{0}	住下 tʂu^{23}xa^{0}	住下 tʂʮ^{22}xa^{0}	住下 tʂʮ^{23}xa^{0}	住下 tʂu^{23}xa^{0}
起床	起来 tɕʰi^{53}læ^{0}	起来 tɕʰi^{55}lai^{0}	起来 tɕʰi^{44}lai^{0}	起来 tɕʰi^{53}lai^{0}	起来 tɕʰi^{53}nai^{0}

续表

方言点 词目	中原官话区	混合 1 区	江淮官话区	混合 3 区	西南官话区
	汉滨	县河	茅坪	石泉	紫阳
洗手	洗手 ɕi^{53}ʂəu^{53}	洗手 ɕi^{55}ʂəu^{55}	洗手 ɕi^{55}ʂou^{55}	洗手 ɕi^{53}ʂəu^{53}	洗手 ɕi^{53}ʂəu^{53}
洗脸	洗脸 ɕi^{53}liã^{53}	洗脸 ɕi^{55}lian^{55}	洗脸 ɕi^{55}lian^{55}	洗脸 ɕi^{53}lian^{53}	洗脸 ɕi^{53}ȵian^{53}
刷牙	刷牙 fa^{31}ia^{35}	刷牙 fa^{42}ia^{312}	刷牙 ʂʮa^{31}ia^{42}	刷牙 ʂʮa^{45}ia^{42}	刷牙 ʂua^{34}ia^{21}
漱口	涮嘴 fã^{44}tsuei^{53}	漱嘴 səu^{23}tsei^{55}	漱嘴 səu^{23}tsei^{55}	漱嘴 səu^{23}tsei^{53}	漱嘴 səu^{23}tsei^{53}
理发	剃头 ti^{44}tʰəu^{35} 推头 tʰuei^{31}tʰəu^{35}	剃头 ti^{23}tʰəu^{312} 推头 tʰei^{42}tʰəu^{312}	剃脑壳 tʰi^{23}lau^{55}kʰo^{0}	剃脑壳 tʰi^{23}lau^{53}kʰo^{0}	剃脑壳 tʰi^{23}nau^{53}kʰuo^{0}
刮脸	刮脸 kua^{31}liã^{53}	刮脸 kua^{42}lian^{55}	刮脸 kua^{31}lian^{55}	刮脸 kua^{45}lian^{53}	刮脸 kua^{34}ȵian^{53}
刮胡子	刮胡子 kua^{31}xu^{35}tsɿ^{0}	刮胡子 kua^{42}xu^{32}tsɿ^{0}	刮胡子 kua^{31}xu^{42}tsɿ^{0}	刮胡子 kua^{45}xu^{42}tsɿ^{0}	刮胡子 kua^{34}xu^{21}tsɿ^{0}
梳头	梳头 fu^{31}tʰəu^{35}	梳头 fu^{42}tʰəu^{312}	梳头 sou^{31}tʰou^{42}	梳脑壳 səu^{45}lau^{53}kʰo^{42}	梳脑壳 səu^{34}nau^{53}kʰo^{21}
梳辫子	辫辫子 piã^{44}piã^{44}tsɿ^{0}	辫辫子 pian^{23}pian^{23}tsɿ^{0}	辫辫子 pian^{22}pian^{22}tsɿ^{0}	辫帽根 pian^{23}mau^{23}kən^{45}	辫帽根 pian^{23} mau^{23}kən^{34}
梳髻	挽巴巴儿 uã^{53}pa^{31}par^{0}	挽巴巴儿 uan^{55}pa^{42}ar^{0}	挽巴巴儿 uan^{55}pa^{31}par^{0}	挽巴巴儿 uan^{53}pa^{45}par^{0}	挽巴巴儿 uan^{53}pa^{34}par^{0}
剪指甲	剪指甲 tɕiã^{53}tʂʅ^{31}tɕia^{31}	剪指甲 tɕian^{55}tʂʅ^{42}tɕia^{42}	剪指甲 tɕian^{55}tʂʅ^{31}tɕia^{31}	剪指甲 tɕian^{53}tʂʅ^{42}tɕia^{42}	剪指甲 tɕian^{53}tʂʅ^{21}tɕia^{21}
掏耳朵	掏耳朵 tʰau^{31}ər^{53}tuo^{0}	掏耳朵 tʰau^{42}ər^{55}tuo^{0}	掏耳朵 tʰau^{31}ər^{55}to^{0}	掏耳朵 tʰau^{45}ər^{53}to^{0}	掏耳朵 tʰau^{34}ər^{53}tuo^{0}
洗澡	洗澡 ɕi^{53}tsau^{53}	洗澡 ɕi^{55}tsau^{55}	洗澡 ɕi^{55}tsau^{55}	洗澡 ɕi^{53}tsau^{53}	洗澡 ɕi^{53}tsau^{53}
擦澡	擦澡 tsʰa^{31}tsau^{53}	擦澡 tsʰa^{42}tsau^{55}	擦澡 tsʰa^{31}tsau^{55}	擦澡 tsʰa^{45}tsau^{53}	擦澡 tsʰa^{34}tsau^{53}

续表

方言点 / 词目	中原官话区	混合1区	江淮官话区	混合3区	西南官话区
	汉滨	县河	茅坪	石泉	紫阳
小便	解小手 kæ^{53}ɕiau^{53}ʂəu^{53} 尿尿 ȵiau^{44}ȵiau^{44}	解小手 kai^{55}ɕiau^{55}ʂəu^{55} 尿尿 ȵiau^{23}ȵiau^{223}	解小手 kai^{55}ɕiau^{55}ʂou^{55} 尿尿 ȵiau^{22}ȵiau^{22}	解小手 kai^{53}ɕiau^{53}ʂəu^{53} 屙尿 uo^{45}ȵiau^{213}	解小手 kai^{53}ɕiau^{53}ʂəu^{53} 屙尿 uo^{34}ȵiau^{213}
大便	解大手 kæ^{53}ta^{44}ʂəu^{53} 把屎 pa^{53}ʂʅ^{53}	解大手 kai^{55}ta^{23}ʂəu^{55} 把屎 pa^{55}ʂʅ^{55}	解大手 kai^{55}ta^{22}ʂou^{55} 把屎 pa^{55}ʂʅ^{55}	解大手 kai^{53}ta^{23}ʂəu^{53} 屙屎 uo^{45}ʂʅ^{53}	解大手 kai^{53}ta^{23}ʂəu^{53} 屙屎 uo^{34}ʂʅ^{53}
乘凉	乘凉 tʂʰəŋ^{44}liaŋ^{35}	歇凉 ɕie^{42}liaŋ^{312}	歇凉 ɕiɛ^{31}liaŋ^{42}	歇凉 ɕie^{42}liaŋ^{42}	歇凉 ɕie^{21}ȵiaŋ^{21}
晒太阳	晒太阳 ʂæ^{44}tʰæ^{44}iaŋ^{0}	晒太阳 ʂai^{23}tʰai^{23}iaŋ^{0}	晒太阳 ʂai^{23}tʰai^{23}iaŋ^{0}	晒太阳 ʂai^{23}tʰai^{213}iaŋ^{0}	晒太阳 ʂai^{23}tʰai^{213}iaŋ^{0}
挠痒	抓痒 pfa^{31}iaŋ^{53}	抓痒 pfa^{42}iaŋ^{55}	抓痒 tʂʯa^{31}iaŋ^{55}	抠痒 kʰəu^{45}iaŋ^{53}	抠痒 kʰəu^{34}iaŋ^{53}
烤火	烤火 kʰau^{53}xuo^{53}	烤火 kʰau^{55}xuo^{55}	烤火 kʰau^{55}xo^{55}	烤火 kʰau^{53}xo^{53}	烤火 kʰau^{53}xuo^{53}
点灯	点灯 tiã^{53}təŋ^{31}	点灯 tian^{55}tən^{42}	点灯 tian^{55}tən^{31}	掌灯 tʂaŋ^{53}tən^{45}	掌灯 tʂaŋ^{53}tən^{34}
熄灯	吹灯 pfʰei^{35}təŋ^{31}	吹灯 pfʰei^{42}tən^{42}	吹灯 tʂʰʯei^{31}tən^{31}	灭灯 miɛ^{42}tən^{45} 吹灯 tʂʰʯei^{45}tən^{45}	灭灯 miɛ^{21}tən^{34} 吹灯 tʂʰʯei^{34}tən^{34}
歇歇	歇一下 ɕie^{31}i^{0}xa^{53}	歇下儿 ɕie^{42}xar^{55}	歇下儿 ɕiɛ^{31}xar^{55}	歇一下 ɕie^{42}i^{0}xar^{53}	歇一下 ɕie^{21}i^{0}xar^{53}
工间休息	歇火 ɕie^{31}xuo^{53} 歇气 ɕie^{31}tɕʰi^{44}	歇火 ɕie^{42}xuo^{55} 歇气 ɕie^{42}tɕʰi^{223}	歇火 ɕiɛ^{31}xo^{55} 歇气 ɕiɛ^{31}tɕʰi^{213}	歇火 ɕie^{45}xo^{53} 歇气 ɕie^{45}tɕʰi^{213}	歇火 ɕie^{34}xuo^{53} 歇气 ɕie^{34}tɕʰi^{213}
打盹儿	丢盹 tiəu^{31}tuə̃^{53} 窜盹 tsʰã^{31}tuə̃^{53}	窜盹 tsʰan^{42}tən^{55}	窜盹 tsʰan^{31}tən^{55}	春瞌睡 tʂʰuŋ^{45}kʰo^{42}ʂʯei^{23}	春瞌睡 tʂʰuŋ^{34}kʰuo^{21}ʂuei^{23}
小睡	倒一下 tau^{53}i^{31}xa^{53} 窜一下 tsʰã^{31}i^{31}xa^{53}	倒一下 tau^{55}i^{42}xa^{55} 窜一下 tsʰan^{42}i^{42}xa^{55}	倒一下 tau^{55}i^{31}xa^{55} 窜一下 tsʰan^{31}i^{31}xa^{55}	眯一下 mi^{42}i^{0}xa^{23} 窜一下 tsʰan^{45}i^{45}a^{23}	眯一下 mi^{21}i^{0}xa^{23} 窜一下 tsʰan^{34}i^{34}xa^{23}
打哈欠	打呵欠 ta^{44}xuo^{31}ɕiã^{44}	打呵欠 ta^{55}xuo^{42}ɕian^{223}	打呵欠 ta^{55}xo^{31}ɕian^{213}	打呵欠 ta^{53}xo^{45}ɕian^{213}	打呵欠 ta^{53}xuo^{34}ɕian^{213}

续表

方言点 / 词目	中原官话区	混合 1 区	江淮官话区	混合 3 区	西南官话区
	汉滨	县河	茅坪	石泉	紫阳
困了	瞌睡来了 kʰɤ^{31} fei^{44}læ^{35}liau^{0}	瞌睡来了 kʰɤ^{42} fei^{23}lai^{32}liau^{0}	瞌睡来了 kʰo^{31} ʂɥei^{23}lai^{42}liau^{0}	瞌睡了 kʰo^{42} ʂɥei^{23}liau^{0}	瞌睡了 kʰuo^{21} ʂuei^{23}ȵiau^{0}
铺床	铺床 pʰu^{31}pfʰaŋ^{35}	褰床铺 tɕʰian^{42} pfʰaŋ^{32}pʰu^{223}	褰床铺 tɕʰian^{31} tʂʰɥaŋ^{42}pʰu^{213}	褰床铺 tɕʰian^{45} tʂʰɥaŋ^{42}pʰu^{213}	褰床铺 tɕʰian^{314} tʂʰuaŋ^{21}pʰu^{213}
睡觉	睡觉 fei^{44}tɕiau^{44}	睡觉 fei^{23}tɕiau^{223}	睏醒 kɤʰuən^{23}ɕin^{55}	睏觉 kɤʰuən^{213} tɕiau^{213} 睡瞌睡 ʂɥei^{23}kʰo^{42}ʂɥei^{213}	睡瞌睡 ʂuei^{213} kʰuo^{21}ʂuei^{23} 睏觉 kɤʰuən^{23}tɕiau^{213}
躺下	睡下 fei^{44}xa^{0} 睡到 fei^{44}tau^{0}	睡到 fei^{23}tau^{0}	睡到 ʂɥei^{23}tau^{0}	睡到 ʂɥei^{23}tau^{53}	睡到 ʂuei^{23}tau^{53}
睡着了	睡着了 fei^{44}pfʰə^{35}lia^{0}	睡着了 fei^{23}pfʰə^{32}liau^{312}	睏着了 kʰuən^{23} tʂo^{42}liau^{0}	睏着了 kʰuən^{23} tʂo^{42}liau^{0}	睏着了 kʰuən^{23} tʂuo^{21}ȵiau^{0}
打呼噜	打鼾 ta^{53}xã^{31}	打鼾 ta^{55}xan^{42}	打鼾 ta^{55}xan^{31}	打鼾 ta^{53}xan^{45}	打鼾 ta^{53}xan^{34}
睡过了	失觉 ʂʅ^{31}tɕiau^{44} 睡忘了 fei^{44}uaŋ^{44}lia^{0}	失觉 ʂʅ^{42}tɕiau^{223} 睡忘了 fei^{23}uaŋ^{23}lau^{0}	失觉 ʂʅ^{31}kau^{213} 睡忘了 ʂɥei^{23}uaŋ^{22}lau^{0}	失觉 ʂʅ^{42}kau^{213} 睡忘了 ʂɥei^{23}uaŋ^{23}lau^{0}	失觉 ʂʅ^{21}tɕiau^{213} 睡忘了 ʂuei^{23}uaŋ^{23}nau^{0}
睡不着	睡不着 fei^{44}pu^{0}pfʰə^{35}	睡不着 fei^{23}pu^{0}pfʰə^{312}	睏不着 kʰuən^{23}pu^{0}tʂo^{42}	睏不着 kʰuən^{23}pu^{0}tʂo^{42}	睏不着 kʰuən^{23}pu^{0}tʂuo^{21}
睡午觉	睡午觉 fei^{44}u^{53}tɕiau^{44}	睡午觉 fei^{23}u^{55}tɕiau^{223}	睏午觉 kʰuən^{23}u^{55}kau^{213}	睏午觉 kʰuən^{23}u^{53}kau^{213}	睏午觉 kʰuən^{23}u^{53}kau^{213}
仰面睡	仰倒睡 ȵiaŋ^{53}tau^{0}fei^{44}	仰倒睡 ȵiaŋ^{55}tau^{0}fei^{223}	仰倒睏 ȵiaŋ^{55} tau^{0}kʰuən^{213}	仰倒睏 ȵiaŋ^{53} tau^{0}kʰuən^{213}	仰倒睏 ȵiaŋ^{53} tau^{0}kʰuən^{213}
侧着睡	侧倒睡 tʂe^{31}tau^{0}fei^{44}	侧倒睡 tsʰe^{42}tau^{0}fei^{223}	侧倒睏 tsʰɛ^{31}tau^{0}kʰuən^{213}	侧倒睏 tsʰe^{42}tau^{0}kʰuən^{213}	侧倒睏 tsʰe^{21} tau^{0}kʰuən^{213}
趴着睡	趴倒睡 pʰa^{35}tau^{0}fei^{44}	趴倒睡 pʰa^{32}tau^{0}fei^{223}	趴倒睏 pʰa^{42}tau^{0}kʰuən^{213}	趴倒睏 pʰa^{42}tau^{0}kʰuən^{213}	趴倒睏 pʰa^{21}tau^{0}kʰuən^{213}
落枕	落枕咧 luo^{31}tʂə̃^{53}lie^{0}	落枕 luo^{42}tʂən^{55}	落枕 lo^{31}tʂən^{55}	失枕 ʂʅ^{45}tʂən^{53}	失枕 ʂʅ^{34}tʂən^{53}
抽筋	抽筋 tʂʰəu^{35}tɕin^{31}	抽筋 tʂʰəu^{42}tɕin^{42}	抽筋 tʂʰou^{31}tɕin^{31}	转筋 tʂɥan^{23}tɕin^{45}	转筋 tʂuan^{23}tɕin^{34}

续表

方言点 词目	中原官话区 汉滨	混合 1 区 县河	江淮官话区 茅坪	混合 3 区 石泉	西南官话区 紫阳
做梦	做梦 tsəu^{31}məŋ^{44}	做梦 tsəu^{23}məŋ^{223}	做梦 tsou^{23}məŋ^{22}	做梦 tsəu^{23}muŋ^{213}	做梦 tsəu^{23}muŋ^{213}
说梦话	说梦话 fə^{31}məŋ^{44}xua^{0}	说梦话 fə^{42}məŋ^{23}xua^{223}	说梦话 ʂo^{31}məŋ^{22}xua^{0}	说梦话 ʂo^{45}muŋ^{23}xua^{213}	说梦话 ʂuo^{34}muŋ^{23}xua^{213}
魇住了	魇住咧 ȵiã^{31}pfu^{44} lie^{0} 睡迷了 fei^{44}mi^{35}liau^{0}	迷倒了 mi^{32}tau^{23}liau^{0}	迷倒了 mi^{42}tau^{22}liau^{0}	睡迷了 ʂʮei^{23}mi^{42}liau^{0}	睡迷了 ʂuei^{23}mi^{21}nau^{0}
熬夜	熬夜 ŋau^{35}ie^{44} 熬更守夜 ŋau^{35} kəŋ^{31}ʂəu^{53}ie^{44}	熬夜 ŋau^{32}ie^{223} 熬更守夜 ŋau^{32} kən^{42}ʂəu^{55}ie^{223}	熬夜 ŋau^{42}iɛ^{22} 熬更守夜 ŋau^{42} kən^{31}ʂou^{55}iɛ^{22}	熬夜 ŋau^{42}ie^{213} 熬更守夜 ŋau^{42} kən^{45}ʂəu^{53}ie^{213}	熬夜 ŋau^{21}ie^{213} 熬更守夜 ŋau^{21} kən^{34}ʂəu^{53}ie^{213}
开夜车	打夜工 ta^{53}ie^{44}kuŋ^{31}	打夜工 ta^{55}ie^{23}kuŋ^{42}	打夜工 ta^{55}iɛ^{22}kəŋ^{31}	打夜工 ta^{53}ie^{23}kuŋ^{45}	打夜工 ta^{53}ie^{23}kuŋ^{34}
彻夜做事	打通宵 ta^{53}tʰuŋ^{31}ɕiau^{31}	打通宵 ta^{55}tʰuŋ^{42}ɕiau^{42}	打通宵 ta^{55}tʰəŋ^{31}ɕiau^{31}	打通宵 ta^{53}tʰuŋ^{45}ɕiau^{45}	打通宵 ta^{53}tʰuŋ^{34}ɕiau^{34}
下地干活	上坡 ʂaŋ^{44}pʰə^{31} 下地 xa^{44}ti^{44} 下田 xa^{44}tʰiã^{35}	上坡 ʂaŋ^{23}pʰə^{42} 下地 xa^{23}ti^{223} 下田 xa^{23}tʰian^{312}	上坡 ʂaŋ^{22}pʰo^{31} 下地 xa^{22}ti^{22} 下田 xa^{22}tʰian^{42}	上坡 ʂaŋ^{23}pʰo^{45} 下地 xa^{23}ti^{213} 下田 xa^{23}tʰian^{42}	上坡 ʂaŋ^{23}pʰuo^{34} 下地 xa^{23}ti^{213} 下田 xa^{23}tʰian^{21}
上工	上工 ʂaŋ^{44}kuŋ^{31}	上工 ʂaŋ^{23}kuŋ^{42}	上工 ʂaŋ^{22}kəŋ^{31}	上工 ʂaŋ^{23}kuŋ^{45}	上工 ʂaŋ^{23}kuŋ^{34}
收工	收工 ʂəu^{35}kuŋ^{31}	放工 faŋ^{23}kuŋ^{42}	放工 faŋ^{23}kəŋ^{31}	放活路 faŋ^{23}xo^{42}ləu^{0}	放活路 faŋ^{23}xuo^{21}ləu^{0}
做活	做活路 tsəu^{44}xuo^{35}lu^{0}	做活路 tsəu^{23}xuo^{32}ləu^{0}	做活路 tsou^{23}xo^{42}lou^{0}	做活路 tsou^{23}xo^{42}lou^{0}	做活路 tsou^{23}xo^{21}lou^{0}
打猪草	寻猪草 ɕin^{35}pfu^{31}tsʰau^{53}	寻猪草 ɕin^{42}pfu^{42}tsʰau^{55}	擒猪草 tɕʰin^{42}tʂʮ^{31}tsʰau^{55}	打猪草 ta^{53}tʂʮ^{45}tsʰau^{53}	打猪草 ta^{53}tʂu^{34}tsʰau^{53}
剁猪草	剁猪草 tuo^{44}pfu^{31}tsʰau^{53}	剁猪草 tuo^{23}pfu^{42}tsʰau^{55}	剁猪草 to^{23}tʂʮ^{31}tsʰau^{55}	剁猪草 to^{23}tʂʮ^{45}tsʰau^{53}	剁猪草 tuo^{23}tʂu^{34}tsʰau^{53}
喂猪	喂猪 uei^{44}pfu^{31}	喂猪 uei^{23}pfu^{42}	喂猪 uei^{23}tʂʮ^{31}	喂猪 uei^{23}tʂʮ^{45}	喂猪 uei^{23}tʂu^{34}

续表

词目 \ 方言点	中原官话区	混合 1 区	江淮官话区	混合 3 区	西南官话区
	汉滨	县河	茅坪	石泉	紫阳
猪食	猪食 pfu^{31}ʂʅ^{35}	猪食 pfu^{42}ʂʅ^{312}	猪食 tʂʮ^{31}ʂʅ^{42}	猪食 tʂʮ^{45}ʂʅ^{42}	猪食 tʂu^{34}ʂʅ^{21}
精饲料	搅和 tɕiau^{53}xuo^{0}	搅和 tɕiau^{55}xuo^{0}	和食 xo^{22}ʂʅ^{0}	和食 xo^{23}ʂʅ^{0}	和食 xuo^{23}ʂʅ^{0}
出去	出去咧 pfʰu^{31}tɕʰy^{31}lie^{0}	出去 pfʰu^{42}tɕʰi^{223}	出去 tʂʰʮ^{31}tɕʰi^{213}	外头去 uai^{23}tʰəu^{0}tɕʰi^{213}	外头去 uai^{23}tʰəu^{0}tɕʰi^{213}
回家了	回去咧 xuei^{35}tɕʰy^{31}lie^{0}	回去了 xuei^{32}tɕʰi^{23}lia^{0}	回去了 xuei^{42}tɕʰi^{23}lia^{0}	回去了 xuei^{42}tɕʰi^{23}lia^{0}	回去了 xuei^{21}tɕʰi^{23}ȵiau^{0}
逛街	逛街 kuaŋ^{44}kæ^{31}	逛街 kuaŋ^{23}kai^{42}	逛街 kuaŋ^{23}kai^{31}	逛街 kuaŋ^{23}kai^{45}	逛街 kuaŋ^{23}kai^{34}
散步	闲逛 ɕiã^{35}kuaŋ^{44}	闲逛 ɕian^{32}kuaŋ^{223}	走一下儿 tsou^{55}i^{0}xar^{55}	逛到耍 kuaŋ^{23}tau^{0}ʂʮa^{53}	逛到玩 kuaŋ^{23}tau^{0}uan^{21}
休息或住店	歇脚 ɕie^{35}tɕyo^{31} 住店 pfu^{44}tiã^{44}	歇脚 ɕie^{42}tɕyo^{42} 住店 pfu^{23}tian^{223}	歇脚 ɕiɛ^{31}tɕio^{31} 住店 tʂʮ^{22}tian^{213}	歇脚 ɕie^{42}tɕio^{42} 住店 tʂʮ^{23}tian^{213}	歇脚 ɕie^{21}tɕyo^{21} 住店 tʂu^{23}tian^{213}

十七　讼事

词目 \ 方言点	中原官话区	混合 1 区	江淮官话区	混合 3 区	西南官话区
	汉滨	县河	茅坪	石泉	紫阳
打官司	打官司 ta^{53}kuã^{31}sɿ^{0}	打官司 ta^{55}kuan^{42}sɿ^{0}	打官司 ta^{55}kuan^{31}sɿ^{0}	打官司 ta^{53}kuan^{45}sɿ^{0}	打官司 ta^{53}kuan^{34}sɿ^{0}
告	告 kau^{44} 上告 ʂaŋ^{44}kau^{44}	告 kau^{223} 上告 ʂaŋ^{23}kau^{223}	告 kau^{213} 上告 ʂaŋ^{23}kau^{213}	告 kau^{213} 上告 ʂaŋ^{23}kau^{213}	告 kau^{213} 上告 ʂaŋ^{23}kau^{213}
告状	告状 kau^{44}pfaŋ^{44}	告状 kau^{23}pfaŋ^{223}	告状 kau^{23}tʂʮaŋ^{213}	告状 kau^{23}tʂʮaŋ^{213}	告状 kau^{23}tʂuaŋ^{213}
状子	状子 pfaŋ^{44}tsɿ^{0}	状子 pfaŋ^{23}tsɿ^{0}	状子 tʂʮaŋ^{23}tsɿ^{0}	状子 tʂʮaŋ^{23}tsɿ^{0}	状子 tʂuaŋ^{23}tsɿ^{0}

续表

方言点 / 词目	中原官话区	混合 1 区	江淮官话区	混合 3 区	西南官话区
	汉滨	县河	茅坪	石泉	紫阳
写状子	写状子 ɕie^{53}pfaŋ^{44}tsɿ^{0}	写状子 ɕie^{55}pfaŋ^{23}tsɿ^{0}	写状子 ɕiɛ^{55}tʂɥaŋ^{23}tsɿ^{0}	写状子 ɕie^{53}tʂɥaŋ^{23}tsɿ^{0}	做状子 tsəu^{23} tʂuaŋ^{23}tsɿ^{0}
升堂	升堂 ʂənŋ^{31}taŋ^{35}	升堂 ʂən^{42}taŋ^{312}	升堂 ʂən^{31}taŋ^{42}	升堂 ʂən^{45}taŋ^{42}	升堂 ʂən^{34}taŋ^{21}
坐堂	坐堂 tsuo^{35}tʰaŋ^{35}	坐堂 tsuo^{23}tʰaŋ^{312}	坐堂 tso^{23}tʰaŋ^{42}	坐堂 tso^{23}tʰaŋ^{42}	坐堂 tsuo^{23}tʰaŋ^{21}
退堂	退堂 tʰuei^{44}tʰaŋ^{35}	退堂 tʰeɪ^{23}tʰaŋ^{312}	退堂 tʰeɪ^{23}tʰaŋ^{42}	退堂 tʰeɪ^{23}tʰaŋ^{42}	退堂 tʰeɪ^{23}tʰaŋ^{21}
问案	问案 uə̃^{44}ŋã^{44}	问案 uən^{23}ŋan^{223}	问案 uən^{22}ŋan^{213}	问案 uən^{23}ŋan^{213}	问案 uən^{23}ŋan^{213}
过堂	过堂 kuo^{44}tʰaŋ^{35}	过堂 kuo^{23}tʰaŋ^{312}	过堂 ko^{23}tʰaŋ^{42}	过堂 ko^{23}tʰaŋ^{42}	过堂 kuo^{23}tʰaŋ^{21}
审案	审案 ʂə̃^{53}ŋã^{44}	审案 ʂən^{55}ŋan^{223}	审案 ʂən^{55}ŋan^{213}	审案 ʂən^{53}ŋan^{213}	审案 ʂən^{53}ŋan^{213}
原告	原告 yã^{35}kau^{44}	原告 yan^{32}kau^{223}	原告 ɥan^{42}kau^{213}	原告 ɥan^{42}kau^{213}	原告 yan^{21}kau^{213}
被告	被告 pi^{44}kau^{44}	被告 pi^{23}kau^{223}	被告 pi^{23}kau^{213}	被告 pi^{23}kau^{213}	被告 pi^{23}kau^{213}
证人	证人 tʂəŋ^{44}ʐə̃^{0}	证人 tʂən^{23}ʐən^{312}	证人 tʂən^{23}ʐən^{42}	证人 tʂən^{23}ʐən^{42}	证人 tʂən^{23}ʐən^{21}
人证	人证 ʐə̃^{35}tʂəŋ^{44}	人证 ʐən^{32}tʂən^{223}	人证 ʐən^{42}tʂən^{213}	人证 ʐən^{42}tʂən^{213}	人证 ʐən^{21}tʂən^{213}
物证	把凭 pa^{53}pʰin^{0}	把凭 pa^{55}pʰin^{0}	把凭 pa^{55}pʰin^{0}	把凭 pa^{53}pʰin^{0}	把凭 pa^{53}pʰin^{0}
对质	对质 tuei^{44}tʂʅ^{31}	对质 tei^{23}tʂʅ^{42}	对质 tei^{23}tʂʅ^{31}	对质 tei^{23}tʂʅ^{42}	对质 tei^{23}tʂʅ^{21}
逼供	逼供 pi^{31}kuŋ^{44}	逼供 pi^{42}kuŋ^{223}	逼供 pi^{31}koŋ^{213}	逼供 pi^{42}koŋ^{213}	逼供 pi^{21}koŋ^{213}
屈打成招	屈打成招 tɕʰy^{31} ta^{53}tʂʰəŋ^{35}tʂau^{31}	屈打成招 tɕʰy^{42} ta^{55}tʂʰən^{32}tʂau^{42}	屈打成招 tʂʰɥ^{31} ta^{55}tʂʰən^{42}tʂau^{31}	屈打成招 tʂʰɥ^{45} ta^{53}tʂʰən^{42}tʂau^{45}	屈打成招 tɕʰy^{34} ta^{53}tʂʰən^{21}tʂau^{34}

续表

方言点 词目	中原官话区	混合 1 区	江淮官话区	混合 3 区	西南官话区
	汉滨	县河	茅坪	石泉	紫阳
刑事	刑事 ɕin^{35}ʂʅ^{44}	刑事 ɕin^{32}ʂʅ^{223}	刑事 ɕin^{42}sʅ^{22}	刑事 ɕin^{42}sʅ^{213}	刑事 ɕin^{21}sʅ^{213}
民事	民事 min^{35}ʂʅ^{44}	民事 min^{32}ʂʅ^{223}	民事 min^{42}sʅ^{22}	民事 min^{42}sʅ^{213}	民事 min^{21}sʅ^{213}
家务事	家务事 tɕia^{31}u^{44}ʂʅ^{44}	家务事 tɕia^{42}u^{23}ʂʅ^{223}	家务事 tɕia^{31}u^{23}ʂsʅ^{22}	家务事 tɕia^{45}u^{23}ʂsʅ^{213}	家务事 tɕia^{34}u^{23}ʂsʅ^{213}
律师	律师 li^{31}ʂʅ^{0}	律师 li^{42}sʅ^{0}	律师 li^{31}sʅ^{0}	律师 li^{42}sʅ^{0}	律师 li^{21}sʅ^{0} 讼棍 soŋ^{23}kuən^{213}
代书 代人写状子的人	写状子的 ɕie^{53}pfaŋ^{44}tsʅ^{0}ti^{0}	写状子的 ɕie^{55}pfaŋ^{23}tsʅ^{0}ti^{0}	写状子的 ɕiɛ^{55}tʂʮaŋ^{23}tsʅ^{0}ti^{0}	写状子的 ɕie^{53}tʂʮaŋ^{23}tsʅ^{0}ti^{0}	写状子的 ɕie^{53}tʂuaŋ^{23}tsʅ^{0}ti^{0}
服	服 fu^{35}	服 fu^{312}	服 fu^{42}	服 fu^{42}	服 fu^{21}
不服	不服 pu^{31}fu^{35}	不服 pu^{42}fu^{312}	不服 pu^{31}fu^{42}	不服 pu^{42}fu^{42}	不服 pu^{21}fu^{21}
上诉	上诉 ʂaŋ^{44}səu^{44}	上诉 ʂaŋ^{23}səu^{223}	上诉 ʂaŋ^{22}sou^{213}	上诉 ʂaŋ^{23}sou^{213}	上诉 ʂaŋ^{23}sou^{213}
宣判	判 pʰã^{44}	判 pʰan^{223}	判 pʰan^{213}	判 pʰan^{213}	判 pʰan^{213}
招认	招认 tʂau^{31}zə̃^{44}	招认 tʂau^{42}zən^{223}	招认 tʂau^{31}zən^{22}	招认 tʂau^{45}zən^{213}	招认 tʂau^{34}zən^{213}
口供	口供 kʰəu^{53}kuŋ^{44}	口供 kʰəu^{55}kuŋ^{223}	口供 kʰou^{55}koŋ^{213}	口供 kʰəu^{53}koŋ^{213}	口供 kʰəu^{53}koŋ^{213}
供	供 kuŋ^{44}	供 kuŋ^{223}	供 koŋ^{213}	供 koŋ^{213}	供 koŋ^{213}
同谋	一路的 i^{31}lu^{44} ti^{0} 一伙的 i^{31}xuo^{53}ti^{0}	一路的 i^{42}lu^{223} ti^{0} 一伙的 i^{42}xuo^{55}ti^{0}	一伙的 i^{31}xo^{55}ti^{0}	一伙的 i^{42}xo^{53}ti^{0}	一伙的 i^{21}xo^{53}ti^{0}
故犯	故犯 ku^{44}fã^{44}	故犯 ku^{23}fan^{223}	故犯 ku^{23}fan^{22}	故犯 ku^{23}fan^{213}	故犯 ku^{23}fan^{213}

续表

方言点 / 词目	中原官话区	混合 1 区	江淮官话区	混合 3 区	西南官话区
	汉滨	县河	茅坪	石泉	紫阳
误犯	误犯 u^{44}fã^{44}	误犯 u^{23}fan^{223}	误犯 u^{23}fan^{22}	误犯 u^{23}fan^{213}	误犯 u^{23}fan^{213}
犯罪	犯罪 fã^{44}tsuei^{44} 犯法 fã^{44}fa^{31}	犯罪 fan^{23}tsei^{223} 犯法 fan^{23}fa^{42}	犯罪 fan^{22}tsei^{22} 犯法 fan^{22}fa^{31}	犯罪 fan^{23}tsei^{213} 犯法 fan^{23}fa^{42}	犯罪 fan^{23}tsei^{213} 犯法 fan^{23}fa^{21}
诬告	诬告 u^{31}kau^{44}	诬告 u^{42}kau^{223}	诬告 u^{31}kau^{213}	诬告 u^{45}kau^{213}	诬告 u^{34}kau^{213}
冤案	冤案 yã^{31}ŋã^{44}	冤案 yan^{42}ŋan^{223}	冤案 ɥan^{31}ŋan^{213}	冤案 ɥan^{45}ŋan^{213}	冤案 yan^{34}ŋan^{213}
诬陷	栽赃 tsæ^{35}tsaŋ^{31} 陷害 ɕiã^{44}xæ^{44}	栽赃 tsai^{42}tsaŋ^{42} 陷害 ɕian^{23}xai^{223}	栽赃 tsai^{31}tsaŋ^{31} 陷害 ɕian^{23}xai^{22}	栽赃 tsai^{45}tsaŋ^{45} 陷害 ɕian^{23}xai^{213}	栽害 tsai^{34}xai^{213}
连坐	连坐 liã^{35}tsuo^{44}	连坐 lian^{32}tsuo^{223}	连坐 lian^{42}tso^{22}	连坐 lian^{42}tso^{213}	连坐 ȵian^{21}tsuo^{213}
保释	保释 pau^{53}ʂʅ^{31} 释放 ʂʅ^{31}faŋ^{44}	保释 pau^{55}ʂʅ^{42} 释放 ʂʅ^{42}faŋ^{223}	保释 pau^{55}ʂʅ^{31} 释放 ʂʅ^{31}faŋ^{213}	保释 pau^{53}ʂʅ^{42} 释放 ʂʅ^{42}faŋ^{213}	保释 pau^{53}ʂʅ^{21} 释放 ʂʅ^{21}faŋ^{213}
取保	找保人 tʂau^{53}pau^{53}ʐə̃^{35}	找保人 tʂau^{55}pau^{55}ʐən^{312}	找保人 tʂau^{55}pau^{55}ʐən^{42}	找保人 tʂau^{53}pau^{53}ʐən^{42}	找保人 tʂau^{53}pau^{53}ʐən^{21}
逮捕	逮捕 tæ^{35}pʰu^{53}	法办 fa^{42}pan^{223}	逮捕 tai^{42}pʰu^{55}	逮捕 tai^{42}pʰu^{53}	逮捕 tai^{21}pʰu^{53}
押解	押犯人 ȵia^{31}fã^{44}ʐə̃^{35} 押解 ȵia^{31}tɕiæ^{53}	押犯人 ia^{42}fan^{23}ʐən^{312} 押解 ia^{42}tɕiai^{55}	押犯人 ia^{31}fan^{22}ʐən^{42} 押解 ia^{31}tɕiai^{55}	押犯人 ia^{42}fan^{23}ʐən^{42} 押解 ia^{42}tɕiai^{53}	押犯人 ia^{21}fan^{23}ʐən^{21} 押解 ia^{21}tɕiai^{53}
囚车	囚车 tɕʰiəu^{35}tʂʰɤ^{31}	囚车 tɕʰiəu^{32}tʂʰɤ^{42}	囚车 tɕʰiəu^{42}tʂʰɛ^{31}	囚车 tɕʰiəu^{42}tʂʰe^{45}	囚车 tɕʰiəu^{21}tʂʰe^{34}
青天老爷	青天老爷 tɕʰiŋ^{31} tʰiã^{31}lau^{53}ie^{0}	青天老爷 tɕʰin^{42} tʰian^{42}lau^{55}ie^{0}	青天老爷 tɕʰin^{31} tʰian^{31}lau^{55}iɛ^{0}	青天老爷 tɕʰin^{45} tʰian^{45}lau^{53}ie^{0}	青天老爷 tɕʰin^{34} tʰian^{34}nau^{53}ie^{0}
赃官	赃官 tsaŋ^{31}kuã^{0}	赃官 tsaŋ^{42}kuan^{42}	赃官 tsaŋ^{31}kuan^{31}	赃官 tsaŋ^{45}kuan^{45}	赃官 tsaŋ^{34}kuan^{34}
受贿	拿黑钱 la^{35}xei^{31}tɕʰiã^{35}	拿黑钱 la^{32}xe^{42}tɕʰian^{312}	拿黑钱 la^{42}xɛ^{31}tɕʰian^{0}	拿黑钱 la^{42}xe^{42}tɕʰian^{42}	拿黑钱 na^{21}xe^{21}tɕʰian^{21}

续表

方言点 / 词目	中原官话区	混合 1 区	江淮官话区	混合 3 区	西南官话区
	汉滨	县河	茅坪	石泉	紫阳
行贿	塞黑 se^{31}xei^{31} 塞背手 sei^{31}pei^{44}ʂəu^{53}	塞黑 se^{42}xei^{42} 塞背手 se^{42}pei^{23}ʂəu^{55}	塞黑 sɛ^{31}xɛ^{31} 塞背手 sɛ^{31}pei^{23}ʂou^{55}	塞黑 se^{42}xe^{42} 塞背手 se^{21}pei^{23}ʂəu^{53}	塞黑 se^{21}xe^{21} 塞背手 se^{21}pei^{23}ʂəu^{53}
罚款	罚钱 fa^{35}tɕʰiã^{53} 罚款 fa^{35}kʰuã^{53}	罚钱 fa^{32}tɕʰian^{312}	罚款 fa^{42}kʰuan^{55}	罚款 fa^{42}kʰuan^{53}	罚款 fa^{21}kʰuan^{53}
斩首	杀头 ʂa^{31}tʰəu^{35} 砍头 kʰã^{53}tʰəu^{35}	杀头 ʂa^{42}tʰəu^{32} 砍头 kʰan^{55}tʰəu^{32}	砍头 kʰan^{44}tʰou^{42} 砍脑壳 kʰan^{55} lau^{55}kʰo^{0}	砍头 kʰan^{53}tʰəu^{42} 砍脑壳 kʰan^{53} lau^{53}kʰo^{0}	砍头 kʰan^{53}tʰəu^{21} 砍脑壳 kʰan^{53} nau^{53}kʰuo^{0}
枪毙	枪毙 tɕʰiaŋ^{31}pi^{44} 挨枪子儿 ŋai^{35}tɕʰiaŋ^{31}tsər^{53}	挨枪子儿 ŋai^{32}tɕʰiaŋ^{42}tsər^{55} 枪毙 tɕʰiaŋ^{42}pi^{223}	挨枪子儿 ŋai^{42}tɕʰiaŋ^{31}tsər^{55} 枪毙 tɕʰiaŋ^{31}pi^{213}	挨枪子儿 ŋai^{42}tɕʰiaŋ^{45}tsər^{53} 枪毙 tɕʰiaŋ^{45}pi^{213}	挨枪子儿 Ŋai^{21}tɕʰiaŋ^{34}tsər^{53} 枪毙 tɕʰiaŋ^{34}pi^{213}
斩条	斩条 tʂã^{53}tʰiau^{0}	斩条 tʂan^{55}tʰiau^{32}	斩条 tʂan^{55}tʰiau^{0}	斩条 tʂan^{53}tʰiau^{42}	斩条 tʂan^{53}tʰiau^{21}
拷打	拷打 kʰau^{53}ta^{53}	拷打 kʰau^{55}ta^{55}	拷打 kʰau^{55}ta^{55}	拷打 kʰau^{53}ta^{53}	拷打 kʰau^{53}ta^{53}
打屁股	打尻子 ta^{53}kəu^{31} tsɿ^{0} 打屁股 ta^{53}pʰi^{44}ku^{0}	打屁股 ta^{55}pʰi^{23}ku^{55}	打屁股 ta^{55}pʰi^{213}ku^{55}	打沟子 ta^{53}kəu^{45}tsɿ^{0}	打沟子 ta^{53}kəu^{34}tsɿ^{0}
冤枉	冤枉 yã^{31}uaŋ^{0}	冤枉 yan^{42}uaŋ^{42}	冤枉 ɥan^{31}uaŋ^{0}	冤枉 ɥan^{45}uaŋ^{42}	冤枉 yan^{34}uaŋ^{21}
因牵连获罪	受搭连罪 ʂəu^{44} ta^{31}liã^{35}tsuəi^{44}	受搭连罪 ʂəu^{23} ta^{42}lian^{32}tsəi^{223}	受搭连罪 ʂou^{22} ta^{31}lian^{42}tsəi^{22}	受搭连罪 ʂəu^{23} ta^{42}lian^{42}tsəi^{213}	受搭连罪 ʂəu^{23} ta^{21}ȵian^{21}tsəi^{213}
上枷	上枷 ʂaŋ^{44}tɕia^{31}	上枷 ʂaŋ^{23}tɕia^{42}	上枷 ʂaŋ^{22}tɕia^{31}	上枷 ʂaŋ^{23}tɕia^{42}	上枷 ʂaŋ^{23}tɕia^{21}
手铐	铐子 kʰau^{44}tsɿ^{0}	铐子 kʰau^{23}tsɿ^{0}	铐子 kʰau^{23}tsɿ^{0}	铐子 kʰau^{23}tsɿ^{0}	铐子 kʰau^{23}tsɿ^{0}
脚镣	脚镣 tɕyo^{31}liau^{35}	脚镣 tɕyo^{42}liau^{312}	脚镣 tɕio^{31}liau^{42}	脚镣 tɕio^{42}liau^{42}	脚镣 tɕyo^{21}liau^{21}
绑起来	捆起来 kʰuə̃^{53}tɕʰi^{53}læ^{35} 绑起来 paŋ^{53}tɕʰi^{53}læ^{35}	捆起来 kʰuən^{55}tɕʰi^{55}lai^{312} 绑起来 paŋ^{55}tɕʰi^{55}lai^{312}	捆起来 kʰuən^{55}tɕʰi^{55}lai^{0} 绑起来 paŋ^{55}tɕʰi^{55}lai^{0}	捆起来 kʰuən^{53}tɕʰi^{53}lai^{0} 绑起来 paŋ^{53}tɕʰi^{53}lai^{0}	捆起来 kʰuən^{53}tɕʰi^{53}nai^{0} 绑起来 paŋ^{53}tɕʰi^{53}lai^{0}

续表

方言点 词目	中原官话区	混合 1 区	江淮官话区	混合 3 区	西南官话区
	汉滨	县河	茅坪	石泉	紫阳
囚禁起来	关起来 kuã^{31}tɕʰi^{53}læ^{35}	关起来 kuan^{32}tɕʰi^{55}lai^{312}	关起来 kuan^{31}tɕʰi^{55}lai^{42}	关起来 kuan^{45}tɕʰi^{53}lai^{42}	关起来 kuan^{34}tɕʰi^{53}nai^{21}
监狱	厅子 tʰin^{31}tsɿ^{0} 监牢 tɕiã^{31}lau^{35} 牢房 lau^{35}faŋ^{35}	厅子 tʰin^{42}tsɿ^{0} 监牢 tɕian^{42}lau^{312} 牢房 lau^{32}faŋ^{312}	厅子 tʰin^{31}tsɿ^{0} 监牢 tɕian^{31}lau^{42} 牢房 lau^{42}faŋ^{42}	厅子 tʰin^{45}tsɿ^{0} 监牢 tɕian^{45}lau^{42} 牢房 lau^{42}faŋ^{42}	厅子 tʰin^{34}tsɿ^{0} 监牢 tɕian^{34}nau^{21} 牢房 lau^{21}faŋ^{21}
坐牢	坐厅子 tsuo^{44}tʰiŋ^{31}tsɿ^{0} 劳改 lau^{35}kæ^{53}	坐厅子 tsuo^{23}tʰin^{42}tsɿ^{312} 劳改 lau^{32}kai^{312}	坐厅子 tso^{22}tʰin^{31}tsɿ^{0} 劳改 lau^{42}kai^{55}	坐厅子 tso^{23}tʰin^{45}tsɿ^{0} 劳改 lau^{42}kai^{53}	坐厅子 tsuo^{23}tʰin^{34}tsɿ^{0} 劳改 nau^{21}kai^{53}
放风	放风 faŋ^{44}fəŋ^{31}	放风 faŋ^{23}fəŋ^{42}	放风 faŋ^{23}fəŋ^{31}	放风 faŋ^{23}fəŋ^{45}	放风 faŋ^{23}fəŋ^{34}
囚犯	劳改犯 lau^{35}kæ^{53} fã^{44} 劳改分子 lau^{35}kæ^{53}fə̃^{44}tsɿ^{0}	劳改犯 lau^{32}kai^{55} fan^{223} 劳改分子 lau^{32}kai^{55}fən^{23}tsɿ^{0}	劳改犯 lau^{42}kai^{55} fan^{22} 劳改分子 lau^{42}kai^{55}fən^{22}tsɿ^{0}	劳改犯 lau^{42}kai^{53} fan^{213} 劳改分子 lau^{42}kai^{53}fən^{23}tsɿ^{0}	劳改犯 nau^{21}kai^{53} fan^{213} 劳改分子 nau^{21}kai^{53}fən^{23}tsɿ^{0}
探监	探监 tʰã^{44}tɕiã^{31}	探监 tʰan^{23}tɕian^{42}	探监 tʰan^{23}tɕian^{31}	探监 tʰan^{23}tɕian^{45}	探监 tʰan^{23}tɕian^{34}
越狱	越狱 ye^{35}y^{31}	越狱 ye^{42}y^{42}	越狱 ʮɛ^{31}ʮ^{31}	越狱 ʮe^{42}ʮ^{42}	越狱 ye^{21}y^{21}
立字据	立字据 li^{31}tsɿ^{44}tɕy^{44}	立字据 li^{42}tsɿ^{23} tɕy^{223}	立字据 li^{31}tsɿ^{22} tʂʮ^{213}	立字据 li^{42}tsɿ^{213} tʂʮ^{213}	立字据 ȵi^{21}tsɿ^{213} tɕy^{213}
画押	画押 xua^{44}·ia^{31}	画押 xua^{23}·ia^{42}	画押 xua^{22}·ia^{31}	画押 xua^{23}·ia^{42}	画押 xua^{23}·ia^{21}
按手印	按手印 ŋã^{44}ʂəu^{53}·in^{44}	按手印 ŋan^{23}ʂəu^{55}·in^{223}	按手印 ŋan^{23}ʂou^{55}·in^{213}	按手印 ŋan^{23}ʂəu^{53}·in^{213}	按手印 ŋan^{23}ʂəu^{53}·in^{213}
捐税	捐税 tɕyã^{31}fei^{44}	捐税 tɕyan^{42}fei^{223}	捐税 tʂʮan^{31}ʂʮei^{213}	捐税 tʂʮan^{45}ʂʮei^{213}	捐税 tɕyan^{34}ʂuei^{213}
地租	稞担 kʰuo^{44}tã^{44} 租子 tsu^{31}tsɿ^{0}	稞担 kʰuo^{23}tan^{223} 租子 tsəu^{42}tsɿ^{0}	稞担 kʰo^{23}tan^{213} 租子 tsou^{31}tsɿ^{0}	稞担 kʰo^{23}tan^{213} 租子 tsəu^{45}tsɿ^{0}	稞担 kʰuo^{23}tan^{213} 租子 tsəu^{34}tsɿ^{0}
地契	地契 ti^{44}tɕʰi^{44}	地契 ti^{23}tɕʰi^{223}	地契 ti^{22}tɕʰi^{213}	地契 ti^{23}tɕʰi^{213}	地契 ti^{23}tɕʰi^{213}
税契	税契 fei^{44}tɕʰi^{44}	税契 fei^{23}tɕʰi^{223}	税契 ʂʮei^{23}tɕʰi^{213}	税契 ʂʮei^{23}tɕʰi^{213}	税契 ʂuei^{23}tɕʰi^{213}

续表

方言点 词目	中原官话区	混合 1 区	江淮官话区	混合 3 区	西南官话区
	汉滨	县河	茅坪	石泉	紫阳
纳税	交税 tɕiau^{31}fei^{44}	上税 ʂaŋ^{23}fei^{223}	上税 ʂaŋ^{22}ʂʮei^{213}	上税 ʂaŋ^{23}ʂʮei^{213}	上税 ʂaŋ^{23}ʂuei^{213}
执照	执照 tʂʅ^{31}tʂau^{44}	执照 tʂʅ^{42}tʂau^{223}	执照 tʂʅ^{31}tʂau^{213}	执照 tʂʅ^{42}tʂau^{213}	执照 tʂʅ^{21}tʂau^{213}
告示	告示 kau^{44}ʂʅ^{44}	告示 kau^{23}ʂʅ^{223}	告示 kau^{23}ʂʅ^{213}	告示 kau^{23}ʂʅ^{213}	告示 kau^{23}ʂʅ^{213}
通知	通知 tʰuŋ^{35}tʂʅ^{31}	通知 tʰuŋ^{42}tʂʅ^{42}	通知 tʰəŋ^{31}tʂʅ^{31}	通知 tʰuŋ^{45}tʂʅ^{45}	通知 tʰuŋ^{34}tʂʅ^{34}
路条	路条 lu^{44}tʰiau^{35}	路条 ləu^{23}tʰiau^{312}	路条 lou^{22}tʰiau^{42}	路条 ləu^{23}tʰiau^{42}	路条 nəu^{23}tʰiau^{21}
命令	命令 min^{44}lin^{44}	命令 min^{23}lin^{223}	命令 min^{22}lin^{22}	命令 min^{23}lin^{213}	命令 min^{23}ȵin^{213}
印	印 in^{44} 大印 ta^{44}in^{44} 公章 kuŋ^{35}tʂaŋ^{31}	印 in^{223} 大印 ta^{23}in^{223} 公章 kuŋ^{42}tʂaŋ^{42}	印 in^{213} 大印 ta^{22}in^{213} 公章 kəŋ^{31}tʂaŋ^{31}	印 in^{213} 印巴子 in^{23}pa^{0}tsɿ^{0} 公章 kuŋ^{45}tʂaŋ^{45}	印 in^{213} 印巴子 in^{23}pa^{0}tsɿ^{0} 公章 kuŋ^{34}tʂaŋ^{34}
私访	微服私访 uei^{31}fu^{35}sɿ^{31}faŋ^{53}	微服私访 uei^{42}fu^{32}sɿ^{42}faŋ^{55}	微服私访 uei^{31}fu^{42}sɿ^{31}faŋ^{55}	微服私访 uei^{45}fu^{42}sɿ^{45}faŋ^{53}	微服私访 uei^{34}fu^{21}sɿ^{34}faŋ^{53}
交代	交代 tɕiau^{31}tæ^{44}	交代 tɕiau^{42}tai^{223}	交代 tɕiau^{31}tai^{22}	交代 tɕiau^{45}tai^{213}	交代 tɕiau^{34}tai^{213}
上任	上任 ʂaŋ^{44}ʐə̃^{44} 走马上任 tsəu^{53} ma^{53}ʂaŋ^{44}ʐə̃^{44}	上任 ʂaŋ^{23}ʐən^{223} 走马上任 tsəu^{55} ma^{55}ʂaŋ^{23}ʐən^{223}	上任 ʂaŋ^{22}ʐən^{22} 走马上任 tsəu^{55} ma^{55}ʂaŋ^{22}ʐən^{22}	上任 ʂaŋ^{23}ʐən^{213} 走马上任 tsəu^{53} ma^{53}ʂaŋ^{23}ʐən^{213}	上任 ʂaŋ^{23}ʐən^{213} 走马上任 tsəu^{53} ma^{53}ʂaŋ^{23}ʐən^{213}
卸任	卸任 ɕie^{44}ʐə̃^{44}	卸任 ɕie^{23}ʐən^{223}	卸任 ɕiɛ^{22}ʐən^{22}	卸任 ɕie^{23}ʐən^{213}	卸任 ɕie^{23}ʐən^{213}
罢免	罢免 pa^{44}miã^{53}	罢免 pa^{23}mian^{55}	罢免 pa^{22}mian^{55}	罢免 pa^{23}mian^{53}	罢免 pa^{23}mian^{53}
案卷	案卷 ŋã^{44}tɕyã^{44}	案卷 ŋan^{23}tɕyan^{223}	案卷 ŋan^{23}tʂʮan^{213}	案卷 ŋan^{23}tʂʮan^{213}	案卷 ŋan^{23}tɕyan^{213}
传票	传票 pfʰã^{35}pʰiau^{44}	传票 pfʰan^{32}pʰiau^{223}	传票 tʂʰʮan^{42}pʰiau^{213}	传票 tʂʰʮan^{42}pʰiau^{213}	传票 tʂʰuan^{21}pʰiau^{213}

十八　交际

方言点 词目	中原官话区	混合 1 区	江淮官话区	混合 3 区	西南官话区
	汉滨	县河	茅坪	石泉	紫阳
应酬	应酬 in^{44}tʂəu^{0}	应酬 in^{23}tʂəu^{32}	应酬 in^{213}tʂou^{42}	应酬 in^{23}tʂəu^{42}	应酬 in^{23}tʂəu^{21}
来往	来往 læ^{35}uaŋ^{53}	来往 lai^{32}uaŋ^{55}	来往 lai^{42}uaŋ^{55}	来往 lai^{42}uaŋ^{53}	来往 nai^{21}uaŋ^{53}
走亲戚	走亲戚 tsəu^{53}tɕʰin^{31}tɕʰi^{0} 走人家 tsəu^{53}ʐə̃^{35}tɕia^{31}	走亲戚 tsəu^{55}tɕʰin^{42}tɕʰi^{0} 走人家 tsəu^{55} ʐən^{32}tɕia^{42}	走亲戚 tsou^{55}tɕʰin^{31}tɕʰi^{0} 走人家 tsou^{55} ʐən^{42}tɕia^{0}	走人户 tsəu^{53}ʐən^{42}xu^{213} 走亲戚 tsəu^{53} tɕʰin^{45}tɕʰi^{0}	走人户 tsəu^{53}ʐən^{21}xu^{213} 走亲戚 tsəu^{53} tɕʰin^{34}tɕʰi^{0}
看望	看人 kʰã^{44}ʐə̃^{35}	看人 kʰan^{23}ʐən^{312}	看人 kʰan^{23}ʐən^{42}	看望 kʰan^{23}uaŋ^{213}	看望 kʰan^{23}uaŋ^{213}
拜访	拜访 pæ^{44}faŋ^{53}	拜望 pai^{23}uaŋ^{223}	拜望 pai^{23}uaŋ^{22}	拜望 pai^{23}uaŋ^{213}	拜望 pai^{23}uaŋ^{213}
回拜	回礼 xuei^{35}li^{53}	回礼 xuei^{32}li^{55}	回礼 xuei^{42}li^{55}	回礼 xuei^{42}li^{53}	回礼 xuei^{21}li^{53}
客人	客人 kʰɤ^{31}ʐən^{35}	客人 kʰɤ^{42}ʐən^{312}	客人 kʰɛ^{31}ʐən^{42}	人客 ʐən^{42}kʰe^{42}	人客 ʐən^{21}kʰe^{21}
很少来的客人	稀客 ɕi^{31}kʰɤ^{31}	稀客 ɕi^{42}kʰɤ^{42}	稀客 ɕi^{31}kʰɛ^{31}	稀客 ɕi^{42}kʰe^{42}	稀客 ɕi^{21}kʰe^{21}
请客	请客 tɕʰin^{53}kʰɤ^{31} 招呼客 tʂau^{31}xu^{0} kʰɤ^{31}　过酒席 kuo^{44}tɕiəu^{53}ɕi^{35}	请客 tɕʰin^{55}kʰɤ^{42} 招呼客 tʂau^{42}xu^{0} kʰɤ^{42}　过酒席 kuo^{23}tɕiəu^{55}ɕi^{312}	请客 tɕʰin^{55}kʰɛ^{31} 招呼客 tʂau^{31}xu^{0} kʰɛ^{31}　过酒席 kuo^{23}tɕiou^{55}ɕi^{42}	请客 tɕʰin^{53}kʰe^{42} 招呼客 tʂau^{45}xu^{0} kʰe^{42}　过酒席 ko^{23}tɕiəu^{53}ɕi^{42}	请客 tɕʰin^{53}kʰe^{21} 招呼客 tʂau^{34}xu^{0} kʰe^{21}　过酒席 kuo^{23}tɕiəu^{53}ɕi^{21}
招待	款待 kʰuã^{53}tæ^{44} 待客 tæ^{44}kʰɤ^{31} 待承 tæ^{44}tʂʰəŋ^{35}	招呼 tʂau^{42}xu^{0} 待客 tæ^{23}kʰɤ^{42} 待承 tai^{23}tʂʰən^{312}	招呼 tʂau^{31}xu^{0} 待客 tæ^{22}kʰɛ^{31} 待承 tai^{23}tʂʰən^{42}	招呼 tʂau^{45}xu^{0} 待客 tæ^{23}kʰe^{42} 待承 tai^{23}tʂʰən^{42}	招呼 tʂau^{34}xu^{0} 待客 tæ^{23}kʰe^{21} 待承 tai^{23}tʂʰən^{21}
男客	男客 lã^{35}kʰɤ^{31}	男客 lan^{32}kʰɤ^{42}	男客 lan^{42}kʰɛ^{31}	男客 lan^{42}kʰe^{42}	男客 nan^{21}kʰe^{21}
女客	女客 ny^{53}kʰɤ^{31}	女客 ny^{55}kʰɤ^{42}	女客 ɳʮ^{55}kʰɛ^{31}	女客 ɳʮ^{53}kʰe^{42}	女客 ny^{53}kʰe^{21}

续表

方言点 词目	中原官话区 汉滨	混合 1 区 县河	江淮官话区 茅坪	混合 3 区 石泉	西南官话区 紫阳
送礼	送礼 suŋ^{44}li^{53} 送人情 suŋ^{44} ʐə̃^{35}tɕʰiŋ^{0}	送礼 suŋ^{23}li^{55} 送人情 suŋ^{23} ʐən^{32}tɕʰiŋ^{0}	送礼 səŋ^{23}li^{55}	送礼 suŋ^{23}li^{53}	送礼 suŋ^{23}ȵi^{53}
礼物	人情 ʐə̃^{35}tɕʰiŋ^{0}	人情 ʐən^{32}tɕʰin^{0}	礼行 li^{44}ɕin^{42}	礼行 li^{53}ɕin^{42}	礼行 ȵi^{53}ɕin^{21}
上礼的吊肉	礼吊子 li^{53}tiau^{44}tsɿ^{0}	礼吊子 li^{55}tiau^{23}tsɿ^{0}	礼吊子 li^{55}tiau^{23}tsɿ^{0}	礼吊子 li^{53}tiau^{23}tsɿ^{0}	礼吊子 ȵi^{53}tiau^{23}tsɿ^{0}
人情	人情 ʐə̃^{35}tɕʰiŋ^{35}	人情 ʐən^{32}tɕʰin^{0}	人情 ʐən^{42}tɕʰin^{42}	人情 ʐən^{42}tɕʰin^{42}	人情 ʐən^{21}tɕʰin^{21}
做客	做客 tsəu^{44}kʰɤ^{31}	做客 tsəu^{23}kʰɤ^{42}	做客 tsou^{23}kʰɛ^{31}	做客 tsəu^{23}kʰe^{42}	做客 tsəu^{23}kʰe^{21}
沏茶	泼茶 pʰuo^{31}tʂʰa^{35}	泡茶 pʰau^{23}tʂʰa^{312}	泡茶 pʰau^{23}tʂʰa^{42}	泡茶 pʰau^{23}tʂʰa^{42}	泡茶 pʰau^{23}tʂʰa^{21}
倒茶	倒茶 tau^{44}tʂʰa^{35}	倒茶 tau^{23}tʂʰa^{312}	倒茶 tau^{23}tʂʰa^{42}	倒茶 tau^{23}tʂʰa^{42}	倒茶 tau^{23}tʂʰa^{21}
待客	待客 tæ^{44}kʰɤ^{31}	待客 tai^{23}kʰɤ^{42}	待客 tai^{22}kʰɛ^{31}	待客 tai^{23}kʰe ^{42}	待客 tai^{23}kʰe ^{21}
陪客	陪客 pʰei^{35}kʰɤ^{31}	陪客 pʰei^{32}kʰɤ^{42}	陪客 pʰei^{42}kʰɛ^{31}	陪客 pʰei^{42}kʰe ^{42}	陪客 pʰei^{21}kʰe^{21}
送客	送客 suŋ^{44}kʰɤ^{31}	送客 soŋ^{23}kʰɤ^{42}	送客 səŋ^{23}kʰɛ^{31}	送客 suŋ^{23}kʰe ^{42}	送客 suŋ^{23}kʰe ^{21}
感谢招待	破费 pʰə^{31}fəi^{44}	破费 pʰə^{42}fəi^{223}	破烦 pʰo^{31}fan^{42}	破烦 pʰo^{53}fan^{42}	破烦 pʰuo^{53}fan^{21}
当人助手	打下手 ta^{53}ɕia^{44}ʂəu^{53}	打下手 ta^{55}ɕia^{23}ʂəu^{55}	打下手 ta^{55}ɕia^{22}ʂou^{55}	打下手 ta^{53}ɕia^{23}ʂəu^{53}	打下手 ta^{53}ɕia^{23}ʂəu^{53}
不客气	客气啥 kʰɤ^{31} tɕʰi^{0}ʂa^{44} 要客气 pau^{35}kʰɤ^{31}tɕʰi^{44}	客气啥 kʰɤ^{42} tɕʰi^{0}ʂa^{23} 要客气 pau^{23}kʰɤ^{42}tɕʰi^{23}	客气啥 kʰɛ^{31}tɕʰi^{0}ʂa^{213}	客气啥 kʰe^{42}tɕʰi^{0}ʂa^{213}	客气啥 kʰe^{21}tɕʰi^{0}ʂa^{213}
摆酒席	摆酒席 pæ^{53}tɕiəu^{53}ɕi^{35}	摆酒席 pai^{55}tɕiou^{55}ɕi^{312}	摆酒席 Pai^{55}tɕiou^{55}ɕi^{42}	坐席 tso^{23}ɕi^{42}	坐席 tsuo^{23}ɕi^{21}

续表

方言点／词目	中原官话区	混合 1 区	江淮官话区	混合 3 区	西南官话区
	汉滨	县河	茅坪	石泉	紫阳
一桌酒席	一桌酒席 i^{35}pfə^{31}tɕiəu^{53}ɕi^{0}	一桌酒席 i^{42}pfə^{42}tɕiəu^{55}ɕi^{32}	一桌酒席 i^{31}tʂo^{31}tɕiou^{55}ɕi^{0}	一桌酒席 i^{42}tʂo^{42}tɕiəu^{53}ɕi^{0}	一桌酒席 i^{21}tʂuo^{21}tɕiəu^{53}ɕi^{0}
请帖	请帖 tɕʰiŋ^{53}tʰie^{31} 帖子 tʰie^{31}tsɿ^{0}	请帖 tɕʰin^{55}tʰie^{42}	请帖 tɕʰin^{55}tʰiɛ^{31}	请帖 tɕʰin^{53}tʰie^{45}	请帖 tɕʰin^{53}tʰie^{34}
下请帖	下请帖 ɕia^{44} tɕʰiŋ^{53}tʰie^{31}	下请帖 ɕia^{23}tɕʰin^{55}tʰie^{42}	下请帖 ɕia^{22}tɕʰin^{55}tʰiɛ^{31}	下请帖 ɕia^{23}tɕʰin^{53}tʰie^{42}	下请帖 ɕia^{23}tɕʰin^{53}tʰie^{21}
入席	入席 v^{31}ɕi^{35}	入席 v^{42}ɕi^{312}	入席 ɥ^{31}ɕi^{42}	入席 ɥ^{53}ɕi^{42}	入席 ʐu^{53}ɕi^{21}
上菜	上菜 ʂaŋ^{44}tsʰæ^{44} 端菜 tuã^{31}tsʰæ^{44}	上菜 ʂaŋ^{23}tsʰai^{223} 端菜 tan^{43}tsʰai^{223}	上菜 ʂaŋ^{22}tsʰai^{213} 端菜 tan^{31}tsʰai^{213}	上菜 ʂaŋ^{23}tsʰai^{213} 端菜 tan^{45}tsʰai^{213}	上菜 ʂaŋ^{23}tsʰai^{213} 端菜 tan^{34}tsʰai^{213}
斟酒	倒酒 tau^{44}tɕiəu^{53} 筛酒 ʂæ^{31}tɕiəu^{53} 升酒 ʂə̃^{31}tɕiəu^{53}	倒酒 tau^{23}tɕiəu^{55} 筛酒 ʂai^{42}tɕiəu^{55} 升酒 ʂən^{42}tɕiəu^{55}	倒酒 tau^{23}tɕiou^{55} 筛酒 ʂai^{31}tɕiou^{55} 升酒 ʂən^{31}tɕiou^{55}	倒酒 tau^{23}tɕiəu^{53} 筛酒 ʂai^{45}tɕiəu^{53} 升酒 ʂən^{45}tɕiəu^{53}	倒酒 tau^{23}tɕiəu^{53} 筛酒 ʂai^{34}tɕiəu^{53} 升酒 ʂən^{34}tɕiəu^{53}
劝酒	劝酒 tɕʰyã^{44} tɕiəu^{53} 请酒 tɕʰiŋ^{53}tɕiəu^{53}	劝酒 tɕʰyan^{23} tɕiəu^{55} 请酒 tɕʰin^{55}tɕiəu^{55}	劝酒 tʂʰɥan^{23} tɕiou^{55} 请酒 tɕʰin^{55}tɕiou^{55}	劝酒 tʂʰɥan^{23} tɕiəu^{53} 请酒 tɕʰin^{53}tɕiəu^{53}	劝酒 tɕʰyan^{23} tɕiəu^{53} 请酒 tɕʰin^{53}tɕiəu^{53}
敬酒	看酒 kʰã^{44}tɕiəu^{53}	看酒 kʰan^{23}tɕiəu^{55}	看酒 kʰan^{23}tɕiou^{55}	看酒 kʰan^{23}tɕiəu^{53}	看酒 kʰan^{23}tɕiəu^{53}
干杯	喝起 xuo^{31}tɕʰi^{53}	喝起 xuo^{42}tɕʰi^{55}	喝起 xo^{31}tɕʰi^{55}	喝起 xo^{45}tɕʰi^{53}	喝起 xuo^{34}tɕʰi^{53}
行酒令	划拳 xua^{35}tɕʰyã^{35}	划拳 xua^{32}tɕʰyan^{312}	划拳 xua^{42}tʂʰɥan^{42}	划拳 xua^{42}tʂʰɥan^{42}	划拳 xua^{21}tɕʰyan^{21}
品味	品麻 pʰin^{53}ma^{35}	品麻 pʰin^{55}ma^{312}	品麻 pʰin^{55}ma^{42}	品麻 pʰin^{53}ma^{42}	品麻 pʰin^{53}ma^{21}
混吃白喝	吃么喝 tʂʰʅ^{31}mə^{53}xuo^{0}	吃么喝 tʂʰʅ^{42}mə^{55}xuo^{0}	吃混顿儿 tʂʰʅ^{31} xuən^{22}tər^{0} 吃么 喝 tʂʰʅ^{31}mo^{55}xo^{0}	吃混顿儿 tʂʰʅ^{42} xuən^{23}tər^{0} 吃么 喝 tʂʰʅ^{42}mo^{53}xo^{0}	吃么喝 tʂʰʅ^{21}muo^{53}xuo^{0}
吃酒席	吃肴顿儿 tʂʰʅ^{31}ɕiau^{35}tuər^{0}	吃肴顿儿 tʂʰʅ^{42}ɕiau^{32}tər^{0}	吃肴顿儿 tʂʰʅ^{31}ɕiau^{42}tər^{0}	吃肴顿儿 tʂʰʅ^{42}ɕiau^{42}tər^{0}	吃肴顿儿 tʂʰʅ^{21}ɕiau^{21}tər^{0}

续表

方言点 词目	中原官话区	混合 1 区	江淮官话区	混合 3 区	西南官话区
	汉滨	县河	茅坪	石泉	紫阳
不和	不过 pu^{35}kuo^{31}	不过 pu^{42}kuo^{42} 过孽 kuo^{42}ȵie^{42}	不过 pu^{31}ko^{31} 过孽 ko^{31}ȵiɛ^{31}	不过 pu^{42}ko^{42} 过孽 ko^{23}ȵie^{42}	不过 pu^{21}kuo^{21} 过孽 kuo^{23}ȵie^{21}
打架	打捶 ta^{53}pfʰei^{35}	打捶 ta^{55}pfʰei^{312}	打捶 ta^{55}tʂʰɥei^{42}	打捶 ta^{53}tʂʰɥei^{42}	打捶 ta^{53}tʂʰuei^{21}
打架相互撕扯	撕抓 sɿ^{31}va^{31}	撕抓 sɿ^{42}va^{42}	撕抓 sɿ^{31}tʂɥa^{31}	撕抓 sɿ^{45}tʂɥa^{45}	撕抓 sɿ^{34}tʂua^{34}
吵架	吵仗 tʂʰau^{53}tʂaŋ^{44}	吵嘴 tʂʰau^{55}tsei^{55}	吵嘴 tʂʰau^{55}tsei^{55}	吵嘴 tʂʰau^{53}tsei^{53}	吵嘴 tʂʰau^{53}tsei^{53}
欺负（人）	欺丧（人） tɕʰi^{31}saŋ^{31}(ʐən^{35})	欺丧（人） tɕʰi^{42}saŋ^{42}(ʐən^{312})	欺丧（人） tɕʰi^{31}saŋ^{31}(ʐən^{42})	欺丧（人） tɕʰi^{31}saŋ^{31}(ʐən^{42})	欺丧（人） tɕʰi^{34}saŋ^{34}(ʐən^{21})
冤家	对头 tuei^{44}tʰəu^{35}	对头 tei^{23}tʰəu^{32}	对头 tei^{23}tʰou^{42}	对头 tei^{23}tʰəu^{42} 冤家 yan^{45}tɕia^{0}	对头 tei^{23}tʰəu^{21} 冤家 yan^{34}tɕia^{0}
不平	不平 pu^{31}pʰiŋ^{35}	不平 pu^{42}pʰin^{312}	不平 pu^{31}pʰin^{42}	不平 pu^{42}pʰin^{42}	不平 pu^{21}pʰin^{21}
插嘴	插嘴 tʂʰa^{31}tsuei^{53} 接嘴 tɕie^{31}tsuei^{53}	插嘴 tʂʰa^{42}tsei^{55}	插嘴 tʂʰa^{31}tsei^{55}	插嘴 tʂʰa^{45}tsei^{53}	插嘴 tʂʰa^{34}tsei^{53}
做作	做作 tsəu^{44}tsuo^{31} 做过场 tsəu^{44}kuo^{44}tʂʰaŋ^{0}	做作 tsəu^{23}tsuo^{42} 做过场 tsəu^{23}kuo^{23}tʂʰaŋ^{0}	做作 tsou^{23}tso^{31} 做过场 tsou^{23}ko^{23}tʂʰaŋ^{0}	做作 tsəu^{23}tso^{42} 做过场 tsəu^{23}ko^{23} tʂʰaŋ^{53}	做作 tsəu^{23}tso^{21} 做过场 tsəu^{23}ko^{23} tʂʰaŋ^{53}
比喻不善与人交往	打不出粮食 ta^{53} pu^{35}pfʰu^{31}liaŋ^{35} ʂʅ^{31} 不出趟 pu^{31}pfʰu^{31}tʰaŋ^{44}	打不出粮食 ta^{55} pu^{32}pfʰu^{42}liaŋ^{32} ʂʅ^{42} 不出趟 pu^{42}pfʰu^{42}tʰaŋ^{223}	不出趟 pu^{31}tʂʰɥ^{31}tʰaŋ^{213}	不出趟 pu^{42}tʂʰɥ^{45}tʰaŋ^{213}	不出趟 pu^{21}tʂʰu^{34}tʰaŋ^{213}
摆架子	扎势子 tʂa^{31}ʂʅ^{44}tsɿ^{0}	扎势子 tʂa^{42}ʂʅ^{23}tsɿ^{0}	摆架子 pai^{55}tɕia^{213}tsɿ^{0}	摆架子 pai^{53}tɕia^{213}tsɿ^{0}	摆架子 pai^{53}tɕia^{213}tsɿ^{0}
装傻	装洋谈 pfaŋ^{31} iaŋ^{35}tã^{35}	装洋谈 pfaŋ^{42} iaŋ^{32}tan^{312}	装憨 tʂɥaŋ^{31}xan^{31}	装憨 tʂɥaŋ^{45}xan^{45}	装憨 tʂuaŋ^{34}xan^{34}
出洋相	出洋相 pfu^{31} iaŋ^{35}ɕiaŋ^{44} 丢丑 tiəu^{31}tʂʰəu^{53}	出洋相 pfʰu^{42} iaŋ^{32}ɕiaŋ^{223} 丢丑 tiəu^{42}tʂʰəu^{55}	出洋相 tʂʰɥ^{31} iaŋ^{42}ɕiaŋ^{213} 丢丑 tiəu^{31}tʂʰou^{55}	出洋相 tʂʰɥ^{45} iaŋ^{42}ɕiaŋ^{213} 丢丑 tiəu^{45}tʂʰəu^{53}	出洋相 tʂʰu^{34} iaŋ^{21}ɕiaŋ^{213} 丢丑 tiəu^{34}tʂʰəu^{53}

续表

方言点 / 词目	中原官话区	混合1区	江淮官话区	混合3区	西南官话区
	汉滨	县河	茅坪	石泉	紫阳
丢人	丢人 tiəu^{31}ʐə̃^{35} 丢脸 tiəu^{31}liã^{53}	丢人 tiəu^{42}ʐən^{312}	丢人 tiou^{31}ʐən^{42}	羞人 ɕiəu^{45}ʐən^{42}	羞人 ɕiəu^{34}ʐən^{21}
巴结	舔尻子 tʰiã^{53}kəu^{31}tsɿ^{0}	舔尻子 tʰian^{55}kəu^{42}tsɿ^{0}	舔尻子 tʰian^{55}kou^{31}tsɿ^{0}	舔尻子 tʰian^{53}kəu^{45}tsɿ^{0}	舔尻子 tʰian^{53}kəu^{34}tsɿ^{0}
串门儿	串门子 pfʰã^{44} mə̃^{35}tsɿ^{0}	串门子 pfʰan^{23} mən^{32}tsɿ^{0}	串门子 tʂʰɥan^{23} mən^{42}tsɿ^{0}	逛门子 kuaŋ^{23} mən^{42}tsɿ^{0}	串门子 tʂʰuan^{23} mən^{21}tsɿ^{0}
套近乎	拉扯 la^{31}tʂɤ^{53} 讨好卖乖 tʰau^{53} xau^{53}mæ^{44}kuæ^{31}	拉扯 la^{42}tʂɤ^{55} 讨好卖乖 tʰau^{55} xau^{55}mai^{23}kuai^{42}	讨好卖乖 tʰau^{55}xau^{55}mai^{23} kuai^{31}	讨好卖乖 tʰau^{53}xau^{53}mai^{23} kuai^{45}	讨好卖乖 tʰau^{53}xau^{53}mai^{23} kuai^{34}
趋炎附势	瞅红默黑 tʂʰəu^{53} xuŋ^{35}mei^{31}xei^{31}	瞅红默黑 tsʰəu^{55} xuŋ^{32}me^{42}xe^{42}	瞅红默黑 tsʰou^{55} xəŋ^{42}mɛ^{31}xɛ^{31}	瞅红默黑 tsʰəu^{53} xʁŋ^{42}mɛ^{42}xe^{42}	瞅红默黑 tsʰəu^{53} xuŋ^{21}miɛ^{21}xe^{21}
看得起	看得起 kʰã^{44}ti^{0}tɕʰi^{53}	看得起 kʰan^{23}ti^{0}tɕʰi^{55}	看得起 kʰan^{23}ti^{0}tɕʰi^{55}	瞧得起 tɕʰiau^{42}ti^{0}tɕʰi^{53}	瞧得起 tɕʰiau^{21}ti^{0}tɕʰi^{53}
看不起	瞧不起 tɕʰiau^{35}pu^{31}tɕʰi^{53}	瞧不起 tɕʰiau^{32}pu^{42}tɕʰi^{55}	看不起 kʰan^{23}pu^{31}tɕʰi^{55}	看不起 kʰan^{23}pu^{0}tɕʰi^{53}	看不起 kʰan^{23}pu^{0}tɕʰi^{53}
合伙儿	一路 i^{31}ləu^{44} 合伙儿 xuo^{35}xuor^{53}	一路 i^{42}ləu^{223} 扯伙 tʂʰe^{55}xuo^{55}	一路 i^{31}lou^{223} 扯伙 tʂʰɛ^{55}xo^{55}	扯伙 tʂʰe^{53}xo^{53}	扯伙 tʂʰe^{53}xuo^{53}
答应	答应 ta^{31}iŋ^{0}	答应 ta^{42}in^{0}	答应 ta^{31}in^{0}	答应 ta^{42}in^{213}	答应 ta^{21}in^{213}
不答应	不答应 pu^{35}ta^{31}iŋ^{0}	不答应 pu^{42}ta^{42}in^{0}	不答应 pu^{31}ta^{31}in^{0}	不答应 pu^{45}ta^{42}in^{213}	不答应 pu^{34}ta^{21}in^{213}
理会	理视 li^{53}ʂʅ^{0}	理视 li^{55}ʂʅ^{0}	理视 li^{55}ʂʅ^{0}	理视 li^{53}ʂʅ^{0}	理视 ȵi^{53}ʂʅ^{0}
无聊的话	淡话 tã^{44}xua^{44} 莫味儿话 mə^{31} ueir^{44}xua^{44}	淡话 tan^{23}xua^{223} 莫味儿话 mə^{42} ueir^{23}xua^{223}	淡话 tan^{22}xua^{22}	淡话 tan^{213}xua^{213}	淡话 tan^{213}xua^{213}
找门路	找门路 tʂau^{53}mə̃^{35}ləu^{44} 找路数 tʂau^{53}ləu^{44}səu^{0}	找门路 tʂau^{55}mən^{32}ləu^{223} 找路数 tʂau^{55}ləu^{23}səu^{0}	找门路 tʂau^{55}mən^{42}lou^{22} 找路数 tʂau^{55}lou^{22}sou^{0}	找门路 tʂau^{53}mən^{42}ləu^{213} 找路数 tʂau^{53}ləu^{23}səu^{0}	找门路 tʂau^{53}mən^{21}nəu^{213} 找路数 tʂau^{53}nəu^{23}səu^{0}

续表

方言点 / 词目	中原官话区	混合 1 区	江淮官话区	混合 3 区	西南官话区
	汉滨	县河	茅坪	石泉	紫阳
指婚外性行为	嫖婆娘 pʰau^{31}pʰə^{35}ȵiaŋ^{0} 打马老倌 ta^{53}ma^{53}lau^{53}kuã^{31}	嫖婆娘 pʰau^{42}pʰə^{32}ȵiaŋ^{0} 搞亲家母儿 kau^{55}tɕʰin^{23}tɕia^{42}mər^{55} 打马老倌 ta^{55}ma^{55}lau^{55}kuan^{42}	搞亲家母儿 kau^{55}tɕʰin^{23}tɕia^{31}mor^{55} 打马老倌 ta^{55}ma^{55}lau^{55}kuan^{31} 嫖婆娘 pʰau^{31}pʰə^{42}ȵiaŋ^{0}	打马老倌 ta^{53}ma^{53}lau^{53}kuan^{45} 找亲家母 tʂau^{53}tɕʰin^{23}tɕia^{45}mo^{53} 嫖婆娘 pʰau^{45}pʰə^{42}ȵiaŋ^{0}	打马老倌 ta^{53}ma^{53}lau^{53}kuan^{34} 找亲家母 tʂau^{53}tɕʰin^{23}tɕia^{34}mu^{53} 嫖婆娘 pʰau^{34}pʰə^{21}ȵiaŋ^{0}
与儿媳通奸	烧火 ʂau^{31}xuo^{53}	扒灰 pʰa^{32}xuei^{42}	扒灰 pʰa^{42}xuei^{31}	扒灰 pʰa^{42}xuei^{45}	扒灰 pʰa^{21}xuei^{34}
与弟媳通奸	扒灰 pʰa^{35}xuei^{31}	扒灰 pʰa^{32}xuei^{42}	扒灰 pʰa^{42}xuei^{31}	扒灰 pʰa^{42}xuei^{45}	扒灰 pʰa^{21}xuei^{34}
弟与嫂通奸	铲锅渣 tʂʰã^{53}kuo^{31}tʂa^{0} 烧黄豆 ʂau^{31}xuaŋ^{35}təu^{44}	铲锅渣 tʂʰan^{55}kuo^{31}tʂa^{0} 烧黄豆 ʂau^{42}xuaŋ^{32}təu^{223}	烧火 ʂau^{31}xo^{55}	烧火 ʂau^{45}xo^{53}	烧火 ʂau^{34}xuo^{53}
女人婚外偷情	偷人 tʰəu^{31}ʐən^{35} 偷野老公 tʰəu^{31}iɛ^{53}lau^{53}kuŋ^{31}	偷人 tʰəu^{31}ʐən^{312} 偷野老公 tʰəu^{42}iɛ^{55}lau^{55}kuŋ^{42}	偷野老公 tʰou^{31}iɛ^{55}lau^{55}kəŋ^{31}	偷人 tʰəu^{45}ʐən^{42}	偷人 tʰəu^{34}ʐən^{21}
拐骗 常用于拐人	拐（女人） kuæ^{53}(ny^{53}ʐən^{0})	拐（女人） kuai^{55}(ny^{55}ʐən^{0})	拐（女人） kuai^{55}（ȵʯ^{55}ʐən^{0})	拐（女人） kuai^{53}(ȵʯ^{53}ʐən^{0})	拐（女人） kuai^{53}(ny^{53}ʐən^{0})
凑份子	斗分子 təu^{44}fə̃^{44}tsɿ^{0}	斗分子 təu^{23}fən^{23}tsɿ^{0}	斗分子 tou^{23}fən^{22}tsɿ^{0}	斗分子 təu^{23}fən^{213}tsɿ^{0}	斗分子 təu^{23}fən^{213}tsɿ^{0}
赶出去	撵出去 ȵiã^{53}fu^{31}tɕʰi^{0}	撵出去 ȵian^{55}pfʰu^{42}tɕʰi^{223}	撵出去 ȵian^{55}tʂʰʯ^{31}tɕʰi^{213}	撵出去 ȵian^{53}tʂʰʯ^{45}tɕʰi^{213}	撵出去 ȵian^{53}tʂʰu^{34}tɕʰi^{213}

十九　商业、交通

方言点 / 词目	中原官话区	混合 1 区	江淮官话区	混合 3 区	西南官话区
	汉滨	县河	茅坪	石泉	紫阳
字号	字号 tsɿ^{44}xau^{44}	字号 tsɿ^{23}xau^{223}	字号 tsɿ^{22}xau^{22}	字号 tsɿ^{23}xau^{213}	字号 tsɿ^{23}xau^{213}
招牌	招牌 tʂau^{31}pʰæ^{35}	招牌 tʂau^{42}pʰai^{312}	招牌 tʂau^{31}pʰai^{42}	招牌 tʂau^{45}pʰai^{42}	招牌 tʂau^{34}pʰai^{21}
广告	广告 kuaŋ^{53}kau^{44}	广告 kuaŋ^{55}kau^{223}	广告 kuaŋ^{55}kau^{213}	广告 kuaŋ^{53}kau^{213}	广告 kuaŋ^{53}kau^{213}
开铺子	开铺子 kʰæ^{31}pʰu^{44}tsɿ^{0}	开铺子 kʰai^{42}pʰu^{23}tsɿ^{0}	开铺子 kʰai^{31}pʰu^{23}tsɿ^{0}	开铺子 kʰai^{45}pʰu^{23}tsɿ^{0}	开铺子 kʰai^{34}pʰu^{23}tsɿ^{0}
摆摊子	摆摊儿 pæ^{53}tʰar^{31}	摆摊子 pai^{55}tʰan^{42}tsɿ^{0}	摆摊子 pai^{55}tʰan^{31}tsɿ^{0}	摆摊子 pai^{53}tʰan^{45}tsɿ^{0}	摆摊子 pai^{53}tʰan^{34}tsɿ^{0}
铺面	铺面 pʰu^{44}miã^{44} 店铺 tiã^{44}pʰu^{44}	铺面 pʰu^{23}mian^{223} 店铺 tian^{23}pʰu^{223}	铺面 pʰu^{23}mian^{22} 店铺 tian^{213}pʰu^{213}	铺面 pʰu^{23}mian^{213} 店铺 tian^{23}pʰu^{213}	铺面 pʰu^{23}mian^{213} 店铺 tian^{23}pʰu^{213}
建国后计划经济时代称呼铺面	门市部 mə̃^{35}ʂʅ^{44}pu^{44}	门市部 mən^{32}ʂʅ^{23}pu^{223}	门市部 mən^{42}ʂʅ^{23}pu^{22}	门市部 mən^{42}ʂʅ^{23}pu^{213}	门市部 mən^{21}ʂʅ^{23}pu^{213}
拦柜	柜台子 kuei^{44}tʰæ^{35}tsɿ^{0}	柜台子 kuei^{23}tʰai^{32}tsɿ^{0}	柜台子 kuei^{22}tʰai^{42}tsɿ^{0}	柜台子 kuei^{23}tʰai^{42}tsɿ^{0}	柜台子 kuei^{23}tʰai^{21}tsɿ^{0}
做生意	做生意 tsəu^{44}ʂəŋ^{31}i^{0}	做生意 tsəu^{23}sən^{42}i^{0}	做生意 tsou^{23}sən^{31}i^{0}	做生意 tsəu^{23}sən^{45}i^{0}	做生意 tsəu^{23}sən^{34}i^{0}
生意或借指事情	营生 inŋ^{35}sʂənŋ^{31}	营生 in^{32}sən^{42}	营生 in^{42}sən^{31}	营生 in^{42}sən^{45}	营生 in^{21}sən^{34}
开市	开市 kʰæ^{31}ʂʅ^{44}	开市 kʰai^{42}ʂʅ^{223}	开市 kʰai^{31}ʂʅ^{213}	开市 kʰai^{45}ʂʅ^{213}	开市 kʰai^{34}ʂʅ^{213}
旅店	旅店 li^{53}tiã^{44}	旅店 li^{55}tian^{223}	旅店 li^{55}tian^{213}	店子 tian^{23}tsɿ^{0}	店子 tian^{23}tsɿ^{0}
饭馆	饭馆儿 fã^{44}kuar^{53}	饭馆儿 fan^{23}kuar^{55}	饭馆儿 fan^{22}kuar^{55}	馆子 kuan^{53}tsɿ^{0}	馆子 kuan^{53}tsɿ^{0}
下馆子	下馆子 ɕia^{44}kuã^{53}tsɿ^{0}	下馆子 ɕia^{23}kuan^{55}tsɿ^{0}	下馆子 ɕia^{22}kuan^{55}tsɿ^{0}	下馆子 ɕia^{23}kuan^{53}tsɿ^{0}	下馆子 ɕia^{23}kuan^{53}tsɿ^{0}

续表

方言点 / 词目	中原官话区	混合 1 区	江淮官话区	混合 3 区	西南官话区
	汉滨	县河	茅坪	石泉	紫阳
布店	布店 pu^{44}tiã^{44}	布店 pu^{23}tian^{223}	布店 pu^{23}tian^{213}	布店 pu^{23}tian^{213}	布店 pu^{23}tian^{213}
百货店	百货商店 pe^{31} xuo^{44}ʂaŋ^{31}tiã^{44}	百货商店 pe^{42} xuo^{23}ʂaŋ^{42}tian^{223}	百货商店 pɛ^{31} xo^{23}ʂaŋ^{31}tian^{213}	百货商店 pe^{42} xo^{23}ʂaŋ^{45}tian^{213}	百货商店 pe^{21} xuo^{23}ʂaŋ^{34}tian^{213}
杂货店	杂货铺子 tsa^{35}xuo^{44}pʰu^{44}tsɿ^{0}	杂货铺子 tsa^{32}xuo^{23}pʰu^{23}tsɿ^{0}	杂货铺子 tsa^{42}xo^{23}pʰu^{23}tsɿ^{0}	杂货铺子 tsa^{42}xo^{23}pʰu^{23}tsɿ^{0}	杂货铺子 tsa^{21}xuo^{23}pʰu^{23}tsɿ^{0}
次品货物	大路货 ta^{44}ləu^{44}xuo^{44}	大路货 ta^{23}ləu^{23}xuo^{223}	大路货 ta^{22}lou^{22}xo^{213}	大路货 ta^{23}ləu^{23}xo^{213}	大路货 ta^{23}ləu^{23}xuo^{213}
粮店	粮店 liaŋ^{35}tiã^{44}	粮店 liaŋ^{32}tian^{223}	粮店 liaŋ^{42}tian^{213}	粮店 liaŋ^{42}tian^{213}	粮店 ȵiaŋ^{21}tian^{213}
瓷器店	瓷器店 tsʰɿ^{35}tɕʰi^{0}tiã^{44}	瓷器店 tsʰɿ^{32}tɕʰi^{23}tian^{223}	瓷器店 tsʰɿ^{42}tɕʰi^{0}tian^{213}	瓷器店 tsʰɿ^{42}tɕʰi^{0}tian^{213}	瓷器店 tsʰɿ^{21}tɕʰi^{0}tian^{213}
文具店	文具店 uə̃^{35}tɕy^{44}tiã^{44}	文具店 uən^{32}tɕy^{23}tian^{223}	文具店 uən^{42}tʂʮ^{23}tian^{213}	文具店 uən^{42}tʂʮ^{23}tian^{213}	文具店 uən^{21}tɕy^{23}tian^{213}
缝纫店	缝纫店 fəŋ^{35}zə̃^{53}tiã^{44}	缝纫店 fəŋ^{32}zən^{55}tian^{223}	机器铺 tɕi^{31} tɕʰi^{23}pʰu^{213}	机器铺 tɕi^{45} tɕʰi^{23}pʰu^{213}	机器铺 tɕi^{34} tɕʰi^{23}pʰu^{213}
茶馆儿	茶馆儿 tʂʰa^{35}kuar^{53}	茶馆儿 tʂʰa^{32}kuar^{55}	茶馆儿 tʂʰa^{42}kuar^{55}	茶馆儿 tʂʰa^{42}kuar^{53}	茶馆儿 tʂʰa^{21}kuar^{53}
理发店	剃头铺 tʰi^{44}tʰəu^{35}pʰu^{44}	剃头铺 tʰi^{23}tʰəu^{32}pʰu^{223}	剃头铺 tʰi^{23}tʰou^{42}pʰu^{213}	剃头铺 tʰi^{23}tʰəu^{42}pʰu^{213}	剃头铺 tʰi^{23}tʰəu^{21}pʰu^{213}
肉铺	肉案子 zəu^{44}ŋã^{44}tsɿ^{0}	肉案子 zəu^{23}ŋan^{23}tsɿ^{0}	肉案子 zou^{23}ŋan^{213}tsɿ^{0}	肉架子 zəu^{23}tɕia^{23}tsɿ^{0}	肉架子 zəu^{23}tɕia^{23}tsɿ^{0}
油坊	油坊 iəu^{35}faŋ^{35}	油坊 iəu^{32}faŋ^{312}	油坊 iou^{42}faŋ^{42}	油坊 iəu^{42}faŋ^{42}	油坊 iəu^{21}faŋ^{21}
药店	药铺 yo^{31}pʰu^{44}	药铺 yo^{42}pʰu^{223}	药铺 io^{31}pʰu^{213}	药铺 io^{42}pʰu^{213}	药铺 yo^{21}pʰu^{213}
铁器店	铁匠铺 tʰie^{31}tɕiaŋ^{2}pʰu^{44}	铁匠铺 tʰie^{42} tɕiaŋ^{23}pʰu^{223}	铁匠铺 tʰiɛ^{31} tɕiaŋ^{22}pʰu^{213}	铁匠铺 tʰie^{42} tɕiaŋ^{23}pʰu^{213}	铁匠铺 tʰie^{21} tɕiaŋ^{23}pʰu^{213}

续表

词目＼方言点	中原官话区	混合 1 区	江淮官话区	混合 3 区	西南官话区
	汉滨	县河	茅坪	石泉	紫阳
当铺	当铺 taŋ^{44}pʰu^{44}	当铺 taŋ^{23}pʰu^{223}	当铺 taŋ^{213}pʰu^{213}	当铺 taŋ^{23}pʰu^{213}	当铺 taŋ^{23}pʰu^{213}
租房子	租房子 tsu^{31} faŋ^{35}tsɿ^{0} 写房子 ɕie^{53}faŋ^{35}tsɿ^{0}	租房子 tsəu^{42} faŋ^{32}tsɿ^{0} 写房子 ɕie^{55}faŋ^{32}tsɿ^{0}	稞房子 kʰo^{22} faŋ^{42}tsɿ^{0} 写房子 ɕiɛ^{55}faŋ^{42}tsɿ^{0}	稞房子 kʰo^{23} faŋ^{42}tsɿ^{0} 写房子 ɕie^{53}faŋ^{42}tsɿ^{0}	稞房子 kʰuo^{23} faŋ^{21}tsɿ^{0} 写房子 ɕie^{53}faŋ^{21}tsɿ^{0}
典房子	当房子 taŋ^{44}faŋ^{35}tsɿ^{0}	当房子 taŋ^{23}faŋ^{32}tsɿ^{0}	当房子 taŋ^{23}faŋ^{42}tsɿ^{0}	当房子 taŋ^{23}faŋ^{42}tsɿ^{0}	当房子 taŋ^{23}faŋ^{21}tsɿ^{0}
煤铺	碳厂 tʰã^{44}tʂʰaŋ^{53}	碳厂 tʰan^{23}tʂʰaŋ^{55}	碳厂 tʰan^{23}tʂʰaŋ^{55}	碳厂 tʰan^{23}tʂʰaŋ^{53}	碳厂 tʰan^{23}tʂʰaŋ^{53}
蜂窝煤	蜂窝儿煤 fəŋ^{31}uor^{31}mei^{35}	蜂窝儿煤 fəŋ^{42}uor^{42}mei^{312}	蜂窝儿煤 fəŋ^{31}uor^{31}mei^{42}	蜂窝煤 fuŋ^{45}uo^{45}mei^{42}	蜂窝煤 fuŋ^{34}uo^{34}mei^{21}
开业	开张 kʰæ^{35}tʂaŋ^{31}	开张 kʰai^{42}tʂaŋ^{42}	开张 kʰai^{31}tʂaŋ^{31}	开张 kʰai^{45}tʂaŋ^{45}	开张 kʰai^{34}tʂaŋ^{34}
停业	关门 kuã^{31}mə̃^{35}	关门 kuan^{42}mən^{312}	关门 kuan^{31}mən^{42}	关门 kuan^{45}mən^{42}	关门 kuan^{34}mən^{21}
停业	停业 tʰin^{35}ȵie^{31}	停业 tʰin^{32}ȵie^{42}	停业 tʰin^{42}ȵiɛ^{31}	停业 tʰin^{42}ȵie^{42}	停业 tʰin^{21}ȵie^{21}
盘点	盘点 pʰã^{35}tiã^{53} 盘货 pʰã^{35}xuo^{44}	盘存 pʰan^{32}tsʰən^{312}	盘存 pʰan^{42}tsʰən^{42}	盘存 pʰan^{42}tsʰən^{42}	盘存 pʰan^{21}tsʰən^{21}
柜台	柜台 kuei^{44}tʰæ^{35}	柜台 kuei^{23}tʰai^{312}	柜台 kuei^{22}tʰai^{42}	柜台 kuei^{23}tʰai^{42}	柜台 kuei^{23}tʰai^{21}
开价	开价 kʰæ^{31}tɕia^{44} 要价 iau^{44}tɕia^{44}	开价 kʰai^{42}tɕia^{223} 要价 iau^{23}tɕia^{223}	开价 kʰai^{31}tɕia^{213} 要价 iau^{23}tɕia^{213}	开价 kʰai^{45}tɕia^{213} 要价 iau^{23}tɕia^{213}	开价 kʰai^{34}tɕia^{213} 要价 iau^{23}tɕia^{213}
还价	还价 xuã^{35}tɕia^{44}	还价 xuan^{32}tɕia^{223}	还价 xuan^{42}tɕia^{213}	还价 xuan^{42}tɕia^{213}	还价 xuan^{21}tɕia^{213}
便宜	便宜 pʰiã^{35}i^{0}	便宜 pʰian^{32}i^{0}	便宜 pʰian^{42}i^{0}	便宜 pʰian^{42}i^{0}	便宜 pʰian^{21}i^{0}
价钱贵	贵 kuei^{44}	贵 kuei^{223}	贵 kuei^{213}	贵 kuei^{213}	贵 kuei^{213}

续表

方言点 词目	中原官话区	混合 1 区	江淮官话区	混合 3 区	西南官话区
	汉滨	县河	茅坪	石泉	紫阳
价公道	合适 xuo^{35}ʂʅ^{44}	合适 xɤ^{32}ʂʅ^{223}	合适 xo^{42}ʂʅ^{213}	合适 xo^{42}ʂʅ^{213}	合适 xuo^{21}ʂʅ^{213}
包圆儿	包圆儿 pau^{31}yãr^{35}	包圆儿 pau^{42}yar^{312}	收市 ʂəu^{31}ʂʅ^{213}	收市 ʂəu^{45}ʂʅ^{213}	包圆儿 pau^{34}yan^{21}
买卖好	生意红火 ʂəŋ^{31}i^{0}xuŋ^{35}xuo^{53} 俏 tɕʰiau^{44}	生意红火 ʂən^{42}i^{0}xuŋ^{32}xuo^{55} 俏 tɕʰiau^{223}	生意红火 sən^{31}i^{0}xəŋ^{42}xo^{55} 俏 tɕʰiau^{213}	生意红火 sən^{45}i^{0}xuŋ^{42}xo^{53} 俏 tɕʰiau^{213}	生意红火 sən^{34}i^{0}xuŋ^{21}xuo^{53} 俏 tɕʰiau^{213}
买卖 清淡	生意清淡 ʂəŋ^{31}i^{0}tɕʰiŋ^{31}tã^{44}	生意清淡 ʂən^{42}i^{0}tɕʰin^{42}tan^{223}	生意清淡 sən^{31}i^{0}tɕʰin^{31}tan^{22}	生意清淡 sən^{45} i^{0}tɕʰin^{45}tan^{213}	生意清淡 sən^{34} i^{0}tɕʰin^{34}tan^{213}
工钱	工钱 kuŋ^{31}tɕʰiã^{35}	工钱 kuŋ^{42}tɕʰian^{312}	工钱 kəŋ^{31}tɕʰian^{42}	工钱 kuŋ^{45}tɕʰian^{42}	工钱 kuŋ^{34}tɕʰian^{21}
本钱	本钱 pə̃^{53}tɕʰiã^{35} 本儿 pə̃r^{53}	本钱 pən^{55}tɕʰian^{312}	本钱 pən^{55}tɕʰian^{42}	本钱 pən^{53}tɕʰian^{42}	本钱 pən^{53}tɕʰian^{21}
保本	保本 pau^{53}pə̃^{53}	保本 pau^{55}pən^{55}	保本 pau^{55}pən^{55}	保本 pau^{53}pən^{53}	保本 pau^{53}pən^{53}
赚钱	长钱 tʂʰaŋ^{35}tɕʰiã^{35} 赚钱 pfã^{44}tɕʰiã^{35}	长钱 tʂʰaŋ^{312} tɕʰian^{32} 赚钱 pfan^{23}tɕʰian^{312}	长钱 tʂʰaŋ^{42} tɕʰian^{42} 赚钱 tʂʯan^{23}tɕʰian^{42}	长钱 tʂʰaŋ^{42} tɕʰian^{42} 挣钱 tsən^{23}tɕʰian^{42}	长钱 tʂʰaŋ^{21} tɕʰian^{21} 挣钱 tsən^{23}tɕʰian^{21}
亏本	亏本 kʰuei^{31}pə̃^{53}	亏本 kʰuei^{42}pən^{55}	亏本 kʰuei^{31}pən^{55}	亏本 kʰuei^{45}pən^{53}	亏本 kʰuei^{34}pən^{53}
路费	路费 lu^{44}fei^{44} 盘缠 pʰã^{35}tʂʰã^{0}	路费 ləu^{23}fei^{223} 盘缠 pʰan^{32}tʂʰan^{0}	路费 lou^{22}fei^{213} 盘缠 pʰan^{42}tʂʰan^{0}	路费 ləu^{23}fei^{213} 盘缠 pʰan^{42}tʂʰan^{0}	路费 nəu^{23}fei^{213} 盘缠 pʰan^{21}tʂʰan^{0}
利息	利息 li^{44}ɕi^{31}	利息 li^{23}ɕi^{42}	利息 li^{22}ɕi^{31}	利息 li^{23}ɕi^{42}	利息 ȵi^{23}ɕi^{21}
运气好	走运气 tsəu^{53}yə̃^{44}tɕʰi^{0}	走运气 tsəu^{55}yən^{23}tɕʰi^{0}	走运气 tsou^{55}ʯən^{22}tɕʰi^{0}	走运气 tsəu^{53}ʯən^{23}tɕʰi^{0}	走运气 tsəu^{53}yən^{23}tɕʰi^{0}
欠	该 kæ^{31} 短 tuã^{53} 差 tʂʰa^{31} 争 tʂəŋ^{31} 欠 tɕʰiã^{44}	该 kai^{42} 短 tan^{55} 差 tʂʰa^{42} 争 tʂəŋ^{42}	该 kai^{31} 短 tan^{55} 差 tʂʰa^{31} 争 tʂən^{31}	该 kai^{45} 短 tan^{53} 差 tʂʰa^{45} 争 tʂən^{45}	该 kai^{34} 短 tan^{53} 差 tʂʰa^{34} 争 tʂən^{34}

续表

方言点 / 词目	中原官话区	混合 1 区	江淮官话区	混合 3 区	西南官话区
	汉滨	县河	茅坪	石泉	紫阳
预支	预支 y^{44}tʂʅ^{31}	预支 y^{23}tʂʅ^{42}	打支账 ta^{55}tʂʅ^{31}tʂaŋ^{213}	打支账 ta^{53}tʂʅ^{42}tʂaŋ^{213}	打支账 ta^{53}tʂʅ^{21}tʂaŋ^{213}
赊	赊账 ʂɤ^{31}tʂaŋ^{44}	赊账 ʂɤ^{42}tʂaŋ^{223}	赊账 ʂɛ^{31}tʂaŋ^{213}	赊账 ʂe^{42}tʂaŋ^{213}	赊账 ʂe^{21}tʂaŋ^{213}
押金	押金 ȵia^{35}tɕin^{31}	押金 ȵia^{42}tɕin^{42}	押金 ia^{31}tɕin^{31}	押金 ia^{45}tɕin^{45}	押金 ia^{21}tɕin^{34}
账房	账房 tʂaŋ^{44}faŋ^{35}	账房 tʂaŋ^{23}faŋ^{32}	账房 tʂaŋ^{23}faŋ^{42}	账房 tʂaŋ^{23}faŋ^{42}	账房 tʂaŋ^{23}faŋ^{21}
开销	开销 kʰæ^{35}ɕiau^{31}	开销 kʰai^{42}ɕiau^{42}	开销 kʰai^{31}ɕiau^{31}	开销 kʰai^{45}ɕiau^{45}	开销 kʰai^{34}ɕiau^{34}
收账	收账 ʂəu^{31}tʂaŋ^{44}	收账 ʂəu^{42}tʂaŋ^{223}	收账 ʂou^{31}tʂaŋ^{213}	收账 ʂəu^{45}tʂaŋ^{213}	收账 ʂəu^{34}tʂaŋ^{213}
出账	出账 pfʰu^{31}tʂaŋ^{44}	出账 pfʰu^{42}tʂaŋ^{223}	出账 tʂʰɥ^{31}tʂaŋ^{213}	出账 tʂʰɥ^{42}tʂaŋ^{213}	出账 tʂʰu^{21}tʂaŋ^{213}
欠账	该账 kæ^{31}tʂaŋ^{44} 背账 pei^{31}tʂaŋ^{44} 欠账 tɕʰiã^{44}tʂaŋ^{44}	该账 kai^{42}tʂaŋ^{223} 背账 pei^{42}tʂaŋ^{223} 欠账 tɕʰian^{23}tʂaŋ^{223}	该账 kai^{31}tʂaŋ^{213} 背账 pei^{31}tʂaŋ^{213} 欠账 tɕʰian^{23}tʂaŋ^{223}	该账 kai^{45}tʂaŋ^{213} 背账 pei^{45}tʂaŋ^{213} 欠账 tɕʰian^{23}tʂaŋ^{213}	该账 kai^{34}tʂaŋ^{213} 背账 pei^{34}tʂaŋ^{213} 欠账 tɕʰian^{23}tʂaŋ^{213}
要账	要账 iau^{35}tʂaŋ^{44}	要账 iau^{23}tʂaŋ^{223}	要账 iau^{23}tʂaŋ^{213}	要账 iau^{23}tʂaŋ^{213}	要账 iau^{23}tʂaŋ^{213}
烂账	烂账 lã^{44}tʂaŋ^{44}	烂账 lan^{23}tʂaŋ^{223}	烂账 lan^{22}tʂaŋ^{213}	烂账 lan^{23}tʂaŋ^{213}	烂账 nan^{23}tʂaŋ^{213}
发票	发票 fa^{31}pʰiau^{44}	发条 fa^{42}tʰiau^{32}	发条 fa^{31}tʰiau^{42}	发条 fa^{42}tʰiau^{42}	发票 fa^{21}pʰiau^{213}
收据	收条 ʂəu^{31}tʰiau^{35} 收据 ʂəu^{31}tɕy^{44}	收条 ʂəu^{42}tʰiau^{32} 收据 ʂəu^{42}tɕy^{213}	收条 ʂou^{31}tʰiau^{42} 收据 ʂou^{31}tʂɥ^{213}	收条 ʂəu^{45}tʰiau^{42} 收据 ʂəu^{45}tʂɥ^{213}	收条 ʂəu^{34}tʰiau^{21} 收据 ʂəu^{34}tɕy^{213}
存款	存款 tsʰuə̃^{35}kʰuã^{53}	存款 tsʰən^{32}kʰuan^{5}	存款 tsʰən^{42}kʰuan^{55}	存款 tsʰən^{42}kʰuan^{53}	存款 tsʰən^{21}kʰuan^{53}
钱	票子 pʰiau^{44}tsɿ^{0}	票子 pʰiau^{23}tsɿ^{0}	票子 pʰiau^{23}tsɿ^{0}	票子 pʰiau^{23}tsɿ^{0}	票子 pʰiau^{23}tsɿ^{0}

续表

方言点 / 词目	中原官话区	混合 1 区	江淮官话区	混合 3 区	西南官话区
	汉滨	县河	茅坪	石泉	紫阳
整钱	亘钱 kə̃^{53}tɕʰiã^{35} 整钱 tʂəŋ^{53}tɕʰiã^{35}	亘钱 kən^{23}tɕʰian^{32} 整钱 tʂən^{55}tɕʰian^{312}	亘钱 kən^{55}ɕʰian^{42}	亘钱 kən^{53}tɕʰian^{42}	亘钱 kən^{53}tɕʰian^{21}
零钱	零碎钱 lin^{35} suei^{44}tɕʰiã^{35} 零钱 lin^{35}tɕʰiã^{35}	零碎钱 lin^{312} sei^{23}tɕʰian^{312} 零钱 lin^{32}tɕʰian^{312}	零碎钱 lin^{42} sei^{23}tɕʰian^{42} 零钱 lin^{42}tɕʰian^{42}	零碎钱 lin^{42} sei^{23}tɕʰian^{42} 零钱 lin^{42}tɕʰian^{42}	零碎钱 lin^{21} sei^{23}tɕʰian^{21} 零钱 lin^{21}tɕʰian^{21}
钞票	纸票子 tʂʅ^{53}pʰiau^{44}tsʅ^{0}	纸票子 tʂʅ^{55}pʰiau^{23}tsʅ^{0}	纸票子 tʂʅ^{55}pʰiau^{23}tsʅ^{0}	纸票子 tʂʅ^{53}pʰiau^{23}tsʅ^{0}	纸票子 tʂʅ^{53}pʰiau^{23}tsʅ^{0}
硬币	银元娃儿 in^{35}yã^{35}uar^{35} 硬币 ȵin^{44}pi^{44}	银元娃儿 in^{32}yan^{32}uar^{32} 硬币 ȵin^{23}pi^{223}	银元娃儿 in^{42}ɥan^{42}uar^{42} 硬币 ŋən^{22}pi^{213}	银元 in^{42}ɥan^{42} 硬币 ŋən^{23}pi^{213}	银元 in^{21}yan^{21} 硬币 ȵin^{23}pi^{23}
铜板儿	铜板儿 tʰuŋ^{35}par^{53}	铜板儿 tʰuŋ^{32}par^{55}	铜板儿 tʰəŋ^{42}par^{55}	铜板 tʰuŋ^{42}pan^{53}	铜板 tʰuŋ^{21}pan^{53}
银元	银元 in^{35}yã^{35} 袁大头 yã^{35}ta^{44} tʰəu^{35}	银元 in^{32}yan^{312} 袁大头 yan^{32}ta^{23}tʰəu^{312}	银元 in^{42}ɥan^{42} 袁大头 ɥan^{42}ta^{22}tʰou^{42}	银元 in^{42}ɥan^{42} 袁大头 ɥan^{42}ta^{23}tʰəu^{42}	银元 in^{21}yan^{21} 袁大头 yan^{21}ta^{23}tʰəu^{21}
一分钱	一分儿钱 i^{31}fər^{31}tɕʰiã^{35} 分分儿钱 fə̃^{31}fər^{0}tɕʰiã^{35}	一分儿钱 i^{42}fər^{42}tɕʰian^{312} 分分儿钱 fən^{42}fər^{0}tɕʰian^{312}	一分儿钱 i^{31}fər^{31}tɕʰian^{42} 分分儿钱 fən^{31}fər^{0}tɕʰian^{42}	一分儿钱 i^{42}fər^{45}tɕʰian^{42} 分分儿钱 fən^{45}fər^{0}tɕʰian^{42}	一分儿钱 i^{21}fər^{34}tɕʰian^{21} 分分儿钱 fən^{34}fər^{0}tɕʰian^{21}
一角钱	一角钱 i^{31}tɕyo^{31} tɕʰiã^{35} 一毛钱 i^{31}mau^{35}tɕʰiã^{35}	一角钱 i^{42}tɕyo^{42} tɕʰian^{312} 一毛钱 i^{42}mau^{32}tɕʰian^{312}	一角钱 i^{31}tɕio^{31} tɕʰian^{42} 一毛钱 i^{31}mau^{42}tɕʰian^{42}	一角钱 i^{42}tɕio^{42} tɕʰian^{42} 一毛钱 i^{42}mau^{42}tɕʰian^{42}	一角钱 i^{21}tɕyo^{21} tɕʰian^{21} 一毛钱 i^{21}mau^{21}tɕʰian^{21}
角角钱	毛毛儿钱 mau^{35} mar^{0}tɕʰiã^{35}	毛毛儿钱 mau^{32} mar^{0}tɕʰian^{312}	毛毛儿钱 mau^{42} mar^{0}tɕʰian^{42}	毛毛儿钱 mau^{42} mar^{0}tɕʰian^{42}	毛毛儿钱 mau^{21} mar^{0}tɕʰian^{21}
一块钱	一块钱 i^{31}kʰuæ^{53}tɕʰiã^{35} 块块儿钱 kʰuæ^{53} kʰuær^{0}tɕʰiã^{35}	一块钱 i^{42}kʰuai^{55}tɕʰian^{312} 块块儿钱 kʰuai^{55} kʰuar^{0}tɕʰian^{312}	一块钱 i^{31}kʰuai^{55}tɕʰian^{42} 块块儿钱 kʰuai^{55} kʰuar^{0}tɕʰian^{42}	一块钱 i^{42} kʰuai^{53}tɕʰian^{42} 块块儿钱 kʰuai^{53} kʰuar^{0}tɕʰian^{42}	一块钱 i^{21} kʰuai^{53}tɕʰian^{21} 块块儿钱 kʰuai^{53} kʰuar^{0}tɕʰian^{21}
十块钱	十块钱 ʂʅ^{35} kʰuæ^{53}tɕʰiã^{35}	十块钱 ʂʅ^{32} kʰuai^{55}tɕʰian^{312}	十块钱 ʂʅ^{22} kʰuai^{55}tɕʰian^{42}	十块钱 ʂʅ^{42} kʰuai^{53}tɕʰian^{42}	十块钱 ʂʅ^{21} kʰuai^{53}tɕʰian^{21}

续表

方言点 / 词目	中原官话区	混合 1 区	江淮官话区	混合 3 区	西南官话区
	汉滨	县河	茅坪	石泉	紫阳
一百块钱	一百块钱 i^{35}pei^{31} kʰuæ^{53}tɕʰiã^{35}	一百块钱 i^{42}pe^{42} kʰuai^{55}tɕʰian^{32}	一百块钱 i^{21}pɛ^{31} kʰuai^{55}tɕʰian^{42}	一百块钱 i^{42}pe^{42} kʰuai^{53}tɕʰian^{42}	一百块钱 i^{21}pe^{21} kʰuai^{53}tɕʰian^{21}
一张票子	一张票子 i^{35}tʂaŋ^{31}pʰiau^{44}tsɿ^{0}	一张票子 i^{42}tʂaŋ^{42}pʰiau^{23}tsɿ^{0}	一张票子 i^{31} tʂaŋ^{31}pʰiau^{213}tsɿ^{0}	一张票子 i^{42} tʂaŋ^{45}pʰiau^{23}tsɿ^{0}	一张票子 i^{21} tʂaŋ^{34}pʰiau^{23}tsɿ^{0}
一个铜子	一个铜子儿 i^{35}kɤ^{44}tʰuŋ^{35}tsər^{53}	一个铜子儿 i^{42}kɤ^{23}tʰuŋ^{32}tsər^{55}	一个铜子儿 i^{31}ko^{23}tʰuŋ^{42}tsər^{55}	一个铜子儿 i^{42} ko^{23}tʰuŋ^{42}tsər^{53}	一个铜子儿 i^{21} kuo^{23}tʰuŋ^{21}tsər^{53}
算盘	算盘 suã^{44}pʰã^{0}	算盘 san^{23}pʰan^{312}	算盘 san^{23}pʰan^{42}	算盘 san^{23}pʰan^{42}	算盘 san^{23}pʰan^{21}
天平	天平 tʰiã^{31}pʰin^{35}	天平 tʰian^{42}pʰin^{312}	天平 tʰian^{31}pʰin^{42}	天平 tʰian^{45}pʰin^{42}	天平 tʰian^{34}pʰin^{21}
戥子	戥子 təŋ^{53}tsɿ^{0}	戥子 tən^{55}tsɿ^{0}	戥子 tən^{55}tsɿ^{0}	戥子 tən^{53}tsɿ^{0}	戥子 tən^{53}tsɿ^{0}
杆子秤	杆子秤 kã^{53}tsɿ^{0}tʂʰəŋ^{44}	杆子秤 kan^{55}tsɿ^{0}tʂʰən^{223}	杆子秤 kan^{5}tsɿ^{0}tʂʰən^{213}	杆子秤 kan^{53}tsɿ^{0}tʂʰən^{213}	杆子秤 kan^{53}tsɿ^{0}tʂʰən^{213}
磅秤	磅秤 paŋ^{44}tʂʰəŋ^{44}	磅秤 paŋ^{23}tʂʰən^{223}	磅秤 paŋ^{23}tʂʰən^{213}	磅秤 paŋ^{23}tʂʰən^{213}	磅秤 paŋ^{23}tʂʰən^{213}
盘秤	盘秤 pʰã^{35}tʂʰəŋ^{44}	盘秤儿 pʰan^{32}tʂʰər^{213}	盘秤儿 pʰan^{42}tʂʰər^{213}	盘秤 pʰan^{42}tʂʰən^{213}	盘秤 pʰan^{21}tʂʰən^{213}
秤星儿	秤星儿 tʂʰəŋ^{44}ɕir^{31}	秤星儿 tʂʰən^{23}ɕir^{42}	秤星儿 tʂʰən^{23}ɕir^{31}	秤星子 tʂʰən^{23}ɕin^{45}tsɿ^{0}	秤星子 tʂʰən^{23}ɕin^{34}tsɿ^{0}
秤杆儿	秤杆 tʂʰəŋ^{44}kã^{53}	秤杆 tʂʰən^{23}kan^{55}	秤杆 tʂʰən^{23}kan^{55}	秤杆 tʂʰən^{23}kan^{53}	秤杆 tʂʰən^{23}kan^{53}
秤钩子	秤钩 tʂʰəŋ^{44}kəu^{31}	秤钩 tʂʰən^{23}kəu^{42}	秤钩 tʂʰən^{23}kou^{31}	秤钩 tʂʰən^{23}kəu^{45}	秤钩 tʂʰən^{23}kəu^{34}
秤锤	秤铊 ʂʰə̃^{44}tuo^{35}	秤铊 ʂʰən^{23}tuo^{312}	秤铊 ʂʰən^{23}to^{42}	秤铊 ʂʰən^{23}to^{42}	秤铊 ʂʰən^{23}tuo^{21}
秤毫	毫系 xau^{35}ɕi^{0}	毫系 xau^{32}ɕi^{0}	毫系 xau^{42}ɕi^{0}	毫系 xau^{42}ɕi^{0}	毫系 xau^{21}ɕi^{0}

续表

词目＼方言点	中原官话区	混合 1 区	江淮官话区	混合 3 区	西南官话区
	汉滨	县河	茅坪	石泉	紫阳
称动词	称 tʂʰəŋ31 制 tʂʅ44	称 tʂʰən42 制 tʂʅ223	称 tʂʰən31 制 tʂʅ213	称 tʂʰən45 制 tʂʅ213	称 tʂʰən34 制 tʂʅ213
秤尾高	旺秤 uaŋ44tʂʰəŋ44	旺秤 uaŋ23tʂʰən23	旺秤 uaŋ22tʂʰən213	旺秤 uaŋ23tʂʰən213	旺秤 uaŋ23tʂʰən213
秤尾低	平秤 pʰin35 tʂʰəŋ44 扒不住砣 pa31 pu31pfu44tʰuo35	平秤 pʰin32tʂʰən223 扒不住砣 pa42 pu42pfu23tʰuo 312	平秤 pʰin42tʂʰən213 扒不住砣 pa31 pu31tʂʯ22tʰuo 42	平秤 pʰin42tʂʰən213 扒不住砣 pa42 pu42tʂʯ23tʰuo 42	平秤 pʰin21tʂʰən213 扒不住砣 pa21 pu21tʂu23tʰuo 21
筐篓之类的包装物	火 xuo53 皮 pʰi35	火 xuo55 皮 pʰi312	火 xuo55 皮 pʰi42	火 xuo53 皮 pʰi42	火 xuo53 皮 pʰi21
斠旧指一种起刮平作用的工具	刮板 kua31pã53	刮板 kua42pan55	刮板 kua31pan55	刮板 kua42pan53	刮板 kua21pan53
飞机	飞机 fei35tɕi31	飞机 fei42tɕi42	飞机 fei31tɕi31	飞机 fei45tɕi45	飞机 fei34tɕi34
铁路	铁路 tʰie31lu44	铁路 tʰie42ləu223	铁路 tʰiɛ31lou22	铁路 tʰie42ləu213	铁路 tʰie21nəu213
铁轨	铁轨 tʰie31kuei53	铁轨 tʰie42kuei55	铁轨 tʰiɛ31kuei55	铁轨 tʰie42kuei53	铁轨 tʰie21kuei53
火车	火车 xuo53tʂʰɤ0	火车 xuo55tʂʰɤ42	火车 xo55tʂʰɛ31	火车 xo53tʂʰe45	火车 xuo53tʂʰe34
火车站	火车站 xuo53 tʂʰɤ31tʂã44	火车站 xuo55 tʂʰɛ43tʂan223	火车站 xo55 tʂʰɛ31tʂan213	火车站 xo53 tʂʰe45tʂan213	火车站 xuo53 tʂʰe34tʂan213
公路	公路 kuŋ31lu44 马路 ma53lu44	公路 kuŋ42ləu223 马路 ma55ləu223	公路 kəŋ31lou22 马路 ma55lou22	公路 kuŋ45ləu213 马路 ma53ləu213	公路 kuŋ34nəu213 马路 ma53nəu213
汽车	汽车 tɕʰi44tʂʰɤ 31	汽车 tɕʰi23tʂʰɤ42	汽车 tɕʰi23tʂʰɛ31	汽车 tɕʰi23tʂʰe45	汽车 tɕʰi23tʂʰe34
客车	轿车 tɕiau44tʂʰɤ 31 客车 kʰɤ31tʂʰɤ 31	轿车 tɕiau22tʂʰɤ42 客车 kʰɤ42tʂʰɤ42	轿车 tɕiau22tʂʰɛ31 客车 kʰɛ31tʂʰɛ31	轿车 tɕiau23tʂʰe45 客车 kʰe42tʂʰe42	轿车 tɕiau23tʂʰe34 客车 kʰe21tʂʰe21

续表

方言点 词目	中原官话区	混合 1 区	江淮官话区	混合 3 区	西南官话区
	汉滨	县河	茅坪	石泉	紫阳
货车	卡车 kʰa^{53}tʂʰɤ^{31}	卡车 kʰa^{55}tʂʰɤ^{42}	卡车 kʰa^{55}tʂʰɛ^{31}	卡车 kʰa^{53}tʂʰe^{45}	卡车 kʰa^{53}tʂʰe^{34}
公共汽车	大轿子车 ta^{44} tɕiau^{44}tsɿ^{0}tʂʰɤ^{31} 班车 pã^{35}tʂʰɤ^{31}	大轿子车 ta^{23} tɕiau^{23}tsɿ^{0}tʂʰɤ^{42} 班车 pan^{42}tʂʰɤ^{42}	大轿子车 ta^{22} tɕiau^{22}tsɿ^{0}tʂʰɛ^{31} 班车 pan^{31}tʂʰɛ^{31}	大轿子车 ta^{23} tɕiau^{23}tsɿ^{0}tʂʰe^{45} 班车 pan^{45}tʂʰe^{45}	大轿子车 ta^{23} tɕiau^{23}tsɿ^{0}tʂʰe^{34} 班车 pan^{34}tʂʰe^{34}
小轿车	小轿车 ɕiau^{53}tɕiau^{44}tʂʰɤ^{31} 小卧车 ɕiau^{53}uo^{44}tʂʰɤ^{31}	小轿车 ɕiau^{55}tɕiau^{23}tʂʰɤ^{42} 小卧车 ɕiau^{55}uo^{23}tʂʰɤ^{42}	小轿车 ɕiau^{55}tɕiau^{22}tʂʰɛ^{31} 小卧车 ɕiau^{55}uo^{23}tʂʰɛ^{31}	小卧车 ɕiau^{53}uo^{23}tʂʰe^{45}	小卧车 ɕiau^{53}uo^{23}tʂʰe^{34}
摩托车	摩托车 mə^{35}tʰuo^{0}tʂʰɤ^{31}	摩托车 mə^{42}tʰuo^{0}tʂʰɤ^{42}	摩托车 mo^{31}tʰo^{0}tʂʰɛ^{31}	摩托车 mo^{42}tʰo^{0}tʂʰe^{45}	摩托车 muo^{21}tʰuo^{0}tʂʰe^{21}
三轮车	三轮车 sã^{31}luə̃^{35}tʂʰɤ^{31}	三轮车 san^{42}lən^{32}tʂʰɤ^{42}	三轮车 san^{31}lən^{42}tʂʰɛ^{31}	三轮车 san^{45}lən^{42}tʂʰe^{45}	三轮车 san^{34}nən^{21}tʂʰe^{34}
车轮子	车轮子 tʂʰɤ^{31}luə̃^{35}tsɿ^{0}	车轮子 tʂʰɤ^{42}lən^{32}tsɿ^{0}	车轮子 tʂʰɛ^{23}lən^{42}tsɿ^{0}	车滚子 tʂʰe^{23}kuən^{53}tsɿ^{0}	车滚子 tʂʰe^{23}kuən^{53}tsɿ^{0}
自行车	自行车 tsɿ^{44}ɕin^{35}tʂʰɤ^{0} 脚踏车 tɕyo^{31}tʰa^{35}tʂʰɤ^{0}	自行车 tsɿ^{23}ɕin^{32}tʂʰɤ^{42} 脚踏车 tɕyo^{42}tʰa^{32}tʂʰɤ^{42}	自行车 tsɿ^{22}ɕin^{42}tʂʰɛ^{31} 脚踏车 tɕio^{31}tʰa^{42}tʂʰe^{45}	自行车 tsɿ^{23}ɕin^{42}tʂʰe^{45} 脚踏车 tɕio^{42}tʰa^{42}tʂʰe^{45}	自行车 tsɿ^{23}ɕin^{21}tʂʰe^{34} 脚踏车 tɕyo^{21}tʰa^{21}tʂʰe^{34}
大车	骡马车 luo^{35}ma^{53}tʂʰɤ^{31}	骡马车 luo^{32}ma^{55}tʂʰɤ^{42}	骡马车 lo^{42}ma^{55}tʂʰɛ^{31}	骡马车 lo^{42}ma^{53}tʂʰe^{45}	骡马车 nuo^{21}ma^{53}tʂʰe^{34}
人力车	架子车 tɕia^{44}tsɿ^{0} tʂʰɤ^{31} 拉拉儿车 la^{31}lar^{35}tʂʰɤ^{31}	架子车 tɕia^{23}tsɿ^{0} tʂʰɤ^{42} 拉拉儿车 la^{42}lar^{0}tʂʰɤ^{42}	架子车 tɕia^{23}tsɿ^{0} tʂʰɛ^{31} 拉拉儿车 la^{31}lar^{0}tʂʰɛ^{31}	架子车 tɕia^{23}tsɿ^{0} tʂʰe^{45} 拉拉儿车 la^{45}lar^{0}tʂʰe^{45}	架子车 tɕia^{23}tsɿ^{0} tʂʰe^{34} 拉拉儿车 na^{34}nar^{0}tʂʰe^{34}
船	船 pfʰã^{35}	船 pfʰan^{312}	船 tʂʰʮan^{42}	船 tʂʰʮan^{42}	船 tʂʰuan^{21}
帆	帆 fã^{35}	帆 fan^{312}	帆 fan^{42}	帆 fan^{42}	帆 fan^{21}
木排	排子 pʰæ^{35}tsɿ^{0}	排子 pʰai^{32}tsɿ^{0}	排子 pʰai^{42}tsɿ^{0}	排子 pʰai^{42}tsɿ^{0}	排子 pʰai^{21}tsɿ^{0}

续表

方言点 词目	中原官话区	混合 1 区	江淮官话区	混合 3 区	西南官话区
	汉滨	县河	茅坪	石泉	紫阳
桅杆	桅杆 uei^{35}kã^{31}	桅杆 uei^{32}kan^{42}	桅杆 uei^{42}kan^{31}	桅杆 uei^{42}kan^{45}	桅杆 uei^{21}kan^{34}
舵	舵 tuo^{44}	舵 tuo^{223}	舵 to^{22}	舵 to^{213}	舵 tuo^{213}
棹	棹 tʂau^{31}	棹 ʂau^{42}	棹 ʂau^{31}	棹 ʂau^{45}	棹 ʂau^{34}
桨	桨 tɕiaŋ^{53}	桨 tɕiaŋ^{55}	桨 tɕiaŋ^{55}	桨 tɕiaŋ^{53}	桨 tɕiaŋ^{53}
篙	撑竿 tʂʰəŋ^{31}kã^{31}	撑竿 tsʰən^{42}kan^{42}	撑竿 tsʰən^{31}kan^{31}	撑竿 tsʰən^{45}kan^{45}	撑竿 tsʰən^{34}kan^{34}
跳板	跳板 tʰiau^{44}pã^{53}	跳板 tʰiau^{23}pan^{55}	跳板 tʰiau^{213}pan^{55}	跳板 tʰiau^{23}pan^{53}	跳板 tʰiau^{23}pan^{53}
帆船	帆船 fã^{35}pfʰã^{35}	帆船 fan^{32}pfʰan^{312}	帆船 fan^{42}tʂʰɥan^{42}	帆船 fan^{42}tʂʰɥan^{42}	帆船 fan^{21}tʂʰuan^{21}
渔船	渔船 y^{35}pfʰã^{35}	渔船 y^{32}pfʰan^{312}	渔船 ɥ^{42}tʂʰɥan^{42}	渔船 ɥ^{42}tʂʰɥan^{42}	打渔船 ta^{53}y^{21}tʂʰuan^{21}
渡船	渡船 tu^{44}pfʰã^{35}	渡船 təu^{23}pfʰan^{312}	渡船 tou^{22}tʂʰɥan^{42}	渡船 təu^{23}tʂʰɥan^{42}	渡船 təu^{23}tʂʰuan^{21}
轮船	轮船 luə̃^{35}pfʰã^{35}	轮船 lən^{32}pfʰan^{312}	轮船 lən^{42}tʂʰɥan^{42}	轮船 lən^{42}tʂʰɥan^{42}	轮船 nən^{21}tʂʰuan^{21}
过摆渡	过渡船 kuo^{44}təu^{44}pfʰã^{35}	过渡船 kuo^{23}təu^{23}pfʰan^{312}	过渡船 kuo^{23}tou^{22}tʂʰɥan^{42}	过渡船 kuo^{23}təu^{23}tʂʰɥan^{42}	过渡船 kuo^{23}təu^{23}tʂʰuan^{21}
渡口	渡船口 təu^{44}pfʰã^{35}kʰəu^{53}	渡船口 təu^{23}pfʰan^{32}kʰəu^{55}	渡船口 tou^{22} tʂʰɥan^{42}kʰou^{55}	渡船口 təu^{23} tʂʰɥan^{42}kʰəu^{53}	渡船口 təu^{23} tʂʰuan^{21}kʰəu^{53}

二十　文化教育

方言点／词目	中原官话区	混合 1 区	江淮官话区	混合 3 区	西南官话区
	汉滨	县河	茅坪	石泉	紫阳
学校	学堂 ɕyo^{35}tʰaŋ^{35}	学堂 ɕyo^{32}tʰaŋ^{32}	学堂 ɕio^{22}tʰaŋ^{42}	学堂 ɕio^{42}tʰaŋ^{42}	学堂 ɕyo^{21}tʰaŋ^{21}
上学	念书 ȵiã^{44}fu^{31}	念书 ȵian^{23}fu^{42}	上学 ʂaŋ^{22}ɕio^{22}	上学堂 ʂaŋ^{23}ɕio^{42}tʰaŋ^{42}	上学 ʂaŋ^{23}ɕyo^{21}
读书	念书 ȵiã^{44}fu^{31}	念书 ȵian^{23}fu^{42}	念书 ȵian^{22}ʂʮ^{31}	念书 ȵian^{23}ʂʮ^{45}	念书 ȵian^{23}ʂu^{34}
放学	放学 faŋ^{44}ɕyo^{35}	放学 faŋ^{23}ɕyo^{312}	放学 faŋ^{23}ɕio^{22}	放学 faŋ^{23}ɕio^{42}	放学 faŋ^{23}ɕyo^{21}
逃学	逃学 tʰau^{35}ɕyo^{35}	逃学 tʰau^{32}ɕyo^{312}	逃学 tʰau^{42}ɕio^{22}	逃学 tʰau^{42}ɕio^{42}	逃学 tʰau^{21}ɕyo^{21}
幼儿园	幼儿园 iəu^{44}ər^{35}yã^{35}	幼儿园 iəu^{23}ər^{32}yan^{312}	幼儿园 iəu^{23}ər^{42}ʮan^{42}	幼儿园 iəu^{23}ər^{42}ʮan^{42}	幼儿园 iəu^{23}ər^{21}yan^{21}
托儿所	托儿所 tuo^{31}ər^{35}suo^{53}	托儿所 tuo^{42}ər^{32}suo^{55}	托儿所 to^{31}ər^{42}so^{55}	托儿所 to^{42}ər^{42}so^{53}	托儿所 tuo^{21}ər^{21}suo^{53}
义学	义学 ȵi^{44}ɕyo^{35}	义学 ȵi^{23}ɕyo^{32}	义学 ȵi^{22}ɕio^{22}	义学 ȵi^{23}ɕio^{42}	义学 ȵi^{23}ɕyo^{21}
私塾	私塾 sɿ^{31}ʂəu^{35}	私塾 sɿ^{42}ʂəu^{32}	私塾 sɿ^{31}ʂou^{22}	私塾 sɿ^{45}ʂəu^{42}	私塾 sɿ^{34}ʂəu^{21}
学费	学费 ɕyo^{35}fei^{44}	学费 ɕyo^{32}fei^{223}	学费 ɕio^{22}fei^{213}	学费 ɕio^{42}fei^{213}	学费 ɕyo^{21}fei^{213}
放假	放假 faŋ^{44}tɕia^{53}	放假 faŋ^{23}tɕia^{55}	放假 faŋ^{23}tɕia^{55}	放假 faŋ^{23}tɕia^{53}	放假 faŋ^{23}tɕia^{53}
暑假	暑假 fu^{53}tɕia^{53}	暑假 fu ^{55}tɕia^{55}	暑假 ʂʮ^{55}tɕia^{55}	暑假 ʂʮ^{53}tɕia^{53}	暑假 ʂu^{53}tɕia^{53}
寒假	寒假 xã^{35}tɕia^{53}	寒假 xan^{32}tɕia^{55}	寒假 xan^{42}tɕia^{55}	寒假 xan^{42}tɕia^{53}	寒假 xan^{21}tɕia^{53}
请假	请假 tɕʰin^{53}tɕia^{53}	请假 tɕʰin^{55}tɕia^{55}	请假 tɕʰin^{55}tɕia^{55}	请假 tɕʰin^{53}tɕia^{53}	请假 tɕʰin^{53}tɕia^{53}

续表

词目＼方言点	中原官话区	混合 1 区	江淮官话区	混合 3 区	西南官话区
	汉滨	县河	茅坪	石泉	紫阳
教室	教室 tɕiau^{44}ʂʅ^{35}	教室 tɕiau^{23}ʂʅ^{32}	教室 tɕiau^{23}ʂʅ^{42}	教室 tɕiau^{23}ʂʅ^{42}	教室 tɕiau^{23}ʂʅ^{21}
上课	上课 ʂaŋ^{44}kʰɤ^{44}	上课 ʂaŋ^{23}kʰɤ^{223}	上课 ʂaŋ^{22}kʰo^{213}	上课 ʂaŋ^{23}kʰo^{213}	上课 ʂaŋ^{23}kʰuo^{213}
下课	下课 ɕia^{44}kʰɤ^{44}	下课 ɕia^{23}kʰɤ^{223}	下课 ɕia^{22}kʰo^{213}	下课 ɕia^{23}kʰo^{213}	下课 ɕia^{23}kʰuo^{213}
讲台	讲台 tɕiaŋ^{53}tʰæ^{35}	讲台 tɕiaŋ^{55}tʰai^{312}	讲台 tɕiaŋ^{55}tʰai^{42}	讲台 tɕiaŋ^{53}tʰai^{42}	讲台 tɕiaŋ^{53}tʰai^{21}
黑板	黑板 xei^{31}pã^{53}	黑板 xe^{42}pan^{55}	黑板 xɛ^{31}pan^{55}	黑板 xe^{42}pan^{53}	黑板 xe^{21}pan^{53}
粉笔	粉锭儿 fə̃^{53}tir^{44}	粉锭儿 fən^{55}tir^{223}	粉锭儿 fən^{55}tir^{22}	粉锭儿 fən^{53}tir^{213}	粉锭儿 fən^{53}tir^{213}
板擦儿	黑板刷子 xei^{31}pã^{53}fa^{31}tsʅ^{0}	黑板刷子 xe^{42}pan^{55}fa^{42}tsʅ^{0}	黑板刷子 xɛ^{31}pan^{55}ʂua^{31}tsʅ^{0}	黑板刷子 xe^{42}pan^{53}ʂua^{42}tsʅ^{0}	黑板刷子 xe^{21}pan^{55}ʂua^{21}tsʅ^{0}
点名册	点名册 tiã^{53}min^{35}tʂʰei^{31}	点名册 tian^{55}min^{32}tsʰɤ^{42}	点名册 tian^{55}min^{42}tsʰɛ^{31}	点名册 tian^{53}min^{42}tsʰe^{42}	点名册 tian^{53}min^{21}tsʰe^{21}
教鞭	教鞭 tɕiau^{44}piã^{31}	教鞭 tɕiau^{23}pian^{42}	教鞭 tɕiau^{23}pian^{31}	教鞭 tɕiau^{23}pian^{45}	教鞭 tɕiau^{23}pian^{34}
戒尺	戒尺 tɕie^{44}tʂʰʅ^{31}	戒尺 tɕiai^{23}tʂʰʅ^{42}	戒尺 tɕiai^{23}tʂʰʅ^{31}	戒尺 tɕiai^{23}tʂʰʅ^{42}	戒尺 tɕiai^{23}tʂʰʅ^{21}
笔记本	笔记本儿 pi^{31}tɕi^{44}pər^{53}	笔记本儿 pi^{42}tɕi^{23}pər^{55}	笔记本儿 pi^{31}tɕi^{23}pər^{55}	笔记本 pi^{42}tɕi^{23}pən^{53}	笔记本 pi^{21}tɕi^{23}pən^{53}
课本	课本儿 kʰɤ^{44}pər^{53}	课本儿 kʰɤ^{23}pər^{55}	课本儿 kʰo^{23}pər^{55}	课本 kʰo^{23}pən^{53}	课本 kʰuo^{23}pən^{53}
铅笔	铅笔 tɕʰiã^{35}pi^{31}	铅笔 tɕʰian^{42}pi^{42}	铅笔 tɕʰian^{31}pi^{31}	铅笔 tɕʰian^{45}pi^{42}	铅笔 tɕʰian^{34}pi^{21}
橡皮	橡皮 ɕiaŋ^{44}pʰi^{35}	橡皮 ɕiaŋ^{23}pʰi^{312}	橡皮 ɕiaŋ^{22}pʰi^{42}	橡皮 ɕiaŋ^{23}pʰi^{42}	橡皮 ɕiaŋ^{23}pʰi^{21}
铅笔刀	铅笔刀 tɕʰiã^{31}pi^{0}tau^{31}	铅笔刀 tɕʰian^{42}pi^{42}tau^{42}	铅笔刀 tɕʰian^{31}pi^{31}tau^{31}	铅笔刀 tɕʰian^{45}pi^{42}tau^{45}	铅笔刀 tɕʰian^{34}pi^{21}tau^{34}

续表

方言点 词目	中原官话区 汉滨	混合 1 区 县河	江淮官话区 茅坪	混合 3 区 石泉	西南官话区 紫阳
圆规	圆规 yã^{35}kuei^{31}	圆规 yan^{32}kuei^{42}	圆规 ɥan^{42}kuei^{31}	圆规 ɥan^{42}kuei^{45}	圆规 yan^{21}kuei^{34}
三角板	三角板 sã^{31}tɕyo^{31}pã^{53}	三角板 san^{42}tɕyo^{42}pan^{55}	三角板 san^{31}tɕio^{31}pan^{55}	三角板 san^{45}tɕio^{42}pan^{53}	三角板 san^{34}tɕyo^{21}pan^{53}
镇纸	压尺 ȵia^{44}tʂʰʅ^{31}	压条 ȵia^{23}tʰiau^{32}	压条 ŋa^{22}tʰiau^{42}	压条 ŋa^{23}tʰiau^{42}	镇纸 tʂən^{23}tʂʅ^{53}
作文本	作文本 tsuo^{31}uə^{33}pə^{33}	作文本 tsuo^{42}uən^{32}pən^{55}	作文本 tso^{31}uən^{42}pən^{55}	作文本 tso^{42}uən^{42}pən^{53}	作文本 tsuo^{21}uən^{21}pən^{53}
大字本	大字本 ta^{44}tsɿ^{4}pə̃^{53}	大字本 ta^{23}tsɿ^{23}pən^{55}	大字本 ta^{22}tsɿ^{22}pən^{55}	大字本 ta^{23}tsɿ^{23}pən^{53}	大字本 ta^{23}tsɿ^{23}pən^{53}
钢笔	自来水笔 tsɿ^{44}læ^{35}fei^{53}pi^{31}	自来水笔 tsɿ^{23}lai^{32}fei^{55}pi^{42}	自来水笔 tsɿ^{22}lai^{42}ʂɥei^{55}pi^{31}	自来水笔 tsɿ^{23}lai^{42}ʂɥei^{53}pi^{42}	自来水笔 tsɿ^{23}nai^{21}ʂuei^{53}pi^{21}
毛笔	生活 sən^{31}xuo^{0} 毛笔 mau^{35}pi^{31}	生活 sən^{42}xuo^{0} 毛笔 mau^{32}pi^{42}	生活 sən^{31}xo^{0} 毛笔 mau^{42}pi^{31}	毛笔 mau^{42}pi^{42}	毛笔 mau^{21}pi^{21}
圆珠笔	油笔 iəu^{35}pi^{31}	油子笔 iəu^{32}tsɿ^{0}pi^{42}	油子笔 iou^{42}tsɿ^{0}pi^{31}	油笔 iəu^{42}pi^{42}	油笔 iəu^{21}pi^{21}
笔帽	笔筒儿 pi^{31}tʰuŋr^{35}	笔筒儿 pi^{42}tʰuŋr^{312}	笔筒儿 pi^{31}tʰər^{42}	笔筒儿 pi^{42}tʰuŋr^{42}	笔筒儿 pi^{21}tʰuŋr^{21}
笔挂钩	笔挂丝 pi^{31}ka^{44}sɿ^{0}	笔挂丝 pi^{42}ka^{22}sɿ^{0}	笔挂丝 pi^{31}ka^{23}sɿ^{0}	笔挂丝 pi^{42}ka^{23}sɿ^{45}	笔挂丝 pi^{21}ka^{23}sɿ^{34}
笔筒	笔筒儿 pi^{31}tʰuŋr^{53}	笔筒儿 pi^{42}tʰuŋr^{55}	笔筒儿 pi^{31}tʰəŋr^{55}	笔筒筒 pi^{42}tʰuŋ^{53}tʰuŋ^{0}	笔筒筒 pi^{21}tʰuŋ^{53}tʰuŋ^{0}
砚台	砚台 ȵiã^{44}tʰæ^{35} 墨盘儿 mei^{31}pʰãr^{35}	砚台 ȵian^{23}tʰai^{312} 墨盘儿 me^{42}pʰar^{32}	砚台 ȵian^{22}tʰai^{42} 墨盘儿 mɛ^{31}pʰar^{42}	砚台 ȵian^{23}tʰai^{42} 墨盘儿 me^{42}pʰar^{42}	砚台 ȵian^{23}tʰai^{21} 墨盘儿 me^{21}pʰar^{21}
研墨	硙墨 ŋæ^{35}mei^{31}	硙墨 ŋai^{32}me^{42}	硙墨 ŋai^{42}mɛ^{31}	硙墨 ŋai^{42}mɛ^{42}	硙墨 ŋai^{21}me^{21}
墨盒儿	墨盒儿 mei^{31}xuor^{35}	墨盒儿 me^{42}xuor^{312}	墨盒儿 mɛ^{31}xor^{42}	墨盒儿 me^{42}xor^{42}	墨盒儿 me^{21}xuor^{21}

续表

方言点	中原官话区	混合 1 区	江淮官话区	混合 3 区	西南官话区
词目	汉滨	县河	茅坪	石泉	紫阳
墨汁	墨汁 mei^{35}tʂʅ^{31}	墨汁 me^{42}tʂʅ^{42}	墨汁 mɛ^{31}tʂʅ^{31}	墨汁 me^{42}tʂʅ^{42}	墨汁 me^{21}tʂʅ^{21}
舔笔	舔笔 tʰiã^{44}pi^{31}	舔笔 tʰian^{23}pi^{42}	舔笔 tʰian^{23}pi^{31}	舔笔 tʰian^{23}pi^{42}	舔笔 tʰian^{23}pi^{21}
墨水儿	墨水 mei^{31}fei^{53} 蓝水 lã^{35}fei^{53}	墨水 me^{42}fei^{55}	墨水 mɛ^{31}ʂɥ^{55}	墨水 me^{42}ʂɥ^{53}	墨水 me^{21}ʂu^{53}
书包	挎包 kʰua^{44}pau^{31} 书包 fu^{35}pau^{31}	挎包 kʰua^{23}pau^{42} 书包 fu^{42}pau^{42}	挎包 kʰua^{23}pau^{31} 书包 ʂɥ^{31}pau^{31}	挎包 kʰua^{23}pau^{45} 书包 ʂɥ^{45}pau^{45}	挎包 kʰua^{23}pau^{34} 书包 ʂu^{34}pau^{34}
读书人	读书人 tu^{35}fu^{31}zə̃^{35}	读书人 təu^{32}fu^{42}zən^{312}	读书人 tou^{42}ʂɥ^{31}zən^{42}	读书人 təu^{42}ʂɥ^{45}zən^{42}	读书人 təu^{21}ʂu^{34}zən^{21}
识字的	认字的 zə̃^{44} tsɿ^{44}ti^{0} 文化人 uə̃^{35}xua^{44}zə̃^{31}	认字的 zən^{23} tsɿ^{23}ti^{0} 文化 1 人 uən^{32}xua^{23}zən^{312}	认字的 zən^{23} tsɿ^{22}ti^{0} 文化人 uən^{42}xua^{23}zən^{42}	认字的 zən^{23} tsɿ^{213}ti^{0} 文化人 uən^{42}xua^{23}zən^{42}	认字的 zən^{23} tsɿ^{23}ti^{0} 文化人 uən^{21}xua^{23}zən^{21}
文化程度	字墨 tsɿ^{44}me^{31} 这文章，～浅了还看不懂	字墨 tsɿ^{23}me^{42}	字墨 tsɿ^{22}mɛ^{31}	字墨 tsɿ^{23}me^{45}	字墨 tsɿ^{23}me^{34}
文盲	不识字 pu^{35}ʂʅ^{31} tsɿ^{44} 睁眼瞎 tʂəŋ^{31}ȵiã^{53}ɕia^{31}	不识字 pu^{42}ʂʅ^{42} tsɿ^{223} 睁眼瞎 tʂən^{42}ian^{55}ɕia^{42}	认不倒字 zən^{22} pu^{31}tau^{55}tsɿ^{22} 睁眼 瞎 tsən^{31}ian^{55}ɕia^{31}	睁眼瞎 tsən^{45}ian^{53}ɕia^{45}	睁眼瞎 tsən^{34}ian^{53}ɕia^{21}
识字	认字 zə̃^{44}tsɿ^{44}	认字 zən^{23}tsɿ^{223}	认字 zən^{22}tsɿ^{22}	认字 zən^{23}tsɿ^{213}	认字 zən^{23}tsɿ^{213}
读书	读书 təu^{35}fu^{31}	读书 təu^{32}fu^{42}	读书 tou^{42}ʂɥ^{31}	读书 təu^{42}ʂɥ^{45}	读书 təu^{21}ʂu^{34}
温书	温习 uə̃^{31}ɕi^{35}	温习 uən^{42}ɕi^{312}	温习 uən^{31}ɕi^{42}	温习 uən^{45}ɕi^{42}	温习 uən^{34}ɕi^{21}
背书	背书 pei^{44}fu^{31}	背书 pei^{23}fu^{42}	背书 pei^{22}ʂɥ^{31}	背书 pei^{23}ʂɥ^{45}	背书 pei^{23}ʂu^{34}
学数学	算算术 suã^{44}suã^{44}fu^{0}	算算术 san^{23}san^{23}fu^{0}	算算术 san^{23}san^{23}ʂɥ^{0}	算算术 san^{23}san^{23}ʂɥ^{0}	算算术 san^{23}san^{23}ʂu^{0}

续表

方言点 / 词目	中原官话区	混合 1 区	江淮官话区	混合 3 区	西南官话区
	汉滨	县河	茅坪	石泉	紫阳
批改作业	批改作业 pʰi^{31} kæ^{53}tsuo^{35}ȵiɛ^{31}	号作业 xau^{23}tsuo^{42}ȵiɛ^{42}	号作业 xau^{22}tso^{31}ȵiɛ^{31}	号作业 xau^{23}tso^{42}ȵiɛ^{42}	号作业 xau^{23}tsuo^{21}ȵiɛ^{21}
报考	报考 pau^{44}kʰau^{53}	报考 pau^{23}kʰau^{55}	报考 pau^{23}kʰau^{55}	报考 pau^{23}kʰau^{53}	报考 pau^{23}kʰau^{53}
考场	考场 kʰau^{53}tʂʰaŋ^{53}	考场 kʰau^{55}tʂʰaŋ^{55}	考场 kʰau^{55}tʂʰaŋ^{55}	考场 kʰau^{53}tʂʰaŋ^{53}	考场 kʰau^{53}tʂʰaŋ^{53}
入场	入场 v^{31}tʂʰaŋ^{53}	入场 vu^{31}tʂʰaŋ^{55}	入场 ʯ^{31}tʂʰaŋ^{55}	入场 ʯ^{42}tʂʰaŋ^{53}	入场 zʅ^{21}tʂʰaŋ^{53}
考试	考试 kʰau^{53}ʂʅ^{44}	考试 kʰau^{55}ʂʅ^{223}	考试 kʰau^{55}ʂʅ^{213}	考试 kʰau^{53}ʂʅ^{213}	考试 kʰau^{53}ʂʅ^{213}
考卷	卷子 tɕyã^{44}tsɿ^{0}	卷子 tɕyan^{23}tsɿ^{0}	卷子 tʂʯan^{23}tsɿ^{0}	卷子 tʂʯan^{23}tsɿ^{0}	卷子 tɕyan^{23}tsɿ^{0}
评卷	号卷子 xau^{44}tɕyã^{44}tsɿ^{0}	号卷子 xau^{23}tɕyan^{23}tsɿ^{0}	号卷子 xau^{22}tʂʯan^{23}tsɿ^{0}	号卷子 xau^{23}tʂʯan^{23}tsɿ^{0}	号卷子 xau^{23}tɕyan^{23}tsɿ^{0}
满分	满分儿 mã^{53}fər^{31}	满分儿 man^{55}fər^{42}	满分儿 man^{55}fər^{31}	满分 man^{53}fən^{45}	满分 man^{53}fən^{34}
零分	零蛋 liŋ^{35}tã^{44}	零蛋 lin^{32}tan^{223}	零蛋 lin^{42}tan^{22}	零蛋 lin^{42}tan^{213}	零蛋 ȵin^{21}tan^{213}
发榜	发榜 fa^{31}paŋ^{53}	发榜 fa^{42}paŋ^{55}	发榜 fa^{31}paŋ^{55}	发榜 fa^{42}paŋ^{53}	发榜 fa^{21}paŋ^{53}
头名	头一名 tʰəu^{35}i^{0}min^{35}	头一名 tʰəu^{32}mi^{0}n^{312}	头一名 tʰou^{42}mi^{0}n^{42}	头一名 tʰəu^{42}mi^{0}n^{42}	头一名 tʰəu^{21}mi^{0}n^{21}
末名	末名 mə^{31}min^{35} 背榜 pei^{31}paŋ^{53}	末名 mə^{42}min^{312} 背榜 pei^{42}paŋ^{55} 落巴 luo^{32}par^{32}	末名 mo^{31}min^{42} 背榜 pei^{31}paŋ^{55} 落巴 lo^{42}par^{42}	末名 mo^{21}min^{21} 背榜 pei^{45}paŋ^{53} 落巴 lo^{42}pa^{42}	末名 muo^{21}min^{21} 背榜 pei^{34}paŋ^{53} 老末 nau^{53}muo^{21}
毕业	毕业 pi^{31}ȵie^{31}	毕业 pi^{42}ȵie^{42}	毕业 pi^{31}ȵiɛ^{31}	毕业 pi^{42}ȵie^{42}	毕业 pi^{21}ȵie^{21}
肄业	肄业 i^{44}ȵie^{31}	肄业 i^{23}ȵie^{42}	肄业 i^{23}ȵiɛ^{31}	肄业 i^{23}ȵie^{42}	肄业 i^{23}ȵie^{21}

续表

方言点 / 词目	中原官话区	混合1区	江淮官话区	混合3区	西南官话区
	汉滨	县河	茅坪	石泉	紫阳
文凭	文凭 uə̃^{35}pʰin^{0}	文凭 uən^{32}pʰin^{0}	文凭 uən^{42}pʰin^{0}	文凭 uən^{42}pʰin^{0}	文凭 uən^{21}pʰin^{0}
大楷	大字 ta^{44}tsɿ^{44}	大字 ta^{23}tsɿ^{223}	大字 ta^{22}tsɿ^{22}	大字 ta^{23}tsɿ^{213}	大字 ta^{23}tsɿ^{213}
小楷	小字 ɕiau^{53}tsɿ^{44}	小字 ɕiau^{55}tsɿ^{223}	小字 ɕiau^{55}tsɿ^{22}	小字 ɕiau^{53}tsɿ^{213}	小字 ɕiau^{53}tsɿ^{213}
字帖	字帖 tsɿ^{44}tʰie^{31}	字帖 tsɿ^{23}tʰie^{42}	字帖 tsɿ^{22}tʰiɛ^{31}	字帖 tsɿ^{23}tʰie^{42}	字帖 tsɿ^{23}tʰie^{34}
临帖	临帖 lin^{35}tʰie^{31}	临帖 lin^{32}tʰie^{42}	临帖 lin^{42}tʰiɛ^{31}	临帖 lin^{42}tʰie^{42}	临帖 ȵin^{21}tʰie^{21}
影格	影格儿 in^{53}kər^{31}	影格儿 in^{55}kər^{42}	影格儿 in^{55}kər^{31}	影格 in^{53}ke^{45}	影格 in^{53}ke^{21}
写大字	写大字 ɕie^{53}ta^{44}tsɿ^{44}	写大字 ɕie^{55}ta^{23}tsɿ^{223}	写大字 ɕiɛ^{55}ta^{22}tsɿ^{22}	写大字 ɕie^{53}ta^{23}tsɿ^{213}	写大字 ɕie^{53}ta^{23}tsɿ^{213}
涂了	挽了它 uã^{53}liau^{0}tʰa^{31}	抹了它 mə^{55}liau^{0}tʰa^{42}	抹了它 mo^{55}liau^{0}tʰa^{31}	抹了它 mo^{53}liau^{0}tʰa^{45}	抹了它 muo^{53}liau^{0}tʰa^{34}
写白字	写白字 ɕie^{53}pɛ^{35}tsɿ^{31}	写白字 ɕie^{55}pɛ^{32}tsɿ^{223}	写白字 ɕiɛ^{55}pɛ^{42}tsɿ^{22}	写白字 ɕie^{53}pɛ^{42}tsɿ^{213}	写白字 ɕie^{53}pɛ^{21}tsɿ^{213}
写斗笔字	斗笔字 təu^{44}pi^{31}tsɿ^{44}	斗笔字 təu^{23}pi^{42}tsɿ^{223}	斗笔字 tou^{213}pi^{31}tsɿ^{22}	斗笔字 tou^{23}pi^{42}tsɿ^{213}	斗笔字 tou^{23}pi^{21}tsɿ^{213}
掉字	掉字 tiau^{44}tsɿ^{44}	掉字 tiau^{23}tsɿ^{223}	掉字 tiau^{23}tsɿ^{22}	掉字 tiau^{23}tsɿ^{213}	掉字 tiau^{23}tsɿ^{213}
草稿	草稿 tsʰau^{53}kau^{53}	草稿 tsʰau^{55}kau^{55}	草稿 tsʰau^{55}kau^{55}	草稿 tsʰau^{53}kau^{53}	草稿 tsʰau^{53}kau^{53}
起稿子	打草稿 ta^{53}tsʰau^{53}kau^{53}	打草稿 ta^{55}tsʰau^{55}kau^{55}	打草稿 ta^{55}tsʰau^{55}kau^{55}	打草稿 ta^{53}tsʰau^{53}kau^{53}	打草稿 ta^{53}tsʰau^{53}kau^{53}
誊写	誊正 tʰəŋ^{35}ɕie^{44}	誊正 tʰən^{32}ɕie^{223}	誊正 tʰən^{42}ɕie^{213}	誊正 tʰən^{42}ɕie^{213}	誊正 tʰən^{21}ɕie^{213}
誊清	誊正 tʰəŋ^{35}tʂəŋ^{44}	誊正 tʰən^{32}tʂəŋ^{223}	誊正 tʰən^{42}tʂən^{213}	誊正 tʰən^{42}tʂən^{213}	誊正 tʰən^{21}tʂən^{213}

续表

方言点 词目	中原官话区	混合 1 区	江淮官话区	混合 3 区	西南官话区
	汉滨	县河	茅坪	石泉	紫阳
抄袭	照抄 tʂau^{44}tʂʰau^{31}	照抄 tʂau^{23}tʂʰau^{42}	照抄 tʂau^{23}tʂʰau^{31}	照抄 tʂau^{23}tʂʰau^{45}	照抄 tʂau^{23}tʂʰau^{34}
乱写	鬼画桃符 kuei^{53} xua^{44}tʰau^{35}xu^{35}	鬼画桃符 kuei^{55} xua^{23}tʰau^{32}xu^{312}	鬼画桃符 kuei^{55} xua^{22}tʰau^{42}xu^{42}	鬼画桃符 kuei^{53} xua^{23}tʰau^{42}xu^{42}	鬼画桃符 kuei^{53} xua^{23}tʰau^{21}xu^{21}

二十一　文体活动

方言点 词目	中原官话区	混合 1 区	江淮官话区	混合 3 区	西南官话区
	汉滨	县河	茅坪	石泉	紫阳
讲故事	摆古今 pæ^{53}ku^{53}tɕin^{31}	摆古今 pai^{55}ku^{55}tɕin^{42}	讲古今儿 tɕiaŋ^{55}ku^{55}tɕir^{31}	讲古今 pai^{53}ku^{53}tɕin^{45}	讲古今 pai^{53}ku^{53}tɕin^{34}
聊逸闻趣事	摆广子 pæ^{53}kuaŋ^{53}tsɿ^{0}	摆广子 pai^{55}kuaŋ^{55}tsɿ^{0}	摆广子 pai^{55}kuaŋ^{55}tsɿ^{0}	摆广子 pai^{53}kuaŋ^{53}tsɿ^{0}	摆广子 pai^{53}kuaŋ^{53}tsɿ^{0}
扭秧歌儿	扭秧歌儿 ȵiəu^{53}iaŋ^{31}kər^{31}	扭秧歌儿 ȵiəu^{55}ian^{42}kər^{0}	扭秧歌儿 ȵiou^{55}ian^{31}kor^{0}	扭秧歌儿 ȵiəu^{53}ian^{45}kor^{0}	扭秧歌儿 ȵiəu^{53}ian^{34}kuor^{0}
打连钱儿	打连钱儿 ta^{53}liã^{35}tɕʰiar^{0}	打连钱儿 ta^{55}lian^{32}tɕʰiar^{0}	打连钱儿 ta^{55}lian^{42}tɕʰiar^{0}	打连钱儿 ta^{53}lian^{42}tɕʰiar^{0}	打连钱儿 ta^{53}lian^{21}tɕʰiar^{0}
跳舞	跳舞 tʰiau^{44}u^{53}	跳舞 tʰiau^{23}u^{55}	跳舞 tʰiau^{23}u^{55}	跳舞 tʰiau^{23}u^{53}	跳舞 tʰiau^{23}u^{53}
靶	靶子 pa^{53}tsɿ^{0}	靶子 pa^{55}tsɿ^{0}	靶子 pa^{55}tsɿ^{0}	靶子 pa^{53}tsɿ^{0}	靶子 pa^{53}tsɿ^{0}
玩具	玩具 uã^{35}tɕy^{44}	玩具 uan^{32}tɕy^{223}	玩意儿 uan^{42}iər^{213}	玩意儿 uan^{42}iər^{213}	玩意儿 uan^{21}iər^{213}
风筝	风筝 fəŋ^{31}tsəŋ^{31}	风筝 fəŋ^{42}tsən^{42}	风筝 fəŋ^{31}tsən^{31}	风筝 fuŋ^{45}tsən^{45}	风筝 fuŋ^{34}tsən^{34}
风转儿	风兜儿 fəŋ^{31}tər^{0} 扑凌儿转 pʰu^{31}lir^{35}pfã^{44}	风兜儿 fəŋ^{42}tər^{0} 扑凌儿转 pʰu^{42}lir^{32}pfan^{223}	风兜儿 fəŋ^{31}tər^{0}	风兜儿 fuŋ^{45}tər^{0}	风兜儿 fuŋ^{34}tər^{0}

续表

方言点 词目	中原官话区	混合1区	江淮官话区	混合3区	西南官话区
	汉滨	县河	茅坪	石泉	紫阳
捉迷藏	藏帽盖儿 tsʰaŋ^{35} mau^{44}kær^{44} 藏猫糊儿 tsʰaŋ^{35} mau^{31}xur^{35}	躲猫儿 tuo^{55}maur^{42} 藏帽盖儿 tsʰaŋ^{32} mau^{23}kair^{223}	躲猫儿 to^{55}maur^{31}	躲猫 to^{53}mau^{45}	躲猫 tuo^{53}mau^{34}
踢毽儿	踢毽儿 tʰi^{31}tɕiar^{44}	踢毽儿 tʰi^{43}tɕiar^{223}	踢毽儿 tʰi^{31}tɕiar^{213}	踢毽子 tʰi^{45}tɕian^{23}tsɿ^{0}	踢毽子 tʰi^{34}tɕian^{23}tsɿ^{0}
抓子儿	抓子儿 pfa^{31}tsər^{53} 逮子儿 tæ^{31}tsər^{53}	抓子儿 pfa^{42}tsər^{55} 逮子儿 tai^{42}tsər^{55}	抓子儿 tʂʮa^{31}tsər^{55}	抓子儿 tʂʮa^{45}tsər^{53}	抓子儿 tʂua^{34}tsər^{53}
陀螺	地滚牛儿 ti^{44}ku^{53}ȵiəur^{35}	地滚牛儿 ti^{23}ku^{55}ȵiəur^{312}	嘚螺儿 tɛ^{31}lor^{0}	嘚螺儿 te^{42}lor^{0}	嘚螺儿 te^{21}nuor^{0}
滚铁环	滚铁环 kuən^{53} tʰie^{31}xuan^{35}	滚铁环 kuən^{55} tʰie^{42}xuan^{312}	滚铁环 kuən^{55} tʰiɛ^{31}xuan^{42}	滚铁环 kuən^{53} tʰie^{45}xuan^{42}	滚铁环 kuən^{53} tʰie^{34}xuan^{21}
摔交	绊跤 pã^{53}tɕiau^{31}	摔跤 fai^{55}tɕiau^{42}	放抱跤儿 faŋ^{23}pau^{22}kaur^{0}	放抱股子 faŋ^{23} pau^{23}ku^{53}tsɿ^{0}	放抱股子 faŋ^{23} pau^{23}ku^{53}tsɿ^{0}
弹球儿	弹球儿 tʰã^{35}tɕʰiəur^{35}	弹球 tʰan^{32}tɕʰiəu^{312}	弹球 tʰan^{42}tɕʰiəu^{42}	弹球 tʰan^{42}tɕʰiəu^{42}	弹球 tʰan^{21}tɕʰiəu^{21}
水面打石飘	打水飘儿 ta^{53} fei^{53}pʰiaur^{31}	打水飘儿 ta^{55} fei^{55}pʰiaur^{43}	打水飘儿 ta^{55} ʂʮei^{55}pʰiaur^{31}	打水飘 ta^{45} ʂʮei^{53}pʰiau^{0}	打飘飘石 ta^{53} pʰiau^{34}pʰiau^{34}ʂʅ^{21}
跳房子	跳房子 tʰiau^{44}faŋ^{35}tsɿ^{0}	跳房子 tʰiau^{23}faŋ^{32}tsɿ^{0}	跳房子 tʰiau^{23}faŋ^{42}tsɿ^{0}	跳房 tʰiau^{23}faŋ^{42}	跳房 tʰiau^{23}faŋ^{21}
翻绳	翻交交儿 fã^{35} tɕiau^{31}tɕiaur^{31}	翻叉 fan^{42}tʂʰa^{42}	翻叉 fan^{31}tʂʰa^{31}	翻叉 fan^{45}tʂʰa^{45}	翻叉 fan^{34}tʂʰa^{34}
划拳	划拳 xua^{35}tɕʰyã^{35}	划拳 xua^{32}tɕʰyan^{312}	划拳 xua^{42}tʂʰʮan^{42}	划拳 xua^{42}tʂʰʮan^{42}	划拳 xua^{21}tɕʰyan^{21}
猜谜儿	猜谜儿 tsʰæ^{31}mir^{44}	猜谜子 tsʰai^{42}mi^{23}tsɿ^{0}	猜谜子 tsʰai^{31}mi^{22}tsɿ^{0}	猜谜子 tsʰai^{45}mi^{23}tsɿ^{0}	猜谜子 tsʰai^{34}mi^{23}tsɿ^{0}
压宝	估宝 ku^{53}pau^{53} 猜宝 tsʰæ^{31}pau^{53}	估宝 ku^{55}pau^{55} 猜宝 tsʰai^{42}pau^{55}	猜宝 tsʰai^{31}pau^{55}	猜宝 tsʰai^{45}pau^{53}	猜宝 tsʰai^{34}pau^{53}

续表

方言点 / 词目	中原官话区	混合 1 区	江淮官话区	混合 3 区	西南官话区
	汉滨	县河	茅坪	石泉	紫阳
跷跷板	跷跷板 tɕʰiau^{44}tɕʰiau^{0} pã^{53}	跷跷板 tɕʰiau^{23}tɕʰiau^{23} pan^{55}	跷跷板儿 tɕʰiau^{23}tɕʰiau^{23} par^{55}	跷跷板儿 tɕʰiau^{23}tɕʰiau^{23} par^{53}	跷跷板儿 tɕʰiau^{23}tɕʰiau^{23} par^{53}
跳绳	跳绳 tʰiau^{44}ʂə̃^{35}	跳绳 tʰiau^{23}ʂən^{32}	跳绳 tʰiau^{23}ʂən^{42}	跳绳 tʰiau^{23}ʂən^{42}	跳绳 tʰiau^{23}ʂən^{21}
跑步	跑趟子 pʰau^{53}tʰaŋ^{44}tsɿ^{0}	跑趟子 pʰau^{55}tʰaŋ^{23}tsɿ^{0}	跑趟子 pʰau^{55}tʰaŋ^{23}tsɿ^{0}	跑趟子 pʰau^{53}tʰaŋ^{23}tsɿ^{0}	跑趟子 pʰau^{53}ʰaŋ^{23}tsɿ^{0}
翻跟头	翻跟头 fã^{35}kə̃^{31}tʰəu^{31}	翻跟头 fan^{42}kən^{42}tʰəu^{0}	翻跟头 fan^{31}kən^{31}tʰou^{0}	翻跟头 fan^{45}kən^{45}tʰəu^{0}	鹞子翻身 iau^{23}tsɿ^{0}fan^{34}ʂən^{34}
打车轮子	打剪脚 ta^{53}tɕiã^{53}tɕyo^{31}	打剪脚 ta^{55}tɕian^{55}tɕyo^{42}	打跃子 ta^{55}iau^{22}tsɿ^{0}	打跃子 ta^{53}iau^{23}tsɿ^{0}	打跃子 ta^{53}iau^{23}tsɿ^{0}
倒立	倒竖洋古桩 tau^{44}fu^{44}iaŋ^{35} ku^{53}pfaŋ^{31}	竖洋桩 fu^{23}iaŋ^{32} pfaŋ^{42}	竖洋桩 ʂɥ^{22}iaŋ^{42}tʂɥaŋ^{31}	竖洋桩 ʂɥ^{23}iaŋ^{42}tʂɥaŋ^{45}	打羊角桩 ta^{53} iaŋ^{21}tɕyo^{0}tʂuaŋ^{34}
舞狮子	玩狮子 uã^{35}ʂʅ^{31}tsɿ^{0}	玩狮子 uan^{32}sɿ^{42}tsɿ^{0}	玩狮子 uan^{42}sɿ^{31}tsɿ^{0}	玩狮子 uan^{42}sɿ^{45}tsɿ^{0}	玩狮子 uan^{21}sɿ^{34}tsɿ^{0}
跑旱船	玩采莲船 uã^{35}tsʰæ^{53}liã^{35} pfʰã^{35}	玩采莲船 uan^{32}tsʰai^{55} lian^{32}pfʰan^{32}	玩船灯儿 uan^{42}tʂʰɥan^{42} lən^{0}	玩彩龙船 uan^{42}tsʰai^{53}luŋ^{42} tʂʰɥan^{42}	玩彩龙船 uan^{21}tsʰai^{53}luŋ^{21} tʂʰuan^{21}
耍龙灯	玩龙灯 uã^{35}luŋ^{35}təŋ^{31}	玩龙灯 uan^{32}luŋ^{32}tən^{42}	玩龙灯 uan^{42}ləŋ^{42}tən^{31}	玩龙灯 uan^{42}luŋ^{42}tən^{45}	玩龙灯 uan^{21}luŋ^{21}tən^{34}
高跷	踩高跷 tsʰæ^{53} kau^{31}tɕʰiau^{35}	踩高跷 tsʰai^{55} kau^{42}tɕʰiau^{32}	踩高跷 tsʰai^{55} kau^{31}tɕʰiau^{42}	踩高脚 tsʰai^{53} kau^{45}tɕio^{42}	踩高跷 tsʰai^{53} kau^{34}tɕʰiau^{21}
打秋千	打秋 ta^{53}tɕʰiəu^{31}	打秋千 ta^{55} tɕʰiəu^{42}tɕʰian^{42}	打秋千 ta^{55} tɕʰiou^{31}tɕʰian^{31}	打秋 ta^{53}tɕʰiəu^{45}	打秋 ta^{53}tɕʰiəu^{34}
耍刀	耍刀子 fa^{53}tau^{31}tsɿ^{0}	耍刀子 fa^{55}tau^{42}tsɿ^{0}	耍刀子 ʂɥa^{55}tau^{31}tsɿ^{0}	耍刀子 ʂɥa^{53}tau^{45}tsɿ^{0}	耍刀子 ʂua^{53}tau^{34}tsɿ^{0}
对枪	对枪 tuei^{44}tɕʰiaŋ^{31}	对枪 tei^{23}tɕʰiaŋ^{42}	对花枪 tei^{23}xua^{31}tɕʰian^{31}	对花枪 tei^{23}xua^{45}tɕʰiaŋ^{0}	对花枪 tei^{23}xua^{34}tɕʰiaŋ^{34}

续表

方言点 / 词目	中原官话区	混合 1 区	江淮官话区	混合 3 区	西南官话区
	汉滨	县河	茅坪	石泉	紫阳
耍枪	耍枪 fa^{53}tɕʰiaŋ^{31} 舞枪 u^{53}tɕʰiaŋ^{31}	舞枪 u^{55}tɕʰiaŋ^{42}	舞枪 u^{55}tɕʰiaŋ^{31}	舞枪 u^{53}tɕʰiaŋ^{45}	舞枪 u^{53}tɕʰiaŋ^{34}
杂技	耍把戏 fa^{53}pa^{53}ɕi^{0}	耍把戏 fa^{55}pa^{55}ɕi^{0}	耍把戏 ʂʯa^{55}pa^{55}ɕi^{0}	耍把戏 ʂʯa^{53}pa^{53}ɕi^{0}	耍把戏 ʂua^{53}pa^{53}ɕi^{0}
爆竹	炮子 pʰau^{44}tsɿ^{0}	炮子 pʰau^{23}tsɿ^{0}	炮子 pʰau^{23}tsɿ^{0}	炮子 pʰau^{23}tsɿ^{0}	炮子 pʰau^{23}tsɿ^{0}
放鞭炮	放鞭炮 faŋ^{35} pian^{31}pʰau^{44}	放炮子 faŋ^{23}pʰau^{23}tsɿ^{0}	放炮子 faŋ^{23}pʰau^{23}tsɿ^{0}	放炮子 faŋ^{23}pʰau^{23}tsɿ^{0}	放炮子 faŋ^{23}pʰau^{23}tsɿ^{0}
烟火	烟火 iã^{31}xuo^{53}	烟火 ian^{42}xuo^{55}	烟火 ian^{31}xo^{55}	烟火 ian^{45}xo^{53}	烟火 ian^{34}xuo^{53}
花炮	花筒子 xua^{31}tʰuŋ^{35}tsɿ^{0}	花筒子 xua^{42}tʰuŋ^{32}tsɿ^{0}	花筒子 xua^{31}tʰəŋ^{42}tsɿ^{0}	花筒子 xua^{45}tʰuŋ^{42}tsɿ^{0}	花筒子 xua^{34}tʰuŋ^{21}tsɿ^{0}
象棋	象棋 ɕiaŋ^{44}tɕʰi^{35}	象棋 ɕiaŋ^{23}tɕʰi^{32}	象棋 ɕiaŋ^{22}tɕʰi^{42}	象棋 ɕiaŋ^{23}tɕʰi^{42}	象棋 ɕiaŋ^{23}tɕʰi^{21}
下棋	下棋 ɕia^{44}tɕʰi^{35} 将军 tɕiaŋ^{35}tɕyə̃^{31}	下棋 ɕia^{23}tɕʰi^{32}	下棋 ɕia^{22}tɕʰi^{42}	下棋 ɕia^{23}tɕʰi^{42}	下棋 ɕia^{23}tɕʰi^{21}
将	老将 lau^{53}tɕiaŋ^{44}	老将 lau^{55}tɕiaŋ^{223}	老将 lau^{55}tɕiaŋ^{213}	老将 lau^{53}tɕiaŋ^{213}	老将 nau^{53}tɕiaŋ^{213}
帅	老将 lau^{53}tɕiaŋ^{44} 老帅 lau^{53}fæ^{44}	帅老儿 fai^{23}laur^{55} 老帅 lau^{55}fai^{223}	帅老儿 ʂʯai^{23}laur^{55} 老帅 lau^{55}ʂʯai^{213}	老帅 lau^{53}ʂʯai^{213}	老帅 nau^{53}ʂuai^{213}
士	士 ʂʅ^{44}	士 sɿ^{223}	士 sɿ^{22}	士 sɿ^{213}	士 sɿ^{213}
象	象 ɕiaŋ^{44}	象 ɕiaŋ^{223}	象 ɕiaŋ^{22}	象 ɕiaŋ^{213}	象 ɕiaŋ^{213}
相	相 ɕiaŋ^{44}	相 ɕiaŋ^{223}	相 ɕiaŋ^{22}	相 ɕiaŋ^{213}	相 ɕiaŋ^{213}
车	车 tɕy^{31}	车 tɕy^{42}	车 tʂʯ^{31}	车 tʂʯ^{45}	车 tɕy^{34}

续表

方言点 词目	中原官话区 汉滨	混合 1 区 县河	江淮官话区 茅坪	混合 3 区 石泉	西南官话区 紫阳
马	马 ma^{53}	马 ma^{55}	马 ma^{55}	马 ma^{53}	马 ma^{53}
炮	炮 pʰau^{44}	炮 pʰau^{223}	炮 pʰau^{213}	炮 pʰau^{213}	炮 pʰau^{213}
兵	兵娃子 pin^{31}ua^{35}ʦɿ^{0}	兵娃子 pin^{42}ua^{32}ʦɿ^{0}	兵娃子 pin^{31}ua^{42}ʦɿ^{0}	兵娃子 pin^{45}ua^{42}ʦɿ^{0}	兵娃子 pin^{34}ua^{21}ʦɿ^{0}
卒	卒子 ʦu^{35}ʦɿ^{0}	卒子 ʦəu^{32}ʦɿ^{0}	卒娃子 ʦou^{42}ua^{42}ʦɿ^{0}	卒娃子 ʦəu^{42}ua^{42}ʦɿ^{0}	卒娃子 ʦəu^{21}ua^{21}ʦɿ^{0}
拱卒	拱卒 kuŋ^{53}ʦu^{35}	拱卒 kuŋ^{55}ʦəu^{32}	拱卒 kəŋ^{55}ʦou^{42}	拱卒 kuŋ^{53}ʦəu^{42}	拱卒 kuŋ^{53}ʦəu^{21}
上士	上士 ʂaŋ^{44}ʂʅ^{44}	上士 ʂaŋ^{23}sɿ^{223}	上士 ʂaŋ^{22}sɿ^{22}	上士 ʂaŋ^{23}sɿ^{213}	上士 ʂaŋ^{23}sɿ^{213}
落士	下士 ɕia^{44}ʂʅ^{44}	下士 ɕia^{23}sɿ^{223}	下士 ɕia^{22}sɿ^{22}	下士 ɕia^{23}sɿ^{213}	下士 ɕia^{23}sɿ^{213}
飞象	飞象 fei^{31}ɕiaŋ^{44}	飞象 fei^{42}ɕiaŋ^{223}	飞象 fei^{31}ɕiaŋ^{22}	飞象 fei^{45}ɕiaŋ^{213}	飞象 fei^{34}ɕiaŋ^{213}
落象	落象 luo^{31}ɕiaŋ^{44}	落象 luo^{42}ɕiaŋ^{223}	落象 lo^{31}ɕiaŋ^{22}	落象 lo^{42}ɕiaŋ^{213}	落象 nuo^{21}ɕiaŋ^{213}
将军	将军 ʨiaŋ^{35}ʨyə̃^{31}	将军 ʨiaŋ^{42}ʨyən^{42}	将军 ʨiaŋ^{31}tʂʮən^{31}	将军 ʨiaŋ^{45}tʂʮən^{45}	将军 ʨiaŋ^{34}ʨyən^{34}
围棋	围棋 uei^{35}ʨʰi^{35}	围棋 uei^{32}ʨʰi^{32}	围棋 uei^{42}ʨʰi^{42}	围棋 uei^{42}ʨʰi^{42}	围棋 uei^{21}ʨʰi^{21}
游泳	游泳 iəu^{35}yən^{44}	洗澡 ɕi^{55}ʦau^{55}	洗澡 ɕi^{55}ʦau^{55}	划水 xua^{42}ʂʮei^{53}	划澡 xua^{21}ʦau^{53}
仰泳	仰板儿蹬 ȵiaŋ^{53}par^{0}təŋ^{31}	仰水 ȵiaŋ^{55}fei^{55}	仰水 ȵiaŋ^{55}ʂʮei^{55}	仰水 ȵiaŋ^{53}ʂʮei^{53}	划仰板澡 xua^{21} iaŋ^{53}pan^{0}ʦau^{53}
蛙泳	蛙泳 ua^{31}yən^{44}	蛙水 ua^{42}fei^{55}	蛙水 ua^{31}ʂʮei^{55}	蛙水 ua^{45}ʂʮei^{53}	蛙水 ua^{34}ʂuei^{53}
自由泳	狗刨子 kəu^{53}pʰau^{35}ʦɿ^{0}	狗刨子 kəu^{55}pʰau^{32}ʦɿ^{0}	狗刨子 kou^{55}pʰau^{42}ʦɿ^{0}	狗刨骚 kəu^{53} pʰau^{42}sau^{45}	狗刨骚 kəu^{53} pʰau^{21}sau^{34}

续表

方言点 词目	中原官话区 汉滨	混合 1 区 县河	江淮官话区 茅坪	混合 3 区 石泉	西南官话区 紫阳
潜水	扎渳头 ʦa^{31}mi^{44}tʰəu^{35}	扎渳头 ʦa^{31}mi^{55}tʰəu^{35}	咂渳子 ʦa^{31}mi^{22}ʦɿ^{0}	打渳子 ta^{53}mi^{23}ʦɿ^{0}	打渳子 ta^{53}mi^{23}ʦɿ^{0}
水中嬉闹	打水仗 ta^{53}fei^{53}tʂaŋ^{44}	打水仗 ta^{55}fei^{55}tʂaŋ^{223}	打水仗 ta^{55}ʂʮei^{55}tʂaŋ^{23}	打水仗 ta^{53}ʂʮei^{53}tʂaŋ^{213}	打水仗 ta^{53}ʂuei^{53}tʂaŋ^{213}
不会游泳的人	旱鸭子 xã^{44}ia^{31}ʦɿ^{0}	旱鸭子 xan^{23}ia^{42}ʦɿ^{0}	旱鸭子 xan^{23}ia^{31}ʦɿ^{0}	旱鸭子 xan^{23}ia^{45}ʦɿ^{0}	旱鸭子 xan^{23}ia^{34}ʦɿ^{0}
木偶戏	木偶儿戏 mu^{31}ŋəur^{53}ɕi^{44}	木偶儿戏 mə^{42}ŋəur^{55}ɕi^{223}	木偶儿戏 mo^{31}ŋəur^{55}ɕi^{213}	木偶戏 mo^{45}ŋəu^{53}ɕi^{213}	木脑壳戏 mu^{21} nau^{53}kʰuo^{0}ɕi^{213}
皮影戏	皮影子 pʰi^{35}in^{53}ʦɿ^{0}	皮影儿戏 pʰi^{32}ir^{55}ɕi^{223}	皮影儿戏 pʰi^{42}ir^{55}ɕi^{213}	皮影子 pʰi^{42}in^{53}ʦɿ^{0}	皮影子 pʰi^{21}in^{53}ʦɿ^{0}
大戏 指汉剧、秦腔的古装戏	（人）大戏 (zə̃^{35})ta^{44}ɕi^{44}	（人）大戏 (zən^{32})ta^{23}ɕi^{223}	（人）大戏 (zən^{42})ta^{22}ɕi^{213}	（人）大戏 (zən^{42})ta^{23}ɕi^{213}	（人）大戏 (zən^{21})ta^{23}ɕi^{213}
戏院	戏楼 ɕi^{44}ləu^{35}	戏楼 ɕi^{23}ləu^{312}	戏楼 ɕi^{23}lou^{42}	戏楼 ɕi^{23}ləu^{42}	戏楼 ɕi^{23}nəu^{21}
戏台	戏台子 ɕi^{44}tʰæ^{35}ʦɿ^{0}	戏台子 ɕi^{23}tʰai^{32}ʦɿ^{0}	戏台子 ɕi^{23}tʰai^{42}ʦɿ^{0}	戏台子 ɕi^{23}tʰai^{42}ʦɿ^{0}	戏台子 ɕi^{23}tʰai^{21}ʦɿ^{0}
演员	戏子 ɕi^{44}tsɿ^{0}	戏子 ɕi^{23}tsɿ^{0}	戏子 ɕi^{23}tsɿ^{0}	戏子 ɕi^{23}tsɿ^{0}	戏子 ɕi^{23}tsɿ^{0}
变戏法	耍把戏 fa^{53}pa^{53}ɕi^{0}	耍把戏 fa^{55}pa^{55}ɕi^{0}	耍把戏 ʂʮa^{55}pa^{55}ɕi^{0}	玩把戏 uan^{53}pa^{53}ɕi^{0}	玩把戏 uan^{53}pa^{53}ɕi^{0}
说书	说书 fɤ^{31}fu^{31} 说古经 fɤ^{31}ku^{53} ʨin^{31}	说古经 fɤ^{42}ku^{55}ʨin^{42}	说古经 ʂo^{31}ku^{55}ʨin^{31}	说古经 ʂo^{42}ku^{53}ʨin^{45}	说古经 ʂuo^{21}ku^{53}ʨin^{34}
花脸	花脸 xua^{31}liã^{53}	花脸 xua^{42}lian^{55}	花脸 xua^{31}lian^{55}	花脸 xua^{45}lian^{53}	花脸 xua^{34}lian^{53}
小丑	小丑儿 ɕiau^{53}tʂʰəur^{53}	丑角儿 tʂʰəu^{55}ʨyor^{42}	丑角儿 tʂʰou^{55}ʨior^{31}	丑角儿 tʂʰəu^{53}ʨior^{45}	丑角儿 tʂʰou^{53}ʨyor^{34}
老生	老生 lau^{53}ʂəŋ^{31}	老生 lau^{55}sən^{42}	老生 lau^{55}sən^{31}	老生 lau^{53}sən^{45}	老生 nau^{53}sən^{34}

续表

方言点 词目	中原官话区	混合1区	江淮官话区	混合3区	西南官话区
	汉滨	县河	茅坪	石泉	紫阳
小生	小生 ɕiau^{53}ʂəŋ^{31}	小生 ɕiau^{55}ʂən^{42}	小生 ɕiau^{55}sən^{31}	小生 ɕiau^{53}sən^{45}	小生 ɕiau^{53}sən^{34}
武生	武生 u^{53}ʂəŋ^{31}	武生 u^{55}ʂən^{42}	武生 u^{55}sən^{31}	武生 u^{53}sən^{45}	武生 u^{53}sən^{34}
老旦	老旦 lau^{53}tã^{44}	老旦 lau^{55}tan^{223}	老旦 lau^{55}tan^{213}	老旦 lau^{53}tan^{213}	老旦 nau^{53}tan^{213}
青衣	青衣 tɕʰin^{35}i^{31}	青衣 tɕʰin^{42}i^{42}	青衣 tɕʰin^{31}i^{31}	青衣 tɕʰin^{45}i^{45}	青衣 tɕʰin^{34}i^{34}
花旦	花旦 xua^{31}tã^{44}	花旦 xua^{42}tan^{223}	花旦 xua^{31}tan^{213}	花旦 xua^{45}tan^{213}	花旦 xua^{34}tan^{213}
小旦	小旦 ɕiau^{53}tã^{44}	小旦 ɕiau^{55}tan^{223}	小旦 ɕiau^{55}tan^{213}	小旦 ɕiau^{53}tan^{213}	小旦 ɕiau^{53}tan^{213}
跑龙套	跑龙套 pʰau^{53} luŋ^{35}tʰau^{44}	跑龙套 pʰau^{55} luŋ^{32}tʰau^{223}	跑龙套 pʰau^{55} luŋ^{42}tʰau^{213}	吼班儿 xəu^{53}par^{45}	吼班儿 xəu^{53}par^{34}
打闹台	打闹台 ta^{53}lau^{44}tʰæ^{35}	打闹台 ta^{55}lau^{23}tʰai^{32}	打闹台 ta^{55}lau^{22}tʰai^{42}	打闹台 ta^{53}lau^{23}tʰai^{42}	打闹台 ta^{53}nau^{23}tʰai^{21}
吼咆 喽啰吼场	吼咆 xəu^{53}pʰau^{31}	吼咆 xəu^{55}pʰau^{42}	吼咆 xou^{55}pʰau^{31}	吼咆 xəu^{53}pʰau^{45}	吼咆 xəu^{53}pʰau^{34}

二十二　动词

方言点 词目	中原官话区	混合1区	江淮官话区	混合3区	西南官话区
	汉滨	县河	茅坪	石泉	紫阳
走	走 tsəu^{53}	走 tsəu^{55}	走 tsou^{55}	走 tsəu^{53}	走 tsəu^{53}
跑	跑 pʰau^{53}	跑 pʰau^{55}	跑 pʰau^{55}	跑 pʰau^{53}	跑 pʰau^{53}

续表

方言点 / 词目	中原官话区	混合 1 区	江淮官话区	混合 3 区	西南官话区
	汉滨	县河	茅坪	石泉	紫阳
找	寻 ɕin^{35}	寻 ɕin^{312} 找 tʂau^{55}	找 tʂau^{55}	找 tʂau^{53}	找 tʂau^{53}
快步跑	飞跑 fei^{31}pʰau^{53} 飞快地跑 fei^{31} kʰuæ^{44}ti^{0}pʰau^{53}	飞跑 fei^{42}pʰau^{55} 飞快地跑 fei^{42} kʰuai^{23}ti^{0}pʰau^{55}	飞跑 fei^{31}pʰau^{55} 飞快地跑 fei^{31} kʰuai^{23}ti^{0}pʰau^{55}	飞跑 fei^{31}pʰau^{53} 飙起来跑 piau^{45} ʨʰi^{53}lai^{42}pʰau^{53}	飞跑 fei^{34}pʰau^{53} 飙起来跑 piau^{34} ʨʰi^{53}nai^{21}pʰau^{53}
一起走	一起走 i^{31}ʨi^{53}ʦəu^{53}	一起走 i^{42}ʨʰi^{55}ʦəu^{55}	一路走 i^{31}lou^{22}ʦəu^{55}	一路走 i^{42}ləu^{23}ʦəu^{53}	一路走 i^{21}nəu^{23}ʦəu^{53}
溜达散步	逛 kuaŋ^{44}	逛 kuaŋ^{223}	逛 kuaŋ^{213}	打逛逛 ta^{53}kuaŋ^{23}kuaŋ^{23}	打逛逛 ta^{53}kuaŋ^{23}kuaŋ^{23}
站	立 li^{31} 立下 li^{31}xa^{44}	站 tʂan^{223}	站倒 tʂan^{23}tau^{0}	站倒 tʂan^{23}tau^{0}	站倒 tʂan^{23}tau^{0}
蹲	跩 pfæ^{31} 跩下 pfæ^{31}xa^{44}	跩到 pfai^{42}tau^{0}	跩到 tʂɥai^{31}tau^{0}	跍到 ku^{45}tau^{0}	跍到 ku^{34}tau^{0}
躺	睡 fei^{44} 睡下 fei^{44}xa^{0}	睏到 kʰuən^{23}tau^{55}	睏到 kʰuən^{23}tau^{55}	睏到 kʰuən^{23}tau^{53}	睏到 kʰuən^{23}tau^{53}
往上跳	蹦 pəŋ^{44}	蹦 pəŋ^{223}	蹦 pəŋ^{213}	蹦 puŋ^{213}	蹦 puŋ^{213}
耍横蹦跳	迸 pie^{44}	迸 pie^{223}	迸 piɛ^{213}	迸 pie^{213}	迸 pie^{213}
跌跤	栽跤 ʦæ^{35}ʨiau^{31}	栽跤 ʦai^{42}ʨiau^{42} 绊跤 pan^{55}ʨiau^{42}	绊跤子 pan^{55}kau^{31}ʦɿ^{0}	绊跤 pan^{53}ʨiau^{45} 滚了 kuən^{53}liau^{0}	搭跤 ta^{21}ʨiau^{34} 滚了 kuən^{53}ɳiau^{0}
路滑而摔倒	出溜一下 pfʰu^{31}liəu$^{35:0}$i^{0}xa^{44}	出溜一下 pfʰu^{42}liəu$^{32:0}$i^{0}xa^{223}	出溜一下 tʂʰɥ^{31}liou$^{42:0}$i^{0}xa^{22}	出溜一下 tʂʰɥ^{45}liəu$^{42:0}$i^{0}xa^{23}	出溜一下 tʂʰu^{34}liəu$^{21:0}$i^{0}xa^{23}
爬起来	爬起来 pʰa^{35} ʨʰi^{53}læ^{0} 一头 拾起来 i^{31}tʰəu^{35} ʂɿ^{35}ʨʰi^{53}læ^{35}	爬起来 pʰa^{32} ʨʰi^{55}lai^{0} 一头 拾起来 i^{42}tʰəu^{32} ʂɿ^{32}ʨʰi^{55}lai^{0}	爬起来 pʰa^{42} ʨʰi^{55}lai^{0} 一头 爬起来 i^{31}tʰou^{42} pʰa^{42}ʨʰi^{55}lai^{0}	爬起来 pʰa^{42} ʨʰi^{53}lai^{0} 一头 爬起来 i^{45}tʰəu^{32} pʰa^{42}ʨʰi^{53}lai^{0}	爬起来 pʰa^{21} ʨʰi^{53}nai^{0} 一头 爬起来 i^{34}tʰəu^{21} pʰa^{21}ʨʰi^{53}nai^{0}
追	断 tuã^{44} 追 pfei^{31}	断 tuan^{23} 追 pfei^{42}	撵 ɳian^{55} 追 tʂɥei^{31}	撵 ɳian^{53} 追 tʂɥei^{45}	撵 ɳian^{53} 追 tʂuei^{34}

续表

方言点 词目	中原官话区	混合 1 区	江淮官话区	混合 3 区	西南官话区
	汉滨	县河	茅坪	石泉	紫阳
赶走	撵 ȵiã53	撵 ȵian55	撵 ȵian55	撵 ȵian53	撵 ȵian53
摇头	摆头儿 pæ53tʰər35	摆头 pai55tʰəu32	摆脑壳 pai55lau55kʰo0	摆脑壳 pai53lau53kʰo0	摆脑壳 pai53nau53kʰuo0
点头	点头儿 tiã53tʰər35	点头 tian55tʰəu312	点头 tian55tʰou42	点头 tian53tʰəu42	挝脑壳 tʂua21nau53kʰuo0
抬头	仰头 ȵiaŋ53tʰəu35 抬头 tʰæ35tʰəu35	扬起头 iaŋ32tɕʰi55tʰəu312 抬头 tʰai32tʰəu312	扬起头 iaŋ42tɕʰi55tʰou42 抬头 tʰai42tʰou42	扬起头 iaŋ42tɕʰi53tʰəu42 抬头 tʰai42tʰəu42	昂起头 ŋaŋ34tɕʰi53tʰəu21 抬头 tʰai21tʰəu21
低头	低头 ti31tʰəu35 頷头 tɕʰin53tʰəu35 头杵下 tʰəu35pfʰu53xa31	低头 ti42tʰəu312 头頷到 tʰəu32tɕʰin55tau0	低头 ti31tʰou42 脑壳頷到 lau55kʰo31 tɕʰin55tau0	脑壳勾到 lau53 kʰo42kəu45tau0 脑壳頷到 lau53 kʰo42tɕʰin53tau0	脑壳勾到 nau53 kʰo21kəu34tau0 脑壳頷到 nau53 kʰo21tɕʰin53tau0
回头	回头 xuei35tʰəu35 迈头 mæ44tʰəu35	回头 xui32tʰəu312	回头 xui42tʰou42	回头 xui42tʰəu42	回头 xui21tʰəu21
转过身	迈过身 mæ44kuo44ʂə̃31	迈过身 mæ23kuo23ʂən42	车过身 tʂʰɛ31ko23ʂən31	车过来 tʂʰe45ko23lai42	车过来 tʂʰe35kuo23nai21
折	折 pʰie53	折 pʰie55	折 pʰiɛ55	折 pʰie53	折 pʰie53
扳	扳 pã31	扳 pan42	扳 pan31	扳 pan45	扳 pan34
椰动	挪动 luo35tuŋ44	攒动 tsan55tuŋ23	攒动 tsan55təŋ22	攒动 tsan53tuŋ23	攒动 tsan53tuŋ23
捅	戳 pfʰə31	戳 pfʰə42	戳 tʂʰo55	戳 tʂʰo53	戳 tʂʰuo53
敲	敲 tɕʰiau31 磕 kʰɤ31	敲 kʰau42 磕 kʰɤ42	敲 kʰau31 磕 kʰo31	敲 kʰau45 磕 kʰo45	敲 kʰau34 磕 kʰuo34
牵	拉 la31 牵 tɕʰiã31	拉 la42 牵 tɕʰian42	拉 la31 牵 tɕʰian31	拉 la45 牵 tɕʰian45	拉 na34 牵 tɕʰian34

续表

方言点 / 词目	中原官话区	混合 1 区	江淮官话区	混合 3 区	西南官话区
	汉滨	县河	茅坪	石泉	紫阳
扶着	扶倒 fu^{35}tau^{0} 搀上 tʂʰã^{31}ʂaŋ^{44}	扶倒 fu^{32}tau^{0} 搀上 tʂʰan^{42}ʂaŋ^{23}	扶倒 fu^{42}tau^{0} 牵 tɕʰian^{31}	扶倒 fu^{42}tau^{0} 牵 tɕʰian^{45}	扶倒 fu^{21}tau^{0} 牵 tɕʰian^{34}
拖	拖 tʰuo^{31} 捞 lau^{44}	拖 tʰuo^{42} 捞 lau^{213}	拖 tʰo^{31} 捞 lau^{213}	拖 tʰo^{45} 捞 lau^{213}	拖 tʰuo^{34} 捞 nau^{213}
拔	拔 pa^{35}	拔 pa^{312}	拔 pa^{42} 扯 tʂʰe^{55}	扯 tʂʰe^{53} 拔 pa^{42}	扯 tʂʰe^{53} 拔 pa^{21}
挤	挤 tɕi^{53}	挤 tɕi^{55}	挤 tɕi^{55}	挤 tɕi^{53}	挤 tɕi^{53}
靠	靠 kʰau^{44}	靠 kʰau^{223}	靠 kʰau^{213}	靠 kʰau^{213}	靠 kʰau^{213}
踢	踢 tʰi^{31} 踹 pfʰæ^{53}	踢 tʰi^{42} 踹 pfʰæ^{55}	踢 tʰi^{31}	扻 tʂɥa^{42} 踢 tʰi^{45}	扻 tʂua^{21} 踢 tʰi^{34}
踩	踏 tʰa^{35} 踩 tsʰæ^{53}	踏 tʰa^{32} 踩 tsʰai^{55}	踩 tsʰai^{55}	踩 tsʰai^{53}	踩 tsʰai^{53}
踉踏，用于贬义	踉 liãn^{44}	踉 lian^{213}	踉 lian^{213}	踉 lian^{213}	踉 ȵian^{213}
小孩依偎大人	黏 zã^{35}	赖 lai ^{223}	赖 lai ^{22}	赖 lai ^{213}	赖 nai ^{213}
跨	跨 kʰua^{44}	跨 kʰa^{32}	跨 kʰa^{42}	跨 kʰa^{42}	跨 kʰa^{21}
跳	蹦 puŋ^{44}	蹦 puŋ^{223}	蹦 pəŋ^{213}	蹦 puŋ^{213}	蹦 puŋ^{213}
扔	撂 liau^{44}	撂 liau^{223}	甩 ʂɥai^{55}	甩 ʂɥai^{53}	甩 ʂuai^{53}
撕	撕 sɿ^{31}	撕 sɿ^{42}	撕 sɿ^{31}	撕 sɿ^{45}	撕 sɿ^{34}
撞	撞 pfaŋ^{44}	撞 pfaŋ^{223}	撞 tʂɥaŋ^{213}	撞 tʂɥaŋ^{213}	撞 tʂuaŋ^{213}
碰	碰 pʰəŋ^{44} 撞 pfʰaŋ^{53}	碰 pʰəŋ^{223} 撞 pfʰaŋ^{55}	撞 pʰaŋ^{55}	撞 pʰaŋ^{53}	撞 pʰaŋ^{53}

续表

词目＼方言点	中原官话区	混合1区	江淮官话区	混合3区	西南官话区
	汉滨	县河	茅坪	石泉	紫阳
缩	缩 suo31 退 tʰuei44	缩 suo42 退 tʰei223	缩 sou31	缩 səu45	缩 səu34
打孩子	挨 kʰæ35 砸 tsa35	挨 kʰai312 砸 tsa312 捶 tsaŋ312	挨 kʰai42 砸 tsa42 捶 tsaŋ42	挨 kʰai42 砸 tsa42 捶 tsaŋ42	挨 kʰai21 砸 tsa21 捶 tsaŋ21
抱	抱 pau44	抱 pau223	抱 pau22	抱 pau213	抱 pau213
拨拉	抪拉 pu31la31	拨 pau312	拨 pau42	拨 pau42	拨 pau21
抽	抽 tʂʰəu31	抽 tʂʰəu42	抽 tʂʰou31	抽 tʂʰəu45	抽 tʂʰəu34
撑	撑 tʂʰəŋ31	撑 tsʰən42	撑 tsʰən31	撑 tsʰən45	撑 tsʰən34
挡	挡 taŋ44	挡 taŋ223	挡 taŋ213	挡 taŋ213	挡 taŋ213
推	掀 ɕyã31	掀 ɕyan42	㧐 səŋ55	㧐 suŋ53	㧐 suŋ53
压	压 ȵia44	压 ȵia223	压 ŋa22	压 ia213	压 ia213
抓	抓 pfa31 抠抓 kʰəu31pfa31	抓 pfa42 抠抓 kʰəu42pfa42	抓 tʂʮa31 抠 kʰou31	抓 tʂʮa45 抠 kʰəu45	抓 tʂua34 抠 kʰəu34
比喻做事	挖抓 ua31pfa31 比撕苞谷，数他～得快	挖抓 ua42pfa42	挖抓 ua31tʂʮa31	挖抓 ua45tʂʮa45	挖抓 ua34tʂua34
掰弄	抠掐 kʰəu31tɕʰia31	抠掐 kʰəu42tɕʰia42	抠掐 kʰou31tɕʰia31	抠掐 kʰəu45tɕʰia45	抠掐 kʰəu34tɕʰia34
掏	掏 tʰau31 抠 ŋəu31	掏 tʰau42 抠 ŋəu42	掏 tʰau31 抠 ŋou31	掏 tʰau45 抠 ŋəu45	掏 tʰau34 抠 ŋəu34
拧	拧 ȵiŋ35	拧 ȵiŋ32	扭 ȵiou55	扭 ȵiəu53	扭 ȵiəu53

续表

词目＼方言点	中原官话区	混合 1 区	江淮官话区	混合 3 区	西南官话区
	汉滨	县河	茅坪	石泉	紫阳
挲	挲 tɕiəu^{31}	挲 tɕiəu^{42}	挲 tɕiou^{31}	挲 tɕiəu^{45}	挲 tɕiəu^{34}
抖	抖 tʰəu^{53}	抖 tʰəu^{55}	抖 tʰou^{55}	抖 tʰəu^{53}	抖 tʰəu^{53}
喷射	滮 piau^{31}	滮 piau^{42}	滮 piau^{31}	滮 piau^{45}	滮 piau^{34}
将长物矗立在地面	竖到 fu^{44}tau^{0} 蹾到 tuə̃^{44}tau^{0}	竖到 fu^{23}tau^{0} 蹾到 tən^{23}tau^{0}	蹾到 tən^{23}tau^{0}	蹾到 tən^{23}tau^{0}	蹾到 tən^{23}tau^{0}
用力拉住	撴 tuə̃^{44}	撴 tən^{223}	撴 tən^{213}	撴 tən^{213}	撴 tən^{213}
放	搁 kɤ^{31} 放 faŋ^{44}	搁 kɤ^{55} 放 faŋ^{223}	搁 ko^{55} 驾 ka^{23} 放 faŋ^{213}	搁 ko^{53} 放 faŋ^{213}	搁 kuo^{53} 放 faŋ^{213}
掺和	掺和 tʂʰã^{31}xuo^{44} 兑 tuei^{44}	兑 tei^{23} 掺 tsʰan^{42}	兑 tei^{213} 掺 tsʰan^{31}	兑 tei^{213} 掺 tsʰan^{45}	兑 tei^{213} 掺 tsʰan^{34}
坌	拌 pã^{44}	拌 pan^{223}	坌 pən^{22}	拌 pan^{213}	拌 pan^{213}
搅	搅 tɕiau^{53}	搅 tɕiau^{55}	搅 tɕiau^{55}	搅 tɕiau^{53}	搅 tɕiau^{53}
拾起来	拾起来 ʂʅ^{35}tɕʰi^{4} læ^{0} 捡起来 tɕiã^{53}tɕʰi^{53}læ^{0}	捡起来 tɕian^{55}tɕʰi^{55}lai^{0}	捡起来 tɕian^{55}tɕʰi^{55}lai^{0}	捡起来 tɕian^{53}tɕʰi^{53}lai^{0}	捡起来 tɕian^{53}tɕʰi^{53}nai^{0}
选择	挑 tʰiau^{31} 挑选 tʰiau^{31}ɕyã^{53}	挑 tʰiau^{42} 挑拣 tʰiau^{42}tɕian^{55}	挑 tʰiau^{31} 挑拣 tʰiau^{31}tɕian^{55}	挑 tʰiau^{45} 挑拣 tʰiau^{45}tɕian^{45}	挑 tʰiau^{34} 挑拣 tʰiau^{34}tɕian^{53}
提	提 tʰi^{35}	提 tʰia^{312} □ ke^{42}	提 tʰia^{42} □ kɛ^{31}	提 tia^{42}	提 tia^{21}
勒人	割人 kɤ^{31}zə̃^{35} 勒人 le^{31}zə̃^{35}	割人 kɤ^{42}zən^{32} 勒人 le^{42}zən^{32}	勒人 lɛ^{31}zən^{42}	锯人 ke^{23}zən^{42}	锯人 ke^{23}zən^{21}
收捡	收拾 ʂəu^{31}ʂʅ^{0}	捡拾 tɕian^{55}ʂʅ^{0}	捡拾 tɕian^{55}ʂʅ^{0}	捡拾 tɕian^{53}ʂʅ^{0}	捡拾 tɕian^{53}ʂʅ^{0}

续表

方言点 词目	中原官话区	混合 1 区	江淮官话区	混合 3 区	西南官话区
	汉滨	县河	茅坪	石泉	紫阳
寻找并收集	搜腾 səu^{31}tʰəŋ^{35}	搜腾 səu^{42}tʰən^{312}	搜腾 sou^{31}tʰən^{42}	搜腾 səu^{45}tʰən^{42}	搜腾 səu^{34}tʰən^{21}
打扫、整理或处理	拾掇 ʂʅ^{35}tuo^{0} 打遮 ta^{53}tʂe^{31}	打遮 ta^{55}tʂe^{42} 拾掇 ʂʅ^{32}tuo^{0}	打遮 ta^{55}tʂɛ^{31}	打遮 ta^{53}tʂe^{45}	拣拾 tɕian^{53}ʂʅ^{0}
藏（起来）	收拾 ʂəu^{31}ʂʅ^{0} 藏 tsʰaŋ^{35}	拣 tɕian^{55} 藏 tɕʰiaŋ^{312}	拣 tɕian^{55} 藏 tɕʰiaŋ^{42}	拣 tɕian^{53} 藏 tɕʰiaŋ^{42}	拣 tɕian^{53} 藏 tɕʰiaŋ^{21}
躲藏	躲藏 tuo^{53}tsʰaŋ^{35}	躲藏 tuo^{55}tsʰaŋ^{312}	躲藏 to^{55}tsʰaŋ^{42}	躲藏 to^{53}tsʰaŋ^{42}	躲藏 tuo^{53}tsʰaŋ^{21}
擦掉	擦掉 tsʰa^{31}tiau^{44}	擦掉 tsʰa^{42}tiau^{223} 跐掉 tsʰɿ^{55}tiau^{223}	擦掉 tsʰa^{31}tiau^{213} 跐掉 tsʰɿ^{55}tiau^{213}	擦掉 tsʰa^{42}tiau^{213} 跐掉 tsʰɿ^{53}tiau^{213}	擦掉 tsʰa^{21}tiau^{213} 跐掉 tsʰɿ^{53}tiau^{213}
丢失	掉咧 tiau^{44}lie^{0} 丢咧 tiəu^{31}lie^{0}	掉了 tiau^{23}liau^{0}	掉了 tiau^{213}liau^{0}	掉了 tiau^{23}liau^{0}	掉了 tiau^{223}nau^{0}
落	掉下来了 tiau^{44} ɕia^{44}læ^{35}lia^{0}	掉下来 tiau^{23}xa^{23}lai^{32}	掉下来 tiau^{23}xa^{22}lai^{42}	掉下来 tiau^{23}xa^{23}lai^{42}	掉下来 tiau^{23}xa^{23}nai^{21}
垒起来	摞起来 luo^{44} tɕʰi^{53}læ^{35} 码起 来 ma^{53}tɕʰi^{53}læ^{0}	摞起来 luo^{23} tɕʰi^{55}lai^{32} 码起来 ma^{55}tɕʰi^{55}lai^{0}	码起来 ma^{55}tɕʰi^{55}lai^{0}	码起来 ma^{53}tɕʰi^{53}lai^{0}	码起来 ma^{53}tɕʰi^{53}nai^{0}
搬	搬 pʰã^{35}	搬 pʰan^{32}	搬 pʰan^{42}	搬 pʰan^{42}	搬 pʰan^{21}
背	背 pei^{31}	背 pei^{42}	背 pei^{31}	背 pei^{45}	背 pei^{34}
扛	掂 tiã^{31}	掂 tian^{42}	栳 lau^{55}	栳 lau^{53}	栳 nau^{53}
挑	挑 tʰiau^{31}	挑 tʰiau^{42}	挑 tʰiau^{31}	挑 tʰiau^{45}	挑 tʰiau^{34}
抬	抬 tʰæ^{35}	抬 tʰai^{312}	抬 tʰai^{42}	抬 tʰai^{42}	抬 tʰai^{21}
捧	捧 pʰəŋ^{53}	捧 pʰəŋ^{55}	捧 pʰəŋ^{55}	捧 pʰuŋ^{53}	捧 pʰuŋ^{53}

续表

方言点 词目	中原官话区	混合 1 区	江淮官话区	混合 3 区	西南官话区
	汉滨	县河	茅坪	石泉	紫阳
托	托 tʰuo^{31}	托 tʰuo^{42}	托 tʰo^{31}	托 tʰo^{45}	托 tʰuo^{34}
按	按 ŋã^{44}	揿 ʦʰən^{55}	揿 ʦʰən^{55}	揿 ʦʰən^{53}	揿 ʦʰən^{53}
盖	囥 kʰaŋ^{53}	囥 kʰaŋ^{55}	囥 kʰaŋ^{55}	囥 kʰaŋ^{53}	囥 kʰaŋ^{53}
吊	挂 kua^{44} 吊 tiau^{44}	挂 kua^{223} 吊 tiau^{223}	挂 kua^{213} 吊 tʰiau^{213}	挂 kua^{213} 吊 tʰiau^{213}	挂 kua^{213} 吊 tʰiau^{213}
面皮脱落	脱壳 tʰuo^{31}kʰɤ^{35} 蜕皮 tʰuei^{44}pʰi^{35} 离皮 li^{44}pʰi^{35}	脱壳 tʰuo^{42}kʰɤ^{42} □层皮 lia^{42}ʦʰən^{32} pi^{32} 掉 tiau^{213} 蜕皮 tʰei^{23}pʰi^{32}	蜕皮 tʰei^{23}pʰi^{42} □层皮 lia^{31} ʦʰən^{42}pi^{42} 掉 tiau^{213}	离皮 li^{23}pʰi^{42} 掉 tiau^{213}	离皮 ȵi^{23}pʰi^{21} 掉 tiau^{213}
塞	堵 tu^{53} 塞 sei^{31}	堵 təu^{55} 塞 se^{42}	堵 tou^{55} 塞 sɛ^{31}	堵 təu^{53} 塞 se^{45}	堵 təu^{53} 塞 se^{34}
搓	搓 ʦʰuo^{31}	搓 ʦʰuo^{42}	搓 ʦʰo^{31}	搓 ʦʰo^{45}	搓 ʦʰuo^{34}
揉搓	挼 va^{35}	挼 va^{312}	挼 ʮa^{42}	挼 ʮa^{42}	挼 ʐʮa^{21}
卷	卷 tɕyã^{53}	卷 tɕyan^{55}	卷 tʂʮan^{55}	卷 tʂʮan^{53}	卷 tɕyan^{53}
摸	摸 mə^{31}	摸 mo^{42}	摸 mo^{31}	摸 mo^{42}	摸 muo^{21}
动别人东西	(别)搔 (pie^{35})sau^{44}	(别)搔 (pie^{32})sau^{223}	(别)搔 (piɛ^{42})sau^{213}	(别)搔 (pie^{42})sau^{213}	(别)搔 (pie^{21})sau^{213}
摘	摘 tʂei^{35}	摘 ʦe^{312}	摘 ʦɛ^{42}	摘 ʦe^{42}	摘 ʦe^{21}
勾	勾 kəu^{31}	勾 kəu^{42}	勾 kou^{31}	勾 kəu^{45}	勾 kəu^{34}
捏	捏 ȵie^{31}	捏 ȵie^{42}	捏 ȵiɛ^{31}	捏 ȵie^{42}	捏 ȵie^{21}

续表

方言点 词目	中原官话区	混合 1 区	江淮官话区	混合 3 区	西南官话区
	汉滨	县河	茅坪	石泉	紫阳
抽打	缠 tʂʰã^{35}	缠 tʂʰan^{312}	缠 tʂʰan^{42}	缠 tʂʰan^{42}	缠 tʂʰan^{21}
剥	剥 pə^{31}	剥 pə^{42} 欻皮 pfʰa^{55}pʰi^{312}	剥 po^{31} 欻皮 tʂʰʮa^{55}pʰi^{42}	剥 po^{42} 欻皮 tʂʰʮa^{53}pʰi^{42}	剥 po^{21} 欻皮 tʂʰua^{53}pʰi^{21}
贴	□ pia^{31}	□ pia^{42}	□ pia^{31}	□ pia^{42}	□ pia^{21}
裱糊或张贴	糊 xu^{35}	糊 xu^{32}	糊 xu^{42}	糊 xu^{42}	糊 xu^{21}
(腿)分开	□ pʰia^{53}	□ pʰia^{55}	□ pʰia^{55}	□ pʰia^{53}	□ pʰia^{53}
裁	裁 ʦʰæ^{35}	裁 ʦʰai^{32}	裁 ʦʰai^{42}	裁 ʦʰai^{42}	裁 ʦʰai^{21}
从中间截断	腰(成两截) iau^{31}(tʂʰəŋ^{35}liaŋ^{53}tɕie^{35})	腰(成两截) iau^{42}(tʂʰəŋ^{32}liaŋ^{55}tɕie^{32})	腰(成两截) iau^{31}(tʂʰən^{42}liaŋ^{55}tɕiɛ^{42})	腰(成两截) iau^{45}(tʂʰən^{42}liaŋ^{53}tɕie^{42})	腰(成两截) iau^{34}(tʂʰən^{21}ȵiaŋ^{53}tɕie^{21})
裂开	炸开 tʂa^{44}kʰæ^{31}	炸开 tʂa^{23}kʰai^{42}	炸开 tʂa^{23}kʰai^{31}	炸开 tʂa^{23}kʰai^{45}	炸开 tʂa^{23}kʰai^{34}
拿	拿 la^{35}	拿 la^{312}	端 tan^{31}	端 tan^{45}	端 tan^{34}
撮	撮 ʦuo^{31}	撮 ʦuo^{42}	撮 ʦo^{31}	撮 ʦo^{45}	撮 ʦuo^{34}
修理	掰之 pæ^{31}ʂʅ^{0} 培之 pʰei^{53}tʂʅ^{0}	掰之 pai^{42}ʂʅ^{0} 培之 pʰei^{55}tʂʅ^{0}	掰之 pai^{31}ʂʅ^{0} 培之 pʰei^{55}tʂʅ^{0}	掰之 pai^{45}ʂʅ^{0} 培之 pʰei^{53}tʂʅ^{0}	掰之 pai^{34}ʂʅ^{0} 培之 pʰei^{53}tʂʅ^{0}
乱整	瞎掰挥 xa^{31}pæ^{31}xuei^{31}	瞎掰挥 xa^{42}pai^{42}xuei^{42}	胡培之 xu^{42}pʰei^{55}tʂʅ^{0}	胡培之 xu^{42}pʰei^{53}tʂʅ^{0}	胡培之 xu^{21}pʰei^{53}tʂʅ^{0}
抢	刁 tiau^{31}	抢 tɕʰiaŋ^{55}	抢 tɕʰiaŋ^{55}	抢 tɕʰiaŋ^{53}	抢 tɕʰiaŋ^{53}
掰	掰 me^{31}	掰 me^{42}	掰 pʰiɛ^{31}	掰 pe^{45}	掰 pe^{34}

续表

方言点 词目	中原官话区	混合 1 区	江淮官话区	混合 3 区	西南官话区
	汉滨	县河	茅坪	石泉	紫阳
绑	绑（鞋带儿） paŋ^{53}(xæ^{35}tær^{44})	绑（鞋带儿） paŋ^{55}(xai ^{32}tair^{23})	绑（鞋带儿） paŋ^{55}(xai^{42}tair^{23})	绑（鞋带儿） paŋ^{53}(xai^{42}tair^{23})	绑（鞋带儿） paŋ^{53}(xai^{21}tair^{23})
系	系（裤腰带）tɕi^{44} (kʰu^{44}iau^{31}tæ^{44})	系（裤腰带）tɕi^{23} (kʰu^{23}iau^{42}tai^{23})	系（裤腰带）tɕi^{23} (kʰu^{23}iau^{31}tai^{23})	系（裤腰带）tɕi^{23} (kʰu^{23}iau^{45}tai^{23})	系（裤腰带）tɕi^{23} (kʰu^{23}iau^{34}tai^{23})
搧	搧 ʂã^{31} 笏 xu^{44} ～他一耳光	搧 ʂan^{42} 笏 xu^{23} ～他一耳光	搧 ʂan^{31}	搧 ʂan^{45}	搧 ʂan^{34}
转过脸	迈过脸 mæ^{44}kuo^{44}liã^{53}	迈过脸 mai^{23}ko^{23}lian^{55}	调转脸 tʰiau^{55}tʂʮan^{55}lian^{55}	调转脸 tʰiau^{53} tʂʮan^{53}lian^{53}	调转脸 tʰiau^{53} tʂuan^{53}ȵian^{53}
睁眼	睁眼 tsəŋ^{31}ȵiã^{53}	睁眼 tsən^{42}ian^{55}	睁眼 tsən^{31}ian^{55}	睁眼 tsən^{45}ian^{53}	睁眼 tsən^{34}ian^{53}
瞪眼	瞪眼 təŋ^{31}ȵiã^{53}	瞪眼 tən^{42}ian^{55}	瞪眼 tən^{31}ian^{55}	瞪眼 tən^{45}ian^{53}	鼓起眼睛 ku^{53} tɕʰi^{53}ian^{53}tɕin^{0}
闭眼	闭上眼睛 pi^{44}ʂaŋ^{0}iã^{53}tɕin^{0}	闭上眼睛 pi^{23}ʂaŋ^{0}ian^{55}tɕin^{0}	闭上眼睛 pi^{23}ʂaŋ^{0}ian^{55}tɕin^{0}	把眼睛眯到 pa^{23} ian^{53}tɕin^{0}mi^{45}tau^{0}	把眼睛眯到 pa^{23} ian^{53}tɕin^{0}mi^{34}tau^{0}
挤眼儿	夹眼儿 tɕia^{53}ȵiã^{53}	挤眼 tɕi^{55}ian^{55}	挤眼 tɕi^{55}ian^{55}	挤眼 tɕi^{53}ian^{53}	挤眼 tɕi^{53}ian^{53}
眨眼	夹眼儿 tɕia^{53}ȵiã^{53}	夹眼儿 tɕia^{55}ȵian^{55}	眨眼 tʂa^{55}ian^{55}	眨眼 tʂa^{53}ian^{53}	眨眼睛 tʂa^{53}ian^{53}tɕin^{0}
遇见	遇见 y^{44}tɕiã^{44} 碰到 pʰuŋ^{44}tau^{0}	遇见 y^{23}tɕian^{23} 碰到 pʰuŋ^{23}tau^{0}	遇倒 ʮ^{22}tau^{0}	遇倒 ʮ^{23}tau^{0}	遇倒 y^{23}tau^{0}
没料想碰上或遇到	对上 tuei^{35}ʂaŋ^{44}	对上 tei^{32}ʂaŋ^{23}	对上 tei^{42}ʂaŋ^{22}	对上 tei^{42}ʂaŋ^{23}	对上 tei^{21}ʂaŋ^{23}
看	看 kʰã^{44} 望 uaŋ^{44}	看 kʰan^{223} 望 uaŋ^{223}	看 kʰan^{213} 望 uaŋ^{22}	看 kʰan^{213} 望 uaŋ^{213}	看 kʰan^{213} 望 uaŋ^{213}
眼睛乱转	眼珠子乱转 ȵiã^{53}pfu^{31}tsɿ^{0} luã^{44}pfã^{44}	眼睛乱转 ȵian^{55} tɕin^{42}lan^{23}pfan^{23}	眼睛乱转 ŋan^{55} tɕin^{31}lan^{22}tʂʮan^{23}	眼睛乱转 ŋan^{53} tɕin^{4}lan^{23}tʂʮan^{213}	眼睛乱转 ian^{53} tɕin^{0}nan^{23}tʂuan^{213}
流眼泪	流眼泪 liəu^{35} ȵiã^{53}luei^{0}	流眼睛水 liou^{32} ȵian^{55}tɕin^{0}fei^{55}	流眼睛水 liou^{42} ŋan^{55}tɕin^{0}ʂʮei^{55}	流眼睛水 liou^{42} ŋan^{53}tɕin^{0}ʂʮei^{53}	流眼睛水 ȵiou^{21} ian^{53}tɕin^{0}ʂuei^{53}

续表

方言点 词目	中原官话区	混合 1 区	江淮官话区	混合 3 区	西南官话区
	汉滨	县河	茅坪	石泉	紫阳
张嘴	张嘴 tʂaŋ^{31}tsuei^{53} 张口 tʂaŋ^{31}kʰəu^{53}	张嘴 tʂaŋ^{42}tsei^{55}	咋嘴 tʂa^{31}tsei^{55}	咋嘴 tʂa^{45}tsei^{53}	咋嘴 tʂa^{34}tsei^{53}
闭嘴	嘴闭住 tsuei^{53} pi^{44}pfu^{44}	闭嘴 pi^{23}tsei^{55}	闭嘴 pi^{23}tsei^{55}	闭嘴 pi^{23}tsei^{53}	闭嘴 pi^{23}tsei^{53}
努嘴	努嘴 ləu^{31}tsuei^{53}	努嘴 ləu^{42}tsei^{55}	努嘴 lou^{31}tsei^{55}	努嘴 ləu^{45}tsei^{53}	努嘴 nəu^{34}tsei^{53}
噘嘴	噘嘴 tɕye^{31}tsuei^{53}	噘嘴 tɕye^{42}tsei^{55}	噘嘴 tʂʮɛ^{31}tsei^{55}	噘嘴 tʂʮe^{42}tsei^{53}	噘嘴 tɕye^{21}tsei^{53}
亲嘴	乖嘴 kuæ^{31}tsuei^{53}	打啵儿 ta^{55}pər^{223}	打啵儿 ta^{55}por^{213}	打啵 ta^{53}po^{45}	亲嘴 tɕʰin^{34}tsei^{53} 打啵 ta^{53}p^{34}
举手	挓手 tʂ a^{31}ʂəu^{53} 举手 tɕy^{53}ʂəu^{53}	举手 tɕy^{55}ʂəu^{55}	举手 tʂʮ^{55}ʂou^{55}	举手 tʂʮ^{53}ʂəu^{53}	举手 tɕy^{53}ʂou^{53}
摆手	摇手 iau^{35}ʂəu^{53}	摇手 iau^{32}ʂəu^{55}	摆手 pai^{55}ʂou^{55}	摆手 pai^{53}ʂəu^{53}	摆手 pai^{53}ʂəu^{53}
松手	丢手 tiəu^{35}ʂəu^{53} 松手 suŋ^{31}ʂəu^{53}	丢手 tiəu^{42}ʂəu^{55} 松手 suŋ^{42}ʂəu^{55}	松手 suŋ^{31}ʂou^{55} 放下 faŋ^{23}xa^{0}	松手 suŋ^{45}ʂəu^{53} 放下 faŋ^{23}xa^{0}	松手 suŋ^{34}ʂəu^{53} 放下 faŋ^{23}xa^{0}
伸手	伸手 tʂʰə̃^{31}ʂəu^{53}	伸手 tʂʰən^{42}ʂou^{55}	伸手 tʂʰən^{31}ʂou^{55}	伸手 tʂʰən^{45}ʂəu^{53}	伸手 tʂʰən^{34}ʂəu^{53}
动手	动手 tuŋ^{44}ʂəu^{53}	动手 tuŋ^{23}ʂəu^{55}	动手 təŋ^{22}ʂou^{55}	动手 tuŋ^{23}ʂəu^{53}	动手 tuŋ^{23}ʂəu^{53}
拍手	拍手 pʰei^{31}ʂəu^{53} 拍巴掌 pʰe^{31} pa^{31}tʂaŋ^{53}	拍手 pʰe^{42}ʂəu^{55}	拍手 pʰɛ^{31}ʂou^{55}	拍手 pʰe^{42}ʂəu^{53}	拍手 pʰe^{21}ʂou^{53}
背着手	背抄手 pʰei^{44} tʂʰau^{31}ʂəu^{53}	手背倒后头 ʂəu^{55}pei^{42}tau^{0} xəu^{23}tʰəu^{0}	手背倒后头 ʂou^{55}pei^{31}tau^{0} xəu^{22}tʰou^{0}	手背倒后头 ʂəu^{53}pei^{45}tau^{0} xəu^{23}tʰəu^{0}	手背倒后头 ʂəu^{53}pei^{34}tau^{0} xəu^{23}tʰəu^{0}
叉着手	叉着手 tʂʰa^{31}tʂɤ^{0}ʂəu^{53}	叉着手 tʂʰa^{42}tʂɤ^{0}ʂəu^{55}	叉着手 tʂʰa^{31}tʂo^{0}ʂou^{55}	叉着手 tʂʰa^{45}tʂo^{0}ʂəu^{53}	叉着手 tʂʰa^{34}tʂo^{0}ʂəu^{53}

续表

方言点 / 词目	中原官话区	混合 1 区	江淮官话区	混合 3 区	西南官话区
	汉滨	县河	茅坪	石泉	紫阳
笼着手	笼着手 luŋ^{35}tʂɤ^{0}ʂəu^{53} 把手筒倒 pa^{53} ʂəu^{53}tʰuŋ^{35}tau^{0}	把手筒倒 pa^{55}ʂəu^{55}tʰuŋ^{32} tau^{0}	把手筒倒 pa^{55}ʂou^{55}tʰəŋ^{42} tau^{0}	把手筒倒 pa^{53}ʂəu^{53}tʰuŋ^{42} tau^{0}	把手筒倒 pa^{53}ʂəu^{53}tʰuŋ^{21} tau^{0}
捂住	捂倒 u^{53}tau^{0} 盖住 kæ^{44}pfu^{44} 蒙上 məŋ^{35}ʂaŋ^{0}	捂倒 u^{55}tau^{0} 盖住 kæ^{55}pfu^{55}	捂倒 u^{55}tau^{0}	捂倒 u^{53}tau^{0}	捂倒 u^{53}tau^{0}
举	举 tɕy^{53}	举 tɕy^{55}	举 tʂʮ^{53}	举 tʂʮ^{53}	举 tɕy^{53}
望上托住	搊 tʂəu^{53}	搊 tʂəu^{55}	搊 tʂou^{55}	搊 tʂəu^{53}	搊 tʂəu^{53}
抵着或搬动	搊 tʂʰəu^{31}	搊 tsʰəu^{42}	搊 tsʰou^{31}	搊 tsʰəu^{45}	搊 tsʰəu^{34}
放到（那里）	撂到 lau^{44}tau^{0} 甩到 fæ^{53}tau^{0}	撂到 lau^{23}tau^{0} 甩到 fai^{55}tau^{0}	搁到 ko^{55}tau^{0} 甩到 ʂɥai^{55}tau^{0}	搁到 ko^{53}tau^{0} 甩到 ʂɥai^{53}tau^{0}	放到 faŋ^{23}tau^{0} 甩到 ʂuai^{53}tau^{0}
弹指头	弹指头儿 tʰã^{32}tʂʅ^{31}tʰəur^{0}	弹指头儿 tʰan^{32}tʂʅ^{42}tʰəur^{0}	绷 pəŋ^{31}	绷 puŋ^{45}	绷指头 poŋ^{34}tʂʅ^{21}tʰər^{0}
攥起拳头	攥捶头子 tsuã^{44}pfʰei^{35} tʰəu^{31}tsɿ^{0}	捏起捶头子 ȵie^{42}tɕʰi^{0}pfʰei^{32} tʰəu^{32}tsɿ^{0}	捏起捶头子 ȵiɛ^{31}tɕʰi^{55} tʂʰɥei^{42}tʰou^{42}tsɿ^{0}	捏起捶头子 ȵie^{45}tɕʰi^{53} tʂʰɥei^{42}tʰəu^{42}tsɿ^{0}	捏起锭子 ȵie^{34}tɕʰi^{53}tin^{23} tsɿ^{0}
跺脚	弹脚 tã^{44}tɕyo^{31}	弹脚 tʰan^{23}tɕio^{42}	弹脚 tʰan^{22}tɕio^{31}	弹脚 tʰan^{23}tɕio^{42}	蹬脚 tən^{21}tɕyo^{21}
踮脚	踮 tʰiã^{44}tɕyo^{31}	踮脚 tʰian^{23}tɕio^{42}	踮脚 tʰian^{22}tɕio^{31}	踮脚 tʰian^{23}tɕio^{42}	踮脚 tʰian^{23}tɕyo^{21}
二郎腿	跷二郎腿 tɕʰiau^{31}ər^{44}laŋ^{35} tʰuei^{53}	跷二郎腿 tɕʰiau^{42}ər^{23}laŋ^{32} tʰuei^{55}	跷二郎胯子 tɕʰiau^{31}ər^{22}laŋ^{42} kʰua^{55}tsɿ^{0}	跷二郎腿 tɕʰiau^{23}ər^{23}laŋ^{42} tʰei^{53}	跷二郎腿 tɕʰiau^{23}ər^{23}laŋ^{21} tʰei^{53}
蜷腿	蜷腿 tɕʰyã^{35}tʰuei^{53}	蜷腿 tɕʰyan^{32}tʰuei^{55}	蜷腿 tʂʰɥan^{42}tʰei^{55}	蜷腿 tʂʰɥan^{42}tʰei^{53}	蜷腿 tɕʰyan^{21}tʰei^{53}
抖腿	闪腿 ʂã^{53}tʰuei^{53}	弹腿 tʰan^{32}tʰei^{55}	弹腿 tʰan^{42}tʰei^{55}	弹腿 tʰan^{42}tʰei^{53}	弹腿 tʰan^{21}tʰei^{53}

续表

方言点 / 词目	中原官话区	混合 1 区	江淮官话区	混合 3 区	西南官话区
	汉滨	县河	茅坪	石泉	紫阳
弯着腰	扛着腰 kʰaŋ^{35}tʂɤ^{0}iau^{31}	扛着腰 kʰaŋ^{32}tʂɤ^{0}iau^{42}	弯着腰 uan^{31}tʂo^{0}iau^{31}	弯着腰 uan^{45}tʂo^{0}iau^{45}	弯着腰 uan^{34}tʂuo^{0}iau^{34}
伸腰	伸懒腰 tʂʰə̃^{31}lã^{53}iau^{31}	伸懒腰 tʂʰən^{42}lan^{55}iau^{42}	伸懒腰 tʂʰən^{31}lan^{55}iau^{31}	伸懒腰 tʂʰən^{45}lan^{53}iau^{45}	伸懒腰 tʂʰən^{34}nan^{53}iau^{34}
撑腰	撑腰 tʂʰəŋ^{31}iau^{31}	撑腰 tsʰən^{42}iau^{42}	撑腰 tsʰən^{31}iau^{31}	撑腰 tsʰən^{45}iau^{45}	撑腰 tsʰən^{34}iau^{34}
撅屁股	撅屁股 tɕye^{31}pʰɿ^{44}ku^{0}	撅屁股 tɕye^{42}pʰi^{23}ku^{55}	撅屁股 tʂʮɛ^{0}pʰi^{23}ku^{55}	撅起尻子 tʂʮe^{45} tɕʰi^{53}kəu^{23}tsɿ^{0}	撅起尻子 tɕye^{0} tɕʰi^{53}kəu^{23}tsɿ^{0}
捶背	捶背 pfʰei^{35}pei^{44}	捶背 pfʰei^{32}pei^{23}	捶背 tʂʰʮei^{42}pei^{213}	捶背 tʂʰʮei^{42}pei^{213}	捶背 tʂʰuei^{21}pei^{213}
擤	擤（鼻） ɕin^{53} (pi^{35})	擤（鼻子） ɕin^{55} (pi^{32}tsɿ^{0})	擤（鼻子） ɕin^{55} (pi^{42}tsɿ^{0})	擤（鼻子） ɕin^{53} (pi^{42}tsɿ^{0})	擤（鼻子） ɕin^{53} (pi^{21}tsɿ^{0})
吸溜鼻涕	抽鼻 tʂʰəu^{31}pi^{35}	抽鼻 tʂʰəu^{42}pi^{32}	吸溜鼻子 ɕi^{31}liou^{42}pi^{42}tsɿ^{0}	吸溜鼻子 ɕi^{45}liəu^{42}pi^{42}tsɿ^{0}	吸溜鼻子 ɕi^{34}ȵiəu^{21}pi^{21}tsɿ^{0}
打喷嚏	打喷嚏 ta^{53}pʰə̃^{44}tʰie^{0}	打喷嚏 ta^{55}pʰən^{23}tʰie^{0}	打喷嚏 ta^{55}pʰən^{23}tɕʰiɛ^{0}	打喷嚏 ta^{53}pʰən^{23}tɕʰie^{0}	打喷嚏 ta^{53}pʰən^{23}tɕʰie^{0}
闻	闻 uə̃^{35}	闻 uən^{312}	闻 uən^{42}	闻 uən^{42}	闻 uən^{21}
哭	叫唤 tɕiau^{44}xuã^{31} 哭鼻子 kʰu^{31}pi^{35}tsɿ^{0}	哭鼻子 kʰu^{31}pi^{32} tsɿ^{0} 嚎 xau^{312} □ ye^{223} □ ya^{223}	哭嘴 kʰu^{31}tsei^{55} 昂 ŋaŋ^{31} 嚎 xau^{42} □ ʮɛ^{214} □ ʮa^{214}	哭嘴 kʰu^{45}tsei^{53} 昂 ŋaŋ^{45} 嚎 xau^{42} □ ʮe^{213} □ ʮa^{213}	哭嘴 kʰu^{34}tsei^{53} 昂 ŋaŋ^{34} 嚎 xau^{21} □ ye^{213} □ ya^{213}
知道	知道 tʂʅ^{31}tau^{44}	知道 tʂʅ^{42}tau^{223}	晓得 ɕiau^{55}tɛ^{0}	晓得 ɕiau^{53}te^{0}	晓得 ɕiau^{53}te^{0}
不知道	知不道 tʂʅ^{31}pu^{31}tau^{44}	知不道 tʂʅ^{42}pu^{42}tau^{223}	找不到 tʂau^{55}pu^{31}tau^{55}	不晓得 pu^{42} ɕiau^{53}te^{0} 找不到 tʂau^{53}pu^{0}tau^{53}	不晓得 pu^{21}ɕiau^{53}te^{0}
是的	可不是 kʰɤ^{31}pu^{31}ʂʅ^{44} 是的 ʂʅ^{44}ti^{0}	可不是 kʰɤ^{42}pu^{42}ʂʅ^{223} 是的 ʂʅ^{23}ti^{0}	是的 ʂʅ^{22}ti^{0}	是的 ʂʅ^{23}ti^{0}	是的 ʂʅ^{23}ti^{0}

续表

方言点 / 词目	中原官话区	混合 1 区	江淮官话区	混合 3 区	西南官话区
	汉滨	县河	茅坪	石泉	紫阳
谁知道?	晓得? ɕiau^{53}te^{35} 谁知道 ʂei^{35}tʂʅ^{31}tau^{44}	晓得? ɕiau^{55}te^{213} 谁知道 ʂei^{32}tʂʅ^{42}tau^{213}	哪个晓得? la^{55}ko^{0}ɕiau^{55}tɛ^{0}	哪个晓得? la^{53}ko^{0}ɕiau^{53}te^{0}	哪个晓得? na^{53}kuo^{0}ɕiau^{53}te^{0}
极力找时间空隙	瞅空 tʂʰəu^{53}kʰuŋ^{44}	瞅丝默空 tʂʰəu^{55} sɿ^{0}me^{42}kʰuŋ^{223}	瞅丝默空 tʂʰou^{55} sɿ^{0}mɛ^{31}kʰəŋ^{213}	瞅空 tʂʰəu^{53}kʰuŋ^{23}	瞅空 tʂʰou^{53}kʰuŋ^{213}
懂了	解开咧 ɕie^{44}kʰæ^{31}lie^{0} 懂咧 tuŋ^{53}liɛ^{0}	懂倒了 tuŋ^{55}tau^{55}liau^{0}	懂倒了 təŋ^{55}tau^{55}liau^{0}	晓得了 ɕiau^{53}tɛ^{42}liau^{0}	晓得了 ɕiau^{53}tɛ^{21}liau^{0}
听不懂	听不懂 tʰiŋ^{31}pu^{31}tuŋ^{53}	听不懂 tʰiŋ^{42}pu^{42}tuŋ^{55}	懂不到 təŋ^{44}pu^{31}tau^{55}	懂不到 tuŋ^{53}pu^{45}tau^{53}	不懂得 pu^{34}tuŋ^{53}te^{0}
会了	会咧 xuei^{44}lie^{0}	会了 xuei^{23}liau^{0}	会了 xuei^{22}liau^{0}	会了 xuei^{23}liau^{0}	会了 xuei^{23}liau^{0}
认得	认得 zə̃^{44}te^{31}	认得 zən^{23}te^{0}	认得 zən^{22}tɛ^{0}	认得 zən^{23}te^{0}	认得 zən^{23}te^{0}
不认得	不认得 pu^{31}zə̃^{44}te^{0}	不认得 pu^{42}zən^{23}te^{0}	认不倒 zən^{22}pu^{0}tau^{55}	认不倒 zən^{23}pu^{0}tau^{53}	认不倒 zən^{23}pu^{0}tau^{53}
思考思考	想一下 ɕiaŋ^{53}i^{0}xa^{44}	想一下 ɕiaŋ$^{55:0}$i^{0}xa^{223}	想一下 ɕiaŋ$^{55:0}$i^{0}xa^{55}	想一下 ɕiaŋ$^{53:0}$i^{0}xa^{213}	默一下 mɛ$^{21:0}$i^{0}xa^{213}
思量与分析	揣摸 pfʰai^{53}mə^{31}	揣摸 pfʰai^{55}mə^{0}	揣摸 tʂʰɥai^{55}mo^{0}	估摸 ku^{53}mo^{0}	估摸 ku^{53}mo^{0}
小心等着	小心着 ɕiau^{53}ɕin^{31}tʂɤ^{0}	小心着 ɕiau^{55}ɕin^{42}tʂɤ^{0}	小心到 ɕiau^{55}ɕin^{31}tau^{0}	小心到 ɕiau^{53}ɕin^{45}tau^{0}	小心到 ɕiau^{53}ɕin^{34}tau^{0}
估量	可摸 kʰɤ^{53}mə^{31} 试摸 ʂʅ^{44}mə^{31} 乘摸 tʂʰən^{44}mə^{31} 持摸着 tʂʰʅ^{31}mə^{31}tʂɤ^{0}	可摸 kʰɤ^{55}mə^{42} 试摸 ʂʅ^{23}mə^{42} 乘摸 tʂʰən^{23}mə^{31} 持摸着 tʂʰʅ^{31}mə^{31}tʂɤ^{0}	估摸 ku^{55}mo^{31} 试摸 ʂʅ^{23}mo^{31} 乘摸 tʂʰən^{23}mo^{31} 谨招呼 tɕin^{55}tʂau^{31}xu^{0}	估按 ku^{53}ŋan^{213} 试摸 ʂʅ^{23}mo^{21} 乘摸 tʂʰən^{23}mo^{42} 谨招呼 tɕin^{53}tʂau^{45}xu^{0}	估按 ku^{53}ŋan^{213} 试摸 ʂʅ^{23}muo^{21} 乘摸 tʂʰən^{23}muo^{21} 谨招呼 tɕin^{53}tʂau^{34}xu^{0}
让人尝厉害	试火 ʂʅ^{44}xuo^{53}	试火 ʂʅ^{23}xuo^{55}	试下子 ʂʅ^{23}xa^{55}tsɿ^{0}	试下子 ʂʅ^{23}xa^{23}tsɿ^{0}	试下子 ʂʅ^{23}xa^{23}tsɿ^{0}
尝试一下	试一下 ʂʅ$^{23:0}$i^{0}luo^{31}tʰie^{31}	试一下 ʂʅ$^{23:0}$i^{0}luo^{31}tʰie^{31}	试一烙铁 ʂʅ$^{23:0}$i^{0}lo^{31}tʰiɛ^{31}	试一烙铁 ʂʅ$^{23:0}$i^{0}lo^{42}tʰie^{42}	试一烙铁 ʂʅ$^{23:0}$i^{0}nuo^{21}tʰie^{21}

续表

方言点 / 词目	中原官话区	混合 1 区	江淮官话区	混合 3 区	西南官话区
	汉滨	县河	茅坪	石泉	紫阳
失手错打	失错 ʂʅ^{31}tsʰuo^{44}	失错 ʂʅ^{42}tsʰuo^{223}	失错 ʂʅ^{31}tsʰo^{213}	失错 ʂʅ^{42}tsʰo^{213}	失错 ʂʅ^{21}tsʰuo^{213}
言行不符常识规则	失格 ʂʅ^{35}kei^{31}	失格 ʂʅ^{32}ke^{42}	失格 ʂʅ^{31}kɛ^{31}	失格 ʂʅ^{42}ke^{42}	失格 ʂʅ^{21}ke^{21}
想主意	打主意 ta^{53}pf$^{63;0}$i	打主意 ta^{55}pf $^{55;0}$i	打主意 ta^{55}tʂʮ$^{55;0}$i	打主意 ta^{53}tʂʮ$^{53;0}$i	打主意 ta^{53}tʂu$^{53;0}$i
想尽办法	生方打主意 ʂə̃^{31}faŋ^{31}ta^{53} pfu$^{53;0}$i	生方打主意 sən^{42}faŋ^{42}ta^{55} pfu $^{55;0}$i	生方打主意 sən^{31}faŋ^{31}ta^{55} tʂʮ$^{55;0}$i	生方打主意 sən^{45}faŋ^{45}ta^{53} tʂʮ$^{53;0}$i	生方打主意 sən^{34}faŋ^{34}ta^{53} tʂu$^{53;0}$i
猜想	猜想 tsʰai^{31} ɕiaŋ^{53} 估 ku^{53}	猜想 tsʰai^{42}ɕiaŋ^{55}	猜想 tsʰai^{31}ɕiaŋ^{55}	估猜 ku^{53}tsʰai^{45}	估猜 ku^{53}tsʰai^{34}
料定	断定 tuã^{44}tin^{44} 料定 liau^{44}tin^{44}	料定 liau^{23}tin^{223}	料定 liau^{22}tin^{22}	料定 liau^{23}tin^{213}	料定 ȵiau^{23}tin^{213}
拿主意	主张 pfu^{53}tʂaŋ^{31}	主张 pfu^{55}tʂaŋ^{42}	主张 tʂʮ^{55}tʂaŋ^{22}	主张 tʂʮ^{53}tʂaŋ^{45}	主张 tʂu^{53}tʂaŋ^{34}
相信	相信 ɕiaŋ^{31}ɕin^{44}	相信 ɕiaŋ^{42}ɕin^{223}	相信 ɕiaŋ^{31}ɕin^{213}	相信 ɕiaŋ^{45}ɕin^{213}	相信 ɕiaŋ^{34}ɕin^{213}
怀疑	怀疑 xuæ^{35}ȵi^{35}	怀疑 xuai^{32}ȵi^{32}	怀疑 xuai^{42}ȵi^{42}	猜忌 tsʰai^{45}tɕi^{23}	猜忌 tsʰai^{34}tɕi^{23}
沉思	闷到 mə̃^{44}tau^{0}	闷到 mən^{23}tau^{0}	闷倒 mən^{22}tau^{0}	闷倒 mən^{23}tau^{0}	闷倒 mən^{23}tau^{0}
犹疑	二心不定 ər^{44} ɕin^{31}pu^{31}tin^{44}	五心不定 u^{55}ɕin^{42}pu^{42}tin^{223}	五心不定 u^{55}ɕin^{31}pu^{31}tin^{22}	五心不定 u^{53}ɕin^{45}pu^{42}tin^{213}	五心不定 u^{53}ɕin^{34}pu^{21}tin^{213}
留神	注意 pfu^{44}i^{44}	注意 pfu^{23}i^{223}	把发 pa^{55}fa^{31} 留神 liou^{42}ʂən^{42}	留神 liəu^{42}ʂən^{42}	留神 ȵiəu^{21}ʂən^{21}
惧怕	害怕 xæ^{44}pʰa^{44}	害怕 xai^{23}pʰa^{223}	害怕 xai^{22}pʰa^{213}	害怕 xai^{23}pʰa^{213}	害怕 xai^{23}pʰa^{213}
担心	担心 tã^{35}ɕin^{31} 害怕 xæ^{44}pʰa^{44}	担心 tan^{32}ɕin^{42} 害怕 xai^{23}pʰa^{223}	害怕 xai^{22}pʰa^{213}	害怕 xai^{23}pʰa^{213}	害怕 xai^{23}pʰa^{213}

续表

方言点 词目	中原官话区	混合 1 区	江淮官话区	混合 3 区	西南官话区
	汉滨	县河	茅坪	石泉	紫阳
吓着了	吓着了 xa^{44}tʂɤ^{31}liau^{0}	吓倒了 xe^{42}tau^{55}liau^{0}	吓倒了 xɛ^{31}tau^{22}liau^{0}	吓倒了 xe^{42}tau^{23}liau^{0}	吓倒了 xe^{21}tau^{23}liau^{0}
着急	着急 pfə^{31}tɕi^{35}	着急 pfɤ^{42}tɕi^{312}	着急 tʂo^{42}tɕi^{42}	着急 tʂo^{42}tɕi^{42}	着急 tʂuo^{21}tɕi^{21}
挂念	挂牵 tɕʰiã^{35}kua^{44} 惦记 tiã^{44}tɕi^{44}	挂牵 tɕʰian^{42}kua^{23} 惦记 tian^{23}tɕi^{23}	欠 tɕʰian^{213}	挂牵 kua^{23}tɕʰian^{213}	挂牵 kua^{23}tɕʰian^{213}
心里记挂	刻欠 kʰɤ^{31}tɕʰiã^{44}	刻欠 kʰɤ^{42}tɕʰian^{23}	刻欠 kʰɛ^{42}tɕʰian^{213}	刻欠 kʰe^{42}tɕʰian^{213}	刻欠 kʰe^{21}tɕʰian^{213}
放心	放心 faŋ^{44}ɕin^{31}	放心 faŋ^{23}ɕin^{42}	放心 faŋ^{23}ɕin^{31}	莫操心 mo^{42}tsʰau^{45}ɕin^{45}	放心 faŋ^{23}ɕin^{34}
盼望	巴望 pa^{31}uaŋ^{44} 盼望 pʰã^{44}uaŋ^{44} 指望 tʂʅ^{53}uaŋ^{0}	巴望 pa^{42}uaŋ^{223} 盼望 pʰan^{23}uaŋ^{223} 指望 tʂʅ^{55}uaŋ^{223}	巴望 pa^{31}uaŋ^{22} 指望 tʂʅ^{55}uaŋ^{22}	巴望 pa^{45}uaŋ^{213} 指望 tʂʅ^{53}uaŋ^{23}	巴望 pa^{21}uaŋ^{213} 指望 tʂʅ^{53}uaŋ^{213}
正中希望	巴不得 pa^{31}pu^{31}te^{0}	巴不得 pa^{42}pu^{0}te^{42}	巴不得 pa^{31}pu^{0}tɛ^{31}	巴不得 pa^{45}pu^{0}te^{21}	巴不得 pa^{34}pu^{0}te^{21}
记着	记下 tɕi^{44}xa^{0} 记住 tɕi^{44}pfu^{0}	记倒的 tɕi^{23}tau^{55}ti^{0}	记倒的 tɕi^{23}tau^{55}ti^{0}	记倒的 tɕi^{23}tau^{53}ti^{0}	记倒的 tɕi^{23}tau^{53}ti^{0}
忘记了	忘咧 uaŋ^{44}liɛ^{0}	忘净了 uaŋ^{23}tɕin^{23}liau^{0}	忘净了 uaŋ^{22}tɕin^{22}liau^{0}	忘记了 uaŋ^{23}tɕi^{23}liau^{0}	忘净了 uaŋ^{23}tɕin^{23}liau^{0}
想起来了	想起来了 ɕiaŋ^{53} tɕʰi^{53}lai^{35}liau^{0}	想起来了 ɕiaŋ^{55} tɕʰi^{55}lai^{32}liau^{0}	想起来了 ɕiaŋ^{55} tɕʰi^{55}lai^{42}liau^{0}	想起来了 ɕiaŋ^{53} tɕʰi^{53}lai^{42}liau^{0}	想起来了 ɕiaŋ^{53} tɕʰi^{53}nai^{21}ȵiau^{0}
偏心	偏斧头 pʰiã^{31} fu^{53}tʰəu^{0} 偏心 pʰiã^{35}ɕin^{31}	偏心眼儿 pʰian^{42} ɕin^{42}iar^{55} 偏心 pʰian^{42}ɕin^{42}	偏心眼儿 pʰian^{31} ɕin^{31}iar^{55} 偏心 pʰian^{31}ɕin^{31}	偏心眼儿 pʰian^{45} ɕin^{45}iar^{53} 偏心 pʰian^{45}ɕin^{45}	偏心眼儿 pʰian^{34} ɕin^{34}iar^{53} 偏心 pʰian^{34}ɕin^{34}
眼红	眼红 ȵiã^{53}xuŋ^{35}	眼红 ȵian^{55}xuŋ^{312}	眼红 ian^{55}xəŋ^{42}	眼红 ian^{53}xuŋ^{42}	眼红 ian^{53}xuŋ^{21}
忌妒	恨 xə̃^{44}	恨 xən^{223}	恨 xən^{22}	恨 xən^{213}	恨 xən^{213}

续表

方言点 词目	中原官话区	混合 1 区	江淮官话区	混合 3 区	西南官话区
	汉滨	县河	茅坪	石泉	紫阳
巴结讨好	骚亲 sau^{35}tɕʰin^{31} 舔尻子 tʰiã^{53} kəu^{31}tsɿ^{0} 吹红 火炭儿 pfʰei^{31} xuŋ^{35}xuo^{53}tʰã^{44}	骚亲 sau^{42}tɕʰin^{42} 舔尻子 tʰian^{55} kəu^{42}tsɿ^{0} 吹红 火炭儿 pfʰei^{42} xuŋ^{32}xuo^{55}tʰan^{223}	骚亲 sau^{31}tɕʰin^{31} 舔尻子 tʰian^{55}kou^{31}tsɿ^{0}	骚亲 sau^{45}tɕʰin^{45} 舔尻子 tʰian^{53}kəu^{45}tsɿ^{0}	骚亲 sau^{34}tɕʰin^{34} 舔尻子 tʰian^{53}kəu^{34}tsɿ^{0}
捣鬼	斗经 təu^{44}tɕin^{31} 日鬼 ʐʅ^{31}kuei^{53}	斗经 təu^{23}tɕin^{42} 日鬼 ʐʅ^{42}kuei^{55}	斗经 tou^{23}tɕin^{31} 日鬼 ʐʅ^{31}kuei^{55}	日鬼 ʐʅ^{45}kuei^{53}	日鬼 ʐʅ^{34}kuei^{53}
扯皮	扯经 tʂʰɤ^{53}tɕin^{31}	扯经 tʂʰɤ^{55}tɕin^{42}	扯经 tʂʰɛ^{55}tɕin^{31}	扯经 tʂʰe^{53}tɕin^{45}	扯经 tʂʰe^{53}tɕin^{34}
勾扯	勾扯 kəu^{31}tʂɤ^{53}	勾扯 kəu^{42}tʂɤ^{55}	勾扯 kou^{31}tʂɛ^{55}	勾扯 kəu^{45}tʂe^{53}	勾扯 kəu^{34}tʂe^{53}
故意与他人纠缠	扯经弄绊 tʂʰɤ^{53} tɕin^{31}loŋ^{44}pʰã^{44}	扯经弄绊 tʂʰɤ^{55} tɕin^{42}luŋ^{23}pʰan^{223}	扯经弄绊 tʂʰɛ^{55} tɕin^{31}ləŋ^{22}pʰan^{213}	扯经弄绊 tʂʰe^{53} tɕin^{45}luŋ^{23}pʰan^{213}	扯经弄绊 tʂʰe^{53} tɕin^{34}luŋ^{23}pʰan^{213}
故意找人麻烦	扯皮扽经 tʂʰɤ^{53} pi^{35}tuən^{44}tɕin^{31}	扯皮扽经 tʂʰɤ^{55} pi^{32}tən^{23}tɕin^{42}	扯皮扽经 tʂʰɛ^{55} pi^{42}tən^{23}tɕin^{31}	扯皮扽经 tʂʰe^{53} pi^{42}tən^{23}tɕin^{45}	扯皮扽经 tʂʰe^{53} pi^{21}tən^{23}tɕin^{34}
办事不顺	扯七扽八 tʂʰɤ^{53} tɕʰi^{31}tuən^{44}pa^{31}	扯七扽八 tʂʰɤ^{55} tɕʰi^{42}tən^{23}pa^{42}	扯七扽八 tʂʰɛ^{55} tɕʰi^{31}tən^{23}pa^{31}	扯七扽八 tʂʰe^{53} tɕʰi^{42}tən^{23}pa^{42}	扯七扽八 tʂʰe^{53} tɕʰi^{42}tən^{23}pa^{21}
不与交往	不黏经 pu^{31}ʐã^{35}tɕin^{31}	不黏经 pu^{43}ʐan^{32}tɕin^{42}	不黏经 pu^{31}ʐan^{42}tɕin^{31}	不黏经 pu^{45}ʐan^{42}tɕin^{45}	不黏经 pu^{34}ʐan^{21}tɕin^{34}
不愿意不同意	不缠经 pu^{31}tʂʰã^{44}tɕin^{31}	不缠经 pu^{42}tʂʰan^{23}tɕin^{42}	不缠经 pu^{31}tʂʰan^{23}tɕin^{31}	不缠经 pu^{42}tʂʰan^{23}tɕin^{45}	不缠经 pu^{21}tʂʰan^{23}tɕin^{34}
骗	哄人 xuŋ^{53}ʐə̃^{35} 骗 pʰiã^{44} 骟经 ʂã^{44}tɕin^{31}	骟经 ʂan^{23}tɕin^{42} 哄人 xuŋ^{55}ʐən^{312}	骟经 ʂan^{23}tɕin^{31} 哄人 xəŋ^{55}ʐən^{42}	骟经 ʂan^{23}tɕin^{45} 哄人 xuŋ^{53}ʐən^{42}	哄骗 xuŋ^{53}pʰian^{213}
骗、赖	彪 piau^{31}	彪 piau^{42}	彪 piau^{31}	彪 piau^{45}	彪 piau^{34}
惹了祸	戳拐 pfʰə^{31}kuæ^{53}	戳拐 pfʰə^{42}kuai^{55}	闯祸 tʂʰʮaŋ^{55}xo^{22}	闯祸 tʂʰʮaŋ^{53}xo^{213}	闯祸 tʂʰuaŋ^{53}xuo^{213}
理睬	着视 tʂau^{35}ʂʅ^{44} 理视 li^{53}ʂʅ^{0}	着视 tʂau^{32}ʂʅ^{0} 理视 li^{55}ʂʅ^{0}	耳视 ər^{55}ʂʅ^{0} 理视 li^{55}ʂʅ^{0}	耳视 ər^{53}ʂʅ^{0} 理视 li^{53}ʂʅ^{0}	栽耳 tsai^{34}ər^{53} 理视 li^{53}ʂʅ^{0}

续表

方言点 / 词目	中原官话区	混合 1 区	江淮官话区	混合 3 区	西南官话区
	汉滨	县河	茅坪	石泉	紫阳
轻视而不理睬	不甩视 pu^{31}fæ^{53}ʂʅ^{0}	不甩视 pu^{42}fai^{55}ʂʅ^{0}	不甩视 pu^{31}ʂɥai^{55}ʂʅ^{0}	不甩视 pu^{45}ʂɥai^{53}ʂʅ^{0}	不甩视 pu^{34}ʂuai^{53}ʂʅ^{0}
没有意义没有结果	没求名堂 mə^{31}tɕʰiəu^{35}min^{35}tʰaŋ^{0}	没名堂 mə^{42}min^{32}tʰaŋ^{0}	没名堂 mo^{31}min^{42}tʰaŋ^{0}	没名堂 mo^{42}min^{42}tʰaŋ^{0}	没名堂 muo^{34}min^{21}tʰaŋ^{0}
恨	恨 xə̃^{44}	恨 xən^{23}	恨 xən^{22}	恨 xən^{213}	恨 xən^{213}
发愁	愁场人 tʂʰəu^{35}tʂʰaŋ^{53}ʐə̃^{35}	愁场人 tsʰəu^{32}tʂʰaŋ^{55}ʐən^{32}	愁人 tsʰou^{42}ʐən^{42}	愁人 tsʰəu^{42}ʐən^{42}	愁人 tsʰəu^{21}ʐən^{21}
受熬煎	熬煎 ŋau^{31}tɕian^{31}	熬煎人 ŋau^{42}tɕian^{42}ʐən^{32}	整人 tʂən^{55}ʐən^{42}	整人 tʂən^{53}ʐən^{42}	整人 tʂən^{53}ʐən^{21}
计较	争讲 tʂəŋ^{31}tɕiaŋ^{31}	争讲 tsən^{42}tɕiaŋ^{42}	争讲 tsən^{31}tɕiaŋ^{31}	争讲 tsən^{45}tɕiaŋ^{45}	争讲 tsən^{34}tɕiaŋ^{34}
多心	多心 tuo^{35}ɕin^{31}	多心 tuo^{42}ɕin^{42}	多心 to^{31}ɕin^{31}	多心 to^{45}ɕin^{45}	多心 tuo^{34}ɕin^{34}
抱怨	抱怨 pau^{44}yã^{31} 埋怨 mã^{35}yã^{31}	抱怨 pau^{23}yan^{223}	抱怨 pau^{23}ɥan^{23}	抱怨 pau^{23}ɥan^{23}	埋怨 man^{21}yan^{213} 抱怨 pau^{23}yan^{213}
闷着对抗	牛经 ȵiəu^{35}tɕin^{31}	牛经 ȵiəu^{32}tɕin^{42}	牛经 ȵiou^{42}tɕin^{31}	牛经 ȵiəu^{42}tɕin^{45}	牛经 ȵiəu^{21}tɕin^{34}
赌气	赌气 tu^{53}tɕʰi^{44}	赌气 təu^{55}tɕʰi^{223}	赌气 təu^{55}tɕʰi^{213}	赌气 təu^{53}tɕʰi^{213}	赌气 təu^{53}tɕʰi^{213}
对抗	找事 tʂa^{53}ʂʅ^{44}	找事 tʂa^{55}ʂʅ^{223} 闹经 lau^{23}tɕin^{42}	闹经 lau^{22}tɕin^{31} 找事 tʂa^{55}ʂʅ^{22}	闹经 lau^{23}tɕin^{45} 找事 tʂa^{53}ʂʅ^{213}	闹经 nau^{23}tɕin^{34} 找事 tʂa^{53}ʂʅ^{213}
生气	生气 ʂəŋ^{31}tɕʰi^{44}	生气 sən^{42}tɕʰi^{223}	发气 fa^{22}tɕʰi^{213}	使气 ʂʅ^{53}tɕʰi^{213}	发气 fa^{21}tɕʰi^{213}
怄气	着气 pfə^{31}tɕʰi^{44}	着气 pfə^{42}tɕʰi^{223}	怄气 ŋou^{23}tɕʰi^{213}	怄气 ŋəu^{23}tɕʰi^{213}	怄气 ŋəu^{23}tɕʰi^{213}
憋气	憋气 pie^{31}tɕʰi^{44}	憋气 pie^{42}tɕʰi^{223}	憋气 piɛ^{31}tɕʰi^{213}	憋气 pie^{42}tɕʰi^{213}	憋气 pie^{21}tɕʰi^{213}
爱惜	心疼 ɕin^{31}tʰəŋ^{44}	心疼 ɕin^{42}tʰoŋ^{223} 爱惜 ai^{23}ɕi^{42}	心疼 ɕin^{31}tʰoŋ^{213} 爱惜 ai^{23}ɕi^{31}	心疼 ɕin^{45}tʰoŋ^{213}	爱惜 ai^{23}ɕi^{34}

续表

方言点 词目	中原官话区	混合 1 区	江淮官话区	混合 3 区	西南官话区
	汉滨	县河	茅坪	石泉	紫阳
疼爱	心疼 ɕin^{31}tʰəŋ^{44}	心疼 ɕin^{42}tʰuŋ^{223}	心疼 ɕin^{31}tʰəŋ^{213}	心疼 ɕin^{45}tʰuŋ^{213}	心疼 ɕin^{34}tʰuŋ^{213}
娇惯	娇惯 tɕiau^{31}kuã^{44} 惯使 kuã^{44}ʂʅ^{0}	娇惯 tɕiau^{42}kuan^{223}	惯使 kuan^{23}ʂʅ^{0}	惯使 kuan^{23}ʂʅ^{0}	惯使 kuan^{23}ʂʅ^{0}
宠爱	看得娇 kʰã^{44}tɤ^{35}tɕiau^{31}	溺爱 ȵi^{42}ŋai^{223}	溺爱 ȵi^{31}ŋai^{213}	溺爱 ȵi^{42}ŋai^{213}	心疼 ɕin^{34}tʰuŋ^{213}
袒护孩子	护短 xu^{44}tuã^{53}	护短 xu^{23}tan^{55}	护短 xu^{22}tan^{55}	护短 xu^{23}tan^{53}	护短 xu^{23}tan^{53}
迁就	让 ʐaŋ^{44} 迁就 tɕiã^{31}tɕiəu^{44}	让 ʐaŋ^{223} 迁就 tɕian^{42}tɕiəu^{223}	让 ʐaŋ^{22} 迁就 tɕian^{31}tɕiou^{22}	让 ʐaŋ^{213} 迁就 tɕian^{45}tɕiəu^{23}	让 ʐaŋ^{213} 迁就 tɕʰian^{34}tɕiəu^{213}
喜欢	爱见 ŋæ^{44}tɕiã^{31} 喜欢 ɕi^{53}xuã^{31}	喜欢 ɕi^{55}xuan^{42}	喜欢 ɕi^{55}xuan^{31}	喜欢 ɕi^{53}xuan^{45}	欢喜 xuan^{34}ɕi^{53}
讨厌某人	不喜欢 pu^{31}ɕi^{53}xuã^{31}	不爱见 pu^{42}ŋai^{23}tɕian^{223}	不爱见 pu^{31}ŋai^{23}tɕian^{23}	不爱见 pu^{45}ŋai^{23}tɕian^{23}	不爱见 pu^{34}ŋai^{23}tɕian^{23}
讨人喜欢	逗人疼 təu^{31}ʐə̃^{35}tʰəŋ^{44}	逗人疼 təu^{42}ʐən^{32}tʰəŋ^{223}	逗人疼 tou^{31}ʐən^{42}tʰuŋ^{213}	逗人疼 təu^{45}ʐən^{42}tʰuŋ^{213}	逗人疼 təu^{34}ʐən^{21}tʰuŋ^{213}
被人讨厌	讨人嫌 tʰau^{53}ʐə̃^{35}ɕiã^{35}	讨人嫌 tʰau^{55}ʐən^{32}ɕian^{312}	讨人嫌 tʰau^{55}ʐən^{42}ɕian^{42}	讨人嫌 tʰau^{53}ʐən^{42}ɕian^{42}	讨人嫌 tʰau^{53}ʐən^{21}ɕian^{21}
使人感到龌龊	丧人 saŋ^{31}ʐə̃^{35}	丧人 saŋ^{42}ʐən^{42}	丧人 saŋ^{31}ʐən^{42}	丧人 saŋ^{45}ʐən^{42}	丧人 saŋ^{34}ʐən^{21}
使人恶心	恶素（人） u^{44}səu^{31} (ʐə̃^{35})	恶素（人） u^{23}səu^{223} (ʐən^{32})	恶素（人） u^{23}sou^{213} (ʐən^{42})	恶素（人） u^{23}səu^{213} (ʐən^{42})	恶素（人） u^{23}səu^{213} (ʐən^{21})
使人厌恶而不愿见	见求不得 tɕiã^{44} tɕʰiəu^{35}pu^{31}te^{0}	见不得 tɕian^{23}pu^{42}te^{0}	见不得 tɕian^{23}pu^{31}tɛ^{0}	见不得 tɕian^{23}pu^{45}te^{0}	见不得 tɕian^{23}pu^{34}te^{0}
嫌弃	嫌弃 ɕiã^{35}tɕʰi^{44}	嫌弃 ɕian^{32}tɕʰi^{223}	嫌弃 ɕian^{42}tɕʰi^{213}	嫌弃 ɕian^{42}tɕʰi^{23}	嫌弃 ɕian^{21}tɕʰi^{23}
羡慕	眼气 ȵiã^{53}tɕʰi^{44}	眼气 ȵian^{55}tɕʰi^{223}	欠 tɕʰian^{213} 眼气 ŋan^{55}tɕʰi^{213}	眼气 ian^{53}tɕʰi^{213}	眼欠 ian^{53}tɕʰian^{213}
费心出力	费心把力 fəi^{44}ɕin^{31}pa^{0}li^{31}	费心把力 fəi^{23}ɕin^{42}pa^{0}li^{42}	费心把力 fəi^{23}ɕin^{31}pa^{0}li^{31}	费心把力 fəi^{23}ɕin^{45}pa^{0}li^{42}	费心把力 fəi^{23}ɕin^{34}pa^{0}ȵi^{21}

续表

词目＼方言点	中原官话区	混合 1 区	江淮官话区	混合 3 区	西南官话区
	汉滨	县河	茅坪	石泉	紫阳
费神费力	淘神 tʰau^{35}ʂə̃^{35}	淘神 tʰau^{32}ʂən^{312}	淘神 tʰau^{42}ʂən^{42}	淘神 tʰau^{42}ʂən^{42}	淘神 tʰau^{21}ʂən^{21}
感谢	颇烦 pʰə^{31}fã^{35} 难谓 lau^{35}uei^{44} 麻烦 ma^{35}fã^{35}	颇烦 pʰə^{42}fan^{32} 难谓 lau^{32}uei^{223} 麻烦 ma^{32}fan^{32}	难谓 laŋ^{42}uei^{22} 麻烦 ma^{42}fan^{42}	难谓 laŋ^{42}uei^{213} 麻烦 ma^{42}fan^{42}	难谓 naŋ^{21}uei^{213} 麻烦 ma^{21}fan^{21}
说话	说 fə^{31} 说话 fə^{31}xua^{44}	说 fɤ^{42} 说话 fɤ^{42}xua^{223}	说 ʂo^{31} / ʂɥɛ^{31} 说话 ʂɥɛ^{42}xua^{22}	说 ʂo^{42} 说话 ʂo^{42}xua^{213}	说 ʂuo^{21} 说话 ʂuo^{21}xua^{213}
聊天	闲谝 ɕiã^{35}pian^{53} 谝淡话 pʰiã^{53} kuaŋ^{44}ʦɿ^{44}	谝闲 pian^{55}ɕian^{312} 谝广子 pʰian^{55} kuaŋ^{55}ʦɿ^{0}	谝闲 ɕian^{55}pian^{42} 谝广子 pʰian^{55} kuaŋ^{55}ʦɿ^{0}	谝闲 ɕian^{53}pian^{42} 谝广子 pʰian^{53} kuaŋ^{53}ʦɿ^{0}	说淡话 ʂuo^{21}tan^{23} xua^{23} 谝广子 pʰian^{53}kuaŋ^{53}ʦɿ^{0}
谝闲	打广子 ta^{53}kuaŋ^{53}ʦɿ^{0}	打广子 ta^{55}kuaŋ^{55}ʦɿ^{0}	打广子 ta^{55}kuaŋ^{55}ʦɿ^{0}	打广子 ta^{53}kuaŋ^{53}ʦɿ^{0}	打广子 ta^{53}kuaŋ^{53}ʦɿ^{0}
搭茬儿	接嘴 tɕie^{31}ʦuei^{53}	接下壳子 tɕie^{42} ɕia^{23}kʰɤ^{42}tsɿ^{0}	接下壳子 tɕiɛ^{31} xa^{22}kʰo^{31}tsɿ^{0}	接下壳子 tɕie^{42} xa^{23}kʰo^{42}tsɿ^{0}	接鸡下巴 tɕie^{21} tɕi^{34}xa^{23}pa^{0}
故意不谈正题	扯野欠 tʂɤ^{53}ie^{53}ʨʰiã^{44}	扯野欠 tʂɤ^{55}ie^{55}ʨʰian^{23}	扯野欠 tʂɛ^{55}iɛ^{55}ʨʰian^{213}	扯野欠 tʂe^{53}ie^{53}ʨʰian^{213}	扯野欠 tʂe^{53}ie^{53}ʨʰian^{213}
附合别人说话	打哈哈 ta^{53}xa^{31}xa^{0}	打哈哈 ta^{55}xa^{42}xa^{0}	打和声 ta^{55}xo^{22}ʂən^{31}	打和声 ta^{53}xo^{23}ʂən^{45}	打和声 ta^{53}xuo^{23}ʂən^{34}
找岔儿	起欠 ʨʰi^{53}ʨʰiã^{44} 找岔 tʂau^{53}tʂʰa^{44}	起欠 ʨʰi^{55}ʨʰian^{213} 找岔 tʂau^{55}tʂʰa^{223}	找欠头 tʂau^{55} ʨʰian^{23}tʰəur^{0} 找岔子 tʂau^{55}tʂʰa^{23}tsɿ^{0}	找岔兮 tʂau^{53}tʂʰa^{42}ɕi^{0}	找岔兮 tʂau^{53}tʂʰa^{21}ɕi^{0}
修养	将息 tɕiaŋ^{31}ɕi^{0}	将息 tɕiaŋ^{31}ɕi^{0}	歇 ɕiɛ^{31}	歇 ɕie^{42}	歇 ɕie^{21}
胡乱摆放	铺排 pʰu^{31}pʰæ^{0}	铺排 pʰu^{42}pʰai^{0}	铺排 pʰu^{31}pʰai^{0}	铺排 pʰu^{45}pʰai^{0}	铺排 pʰu^{34}pʰai^{0}
故意找事挑衅	找事 tʂau^{53}ʂʅ^{44}	找事 tʂau^{55}sɿ^{213}	找路经 tʂau^{55}lou^{22}tɕin^{31}	找路经子 tʂau^{53} ləu^{23}tɕin^{45}ʦɿ^{0}	找路经子 tʂau^{53} nəu^{23}tɕin^{34}ʦɿ^{0}
敲打人[1] 指桑骂槐	敲打人 ʨʰiau^{31}ta^{53}ʐə̃^{35}	敲示人 ʨʰiau^{42}ʂʅ^{0}ʐən^{312}	敲示人 ʨʰiau^{31}ʂʅ^{0}ʐən^{42}	敲示人 ʨʰiau^{45}ʂʅ^{0}ʐən^{42}	敲示人 ʨʰiau^{34}ʂʅ^{0}ʐən^{21}

续表

方言点 词目	中原官话区	混合 1 区	江淮官话区	混合 3 区	西南官话区
	汉滨	县河	茅坪	石泉	紫阳
敲打人[2] 故意为难人	敲打人 kʰau^{31}ta^{53}ʐə̃^{35}	敲打人 kʰau^{42}ta^{55}ʐən^{312}	敲打人 kʰau^{31}ta^{55}ʐən^{42}	敲打人 kʰau^{45}ta^{53}ʐən^{42}	敲打人 kʰau^{34}ta^{53}ʐən^{21}
说风凉话	说闲话 fə^{31}ɕiã^{35}xua^{44}	唱凉腔儿 tʂʰaŋ^{23} liaŋ^{32}tɕʰiaŋr^{42}	唱凉腔儿 tʂʰaŋ^{23} liaŋ^{42}tɕʰiaŋr^{31}	唱凉腔 tʂʰaŋ^{23} liaŋ^{42}tɕʰiaŋ^{45}	唱凉腔 tʂʰaŋ^{23} ȵiaŋ^{21}tɕʰiaŋ^{34}
背后说人坏话	杂讲 tsa^{35}tɕiaŋ^{31}	杂讲 tsa^{32}tɕiaŋ^{42}	杂讲 tsa^{42}tɕiaŋ^{31}	杂讲 tsa^{42}tɕiaŋ^{53}	杂讲 tsa^{21}tɕiaŋ^{53}
栽赃陷害	扣屎盆子 kʰəu^{44} ʂʅ^{53}pʰə̃^{35}tsɿ^{0}	扣屎盆子 kʰəu^{23} ʂʅ^{55}pʰən^{32}tsɿ^{0}	扣屎盆子 kʰou^{23} ʂʅ^{55}pʰən^{42}tsɿ^{0}	扣屎盆子 kʰəu^{23} ʂʅ^{53}pʰən^{42}tsɿ^{0}	扣屎盆子 kʰəu^{23} ʂʅ^{53}pʰən^{21}tsɿ^{0}
话难听道理正	话丑理端 xua^{44} tʂʰəu^{53}li^{53}tuã^{31}	话丑理端 xua^{23} tʂʰəu^{55}li^{55}tan^{42}	话丑理端 xua^{22} tʂʰou^{55}li^{55}tan^{31}	话丑理端 xua^{23} tʂʰəu^{53}li^{53}tan^{45}	话丑理端 xua^{23} tʂʰəu^{53}ȵi^{53}tan^{34}
乱说胡说	嚼舌 tɕiau^{35}ʂɤ^{35}	嚼舌 tɕiau^{32}ʂɤ^{312} 嚼舌根子 tɕiau^{32} ʂɛ^{32}kən^{42}tsɿ^{0}	乱说 lan^{22}ʂo^{31} 嚼舌根子 tɕiau^{42} ʂɛ^{42}kən^{31}tsɿ^{0}	乱说 lan^{23}ʂo^{45} 嚼舌根子 tɕiau^{42} ʂɛ^{42}kən^{45}tsɿ^{0}	乱说 nan^{23}ʂuo^{34} 嚼舌根子 tɕiau^{21} ʂɛ^{21}kən^{34}tsɿ^{0}
说话不打招呼	冒搭话 mau^{44}ta^{31}xua^{44}	冒搭话 mau^{23}ta^{42}xua^{23}	冒搭话 mau^{23}ta^{31}xua^{22}	冒搭话 mau^{23}ta^{45}xua^{213}	冒搭话 mau^{23}ta^{34}xua^{213}
谈论他人的不是	谈嫌 tʰã^{35}ɕiã^{35}	谈嫌 tʰan^{32}ɕian^{32}	谈嫌 tʰan^{42}ɕian^{42}	谈嫌 tʰan^{42}ɕian^{42}	谈嫌 tʰan^{21}ɕian^{21}
说撮合话	打搁合 ta^{53}tʂʰəu^{31}xuo^{0} 打圆凿 ta^{53}yan^{35}tsʰuo^{44}	打总荐 ta^{55}tsuŋ^{55}tɕian^{0} 打搁合 ta^{55}tsʰəu^{42}xuo^{0}	打总荐 ta^{55}tsəŋ^{55}tɕian^{0} 打搁合 ta^{55}tsʰou^{31}xo^{0}	打总荐 ta^{53}tsuŋ^{53}tɕian^{0} 打搁合 ta^{53}tsʰəu^{45}xo^{0}	打总荐 ta^{53}tsuŋ^{53}tɕian^{0} 打搁合 ta^{53}tsʰəu^{34}xuo^{0}
①给人以交代；②施舍给乞丐食物	打发 ta^{53}fa^{31}	打发 ta^{55}fa^{42}	打发 ta^{55}fa^{31}	打发 ta^{55}fa^{45}	打发 ta^{53}fa^{34}
别做声	嫑言传 pau^{35}ȵiã^{35}pfʰã^{0} 嫑吭声 pau^{35}kəŋ^{44}ʂəŋ^{31}	嫑言传 pau^{32}ȵian^{32}pfʰan^{0} 嫑吭声 pau^{32}kəŋ^{23}ʂən^{42}	莫言传 mo^{22}ȵian^{42} tʂʰʮan^{0}	不要言传 pu^{45}iau^{23}ȵian^{42} tʂʰʮan^{0}	不要言传 pu^{34}iau^{23}ȵian^{21} tʂʰuan^{0}
不做声	不吭声 pu^{31}kəŋ^{44}ʂəŋ^{31} 不言传 pu^{31}ȵian^{35}pfʰan^{0}	不言传 pu^{42}ȵian^{32} pfʰan^{0} 不吭声 pu^{42}kəŋ^{23}ʂən^{42}	不言传 pu^{31}ȵian^{42}tʂʰʮan^{0}	不哑腮 pu^{45}ia^{53}sai^{0}	不言传 pu^{34}ian^{21}tʂʰuan^{21}

续表

词目 \ 方言点	中原官话区	混合 1 区	江淮官话区	混合 3 区	西南官话区
	汉滨	县河	茅坪	石泉	紫阳
告诉	言传儿 ȵiã^{35}pfʰar^{53}	说一声 fə^{42}i^{0}ʂən^{42}	说一声 ʂo^{31}i^{0}ʂən^{31}	说一声 ʂo^{42}i^{0}ʂən^{45}	说一声 ʂuo^{21}i^{0}ʂən^{34}
抬杠	抬杠 tʰæ^{35}kaŋ^{44}	抬杠 tʰai^{32}kaŋ^{223}	抬杠 tʰai^{42}kaŋ^{213}	抬杠 tʰai^{42}kaŋ^{213}	抬杠 tʰai^{21}kaŋ^{213}
开玩笑	说笑话 fə^{31}ɕiau^{44}xua^{44}	开玩笑 kai^{42}uan^{32}ɕiau^{23}	开玩笑 kai^{31}uan^{42}ɕiau^{213}	开玩笑 kai^{45}uan^{42}ɕiau^{213}	汤嬉 tʰaŋ^{34}ɕi^{34}
说生气了	说瞽了 ʂə^{31}ku^{53}liau^{0}	说瞽了 fə^{42}ku^{55}liau^{0}	说瞽了 ʂo^{31}ku^{55}liau^{0}	说瞽了 ʂo^{45}ku^{53}liau^{0}	说瞽了 ʂuo^{34}ku^{53}ȵiau^{0}
恼怒了	恼 lau^{53} 发气 fa^{31}tɕʰi^{44}	恼 lau^{55} 发气 fa^{42}tɕʰi^{223}	发恼 fa^{31}lau^{55} 发气 fa^{42}tɕʰi^{223}	发恼 fa^{45}lau^{53} 发火 fa^{45}xo^{53}	发恼 fa^{21}nau^{53}
拨弄是非	搬老婆儿是非 pã^{31}lau^{53}pʰər^{0} ʂʅ^{44}fei^{31} 说是非 fə^{31}ʂʅ^{44}fei^{31}	说是非 fə^{42}ʂʅ^{23}fei^{42}	戳是非 tʂʰo^{31}ʂʅ^{22}fei^{31}	戳是非 tʂʰo^{45}ʂʅ^{23}fei^{45}	戳是非 tʂʰuo^{34}ʂʅ^{23}fei^{34} 过话婆 kuo^{23}xua^{23}pʰuo^{21}
胡说或说过不停	嚼牙包骨 tɕiau^{35} ia^{35}pau^{31}ku^{0}	嚼牙包骨 tɕiau^{32} ia^{32}pau^{42}ku^{0}	嚼牙包骨 tɕiau^{42} ia^{42}pau^{31}ku^{0}	嚼牙包骨 tɕiau^{42} ia^{42}pau^{45}ku^{0}	嚼牙包骨 tɕiau^{21} ia^{21}pau^{34}ku^{0}
揭人老底	抠底根子 kʰəu^{31}ti^{53}ə̃^{31}tsɿ^{0}	抠底根子 kʰəu^{42} ti^{55}kən^{42}tsɿ^{0}	抠底根子 kʰou^{31} ti^{55}kən^{31}tsɿ^{0}	抠底根子 kʰəu^{45} ti^{53}kən^{45}tsɿ^{0}	抠底根子 kʰəu^{34} ti^{53}kən^{34}tsɿ^{0}
吵架	吵仗 tʂʰau^{53}tʂʰaŋ^{44}	吵嘴 tʂʰau^{55}tsei^{55}	吵嘴 tʂʰau^{55}tsei^{55}	吵场伙 tʂʰau^{53} tʂʰaŋ^{53}xo^{0} 噘架 tʂɥe^{42}tɕia^{213}	吵嘴 tʂʰau^{53}tsei^{53} 噘架 tɕye^{21}tɕia^{213}
打架	打捶 ta^{53}pfʰei^{35} 打架 ta^{53}tɕia^{44}	打捶 ta^{55}pfʰei^{312} 打架 ta^{55}tɕia^{223}	打捶 ta^{55}tʂʰɥei^{42}	打捶 ta^{53}tʂʰɥei^{42}	打捶 ta^{44}tʂʰuei^{21}
拉偏架	拉佐拳 la^{31}tsuo^{53}tɕʰyã^{35}	拉佐拳 la^{42}tsuo^{55}tɕʰyan^{32}	拉偏架 la^{31}pʰian^{31}tɕia^{23}	拉偏架 la^{45}pʰian^{45}tɕia^{213}	拉偏架 na^{34}pʰian^{34}tɕia^{213}
不团结	不佮 pu^{35}kuo^{31}	不佮 pu^{42}kuo^{42}	不佮 pu^{31}ko^{31}	搞不拢 kau^{53}pu^{0}luŋ^{53}	搞不拢 kau^{53}pu^{0}nuŋ^{53}
家人之间打骂不团结	吵嘴佮孽 tʂʰau^{53}tsuei^{53} kuo^{44}ȵie^{31}	吵嘴佮孽 tʂʰau^{55}tsei^{55}kuo^{223} ȵie^{42}	武孽 u^{55}ȵiɛ^{31} 吵嘴佮孽 tʂʰau^{55} tsei^{55}ko^{23}ȵiɛ^{31}	武孽 u^{53}ȵie^{42} 佮孽 ko^{23}ȵie^{42}	武孽 u^{53}ȵie^{21} 佮孽 kuo^{23}ȵie^{21}

续表

方言点 词目	中原官话区	混合 1 区	江淮官话区	混合 3 区	西南官话区
	汉滨	县河	茅坪	石泉	紫阳
撒谎	日白嘴 ʐʅ^{31}pe^{35}tsuei^{53} 扯谎 tʂʰɤ^{53}xuaŋ^{53}	扯白 tʂʰɤ^{55}pe^{312} 扯谎 tʂʰɤ^{55}xuaŋ^{55} 日白嘴 ʐʅ^{42}pe^{32}tsei^{55}	扯白 tʂʰɛ^{55}pɛ^{42} 扯谎 tʂʰɛ^{55}xuaŋ^{55} 日白嘴 ʐʅ^{31}pɛ^{42}tsei^{55}	扯白 tʂʰe^{53}pe^{42} 扯谎 tʂʰe^{53}xuaŋ^{53} 日白嘴 ʐʅ^{45}pe^{42}tsei^{53}	扯白 tʂʰe^{53}pe^{21} 扯谎 tʂʰe^{53}xuaŋ^{53} 日白嘴 ʐʅ^{34}pe^{21}tsei^{53}
捎信	捎信 ʂau^{31}ɕin^{44} 捎话 ʂau^{31}xua^{44}	带个信 tai^{23}kɤ^{0}ɕin^{223}	带个信 tai^{23}ko^{0}ɕin^{213}	捎话 ʂau^{45}xua^{213}	捎话 ʂau^{34}xua^{213}
找借口	找幌子 tʂau^{53}xuaŋ^{44}tsʅ^{0}	找幌子 tʂau^{55}xuaŋ^{23}tsʅ^{0}	找幌子 tʂau^{55}xuaŋ^{22}tsʅ^{0}	扯葛系 tʂʰɛ^{53}ko^{42}ɕi^{23}	扯葛系 tʂʰɛ^{53}kuo^{21}ɕi^{23}
捞足了	捞捎 lau^{35}ʂau^{31}	捞捎 lau^{32}ʂau^{42}	捞捎 lau^{42}ʂau^{31}	捞捎 lau^{42}ʂau^{53}	捞捎 nau^{21}ʂau^{34}
参与又不愿出代价	干缠皮 kã^{31}tʂʰã^{44}pʰi^{35}	干缠皮 kan^{42}tʂʰan^{23}pʰi^{312}	干缠皮 kan^{31}tʂʰan^{23}pʰi^{42}	干缠皮 kan^{45}tʂʰan^{23}pʰi^{42}	干缠皮 kan^{34}tʂʰan^{23}pʰi^{21}
激将煽动	杠 kaŋ^{35}	杠 kaŋ^{312}	杠 kaŋ^{42}	鼓扛 ku^{53}kaŋ^{213}	鼓扛 ku^{53}kaŋ^{213}
指不受欢迎的挑逗	打钻 ta^{53}tsã^{44} 牵烦 tɕʰiã^{31}fã^{0}	牵烦 tɕʰian^{42}fan^{0}	牵烦 tɕʰian^{31}fan^{0}	牵烦 tɕʰian^{45}fan^{0}	牵烦 tɕʰian^{34}fan^{0}
故意给人出难题	日弄人 ʂʅ^{31}luŋ^{44}zə̃^{35}	日弄人 ʐʅ^{42}luŋ^{23}zən^{312}	日弄人 ʐʅ^{31}ləŋ^{22}zən^{42}	摆弄人 pai^{53}luŋ^{23}zən^{42}	摆弄人 pai^{53}nuŋ^{23}zən^{21}
用冷态度向对方要条件	熬敲人 ŋau^{31}tɕʰiau^{0}zə̃^{35}	熬敲人 ŋau^{42}tɕʰiau^{0}zən^{312}	熬敲人 ŋau^{31}tɕʰiau^{0}zən^{42}	熬敲人 ŋau^{45}tɕʰiau^{0}zən^{42}	熬敲人 ŋau^{34}tɕʰiau^{0}zən^{21}
恶作剧	作醒儿 tsuo^{31}ɕir^{53} 撒拐 sa^{31}kuai^{53}	作醒儿 tsuo^{42}ɕir^{55} 撒拐 sa^{42}kuai^{55}	作醒儿 tso^{31}ɕir^{55} 撒拐 sa^{31}kuai^{55}	作醒 tso^{42}ɕin^{53} 撒拐 sa^{45}kuai^{53}	作醒儿 tsuo^{21}ɕir^{53} 撒拐 sa^{34}kuai^{53}
贬损（人）	糟蹋 tsau^{31}tʰa^{31} 你～人呢！	糟蹋 tsau^{42}tʰa^{42}	作践 tso^{31}tɕian^{31} 贬作 pian^{55}tso^{31}	作践 tso^{42}tɕian^{213} 贬作 pian^{53}tso^{42}	作践 tsuo^{21}tɕian^{213} 贬作 pian^{53}tsuo^{21}
污蔑中伤他人	败脏人 pai^{44}tsaŋ^{31}zən^{35}	败脏人 pai^{23}tsaŋ^{42}zən^{312}	败脏人 pai^{22}tsaŋ^{31}zən^{42}	败脏人 pai^{23}tsaŋ^{45}zən^{42}	败脏人 pai^{23}tsaŋ^{341}zən^{21}

续表

方言点 / 词目	中原官话区	混合 1 区	江淮官话区	混合 3 区	西南官话区
	汉滨	县河	茅坪	石泉	紫阳
浪费（粮食）	抛洒 pʰau^{31}sa^{53}	抛洒 pʰau^{42}sa^{55}	糟蹋 ʦau^{31}tʰa^{31}	糟蹋 ʦau^{45}tʰa^{45}	糟蹋 ʦau^{34}tʰa^{34}
没有	没得 mə^{31}te^{35}	没得 mə^{42}te^{312}	冇得 mau^{22}tɛ^{42} 没得 mo^{31}tɛ^{42}	没得 mei^{45}te^{42}	没得 mei^{34}te^{21}
要厉害	撒歪 sa^{53}uæ^{31}	撒歪 sa^{55}uai^{42}	要歪 ʂɥa^{55}uai^{31}	要歪 ʂɥa^{53}uai^{45}	要歪 ʂua^{53}uai^{34}
蛮横	要邪 fa^{53}ɕye^{35}	要邪 fa^{55}ɕye^{32}	要横 ʂɥa^{55}xuən^{42}	要蛮 ʂɥa^{53}man^{42}	要蛮 ʂua^{53}man^{21}
对方不要还非得让对方拿着	揣 pfʰæ^{44} 我不要，他蛮～倒给我	揣 tʂʰuai^{223}	揣 tʂʰɥai^{213}	揣 tʂʰɥai^{213}	揣 tʂʰuai^{213}
要无赖	撒踹 sa^{53}fæ^{44}	撒踹 sa^{55}fæ^{223}	撒踹 sa^{55}tʂʰɥuai^{213}	撒踹 sa^{53}tʂʰɥai^{213}	撒踹 sa^{53}tʂʰuai^{213}
不讲道理	邪盘 ɕye^{35}pʰã^{35}	邪盘 ɕye^{32}pʰan^{312}	横绊经 xuən^{42} pʰan^{23}tɕin^{31}	蛮不讲理 man^{42} pu^{0}tɕiaŋ^{53}li^{53}	蛮不讲理 man^{21} pu^{0}tɕiaŋ^{53}ɳi^{53}
实在因再无其他办法而为之	撒急 sa^{31}tɕi^{35} 问你借钱，那也是～了没办法的事情	撒急 sa^{42}tɕi^{32}	撒急 sa^{31}tɕi^{42}	撒急 sa^{45}tɕi^{42}	撒急 sa^{34}tɕi^{21}
顶嘴	犟嘴 tɕiaŋ^{44}ʦei^{53}	顶嘴 tin^{55}ʦei^{55} 犟嘴 tɕiaŋ^{23}ʦei^{55}	顶嘴 tin^{55}ʦei^{55} 犟嘴 tɕiaŋ^{23}ʦei^{55}	顶嘴 tin^{53}ʦei^{53} 犟嘴 tɕiaŋ^{23}ʦei^{53}	顶嘴 tin^{53}ʦei^{53} 犟嘴 tɕiaŋ^{23}ʦei^{53}
骂	骂 ma^{44} 噘人 tɕye^{35}ʐə̃^{35} 日噘 ʂʅ^{31}tɕye^{0}	骂 ma^{223} 噘人 tɕye^{32}ʐən^{312} 日噘 ʂʅ^{42}tɕye^{42}	骂 ma^{22} 噘人 tʂɥɛ^{42}ʐən^{42} 日噘 ʐʅ^{31}tʂɥɛ^{0}	骂 ma^{213} 噘人 tʂɥe^{42}ʐən^{42} 日噘 ʐʅ^{45}tʂɥe^{0}	骂 ma^{213} 噘人 tɕye^{21}ʐən^{21} 日噘 ʐʅ^{21}tɕye^{0}
挨骂	挨噘 ŋæ^{35}tɕye^{35}	挨噘 ŋai^{32}tɕye^{312}	挨日噘 ŋai^{42}ʐʅ^{31}tʂɥɛ^{42}	挨日噘 ŋai^{42}ʐʅ^{42}tʂɥe^{42}	挨日噘 ŋai^{21}ʐʅ^{21}tɕye^{21}
挨批评	挨嚷 ŋæ^{35}ʐaŋ^{44} 挨欻剥 ŋæ^{35}pfʰa^{53}pə^{31}	挨头子 ŋai^{32}tʰəu^{32}tsɿ^{0} 挨嚷 ŋai^{32}ʐaŋ^{55}	挨头子 ŋai^{42} tʰou^{42}tsɿ^{0} 挨巴眼 ŋai^{42}pa^{31}iaŋ^{55}	挨头子 ŋai^{42} tʰəu^{42}tsɿ^{0} 挨巴眼 ŋai^{42}pa^{42}iaŋ^{53}	挨头子 ŋai^{21} tʰəu^{21}tsɿ^{0} 挨巴眼 ŋai^{21}pa^{24}iaŋ^{53}
指当面反驳人	扨实 suŋ^{53}ʂʅ^{31} 我当时就～他几句，他再不信传了	扨实 suŋ^{55}ʂʅ^{42}	扨实 səŋ^{55}ʂʅ^{31}	扨实 suŋ^{53}ʂʅ^{45}	扨实 suŋ^{53}ʂʅ^{34}

续表

方言点 词目	中原官话区	混合1区	江淮官话区	混合3区	西南官话区
	汉滨	县河	茅坪	石泉	紫阳
不吸取教训，不记住批评	没耳性 mə^{31}ər^{53}ɕin^{44}	没耳性 mə^{42}ər^{55}ɕin^{223}	没耳性 mo^{31}ər^{55}ɕin^{23}	没耳性 mo^{45}ər^{53}ɕin^{23}	没耳性 muo^{34}ər^{53}ɕin^{23}
折磨	折磨 tʂe^{35}mə^{31}	折磨 tʂe^{32}mə^{312}	折磨 tʂɛ^{42}mo^{42}	夹磨 tɕia^{42}mo^{42}	折磨 tʂe^{21}muo^{21}
嘱咐	叮咛 tin^{31}ȵin^{35} 札咐 tʂa^{31}fu^{31}	叮嘱 tin^{42}tʂəu^{0} 札咐 tsa^{42}fu^{0}	叮嘱 tin^{31}tʂou^{0} 札咐 tʂa^{31}fu^{0}	嘱声 tʂəu^{42}ʂən^{45}	札咐 tʂa^{21}fu^{0}
过后争嘴	检嘴 tɕiã^{53}tsuei^{53}	过嘴 kuo^{23}tsei^{55}	过嘴 ko^{23}tsei^{55}	过嘴 ko^{23}tsei^{53}	念过嘴 ȵian^{23}kuo^{23}tsei^{53}
叨唠	嘟囔 tu^{31}laŋ^{31} 絮絮叨叨 ɕy^{31}ɕy^{31}tau^{31}tau^{31}	嘟囔 tu^{42}laŋ^{42} 絮絮叨叨 ɕy^{42}ɕy^{42}tau^{42}tau^{42}	咕叨 ku^{31}tau^{31} 咕咕叨叨 ku^{31}ku^{31}tau^{31}tau^{31}	咕叨 ku^{45}tau^{45} 咕咕叨叨 ku^{45} ku^{45}tau^{45}tau^{45}	过巴拉撒 kuo^{34}pa^{0}na^{34}sa^{0} 唠唠叨叨 nau^{21} nau^{21}tau^{34}tau^{34}
说贬义	吱哇 tʂʅ^{35}ua^{0}	吱哇 tsʅ^{32}ua^{0}	嘟囔 tou^{31}laŋ^{0}	嘟囔 təu^{45}laŋ^{0}	嘟囔 təu^{34}laŋ^{0}
吹牛	吹牛 pfʰei^{31} ȵiəu^{35} 说大话 fɤ^{31}ta^{44}xua^{44}	吹牛 pfʰei^{42} ȵiəu^{312} 说大话 fɤ^{42}ta^{23}xua^{223}	吹壳子 tʂʰɥei^{31} kʰo^{31}tsʅ^{0} 吹牛 tʂʰɥei^{31}ȵiou^{42}	冲壳子 tʂʰuŋ^{45} kʰo^{42}tsʅ^{0} 吹牛 tʂʰɥei^{45}ȵiəu^{42}	冲壳子 tʂʰuŋ^{34} kʰuo^{21}tsʅ^{0} 吹牛 tʂʰuei^{34}ȵiəu^{21}
口头答应得好，实无诚信	耍水条子 fa^{53} fei^{53}tʰiau^{35}tsʅ^{0}	耍水条子 fa^{55} fei^{55}tʰiau^{32}tsʅ^{0}	耍水条子 ʂɥa^{55} ʂɥei^{55}tʰiau^{42}tsʅ^{0}	耍水条子 ʂɥa^{53} ʂɥei^{53}tʰiau^{42}tsʅ^{0}	耍水条子 ʂua^{53} ʂuei^{53}tʰiau^{21}tsʅ^{0}
嗓音倒了	噎了 ie^{31}liau^{0}	噎了 ie^{42}liau^{0}	噎了 iɛ^{31}liau^{0}	哑了 ia^{53}liau^{0}	折了 ʂe^{21}liau^{0}
喊	喊 xã^{53} 叫 tɕiau^{44}	喊 xan^{55} 叫 tɕiau^{213}	喊 xan^{55} 叫 tɕiau^{213}	喊 xan^{53} 叫 tɕiau^{213}	喊 xan^{53} 叫 tɕiau^{213}
喊叫	吼 xəu^{53} 吼叫 xəu^{53}tɕiau^{44}	吼 xəu^{55}	吼 xou^{55}	吼叫 xəu^{53}tɕiau^{213}	吼叫 xəu^{53}tɕiau^{213}
吵闹	吵叫 tʂʰau^{53}tɕiau^{44}	吵叫 tʂʰau^{53}tɕiau^{44}	吵闹 tʂʰau^{55}lau^{22}	吵闹 tʂʰau^{53}lau^{23}	吵闹 tʂʰau^{53}lau^{23}
上高帽子	上抬棍儿 ʂaŋ^{44}tʰæ^{35}kuər^{53}	上抬棍儿 ʂaŋ^{23}tʰæ^{32}kuər^{55}	上二尺五 ʂaŋ^{22}ər^{22}tʂʰʅ^{31}u^{55}	上二尺五 ʂaŋ^{23}ər^{23}tʂʰʅ^{45}u^{53}	上二尺五 ʂaŋ^{23}ər^{23}tʂʰʅ^{34}u^{53}

续表

词目＼方言点	中原官话区	混合 1 区	江淮官话区	混合 3 区	西南官话区
	汉滨	县河	茅坪	石泉	紫阳
赌	赌 tu^{53} 打赌 ta^{53}tu^{53}	赌 təu^{55}　打赌 ta^{55}təu^{55}　剽彩 pʰiau^{42}ʦʰai^{55}	剽彩 pʰiau^{31}ʦʰai^{55} 打赌 ta^{55}tou^{55}	剽彩 pʰiau^{45}ʦʰai^{53} 打赌 ta^{53}təu^{53}	剽彩 pʰiau^{34}ʦʰai^{53} 打赌 ta^{53}təu^{53}
看别人笑话	看玩意儿 kʰã^{44}uã^{35}ir^{44} 看笑话 kʰã^{44}ɕiau^{44}xua^{0}	看玩意儿 kʰan^{23}uan^{32}ir^{223} 看笑话 kʰan^{23}ɕiau^{23}xuar^{0}	看玩意儿 kʰan^{23}uan^{42}ir^{213} 看笑话 kʰan^{23}ɕiau^{23}xuar^{0}	看玩意儿 kʰan^{23}uan^{42}ir^{213} 看笑话 kʰan^{23} ɕiau^{23}xuar^{0}	看玩意儿 kʰan^{23}uan^{21}ir^{213} 看笑话 kʰan^{23}ɕiau^{23}xuar^{0}
急坏了	急猴儿包了 tɕi^{35} xəur^{35}pau^{31}liau^{0}	急猴儿包了 tɕi^{32} xəur^{32}pau^{42}liau^{0}	急着了 tɕi^{42}tʂau^{42}liau^{0}	急着了 tɕi^{42}tʂau^{42}liau^{0}	急着了 tɕi^{21}tʂau^{21}liau^{0}
宽恕饶过	饶示（他） ʐau^{35}ʂʅ^{44}(tʰa^{31})	饶示（他） ʐau^{32}ʂʅ^{23}(tʰa^{42})	饶示（他） ʐau^{42}ʂʅ^{23}(tʰa^{31})	饶示（他）ʐ au^{42}ʂʅ^{23}(tʰa^{45})	饶示（他） ʐau^{21}ʂʅ^{23}(tʰa^{34})
用歇后语	吊言子 tiau^{44}iã^{35}ʦɿ^{0}	吊言子 tiau^{23}ian^{32}ʦɿ^{0}	吊言子 tiau^{23}ian^{42}ʦɿ^{0}	吊言子 tiau^{23}ian^{42}ʦɿ^{0}	吊言子 tiau^{23}ian^{21}ʦɿ^{0}
说白话、谎话	日白嘴 ʐʅ^{31}pe^{35}ʦuei^{53}	日白嘴 ʐʅ^{43}pe^{32}ʦuei^{55}	日白嘴 ʐʅ^{31}pɛ^{42}ʦuei^{55}	日白嘴 ʐʅ^{45}pe^{42}ʦuei^{53}	日白嘴 ʐʅ^{34}pe^{21}ʦei^{53}
挨批评伤了脸	毬戳脸 tɕʰiəu^{35} pfʰə^{31}liã^{53}	毬戳脸 tɕʰiəu^{32} pfʰə^{42}lian^{55}	毬戳脸 tɕʰiou^{42} tʂʰo^{0}lian^{55}	毬戳脸 tɕʰiəu^{42} tʂʰo^{0}lian^{53}	毬戳脸 tɕʰiəu^{21} tʂʰuo^{0}lian^{53}
不让说话或发表意见	悄悄儿（到） tɕʰiau^{31}tɕʰiaur^{31} (tau^{0})	悄悄儿（到） tɕʰiau^{42}tɕʰiaur^{42} (au^{0})	悄悄儿（地） tɕʰiau^{55}tɕʰiaur^{55} (ti^{0})	悄悄儿（地） tɕʰiau^{53}tɕʰiaur^{53} (ti^{0})	悄悄儿（地） tɕʰiau^{53}tɕʰiaur^{53} (ti^{0})
乱骂一通	胡嘶洋骂 xu^{35} tɕye^{35}iaŋ^{35}ma^{44} 日娘道老子 ʐʅ^{31} ȵiaŋ^{35}tau^{44}lau^{53}ʦɿ^{0}	胡嘶洋骂 xu^{32} tɕye^{32}iaŋ^{32}ma^{223} 日妈道娘 ʐʅ^{42} ma^{42}tau^{23}ȵiaŋ^{312}	日妈道娘 ʐʅ^{31}ma^{31}tau^{23} ȵiaŋ^{42}	日妈道娘 ʐʅ^{42}ma^{45}tau^{23} ȵiaŋ^{42}	日妈道老子 ʐʅ^{21}ma^{34}tau^{23} nau^{53}ʦɿ^{0}
打情骂俏	打亲 ta^{53}tɕʰin^{31}	打亲 ta^{55}tɕʰin^{42}	打亲 ta^{55}tɕʰin^{31}	打亲 ta^{53}tɕʰin^{45}	打亲 ta^{53}tɕʰin^{34}
用言语挑逗占便宜	打钻 ta^{53}ʦã^{44}	打钻 ta^{55}ʦan^{223}	打钻 ta^{55}ʦan^{223}	打钻 ta^{53}ʦan^{23}	打钻 ta^{53}ʦan^{23}
该死的	挨刀的 ŋæ^{35}tau^{31}ti^{0} 剁脑壳的 tuo^{44} lau^{53}kʰɤ^{31}ti^{0}	挨刀的 ŋai^{32}tau^{42}ti^{0} 剁脑壳的 tuo^{23}lau^{55}kʰɤ^{42}ti^{0}	挨刀的 ŋai^{42}tau^{31}ti^{0} 剁脑壳的 to^{23}lau^{55}kʰo^{31}ti^{0}	挨刀的 ŋai^{42}tau^{45}ti^{0} 剁脑壳的 to^{23}lau^{53}kʰo^{42}ti^{0}	挨刀的 ŋai^{21}tau^{34}ti^{0} 剁脑壳的 tuo^{23} nau^{53}kʰuo^{21}ti^{0}

续表

方言点 词目	中原官话区	混合 1 区	江淮官话区	混合 3 区	西南官话区
	汉滨	县河	茅坪	石泉	紫阳
完成好了	停当了 tʰiŋ^{35}taŋ^{44}lau^{0}	熨贴了 y^{43}tʰie^{43}liau^{0}	熨贴了 ɥ^{31}tʰiɛ^{31}liau^{0}	熨贴了 ɥ^{42}tʰie^{42}liau^{0}	熨贴了 y^{21}tʰie^{34}liau^{0}
不专心	打造眼 ta^{53}tsau^{44}ȵian^{53}	打白眼 ta^{55}pe^{32} ian^{55} 打洋盘 ta^{55}iaŋ^{32}pʰan^{0}	打白眼 ta^{55}pɛ^{42} ian^{55} 打洋盘 ta^{55}iaŋ^{42}pʰan^{0}	打洋恍 ta^{53}iaŋ^{42}xuaŋ^{23}	打洋恍 ta^{53}iaŋ^{21}xuaŋ^{23}
稍不注意	打个造眼 ta^{53}kɤ^{0}tsau^{44}iã^{53}	打个造眼 ta^{55}kɤ^{0}tsau^{23}ian^{55}	打个迈眼 ta^{55}ko^{0}mai^{22}ian^{55}	打个迈眼 ta^{53}ko^{0}mai^{23}ian^{53}	打个迈眼 ta^{53} kuo^{0}mai^{23}ian^{53}
干闲事	打造眼 ta^{53}tsʰau^{44}ȵiã^{53}	打造眼 ta^{55}tsʰau^{23}ȵian^{55}	搞闲经 kau^{55}ɕian^{42}tɕin^{31}	搞闲经 kau^{53}ɕian^{42}tɕin^{45}	搞闲经 kau^{53}ɕian^{21}tɕin^{34}
逃避不掉	缩不离 suo^{31} pu^{0}li^{44} 跑不掉 pʰau^{53}pu^{0}tiau^{44}	跑不掉 pʰau^{55}pu^{0}tiau^{223}	跑不掉 pʰau^{55}pu^{0}tiau^{213}	缩不脱 so^{42}pu^{0}tʰo^{42}	缩不脱 suo^{21}pu^{0}tʰuo^{21}
应付	支乎 tʂʅ^{31}xu^{31} 他来～一下就跑了	支乎 tʂʅ^{42}xu^{42}	支乎 tʂʅ^{31}xu^{31}	支吾 tʂʅ^{45}u^{53}	支吾 tʂʅ^{34}u^{53}
凑合	将就 tɕiaŋ^{31}tɕiəu^{0}	将就 tɕiaŋ^{42}tɕiəu^{0}	将就 tɕiaŋ^{31}tɕiou^{0}	将就 tɕiaŋ^{45}tɕiəu^{0}	将就 tɕiaŋ^{34}tɕiəu^{0}
阴沉着脸	黑个脸 xei^{31}kɤ^{0}liã^{53} 垮脸 kʰua^{53}liã^{53}	垮脸 kʰua^{55}lian^{55} 黑风扫脸 xe^{42} faŋ^{42}sau^{23}lian^{55}	垮脸 kʰua^{55}lian^{55} 黑风扫脸 xɛ^{31} faŋ^{31}sau^{23}lian^{55}	垮脸 kʰua^{53}lian^{53} 黑风扫脸 xe^{42} faŋ^{45}sau^{23}lian^{53}	垮脸 kʰua^{53}ȵian^{53} 黑风扫脸 xe^{21} faŋ^{34}sau^{23}ȵian^{53}
看守	注意到 pfu^{44}i^{44}tau^{0}	注意到 pfu^{23}i^{23}tau^{0}	把发到 pa^{55}fa^{31}tau^{0}	把发到 pa^{55}fa^{42}tau^{0}	把发到 pa^{55}fa^{21}tau^{0}
没问题	没麻达 mə^{31}ma^{35}ta^{0}	没麻达 mə^{42}ma^{32}ta^{0}	没麻达 mo^{31}ma^{42}ta^{0}	没麻达 mo^{45}ma^{42}ta^{0}	没麻达 muo^{34}ma^{21}ta^{0}
出问题了	麻达咧 ma^{35}ta^{31}liɛ^{0}	麻达了 ma^{32}ta^{32}lia^{0}	麻达了 ma^{42}ta^{42}lia^{0}	麻达了 ma^{42}ta^{42}lia^{0}	麻达了 ma^{21}ta^{21}ȵia^{0}
糟了，坏了	毬火咧 tɕʰiəu^{35}xuo^{53}lie^{0}	毬火了 tɕʰiəu^{32}xuo^{55}lia^{0}	毬火了 tɕʰiou^{42}xo^{55}lia^{0}	毬火了 tɕʰiəu^{42}xo^{53}lia^{0}	毬火了 tɕʰiəu^{21}xuo^{53}ȵia^{0}
落空	黄咧 xuaŋ^{35}liau^{0} 黄汤咧 xuaŋ^{35}tʰaŋ^{31}lie^{0}	黄了 xuaŋ^{32}liau^{0} 黄汤了 xuaŋ^{32}tʰaŋ^{42}lia^{0}	黄了 xuaŋ^{42}liau^{0} 泡汤了 pʰau^{23}tʰaŋ^{31}lia^{0}	放黄 faŋ^{23}xuaŋ^{42} 泡汤了 pʰau^{23}tʰaŋ^{45}lia^{0}	放黄 faŋ^{23}xuaŋ^{21} 泡汤了 pʰau^{23}tʰaŋ^{34}ȵia^{0}

续表

词目＼方言点	中原官话区	混合 1 区	江淮官话区	混合 3 区	西南官话区
	汉滨	县河	茅坪	石泉	紫阳
袒护	护短 xu^{44}tuã^{53}	护短 xu^{23}tan^{55}	护短 xu^{22}tan^{44}	维顾 uei^{42}ku^{213}	维顾 uei^{21}ku^{213}
吃亏	背亏 pei^{35}kʰuei^{31}	背亏 pei^{42}kʰuei^{42}	背亏 pei^{31}kʰuei^{31}	背亏 pei^{45}kʰuei^{45}	背亏 pei^{34}kʰuei^{34}
吃了大亏	着飙了 tʂau^{35}piau^{31}liau^{0} 着活 tʂau ^{31}xuo^{35}	着飙了 tʂau^{32}piau^{42}liau^{0} 着活 tʂau ^{42}xuo^{32}	吃了□大亏 tʂʰʅ^{31}liau^{0}piaŋ^{42} ta^{22}kʰuei^{31} 着活 tʂau^{42}xo^{42}	恼了芭蕉火 lau^{53}liau^{0}pa^{45} tɕiau^{45}xo^{53} 着活 tʂau^{42}xo^{42}	恼了芭蕉火 nau^{53}ȵiau^{0}pa^{34} tɕiau^{45}xuo^{53} 着活 tʂau^{21}xuo^{21}
不走时运	背时 pei^{44}ʂʅ^{35} 倒霉 tau^{53}mei^{35}	背时 pei^{23}ʂʅ^{312} 背霉 pei^{23}mei^{312}	背时 pei^{23}ʂʅ^{42} 背霉 pei^{23}mei^{42}	背时 pei^{23}ʂʅ^{42} 背霉 pei^{23}mei^{42}	背时 pei^{23}ʂʅ^{21} 背霉 pei^{23}mei^{21}
闯见怪了	见洋绊 tɕian^{44} iaŋ^{35}pʰan^{44}	见皮绊 tɕian^{23} iaŋ^{32}pʰan^{223}	见皮绊 tɕian^{23} pʰi^{42}pʰan^{213}	见皮绊 tɕian^{23} pʰi^{42}pʰan^{213}	见皮绊 tɕian^{23} pʰi^{21}pʰan^{213}
吃暗亏	吃抿子 tʂʰʅ^{31}min^{53}tsʅ^{0}	吃抿子 tʂʰʅ^{42}min^{55}tsʅ^{0}	吃抿子 tʂʰʅ^{31}min^{55}tsʅ^{0}	吃抿子 tʂʰʅ^{45}min^{53}tsʅ^{0}	吃抿子 tʂʰʅ^{34}min^{53}tsʅ^{0}
丢人了	丢人了 tiəu^{31}ʐə̃^{35}lia^{0}	丢人了 tiəu^{31}ʐən^{35}lia^{0}	作马儿了 tso^{31}mar^{55}lia^{0}	丢人了 tiəu^{45}ʐən^{42}lia^{0}	丢人了 tiəu^{34}ʐən^{21} lia^{0}
指说格外的话，做格外的事	干气 kã^{44}tɕʰi^{44} 洋铁壶 iaŋ^{35}tʰie^{31}xu^{35}	干气 kan^{23}tɕʰi^{223}	干气 kan^{23}tɕʰi^{213}	干气 kan^{23}tɕʰi^{213}	干气 kan^{23}tɕʰi^{213}
为欺负人占人上风	占欺头 tʂã^{44}tɕʰi^{31}tʰəu^{0}	占欺头 tʂan^{23}tɕʰi^{42}tʰəu^{0}	占欺头 tʂan^{23}tɕʰi^{31}tʰou^{0}	占欺头 tʂan^{23}tɕʰi^{45}tʰəu^{0}	占欺头 tʂan^{23}tɕʰi^{34}tʰəu^{0}
故意找茬欺负人	要欺头 iau^{44} tɕʰi^{31}tʰəu^{0} 他明显是～的话	要欺头 iau^{23}tɕʰi^{42}tʰəu^{0}	要欺头 iau^{23}tɕʰi^{31}tʰou^{0}	要欺头 iau^{23}tɕʰi^{45}tʰəu^{0}	要欺头 iau^{23}tɕʰi^{34}tʰəu^{0}
因心亏而叨念	念亏欠 ȵiã^{44} kʰuei^{31}tɕʰiã^{0}	念亏欠 ȵian^{223} kʰuei^{42}tɕʰian^{0}	念亏欠 ȵian^{22} kʰuei^{31}tɕʰian^{0}	念亏欠 ȵian^{23} kʰuei^{45}tɕʰian^{0}	念亏欠 ȵian^{23} kʰuei^{34}tɕʰian^{0}
装样子	神装 ʂə̃^{35}pfaŋ^{31} 装蒜 pfaŋ^{31}suã^{44}	神装 ʂə^{35}pfaŋ^{42} 装蒜 pfaŋ^{42}suan^{223}	假做作 tɕia^{55}tsou^{23}tso^{31}	假做作 tɕia^{53}tsəu^{23}tso^{42}	假做作 tɕia^{53}tsəu^{23}tsuo^{21}
捉弄陷害	日晃 ʐʅ^{31}xuaŋ^{44} 日哄人 ʐʅ^{31}xuŋ^{31} ʐə̃^{35}	日弄 ʐʅ^{42}luŋ^{213} 日哄人 ʅ^{42}xuŋ^{42} ʐən^{312}	日弄人 ʐʅ^{31}ləŋ^{22}ʐən^{42}	日弄人 ʐʅ^{45}uŋ^{23}ʐən^{42}	日弄人 ʐʅ^{34}nuŋ^{23}ʐən^{21}

续表

方言点 词目	中原官话区	混合 1 区	江淮官话区	混合 3 区	西南官话区
	汉滨	县河	茅坪	石泉	紫阳
不懂规矩或不知数	没下数 mə^{31}xa^{44}səu^{44}	没下数 mə^{42}xa^{23}səu^{23}	没下数 mo^{31}xa^{55}sou^{23}	没下数 mo^{42}xa^{23}səu^{23}	没下数 muo^{21}xa^{23}səu^{23}
不可以	何行 xuo^{35}ɕin^{35} 喔咋行 uo^{44}ʦa^{53}ɕin^{35}	何行 xuo^{32}ɕin^{312} 喔咋行 uo^{23}ʦa^{55}ɕin^{312}	何行 xo^{42}ɕin^{42} 何裸行 xo^{42}lo^{55}ɕin^{42}	何行 xo^{42}ɕin^{42} 何裸行 xo^{42}lo^{53}ɕin^{42}	何行 xuo^{21}ɕin^{21} 何裸行 xuo^{21}nuo^{53}ɕin^{21}
瞎碰	冒着 mau^{44}tʂau^{35} 冒对冒碰 mau^{44} tuei^{35}mau^{44}pʰuŋ^{44}	冒着 mau^{23} tʂau^{223} 冒碰 mau^{23}pʰuŋ^{223}	冒着 mau^{23}tʂau^{42} 冒碰 mau^{23}pʰəŋ^{213}	冒着 mau^{23}tʂau^{42} 冒碰 mau^{23}pʰuŋ^{213}	冒着 mau^{23}tʂau^{21} 冒碰 mau^{23}pʰuŋ^{213}
到一边去 用于大人对小孩，长辈对晚辈	半乍去 pã^{44}tʂa^{31} tɕʰy^{44} 死一岸 乍去 sɿ^{53}i^{31}ŋã^{44} tʂa^{31}tɕʰi^{0}	半乍去 pan^{23} tʂa^{42}tɕʰy^{23} 死一 岸乍去 sɿ^{55}i^{42} ŋan^{23}tʂa^{42}tɕʰi^{0}	到一边去 tau^{23}i^{31}pian^{31} tɕʰi^{0}	到一边去 tau^{23}i^{45}pian^{45} tɕʰi^{0}	到一边去 tau^{23}i^{34}pian^{34} tɕʰi^{0}
歇一会儿	歇一下 ɕie^{31}i^{0}xa^{53}	歇一下 ɕie^{42}i^{0}xa^{223}	歇一下 ɕiɛ^{31}i^{0}xa^{213}	歇一下 ɕie^{42}i^{0}xa^{213}	歇一下 ɕie^{21}i^{0}xa^{213}
等（他）	候 xəu^{35} 等 təŋ^{53}	等（他） tən^{55}(tʰa^{42})	等（他） tən^{55}(tʰa^{31})	等（他） tən^{53}(tʰa^{45})	等（他） tən^{53}(tʰa^{34})
经管	经管 tɕiŋ^{31}kuã^{0} 招呼 tʂau^{31}xu^{0}	经管 tɕin^{42}kuan^{0} 招呼 tʂau^{42}xu^{0}	经管 tɕin^{31}kuan^{0} 招呼 tʂau^{31}xu^{0}	经管 tɕin^{45}kuan^{0} 招呼 tʂau^{45}xu^{0}	经由 tɕin^{34}kuan^{0} 招呼 tʂau^{34}xu^{0}
指导点拨	指拨 tʂʅ^{53}pə^{31}	指拨 tʂʅ^{55}pə^{42}	指拨 tʂʅ^{55}po^{31}	指拨 tʂʅ^{53}po^{42}	指拨 tʂʅ^{53}puo^{21}
做	搞 kau^{53} 弄 luŋ^{44}	弄 luŋ^{223}	弄 ləŋ^{22}	弄 luŋ^{213}	弄 nuŋ^{213}
结束了	毕咧 pi^{31}lie^{0} 对了 tuei^{44}lia^{0}	放下了 faŋ^{23}xa^{23} lia^{0} 对了 tei^{23}lia^{0}	放下了 faŋ^{23}xa^{55}lia^{0}	放下了 faŋ^{23}xa^{53}lia^{0}	放下了 faŋ^{23}xa^{53}lia^{0}
痒	咬 ȵiau^{53}	痒 iaŋ^{55}	痒 iaŋ^{55}	痒 iaŋ^{53}	痒 iaŋ^{53}
胆怯	怯火 tɕʰie^{31}xuo^{53}	怯火 tɕʰie^{42}xuo^{55}	怯火 tɕʰiɛ^{31}xo^{55}	怯火 tɕʰei^{42}xo^{53}	怯火 tɕʰie^{21}xuo^{53}
感觉吃不消	老火 lau^{53}xuo^{53}	老火 lau^{55}xuo^{55}	老火 lau^{55}xo^{55}	老火 lau^{53}xo^{53}	老火 nau^{53}xuo^{53}

续表

方言点 / 词目	中原官话区	混合 1 区	江淮官话区	混合 3 区	西南官话区
	汉滨	县河	茅坪	石泉	紫阳
熬煎	熬煎 ŋau^{31}tɕian^{31}	熬煎 ŋau^{42}tɕian^{42}	熬煎 ŋau^{31}tɕian^{31}	熬煎 ŋau^{45}tɕian^{45}	熬煎 ŋau^{34}tɕian^{34}
吃不消	吃不消 tʂʰʅ^{31}pu^{44}ɕiau^{31}	吃不消 tʂʰʅ^{42}pu^{0}ɕiau^{42}	奈不何 lai^{22}pu^{0}xo^{42}	奈不何 lai^{23}pu^{0}xo^{42}	奈不何 nai^{23}pu^{0}xuo^{21}
不用试 肯定不行	不消试的 pu^{35}ɕiau^{31}ʂʅ^{44}ti^{0}	不消持的 pu^{42}ɕiau^{42}tʂʰʅ^{42}ti^{0}	不消持的 pu^{31}ɕiau^{31}tʂʰʅ^{31}ti^{0}	不消持的 pu^{45}ɕiau^{45}tʂʰʅ^{45}ti^{0}	不消持的 pu^{34}ɕiau^{34}tʂʰʅ^{34}ti^{0}
做精作怪	做精做怪 tsəu^{44} tɕiŋ^{31}tsəu^{44}kuæ^{44}	做精做怪 tsəu^{23} tɕin^{42}tsəu^{23}kuai^{223}	做精做怪 tsou^{23} tɕin^{31}tsou^{23}kuai^{213}	做精做怪 tsəu^{23} tɕin^{45}tsəu^{23}kuai^{23}	做精做怪 tsəu^{23} tɕin^{34}tsəu^{23}kuai^{213}
扭捏	扭捏 ȵiəu^{53}ȵie^{31} 扭扭捏捏 ȵiəu^{53} ȵiəu^{53}ȵie^{31}ȵie^{31}	扭捏 ȵiəu^{44}ȵie^{43} 扭扭捏捏 ȵiəu^{55} ȵiəu^{55}ȵie^{42}ȵie^{42}	扭扭捏捏 ȵiou^{55}ȵiou^{55} ȵiɛ^{31}ȵiɛ^{31}	扭扭捏捏 ȵiəu^{53}ȵiəu^{53} ȵie^{45}ȵie^{45}	扭扭捏捏 ȵiəu^{53}ȵiəu^{53} ȵie^{34}ȵie^{34}
前拉后推	前拉后扨 tɕʰã^{35} la^{31}xəu^{44}suŋ^{53}	前拉后扨 tɕʰan^{32} la^{42}xəu^{23}suŋ^{55}	前拉后扨 tɕʰan^{42} la^{31}xou^{22}səŋ^{55}	前拉后扨 tɕʰan^{42} la^{45}xəu^{23}suŋ^{53}	前拉后扨 tɕʰan^{21} na^{34}xəu^{23}suŋ^{53}
故意 摆架子	拗扯 ȵiəu^{44}tʂʰɤ^{53}	拗扯 ȵiəu^{23}tʂʰɤ^{55}	扳扯 pan^{31}tʂʰɛ^{55} 拗扯 ȵiou^{23}tʂʰɛ^{55}	扳扯 pan^{45}tʂʰe^{53}	扳扯 pan^{34}tʂʰe^{53}
骂人没 长眼睛	瞎眯窜眼 xa^{31} mi^{31}tsʰuã^{44}ȵiã^{53}	瞎眯窜眼 xa^{42} mi^{42}tsʰan^{23}ȵian^{55}	瞎目闭眼 xa^{31} mo^{0}pi^{23}ian^{55}	瞎目闭眼 xa^{45} mo^{0}pi^{23}ian^{53}	瞎目闭眼 xa^{34} mu^{0}pi^{23}ian^{53}
没进展 没头绪	没点儿 mə^{31} tiar^{53} 没迷眼儿 mə^{31}mi^{35}ȵiar^{53}	没点儿 mə^{42} tiar^{55} 没迷眼儿 mə^{42}mi^{32}ȵiar^{55}	没点儿 mo^{31} tiar^{55} 没迷眼儿 mo^{31}mi^{42}iar^{55}	没点儿 mo^{45} tiar^{53} 没迷眼儿 mo^{45}mi^{42}iar^{53}	没点儿 muo^{34} tiar^{53} 没迷眼儿 muo^{34}mi^{21}iar^{53}
想办法 凑合	挪腾 luo^{35}tʰəŋ^{0}	挪腾 luo^{32}tʰən^{0}	挪腾 lo^{42}tʰən^{0} 凑合 tsʰou^{23}xo^{42}	凑合 tsʰəu^{23}xo^{42}	凑合 tsʰəu^{23}xuo^{21}
坏了	瞎咧 xa^{31}lie^{0}	瞎了 xa^{42}liau^{0}	瞎了 xa^{55}liau^{55}	瞎了 xa^{53}liau^{0}	坏了 xuai^{23}liau^{0}
供养和培 养儿女	抬举 tʰæ^{35}tɕy^{53}	供养 kuŋ^{23}iaŋ^{55} 抬举 tʰai^{42}tɕy^{55}	供养 kuŋ^{23}iaŋ^{55} 养活 iaŋ^{55}xo^{0}	供养 kuŋ^{23}iaŋ^{53} 养活 iaŋ^{53}xo^{0}	供养 kuŋ^{23}iaŋ^{53} 养活 iaŋ^{53}xuo^{0}
停滞 不动了	歪抓住了 væ^{31}pfa^{31}pfu^{44}lə^{0}	歪抓住了 uai^{42}pfa^{42}pfu^{23}lə^{0}	坐蔸 tso^{22}tou^{31}	坐蔸 tso^{23}təu^{45}	坐蔸 tsuo^{23}təu^{34}
表情难受	涩辣 ʂei^{31}la^{0}	涩辣 se^{42}la^{0}	涩辣 sɛ^{31}la^{0}	涩辣 se^{42}la^{0}	涩辣 se^{21}la^{0}

续表

方言点 词目	中原官话区	混合 1 区	江淮官话区	混合 3 区	西南官话区
	汉滨	县河	茅坪	石泉	紫阳
玩弄手指	抠掐 kʰəu^{31}tɕʰia^{31}	抠掐 kʰəu^{42}tɕʰia^{42}	抠掐 kʰou^{31}tɕʰia^{31}	抠掐 kʰəu^{45}tɕʰia^{45}	抠掐 kʰəu^{34}tɕʰia^{34}
行为贱气	贱毛儿贱气 tɕiã^{44} maur^{35}tɕiã^{44}tɕʰi^{44}	贱毛儿贱气 tɕian^{23} maur^{32}tɕian^{23}tɕʰi^{223}	贱脚贱手 tɕian^{22} tɕio^{31}tɕia^{22}ʂou^{55}	贱脚贱手 tɕian^{23} tɕio^{45}tɕia^{23}ʂəu^{53}	贱脚贱手 tɕian^{23} tɕyo^{34}tɕia^{23}ʂəu^{53}
熬夜	熬夜 ŋau^{35}ie^{44} 熬更守夜 ŋau^{35} kə̃^{31}ʂəu^{53}ie^{44}	熬夜 ŋau^{32}ie^{223} 熬更守夜 ŋau^{32} kən^{42}ʂəu^{55}ie^{223}	熬夜 ŋau^{42}iɛ^{22} 熬更守夜 ŋau^{42} kən^{31}ʂou^{55}iɛ^{22}	熬夜 ŋau^{42}ie^{23} 熬更守夜 ŋau^{42} kən^{45}ʂəu^{53}ie^{213}	熬夜 ŋau^{21}ie^{23} 熬更守夜 ŋau^{21} kən^{34}ʂəu^{53}ie^{213}
事情未 办成	板经 pã^{53}tɕin^{31}	板经 pan^{55}tɕin^{42}	板经 pan^{55}tɕin^{31}	板经 pan^{53}tɕin^{45}	板经 pan^{53}tɕin^{34}
不懂方法	不懂经 pu^{31}tuŋ^{53}tɕin^{31}	不懂经 pu^{42}tuŋ^{55}tɕin^{42}	不懂经 pu^{31}təŋ^{55}tɕin^{31}	不懂经 pu^{45}tuŋ^{53}tɕin^{45}	不懂经 pu^{34}tuŋ^{53}tɕin^{34}
于事不方 便或于事 无大作用	不就事 pu^{31}tɕiəu^{44}ʂʅ^{44}	不就事 pu^{42}tɕiəu^{23}ʂʅ^{223}	不就事 pu^{31}tɕiou^{23}sɿ^{22}	不就事 pu^{42}tɕiəu^{23}sɿ^{213}	不就事 pu^{21}tɕiəu^{23}sɿ^{213}
不可靠	吃马虎 tʂʰʅ^{31}ma^{35}xu^{31}	吃马虎 tʂʰʅ^{42}ma^{32}xu^{42}	吃马虎 tʂʰʅ^{31}ma^{42}u^{31}	吃马虎 tʂʰʅ^{45}ma^{42}xu^{45}	吃马虎 tʂʰʅ^{34}ma^{21}xu^{34}
责备到 处乱跑	窜魂倒路 tsʰã^{31} xuə̃^{35}tau^{53}ləu^{44}	窜魂倒路 tsʰan^{42} xuən^{32}tau^{55}ləu^{223}	窜魂倒路 tsʰan^{31} xuən^{42}tau^{55}lou^{22}	窜魂倒路 tsʰan^{45} xuən^{42}tau^{53}ləu^{213}	窜魂倒路 tsʰan^{34} xuən^{54}tau^{53}nəu^{213}
比喻在 外偷情	打野食 ta^{53}ie^{53}ʂʅ^{35}	打野食 ta^{55}ie^{55}ʂʅ^{32}	打野食 ta^{55}iɛ^{55}ʂʅ^{42}	打野食 ta^{53}ie^{53}ʂʅ^{42}	打野食 ta^{53}ie^{53}ʂʅ^{21}
干粗活 重活	捣蛮 tau^{53}mã^{35}	捣蛮 tau^{55}man^{312}	捣蛮 tau^{55}man^{42}	捣蛮 tau^{53}man^{42}	捣蛮 tau^{53}man^{21}
用奴仆 比喻给 人做事	捣奴 tau^{53}ləu^{35}	捣奴 tau^{55}ləu^{312}	捣奴 tau^{55}lou^{42}	捣奴 tau^{53}ləu^{42}	捣奴 tau^{53}nəu^{21}
到底 到顶	到顶 tau^{44}tin^{53}	到顶 tau^{23}tin^{55}	到蔸 tau^{23}tou^{31}	到蔸 tau^{23}təu^{45}	到蔸 tau^{23}təu^{34}
放手哄抢	放抢 faŋ^{44}tɕʰiaŋ^{53}	放抢 faŋ^{23}tɕʰiaŋ^{55}	放抢 faŋ^{23}tɕʰiaŋ^{55}	放抢 faŋ^{23}tɕʰiaŋ^{53}	放抢 faŋ^{23}tɕʰiaŋ^{53}

续表

方言点 词目	中原官话区	混合 1 区	江淮官话区	混合 3 区	西南官话区
	汉滨	县河	茅坪	石泉	紫阳
被蒙在鼓里而不知情	黑大糊涂 xei^{31}ta^{44}xu^{35}təu^{0}	黑大糊涂 xe^{42}ta^{23}xu^{32}təu^{0}	黑大糊涂 xɛ^{31}ta^{23}xu^{42}tou^{0}	黑大糊涂 xe^{45}ta^{23}xu^{42}təu^{0}	黑大糊涂 xe^{34}ta^{23}xu^{21}təu^{0}
比喻找不该找的人，做不该做的事	黑路了 xei^{31}ləu^{44}liau^{0}	黑路了 xe^{42}ləu^{23}liau^{0}	黑路了 xɛ^{31}lou^{22}liau^{0}	黑路了 xe^{42}ləu^{23}liau^{0}	黑路了 xe^{21}nəu^{23}liau^{0}
做事非常卖力	狠在 xə̃^{44}tsæ^{44}	狠在 xən^{23}tsai^{223}	狠在 xən^{22}tsai^{22}	狠在 xən^{23}tsai^{213}	狠在 xən^{23}tsai^{213}
皮肤有骚动感	胡搔 xu^{35}sau^{31}	胡搔 xu^{32}sau^{42}	胡搔 xu^{42}sau^{31}	胡搔 xu^{42}sau^{45}	胡搔 xu^{21}sau^{34}
头晕走路不稳	昏头窜脑 xuə̃^{31} tʰəu^{35}tsʰuã^{44}lau^{53}	昏头窜脑 xuən^{42} tʰəu^{32}tsʰan^{23}lau^{55}	昏头窜脑 xuən^{31} tʰou^{42}tsʰan^{23}lau^{55}	昏头窜脑 xuən^{45} tʰəu^{42}tsʰan^{23}lau^{53}	昏头窜脑 xuən^{34} tʰəu^{21}tsʰan^{23}nau^{53}
按理说	讲说 tɕiaŋ^{53}fə^{31}	讲说 tɕiaŋ^{55}fə^{42}	讲说 tɕiaŋ^{55}ʂo^{31}	讲说 tɕiaŋ^{53}ʂo^{45}	讲说 tɕiaŋ^{53}ʂuo^{34}
按说不该这样	讲说不起 tɕiaŋ^{53} fə^{31}pu^{31}tɕʰi^{53}	讲说不起 tɕiaŋ^{55} fə^{42}pu^{42}tɕʰi^{55}	讲说不起 tɕiaŋ^{55} ʂo^{31}pu^{31}tɕʰi^{55}	讲说不起 tɕiaŋ^{53} ʂo^{45}pu^{45}tɕʰi^{53}	讲说不起 tɕiaŋ^{53} ʂuo^{34}pu^{34}tɕʰi^{53}
也就这个样子了	就已 tɕiəu^{44}i^{53}	就已 tɕiəu^{23}i^{55}	就已 tɕiou^{22}i^{55}	就已 tɕiəu^{23}i^{53}	就已 tɕiəu^{23}i^{53}
比喻爱占人小便宜	抠尻子 kʰəu^{35}kəu^{31}tsɿ^{0}	抠尻子 kʰəu^{42}kəu^{42}tsɿ^{0}	抠尻子 kʰou^{31}kou^{31}tsɿ^{0}	抠尻子 kʰəu^{45}kəu^{45}tsɿ^{0}	抠尻子 kʰəu^{34}kəu^{34}tsɿ^{0}
玩牌子	耍牌子 fa^{53}pʰæ^{35}tsɿ^{0}	耍牌子 fa^{55}pʰai^{32}tsɿ^{0}	耍牌子 ʂɥa^{55}pʰai^{42}tsɿ^{0}	耍牌子 ʂɥa^{53}pʰai^{42}tsɿ^{0}	耍牌子 ʂua^{53}pʰai^{21}tsɿ^{0}
接二连三	连二赶三 liã^{35}ər^{44}kã^{53}sã^{31}	连二赶三 lian^{32} ər^{23}kan^{55}san^{42}	连二赶三 lian^{42} ər^{23}kan^{55}san^{31}	连二赶三 lian^{42} ər^{23}kan^{53}san^{45}	连二赶三 nian^{21} ər^{23}kan^{53}san^{34}
承受不起	领当不起 lin^{53} taŋ^{31}pu^{31}tɕʰi^{53}	领当不起 lin^{55} taŋ^{42}pu^{42}tɕʰi^{55}	领当不起 lin^{55} taŋ^{31}pu^{31}tɕʰi^{55}	领当不起 lin^{53} taŋ^{45}pu^{42}tɕʰi^{53}	领当不起 lin^{53} taŋ^{34}pu^{21}tɕʰi^{53}
靠近现场	拢仗 luŋ^{53}tʂaŋ^{44}	拢仗 luŋ^{55}tʂaŋ^{23}	拢仗 ləŋ^{55}tʂaŋ^{213}	拢仗 luŋ^{53}tʂaŋ^{213}	拢仗 nuŋ^{53}tʂaŋ^{213}
贪心收揽	搂揽 ləu^{35}lã^{53} 你～的事情太多了	搂揽 ləu^{32}lan^{55}	搂揽 lou^{42}lan^{55}	搂揽 ləu^{42}lan^{53}	搂揽 nəu^{21}nan^{53}

续表

方言点 词目	中原官话区	混合 1 区	江淮官话区	混合 3 区	西南官话区
	汉滨	县河	茅坪	石泉	紫阳
露馅儿	漏包 ləu^{44}pau^{31}	漏包 ləu^{23}pau^{42}	漏包 lou^{22}pau^{31}	漏包 ləu^{23}pau^{45}	漏包 nəu^{23}pau^{34}
言行随便轻浮	流唐 liəu^{35}tʰaŋ^{0}	流唐 liəu^{32}tʰaŋ^{0}	流唐 liou^{42}tʰaŋ^{0}	流唐 liəu^{42}tʰaŋ^{0}	流唐 ȵiəu^{21}tʰaŋ^{0}
比喻事情早已结束	锣罢鼓罢 luo^{35}pa^{44}ku^{53}pa^{44}	锣罢鼓罢 luo^{32}pa^{23}ku^{55}pa^{23}	锣罢鼓罢 lo^{42}pa^{22}ku^{55}pa^{23}	锣罢鼓罢 lo^{42}pa^{23}ku^{53}pa^{23}	锣罢鼓罢 luo^{21}pa^{23}ku^{53}pa^{23}
指做事完全有把握	满展 mã^{53}tʂã^{53}	满展 man^{55}tʂan^{55}	满展 man^{55}tʂan^{55}	满展 man^{53}tʂan^{53}	满展 man^{53}tʂan^{53}
没意义没趣味	没糟兮 mə^{35}tsau^{31}ɕi^{31}	没糟兮 mə^{32}tsau^{42}ɕi^{42}	没搞场 mo^{31}kau^{55}tʂʰaŋ^{55}	没搞场 mo^{42}kau^{53}tʂʰaŋ^{53}	没搞场 muo^{34}kau^{53}tʂʰaŋ^{53}
豁出去	颇 pʰə^{53} 路这么烂，今天我就～这双鞋子不要了	颇 pʰə^{55}	颇 pʰo^{55}	颇 pʰo^{53}	颇 pʰuo^{53}
用度宽裕	撒颇 sa^{31}pʰə^{53}	撒颇 sa^{42}pʰə^{55}	撒颇 sa^{31}pʰo^{55}	撒颇 sa^{45}pʰo^{53}	撒颇 sa^{34}pʰuo^{53}
拼命地	颇死亡命 pʰə^{53} sɿ^{53}uaŋ^{35}min^{44}	颇死亡命 pʰə^{55} sɿ^{55}uaŋ^{32}min^{223}	颇死亡命 pʰo^{55} sɿ^{55}uaŋ^{42}min^{22}	颇死亡命 pʰo^{53} sɿ^{53}uaŋ^{42}min^{23}	颇死亡命 pʰuo^{53} sɿ^{53}uaŋ^{21}min^{23}
特伤人感情	伤腔张赖子的话简直把我呕～了 ʂaŋ^{35}tɕʰiaŋ^{31}	伤腔 ʂaŋ^{42}tɕʰiaŋ^{42}	伤腔 ʂaŋ^{31}tɕʰiaŋ^{31}	伤腔 ʂaŋ^{45}tɕʰiaŋ^{45}	伤腔 ʂaŋ^{34}tɕʰiaŋ^{34}
液体凝固了	沁住了 tɕiʰin^{44}pfu^{44}liau^{0}	沁住了 tɕiʰin^{23}pfu^{23}liau^{0}	沁住了 tɕiʰin^{23}tʂʯ^{22}liau^{0}	沁住了 tɕiʰin^{23}tʂʯ^{23}liau^{0}	沁住了 tɕiʰin^{23}tʂu^{23}liau^{0}
没注意	没暇意 mə^{31}ɕia^{35}i^{44} 没注意 mə^{31}pfu^{44}i^{44}	没注意 mə^{42}pfu^{23}i^{213}	没警顾地 mo^{31}tɕin^{55}ku^{23}ti^{0}	没警顾地 mo^{45}tɕin^{53}ku^{23}ti^{0}	没警顾地 muo^{34}tɕin^{53}ku^{23}ti^{0}
全身都在扭动	动圆了 tuŋ^{44}yan^{35}liau^{0}	动圆了 tuŋ^{23}yan^{42}liau^{0}	拗圆了 ȵiou^{23}ʯan^{42}liau^{0}	拗圆了 ȵiəu^{23}ʯan^{42}liau^{0}	拗圆了 ȵiəu^{23}yan^{21}liau^{0}
应付	应付 iŋ^{44}fu^{0}	应付 in^{23}fu^{42}	支呼 tʂʅ^{31}xu^{0}	支呼 tʂʅ^{45}xu^{0}	支呼 tʂʅ^{34}xu^{0}

续表

方言点 词目	中原官话区	混合 1 区	江淮官话区	混合 3 区	西南官话区
	汉滨	县河	茅坪	石泉	紫阳
为下台阶说缓和话	转钳子 pfã^{53}tɕʰiã^{35}tsɿ^{0}	转钳子 pfan^{55}tɕʰian^{32}tsɿ^{0}	转钳子 tʂɥan^{55}tɕʰian^{42}tsɿ^{0}	转钳子 tʂɥan^{53}tɕʰian^{42}tsɿ^{0}	转钳子 tʂuan^{53}tɕʰian^{21}tsɿ^{0}
看笑话	看笑话 kʰã^{44}ɕiau^{44}xua^{31}	看笑话 kʰan^{23}ɕiau^{23}xua^{42}	看笑声儿 kʰan^{23}ɕiau^{23}ʂər^{31}	看笑声儿 kʰan^{23}ɕiau^{23}ʂər^{45}	看笑声儿 kʰan^{23}ɕiau^{23}ʂər^{34}
张狂	张 tʂaŋ^{31} 张狂 tʂaŋ^{31}kʰuaŋ^{35}	张 tʂaŋ^{42} 张狂 tʂaŋ^{42}kʰuaŋ^{312}	张 tʂaŋ^{31} 张狂 tʂaŋ^{31}kʰuaŋ^{42}	张 tʂaŋ^{45} 张狂 tʂaŋ^{45}kʰuaŋ^{42}	张 tʂaŋ^{34} 张狂 tʂaŋ^{34}kʰuaŋ^{21}
劈头盖脑	劈头盖脑 pʰi^{53} tʰəu^{35}kæ^{44}nau^{53}	劈头盖脑 pʰi^{55} tʰəu^{32}kai^{23}nau^{55}	杵头乒乓 tʂʅ^{55} tʰou^{42}pʰin^{31}pʰaŋ^{31}	杵头乒乓 tʂʅ^{53} tʰəu^{42}pʰin^{45}pʰaŋ^{45}	劈头盖脑 pʰi^{53} tʰəu^{21}kai^{23}nau^{53}
干做不该做的事情	干毬搞 kã^{31}tɕʰiəu^{35}kau^{53}	干毬搞 kan^{42}tɕʰiəu^{23}kau^{55}	干毬搞场 kan^{31}tɕʰiou^{42} kau^{55}tʂʰaŋ^{55}	干毬搞场 kan^{45}tɕʰiəu^{42} kau^{53}tʂʰaŋ^{53}	干毬搞场 kan^{34}tɕʰiəu^{21} kau^{53}ʂʰaŋ^{53}
没有意义没有价值	没搞场 muo^{31}kau^{53}tʂʰaŋ^{53}	没搞场 mə^{42}kau^{55}tʂʰaŋ^{55}	没搞场 mo^{31}kau^{55}tʂʰaŋ^{55}	没搞场 mo^{45}kau^{53}tʂʰaŋ^{53}	没搞场 muo^{34}kau^{53}tʂʰaŋ^{53}
衣服半脱不脱穿在身上	（把衣裳一下） 海 xai^{31}（到）	（把衣裳一下） 海 xai^{42}（到）	（把衣裳一下） 海 xai^{31}（到）	（把衣裳一下） 海 xai^{45}（到）	（把衣裳一下） 海 xai^{34}（到）
病得饭未吃水未喝	（水米）没搭牙 muo^{31}ta^{31}ia^{35}	（水米）没搭牙 muo^{42}ta^{42}ia^{312}	（水米）没搭牙 mo^{31}ta^{31}ia^{42}	（水米）没搭牙 mo^{42}ta^{42}ia^{42}	（水米）没搭牙 muo^{21}ta^{21}ia^{21}
舌头长伸在外面	（舌头）了 liau^{53} （起多长）	（舌头）了 liau^{55} （起多长）	（舌头）了 liau^{55} （起多长）	（舌头）了 liau^{53} （起多长）	（舌头）了 ȵiau^{53} （起多长）
长膘	圆膘 yã^{35}piau^{31}	长膘 tʂaŋ^{55}piau^{42}	长膘 tʂaŋ^{55}piau^{31}	长膘 tʂaŋ^{53}piau^{45}	长膘 tʂaŋ^{53}piau^{34}
与己没有任何关系	毬相干 tɕʰiəu^{35}ɕiaŋ^{31}kã^{31}	毬相干 tɕʰiəu^{32}ɕiaŋ^{42}kan^{42}	毬相干 tɕʰiou^{42} ɕiaŋ^{31}kan^{31}	毬相干 tɕʰiəu^{42} ɕiaŋ^{45}kan^{45}	毬相干 tɕʰiəu^{21} ɕiaŋ^{34}kan^{34}
散落	漾 iaŋ^{44}	洒 sa^{42}	洒 sa^{31}	洒 sa^{42}	洒 sa^{21}

二十三 位置

方言点 词目	中原官话区	混合 1 区	江淮官话区	混合 3 区	西南官话区
	汉滨	县河	茅坪	石泉	紫阳
顶端	顶头儿 tin^{53} tʰəur^{35} 杪杪儿 miau^{53}miaur^{0} 尖尖儿 tɕiã^{31} tɕiar^{0} 头头儿 tʰəu^{35}tʰər^{0}	顶头儿 tin^{55} tʰəur^{312} 杪杪儿 miau^{55}miaur^{0} 尖尖儿 tɕian^{42} tɕiar^{0} 头头儿 tʰəu^{32}tʰəur^{0}	顶上头 tin^{55}ʂaŋ^{22} tʰou^{0} 杪杪儿 miau^{55}miaur^{0} 尖尖儿 tɕian^{31} tɕiar^{0} 头头儿 tʰou^{42}tʰour^{0}	顶上头 tin^{53}ʂaŋ^{23} tʰəu^{0} 杪杪儿 miau^{53}miaur^{0} 尖尖儿 tɕian^{45} tɕiar^{0} 头头儿 tʰəu^{42}tʰəur	顶上头 tin^{53}ʂaŋ^{23} tʰəu^{0} 尖尖 tɕian^{34}tɕian^{0} 顶顶上 tin^{53}tin^{53}ʂaŋ^{23}
头的上边	脑壳头起 lau^{53} kʰɤ^{31}tʰəu^{35}tɕʰi^{53}	脑壳头起 lau^{55} kʰɤ^{0}tʰəu^{32}tɕʰi^{55}	脑壳头起 lau^{55} kʰo^{0}tʰou^{42}tɕʰi^{55}	脑壳头起 lau^{53} kʰo^{0}tʰou^{42}tɕʰi^{53}	脑壳头起 nau^{53} kʰuo^{0}tʰou^{21}tɕʰi^{53}
山顶端	山堖堖儿 ʂã^{31}lau^{53}laur^{0}	山堖堖儿 ʂan^{42}lau^{55}laur^{0}	山堖堖儿 ʂan^{31}lau^{55}laur^{0}	山堖堖儿 ʂan^{45}lau^{53}laur^{0}	山高起 ʂan^{34}kau^{45}tɕʰi^{53}
上面	头起 tʰəu^{0}tɕʰi^{53} 上头 ʂaŋ^{44}tʰəu^{0}	高头 kau^{42}tʰəu^{0} 上头 ʂaŋ^{23}tʰəu^{0} 上面 ʂaŋ^{23}mian^{0}	高头 kau^{31}tʰou^{0} 上头 ʂaŋ^{22}tʰou^{0} 面上 mian^{22}ʂaŋ^{0}	高头 kau^{45}tʰəu^{0} 上头 ʂaŋ^{23}tʰəu^{0} 面上 mian^{23}ʂaŋ^{0}	上面 ʂaŋ^{23}mian^{23} 高头 kau^{34}tʰəu^{0} 上头 ʂaŋ^{23}tʰəu^{0}
下面	下头 xa^{44}tʰəu^{0} 底下 ti^{53}xa^{0}	底下 ti^{55}xa^{0} 下头 xa^{23}tʰəu^{0}	下面 xa^{22}mian^{0} 底下 ti^{55}xa^{0} 下头 xa^{22}tʰou^{0}	下头 xa^{23}tʰou^{0} 底脚 ti^{42}xa^{42} 底下 ti^{53}xa^{23}	下面 ɕia^{23}mian^{23} 底下 ti^{53}xa^{23} 下头 xa^{23}tʰəu^{0}
地下	地下 ti^{44}xa^{0}	地下 ti^{23}xa^{0}	地下 ti^{22}xa^{0}	地下 ti^{213}xa^{0}	地下 ti^{23}xa^{0}
地上	地上 ti^{44}ʂaŋ^{0}	地上 ti^{23}ʂaŋ^{0}	地上 ti^{22}ʂaŋ^{0}	地上 ti^{213}ʂaŋ^{0}	地上 ti^{23}ʂaŋ^{0}
最后	落巴尾儿 luo^{31}pa^{0}ueir^{53} 落家把儿 luo^{31}tɕia^{31}par^{44}	落巴尾儿 luo^{42}pa^{0}ueir^{55} 落家把儿 luo^{42}tɕia^{42}par^{223}	落巴尾儿 lo^{31}pa^{0}ueir^{55} 落家把儿 lo^{31}tɕia^{31}par^{213}	落巴尾儿 lo^{45}pa^{0}ueir^{53} 落家把儿 lo^{21}tɕia^{45}par^{213}	落巴尾儿 nuo^{34}pa^{0}ueir^{53} 落家把儿 nuo^{21}tɕia^{34}par^{213}
天上	天上 tʰiã^{31}ʂaŋ^{0}	天上 tʰian^{42}ʂaŋ^{0}	天上 tʰian^{31}ʂaŋ^{0}	天上 tʰian^{45}ʂaŋ^{0}	天上 tʰian^{34}ʂaŋ^{0}
山上	山上 ʂã^{31}ʂaŋ^{0}	山上 ʂan^{42}ʂaŋ^{0}	山上 ʂan^{31}ʂaŋ^{0}	山上 ʂan^{45}ʂaŋ^{0}	山上 ʂan^{34}ʂaŋ^{0}

续表

方言点 / 词目	中原官话区	混合 1 区	江淮官话区	混合 3 区	西南官话区
	汉滨	县河	茅坪	石泉	紫阳
路上	路上 lu^{44}ʂaŋ^{0}	路上 ləu^{23}ʂaŋ^{0}	路上 lou^{22}ʂaŋ^{0}	路上 ləu^{23}ʂaŋ^{0}	路上 nəu^{23}ʂaŋ^{0}
街上	街上 kæ^{31}ʂaŋ^{0}	街上 kai^{42}ʂaŋ^{0}	街上 kai^{31}ʂaŋ^{0}	街上 kai^{42}ʂaŋ^{0}	街上 kai^{34}ʂaŋ^{0}
墙上	墙上 tɕʰiaŋ^{35}ʂaŋ^{0}	墙上 tɕʰiaŋ^{32}ʂaŋ^{0}	墙上 tɕʰiaŋ^{42}ʂaŋ^{0}	墙上 tɕʰiaŋ^{42}ʂaŋ^{0}	墙上 tɕʰiaŋ^{21}ʂaŋ^{0}
门上	门上 mə̃^{35}ʂaŋ^{0}	门上 mən^{32}ʂaŋ^{0}	门上 mən^{42}ʂaŋ^{0}	门上 mən^{42}ʂaŋ^{0}	门上 mən^{21}ʂaŋ^{0}
桌上	桌上 pfə^{31}ʂaŋ^{0}	桌上 pfə^{42}ʂaŋ^{0}	桌上 tʂo^{31}ʂaŋ^{0}	桌上 tʂo^{42}ʂaŋ^{0}	桌上 tʂuo^{21}ʂaŋ^{0}
椅子上	椅子上 i^{53}tsɿ^{0}ʂaŋ^{31}	椅子上 i^{55}tsɿ^{0}ʂaŋ^{42}	椅子上 i^{55}tsɿ^{0}ʂaŋ^{31}	椅子上 i^{52}tsɿ^{0}ʂaŋ^{45}	椅子上 i^{53}tsɿ^{0}ʂaŋ^{34}
边儿上	边上 piã^{31}ʂaŋ^{0}	边上 pian^{42}ʂaŋ^{0}	边上 pian^{31}ʂaŋ^{0}	边上 pian^{45}ʂaŋ^{0}	边上 pian^{34}ʂaŋ^{0}
对面	对岸 tuei^{44}ŋã^{44}	对门 tei^{23}mən^{312}	对门 tei^{23}mən^{42}	对门 tei^{23}mən^{42}	对门 tei^{23}mən^{21}
里面	里岸 li^{53}ŋã^{44}	里岸 li^{53}ŋan^{0}	里头 li^{55}tʰou^{0}	里头 li^{53}tʰəu^{0}	里头 ȵi^{53}tʰəu^{0}
外面	外前 uæ^{44}tɕʰiã^{0} 外岸 uæ^{44}ŋã^{44}	外头 uai^{23}tʰəu^{0}	外头 uai^{22}tʰou^{0}	外头 uai^{23}tʰəu^{0}	外头 uai^{23}tʰəu^{0}
手里	手上 ʂəu^{53}ʂaŋ^{0}	手上 ʂəu^{55}ʂaŋ^{0}	手上 ʂou^{55}ʂaŋ^{0}	手上 ʂəu^{53}ʂaŋ^{0}	手上 ʂəu^{53}ʂaŋ^{0}
心里	心里头 ɕin^{31}li^{53}tʰəu^{0}	心里头 ɕin^{42}li^{55}tʰəu^{0}	心里头 ɕin^{31}li^{55}tʰou^{0}	心里头 ɕin^{45}li^{53}tʰəu^{0}	心里头 ɕin^{34}ȵi^{53}tʰəu^{0}
野外	野地里 ie^{53}ti^{44}li^{0} 野外 ie^{53}uæ^{44}	野外 ie^{55}uai^{23}	野外 iɛ^{55}uai^{22}	野外 ie^{53}uai^{213}	野外 ie^{53}uai^{213}

续表

方言点／词目	中原官话区	混合 1 区	江淮官话区	混合 3 区	西南官话区
	汉滨	县河	茅坪	石泉	紫阳
大门外	大门外 ta^{44}mə̃^{32}uæ^{23}	大门外 ta^{23}mən^{32}uai^{223}	大门外 ta^{22}mən^{42}uai^{22}	大门外 ta^{23}mən^{42}uai^{213}	大门外 ta^{23}mən^{21}uai^{213}
门儿外	门外头 mə̃^{35}uæ^{44}tʰəu^{0}	门外头 mən^{32}uai^{23}tʰəu^{0}	门外头 mən^{42}uai^{22}tʰou^{0}	门外头 mən^{42}uai^{23}tʰəu^{0}	门外头 mən^{21}uai^{23}tʰəu^{0}
墙外	墙外头 tɕʰiaŋ^{35}uæ^{44}tʰəu^{0}	墙外头 tɕʰiaŋ^{32}uai^{23}tʰəu^{0}	墙外头 tɕʰiaŋ^{42}uai^{22}tʰou^{0}	墙外头 tɕʰiaŋ^{42}uai^{23}tʰəu^{0}	墙外头 tɕʰiaŋ^{21}uai^{23}tʰəu^{0}
窗外头	窗子外头 pfʰaŋ^{31}tsɿ^{0}uæ^{44} tʰəu^{0}	窗子外头 pfʰaŋ^{42}tsɿ^{0}uai^{23} tʰəu^{0}	窗子外头 tʂʰɥaŋ^{31}tsɿ^{0}uai^{22} tʰou^{0}	窗子外头 tʂʰɥaŋ^{45}tsɿ^{0}uai^{23} tʰəu^{0}	窗子外头 tʂʰuaŋ^{34}tsɿ^{0}uai^{23} tʰəu^{0}
车上	车上 tʂʰɤ^{31}ʂaŋ^{0}	车上 tʂʰɤ^{42}ʂaŋ^{0}	车上 tʂʰɛ^{31}ʂaŋ^{0}	车上 tʂʰe^{45}ʂaŋ^{0}	车上 tʂʰe^{34}ʂaŋ^{0}
车外	车子外头 tʂʰɤ^{31} tsɿ^{0}uæ^{44}tʰəu^{0}	车子外头 tʂʰɤ^{42} tsɿ^{0}uai^{23}tʰəu^{0}	车子外头 tʂʰɛ^{31} tsɿ^{0}uai^{22}tʰou^{0}	车子外头 tʂʰe^{45} tsɿ^{0}uai^{23}tʰəu^{0}	车子外头 tʂʰe^{34} tsɿ^{0}uai^{23}tʰəu^{0}
车前	车前头 tʂʰɤ^{31} tɕʰiã^{35}tʰəu^{0}	车子前头 tʂʰɤ^{42} tsɿ^{0}tɕʰian^{32}tʰəu^{0}	车子前头 tʂʰɛ^{31} tsɿ^{0}tɕʰian^{42}tʰou^{0}	车子前头 tʂʰe^{45} tsɿ^{0}tɕʰian^{42}tʰəu^{0}	车子前头 tʂʰe^{34} tsɿ^{0}tɕʰian^{21}tʰəu^{0}
车后	车后头 tʂʰɤ^{31}xəu^{44}tʰəu^{0}	车子后头 tʂʰɤ^{42} tsɿ^{0}xəu^{23}tʰəu^{0}	车子后头 tʂʰɛ^{31} tsɿ^{0}xou^{22}tʰou^{0}	车子后头 tʂʰe^{45} tsɿ^{0}xəu^{23}tʰəu^{0}	车子后头 tʂʰe^{34} tsɿ^{0}xəu^{23}tʰəu^{0}
前边	头里 tʰəu^{35}li^{53}	头里 tʰəu^{32}li^{55}	前头 tɕʰianə^{42}tʰou^{0}	前头 tɕʰian^{42}tʰəu^{0}	前头 tɕʰian^{21}tʰəu^{0}
后边	后边儿 xəu^{44}piãr^{31}	后头 xəu^{23}tʰəu^{0}	后头 xəu^{22}tʰou^{0}	后头 xəu^{23}tʰəu^{0}	后头 xəu^{23}tʰəu^{0}
山前	山前边儿 ʂã^{31}tɕʰiã^{35}piãr^{31}	山前头 ʂan^{42}tɕʰian^{32}tʰəu^{0}	山前头 ʂan^{31}tɕʰian^{42}tʰou^{0}	山前头 ʂan^{45}tɕʰian^{42}tʰəu^{0}	山前头 ʂan^{34}tɕʰian^{21}tʰəu^{0}
山后面	山后边儿 ʂã^{31}xəu^{44}piãr^{31} 山背后 ʂan^{31}pei^{44}xou^{44}	山后头 ʂan^{42}xəu^{23}tʰəu^{0} 山背后 ʂan^{42}pei^{23}xou^{223}	山后头 ʂan^{31}xou^{22}tʰou^{0} 山背后 ʂan^{31}pei^{23}xou^{22}	山后头 ʂan^{45}xəu^{23}tʰəu^{0} 山背后 ʂan^{45}pei^{23}xəu^{23}	山后头 ʂan^{34}xəu^{23}tʰəu^{0} 山背后 ʂan^{34}pei^{23}xəu^{23}

续表

方言点 词目	中原官话区	混合 1 区	江淮官话区	混合 3 区	西南官话区
	汉滨	县河	茅坪	石泉	紫阳
沟里面	沟里头 kəu^{31}li^{53}tʰəu^{0}	沟里头 kəu^{42}li^{55}tʰəu^{0}	沟里头 kou^{31}li^{55}tʰou^{0}	沟里头 kəu^{45}li^{53}tʰəu^{0}	沟里头 kou^{45}ȵi^{53}tʰəu^{0}
房前	房前边儿 faŋ^{35}tɕʰiã^{35}piãr^{31}	屋前头 u^{42}tɕʰian^{32}tʰəu^{0}	屋前头 u^{31}tɕʰian^{42}tʰəu^{0}	屋前头 u^{45}tɕʰian^{42}tʰəu^{0}	房前头 faŋ^{21}tɕʰian^{21}tʰəu^{0} 当门 taŋ^{34}mən^{21}
房后	房后头 faŋ^{35}xəu^{44}tʰəu^{0}	屋后头 u^{42}xəu^{23}tʰəu^{0}	屋后头 u^{31}xou^{22}tʰou^{0}	屋后头 u^{45}xəu^{23}tʰəu^{0}	屋后头 u^{34}xəu^{23}tʰəu^{0}
家门前	家门口 tɕia^{31}mə̃^{35}kʰəu^{53}	家门口 tɕia^{42}mən^{32}kʰəu^{55}	家门口 tɕia^{31}mən^{42}kʰou^{55}	家门口 tɕia^{45}mən^{42}kʰəu^{53}	家门口 tɕia^{34}mən^{21}kʰəu^{53}
背后	脊背后头 tɕi^{31} pei^{44}xəu^{44}tʰəu^{0} 背后 pei^{44}xəu^{44}	背后 pei^{23}xəu^{223}	背后 pei^{23}xou^{22}	背后头 pei^{23}xəu^{213}tʰəu^{0}	背后 pei^{23}xəu^{213}
以上	以上 i^{53}ʂaŋ^{44}	以上 i^{55}ʂaŋ^{223}	以上 i^{55}ʂaŋ^{22}	以上 i^{53}ʂaŋ^{213}	以上 i^{53}ʂaŋ^{213}
以下	以下 i^{53}ɕia^{44}	以下 i^{55}xa^{223}	以下 i^{55}xa^{22}	以下 i^{53}xa^{213}	以下 i^{53}xa^{213}
东边	东岸 tuŋ^{31}ŋã^{44}	东边 tuŋ^{42}pian^{42}	东边 təŋ^{31}pian^{31}	东边 tuŋ^{45}pian^{45}	东边 tuŋ^{34}pian^{34}
西边	西岸 ɕi^{31}ŋã^{44}	西边 ɕi^{42}pian^{42}	西边 ɕi^{31}pian^{31}	西边 ɕi^{42}pian^{45}	西边 ɕi^{21}pian^{34}
南边	南岸 nã^{32}ŋã^{44}	南边 nan^{32}pian^{42}	南边 lan^{42}pian^{31}	南边 lan^{42}pian^{45}	南边 nan^{21}pian^{34}
北边	北岸 pei^{31}ŋã^{44}	北边 pe^{42}pian^{42}	北边 pɛ^{31}pian^{31}	北边 pe^{42}pian^{45}	北边 pe^{21}pian^{34}
东南	东南 tuŋ^{31}nã^{35}	东南 tuŋ^{42}nan^{32}	东南 tuŋ^{31}lan^{42}	东南 tuŋ^{45}lan^{42}	东南 tuŋ^{34}nan^{21}
东北	东北 tuŋ^{35}pei^{31}	东北 tuŋ^{42}pe^{42}	东北 təŋ^{31}pɛ^{31}	东北 tuŋ^{45}pe^{42}	东北 tuŋ^{31}pe^{21}

续表

方言点 词目	中原官话区	混合 1 区	江淮官话区	混合 3 区	西南官话区
	汉滨	县河	茅坪	石泉	紫阳
西南	西南 ɕi^{31}nã^{35}	西南 ɕi^{42}nan^{32}	西南 ɕi^{31}lan^{42}	西南 ɕi^{45}lan^{42}	西南 ɕi^{34}nan^{21}
西北	西北 ɕi^{35}pei^{31}	西北 ɕi^{42}pe^{42}	西北 ɕi^{31}pɛ^{31}	西北 ɕi^{45}pe^{42}	西北 ɕi^{34}pe^{21}
路边儿	路边儿 lu^{44}piar^{31}	路边上 ləu^{23}pian^{42}ʂaŋ^{0}	路边上 lou^{42}pian^{31}ʂaŋ^{0}	路边上 ləu^{23}pian^{45}ʂaŋ^{0}	路边上 nəu^{23}pian^{34}ʂaŋ^{0}
路中间	路中间 lu^{44}pfəŋ^{35}tɕian^{31}	路中间 ləu^{23}pfəŋ^{42}tɕian^{42}	路中间 lou^{23}tʂəŋ^{31}tɕian^{31}	路中间 ləu^{23}tʂuŋ^{45}tɕian^{45}	路中间 ləu^{23}tʂuŋ^{34}tɕian^{34}
当间（儿）	当中间儿 taŋ^{31}pfəŋ^{35}tɕãr^{31} 半中拦腰 pã^{44}pfəŋ^{31}lã^{35}iau^{31}	半中拦腰 pan^{23}pfəŋ^{42}lan^{32}iau^{42} 当中 taŋ^{42}pfəŋ^{42}	半中拦腰 pan^{23}tʂəŋ^{31}lan^{42}iau^{31} 当中 taŋ^{31}tʂəŋ^{31}	半中腰 pan^{23}tʂuŋ^{45}iau^{45} 中间 tʂuŋ^{45}tɕian^{45}	当中 taŋ^{34}tʂuŋ^{34}
床底下	床底下 pfʰaŋ^{32}ti^{44}xa^{0}	床底下 pfʰaŋ^{32}ti^{55}xa^{0}	床底下 tʂʰɥaŋ^{42}ti^{55}xa^{0}	床底下 tʂʰɥaŋ^{42}ti^{53}xa^{0}	床底下 tʂʰuaŋ^{21}ti^{53}xa^{0}
楼底下	楼底下 ləu^{32}ti^{44}xa^{0}	楼底下 ləu^{32}ti^{55}xa^{0}	楼底下 lou^{42}ti^{55}xa^{0}	楼底下 ləu^{42}ti^{53}xa^{0}	楼底下 nəu^{21}ti^{53}xa^{0}
脚底下	脚底下 tɕyo^{31}ti^{53}xa^{0}	脚板底下 tɕyo^{42}pan^{55}ti^{55}xa^{0}	脚板底下 tɕio^{31}pan^{55}ti^{55}xa^{0}	脚板底下 tɕio^{42}pan^{53}ti^{53}xa^{0}	脚板底下 tɕyo^{21}pan^{53}ti^{53}xa^{0}
碗底儿	碗底儿 uã^{53}tir^{53}	碗底儿 uan^{55}tir^{55}	碗底儿 uan^{55}tir^{55}	碗底 uan^{42}ti^{53}	碗底 uan^{21}ti^{53}
碗里头	碗里头儿 uã^{53}li^{53}tʰər^{0}	碗里头 uan^{55}li^{55}tʰəu^{0}	碗里头 uan^{55}li^{55}tʰou^{0}	碗里头 uan^{53}li^{53}tʰəu^{0}	碗里头 uan^{53}li^{53}tʰəu^{0}
锅底儿	锅底 kuo^{31}ti^{53}	锅底儿 ko^{42}tir^{55}	锅底儿 ko^{31}tir^{55}	锅底 ko^{42}ti^{53}	锅底 kuo^{21}ti^{53}
缸底儿	缸底底儿 kaŋ^{31}ti^{53}tir^{53}	缸底底儿 kaŋ^{42}ti^{55}tir^{0}	缸底底儿 kaŋ^{31}ti^{55}tir^{55}	缸底底 kaŋ^{45}ti^{53}ti^{0}	缸底底 kaŋ^{34}ti^{53}ti^{0}
旁边	边上 piã^{31}ʂaŋ^{0} 旁边 pʰaŋ^{35}piã^{31}	边上 pian^{42}ʂaŋ^{0} 旁边 pʰaŋ^{32}pian^{42}	边上 pian^{31}ʂaŋ^{0} 旁边 pʰaŋ^{42}pian^{31}	边上 pian^{45}ʂaŋ^{0} 侧边 tsʰe^{42}pian^{45}	边上 pian^{34}ʂaŋ^{0} 旁边 pʰaŋ^{21}pian^{34}

续表

方言点 / 词目	中原官话区	混合 1 区	江淮官话区	混合 3 区	西南官话区
	汉滨	县河	茅坪	石泉	紫阳
附近	邻近 lin^{53}tɕin^{44} 附近 fu^{35}tɕin^{44}	旁边 pʰaŋ^{32}pian^{42}	旁边 pʰaŋ^{42}pian^{31}	侧边 tsʰe^{42}pian^{45}	左近 tsuo^{53}tɕin^{213}
跟前儿	跟前 kə̃^{31}tɕʰiã^{35}	跟前 kən^{42}tɕʰian^{0}	跟前 kən^{31}tɕʰian^{0}	跟前 kən^{45}tɕʰian^{42}	跟前 kən^{34}tɕʰian^{21}
方圆	方圆 faŋ^{31}yã^{35}	方圆 faŋ^{42}yan^{32}	方圆 faŋ^{31}ɥan^{42}	方圆 faŋ^{45}ɥan^{42}	方圆 faŋ^{34}yan^{21}
到处	到处 tau^{44}pfʰu^{53}	到处 tau^{23}pfʰu^{55}	满到处 man^{55}tau^{23}tʂʰɥ^{55}	满到处 man^{53}tau^{23}tʂʰɥ^{53}	满到处 man^{53}tau^{23}tʂʰu^{53}
满地	满地里 mã^{53}ti^{44}li^{53}	满地里 man^{55}ti^{23}li^{55}	满地下 man^{55}ti^{22}ɕia^{22}	满地下 man^{53}ti^{23}ɕia^{23}	满地下 man^{53}ti^{23}ɕia^{23}
紧挨着	挨着的 ŋæ^{31}tʂɤ^{31}ti^{0}	挨到的 ŋai^{42}tau^{23}ti^{0}	挨到的 ŋai^{31}tau^{23}ti^{0}	挨到的 ŋai^{45}tau^{53}ti^{0}	挨到的 ŋai^{34}tau^{53}ti^{0}
周围	团转 tʰuã^{35}pfã^{44} 周围 tʂəu^{31}uei^{35}	团转 tʰan^{32}pfan^{223}	团转 tʰan^{42}tʂɥan^{213}	团转 tʰan^{42}tʂɥan^{213}	团转 tʰan^{21}tʂuan^{213}
什么地方	啥地方儿 ʂa^{44}ti^{44}faŋr^{31} 哪下儿 la^{31}xar^{35}	啥地方儿 ʂa^{23}ti^{23}faŋr^{42} 哪下儿 la^{42}xar^{23}	么子地方 mo^{55}tsɿ^{0}ti^{22}faŋ^{31} 哪下儿 la^{55}xar^{23}	啥子地方 ʂa^{23}tsɿ^{0}ti^{23}faŋ^{0} 哪里 la^{53}li^{0}	啥子地方 ʂa^{23}tsɿ^{0}ti^{23}faŋ^{0} 哪里 na^{53}ȵi^{0}
左边	左岸 tsuo^{53}ŋã^{44} 左半儿 tsuo^{53}par^{0}	左边 tsuo^{55}pian^{42}	左边 tso^{55}pian^{31}	左边 tso^{53}pian^{45}	左手 tsuo^{53}ʂəu^{53} 左边 tsuo^{53}pian^{34}
右边	右岸 iəu^{53}ŋã^{44} 右半儿 iəu^{53}par^{0}	右边 iəu^{23}pian^{42}	右边 iəu^{22}pian^{31}	右边 iəu^{23}pian^{45}	右手 iəu^{23}ʂəu^{53} 右边 iəu^{23}pian^{34}
望里走	望里走 uaŋ^{44}li^{53}tsəu^{53}	望里头走 uaŋ^{23} li^{55}tʰəu^{0}tsəu^{55}	望里头走 uaŋ^{22} li^{55}tʰou^{0}tsou^{55}	望里头走 uaŋ^{23} li^{53}tʰəu^{0}tsəu^{53}	望里头走 uaŋ^{23} ȵi^{53}tʰəu^{0}tsəu^{53}
望外走	往外走 uaŋ^{44}uæ^{44}tsəu^{53}	往外头走 uaŋ^{23} uai^{23}tʰəu^{0}tsəu^{55}	往外头走 uaŋ^{22} uai^{22}tʰou^{0}tsou^{55}	往外头走 uaŋ^{23} uai^{23}tʰəu^{0}tsəu^{53}	往外头走 uaŋ^{23} uai^{23}tʰəu^{0}tsəu^{53}
望东走	望东去 uaŋ^{44}tuŋ^{31}tɕʰy^{44}	望东去 uaŋ^{23}tuŋ^{42}tɕʰi^{23}	望东去 uaŋ^{22}təŋ^{31}tɕʰi^{23}	望东去 uaŋ^{23}tuŋ^{45}tɕʰi^{23}	望东去 uaŋ^{23}tuŋ^{34}tɕʰi^{23}

续表

词目 \ 方言点	中原官话区	混合 1 区	江淮官话区	混合 3 区	西南官话区
	汉滨	县河	茅坪	石泉	紫阳
望西走	望西走 uaŋ^{44} ɕi^{31}ʦəu^{53}	往西边去 uaŋ^{23} ɕi^{42}pian^{42}ʨʰi^{23}	往西边去 uaŋ^{22} ɕi^{31}pian^{31}ʨʰi^{0}	往西边去 uaŋ^{23} ɕi^{45}pian^{45}ʨʰi^{23}	往西边去 uaŋ^{23} ɕi^{34}pian^{34}ʨʰi^{23}
望回走	望回走 uaŋ^{44}xuei^{35}ʦəu^{53} 望转走 uaŋ^{44}pfã^{53}ʦəu^{53}	望回走 uaŋ^{23}xuei^{32}ʦəu^{55} 望转走 uaŋ^{23}pfã^{55}ʦəu^{55}	望回走 uaŋ^{22}xuei^{42}ʦou^{55} 望转走 uaŋ^{22}tʂʯan^{55}ʦou^{55}	望回走 uaŋ^{23}xuei^{42}ʦəu^{53} 望转走 uaŋ^{23}tʂʯan^{53}ʦəu^{53}	望回走 uaŋ^{23}xuei^{21}ʦəu^{53} 望转走 uaŋ^{23}tʂuan^{53}ʦəu^{53}
望前走	朝前走 tʂʰau^{35}ʨʰiã^{35}ʦəu^{53}	朝前走 tʂʰau^{32} ʨʰian^{32}ʦəu^{55}	往前头去 uaŋ^{22} ʨʰian^{42}tʰou^{0}ʨʰi^{0}	往前头去 uaŋ^{23} ʨʰian^{42}tʰəu^{0}ʨʰi^{23}	往前头去 uaŋ^{23} ʨʰian^{21}tʰəu^{0}ʨʰi^{23}
…以东	……以东 i^{53}tuŋ^{31}	……以东 i^{55}tuŋ^{42}	……以东 i^{55}təŋ^{31}	……以东 i^{53}tuŋ^{45}	……以东 i^{53}tuŋ^{34}
…以南	……以南 i^{53}lã^{35}	……以南 i^{55}lan^{32}	……以南 i^{55}lan^{42}	……以南 i^{53}lan^{42}	……以南 i^{53}nan^{21}
…以西	……以西 i^{53}ɕi^{31}	……以西 i^{55}ɕi^{42}	……以西 i^{55}ɕi^{31}	……以西 i^{53}ɕi^{45}	……以西 i^{53}ɕi^{34}
…以北	……以北 i^{53}pei^{31}	……以北 i^{55}pe^{42}	……以北 i^{55}pɛ^{31}	……以北 i^{53}pe^{42}	……以北 i^{53}pe^{21}
…以内	……以内 i^{53}lei^{44}	……以内 i^{55}lei^{223}	……以内 i^{55}lei^{22}	……以内 i^{53}lei^{213}	……以内 i^{53}nei^{213}
…以外	……以外 i^{53}uæ^{44}	……以外 i^{44}uai^{223}	……以外 i^{55}uai^{22}	……以外 i^{53}uai^{213}	……以外 i^{53}uai^{213}
…以来	……以来 i^{53}læ^{35}	……以来 i^{55}lai^{32}	……以来 i^{44}lai^{42}	……以来 i^{53}lai^{42}	……以来 i^{53}nai^{21}
…以前	……以后 i^{53}xəu^{44}	……以后 i^{55}xəu^{23}	……以后 i^{55}xou^{22}	……以后 i^{53}xəu^{213}	……以后 i^{53}xəu^{213}
…以前	……以前 i^{53}ʨʰiã^{35}	……以前 i^{55}ʨʰian^{32}	……以前 i^{55}ʨʰian^{42}	……以前 i^{53}ʨʰian^{42}	……以前 i^{53}ʨʰian^{21}
…之后	……之后 tʂʅ^{31}xəu^{44}	……之后 tʂʅ^{42}xəu^{223}	……之后 tʂʅ^{31}xou^{22}	……之后 tʂʅ^{45}xəu^{213}	……之后 tʂʅ^{34}xəu^{213}

续表

方言点 词目	中原官话区	混合 1 区	江淮官话区	混合 3 区	西南官话区
	汉滨	县河	茅坪	石泉	紫阳
…之前	……之前 tʂʅ^{31}tɕʰiã^{35}	……之前 tʂʅ^{42}tɕʰian^{32}	……之前 tʂʅ^{31}tɕʰian^{42}	……之前 tʂʅ^{45}tɕʰian^{42}	……之前 tʂʅ^{34}tɕʰian^{21}
…之外	……之外 tʂʅ^{31}uæ^{44}	……之外 tʂʅ^{42}uai^{223}	……之外 tʂʅ^{31}uai^{22}	……之外 tʂʅ^{45}uai^{213}	……之外 tʂʅ^{34}uai^{213}
…之内	……之内 tʂʅ^{31}lei^{44}	……之内 tʂʅ^{42}lei^{223}	……之内 tʂʅ^{31}lei^{22}	……之内 tʂʅ^{45}lei^{213}	……之内 tʂʅ^{34}lei^{213}
…之间	……之间 tʂʅ^{35}tɕiã^{31}	……之间 tʂʅ^{42}tɕian^{43}	……之间 tʂʅ^{31}tɕian^{31}	……之间 tʂʅ^{45}tɕian^{45}	……之间 tʂʅ^{34}tɕian^{34}
…之上	……之上 tʂʅ^{31}ʂaŋ^{44}	……之上 tʂʅ^{42}ʂaŋ^{223}	……之上 tʂʅ^{31}ʂaŋ^{22}	……之上 tʂʅ^{45}ʂaŋ^{213}	……之上 tʂʅ^{34}ʂaŋ^{213}
…之下	……之下 tʂʅ^{31}ɕia^{44}	……之下 tʂʅ^{42}ɕia^{223}	……之下 tʂʅ^{31}ɕia^{22}	……之下 tʂʅ^{45}ɕia^{213}	……之下 tʂʅ^{34}ɕia^{213}

二十四　代词

方言点 词目	中原官话区	混合 1 区	江淮官话区	混合 3 区	西南官话区
	汉滨	县河	茅坪	石泉	紫阳
我	我 ŋɤ^{53}	我 ŋɤ^{55}	我 ŋo^{55}	我 ŋo^{53}	我 ŋuo^{53}
你	你 ȵi^{53}	你 ȵi^{55}	你 ȵi^{55}	你 ȵi^{53}	你 ȵi^{53}
他	他 tʰa^{31}	他 tʰa^{42}	他 tʰa^{31}	他 tʰa^{45}	他 tʰa^{34}
我们	我们 ŋɤ^{53}mə̃^{0}	我们 ŋɤ^{55}mən^{0}	我们 ŋo^{55}mən^{0}	我们 ŋo^{53}mən^{42}	我们 ŋuo^{53}mən^{0}

续表

方言点 词目	中原官话区	混合 1 区	江淮官话区	混合 3 区	西南官话区
	汉滨	县河	茅坪	石泉	紫阳
你们	恁的 ȵin^{35}ti^{0} 你们 ȵi^{53}mə̃^{0}	你们 ȵi^{55}mən^{0}	你们 ȵi^{55}mən^{0}	你们 ȵi^{53}mən^{42}	你们 ȵi^{53}mən^{0}
他们	他们 tʰa^{31}mə̃^{0}	他们 tʰa^{42}mən^{0}	他们 tʰa^{31}mən^{0}	他们 tʰa^{45}mən^{42}	他们 tʰa^{34}mən^{0}
您	你（老人家）ȵi^{53} (lau^{53}ʐə̃^{35}tɕia^{31})	你（老人家）ȵi^{55} (lau^{55}ʐən^{55}tɕia^{42})	你（老儿） ȵi^{55}(laur^{55})	你（老人家）ȵi^{53} (lau^{53}ʐən^{42}tɕia^{45})	你（老人家）ȵi^{53} (ȵau^{53}ʐən^{21}tɕia^{34})
我的	我的 ŋɤ^{53}ti^{0}	我的 ŋɤ^{55}ti^{0}	我的 ŋo^{55}ti^{0}	我的 ŋo^{53}ti^{0}	我的 ŋuo^{53}ti^{0}
人家	伢 ȵia^{53}	人家 ʐən^{32}tɕia^{43}	人家 ʐən^{42}tɕia^{31}	人家 ʐən^{42}tɕia^{45}	人家 ʐən^{21}tɕia^{34}
别人	人家 ʐə̃^{35}tɕia^{31}	人家 ʐən^{32}tɕia^{43}	人家 ʐən^{42}tɕia^{31}	人家 ʐən^{42}tɕia^{45}	人家 ʐən^{21}tɕia^{34}
旁人	旁人 pʰaŋ^{35}ʐə̃^{35}	旁人 pʰaŋ^{32}ʐən^{32}	旁斯外人 pʰaŋ^{42} sɿ^{0}uai^{22}ʐən^{42}	旁人 pʰaŋ^{42}ʐən^{42}	旁人 pʰaŋ^{21}ʐən^{21}
别的	旁的 pʰaŋ^{35}ti^{0} 残的 tsʰã^{35}ti^{0}	旁的 pʰaŋ^{32}ti^{0}	别的 piɛ^{42}ti^{0}	别的 pie^{42}ti^{0}	别的 pie^{21}ti^{0}
大家	大家 ta^{44}tɕia^{31}	大家 ta^{23}tɕia^{42}	大家 ta^{22}tɕia^{31}	大家 ta^{23}tɕia^{45}	大家 ta^{23}tɕia^{34}
谁	谁 ʂei^{35}	哪一个 la^{55}i^{0}kɤ^{223}	哪一个 la^{55}i^{0}ko^{213}	哪一个 la^{53}i^{0}ko^{23}	哪一个 na^{53}i^{0}kuo^{23}
没有谁	毬三 tɕʰiəu^{35} sã^{31} ～理你?	毬三 tɕʰiəu^{32}san^{42}	老鸡巴 lau^{55} tɕi^{31}pa^{0} 毬三 tɕʰiou^{42}san^{31}	老鸡巴 lau^{53} tɕi^{45}pa^{0} 毬三 tɕʰiəu^{42}san^{45}	老鸡巴 nau^{53} pa^{0}tɕi^{34} 毬三 tɕʰiəu^{21}san^{34}
这	喔 uə^{44}	这儿 tʂər^{213} 喔 uə^{223}	这儿 tʂər^{213} 箇 ko^{55}	这儿 tʂər^{213} 箇 ko^{53}	这里 tʂe^{23}ȵi^{53}
那儿	喔下儿 uə^{44} xər^{31} 喔 uə^{44}	那儿 lar^{223} 喔下儿 uə^{23} xər^{55}	那儿 lar^{213}	那儿 lar^{213}	那儿 nar^{213} 咧里 ȵie^{23}ȵi^{53}
这个	这个 tʂɤ^{44}kɤ^{0}	这 tʂɤ^{223}	这 tʂɛ^{213}	这 tʂe^{213}	这 tʂe^{213}

方言点 词目	中原官话区 汉滨	混合 1 区 县河	江淮官话区 茅坪	混合 3 区 石泉	西南官话区 紫阳
那个	喔个 uə^{44}kɤ^{0}	那个 le^{23}kɤ^{0}	那个 lɛ^{23}ko^{0}	那个 le^{23}ko^{0}	那个 ne^{23}ko^{0}
这样 这么	喔样 uə^{44}iaŋ^{0}	这门 tʂe^{23}mən^{32}	这门 tʂɛ^{23}mən^{0}	这门 tʂən^{23}mən^{42}	这门 tʂe^{23}mən^{0}
那么	那样 le^{44}iaŋ^{0}	恁门 lən^{23}mən^{32}	恁门 lən^{23}mən^{42}	恁门 lən^{23}mən^{42}	恁门 nən^{23}mən^{21}
咋样	咋样 ʦa^{31}ɕiaŋ^{44}	咋样 ʦa^{55}ɕiaŋ^{223}	么样 mo^{55}iaŋ^{22}	咋活样 ʦa^{53}xo^{42}iaŋ^{213}	么样儿 muo^{53}iaŋr^{213}
怎么个样子	咋样 ʦa^{31}ɕiaŋ^{44} 咋个样 ʦa^{31}kɤ^{0} ɕiaŋ^{44}	咋个样子 ʦa^{55}kɤ^{0}iaŋ^{23}ʦɿ^{0}	么样的 mo^{55}iaŋ^{22}ti^{0}	咋个样子 ʦ^{53}ko^{0}iaŋ^{23}ʦɿ^{0}	么样儿 muo^{53}iaŋr^{213}
什么	啥子 ʂa^{44}ʦɿ^{0}	啥 ʂa^{223}	么子 mo^{55}ʦɿ^{0}	啥子 ʂa^{23}ʦɿ^{0}	啥子 ʂa^{23}ʦɿ^{0}
什么东西	啥把戏 ʂa^{35}pa^{53}ɕi^{0}	啥把戏 ʂa^{23}pa^{55}ɕi^{0}	啥子 ʂa^{23}ʦai^{31} 啥把戏 ʂa^{23}pa^{55}ɕi^{0}	啥东西 ʂa^{23}tuŋ^{45}ɕi^{0}	啥东西 ʂa^{23}tuŋ^{34}ɕi^{0}
干啥	□ ʦua^{35} 做啥子 tsəu^{23} ʂa^{23}ʦɿ^{0} 弄啥子 luŋ^{44}ʂa^{44}ʦɿ^{0}	做啥子 tsəu^{23} ʂa^{23}ʦɿ^{0} 弄啥子 luŋ^{23}ʂa^{23}ʦɿ^{0}	做么子 tsəu^{23}mo^{55}ʦɿ^{0}	做啥子 tsəu^{23}ʂa^{23}ʦɿ^{0}	做啥子 tsəu^{23}ʂa^{23}ʦɿ^{0}
啥事情 咋回事	啥事 ʂa^{44}ʂʅ^{44} 啥凇经 ʂa^{44}suŋ^{35}tɕin^{31}	啥事情 ʂa^{23}sɿ^{23} tɕ^{h}in^{0} 么子经 muo^{55}ʦɿ^{0}tɕin^{31}	么子经 mo^{55}ʦɿ^{0}tɕin^{31}	啥事 ʂa^{45}sɿ^{213}	啥子经 ʂa^{23} ʦɿ^{0}tɕin^{34} 啥子事 ʂa^{23}ʦɿ^{0}sɿ^{213}
这些	这些 tʂɤ^{44}ɕie^{53}	这些 tʂɤ^{23}ɕie^{55}	这些 tʂɛ^{23}ɕiɛ^{55}	这些 tʂe^{23}ɕie^{53}	这些 tʂe^{23}ɕie^{53}
那些	喔些 uə^{44}ɕie^{53}	那些 le^{23}ɕie^{55}	那些 lɛ^{23}ɕiɛ^{55}	那些 le^{23}ɕie^{53}	那些 ne^{23}ɕie^{53}
哪个	哪个 la^{53}kɤ^{0}	哪个 la^{55}kɤ^{0}	哪个 la^{55}ko^{0}	哪个 la^{53}ko^{0}	哪个 na^{53}kuo^{0}
哪些	哪些 la^{53}ɕie^{5}	哪些 la^{55}ɕie^{55}	哪些 la^{55}ɕiɛ^{55}	哪些 la^{53}ɕie^{53}	哪些 na^{53}ɕie^{53}

续表

词目＼方言点	中原官话区	混合 1 区	江淮官话区	混合 3 区	西南官话区
	汉滨	县河	茅坪	石泉	紫阳
这里	这半儿 tʂɤ^{44} par^{31} 这岸儿 tʂɤ^{44}ŋar^{31}	这里 tʂɤ^{23}li^{55} 这下儿 tʂɤ^{23}xar^{55}	这里 tʂɛ^{23}li^{55} 这下儿 tʂɛ^{23}xar^{55}	这里 tʂe^{23}li^{53} 这的 tʂe^{23}ti^{0}	这里 tʂe^{23}ȵi^{53} 这下儿 tʂe^{23}xar^{53}
那里	喔里 uə^{44}li^{53} 那儿 lar^{31}	那儿 lar^{42}	那儿下儿 lar^{23} xar^{0} 贝儿 pər^{42}	那的 na^{23}ti^{0} 那里 ne^{23}li^{53}	那下儿 na^{23}xar^{0} 那里 ne^{23}ȵi^{53}
那一带，那之间	喔一截儿 uə$^{44:0}$i^{0}tɕiar^{31}	那一路 le$^{23:0}$i^{0}ləu^{223}	那一路 lɛ$^{23:0}$i^{0}ləu^{213}	那一路 le$^{23:0}$i^{0}ləu^{213}	那一路 ne$^{23:0}$i^{0}nəu^{213}
最那边	老喔头 lau^{53}uə^{44}tʰəu^{35}	老那边 lau^{55}le^{23}pian^{42}	老那边 lau^{55}lɛ^{23}pian^{31}	老那边 lau^{53}le^{23}pian^{45}	老那边 nau^{53}ne^{23}pian^{34}
哪里	哪下儿 lar^{31}xar^{35}	哪下儿 lar^{55}xar^{23}	哪下儿 lar^{55}xar^{23}	哪下儿 lar^{53}xar^{23}	哪下儿 nar^{53}xar^{23}
这么（高）	阵高 tʂə̃^{44}kau^{31}	阵高 tʂən^{23}kau^{42}	那门高 la^{23}mən^{0}kau^{31}	那门高 la^{23}mən^{0}kau^{45}	那门高 na^{23}mən^{0}kau^{34}
这么（小）	喔儿大一点儿 uə^{44}ta$^{44:31}$i^{31}tiãr^{53}	这点儿大 tʂɤ^{23}tiar^{55}ta^{23}	这点点大 tʂɛ^{23}tian^{55}tian^{0}ta^{22}	这点点大 tʂən^{23}tian^{53} tian^{0}ta^{213}	这点点大 tʂən^{23}tian^{213} tian^{0}ta^{213}
那么（做）	喔门做 uə^{44}mə̃^{0}tsəu^{44}	恁门弄 lən^{23}mən^{0}luŋ^{223}	恁门弄 lən^{23}mən^{0}ləŋ^{23}	恁门弄 la^{23}mən^{0}luŋ^{213}	恁门弄 lən^{23}mən^{0}luŋ^{213}
这么（做）	这门做 tʂɤ^{44}mən^{0}tsəu^{44}	这门弄 tʂɤ^{223}mən^{0}luŋ^{223}	这门弄 tʂɛ^{213}mən^{0}ləŋ^{22}	这门弄 tʂən^{23}mən^{0}luŋ^{213}	这门弄 tʂɛ^{23}mən^{0}luŋ^{213}
这会儿	这会儿 tʂə̃ ^{44}xuər^{44}	这下儿 tʂɤ^{23}xar^{55}	这下儿 tʂɛ^{23}xar^{55}	这歇 tʂe^{23}ɕie^{45}	这下儿 tʂe^{23}xar^{53}
这阵儿	这阵子 tʂɤ^{44}tʂə̃^{44}tsɿ^{0}	这阵子 tʂɤ^{23}tʂən^{23}tsɿ^{0}	这阵子 tʂɛ^{23}tʂən^{22}tsɿ^{0}	这阵子 tʂe^{23}tʂən^{23}tsɿ^{0}	这阵子 tʂe^{23}tʂən^{23}tsɿ^{0}
那阵儿	那阵子 la^{44}tʂə̃^{44}tsɿ^{0}	那阵子 la^{23}tʂən^{23}tsɿ^{0}	那阵子 la^{23}tʂən^{22}tsɿ^{0}	那阵子 la^{23}tʂən^{23}tsɿ^{0}	那阵子 na^{23}tʂən^{23}tsɿ^{0}
多会儿	好大一下 xau^{53}ta$^{44:31}$i^{31}xa^{53}	好大一下 xau^{55}ta$^{23:42}$i^{42}xa^{55}	好大一下 xau^{55}ta$^{22:0}$i^{0}xa^{55}	好大一下 xau^{53}ta$^{23:0}$i^{0}xa^{53}	好大一下 xau^{53}ta$^{23:0}$i^{0}xa^{53}

续表

方言点	中原官话区	混合 1 区	江淮官话区	混合 3 区	西南官话区
词目	汉滨	县河	茅坪	石泉	紫阳
什么时候	几时 tɕi^{53}ʂʅ^{35}	几时 tɕi^{55}ʂʅ^{42}	啥时候 ʂa^{23}ʂʅ^{42}xou^{42}	啥时候 ʂa^{23}ʂʅ^{42}xəu^{42}	啥时候 ʂa^{23}ʂʅ^{21}xəu^{21}
怎么搞的	咋搞的 tsa^{53}kau^{53}ti^{0}	哪门搞的 la^{55}mən^{32}kau^{55}ti^{0}	哪门搞的 la^{55}mən^{42}kau^{55}ti^{0}	哪门搞的 la^{53}mən^{42}kau^{53}ti^{0}	哪门搞的 na^{53}mən^{21}kau^{53}ti^{0}
怎么办	咋门弄 tsa^{31}mə̃^{35}loŋ^{44} 咋办 tsa^{53}pã^{44}	哪门弄 la^{55}mən^{32}luŋ^{23} 咋办 tsa^{55}pan^{223}	哪门弄 la^{55}mən^{42}ləŋ^{22} 咋办 tsa^{55}pan^{22}	哪门弄 la^{53}mən^{42}luŋ^{213} 咋办 tsa^{53}pan^{213}	哪门弄 na^{53}mən^{42}nuŋ^{213} 咋办 tsa^{53}pan^{213}
为什么	为啥 uei^{44}ʂa^{44}	为啥 uei^{23}ʂa^{223}	么儿地 mo^{55}ər^{31}ti^{0}	为啥 uei^{23}ʂa^{213} 哪门 la^{53}mən^{42}	为啥 uei^{23}ʂa^{213} 哪门 la^{53}mən^{21}
什么	啥事 ʂa^{44}ʂʅ^{44}	啥事 ʂa^{23}sɿ^{223}	啥子 ʂa^{23}tsai^{0}	啥子 ʂa^{23}tsai^{0}	啥子 ʂa^{23}tsai^{0}
那样的	喔伢的 uə^{35}ȵia^{53}ti^{0}	那样的 le^{23}iaŋ^{23}ti^{0}	那样的 lɛ^{23}iaŋ^{23}ti^{0}	那样的 le^{23}iaŋ^{23}ti^{0}	那样的 ne^{23}iaŋ^{23}ti^{0}
多少（钱）	多少 tuo^{31}ʂau^{53} 多 tuo^{31}	多少 tuo^{42}ʂau^{55} 多 tuo^{42}	好多喂 xau^{55}to^{31}uai^{0}	好多 xau^{53}to^{45}	好多 xau^{53}to^{34}
我们俩	我们俩 ŋɤ^{53}mə̃^{0}lia^{31}	我们两个 ŋɤ^{55} mən^{0}liaŋ^{55}kɤ^{0}	我们两个 ŋo^{55} mən^{0}liaŋ^{55}ko^{0}	我们两个 ŋo^{53} mən^{42}liaŋ^{53}ko^{0}	我们两个 ŋuo^{53} mən^{21}ȵiaŋ^{53}kuo^{0}
咱们俩	咱们两 tsa^{35}mə̃^{0}lia^{31}	咱们两个 tsa^{32} mən^{0}liaŋ^{55}kɤ^{0}	咱们两个 tsa^{42} mən^{0}liaŋ^{55}ko^{0}	咱们两个 tsa^{42} mən^{42}liaŋ^{53}ko^{0}	咱们两个 tsa^{21} mən^{21}ȵiaŋ^{53}kuo^{0}
你们俩	你们俩 ȵi^{53}mə̃^{0}lia^{31}	你们两个 ȵi^{55} mən^{0}liaŋ^{55}kɤ^{0}	你们两个 ȵi^{55} mən^{0}liaŋ^{55}ko^{0}	你们两个 ȵi^{53} mən^{42}liaŋ^{53}ko^{0}	你们两个 ȵi^{53} mən^{21}ȵiaŋ^{53}kuo^{0}
他们俩	他们俩 tʰa^{31}mə̃^{0}lia^{31}	他们两个 tʰa^{42} mən^{0}liaŋ^{55}kɤ^{0}	他们两个 tʰa^{31} mən^{0}liaŋ^{55}ko^{0}	他们两个 tʰa^{45} mən^{42}liaŋ^{53}ko^{0}	他们两个 tʰa^{34} mən^{21}ȵiaŋ^{53}kuo^{0}
父子俩 爷儿俩	爷儿俩 ie^{35}ər^{0}lia^{31}	爷儿两个 ie^{32} ər^{0}liaŋ^{55}kɤ^{0}	爷儿两个 iɛ^{42} ər^{0}liaŋ^{55}ko^{0}	爷儿两个 ie^{42} ər^{0}liaŋ^{53}ko^{0}	爷儿两个 ie^{21} ər^{0}ȵiaŋ^{53}kuo^{0}
娘儿俩	娘母俩 ȵiaŋ^{35}mu^{0}lia^{31}	娘母两个 ȵiaŋ^{32} mə^{0}liaŋ^{55}kɤ^{0}	娘母两个 ȵiaŋ^{42} mo^{0}liaŋ^{55}ko^{0}	娘母两个 ȵiaŋ^{42} mo^{0}liaŋ^{53}ko^{0}	娘母两个 ȵiaŋ^{21} mo^{0}ȵiaŋ^{53}kuo^{0}

续表

方言点 词目	中原官话区	混合 1 区	江淮官话区	混合 3 区	西南官话区
	汉滨	县河	茅坪	石泉	紫阳
夫妻俩	夫妻俩 fu^{31}tɕʰi^{0}lia^{31}	夫妻两个 fu^{42} tɕʰi^{42}liaŋ^{55}kɤ^{0}	夫妻两个 fu^{31} tɕʰi^{31}liaŋ^{55}ko^{0}	夫妻两个 fu^{45} tɕʰi^{45}liaŋ^{53}ko^{0}	夫妻两个 fu^{34} tɕʰi^{34}ȵiaŋ^{53}kuuo^{0}
爷孙俩	爷孙俩 ie^{35}sə̃^{31}lia^{31}	爷孙两个 ie^{32} sən^{42}liaŋ^{55}kɤ^{0}	爷孙两个 iɛ^{42} sən^{31}liaŋ^{55}ko^{0}	爷孙两个 ie^{42} sən^{45}liaŋ^{53}ko^{0}	爷孙两个 ie^{21} sən^{34}ȵiaŋ^{53}kuo^{0}
妯娌俩	妯娌俩 tʂəu^{35}li^{0}lia^{31}	妯娌两个 tʂəu^{32} li^{0}liaŋ^{55}kɤ^{0}	妯娌两个 tʂou^{42} li^{0}liaŋ^{55}ko^{0}	妯娌两个 tʂəu^{42} li^{0}liaŋ^{53}ko^{0}	妯娌两个 tʂəu^{21} ȵi^{0}ȵiaŋ^{53}kuo^{0}
姑嫂俩	姑嫂俩 ku^{31}sau^{53}lia^{31}	姑嫂两个 ku^{42} sau^{55}liaŋ^{55}kɤ^{0}	姑嫂两个 ku^{31} sau^{55}liaŋ^{55}ko^{0}	姑嫂两个 ku^{45} sau^{53}liaŋ^{53}ko^{0}	姑嫂两个 ku^{34} sau^{53}ȵiaŋ^{53}kuo^{0}
婆媳俩	婆媳俩 pʰə^{35}ɕi^{0}lia^{31}	婆媳两个 pʰə^{32} ɕi^{42}liaŋ^{55}kɤ^{0}	婆媳两个 pʰo^{42} ɕi^{31}liaŋ^{55}ko^{0}	婆媳两个 pʰo^{42} ɕi^{3}liaŋ^{53}ko^{0}	婆媳两个 pʰuo^{21} ɕi^{34}ȵiaŋ^{53}kuo^{0}
兄弟俩	兄弟俩 ti^{44}ɕyŋ^{31}lia^{31}	弟兄两个 ti^{23} ɕyŋ^{42}liaŋ^{55}kɤ^{0}	弟兄两个 ti^{22} ɕioŋ^{31}liaŋ^{55}ko^{0}	弟兄两个 ti^{23} ɕioŋ^{45}liaŋ^{53}ko^{0}	弟兄两个 ti^{23} ɕioŋ^{34}ȵiaŋ^{53}kuo^{0}
姐妹俩	姊妹俩 tsɿ^{53}mei^{44}lia^{31}	姊妹两个 tsɿ^{55} mei^{23}liaŋ^{55}kɤ^{0}	姊妹两个 tsɿ^{55} mei^{22}liaŋ^{55}ko^{0}	姊妹两个 tsɿ^{53} mei^{23}liaŋ^{53}ko^{0}	姊妹两个 tsɿ^{53} mei^{23}ȵiaŋ^{53}kuo^{0}
姑侄俩	姑侄俩 ku^{31}tʂʅ^{44}lia^{31}	姑侄两个 ku^{42} tʂʅ^{3}liaŋ^{55}kɤ^{0}	姑侄两个 ku^{31} tʂʅ^{42}liaŋ^{55}ko^{0}	姑侄两个 ku^{45} tʂʅ^{42}liaŋ^{53}ko^{0}	姑侄两个 ku^{34} tʂʅ^{21}ȵiaŋ^{53}kuo^{0}
叔侄俩	叔侄俩 fu^{31}tʂʅ^{35}lia^{31}	叔侄两个 ʂəu^{42} tʂʅ^{3}liaŋ^{55}kɤ^{0}	叔侄两个 ʂou^{31} tʂʅ^{42}liaŋ^{55}ko^{0}	叔侄两个 ʂəu^{45} tʂʅ^{42}liaŋ^{53}ko^{0}	叔侄两个 ʂəu^{34} tʂʅ^{21}ȵiaŋ^{53}kuo^{0}
舅甥俩	舅甥俩 tɕiəu^{44} ʂən^{31}lia^{31}	舅甥两个 tɕiəu^{23} ʂən^{42}liaŋ^{55}kɤ^{0}	舅甥两个 tɕiou^{22} sən^{31}liaŋ^{55}ko^{0}	舅甥两个 tɕiəu^{23} sən^{45}liaŋ^{53}ko^{0}	舅甥两个 tɕiəu^{23} sən^{34}ȵiaŋ^{53}kuo^{0}
师徒俩	师徒俩 ʂʅ^{31}tʰəu^{35}lia^{31}	师徒之间 ʂʅ^{42} tʰəu^{32}tʂʅ^{0}tɕian^{42}	师徒之间 sɿ^{31} tʰou^{42}tʂʅ^{0}tɕian^{31}	师徒之间 sɿ^{45} tʰəu^{42}tʂʅ^{0}tɕian^{45}	师徒之间 sɿ^{34} tʰəu^{21}tʂʅ^{0}tɕian^{34}

续表

二十五　形容词

方言点 / 词目	中原官话区	混合 1 区	江淮官话区	混合 3 区	西南官话区
	汉滨	县河	茅坪	石泉	紫阳
结实	结实 tɕie^{31}ʂʅ^{0}	结实 tɕie^{42}ʂʅ^{0}	跩实 tʂɥai^{55}ʂʅ^{0} 结实 tɕiɛ^{31}ʂʅ^{0}	跩实 tʂɥai^{53}ʂʅ^{0} 结实 tɕie^{42}ʂʅ^{0}	跩实 tʂuai^{53}ʂʅ^{0} 结实 tɕie^{21}ʂʅ^{0}
身体健壮	莽实 maŋ^{31}ʂʅ^{0} 壮实 pfaŋ^{44}ʂʅ^{0}	莽实 maŋ^{42}ʂʅ^{0} 壮实 pfaŋ^{23}ʂʅ^{0}	莽实 maŋ^{31}ʂʅ^{0} 壮实 tʂɥaŋ^{55}ʂʅ^{0}	莽实 maŋ^{45}ʂʅ^{0} 壮实 tʂɥaŋ^{23}ʂʅ^{0}	莽实 maŋ^{34}ʂʅ^{0} 壮实 tʂuaŋ^{23}ʂʅ^{0}
扎实	扎实 tʂa^{31}ʂʅ^{0}	扎实 tʂa^{42}ʂʅ^{0}	扎实 tʂa^{31}ʂʅ^{0}	扎实 tʂa^{42}ʂʅ^{0}	扎实 tʂa^{21}ʂʅ^{0}
板结而不松软	瓷实 tsʰɿ^{35}ʂʅ^{0}	瓷实 tsʰɿ^{32}ʂʅ^{0}	瓷实 tsʰɿ^{42}ʂʅ^{0}	瓷实 tsʰɿ^{42}ʂʅ^{0}	瓷实 tsʰɿ^{21}ʂʅ^{0}
非常结	板结 pã^{53}tɕie^{31}	棒结 paŋ^{23}tɕie^{42}	棒结 paŋ^{23}tɕiɛ^{31}	棒结 paŋ^{23}tɕie^{42}	棒结 paŋ^{23}tɕie^{21}
板结牢固	结作 tɕie^{31}tsuo^{31}	结作 tɕie^{42}tsuo^{42}	结作 tɕiɛ^{31}tso^{31}	结作 tɕie^{42}tso^{42}	结作 tɕie^{21}tsuo^{21}
皮	皮伙 pʰi^{35}xuo^{0} 皮实 pʰi^{35}ʂʅ^{0}	皮 pʰi^{32} 皮实 pʰi^{32}ʂʅ^{0}	皮 pʰi^{42} 皮实 pʰi^{42}ʂʅ^{0}	皮 pʰi^{42} 皮实 pʰi^{42}ʂʅ^{0}	皮 pʰi^{21} 皮实 pʰi^{21}ʂʅ^{0}
欢实	欢实 xuã^{31}ʂʅ^{0}	欢实 xuan^{42}ʂʅ^{0}	跳躜 tʰiau^{23}tsan^{55}	跳躜 tʰiau^{23}tsan^{53}	跳躜 tʰiau^{23}tsan^{53}
无用状	倯气 suŋ^{35}tɕʰi^{44}	倯气 suŋ^{32}tɕʰi^{23}	齈齪 luŋ^{23}tʂʰo^{0}	齈齪 luŋ^{23}tʂʰo^{0}	齈齪 nuŋ^{23}tʂʰuo^{0}
干劲足	有劲十足 iəu^{53}tɕin^{44}ʂʅ^{35} tsu^{35}	有劲巴色 iəu^{55}tɕin^{23}pa^{42} se^{42}	有劲巴色 iou^{55} tɕin^{23}pa^{31}sɛ^{31} 巴儿大劲 par^{31}ta^{22}tɕin^{23}	有劲巴色 iəu^{53} tɕin^{23}pa^{0}se^{42} 巴儿大劲 par^{45}ta^{23}tɕin^{23}	有劲巴色 iəu^{53} tɕin^{23}pa^{0}se^{21} 巴儿大劲 par^{34}ta^{23}tɕin^{23}
①可怜的样子；②作孽	遭孽 tsau^{44}ȵie^{31}	遭孽 tsau^{23}ȵie^{42}	遭孽 tsau^{23}ȵiɛ^{31}	遭孽 tsau^{23}ȵie^{42}	遭孽 tsau^{23}ȵie^{21}
说话鼻音重不清楚	齈齈子 luŋ^{44}luŋ^{44}tsɿ^{0}	齈齈子 luŋ^{23}luŋ^{23}tsɿ^{0}	齈齈子 ləŋ^{23}ləŋ^{23}tsɿ^{0}	齈齈子 luŋ^{23}luŋ^{23}tsɿ^{0}	齈齈子 nuŋ^{23}nuŋ^{23}tsɿ^{0}

方言点 / 词目	中原官话区	混合 1 区	江淮官话区	混合 3 区	西南官话区
	汉滨	县河	茅坪	石泉	紫阳
稠状	冻冻子 tuŋ^{44}tuŋ^{44}tsɿ^{0}	冻冻子 tuŋ^{23}tuŋ^{23}tsɿ^{0}	冻冻子 təŋ^{23}təŋ^{23}tsɿ^{0}	冻冻子 tuŋ^{23}tuŋ^{23}tsɿ^{0}	冻冻子 tuŋ^{23}tuŋ^{23}tsɿ^{0}
浓度大	酽冻冻 ȵiã^{44} tuŋ^{44}tuŋ^{0}	酽冻冻 ȵian^{23} tuŋ^{23}tuŋ^{0}	酽冻冻 ȵian^{22} təŋ^{23}təŋ^{0}	酽冻冻 ȵian^{23} tuŋ^{23}tuŋ^{0}	酽冻冻 ȵian^{23} toŋ^{23}toŋ^{0}
懒样子	懒腰儿是垮 lã^{53} iaur^{31}ʂʅ^{44}kʰua^{53}	懒腰散垮 lan^{55} iau^{42}san^{23}kʰua^{55}	懒腰是垮 lan^{55} iau^{31}ʂʅ^{0}kʰua^{55}	懒腰散垮 lan^{53} iau^{45}san^{23}kʰua^{53}	懒腰散垮 nan^{53} iau^{34}san^{23}kʰua^{53}
不简单	不瓤劲儿 pu^{31} ʐaŋ^{35}tɕir^{44}	不当火色 pu^{42} taŋ^{23}xuo^{55}se^{42}	不当玩意儿 pu^{31} taŋ^{23}uan^{55}iər^{0}	不瓤劲 pu^{42} ʐaŋ^{42}tɕin^{213}	不瓤劲 pu^{21} ʐaŋ^{21}tɕin^{213}
杂乱	杂麻咕咚 tsa^{35} ma^{0}ku^{31}tuŋ^{31}	杂麻咕咚 tsa^{32} ma^{0}ku^{42}tuŋ^{42}	杂麻咕咚 tsa^{42} ma^{0}ku^{31}təŋ^{31}	杂而咕咚 tsa^{42} ər^{0}ku^{53}tuŋ^{45}	杂而咕咚 tsa^{21} ər^{0}ku^{53}tuŋ^{34}
杂乱无绪	乱码是窖 luan^{44} ma^{53}ʂʅ^{0}tɕiau^{44}	乱码是窖 lan^{23} ma^{55}ʂʅ^{0}tɕiau^{213}	乱码是窖 lan^{22} ma^{55}ʂʅ^{0}tɕiau^{213}	乱码是窖 lan^{23} ma^{53}ʂʅ^{0}tɕiau^{213}	乱码是窖 lan^{23} ma^{53}ʂʅ^{0}tɕiau^{213}
乌烟瘴气	五虎狼烟 u^{53}xu^{35}laŋ^{35}ian^{31}	五虎狼烟 u^{55}xu^{32}laŋ^{32}ian^{42}	五虎狼烟 u^{55}xu^{42}laŋ^{42}ian^{31}	五虎狼烟 u^{53}xu^{42}laŋ^{42}ian^{45}	五虎狼烟 u^{53}xu^{21}naŋ^{21}ian^{34}
整齐	整齐 tʂəŋ^{53}tɕʰi^{0}	整齐 tʂən^{55}tɕʰi^{0}	整齐 tʂən^{55}tɕʰi^{0} 齐扎 tɕʰi^{42}tsa^{31}	整齐 tʂən^{53}tɕʰi^{0} 齐扎 tɕʰi^{42}tsa^{42}	观展 kuan^{34}tʂan^{53} 齐扎 tɕʰi^{21}tsa^{34}
脾气执拗古怪	生古 ka^{53}ku^{0}	生古 ka^{55}ku^{0}	生古 ka^{55}ku^{0}	生古 ka^{53}ku^{0}	生古 ka^{53}ku^{0}
灵活而不呆板	活套 xuo^{35}tʰau^{44}	活套 xuo^{32}tʰau^{223}	活套 xo^{42}tʰau^{213}	活套 xo^{42}tʰau^{213}	活套 xuo^{21}tʰau^{213}
死板	死板 sɿ^{53}pã^{53}	死撒 sɿ^{55}sa^{42} 死板 sɿ^{55}pan^{55}	死撒 sɿ^{55}sa^{31} 死板 sɿ^{55}pan^{55}	死板 sɿ^{53}pan^{53}	死板 sɿ^{53}pan^{53}
呆板教条	呆执 ŋæ^{35}tʂʅ^{44} 呆板 ŋæ^{35}pã^{53}	呆执 ŋai^{32}tʂʅ^{23} 呆板 ŋai^{32}pan^{55}	呆执 ŋai^{42}tʂʅ^{23} 呆板 ŋai^{42}pan^{55}	呆板 ŋai^{42}pan^{53}	呆板 ŋai^{21}pan^{53}
足够	足够 tsəu^{35}kəu^{44}	足够 tsəu^{32}kəu^{323}	足够 tsou^{42}kou^{213}	足够 tsəu^{42}kəu^{213}	泡伙 pʰau^{23}xuo^{53}
机灵反应快	见眼生情 tɕiã^{44} iã^{53}səŋ^{31}tɕʰiŋ^{35}	见眼生情 tɕian^{23} ian^{55}sən^{42}tɕʰin^{32}	见眼生情 tɕian^{23} ian^{55}sən^{31}tɕʰin^{42}	见眼生情 tɕian^{23} ian^{53}sən^{45}tɕʰin^{42}	见眼生情 tɕian^{23} ian^{53}sən^{34}tɕʰin^{21}
动作慌乱	慌忙是绞 xuaŋ^{31} maŋ^{35}ʂʅ^{0}tɕiau^{53}	慌忙是绞 xuaŋ^{42} maŋ^{32}ʂʅ^{0}tɕiau^{55}	慌忙是绞 xuaŋ^{31} maŋ^{42}ʂʅ^{0}tɕiau^{55}	慌忙是绞 xuaŋ^{45} maŋ^{42}ʂʅ^{0}tɕiau^{53}	慌忙是绞 xuaŋ^{34} maŋ^{21}ʂʅ^{0}tɕiau^{53}

续表

方言点 词目	中原官话区 汉滨	混合 1 区 县河	江淮官话区 茅坪	混合 3 区 石泉	西南官话区 紫阳
心焦烦乱	心焦麻乱 ɕin^{31} tɕiau^{31}mə^{31}luã^{44}	心焦麻乱 ɕin^{42} tɕiau^{42}mə^{42}luan^{223}	心焦麻乱 ɕin^{31} tɕiau^{31}mo^{31}lan^{22}	心焦麻乱 ɕin^{45} tɕiau^{45}mo^{45}lan^{213}	心焦麻乱 ɕin^{34} tɕiau^{34}muo^{34}lan^{213}
顺利	顺当 fə̃^{44}taŋ^{31}	顺当 fən^{23}taŋ^{42}	顺当 ʂɥən^{22}taŋ^{31}	顺当 ʂɥən^{23}taŋ^{45}	顺当 ʂuən^{23}taŋ^{34}
好	美 mei^{53} 好 xau^{53}	好 xau^{55} 强 tɕʰiaŋ^{312}	好 xau^{55} 强 tɕʰiaŋ^{42}	好 xau^{53} 强 tɕʰiaŋ^{42}	好 xau^{53} 强 tɕʰiaŋ^{21}
好得很	美得很 mei^{53}ti^{0} xə̃^{53} 好得很 xau^{53}ti^{0}xə̃^{53}	美得很 mei^{55}ti^{0} xən^{55} 好得很 xau^{55}ti^{0}xən^{55}	好得很 xau^{55}ti^{0}xən^{55}	好得很 xau^{53}ti^{0}xən^{53}	蛮好 man^{21}xau^{53} 好得很 xau^{53}ti^{0}xən^{53}
还不错	还好 xæ^{35}xau^{53} 帮间儿 paŋ^{35}tɕiar^{31}	还好 xai^{32}xau^{55} 不咋的 pu^{42}ʦa^{55}ti^{0} 帮间儿 paŋ^{42}tɕiar^{42}	不咋的 pu^{31}ʦa^{55}ti^{0} 还好 xai^{42}xau^{55} 帮间儿 paŋ^{31}tɕiar^{31}	不咋的 pu^{45}ʦa^{53} ti^{0} 还要得 xai^{42}iau^{23}te^{42} 帮间儿 paŋ^{45}tɕiar^{45}	不咋的 pu^{34}ʦa^{53}ti^{0} 要得 iau^{23}te^{21} 帮间儿 paŋ^{34}tɕiar^{34}
不好	不着 pu^{31}tʂau^{35} 不着经 pu^{31}tʂau^{35}tɕin^{31} 六和 liəu^{31}xuo^{35} 麻稀 ma^{35}ɕi^{0} 麻眼儿 ma^{35}iãn^{53}	不强 pu^{42}tɕʰiaŋ^{312} 不着 pu^{42}tʂau^{312} 不着经 pu^{42} tʂau^{32}tɕin^{42} 麻稀 ma^{32}ɕi^{0} 麻眼儿 ma^{32}ian^{55}	不强 pu^{31}tɕʰiaŋ^{42} 不着 pu^{31}tʂau^{42} 不着经 pu^{31} tʂau^{42}tɕin^{31} 麻稀 ma^{42}ɕi^{0} 麻眼儿 ma^{42}ian^{55}	不强 pu^{45}tɕʰiaŋ^{42} 不着 pu^{45}tʂau^{42} 不着经 pu^{45} tʂau^{42}tɕin^{45} 麻稀 ma^{42}ɕi^{0} 麻眼儿 ma^{42}ian^{53}	不强 pu^{34}tɕʰiaŋ^{21} 不着 pu^{34}tʂau^{21} 不着经 pu^{34} tʂau^{21}tɕin^{34} 麻稀 ma^{21}ɕi^{0} 麻眼儿 ma^{21}ian^{53}
勉强	勉强 miã^{53}tɕiaŋ^{53} 紧巴紧儿 tɕin^{53}pa^{31}tɕir^{53}	强勉 tɕiaŋ^{55}mian^{55}	强勉 tɕiaŋ^{55}mian^{55}	强勉 tɕiaŋ^{53}mian^{53}	强勉 tɕiaŋ^{53}mian^{53}
合适	合适 xuo^{35}ʂʅ^{44} 合窍 xuo^{35}tɕʰiau^{44}	合适 xuo^{32}ʂʅ^{223} 合窍 xuo^{32}tɕʰiau^{223}	合适 xo^{42}ʂʅ^{213} 合窍 xo^{42}tɕʰiau^{213}	合适 xo^{42}ʂʅ^{213} 合窍 xo^{42}tɕʰiau^{213}	合适 xuo^{21}ʂʅ^{213} 合窍 xuo^{21}tɕʰiau^{213}
次	差劲儿 tʂʰa^{31}tɕir^{44}	孬 pʰie^{223}	孬 pʰiɛ^{213}	马货 ma^{53}xo^{213} 孬 pʰie^{213}	马货 ma^{53}xuo^{213} 孬 pʰie^{213}
地道	正板 tʂəŋ^{44}pã^{31}	正板 tʂən^{23}pan^{42}	真楷 tʂən^{31}kʰai^{0}	真楷 tʂən^{45}kʰai^{0} 净板 tɕin^{23}pan^{53}	真楷 tʂən^{34}kʰai^{0} 净板 tɕin^{23}pan^{53}

续表

方言点 / 词目	中原官话区	混合1区	江淮官话区	混合3区	西南官话区
	汉滨	县河	茅坪	石泉	紫阳
不怎么样	不咋相 pu^{31}tsa^{53}ɕiaŋ^{44}	不咋相 pu^{42}tsa^{55}ɕiaŋ^{223}	不咋样 pu^{31}tsa^{55} iaŋ^{22}	不咋样 pu^{45}tsa^{53}iaŋ^{213}	不很是 pu^{34} xən^{53}ʂʅ^{0} 不咋样 pu^{34}tsa^{53}iaŋ^{213}
很不好	不着经得很 pu^{31}tʂau^{35}tɕin^{31} te^{0}xə̃^{53} 烂脏 lã^{44}tsaŋ^{44}	不着经得很 pu^{42}tʂau^{32}tɕin^{42} te^{0}xən^{55} 烂脏 lan^{23}tsaŋ^{223}	不着经得很 pu^{31}tʂau^{42}tɕin^{31} tɛ^{0}xən^{55} 烂脏 lan^{22}tsaŋ^{213} 稀孬 ɕi^{34}pʰie^{213}	不着经得很 pu^{45}tʂau^{42}tɕin^{45} te^{0}xən^{53} 烂脏 lan^{23}tsaŋ^{213} 稀孬 ɕi^{45}pʰie^{213}	不着经得很 pu^{34}tʂau^{21}tɕin^{34} te^{0}xən^{53} 烂脏 nan^{23}tsaŋ^{213} 稀孬 ɕi^{34}pʰie^{213}
应该且正当	正公正的 tʂəŋ^{44}kuŋ^{31} tʂəŋ^{44}ti^{0}	正当名分 tʂən^{23} taŋ^{23}min^{32}fən^{223} 正儿巴经 tʂən^{23} ər^{0}pa^{42}tɕin^{42}	正当名分 tʂən^{23} taŋ^{23}min^{42}fən^{22} 正儿巴经 tʂən^{23} ər^{0}pa^{31}tɕin^{31}	正经的 tʂən^{23}tɕin^{45}ti^{0} 正儿巴经 tʂən^{23} ər^{0}pa^{45}tɕin^{45}	正经的 tʂən^{23}tɕin^{34}ti^{0} 正儿巴经 tʂən^{23} ər^{0}pa^{34}tɕin^{34}
无丝毫反应	不给劲儿 pu^{31}ke^{53}tɕir^{44}	不给劲儿 pu^{42}ke^{55}tɕir^{223}	不给劲儿 pu^{31}kɛ^{55}tɕir^{213}	不给劲儿 pu^{42}ke^{53}tɕir^{213}	不给劲儿 pu^{21}ke^{44}tɕir^{213}
不顶事	不顶事 pu^{31}tin^{53}ʂʅ^{44}	不算事 pu^{42}san^{23}sɿ^{223}	不算事 pu^{31}san^{23}sɿ^{22}	不算事 pu^{42}san^{23}sɿ^{213}	不顶事 pu^{21}tin^{53}sɿ^{213}
不顶用	没用 mə^{31}yŋ^{44} 不顶用 pu^{31}tin^{53}yŋ^{44}	没用 mə^{42}yŋ^{23} 不顶用 pu^{42}tin^{55}yŋ^{23}	不顶用 pu^{31}tin^{55}iəŋ^{22}	不顶用 pu^{42}tin^{53}iuŋ^{213}	不经事 pu^{21}tɕin^{34}sɿ^{213}
坏	瞎 xa^{31} 坏 xuæ^{44}	瞎 xa^{55} 坏 xuai^{223}	瞎 xa^{55} 坏 xuai^{22}	瞎 xa^{53} 坏 xuai^{213}	瞎 xa^{53} 坏 xuai^{213}
奸猾	拐 kuæ^{53}	拐 kuai^{55}	拐 kuai^{55}	拐 kuai^{53}	拐 kuai^{53}
不踏实	了滑 liau^{53}xua^{35}	了滑 liau^{55}xua^{32}	了滑 liau^{55}xua^{42}	了滑 liau^{53}xua^{42}	了滑 liau^{53}xua^{21}
倔强	倔沟子 tɕye^{44} kəu^{31}tsɿ^{0} 倔巴头 tɕye^{44}pa^{31}tʰəu^{35}	倔巴头 tɕye^{23}pa^{42}tʰəu^{32}	倔巴头 tʂʮɛ^{23}pa^{3}tʰou^{42}	倔巴子 tʂʮe^{23}pa^{45}tsɿ^{0}	倔巴子 tɕye^{23}pa^{34}tsɿ^{0}
歹毒	歹毒 tæ^{53}təu^{35}	寡毒 kua^{55}təu^{32}	寡毒 kua^{55}tou^{42}	寡毒 kua^{52}təu^{42}	寡毒 kua^{53}təu^{21}

续表

方言点 词目	中原官话区	混合 1 区	江淮官话区	混合 3 区	西南官话区
	汉滨	县河	茅坪	石泉	紫阳
能力出乎意料	藏 ʦaŋ^{44} 藏得很 ʦaŋ^{44}ti^{31}xə̃^{53}	藏得很 ʦaŋ^{23}ti^{42}xən^{55}	藏得很 ʦaŋ^{23}tɛ^{31}xən^{55}	藏 ʦaŋ^{213}	藏 ʦaŋ^{213}
漂亮	皙 ɕi^{31} 排场 pʰæ^{35}tʂʰaŋ^{0}	排场 pʰai^{32}tʂʰaŋ^{0} 皙 ɕi^{42}	排场 pʰai^{42}tʂʰaŋ^{0} 标致 piau^{31}tʂʅ^{213}	排子 pʰai^{42}ʦɿ^{0}	排子 pʰai^{21}ʦɿ^{0}
丑（难看）	丑 tʂʰəu^{53} 丑八怪 tʂʰəu^{53} pa^{31}kuæ^{44}	丑 tʂʰəu^{55} 丑八怪 tʂʰəu^{55} pa^{42}kuai^{223}	丑 tʂʰou^{55} 丑八怪 tʂʰou^{55} pa^{31}kuai^{213}	丑 tʂʰəu^{53} 难看 lan^{42}kʰan^{213}	丑 tʂʰəu^{53} 难看 nan^{21}kʰan^{213}
活泼开朗	喜拉 ɕi^{53}la^{31}	喜拉 ɕi^{53}la^{42}	喜拉 ɕi^{55}la^{31}	喜拉 ɕi^{53}la^{45}	喜拉 ɕi^{53}na^{34}
机灵	灵 liŋ^{35} 精 ʨiŋ^{31} 灵性 liŋ^{35}ɕin^{31}	灵性 lin^{32}ɕin^{0} 精明 ʨin^{42}min^{312} 滑抓 xua^{32}tʂua^{42}	灵性 lin^{42}ɕin^{0} 滑抓 xua^{42}tʂʮa^{31} 精明 ʨin^{31}min^{42}	灵性 lin^{42}ɕin^{23} 滑抓 xua^{42}tʂʮa^{45} 精明 ʨin^{45}min^{42}	灵性 ȵin^{21}ɕin^{0} 滑抓 xua^{21}tʂua^{34} 精明 ʨin^{34}min^{21}
灵巧	灵活 liŋ^{35}xuo^{35} 灵滑 liŋ^{35}xua^{35}	灵巧 lin^{32}ʨʰiau^{55}	灵巧 lin^{42}ʨʰiau^{55}	灵巧 lin^{42}ʨʰiau^{53}	灵巧 ȵin^{21}ʨʰiau^{53}
要紧	要紧 iau^{44}ʨin^{53}	要紧 iau^{23}ʨin^{55}	要紧 iau^{23}ʨin^{55}	要紧 iau^{23}ʨin^{53}	要紧 iau^{23}ʨin^{53}
热闹	热闹 ʐɤ^{31}lau^{44}	热闹 ʐɤ^{42}lau^{213}	热闹 ʯɛ^{31}lau^{0}	闹热 lau^{23}ʯe^{42}	闹热 nau^{23}ʐe^{21}
安稳	安稳 ŋã^{31}uə̃^{53}	安稳 ŋan^{42}uən^{55}	安稳 ŋan^{31}uən^{55}	安生 ŋan^{45}sən^{45}	安生 ŋan^{34}sən^{34}
极度危险	悬嗒嗒 ɕyã^{35}ta^{31}ta^{0}	悬吊吊儿 ɕian^{32} tiau^{23}tiaur^{23}	悬吊吊儿 ɕian^{42} tiau^{23}tiaur^{213}	悬吊吊儿 ɕian^{42} tiau^{23}tiaur^{213}	悬吊吊儿 ɕian^{21} tiau^{23}tiaur^{213}
干净	干净 kã^{31}ʨin^{44} 净板 ʨiŋ^{44}pãn^{53}	干净 kan^{42}ʨin^{0} 净板 ʨin^{23}pan^{55}	干净 kan^{31}ʨin^{0} 净板 ʨin^{22}pan^{55}	干净 kan^{45}ʨin^{213} 净板 ʨin^{23}pan^{53}	干净 kan^{34}ʨin^{213} 净板 ʨin^{23}pan^{53}
脏	脏 ʦaŋ^{31}	弄耸 luŋ^{23}suŋ^{55}	粿稀 lai^{31}ɕi^{0} 脓耸 ləŋ^{23}səŋ^{55}	粿稀 lai^{45}ɕi^{0} 啬赖 se^{45}lai^{213}	粿稀 nai^{34}ɕi^{0} 粿呆 nai^{34}tai^{0}
非常脏	稀脏 ɕi^{35}ʦaŋ^{31}	粿稀得很 lai^{42}ɕi^{0}ti^{42}xən^{55}	粿稀得很 lai^{31}ɕi^{0}tɛ^{31}xən^{55}	稀脏 ɕi^{45}ʦaŋ^{45}	稀脏 ɕi^{34}ʦaŋ^{34}
使人害怕	凌乎 lin^{44}xu^{0}	凌乎 lin^{23}xu^{0}	凌火 lin^{22}xo^{55}	凌火 lin^{23}xo^{53}	凌火 ȵin^{23}xuo^{53}

续表

方言点 / 词目	中原官话区	混合 1 区	江淮官话区	混合 3 区	西南官话区
	汉滨	县河	茅坪	石泉	紫阳
非常冰	冰得很 piŋ^{31}ti^{31}xən^{53}	冰得很 pin^{42}ti^{42}xən^{55}	冰冷 pin^{31}lən^{55}	冰冷 pin^{45}lən^{53}	冰冷 pin^{34}nən^{53}
非常冷	渗冷 ʂə̃^{44}ləŋ^{53}	清冷 tɕʰin^{23}lən^{55}	清冷 tɕʰin^{23}lən^{55}	清冷 sən^{23}lən^{53}	渗冷 sən^{23}nən^{53}
非常凉	渗凉 ʂə̃^{44}liaŋ^{35}	清凉 tɕʰin^{23}liaŋ^{312}	清凉 tɕʰin^{23}liaŋ^{42}	渗凉 sən^{23}liaŋ^{42}	渗凉 sən^{23}ȵiaŋ^{21}
过于凉	冰凉 piŋ^{31}liaŋ^{35}	冰凉 pin^{42}liaŋ^{312}	冰凉 pin^{31}liaŋ^{42}	冰凉 pin^{45}liaŋ^{42}	冰凉 pin^{34}ȵiaŋ^{21}
凉快	凉快 liaŋ^{35}kʰuæ^{44}	凉快 liaŋ^{32}kʰuai^{223}	凉快 liaŋ^{42}kʰuai^{0}	凉快 liaŋ^{42}kʰuai^{23}	凉快 ȵiaŋ^{21}kʰuai^{23}
热乎乎	热热儿的 zɣ^{31}zɣr^{35}ti^{0}	热乎乎的 zɣ^{42}xu^{42}xu^{42}ti^{0}	热娄娄的 ɥɛ^{31}lou^{55}lou^{55}ti^{0}	热娄娄的 ɥe^{42}ləu^{53}ləu^{53}ti^{0}	热娄娄的 ze^{21}nəu^{53}nəu^{53}ti^{0}
非常烫	滚烫 kuə̃^{53}tʰaŋ^{44}	飞烫 fei^{42}tʰaŋ^{223}	飞烫 fei^{31}tʰaŋ^{213}	滚赖 kuən^{53}lai^{213}	滚赖 kuən^{53}nai^{213}
不热	焐度子 u^{31}təu^{31}tsɿ^{0}	焐度子 u^{42}təu^{42}tsɿ^{0}	温度子 uən^{31}tou^{22}tsɿ^{0}	温度子 uən^{45}təu^{23}tsɿ^{0}	温度子 uən^{34}təu^{23}tsɿ^{0}
很湿	透涨 tʰəu^{44}tʂaŋ^{44} 浇湿 tɕiau^{35}ʂʅ^{31}	透涨 tʰəu^{23}tʂaŋ^{23} 沮湿 tɕʰie^{23}ʂʅ^{42}	沮湿 tɕʰiɛ^{23}ʂʅ^{0} 透涨 tʰou^{23}tʂaŋ^{23}	浇湿 tɕiau^{45}ʂʅ^{45}	浇湿 tɕiau^{34}ʂʅ^{34}
泥泞	烂 lã^{44}	烂 lan^{223}	一塘浆 i^{31}tʰaŋ^{42}tɕiaŋ^{213}	浇稀 tɕiau^{45}ɕi^{45}	浇稀 tɕiau^{34}ɕi^{34}
非常干燥	迸干 puŋ^{44}kã^{31}	迸干 puŋ^{23}kan^{42}	迸干 pəŋ^{23}kan^{31}	迸干 puŋ^{23}kan^{45}	迸干 puŋ^{23}kan^{34}
半干不干状	泱干子 iaŋ^{31}kan^{31}tsɿ^{0}	泱干子 iaŋ^{42}kan^{42}tsɿ^{0}	泱巴干 iaŋ^{31}pa^{0}kan^{31}	泱巴干 iaŋ^{45}pa^{0}kan^{45}	泱巴干 iaŋ^{34}pa^{0}kan^{34}
非常重	磅重 paŋ^{35}pfəŋ^{44}	磅重 paŋ^{23}pfəŋ^{223}	磅重 paŋ^{23}tʂəŋ^{22}	□重 tiaŋ^{23}tʂuŋ^{213}	□重 tiaŋ^{23}tʂuŋ^{213}
非常轻	飘轻 pʰiau^{44}tɕʰiŋ^{31}	飘轻 pʰiau^{23}tɕʰin^{42}	飘轻 pʰiau^{23}tɕʰin^{31}	捞轻 lau^{45}tɕʰin^{45}	捞轻 nau^{34}tɕʰin^{34}

续表

词目＼方言点	中原官话区	混合 1 区	江淮官话区	混合 3 区	西南官话区
	汉滨	县河	茅坪	石泉	紫阳
非常紧	棒紧 paŋ^{31}tɕin^{53}	棒紧 paŋ^{23}tɕin^{55}	棒紧 paŋ^{23}tɕin^{55}	棒紧 paŋ^{23}tɕin^{53}	棒紧 paŋ^{23}tɕin^{53}
非常硬	梆硬 paŋ^{31}ȵiŋ^{44}	梆硬 paŋ^{42}ȵiŋ ^{223}	梆硬 paŋ^{31}ŋən^{22}	梆硬 paŋ^{45}ŋən^{213}	梆硬 paŋ^{34}ŋən^{213}
①还有硬度②身体硬朗	硬扎 ȵiŋ^{44}tʂa^{0}	硬扎 ȵin^{23}tʂa^{0}	硬扎 ŋən^{22}tʂa^{0}	硬扎 ŋən^{23}tʂa^{0}	硬扎 ŋən^{23}tʂa^{0}
软	软 vã^{53} 㶶和 pʰa^{31}xuo^{0} 瓤和 ʐaŋ^{35}xuo^{0}	软和 van^{55}xuo^{0} 㶶 pʰa^{42} 瓤和 ʐaŋ^{32}xuo^{0}	软和 ɥan^{55}xo^{0} 㶶和 pʰa^{31}xo^{0} 瓤和 ʐaŋ^{42}xo^{0}	㶶和 pʰa^{45}xo^{0} 瓤和 ʐaŋ^{42}xo^{0}	㶶和 pʰa^{34}xuo^{0} 瓤和 ʐaŋ^{21}xuo^{0}
非常松软	稀烂 ɕi^{31}lã^{44} 稀软 ɕi^{31}vã^{53}	稀烂 ɕi^{42}lan^{223} 稀㶶 ɕi^{42}pʰa^{42}	稀㶶 ɕi^{31}pʰa^{31} 稀㶶脓 ɕi^{31}pʰa^{31}ləŋ^{213}	脓㶶 luŋ^{23}pʰa^{45}	脓㶶 nuŋ^{23}pʰa^{34}
非常松散	稀松 ɕi^{35}suŋ^{31}	稀松 ɕi^{42}suŋ^{42}	捞松 lau^{31}səŋ^{31}	捞松 lau^{45}suŋ^{45}	捞松 nau^{34}suŋ^{34}
非常咸	倍咸 pei^{44}xã^{35}	倍咸 pei^{23}xan^{32}	丁咸 tin^{31}xan^{42}	纠咸 tɕiəu^{45}xan^{42}	纠咸 tɕiəu^{34}xan^{21}
淡	淡 tã^{44} 甜 tʰiã^{35}	淡 tan^{223} 甜 tʰian^{312}	淡 tan^{22} 甜 tʰian^{42}	淡 tan^{213} 甜 tʰian^{42}	淡 tan^{213} 甜 tʰian^{21}
酸味道	酸 suã^{31}	酸 san^{42}	酸 san^{31}	酸 san^{45}	酸 san^{34}
酸指讲露骨的男女性事	酸 suã^{31}	酸 san^{42}	酸 san^{31}	酸 san^{45}	酸 san^{34}
非常淡	□淡 pʰia^{53}tã^{44}	□淡 pʰia^{55}tan^{23}	□淡 pʰia^{55}tan^{22}	□淡 pia^{53}tan^{213}	□淡 pia^{53}tan^{213}
没有趣味和内容	没味搭撒 muo^{31}uei^{44}ta^{31}sa^{31}	没味搭撒 muo^{42}uei^{23}ta^{42}sa^{42}	没味搭撒 mo^{31}uei^{22}ta^{31}sa^{31}	没味搭撒 mo^{42}uei^{23}ta^{45}sa^{45}	没味搭撒 muo^{21}uei^{23}ta^{34}sa^{34}
非常香	喷香 pʰuŋ^{44}ɕiaŋ^{31}	喷香 pʰuŋ^{23}ɕiaŋ^{42}	喷香 pʰəŋ^{23}ɕiaŋ^{31}	喷香 pʰuŋ^{23}ɕiaŋ^{45}	喷香 pʰuŋ^{23}ɕiaŋ^{34}

续表

方言点 / 词目	中原官话区	混合 1 区	江淮官话区	混合 3 区	西南官话区
	汉滨	县河	茅坪	石泉	紫阳
非常臭	胖臭 pʰaŋ^{31}tʂʰəu^{44}	胖臭 pʰaŋ^{42}tʂʰəu^{223}	胖臭 pʰaŋ^{31}tʂʰou^{213}	胖臭 pʰaŋ^{45}tʂʰəu^{213}	胖臭 pʰaŋ^{34}tʂʰəu^{213}
非常酸	溜酸 liəu^{44}suã^{31}	溜酸 liəu^{23}san^{42}	纠酸 tɕiou^{23}san^{31}	非酸 tɕiəu^{23}san^{45}	纠酸 tɕiəu^{23}san^{34}
非常甜	抿甜 min^{44}tʰiã^{35}	抿甜 min^{23}tʰian^{32}	抿甜 min^{23}tʰian^{42}	沁甜 tɕʰin^{23}tʰian^{42}	沁甜 tɕʰin^{23}tʰian^{21}
非常苦	昂苦 ŋaŋ^{31}kʰu^{53}	昂苦 ŋaŋ^{42}kʰu^{55}	昂苦 ŋaŋ^{31}kʰu^{55}	安苦 ŋan^{45}kʰu^{53}	口苦 nia^{21}kʰu^{53}
非常辣	干辣 kã^{31}la^{31} 怪辣 kuæ^{44}la^{31}	干辣 kan^{23}la^{42} 怪辣 kuai^{23}la^{42}	怪辣 kuai^{23}la^{31}	非辣 fei^{45}la^{42}	非辣 fei^{34}na^{21}
非常涩	涩夸夸 ʂei^{31}kʰua^{53}kʰua^{53}	涩夸夸 se^{42}kʰua^{55}kʰua^{55}	涩夸夸 sɛ^{31}kʰua^{55}kʰua^{55}	巴涩 pa^{42}se^{45}	寡涩 kua^{53}se^{34}
非常滑	溜滑 liəu^{44}xua^{35}	冰光 pin^{23}kuaŋ^{42}	冰光 pin^{23}kuaŋ^{213}	溜滑 liəu^{23}xua^{42}	溜滑 ȵiəu^{23}xua^{21}
非常光	溜光 liəu^{44}kuaŋ^{31} 光溜溜 kuaŋ^{31} liəu^{44}liəu^{0}	溜光 liəu^{23}kuaŋ^{42} 光溜溜 kuaŋ^{42} liəu^{42}liəu^{42}	溜光 liou^{23}kuaŋ^{31} 光溜溜 kuaŋ^{31} liou^{31}liou^{31}	溜光 liəu^{23}kuaŋ^{45} 光溜溜 kuaŋ^{45} liəu^{23}liəu^{213}	溜光 ȵiəu^{23}kuaŋ^{34} 光溜溜 kuaŋ^{34} ȵiəu^{23}ȵiəu^{213}
光滑	光堂 kuaŋ^{31}tʰaŋ^{35}	光堂 kuaŋ^{42}tʰaŋ^{32}	光堂 kuaŋ^{31}tʰaŋ^{42}	光堂 kuaŋ^{45}tʰaŋ^{42}	光堂 kuaŋ^{34}tʰaŋ^{21}
非常圆	溜圆 liəu^{44}yã^{35}	溜圆 liəu^{23}yan^{32}	溜圆 tiou^{23}ɥan^{42}	纠圆 tɕiəu^{23}ɥan^{42}	纠圆 tɕiəu^{23}yan^{21}
非常尖	溜尖 liəu^{44}tɕiã^{31}	溜尖 liəu^{23}tɕian^{42}	溜尖 liou^{23}tɕian^{31}	溜尖 liəu^{23}tɕian^{45}	溜尖 ȵiəu^{23}tɕian^{34}
稀浓度低	稀 ɕi^{31}	稀 ɕi^{42}	稀 ɕi^{31}	稀 ɕi^{45}	稀 ɕi^{34}
浓度特低	稀溜溜 ɕi^{31}liəu^{35}liəu^{35}	稀溜溜 ɕi^{42}liəu^{42}liəu^{42}	稀溜溜 ɕi^{31}liou^{31}liou^{31}	胶稀 tɕiau^{45}ɕi^{45} 溜稀 liəu^{23}ɕi^{45}	溜稀 liəu^{23}ɕi^{34}

续表

方言点 词目	中原官话区	混合 1 区	江淮官话区	混合 3 区	西南官话区
	汉滨	县河	茅坪	石泉	紫阳
浓度大	稠 tʂʰəu^{35} 稠巴巴 tʂʰəu^{35}pa^{31}pa^{31}	稠巴巴 tʂʰəu^{32}pa^{42}pa^{42}	干巴巴 kan^{31}pa^{31}pa^{31}	干巴巴 kan^{45}pa^{45}pa^{0}	干巴巴 kan^{34}pa^{34}pa^{0}
稀间距稀疏	稀 ɕi^{31}	稀 ɕi^{42} 稀不拉哈 ɕi^{42}pu^{0}la^{42}xa^{42}	稀 ɕi^{31} 稀不拉哈 ɕi^{31}pu^{0} la^{31}xa^{31}	稀 ɕi^{45}	稀 ɕi^{34}
稠密	稠 tʂʰəu^{35} 密 mi^{31} 密压压 mi^{31}ia^{31}ia^{31}	密 mi^{42} 密压压 mi^{42}ia^{42}ia^{42}	密 mi^{31} 密压压 mi^{31}ia^{31}ia^{31}	密 mi^{45} 密压压 mi^{42}ia^{42}ia^{42}	密 mi^{34} 密压压 mi^{34}ia^{21}ia^{21}
肥	肥 fei^{35}	肥隆隆 fei^{32}luŋ^{23}luŋ^{223}	肥隆隆 fei^{42}ləŋ^{23}ləŋ^{213}	肥隆隆 fei^{42}luŋ^{23}luŋ^{213}	肥隆隆 fei^{21}luŋ^{23}luŋ^{213}
活生生	活生生 xuo^{35}ʂəŋ^{31}ʂəŋ^{31}	活生生 xuo^{32}ʂəŋ^{42}ʂəŋ^{42}	活啦啦 xo^{42}la^{31}la^{31}	活啦啦 xo^{42}la^{45}la^{45}	活啦啦 xuo^{21}na^{34}na^{34}
非常粗糙	粗壳壳 ʦʰəu^{31} kʰɤ^{31}kʰɤ^{31}	粗壳壳 ʦʰəu^{42} kʰɤ^{42}kʰɤ^{42}	糙尅尅 ʦʰau^{23}kʰɛ^{55}kʰɛ^{55}	寡糙 kua^{53}ʦʰau^{213}	寡糙 kua^{53}ʦʰau^{213}
满而近乎溢出	满沿沿儿 mã^{53}ɕiã^{35}ɕiãr^{35}	满沿沿儿 man^{55}ɕian^{32}ɕiar^{312}	泊满 pʰɛ^{22}man^{55}	泊满 pʰa^{42}man^{53}	潽沿 pʰu^{21}ɕian^{21}
多	多 tuo^{31} 多大一些 tuo^{35}ta^{44}i^{31}ɕie^{53}	多 tuo^{42} 多大一些 tuo^{42}ta^{23}i^{42}ɕie^{55}	多 to^{31} 一大些 i^{31}ta^{22}ɕiɛ^{55}	多 to^{45} 一大些 i^{45}ta^{23}ɕie^{53}	多 tuo^{34} 一大些 i^{34}ta^{23}ɕie^{53}
很多	多少 tuo^{35}ʂau^{53}	多少 tuo^{42}ʂau^{55}	少宝 ʂau^{55}pau^{55}	少宝 ʂau^{53}pau^{53}	少宝 ʂau^{53}pau^{53}
少	点把子 tiã^{53}pa^{31}tsɿ^{0} 一点点儿 i^{31}tiã^{53}tiar^{35} 少 ʂau^{53}	点把子 tian^{55}pa^{55}tsɿ^{0} 一点点儿 i^{42}tian^{55}tiar^{42} 少 ʂau^{55}	点把子 tian^{55}pa^{31} tsɿ^{0} 一点点儿 i^{31}tian^{55}tiar^{0} 点把点儿 tian^{55} pa^{0}tiar^{55} 少 ʂau^{55}	点把子 tian^{53}pa^{53} tsɿ^{0} 一点点儿 i^{45}tian^{53}tiar^{0} 点把点儿 tian^{53} pa^{0}tiar^{53} 少 ʂau^{53}	点把子 tian^{53}pa^{53} tsɿ^{0} 一点点儿 i^{34}tian^{53}tiar^{0} 点把点儿 tian^{53} pa^{0}tiar^{53} 少 ʂau^{53}
非常大	多大 tuo^{35}ta^{44}	多大 tuo^{32}ta^{23}	老大的 lau^{55}ta^{22}ti^{0}	老大的 lau^{53}ta^{23}ti^{0}	老大的 nau^{53}ta^{23}ti^{0}
小	碎 sei^{44} 小 ɕiau^{53}	小 ɕiau^{55}	小 ɕiau^{55}	小 ɕiau^{53}	小 ɕiau^{53}

续表

方言点 词目	中原官话区 汉滨	混合 1 区 县河	江淮官话区 茅坪	混合 3 区 石泉	西南官话区 紫阳
碎小	碎眯眯子 sei^{44}mi^{44}mi^{44}tsɿ^{0} 碎丁丁子 sei^{44}tiŋ^{31}tiŋ^{31}tsɿ^{0}	碎眯眯子 sei^{23}mi^{23}mi^{23}tsɿ^{0} 碎丁丁子 sei^{23}tin^{42}tin^{42}tsɿ^{0} 碎蒂蒂子 sei^{23}ti^{23}ti^{23}tsɿ^{0}	小眯眯子 ɕiau^{55}mi^{23}mi^{23}tsɿ^{0} 小丁丁子 ɕiau^{55}tin^{31}tin^{31}tsɿ^{0} 碎蒂蒂子 sei^{23}ti^{23}ti^{23}tsɿ^{0}	小眯眯子 ɕiau^{53} mi^{45}mi^{45}tsɿ^{0} 小丁丁子 ɕiau^{53}tin^{45}tin^{45}tsɿ^{0} 碎沫沫子 sei^{23}mo^{42}mo^{42}tsɿ^{0}	小眯眯子 ɕiau^{53}mi^{34}mi^{34}tsɿ^{0} 小丁丁子 ɕiau^{53}tin^{34}tin^{34}tsɿ^{0}
很长很长	老长 lau^{53}tʂʰaŋ^{35}	老长 lau^{55}tʂʰaŋ^{32}	乃长 lai^{55}tʂʰaŋ^{42} 老长 lau^{55}tʂʰaŋ^{32}	老长 lau^{53}tʂʰaŋ^{42}	老长 nau^{53}tʂʰaŋ^{21}
很短	短几几儿 tuã^{53}tɕi^{44}tɕiər^{0}	短几几儿 tan^{55}tɕi^{23}tɕiər^{0}	点点儿长 tian^{55} tiar^{0}tʂʰaŋ^{42}	点点儿长 tian^{53} tiar^{0}tʂʰaŋ^{42}	丁丁儿长 tin^{34} tinr^{0}tʂʰaŋ^{21}
宽	宽 kʰuã^{31}	宽 kʰuan^{42}	宽 kʰuan^{31}	宽 kʰuan^{45}	宽 kʰuan^{34}
窄	窄 tʂei^{31}	窄 tse^{42}	窄 tsɛ^{31}	窄 tse^{42}	窄 tse^{21}
宽大	廓匡 laŋ^{35}kʰuaŋ^{31}	廓匡 laŋ^{32}kʰuaŋ^{42}	廓匡 laŋ^{42}kʰuaŋ^{31}	廓匡 laŋ^{42}kʰuaŋ^{45}	廓匡 naŋ^{21}kʰuaŋ^{34}
间距窄而长	窄绺绺子 tʂei^{31} liəu^{44}liəu^{44}tsɿ^{0}	窄绺绺子 tse^{42} liəu^{23}liəu^{23}tsɿ^{0}	窄绺绺子 tsɛ^{31} liou^{23}liou^{23}tsɿ^{0}	窄绺绺子 tse^{45} liəu^{23}liəu^{23}tsɿ^{0}	窄绺绺子 tse^{21} ȵiəu^{23}ȵiəu^{23}tsɿ^{0}
空间狭小	窄狭 tʂei^{31}tɕʰia^{0}	窄狭 tse^{42}tɕʰia^{0}	窄狭 tsɛ^{31}tɕʰia^{0}	窄狭 tse^{42}tɕʰia^{42}	窄狭 tse^{21}tɕʰia^{21}
厚	厚 xəu^{44}	厚 xəu^{223}	厚 xou^{22}	厚 xəu^{213}	厚 xəu^{213}
太厚	墩墩厚 tuə̃^{31}tuə̃^{31}xəu^{44}	墩墩厚 tən^{42}tən^{42}xəu^{223}	墩墩厚 tən^{31}tən^{31}xou^{22}	墩墩厚 tən^{45}tən^{45}xəu^{213}	墩墩厚 tən^{34}tən^{34}xəu^{213}
薄	薄 pə^{35}	薄 pə^{312}	薄 po^{42}	薄 po^{42}	薄 puo^{21}
非常薄	绯薄 fei^{31}pə^{35}	绯薄 fei^{42}pə^{312}	绯薄 fei^{31}po^{42}	绯薄 fei^{45}po^{42}	绯薄 fei^{34}puo^{21}
严密而无一点缝隙	清丝严缝 tɕʰin^{31} sɿ^{0}ian^{35}fəŋ^{44}	清丝严缝 tɕʰin^{42} sɿ^{0}ian^{32}fəŋ^{223}	清丝严缝 tɕʰin^{31} sɿ^{0}ian^{42}fəŋ^{22}	清丝严缝 tɕʰin^{45} sɿ^{0}ian^{42}fəŋ^{213}	清丝严缝 tɕʰin^{34} sɿ^{0}ian^{21}fəŋ^{213}

续表

方言点 词目	中原官话区	混合 1 区	江淮官话区	混合 3 区	西南官话区
	汉滨	县河	茅坪	石泉	紫阳
深	深 ʂə̃^{31}	深 ʂən^{42}	深 ʂən^{31}	深 ʂən^{45}	深 ʂən^{34}
浅	浅 tɕʰiã^{53}	浅 tɕʰian^{55}	浅 tɕʰian^{55}	浅 tɕʰian^{53}	浅 tɕʰian^{53}
高	高 kau^{31}	高 kau^{42}	高 kau^{31}	高 kau^{45}	高 kau^{34}
很高	老高 lau^{53}kau^{31}	老高 lau^{55}kau^{42}	老高 lau^{55}kau^{31}	老高 lau^{53}kau^{45}	老高 nau^{53}kau^{34}
低	低 ti^{31}	低 ti^{42}	低 ti^{31}	矮 ŋai^{53}	矮 ŋai^{53}
矮	矮 ŋæ^{53}	矮 ŋai^{55}	矮 ŋai^{55}	矮 ŋai^{53}	矮 ŋai^{53}
凸	鼓（起来）ku^{53} （tɕʰi^{53}læ^{35}）	鼓（起来）ku^{55} （tɕʰi^{55}lai^{32}）	鼓（起来）ku^{55} （tɕʰi^{55}lai^{42}）	鼓（起来）ku^{53} （tɕʰi^{53}lai^{42}）	鼓（起来）ku^{53} （tɕʰi^{53}lai^{21}）
凹	窝（下去） uo^{31}（ɕia^{0}tɕy^{44}）	凹 ua^{223}	凹 ua^{213}	窝 uo^{42}	窝 uo^{21}
平板而无起伏	平铺塌 pʰiŋ^{35}pʰu^{31}tʰa^{31}	平铺塌子 pʰin^{32} pʰu^{42}tʰa^{42}tsɿ^{0}	平铺塌子 pʰin^{42} pʰu^{31}tʰa^{31}tsɿ^{0}	平铺塌 pʰin^{42}pʰu^{45}tʰa^{45}	平铺塌 pʰin^{21}pʰu^{34}tʰa^{34}
非常端直	笔直 pi^{31}tʂʅ^{35}	标直 piau^{42}tʂʅ^{32}	标流线直 piau^{31} liou^{42}ɕian^{23}tʂʅ^{42}	标直 piau^{45}tʂʅ^{42}	标直 piau^{34}tʂʅ^{21}
树木直且粗细均匀	通梢 tʰuŋ^{35}ʂau^{31}	通梢 tʰuŋ^{42}ʂau^{42}	通梢 tʰəŋ^{31}ʂau^{31}	通梢 tʰuŋ^{45}ʂau^{45}	通梢 tʰuŋ^{34}ʂau^{34}
形体弯曲而无规则	弯溜实气 uã^{31} liəu^{0}ʂʅ^{35}tɕʰi^{44}	弯溜实气 uan^{42} liəu^{0}ʂʅ^{32}tɕʰi^{23}	弯头纠枴 uan^{31} tʰou^{42}tɕiou^{22}kuai^{55}	弯头纠脑 uan^{45} tʰəu^{42}tɕiəu^{23}lau^{53}	弯头纠脑 uan^{34} tʰəu^{21}tɕiəu^{23}nau^{53}
很端正	正正当当 tʂəŋ^{44} tʂəŋ^{44}taŋ^{31}taŋ^{31}	正正当当 tʂən^{23} tʂən^{23}taŋ^{42}taŋ^{42}	正正当当 tʂən^{23} tʂən^{23}taŋ^{31}taŋ^{31}	正正当当 tʂən^{23} tʂən^{0}taŋ^{45}taŋ^{45}	正正当当 tʂən^{23} tʂən^{0}taŋ^{34}taŋ^{34}
歪斜，不在正位状	拧拧子 ȵiŋ^{35}ȵiŋ^{35}tsɿ^{0}	拧拧子 ȵiŋ^{32}ȵiŋ^{32}tsɿ^{0}	扭扭子 ȵiou^{55}ȵiou^{55}tsɿ^{0}	扭扭子 ȵiəu^{53}ȵiəu^{53}tsɿ^{0}	扭扭子 ȵiəu^{53}ȵiəu^{53}tsɿ^{0}

续表

方言点 / 词目	中原官话区	混合 1 区	江淮官话区	混合 3 区	西南官话区
	汉滨	县河	茅坪	石泉	紫阳
斜	斜 ɕie^{35}	斜 ɕie^{32}	斜 ɕiɛ^{42}	斜 ɕie^{42}	斜 ɕie^{21}
快	麻利 ma^{35}li^{35}	火色 xuo^{55}se^{42} 麻溜 ma^{32}liəu^{23}	火色 xo^{55}sɛ^{31} 麻利 ma^{42}li^{23}	火色 xo^{53}se^{42} 麻利 ma^{42}li^{23}	火色 xuo^{53}se^{21} 麻利 ma^{21}ȵi^{23}
利索	简麻 tɕiã^{53}ma^{35}	简麻 tɕian^{55}ma^{32}	简麻 tɕian^{55}ma^{42}	简麻 tɕian^{53}ma^{42}	简麻 tɕian^{53}ma^{21}
敏捷	溜抓 liəu^{44}pfa^{31}	溜唰 liəu^{23}fa^{55}	溜唰 liou^{23}ʂʮa^{55}	溜撒 liəu^{23}sa^{55}	溜撒 ȵiəu^{23}sa^{55}
速度快	飞快 fei^{31}kʰuæ^{44}	飞快 fei^{42}kʰuai^{223}	飞快 fei^{31}kʰuai^{213}	风快 fuŋ^{45}kʰuai^{213}	风快 fuŋ^{34}kʰuai^{213}
刃口锋利	锋快 fəŋ^{31}kʰæ^{44}	锋快 fəŋ^{42}kʰai^{223}	锋快 fəŋ^{31}kʰai^{213}	锋快 fuŋ^{45}kʰai^{213}	锋快 fuŋ^{45}kʰai^{213}
行动慢	磨啷 mə^{44}laŋ^{0} 肉脑个及的 zəu^{44}lau^{53}kɤ^{0} tɕi^{31}ti^{0}	磨啷 mə^{23}laŋ^{0} 肉脑个及的 zəu^{23}lau^{55}kɤ^{0} tɕi^{42}ti^{0}	磨啷 mo^{23}laŋ^{0} 肉不拉及的 zou^{23}pu^{31}la^{0} tɕi^{31}ti^{0} 肉 zou^{213}	磨啷 mo^{23}laŋ^{0} 磨 mo^{213} 疲踏 pʰi^{42}tʰa^{42}	磨啷 muo^{23}naŋ^{0} 磨 muo^{213} 疲踏 pʰi^{21}tʰa^{21}
非常红	绯红 fei^{31}xuŋ^{35}	绯红 fei^{42}xuŋ^{55}	绯红 fei^{31}xəŋ^{55}	绯红 fei^{45}xuŋ^{42}	绯红 fei^{34}xuŋ^{53}
非常黄	蓁黄 pəŋ^{44}xuaŋ^{35}	蓁黄 pəŋ^{23}xuaŋ^{312}	蓁黄 pəŋ^{22}xuaŋ^{42}	蓁黄 puŋ^{23}xuaŋ^{42}	蓁黄 pʰuŋ^{23}xuaŋ^{21}
黄而生厌	黄□□ xuaŋ^{35} pʰia^{53}pʰia^{53}	黄□□ xuaŋ^{32} pʰia^{55}pʰia^{55}	黄越越 xuaŋ^{42} ʮɛ^{55}ʮɛ^{55}	黄越越 xuaŋ^{42} ʮe^{53}ʮe^{53}	黄□□ xuaŋ^{21} ȵia^{53}ȵia^{53}
非常青	溜青 liəu^{44}tɕʰin^{31} 青出出儿 tɕʰin^{31} pfʰu^{31}pfʰur^{31}	溜青 liəu^{23} tɕʰin^{42} 青乎乎 tɕʰin^{42}xu^{55}xu^{55}	溜青 liou^{23} tɕʰin^{31} 青乎乎 tɕʰin^{31}xu^{55}xu^{55}	溜青 liəu^{23} tɕʰin^{45} 青乎乎 tɕʰin^{45}xu^{53}xu^{53}	溜青 ȵiəu^{23} tɕʰin^{34} 青乎乎 tɕʰin^{34}xu^{53}xu^{53}
非常绿	绿茵茵 liəu^{31}in^{53}in^{53}	绿茵茵 liəu^{42}in^{55}in^{55}	绿茵茵 lou^{31}in^{55}in^{55}	绿茵茵 ləu^{45}in^{53}in^{53}	绿茵茵 nəu^{34}in^{53}in^{53}
绿得过分	绿越越 liəu^{31}ye^{53}ye^{53}	绿越越 liəu^{42}ye^{55}ye^{55}	绿□□ lou^{31}ʮa^{55}ʮa^{55}	绿□□ ləu^{45}ʮa^{53}ʮa^{53}	绿□□ nəu^{45}ya^{53}ya^{53}

续表

方言点 词目	中原官话区	混合 1 区	江淮官话区	混合 3 区	西南官话区
	汉滨	县河	茅坪	石泉	紫阳
黑	黑 xei^{31}	黑 xe^{42}	黑 xɛ^{31}	黑 xe^{42}	黑 xe^{21}
乌黑	乌黑 u^{35}xei^{31}	记乌 tɕi^{23}u^{42}	记乌 tɕi^{23}u^{31}	记乌 tɕi^{23}u^{45}	记乌 tɕi^{23}u^{34}
庄稼黝黑长势好	乌澄澄 u^{31}tən^{31}tən^{53}	乌澄澄 u^{42}tən^{55}tən^{55}	乌澄澄 u^{31}tən^{55}tən^{55}	乌澄澄 u^{45}tən^{53}tən^{53}	乌澄澄 u^{34}tən^{53}tən^{53}
非常黑	黢黑 tɕʰy^{44}xei^{31} 黢麻黑 tɕʰy^{44}ma^{0}xei^{31}	黢黑 tɕʰy^{23}xe^{42} 黢麻黑 tɕʰy^{23}ma^{0}xe^{42}	黢黑 tɕʰi^{23}xɛ^{31} 黢麻黑 tɕʰi^{23}ma^{0}xɛ^{31}	黢黑 tɕʰi^{45}xe^{42} 黢麻黑 tɕʰi^{23}ma^{0}xe^{45}	黢黑 tɕʰy^{34}xe^{21}
光线亮堂	亮稍 liaŋ^{44}ʂau^{0}	亮稍 liaŋ^{23}ʂau^{0}	亮稍 liaŋ^{22}ʂau^{0}	亮稍 liaŋ^{23}ʂau^{0}	亮稍 liaŋ^{23}ʂau^{0}
红	红 xuŋ^{35}	红 xuŋ^{32}	红 xəŋ^{42}	红 xuŋ^{42}	红 xuŋ^{21}
朱红	大红 ta^{44}xuŋ^{35}	大红 ta^{23}xuŋ^{32}	大红 ta^{22}xəŋ^{42}	大红 ta^{23}xuŋ^{42}	大红 ta^{23}xuŋ^{21}
粉红	粉红 fə̃^{53}xuŋ^{35}	粉红 fən^{55}xuŋ^{32}	粉红 fən^{55}xəŋ^{42}	粉红 fən^{53}xuŋ^{42}	粉红 fən^{53}xuŋ^{21}
深红	深红 ʂə̃^{31}xuŋ^{35}	深红 ʂən^{42}xuŋ^{32}	深红 ʂən^{31}xəŋ^{42}	深红 ʂən^{45}xuŋ^{42}	黑红 xe^{21}xuŋ^{21}
浅红	浅红 tɕʰiã^{53}xuŋ^{35}	浅红 tɕʰian^{55}xuŋ^{32}	浅红 tɕʰian^{55}xəŋ^{42}	浅红 tɕʰian^{53}xuŋ^{42}	浅红 tɕʰian^{53}xuŋ^{21}
蓝	蓝 lã^{35}	蓝 lan^{32}	蓝 lan^{42}	蓝 lan^{42}	蓝 nan^{21}
浅蓝	浅蓝 tɕʰiã^{53}lã^{35} 淡蓝 tã^{44}lã^{35}	浅蓝 tɕʰian^{55}lan^{32} 淡蓝 tan^{23}lan^{32}	浅蓝 tɕʰian^{55}lan^{42} 淡蓝 tan^{22}lan^{42}	浅蓝 tɕʰian^{53}lan^{42} 淡蓝 tan^{23}lan^{42}	浅蓝 tɕʰian^{53}nan^{21} 淡蓝 tan^{23}nan^{21}
深蓝	深蓝 ʂə̃^{31}lã^{35}	深蓝 ʂən^{42}lan^{32}	深蓝 ʂən^{31}lan^{42}	深蓝 ʂən^{45}lan^{42}	深蓝 ʂən^{34}nan^{21}
天蓝	天蓝 tʰiã^{31}lã^{35}	天蓝 tʰian^{42}lan^{32}	天蓝 tʰian^{31}lan^{42}	天蓝 tʰian^{45}lan^{42}	天蓝 tʰian^{34}nan^{21}

续表

词目＼方言点	中原官话区 汉滨	混合 1 区 县河	江淮官话区 茅坪	混合 3 区 石泉	西南官话区 紫阳
绿	绿 liəu^{31} 深绿 ʂə̃^{35}liəu^{31}	绿 liəu^{42} 深绿 ʂən^{42}liəu^{42}	绿 lou^{31} 深绿 ʂən^{31}lou^{31}	绿 ləu^{42} 深绿 ʂən^{45}ləu^{42}	绿 niəu^{21} 深绿 ʂən^{34}ny^{21}
草绿	草绿 tsʰau^{53}liəu^{31}	草绿 tsʰau^{55}liəu^{42}	草绿 tsʰau^{55}lou^{31}	草绿 tsʰau^{53}ləu^{42}	草绿 tsʰau^{53}niəu^{21}
鲜绿	品绿 pʰin^{53}liəu^{31}	品绿 pʰin^{55}liəu^{42}	品绿 pʰin^{55}lou^{31}	品绿 pʰin^{53}ləu^{42}	品绿 pʰin^{53}niəu^{21}
浅绿	淡绿 tã^{44}liəu^{31}	淡绿 tan^{23}liəu^{42}	淡绿 tan^{22}lou^{31}	淡绿 tan^{23}ləu^{42}	淡绿 tan^{23}niəu^{21}
白	白 pei^{35}	白 pe^{32}	白 pɛ^{22}	白 pe^{42}	白 pe^{21}
灰白	灰白 xuei^{31}pei^{35}	灰白 xuei^{42}pe^{32}	灰白 xuei^{31}pɛ^{22}	灰白 xuei^{45}pe^{42}	灰白 xuei^{34}pe^{21}
苍白	卡白 kʰa^{53}pei^{35}	卡白 kʰa^{55}pe^{32}	卡白 kʰa^{55}pɛ^{22}	卡白 kʰa^{53}pe^{42}	卡白 kʰa^{53}pe^{21}
白的不正常	白□□ pei^{35}pʰia^{53}pʰia^{53}	白□□ pe^{32}pʰia^{55}pʰia^{55}	白□□ pɛ^{22}pʰia^{55}pʰia^{55}	白□□ pe^{42}pʰia^{53}pʰia^{53}	白□□ pe^{21}pʰia^{53}pʰia^{53}
漂白	月白 yɛ^{31}pei^{35}	月白 yɛ^{42}pe^{32}	月白 ɥɛ^{31}pɛ^{22}	月白 ɥe^{42}pe^{42}	月白 yɛ^{21}pe^{21}
非常白	性白 ɕin^{44}pei^{35}	性白 ɕin^{23}pe^{32}	性白 ɕin^{23}pɛ^{22}	渗白 sən^{23}pe^{42}	渗白 sən^{23}pe^{21}
灰	灰 xuei^{31}	灰 xuei^{42}	灰 xuei^{31}	灰 xuei^{45}	灰 xuei^{34}
深灰	深灰 ʂə̃^{35}xuei^{31}	深灰 ʂən^{42}xuei^{42}	深灰 ʂən^{31}xuei^{31}	深灰 ʂən^{45}xuei^{45}	深灰 ʂən^{34}xuei^{34}
浅灰	浅灰 tɕʰiã^{53}xuei^{31}	浅灰 tɕʰian^{55}xuei^{42}	浅灰 tɕʰian^{55}xuei^{31}	浅灰 tɕʰian^{53}xuei^{45}	浅灰 tɕʰian^{53}xuei^{34}
银灰	银灰 in^{35}xuei^{31}	银灰 in^{32}xuei^{42}	银灰 in^{42}xuei^{31}	银灰 in^{42}xuei^{45}	银灰 in^{21}xuei^{34}

续表

方言点 词目	中原官话区 汉滨	混合 1 区 县河	江淮官话区 茅坪	混合 3 区 石泉	西南官话区 紫阳
黄	黄 xuaŋ^{35}	黄 xuaŋ^{32}	黄 xuaŋ^{42}	黄 xuaŋ^{42}	黄 xuaŋ^{21}
杏黄	杏黄 ɕiə̃^{44}xuaŋ^{35}	杏黄 ɕiən^{23}xuaŋ^{32}	杏黄 ɕiən^{22}xuaŋ^{42}	杏黄 ɕiən^{23}xuaŋ^{42}	杏黄 ɕiən^{23}xuaŋ^{21}
深黄	深黄 ʂə̃^{31}xuaŋ^{35}	深黄 ʂən^{42}xuaŋ^{32}	深黄 ʂən^{31}xuaŋ^{42}	深黄 ʂən^{45}xuaŋ^{42}	深黄 ʂən^{34}xuaŋ^{21}
浅黄	浅黄 tɕʰiã^{53}xuaŋ^{35}	浅黄 tɕʰian^{55}xuaŋ^{32}	浅黄 tɕʰian^{55}xuaŋ^{42}	浅黄 tɕʰian^{53}xuaŋ^{42}	浅黄 tɕʰian^{53}xuaŋ^{21}
青	青 tɕʰiŋ^{31}	青 tɕʰin^{42}	青 tɕʰin^{31}	青 tɕʰin^{45}	青 tɕʰin^{34}
藏青	藏青 tsaŋ^{44}tɕʰiŋ^{31}	藏青 tsaŋ^{23}tɕʰin^{42}	藏青 tsaŋ^{213}tɕʰin^{31}	钢青 kaŋ^{45}tɕʰin^{45}	钢青 kaŋ^{34}tɕʰin^{34}
鸭蛋青	鸭蛋青 ia^{31}tan^{44}tɕʰiŋ^{31}	鸭蛋青 ia^{42}tan^{23}tɕʰin^{42}	鸭蛋青 ia^{31}tan^{23}tɕʰin^{31}	鸭蛋青 ia^{42}tan^{23}tɕʰin^{45}	鸭蛋青 ia^{21}tan^{23}tɕʰin^{34}
紫	紫 tsɿ^{53}	紫 tsɿ^{55}	紫 tsɿ^{55}	紫 tsɿ^{53}	紫 tsɿ^{53}
品紫	品紫 pʰin^{53}tsɿ^{53}	品紫 pʰin^{55}tsɿ^{55}	品紫 pʰin^{55}tsɿ^{55}	品紫 pʰin^{53}tsɿ^{53}	品紫 pʰin^{53}tsɿ^{53}
玫瑰紫	玫瑰紫 mei^{35}kuei^{44}tsɿ^{53}	玫瑰紫 mei^{32}kuei^{23}tsɿ^{55}	玫瑰紫 mei^{42}kuei^{23}tsɿ^{55}	玫瑰紫 mei^{42}kuei^{23}tsɿ^{53}	玫瑰紫 mei^{21}kuei^{23}tsɿ^{53}
藕荷（色）	藕荷（色） ŋəu^{53}xuo^{35}（ʂe^{31}）	藕荷（色） ŋəu^{55}xuo^{32}（se^{42}）	藕荷（色） ŋou^{55}xo^{42}（sɛ^{31}）	藕荷（色） ŋəu^{53}xo^{42}（se^{45}）	藕荷（色） ŋəu^{53}xuo^{21}（se^{21}）
古铜（色）	棕色 tsoŋ^{31}ʂe^{31}	棕色 tsuŋ^{42}ʂe^{42}	棕色 tsəŋ^{31}ʂɛ^{31}	棕色 tsuŋ^{45}ʂe^{42}	棕色 tsuŋ^{34}ʂe^{21}
舒服	舒服 səu^{31}fu^{31} 滋润 tsɿ^{31}və̃^{44}	受和 ʂəu^{23}xuo^{32} 舒服 səu^{42}fu^{31}	受和 ʂou^{22}xo^{42} 舒服 ʂʮ^{31}fu^{0}	润贴 ɥən^{23}tʰie^{42} 受和 ʂəu^{23}xo^{42}	润贴 zuən^{23}tʰie^{21} 安逸 ŋan^{34}i^{213}
心底痛快肠胃舒服	开活 kʰæ^{31}xuo^{0}	开活 kʰai^{42}xuo^{0}	开活 kʰai^{31}xo^{0}	开活 kʰai^{45}xo^{0}	开活 kʰai^{34}xuo^{0}

续表

方言点 / 词目	中原官话区	混合 1 区	江淮官话区	混合 3 区	西南官话区
	汉滨	县河	茅坪	石泉	紫阳
高兴舒服	畅快 tʂʰaŋ^{53}kʰuæ^{0}	畅快 tʂʰaŋ^{55}kʰuai^{0}	畅快 tʂʰaŋ^{55}kʰuai^{0}	畅快 tʂʰaŋ^{53}kʰuai^{0}	畅快 tʂʰaŋ^{53} kʰuai^{0}
难受	难过 lã^{32}kuo^{44}	难受 lan^{32}ʂəu^{223}	难受 lan^{42}ʂou^{22}	难过 lan^{42}ko^{213}	难过 nan^{21}kuo^{213}
别扭难受	把作 pa^{53}tsuo^{31}	把作 pa^{55}tsuo^{42}	把作 pa^{55}tso^{31}	把作 pa^{53}tso^{42}	把作 pa^{53}tsuo^{21}
腼腆	害骚 xæ^{44}sau^{31} 害羞 xæ^{44}ɕiəu^{31}	害骚 xai^{23}sau^{42} 害羞 xai^{23}ɕiəu^{42}	害羞 xai^{22}ɕiou^{31}	害羞 xai^{23}ɕiəu^{45}	害羞 xai^{23}ɕiəu^{34}
乖	乖尖 kuæ^{31}tɕian^{31} 听话 tʰin^{31}xua^{44}	乖尖 kuæ^{42}tɕian^{42} 听话 tʰin^{42}xua^{23}	乖 kuai^{31} 听话 tʰin^{31}xua^{22}	乖 kuai^{45} 听话 tʰin^{45}xua^{213}	乖 kuai^{34} 听话 tʰin^{34}xua^{213}
娇贵	娇贵 tɕiau^{31}kuei^{44} 娇气 tɕiau^{31}tɕʰi^{44}	娇贵 tɕiau^{42}kuei^{223} 娇气 tɕiau^{42}tɕʰi^{223}	娇贵 tɕiau^{31}kuei^{213} 娇气 tɕiau^{31}tɕʰi^{23}	娇贵 tɕiau^{45}kuei^{213} 娇气 tɕiau^{45}tɕʰi^{213}	娇气 tɕiau^{34}tɕʰi^{213}
能力强	能行有本儿 nəŋ^{35}ɕiŋ^{35}iəu^{53}pər^{53}	能行 lən^{32}ɕin^{32}	能行 lən^{42}ɕin^{42}	能行 lən^{42}ɕin^{42}	能行 nən^{21}ɕin^{21}
心肠实在	笨 mə̃^{44} 汰谈 tæ^{53}tʰã^{35}	实心子 ʂʅ^{32}ɕin^{42}tsʅ^{0}	实心子 ʂʅ^{42}ɕin^{31}tsʅ^{0}	实心子 ʂʅ^{42}ɕin^{45}tsʅ^{0}	实心子 ʂʅ^{21}ɕin^{34}tsʅ^{0}
脓包	㞞沟子 suŋ^{35}kəu^{31}tsʅ^{0}	脓包 luŋ^{23}pau^{42}	脓包 ləŋ^{23}pau^{31}	脓包 luŋ^{23}pau^{45}	脓包 nuŋ^{23}pau^{34}
痴呆状	痴麻二愣 tsʅ^{31}ma^{0}ər^{44}lən^{44}	痴麻咕咚 tsʅ^{42}ma^{0}ku^{55}tuŋ^{42}	痴麻咕咚 tsʅ^{31}ma^{0}ku^{55}təŋ^{31}	醒头瓜脑 ɕin^{45}tʰəu^{42}kua^{53}lau^{53}	醒头瓜脑 ɕin^{34}tʰəu^{21}kua^{53}nau^{53}
不开窍 死心眼	瓜屄 kua^{31}pʰi^{31}	瓜的 kua^{55}ti^{0}	瓜的 kua^{55}ti^{0}	瓜的 kua^{53}ti^{0}	瓜的 kua^{53}ti^{0}
迂腐	不开眼儿 pu^{35}kʰæ^{31}ȵiãr^{53}	不开眼儿 pu^{42}kʰai^{42}ȵiar^{55}	迂阔 ɥ^{31}kʰo^{31}	迂阔 ɥ^{45}kʰo^{42}	迂阔 y^{34}kʰuo^{21}
聪明狡猾	贼 tsei^{35} 鬼钻子 kuei^{53}tsã^{44}tsʅ^{0}	拐 kuai^{55} 尖 tɕian^{42}	拐 kuai^{55} 尖 tɕian^{31}	拐 kuai^{53} 尖 tɕian^{45}	拐 kuai^{53} 尖 tɕian^{34}
聪明	尖 tɕiã^{31}	尖 tɕian^{42}	尖 tɕian^{31}	灵性 lin^{42}ɕin^{0}	灵性 ȵin^{42}ɕin^{0}

续表

方言点/词目	中原官话区 汉滨	混合 1 区 县河	江淮官话区 茅坪	混合 3 区 石泉	西南官话区 紫阳
不贤惠	搅家不贤 tɕiau^{53} tɕia^{31}pu^{31}ɕiã^{35}	搅家不贤 tɕiau^{55} tɕia^{42}pu^{42}ɕian^{32}	搅家不贤 tɕiau^{55} tɕia^{31}pu^{31}ɕian^{42}	搅家不贤 tɕiau^{53} tɕia^{45}pu^{42}ɕian^{42}	搅家不贤 tɕiau^{53} tɕia^{34}pu^{21}ɕian^{21}
特别奸猾狡赖	奸狡百出 tɕiã^{31} tɕiau^{53}pei^{35}pfʰu^{31}	奸狡百出 tɕian^{42} tɕiau^{55}pe^{42}pfʰu^{42}	奸狡百出 tɕian^{31} tɕiau^{55}pɛ^{31}tʂʰʮ^{31}	奸狡百出 tɕian^{45} tɕiau^{53}pe^{42}tʂʰʮ^{45}	奸狡百出 tɕian^{34} tɕiau^{53}pe^{21}tʂʰu^{34}
不讲理，爱纠缠	麻缠 ma^{35}tʂʰã^{35}	麻缠 ma^{32}tʂʰan^{312}	麻缠 ma^{42}tʂʰan^{42}	麻缠 ma^{42}tʂʰan^{42}	麻缠 ma^{21}tʂʰan^{21}
老实懦弱	老好儿 lau^{53}xaur^{53}	老好儿 lau^{55}xaur^{55}	老好儿 lau^{55}xaur^{55}	老好儿 lau^{53}xaur^{53}	老好儿 nau^{53}xaur^{53}
(把人看得)太低	低搭 ti^{31}ta^{31}	低搭 ti^{42}ta^{42}	低搭 ti^{31}ta^{31}	低搭 ti^{45}ta^{42}	低搭 ti^{34}ta^{21}
年轻人大胆泼辣	出趟 pfʰu^{31}tʰaŋ^{44}	出趟 pfʰu^{42}tʰaŋ^{213}	出趟 tʂʰʮ^{31}tʰaŋ^{213}	出趟 tʂʰʮ^{45}tʰaŋ^{213}	出趟 tʂʰu^{34}tʰaŋ^{213}
行为拘谨细心	纠摸 tɕiəu^{44}mə^{31}	纠摸 tɕiəu^{23}mə^{42}	糗摸 tɕʰiou^{23}mo^{31}	糗摸 tɕʰiəu^{23}mo^{42}	糗摸 tɕʰiəu^{23}muo^{21}
拘谨不大方	纠头纠脑 tɕiəu^{44} tʰəu^{35}tɕiəu^{44}lau^{53}	纠头纠脑 tɕiəu^{23} tʰəu^{32}tɕiəu^{23}lau^{55}	纠头纠脑 tɕiou^{23} tʰou^{42}tɕiou^{23}lau^{55}	纠头纠脑 tɕiəu^{23} tʰəu^{42}tɕiəu^{23}lau^{53}	纠头纠脑 tɕiəu^{23} tʰəu^{21}tɕiəu^{23}nau^{53}
遇事遇人无担当	打不出粮食 ta^{53}pu^{0}pfʰu^{31} liaŋ^{35}ʂʅ^{0}	打不出粮食 ta^{55}pu^{0}pfʰu^{42} liaŋ^{32}ʂʅ^{0}	沟子秋 kou^{31} tsʅ^{0}tɕʰiou^{31}	沟子秋 ku^{45} tsʅ^{0}tɕʰiəu^{45}	沟子秋 kəu^{34} tsʅ^{0}tɕʰiəu^{34}
尖刻	尖刻 tɕiã^{31}kʰei^{31}	刻薄 kʰe^{42}pə^{312}	刻薄 kʰɛ^{31}po^{42}	刻薄 kʰe^{42}po^{42}	刻薄 kʰe^{21}puo^{21}
于事马虎粗糙	毛壳壳 mau^{35} kʰɤ^{31}kʰɤ^{0} 毛糙 mau^{35}tsʰau^{44}	毛壳壳 mau^{32} kʰɤ^{42}kʰɤ^{0} 毛糙 mau^{32}tsʰau^{223}	毛糙 mau^{42}tsʰau^{213}	毛糙 mau^{42}tsʰau^{213}	毛糙 mau^{21}tsʰau^{213}
细心	细发 ɕi^{44}fa^{31}	细发 ɕi^{44}fa^{31}	过细 ko^{23}ɕi^{23}	过细 ko^{23}ɕi^{23}	过细 kuo^{23}ɕi^{23}
糊涂	糊涂 xu^{35}tʰu^{31}	糊涂 xu^{32}təu^{312}	糊涂 xu^{42}təu^{0}	糊涂 xu^{42}təu^{0}	糊涂 xu^{21}təu^{0}

续表

方言点 \ 词目	中原官话区	混合 1 区	江淮官话区	混合 3 区	西南官话区
	汉滨	县河	茅坪	石泉	紫阳
恍惚无警觉	忽而闷钝 xu^{31}ər^{0}mə̃^{44}tuə̃^{31}	忽而闷钝 xu^{42}ər^{0}mən^{23}tən^{42}	忽而闷钝 xu^{31}ər^{0}mən^{22}tən^{31}	忽而闷钝 xu^{42}ər^{0}mən^{23}tən^{45}	忽而闷钝 xu^{21}ər^{0}mən^{23}tən^{34}
低人一等	下作 ɕia^{44}tsuo^{31}	下作 ɕia^{23}tsuo^{42}	下作 ɕia^{22}tso^{31}	下作 ɕia^{23}tso^{42}	下作 ɕia^{23}tsuo^{21}
大方	大方 ta^{44}faŋ^{31}	大方 ta^{23}faŋ^{42}	大方 ta^{22}faŋ^{31}	大方 ta^{23}faŋ^{45}	大方 ta^{23}faŋ^{34}
几乎全部都是	亘的 kə̃^{53}ti^{0}	亘的 kən^{55}ti^{0}	亘的 kən^{55}ti^{0}	亘的 kən^{53}ti^{0}	亘的 kən^{53}ti^{0}
整的	横的 xuə̃^{35}ti^{0} 亘的 kə̃^{53}ti^{0}	亘的 kən^{55}ti^{0} 横的 xuən^{32}ti^{0}	亘的 kən^{55}ti^{0}	亘的 kən^{53}ti^{0}	亘的 kən^{53}ti^{0}
浑（身）	浑（身）xuə̃^{35}(ʂə̃^{31})	浑（身）xuən^{32}(ʂən^{42})	浑（身）xuən^{42}(ʂən^{31})	全（身）tɕʰian^{42}(ʂən^{45})	全（身）tɕʰyan^{21}(ʂən^{34})
僻静	背 pei^{44}	背静 pei^{23}tɕin^{23}	背静 pei^{22}tɕin^{22}	背静 pei^{23}tɕin^{23}	背静 pei^{23}tɕin^{23}
荒野状	野窵 ie^{53}tiau^{44}	野窵 ie^{55}tiau^{223}	野窵 iɛ^{55}tiau^{213}	野窵 ie^{53}tiau^{213}	野窵 ie^{53}tiau^{213}
活络松动	活离活沿儿 xuo^{35}li^{31}xuo^{35}ɕiar^{35}	活摇活扨 xuo^{32}iau^{32}xuo^{32}səŋ^{55}	活摇活扨 xo^{42}iau^{42}xo^{42}səŋ^{55}	活摇活动 xo^{42}iau^{42}xo^{42}tuŋ^{213}	活摇活动 xuo^{21}iau^{21}xuo^{21}tuŋ^{213}
称心	合意 xuo^{35}i^{44}	合意 xuo^{32}i^{223}	合意 xo^{42}i^{213}	合意 xo^{42}i^{213}	合意 xuo^{21}i^{213}
圆满	圆泛 yã^{35}fã^{0}	圆泛 yan^{32}fan^{0}	圆泛 ɥan^{42}fan^{0}	圆泛 ɥan^{42}fan^{0}	圆泛 yan^{21}fan^{0}
干脆不扯皮	撇脱 pʰie^{31}tʰuo^{31}	撇脱 pʰie^{42}tʰuo^{42}	撇脱 pʰiɛ^{31}tʰo^{31}	撇脱 pʰie^{42}tʰo^{42}	撇脱 pʰie^{21}tʰuo^{21}
假装的	假马的 tɕia^{53}ma^{53}ti^{0}	假马的 tɕia^{55}ma^{55}ti^{0}	假马的 tɕia^{55}ma^{55}ti^{0}	假马的 tɕia^{53}ma^{53}ti^{0}	假马的 tɕia^{53}ma^{53}ti^{0}
性子直爱激动	鼓杠杠子 ku^{53}kaŋ^{44}kaŋ^{44}tsɿ^{0}	鼓撑子 ku^{55}tsʰən^{23}tsɿ^{0}	鼓撑子 ku^{55}tsʰən^{23}tsɿ^{0}	鼓杠 ku^{53}kaŋ^{23}	杠子客 kaŋ^{23}tsɿ^{0}kʰɛ^{21}

续表

方言点 词目	中原官话区	混合 1 区	江淮官话区	混合 3 区	西南官话区
	汉滨	县河	茅坪	石泉	紫阳
直率	不嚼经 pu^{31}tɕiau^{35}tɕin^{31} 耿直 kə̃^{53}tʂʅ^{35}	不嚼经 pu^{42}tɕiau^{32}tɕin^{42} 耿直 kən^{55}tʂʅ^{32}	刚直 kaŋ^{55}tʂʅ^{42} 耿直 kən^{55}tʂʅ^{42}	耿直 kən^{53}tʂʅ^{42}	耿直 kən^{53}tʂʅ^{21}
年纪已经大了	上岁数 ʂaŋ^{44}suei^{44}səu^{0}	上岁数 ʂaŋ^{23}sei^{23}səu^{0}	上年纪 ʂaŋ^{22}ȵian^{42}tɕi^{0}	上岁数 ʂaŋ^{23}sei^{23}səu^{0}	上岁数 ʂaŋ^{23}sei^{23}səu^{0}
①老年 ②成熟 ③过火	老 lau^{53}	老 lau^{55}	老 lau^{55}	老 lau^{53}	老 nau^{53}
老年人健康精神好	刚强 kaŋ^{31}tɕʰiaŋ^{35}	精蹦 tɕin^{42}pəŋ^{0} 精神 tɕin^{42}ʂən^{32}	精蹦 tɕin^{31}pəŋ^{0}	精蹦 tɕin^{45}puŋ^{0}	精蹦 tɕin^{34}puŋ^{0}
马虎随意	胡邋海 xu^{35}la^{31}xæ^{53} 邋虎 la^{31}xu^{0}	胡邋海 xu^{32}la^{42}xai^{55}	邋虎 la^{55}xu^{0}	邋虎 la^{53}xu^{0}	邋虎 na^{53}xu^{0}
晚了迟了	迟 tʂʰʅ^{35}	晏 ŋan^{223}	晏 ŋan^{213}	晏 ŋan^{213}	晏 ŋan^{213}
处事轻浮没样子	没像 mə^{31}ɕiaŋ^{44}	没像 mə^{42}ɕiaŋ^{223}	没像 mo^{31}ɕiaŋ^{213}	没像 mo^{42}ɕiaŋ^{213}	没像 muo^{21}ɕiaŋ^{213}
龌龊	丧眼 saŋ^{31}ȵiã^{53}	丧眼 saŋ^{42}ȵian^{55}	丧眼 saŋ^{31}ȵian^{55}	丧眼 saŋ^{45}ȵian^{53}	丧眼 saŋ^{34}ȵian^{53}
痴呆人走路状	□ pʰia^{53}	□ pʰia^{55}	□ pʰia^{55}	□ pʰia^{53}	□ pʰia^{53}
没希望	没经 muo^{35}tɕin^{31}	没经 muo^{42}tɕin^{42}	没经 mo^{31}tɕin^{31}	没经 mo^{42}tɕin^{45}	没经 muo^{21}tɕin^{34}
没能力没本事	毬涎不粘 tɕʰiəu^{35}ɕiã^{35} pu^{35}tʂã^{31}	毬涎不粘 tɕʰiəu^{32}ɕian^{32} pu^{53}tʂan^{53}	毬涎不粘 tɕʰiou^{42}ɕian^{42} pu^{31}tʂan^{31}	毬涎不粘 tɕʰiəu^{42}ɕian^{42} pu^{42}tʂan^{45}	毬涎不粘 tɕʰiəu^{21}ɕian^{21} pu^{21}tʂan^{34}
不好很糟	麻稀 ma^{35}ɕi^{0}	麻稀 ma^{32}ɕi^{0}	麻稀 ma^{42}ɕi^{0}	麻稀 ma^{42}ɕi^{0}	麻稀 ma^{21}ɕi^{0}

续表

方言点 词目	中原官话区	混合 1 区	江淮官话区	混合 3 区	西南官话区
	汉滨	县河	茅坪	石泉	紫阳
让人泛凌	凌人怪道的 lin^{44} zə̃^{0}kuæ^{53}tau^{44} ti^{0} 凌哇哇的 lin^{44}va^{31}va^{31}ti^{0}	凌人怪道的 lin^{23} zən^{0}kuai^{55}tau^{23} ti^{0} 凌哇哇的 lin^{23}ua^{42}ua^{42}ti^{0}	凌人道怪的 lin^{22} zən^{0}tau^{23}kuai^{55} ti^{0} 凌哇哇的 lin^{23}ua^{31}ua^{31}ti^{0}	凌人怪道的 lin^{23} zən^{0}kuai^{53}ætau^{23} ti^{0} 凌哇哇的 lin^{23}ua^{53}ua^{53}ti^{0}	凌人怪道的 ȵin^{23} zən^{0}kuai^{53}tau^{23} ti^{0} 凌哇哇的 ȵin^{23}ua^{53}ua^{53}ti^{0}
女性张狂的样子	风势麻莫 fəŋ^{31}ʂʅ^{0}ma^{35}mə^{31}	风势麻莫 fəŋ^{43}ʂʅ^{0}ma^{32}mə^{42}	风势麻莫 fəŋ^{31}ʂʅ^{0}ma^{42}mo^{31}	风势麻莫 fuŋ^{45}ʂʅ^{0}ma^{42}mo^{42}	风势麻莫 fuŋ^{34}ʂʅ^{0}ma^{21}muo^{21}
孤独冷清	寡不秋秋 kua^{53}pu^{0}tɕʰiəu^{31} tɕʰiəu^{31}	寡不秋秋 kua^{55}pu^{0}tɕʰiəu^{42} tɕʰiəu^{42}	寡不秋秋 kua^{55}pu^{0}tɕʰiou^{31} tɕʰiou^{31}	寡不秋秋 kua^{53}pu^{0}tɕʰiəu^{45} tɕʰiəu^{45}	寡不秋秋 kua^{53}pu^{0}tɕʰiəu^{34} tɕʰiəu^{34}
面目怪异	鬼眉日眼 kuei^{53}mi^{35}zʅ^{0}ȵiã^{53}	鬼眉日眼 kuei^{55} mi^{32}zʅ^{0}ȵian^{55}	鬼眉日眼 kuei^{55} mi^{42}zʅ^{0}ian^{55}	鬼眉日眼 kuei^{53} mi^{42}zʅ^{0}ian^{53}	鬼眉日眼 kuei^{53} mi^{21}zʅ^{0}ian^{53}
行为不正派	鬼二流求 kuei^{53} ər^{0}liəu^{35}tɕʰiəu^{35}	鬼二流求 kuei^{55} ər^{0}liəu^{32}tɕʰiəu^{32}	鬼二流求 kuei^{55} ər^{0}liou^{42}tɕʰiou^{42}	鬼二流求 kuei^{53} ər^{0}liəu^{42}tɕʰiəu^{42}	鬼二流求 kuei^{53} ər^{0}ȵiəu^{21}tɕʰiəu^{21}
没样子没能力	日巴欻 zʅ^{31}pa^{0}pfʰa^{53}	日巴欻 zʅ^{42}pa^{0}pfʰa^{55}	日巴欻 zʅ^{31}pa^{0}tʂʰɥa^{55}	日巴欻 zʅ^{42}pa^{0}tʂʰɥa^{53}	日巴欻 zʅ^{21}pa^{0}tʂʰua^{53}
非常脏乱	污眉皂眼 u^{31}mi^{31}tsau^{44}ȵiã^{53}	污眉皂眼 u^{42} mi^{42}tsau^{23}ȵian^{55}	污眉皂眼 u^{31}mi^{31}tsau^{22}ŋan^{55}	污眉皂眼 u^{45} mi^{42}tsau^{23}ian^{53}	污眉皂眼 u^{34}mi^{21}tsau^{23}ian^{53}
厉害	恶燥 ŋɤ^{31}tsau^{31} 歪 uæ^{31}	恶燥 ŋɤ^{42}tsau^{42}	歪 uai^{31} 凶 ɕiəŋ^{31}	歪 uai^{45} 凶 ɕiuŋ^{45}	歪 uai^{34} 凶 ɕiuŋ^{34}
心狠	残火 tsʰãn^{35}xuo^{53}	残火 tsʰan^{32}xuo^{55}	狠 xən^{22}	狠 xən^{213}	狠 xən^{213}
不平展	圪棱包翘 kɤ^{31} lən^{35}pau^{53}tɕʰiau^{44}	圪棱包翘 kɤ^{42} lən^{0}pau^{55}tɕʰiau^{223}	圪棱包翘 kɛ^{31} lən^{0}pau^{55}tɕʰiau^{213}	圪棱包翘 ke^{42} lən^{0}pau^{53}tɕʰiau^{23}	圪棱包翘 ke^{21} nən^{0}pau^{53}tɕʰiau^{23}
吃马虎	吃马虎 tʂʰʅ^{31}ma^{35}xu^{0}	吃马虎 tʂʰʅ^{42}ma^{32}xu^{0}	马虎场儿 ma^{55} xu^{0}tʂʰaŋr^{55} 吃马虎 tʂʰʅ^{31}ma^{42}xu^{0}	吃马虎 tʂʰʅ^{42}ma^{42}xu^{0}	吃马虎 tʂʰʅ^{21}ma^{21}xu^{0}
事情办砸了	日塌 zʅ^{31}tʰa^{0}	日塌 zʅ^{42}tʰa^{0}	日塌 zʅ^{31}tʰa^{0}	日塌 zʅ^{42}tʰa^{0}	日塌 zʅ^{21}tʰa^{0}

续表

方言点 / 词目	中原官话区	混合 1 区	江淮官话区	混合 3 区	西南官话区
	汉滨	县河	茅坪	石泉	紫阳
艰难	难场 nã^{35}tʂʰaŋ^{0}	难场 lan^{32}tʂʰaŋ^{0}	难场 lan^{42}tʂʰaŋ^{0}	难场 lan^{42}tʂʰaŋ^{0}	难场 nan^{21}tʂʰaŋ^{0}
麻烦	麻达 ma^{35}ta^{0}	麻达 ma^{32}ta^{0}	麻达 ma^{42}ta^{0}	麻达 ma^{42}ta^{0}	麻达 ma^{21}ta^{0}
奢华洋气	流利皮张 liəu^{35}li^{0}pʰi^{35}tʂaŋ^{31}	流利皮张 liəu^{32}li^{0}pʰi^{32}tʂaŋ^{42}	流利皮张 liou^{42} li^{0}pʰi^{32}tʂaŋ^{31}	流利皮张 liəu^{42} li^{0}pʰi^{42}tʂaŋ^{45}	流利皮张 ȵiəu^{21} ȵi^{0}pʰi^{21}tʂaŋ^{34}
呆头呆脑	洋头石脑 iaŋ^{35} tʰəu^{31}ʂʅ^{0}lau^{53} 痴麻咯噔 tsʰʅ^{31} ma^{31}kɤ^{0}təŋ^{31}	洋头石脑 iaŋ^{32} tʰəu^{42}ʂʅ^{0}lau^{55} 痴麻咯噔 tsʰʅ^{42} ma^{42}kɤ^{0}təŋ^{42}	洋头石脑 iaŋ^{42} tʰou^{31}ʂʅ^{0}lau^{55} 痴麻咯噔 tʂʰʅ^{31} ma^{42}kɛ^{0}təŋ^{31}	洋头石脑 iaŋ^{42} tʰəu^{42}ʂʅ^{0}lau^{53} 痴麻咯噔 tʂʰʅ^{45} ma^{42}ke^{0}təŋ^{45}	洋头石脑 iaŋ^{21} tʰəu^{21}ʂʅ^{0}nau^{53} 痴麻咯噔 tʂʰʅ^{34} ma^{21}ke^{0}təŋ^{34}
①植物蔫萎；②人没精神	蔫了 ȵiã^{31}lia^{0}	蔫了 ȵian^{42}lia^{0}	怏了 iaŋ^{31}lia^{0}	怏了 iaŋ^{45}lia^{0}	怏了 iaŋ^{34}ȵia^{0}
不声不响地干坏事	茶拐茶拐 ȵie^{31}kuæ^{53}ȵie^{31} kuæ^{53}	茶拐茶拐 ȵie^{42}kuai^{55}ȵie^{42} kuai^{55}	蔫拐蔫拐 ȵian^{31}kuai^{55} ȵian^{31}kuai^{55}	蔫拐蔫拐 ȵian^{45}kuai^{53} ȵian^{45}kuai^{53}	蔫拐蔫拐 ȵian^{34}kuai^{53} ȵian^{34}kuai^{53}
厉害难缠	洍茬 ȵiau^{35}tʂʰa^{35}	洍茬 ȵiau^{32}tʂʰa^{32}	洍茬 ȵiau^{42}tʂʰa^{42}	洍茬 ȵiau^{42}tʂʰa^{42}	洍茬 ȵiau^{21}tʂʰa^{21}
言行刻薄不让人	可恼 kɤ^{53}lau^{53}	可恼 kɤ^{53}lau^{53}	可恼 ko^{55}lau^{55}	可恼 ko^{53}lau^{53}	可恼 kuo^{53}nau^{53}
及其难为	给咋了 kei^{53}ʦa^{31}lia^{0}	给咋了 ke^{42}ʦa^{42}lia^{0}	给咋了 ke^{55}ʦa^{31}lia^{0}	给咋了 ke^{45}ʦa^{42}lia^{0}	给咋了 ke^{34}ʦa^{21}lia^{0}
白痴状	瓜眉日眼 kua^{31}mi^{35}ʐʅ^{0}ȵiã^{53}	瓜眉日眼 kua^{55}mi^{32}ʐʅ^{0}ȵian^{55}	瓜眉日眼 kua^{55}mi^{42}ʐʅ^{0}ian^{55}	瓜眉日眼 kua^{53}mi^{42}ʐʅ^{0}ian^{53}	瓜眉日眼 kua^{53}mi^{21}ʐʅ^{0}ian^{53}
蠢笨状	蠢头巴脑 pfʰə̃^{53}tʰəu^{35}pa^{31} lau^{53}	蠢头巴脑 pfʰən^{55}tʰəu^{32} pa^{42}lau^{55}	蠢头巴脑 tʂʰɥən^{55}tʰou^{42} pa^{31}lau^{55}	蠢头巴脑 tʂʰɥən^{53}tʰəu^{42} pa^{45}lau^{53}	蠢头巴脑 tʂʰuən^{53}tʰəu^{21} pa^{34}nau^{53}
思维混沌	醒儿隆咚 ɕin^{53}ər^{0}luŋ^{35}tuŋ^{31}	醒儿隆咚 ɕin^{55}ər^{0}luŋ^{32}tuŋ^{42}	醒儿隆咚 ɕin^{55}ər^{0}ləŋ^{42}təŋ^{31}	醒儿隆咚 ɕin^{53}ər^{0}luŋ^{42}tuŋ^{45}	醒儿隆咚的 ɕin^{53}ər^{0}luŋ^{21}tuŋ^{34}

续表

方言点 词目	中原官话区	混合 1 区	江淮官话区	混合 3 区	西南官话区
	汉滨	县河	茅坪	石泉	紫阳
糊涂迟钝	醒儿大糊涂 ɕin^{53} ər^{0}ta^{44}xu^{35}tʰu^{0}	醒儿大糊涂 ɕin^{55} ər^{0}ta^{23}xu^{32}təu^{0}	醒儿大糊涂 ɕin^{55} ər^{0}ta^{23}xu^{42}tou^{0}	醒儿大糊涂 ɕin^{53} ər^{0}ta^{23}xu^{42}təu^{0}	醒儿大糊涂 ɕin^{53} ər^{0}ta^{23}xu^{21}təu^{0}
言行怪异	古令八怪 ku^{53}liŋ^{0}pa^{31}kuæ^{44}	古令八怪 ku^{55}lin^{0}pa^{42}kuai^{23}	古令八怪 ku^{55}lin^{0}pa^{31}kuai^{213}	古令八怪 ku^{53}lin^{0}pa^{42}kuai^{213}	古令八怪 ku^{53}ȵin^{0}pa^{21}kuai^{213}
于事短绝	短 tuã^{53} 做事太～了，小心得报应	短 tan^{55}	短 tan^{55}	短 tan^{53}	短 tuan^{53}
坏的东西	瞎瞎子 xa^{53}xa^{53}tsɿ^{0}	瞎瞎子 xa^{55}xa^{55}tsɿ^{0}	瞎瞎子 xa^{55}xa^{55}tsɿ^{0}	瞎瞎子 xa^{55}xa^{53}tsɿ^{0}	瞎瞎子 xa^{53}xa^{53}tsɿ^{0}
很糟 不愿看	日眼 ʐʅ^{31}ȵiã^{53}	日眼 ʐʅ^{42}ȵian^{55}	日眼 ʐʅ^{31}ȵian^{55}	日眼 ʐʅ^{42}ȵian^{53}	日眼 ʐʅ^{21}ȵian^{53}
声大且笨	大声瓜气 ta^{44} ʂəŋ^{31}kua^{53}tɕʰi^{44}	大声瓜气 ta^{23} ʂəŋ^{42}kua^{55}tɕʰi^{23}	大声瓜气 ta^{22} ʂən^{31}kua^{55}tɕʰi^{213}	大声瓜气 ta^{23} ʂən^{45}kua^{53}tɕʰi^{213}	大声瓜气 ta^{23} ʂən^{34}kua^{53}tɕʰi^{213}
比喻缺豁 不完整	豁牙半齿 xuo^{31} ȵia^{35}pã^{44}tʂʰʅ^{53}	豁牙半齿 xuo^{42} ȵia^{32}pan^{23}tʂʰʅ^{55}	豁牙半齿 xo^{31}ia^{42}pan^{23}ʂʰʅ^{55}	豁牙半齿 xo^{42} ia^{42}pan^{23}tʂʰʅ^{53}	豁牙半齿 xuo^{21} ia^{21}pan^{23}tʂʰʅ^{53}
处事灵活	活泛 xuo^{35}fã^{31}	活泛 xuo^{32}fan^{223}	活泛 xo^{42}fan^{22}	活泛 xo^{42}fan^{213}	活泛 xuo^{21}fan^{213}
宽余松动	松泛 suŋ^{31}fã^{44}	松泛 suŋ^{42}fan^{223}	松泛 səŋ^{31}fan^{22}	松泛 suŋ^{45}fan^{213}	松泛 suŋ^{34}fan^{213}
东西多 而乱	筋抓啰嗦 tɕin^{31} pfa^{31}luo^{31}suo^{31}	筋抓啰嗦 tɕin^{42} pfa^{42}luo^{42}suo^{42}	筋抓啰嗦 tɕin^{31} tʂʮa^{31}lo^{31}so^{31}	筋抓啰嗦 tɕin^{45} tʂʮa^{45}lo^{42}so^{45}	筋抓啰嗦 tɕin^{34} tʂua^{34}luo^{21}suo^{34}
结果让 人失望	精松 tɕin^{35}suŋ^{31} 精松大包烟 tɕin^{35}suŋ^{31}ta^{44} pau^{31}ian^{31}	精松 tɕin^{42}suŋ^{42} 精松大包烟 tɕin^{42}suŋ^{42}ta^{23} pau^{42}ian^{42}	精松 tɕin^{31}səŋ^{31} 精松大包烟 tɕin^{31}səŋ^{31}ta^{22} pau^{31}ian^{31}	精松 tɕin^{45}suŋ^{45} 精松大包烟 tɕin^{45}suŋ^{45}ta^{23} pau^{45}ian^{45}	精松 tɕin^{34}suŋ^{34} 精松大包烟 tɕin^{34}suŋ^{34}ta^{23} pau^{34}ian^{34}
轻松省事	轻省 tɕʰiŋ^{31}ʂəŋ^{53}	轻省 tɕʰin^{42}sən^{55}	轻省 tɕʰin^{31}sən^{55}	轻省 tɕʰin^{45}sən^{53}	轻省 tɕʰin^{34}sən^{53}
清闲	闲生 ɕiãn^{35}ʂəŋ^{31}	闲生 ɕian^{32}sən^{42}	闲生 ɕian^{42}sən^{31}	闲生 ɕian^{42}sən^{45}	闲生 ɕian^{21}sən^{34}

续表

方言点 词目	中原官话区	混合 1 区	江淮官话区	混合 3 区	西南官话区
	汉滨	县河	茅坪	石泉	紫阳
不紧不慢 不慌不忙	消停 ɕiau^{31}tʰiŋ^{35}	消停 ɕiau^{42}tʰiŋ^{312}	消停 ɕiau^{31}tʰin^{42}	消停 ɕiau^{45}tʰin^{42}	消停 ɕiau^{34}tʰin^{21}
自由 无拘束	散单 sã^{53}tã^{0}	散单 san^{55}tan^{0}	散单 san^{55}tan^{0}	散单 san^{53}tan^{0}	散单 san^{53}tan^{0}
精光，啥 也没留下	略大精光 nuo^{53} ta^{44}tɕin^{35}kuaŋ^{31}	略大精光 luo^{55} ta^{23}tɕin^{42}kuaŋ^{42}	裸大精光 lo^{55} ta^{22}tɕin^{31}kuaŋ^{31}	凌光 lin^{23}kuaŋ^{45}	凌光 ȵin^{23}kuaŋ^{34}
冒失	冒撂儿 mau^{44}liar^{44}	冒撂儿 mau^{23}liar^{223}	冒撂儿 mau^{23}liar^{22}	冒撂儿 mau^{23}liar^{213}	冒撂儿 mau^{23}liar^{213}
心有隔阂 的尴尬状	面面糊糊 miã^{44} miãn^{44}xu^{31}xu^{31}	面面糊糊 mian^{23} mian^{23}xu^{42}xu^{42}	面面糊糊 mian^{22} mian^{22}xu^{31}xu^{31}	面面糊糊 mian^{23} mian^{23}xu^{45}xu^{45}	面面糊糊 mian^{23} mian^{23}xu^{34}xu^{34}
纷乱而 热烈	五胡狼烟 u^{53}xu^{35}laŋ^{35}iã^{31}	五胡狼烟 u^{55}xu^{32}laŋ^{32}ian^{42}	五胡狼烟 u^{55}xu^{42}laŋ^{42}ian^{31}	五胡狼烟 u^{53}xu^{42}laŋ^{42}ian^{45}	五胡狼烟 u^{53}xu^{21}naŋ^{21}ian^{34}
相距远而 挨不上	无是八远 u^{31}ʂʅ^{0}pa^{31}yã^{53}	无是八远 u^{42}ʂʅ^{0}pa^{42}yan^{55}	八没是远 pa^{31} mo^{0}ʂʅ^{22}yan^{55}	八没是远 pa^{42} mo^{0}ʂʅ^{23}yan^{53}	八没是远 pa^{21} mo^{0}ʂʅ^{23}yan^{53}
鲜血 淋漓状	血头狼 ɕye^{31}tʰəu^{35}laŋ^{35}	血头狼 ɕye^{42}tʰəu^{32}laŋ^{312}	血糊淋当 ɕiɛ^{31}xu^{0}lin^{42}taŋ^{31}	血糊淋当 ɕie^{42}xu^{0}lin^{42}taŋ^{45}	血糊淋当 ɕye^{21}xu^{0}ȵin^{21}taŋ^{34}
粉碎状	一包花 i^{35}pau^{31}xua^{31}	一包花 i^{42}pau^{42}xua^{42}	一包渣 i^{31}pau^{31}tʂa^{31}	一包渣 i^{45}pau^{45}tʂa^{45}	一包渣 i^{34}pau^{34}tʂa^{34}
隐隐约约	隐隐忽忽 in^{53}in^{53}xu^{31}xu^{31}	隐隐忽忽 in^{55}in^{55}xu^{42}xu^{42}	隐隐忽忽 in^{55}in^{55}xu^{31}xu^{31}	隐隐忽忽 in^{53}in^{53}xu^{45}xu^{45}	隐隐忽忽 in^{53}in^{53}xu^{34}xu^{34}
着忙	着忙 tʂau^{31}maŋ^{35}	着忙 tʂau^{42}maŋ^{32}	着忙 tʂau^{31}maŋ^{42}	着忙 tʂau^{45}maŋ^{42}	着忙 tʂau^{34}maŋ^{21}
匀称一致	匀净 yən^{35}tɕiŋ^{0}	匀净 yən^{32}tɕin^{0}	匀净 ɥən^{42}tɕin^{0}	匀净 ɥən^{42}tɕin^{0}	匀净 yən^{21}tɕin^{0}

续表

二十六　特殊名词

词目＼方言点	中原官话区	混合 1 区	江淮官话区	混合 3 区	西南官话区
	汉滨	县河	茅坪	石泉	紫阳
开通 不守旧	开通 kai^{31}tʰuŋ^{31}	开通 kai^{42}tʰuŋ^{42}	开通 kai^{31}tʰəŋ^{31}	开通 kai^{45}tʰuŋ^{45}	开通 kai^{34}tʰuŋ^{34}
富裕 宽裕	泡火 pʰau^{44}xuo^{0}	泡火 pʰau^{23}xuo^{0}	泡火 pʰau^{23}xo^{0}	泡火 pʰau^{23}xo^{0}	泡火 pʰau^{23}xuo^{0}
之间 亲密贴身	拓肉 tʰa^{31}ʐəu^{44}	拓肉 tʰa^{42}ʐəu^{223}	拓肉 tʰa^{31}ʐou^{213}	拓肉 tʰa^{45}ʐəu^{213}	拓肉 tʰa^{34}ʐəu^{213}
不完整的 物或事	半札拉跨 pã^{44} tʂa^{31}la^{31}kʰua^{53}	半札拉跨 pan^{23} tʂa^{42}la^{42}kʰua^{55}	半札拉块 pan^{23} tʂa^{31}la^{31}kʰuai^{55}	半札拉块 pan^{23} tʂa^{45}la^{45}kʰuai^{53}	半札拉块 pan^{23} tʂa^{34}na^{34}kʰuai^{53}
事情只完 成一半	半趟子 pã^{44}tʰaŋ^{44}ʦɿ^{0} 半截拉跨 pã^{44} tɕie^{31}la^{0}kʰua^{53}	半趟子 pan^{23}tʰaŋ^{23}ʦɿ^{0} 半截拉跨 pan^{23} tɕie^{42}la^{0}kʰua^{55}	半跨连儿 pan^{23} kʰua^{23}liar^{42} 半糙 子 pan^{23}ʦʰau^{23} ʦɿ^{0} 半截拉跨 pan^{23}tɕiɛ^{31}la^{0} kʰua^{55}	半跨连儿 pan^{23} kʰua^{23}liar^{42} 半糙 子 pan^{23}ʦʰau^{23} ʦɿ^{0} 半截拉跨 pan^{23}tɕie^{45}la^{0} kʰua^{53}	半跨连儿 pan^{23} kʰua^{23}ȵiar^{21} 半糙 子 pan^{23}ʦʰau^{23} ʦɿ^{0} 半截拉跨 pan^{23}tɕie^{34}na^{0} kʰua^{53}
物体的 一半	半札子 pã^{44}tʂa^{31}ʦɿ^{0}	半札子 pan^{23}tʂa^{42}ʦɿ^{0}	半札子 pan^{23}tʂa^{31}ʦɿ^{0}	半札子 pan^{23}tʂa^{45}ʦɿ^{0}	半札子 pan^{23}tʂa^{34}ʦɿ^{0}
人的外号	绰子号儿 pfʰə^{31}ʦɿ^{0}xaur^{44}	绰子号儿 pfʰə^{42}ʦɿ^{0}xaur^{223}	绰子号儿 tʂʰo^{31}ʦɿ^{0}xaur^{22}	绰子号儿 tʂʰo^{42}ʦɿ^{0}xaur^{213}	绰子号儿 tʂʰuo^{21}ʦɿ^{0}xaur^{213}
侧棱子	仄棱子 tʂei^{31}lə̃^{35}tsɿ^{0}	仄棱子 ʦe^{42}lən^{32}tsɿ^{0}	仄棱子 ʦʰɛ^{31}lən^{42}tsɿ^{0}	仄棱子 ʦe^{42}lən^{42}tsɿ^{0}	仄棱子 ʦe^{21}nən^{21}tsɿ^{0}
关节	节巴 tɕie^{31}pa^{0}	节巴 tɕie^{42}pa^{0}	节巴 tɕiɛ^{31}pa^{0}	节巴 tɕie^{42}pa^{0}	节巴 tɕie^{21}pa^{0}
泡沫	泡沫 pʰau^{44}mə^{53}	泡子 pau^{23}tsɿ^{0}	泡子 pau^{22}tsɿ^{0}	泡子 pau^{23}tsɿ^{0}	泡子 pau^{23}tsɿ^{0}
缺点把柄	短处 tuã^{53}pfʰu^{0}	短处 tan^{55}pfʰu^{0}	怕处 pʰa^{23}tʂʰʮ^{0}	怕处 pʰa^{23}tʂʰʮ^{0}	怕处 pʰa^{23}tʂʰu^{0}

方言点 词目	中原官话区 汉滨	混合 1 区 县河	江淮官话区 茅坪	混合 3 区 石泉	西南官话区 紫阳
(没)感觉	(没)捞摸儿 muo^{35}lau^{31}mor^{0}	(没)捞摸儿 muo^{42}lau^{42}mor^{0}	(没)捞摸儿 mo^{31}lau^{31}mor^{0}	(没)捞摸儿 mo^{42}lau^{42}mor^{0}	(没)捞摸儿 muo^{21}nau^{34}muor^{0}
事情的原委	名堂 min^{35}tʰaŋ^{0}	名堂 min^{42}tʰaŋ^{0}	落头 lo^{31}tʰou^{0} 听了半天也没懂到～	落头 lo^{42}tʰəu^{0}	落头 nuo^{21}tʰəu^{0}
规则程序	规程 kuei^{31}tʂʰə̃^{35}	规程 kʰuei^{42}tʂʰən^{32}	规程 kʰuei^{31}tʂʰən^{42}	规程 kʰuei^{45}tʂʰən^{42}	规程 kʰuei^{34}tʂʰən^{21}
爱嫉恨他人的人	恨人穷 xə̃^{44}ʐə̃^{35}tɕʰyŋ^{35}	恨人穷 xən^{23}ʐən^{32}tɕʰyŋ^{32}	恨人穷 xən^{23}ʐən^{42}tɕʰiəŋ^{42}	恨人穷 xən^{23}ʐən^{42}tɕʰiuŋ^{42}	恨人穷 xən^{23}ʐən^{21}tɕʰyŋ^{21}
面粉的粘度	筋丝 tɕin^{31}si^{31}	筋丝 tɕin^{42}si^{42}	筋丝 tɕin^{31}si^{31}	筋丝 tɕin^{45}si^{45}	筋丝 tɕin^{34}si^{34}
可依靠的地方	靠头 kʰau^{44}tʰəou^{35}	靠头 kʰau^{23}tʰəu^{32}	靠头 kʰau^{23}tʰou^{42}	靠头 kʰau^{23}tʰəu^{42}	靠头 kʰau^{23}tʰəu^{21}
忙碌的时候	忙场子 maŋ^{35}tʂʰaŋ^{53}tsɿ^{0}	忙场子 maŋ^{32}tʂʰaŋ^{55}tsɿ^{0}	忙场子 maŋ^{42}tʂʰaŋ^{55}tsɿ^{0}	忙场子 maŋ^{42}tʂʰaŋ^{53}tsɿ^{0}	忙场子 maŋ^{21}tʂʰaŋ^{53}tsɿ^{0}
突然的劈头盖脑	蒙天罩 məŋ^{31}tʰiã^{31}tʂau^{44}	蒙天罩 məŋ^{42}tʰian^{42}tʂau^{23}	抨天罩 pʰəŋ^{31} tʰian^{31}tʂau^{23}	抨天罩 pʰuŋ^{45} tʰian^{45}tʂau^{23}	抨天罩 pʰuŋ^{34} tʰian^{34}tʂau^{23}
斜坡	抹坡子 mə^{53}pʰə^{31}tsɿ^{0}	抹坡子 mə^{55}pʰə^{42}tsɿ^{0}	抹坡子 mo^{55}pʰo^{31}tsɿ^{0}	抹坡子 mo^{53}pʰo^{45}tsɿ^{0}	抹坡子 muo^{53}pʰuo^{34}tsɿ^{0}
这一排或这一片	(这一)抹子 (tʂɤ^{44}i^{31})məo^{44}tsɿ^{0}	(这一)抹子 (tʂɤ^{23}i^{42})məo^{23}tsɿ^{0}	(这一)抹子 (tʂe^{23}i^{31})mo^{22}tsɿ^{0}	(这一)抹子 (tʂe^{23}i^{42})mo^{23}tsɿ^{0}	(这一)抹子 (tʂe^{23}i^{21})muo^{23}tsɿ^{0}
事情太多	一河滩 i^{31}xuo^{35}tʰã^{31}	一河滩 i^{31}xuo^{35}tʰan^{31}	一大些 i^{31}ta^{22}ɕiɛ^{55}	一大些 i^{42}ta^{23}ɕie^{53}	一大些 i^{21}ta^{23}ɕie^{53}
多而杂	一扑拉子 i^{35}pʰu^{31}la^{31}tsɿ^{0} ～事情，一人咋得行	一扑拉子 i^{42}pʰu^{42}la^{42}tsɿ^{0}	一扑拉子 i^{31}pʰu^{31}la^{31}tsɿ^{0}	一扑拉子 i^{42}pʰu^{45}la^{45}tsɿ^{0}	一扑拉子 i^{21}pʰu^{34}la^{34}tsɿ^{0}
比喻多而乱	一坡毛 i^{35}pʰə^{31}mau^{35}	一坡毛 i^{42}pʰə^{42}mau^{32}	一坡毛 i^{31}pʰo^{31}mau^{42}	一坡毛 i^{42}pʰo^{45}mau^{42}	一坡毛 i^{21}pʰuo^{34}mau^{21}
多而面积大	一片巴 i^{31}pʰiã^{44} pa^{31} 地里长了～的草	一片巴 i^{42}pʰian^{23}pa^{42}	一片巴 i^{31}pʰian^{23}pa^{31}	一片巴 i^{42}pʰian^{23}pa^{45}	一片巴 i^{21}pʰian^{23}pa^{34}

续表

方言点 词目	中原官话区	混合 1 区	江淮官话区	混合 3 区	西南官话区
	汉滨	县河	茅坪	石泉	紫阳
连续不断的一长串	一绺串 i^{31}liəu^{44} pfʰã^{31} 后头还有～的人	一绺串 i^{42}liəu^{23}pfʰan^{223}	一绺串 i^{31}liou^{23}tʂʰɥan^{213}	一绺串 i^{42}liəu^{23}tʂʰɥan^{213}	一绺串 i^{21}ȵiəu^{23}tʂʰuan^{213}
专心致志一心一意	一门头子 i^{31}mə̃^{35}tʰəu^{35}tsɿ^{0}	一门头子 i^{42}mən^{32}tʰəu^{32}tsɿ^{0}	一门头子 i^{31}mən^{42}tʰou^{42}tsɿ^{0}	一门头子 i^{42}mən^{42}tʰəu^{42}tsɿ^{0}	一门头子 i^{21}mən^{21}tʰəu^{21}tsɿ^{0}
好搭档	一合手儿 i^{31}xuo^{35}ʂəur^{53}	一合手儿 i^{42}xuo^{32}ʂəur^{55}	一合手儿 i^{31}xo^{42}ʂəur^{55}	一合手儿 i^{42}xo^{42}ʂəur^{53}	一合手儿 i^{21}xuo^{21}ʂəur^{53}
写在肉吊上的重量符号	肉码字 zəu^{44}ma^{53}tsɿ^{0}	肉码字 zəu^{23}ma^{55}tsɿ^{0}	肉码字 zou^{23}ma^{55}tsɿ^{0}	肉码字 zəu^{23}ma^{53}tsɿ^{0}	肉码字 zəu^{23}ma^{53}tsɿ^{0}
①栗子包 ②一团糟的样子	毛儿包 maur^{35}pau^{31}	毛儿包 maur^{32}pau^{42}	毛栗包 maur^{42}li^{0}pau^{31}	毛儿包 maur^{42}pau^{45}	毛儿包 maur^{21}pau^{34}
语言上占人便宜	(占)相因 (tsã^{23})ɕiaŋ^{31}i^{31}	(捡)相因 (tɕian^{55})ɕiaŋ^{42}i^{42}	(捡)相因 (tɕian^{55})ɕiaŋ^{31}in^{31}	(捡)相因 (tɕian^{53})ɕiaŋ^{45}in^{0}	(捡)相因 (tɕian^{53})ɕiaŋ^{34}in^{0}
阿拉伯数字	洋码号 iaŋ^{35}ma^{53}xau^{44}	洋码号 iaŋ^{32}ma^{55}xau^{23}	洋码号 iaŋ^{42}ma^{55}xau^{22}	洋码号 iaŋ^{42}ma^{53}xau^{23}	洋码号 iaŋ^{21}ma^{53}xau^{23}
(跌了个)嘴啃泥	(绊个)爬扑 (pã^{53}kɤ^{0}) pʰa^{35}pʰu^{0}	(绊个)扑爬 (pan^{55}kɤ^{0}) pʰu^{32}pʰa^{32}	(绊个)扑爬 (pan^{55}ko^{0}) pʰa^{42}pʰu^{42}	(绊个)扑爬 (pan^{53}ko^{0}) pʰa^{42}pʰu^{42}	(搭个)扑爬 (ta^{34}kuo^{0}) pʰa^{21}pʰu^{21}
(跌了个)仰八叉	(绊个)背仰 (pã^{53}kɤ^{0})pei^{44} ȵiaŋ^{53} 仰绊子 ȵiaŋ^{53}pã^{31}tsɿ^{0}	(绊个)背仰 (pan^{55}kɤ^{0})pei^{23} ȵiaŋ^{55} 仰绊子 ȵiaŋ^{55}pan^{42}tsɿ^{0}	(绊个)仰绊 (pan^{55}ko^{0})ȵiaŋ^{44} pan^{0} 仰绊翘 ȵiaŋ^{55}pan^{31} tɕʰiau^{31}	(绊个)仰绊 (pan^{53}ko^{0}) ȵiaŋ^{53}pan^{0} 仰绊翘 ȵiaŋ^{53} pan^{45}tɕʰiau^{45}	(搭个)仰绊 (ta^{34}kuo^{0}) ȵiaŋ^{53}pan^{0} 仰绊翘 ȵiaŋ^{53} pan^{34}tɕʰiau^{34}
按规矩做事按套路写文章	印版子 in^{44}pã^{53} tsɿ^{0} 那人是个写～文章的人	印版子 in^{23}pãn^{55}tsɿ^{0}	印版子 in^{23}pan^{55}tsɿ^{0}	印版子 in^{23}pan^{53}tsɿ^{0}	印版子 in^{23}pan^{53}tsɿ^{0}
没有意义的事情	日古俩 zɿ^{31}ku^{53}lia^{31}	日古俩 zɿ^{42}ku^{55}lia^{42}	日古俩 zɿ^{31}ku^{55}lia^{31}	日古俩 zɿ^{45}ku^{53}lia^{45}	日古俩 zɿ^{34}ku^{53}ȵia^{34}

续表

词目＼方言点	中原官话区	混合 1 区	江淮官话区	混合 3 区	西南官话区
	汉滨	县河	茅坪	石泉	紫阳
顺着一边的样子	一顺子 i^{31}fən^{44}tsɿ^{0}	一顺子 i^{42}fən^{23}tsɿ^{0}	一顺子 i^{31}ʂɥən^{22}tsɿ^{0}	一顺子 i^{45}ʂɥən^{23}tsɿ^{0}	一顺子 i^{34}ʂuən^{23}tsɿ^{0}
行为轻佻的人	轻身骨头 tɕʰin^{35} ʂən^{31}ku^{31}tʰəu^{0}	轻身骨头 tɕʰin^{42} ʂən^{42}ku^{42}tʰəu^{0}	轻身骨头 tɕʰin^{31} ʂən^{31}ku^{31}tʰou^{0}	轻身骨头 tɕʰin^{45} ʂən^{45}ku^{45}tʰəu^{0}	轻身骨头 tɕʰin^{34} ʂən^{34}ku^{34}tʰəu^{0}
见啥就想要	眼皮浅 ȵiã^{53}pʰi^{35}tɕʰiã^{53}	眼皮浅 ȵian^{55}pʰi^{32}tɕʰian^{55}	眼鼻子浅 ian^{55}pi^{42}tsɿ^{0}tɕʰian^{55}	眼鼻浅 ian^{55}pi^{42}tɕʰian^{55}	眼鼻浅 ian^{55}pi^{42}tɕʰian^{55}
见别人东西就眼气	眼气 ȵiã^{53}tɕʰi^{44}	见巴眼儿 tɕian^{23}pa^{0}iar^{55}	见巴眼儿 tɕian^{23}pa^{0}iar^{55}	见巴眼儿 tɕian^{23}pa^{0}iar^{53}	见巴眼儿 tɕian^{23}pa^{0}iar^{53}
用绳子挽成的提手	提提儿 tʰi^{35}tʰir^{0}	提提儿 tʰi^{42}tʰir^{0}	□□儿 kʰuan^{55}kʰuar^{0}	□□儿 kʰuan^{53}kʰuar^{0}	□□儿 kʰuan^{53}kʰuar^{0}
失去锋利成平头	杵头子 pfʰu^{53}tʰəu^{35}tsɿ^{0}	杵头子 pfʰu^{55}tʰəu^{32}tsɿ^{0}	杵头子 tʂʰuɥ^{55}tʰou^{42}tsɿ^{0}	杵头子 tʂʰɥ^{53}tʰəu^{42}tsɿ^{0}	杵头子 tʂʰu^{53}tʰəu^{21}tsɿ^{0}
之间未黏合上	离皮子 li^{44}pʰi^{35}tsɿ^{0}	离皮子 li^{23}pʰi^{32}tsɿ^{0}	离皮子 li^{22}pʰi^{42}tsɿ^{0}	离皮子 li^{23}pʰi^{42}tsɿ^{0}	离皮子 ȵi^{23}pʰi^{21}tsɿ^{0}
让人不能接受的难听话	不是话 pu^{31}ʂʅ^{44}xua^{44}	不是话 pu^{42}ʂʅ^{23}xua^{223}	不是话 pu^{31}ʂʅ^{23}xua^{22}	不是话 pu^{34}ʂʅ^{23}xua^{213}	不是话 pu^{34}ʂʅ^{23}xua^{213}
办法途径	路数 lu^{44}səu^{0}	路数 ləu^{23}səu^{0}	路数 lou^{22}sou^{0}	路数 ləu^{23}səu^{0}	路数 nəu^{23}səu^{0}
言行爱扭拧的人	扭筋子 ȵiəu^{53}tɕin^{31}tsɿ^{0}	扭筋子 ȵiəu^{55}tɕin^{42}tsɿ^{0}	扭筋子 ȵiou^{55}tɕin^{31}tsɿ^{0}	扭筋子 ȵiəu^{53}tɕin^{45}tsɿ^{0}	扭筋子 ȵiəu^{53}tɕin^{34}tsɿ^{0}
风景	景致 tɕiŋ^{53}tʂʅ^{0}	景致 tɕin^{55}tʂʅ^{0}	景致 tɕin^{55}tʂʅ^{0}	景致 tɕin^{53}tʂʅ^{0}	景致 tɕin^{53}tʂʅ^{0}
不知道记住批评	(没)耳性 (muo^{31})ər^{53}ɕin^{44}	(没)耳性 (muo^{42})ər^{55}ɕin^{223}	(没)耳性 (mo^{31})ər^{55}ɕin^{23}	(没)耳性 (mo^{42})ər^{53}ɕin^{213}	(没)耳性 (muo^{21})ər^{53}ɕin^{213}
软话	松尻子话 suŋ^{31} kəu^{31}tsɿ^{0}xua^{44}	松尻子话 suŋ^{42} kəu^{42}tsɿ^{0}xua^{223}	松尻子话 səŋ^{31} kou^{31}tsɿ^{0}xua^{22}	松尻子话 suŋ^{45} kəu^{45}tsɿ^{0}xua^{213}	松尻子话 suŋ^{34} kəu^{34}tsɿ^{0}xua^{213}

续表

二十七　副词、介词

方言点 / 词目	中原官话区	混合 1 区	江淮官话区	混合 3 区	西南官话区
	汉滨	县河	茅坪	石泉	紫阳
最	老 lau^{53} 你把它放到～上边	老 lau^{55}	老 lau^{55}	老 lau^{53}	老 nau^{53}
特别 1	顶 tin^{53} 这个价还过得去，不算～贵	顶 tin^{55}	顶 tin^{55}	顶 tin^{53}	顶 tin^{53}
特别 2	棒 paŋ^{31} 这馍～硬，我啃不动	棒 paŋ^{213}	棒 paŋ^{213}	棒 paŋ^{213}	棒 paŋ^{213}
死	死 sɿ^{53} 他～不吭声	死 sɿ^{55}	死 sɿ^{55}	死 sɿ^{53}	死 sɿ^{53}
太	稀 ɕi^{31} 那个人的手艺～孬	稀 ɕi^{42}	稀 ɕi^{31}	稀 ɕi^{45}	稀 ɕi^{34}
很 1	(好得)很 (xau^{53}ti^{0})xə̃^{53}	(好得)很 xau^{55}ti^{42}xən^{55}	(好得)很 xau^{55}ti^{31}xən^{55}	(好得)很 xau^{53}ti^{42}xən^{53}	(好得)很 xau^{53}ti^{21}xən^{53}
很 2	怪 kuæ^{44} 没想到这事情还～难做的	怪 kuai^{213}	怪 kuai^{213}	怪 kuai^{213}	怪 kuai^{213}
比较	还(美) xæ^{35}mei^{53}	还(美) xai^{32}mei^{53}	蛮(好) man^{42}xau^{55} 家庭条件还～好	蛮(好) man^{42}xau^{53}	蛮(好) man^{21}xau^{53}
有点儿	有点儿 iəu^{53}tiar^{0}	有点儿 iəu^{55}tiar^{0}	有点儿 iou^{55}tiar^{0}	有点儿 iou^{53}tiar^{0}	有点儿 iou^{53}tiar^{0}
稍微	稍微 ʂau^{31}uei^{35}	稍微 ʂau^{32}uei^{312}	些微 ɕiɛ^{31}uei^{31} 你～往我这边靠一点	些微 ɕie^{45}uei^{45}	些微 ɕie^{34}uei^{34}
险些	争一点点儿 tʂəŋ$^{31:0}$i^{0}tiã^{53}tiar^{0} 差点儿 tʂʰa^{31}tiar^{53}	争一点点儿 tʂən$^{42:0}$i^{0}tian^{55}tiar^{0} 差点儿 tʂʰa^{42}tiar^{55}	争一点点儿 tsən$^{31:0}$i^{0}tian^{55}tiar^{0} 差点儿 tʂʰa^{31}tiar^{55} 稀忽儿 ɕi^{31}xur^{23}	争一点点儿 tsən$^{45:0}$i^{0}tian^{53}tiar^{0} 差点儿 tʂʰa^{45}tiar^{53}	争一点点儿 tsən$^{34:0}$i^{0}tian^{53}tiar^{0} 差点儿 tʂʰa^{34}tiar^{53}

方言点 词目	中原官话区	混合 1 区	江淮官话区	混合 3 区	西南官话区
	汉滨	县河	茅坪	石泉	紫阳
一共	总共 tsuŋ^{53}kuŋ^{44} 共总 kuŋ^{44}tsuŋ^{53}	总共 tsuŋ^{55}kuŋ^{223} 一共 i^{42}kuŋ^{223} 一把连 i^{42}pa^{55}lian^{32}	总共 tsəŋ^{55}kəŋ^{23} 一共 i^{31}kəŋ^{213} 一把连 i^{31}pa^{55}lian^{42}	劳共 lau^{42}kuŋ^{213} 满共 man^{53}kuŋ^{213} 一把连 i^{34}pa^{53}lian^{42}	总共 tsuŋ^{53}kuŋ^{213} 满共 man^{53}kuŋ^{213} 一把连 i^{34}pa^{53}ȵian^{21}
全都	一下 i^{31}xa^{44} 这些我～都要了	一下 i^{42}xa^{223}	一下 i^{31}xa^{22}	一下 i^{45}xa^{213}	一下 i^{34}xa^{213}
整个都是	亘板 kə̃^{53}pã^{53}	亘板 kən^{55}pan^{55}	亘板 kən^{55}pan^{55}	亘板 kən^{53}pan^{53}	亘板 kən^{53}pan^{53}
尽	净净儿地 tɕin^{44} tɕir^{44}ti^{0} 他～吃菜，不吃饭	净净儿地 tɕin^{23}tɕir^{23}ti^{0}	光 kuaŋ^{31} 均 tʂʮən^{31}	光 kuaŋ^{45} 均 tʂʮən^{45}	光 kuaŋ^{34} 均 tɕyən^{34}
全部	扯满 tʂʰɤ^{53}mã^{53}	扯满 tʂʰɤ^{55}man^{55}	到处 tau^{23}tʂʰʮ^{55}	到处 tau^{23}tʂʰʮ^{53}	到处 tau^{23}tʂʰu^{53}
齐排排	齐抹子 tɕʰi^{35}mə^{44}tsɿ^{0}	齐抹子 tɕʰi^{32}mə^{23}tsɿ^{0}	齐抹子 tɕʰi^{42}mo^{22}tsɿ^{0}	齐抹子 tɕʰi^{42}mo^{23}tsɿ^{0}	齐抹子 tɕʰi^{21}muo^{23}tsɿ^{0}
最多	顶多 tin^{53}tuo^{31}	顶多 tin^{55}tuo^{42}	顶多 tin^{55}to^{31}	顶多 tin^{53}to^{45}	顶多 tin^{53}tuo^{34}
单独	单另 tã^{31}liŋ^{44} 饭我～给他做	单另 tan^{42}lin^{223}	单另 tan^{31}lin^{22}	单另 tan^{45}lin^{213}	单另 tan^{34}lin^{213}
刚才	才将 tsʰæ^{35}tɕiaŋ^{31} 将才 tɕiaŋ^{31}tsʰæ^{35}	才 tsʰai^{32} 将 tɕiaŋ^{42} 才将 tsʰai^{32}tɕiaŋ^{42}	才 tsʰai^{42} 将 tɕiaŋ^{31} 才将 tsʰai^{42}tɕiaŋ^{31}	才 tsʰai^{42} 将 tɕiaŋ^{45} 才将 tsʰai^{42}tɕiaŋ^{45}	才 tsʰai^{21} 先庚儿 ɕian^{34}kər^{0} 才将 tsʰai^{21}tɕiaŋ^{34}
刚刚	将将儿 tɕiaŋ^{31} tɕiaŋr^{35}	将将儿 tɕiaŋ^{42}tɕiaŋr^{42}	将将儿 tɕiaŋ^{31}tɕiaŋr^{31}	将将儿 tɕiaŋ^{45}tɕiaŋr^{45}	将将儿 tɕiaŋ^{34}tɕiaŋr^{34}
才	才 tsʰæ^{35}	才 tsʰai^{32}	才 tsʰai^{42}	将严 tɕiaŋ^{45}ian^{53}	将严 tɕiaŋ^{34}ian^{53}
马上	马上 ma^{53}ʂaŋ^{44}	马上 ma^{55}ʂaŋ^{23}	马上 ma^{55}ʂaŋ^{22}	马上 ma^{53}ʂaŋ^{23}	马上 ma^{53}ʂaŋ^{23}

续表

方言点 词目	中原官话区	混合 1 区	江淮官话区	混合 3 区	西南官话区
	汉滨	县河	茅坪	石泉	紫阳
眼看	看到 kʰã^{23}tau^{55} 天～要黑了	看到 kʰan^{23}tau^{55}	看到 kʰan^{23}tau^{55}	看到 kʰan^{23}tau^{53}	看到 kʰan^{23}tau^{53}
接着	跟到前脚走，后脚～ 就来了 kə̃^{31}tau^{44}	跟到 kən^{42}tau^{223}	跟到 kən^{31}tau^{23}	跟到 kən^{45}tau^{23}	跟到 kən^{34}tau^{23}
眼看	眼睁睁儿的 ȵiã^{53} tʂəŋ^{31}tʂər^{35}ti^{0}	眼睁着 ȵian^{55}tʂəŋ^{42}tʂɤ^{0}	眼睁到 ian^{55}tsən^{31}tau^{0}	眼睁到 ian^{53}tsən^{45}tau^{0}	眼睁到 ian^{53}tsən^{34}tau^{0}
突然	突然 tʰu^{31}zã^{33} 猛然 muŋ^{53}zã^{35}	猛然 muŋ^{55}zan^{32}	猛然 məŋ^{55}zan^{42}	猛股子 muŋ^{53}ku^{53}tsɿ^{0}	猛股子 muŋ^{53}ku^{53}tsɿ^{0}
猛一	打猛 ta^{53}muŋ^{53} ～一看真的认不出来	打猛 ta^{55}muŋ^{55}	打猛 ta^{55}məŋ^{55}	打猛 ta^{53}muŋ^{53}	打猛 ta^{53}muŋ^{53}
趁早儿	趁早儿 tʂʰə̃^{44}tsaur^{53}	趁早 tʂʰən^{23}tsau^{55}	趁早 tʂʰən^{23}tsau^{55}	趁早 tʂʰən^{23}tsau^{53}	趁早 tʂʰən^{23}tsau^{53}
早晚	迟早 tʂʰʅ^{35}tsau^{53}	迟早 tʂʰʅ^{32}tsau^{55}	迟早 tʂʰʅ^{42}tsau^{55}	迟早 tʂʰʅ^{42}tsau^{53}	迟早 tʂʰʅ^{21}tsau^{53}
赶紧	赶忙 kã^{53}maŋ^{35}	赶忙 kan^{55}maŋ^{32} 连忙 lian^{32}maŋ^{32}	赶忙 kan^{55}maŋ^{42} 连忙 lian^{42}maŋ^{42}	赶忙 kan^{53}maŋ^{42} 连忙 lian^{42}maŋ^{42}	赶忙 kan^{53}maŋ^{21} 连忙 ȵian^{21}maŋ^{21}
就近	就近 tɕiəu^{44}tɕin^{44}	就近 tɕiəu^{23}tɕin^{223}	就近 tɕiou^{23}tɕin^{22}	就近 tɕiəu^{23}tɕin^{213}	就近 tɕiəu^{23}tɕin^{213}
最先， 一开始	第古儿 ti^{44}kur^{53} 谁说的？这凳子～就放在这儿的	第古儿 ti^{23}kur^{23}	第了儿 ti^{22}liaur^{55}	先子 tɕian^{45}tsɿ^{53} 驾先 tɕia^{23}ɕian^{45}	起先 tɕʰi^{53}tɕian^{34} 起头 tɕʰi^{53}tʰou^{21}
老不见	既门儿 tɕi^{31}mər^{35} 老 lau^{53} 车～不来，急死人了	既门儿 tɕi^{23}mər^{32} 老 lau^{55}	既门儿 tɕi^{23}mər^{42} 老 lau^{55}	既门 tɕi^{23}mən^{42} 老 lau^{53}	既门 tɕi^{23}mən^{21} 老 nau^{53}
长时间地	侭到 tɕin^{53}tau^{0} 一点事情，咋～做？	侭到 tɕin^{55}tau^{0}	侭到 tɕin^{55}taur^{0}	侭到 tɕin^{53}taur^{0}	侭到 tɕin^{53}taur^{0}

续表

方言点 / 词目	中原官话区	混合 1 区	江淮官话区	混合 3 区	西南官话区
	汉滨	县河	茅坪	石泉	紫阳
时常	经常 tɕin^{31}tʂʰaŋ^{35}	经常 tɕin^{42}tʂʰaŋ^{312}	古今儿 ku^{55}tɕir^{31}	蛮 man^{42}	蛮 man^{21}
天天	见天 tɕiã^{44}tʰiã^{31} 他～到那儿去	见天 tɕian^{23}tʰian^{42}	见天 tɕian^{23}tʰian^{31}	见天 tɕian^{23}tʰian^{45}	见天 tɕian^{23}tʰian^{34}
不停地 不间断地	麻溜 ma^{35}liəu^{53} 不住气儿的 pu^{31}tʂu^{44}tɕʰir^{44}ti^{0}	流式 liəu^{32}ʂʅ^{0}	流式 liou^{42}ʂʅ^{0}	流式 liəu^{42}ʂʅ^{0}	流式 ȵiəu^{21}ʂʅ^{0}
从开始 到现在	一路来 i^{31}lu^{44} læ^{35} 你别怪，他～就是那个样子	一路来 i^{42}ləu^{23}lai^{32}	一路来 i^{31}lou^{22}lai^{42}	一路来 i^{45}ləu^{23}lai^{42}	一路来 i^{34}nəu^{23}nai^{21}
赶不及	来不赢 læ^{35}pu^{0}in^{35}	来不及 lai^{32}pu^{0}tɕi^{32}	搞不赢 kau^{55} pu^{0}in^{42} 来不及 lai^{42}pu^{0}tɕi^{42}	搞不赢 kau^{53} pu^{0}in^{42} 来不及 lai^{42}pu^{0}tɕi^{42}	搞不赢 kau^{53} pu^{0}in^{21} 来不及 nai^{21}pu^{0}tɕi^{21}
一鼓作 气地	一顿 i^{31}tuə̃^{44}	一顿伙子 i^{42}tən^{23} xuo^{55}tsʅ^{0} 一努劲 i^{42}ləu^{55}tɕin^{42}	一顿伙子 i^{31}tən^{23} xo^{55}tsʅ^{0} 一努起 i^{31}lou^{55}tɕʰi^{0}	一努起 i^{45}ləu^{53}tɕʰi^{0}	一努起 i^{34}nəu^{53}tɕʰi^{0}
正好 刚刚好	严乎儿 ȵiaŋ^{35} xur^{44} 严乍合瓦 ȵiã^{35}tʂa^{31}xɤ^{35}ua^{53} 将将儿 tɕiaŋ^{31}tɕiaŋr^{35}	严乎儿 ȵiaŋ^{32}xur^{23} 将好 tɕiaŋ^{42}xau^{55} 正好 tʂən^{23}xau^{55}	正好 tʂən^{23}xau^{55} 黯将黯 ŋan^{42}tɕiaŋ^{31}ŋan^{42}	将黯 tɕiaŋ^{42}ŋan^{45}	将黯 tɕiaŋ^{21}ŋan^{34}
前面	头起 tʰəu^{35}tɕʰi^{0} 头里 tʰəu^{35}li^{0}	头起 tʰəu^{32}tɕʰi^{0} 头里 tʰəu^{32}li^{0}	先 ɕian^{31}	先 ɕian^{45}	先 ɕian^{34}
刚巧	将好～碰到他 tɕiaŋ^{35}xau^{53}	将好 tɕiaŋ^{42}xau^{55} 正巧 tʂən^{23}tɕʰiau^{55}	将好 tɕiaŋ^{31}xau^{55} 正巧 tʂən^{23}tɕʰiau^{55}	将好 tɕiaŋ^{45}xau^{53}	将好 tɕiaŋ^{34}xau^{53}
大概	大概 ta^{44}kæ^{44}	大概 ta^{23}kai^{223}	马普儿 ma^{55}pʰur^{55}	差不多 tʂʰa^{45}pu^{45}to^{45}	差不离 tʂʰa^{34}pu^{34}pu^{213}
差不多	差不多 tʂʰa^{31}pu^{0} tuo^{31} 帮尖儿 paŋ^{35}tɕar^{31}	帮尖儿 paŋ^{42}tɕar^{42}	帮尖儿 paŋ^{31}tɕar^{31}	帮尖儿 paŋ^{45}tɕar^{45}	帮尖儿 paŋ^{34}tɕar^{34}

续表

方言点 / 词目	中原官话区	混合 1 区	江淮官话区	混合 3 区	西南官话区
	汉滨	县河	茅坪	石泉	紫阳
严格按数和量	掐尺等寸 tɕʰia^{31} tʂʰʅ^{31}təŋ^{53}tsʰuə̃^{44}	掐尺等寸 tɕʰia^{42} tʂʰʅ^{42}tən^{55}tsʰən^{23}	掐尺等寸 tɕʰia^{31} tʂʰʅ^{31}tən^{55}tsʰən^{213}	掐尺等寸 tɕʰia^{45} tʂʰʅ^{45}tən^{53}tsʰən^{213}	掐尺等寸 tɕʰia^{34} tʂʰʅ^{34}tən^{53}tsʰən^{213}
美美地	美美实实 mei^{53}mei^{53}ʂʅ^{35}ʂʅ^{35}	美美实实 mei^{55}mei^{55}ʂʅ^{32}ʂʅ^{32}	美美实实 mei^{55}mei^{55}ʂʅ^{42}ʂʅ^{42}	美美实实 mei^{53}mei^{53}ʂʅ^{42}ʂʅ^{42}	美美实实 mei^{53}mei^{53}ʂʅ^{21}ʂʅ^{21}
轻轻地小心地	款款儿地 kʰuã^{53}kʰuar^{53}ti^{0}	款款儿地 kʰuan^{55}kʰuar^{55}ti^{0}	款款儿地 kʰuan^{55}kʰuar^{55}ti^{0}	款款儿地 kʰuan^{53}kʰuar^{53}ti^{0}	款款儿地 kʰuan^{53}kʰuar^{53}ti^{0}
乖乖儿地	乖乖儿地 kuæ^{31}kur^{35}ti^{0}	乖乖儿地 kuai^{42}kuar^{42}ti^{0}	乖乖儿地 kuai^{31}kuar^{31}ti^{0}	乖乖儿地 kuai^{45}kuar^{45}ti^{0}	乖乖儿地 kuai^{34}kuar^{34}ti^{0}
搭上	搭到 ta^{31}tau^{0}	搭到 ta^{42}tau^{0}	搭到 ta^{31}tau^{0}	搭到 ta^{42}tau^{0}	搭到 ta^{21}tau^{0}
好好地	好生地 xau^{53}ʂəŋ^{31}ti^{0}	好生地 xau^{55}sən^{42}ti^{0}	好生地 xau^{55}sən^{31}ti^{0}	好生地 xau^{53}sən^{45}ti^{0}	好生地 xau^{53}sən^{34}ti^{0}
贸然胡乱	冒 mau^{44}	冒 mau^{213}	冒 mau^{213}	冒 mau^{213}	冒 mau^{213}
轻易	轻易 tɕʰin^{31}i^{44}	轻易 tɕʰin^{42}i^{23}	轻易 tɕʰin^{31}i^{213}	轻易 tɕʰin^{45}i^{213}	轻易 tɕʰin^{34}i^{213}
非…不	非…才 fei^{31}…tsæ^{35}	非…不 fei^{42}…pu^{42}	非…不 fei^{31}…pu^{31}	非…不 fei^{45}…pu^{45}	非…不 fei^{34}…pu^{34}
幸亏	多亏 tuo^{35}kʰuei^{31} 亏赖 kʰuei^{31}læ^{44} 得亏 tɤ^{35}kʰuei^{0}	多亏 tuo^{42}kʰuei^{43}	得亏 tɛ^{31}kʰuei^{31}	喜得 ɕi^{53}te^{0}	喜得 ɕi^{53}te^{0}
真是	硬是 ŋ̩iŋ^{44}ʂʅ^{44}	硬是 ŋ̩iŋ^{23}ʂʅ^{23}	硬是 ŋən^{22}ʂʅ^{22}	硬是 ŋən^{23}ʂʅ^{23}	硬是 ŋən^{23}ʂʅ^{23}
实在地	真真儿是个 tʂə̃tʂə̃r^{53}ʂʅ^{44}kɤ^{0} ～是个犟牛求	真真儿是个 tʂən^{42}tʂər^{23}ʂʅ^{23}kɤ^{0}	真是个 tʂən^{31}ʂʅ^{22}ko^{0}	真是个 tʂən^{45}ʂʅ^{23}ko^{0}	真是个 tʂən^{34}ʂʅ^{23}kuo^{0}

续表

方言点 词目	中原官话区	混合 1 区	江淮官话区	混合 3 区	西南官话区
	汉滨	县河	茅坪	石泉	紫阳
真的	真个的 tʂə̃^{31}kɤ^{35}ti^{0}	真个的 tʂə̃^{42}kɤ^{23}ti^{0}	当真的 taŋ^{23} tʂən^{31}ti^{0} 老门儿 的 lau^{55}mər^{42}ti^{0}	当真的 taŋ^{23} tʂən^{45}ti^{0} 老实 的 lau^{53}ʂʅ^{42}ti^{0}	当真的 taŋ^{23} tʂən^{34}ti^{0} 老实 的 lau^{53}ʂʅ^{21}ti^{0}
千万要这样	可是 kʰɤ^{31}ʂʅ^{44} 事关前途，你～要好好学习	可是 kʰɤ^{42}ʂʅ^{23}	可是 kʰo^{31}ʂʅ^{22}	可是 kʰo^{45}ʂʅ^{213}	可是 kʰuo^{34}ʂʅ^{213}
当面	当面儿 taŋ^{31}miar^{44}	当面 taŋ^{42}mian^{223}	当面 taŋ^{31}mian^{22}	当面 taŋ^{45}mian^{213}	当面 taŋ^{34}mian^{213}
背地	背地 pei^{44}ti^{44} 背后 pei^{44}xəu^{44} 暗里 ŋã^{44}li^{0}	背地 pei^{23}ti^{223} 背后 pei^{23}xəu^{223} 暗里 ŋan^{23}li^{0}	背后 pei^{23}xou^{22} 暗里 ŋan^{23}li^{0}	背后 pei^{23}xəu^{213} 暗里 ŋan^{23}li^{0}	背后 pei^{23}xəu^{213} 阴倒 in^{34}tau^{0}
一块儿	一路 i^{31}ləu^{44} 一块儿 i^{35}kʰuar^{53}	一路 i^{42}ləu^{223} 一块儿 i^{42}kʰuar^{55}	一路 i^{31}lou^{22} 一块儿 i^{31}kʰuar^{55}	一路 i^{45}ləu^{213} 一块儿 i^{45}kʰuar^{53}	一路 i^{34}nəu^{213} 一块儿 i^{33}kʰuar^{53}
顺便儿	顺便 fə̃^{23}piã^{23} 捎带 ʂau^{31}tæ^{44} 就便 tɕiəu^{44}piã^{44}	顺便 fən^{23}pian^{223} 捎带 ʂau^{42}tai^{223} 就便 tɕiəu^{23}pian^{223}	顺便 ʂɥən^{22} pian^{22} 就便 tɕiou^{23}pian^{22}	顺便 ʂɥən^{23} pian^{213} 就便 tɕiəu^{23}pian^{213}	顺便 ʂuən^{23} pian^{213} 就便 tɕiəu^{23}pian^{213}
就手	一便手 i^{31}piã^{44}ʂəu^{53}	一便手 i^{42}pian^{23}ʂəu^{55}	一便手 i^{31}pian^{22}ʂou^{55}	一便手 i^{45}pian^{23}ʂəu^{53}	一便手 i^{34}pian^{23}ʂəu^{53}
故意	端议家 tuã^{31}ɳi^{44}tɕia^{31} 故意 kur^{44}i^{44}	故意 kur^{23}i^{223} 得故儿 tie^{42}kur^{223}	得故儿 tiɛ^{31}kur^{213} 故意 ku^{23}i^{213}	故意 ku^{23}i^{213} 专门 tʂuan^{45}mənk^{42}	故意 ku^{23}i^{213} 刁自 tiau^{34}tsɿ^{53}
到底	到底 tau^{44}ti^{53} 究竟 tɕiəu^{31}tɕin^{44}	到底 tau^{23}ti^{55}	到底 tau^{213}ti^{55}	到底 tau^{23}ti^{53}	到底 tau^{23}ti^{53}
压根儿	根本 kə̃^{31}pə̃^{53} 压根儿 ia^{44}kər^{31} 本来 pə̃^{53}læ^{35}	压根儿 ia^{23}kər^{42} 本来 pən^{55}lai^{312}	压根儿 ia^{22}kər^{31} 本来 pən^{55}lai^{42}	压根儿 ia^{23}kər^{45} 本来 pən^{53}lai^{42}	压根儿 ia^{23}kər^{34} 本来 pən^{53}lai^{21}
实在	真个 tʂə̃^{31}kɤ^{44} 实在 ʂʅ^{35}tsæ^{44}	实在 ʂʅ^{32}tsai^{223}	实在 ʂʅ^{42}tsai^{22}	实在 ʂʅ^{42}tsai^{213}	实在 ʂʅ^{21}tsai^{213}

续表

方言点 词目	中原官话区	混合 1 区	江淮官话区	混合 3 区	西南官话区
	汉滨	县河	茅坪	石泉	紫阳
白白地	白 pe^{35} ~忙活一趟	白 pe^{32}	白 pɛ^{42}	白 pe^{42}	白 pe^{21}
偏	偏（偏儿） pʰiã^{31}	偏 pʰian^{42}	偏 pʰian^{31}	偏 pʰian^{45}	偏 pʰian^{34}
胡	胡 xu^{35}	胡 xu^{32}	胡 xu^{42}	胡 xu^{42}	胡 xu^{21}
越发	越是 ye^{31}ʂʅ^{44}	越是 ye^{42}ʂʅ^{223}	越是 ɥɛ^{31}ʂʅ^{22}	更劲 kən^{23}tɕin^{45} 更见 kən^{23}tɕian^{45}	更劲 kən^{23}tɕin^{34} 更见 kən^{23}tɕian^{34}
平白无故	无情白故 u^{31}tɕʰin^{35}pei^{35}ku^{44}	无字白眼 u^{42}tsɿ^{23}pe^{32}ȵian^{55}	无情白故 u^{31}tɕʰin^{42}pɛ^{42}ku^{23}	无情白故 u^{42}tɕʰin^{42}pe^{42}ku^{213}	无情无故 u^{21}tɕʰin^{21}u^{21}ku^{213}
不时地	要不要 iau^{44}pu^{31} iau^{44} 他~给你哼两句二黄	要不要 iau^{23}pu^{42}iau^{23}	要不要 iau^{23}pu^{31}iau^{23}	要不要 iau^{23}pu^{45}iau^{213}	要不要 iau^{23}pu^{34}iau^{213}
一会儿以后	慢儿 mar^{44}	慢儿 mar^{223}	慢儿下儿 mar^{22}xar^{0}	慢儿下儿 mar^{23}xar^{0}	慢儿下儿 mar^{23}xar^{0}
一直是	老是 lau^{53}ʂʅ^{44} 你不能~整我的经	老是 lau^{55}ʂʅ^{23}	老是 lau^{55}ʂʅ^{22}	老是 lau^{53}ʂʅ^{23}	老是 nau^{53}ʂʅ^{23}
一定的	呆的 ŋæ^{35}ti^{0}	呆的 ŋai^{32}ti^{0}	呆的 ŋai^{42}ti^{0}	呆的 ŋai^{42}ti^{0}	呆的 ŋai^{21}ti^{0}
不要	覅 pau^{35}	不要 pu^{42}iau^{223} 莫 mə^{42}	不要 pu^{31}iau^{213} 莫 mo^{31}	不要 pu^{45}iau^{213} 莫 mo^{42}	不要 pu^{34}iau^{213} 莫 muo^{21}
没有	没有 mə^{35}iəu^{53}	没有 mə^{42}iəu^{55}	冇 mau^{22} 没有 mo^{31}iəu^{55}	没有 mo^{45}iəu^{53}	没有 muo^{34}iəu^{53}
不多	不多 pu^{31}tuo^{31} 我~到他家去	不多于 pu^{42}tuo^{42} y^{32} 不大多于 pu^{42}ta^{23}tuo^{42}y^{32}	不多于 pu^{31}to^{31} ɥ^{42} 不大多于 pu^{31}ta^{22}to^{31}ɥ^{31}	不多于 pu^{42}to^{45} ɥ^{42} 不大多于 pu^{42}ta^{23}to^{45}ɥ^{42}	不多于 pu^{21}tuo^{34} y^{21} 不大多于 pu^{21}ta^{23}tuo^{34}y^{21}

续表

方言点 词目	中原官话区	混合 1 区	江淮官话区	混合 3 区	西南官话区
	汉滨	县河	茅坪	石泉	紫阳
不止	不了 pu^{31}lau^{53} 这一袋～50 斤	不了 pu^{42}lau^{55}	不了 pu^{31}lau^{55}	不了 pu^{45}lau^{53}	不了 pu^{34}lau^{53}
不用	不消 pu^{31}ɕiau^{31} 今天没事，你～来的	不消 pu^{42}ɕiau^{42}	不消 pu^{31}ɕiau^{31}	不消 pu^{45}ɕiau^{45}	不消 pu^{34}ɕiau^{34}
果然	果然 kuo^{53}zã^{35} 果不其然 kuo^{53} pu^{31}tɕʰi^{31}zã^{35}	果然 kuo^{55}zan^{32} 果不其然 kuo^{55} pu^{42}tɕʰi^{42}zan^{32}	果然 ko^{55}zan^{42} 果不其然 ko^{55} pu^{31}tɕʰi^{31}zan^{42}	果然 ko^{53}zan^{42} 果不其然 ko^{53} pu^{45}tɕʰi^{45}zan^{42}	果然 kuo^{53}zan^{21} 果不其然 kuo^{53} pu^{34}tɕʰi^{34}zan^{21}
怕	怕是的 pʰa^{44}ʂɿ^{44}ti^{0}	怕是的 pʰa^{23}ʂɿ^{23}ti^{0}	(恐)怕 (kʰoŋ^{55})pʰa^{213}	未算 uei^{23}san^{23}	未算 uei^{23}san^{213}
也许 恐怕	也许 iɛ^{53}ɕy^{53}	也许 iɛ^{55}ɕy^{55}	莫腔手 mo^{31} tɕʰiaŋ^{31}ʂou^{55}	莫腔手 mo^{42} tɕʰiaŋ^{45}ʂəu^{53}	莫腔手 muo^{21} tɕʰiaŋ^{34}ʂəu^{53}
恐怕	恐怕 kʰuŋ^{53}pʰa^{44}	恐怕 kʰuŋ^{55}pʰa^{223}	恐怕 kʰəŋ^{55}pʰa^{213}	恐怕 kʰuŋ^{53}pʰa^{213}	恐怕 kʰuŋ^{53}pʰa^{213}
再不然	再不然 tsæ^{44}pu^{31}zã^{35}	再不然 tsai^{23}pu^{42}zan^{32}	再不然 tsai^{23}pu^{31}ɥan^{42}	再不然 tsai^{23}pu^{42}ɥan^{42}	再不然 tsai^{23}pu^{0}zan^{21}
倒好	可倒好 kʰɤ^{53}tau^{44}xau^{53}	可倒好 kʰɤ^{55}tau^{23}xau^{55}	可倒好 kʰo^{55}tau^{23}xau^{55}	可倒好 kʰo^{53}tau^{23}xau^{53}	可倒好 kʰuo^{53}tau^{23}xau^{53}
已经就 这样	左已 tsuo^{53}i^{53}	左已 tsuo^{55}i^{55}	左已 tso^{55}i^{55}	左已 tso^{53}i^{53}	左已 tsuo^{53}i^{53}
反倒	反倒 fã^{53}tau^{53}	反倒 fan^{55}tau^{55}	反倒 fan^{55}ta55	反倒 fan^{53}tau^{53}	反倒 fan^{53}tau^{53}
慢说	慢说 mã^{44}fɤ^{31}	慢说 man^{23}fɤ^{42}	慢说 man^{22}ʂo^{31}	慢说 man^{23}ʂo^{45}	慢说 man^{23}ʂuo^{34}
说不上	说不倒 fɤ^{31}pu^{0}tau^{53}	说不倒 fɤ^{42}pu^{0}tau^{55}	说不倒 ʂo^{31}pu^{0}tau^{55}	说不倒 ʂo^{45}pu^{0}tau^{53}	说不倒 ʂuo^{34}pu^{0}tau^{53}

续表

方言点 词目	中原官话区	混合 1 区	江淮官话区	混合 3 区	西南官话区
	汉滨	县河	茅坪	石泉	紫阳
也许	兴许 ɕiŋ^{31}ɕy^{53}	兴许 ɕin^{42}ɕy^{55}	兴许 ɕin^{31}ʂʮ^{55}	兴许 ɕin^{45}ʂʮ^{53}	兴许 ɕin^{34}ɕy^{53}
要不是	要不是 iau^{44}pu^{31}ʂʅ^{44}	要不是 iau^{23}pu^{42}ʂʅ^{223}	要不是 iau^{23}pu^{31}ʂʅ^{22}	要不是 iau^{23}pu^{45}ʂʅ^{23}	要不是 iau^{23}pu^{34}ʂʅ^{23}
莫非	莫非 mə^{35}fei^{31}	莫非 mə^{42}fei^{42}	莫非 mo^{31}fei^{31}	莫非 mo^{42}fei^{45}	敢莫 kã^{53}muo^{0}
莫非是	莫不是 mə^{31}pu^{31} ʂʅ^{44} 该不是 kai^{31}pu^{31}ʂʅ^{44}	莫不是 mə^{42} pu^{42}ʂʅ^{23} 该不是 kai^{42}pu^{42}ʂʅ^{23}	莫不是 mo^{31}pu^{31} ʂʅ^{22} 该不是 kai^{31}pu^{31}ʂʅ^{22}	莫不是 mo^{45}pu^{45} ʂʅ^{23} 该不是 kai^{45}pu^{45}ʂʅ^{23}	莫不是 muo^{34}pu^{34} ʂʅ^{23} 该不是 kai^{34}pu^{34}ʂʅ^{23}
反正	长短 tʂʰaŋ^{35}tã^{53} 高低 kau^{35}ti^{31} 死活 sɿ^{53}xuo^{35} 横直 xuə̃^{35}tʂʅ^{35} 斜顺 ɕie^{35}fə̃^{44}	长短 tʂʰaŋ^{32}tan^{55} 高低 kau^{42}ti^{42} 死活 sɿ^{55}xuo^{32} 横直 xuən^{32}tʂʅ^{32} 反顺 fan^{55}fən^{223}	长短 tʂʰaŋ^{42}tan^{55} 高低 kau^{31}ti^{31} 死活 sɿ^{55}xo^{42} 横直 xuən^{42}tʂʅ^{42} 反顺 fan^{55}tʂʮən^{213}	长短 tʂʰaŋ^{42}tan^{53} 高低 kau^{45}ti^{45} 死活 sɿ^{53}xo^{42} 横直 xuən^{42}tʂʅ^{42} 反顺 fan^{53}tʂʮən^{213}	长短 tʂʰaŋ^{21}tan^{53} 高低 kau^{34}ti^{34} 死活 sɿ^{53}xuo^{21} 横直 xuən^{21}tʂʅ^{21} 反顺 fan^{53}tʂuən^{213}
被	着 pfə^{31} 叫 tɕiau^{44} 让 ʐaŋ^{44}	叫 tɕiau^{223} 让 ʐaŋ^{223}	叫 tɕiau^{213} 让 ʐaŋ^{22}	叫 tɕiau^{213} 让 ʐaŋ^{213}	叫 tɕiau^{213} 让 ʐaŋ^{213}
把	把 pa^{53}	把 pa^{55}	把 pa^{55}	把 pa^{53}	把 pa^{53}
对	对 tuei^{44}	对 tei^{223}	对 tei^{213}	对 tei^{213}	对 tei^{213}
对着	对着 tuei^{44}tʂɤ^{0} 朝着 tʂʰau^{35}tʂɤ^{0}	对着 tei^{23}tʂuo^{0}	对着 tei^{23}tʂo^{0}	对着 tei^{23}tʂo^{0}	对着 tei^{23}tʂuo^{0}
到^{1}	到～西安去 tau^{44} 望～回走 uaŋ^{44}	到 tau^{223} 望 uaŋ^{23}	到 tau^{213} 望 uaŋ^{213}	到 tau^{213} 望 uaŋ^{213}	到 tau^{213} 望 uaŋ^{213}
到^{2}	到～明天再说 tau^{44}	到 tau^{223}	到 tau^{213}	到 tau^{213}	到 tau^{213}

续表

方言点 / 词目	中原官话区	混合 1 区	江淮官话区	混合 3 区	西南官话区
	汉滨	县河	茅坪	石泉	紫阳
在	在 tsæ^{44} ～床上睡	在 tsai^{223}	在 tsai^{22}	在 tsai^{213}	在 tsai^{213}
从	从 tsʰuŋ^{35} ～今天起	从 tsʰuŋ^{32}	从 tsʰəŋ^{42}	从 tsʰuŋ^{42}	从 tsʰuŋ^{21}
自（小）	自(小儿) tsɿ^{44}(ɕiaur^{53}) 他～小就有这病	自（小儿） tsɿ^{23} (ɕiaur^{55})	自（小儿） tsɿ^{22} (ɕiaur^{55})	从（小） tsʰuŋ^{42} (ɕiau^{53})	从（小） tsʰuŋ^{21} (ɕiau^{53})
指望	指望 tʂʅ^{53}uaŋ^{44}	指望 tʂʅ^{55}uaŋ^{223}	指望 tʂʅ^{55}uaŋ^{22}	指望 tʂʅ^{53}uaŋ^{213}	指望 tʂʅ^{53}uaŋ^{213}
望 （外、出、里）	望 uaŋ^{44} 胳膊～外拐	望 uaŋ^{23}	望 uaŋ^{22}	望 uaŋ^{23}	望 uaŋ^{23}
朝（出、里）	朝 tʂʰau^{35} 烟子～外飘	朝 tʂʰau^{32}	朝 tʂʰau^{42}	朝 tʂʰau^{42}	朝 tʂʰau^{21}
照、朝、按照	照 tʂau^{44} 棍子～他腿上打	照 tʂau^{23}	照 tʂau^{23}	照 tʂau^{23}	照 tʂau^{23}
瞅	瞅 tʂʰəu^{53} 我～他不注意拔腿就跑	瞅 tʂʰəu^{55}	瞅 tʂʰou^{55}	瞅 tʂʰəu^{53}	瞅 tʂʰəu^{53}
按照	按照 ŋã^{44}tʂau^{44} ～这样的速度	依 i^{42}	依 i^{31}	依 i^{45}	依 i^{34}
自从	自从 tsɿ^{44}tsʰuŋ^{35} ～他吃亏过后	自从 tsɿ^{23}tsʰuŋ^{32} 自打 tsɿ^{23}ta^{55}	自从 tsɿ^{22}tsʰəŋ^{42} 自打 tsɿ^{22}ta^{55}	自从 tsɿ^{23}tsʰuŋ^{42} 自打 tsɿ^{23}ta^{53}	自从 tsɿ^{23}tsʰuŋ^{21} 自打 tsɿ^{23}ta^{53}
顺着	顺着 fə̃^{44}tʂɤ^{0} ～这条路直走	顺着 fən^{23}tʂɤ^{0}	顺着 ʂɥən^{22}tʂo^{0}	顺着 ʂɥən^{23}tʂo^{0}	顺着 ʂuən^{23}tʂuo^{0}
替	替 tʰi^{44} 你～我说	替 tʰi^{223}	替 tʰi^{213}	替 tʰi^{213}	替 tʰi^{213}
给	给 kei^{53} ～谁说话?	给 ke^{55}	给 kɛ^{55}	给 ke^{53}	给 ke^{53}

续表

方言点/词目	中原官话区	混合1区	江淮官话区	混合3区	西南官话区
	汉滨	县河	茅坪	石泉	紫阳
和	和 xuo^{35} 他～我不一样 跟 kə̃^{31}	和 xuo^{312} 跟 kən^{42}	和 xo^{42} 跟 kən^{31}	和 xo^{42} 跟 kən^{45}	和 xuo^{21} 跟 kən^{34}
向	向 ɕiaŋ^{44} ～他看齐	向 ɕiaŋ^{223}	向 ɕiaŋ^{213}	向 ɕiaŋ^{213}	向 ɕiaŋ^{213}
问	问 uə̃^{44} 你～我有没有？	问 uən^{223}	问 uən^{22}	问 uən^{213}	问 uən^{213}
赶	赶 kã^{53} 从，～明早起天天锻炼	赶 kaŋ^{55}	赶 kaŋ^{55}	赶 kaŋ^{53}	赶 kaŋ^{53}
用	用 yŋ^{44} ～他的话说	用 yŋ^{223}	用 iəŋ^{22}	用 iuŋ^{213}	用 yŋ^{213}
使	使 ʂʅ^{53} 他～大刀砍	用 yŋ^{223}	用 iəŋ^{22}	用 iuŋ^{213}	用 yŋ^{213}
着	着 pfɤ^{31} 腿～狗咬了	着 pfɤ^{42}	着 tʂo^{31}	着 tʂo^{45}	着 tʂuo^{34}
等	等 təŋ^{55} 这事～他知道早已成事实了	等 tən^{55}	等 tən^{55}	等 tən^{53}	等 tən^{53}
投	投 tʰəu^{35} ～他来，人家早走了	投 tʰəu^{32}	投 tʰou^{42}	投 tʰəu^{42}	投 tʰəu^{21}
拿	拿 na^{35} 我～你没办法	拿 la^{32}	拿 la^{42}	拿 la^{42}	拿 na^{21}
拿…当	拿…当 na^{35}…taŋ^{44} 拿他当枪使	拿…当 la^{32}…taŋ^{223}	拿…当 la^{42}…taŋ^{213}	拿…当 la^{42}…taŋ^{213}	拿…当 na^{21}…taŋ^{213}
拿给	拿 na^{35} 拿给我看一下	拿 la^{32}	拿 la^{42}	拿 la^{42}	拿 na^{21}

续表

方言点 / 词目	中原官话区	混合1区	江淮官话区	混合3区	西南官话区
	汉滨	县河	茅坪	石泉	紫阳
连	连 liã35 ~我的面子都不给	连 lian32	连 lian42	连 lian42	连 n̡ian21
带	带 taæ44 你~他一起来	带 tai23	带 tai23	带 tai23	带 tai23
教	教 tɕiau44 ~我看，你不能去	教 tɕiau23	教 tɕiau23	教 tɕiau23	教 tɕiau23
驾	用 yŋ44 不用筷子，~手抓	用 iuŋ23	驾 ka23	驾 ka23	驾 tɕia23
耨	耨 ləu31 我~尻子就是一脚	耨 ləu42	耨 lou31	耨 ləu45	耨 nəu34

后 记

本课题为国家社会科学基金项目——“陕南方言的历史层次研究”，2010年立项，2014年底结项。值得庆幸的是，它是安康学院历史上所获得的第一个国家社科项目。最终成果原为一部《陕南方言的历史层次研究论集》，后为全面系统地揭示该区域的方言接触层次，在完成《论集》的同时才又增加了这部方言专著——《安康方言接触层次研究》。

现在虽说项目已结，书稿已成，但却让我尝够了无尽的艰辛。最让人难以言状的是安康方言的复杂，其程度远远超出了我们最初的预计，为弄清它的分布状况和表现特征，我密集设点，按计划跑完了全市各县大部分乡镇以及与安康交界的汉中、商洛、湖北的竹溪和竹山、四川的万源和达县。旅途的劳顿、记音的劳累姑且不说，单凭一个寻找合乎要求的发音人都让人颇费周折。乡镇没有公交车，为获取山内第一手真实的语言资料，常常是不避危险坐在雇佣来的摩托车后面穿梭于深山村镇之间。

安康方言的复杂，也表现在不同方言之间如丝如扣的关系上，如何从这极其复杂的关系中准确地揭示出它的接触规律，不知经历了多少次肯定——否定——再肯定反反复复的探寻过程，为了这，文内章节常常是写了被推翻，推翻了又再写，有的甚至不惜三遍四遍。为了尽早完稿，不至于把结题的时间拖得太久，四年时间，我几乎用掉了所有的双休和节假日。我们之所以这样做，目的只有一个，就是用这种方式尽量保证我们的研究质量，通过我们的努力向学界提供一个真实且有参考价值的资料来。

以笔者所见的方言论著，直接且系统地研究方言的接触层次目前还比较少，原因很简单，就是在我国特别是我国北部的官话地区很少有像安康方言这样复杂的接触现象。我们很想有一部可供参考的著作，但是，虽经多方搜集，终究未能如愿。无法，只有自设大纲，妄自揣摩，是对是错，只有等专家的指正了。

我之所以能写成此书，一个重要条件就是我有幸得到了语言学家的热心指点和诸多朋友的鼎力帮助，其中为我付出最多的是著名语言学家张振兴教授。我和张老师是多年的朋友，从内心讲，我和张老师虽非师生，但胜过师生，我的每一篇论文、书中的每一章节，大都得到了张老师的悉心指导。如果说这本书还像个样子，我首先要特别感谢的就是我的这位导师和朋友。

本书从项目的申请到项目的完成，从各处的方言调查到书稿的付梓印刷，自始至终得到了学院和中文系领导的重视与支持，将陕南方言的历史层次研究作为学院的重点研究项目加以扶持。为此，我谨向他们表示崇高的敬意。

在论文的撰写过程中，还得到了华中师范大学的邢福义、汪国胜、陕西师范大学的邢向东几位先生的大力支持和帮助，在此我谨向他们表示衷心的感谢！

感谢语文出版社出版本书。

虽然我为此书作了努力，但毕竟水平有限，无容置疑，缺点和错误在所难免，在此我热情期盼专家和读者多多批评指正。

周 政

2015 年 10 月 3 日